eLearning für Mathematik für Wirtschaftswissenschaftler

Zugangscode für MyMathLab | Mathematik für Wirtschaftswissenschaftler

umseitig

W0247445

1 VORBEREITUNG

Für die Registrierung benötigen Sie

▶ eine gültige E-Mail-Adresse,
▶ die Kurs-ID Ihres Dozenten (falls Sie MyMathLab Deutsche Version als Teil Ihrer Lehrveranstaltung nutzen).
▶ **Zum Selbststudium ohne Kurs-ID des Dozenten genügt der Zugangscode. Diesen finden Sie umseitig.**

2 ONLINE-REGISTRIERUNG

Für die Registrierung müssen Sie

▶ **www.mymathlab.com/deutsch öffnen und**
▶ **der Anleitung für Studierende folgen.**
▶ **wir empfehlen für die Erstellung eines Passwortes einen Online-Passwortgernerator**
▶ **Nachdem Sie die Registrierung abgeschlossen haben, können Sie sich jederzeit auf www.mymathlab.com/deutsch einloggen.**

Der Zugangscode kann nur einmalig zur Registrierung verwendet werden und darf nicht an Dritte weitergegeben werden!

eLearning für Mathematik für Wirtschaftswissenschaftler

Zugangscode für MyMathLab Deutsche Version
Nutzungsdauer 24 Monate

ISSMWS-THUNK-LEARY-GUSHY-FRONT-ROPES

Weitere Extras finden sich auf der Lernplattform
MyMathlab Deutsche Version unter dem Menüpunkt Ressourcen

Für Dozenten

- Abbildungen aus dem Buch
- Tabellen aus dem Buch
- Dozentenfolien

Für Studenten

- Lösungen zu ausgewählten
  Aufgaben aus dem Buch

Mathematik für Wirtschaftswissenschaftler

Mathematik für Wirtschaftswissenschaftler

Basiswissen mit Praxisbezug

5., aktualisierte Auflage

Übersetzt und fachlektoriert durch Prof. Dr. Fred Böker

Knut Sydsæter
Peter Hammond
Arne Strøm
Andrés Carvajal

Bibliografische Information der Deutschen Nationalbibliothek
Die Deutsche Nationalbibliothek verzeichnet diese Publikation in der Deutschen Nationalbibliografie; detaillierte bibliografische Daten sind im Internet über http://dnb.dnb.de abrufbar.

Authorized translation from the English language edition, entitled ESSENTIAL
MATHEMATICS FOR ECONOMIC ANALYSIS, 5 edition (ISBN: 978-0-273-76068-9)
© by Knut Sydsæter, Peter Hammond, Arne Strøm and Andrés Carvajal 2017.
This translation of ESSENTIAL MATHEMATICS FOR ECONOMIC ANALYSIS 5 edition
is published by arrangement with Pearson Education Limited, United Kingdom.

GERMAN language edition published by PEARSON DEUTSCHLAND GMBH, Copyright
© 2018

Der Umwelt zuliebe verzichten wir auf Einschweißfolie.

10   9   8   7   6   5   4   3   2

20

ISBN   978-3-86894-306-1 (Buch)
        978-3-86326-795-7 (E-Book)

© 2018 by Pearson Deutschland GmbH
Lilienthalstraße 2, D-85399 Hallbergmoos/Germany
Alle Rechte vorbehalten
www.pearson.de
A part of Pearson plc worldwide
Programmleitung: Martin Milbradt, mmilbradt@pearson.de
Lektorat: Elisabeth Prümm, epruemm@pearson.de
Herstellung: Claudia Bäurle, cbaeurle@pearson.de
Projektmanager MyMathLab, Deutsche Version Geogebra: Birger Peil, bpeil@pearson.de
Übersetzung und Fachlektorat: Prof. Dr. Fred Böker, Göttingen
Satz: PTP-Berlin Protago TeX-Production GmbH, www.ptp-berlin.de
Druck und Verarbeitung: DZS-Grafik d.o.o., Ljubljana

Printed in Slovenia

Inhaltsübersicht

Inhaltsverzeichnis

Vorwort

Es war einmal eine Gerade, die hoffnungslos in einen Punkt verliebt war. „Du bist der Anfang und das Ende, der Mittelpunkt, das Innere und die Quintessenz", sagte er ihr zärtlich, aber der leichtfertige Punkt war kein bisschen interessiert, weil er nur Augen hatte für einen wilden und zerzausten Kringel, der niemals den Anschein machte, dass er überhaupt irgendetwas im Sinn hätte. Alle romantischen Träume der Geraden waren vergebens, bis er …Winkel entdeckte! Nun kann er mit dieser neugefundenen Selbstdarstellung alles sein, was er möchte – ein Quadrat, ein Dreieck, ein Parallelogramm …Und das ist nur der Anfang!

Norton Juster
(*The Dot and the Line: A Romance in Lower Mathematics* 1963)

Ich kam zu der Einstellung, dass mathematische Analysis nicht eine vor vielen Möglichkeiten ist, ökonomische Theorie zu betreiben: Es ist die einzige Möglichkeit. Ökonomische Theorie ist mathematische Analysis. Alles andere ist nur Bilder und Gespräch.

R.E. Lucas, Jr. (2001)

Zielsetzung

Wesentliche Stoffgebiete, deren Beherrschung von heutigen Studierenden der Wirtschaftswissenschaften erwartet wird, verlangen bedeutende mathematische Kenntnisse. Dies gilt sogar für die weniger formale „angewandte" Literatur, deren Studium für Kurse in Gebieten wie Finanzwirtschaft, industrielle Organisation, Arbeitsökonomie und vielen anderen verlangt wird. In der Tat setzt die meiste relevante Literatur Vertrautheit mit vielen mathematischen Handwerkszeugen wie Funktionen von einer und mehreren Variablen sowie ein grundlegendes Verständnis von multivariaten Optimierungsproblemen mit oder ohne Nebenbedingungen voraus. Lineare Algebra wird auch zum Teil in ökonomischer Theorie und in höherem Maße in Ökonometrie benötigt.

Die Zielsetzung von *Mathematik für Wirtschaftswissenschaftler* (Essential Mathematics for Economic Analysis) ist es daher, Studierenden zu helfen, die mathematischen Handwerkszeuge zu erlangen, die sie für ihr Bachelorstudium benötigen. Dies sollte auch ausreichen für das, was einige Studierende während dieses Studiums für eine Forschungsarbeit und Abschlussarbeit benötigen.

Wie der Titel vermuten lässt, ist dies ein Mathematikbuch, in dem das Material so angeordnet ist, dass schrittweises Lernen der mathematischen Themen möglich ist. Das bedeutet, dass wir häufig wirtschaftswissenschaftliche Anwendungen hervorheben und zwar nicht nur, um ein mathematisches Thema zu motivieren. Wir möchten auch angehenden Wirtschaftswissenschaftlern helfen, sich gegenseitig verstärkende Intuition sowohl in Mathematik als auch in Wirtschaftswissenschaften zu erlangen. Durch zahlreiche Beispiele erhalten eine beträchtliche Anzahl von ökonomischen Konzepten und Ideen Aufmerksamkeit in diesem Buch.

Wir betonen jedoch, dass dies kein Buch über Wirtschaftswissenschaften oder sogar über mathematische Wirtschaftswissenschaften ist. Studierende sollten die wirtschaftswissenschaftliche Theorie systematisch in anderen Kursen lernen, die andere Bücher verwenden. Wir waren erfolgreich, wenn sie sich in diesen Kursen auf die Wirtschaftswissenschaften konzentrieren können, indem sie zuvor die relevanten mathematischen Grundlagen, die wir hier präsentieren, gemeistert haben.

Besonderheiten und Begleitmaterial

Dies ist mitnichten das erste Buch, das mit den oben beschriebenen Zielen geschrieben wurde. Aber es profitiert unserer Meinung nach von der Art und Weise, in der es zusammengefügt wurde. Einer der Autoren (Sydsæter) hat einen mathematischen Hintergrund und hat jahrelange Erfahrungen in der Unterrichtung von Materialien dieser Art, vor allem im „Department of Economics" an der Universität Oslo. Viel von dem Material aus diesem Buch erschien urprünglich in Norwegisch und wurde aus norwegischen Textbüchern übersetzt, die in Skandinavien weitverbreitet waren. Der andere Autor (Hammond) hat auf beiden Seiten des Atlantiks in wirtschaftswissenschaftlicher Theorie gelehrt und geforscht und besitzt große Erfahrung in der Beurteilung der verschiedenen Arten, in der mathematische Handwerkszeuge in aktuellen ökonomischen Analysen angewendet werden. Er hat über mehrere Jahre auch Mathematik-Kurse für Wirtschaftswissenschaftler gegeben, insbesondere am „Department of Economics" der Stanford University. Alle Unterkapitel in diesem Buch enden mit Aufgaben. Es gibt darüber hinaus auch viele Aufgaben zur Wiederholung am Ende eines jeden Kapitels. Antworten zu fast allen Aufgaben werden am Ende des Buches gegeben, manchmal mit zahlreichen ausführlichen Lösungsschritten. Probleme, die in den Lösungen mit gekennzeichnet sind, haben eine ausführlichere Lösung, die auf der MyMathLab|Mathematik für Wirtschaftswissenschaftler verfügbar ist. Die Antworten zu einigen, eher theoretischen oder komplizierteren Aufgaben finden Sie ebenfalls ausschließlich auf MyMathLab|Mathematik für Wirtschaftswissenschaftler.

Voraussetzungen

Erfahrung zeigt, dass es sehr schwierig ist, ein Buch wie dieses auf einem Niveau zu starten, das viel zu elementar ist.[1]

Heutzutage haben Studierende, die in eine Fachhochschule oder eine Universität eintreten und sich auf Wirtschaftswissenschaften spezialisieren, eine enorme Bandbreite an mathematischem Hintergrund und mathematischer Begabung. Diese reichen am unteren Ende von allenfalls einem unsicheren Verständnis der elementaren Algebra bis hin zu wirklichen Fähigkeiten in der Analysis von Funktionen einer Variablen. Weiterhin sind für allzu viele Studierende der Wirtschaftswissenschaften einige Jahre seit ihrem letzten Mathematikunterricht vergangen. Da wir uns in die Richtung bewegen, dass Mathematik unerlässlich ist für spezielle Studien in den Wirtschaftswissenschaften, halten wir es dementsprechend für notwendig, so viel elementares Material wie möglich anzubieten. Unser Ziel ist es hier, denjenigen mit geringerer mathematischen Kenntnissen die Chance zu geben, mit leichten Problemen zu starten und das Vertrauen zu geben, dass sie diese selbst lösen können.

Was unsere ökonomischen Erörterungen betrifft, sollten Studierende es leichter zu verstehen finden, wenn sie bereits ein gewisses rudimentäres Hintergrundwissen in Ökonomie haben. Trotzdem ist dieser Text häufig verwendet worden, um Studierende in Mathematik für Wirtschaftswissenschaftler zu unterrichten, die zur gleichen Zeit elementare Wirtschaftswissenschaften studieren. Wir sehen auch keinen Grund, warum dieses Material nicht von Studierenden, die an Wirtschaftswissenschaften interessiert sind, bewältigt werden kann, bevor sie begonnen haben, das Thema in einer formalen Lehrveranstaltung zu studieren.

Behandelte Themen

Nach dem einführenden Material in den Kapiteln 1 bis 3 enthalten die Kapitel 4 bis 8 eine ziemlich gemächliche Behandlung der Differentialrechnung einer Variablen. Darauf folgt in Kapitel 9 die Integration und in Kapitel 10 die Anwendung auf Zinsraten und Barwerte. Dies entspricht etwa dem Stoff, den man in einigen elementaren Kursen behandeln wird. Für Studierende mit einer soliden Grundlage in der Analysis einer Variablen reicht es vermutlich aus, wenn sie sich auf einige spezielle Themen in diesen Kapiteln konzentrieren wie Elastizität und Bedingungen für globale Optimierung, die häufig in elementaren Standardkursen nicht gründlich genug behandelt werden.

Wir haben jedoch die Bedeutung der multivariaten Analysis (Kapitel 11 und 12), der Optimierungstheorie (Kapitel 13 und 14) und der Algebra der Matrizen und Determinanten (Kapitel 15 und 16) für angehende Wirtschaftswissenschaftler betont. Viele Dozenten, die frühere Ausgaben des Buches verwendet haben, haben uns berichtet, dass sie ihre Studierenden auch mit der elementaren Theorie der linearen Programmierung vertraut machen wollen, was deshalb durch Kapitel 17 abgedeckt wird.

---

[1] Kürzlich gab es in einem Test für 120 Studienanfänger in einem elementaren wirtschaftswissenschaftlichen Kurs 35 verschiedene Antworten auf das Problem $(a + 2b)^2$ auszumultiplizieren.

Die Reihenfolge der Kapitel ist, wie wir glauben, ziemlich logisch, wobei jedes Kapitel auf Material aus den früheren Kapiteln aufbaut. Die große Ausnahme betrifft Kapitel 15 und 16 über lineare Algebra wie auch Kapitel 17 über lineare Programmierung, von denen das Meiste irgendwohin nach Kapitel 3 verlegt werden könnte.

Schlüsselkonzepte und -techniken

Der weniger ehrgeizige Studierende kann sich auf das Erlernen der Schlüssel-Konzepte und -Techniken jedes Kapitels beschränken. Oft erscheinen diese eingerahmt in Kästen oder in Farbe, um ihre Wichtigkeit hervorzuheben. Aufgaben sind unerlässlich für den Lernprozess und die leichteren sollten unbedingt versucht werden. Diese Grundlagen sollten den Studierenden genügend mathematischen Hintergrund geben, um die ökonomische Theorie in angewandten Arbeiten vor dem ersten akademischen Abschluss zu verstehen.

Studierende, die ehrgeiziger sind oder die durch Lehrer angeleitet werden, die mehr verlangen, sollten sich auch an den anspruchsvolleren Aufgaben versuchen. Sie können auch das Material in kleinerer Schrift studieren. Letzteres verfolgt die Absicht, Studierende anzuregen, der Frage nachzugehen, warum ein Resultat wahr ist oder warum ein Problem auf eine spezielle Weise behandelt werden sollte. Je mehr Leser wenigstens etwas mehr zusätzliche mathematische Einsichten gewinnen, indem sie sich durch diese Teile des Buches arbeiten, desto besser.

Die fähigsten Studierenden, insbesondere diejenigen, die eine Promotion in den Wirtschaftswissenschaften oder einem angrenzenden Fachgebiet beabsichtigen, werden von gründlicheren Erklärungen einiger Themen profitieren als wir in diesem Buch bieten können. An einigen Stellen nehmen wir uns daher die Freiheit, auf unseren mehr angewandten Folgeband *Further Mathematics for Economic Analysis* (gewöhnlich mit FMEA abgekürzt) hinzuweisen, der gemeinsam mit Atle Seierstad und Arne Strøm aus Oslo geschrieben wurde und in einer neuen Auflage mit Andrés Carvajal aus Warwick.

Insbesondere bietet FMEA eine geeignete Behandlung von Themen wie Bedingungen zweiter Ordnung für die Optimierung und Konkavität und Konvexität von Funktionen mit mehr als zwei Variablen – Themen von denen wir denken, dass sie weit über das hinausgehen, was wirklich „essenziell" für alle Studierenden der Wirtschaftswissenschaften ist.

Änderungen in der vierten Auflage

Wir sind erfreut über die Vielzahl der Studierenden und Dozenten in vielen Ländern, die die drei ersten Auflagen dieses Buches offensichtlich wertvoll fanden.[2] Wir waren dadurch ermutigt, den Text noch einmal gründlich zu überarbeiten. Es gibt zahlreiche kleine Änderungen und Verbesserungen, unter anderem die folgenden:

---

[2] Verschiedene englische Versionen dieses Buches sind in Albanisch, Französisch, Deutsch, Ungarisch, Italienisch, Portugiesisch, Spanisch und Türkisch übersetzt worden.

1) Die wesentliche Neuigkeit ist MyMathLab Global,[3] was auf der Seite nach diesem Vorwort und auf der Rückseite des Buches erklärt wird.

2) Neue Aufgaben wurden in jedem Kapitel hinzugefügt.

3) Abbildungen wurden aktualisiert.

4) Der Abschnitt 14.9 wurde überarbeitet, um ihn noch besser zugänglich zu machen. Er gliedert sich jetzt in **14.9 Mehrere Nebenbedingungen in Ungleichheitsform** und **14.10 Nichtnegativitätsbedingungen**.

Änderungen in der fünften Auflage

Tragischweise haben wir unseren Hauptautoren und Initiator diese Projektes verloren. Unser guter Freund und Kollege Knut Sydsæter starb plötzlich am 29. September 2012, während er in Spanien mit seiner Frau Malinka Staneva in Urlaub war, wenige Tage vor seinem 75. Geburtstag.

Die Wirtschaftswissenschaftliche Fakultät der Universität Oslo hat Knut eine Webseite zu seiner Erinnerung gewidmet.[4] Es gibt dort einen Link zu einem Nachruf, geschrieben von Jens Stoltenberg, zu der Zeit Premierminister von Norwegen, die diese Anerkennung von Knuts Fähigkeiten als einem seiner Lehrer enthält:

> Mit einem kleinen Stück Papier als sein Manuskript führte er mich und Generationen anderer Studenten der Wirtschaftswissenschaften in Mathematik als ein Hilfsmittel in ein Fachgebiet der Wirtschaftswissenschaften ein. Mit professioneller Gewichtung, Engagement und Humor war er sowohl ein anspruchsvoller als auch ein anregender Dozent. Er öffnete die Tür in die Welt der Mathematik. Er zeigte, dass Mathematik eine Sprache ist, die es möglich macht, komplizierte Zusammenhänge in einer einfachen Weise darzustellen.

Man findet dort auch Peters eigenen Nachruf auf Knut mit einigen Erinnerungen, wie frühere Auflagen dieses Buches entstanden sind.

Abgesehen vom Verlust von Knut als Hauptautor war es klar, dass dieses Buch am Leben erhalten werden musste, den Wünschen folgend, die Knut selbst ausgedrückt hatte, während er noch bei uns war. Glücklicherweise gab es bereits Übereinstimmung, dass das Team der Mitautoren durch Andrés Carvajal erweitert werden sollte, einem früheren Kollegen von Peter in Warwick, der während der Zeit des Schreibens zur Universität von Kalifornien in Davis wechselte. Er hatte bereits eine neue spanische Version der vorausgehenden Auflage dieses Buches hergestellt; jetzt ist er Mitautor dieser neuesten englischen Auflage geworden. Es geht weitgehend auf seine Initiative zurück, dass wir den bedeutenden Schritt unternommen haben, dass Material in der

---

[3] Ersetzt durch MyMathLab für diese fünfte Auflage.
[4] Siehe http://www.sv.uio.no/econ/om/aktuelt/aktuelle-saker/sydsaeter.html.

ersten drei Kapiteln gründlich umzuordnen in eine logischere Reihenfolge, wobei es jetzt mit Mengenlehre beginnt.

Die andere bedeutende Änderung ist, wie wir hoffen, unsichtbar für den Leser. Frühere Auflagen wurden mit dem „Plain-TEX"-System hergestellt, dass auf die Jahre um 1980 zurückgeht, zusammen mit einigen raffinierten Makros, die Arne entwickelt hat in Zusammenarbeit mit Arve Michaelsen von der Norwegischen Schriftsetzerfirma Matematisk Sats. Aus technischen Gründen haben wir entschieden, dass die neue Auflage mit der Erweiterung von Plain TEX, genannt LaTEX, hergestellt werden sollte, was mittlerweile als internationaler Standard für das Schreiben von mathematischem Material akzeptiert ist. Wir haben deshalb versucht, einige Standard LaTEXPakete anzupassen und zu erweitern, um möglichst viele gute Besonderheiten aus unseren früheren Auflagen zu erhalten.

Andere Danksagungen

Über die Jahre haben wir Hilfe von so vielen Kollegen, Lehrenden an anderen Institutionen und auch Studierenden erhalten, dass es uns unmöglich ist, alle zu erwähnen.

In der Zeit, als wir mit der Überarbeitung dieses Lehrbuches begannen, war Andrés Carvajal als Gast bei Fundaçao Getulio Vargas in Brasilien. Es gelang ihm, Unterstützung von Cristina Maria Igreja zu bekommen, die sich sowohl mit TEX als auch mit LaTEX auskannte von ihrer Arbeit als Schriftsetzerin für Brasiliens angesehenste akademische wirtschaftswissenschaftliche Zeitschrift, *Revista Brasileira de Economia*. Ihre Hilfe erbrachte viel, um die notwendigen Umwandlungen der Computerdateien von Plain-TEX in LaTEX für dieses Buch voranzutreiben.

In der vierten Auflage dieses Buches erkannten wir mit großer Dankbarkeit, die Anregungen und Unterstützung von Kate Brewin bei Pearson an. Während wir immer noch Kates willkommene Unterstützung im Hintergrund spüren, war der unmittelbarere Kontakt für diese Auflage zu Caitlin Lisle, die Herausgeberin für Business und Economics in der Abteilung für Hochschulbildung von Pearson ist. Sie war immer sehr hilfsbereit und aufmerksam in der Beantwortung unserer zahlreichen E-mails in einer freundlichen und ermutigenden Weise, indem sie uns versicherte, dass diese neue Ausgabe innerhalb eines angemessenen Zeitraums in Druck gehen werde.

Auf der mehr akademischen Seite geht ein ganz besonderer Dank an Professor Fred Böker von der Universität Göttingen, der nicht nur für die Übersetzung ins Deutsche verantwortlich ist, sondern auch außergewöhnliche Sorgfalt bewiesen hat, indem er den von ihm übersetzten mathematischen Details große Aufmerksamkeit geschenkt hat. Wir sind dankbar für die resultierende große Anzahl von wertvollen Verbesserungs- und Korrekturvorschlägen, die er uns weiterhin zukommen lässt, manchmal auf Veranlassung von Dr. Egle Tafenau, die auch die deutsche Version unseres Lehrbuchs in ihrer Lehre verwendet.

Diesen und all den vielen ungenannten Personen und Institutionen, die uns geholfen haben, diesen Text zu ermöglichen, einschließlich denen, deren Kommentare zu unserem früheren Buch vom Verlag an uns weitergeleitet wurden, würden wir gern unsere tiefe Anerkennung und Dankbarkeit aussprechen, verbunden mit der Hoffnung, dass sie das resultierende Produkt als Gewinn für ihre Studierenden betrachten. Das ist es, worin wir alle übereinstimmen, was am Ende wirklich zählt.

Davis, Coventry und Oslo, Februar 2016
Andrés Carvajal, Peter Hammond und Arne Strøm

Vorwort zur 5. deutschen Auflage

Ich möchte mit einem Gedenken in großer Dankbarkeit an Knut Sydsæter beginnen, von dem ich bei den vorausgehenden Übersetzungen so große Unterstüzung in regem E-Mail-Verkehr erhalten habe. So erhielt ich die letzten E-Mails aus seinem spanischem Urlaubsort mit dem Versprechen auf ausführlichere Informationen nach der Rückkehr nach Oslo am 29. September – der Tag, an dem er starb. Ich hatte das große Glück, dass er mich gut drei Monate vorher in Göttingen besuchte, wo ich ihm die Universität und natürlich die Stätten zeigte, an denen Gauss gewohnt, gearbeitet hat bzw. die nach ihm benannt wurden. So waren wir u. a. in der Sternwarte, am Gauss-Weber-Denkmal auf dem Wall und am Gauss-Grab, nicht ahnend, dass ..., sondern Pläne für weitere zukünftige Besuche schmiedend. An dieser Stelle noch einmal herzlichen Dank an Knut.

Die deutsche 5. Auflage folgt nicht allen Änderungen der englischen Ausgabe. Die wesentlichen Änderungen sind auch in den ersten drei Kapiteln, wobei jedoch gegenüber der englischen Ausgabe die Kapitel 1 und 2 vertauscht sind. Damit beginnt das deutsche Buch weiterhin mit den **reellen Zahlen**, wobei dieses Kapitel um die bisherigen Inhalte über **Summen** erweitert wurde. In Kapitel 2 folgt dann **Logik und Mengenlehre**, während es in Kapitel 3 um **Gleichungen lösen** geht. Des weiteren wurde die Notation in den Kapiteln über Optimierung geändert. Es wird jetzt streng zwischen Extremstellen, Extremwerten und Extrempunkten unterschieden. Hier danke ich für den entsprechenden Hinweis meiner ehemaligen Kollegin Frau Britta Schnoor. Für Hinweise auf Fehler danke ich auch Frau Egle Tafenau und vielen anderen. Ich bitte weiterhin um entsprechende Hinweise.

Danken möchte ich auch den Mitarbeitern des Pearson-Verlages, Herrn Martin Milbradt und Herrn Birger Peil für die gute Zusammenarbeit und dem Setzer, Herrn Stefan Sossna, für die gute Gestaltung des Buches. Und ein ganz besonderer Dank an das englische Autorenteam, insbesondere an Peter und Arne für ihre Hilfe.

Göttingen
Fred Böker

Onlineinhalte zur deutschen Ausgabe

Seit der 4. erweiterten Auflage wird das Buch durch MyMathLab | Mathematik für Wirtschaftswissenschaftler begleitet.

Interaktives Lernen mit MyMathLab | Mathematik für Wirtschaftswissenschaftler. Grundlage unserer lokalen Lernplattform ist ein am MIT millionenfach erfolgreich erprobtes und entwickeltes interaktives eLearning-Tool für Mathematik, das Studierende beim Aufbereiten des Stoffes und beim schrittweisen Lösen der buchbezogenen Übungsaufgaben sowie bei den Prüfungsvorbereitungen ideal unterstützt. Profitieren Sie davon, die Übungen Schritt für Schritt durchzugehen. Lernen Sie mit dem zu den meisten Aufgaben dazugehörigen Feedback und lösen Sie sie so lange, bis das rechnerische Handwerk sitzt.

Zur Lernplattform gelangen Sie über folgenden Link: www.mymathlab.com/deutsch. Auf dieser Startseite können Sie sich direkt mit dem am Anfang des Buches stehenden Zugangscode und Hinweisen anmelden.

Kurs anlegen

Über den Navigationspunkt **Kurs-Manager** unter **Kurs erstellen und kopieren** können Sie Ihren Selbstlernkurs zum Buch anlegen. Danach steht Ihnen die gesamte eLearning-Welt von MyMathLab | Mathematik für Wirtschaftswissenschaftler offen.

Hinweise zur Bearbeitung

In einem ersten Schritt haben Sie die Möglichkeit, sich in einem **Orientierungstest** mit der Benutzung der Lernumgebung vertraut zu machen. Sie erfahren dabei u.a. wie Sie Werte eingegeben und wie diese dargestellt werden.

Mit diesem Wissen können Sie einen Einstufungstest (Reiter „Aufgaben") absolvieren, der Ihren individuellen Wissenstand ermittelt. Auf Basis der dort erzielten Ergebnisse erstellt Ihnen MyMathLab | Mathematik für Wirtschaftswissenschaftler adaptiv Ihren ganz persönlichen Lernplan, so dass Sie gezielt bestehende Wissenslücken schließen können. Die für Ihren persönlichen Lernplan empfohlenen Aufgaben sind mit ● gekennzeichnet.

Insgesamt enthält das MyLab zu fast jedem Unterkapitel des Buchs optimierte und neue Aufgaben, die Sie online bearbeiten können. Gekennzeichnet sind diese im Buch mit dem MyLab-Logo.

Verschiedene Lösungsmöglichkeiten

Bei der Bearbeitung der Aufgaben haben Sie in der Regel drei Möglichkeiten, um zur Lösung zu gelangen

1) **Die Aufgabe:** Die Aufgabe wird gestellt. Der Nutzer gibt seine Lösung ein und bekommt sofort eine Rückmeldung. Ist die Lösung falsch oder teilweise falsch, gibt es Hinweise, oft mit gezielten Verweisen auf die entsprechenden Passagen im Buch. Nach zwei oder manchmal auch mehr Fehlversuchen wird die korrekte Antwort angezeigt. Es besteht die Option eine ähnliche Aufgabe mit leicht geänderten Werten zu bearbeiten

2) **Die geführte Lösung:** Hier wird die Lösung in kleinen Schritten mit anderen Zahlenwerten erarbeitet, wobei immer wieder Hinweise mit Verweisen auf das Buch gegeben werden. Wie unter 1.) gibt der Nutzer Lösungen ein, wobei er wieder mehrere Versuche hat und Hinweise bekommt, wo der Fehler stecken könnte. Auch hier gibt es am Schluss wieder die Möglichkeit, es mit einer ähnlichen Aufgabe noch einmal zu versuchen.

3) **Die Beispielaufgabe:** Hier wird an einem festem Beispiel die Aufgabe vom Anfang bis zum Ende vorgerechnet, wobei jeder Schritt erklärt wird und wie in 2.) (hier jedoch meistens noch intensiver) Hinweise auf die entsprechenden Resultate im Buch gegeben werden.

Somit gibt es für den Studierenden hervorragende didaktische Möglichkeiten, sein Wissen mit sofortiger Bestätigung zu überprüfen, ob er richtig oder falsch liegt. Und nicht nur das: Er bekommt Hilfestellungen. Empfehlenswert ist es, die Aufgaben in der oben angegebenen Reihenfolge 1), 2) und 3) zu bearbeiten, ohne gleich zu verzweifeln, wenn es mit 1) nicht auf Anhieb klappt. Sollten die Schritte 2) und 3) nötig sein, empfiehlt sich am Schluss ein erneuter Versuch mit 1), um sicher zu gehen, dass Sie die das mathematische Handwerk auch wirklich selbstständig beherrschen.

Wahr/Falsch-Aufgaben

Zur weiteren Wiederholung und zum besseren Verständnis, gibt es zusätzlich zu den Abschnitten mindestens drei Aufgaben, bei denen der Lernende entscheiden muss, ob die gegebenen Aussagen wahr oder falsch sind. Er bekommt in jedem Fall eine Rückmeldung, warum die Aussage wahr oder falsch ist in den meisten Fällen auch mit einem Verweis auf das Buch.

Wichtig und unerlässlich erscheint mir die selbstständige Arbeit mit dem Buch. Nutzen Sie daher die in den Aufgaben gegebenen Verweise auf die entsprechenden Stellen im Buch. Wenn Sie all diesen Empfehlungen folgen, sollte es mit *Mathe* schon klappen.

Neu in dieser Auflage das Didaktische Konzept von Pearson

„Learn a little ... do a little"

Mathematik lernen und das Erlernte behalten funktioniert nur, wenn man es auch anwendet. Daher: „Lernen ... anwenden" oder „Lernen ... tun". Was im *Brückenkurs Mathematik* von Pearson begonnen wurde, findet hier nun seine Fortführung: Mit dem Tool **„Geogebra"** ist es möglich, die mathematischen Inhalte dieses Buches in kleinen nachvollziehbaren Einheiten zu erlernen (**„Learn a little"**) und parallel dazu durch interaktive Aufgabenstellungen, die auch aus der elektronischen Buchvorlage per „Klick" erreichbar sind, das Erlernte gleich anzuwenden. Durch mehrfache Wiederholungen können Sie es solange üben (**„do a little"**) und vertiefen, bis es „sitzt".

 Konkret sind den Beispielen, Definitionen, Theoremen oder Aufgaben im Buch QR-Codes zugeordnet, die mit **Geogebra-Arbeitsblättern** verlinkt sind. Aus der elektronischen Buchvorlage sind diese direkt anklickbar, bei der Druckversion muss ein QR-Scanner eingesetzt werden. Die Arbeitsblätter enthalten passende Aufgabentypen oder auch Anschauungsmaterial in Form animierbarer Grafiken, an denen das zu Erlernende transparent gemacht werden soll. Der Lernende kann seine Ergebnisse direkt überprüfen, da Zwischenergebnisse und Lösungen der Aufgaben anklickbar sind. Die Aufgabentypen enthalten die Möglichkeit, sich weitere andere Aufgaben gleichen Typs generieren zu lassen, d.h. wenn es nicht auf Anhieb mit der Lösung geklappt hat, können weitere Versuche unternommen werden.

Für die 5. Auflage wurde MyMathLab den oben beschriebenen Änderungen im Buch zum großen Teil angepasst und überarbeitet. Zusätzlich gibt es neue Aufgaben, insbesondere in den bisher nur schwach besetzten Kapiteln.

Algebra

1

ÜBERBLICK

Die ganzen Zahlen hat der liebe Gott gemacht, alles andere ist Menschenwerk.

Leopold Kronecker[1]

> *Dieses einführende Kapitel befasst sich im Wesentlichen mit elementarer Algebra. Wir betrachten jedoch auch ganz kurz einige andere Themen, die es wert sind, wiederholt zu werden. Untersuchungen haben gezeigt, dass auch Studierende mit einem guten mathematischen Hintergrund oft von einer kurzen Wiederholung dessen, was sie in der Vergangenheit gelernt haben, profitieren. Diese Studierenden sollten das Material überfliegen und die weniger einfachen Probleme bearbeiten. Diejenigen mit einem schwächeren Hintergrund in Mathematik oder diejenigen, die längere Zeit nichts mit Mathematik zu tun hatten, sollten den Text sorgfältig lesen und dann die meisten der Übungsaufgaben bearbeiten. Diejenigen, die beträchtliche Schwierigkeiten mit diesem Kapitel haben, sollten sich ein elementareres Buch über Algebra suchen.*

1.1 Die reellen Zahlen

Wir beginnen mit der Wiederholung einiger einfacher Eigenschaften und Resultate von Zahlen. Die grundlegenden Zahlen sind die **natürlichen Zahlen**:

$$1, \; 2, \; 3, \; 4, \; \ldots \tag{1.1.1}$$

auch positive ganze Zahlen genannt. Hier sind $2, 4, 6, 8, \ldots$ die **geraden Zahlen** und $1, 3, 5, 7, \ldots$ sind die **ungeraden Zahlen**. Obwohl das für uns vertraut ist, sind solche Zahlen für uns in Wirklichkeit ziemlich abstrakte und hochentwickelte Konzepte. Die Kultur überschritt eine bemerkenswerte Schwelle, als sie die Idee verstand, dass eine Herde von vier Schafen und eine Sammlung von vier Steinen etwas gemeinsam haben, nämlich die „Vierheit". Diese Idee wurde dargestellt durch solch primitive Symbole wie :: (immer noch verwendet auf Dominosteinen oder Spielkarten), die moderne 4 und die römische Ziffer IV. Diese Idee wird immer wieder aufgegriffen, wenn kleine Kinder ihre mathematischen Fähigkeiten entwickeln.

Die positiven ganzen Zahlen, zusammen mit 0 und den negativen Zahlen $-1, -2, -3, -4, \ldots$ bilden die **ganzen Zahlen**:

$$0, \; \pm 1, \; \pm 2, \; \pm 3, \; \pm 4, \; \ldots \tag{1.1.2}$$

Sie können auf einer **Zahlengeraden** wie der in Abb. 1.1.1 dargestellt werden, wobei der Pfeil die Richtung angibt, in der die Zahlen ansteigen.

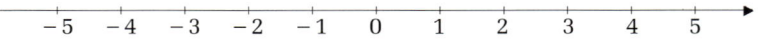

Abbildung 1.1.1: Die Zahlengerade

---

[1] etwa 1886.

Die **rationalen Zahlen** sind solche Zahlen wie 3/5, die in der Form a/b geschrieben werden können, wobei a und b beides ganze Zahlen sind. Eine ganze Zahl n ist auch eine rationale Zahl, weil $n = n/1$. Andere Beispiele für rationale Zahlen sind:

$$\frac{1}{2}, \quad \frac{11}{70}, \quad \frac{125}{7}, \quad -\frac{10}{11}, \quad 0 = \frac{0}{1}, \quad -19, \quad -1.26 = -\frac{126}{100}.$$

Die rationalen Zahlen können auch auf der Zahlengeraden dargestellt werden. Stellen Sie sich vor, dass wir zunächst 1/2 auf der Zahlengeraden markieren und dann alle Vielfachen von 1/2. Dann markieren wir 1/3 und alle Vielfachen von 1/3 usw. Es wird Ihnen nachgesehen, wenn Sie denken, dass es „schließlich" keinen Platz mehr geben wird, um noch weitere Zahlen auf der Geraden zu platzieren. Dies ist jedoch falsch. Die alten Griechen wussten bereits, dass noch Löcher auf der Zahlengeraden bleiben würden, selbst wenn alle rationalen Zahlen markiert wären. So gibt es z. B. keine ganzen Zahlen p und q, so dass $\sqrt{2} = p/q$. Daher ist $\sqrt{2}$ keine rationale Zahl.[2]

Die rationalen Zahlen reichen deshalb nicht aus, um alle möglichen Längen geschweige denn Flächen und Volumen zu messen. Dieser Mangel kann behoben werden, indem man das Konzept der Zahlen um die so genannten **irrationalen Zahlen** erweitert. Diese Erweiterung kann auf ganz natürliche Weise mithilfe der Dezimaldarstellung für Zahlen durchgeführt werden, wie unten erklärt wird.

Die meisten Menschen schreiben Zahlen heute im so genannten **Dezimalsystem** oder im **System zur Basis 10**. Jede natürliche Zahl kann mit den Symbolen 0, 1, 2, ..., 9 geschrieben werden, die **Ziffern** heißen.[3] Das 10er-Zahlensystem definiert jede Kombination von Ziffern als eine Linearkombination von Potenzen zur Basis 10, z. B.

$$1984 = 1 \cdot 10^3 + 9 \cdot 10^2 + 8 \cdot 10^1 + 4 \cdot 10^0$$

Jede natürliche Zahl kann eindeutig in dieser Form dargestellt werden. Mithilfe der Zeichen + und − können alle ganzen Zahlen, positive oder negative, in dieser Form geschrieben werden. Dezimalpunkte erlauben es uns auch, rationale Zahlen darzustellen, die keine natürlichen Zahlen sind, z. B.

$$3.1415 = 3 + 1/10^1 + 4/10^2 + 1/10^3 + 5/10^4$$

Rationale Zahlen, die mit einer endlichen Anzahl von Dezimalstellen dargestellt werden können, heißen **endliche Dezimalbrüche**.

Jeder endliche Dezimalbruch ist eine rationale Zahl, aber nicht jede rationale Zahl kann als endlicher Dezimalbruch geschrieben werden. Wir müssen auch **unendliche Dezimalbrüche** zulassen wie z. B.

$$100/3 = 33.333\ldots$$

Dabei deuten die drei Punkte an, dass die Ziffer 3 unendlich oft wiederkehrt.

Wenn ein Dezimalbruch eine rationale Zahl ist, so ist er immer **periodisch** – d. h. nach einer bestimmten Stelle in der Dezimaldarstellung bricht die Darstellung entwe-

---

[2] Euklid hat dies um 300 v. Chr. bewiesen.

[3] Das englische Wort „digit" für Ziffer bedeutet auch „Finger" und die meisten Menschen haben 10 Finger.

der ab oder eine endliche Folge von Ziffern wiederholt sich unendlich oft, z. B.

$$11/70 = 0.1\,\underbrace{571428}\,\underbrace{571428}\,5\ldots$$

Dabei wiederholt sich die Folge der sechs Ziffern unendlich oft.

Die Definition der reellen Zahlen folgt aus der vorangehenden Diskussion. Wir definieren eine **reelle Zahl** als einen beliebigen unendlichen Dezimalbruch. Eine reelle Zahl hat also die Gestalt $x = \pm m.\alpha_1\alpha_2\alpha_3\ldots$, wobei m eine nicht-negative ganze Zahl und α_n ($n = 1, 2\ldots$) eine unendliche Folge von Ziffern ist, jede aus dem Bereich 0 bis 9.

Wir haben bereits die periodischen Dezimalbrüche als die rationalen Zahlen identifiziert. Darüber hinaus gibt es unendlich viele neue Zahlen in Form der nichtperiodischen Dezimalbrüche. Diese heißen **irrationale Zahlen**. Beispiele sind u. a.[4]

$$\sqrt{2}, \quad -\sqrt{5}, \quad \pi, \quad 2^{\sqrt{2}}, \quad \text{und} \quad 0.12112111211112\ldots.$$

Wir haben bereits erwähnt, dass jede rationale Zahl als Punkt auf der Zahlengeraden dargestellt werden kann. Aber nicht alle Punkte auf der Zahlengeraden repräsentieren rationale Zahlen. Es ist so, als ob die irrationalen Zahlen die verbleibenden „Lücken schließen", nachdem alle rationalen Zahlen an ihrem Ort platziert sind. Daher ist eine ununterbrochene und endlose Gerade mit einem Ursprung und einer positiven Längeneinheit ein geeignetes Modell für die reellen Zahlen. Wir sagen oft, dass es eine *Eins-zu-Eins-Korrespondenz* zwischen den reellen Zahlen und der Zahlengeraden gibt. Man spricht auch oft von der „reellen Geraden", anstelle der „Zahlengeraden".

Man sagt von den rationalen und irrationalen Zahlen, dass sie „dicht" auf der Zahlengeraden liegen. Dies bedeutet, dass man zwischen zwei reellen Zahlen, egal wie nah sie zueinander liegen, immer noch eine rationale und eine irrationale Zahl finden kann – tatsächlich kann man von beiden je unendlich viele finden.

Wendet man die vier Grundrechenarten auf die reellen Zahlen an, so ist das Ergebnis wieder eine reelle Zahl. Die einzige Ausnahme ist, dass wir nicht durch 0 teilen dürfen: mit den Worten des amerikanischen Komikers Steven Wright: „Schwarze Löcher sind dort, wo Gott durch Null teilte."

Division durch Null

$$\frac{p}{0} \text{ ist nicht definiert für jede reelle Zahl } p. \tag{1.1.3}$$

Dies ist sehr wichtig und sollte nicht verwechselt werden mit $0/a = 0$ für alle $a \neq 0$. Beachten Sie insbesondere, dass $0/0$ nicht als irgendeine reelle Zahl definiert ist. Wenn z. B. ein Auto 60 Liter Benzin braucht, um 600 Kilometer zu fahren, dann ist der Benzinverbrauch $60/600 = 10$ Liter pro 100 Kilometer. Wenn jedoch gesagt wird, dass ein Auto 0 Liter Benzin braucht, um 0 Kilometer zu fahren, so wissen wir nichts über den Benzinverbrauch dieses Autos; $0/0$ ist undefiniert.

---

[4] Im Allgemeinen ist es sehr schwierig, zu entscheiden, ob eine gegebene Zahl rational oder irrational ist. Es ist seit dem Jahr 1776 bekannt, dass π irrational ist und seit 1927, dass $2^{\sqrt{2}}$ irrational ist. Es gibt jedoch viele Zahlen, über die wir noch nicht wissen, ob sie irrational sind oder nicht.

1. Welche der folgenden Aussagen sind wahr?

   (a) 1984 ist eine natürliche Zahl.

   (b) -5 liegt rechts von -3 auf der Zahlengeraden.

   (c) -13 ist eine natürliche Zahl.

   (d) Es gibt keine natürliche Zahl, die nicht rational ist.

   (e) 3.1415 ist nicht rational.

   (f) Die Summe zweier irrationaler Zahlen ist irrational.

   (g) $-3/4$ ist rational.

   (h) Alle rationalen Zahlen sind reell.

2. Erklären Sie, warum der unendliche Dezimalbruch $1.010010001000010000001\ldots$ keine rationale Zahl ist.

▶ Lösungen zu den Aufgaben finden Sie im Anhang des Buches.

1.2 Potenzen mit ganzzahligen Exponenten

Sie sollten bereits wissen, dass wir oft 3^4 anstelle des Produkts $3\cdot3\cdot3\cdot3$ schreiben, dass $\frac{1}{2}\cdot\frac{1}{2}\cdot\frac{1}{2}\cdot\frac{1}{2}\cdot\frac{1}{2}$ als $\left(\frac{1}{2}\right)^5$ geschrieben werden kann und dass $(-10)^3 = (-10)(-10)(-10) = -1000$. Wenn a eine beliebige Zahl und n eine natürliche Zahl ist, dann ist a^n definiert durch

$$a^n = \underbrace{a \cdot a \cdot \cdots \cdot a}_{n \text{ mal}} \qquad (1.2.1)$$

Wir nennen a^n die **n-te Potenz von a**. Dabei heißt a die **Basis** (Grundzahl) und n ist der **Exponent** (Hochzahl). Wir haben z. B. $a^2 = a \cdot a$, $x^4 = x \cdot x \cdot x \cdot x$ und

$$\left(\frac{p}{q}\right)^5 = \frac{p}{q} \cdot \frac{p}{q} \cdot \frac{p}{q} \cdot \frac{p}{q} \cdot \frac{p}{q}$$

mit $a = p/q$ und $n = 5$. Nach Definition ist $a^1 = a$, ein „Produkt" mit nur einem Faktor.

Gewöhnlich lassen wir das Multiplikationszeichen weg, wenn keine Missverständnisse zu befürchten sind. Wir schreiben z. B. abc, anstelle $a \cdot b \cdot c$. Jedoch ist es sicherer, in $1.05^3 = 1.05 \cdot 1.05 \cdot 1.05$ das Produktzeichen beizubehalten.

Wir definieren ferner für jede reelle Zahl $a \neq 0$

$$a^0 = 1 \qquad (1.2.2)$$

Daher ist $5^0 = 1$, $(-16.2)^0 = 1$ und $(x \cdot y)^0 = 1$ (falls $x \cdot y \neq 0$). Wenn $a = 0$, weisen wir a^0 keinen numerischen Wert zu. Der Ausdruck 0^0 ist *nicht definiert*.

Wir müssen auch Potenzen mit negativen Exponenten definieren. Was meinen wir mit 3^{-2}? Es erweist sich als vernünftig, 3^{-2} gleich $1/3^2 = 1/9$ zu setzen. Im Allgemeinen definieren wir

$$a^{-n} = \frac{1}{a^n} \qquad (1.2.3)$$

für jede natürliche Zahl n und $a \neq 0$. Insbesondere ist $a^{-1} = 1/a$. Auf diese Weise haben wir a^x für alle ganzen Zahlen x definiert.

 Taschenrechner haben gewöhnlich eine Taste zur Berechnung von Potenzen, die mit $\boxed{y^x}$ oder $\boxed{a^x}$ bezeichnet ist. Probieren Sie aus, wie mit Ihrem Taschenrechner 2^3 (das ist 8), 3^2 (das ist 9) und 25^{-3} (das ist 0.000064) berechnet wird.

Eigenschaften von Potenzen

Es gibt einige Rechenregeln für Potenzen, die Sie nicht nur auswendig können müssen, sondern Sie sollten auch verstehen, warum sie gelten. Die zwei wichtigsten sind:

Eigenschaften von Potenzen

Für jede reelle Zahl a und alle ganzen Zahlen r und s gilt:

$$\text{(i)} \quad a^r \cdot a^s = a^{r+s} \qquad \text{(ii)} \quad (a^r)^s = a^{rs} \tag{1.2.4}$$

Überlegen Sie sich gründlich, was diese Regeln aussagen. Gemäß Regel (i) werden Potenzen mit derselben Basis multipliziert, indem man die Exponenten *addiert*, z. B.

$$a^3 \cdot a^5 = \underbrace{a \cdot a \cdot a}_{3 \text{ mal}} \cdot \underbrace{a \cdot a \cdot a \cdot a \cdot a}_{5 \text{ mal}} = \underbrace{a \cdot a \cdot a \cdot a \cdot a \cdot a \cdot a \cdot a}_{3 + 5 = 8 \text{ mal}} = a^8 = a^{3+5}$$

Hier ist ein Beispiel für Regel (ii):

$$(a^2)^4 = \underbrace{\underbrace{a \cdot a}_{2 \text{ mal}} \cdot \underbrace{a \cdot a}_{2 \text{ mal}} \cdot \underbrace{a \cdot a}_{2 \text{ mal}} \cdot \underbrace{a \cdot a}_{2 \text{ mal}}}_{4 \text{ mal}} = \underbrace{a \cdot a \cdot a \cdot a \cdot a \cdot a \cdot a \cdot a}_{4 \cdot 2 = 8 \text{ mal}} = a^8 = a^{2 \cdot 4}$$

Division von zwei Potenzen mit derselben Basis funktioniert folgendermaßen:

$$a^r \div a^s = \frac{a^r}{a^s} = a^r \frac{1}{a^s} = a^r \cdot a^{-s} = a^{r-s}$$

Wir dividieren also zwei Potenzen mit derselben Basis, indem wir den Exponenten des Nenners *subtrahieren* vom Exponenten des Zählers.[5] Zum Beispiel $a^3 \div a^5 = a^{3-5} = a^{-2}$.

Beachten Sie noch, dass

$$(ab)^r = \underbrace{ab \cdot ab \cdot \cdots \cdot ab}_{r \text{ mal}} = \underbrace{a \cdot a \cdot \cdots \cdot a}_{r \text{ mal}} \cdot \underbrace{b \cdot b \cdot \cdots \cdot b}_{r \text{ mal}} = a^r b^r$$

---

[5] Eine wichtige Motivation für die Definitionen $a^0 = 1$ und $a^{-n} = 1/a^n$ ist, dass die Regeln für Potenzen sowohl für negative und positive Exponenten als auch für Exponenten, die gleich Null sind, gelten sollen. Betrachten Sie z. B. die Implikation der Forderung $a^r \cdot a^s = a^{r+s}$ für $a^5 \cdot a^0$. Wir erhalten $a^{5+0} = a^5$, so dass $a^5 \cdot a^0 = a^5$, und daher müssen wir $a^0 = 1$ setzen. Wenn $a^n \cdot a^m = a^{n+m}$ für $m = -n$ gelten soll, muss $a^n \cdot a^{-n} = a^{n+(-n)} = a^0 = 1$ sein. Da $a^n \cdot (1/a^n) = 1$, *müssen* wir a^{-n} als $1/a^n$ definieren.

und

$$\left(\frac{a}{b}\right)^r = \underbrace{\frac{a}{b} \cdot \frac{a}{b} \cdot \ldots \cdot \frac{a}{b}}_{r\,\text{mal}} = \frac{\overbrace{a \cdot a \cdot \ldots \cdot a}^{r\,\text{mal}}}{\underbrace{b \cdot b \cdot \ldots \cdot b}_{r\,\text{mal}}} = \frac{a^r}{b^r} = a^r b^{-r}$$

Diese Regeln können auf den Fall mehrerer Faktoren ausgedehnt werden, z. B.

$$(abcde)^r = a^r b^r c^r d^r e^r$$

Wir haben gesehen, dass $(ab)^r = a^r b^r$. Was ist mit $(a+b)^r$? Ein weit verbreiteter Fehler in der elementaren Algebra ist, dass man dies gleichsetzt mit $a^r + b^r$. Jedoch ist z. B. $(2+3)^3 = 5^3 = 125$, aber $2^3 + 3^3 = 8 + 27 = 35$. Daher ist

$$(a+b)^r \neq a^r + b^r \qquad \text{(im Allgemeinen)} \tag{1.2.5}$$

Beispiel 1.2.1

Vereinfachen[6] Sie   (a) $x^p x^{2p}$ (b) $t^s \div t^{s-1}$ (c) $a^2 b^3 a^{-1} b^5$ (d) $\dfrac{t^p t^{q-1}}{t^r t^{s-1}}$.

Lösung:

(a) $x^p x^{2p} = x^{p+2p} = x^{3p}$

(b) $t^s \div t^{s-1} = t^{s-(s-1)} = t^{s-s+1} = t^1 = t$

(c) $a^2 b^3 a^{-1} b^5 = a^2 a^{-1} b^3 b^5 = a^{2-1} b^{3+5} = a^1 b^8 = ab^8$

(d) $\dfrac{t^p \cdot t^{q-1}}{t^r \cdot t^{s-1}} = \dfrac{t^{p+q-1}}{t^{r+s-1}} = t^{p+q-1-(r+s-1)} = t^{p+q-1-r-s+1} = t^{p+q-r-s}$

Beispiel 1.2.2

Berechnen Sie $x^{-4}y^6$, $x^6 y^{-9}$ und $x^2 y^{-3} + 2x^{-10}y^{15}$, wenn $x^{-2}y^3 = 5$.

Lösung: Wie können wir von der Annahme $x^{-2}y^3 = 5$ Gebrauch machen, wenn wir $x^{-4}y^6$ berechnen wollen. Vielleicht erkennen Sie, dass $(x^{-2}y^3)^2 = x^{-4}y^6$ und daher $x^{-4}y^6 = 5^2 = 25$. Ähnlich erhält man

$$x^6 y^{-9} = (x^{-2}y^3)^{-3} = 5^{-3} = 1/5^3 = 1/125$$

und

$$x^2 y^{-3} + 2x^{-10}y^{15} = (x^{-2}y^3)^{-1} + 2(x^{-2}y^3)^5 = 5^{-1} + 2 \cdot 5^5 = 1/5 + 6250 = 6250.2$$

---

[6] Hier und für das ganze Buch sei nachdrücklich empfohlen, dass Sie versuchen, das Problem selbstständig zu lösen, indem Sie die hier gebotene Lösung zunächst zudecken und dann nach und nach die hier vorgeschlagene Lösung mit Ihrer eigenen vergleichen, um zu sehen, ob Sie das Problem richtig gelöst haben.

Beispiel 1.2.3

Es passiert leicht, dass beim Rechnen mit Potenzen Fehler gemacht werden. Die folgenden Beispiele sollen einige der häufigsten Fehlerquellen aufzeigen.

(a) Es ist ein großer Unterschied zwischen $(-10)^2 = (-10)(-10) = 100$ und $-10^2 = -(10 \cdot 10) = -100$. Das Quadrat von -10 ist nicht das Negative des Quadrats von 10.

(b) Beachten Sie, dass $(2x)^{-1} = 1/(2x)$. Hier wird das Produkt $2x$ mit -1 potenziert. Andererseits wird jedoch in dem Ausdruck $2x^{-1}$ nur x mit -1 potenziert, so dass $2x^{-1} = 2 \cdot (1/x) = 2/x$.

(c) Das Volumen eines Balles mit Radius r ist $\frac{4}{3}\pi r^3$. Wie groß ist das Volumen, wenn der Radius verdoppelt wird? Lösung: Das neue Volumen ist: $\frac{4}{3}\pi(2r)^3 = \frac{4}{3}\pi(2r)(2r)(2r) = \frac{4}{3}\pi 8r^3 = 8\left(\frac{4}{3}\pi r^3\right)$, d. h. das Volumen ist 8-mal so groß wie das ursprüngliche. Wenn wir fälschlich $(2r)^3$ in $2r^3$ „vereinfachen" würden, würde das Resultat nur eine Verdopplung des Volumens ergeben, was jeglicher Alltagserfahrung widerspricht.

Zinseszins

Potenzen werden in praktisch allen Bereichen der angewandten Mathematik, einschließlich Wirtschaftswissenschaften, gebraucht. Um ihren Nutzen zu illustrieren, erinnern Sie sich, wie sie benötigt werden, um Zinseszins zu berechnen.

Nehmen Sie an, dass Sie 1000 Euro auf einem Bankkonto anlegen bei 8 % Zinsen am Ende des Jahres.[7] Nach einem Jahr erhalten Sie $1000 \cdot 0.08 = 80$ Euro an Zinsen, so dass das Guthaben auf Ihrem Bankkonto 1080 Euro beträgt. Dies kann so umgeschrieben werden:

$$1000 + \frac{1000 \cdot 8}{100} = 1000\left(1 + \frac{8}{100}\right) = 1000 \cdot 1.08$$

Nehmen Sie an, dass dieser neue Betrag von $1000 \cdot 1.08$ Euro für ein weiteres Jahr auf dem Konto stehen bleibt zu einem Zinssatz von 8 %. Nach dem zweiten Jahr ist der zusätzliche Zinsbetrag $1000 \cdot 1.08 \cdot 0.08$, so dass das Gesamtguthaben anwachsen wird auf

$$1000 \cdot 1.08 + (1000 \cdot 1.08) \cdot 0.08 = 1000 \cdot 1.08(1 + 0.08) = 1000 \cdot (1.08)^2$$

Jedes Jahr wächst das Guthaben um den Faktor 1.08, und wir sehen, dass es nach t Jahren auf $1000 \cdot (1.08)^t$ Euro anwachsen wird.

Wenn der ursprünglich angelegte Betrag K Euro und der Zinssatz p % pro Jahr ist, wird das Guthaben am Ende des ersten Jahres $K + K \cdot p/100 = K(1 + p/100)$ Euro betragen. Der Wachstumsfaktor pro Jahr ist daher $1 + p/100$. Nach t (ganzen) Jahren wird das Anfangskapital von K Euro anwachsen auf den Betrag von

$$K\left(1 + \frac{p}{100}\right)^t,$$

wenn der Zinssatz p % pro Jahr ist und die Zinsen jedes Jahr dem Konto gutgeschrieben werden – d. h. es gibt Zinseszinsen.

---

[7] Zur Erinnerung sei gesagt, dass 1 % bedeutet eins von Hundert oder 0.01. So ist z. B. 23 % gleich $23 \cdot 0.01 = 0.23$. Um 23 % von 4000 Euro zu berechnen, schreiben wir $4000 \cdot \frac{23}{100} = 920$ oder $4000 \cdot 0.23 = 920$.

Dieses Beispiel verdeutlicht ein allgemeines Prinzip:

Exponentielles Wachstum

Eine Größe K, die jedes Jahr um $p\,\%$ anwächst, wird nach t Jahren auf

$$K\left(1 + \frac{p}{100}\right)^t \tag{1.2.6}$$

anwachsen. Dabei wird $1 + \dfrac{p}{100}$ der **Wachstumsfaktor** für ein Wachstum von $p\,\%$ genannt.

Wenn Sie einen Ausdruck wie $(1.08)^t$ sehen, sollten Sie sofort erkennen können, dass dies der Betrag ist, auf den 1 Euro nach t Jahren angewachsen ist, wenn der Zinssatz 8 % pro Jahr ist. Wie ist $(1.08)^0$ zu interpretieren? Sie legen 1 Euro zu 8 % pro Jahr an und lassen diesen Betrag für 0 Jahre auf Ihrem Konto. Dann werden Sie immer noch nur 1 Euro haben, weil keine Zeit vergangen ist, um irgendwelche Zinsen anzusammeln, so dass $(1.08)^0$ gleich 1 sein *muss*.[8]

Beispiel 1.2.4

Ein neues Auto wurde für 15 000 Euro gekauft und es wird angenommen, dass es jedes Jahr 15 % an Wert verliert über einen Zeitraum von 6 Jahren. Wie groß ist der Wert nach 6 Jahren?

Lösung: Nach einem Jahr ist der Wert gefallen auf

$$15\,000 - \frac{15\,000 \cdot 15}{100} = 15\,000\left(1 - \frac{15}{100}\right) = 15\,000 \cdot 0.85 = 12\,750$$

Nach zwei Jahren ist der Wert $15\,000 \cdot (0.85)^2 = 10\,837.50$, usw. und wir erkennen, dass der Wert nach sechs Jahren $15\,000 \cdot (0.85)^6 \approx 5\,657$ sein wird.

Dieses Beispiel verdeutlicht ein allgemeines Prinzip:

Exponentielle Abnahme

Eine Größe K, die jedes Jahr um $p\,\%$ abnimmt, wird nach t Jahren auf

$$K\left(1 - \frac{p}{100}\right)^t \tag{1.2.7}$$

fallen. Dabei wird $1 - \dfrac{p}{100}$ der **Wachstumsfaktor** bei einer Abnahme um $p\,\%$ genannt.

---

[8] $1000 \cdot (1.08)^5$ ist der Betrag, den Sie nach 5 Jahren auf Ihrem Konto haben werden, wenn Sie 1000 Euro zu 8 % Zinsen pro Jahr anlegen. Mit einem Rechner werden Sie schnell herausfinden, dass Sie ungefähr 1469.33 Euro besitzen werden. Ein ziemlich verbreiteter Fehler ist $1000 \cdot (1.08)^5 = (1000 \cdot 1.08)^5 = (1080)^5$ zu setzen. Dies ist 10^{12} (oder eine Billion) mal die richtige Antwort.

Brauchen wir wirklich negative Exponenten?

Wie viel Geld hätten Sie vor 5 Jahren bei einer Bank anlegen müssen, um heute 1000 Euro zu haben, vorausgesetzt, dass der Zinssatz 8 % pro Jahr über den ganzen Zeitraum war? Wenn wir diesen Betrag x nennen, so muss $x \cdot (1.08)^5$ gleich 1000 Euro sein, d. h. $x \cdot (1.08)^5 = 1000$. Indem wir auf beiden Seiten durch 1.08^5 dividieren, erhalten wir

$$x = \frac{1000}{(1.08)^5} = 1000 \cdot (1.08)^{-5}$$

(was ungefähr 681 Euro ist). Daher hätten Sie $(1.08)^{-5}$ Euro vor 5 Jahren anlegen müssen, um heute 1 Euro zu haben, gegeben, dass der Zinssatz konstant gleich 8 % war.

Im Allgemeinen gilt: $P\left(1 + p/100\right)^{-t}$ *ist der Betrag, den Sie vor t Jahren hätten anlegen müssen, um heute P Euro zu haben, falls der Zinssatz p % pro Jahr gewesen wäre.*

Aufgaben für Kapitel 1.2

1. Berechnen Sie die folgenden Zahlen:

   (a) 10^3　　　(b) $(-0.3)^2$　　　(c) 4^{-2}　　　(d) $(0.1)^{-1}$

2. Schreiben Sie die folgenden Zahlen als Potenzen von 2:

   (a) 4　　　(b) 1　　　(c) 64　　　(d) $1/16$

3. Schreiben Sie die folgenden Zahlen als Potenzen:

   (a) $15 \cdot 15 \cdot 15$　　(b) $\left(-\frac{1}{3}\right)\left(-\frac{1}{3}\right)\left(-\frac{1}{3}\right)$　　(c) $\frac{1}{10}$　　(d) 0.0000001

   (e) $t\,t\,t\,t\,t\,t$　　(f) $(a-b)(a-b)(a-b)$　　(g) $a\,a\,b\,b\,b\,b$　　(h) $(-a)(-a)(-a)$

4. Berechnen und vereinfachen Sie die folgenden Ausdrücke:

   (a) $2^5 \cdot 2^5$　　(b) $3^8 \cdot 3^{-2} \cdot 3^{-3}$　　(c) $(2x)^3$　　(d) $(-3xy^2)^3$

   (e) $\dfrac{p^{24}p^3}{p^4 p}$　　(f) $\dfrac{a^4 b^{-3}}{(a^2 b^{-3})^2}$　　(g) $\dfrac{3^4(3^2)^6}{(-3)^{15}3^7}$　　(h) $\dfrac{p^{\gamma}(pq)^{\sigma}}{p^{2\gamma+\sigma}q^{\sigma-2}}$

5. Berechnen und vereinfachen Sie die folgenden Ausdrücke:

   (a) $2^0 \cdot 2^1 \cdot 2^2 \cdot 2^3$　　(b) $\left(\dfrac{4}{3}\right)^3$　　(c) $\dfrac{4^2 \cdot 6^2}{3^3 \cdot 2^3}$

   (d) $x^5 x^4$　　(e) $y^5 y^4 y^3$　　(f) $(2xy)^3$

   (g) $\dfrac{10^2 \cdot 10^{-4} \cdot 10^3}{10^0 \cdot 10^{-2} \cdot 10^5}$　　(h) $\dfrac{(k^2)^3 k^4}{(k^3)^2}$　　(i) $\dfrac{(x+1)^3(x+1)^{-2}}{(x+1)^2(x+1)^{-3}}$

6. Die Oberfläche einer Kugel mit Radius r ist $4\pi r^2$.

   (a) Mit welchem Faktor wächst die Oberfläche, wenn der Radius verdreifacht wird?

   (b) Um wieviel % nimmt die Oberfläche zu, wenn der Radius um 16% zunimmt?

➡

→ Fortsetzung

7. Nehmen Sie an, dass a und b positiv sind, während m und n ganze Zahlen sind. Welche der folgenden Gleichungen sind wahr und welche sind falsch?

   (a) $a^0 = 0$ (b) $(a+b)^{-n} = 1/(a+b)^n$ (c) $a^m \cdot a^m = a^{2m}$

   (d) $a^m \cdot b^m = (ab)^{2m}$ (e) $(a+b)^m = a^m + b^m$ (f) $a^n \cdot b^m = (ab)^{n+m}$

8. Ersetzen Sie im Folgenden die Pünktchen durch Ihre Antworten:

   (a) $xy = 3$ impliziert $x^3 y^3 = \ldots$ (b) $ab = -2$ impliziert $(ab)^4 = \ldots$

   (c) $a^2 = 4$ impliziert $(a^8)^0 = \ldots$ (d) n ganze Zahl impliziert $(-1)^{2n} = \ldots$

9. Berechnen Sie: (a) 13 % von 150   (b) 6 % von 2400   (c) 5.5 % von 200

10. Geben Sie für jeden der folgenden Ausdrücke ökonomische Interpretationen an und benutzen Sie dann einen Taschenrechner, um approximative Werte zu finden:

    (a) $50 \cdot (1.11)^8$ €   (b) $10\,000 \cdot (1.12)^{20}$ €   (c) $5000 \cdot (1.07)^{-10}$ €

11. Eine Packung mit 5 Bällen kostet 8.50 Euro. Wenn die Bälle einzeln gekauft werden, kosten Sie 2.00 Euro pro Stück. Wie viel billiger ist es, in Prozent ausgedrückt, die Packung zu erwerben als die Bälle einzeln zu kaufen?

12. (a) 12 000 Euro werden bei 4 % Zinsen pro Jahr auf einem Konto angelegt. Wie hoch ist das Guthaben nach 15 Jahren?

    (b) Wie viel Geld (in Euro) hätten Sie vor 5 Jahren bei einer Bank anlegen müssen, um heute 50 000 Euro zu haben, wenn der Zinssatz 6 % gewesen wäre?

13. Eine Größe wächst jedes Jahr um 25 % in einem Zeitraum von 3 Jahren. Wie groß ist das gesamte prozentuale Wachstum p über die Dreijahresperiode?

14. Der Gewinn eines Unternehmens stieg von 2010 auf 2011 um 20 %, nahm dann aber um 17 % ab von 2011 auf 2012.

    (a) Welches von den Jahren 2010 und 2012 hatte den höheren Gewinn?

    (b) Bei welcher prozentualen Abnahme von 2011 auf 2012 wären die Gewinne in 2010 und 2012 gleich gewesen?

► Lösungen zu den Aufgaben finden Sie im Anhang des Buches.

1.3 Regeln der Algebra

Sie sind sicherlich schon mit den meisten der wichtigen Regeln der Algebra vertraut. Wir haben bereits einige in diesem Kapitel benutzt. Trotzdem erscheint es nützlich, die wichtigsten Regeln zu wiederholen.

Regeln der Algebra

Wenn a, b und c beliebige Zahlen sind, dann gilt:

(i) $a + b = b + a$

(ii) $(a + b) + c = a + (b + c)$

(iii) $a + 0 = a$

(iv) $a + (-a) = 0$

(v) $ab = ba$

(vi) $(ab)c = a(bc)$

(vii) $1 \cdot a = a$

(viii) $a\,a^{-1} = 1$ für $a \neq 0$

(ix) $(-a)b = a(-b) = -ab$

(x) $(-a)(-b) = ab$

(xi) $a(b + c) = ab + ac$

(xii) $(a + b)c = ac + bc$

Beispiel 1.3.1

Diese Regeln werden in den folgenden Gleichheiten benutzt. Geben Sie bitte genau an, welche Regeln benutzt werden.

(a) $5 + x^2 = x^2 + 5$

(b) $(a + 2b) + 3b = a + (2b + 3b) = a + 5b$

(c) $x \cdot \dfrac{1}{3} = \dfrac{1}{3} \cdot x = \dfrac{1}{3}x$

(d) $(xy)y^{-1} = x(yy^{-1}) = x$

(e) $(-3)5 = 3(-5) = -(3 \cdot 5) = -15$

(f) $(-6)(-20) = 120$

(g) $3x(y + 2z) = 3xy + 6xz$

(h) $(t^2 + 2t)4t^3 = t^2 4t^3 + 2t4t^3 = 4t^5 + 8t^4$

Lösung: (a) (i);   (b) (ii);   (c) (v);   (d) (vi) und (viii);

(e) (ix);   (f) (x);   (g) (xi);   (h) (xii)

Die algebraischen Regeln können auf verschiedene Weisen kombiniert werden und man erhält so:

$$a(b - c) = a[b + (-c)] = ab + a(-c) = ab - ac$$

$$x(a + b - c + d) = xa + xb - xc + xd$$

$$(a + b)(c + d) = ac + ad + bc + bd$$

Abb. 1.3.1 liefert ein geometrisches Argument für die letzte dieser Regeln für den Fall, in dem die Zahlen a, b, c und d alle positiv sind. Die Fläche $(a + b)(c + d)$ des großen Rechtecks ist die Summe der Flächen der vier kleinen Rechtecke.

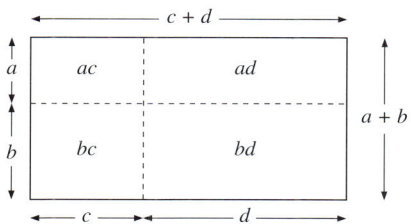

Abbildung 1.3.1: $(a + b)(c + d) = ac + ad + bc + bd$

Beachten Sie die folgenden drei „quadratischen Identitäten" (Binomische[9] Formeln), die so wichtig sind, dass Sie sie auswendig lernen sollten.

$$(a + b)^2 \;=\; a^2 + 2ab + b^2 \tag{1.3.1}$$

$$(a - b)^2 \;=\; a^2 - 2ab + b^2 \tag{1.3.2}$$

$$(a + b)(a - b) \;=\; a^2 - b^2 \tag{1.3.3}$$

Die letzte dieser drei Gleichungen heißt die *Formel für die Differenz von Quadraten.* Die Beweise sind sehr einfach, z. B. $(a + b)^2$ bedeutet $(a + b)(a + b)$, welches gleich $aa + ab + ba + bb = a^2 + 2ab + b^2$ ist.

Beispiel 1.3.2

Berechnen Sie die folgenden Ausdrücke:

(a) $(3x + 2y)^2$ (b) $(1 - 2z)^2$ (c) $(4p + 5q)(4p - 5q)$

Lösung:
(a) $(3x + 2y)^2 = (3x)^2 + 2(3x)(2y) + (2y)^2 = 9x^2 + 12xy + 4y^2$
(b) $(1 - 2z)^2 = 1 - 2 \cdot 1 \cdot 2z + (2z)^2 = 1 - 4z + 4z^2$
(c) $(4p + 5q)(4p - 5q) = (4p)^2 - (5q)^2 = 16p^2 - 25q^2$

Wir verwenden oft Klammern mit einem voranstehenden Minuszeichen. Da $(-1)x = -x$, folgt:

$$-(a + b - c + d) = -a - b + c - d$$

In Worten: *Wenn Sie ein Klammernpaar mit voranstehendem Minuszeichen entfernen wollen, müssen Sie die Vorzeichen* **aller** *Terme in der Klammer ändern. Dabei dürfen Sie keines vergessen.*

Wir haben gesehen, wie man zwei Faktoren $(a+b)$ und $(c+d)$ miteinander multipliziert. Wie berechnet man solche Produkte, wenn es mehrere Faktoren gibt? Hier ist ein Beispiel:

$$(a + b)(c + d)(e + f) = [(a + b)(c + d)](e + f) = (ac + ad + bc + bd)(e + f)$$

$$= (ac + ad + bc + bd)e + (ac + ad + bc + bd)f$$

$$= ace + ade + bce + bde + acf + adf + bcf + bdf$$

---

[9] Ein Binom ist eine Summe oder eine Differenz von zwei Termen

Schreiben Sie alternativ $(a + b)(c + d)(e + f) = (a + b)\big[(c + d)(e + f)\big]$, multiplizieren Sie dann aus und zeigen Sie, dass Sie dieselbe Antwort erhalten.

Berechnen Sie den Ausdruck $(r + 1)^3$. Verwenden Sie die Lösung, um zu berechnen, um wieviel sich das Volumen eines Balles mit einem Radius von r Metern vergrößert, wenn der Radius um 1 Meter zunimmt.

Lösung:

$$(r + 1)^3 = \big[(r + 1)(r + 1)\big](r + 1) = (r^2 + 2r + 1)(r + 1) = r^3 + 3r^2 + 3r + 1$$

Ein Ball mit einem Radius von r Metern hat ein Volumen von $\frac{4}{3}\pi r^3$ Kubikmetern. Wenn der Radius um 1 Meter zunimmt, vergrößert sich das Volumen um

$$\frac{4}{3}\pi(r + 1)^3 - \frac{4}{3}\pi r^3 = \frac{4}{3}\pi(r^3 + 3r^2 + 3r + 1) - \frac{4}{3}\pi r^3 = \frac{4}{3}\pi(3r^2 + 3r + 1)$$

Algebraische Ausdrücke

Ausdrücke, die Buchstaben wie $3xy - 5x^2y^3 + 2xy + 6y^3x^2 - 3x + 5yx + 8$ enthalten, werden *algebraische Ausdrücke* genannt. Wir nennen $3xy$, $-5x^2y^3$, $2xy$, $6y^3x^2$, $-3x$, $5yx$ und 8 die *Terme* in dem Ausdruck, der entsteht, wenn wir alle Terme zusammenfügen. Die Zahlen 3, −5, 2, 6, −3 und 5 sind die *numerischen Koeffizienten* der ersten sechs Terme. Zwei Terme, in denen nur die numerischen Koeffizienten verschieden sind, wie z. B. $-5x^2y^3$ und $6y^3x^2$, heißen *Terme vom selben Typ*. Um Ausdrücke zu vereinfachen, sammeln wir Terme vom selben Typ. Dann stellen wir innerhalb jedes Terms die numerischen Koeffizienten an die Spitze und bringen dann die Buchstaben in alphabetische Reihenfolge. Somit ist:

$$3xy - 5x^2y^3 + 2xy + 6y^3x^2 - 3x + 5yx + 8 = x^2y^3 + 10xy - 3x + 8$$

Multiplizieren Sie den folgenden Ausdruck aus und vereinfachen Sie dann:
$(2pq - 3p^2)(p + 2q) - (q^2 - 2pq)(2p - q)$.

Lösung:

$$(2pq - 3p^2)(p + 2q) - (q^2 - 2pq)(2p - q)$$
$$= 2pqp + 2pq2q - 3p^3 - 6p^2q - (q^22p - q^3 - 4pqp + 2pq^2)$$
$$= 2p^2q + 4pq^2 - 3p^3 - 6p^2q - 2pq^2 + q^3 + 4p^2q - 2pq^2$$
$$= -3p^3 + q^3$$

Faktorenzerlegung

Wenn wir $49 = 7 \cdot 7$ und $672 = 2 \cdot 2 \cdot 2 \cdot 2 \cdot 2 \cdot 3 \cdot 7$ schreiben, so haben wir diese Zahlen in *Faktoren zerlegt*[10]. Algebraische Ausdrücke können oft auf ähnliche Weise in Faktoren zerlegt werden: Einen *Ausdruck in Faktoren zerlegen*, heißt, ihn als ein Produkt von einfacheren Faktoren zu schreiben. Zum Beispiel sind $6x^2y = 2 \cdot 3 \cdot x \cdot x \cdot y$ und $5x^2y^3 - 15xy^2 = 5 \cdot x \cdot y \cdot y(xy - 3)$ korrekte Faktorenzerlegungen.[11]

Beispiel 1.3.5

Zerlegen Sie jeden der folgenden Ausdrücke in Faktoren:

(a) $5x^2 + 15x$ (b) $-18b^2 + 9ab$ (c) $K(1 + r) + K(1 + r)r$ (d) $\delta L^{-3} + (1 - \delta)L^{-2}$

Lösung:

(a) $5x^2 + 15x = 5x(x + 3)$

(b) $-18b^2 + 9ab = 9ab - 18b^2 = 3 \cdot 3b(a - 2b)$

(c) $K(1 + r) + K(1 + r)r = K(1 + r)(1 + r) = K(1 + r)^2$

(d) $\delta L^{-3} + (1 - \delta)L^{-2} = L^{-3}\left[\delta + (1 - \delta)L\right]$

Die „quadratischen Identitäten" (Binomische Formeln (1.3.1)–(1.3.3)) können oft (in umgekehrter Richtung) zur Bildung der Faktoren benutzt werden. Sie machen es manchmal möglich, Ausdrücke zu zerlegen, bei denen man auf den ersten Blick keine Faktoren erkennt.

Beispiel 1.3.6

Zerlegen Sie jeden der folgenden Ausdrücke in Faktoren:

(a) $16a^2 - 1$ (b) $x^2y^2 - 25z^2$ (c) $4u^2 + 8u + 4$ (d) $x^2 - x + \frac{1}{4}$

Lösung:

(a) $16a^2 - 1 = (4a + 1)(4a - 1)$

(b) $x^2y^2 - 25z^2 = (xy + 5z)(xy - 5z)$

(c) $4u^2 + 8u + 4 = 4(u^2 + 2u + 1) = 4(u + 1)^2$

(d) $x^2 - x + \frac{1}{4} = (x - \frac{1}{2})^2$

Manchmal braucht man ein gewisses Maß an Kreativität, um eine Faktorenzerlegung zu finden:

$$4x^2 - y^2 + 6x^2 + 3xy = (4x^2 - y^2) + 3x(2x + y)$$
$$= (2x + y)(2x - y) + 3x(2x + y)$$
$$= (2x + y)(2x - y + 3x)$$
$$= (2x + y)(5x - y)$$

---

[10] Man spricht auch von der Faktorisierung eines Ausdrucks.
[11] Beachten Sie, dass $9x^2 - 25y^2 = 3 \cdot 3 \cdot x \cdot x - 5 \cdot 5 \cdot y \cdot y$ *keine* Faktorenzerlegung von $9x^2 - 25y^2$ ist. Eine korrekte Faktorenzerlegung ist $9x^2 - 25y^2 = (3x - 5y)(3x + 5y)$.

Obwohl es schwierig oder unmöglich sein kann, eine Faktorenzerlegung zu finden, ist es sehr leicht zu zeigen, dass ein algebraischer Ausdruck korrekt zerlegt wurde, indem man einfach die Faktoren multipliziert. Zum Beispiel überprüfen wir, dass

$$x^2 - (a + b)x + ab = (x - a)(x - b)$$

gilt, indem wir $(x - a)(x - b)$ ausmultiplizieren.

Die meisten algebraischen Ausdrücke können nicht in Faktoren zerlegt werden. Zum Beispiel gibt es keine Möglichkeit $x^2 + 10x + 50$ als ein Produkt einfacherer Faktoren zu schreiben.[12]

Aufgaben für Kapitel 1.3

1. Berechnen und vereinfachen Sie die folgenden Ausdrücke.

(a) $-3 + (-4) - (-8)$ (b) $(-3)(2 - 4)$ (c) $(-3)(-12)(-\frac{1}{2})$

(d) $-3[4 - (-2)]$ (e) $-3(-x - 4)$ (f) $(5x - 3y)9$

(g) $2x\left(\frac{3}{2x}\right)$ (h) $0 \cdot (1 - x)$ (i) $-7x\frac{2}{14x}$

2. Berechnen und vereinfachen Sie die folgenden Ausdrücke.

(a) $5a^2 - 3b - (-a^2 - b) - 3(a^2 + b)$ (b) $-x(2x - y) + y(1 - x) + 3(x + y)$

(c) $12t^2 - 3t + 16 - 2(6t^2 - 2t + 8)$ (d) $r^3 - 3r^2 s + s^3 - (-s^3 - r^3 + 3r^2 s)$

3. Berechnen und vereinfachen Sie die folgenden Ausdrücke.

(a) $-3(n^2 - 2n + 3)$ (b) $x^2(1 + x^3)$ (c) $(4n - 3)(n - 2)$

(d) $6a^2 b(5ab - 3ab^2)$ (e) $(a^2 b - ab^2)(a + b)$ (f) $(x - y)(x - 2y)(x - 3y)$

(g) $(ax + b)(cx + d)$ (h) $(2 - t^2)(2 + t^2)$ (i) $(u - v)^2(u + v)^2$

4. Berechnen und vereinfachen Sie die folgenden Ausdrücke.

(a) $(2t - 1)(t^2 - 2t + 1)$ (b) $(a + 1)^2 + (a - 1)^2 - 2(a + 1)(a - 1)$

(c) $(x + y + z)^2$ (d) $(x + y + z)^2 - (x - y - z)^2$

5. Berechnen Sie die folgenden Ausdrücke:

(a) $(x + 2y)^2$ (b) $\left(\frac{1}{x} - x\right)^2$ (c) $(3u - 5v)^2$ (d) $(2z - 5w)(2z + 5w)$

6. Vervollständigen Sie die folgenden Ausdrücke:

(a) $201^2 - 199^2 =$ (b) Wenn $u^2 - 4u + 4 = 1$, dann ist $u =$ (c) $\frac{(a + 1)^2 - (a - 1)^2}{(b + 1)^2 - (b - 1)^2} =$

---

[12] Wenn wir jedoch komplexe Zahlen einführen, dann *kann* $x^2 + 10x + 50$ in Faktoren zerlegt werden.

→ Fortsetzung

7. Berechnen Sie $1000^2/(252^2 - 248^2)$ ohne Taschenrechner.

8. Verifizieren Sie die folgenden kubischen Identitäten, die gelegentlich nützlich sind:

    (a) $(a + b)^3 = a^3 + 3a^2b + 3ab^2 + b^3$ (b) $(a - b)^3 = a^3 - 3a^2b + 3ab^2 - b^3$

    (c) $a^3 - b^3 = (a - b)(a^2 + ab + b^2)$ (d) $a^3 + b^3 = (a + b)(a^2 - ab + b^2)$

9. Faktorisieren Sie die folgenden Ausdrücke

    (a) $21x^2y^3$ (b) $3x - 9y + 27z$ (c) $a^3 - a^2b$ (d) $8x^2y^2 - 16xy$

    (e) $28a^2b^3$ (f) $4x + 8y - 24z$ (g) $2x^2 - 6xy$ (h) $4a^2b^3 + 6a^3b^2$

    (i) $7x^2 - 49xy$ (j) $5xy^2 - 45x^3y^2$ (l) $16 - b^2$ (l) $3x^2 - 12$

10. Faktorisieren Sie die folgenden Ausdrücke

    (a) $a^2 + 4ab + 4b^2$ (b) $K^2L - L^2K$ (c) $K^{-4} - LK^{-5}$

    (d) $9z^2 - 16w^2$ (e) $-\frac{1}{5}x^2 + 2xy - 5y^2$ (f) $a^4 - b^4$

11. Faktorisieren Sie die folgenden Ausdrücke

    (a) $x^2 - 4x + 4$ (b) $4t^2s - 8ts^2$ (c) $16a^2 + 16ab + 4b^2$

    (d) $5x^3 - 10xy^2$ (e) $5x + 5y + ax + ay$ (f) $u^2 - v^2 + 3v + 3u$

    (g) $P^3 + Q^3 + Q^2P + P^2Q$ (h) $K^3 - K^2L$ (i) $KL^3 + KL$

    (j) $L^2 - K^2$ (k) $K^2 - 2KL + L^2$ (l) $K^3L - 4K^2L^2 + 4KL^3$

► Lösungen zu den Aufgaben finden Sie im Anhang des Buches.

1.4   Brüche

Es sei daran erinnert, dass

$$a \div b = \frac{a}{b} \quad \begin{array}{l} \leftarrow \text{Zähler} \\ \leftarrow \text{Nenner} \end{array}$$

Zum Beispiel $5 \div 8 = \frac{5}{8}$. Aus typografischen Gründen schreiben wir oft 5/8 anstelle $\frac{5}{8}$. Natürlich ist $5 \div 8 = 0.625$. Wir haben hier den Bruch als Dezimalzahl geschrieben. Der Bruch 5/8 heißt ein *echter Bruch*, da 5 kleiner ist als 8. Der Bruch 19/8 ist ein *unechter Bruch*, weil der Zähler größer als der Nenner (oder gleich dem Nenner) ist. Ein unechter Bruch kann als *gemischte Zahl*[13] geschrieben werden:

$$\frac{19}{8} = 2 + \frac{3}{8} = 2\frac{3}{8}$$

Die wichtigsten Eigenschaften von Brüchen sind im Folgenden aufgelistet, jeweils mit einfachen numerischen Beispielen. Es ist unbedingt erforderlich, dass Sie diese

---

[13] Beachten Sie: $2\frac{3}{8}$ bedeutet hier 2 *plus* 3/8. Andererseits $2 \cdot \frac{3}{8} = \frac{2 \cdot 3}{8} = \frac{3}{4}$ (nach den weiter unten folgenden Regeln). Beachten Sie aber, dass $2\frac{x}{8}$ auch bedeutet $2 \cdot \frac{x}{8}$. Die Notation $\frac{2x}{8}$ oder $2x/8$ ist in diesem Fall offensichtlich vorzuziehen. In der Tat ist $\frac{19}{8}$ oder 19/8 offensichtlich besser als $2\frac{3}{8}$, da es auch hilft, Missverständnisse zu vermeiden.

Regeln beherrschen. Sie sollten daher gründlich prüfen, ob Sie jede dieser Regeln kennen.

Eigenschaften von Brüchen

Seien a, b und c beliebige Zahlen mit dem Vorbehalt, dass $b \neq 0$ und $c \neq 0$, wenn sie im Nenner auftreten. Dann gilt:

(i) $\quad \dfrac{a \cdot \cancel{c}}{b \cdot \cancel{c}} = \dfrac{a}{b}$;

(ii) $\quad \dfrac{-a}{-b} = \dfrac{(-a) \cdot (-1)}{(-b) \cdot (-1)} = \dfrac{a}{b}$;

(iii) $\quad -\dfrac{a}{b} = (-1)\dfrac{a}{b} = \dfrac{(-1)a}{b} = \dfrac{-a}{b}$;

(iv) $\quad \dfrac{a}{c} + \dfrac{b}{c} = \dfrac{a+b}{c}$;

(v) $\quad \dfrac{a}{b} + \dfrac{c}{d} = \dfrac{a \cdot d + b \cdot c}{b \cdot d}$;

(vi) $\quad a + \dfrac{b}{c} = \dfrac{a \cdot c + b}{c}$;

(vii) $\quad a \cdot \dfrac{b}{c} = \dfrac{a \cdot b}{c}$;

(viii) $\quad \dfrac{a}{b} \cdot \dfrac{c}{d} = \dfrac{a \cdot c}{b \cdot d}$;

(ix) $\quad \dfrac{a}{b} \div \dfrac{c}{d} = \dfrac{a}{b} \cdot \dfrac{d}{c} = \dfrac{a \cdot d}{b \cdot c}$.

Beispiel 1.4.1

Die folgenden Ausdrücke illustrieren die Eigenschaften von Brüchen, in derselben Reihenfolge wie oben:

(i) $\quad \dfrac{21}{15} = \dfrac{7 \cdot \cancel{3}}{5 \cdot \cancel{3}} = \dfrac{7}{5}$

(ii) $\quad \dfrac{-5}{-6} = \dfrac{5}{6}$

(iii) $\quad -\dfrac{13}{15} = (-1)\dfrac{13}{15} = \dfrac{(-1)13}{15} = \dfrac{-13}{15}$

(iv) $\quad \dfrac{5}{3} + \dfrac{13}{3} = \dfrac{18}{3} = 6$

(v) $\quad \dfrac{3}{5} + \dfrac{1}{6} = \dfrac{3 \cdot 6 + 5 \cdot 1}{5 \cdot 6} = \dfrac{23}{30}$

(vi) $\quad 5 + \dfrac{3}{5} = \dfrac{5 \cdot 5 + 3}{5} = \dfrac{28}{5}$

(vii) $\quad 7 \cdot \dfrac{3}{5} = \dfrac{21}{5}$

(viii) $\quad \dfrac{4}{7} \cdot \dfrac{5}{8} = \dfrac{4 \cdot 5}{7 \cdot 8} = \dfrac{\cancel{4} \cdot 5}{7 \cdot 2 \cdot \cancel{4}} = \dfrac{5}{14}$

(ix) $\quad \dfrac{3}{8} \div \dfrac{6}{14} = \dfrac{3}{8} \cdot \dfrac{14}{6} = \dfrac{\cancel{3} \cdot \cancel{2} \cdot 7}{\cancel{2} \cdot 2 \cdot 2 \cdot \cancel{3}} = \dfrac{7}{8}$

Regel (i) ist sehr wichtig. Es ist die Regel des Kürzens (Vereinfachens) von Brüchen, indem man Zähler und Nenner in Faktoren zerlegt und dann die *gemeinsamen Faktoren* herausstreicht, d.h. Zähler und Nenner durch die gleiche Zahl (ungleich Null) dividiert.[14]

Beispiel 1.4.2

Vereinfachen Sie: (a) $\dfrac{5x^2 yz^3}{25xy^2 z}$ (b) $\dfrac{x^2 + xy}{x^2 - y^2}$ (c) $\dfrac{4 - 4a + a^2}{a^2 - 4}$

---

[14] Wenn wir Regel (i) in umgekehrter Richtung benutzen, *erweitern* wir den Bruch, z.B. $5/8 = 5 \cdot 125 / 8 \cdot 125 = 625/1000 = 0.625$.

Lösung:

(a) $\dfrac{5x^2yz^3}{25xy^2z} = \dfrac{\cancel{5} \cdot \cancel{x} \cdot x \cdot \cancel{y} \cdot \cancel{z} \cdot z \cdot z}{\cancel{5} \cdot 5 \cdot \cancel{x} \cdot \cancel{y} \cdot y \cdot \cancel{z}} = \dfrac{xz^2}{5y}$

(b) $\dfrac{x^2 + xy}{x^2 - y^2} = \dfrac{x(x + y)}{(x - y)(x + y)} = \dfrac{x}{x - y}$

(c) $\dfrac{4 - 4a + a^2}{a^2 - 4} = \dfrac{(a - 2)(a - 2)}{(a - 2)(a + 2)} = \dfrac{a - 2}{a + 2}$

Beispiel 1.4.3

Wenn wir Brüche vereinfachen (kürzen) wollen, dürfen wir nur *gemeinsame* Faktoren entfernen. Ein häufig auftretender Fehler soll durch das folgende Beispiel illustriert werden.

$$\textbf{Falsch!} \quad \rightarrow \quad \frac{2\cancel{x} + 3y}{\cancel{x}y} = \frac{2 + 3\cancel{x}}{\cancel{x}} = \frac{2 + 3}{1} = 5$$

In der Tat haben der Zähler und der Nenner in dem Bruch $(2x + 3y)/xy$ keinen gemeinsamen Faktor. Eine korrekte Vereinfachung ist wie folgt: $(2x + 3y)/xy = 2/y + 3/x$.

Ein anderer häufiger Fehler ist:

$$\textbf{Falsch!} \quad \rightarrow \quad \frac{x}{x^2 + 2x} = \frac{x}{x^2} + \frac{x}{2x} = \frac{1}{x} + \frac{1}{2}$$

Eine richtige Vereinfachung wäre, den gemeinsamen Faktor x zu streichen, so dass das Ergebnis $1/(x + 2)$ ist.

Die Regeln (iv)–(vi) werden für die Addition von Brüchen benötigt. Beachten Sie, dass (v) aus (i) und (iv) folgt:

$$\frac{a}{b} + \frac{c}{d} = \frac{a \cdot d}{b \cdot d} + \frac{c \cdot b}{d \cdot b} = \frac{a \cdot d + b \cdot c}{b \cdot d}$$

Es ist einfach zu sehen, dass z. B.

$$\frac{a}{b} - \frac{c}{d} + \frac{e}{f} = \frac{adf}{baf} - \frac{cbf}{bdf} + \frac{ebd}{bdf} = \frac{adf - cbf + ebd}{bdf} \qquad (*)$$

Wenn die Zahlen b, d und f gemeinsame Faktoren haben, treten bei der in $(*)$ auszuführenden Berechnung unnötig große Zahlen auf. Wir können die Berechnung vereinfachen, indem wir zuerst den kleinsten gemeinsamen Nenner (kgN) der Brüche bestimmen. Dazu zerlegen wir jeden Nenner vollständig in Faktoren. Der kgN ist das Produkt aller verschiedenen Faktoren, die in den Nennern erscheinen, jeder Faktor erscheint in seiner höchsten Potenz, in der er in einem der Nenner auftritt. Die Verwendung des kgN wird in dem folgenden Beispiel demonstriert:

Beispiel 1.4.4

Vereinfachen Sie die folgenden Ausdrücke:

(a) $\dfrac{1}{2} - \dfrac{1}{3} + \dfrac{1}{6}$ (b) $\dfrac{2+a}{a^2 b} + \dfrac{1-b}{ab^2} - \dfrac{2b}{a^2 b^2}$ (c) $\dfrac{x-y}{x+y} - \dfrac{x}{x-y} + \dfrac{3xy}{x^2 - y^2}$

Lösung:

(a) Der kgN ist 6 und daher ist

$$\frac{1}{2} - \frac{1}{3} + \frac{1}{6} = \frac{1 \cdot 3}{2 \cdot 3} - \frac{1 \cdot 2}{2 \cdot 3} + \frac{1}{2 \cdot 3} = \frac{3 - 2 + 1}{6} = \frac{2}{6} = \frac{1}{3}$$

(b) Der kgN ist $a^2 b^2$ und daher ist

$$\frac{2+a}{a^2 b} + \frac{1-b}{ab^2} - \frac{2b}{a^2 b^2} = \frac{(2+a)b}{a^2 b^2} + \frac{(1-b)a}{a^2 b^2} - \frac{2b}{a^2 b^2}$$

$$= \frac{2b + ab + a - ba - 2b}{a^2 b^2} = \frac{a}{a^2 b^2} = \frac{1}{ab^2}$$

(c) Der kgN ist $(x+y)(x-y)$ und daher ist

$$\frac{x-y}{x+y} - \frac{x}{x-y} + \frac{3xy}{x^2-y^2} = \frac{(x-y)(x-y)}{(x-y)(x+y)} - \frac{(x+y)x}{(x+y)(x-y)} + \frac{3xy}{(x-y)(x+y)}$$

$$= \frac{x^2 - 2xy + y^2 - x^2 - xy + 3xy}{(x-y)(x+y)} = \frac{y^2}{x^2 - y^2}$$

Der Ausdruck $1 - \dfrac{5-3}{2}$ bedeutet, dass wir von der Zahl 1 die Zahl $\dfrac{5-3}{2} = \dfrac{2}{2} = 1$ subtrahieren. Deshalb ist $1 - \dfrac{5-3}{2} = 0$. Alternativ könnte man so rechnen:

$$1 - \frac{5-3}{2} = \frac{2}{2} - \frac{(5-3)}{2} = \frac{2 - (5-3)}{2} = \frac{2 - 5 + 3}{2} = \frac{0}{2} = 0$$

Genauso bedeutet

$$\frac{2+b}{ab^2} - \frac{a-2}{a^2 b}$$

dass wir $(a-2)/a^2 b$ von $(2+b)/ab^2$ subtrahieren:

$$\frac{2+b}{ab^2} - \frac{a-2}{a^2 b} = \frac{(2+b)a}{a^2 b^2} - \frac{(a-2)b}{a^2 b^2} = \frac{(2+b)a - (a-2)b}{a^2 b^2} = \frac{2(a+b)}{a^2 b^2}$$

Es ist oft hilfreich, zunächst die Zähler der Brüche in Klammern zu setzen, so wie es im nächsten Beispiel gezeigt wird.

Beispiel 1.4.5

Vereinfachen Sie den Ausdruck $\dfrac{x-1}{x+1} - \dfrac{1-x}{x-1} - \dfrac{-1+4x}{2(x+1)}$.

Lösung:

$$\frac{x-1}{x+1} - \frac{1-x}{x-1} - \frac{-1+4x}{2(x+1)} = \frac{(x-1)}{x+1} - \frac{(1-x)}{x-1} - \frac{(-1+4x)}{2(x+1)}$$

$$= \frac{2(x-1)^2 - 2(1-x)(x+1) - (-1+4x)(x-1)}{2(x+1)(x-1)}$$

$$= \frac{2(x^2-2x+1) - 2(1-x^2) - (4x^2-5x+1)}{2(x+1)(x-1)}$$

$$= \frac{x-1}{2(x+1)(x-1)} = \frac{1}{2(x+1)}$$

Wir beweisen Eigenschaft (ix), indem wir $(a/b) \div (c/d)$ als Quotienten von Brüchen schreiben:[15]

$$\frac{a}{b} \div \frac{c}{d} = \frac{\frac{a}{b}}{\frac{c}{d}} = \frac{b \cdot d \cdot \frac{a}{b}}{b \cdot d \cdot \frac{c}{d}} = \frac{\cancel{b} \cdot d \cdot a}{b \cdot \cancel{d} \cdot c} = \frac{d \cdot a}{b \cdot c} = \frac{a \cdot d}{b \cdot c} = \frac{a}{b} \cdot \frac{d}{c}$$

Wenn wir mit Brüchen von Brüchen (d. h. mit Brüchen im Zähler und Nenner eines Bruches) arbeiten, so sollten wir hervorheben, welches der Bruchstrich des Haupt-Bruches ist, z. B.

$$\frac{a}{\dfrac{b}{c}} \quad \text{bedeutet} \quad a \div \frac{b}{c} = \frac{ac}{b} \tag{$*$}$$

während

$$\frac{\dfrac{a}{b}}{c} \quad \text{bedeutet} \quad \frac{a}{b} \div c = \frac{a}{bc} \tag{$**$}$$

Natürlich ist es sicherer, im ersten Fall $\dfrac{a}{b/c}$ oder $a/(b/c)$ zu schreiben und $\dfrac{a/b}{c}$ oder $(a/b)/c$ im zweiten Fall.[16]

---

[15] Illustration (man wird sehr leicht durstig, wenn man diesen Stoff liest): Sie kaufen einen halben Liter eines Erfrischungsgetränks. Jeder Schluck ist ein Fünfzigstel eines Liters. Wieviele Schlucke können Sie nehmen? Antwort: $(1/2) \div (1/50) = 25$.

[16] Als numerisches Beispiel von $(*)$ und $(**)$ betrachten wir

$$\frac{1}{\dfrac{3}{5}} = \frac{5}{3}, \quad \text{während} \quad \frac{\dfrac{1}{3}}{5} = \frac{1}{15}$$

Aufgaben für Kapitel 1.4

1. Vereinfachen Sie die folgenden Ausdrücke:

   (a) $\dfrac{3}{7} + \dfrac{4}{7} - \dfrac{5}{7}$ (b) $\dfrac{3}{4} + \dfrac{4}{3} - 1$ (c) $\dfrac{3}{12} - \dfrac{1}{24}$ (d) $\dfrac{1}{5} - \dfrac{2}{25} - \dfrac{3}{75}$

   (e) $3\dfrac{3}{5} - 1\dfrac{4}{5}$ (f) $\dfrac{3}{5} \cdot \dfrac{5}{6}$ (g) $\left(\dfrac{3}{5} \div \dfrac{2}{15}\right) \cdot \dfrac{1}{9}$ (h) $\left(\dfrac{2}{3} + \dfrac{1}{4}\right) \Big/ \left(\dfrac{3}{4} + \dfrac{3}{2}\right)$

2. Vereinfachen Sie die folgenden Ausdrücke:

   (a) $\dfrac{x}{10} - \dfrac{3x}{10} + \dfrac{17x}{10}$ (b) $\dfrac{9a}{10} - \dfrac{a}{2} + \dfrac{a}{5}$ (c) $\dfrac{b+2}{10} - \dfrac{3b}{15} + \dfrac{b}{10}$

   (d) $\dfrac{x+2}{3} + \dfrac{1-3x}{4}$ (e) $\dfrac{3}{2b} - \dfrac{5}{3b}$ (f) $\dfrac{3a-2}{3a} - \dfrac{2b-1}{2b} + \dfrac{4b+3a}{6ab}$

3. Kürzen Sie gemeinsame Faktoren in den folgenden Ausdrücken:

   (a) $\dfrac{325}{625}$ (b) $\dfrac{8a^2b^3c}{64abc^3}$ (c) $\dfrac{2a^2 - 2b^2}{3a + 3b}$ (d) $\dfrac{P^3 - PQ^2}{(P+Q)^2}$

4. Finden Sie die einfachste Form der folgenden Brüche, wenn $x = 3/7$ und $y = 1/14$:

   (a) $x + y$ (b) x/y (c) $(x-y)/(x+y)$ (d) $13(2x - 3y)/(2x + 1)$

5. Vereinfachen Sie die folgenden Ausdrücke:

   (a) $\dfrac{1}{x-2} - \dfrac{1}{x+2}$ (b) $\dfrac{6x+25}{4x+2} - \dfrac{6x^2+x-2}{4x^2-1}$

   (c) $\dfrac{18b^2}{a^2-9b^2} - \dfrac{a}{a+3b} + 2$ (d) $\dfrac{1}{8ab} - \dfrac{1}{8b(a+2)}$

   (e) $\dfrac{2t-t^2}{t+2} \cdot \left(\dfrac{5t}{t-2} - \dfrac{2t}{t-2}\right)$ (f) $2 - \dfrac{a\left(1 - \frac{1}{2a}\right)}{0.25}$

6. Vereinfachen Sie die folgenden Ausdrücke:

   (a) $\dfrac{2}{x} + \dfrac{1}{x+1} - 3$ (b) $\dfrac{t}{2t+1} - \dfrac{t}{2t-1}$ (c) $\dfrac{3x}{x+2} - \dfrac{4x}{2-x} - \dfrac{2x-1}{x^2-4}$

   (d) $\dfrac{\frac{1}{x} + \frac{1}{y}}{\frac{1}{xy}}$ (e) $\dfrac{\frac{1}{x^2} - \frac{1}{y^2}}{\frac{1}{x^2} + \frac{1}{y^2}}$ (f) $\dfrac{\frac{a}{x} - \frac{a}{y}}{\frac{a}{x} + \frac{a}{y}}$

7. Verifizieren Sie, dass $x^2 + 2xy - 3y^2 = (x + 3y)(x - y)$ und vereinfachen Sie dann den Ausdruck

   $$\dfrac{x-y}{x^2 + 2xy - 3y^2} - \dfrac{2}{x-y} - \dfrac{7}{x+3y}$$

8. Vereinfachen Sie die folgenden Ausdrücke:

   (a) $\left(\dfrac{1}{4} - \dfrac{1}{5}\right)^{-2}$ (b) $n - \dfrac{n}{1 - \frac{1}{n}}$ (c) $\dfrac{1}{1 + x^{p-q}} + \dfrac{1}{1 + x^{q-p}}$

   (d) $\dfrac{\frac{1}{x-1} + \frac{1}{x^2-1}}{x - \frac{2}{x+1}}$ (e) $\dfrac{\frac{1}{(x+h)^2} - \frac{1}{x^2}}{h}$ (f) $\dfrac{\frac{10x^2}{x^2-1}}{\frac{5x}{x+1}}$

▶ Lösungen zu den Aufgaben finden Sie im Anhang des Buches.

1.5 Potenzen mit gebrochenen Exponenten

In ökonomischen Lehrbüchern und Forschungsartikeln werden wir immer wieder auf Potenzen mit gebrochenen Exponenten wie z. B. $K^{1/4}L^{3/4}$ und $Ar^{2.38}p^{-1.5}$ stoßen. Wie definieren wir a^x, wenn x eine rationale Zahl ist? Natürlich wäre es wünschenswert, wenn die gewohnten Regeln für die Potenzrechnung weiterhin gültig blieben.

Sie kennen vermutlich bereits vor der Schule die Bedeutung von a^x, wenn $x = 1/2$. Nämlich, wenn $a \geq 0$ und $x = 1/2$, definieren wir $a^x = a^{1/2}$ als $\sqrt{a}$, die **Quadratwurzel** von a, d. h. $a^{1/2} = \sqrt{a}$ ist definiert als diejenige nichtnegative Zahl, die mit sich selbst multipliziert a ergibt. Diese Definition ist sinnvoll, da $a^{1/2} \cdot a^{1/2} = a^{1/2+1/2} = a^1 = a$. Beachten Sie, dass das Ergebnis immer ≥ 0 sein muss, wenn man eine reelle Zahl mit sich selbst multipliziert, egal ob diese Zahl positiv, negativ oder Null ist. Daher ist für $a \geq 0$

$$a^{1/2} = \sqrt{a} \tag{1.5.1}$$

Zum Beispiel ist $\sqrt{16} = 16^{1/2} = 4$, da $4^2 = 16$ und $\sqrt{\dfrac{1}{25}} = \dfrac{1}{5}$, da $\dfrac{1}{5} \cdot \dfrac{1}{5} = \dfrac{1}{25}$.

Eigenschaften von Quadratwurzeln

(i) Wenn a und b nichtnegative Zahlen sind, dann gilt

$$\sqrt{ab} = \sqrt{a}\sqrt{b} \tag{1.5.2a}$$

(ii) Wenn $a \geq 0$ und $b > 0$, dann gilt

$$\sqrt{\frac{a}{b}} = \frac{\sqrt{a}}{\sqrt{b}} \tag{1.5.2b}$$

Dies kann natürlich auch in der Form $(ab)^{1/2} = a^{1/2}b^{1/2}$ und $(a/b)^{1/2} = a^{1/2}/b^{1/2}$ geschrieben werden. Zum Beispiel $\sqrt{16 \cdot 25} = \sqrt{16} \cdot \sqrt{25} = 4 \cdot 5 = 20$ und $\sqrt{9/4} = \sqrt{9}/\sqrt{4} = 3/2$.

Beachten Sie, dass die Formeln (1.5.2a) und (1.5.2b) nicht gelten, wenn a oder b oder beide negativ sind. Zum Beispiel $\sqrt{(-1)(-1)} = \sqrt{1} = 1$, während $\sqrt{-1} \cdot \sqrt{-1}$ nicht definiert ist (es sei denn man benutzt komplexe Zahlen).

Es ist wichtig zu wiederholen, dass im Allgemeinen $(a + b)^r \neq a^r + b^r$. Für $r = 1/2$ impliziert dies, dass[17]

$$\sqrt{a + b} \neq \sqrt{a} + \sqrt{b} \tag{1.5.3}$$

---

[17] Das Folgende soll illustrieren, wie häufig dies nicht beachtet wird. Während einer Examensprüfung in einem Grundlagenkurs in Mathematik für Ökonomen vereinfachten 22 % von 190 Studierenden den Ausdruck $\sqrt{1/16 + 1/25}$ fälschlicherweise zu $1/4 + 1/5 = 9/20$. (Die richtige Antwort ist $\sqrt{41/400} = \sqrt{41}/20$.)

Beachten Sie auch, dass $(-2)^2 = 4$ und $2^2 = 4$. Daher sind $x = -2$ und $x = 2$ beides Lösungen der Gleichung $x^2 = 4$. Deshalb gilt: $x^2 = 4$ dann und nur dann, wenn $x = \pm\sqrt{4} = \pm 2$. Beachten Sie jedoch, dass das Symbol $\sqrt{4}$ *nur* 2 und nicht -2 bedeutet.

Mit einem Taschenrechner finden wir heraus, dass $\sqrt{2} \div \sqrt{3} \approx 0.816$. Ohne Taschenrechner allerdings ist die Division $\sqrt{2} \div \sqrt{3} \approx 1.414 \div 1.732$ mühsam. Wenn wir den Bruch jedoch so erweitern (d. h. Zähler und Nenner mit demselben Term multiplizieren), dass Wurzelausdrücke im Nenner verschwinden, wird die Rechnung einfacher:

$$\frac{\sqrt{2}}{\sqrt{3}} = \frac{\sqrt{2} \cdot \sqrt{3}}{\sqrt{3} \cdot \sqrt{3}} = \frac{\sqrt{2 \cdot 3}}{3} = \frac{\sqrt{6}}{3} \approx \frac{2.448}{3} = 0.816$$

Manchmal kann die Formel (1.3.3) für die Differenz von Quadraten benutzt werden, um Quadratwurzeln aus dem Nenner zu eliminieren:

$$\frac{1}{\sqrt{5} + \sqrt{3}} = \frac{\sqrt{5} - \sqrt{3}}{(\sqrt{5} + \sqrt{3})(\sqrt{5} - \sqrt{3})} = \frac{\sqrt{5} - \sqrt{3}}{5 - 3} = \frac{1}{2}(\sqrt{5} - \sqrt{3})$$

Die *n*-te Wurzel

Was verstehen wir unter $a^{1/n}$, wenn n eine natürliche und a eine positive Zahl ist? Was bedeutet z. B. $5^{1/3}$? Wenn die Regel $(a^r)^s = a^{rs}$ in diesem Fall auch noch gelten soll, müsste $(5^{1/3})^3 = 5^1 = 5$ sein. Dies impliziert, dass $5^{1/3}$ eine Lösung der Gleichung $x^3 = 5$ sein muss. Man kann zeigen, dass diese Gleichung eine eindeutige positive Lösung hat, die mit $\sqrt[3]{5}$ bezeichnet wird, die *kubische Wurzel* von 5. Deshalb müssen wir $5^{1/3}$ als $\sqrt[3]{5}$ definieren.

Im Allgemeinen ist $(a^{1/n})^n = a^1 = a$. Daher ist $a^{1/n}$ eine Lösung der Gleichung $x^n = a$. Man kann zeigen, dass diese Gleichung eine eindeutige positive Lösung hat, die mit $\sqrt[n]{a}$, ***n*-te Wurzel**[18] von a bezeichnet wird:

$$a^{1/n} = \sqrt[n]{a} \tag{1.5.4}$$

Die *n*-te Wurzel

Wenn a eine positive und n eine natürliche Zahl ist, dann ist $\sqrt[n]{a}$ die eindeutig bestimmte positive Zahl, deren n-te Potenz a ergibt, d.h.

$$\left(\sqrt[n]{a}\right)^n = a \tag{1.5.5}$$

Beispiel 1.5.1

Berechnen Sie die folgenden Zahlen:

(a) $\sqrt[3]{27}$ (b) $\left(\dfrac{1}{32}\right)^{1/5}$ (c) $(0.0001)^{0.25} = (0.0001)^{1/4}$

---

[18] Die Zahl n wird auch Wurzelexponent genannt, während a Radikand genannt wird.

Lösung:

(a) $\sqrt[3]{27} = 3$, da $3^3 = 27$.

(b) $\left(\dfrac{1}{32}\right)^{1/5} = \dfrac{1}{2}$, da $\left(\dfrac{1}{2}\right)^5 = \dfrac{1}{32}$.

(c) $(0.0001)^{1/4} = 0.1$, da $(0.1)^4 = 0.0001$.

Beispiel 1.5.2

Ein Betrag von 5000 Euro ist auf einem Bankkonto in 15 Jahren angewachsen auf 10 000 Euro. Welcher (konstante) jährliche Zinssatz p liegt hier vor?

Lösung: Nach 15 Jahren ist der Betrag von 5000 Euro angewachsen auf $5000\,(1 + p/100)^{15}$. Daher haben wir die Gleichung:

$$5000\left(1 + \frac{p}{100}\right)^{15} = 10\,000 \qquad \text{oder} \qquad \left(1 + \frac{p}{100}\right)^{15} = 2$$

Allgemein gilt $(a^t)^{1/t} = a^1 = a$ für $t \neq 0$. Indem wir jede Seite mit $1/15$ potenzieren, erhalten wir

$$1 + \frac{p}{100} = 2^{1/15} \quad \text{oder} \quad p = 100(2^{1/15} - 1)$$

Mit einem Taschenrechner erhalten wir $p \approx 4.73$.

Wir definieren jetzt $a^{p/q}$, wenn p eine ganze Zahl, q eine natürliche Zahl und $a > 0$ ist. Betrachten Sie zunächst $5^{2/3}$. Wir haben bereits $5^{1/3}$ definiert. Damit wir die zweite Eigenschaft von Potenzen, Formel (1.2.4(ii)), d. h. $(a^r)^s = a^{rs}$ anwenden können, muss $5^{2/3} = (5^{1/3})^2$ sein. Deshalb müssen wir $5^{2/3}$ als $\left(\sqrt[3]{5}\right)^2$ definieren. Im Allgemeinen definieren wir für $a > 0$

$$a^{p/q} = \left(a^{1/q}\right)^p = \left(\sqrt[q]{a}\right)^p \tag{1.5.6}$$

wobei p eine ganze Zahl und q eine natürliche Zahl ist. Mit den Eigenschaften von Exponenten folgt:

$$a^{p/q} = \left(a^{1/q}\right)^p = \left(a^p\right)^{1/q} = \sqrt[q]{a^p} \tag{1.5.7}$$

Daher können wir, um $a^{p/q}$ zu berechnen, entweder zuerst die q-te Wurzel von a berechnen und das Resultat mit p potenzieren oder zuerst a in die p-te Potenz erheben und daraus die q-te Wurzel ziehen. Wir erhalten in jedem Fall dasselbe Ergebnis[19], z. B.

$$4^{7/2} = (4^7)^{1/2} = 16384^{1/2} = 128 = 2^7 = (4^{1/2})^7$$

---

[19] Tests haben gezeigt, dass viele Studierende zwar in der Lage sind, mit quadratischen Identitäten umzugehen, aber dennoch Fehler machen im Umgang mit komplizierteren Potenzen. Hier sind einige Beispiele solcher Fehler:

(a) $(1 + r)^{20}$ ist *nicht* gleich $1^{20} + r^{20}$.

(b) Wenn $u = 9 + x^{1/2}$, so folgt *nicht* $u^2 = 81 + x$; stattdessen gilt $u^2 = 81 + 18\sqrt{x} + x$.

(c) $(e^x - e^{-x})^p$ ist *nicht* gleich $e^{xp} - e^{-xp}$ (es sei denn $p = 1$).

Beispiel 1.5.3

Berechnen Sie die Zahlen:

(a) $16^{3/2}$ (b) $16^{-1.25}$ (c) $\left(\dfrac{1}{27}\right)^{-2/3}$

Lösung:

(a) $16^{3/2} = (16^{1/2})^3 = 4^3 = 64$

(b) $16^{-1.25} = 16^{-5/4} = \dfrac{1}{16^{5/4}} = \dfrac{1}{\left(\sqrt[4]{16}\right)^5} = \dfrac{1}{2^5} = \dfrac{1}{32}$

(c) $\left(\dfrac{1}{27}\right)^{-2/3} = 27^{2/3} = \left(\sqrt[3]{27}\right)^2 = 3^2 = 9$

Beispiel 1.5.4

Vereinfachen Sie die folgenden Ausdrücke, so dass die Ergebnisse nur positive Exponenten enthalten:

(a) $\dfrac{a^{3/8}}{a^{1/8}}$ (b) $(x^{1/2}x^{3/2}x^{-2/3})^{3/4}$ (c) $\left(\dfrac{10p^{-1}q^{2/3}}{80p^2q^{-7/3}}\right)^{-2/3}$

Lösung:

(a) $\dfrac{a^{3/8}}{a^{1/8}} = a^{3/8-1/8} = a^{2/8} = a^{1/4} = \sqrt[4]{a}$

(b) $(x^{1/2}x^{3/2}x^{-2/3})^{3/4} = (x^{1/2+3/2-2/3})^{3/4} = (x^{4/3})^{3/4} = x$

(c) $\left(\dfrac{10p^{-1}q^{2/3}}{80p^2q^{-7/3}}\right)^{-2/3} = (8^{-1}p^{-1-2}q^{2/3-(-7/3)})^{-2/3} = 8^{2/3}p^2q^{-2} = 4\dfrac{p^2}{q^2}$

Wenn q eine ungerade Zahl und p eine ganze Zahl ist, so kann $a^{p/q}$ sogar definiert werden, wenn $a < 0$. Zum Beispiel $(-8)^{1/3} = \sqrt[3]{-8} = -2$, da $(-2)^3 = -8$. Jedoch muss man, wenn man $a^{p/q}$ für $a < 0$ definiert, den Bruch p/q so weit wie möglich kürzen. Wenn nicht, kann es Widersprüche geben wie „$-2 = (-8)^{1/3} = (-8)^{2/6} = \sqrt[6]{(-8)^2} = \sqrt[6]{64} = 2$."

Wenn man $a^{p/q}$ berechnen will, ist es oft einfacher zuerst $\sqrt[q]{a}$ zu berechnen und dann das Ergebnis in die p-te Potenz zu erheben. Zum Beispiel: $(-64)^{5/3} = (\sqrt[3]{-64})^5 = (-4)^5 = -1024$.

Aufgaben für Kapitel 1.5

1. Berechnen Sie die folgenden Zahlen:

(a) $\sqrt{9}$ (b) $\sqrt{1600}$ (c) $(100)^{1/2}$ (d) $\sqrt{9+16}$

(e) $(36)^{-1/2}$ (f) $(0.49)^{1/2}$ (g) $\sqrt{0.01}$ (h) $\sqrt{\dfrac{1}{25}}$

2. Seien a und b positive Zahlen. Entscheiden Sie, ob das „?" durch = oder $\neq$ ersetzt werden sollte. Begründen Sie Ihre Antwort.

(a) $\sqrt{25 \cdot 16}$? $\sqrt{25} \cdot \sqrt{16}$ (b) $\sqrt{25 + 16}$? $\sqrt{25} + \sqrt{16}$

(c) $(a+b)^{1/2}$? $a^{1/2} + b^{1/2}$ (d) $(a+b)^{-1/2}$? $(\sqrt{a+b})^{-1}$

3. Lösen Sie die folgenden Gleichungen nach x auf:

(a) $\sqrt{x} = 9$ (b) $\sqrt{x} \cdot \sqrt{4} = 4$ (c) $\sqrt{x+2} = 25$

(d) $\sqrt{3} \cdot \sqrt{5} = \sqrt{x}$ (e) $2^{2-x} = 8$ (f) $2^x - 2^{x-1} = 4$

4. Eliminieren Sie die Quadratwurzeln aus dem Nenner und vereinfachen Sie dann:

(a) $\dfrac{6}{\sqrt{7}}$ (b) $\dfrac{\sqrt{32}}{\sqrt{2}}$ (c) $\dfrac{\sqrt{3}}{4\sqrt{2}}$ (d) $\dfrac{\sqrt{54} - \sqrt{24}}{\sqrt{6}}$

(e) $\dfrac{2}{\sqrt{3}\sqrt{8}}$ (f) $\dfrac{4}{\sqrt{2y}}$ (g) $\dfrac{x}{\sqrt{2x}}$ (h) $\dfrac{x(\sqrt{x}+1)}{\sqrt{x}}$

5. Vereinfachen Sie die folgenden Ausdrücke, indem Sie die Quadratwurzeln aus dem Nenner eliminieren:

(a) $\dfrac{1}{\sqrt{7} + \sqrt{5}}$ (b) $\dfrac{\sqrt{5} - \sqrt{3}}{\sqrt{5} + \sqrt{3}}$ (c) $\dfrac{x}{\sqrt{3} - 2}$

(d) $\dfrac{x\sqrt{y} - y\sqrt{x}}{x\sqrt{y} + y\sqrt{x}}$ (e) $\dfrac{h}{\sqrt{x+h} - \sqrt{x}}$ (f) $\dfrac{1 - \sqrt{x+1}}{1 + \sqrt{x+1}}$

6. Berechnen Sie die folgenden Zahlen ohne Taschenrechner:

(a) $\sqrt[3]{125}$ (b) $(243)^{1/5}$ (c) $(-8)^{1/3}$ (d) $\sqrt[3]{0.008}$

(e) $81^{1/2}$ (f) $64^{-1/3}$ (g) $16^{-2.25}$ (h) $\left(\dfrac{1}{3^{-2}}\right)^{-2}$

7. Bestimmen Sie approximativ mit einem Taschenrechner:

(a) $\sqrt[3]{55}$ (b) $(160)^{1/4}$ (c) $(2.71828)^{1/5}$ (d) $(1 + 0.0001)^{10000}$

8. Die Zahl der Bewohner eines Staates wuchs in 12 Jahren von 40 auf 60 Millionen an. Wie groß ist die jährliche prozentuale Wachstumsrate p?

9. Vereinfachen Sie die folgenden Ausdrücke:

(a) $\left(27 x^{3p} y^{6q} z^{12r}\right)^{1/3}$ (b) $\dfrac{(x+15)^{4/3}}{(x+15)^{5/6}}$ (c) $\dfrac{8\sqrt[3]{x^2}\sqrt[4]{y}\sqrt{1/z}}{-2\sqrt[3]{x}\sqrt{y^5}\sqrt{z}}$

➜ Fortsetzung

10. Vereinfachen Sie die folgenden Ausdrücke so, dass jeder nur einen einzigen Exponenten enthält.

(a) $(((a^{1/2})^{2/3})^{3/4})^{4/5}$

(b) $a^{1/2} \cdot a^{2/3} \cdot a^{3/4} \cdot a^{4/5}$

(c) $(((3a)^{-1})^{-2}(2a^{-2})^{-1})/a^{-3}$

(d) $\dfrac{\sqrt[3]{a} \cdot a^{1/12} \cdot \sqrt[4]{a^3}}{a^{5/12} \cdot \sqrt{a}}$

11. Welche der folgenden Gleichungen gelten für alle x und y?

(a) $(2^x)^2 = 2^{x^2}$

(b) $3^{x-3y} = \dfrac{3^x}{3^{3y}}$

(c) $3^{-1/x} = \dfrac{1}{3^{1/x}}$ $(x \neq 0)$

(d) $5^{1/x} = \dfrac{1}{5^x}$ $(x \neq 0)$

(e) $a^{x+y} = a^x + a^y$

(f) $2^{\sqrt{x}} \cdot 2^{\sqrt{y}} = 2^{\sqrt{xy}}$ $(x$ und y positiv$)$

12. Wenn ein Unternehmen x Einheiten eines Inputs in einem Herstellungsprozess A verwendet, werden $32x^{3/2}$ Einheiten Output produziert. In einem alternativen Herstellungsprozess B werden $4x^3$ Einheiten Output produziert. Für welche Niveaus des Inputs produziert Prozess A mehr als Prozess B?

▶ Lösungen zu den Aufgaben finden Sie im Anhang des Buches.

1.6   Ungleichungen

Die reellen Zahlen bestehen aus den positiven Zahlen, der Null und den negativen Zahlen. Wenn a eine positive Zahl ist, schreiben wir $a > 0$ (oder $0 < a$) und sagen, dass a größer ist als Null. Wenn die Zahl c negativ ist, schreiben wir $c < 0$ (oder $0 > c$).

Eine grundlegende Eigenschaft der positiven Zahlen ist:

$$a > 0 \text{ und } b > 0 \quad \text{impliziert} \quad a + b > 0 \text{ und } a \cdot b > 0 \tag{1.6.1}$$

Allgemein sagen wir, dass *die Zahl a größer ist als die Zahl b* und schreiben $a > b$ (oder $b < a$), wenn $a - b$ positiv ist. Also ist $4.11 > 3.12$, weil $4.11 - 3.12 = 0.99 > 0$, und $-3 > -5$, weil $-3 - (-5) = 2 > 0$. Auf der Zahlengeraden (siehe Abb. 1.1.1) bedeutet $a > b$, dass a rechts von b liegt.

Wenn $a > b$, sagen wir oft, dass a *strikt größer ist als* b, um zu betonen, dass $a = b$ ausgeschlossen ist. Wenn $a > b$ oder $a = b$, so schreiben wir $a \geq b$ (oder $b \leq a$) und sagen, dass a *größer oder gleich b ist*. Also bedeutet $a \geq b$, dass $a - b \geq 0$ ist. Zum Beispiel $4 \geq 4$ und[20] auch $4 \geq 2$. Wir nennen $>$ und $<$ *strikte* Ungleichungen, während $\geq$ und $\leq$ *schwache* Ungleichungen sind. Der Unterschied ist oft sehr wichtig in ökonomischen Analysen.

Man kann eine Reihe wichtiger Identitäten der Ungleichheitszeichen $>$ und $\geq$ beweisen. Zum Beispiel gilt für jede Zahl c:

$$\text{Wenn } a > b, \quad \text{dann ist} \quad a + c > b + c \tag{1.6.2}$$

---

[20] Beachten Sie insbesondere, dass es korrekt *ist* zu schreiben $4 \geq 2$, weil $4 - 2$ positiv oder 0 *ist*.

Der Beweis ist einfach: Für alle Zahlen a, b und c gilt $(a+c)-(b+c) = a+c-b-c = a-b$. Daher ist für $a-b > 0$ auch $a+c-(b+c) > 0$ und daraus folgt die Behauptung. Auf der in Abb. 1.6.1 gezeigten Zahlengeraden ist diese Implikation selbstverständlich (hier wurde c negativ gewählt):

Abbildung 1.6.1: Wenn $a > b$, dann auch $a + c > b + c$

Um kompliziertere Ungleichungen handhaben zu können, braucht man die folgenden Eigenschaften:

Eigenschaften von Ungleichungen

Seien a, b, c und d Zahlen.

Wenn $a > b$ und $b > c$,	dann ist $a > c$	(1.6.3)
Wenn $a > b$ und $c > 0$,	dann ist $ac > bc$	(1.6.4)
Wenn $a > b$ und $c < 0$,	dann ist $ac < bc$	(1.6.5)
Wenn $a > b$ und $c > d$,	dann ist $a+c > b+d$	(1.6.6)

Alle vier Eigenschaften bleiben gültig, wenn man jedes $>$ durch $\geq$ und jedes $<$ durch $\leq$ ersetzt. Die Eigenschaften folgen alle sehr einfach aus (1.6.1). Zum Beispiel wird (1.6.5) wie folgt bewiesen: Sei $a > b$ und $c < 0$. Dann ist $a - b > 0$ und $-c > 0$ und nach (1.6.1) folgt $(a - b)(-c) > 0$ Damit ist $-ac + bc > 0$ und folglich $ac < bc$.

Nach (1.6.4) und (1.6.5) gilt:

(a) Wenn beide Seiten einer Ungleichung mit einer positiven Zahl multipliziert werden, bleibt die Richtung der Ungleichung erhalten.

(b) Wenn beide Seiten einer Ungleichung mit einer negativen Zahl multipliziert werden, kehrt sich die Richtung der Ungleichung um.

Es ist sehr wichtig, dass Sie diese Regeln verstehen und wahrnehmen, dass Sie mit der Alltagserfahrung übereinstimmen. Zum Beispiel kann (1.6.4) so interpretiert werden: Gegeben seien zwei Rechtecke mit derselben Grundlinie. Dasjenige mit der größeren Höhe hat die größere Fläche.

Beispiel 1.6.1

Bestimmen Sie die Werte von x, die die Ungleichung $3x - 5 > x - 3$ erfüllen.

Lösung: Wenn man 5 zu beiden Seiten addiert, erhält man $3x - 5 + 5 > x - 3 + 5$ oder $3x > x + 2$ Indem man $(-x)$ zu beiden Seiten addiert, folgt $3x - x > x - x + 2$, und somit $2x > 2$. Nach Division durch die positive Zahl 2 folgt: $x > 1$. Die Argumentation kann offensichtlich umgekehrt werden, so dass die Lösung $x > 1$ ist.

Vorzeichen-Diagramme

Beispiel 1.6.2

Überprüfen Sie, ob die Ungleichung $(x - 1)(3 - x) > 0$ für $x = -3$, $x = 2$ und $x = 5$ erfüllt ist. Bestimmen Sie dann alle Werte von x, die die Ungleichung erfüllen.

Lösung: Für $x = -3$ haben wir $(x - 1)(3 - x) = (-4) \cdot 6 = -24 < 0$; für $x = 2$ haben wir $(x - 1)(3 - x) = 1 \cdot 1 = 1 > 0$ und für $x = 5$ haben wir $(x - 1)(3 - x) = 4 \cdot (-2) = -8 < 0$. Daher ist die Ungleichung für $x = 2$ erfüllt, aber nicht für $x = -3$ oder $x = 5$.

Um die komplette Lösungsmenge zu bestimmen, benutzen wir ein *Vorzeichen-Diagramm*. Dabei wird die Variation des Vorzeichens für jeden Faktor des Produkts bestimmt. Zum Beispiel ist der Faktor $x - 1$ negativ, wenn $x < 1$, er ist 0, wenn $x = 1$ und positiv, wenn $x > 1$. Diese Variation des Vorzeichens wird in Abb. 1.6.2 dargestellt. Die obere gestrichelte Linie links der senkrechten Geraden $x = 1$ deutet an, dass $x - 1 < 0$, wenn $x < 1$; der kleine Kreis deutet an, dass $x - 1 = 0$, wenn $x = 1$ und die durchgezogene Linie rechts von $x = 1$ symbolisiert, dass $x - 1 > 0$, wenn $x > 1$. In ähnlicher Weise stellen wir die Vorzeichenvariation für $3 - x$ dar. Das Vorzeichen für das Produkt erhält man wie folgt: Wenn $x < 1$, dann ist $x - 1$ negativ und $3 - x$ ist positiv und damit das Produkt negativ. Wenn $1 < x < 3$, sind beide Faktoren positiv und damit ist auch das Produkt positiv. Wenn $x > 3$, ist $x - 1$ positiv und $3 - x$ ist negativ und damit ist das Produkt negativ. Schlussfolgerung: Die Lösungsmenge besteht aus allen x, die größer als 1 und kleiner als 3 sind. Somit gilt $(x - 1)(3 - x) > 0$ dann und nur dann, wenn $1 < x < 3$.

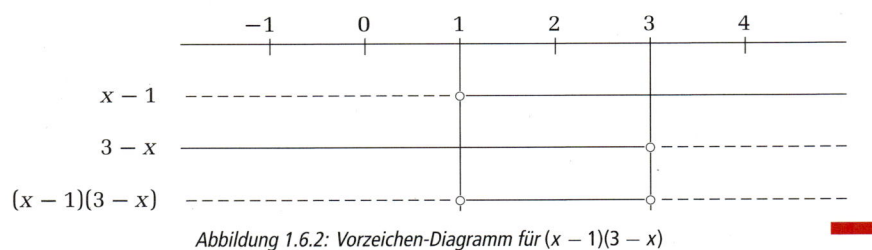

Abbildung 1.6.2: Vorzeichen-Diagramm für $(x - 1)(3 - x)$

Beispiel 1.6.3

Finden Sie alle Werte von p, die die Ungleichung

$$\frac{2p - 3}{p - 1} > 3 - p$$

erfüllen.

Lösung: Es ist verlockend, beide Seiten der Ungleichung mit $p - 1$ zu multiplizieren. Dann müssen wir jedoch zwischen den beiden Fällen $p - 1 > 0$ und $p - 1 < 0$ unterscheiden. Denn, wenn wir mit $p - 1$ durchmultiplizieren, wenn $p - 1 < 0$ ist, müssen wir das Ungleichheitszeichen umkehren. Es gibt eine alternative Methode, die es unnötig macht, zwischen den beiden Fällen zu unterscheiden. Wir beginnen damit, $p-3$ auf beiden Seiten zu addieren. Dies ergibt

$$\frac{2p-3}{p-1}+p-3>0$$

Indem wir $p-1$ zum gemeinsamen Nenner machen, erhalten wir

$$\frac{2p-3+(p-3)(p-1)}{p-1}>0$$

Weil $2p-3+(p-3)(p-1)=2p-3+p^2-4p+3=p^2-2p=p(p-2)$, erhalten wir durch Einsetzen dieses Ausdrucks in den Zähler

$$\frac{p(p-2)}{p-1}>0$$

Um die Lösungsmenge dieser Ungleichung zu finden, benutzen wir wieder ein Vorzeichen-Diagramm[21] in Abb. 1.6.3. Ausgehend von der Vorzeichenvariation für p, $p-2$ und $p-1$ bestimmen wir die Vorzeichenvariation für $p(p-2)/(p-1)$. Wenn z. B. $0<p<1$, dann ist p positiv und $(p-2)$ ist negativ und somit ist $p(p-2)$ negativ. Aber $p-1$ ist auch negativ in diesem Intervall, so dass $p(p-2)/(p-1)$ positiv ist. Indem wir in gleicher Weise für alle relevanten Intervalle argumentieren, kommen wir zu folgendem Vorzeichen-Diagramm.

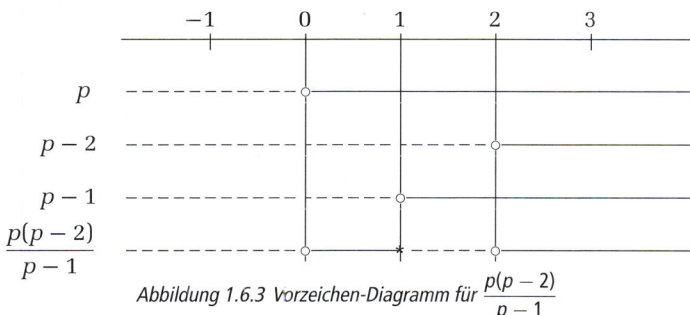

Abbildung 1.6.3 Vorzeichen-Diagramm für $\dfrac{p(p-2)}{p-1}$

Somit ist die ursprüngliche Ungleichung genau dann erfüllt, wenn $0<p<1$ oder $p>2$.

Zwei Bemerkungen zur Warnung sind hier angebracht: Erstens: Der häufigste Fehler beim Lösen von Ungleichungen ist in Beispiel 3 angedeutet. Wenn wir mit $p-1$ multiplizieren, bleibt die Ungleichung *nur* dann erhalten, wenn $p-1$ positiv ist – d. h. wenn $p>1$. Zweitens: Es ist von entscheidender Bedeutung, dass Sie die Methode der Vorzeichen-Diagramme verstehen. Ein häufiger Fehler wird durch das folgende Beispiel illustriert.

---

[21] Die ursprüngliche Ungleichung ergibt keinen Sinn, wenn $p=1$.

Beispiel 1.6.4

Bestimmen Sie alle Werte von x, die die Ungleichung erfüllen:

$$\frac{(x-2)+3(x+1)}{x+3} \leq 0$$

„Lösung": Nehmen Sie an, dass wir das ungeeignete Vorzeichen-Diagramm in Abb. 1.6.4 verwenden.

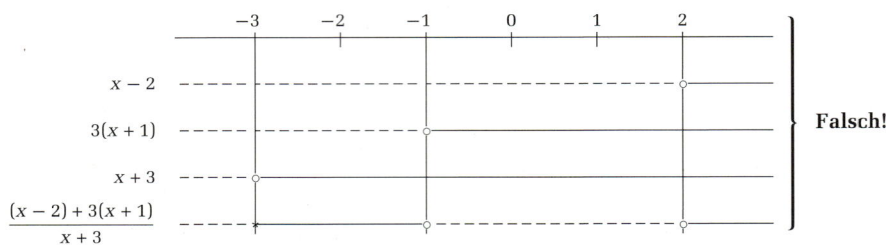

Abbildung 1.6.4: Falsches Vorzeichen-Diagramm für $\dfrac{(x-2)+3(x+1)}{x+3}$

Nach diesem Diagramm sollte die Ungleichung erfüllt sein für $x < -3$ und für $-1 \leq x \leq 2$. Jedoch ergibt sich für $x = -4$ (< -3) der Wert des Bruches zu 15, und das ist positiv. Was ist hier schief gegangen? Nehmen Sie an, dass $x < -3$. Dann ist $x - 2 < 0$ und $3(x+1) < 0$ und damit ist der Zähler $(x-2)+3(x+1)$ negativ. Da der Nenner $x+3$ auch negativ ist für $x < -3$, ist der Bruch positiv. Die Vorzeichenvariation im Diagramm ist daher völlig falsch. Das Produkt zweier negativer Zahlen ist positiv, die Summe jedoch ist negativ und nicht positiv, wie das Vorzeichen-Diagramm vermuten lässt.

Wir erhalten eine korrekte Lösung zu dem gegebenen Problem, indem wir im Zähler zunächst Terme desselben Typs sammeln, so dass sich die folgende äquivalente Ungleichung ergibt: $(4x+1)/(x+3) \leq 0$. Ein Vorzeichen-Diagramm für diese Ungleichung ergibt die richtige Antwort: $-3 < x \leq -1/4$.

Doppel-Ungleichungen

Zwei Ungleichungen, die gleichzeitig gelten, werden oft als *Doppel-Ungleichung* geschrieben. Wenn z. B. $a \leq z$ und gleichzeitig $z < b$, ist es üblich $a \leq z < b$ zu schreiben. (Andererseits ist zu beachten: Wenn $a \leq z$ und $z > b$ und wenn wir nicht wissen, welche der Zahlen a und b die größere ist, so können wir nicht $a \leq b < z$ oder $b \leq a \leq z$ schreiben, und wir schreiben auch *nicht* $a \leq z > b$.)

Beispiel 1.6.5

Eines Tages war die niedrigste Temperatur in Buenos Aires 50 °F und die höchste war 77 °F. Welches ist die entsprechende Variation der Temperatur in Grad Celsius? (Erinnern Sie: Wenn F Grad Fahrenheit bezeichnet und C Grad Celsius, so gilt $F = \dfrac{9}{5}C + 32$.)

Lösung: Wir haben

$$50 \leq \frac{9}{5}C + 32 \leq 77.$$

Indem wir 32 von jedem Term abziehen, erhalten wir

$$50 - 32 \leq \frac{9}{5}C \leq 77 - 32$$

oder

$$18 \leq \frac{9}{5}C \leq 45.$$

Indem wir diese Ungleichungen durch 9/5 dividieren (oder mit 5/9 multiplizieren), erhalten wir $10 \leq C \leq 25$. Die Temperatur variierte also zwischen 10 °C und 25 °C. ▪

Aufgaben für Kapitel 1.6

1. Entscheiden Sie, welche der folgenden Ungleichungen gültig sind:

   (a) $-6.15 > -7.16$ (b) $6 \geq 6$ (c) $(-5)^2 \leq 0$ (d) $-\frac{1}{2}\pi < -\frac{1}{3}\pi$

   (e) $\frac{4}{5} > \frac{6}{7}$ (f) $2^3 < 3^2$ (g) $2^{-3} < 3^{-2}$ (h) $\frac{1}{2} - \frac{2}{3} < \frac{1}{4} - \frac{1}{3}$

2. Bestimmen Sie die Werte von x, die die folgenden Ungleichungen erfüllen:

   (a) $-x - 3 \leq 5$ (b) $3x + 5 < x - 13$ (c) $3x - (x - 1) \geq x - (1 - x)$

   (d) $\frac{2x - 4}{3} \leq 7$ (e) $\frac{1}{3}(1 - x) \geq 2(x - 3)$ (f) $\frac{x}{24} - (x + 1) + \frac{3x}{8} < \frac{5}{12}(x + 1)$

3. Lösen Sie die folgenden Ungleichungen:

   (a) $2 < \frac{3x + 1}{2x + 4}$ (b) $\frac{120}{n} + 1.1 \leq 1.85$ (c) $g^2 - 2g \leq 0$

   (d) $\frac{1}{p - 2} + \frac{3}{p^2 - 4p + 4} \geq 0$ (e) $\frac{-n - 2}{n + 4} > 2$ (f) $x^4 < x^2$

4. Lösen Sie die folgenden Ungleichungen:

   (a) $\frac{x + 2}{x - 1} < 0$ (b) $\frac{2x + 1}{x - 3} > 1$ (c) $5a^2 \leq 125$

   (d) $(x - 1)(x + 4) > 0$ (e) $(x - 1)^2(x + 4) > 0$ (f) $(x - 1)^3(x - 2) \leq 0$

   (g) $(5x - 1)^{10}(x - 1) < 0$ (h) $(5x - 1)^{11}(x - 1) < 0$ (i) $\frac{3x - 1}{x} > x + 3$

   (j) $\frac{x - 3}{x + 3} < 2x - 1$ (k) $x^2 - 4x + 4 > 0$ (l) $x^3 + 2x^2 + x \leq 0$

5. Lösen Sie die folgenden Ungleichungen:

   (a) $1 \leq \frac{1}{3}(2x - 1) + \frac{8}{3}(1 - x) < 16$ (b) $-5 < \frac{1}{x} < 0$ (c) $\frac{1/x - 1}{1/x + 1} \geq 1$

6. Entscheiden Sie, ob die folgenden Ungleichungen für alle x und y gültig sind:

   (a) $x + 1 > x$ (b) $x^2 > x$ (c) $x + x > x$ (d) $x^2 + y^2 \geq 2xy$

➡

➜ Fortsetzung

7. Erinnern Sie die Formel für die Umrechnung von Grad Celsius in Grad Fahrenheit aus Beispiel 1.6.5.

     (a) Die Temperatur für die Lagerung von Kartoffeln sollte zwischen 4 °C und 6 °C liegen. Welches sind die entsprechenden Temperaturen in Grad Fahrenheit?

     (b) Die Frischhaltegarantie für Milchflaschen ist für 7 Tage gegeben, wenn die Milch bei einer Temperatur von 36 °F bis 40 °F aufbewahrt wird. Finden Sie das entsprechende Temperaturintervall in Grad Celsius.

Anspruchsvollere Aufgabe

8. Wenn a und b zwei positive Zahlen sind, werden die Zahlen m_A, m_G und m_H, die durch

$$m_A = \frac{1}{2}(a + b), \qquad m_G = \sqrt{ab} \qquad \text{und} \qquad m_H = 2\left(\frac{1}{a} + \frac{1}{b}\right)^{-1}$$

definiert sind, das **arithmetische, geometrische** und **harmonische Mittel** von a und b genannt. Zeigen Sie, dass

$$m_A \geq m_G \geq m_H$$

mit strikten Ungleichheitszeichen, es sei denn $a = b$. Siehe[22]

▶ Lösungen zu den Aufgaben finden Sie im Anhang des Buches.

1.7   Intervalle und Absolutbeträge

Es seien a und b zwei beliebige Zahlen auf der Zahlengeraden. Dann nennen wir die Menge aller Zahlen, die zwischen a und b liegen ein **Intervall**. In vielen Situationen ist es wichtig, zwischen Intervallen zu unterscheiden, bei denen die Endpunkte zum Intervall dazugehören, und solchen Intervallen, bei denen die Endpunkte nicht dazu gehören. Wenn $a < b$, dann gibt es vier verschiedene Intervalle, die alle a und b als Endpunkte haben, wie in Tabelle 1.7.1 gezeigt wird.

Notation	Name	Das Intervall besteht aus allen x mit
(a, b)	Das *offene* Intervall von a bis b.	$a < x < b$
$[a, b]$	Das *abgeschlossene* Intervall von a bis b.	$a \leq x \leq b$
$(a, b]$	Das *halboffene* Intervall von a bis b.	$a < x \leq b$
$[a, b)$	Das *halboffene* Interval von a bis b.	$a \leq x < b$

Tabelle 1.7.1: Intervalle auf der reellen Zahlengeraden

---

[22] Sie sollten zunächst diese Ungleichungen überprüfen, indem Sie einige spezifische Zahlen wählen (evtl. unter Benutzung eines Taschenrechners). Um zu zeigen, dass $m_A \geq m_G$, beginnen Sie mit der offensichtlich gültigen Ungleichung $(\sqrt{a} - \sqrt{b})^2 \geq 0$. Multiplizieren Sie dies dann aus. Um zu zeigen, dass $m_G \geq m_H$, zeigen Sie zunächst, dass $\sqrt{xy} \leq \frac{1}{2}(x + y)$. Setzen Sie dann $x = 1/a$, $y = 1/b$.

Beachten Sie, dass ein offenes Intervall keinen seiner Endpunkte enthält, ein abgeschlossenes Intervall jedoch beide Endpunkte enthält. Ein halboffenes Intervall enthält einen seiner Endpunkt, jedoch nicht beide. Alle vier Intervalle haben jedoch dieselbe Länge $b - a$. Wir stellen Intervalle auf der Zahlengeraden gewöhnlich wie in Abb. 1.7.1 dar, indem wir dazugehörige Endpunkte durch Punkte und nicht dazugehörige Endpunkte an den Spitzen von Pfeilen kennzeichnen.

Abbildung 1.7.1: A = [−4, −2], B = [0, 1) und C = (2, 5)

Die bisher betrachteten Intervalle waren alle *beschränkte Intervalle*. Wir benutzen das Wort „Intervall" auch für gewisse unbeschränkte Mengen von Zahlen. Zum Beispiel haben wir:

$$[a, \infty) = \text{alle Zahlen } x \text{ mit } x \geq a$$
$$(-\infty, b) = \text{alle Zahlen } x \text{ mit } x < b \tag{$*$}$$

Dabei ist „∞" das übliche Symbol für Unendlich. Das Symbol ∞ ist keine Zahl und daher gelten die üblichen Rechenregeln nicht für ∞. Wenn wir die Notation $[a, \infty)$ verwenden, so wollen wir damit aussagen, dass wir *alle* Zahlen betrachten, die größer oder gleich a sind ohne irgendeine obere Schranke für die Größe der Zahlen. Genauso hat das Intervall $(-\infty, b)$ keine untere Schranke. Es sollte nach den vorangehenden Ausführungen offensichtlich sein, was wir mit (a, ∞) und $(-\infty, b]$ meinen. Die Menge aller reellen Zahlen wird auch mit dem Symbol $(-\infty, \infty)$ bezeichnet.

Absolutbetrag

Es sei a eine reelle Zahl. Stellen Sie sich die Lage dieser Zahl auf der reellen Zahlengeraden vor. Der Abstand zwischen a und 0 heißt der *Absolutbetrag* von a. Wenn a positiv oder 0 ist, so ist der Absolutbetrag die Zahl a selbst. Wenn a negativ ist, dann ist der Absolutbetrag gleich der positiven Zahl $-a$, da Abstände nicht negativ sein dürfen. Das heißt:

Absolutbetrag

Der *Absolutbetrag* der Zahl a ist die Zahl $|a|$, die definiert ist durch

$$|a| = \begin{cases} a & \text{falls } a \geq 0 \\ -a & \text{falls } a < 0 \end{cases} \tag{1.7 1}$$

Zum Beispiel $|13| = 13$, $|-5| = -(-5) = 5$, $|-1/2| = 1/2$ und $|0| = 0$. Beachten Sie insbesondere, dass $|-a| = |a|$ gilt[23].

---

[23] Es ist ein verbreiteter Trugschluss, anzunehmen, dass a stets eine positive Zahl bezeichnet, selbst dann, wenn es nicht explizit angegeben wird. Ebenso nehmen die meisten Studierenden

Beispiel 1.7.1

Berechnen Sie $|x - 2|$ für $x = -3$, $x = 0$ und $x = 4$. Formen Sie dann $|x - 2|$ um, indem Sie die Definition des Absolutbetrages nutzen.

Lösung: Unter Benutzung der Definition (1.7.1) erhalten wir $|x-2| = |-3-2| = |-5| = 5$ für $x = -3$. Für $x = 0$ ist $|x - 2| = |0 - 2| = |-2| = 2$ und für $x = 4$ ergibt sich $|x - 2| = |4 - 2| = |2| = 2$.

Wiederum ergibt sich nach (1.7.1), $|x - 2| = x - 2$, falls $x - 2 \geq 0$, d.h. falls $x \geq 2$. Jedoch ist $|x - 2| = -(x - 2) = 2 - x$, falls $x - 2 < 0$, d.h. falls $x < 2$. Daher gilt:

$$|x - 2| = \begin{cases} x - 2, & \text{falls } x \geq 2 \\ 2 - x, & \text{falls } x < 2 \end{cases}$$

Seien x_1 und x_2 zwei beliebige Zahlen. Der *Abstand* zwischen x_1 und x_2 auf der Zahlengeraden ist gleich $x_1 - x_2$, wenn $x_1 \geq x_2$ und gleich $-(x_1 - x_2)$, wenn $x_1 < x_2$. Deshalb haben wir:

Abstand zwischen Zahlen

Der *Abstand* zwischen x_1 und x_2 auf der Zahlengeraden ist

$$|x_1 - x_2| = |x_2 - x_1| \tag{1.7.2}$$

In Abb. 1.7.2 haben wir geometrisch angedeutet, dass der Abstand zwischen 7 und 2 gleich 5 ist, während der Abstand zwischen -3 und -5 gleich 2 ist, da $|-3 - (-5)| = |-3 + 5| = |2| = 2$.

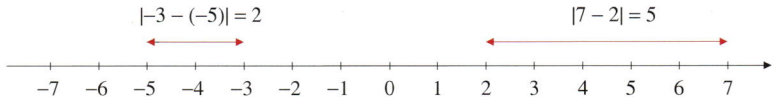

Abbildung 1.7.2: Der Abstand zwischen 7 und 2 und zwischen -3 und -5.

Nehmen Sie an, dass $|x| = 5$. Welche Werte kann x haben? Es gibt nur zwei Möglichkeiten: entweder $x = 5$ oder $x = -5$, da keine anderen Zahlen den Absolutbetrag 5 haben. Allgemein gilt: Wenn a größer oder gleich 0 ist, bedeutet $|x| = a$, dass $x = a$ oder $x = -a$. Da $|x| \geq 0$ für alle x, hat die Gleichung $|x| = a$ keine Lösung, wenn $a < 0$.

Wenn a eine positive Zahl und $|x| < a$, dann ist der Abstand zwischen x und 0 kleiner als a. Weiterhin ist, wenn a nichtnegativ ist und $|x| \leq a$, der Abstand zwischen

---

an, wenn Sie $-a$ sehen, dass dieser Ausdruck stets negativ ist. Beachten Sie jedoch, dass die Zahl $-a$ positiv ist, wenn a selbst negativ ist. Wenn z. B. $a = -5$, dann ist $-a = -(-5) = 5$. Trotzdem ist es eine übliche Konvention in den Wirtschaftswissenschaften, Variablen so zu definieren, dass ihre Werte, so weit es möglich ist, eher positiv als negativ sind.

x und 0 kleiner oder gleich a. In Symbolen:

$$|x| < a \text{ bedeutet } -a < x < a \qquad (1.7.3)$$

$$|x| \leq a \text{ bedeutet } -a \leq x \leq a \qquad (1.7.4)$$

Beispiel 1.7.2

Überprüfen Sie zuerst, ob die Ungleichung $|3x - 2| \leq 5$ gültig ist für $x = -3$, $x = 0$, $x = 7/3$ und $x = 10$. Bestimmen Sie dann alle x, für die Ungleichung gilt.

Lösung: Für $x = -3$ ist $|3x - 2| = |-9 - 2| = 11$; für $x = 0$ ist $|3x - 2| = |-2| = 2$; für $x = 7/3$ ist $|3x - 2| = |7 - 2| = 5$ und für $x = 10$ ist $|3x - 2| = |30 - 2| = 28$. Daher ist die gegebene Ungleichung gültig für $x = 0$ und $x = 7/3$, jedoch nicht für $x = -3$ und $x = 10$.

Nach (1.7.4) bedeutet die Ungleichung $|3x - 2| \leq 5$, dass $-5 \leq 3x - 2 \leq 5$. Indem wir 2 zu allen drei Ausdrücken addieren, erhalten wir

$$-5 + 2 \leq 3x - 2 + 2 \leq 5 + 2$$

oder $-3 \leq 3x \leq 7$. Division durch 3 ergibt $-1 \leq x \leq 7/3$.

Aufgaben für Kapitel 1.7

1. (a) Berechnen Sie $|2x - 3|$ für $x = 0$, $x = 1/2$ und $x = 7/2$.

   (b) Lösen Sie die Gleichung $|2x - 3| = 0$.

   (c) Formen Sie $|2x - 3|$ um, indem Sie die Definition des Absolutbetrages benutzen.

2. (a) Berechnen Sie $|5 - 3x|$ für $x = -1$, $x = 2$ und $x = 4$.

   (b) Lösen Sie die Gleichung $|5 - 3x| = 0$.

   (c) Formen Sie $|5 - 3x|$ um, indem Sie die Definition des Absolutbetrages benutzen.

3. Bestimmen Sie x so dass

   (a) $|3 - 2x| = 5$ (b) $|x| \leq 2$ (c) $|x - 2| \leq 1$

   (d) $|3 - 8x| \leq 5$ (e) $|x| > \sqrt{2}$ (f) $|x^2 - 2| \leq 1$

4. Es soll eine 5-Meter-Eisenstange hergestellt werden. Die Stange darf nicht mehr als 1 mm von der vorgegebenen Länge abweichen. Schreiben Sie die Längenangabe x für die Stange in Metern (a) mit Hilfe einer Doppelungleichung und (b) mit Hilfe des Absolutbetrages.

► Lösungen zu den Aufgaben finden Sie im Anhang des Buches.

1.8 Summen

Ökonomen machen häufig Gebrauch von Volkszählungs-Daten. Nehmen Sie an, dass ein Land in sechs Regionen aufgeteilt ist. Sei N_i die Anzahl der Bewohner in Region i. Dann ist die Gesamtanzahl der Bewohner gegeben durch

$$N_1 + N_2 + N_3 + N_4 + N_5 + N_6$$

Es ist üblich, eine abkürzende Notation für solche langen Ausdrücke zu verwenden. Der große griechische Buchstabe Sigma Σ wird gewöhnlich als **Summationssymbol** verwendet, und die Summe wird geschrieben als

$$\sum_{i=1}^{6} N_i$$

Dies wird gelesen „Summe von $i = 1$ bis $i = 6$ über N_i." Wenn es n Regionen gibt, dann ist

$$N_1 + N_2 + \cdots + N_n \tag{$*$}$$

eine mögliche Notation für die Gesamtanzahl der Bevölkerung. Hier deutet $\cdots$ an, dass das offensichtliche Muster sich fortsetzt und mit dem letzten Term N_n endet. In Summennotation schreiben wir

$$\sum_{i=1}^{n} N_i$$

Diese Notation sagt uns, dass wir die Summe von allen Termen bilden sollen, die entstehen, wenn wir für i nacheinander alle ganzen Zahlen einsetzen, beginnend mit $i = 1$ und endend mit $i = n$. Das Symbol i heißt der **Summationsindex**. Es ist eine „Hilfsvariable", die durch jeden anderen Buchstaben (der noch nicht für irgendetwas anderes gebraucht wurde) ersetzt werden kann. Daher stellen sowohl $\sum_{j=1}^{n} N_j$ als auch $\sum_{k=1}^{n} N_k$ dieselbe Summe wie in $(*)$ dar.

Die obere und untere Grenze können jeweils variiert werden. Zum Beispiel ist

$$\sum_{i=30}^{35} N_i = N_{30} + N_{31} + N_{32} + N_{33} + N_{34} + N_{35}$$

die Gesamtanzahl der Bevölkerung in den sechs Regionen, die mit 30 bis 35 beziffert sind. Nehmen Sie allgemein an, dass p und q ganze Zahlen sind mit $q \geq p$. Dann bedeutet

$$\sum_{i=p}^{q} a_i = a_p + a_{p+1} + \cdots + a_q$$

die Summe, die sich ergibt, wenn man für i alle aufeinander folgenden ganzen Zahlen einsetzt, beginnend mit $i = p$ und endend mit $i = q$. Wenn die obere mit der unteren Summationsgrenze übereinstimmt, reduziert sich die „Summe" auf einen Term. Und wenn die obere Grenze kleiner als die untere Grenze ist, gibt es überhaupt keine Terme. Deshalb ist es Konvention, diese „Summe" als Null zu betrachten.

Beispiel 1.8.1

Berechnen Sie die folgenden Summen:

(a) $\displaystyle\sum_{i=1}^{5} i^2$ (b) $\displaystyle\sum_{k=3}^{6}(5k-3)$ (c) $\displaystyle\sum_{j=0}^{2}\frac{(-1)^j}{(j+1)(j+3)}$.

Lösung:

(a) $\displaystyle\sum_{i=1}^{5} i^2 = 1^2 + 2^2 + 3^2 + 4^2 + 5^2 = 1 + 4 + 9 + 16 + 25 = 55$

(b) $\displaystyle\sum_{k=3}^{6}(5k-3) = (5\cdot 3 - 3) + (5\cdot 4 - 3) + (5\cdot 5 - 3) + (5\cdot 6 - 3) = 78$

(c) $\displaystyle\sum_{j=0}^{2}\frac{(-1)^j}{(j+1)(j+3)} = \frac{1}{1\cdot 3} + \frac{-1}{2\cdot 4} + \frac{1}{3\cdot 5} = \frac{40 - 15 + 8}{120} = \frac{33}{120} = \frac{11}{40}$

Summen und die Summennotation erscheinen häufig in den Wirtschaftswissenschaften, so dass es wichtig ist, dass man solche Summen interpretieren kann. Oft gibt es neben dem Summationsindex mehrere Variablen oder Parameter.

Beispiel 1.8.2

Schreiben Sie als ausführliche Summen:

(a) $\displaystyle\sum_{i=1}^{n} p_t^{(i)} q^{(i)}$ (b) $\displaystyle\sum_{j=-3}^{1} x^{5-j} y^j$ (c) $\displaystyle\sum_{i=1}^{N}(x_{ij} - \overline{x}_j)^2$

Lösung:

(a) $\displaystyle\sum_{i=1}^{n} p_t^{(i)} q^{(i)} = p_t^{(1)} q^{(1)} + p_t^{(2)} q^{(2)} + \cdots + p_t^{(n)} q^{(n)}$

(b) $\displaystyle\sum_{j=-3}^{1} x^{5-j} y^j = x^{5-(-3)} y^{-3} + x^{5-(-2)} y^{-2} + x^{5-(-1)} y^{-1} + x^{5-0} y^0 + x^{5-1} y^1$

$\qquad\qquad = x^8 y^{-3} + x^7 y^{-2} + x^6 y^{-1} + x^5 + x^4 y$

(c) $\displaystyle\sum_{i=1}^{N}(x_{ij} - \overline{x}_j)^2 = (x_{1j} - \overline{x}_j)^2 + (x_{2j} - \overline{x}_j)^2 + \cdots + (x_{Nj} - \overline{x}_j)^2$

Beachten Sie, dass *t kein* Summationsindex in (a) und *j kein* Summationsindex in (c) ist.

Beispiel 1.8.3

Schreiben Sie die folgenden Summen mit Hilfe der Summennotation:

(a) $1 + 3 + 3^2 + 3^3 + \cdots + 3^{81}$ (b) $a_i^6 + a_i^5 b_j + a_i^4 b_j^2 + a_i^3 b_j^3 + a_i^2 b_j^4 + a_i b_j^5 + b_j^6$

Lösung:

(a) Dies ist einfach, wenn wir beachten, dass $1 = 3^0$ und $3 = 3^1$, so dass die Summe geschrieben werden kann als $3^0 + 3^1 + 3^2 + 3^3 + \cdots + 3^{81}$. Der allgemeine Term ist

3^i, und wir erhalten

$$1 + 3 + 3^2 + 3^3 + \cdots + 3^{81} = \sum_{i=0}^{81} 3^i$$

(b) Dies ist schwieriger. Beachten Sie jedoch, dass sich die Indizes i und j nicht verändern. Der Exponent von a_i nimmt in jedem Schritt um 1 ab, von 6 beginnend auf 0, während der Exponent von b_j Schritt für Schritt wächst von 0 beginnend auf 6. Der allgemeine Term hat die Gestalt $a_i^{6-k} b_j^k$, wobei k von 0 bis 6 variiert. Deshalb ist

$$a_i^6 + a_i^5 b_j + a_i^4 b_j^2 + a_i^3 b_j^3 + a_i^2 b_j^4 + a_i b_j^5 + b_j^6 = \sum_{k=0}^{6} a_i^{6-k} b_j^k$$
━━━

Beispiel 1.8.4

(**Preisindizes**) Um den Gesamteffekt der Preisänderungen für mehrere verschiedene Güter innerhalb eines Landes zusammenzufassen, sind eine Reihe von verschiedenen *Preisindizes* vorgeschlagen worden.

Betrachten Sie einen „Warenkorb" mit n Gütern. Für $i = 1, \ldots, n$ sei $q^{(i)}$ die Anzahl der Einheiten des Gutes i in dem Warenkorb, $p_0^{(i)}$ der Preis pro Einheit des Gutes i im Jahr 0 und $p_t^{(i)}$ der Preis pro Einheit des Gutes i im Jahr t. Dann gibt

$$\sum_{i=1}^{n} p_0^{(i)} q^{(i)} = p_0^{(1)} q^{(1)} + p_0^{(2)} q^{(2)} + \cdots + p_0^{(n)} q^{(n)}$$

die Kosten des Warenkorbs im Jahr 0 an, während

$$\sum_{i=1}^{n} p_t^{(i)} q^{(i)} = p_t^{(1)} q^{(1)} + p_t^{(2)} q^{(2)} + \cdots + p_t^{(n)} q^{(n)}$$

die Kosten des Warenkorbs im Jahr t angibt. Ein Preisindex für das Jahr t mit Jahr 0 als Basisjahr ist dann definiert durch

$$\frac{\sum_{i=1}^{n} p_t^{(i)} q^{(i)}}{\sum_{i=1}^{n} p_0^{(i)} q^{(i)}} \cdot 100 \qquad \textbf{(Preisindex)} \tag{1.8.1}$$

Wenn die Kosten des Warenkorbs 1032 im Jahr 0 und die Kosten desselben Warenkorbs im Jahr t sich auf 1548 belaufen, dann ist der Preisindex $(1548/1032) \cdot 100 = 150$.

Für den Fall, dass die Mengen $q^{(i)}$ die Verbrauchszahlen aus dem Jahr 0 sind, heißt dieser Index **Preisindex von Laspeyres**. Wenn aber die Mengen $q^{(i)}$ die Verbrauchszahlen aus dem Jahr t sind, heißt dieser Index **Preisindex von Paasche**. ━━━

Aufgaben für Kapitel 1.8

1. Berechnen Sie die folgenden Summen:

(a) $\displaystyle\sum_{i=1}^{10} i$ 　　(b) $\displaystyle\sum_{k=2}^{6} (5 \cdot 3^{k-2} - k)$ 　　(c) $\displaystyle\sum_{m=0}^{5} (2m + 1)$

(d) $\displaystyle\sum_{l=0}^{2} 2^{2^l}$ 　　(e) $\displaystyle\sum_{i=1}^{10} 2$ 　　(f) $\displaystyle\sum_{j=1}^{4} \frac{j+1}{j}$

2. Berechnen Sie die folgenden Summen:

(a) $\displaystyle\sum_{k=-2}^{2} 2\sqrt{k+2}$ 　(b) $\displaystyle\sum_{i=0}^{3} (x + 2i)^2$ 　(c) $\displaystyle\sum_{k=1}^{n} a_{ki} b^{k+1}$ 　(d) $\displaystyle\sum_{j=0}^{m} f(x_j)\,\Delta x_j$

3. Drücken Sie die folgenden Summen in Summennotation aus:

(a) $4 + 8 + 12 + 16 + \cdots + 4n$

(b) $1^3 + 2^3 + 3^3 + 4^3 + \cdots + n^3$

(c) $1 - \dfrac{1}{3} + \dfrac{1}{5} - \dfrac{1}{7} + \cdots + (-1)^n \dfrac{1}{2n + 1}$

(d) $a_{i1} b_{1j} + a_{i2} b_{2j} + \cdots + a_{in} b_{nj}$

(e) $3x + 9x^2 + 27x^3 + 81x^4 + 243x^5$

(f) $a_i^3 b_{i+3} + a_i^4 b_{i+4} + \cdots + a_i^p b_{i+p}$

(g) $a_i^3 b_{i+3} + a_{i+1}^4 b_{i+4} + \cdots + a_{i+p}^{p+3} b_{i-p+3}$

(h) $81297 + 81495 + 81693 + 81891$

4. Berechnen Sie den Preisindex (1.8.1), wenn $n = 3$, $p_0^{(1)} = 1$, $p_0^{(2)} = 2$, $p_0^{(3)} = 3$, $p_t^{(1)} = 2$, $p_t^{(2)} = 3$, $p_t^{(3)} = 4$, $q^{(1)} = 3$, $q^{(2)} = 5$ und $q^{(3)} = 7$.

5. Setzen Sie die korrekten Summationsgrenzen in den Summen auf der rechten Seite ein.

(a) $\displaystyle\sum_{k=1}^{10} (k-2) t^k = \sum_{m=} mt^{m+2}$ 　　(b) $\displaystyle\sum_{n=0}^{N} 2^{n+5} = \sum_{j=} 32 \cdot 2^{j-1}$

6. Zu Beginn des Jahres 2016 bestand der Europäische Wirtschaftsraum aus 31 Nationen. Offiziell gibt es das langfristige Ziel der freien Arbeitsmobilität innerhalb des europäischen Wirtschaftsraumes. Für das Jahr 2011 sei c_{ij} die Anzahl der Arbeiter, die ihren Hauptarbeitsplatz von Nation i in die Nation j, $i \neq j$ verlegt haben. Wenn z. B. $i = 25$ und $j = 10$, dann schreiben wir $c_{25,10}$ für c_{ij}. Erläutern Sie die Bedeutung der Summen:

(a) $\displaystyle\sum_{j=1}^{31} c_{ij}$, 　(b) $\displaystyle\sum_{i=1}^{31} c_{ij}$.

7. Entscheiden Sie, welche der folgenden Gleichungen allgemein gültig sind.

(a) $\displaystyle\sum_{k=1}^{n} c k^2 = c \sum_{k=1}^{n} k^2$ 　(b) $\displaystyle\left(\sum_{i=1}^{n} a_i\right)^2 = \sum_{i=1}^{n} a_i^2$ 　(c) $\displaystyle\sum_{j=1}^{n} b_j + \sum_{j=n+1}^{N} b_j = \sum_{j=1}^{N} b_j$

(d) $\displaystyle\sum_{k=3}^{7} 5^{k-2} = \sum_{k=0}^{4} 5^{k+1}$ 　(e) $\displaystyle\sum_{i=0}^{n-1} a_{i,j}^2 = \sum_{k=1}^{n} a_{k-1,j}^2$ 　(f) $\displaystyle\sum_{k=1}^{n} \frac{a_k}{k} = \frac{1}{k} \sum_{k=1}^{n} a_k$

▶ Lösungen zu den Aufgaben finden Sie im Anhang des Buches.

1.9 Regeln für Summen

Die folgenden Eigenschaften von Summen sind im Umgang mit der Summennotation sehr hilfreich:

$$\sum_{i=1}^{n}(a_i + b_i) = \sum_{i=1}^{n} a_i + \sum_{i=1}^{n} b_i \qquad \textbf{(Additivität)} \qquad (1.9.1)$$

$$\sum_{i=1}^{n} ca_i = c \sum_{i=1}^{n} a_i \qquad \textbf{(Homogenität)} \qquad (1.9.2)$$

Die Beweise sind ziemlich einfach und direkt. Zum Beispiel beweist man (1.9.2) so:

$$\sum_{i=1}^{n} ca_i = ca_1 + ca_2 + \cdots + ca_n = c(a_1 + a_2 + \cdots + a_n) = c \sum_{i=1}^{n} a_i$$

Die Homogenitätseigenschaft besagt, dass ein konstanter Faktor aus der Summe herausgezogen werden kann. Wenn insbesondere $a_i = 1$ ist für alle i, dann ist

$$\sum_{i=1}^{n} c = nc \qquad (1.9.3)$$

Dies besagt, dass die Summe über eine Konstante c gleich dem n-fachen von c ist, wenn n die Anzahl der Summanden ist (und jeder Summand gleich c ist).

Die Summationsregeln können kombiniert angewendet werden, um Formeln wie die folgende zu erhalten

$$\sum_{i=1}^{n}(a_i + b_i - c_i + d) = \sum_{i=1}^{n} a_i + \sum_{i=1}^{n} b_i - \sum_{i=1}^{n} c_i + nd$$

Beispiel 1.9.1

Berechnen Sie die Summe

$$\sum_{m=2}^{n} \frac{1}{(m-1)m} = \frac{1}{1 \cdot 2} + \frac{1}{2 \cdot 3} + \cdots + \frac{1}{(n-1)n}$$

und nutzen Sie dabei, dass $\quad \dfrac{1}{(m-1)m} = \dfrac{1}{m-1} - \dfrac{1}{m}.$

Lösung:

$$\sum_{m=2}^{n} \frac{1}{(m-1)m} = \sum_{m=2}^{n} \left(\frac{1}{m-1} - \frac{1}{m} \right) = \sum_{m=2}^{n} \frac{1}{m-1} - \sum_{m=2}^{n} \frac{1}{m}$$

$$= \left(\frac{1}{1} + \frac{1}{2} + \frac{1}{3} + \cdots + \frac{1}{n-1} \right) - \left(\frac{1}{2} + \frac{1}{3} + \cdots + \frac{1}{n-1} + \frac{1}{n} \right)$$

$$= 1 - \frac{1}{n}$$

Um die letzte Gleichheit zu erhalten, beachten Sie bitte, dass die meisten Terme sich gegeneinander aufheben. Die einzigen Ausnahmen sind der erste Term innerhalb der ersten Klammer und der letzte Term innerhalb der letzten Klammer. Dieser Trick erweist sich hier und bei der Berechnung vieler ähnlicher Summen dieser Art als sehr hilfreich und vereinfachend. Siehe unten Aufgabe 4.

Beispiel 1.9.2

Das **arithmetische Mittel** (oder der **Mittelwert**) μ_x von T Zahlen $x_1, x_2, \ldots, x_T$ ist ihr Durchschnitt, definiert als die Summe über all diese Zahlen, dividiert durch die Anzahl der Summanden, T, d. h.

$$\mu_x = \frac{1}{T} \sum_{i=1}^{T} x_i.$$

Zeigen Sie, dass $\displaystyle\sum_{i=1}^{T}(x_i - \mu_x) = 0$ und $\displaystyle\sum_{i=1}^{T}(x_i - \mu_x)^2 = \sum_{i=1}^{T} x_i^2 - T\mu_x^2$.

Lösung: Die Differenz $x_i - \mu_x$ ist die Abweichung zwischen x_i und dem Mittelwert. Wir zeigen zunächst, dass die Summe dieser Abweichungen 0 ist, indem wir die obenstehende Definition von μ_x verwenden:

$$\sum_{i=1}^{T}(x_i - \mu_x) = \sum_{i=1}^{T} x_i - \sum_{i=1}^{T} \mu_x = \sum_{i=1}^{T} x_i - T\mu_x = T\mu_x - T\mu_x = 0$$

Ferner ist die Summe der Quadrate dieser Abweichungen

$$\sum_{i=1}^{T}(x_i - \mu_x)^2 = \sum_{i=1}^{T}(x_i^2 - 2\mu_x x_i + \mu_x^2) = \sum_{i=1}^{T} x_i^2 - 2\mu_x \sum_{i=1}^{T} x_i + \sum_{i=1}^{T} \mu_x^2$$

$$= \sum_{i=1}^{T} x_i^2 - 2\mu_x T\mu_x + T\mu_x^2 = \sum_{i=1}^{T} x_i^2 - T\mu_x^2$$

Indem wir durch T dividieren, erhalten wir, dass die mittlere quadratische Abweichung, $(1/T)\displaystyle\sum_{i=1}^{T}(x_i - \mu_x)^2$, gleich dem Mittel der Quadrate, $(1/T)\displaystyle\sum_{i=1}^{T} x_i^2$, minus dem Quadrat des Mittelwerts, μ_x^2, ist.

Nützliche Formeln

Ein (sehr) anspruchsvoller Lehrer forderte einst seine Schüler auf, die Summe von $81\,297 + 81\,495 + 81\,693 + \cdots + 100\,899$ zu bilden. Dies sind 100 Summanden und die Differenz zwischen den aufeinander folgenden Summanden ist konstant gleich 198. Carl Gauß, (1777–1855), der später einer der weltweit führenden Mathematiker wurde, war in dieser Klasse (im Alter von 9 Jahren!) und gab die richtige Antwort innerhalb weniger Minuten. In Aufgabe 3 sind Sie gefragt, es wenigstens genauso gut wie Gauß zu machen, aber vorher werden wir noch einige Hilfen geben.

65

Angewandt auf das einfachere Problem, die Summe $x = 1 + 2 + \cdots + n$ zu bestimmen, wäre Gauß' Argument etwa so: Schreiben Sie zunächst die Summe x auf zwei Arten

$$x = 1 + 2 + \cdots + (n-1) + n$$
$$x = n + (n-1) + \cdots + 2 + 1$$

Indem Sie die senkrecht übereinander stehenden Terme jeweils addieren, erhalten Sie

$$2x = (1+n) + \big[2 + (n-1)\big] + \cdots + \big[(n-1) + 2\big] + (n+1)$$
$$= (1+n) + (1+n) + \cdots + (1+n) + (1+n) = n(1+n)$$

Durch Auflösen nach x erhalten wir das Ergebnis:

$$\sum_{i=1}^{n} i = 1 + 2 + \cdots + n = \frac{1}{2} n(n+1) \tag{1.9.4}$$

Die beiden folgenden Summationsformeln sind gelegentlich nützlich in den Wirtschaftswissenschaften.[24] In Aufgabe 2.4.5 werden Sie aufgefordert, diese Formeln zu beweisen.

$$\sum_{i=1}^{n} i^2 = 1^2 + 2^2 + 3^2 + \cdots + n^2 = \frac{1}{6} n(n+1)(2n+1) \tag{1.9.5}$$

$$\sum_{i=1}^{n} i^3 = 1^3 + 2^3 + 3^3 + \cdots + n^3 = \left[\frac{1}{2} n(n+1)\right]^2 = \left[\sum_{i=1}^{n} i\right]^2 \tag{1.9.6}$$

Aufgaben für Kapitel 1.9

1. Nutzen Sie die Resultate (1.9.1) bis (1.9.5), um $\displaystyle\sum_{k=1}^{n}(k^2 + 3k + 2)$ zu bestimmen.

2. Beweisen Sie die Summenformel für eine **arithmetische Reihe**:

$$\sum_{i=0}^{n-1}(a + id) = na + \frac{n(n-1)d}{2}$$

Wenden Sie das Resultat auf die Summe an, von der angenommen wird, dass Gauß sie im Alter von 9 Jahren berechnet hat.

3. (a) Zeigen Sie, dass $\displaystyle\sum_{k=1}^{n}(a_{k+1} - a_k) = a_{n+1} - a_1$.

   (b) Benutzen Sie das Resultat aus (a), um die folgenden Ausdrücke zu berechnen:

   (i) $\displaystyle\sum_{k=1}^{50}\left(\frac{1}{k} - \frac{1}{k+1}\right)$　　(ii) $\displaystyle\sum_{k=1}^{12}\left(3^{k+1} - 3^k\right)$　　(iii) $\displaystyle\sum_{k=1}^{n}\left(ar^{k+1} - ar^k\right)$

▶ Lösungen zu den Aufgaben finden Sie im Anhang des Buches.

---

[24] Prüfen Sie, ob diese Formeln für $n = 1, 2$ und 3 gültig sind.

1.10 Newtons Binomische Formeln

Wir wissen alle, dass $(a + b)^1 = a + b$ und $(a + b)^2 = a^2 + 2ab + b^2$. Wenn wir die letzte Gleichheit benutzen und außerdem $(a + b)^3 = (a + b)(a + b)^2$ und $(a + b)^4 = (a + b)(a + b)^3$ schreiben, finden wir heraus, dass

$$(a + b)^1 = a + b$$

$$(a + b)^2 = a^2 + 2ab + b^2$$

$$(a + b)^3 = a^3 + 3a^2b + 3ab^2 + b^3$$

$$(a + b)^4 = a^4 + 4a^3b + 6a^2b^2 + 4ab^3 + b^4$$

Die entsprechende Formel für $(a + b)^m$, wobei m irgendeine natürliche Zahl ist, ist die folgende:

Newtons Binomische Formeln

$$(a + b)^m = a^m + \binom{m}{1}a^{m-1}b + \cdots + \binom{m}{m-1}ab^{m-1} + \binom{m}{m}b^m \qquad (1.10\ 1)$$

Dabei sind die **Binomialkoeffizienten** $\binom{m}{k}$ definiert für $m = 1, 2, \ldots$ und für $k = 0, 1, 2, \ldots, m$ durch[25]

$$\binom{m}{k} = \frac{m(m-1)\ldots(m-k+1)}{k!}, \qquad (1.10.2)$$

Dabei ist $k!$, gelesen als „k Fakultät", die Standardnotation für das Produkt $1 \cdot 2 \cdot 3 \cdot \ldots \cdot (k-1) \cdot k$ der k ersten natürlichen Zahlen mit der Vereinbarung, dass $0! = 1$ ist.

Insbesondere ist $\binom{m}{0} = 1$, $\binom{m}{1} = m$ und $\binom{m}{m} = 1$. Wenn z. B. $m = 5$, erhalten wir

$$\binom{5}{2} = \frac{5 \cdot 4}{1 \cdot 2} = 10, \qquad \binom{5}{3} = \frac{5 \cdot 4 \cdot 3}{1 \cdot 2 \cdot 3} = 10, \qquad \binom{5}{4} = \frac{5 \cdot 4 \cdot 3 \cdot 2}{1 \cdot 2 \cdot 3 \cdot 4} = 5$$

Aus (1.10.1) folgt dann $(a + b)^5 = a^5 + 5a^4b + 10a^3b^2 + 10a^2b^3 + 5ab^4 + b^5$.

Die Koeffizienten, die sich in der Entwicklung aufeinander folgender Potenzen von $(a + b)$ ergeben, bilden das folgende Muster, das **Pascal'sches Dreieck**[26] genannt wird:

---

[25] Äquivalent ist die folgende Definition: $\binom{m}{k} = \frac{m!}{k!(m-k)!}$.

[26] Obwohl es schon um das Jahr 1100 herum in China bekannt war, lange bevor der französische Mathematiker Blaise Pascal (1623–1662) geboren wurde.

$$
\begin{array}{ccccccccccc}
 & & & & & 1 & & & & & \\
 & & & & 1 & & 1 & & & & \\
 & & & 1 & & 2 & & 1 & & & \\
 & & 1 & & 3 & & 3 & & 1 & & \\
 & 1 & & 4 & & 6 & & 4 & & 1 & \\
1 & & 5 & & 10 & & 10 & & 5 & & 1
\end{array}
$$

1   6   15   20   15   6   1

1   7   21   35   35   21   7   1

1   8   28   56   70   56   28   8   1

1   9   36   84   126   126   84   36   9   1

Diese Tabelle kann unendlich lange fortgesetzt werden. Die Zahlen in diesem Dreieck sind die Binomialkoeffizienten. Zum Beispiel sind die Zahlen in Zeile 6 (wenn die erste Zeile mit 0 beziffert ist)

$$
\binom{6}{0} \quad \binom{6}{1} \quad \binom{6}{2} \quad \binom{6}{3} \quad \binom{6}{4} \quad \binom{6}{5} \quad \binom{6}{6}
$$

Erkennen Sie zunächst, dass die Zahlen symmetrisch zur Mittelachse sind. Diese Symmetrie kann so ausgedrückt werden:

$$
\binom{m}{k} = \binom{m}{m-k} \tag{1.10.3}
$$

Zum Beispiel ist $\binom{6}{2} = 15 = \binom{6}{4}$. Zweitens, abgesehen von der 1 an beiden Enden jeder Zeile, ist jede Zahl die Summe der zwei angrenzenden Zahlen in der Zeile darüber. Zum Beispiel, 56 in der achten Zeile ist die Summe von 21 und 35 in der Zeile sieben. In Symbolen bedeutet das:

$$
\binom{m+1}{k+1} = \binom{m}{k} + \binom{m}{k+1} \tag{1.10.4}
$$

In Aufgabe 2 sollen Sie diese beiden Eigenschaften beweisen.

Aufgaben für Kapitel 1.10

1. Benutzen Sie die Binomischen Formeln, um $(a+b)^6$ zu bestimmen.

2. (a) Zeigen Sie, dass $\binom{5}{3} = \dfrac{5!}{2!3!}$, und dass allgemein

$$
\binom{m}{k} = \frac{m!}{(m-k)!k!}. \tag{1.10.5}
$$

   (b) Überprüfen Sie durch direkte Berechnung, dass

$$
\binom{8}{3} = \binom{8}{8-3} \quad \text{und} \quad \binom{8+1}{3+1} = \binom{8}{3} + \binom{8}{3+1}.
$$

   (c) Verwenden Sie (1.10.5), um (1.10.3) und (1.10.4) zu verifizieren.

1.11 Doppelsummen

Häufig muss man mehrere Summenzeichen zusammenfügen. Betrachten Sie z. B. die folgende rechteckige Anordnung von Zahlen.

$$
\begin{array}{cccc}
a_{11} & a_{12} & \cdots & a_{1n} \\
a_{21} & a_{22} & \cdots & a_{2n} \\
\vdots & \vdots & & \vdots \\
a_{m1} & a_{m2} & \cdots & a_{mn}
\end{array}
\tag{1.11.1}
$$

Diese Anordnung kann als *Arbeitsblatt (spreadsheet)* angesehen werden. Eine typische Zahl in dieser Anordnung oder Zahlenfeld hat die Form a_{ij}, wobei $1 \le i \le m$ und $1 \le j \le n$ gilt[27]. Es gibt insgesamt $n \cdot m$ Zahlen. Wir wollen die Summe aller Zahlen in diesem Feld bestimmen, indem wir zunächst die Summe der Zahlen in jeder der m Zeilen bestimmen und dann all diese Zeilensummen addieren. Die m verschiedenen Zeilensummen können in der Form $\sum_{j=1}^{n} a_{1j}, \sum_{j=1}^{n} a_{2j}, \ldots, \sum_{j=1}^{n} a_{mj}$ geschrieben werden.[28] Die Summe dieser m Summen ist gleich $\sum_{j=1}^{n} a_{1j} + \sum_{j=1}^{n} a_{2j} + \cdots + \sum_{j=1}^{n} a_{mj}$, was geschrieben werden kann als $\sum_{i=1}^{m} \left(\sum_{j=1}^{n} a_{ij} \right)$. Wenn wir stattdessen die Zahlen in jeder der n Spalten zuerst addieren und dann die Summe dieser n Spaltensummen bilden, erhalten wir:

$$
\sum_{i=1}^{m} a_{i1} + \sum_{i=1}^{m} a_{i2} + \cdots + \sum_{i=1}^{m} a_{in} = \sum_{j=1}^{n} \left(\sum_{i=1}^{m} a_{ij} \right)
\tag{1.11.2}
$$

In beiden Fällen haben wir die Summe aller Zahlen in diesem Zahlenfeld berechnet.[29] Aus diesem Grunde muss gelten:

$$
\sum_{i=1}^{m} \sum_{j=1}^{n} a_{ij} = \sum_{j=1}^{n} \sum_{i=1}^{m} a_{ij}
\tag{1.11.3}
$$

Dabei haben wir, der üblichen Praxis folgend, die Klammern weggelassen. Diese Formel besagt, dass es *in einer (endlichen) Doppelsumme nicht auf die Reihenfolge der Summation ankommt.* Es ist wichtig zu bemerken, dass die Summationsgrenzen für i und j unabhängig voneinander sind.[30]

Beispiel 1.11.1

Berechnen Sie $\sum_{i=1}^{3} \sum_{j=1}^{4} (i + 2j)$.

---

[27] Zum Beispiel kann a_{ij} die Gesamteinnahmen einer Firma aus ihren Verkäufen in Region i im Monat j bezeichnen.

[28] In unserem Beispiel sind diese Zeilensummen die Gesamteinnahmen in jeder Region, summiert über alle n Monate.

[29] Wie interpretieren Sie diese Summe in unserem ökonomischen Beispiel?

[30] Denn: Eine Änderung der Reihenfolge in einer Doppelsumme wie $\sum_{j=1}^{n} \sum_{i=1}^{j} a_{ij}$ führt zu $\sum_{i=1}^{j} \sum_{j=1}^{n} a_{ij}$, d. h. zu einem Ausdruck, der wenig Sinn macht.

Lösung:

$$\sum_{i=1}^{3}\sum_{j=1}^{4}(i+2j) = \sum_{i=1}^{3}\big[(i+2)+(i+4)+(i+6)+(i+8)\big]$$

$$= \sum_{i=1}^{3}(4i+20) = 24+28+32 = 84$$

Sie sollten überprüfen, ob Sie dasselbe Resultat erhalten, wenn Sie zunächst über i summieren.

Aufgaben für Kapitel 1.11

1. Berechnen Sie die folgenden Doppelsummen:

   (a) $\displaystyle\sum_{i=1}^{3}\sum_{j=1}^{4} i \cdot 3^{j}$ (b) $\displaystyle\sum_{s=0}^{2}\sum_{r=2}^{4}\left(\frac{rs}{r+s}\right)^{2}$ (c) $\displaystyle\sum_{i=1}^{m}\sum_{j=1}^{n}(i+j^{2})$ (d) $\displaystyle\sum_{i=1}^{m}\sum_{j=1}^{2} j^{i}$

2. Betrachten Sie eine Gruppe von Personen, von denen jede eine bestimmte Anzahl Einheiten von m verschiedenen Gütern hat. Sei a_{ij} die Anzahl der Einheiten des Gutes i, die Person j ($i = 1,\ldots,m$; $j = 1,\ldots,n$) besitzt. Erklären Sie in Worten die Bedeutung der folgenden Summen:

   (a) $\displaystyle\sum_{j=1}^{n} a_{ij}$ (b) $\displaystyle\sum_{i=1}^{m} a_{ij}$ (c) $\displaystyle\sum_{j=1}^{n}\sum_{i=1}^{m} a_{ij}$

3. Beweisen Sie, dass die Summe aller Zahlen in dem Dreieck

$$
\begin{array}{llllll}
a_{11} & & & & \\
a_{21} & a_{22} & & & \\
a_{31} & a_{32} & a_{33} & & \\
\vdots & \vdots & \vdots & \ddots & \\
a_{m1} & a_{m2} & a_{m3} & \cdots & a_{mm}
\end{array}
$$

   geschrieben werden kann als $\displaystyle\sum_{i=1}^{m}\left(\sum_{j=1}^{i} a_{ij}\right)$ und auch $\displaystyle\sum_{j=1}^{m}\left(\sum_{i=j}^{m} a_{ij}\right)$.

Anspruchsvollere Aufgabe

4. Betrachten Sie die $m \cdot n$ Zahlen a_{ij} in dem rechteckigen Zahlenfeld (1.11.1). Bezeichnen Sie den arithmetischen Mittelwert aller Zahlen mit $\bar{a}$ und den Mittelwert aller Zahlen in der j-ten Spalte mit $\bar{a}_{j}$, so dass

$$\bar{a} = \frac{1}{mn}\sum_{r=1}^{m}\sum_{s=1}^{n} a_{rs}, \qquad \bar{a}_{j} = \frac{1}{m}\sum_{r=1}^{m} a_{rj}.$$

   Beweisen Sie, dass $\bar{a}$ der Mittelwert der Spaltensummen $\bar{a}_{j}$ ($j = 1,\ldots,n$) ist und dass

$$\sum_{r=1}^{m}\sum_{s=1}^{m}(a_{rj}-\bar{a})(a_{sj}-\bar{a}) = m^{2}(\bar{a}_{j}-\bar{a})^{2}. \tag{$*$}$$

▶ Lösungen zu den Aufgaben finden Sie im Anhang des Buches.

Aufgaben zur Wiederholung für Kapitel 1

1. (a) Was ist das Dreifache der Differenz zwischen 50 und x?

   (b) Was ist der Quotient von x und der Summe von y und 100?

   (c) Der Preis eines Gutes sei a. Dieser Preis enthalte 20% Mehrwertsteuer. Wie hoch ist der Preis ohne Mehrwertsteuer?

   (d) Eine Person kaufe x_1, x_2 bzw. x_3 Einheiten von drei Gütern, deren Preise pro Einheit p_1, p_2 bzw. p_3 sind. Wie hoch sind die Gesamtausgaben?

   (e) Ein Mietwagen kostet F Euro pro Tag als feste Kosten und b Euro pro Kilometer. Wieviel muss ein Kunde zahlen, wenn er x Kilometer an einem Tag fährt?

   (f) Ein Unternehmen habe feste Kosten von F Euro pro Jahr und c Euro pro produzierter Einheit. Bestimmen Sie einen Ausdruck für die Gesamtkosten des Unternehmens pro Einheit (Gesamtdurchschnittskosten), wenn das Unternehmen x Einheiten in einem Jahr produziert.

   (g) Eine Person habe ein jährliches Einkommen von L Euro und erhält dann eine Erhöhung von p%, gefolgt von einer weiteren Erhöhung um q%. Wie hoch ist das neue Jahreseinkommen?

2. Drücken Sie die folgenden Ausdrücke jeweils als einzelne reelle Zahl in Dezimalnotation aus:

   (a) 5^3 (b) 10^{-3} (c) $\dfrac{1}{3^{-3}}$ (d) $\dfrac{-1}{10^{-3}}$

   (e) $3^{-2}3^3$ (f) $(3^{-2})^{-3}$ (g) $-\left(\dfrac{5}{3}\right)^0$ (h) $\left(-\dfrac{1}{2}\right)^{-3}$

3. Welche der folgenden Ausdrücke sind definiert und welches sind ihre Werte?

   (a) $(0+2)^0$ (b) 0^{-2} (c) $\dfrac{(10)^0}{(0+1)^0}$ (d) $\dfrac{(0+1)^0}{(0+2)^0}$

4. Vereinfachen Sie die folgenden Ausdrücke:

   (a) $(2^3 2^{-5})^3$ (b) $\left(\dfrac{2}{3}\right)^{-1} - \left(\dfrac{4}{3}\right)^{-1}$ (c) $(3^{-2}-5^{-1})^{-1}$ (d) $(1.12)^{-3}(1.12)^3$

5. Vereinfachen Sie die folgenden Ausdrücke:

   (a) $(2x)^4$ (b) $(2^{-1}-4^{-1})^{-1}$ (c) $\dfrac{24x^3y^2z^3}{4x^2yz^2}$

   (d) $\left[-(-ab^3)^{-3}(a^6b^6)^2\right]^3$ (e) $\dfrac{a^5 \cdot a^3 \cdot a^{-2}}{a^{-3} \cdot a^6}$ (f) $\left[\left(\dfrac{x}{2}\right)^3 \cdot \dfrac{8}{x^{-2}}\right]^{-3}$

6. Vervollständigen Sie:

   (a) $x^{-1}y^{-1} = 3$ impliziert $x^3y^3 =$ (b) $x^7 = 2$ impliziert $(x^{-3})^6(x^2)^2 =$

   (c) $\left(\dfrac{xy}{z}\right)^{-2} = 3$ impliziert $\left(\dfrac{z}{xy}\right)^6 =$ (d) $a^{-1}b^{-1}c^{-1} = 1/4$ impliziert $(abc)^4 =$

7. Berechnen Sie: (a) 12 % von 300 (b) 5 % von 2000 (c) 6.5 % von 1500

8. Geben Sie für jeden der folgenden Ausdrücke eine ökonomische Interpretation und benutzen Sie dann einen Taschenrechner zur Bestimmung von Näherungswerten:

    (a) $100 \cdot (1.01)^8 \, €$ (b) $50\,000 \cdot (1.15)^{10} \, €$ (c) $6000 \cdot (1.03)^{-8} \, €$

9. (a) 100 000 Euro werden auf einem Konto zu 8 % Zinsen pro Jahr angelegt. Wie groß ist das Kapital nach 10 Jahren?

   (b) Wie viel Geld hätten Sie vor 6 Jahren auf einem Bankkonto anlegen müssen, um heute 25 000 Euro zu haben, wenn der Zinssatz 8 % pro Jahr gewesen wäre?

10. Berechnen und vereinfachen Sie die folgenden Ausdrücke:

    (a) $a(a-1)$ (b) $(x-3)(x+7)$ (c) $-\sqrt{3}\left(\sqrt{3}-\sqrt{6}\right)$ (d) $\left(1-\sqrt{2}\right)^2$

    (e) $(x-1)^3$ (f) $(1-b^2)(1+b^2)$ (g) $(1+x+x^2+x^3)(1-x)$ (h) $(1+x)^4$

11. Zerlegen Sie die folgenden Ausdrücke in Faktoren:

    (a) $25x-5$ (b) $3x^2-x^3y$ (c) $50-x^2$ (d) $a^3-4a^2b+4ab^2$

12. Zerlegen Sie die folgenden Ausdrücke in Faktoren:

    (a) $5(x+2y)+a(x+2y)$ (b) $(a+b)c-d(a+b)$ (c) $ax+ay+2x+2y$

    (d) $2x^2-5yz+10xz-xy$ (e) p^2-q^2+p-q (f) $u^3+v^3-u^2v-v^2u$

13. Berechnen Sie die folgenden Ausdrücke ohne Taschenrechner:

    (a) $16^{1/4}$ (b) $243^{-1/5}$ (c) $5^{1/7} \cdot 5^{6/7}$ (d) $(4^8)^{-3/16}$

    (e) $64^{1/3}+\sqrt[3]{125}$ (f) $(-8/27)^{2/3}$ (g) $(-1/8)^{-2/3}+(1/27)^{-2/3}$ (h) $\dfrac{1000^{-2/3}}{\sqrt[3]{5^{-3}}}$

14. Lösen Sie die folgenden Gleichungen nach x auf:

    (a) $2^{2x}=8$ (b) $3^{3x+1}=1/81$ (c) $10^{x^2-2x+2}=100$

15. Bestimmen Sie die Unbekannte x in jeder der folgenden Gleichungen.

    (a) $25^5 \cdot 25^x=25^3$ (b) $3^x-3^{x-2}=24$ (c) $3^x \cdot 3^{x-1}=81$

    (d) $3^5+3^5+3^5=3^x$ (e) $4^{-6}+4^{-6}+4^{-6}+4^{-6}=4^x$ (f) $\dfrac{2^{26}-2^{23}}{2^{26}+2^{23}}=\dfrac{x}{9}$

16. Vereinfachen Sie die folgenden Ausdrücke:

    (a) $\dfrac{s}{2s-1}-\dfrac{s}{2s+1}$ (b) $\dfrac{x}{3-x}-\dfrac{1-x}{x+3}-\dfrac{24}{x^2-9}$ (c) $\dfrac{\dfrac{1}{x^2y}-\dfrac{1}{xy^2}}{\dfrac{1}{x^2}-\dfrac{1}{y^2}}$

17. Kürzen Sie die folgenden Brüche:

    (a) $\dfrac{25a^3b^2}{125ab}$ (b) $\dfrac{x^2 - y^2}{x + y}$ (c) $\dfrac{4a^2 - 12ab + 9b^2}{4a^2 - 9b^2}$ (d) $\dfrac{4x - x^3}{4 - 4x + x^2}$

18. Lösen Sie die folgenden Ungleichungen:

    (a) $2(x - 4) < 5$ (b) $\dfrac{1}{3}(y - 3) + 4 \geq 2$ (c) $8 - 0.2x \leq \dfrac{4 - 0.1x}{0.5}$

    (d) $\dfrac{x - 1}{-3} > \dfrac{-3x + 8}{-5}$ (e) $|5 - 3x| \leq 8$ (f) $|x^2 - 4| \leq 2$

19. Die Benutzung eines Mobiltelefons kostet 30 Euro im Monat und zusätzlich 0.16 Euro pro Minute.

    (a) Wie hoch sind die Kosten für einen Monat, wenn das Telefon insgesamt x Minuten gebraucht wird?

    (b) Welches ist die kleinste und größte Anzahl von *Stunden*, die Sie das Telefon in einem Monat benutzen können, wenn die Telefonrechnung zwischen 102 und 126 Euro liegen soll?

20. Wenn man ein Seil entlang des Äquators um die Erdoberfläche spannen würde, wäre es annähernd kreisförmig und ungefähr 40 Millionen Meter lang. Nehmen Sie an, wir wollten das Seil verlängern, so dass es sich in jedem Punkt einen Meter über dem Äquator befindet. Wie viele zusätzliche Meter Seil brauchen wir? (Der Umfang eines Kreises mit dem Radius r ist $2\pi r$.)

21. (a) Zeigen Sie, dass $a + \dfrac{a \cdot p}{100} - \dfrac{\left(a + \dfrac{a \cdot p}{100}\right) \cdot p}{100} = a\left[1 - \left(\dfrac{p}{100}\right)^2\right]$.

    (b) Ein Artikel kostet ursprünglich 2 000 Euro. Der Preis wird zunächst um 5 % erhöht und schließlich um 5 % gesenkt. Wie groß ist der Endpreis?

    (c) Ein Artikel kostet ursprünglich a Euro. Der Preis wird zunächst um p % erhöht und danach wird der (neue) Preis um p % gesenkt. Wie groß ist der Endpreis? (Nachdem Sie dieses Problem gelöst haben, betrachten Sie bitte den Ausdruck in (a).)

    (d) Welches Resultat erhält man, wenn man einen Preis zunächst um p % *senkt* und anschließend um p % *erhöht* ?

22. (a) Folgt aus $a > b$ notwendigerweise, dass $a^2 > b^2$?

    (b) Zeigen Sie: Wenn $a + b > 0$, dann impliziert $a > b$, dass $a^2 > b^2$.

23. (a) Es sei $a > b$. Verwenden Sie numerische Beispiele, um zu prüfen, ob $1/a > 1/b$ oder $1/a < 1/b$.

    (b) Zeigen Sie: Wenn $a > b$ und $ab > 0$, dann gilt $1/b > 1/a$.

73

24. Zeigen Sie (i) $|ab| = |a| \cdot |b|$ und (ii) $|a + b| \leq |a| + |b|$ für alle reellen Zahlen a und b. (Die Ungleichung in (ii) wird die **Dreiecksungleichung** genannt.)

25. Betrachten Sie ein gleichseitiges Dreieck. Es sei P ein beliebiger Punkt innerhalb des Dreiecks und h_1, h_2 und h_3 seien die kürzesten Entfernungen von P zu jeder der drei Seiten. Zeigen Sie, dass die Summe $h_1 + h_2 + h_3$ unabhängig davon ist, wo der Punkt innerhalb des Dreiecks liegt. (Hinweis: Berechnen Sie die Fläche des Dreiecks als Summe der Flächen von drei Dreiecken.)

26. Berechnen Sie die folgenden Summen:

(a) $\displaystyle\sum_{i=1}^{4} \frac{1}{i(i+2)}$

(b) $\displaystyle\sum_{j=5}^{9} (2j - 8)^2$

(c) $\displaystyle\sum_{k=1}^{5} \frac{k-1}{k+1}$

(d) $\displaystyle\sum_{n=2}^{5} (n-1)^2(n+2)$

(e) $\displaystyle\sum_{k=1}^{5} \left(\frac{1}{k} - \frac{1}{k+1} \right)$

(f) $\displaystyle\sum_{i=-2}^{3} (i+3)^i$

27. Drücken Sie die folgenden Summen in der Summennotation aus:

(a) $3 + 5 + 7 + \cdots + 199 + 201$

(b) $\dfrac{2}{1} + \dfrac{3}{2} + \dfrac{4}{3} + \cdots + \dfrac{97}{96}$

(c) $4 \cdot 6 + 5 \cdot 7 + 6 \cdot 8 + \cdots + 38 \cdot 40$

(d) $\dfrac{1}{x} + \dfrac{1}{x^2} + \cdots + \dfrac{1}{x^n}$

(e) $1 + \dfrac{x^2}{3} + \dfrac{x^4}{5} + \dfrac{x^6}{7} + \cdots + \dfrac{x^{32}}{33}$

(f) $1 - \dfrac{1}{2} + \dfrac{1}{3} - \dfrac{1}{4} + \cdots - \dfrac{1}{80} + \dfrac{1}{81}$

28. Welche der folgenden Gleichungen sind immer richtig und welche sind manchmal falsch?

(a) $\displaystyle\sum_{i=1}^{n} a_i = \sum_{j=3}^{n+2} a_{j-2}$

(b) $\displaystyle\sum_{i=1}^{n} (a_i + b_i)^2 = \sum_{i=1}^{n} a_i^2 + \sum_{i=1}^{n} b_i^2$

(c) $\displaystyle\sum_{k=0}^{n} 5a_{k+1,j} = 5 \sum_{k=1}^{n+1} a_{k,j}$

(d) $\displaystyle\sum_{i=1}^{3} \frac{a_i}{b_i} = \frac{\displaystyle\sum_{i=1}^{3} a_i}{\displaystyle\sum_{i=1}^{3} b_i}$

29. Bestimmen Sie die Summen

(a) $3 + 5 + 7 + \ldots + 197 + 199 + 201$

(b) $1001 + 2002 + 3003 + \ldots + 8008 + 9009 + 10010$

▶ Lösungen zu den Aufgaben finden Sie im Anhang des Buches.

Wesentliches aus der Logik und der Mengenlehre

ÜBERBLICK

2

Alles sollte so einfach wie möglich gemacht werden,
aber nicht einfacher.

–Albert Einstein[1]

> *Argumentationen in Mathematik verlangen straffe logische Schlussfolgerungen, Argumentationen in den Wirtschaftswissenschaften bilden keine Ausnahme von dieser Regel. Wir präsentieren hier deshalb einige grundlegende Konzepte der Logik. Ein kurzer Abschnitt über mathematische Beweisführung mag nützlich sein für die ambitionierteren Studierenden.*
>
> *Eine kurze Einführung in Mengenlehre geht diesem voraus. Dies ist nicht nur wegen ihrer Bedeutung in der Mathematik nützlich, sondern auch wegen der Rolle, die Mengenlehre in den Wirtschaftswissenschaften spielt: In den meisten ökonomischen Modellen wird angenommen, dass Wirtschaftswissenschaftler, einem bestimmen Kriterium folgend, die optimale Wahl aus einer Menge von möglichen Alternativen zu treffen haben*
>
> *Das Kapitel endet mit einer Diskussion der mathematischen Induktion. Gelegentlich wird dies direkt in ökonomischen Argumentationen gebraucht. Häufiger wird es benötigt, um mathematische Resultate zu verstehen, die Ökonomen benutzen.*

2.1   Wesentliches aus der Mengenlehre

Im täglichen Leben fassen wir ständig Objekte derselben Art zu Gruppen zusammen. Zum Beispiel sprechen wir von dem Lehrkörper einer Fakultät einer Universität und meinen damit alle lehrenden Mitglieder des akademischen Personals. Ein Garten besteht aus allen Pflanzen, die darin wachsen. Wir sprechen von den schottischen Firmen mit mehr als 300 Beschäftigten, allen Steuerzahlern in Deutschland, die 2004 zwischen 50 000 und 100 000 Euro verdient haben. In allen Fällen haben wir eine Vereinigung von Objekten, betrachtet als ein Ganzes. In der Mathematik nennen wir solch eine Vereinigung eine **Menge** und ihre Objekte heißen **Elemente** oder ihre **Mitglieder**.

Wie wird eine Menge spezifiziert? Die einfachste Methode ist es, alle Mitglieder in irgendeiner Reihenfolge zwischen den zwei Klammern { und } aufzulisten. Ein Beispiel ist die Menge $S = \{a, b, c\}$, deren Mitglieder die drei ersten Buchstaben im Alphabet sind. Oder es könnte eine Menge sein, die aus drei Mitgliedern besteht, die durch die Buchstaben a, b und c repräsentiert werden. Zum Beispiel, wenn $a = 0$, $b = 1$ und $c = 2$ ist, dann ist $S = \{0, 1, 2\}$. Außerdem bezeichnet S die Menge der Wurzeln der kubischen Gleichung $(x - a)(x - b)(x - c) = 0$ in der Unbekannten x, wobei a, b und c drei beliebige reelle Zahlen sind.

Zwei Mengen A und B werden als **gleich** betrachtet, wenn jedes Element aus A ein Element von B und jedes Element von B ein Element von A ist. In diesem Fall schreiben wir $A = B$. Das bedeutet, dass die zwei Mengen aus genau denselben Elementen bestehen. Folglich ist $\{1, 2, 3\} = \{3, 2, 1\}$, weil die Reihenfolge, in der die Elemente

---

[1]   etwa 1933.

aufgelistet sind, keine Bedeutung hat. Ferner ist {1, 1, 2, 3} = {1, 2, 3}, weil eine Menge sich nicht ändert, wenn einige Elemente mehrfach aufgelistet sind.

Nehmen Sie jetzt an, dass Sie in ein Restaurant zum Essen gehen, das eine Auswahl von mehreren Hauptgerichten anbietet. Vier Gerichte stehen zur Auswahl – Fisch, Pasta, Omelett und Huhn. Dann hat die *zulässige Menge F* der verfügbaren Gerichte diese vier Mitglieder und ist vollständig bestimmt durch

$$F = \{\text{Fisch, Pasta, Omelett, Huhn}\}$$

Beachten Sie, dass die Reihenfolge, in der die Gerichte aufgelistet sind, keine Bedeutung hat. Die Menge F bleibt dieselbe, auch wenn Sie die Reihenfolge der Gerichte auf der Speisekarte vertauschen.

Das Symbol "$\varnothing$" bezeichnet die Menge, die keine Elemente enthält. Sie heißt die *leere Menge*[2]

Spezifikation einer Eigenschaft

Nicht jede Menge kann definiert werden, indem man alle ihre Mitglieder auflistet. Ein Grund dafür ist, dass manche Mengen unendlich sind, d. h. sie enthalten unendlich viele Mitglieder. Und solche unendlichen Mengen kommen in der Tat sehr oft in den Wirtschaftswissenschaften vor. Betrachten Sie z. B. die *Budget-Menge*, die in der Konsumforschung auftritt. Nehmen Sie an, es gebe zwei Güter mit den Preisen p bzw. q pro Einheit. Die Anzahl der gekauften Einheiten werde mit x bzw. y bezeichnet. Man bezeichnet dann das Paar (x, y) als Konsumbündel. Der Wert dieses Bündels zu Preisen p und q ist $px + qy$. Nehmen Sie an, dass ein Verbraucher einen Betrag m für den Kauf dieser beiden Güter zur Verfügung hat. Dann ist die *Budget-Beschränkung* $px + qy \leq m$ (unter der Annahme, dass der Verbraucher die Freiheit hat, weniger auszugeben). Wenn man ferner akzeptiert, dass die Anzahl der Einheiten, die von jedem Gut konsumiert werden, nicht negativ sein müssen, dann besteht die *Budget-Menge*, die mit B bezeichnet werden soll, aus denjenigen Konsumbündeln (x, y), die die drei Ungleichungen $px + qy \leq m$, $x \geq 0$ und $y \geq 0$ erfüllen. (Die Menge B ist in Abb. 4.4.12 gezeigt.) Die Standardnotation für solch eine Menge ist

$$B = \{(x, y) : px + qy \leq m, \ x \geq 0, \ y \geq 0\} \tag{2.1.1}$$

Die Klammern { } werden weiterhin gebraucht und bedeuten „die Menge bestehend aus". Anstatt alle Mitglieder aufzulisten, was unmöglich ist für die unendliche Menge der Punkte in der dreieckigen Budget-Menge B, wird die Menge in zwei Teile definiert. Links vom Doppelpunkt gibt (x, y) die Gestalt eines typischen Mitglieds der Menge B an, hier ein Konsumbündel, das genauer angegeben wird durch die jeweilige Anzahl der Einheiten der zwei Güter. Rechts vom Doppelpunkt werden die drei Eigenschaften, die diese typischen Mitglieder erfüllen müssen, aufgelistet und dadurch

---

[2] Beachten Sie, dass es *die* und nicht *eine* leere Menge ist. Denn, folgt man dem Prinzip dass eine Menge vollständig definiert ist durch ihre Elemente, so kann es nur eine Menge geben, die keine Elemente enthält. Die leere Menge ist dieselbe, ob sie von einem Kind in der Grundschule untersucht wird oder einem Physiker bei CERN – oder auch bei einem Studierenden der Wirtschaftswissenschaften in seinem Mathe-Grundkurs!

wird die Menge dann spezifiziert. Dies ist ein Beispiel der allgemeinen Spezifikation:

$$S = \{\text{Typisches Mitglied : definierende Eigenschaften}\}$$

Beachten Sie, dass es nicht nur unendliche Mengen sind, die durch ihre Eigenschaften spezifiziert werden können – endliche Mengen können auch auf diese Weise spezifiziert werden. Tatsächlich *müssen* einige endliche Mengen auf diese Art definiert werden, wie z. B. die Menge aller Menschen, die gegenwärtig leben.

Elemente einer Menge

Wie bereits gesagt, enthalten Mengen Mitglieder oder Elemente. Es gibt eine Standard-notation, die die Beziehung zwischen einer Menge und ihren Mitgliedern beschreibt. Zunächst bedeutet

$$x \in S \tag{2.1.2}$$

dass x *ein Element von* S ist. Beachten Sie das spezielle Symbol $\in$ (welches eine Variante des griechischen Buchstaben ϵ oder „epsilon" ist).

Um auszudrücken, dass x *kein* Mitglied von S ist, schreiben wir $x \notin S$. Zum Beispiel $d \notin \{a, b, c\}$ bedeutet: d ist kein Element der Menge $\{a, b, c\}$.

Zur weiteren Illustration der Notation zur Mengenmitgliedschaft kehren wir zu dem Beispiel mit den Hauptgerichten zurück. Konfrontiert mit der Wahl aus der Menge $F = \{\text{Fisch, Pasta, Omelette, Huhn}\}$ bezeichne s Ihre aktuelle Wahl. Dann gilt natürlich $s \in F$. Dies ist es, was wir meinen mit „zulässiger Menge" – es ist nur möglich ein Mitglied aus dieser Menge zu wählen und nichts anderes (nichts außerhalb dieser Menge).

Es seien A und B zwei beliebige Mengen. Dann ist A eine **Teilmenge** von B, wenn jedes Element von A auch ein Element von B ist. Wir schreiben dann $A \subseteq B$. Insbesondere gilt $A \subseteq A$. Aus den Definitionen folgt, dass $A = B$ genau dann gilt, wenn $A \subseteq B$ und $B \subseteq A$.

Mengenoperationen

Mengen können in vielen verschiedenen Weisen kombiniert werden. Besonders wichtig sind die drei Operationen: Vereinigung, Durchschnitt und Differenz von Mengen, wie in Tabelle 2.1.1 gezeigt wird.

Notation	Name	Die Menge besteht aus
$A \cup B$	A **Vereinigung** B	den Elementen, die zu wenigstens einer der Mengen A und B gehören.
$A \cap B$	A **Durchschnitt** B	den Elementen, die zu A und B gehören.
$A \setminus B$	A **minus** B	den Elementen, die zu A, aber nicht zu B gehören.

Tabelle 2.1.1: Elementare Mengenoperationen

Daher gilt:

$$A \cup B = \{x : x \in A \text{ oder } x \in B\} \qquad (2.1.3)$$
$$A \cap B = \{x : x \in A \text{ und } x \in B\} \qquad (2.1.4)$$
$$A \setminus B = \{x : x \in A \text{ und } x \notin B\} \qquad (2.1.5)$$

Beispiel 2.1.1

Es sei $A = \{1, 2, 3, 4, 5\}$ und $B = \{3, 6\}$. Bestimmen Sie $A \cup B$, $A \cap B$, $A \setminus B$ und $B \setminus A$.

Lösung: $A \cup B = \{1, 2, 3, 4, 5, 6\}$, $A \cap B = \{3\}$, $A \setminus B = \{1, 2, 4, 5\}$, $B \setminus A = \{6\}$.

Ein ökonomisches Beispiel erhalten wir, wenn wir Arbeiter in Utopia im Jahre 2001 betrachten. A sei die Menge all derjenigen Arbeiter, die ein Einkommen von wenigstens 15 000 Dollar und sei B die Menge all derjenigen, die einen Nettowert von wenigstens 150 000 Dollar haben. Dann wäre $A \cup B$ die Menge derjenigen Arbeiter, die wenigstens 15 000 utopianischen Dollar verdient haben oder die einen Nettowert von wenigstens 150 000 Dollar hatten, während $A \cap B$ diejenigen Arbeiter sind, die wenigstens 15 000 Dollar verdienten und die auch einen Nettowert von wenigstens 150 000 Dollar hatten. Schließlich wäre $A \setminus B$ die Menge derjenigen, die wenigstens 15 000 Dollar verdienten, aber weniger als 150 000 Dollar Netto hatten.

Wenn zwei Mengen A und B keine gemeinsamen Elemente haben, sagt man, sie seien **disjunkt**. Daher sind die Mengen A und B genau dann disjunkt, wenn $A \cap B = \emptyset$.

Eine Ansammlung von Mengen wird oft als **Familie** von Mengen bezeichnet. Wenn man eine bestimmte Familie von Mengen betrachtet, ist es meistens natürlich daran zu denken, dass jede Menge in dieser Familie eine Teilmenge einer speziellen festen Menge Ω ist, die wir ab jetzt als **Grundmenge** bezeichnen. In dem vorangehenden Beispiel wäre die Menge aller Arbeiter in Utopia im Jahre 2001 die offensichtliche Wahl einer Grundmenge.

Wenn A eine Teilmenge der Grundmenge Ω ist, dann ist $\Omega \setminus A$ nach der Definition der Differenz (von Mengen) die Menge derjenigen Elemente von Ω, die nicht zu A gehören. Diese Menge heißt das **Komplement** von A in Ω und wird manchmal mit A^c bezeichnet,[3] so dass $A^c = \Omega \setminus A$. Wenn man das Komplement einer Menge bestimmt, ist es *sehr* wichtig, darüber im Klaren zu sein, bezüglich welcher Grundmenge Ω das Komplement gebildet werden soll.

Beispiel 2.1.2

Die Grundmenge Ω sei die Menge aller Studierenden einer bestimmten Universität. Ferner sei F die Menge der weiblichen Studierenden, M die Menge aller Mathematik-Studierenden, C die Menge der Studierenden, die im Universitätschor sind, B die Menge aller Biologie-Studierenden und T die Menge aller Tennisspieler. Beschreiben Sie die folgenden Mengen: $\Omega \setminus M$, $M \cup C$, $F \cap T$, $M \setminus (B \cap T)$, und $(M \setminus B) \cup (M \setminus T)$.

Lösung: $\Omega \setminus M$ besteht aus denjenigen Studierenden, die nicht Mathematik studieren, $M \cup C$ aus denjenigen Studierenden, die Mathematik studieren und/oder im Chor

---

[3] Andere Notationen für das Komplement von A sind u.a. $\complement A$, A' und $\tilde{A}$.

sind. Die Menge $F \cap T$ besteht aus denjenigen weiblichen Studierenden, die Tennis spielen. Die Menge $M \setminus (B \cap T)$ enthält diejenigen Mathematik-Studierenden, die nicht sowohl Biologie studieren als auch Tennis spielen. Schließlich enthält die letzte Menge $(M \setminus B) \cup (M \setminus T)$ diejenigen Studierenden, die entweder Mathematik, aber nicht Biologie studieren, oder Mathematik studieren, aber nicht Tennis spielen. Sehen Sie, dass die beiden letzten Mengen gleich sind.[4]

Venn-Diagramme

Wenn man die Beziehungen zwischen mehreren Mengen betrachtet, ist es instruktiv und extrem hilfreich, jede Menge durch eine Region in der Ebene darzustellen. Die Region wird so dargestellt, dass alle Elemente, die zu einer bestimmten Menge gehören, in einer abgeschlossenen Region der Ebene enthalten sind. In dieser Art dargestellte Diagramme heißen **Venn-Diagramme**. Die im vorigen Abschnitt besprochenen Definitionen können wie in Abb. 2.1.1. illustriert werden.

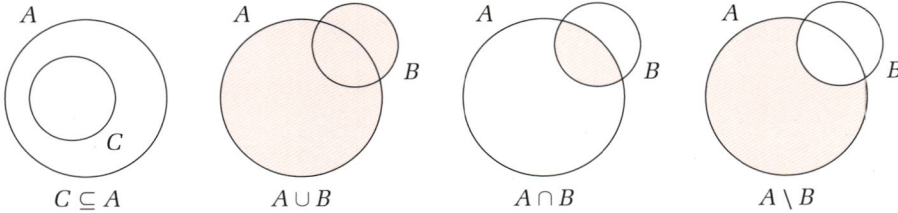

Abbildung 2.1.1: Venn-Diagramme

Indem man die Definitionen direkt benutzt oder indem man Mengen durch Venn-Diagramme darstellt, kann man Formeln herleiten, die universell gültig sind, unabhängig davon, welche Mengen betrachtet werden. Zum Beispiel folgt die Formel $A \cap B = B \cap A$ sofort aus der Definition des Durchschnitts zweier Mengen. Es ist etwas schwieriger, auf direktem Wege nachzuvollziehen, dass die folgende Beziehung für alle Mengen A, B und C gültig ist:

$$A \cap (B \cup C) = (A \cap B) \cup (A \cap C) \qquad (*)$$

Mit Hilfe eines Venn-Diagramms jedoch sehen wir sehr leicht, dass die Mengen auf der rechten und linken Seite jeweils die schattierte Menge in Abb. 2.1.2 darstellen. Das Gleichheitszeichen in $(*)$ ist deshalb gültig.

Es ist wichtig, dass die drei Mengen A, B und C in einem Venn-Diagramm so gezeichnet werden, dass alle möglichen Relationen zwischen einem Element und jeder der drei Mengen dargestellt werden. Mit anderen Worten: Wie in Abbildung 2.1.3 sollten die acht folgenden verschiedenen Mengen alle nicht leer sein:

(1) $(A \cap B) \setminus C$ (2) $(B \cap C) \setminus A$ (3) $(C \cap A) \setminus B$ (4) $A \setminus (B \cup C)$

(5) $B \setminus (C \cup A)$ (6) $C \setminus (A \cup B)$ (7) $A \cap B \cap C$ (8) $(A \cup B \cup C)^c$

---

[4] Für beliebige Mengen M, B und T gilt: $(M \setminus B) \cup (M \setminus T) = M \setminus (B \cap T)$. Es wird einfacher sein, diese Gleichheit zu verifizieren, wenn Sie die folgende Diskussion der Venn-Diagramme gelesen haben.

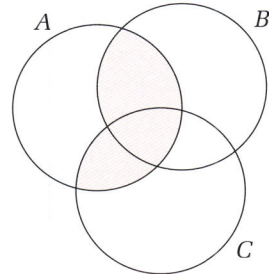

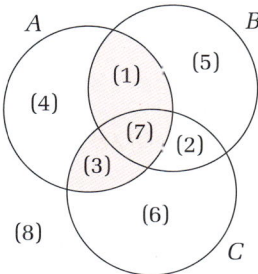

Abbildung 2.1.2: Venn-Diagramm für A ∩ (B ∪ C)   *Abbildung 2.1.3: Venn-Diagramm für drei Mengen*

Beachten Sie jedoch, dass diese Darstellungsmöglichkeit von Mengen in der Ebene leicht unübersichtlich wird, wenn vier oder mehr Mengen beteiligt sind, weil es dann mindestens 16 (= 2^4) Regionen in solch einem Venn-Diagramm geben müsste.

Aus der Definition des Durchschnitts und der Vereinigung oder mit Hilfe eines Venn-Diagramms folgt leicht, dass $A \cup (B \cup C) = (A \cup B) \cup C$ und dass $A \cap (B \cap C) = (A \cap B) \cap C$. Folglich spielt es keine Rolle, wo die Klammern gesetzt werden. In solchen Fällen können die Klammern weggelassen werden und die Ausdrücke geschrieben werden als $A \cup B \cup C$ und $A \cap B \cap C$. Beachten Sie jedoch, dass die Klammern im Allgemeinen in dem Ausdruck $A \cap (B \cup C)$ nicht entfernt werden dürfen, weil diese Menge nicht immer gleich $(A \cap B) \cup C$ ist. Überzeugen Sie sich von dieser Tatsache, indem Sie die drei Mengen $A = \{1, 2, 3\}$, $B = \{2, 3\}$ und $C = \{4, 5\}$ betrachten oder benutzen Sie ein Venn-Diagramm.

Cantor

Der Begründer der Mengenlehre ist Georg Cantor (1845–1918), der in Sankt Petersburg geboren wurde, aber dann nach Deutschland umzog im Alter von elf Jahren. Er wird als einer der großen Mathematiker der Geschichte angesehen. Und dies nicht wegen seiner Beiträge zu den nützlichen, aber ziemlich trivialen Aspekten der Mengenlehre, die wir weiter oben dargestellt haben, sondern man gedenkt Cantor wegen seiner bedeutenden Studie der unendlichen Mengen. Wir wollen hier versuchen, nur einen Hinweis auf die Konsequenzen seiner Theorie zu geben.

Eine Gruppe von Menschen versammelt sich in einem Raum, der eine gewisse Anzahl an Stühlen hat. Wie können wir herausfinden, dass es genau so viele Menschen wie Stühle gibt? Eine Methode wäre, die Stühle zu zählen und die Menschen zu zählen und dann zu sehen, ob sich dieselbe Anzahl ergibt. Alternativ könnten wir alle Menschen bitten, Platz zu nehmen. Wenn sie alle einen eigenen Stuhl haben und kein Stuhl unbesetzt ist, dann gibt es genau so viele Menschen wie Stühle. In diesem Fall korrespondiert jeder Stuhl mit einem Menschen und jeder Mensch mit einem Stuhl.

Allgemein sagen wir, dass zwei Mengen von Elementen dieselbe **Kardinalität** haben, wenn es eine Eins-zu-Eins Korrespondenz zwischen diesen Mengen gibt. Diese Definition gilt auch für Mengen mit unendlichen vielen Elementen. Cantor mühte sich drei Jahre lang ab, um eine überraschende Folgerung dieser Definition zu zeigen, nämlich dass es genau so viele Punkte in einem Quadrat wie auf einer der Seiten eines Quadrats gibt, in dem Sinne, dass die beiden Mengen dieselbe Kardinalität haben. In einem Brief an Dedekind aus dem Jahre 1877, schrieb Cantor über dieses Resultat: *„Ich sehe es, aber ich glaube es nicht."*

Aufgaben für Kapitel 2.1

1. Es sei $A = \{2, 3, 4\}$, $B = \{2, 5, 6\}$, $C = \{5, 6, 2\}$ und $D = \{6\}$.

   (a) Entscheiden Sie, ob die folgenden Aussagen wahr sind: $4 \in C$; $5 \in C$; $A \subseteq B$; $D \subseteq C$; $B = C$ und $A = B$.

   (b) Bestimmen Sie $A \cap B$; $A \cup B$; $A \setminus B$; $B \setminus A$; $(A \cup B) \setminus (A \cap B)$; $A \cup B \cup C \cup D$; $A \cap B \cap C$ und $A \cap B \cap C \cap D$.

2. F, M, C, B und T seien die Mengen aus Beispiel 2.1.2.

   (a) Beschreiben Sie die folgenden Mengen: $F \cap B \cap C$, $M \cap F$ und $((M \cap B) \setminus C) \setminus T$.

   (b) Schreiben Sie die folgenden Aussagen in Mengennotation:

       (i) Alle Biologie-Studierende sind Mathematik-Studierende.

       (ii) Es gibt weibliche Studierende der Biologie im Universitätschor.

       (iii) Kein Tennisspieler studiert Biologie.

       (iv) Die weiblichen Studierenden, die weder Tennis spielen noch zum Universitätschor gehören, studieren alle Biologie.

3. Eine Umfrage ergab, dass 50 Personen Kaffee und 40 Tee mögen. Beide Zahlen schließen 35 ein, die Kaffee und Tee mögen. Schließlich gab es noch 10, die weder Kaffee noch Tee mögen. Wie viele Personen insgesamt haben an der Umfrage teilgenommen?

4. Stellen Sie eine komplette Liste aller verschiedenen Teilmengen der Menge $\{a, b, c\}$ auf. Wie viele gibt es, wenn die leere Menge und die Menge selbst auch dazu gehören? Erstellen Sie dasselbe für die Menge $\{a, b, c, d\}$.

5. Bestimmen Sie, welche der folgenden Formeln gültig sind. Wenn irgendeine Formel falsch ist, so finden Sie ein Gegenbeispiel, um dies zu illustrieren. Nutzen Sie ein Venn-Diagramm, wenn Sie es als hilfreich erachten.

   (a) $A \setminus B = B \setminus A$ (b) $A \cap (B \cup C) \subseteq (A \cap B) \cup C$

   (c) $A \cup (B \cap C) \subseteq (A \cup B) \cap C$ (d) $A \setminus (B \setminus C) = (A \setminus B) \setminus C$

6. Nutzen Sie Venn-Diagramme, um zu zeigen, dass: (a) $(A \cup B)^c = A^c \cap B^c$ und (b) $(A \cap B)^c = A^c \cup B^c$

7. Wenn A eine Menge mit einer endlichen Anzahl von Elementen ist, so bezeichne $n(A)$ ihre *Kardinalität*, definiert als die Anzahl der Elemente in A. Wenn A und B beliebige endliche Mengen sind, so beweisen Sie:

   (a) $n(A \cup B) = n(A) + n(B) - n(A \cap B)$

   (b) $n(A \setminus B) = n(A) - n(A \cap B)$

➡

➜ Fortsetzung

8. An einer Umfrage zur Untersuchung der Frage, welche Zeitung A, B oder C sie an einem bestimmten Tag gelesen hatten, nahmen 1000 Personen teil. Die Antworten zeigen, dass 420 A, 316 B und 160 C gelesen hatten. Diese Zahlen schließen 116 ein, die A und B gelesen hatten, 100, die A und C gelesen hatten und 30, die B und C gelesen hatten. Schließlich enthalten all diese Zahlen noch 16, die alle drei Zeitungen gelesen haben.

(a) Wie viele hatten A, aber nicht B gelesen?

(b) Wie viele hatten C, aber weder A noch B gelesen?

(c) Wie viele hatten weder A noch B noch C gelesen?

(d) Bezeichnen Sie die gesamte Menge aller 1000 Personen in der Umfrage mit Ω (die Grundmenge). Unter Verwendung der Notation aus Aufgabe 7, haben wir z. B. $n(A) = 420$ und $n(A \cap B \cap C) = 16$. Beschreiben Sie die Zahlen aus den oben gegebenen Antworten unter Benutzung dieser Notation. Warum ist $n(\Omega \setminus (A \cup B \cup C)) = n(\Omega) - n(A \cup B \cup C)$?

Anspruchsvollere Aufgabe

9. Die in Aufgabe 6 gezeigten Gleichheiten sind Spezialfälle der *Gesetze von De Morgan*. Formulieren Sie diese zwei Gesetze durch Formeln und beweisen Sie diese:

(a) Das Komplement der Vereinigung einer beliebigen Familie von Mengen ist der Durchschnitt der Komplemente von allen Mengen.

(b) Das Komplement des Durchschnitts einer beliebigen Familie von Mengen ist die Vereinigung der Komplemente von allen Mengen.

▶ Lösungen zu den Aufgaben finden Sie im Anhang des Buches.

2.2 Einige Aspekte der Logik

Mathematische Modelle spielen eine entscheidende Rolle in den empirischen Wissenschaften, besonders in den modernen Wirtschaftswissenschaften. Dies war eine nützliche Entwicklung in diesen Wissenschaften, es verlangt jedoch, dass Fachleute mit Sorgfalt arbeiten: Fehler in mathematischen Schlussweisen passieren leicht. Hier ist ein typisches Beispiel, wie ein mangelhafter Versuch, Logik zu nutzen, dazu führen kann, dass ein Problem falsch beantwortet wird.

Beispiel 2.2.1

Nehmen Sie an, dass wir *alle* Werte von x bestimmen wollen, für die die folgende Gleichung erfüllt ist: $x + 2 = \sqrt{4 - x}$.

Indem man jede Seite der Gleichung quadriert, erhält man $(x + 2)^2 = (\sqrt{4 - x})^2$ und damit $x^2 + 4x + 4 = 4 - x$. Indem man diese letzte Gleichung umordnet, erhält man $x^2 + 5x = 0$. Indem man x kürzt, hat man $x + 5 = 0$ und daher $x = -5$.

Nach dieser Schlussfolgerung sollte die Antwort $x = -5$ sein. Wir wollen dies überprüfen. Für $x = -5$, haben wir $x + 2 = -3$. Jedoch ist $\sqrt{4 - x} = \sqrt{9} = 3$, so dass diese Antwort falsch ist.[5]

Dieses Beispiel zeigt die Gefahren von Routineberechnungen ohne gründliches Nachdenken auf. Es wird vielleicht leichter, ähnliche Fehler zu vermeiden, nachdem Sie die Struktur solcher logischer Schlussweisen gründlicher studiert haben.

Aussagen

Behauptungen, die entweder wahr oder falsch sind, heißen **Aussagen**. Die meisten der Aussagen in diesem Buch sind mathematische Aussagen. Andere Arten von Aussagen treten im täglichen Leben auf. „Alle Individuen, die atmen, sind lebendig" ist ein Beispiel einer wahren Aussage, während die Aussage „Alle Individuen, die atmen, sind gesund" eine falsche Aussage ist. Beachten Sie: Wenn die Worte in der Formulierung solch einer Aussage keine präzise Bedeutung besitzen, wird es oft schwierig sein, zu entscheiden, ob die Aussage wahr oder falsch ist. Zum Beispiel ist die Ausage „67 ist eine große Zahl" weder wahr noch falsch ohne präzise Definition einer „großen Zahl".

Nehmen Sie an, dass eine Aussage, wie „$x^2 - 1 = 0$", eine oder mehrere Variablen enthält. Indem wir verschiedene reelle Zahlen für die Variable x einsetzen, können wir viele verschiedene Aussagen erzeugen, von denen einige wahr und einige falsch sind. Aus diesem Grunde sagen wir, dass solch eine Aussage eine **offene Aussage** ist. Es zeigt sich, dass die Aussage $x^2 - 1 = 0$ wahr ist für $x = 1$ oder -1, aber sonst nicht. Deshalb ist eine offene Aussage nicht einfach wahr oder falsch. Sie ist weder wahr noch falsch, solange wir keinen speziellen Wert für die Variable wählen.

Implikationen

Um in jedem Schritt einer Kette von logischen Schlüssen die Übersicht zu behalten, ist es oft hilfreich, „Implikations-Pfeile" (Folge-Pfeile) zu verwenden. Nehmen Sie an, P und Q seien zwei Aussagen, so dass gilt: Wenn P wahr ist, so ist notwendig auch Q wahr. In diesem Fall schreiben wir gewöhnlich

$$P \implies Q \tag{2.2.1}$$

Dies wird gelesen als „P impliziert Q" oder „wenn P, dann auch Q", oder „Q ist eine Folgerung aus P." Andere Möglichkeiten, dieselbe Implikation auszudrücken, sind u. a. „Q, wenn P", „P nur, wenn Q" und „Q ist eine Implikation (Folgerung) von P". Das Symbol $\implies$ ist ein **Implikations-Pfeil** (Folge-Pfeil) und der Pfeil zeigt in die Richtung der logischen Implikation.

---

[5] Merken Sie sich, wie weise es ist, die Probe zu machen, wann immer Sie glauben, eine Gleichung gelöst zu haben. In Beispiel 2.2.4 werden wir erklären, wie der Fehler entstanden ist.

Beispiel 2.2.2

Hier sind einige Beispiele korrekter Implikationen:

(a) $x > 2 \implies x^2 > 4$

(b) $xy = 0 \implies x = 0$ oder[6] $y = 0$

(c) S ist ein Quadrat $\implies S$ ist ein Rechteck

(d) Sie lebt in Paris[7] $\implies$ Sie lebt in Frankreich.

In manchen Fällen, in denen die Implikation (2.2.1) wahr ist, kann es auch möglich sein, einen logischen Schluss in die andere Richtung zu ziehen:

$$Q \implies P \tag{2.2.2}$$

In solchen Fällen können wir beide Implikationen zusammen in einer einzigen **logischen Äquivalenz** schreiben:

$$P \iff Q \tag{2.2.3}$$

Wir sagen dann, dass „P äquivalent zu Q" ist. Weil beide Aussagen „P, wenn Q" und „P nur, wenn Q" wahr sind, sagen wir auch „P dann und nur dann, wenn Q", das im Englischen oft als „P iff Q" (if and only if) geschrieben wird. Wir sagen dafür auch: „P gilt genau dann, wenn Q gilt." Das Symbol $\iff$ ist ein **Äquivalenz-Pfeil.**

Wir sehen, dass in Beispiel 2.2.2 der Implikations-Pfeil in (b) durch einen Äquivalenz-Pfeil ersetzt werden kann, weil auch die folgende Aussage wahr ist: $x = 0$ oder $y = 0$ impliziert, dass $xy = 0$ gilt. Beachten Sie jedoch, dass keine andere Implikation in Beispiel 2.2.2 durch einen Äquivalenz-Pfeil ersetzt werden kann. Denn, wenn x^2 größer als 4 ist, ist es nicht notwendig wahr, dass x größer als 2 ist (z. B. könnte x gleich -3 sein); auch ist ein Rechteck nicht notwendig ein Quadrat; und schließlich: Die Tatsache, dass eine Person in Frankreich lebt, bedeutet nicht, dass sie in Paris lebt.

Beispiel 2.2.3

Hier sind einige Beispiele korrekter Äquivalenzen:

(a) $(x < -2$ oder $x > 2) \iff x^2 > 4$

(b) $xy = 0 \iff (x = 0$ oder $y = 0)$

(c) $A \subseteq B \iff (a \in A \implies a \in B)$

Notwendige und hinreichende Bedingungen

Es gibt andere allgemein übliche Ausdrucksweisen dafür, dass die Aussage P die Aussage Q impliziert oder dass P äquivalent zu Q ist. Daher sagen wir, wenn die Aussage P die Aussage Q impliziert, P ist eine „hinreichende Bedingung" für Q, d. h.: damit Q wahr ist, reicht es, dass P wahr ist. Dementsprechend gilt: Wenn wir wissen, dass P

---

[6] Es ist wichtig zu beachten, dass das Wort „oder" in Mathematik *einschließend/inklusiv* ist, in dem Sinne, dass die Aussage „P oder Q" die Möglichkeit erlaubt, dass P und Q *beide* wahr sind.

[7] Hauptstadt Frankreichs.

gilt, dann ist es sicher, dass auch Q gilt. In diesem Fall sagen wir, dass Q eine „notwendige Bedingung" für P ist, denn Q muss notwendigerweise wahr sein, wenn P wahr ist. Daher gilt:

P ist eine **hinreichende Bedingung** für Q bedeutet: $\quad P \Longrightarrow Q$	(2.2.4)
Q ist eine **notwendige Bedingung** für P bedeutet: $\quad P \Longrightarrow Q$	(2.2.5)

Der entsprechende verbale Ausdruck für $P \Longleftrightarrow Q$ ist einfach: *P ist eine notwendige und hinreichende Bedingung für Q*.

Es ist lohnenswert, die Wichtigkeit zu betonen, zwischen den Aussagen, „P ist eine notwendige Bedingung für Q", „P ist eine hinreichende Bedingung für Q" und „P ist eine notwendige und hinreichende Bedingung für Q" zu unterscheiden. Um es auf den Punkt zu bringen, betrachten Sie die Aussagen:

Leben in Frankreich ist eine notwendige Bedingung für eine Person,
um in Paris zu leben.[8]

und

Leben in Paris ist eine notwendige Bedingung für eine Person,
um in Frankreich zu leben.

Die erste Aussage ist selbstverständlich wahr. Aber die zweite ist falsch,[9] weil es möglich ist in Frankreich zu leben, aber außerhalb von Paris. Wahr ist jedoch die folgende Aussage

Leben in Paris ist eine hinreichende Bedingung für eine Person,
um in Frankreich zu leben.

Auf den folgenden Seiten werden wir wiederholt von notwendigen und hinreichenden Bedingungen sprechen. Das Verständnis dieser und die Unterscheidung zwischen diesen beiden Bedingungen ist eine notwendige Bedingung für das Verständnis vieler ökonomischer Analysen. Es ist jedoch bei weitem keine hinreichende Bedingung.

Beispiel 2.2.4

Warum war es in Beispiel 2.2.1 nötig, zu prüfen, ob die gefundenen Werte tatsächlich die Gleichung lösen? Um diese Frage zu beantworten, müssen wir die logische Struktur unseres Lösungsweges zu Beispiel 2.2.1 untersuchen. Wenn wir mit Buchstaben versehene Implikations-Pfeile benutzen, können wir die Lösung wie folgt beschreiben:

$$x + 2 = \sqrt{4 - x} \overset{(a)}{\Longrightarrow} (x + 2)^2 = 4 - x$$
$$\overset{(b)}{\Longrightarrow} x^2 + 4x + 4 = 4 - x$$
$$\overset{(c)}{\Longrightarrow} x^2 + 5x = 0$$
$$\overset{(d)}{\Longrightarrow} x(x + 5) = 0$$
$$\overset{(e)}{\Longrightarrow} [x = 0 \ \text{oder} \ x = -5]$$

---

[8] Es sei denn, die Person lebt in Paris, Texas.
[9] Genau so wie die Aussage *Leben in Frankreich ist äquivalent zu Leben in Paris*.

Die Implikation (a) ist wahr (weil gilt: $a = b \Longrightarrow a^2 = b^2$ und $\left(\sqrt{a}\right)^2 = a$). *Es ist jedoch wichtig zu beachten, dass diese Implikation nicht durch eine Äquivalenz ersetzt werden kann.* Wenn $a^2 = b^2$, dann ist entweder $a = b$ oder $a = -b$; es muss nicht wahr sein, dass $a = b$ gilt. Die Implikationen (b), (c), (d) und (e) sind auch alle wahr und darüberhinaus hätten sie alle als Äquivalenzen geschrieben werden können, obwohl dies nicht nötig ist, um die Lösung zu finden. Wir haben also eine Kette von Implikationen erhalten, die von der Gleichung $x + 2 = \sqrt{4 - x}$ zu der Aussage „$x = 0$ oder $x = -5$" führt.

Da die Implikation (a) nicht umgekehrt werden kann, gibt es keine Kette von Implikationen in die umgekehrte Richtung. Wir haben herausgefunden: Wenn eine Zahl x die Gleichung $x + 2 = \sqrt{4 - x}$ erfüllt, dann muss x entweder 0 oder -5 sein; kein anderer Wert kann die gegebene Gleichung erfüllen. Wir haben jedoch bisher nicht gezeigt, dass einer der Werte 0 oder -5 tatsächlich die Gleichung erfüllt. Bevor wir nicht 0 und -5 in die Gleichung eingesetzt haben, können wir nicht sehen, dass nur $x = 0$ eine Lösung ist.[10]

Wenn wir auf Beispiel 2.2.1 zurückschauen, erkennen wir jetzt, dass wir dort zwei Fehler begangen haben. Erstens ist die Implikation $x^2 + 5x = 0 \Rightarrow x + 5 = 0$ falsch, weil $x = 0$ auch eine Lösung von $x^2 + 5x = 0$ ist. Zweitens ist es logisch notwendig, zu überprüfen, ob 0 oder -5 tatsächlich die Gleichung erfüllen.

Aufgaben für Kapitel 2.2

1. Implikationen und Äquivalenzen können auf andere Arten ausgedrückt werden, die sich von den bereits erwähnten unterscheiden. Stellen Sie die logischen Schlüsse in den folgenden Aussagen mit Hilfe der Implikations- oder Äquivalenz-Pfeile dar.

   (a) Die Gleichung $2x - 4 = 2$ ist nur erfüllt, wenn $x = 3$.

   (b) Wenn $x = 3$ ist, dann ist $2x - 4 = 2$.

   (c) Die Gleichung $x^2 - 2x + 1 = 0$ ist erfüllt, wenn $x = 1$ ist.

   (d) Wenn $x^2 > 4$ ist, dann ist $|x| > 2$ und umgekehrt.

2. Bestimmen Sie, welche der folgenden Formeln gültig sind. Wenn eine Formel falsch ist, so finden Sie ein Gegenbeispiel, um dies zu illustrieren. Nutzen Sie ein Venn-Diagramm, wenn Sie es als hilfreich erachten

   (a) $A \subseteq B \Leftrightarrow A \cup B = B$ (b) $A \subseteq B \Leftrightarrow A \cap B = A$ (c) $A \cap B = A \cap C \Rightarrow B = C$

   (d) $A \cup B = A \cup C \Rightarrow B = C$ (e) $A = B \Leftrightarrow (x \in A \Leftrightarrow x \in B)$

3. Bei jeder der folgenden Implikationen, in denen x, y und z Zahlen sind, entscheiden Sie, ob die Implikation wahr ist und ob die umgekehrte Implikation wahr ist.

   (a) $x = \sqrt{4} \Rightarrow x = 2$ (b) $(x = 2 \text{ und } y = 5) \Rightarrow x + y = 7$

   (c) $(x - 1)(x - 2)(x - 3) = 0 \Rightarrow x = 1$ (d) $x^2 + y^2 = 0 \Rightarrow x = 0 \text{ oder } y = 0$

   (e) $(x = 0 \text{ und } y = 0) \Rightarrow x^2 + y^2 = 0$ (f) $xy = xz \Rightarrow y = z$

---

[10] Beachten Sie, dass in diesem Fall die Probe, die wir vorgeschlagen haben, nicht nur dazu dient, unsere Berechnungen zu überprüfen, sie ist in diesem Fall auch eine logische Notwendigkeit.

4. Betrachten Sie die Aussage $2x + 5 \geq 13$.

(a) Ist die Bedingung $x \geq 0$ notwendig, hinreichend oder beides notwendig und hinreichend, damit die Ungleichung erfüllt ist?

(b) Beantworten Sie dieselbe Frage, wenn $x \geq 0$ ersetzt wird durch $x \geq 50$.

(c) Beantworten Sie dieselbe Frage, wenn $x \geq 0$ ersetzt wird durch $x \geq 4$.

Anspruchsvollere Aufgabe

5. Wenn P eine Aussage ist, so wird die *Negation* von P mit $\neg P$ bezeichnet. Wenn P wahr ist, dann ist $\neg P$ falsch und umgekehrt. Zum Beispiel ist die Negation der Aussage $2x + 3y \leq 8$ gegeben durch $2x + 3y > 8$. Formulieren Sie für jede der 6 folgenden Aussagen die Negation so einfach wie möglich.

(a) $x \geq 0$ und $y \geq 0$.

(b) Alle x erfüllen $x \geq a$.

(c) Weder x noch y ist kleiner als 5.

(d) Für jedes $\varepsilon > 0$, existiert ein $\delta > 0$ so dass B erfüllt ist.

(e) Jeder mag Katzen.

(f) Jeder liebt jemanden einige Zeit.

▶ Lösungen zu den Aufgaben finden Sie im Anhang des Buches.

2.3 Mathematische Beweise

In allen Bereichen der Mathematik werden die wichtigsten Resultate **Theoreme** oder *Sätze* genannt. Die Konstruktion logisch einwandfreier Beweise für diese Resultate kann oft sehr kompliziert sein. Zum Beispiel behauptet das „Vierfarben-Theorem", dass jede Landkarte in der Ebene höchstens vier Farben benötigt, um alle angrenzenden Regionen in verschiedenen Farben darstellen zu können. Der Beweis verlangt, dass Hunderttausende von verschiedenen Fällen überprüft werden müssen, eine Aufgabe, die unmöglich ist ohne ein hochentwickeltes Computer-Programm.

In diesem Buch lassen wir oft formale Beweise von Theoremen weg. Stattdessen legen wir den Schwerpunkt darauf, einen guten intuitiven Hintergrund zu vermitteln über das, was die Theoreme uns sagen wollen. Nichtsdestoweniger ist es dennoch nützlich, einiges über die verschiedenen Beweismethoden in der Mathematik zu wissen.

Jedes mathematische Theorem kann als eine oder mehrere Implikationen formuliert werden in der Form

$$P \implies Q \tag{2.3.1}$$

wobei P eine Aussage oder eine Reihe von Aussagen darstellt, die *Voraussetzungen* (Prämissen, „das, was wir wissen") genannt werden und Q ist eine oder eine Reihe von Aussagen, die *(Schluss-)Folgerungen* („das, was wir wissen wollen") genannt werden.

Gewöhnlich ist es der natürliche Weg ein Resultat der Art (2.3.1) zu beweisen, indem man mit den Voraussetzungen P beginnt und sich nach und nach zu den Folgerungen Q vorarbeitet. Wir nennen diese Vorgehensweise einen **direkten Beweis**. Manchmal ist es jedoch vorteilhafter, die Implikation $P \Longrightarrow Q$ durch einen **indirekten Beweis**, eine sogenannte **Kontraposition** zu beweisen. In diesem Fall beginnen wir mit der Annahme, dass Q nicht wahr ist und zeigen dann auf dieser Grundlage, dass P auch nicht wahr sein kann. Dies ist völlig legitim, da die folgende Äquivalenz gilt:

Das Prinzip der Kontraposition

Die Aussage $P \Rightarrow Q$ ist äquivalent zu der Aussage

$$Nicht\ Q \Rightarrow Nicht\ P \tag{2.3.2}$$

Es ist hilfreich, diese logische Regel in einem konkreten Anwendungsfall zu betrachten: „Wenn es regnet, wird das Gras nass." drückt genau dasselbe aus wie „Wenn das Gras nicht nass wird, dann regnet es nicht."

Beispiel 2.3.1

Benutzen Sie die zwei Beweismethoden, um zu zeigen, dass gilt:
$-x^2 + 5x - 4 > 0 \Longrightarrow x > 0$.

Lösung:

(a) *Direkter Beweis:* Nehmen Sie an, dass $-x^2 + 5x - 4 > 0$. Addition von $x^2 + 4$ zu jeder Seite ergibt $5x > x^2 + 4$. Weil $x^2 + 4 \geq 4$ ist für alle x, folgt $5x > 4$ und damit $x > 4/5$. Insbesondere ist dann $x > 0$.

(b) *Indirekter Beweis:* Nehmen Sie an, dass $x \leq 0$. Dann ist $5x \leq 0$ und damit ist $-x^2 + 5x - 4$ als Summe von drei nichtpositiven Termen selbst nichtpositiv.

Die Methode des indirekten Beweises ist eng verwandt mit einer anderen Methode, die bekannt ist als *Beweis durch Widerspruch* oder als *reductio ad absurdum*. Um zu zeigen, dass $P \Rightarrow Q$ wahr ist, nimmt man bei dieser Methode an, dass P wahr ist und Q nicht, und entwickelt dann etwas, das *nicht* wahr sein *kann*. Da P und die Negation von Q zu etwas Absurdem führen, muss es so sein: Wann immer P gilt, dann muss auch Q gelten.

Lassen Sie uns in dem letzten Beispiel annehmen, dass $-x^2 + 5x - 4 > 0$ und $x \leq 0$ gleichzeitig wahr sind. Dann haben wir wie im ersten Schritt des direkten Beweises, dass $5x > x^2 + 4$. Da aber $5x \leq 0$, wie im ersten Schritt des indirekten Beweises, müssen wir schliessen, dass $0 > x^2 + 4$. Da letzteres unmöglich wahr sein kann, haben wir gezeigt, dass $-x^2 + 5x - 4 > 0$ und $x \leq 0$ nicht gleichzeitig wahr sein kann, so dass gilt $-x^2 + 5x - 4 > 0 \Rightarrow x > 0$, wie behauptet.

Deduktive und induktive Schlussfolgerung

Die zwei gerade vorgestellten Beweismethoden sind Beispiele der *deduktiven Schlussweise*, d. h. Schlussweisen, die auf konsistenten Regeln der Logik beruhen. Im Gegensatz dazu benutzen viele Zweige der Wissenschaft *induktive Schlussweisen*. Dabei werden allgemeine Schlüsse gezogen, die nur auf wenigen (manchmal auch vielen) Beobachtungen beruhen. Die Aussage „das Preisniveau hat in den letzten n Jahren in jedem Jahr zugenommen, deshalb wird es im nächsten Jahr auch zunehmen" ist ein Beispiel einer induktiven Schlussweise. Diese induktive Vorgehensweise ist dennoch von fundamentaler Bedeutung in den experimentellen und empirischen Wissenschaften trotz der Tatsache, dass darauf beruhende Schlussfolgerungen niemals absolut sicher sind. In der Tat erweisen sich solche Beispiele induktiver Schlussweisen (oder der implizierten Vorhersagen) in den Wirtschaftswissenschaften oft im Nachhinein als falsch.

In der Mathematik ist induktive Schlussweise nicht als Beweismethode anerkannt. Nehmen Sie an, dass Studierende in einem Geometrie-Kurs zeigen sollen, dass die Summe der Winkel in einem Dreieck immer 180 Grad ist. Wenn sie gewissenhaft so genau wie möglich 1000 Dreiecke ausmessen und zeigen, dass in jedem Fall die Summe der Winkel 180 ist, würde das nicht als Beweis für diese Behauptung gelten. Es würde ein sehr gutes Anzeichen dafür sein, dass die Behauptung wahr ist, aber es ist kein mathematischer Beweis. Ebenso ist in der Betriebswirtschaft die Tatsache, dass die Gewinne eines Unternehmens in jedem der letzten 20 Jahren angestiegen sind, keine Garantie dafür, dass sie auch in diesem Jahr wieder steigen werden.

Aufgaben für Kapitel 2.3

1. Betrachten Sie die folgende (zweifelhafte) Aussage: „Wenn die Inflation steigt, fällt die Arbeitslosigkeit." Welche der folgenden Aussagen sind äquivalent zu der gegebenen?

   (a) Damit die Arbeitslosigkeit fällt, muss die Inflation steigen.

   (b) Eine hinreichende Bedingung für das Fallen der Arbeitslosigkeit ist, dass die Inflation steigt.

   (c) Arbeitslosigkeit kann nur fallen, wenn die Inflation steigt.

   (d) Wenn die Arbeitslosigkeit nicht fällt, steigt die Inflation nicht.

   (e) Eine notwendige Bedingung für das Steigen der Inflation ist das Fallen der Arbeitslosigkeit.

2. Analysieren Sie die folgende Grabinschrift mit Hilfe der Logik: *Diejenigen, die ihn kannten, liebten ihn. Diejenigen, die ihn nicht liebten, kannten ihn nicht.* Ist dies vielleicht ein Fall, in dem Poesie besser ist als Logik?

3. Nutzen Sie das Prinzip der Kontraposition, um zu zeigen: Wenn x und y ganze Zahlen sind und xy eine ungerade Zahl ist, dann sind x und y beide ungerade.

▶ Lösungen zu den Aufgaben finden Sie im Anhang des Buches.

2.4 Mathematische Induktion

Beweisführung durch mathematische oder vollständige Induktion ist eine wichtige Technik, um Formeln für natürliche Zahlen zu beweisen. Betrachten Sie z. B. die Summe der ersten n ungeraden Zahlen. Wir bemerken, dass

$$1 = 1 \quad = 1^2$$
$$1 + 3 = 4 \quad = 2^2$$
$$1 + 3 + 5 = 9 \quad = 3^2$$
$$1 + 3 + 5 + 7 = 16 = 4^2$$
$$1 + 3 + 5 + 7 + 9 = 25 = 5^2$$

Dies lässt ein allgemein gültiges Muster vermuten, nämlich, dass die Summe der ersten n ungeraden Zahlen gleich n^2 ist:

$$1 + 3 + 5 + \cdots + (2n - 1) = n^2 \tag{$*$}$$

Um zu zeigen, dass dies allgemein gilt, können wir wie folgt vorgehen. Nehmen Sie an, dass die Formel in $(*)$ korrekt ist für eine gewisse natürliche Zahl $n = k$, so dass

$$1 + 3 + 5 + \cdots + (2k - 1) = k^2$$

Indem wir die nächste ungerade Zahl $2k + 1$ zu jeder Seite addieren, erhalten wir

$$1 + 3 + 5 + \cdots + (2k - 1) + (2k + 1) = k^2 + (2k + 1) = (k + 1)^2$$

Dies ist jedoch die Formel $(*)$ für $n = k + 1$. Damit haben wir bewiesen: Wenn die Summe der ersten k ungeraden Zahlen k^2 ist, dann ist die Summe der ersten $k + 1$ ungeraden Zahlen gleich $(k+1)^2$. Diese Implikation, zusammen mit der Tatsache, dass $(*)$ gültig *ist* für $n = 1$, impliziert, dass $(*)$ allgemein gültig ist. Denn wir haben gerade gezeigt: wenn $(*)$ wahr ist für $n = 1$, dann ist es wahr für $n = 2$; und wenn es für $n = 2$ wahr ist, dann ist es wahr für $n = 3$; $\ldots$; und wenn es für $n = k$ wahr ist, dann ist es wahr für $n = k + 1$; usw.

Ein Beweis dieser Art heißt *Beweis durch Induktion*. Er verlangt zu zeigen, dass die Formel tatsächlich wahr ist für $n = 1$ und zweitens, dass die Formel auch für $n = k + 1$ gültig ist, *wenn* sie für $n = k$ gültig ist. Es folgt durch Induktion, dass die Formel dann für alle natürlichen Zahlen n gültig ist.

Beispiel 2.4.1

Zeigen Sie durch Induktion: Für alle positiven ganzen Zahlen n gilt:

$$3 + 3^2 + 3^3 + 3^4 + \cdots + 3^n = \frac{1}{2}(3^{n+1} - 3) \tag{$**$}$$

Lösung: Für $n = 1$ sind beide Seiten 3. Nehmen Sie an, dass $(**)$ gültig ist für $n = k$. Dann gilt:

$$3 + 3^2 + 3^3 + 3^4 + \cdots + 3^k + 3^{k+1} = \frac{1}{2}(3^{k+1} - 3) + 3^{k+1} = \frac{1}{2}(3^{k+2} - 3)$$

Dies ist $(**)$ für $n = k + 1$. Damit ist durch Induktion $(**)$ gültig für alle n.

Auf der Grundlage dieses Beispiels kann die allgemeine Struktur eines Induktionsbeweises wie folgt beschrieben werden: Wir wollen beweisen, dass eine mathematische Formel $A(n)$, die von n abhängt, für alle natürlichen Zahlen n gültig ist. In den beiden vorausgehenden Beispielen (*) und (**) waren die entsprechenden Aussagen $A(n)$ gegeben durch:

$$A(n): \quad 1 + 3 + 5 + \cdots + (2n - 1) = n^2$$
$$A(n): \quad 3 + 3^2 + 3^3 + 3^4 + \cdots + 3^n = \tfrac{1}{2}(3^{n+1} - 3)$$

Die in jedem Beweis verlangten Schritte sind wie folgt: Zeigen Sie zunächst, dass $A(1)$ gültig ist, d. h., dass die Formel korrekt ist für $n = 1$. Beweisen Sie dann für jede natürliche Zahl k: Wenn $A(k)$ gültig ist, dann folgt, dass auch $A(k + 1)$ gültig ist. Dabei wird $A(k)$ die *Induktionshypothese* genannt und der Schritt von $A(k)$ auf $A(k + 1)$ heißt *der Induktionsschritt* in dem Beweis. Wenn der Induktionsschritt für eine beliebige natürliche Zahl k bewiesen ist, dann ist, durch Induktion, die Aussage $A(n)$ für alle n gültig.

Das allgemeine Prinzip kann jetzt formuliert werden:

Das Prinzip der mathematischen Induktion

Für jede natürliche Zahl n bezeichne $A(n)$ eine Aussage, die von n abhängt. Nehmen Sie an, dass:

(a) $A(1)$ ist wahr.

(b) Wenn die Induktionshypothese $A(k)$ wahr ist, dann ist auch $\quad$ (2.4.1) $A(k + 1)$ wahr für jede natürliche Zahl k.

$\quad$ Dann ist $A(n)$ wahr für alle natürlichen Zahlen n.

Das Prinzip der Induktion erscheint unmittelbar einleuchtend. Wenn die Gültigkeit von $A(k)$ für jedes k die Gültigkeit von $A(k+1)$ impliziert, dann ist wegen der Gültigkeit von $A(1)$ auch $A(2)$ gültig, was wiederum bedeutet, dass $A(3)$ gültig ist usw.[11]

Das Prinzip der mathematischen Induktion kann leicht auf den Fall verallgemeinert werden, in dem wir eine Aussage $A(n)$ für jede natürliche Zahl größer oder gleich einer beliebigen Zahl n_0 haben. Nehmen Sie an, dass wir beweisen können, dass $A(n_0)$ gültig ist und dass ferner für jedes $k \geq n_0$, gilt: Wenn $A(k)$ wahr ist, dann ist auch $A(k + 1)$ wahr. Dann folgt, dass $A(n)$ wahr ist für alle $n \geq n_0$.

Aufgaben für Kapitel 2.4

1. Zeigen Sie durch Induktion, dass für alle natürlichen Zahlen n gilt:

$$1 + 2 + 3 + \cdots + n = \frac{1}{2}n(n + 1) \qquad (*)$$

---

[11] Eine Analogie: Betrachten Sie eine Leiter mit einer unendlichen Anzahl von Stufen. Nehmen Sie an, dass Sie die erste Stufe erklimmen können. Nehmen Sie weiter an, dass Sie nach jeder Stufe jeweils die nächste ersteigen können. Dann sind Sie in der Lage, zu jeder beliebigen Stufe hinaufzukommen.

→ Fortsetzung

2. Beweisen Sie das Folgende durch Induktion:

$$\frac{1}{1\cdot 2} + \frac{1}{2\cdot 3} + \frac{1}{3\cdot 4} + \cdots + \frac{1}{n(n+1)} = \frac{n}{n+1} \qquad (\ast\ast)$$

3. $1^3 + 2^3 + 3^3 = 36$ ist teilbar durch 9. Zeigen Sie durch Induktion, dass die Summe $n^3 + (n+1)^3 + (n+2)^3$ dreier aufeinander folgender Kubikzahlen immer durch 9 teilbar ist.

4. Sei $A(n)$ die Aussage:

Für jede Menge von n Personen in einem Raum gilt: Alle haben dasselbe Einkommen.

Finden Sie heraus, was an dem folgendem "Induktionsargument" falsch ist:

$A(1)$ ist offensichtlich wahr. Nehmen Sie an, dass $A(k)$ wahr ist für eine natürliche Zahl k. Wir wollen jetzt beweisen, dass dann $A(k + 1)$ wahr ist. Nehmen Sie also irgendeine Menge von $k + 1$ Personen in einem Raum und schicken Sie einen von ihnen nach draußen. Die verbleibenden k Personen haben nach der Induktionshypothese alle dasselbe Einkommen. Bringen Sie die Person zurück in den Raum und schicken Sie stattdessen eine andere Person nach draußen. Wiederum werden die im Raum verbliebenen Personen dasselbe Einkommen haben. Aber dann werden alle $k + 1$ Personen dasselbe Einkommen haben. Durch Induktion ist damit bewiesen, dass alle n Personen dasselbe Einkommen haben.

5. Beweisen Sie die Formeln (1.9.5) und (1.9.6) durch Induktion.

► Lösungen zu den Aufgaben finden Sie im Anhang des Buches.

Aufgaben zur Wiederholung für Kapitel 2

1. Sei $A = \{1, 3, 4\}$, $B = \{1, 4, 6\}$, $C = \{2, 4, 3\}$ und $D = \{1, 5\}$.
Bestimmen Sie $A \cap B$; $A \cup B$; $A \setminus B$; $B \setminus A$; $(A \cup B) \setminus (A \cap B)$; $A \cup B \cup C \cup D$; $A \cap B \cap C$ und $A \cap B \cap C \cap D$.

2. Die Grundmenge sei $\Omega = \{1, 2, 3, 4, \ldots, 11\}$. Definieren Sie $A = \{1, 4, 6\}$ und $B = \{2, 11\}$. Bestimmen Sie $A \cap B$; $A \cup B$; $\Omega \setminus B$; A^c.

3. Eine Fakultät für Geisteswissenschaften hat 1000 Studierende. Die Anzahlen der Studierenden, die die folgenden Sprachen studieren, seien Englisch (E) 780; Französisch (F) 220; und Spanisch (S) 52. Unter diesen sind 110, die Englisch und Französisch, 32, die Englisch und Spanisch, 15, die Französisch und Spanisch studieren. Schließlich sind unter all diesen Zahlen noch 10 Studierende, die alle drei Sprachen studieren.

(a) Wie viele studieren Englisch und Französisch, aber nicht Spanisch?

(b) Wie viele studieren Englisch, aber nicht Französisch?

(c) Wie viele studieren keine Sprachen?

4. Seien x und y reelle Zahlen. Betrachten Sie die folgenden Implikationen und entscheiden Sie in jedem Fall: (i) ob die Implikation wahr ist und (ii) ob die umgekehrte Implikation wahr ist.

(a) $x = 5$ und $y = -3 \implies x + y = 2$

(b) $x^2 = 16 \implies x = 4$

(c) $(x - 3)^2(y + 2) > 0 \implies y > -2$

(d) $x^3 = 8 \implies x = 2$

Anspruchsvollere Aufgabe

5. (a) Zeigen Sie, dass $(1 + x)^2 \geq 1 + 2x$ für alle x.

(b) Zeigen Sie, dass $(1 + x)^3 \geq 1 + 3x$ für alle $x \geq -3$.

(c) Zeigen Sie durch Induktion, dass für alle n und alle $x \geq -1$ gilt:

$$(1 + x)^n \geq 1 + nx \quad \textbf{(Bernoullische Ungleichung)}$$

▶ Lösungen zu den Aufgaben finden Sie im Anhang des Buches.

Gleichungen lösen

3

ÜBERBLICK

Der wahre Mathematiker ist kein Jongleur von Zahlen,
sondern von Konzepten.

–Ian Stewart (1975)

> *Praktisch alle Anwendungen der Mathematik verlangen das Lösen von Gleichun-*
> *gen. Die Wirtschaftswissenschaften bilden da keine Ausnahme. Dieses Kapitel be-*
> *handelt einige Gleichungstypen, die häufig in ökonomischen Modellen auftauchen.*
>
> *Viele Studierende sind den Umgang mit algebraischen Ausdrücken und Glei-*
> *chungen gewohnt, bei denen nur eine Variable (gewöhnlich x) auftritt. Oft haben*
> *sie zunächst Schwierigkeiten, Ausdrücke mit mehreren Variablen und einer Viel-*
> *zahl von Namen, die durch verschiedene Buchstaben benannt sind, zu handhaben.*
> *Für Wirtschaftswissenschaftler ist es jedoch wichtig, mit solchen algebraischen*
> *Ausdrücken und Gleichungen umgehen zu können.*

3.1   Gleichungen lösen

Eine Gleichung zu *lösen* bedeutet, alle Werte der Variablen zu finden, für die die
Gleichung erfüllt ist. Betrachten Sie das folgende einfache Beispiel

$$3x + 10 = x + 4,$$

das die *Variable* x enthält. Um die Unbekannte x auf einer Seite der Gleichung zu
isolieren, addieren wir $-x$ zu beiden Seiten. Dabei erhalten wir: $2x + 10 = 4$. Indem wir
-10 zu beiden Seiten der Gleichung addieren, folgt $2x = 4 - 10 = -6$. Wir dividieren
durch 2 und erhalten die Lösung $x = -3$.

Dieses Verfahren war Ihnen wahrscheinlich schon bekannt. Die Methode wird
gleich zusammengefasst, wobei zu bemerken ist, dass zwei Gleichungen, die genau
dieselben Lösungen haben *äquivalent* genannt werden.

Äquivalente Gleichungen

Um äquivalente Gleichungen zu erhalten, sind die folgenden Operationen auf beiden Seiten des Gleichheitszeichens erlaubt:

(A) Addition (oder Subtraktion) derselben Zahl

(B) Multiplikation mit derselben (oder Division durch dieselbe) Zahl $\neq 0$

Wenn wir es mit komplizierteren Gleichungen mit Klammern und Brüchen zu tun
haben, werden wir gewöhnlich zunächst die Klammern ausmultiplizieren, anschließend multiplizieren wir beide Seiten der Gleichung mit dem kleinsten gemeinsamen
Nenner aller Brüche.

Beispiel 3.1.1

Lösen Sie die Gleichung $6p - \frac{1}{2}(2p - 3) = 3(1 - p) - \frac{7}{6}(p + 2)$.

Lösung: Wir multiplizieren zunächt die Klammern aus: $6p - p + \frac{3}{2} = 3 - 3p - \frac{7}{6}p - \frac{7}{3}$. Jetzt multiplizieren wir beide Seiten mit dem kleinsten gemeinsamen Nenner: $36p - 6p - 9 = 18 - 18p - 7p - 14$. Schließlich sammeln wir Terme gleichen Typs: $55p = -5$. Damit gilt: $p = -5/55 = -1/11$.

Wenn für irgendeinen Wert der Variablen ein Ausdruck in einer Gleichung nicht defi-niert ist, so wird dieser Wert als nicht zulässig erklärt. Zum Beispiel ist die Wahl des Wertes 5 für die Variable z nicht erlaubt in einer Gleichung, die den Ausdruck

$$\frac{z}{z - 5}$$

enthält, weil 5/0 nicht definiert ist. Wie wir in dem nächsten Beispiel zeigen werden, hat diese Tatsache Konsequenzen für die Existenz einer Lösung einer Gleichung.

Beispiel 3.1.2

Lösen Sie die Gleichung $\dfrac{z}{z - 5} + \dfrac{1}{3} = \dfrac{-5}{5 - z}$.

Lösung: Wir sehen, dass z nicht 5 sein darf. Unter dieser Restriktion multiplizieren wir beide Seiten mit $3(z - 5)$. Wir erhalten dann $3z + z - 5 = 15$. Diese Gleichung hat die einzige Lösung $z = 5$. Da wir jedoch $z \neq 5$ annehmen mussten, müssen wir schließen, dass die ursprüngliche Gleichung keine Lösung hat.

Das nächste Beispiel zeigt, dass manchmal ein hohes Maß an Sorgfalt nötig ist, um die richtigen Lösungen zu finden.

Beispiel 3.1.3

Lösen Sie die Gleichung $\dfrac{x + 2}{x - 2} - \dfrac{8}{x^2 - 2x} = \dfrac{2}{x}$.

Lösung: Da $x^2 - 2x = x(x - 2)$, ist der gemeinsame Nenner $x(x - 2)$: Wir sehen, dass $x = 2$ und $x = 0$ nicht zulässig sind, da dann wenigstens einer der Nenner 0 wird. Wenn $x \neq 0$ und $x \neq 2$, können wir beide Seiten der Gleichung mit dem gemeinsamen Nenner $x(x - 2)$ multiplizieren und erhalten:

$$\frac{x + 2}{x - 2} \cdot x(x - 2) - \frac{8}{x(x - 2)} \cdot x(x - 2) = \frac{2}{x} \cdot x(x - 2)$$

Indem wir gemeinsame Faktoren kürzen, reduziert sich dies zu $(x + 2)x - 8 = 2(x - 2)$ oder $x^2 + 2x - 8 = 2x - 4$ und somit $x^2 = 4$. Gleichungen der Gestalt $x^2 = a$ mit $a > 0$ haben zwei Lösungen $x = \sqrt{a}$ und $x = -\sqrt{a}$. In unserem Fall hat $x^2 = 4$ die Lösungen $x = 2$ und $x = -2$. Jedoch ist $x = 2$ nicht zulässig für die ursprüngliche Gleichung. Deshalb ist *nur $x = -2$ eine Lösung.*

Häufig verlangt die Lösung eines ökonomischen Problems die Formulierung einer geeigneten algebraischen Gleichung.

Beispiel 3.1.4

Ein Unternehmen stellt ein Gut her, dessen Produktion 20 Euro pro Einheit kostet. Außerdem hat das Unternehmen Fixkosten von 2000 Euro. Jede Einheit wird für 75 Euro verkauft. Wie viele Einheiten müssen verkauft werden, damit ein Gewinn von 14 500 Euro erzielt wird?

Lösung: Wenn die Anzahl produzierter und verkaufter Einheiten mit Q bezeichnet wird, dann sind die Einnahmen des Unternehmens $75Q$ und die Gesamtkosten sind $20Q + 2000$. Da der Gewinn die Differenz aus den Gesamteinnahmen und den Gesamtkosten ist, kann der Gewinn als $75Q - (20Q + 2000)$ geschrieben werden. Da der zu erzielende Gewinn 14 500 sein soll, muss die folgende Gleichung gelten:

$$75Q - (20Q + 2000) = 14\,500$$

Es ist leicht, die Lösung als $Q = 16\,500/55 = 300$ Einheiten zu finden.

Aufgaben für Kapitel 3.1

1.   Lösen Sie die folgenden Gleichungen:

   (a) $2x - (5 + x) = 16 - (3x + 9)$ (b) $-5(3x - 2) = 16(1 - x)$

   (c) $4x + 2(x - 4) - 3 = 2(3x - 5) - 1$ (d) $(8x - 7)5 - 3(6x - 4) + 5x^2 = x(5x - 1)$

   (e) $x^2 + 10x + 25 = 0$ (f) $(3x - 1)^2 + (4x + 1)^2 = (5x - 1)(5x + 1) + 1$

2.   Lösen Sie die folgenden Gleichungen:

   (a) $3x = \frac{1}{4}x - 7$ (b) $\dfrac{x - 3}{4} + 2 = 3x$ (c) $\dfrac{1}{2x + 1} = \dfrac{1}{x + 2}$ (d) $\sqrt{2x + 14} = 16$

3.   Lösen Sie die folgenden Gleichungen:

   (a) $\dfrac{x - 3}{x + 3} = \dfrac{x - 4}{x + 4}$ (b) $\dfrac{3}{x - 3} - \dfrac{2}{x + 3} = \dfrac{9}{x^2 - 9}$ (c) $\dfrac{6x}{5} - \dfrac{5}{x} = \dfrac{2x - 3}{3} + \dfrac{8x}{15}$

4.   Lösen Sie die folgenden Teilaufgaben, indem Sie zunächst eine Gleichung formulieren.

   (a)   Die Summe von drei aufeinander folgenden natürlichen Zahlen ist um 10 größer als das Doppelte der kleinsten von ihnen. Finden Sie die drei Zahlen.

   (b)   Jane erhält doppelten Lohn für jede Stunde, die Sie mehr als 38 Stunden pro Woche arbeitet. In der letzten Woche arbeitete sie 48 Stunden und verdiente insgesamt 812 Euro. Wie hoch ist Janes regulärer Stundenlohn?

   (c)   James hat 15 000 Euro zu einer jährlichen Zinsrate von 10 % investiert. Wie viel Geld müßte er zusätzlich bei einer Zinsrate von 12 % investieren, um am Ende des Jahres insgesamt 2100 Euro an Zinsen zu erhalten?

   (d)   Als Mr. Barnes starb, erhielt seine Witwe 2/3 seines Vermögens, 1/4 teilten sich seine Kinder und der Rest, 100 000 Euro ging an eine wohltätige Organisation. Wie groß war das Vermögen von Mr. Barnes?

➡ Fortsetzung

5. Lösen Sie die folgenden Gleichungen:

(a) $\dfrac{3y-1}{4} - \dfrac{1-y}{3} + 2 = 3y$ 　　(b) $\dfrac{4}{x} + \dfrac{3}{x+2} = \dfrac{2x+2}{x^2+2x} + \dfrac{7}{2x+4}$

(c) $\dfrac{2 - z/(1-z)}{1+z} = \dfrac{6}{2z+1}$ 　　(d) $\dfrac{1}{2}\left(\dfrac{p}{2} - \dfrac{3}{4}\right) - \dfrac{1}{4}\left(1 - \dfrac{p}{3}\right) - \dfrac{1}{3}(1-p) = -\dfrac{1}{3}$

6. Eine Person habe y Euro zur Verfügung, um Äpfel, Bananen und Kirschen zu kaufen. Sie entscheidet sich für jede Obstsorte den gleichen Geldbetrag auszugeben. Die Preise in Euro pro Kilo sind 3 für Äpfel, 2 für Bananen und 6 für Kirschen. Wie hoch ist das Gesamtgewicht an Obst, das sie kauft und wieviel bezahlt sie pro Kilo Obst?[1]

▶ Lösungen zu den Aufgaben finden Sie im Anhang des Buches.

3.2 Gleichungen und ihre Parameter

Ökonomen benutzen oft mathematische Modelle, um Beziehungen zwischen ökonomischen Phänomenen zu beschreiben. Diese Modelle ermöglichen es, die Interdependenz verschiedener ökonomischer Variablen zu erklären. In makroökonomischen Modellen, die dazu konstruiert sind, die wesentlichen Grundzüge der Wirtschaft eines Landes zu erklären, sind solche Variablen zum Beispiel das Bruttoinlandsprodukt (BIP), der Gesamtkonsum und die Gesamtinvestitionen.

Die einfachste Art eines Zusammenhangs zwischen zwei Variablen tritt dann ein, wenn die Reaktion einer der beiden Variablen auf eine Änderung um eine Einheit in der anderen immer dieselbe ist. In diesem Fall kann der Zusammenhang beschrieben werden durch eine *lineare Gleichung*, wie $y = 10x$, $y = 3x + 4$ oder

$$y = -\frac{8}{3}x - \frac{7}{2}$$

Diese drei Gleichungen haben eine gemeinsame Struktur, die es ermöglicht, eine allgemeine Gleichung aufzuschreiben, die alle Spezialfälle enthält, in denen x und y die Variablen sind:

$$y = ax + b \qquad (3.2.1)$$

Dabei sind a und b reelle Zahlen. Zum Beispiel erhält man für $a = 3$ und $b = 4$ den speziellen Fall, in dem $y = 3x + 4$. Um auch den Fall einer Geraden der Form $x = c$, wobei c eine Konstante ist, d. h. den Fall einer senkrechten Geraden einzuschließen, müsste man die Variablen x und y in Gleichung (3.2.1) vertauschen.

Die Zahlen a und b werden **Parameter** genannt, da sie verschiedene, aber „feste" Werte annehmen können.[2] In den Wirtschaftswissenschaften haben Parameter oft interessante Interpretationen.

---

[1] Dies ist ein Beispiel der Durchschnittskostenberechnung. Siehe Aufg. 11.5.4.
[2] Lineare Gleichungen werden ausführlicher in Kapitel 4.4 behandelt.

Betrachten Sie das grundlegende makroökonomische Modell

$$\text{(i)}\quad Y = C + \bar{I} \qquad\text{und}\qquad \text{(ii)}\quad C = a + bY \qquad\qquad (*)$$

Dabei ist Y das Bruttoinlandsprodukt (BIP), C der Konsum und $\bar{I}$ ist die Gesamtinvestition, die als gegeben betrachtet wird. Dabei sind a und b positive Parameter[3] des Modells mit $b < 1$. Die Gleichung (i) sagt uns, dass das BIP per Definition die Summe aus Konsum und Gesamtinvestition ist. Die Gleichung (ii) sagt uns, dass der Konsum eine lineare Funktion des BIP ist. Lösen Sie das Modell $(*)$ nach Y in Abhängigkeit von $\bar{I}$ und den Parametern auf.

Lösung: Indem wir $C = a + bY$ in (i) einsetzen, erhalten wir

$$Y = a + bY + \bar{I}$$

Nun ordnen wir die Gleichung um, so dass alle Terme, die Y enthalten, auf der linken Seite stehen. Dies können wir erreichen, indem wir $-bY$ zu beiden Seiten addieren, so dass bY auf der rechten Seite verschwindet. Wir erhalten

$$Y - bY = a + \bar{I}$$

Die linke Seite ist gleich $(1 - b)Y$, so dass $(1 - b)Y = a + \bar{I}$. Indem wir beide Seiten durch $1 - b$ dividieren, damit der Koeffizient von Y gleich 1 wird, erhalten wir die Lösung:

$$Y = \frac{a}{1 - b} + \frac{1}{1 - b}\bar{I} \qquad\qquad (**)$$

Diese Lösung ist eine Formel, die Y in Abhängigkeit von $\bar{I}$ und den Parametern a und b ausdrückt.

Beachten Sie die enorme Bedeutung dieser Vorgehensweise. Das Modell muss nur ein einziges Mal gelöst werden und Sie finden dann numerische Antworten, indem Sie geeignete numerische Werte für die Parameter des Modells einsetzen. Zum Beispiel, wenn $\bar{I} = 100$, $a = 500$, $b = 0.8$, dann ist $Y = 3\,000$.

Ökonomen nennen die Gleichungen in $(*)$ gewöhnlich die **strukturelle Form** des Modells, während $(**)$ die **reduzierte Form** genannt wird. In der reduzierten Form ist die Zahl $1/(1 - b)$ auch ein Parameter, der bekannt ist als *Investitionsmultiplikator*, da er die Reaktion des BIP auf eine „exogene" Zunahme der Investition misst.

Natürlich müssen wir oft kompliziertere Gleichungen lösen, deren Variablen und Parmeter mit „fremdartigen" Buchstaben bezeichnet sind.

---

[3] Der Parameter a wird oft als *autonomer Konsum* bezeichnet, da er den Teil des Konsums darstellt, der *nicht* bestimmt wird durch das BIP. Der Zuwachs des Konsums, der durch den Zuwachs des BIP um eine Einheit bestimmt wird, wird gemesen durch b; dieser Parameter ist deshalb bekannt als *Grenzneigung zum Konsum*. Wir erhalten Spezialfälle des Modells, indem wir spezielle numerische Werte für die Parameter einsetzen, wie z. B. $\bar{I} = 100$, $a = 500$, $b = 0.8$ oder $\bar{I} = 150$, $a = 600$, $b = 0.9$. Damit ist $Y = C + 100$ und $C = 500 + 0.8Y$ oder $Y = C + 150$ und $C = 600 + 0.9Y$.

Beispiel 3.2.2

Nehmen Sie an, dass die Gesamtnachfrage nach Geld in einer Volkswirtschaft gegeben sei durch die Formel

$$M = \alpha Y + \beta(r - \gamma)^{-\delta}$$

Dabei ist M die in Umlauf befindliche Geldmenge, Y ist das Volkseinkommen, r ist die Zinsrate, während α, β, γ und δ positive Parameter sind.

(a) Lösen Sie die Gleichung nach der Zinsrate, d.h. nach r auf.

(b) Für die USA wurden die Parameter für den Zeitraum 1929–1952 geschätzt durch $\alpha = 0.14$, $\beta = 76.03$, $\gamma = 2$ und $\delta = 0.84$. Zeigen Sie, dass r gegeben ist durch

$$r = 2 + \left(\frac{76.03}{M - 0.14\,Y}\right)^{25/21}$$

Lösung:

(a) Es folgt sofort aus der gegebenen Gleichung, dass $(r-\gamma)^{-\delta} = (M-\alpha Y)/\beta$. Indem wir jede Seite mit $-1/\delta$ potenzieren und dann γ auf beiden Seiten addieren, erhalten wir:

$$r = \gamma + \left(\frac{\beta}{M - \alpha Y}\right)^{1/\delta} \qquad (*)$$

(b) In diesem Fall ist $1/\delta = 1/0.84 = 100/84 = 25/21$. Die angegebene Gleichung folgt sofort aus $(*)$.

Aufgaben für Kapitel 3.2

1. Bestimmen Sie den Wert von Y für den Fall, in dem $Y = C + 150$ und $C = 600 + 0.9Y$ in dem Modell aus Beispiel 1. Verifizieren Sie, dass Formel $(**)$ dasselbe Resultat ergibt.

2. Lösen Sie die folgenden Gleichungen nach x auf:

   (a) $\dfrac{1}{ax} + \dfrac{1}{bx} = 2$
   (b) $\dfrac{ax + b}{cx + d} = A$
   (c) $\dfrac{1}{2}px^{-1/2} - w = 0$

   (d) $\sqrt{1 + x} + \dfrac{ax}{\sqrt{1 + x}} = 0$
   (e) $a^2x^2 - b^2 = 0$
   (f) $(3 + a^2)^x = 1$

3. Lösen Sie die Gleichungen für die jeweils angegebene Variable:

   (a) $q = 0.15p + 0.14$ für p (Angebot von Reis in Indien)

   (b) $S = \alpha + \beta P$ für P (Angebotsfunktion)

   (c) $A = \frac{1}{2}gh$ für g (Fläche eines Dreiecks)

   (d) $V = \frac{4}{3}\pi r^3$ für r (Volumen eines Balls)

   (e) $AK^\alpha L^\beta = Y_0$ für L (Produktionsfunktion)

→ Fortsetzung

4. Lösen Sie die folgenden Gleichungen für die angegebene Variable:

(a) $\alpha x - a = \beta x - b$ für x

(b) $\sqrt{pq} - 3q = 5$ für p

(c) $Y = 94 + 0.2(Y - (20 + 0.5Y))$ für Y

(d) $K^{1/2}\left(\dfrac{1}{2}\dfrac{r}{w}K\right)^{1/4} = Q$ für K

(e) $\dfrac{\frac{1}{2}K^{-1/2}L^{1/4}}{\frac{1}{4}L^{-3/4}K^{1/2}} = \dfrac{r}{w}$ für L

(f) $\dfrac{1}{2}pK^{-1/4}\left(\dfrac{1}{2}\dfrac{r}{w}\right)^{1/4} = r$ für K

5. Lösen Sie die Gleichungen für die angegebene Variable:

(a) $\dfrac{1}{s} + \dfrac{1}{T} = \dfrac{1}{t}$ für s

(b) $\sqrt{KLM} - \alpha L = B$ für M

(c) $\dfrac{x - 2y + xz}{x - z} = 4y$ für z

(d) $V = C\left(1 - \dfrac{T}{N}\right)$ für T

▶ Lösungen zu den Aufgaben finden Sie im Anhang des Buches.

3.3 Quadratische Gleichungen

Die allgemeine quadratische Gleichung hat die Form

$$ax^2 + bx + c = 0 \tag{3.3.1}$$

Dabei sind $a \neq 0$, b und c gegebene Konstanten und die Variable x ist die Unbekannte. Wenn wir jeden Term durch a dividieren, erhalten wir die äquivalente Gleichung $x^2 + (b/a)x + c/a = 0$. Wenn $p = b/a$ und $q = c/a$, wird die Gleichung zu

$$x^2 + px + q = 0 \tag{3.3.2}$$

Zwei Spezialfälle sind einfach zu behandeln. Wenn $q = 0$ (die Gleichung hat dann keinen konstanten Term), reduziert sich die Gleichung auf $x^2 + px = 0$. Diese Gleichung ist äquivalent zu $x(x + p) = 0$. Da ein Produkt von zwei Faktoren nur dann 0 sein kann, wenn wenigstens einer der Faktoren 0 ist, schließen wir, dass $x = 0$ oder $x = -p$ ist. Daher gilt:

$$x^2 + px = 0 \quad \text{genau dann, wenn} \quad x = 0 \quad \text{oder} \quad x = -p$$

Dies bedeutet, dass die Gleichung $x^2 + px = 0$ die Lösungen $x = 0$ und $x = -p$ und keine anderen hat.

Wenn $p = 0$ (es fehlt dann in der Gleichung der Term mit x), reduziert sich die Gleichung (3.3.2) auf $x^2 + q = 0$. Dann ist $x^2 = -q$ und es gibt zwei Möglichkeiten. Wenn $q > 0$ ist, dann hat die Gleichung keine Lösung, da es keine Zahl gibt, deren Quadrat negativ ist. Im anderen Fall, wenn $q \leq 0$ ist, lösen $x = \sqrt{-q}$ und $x = -\sqrt{-q}$ beide die Gleichung. Indem wir die Notation $x = \pm\sqrt{-q}$ verwenden, um auszudrücken, dass $\sqrt{-q}$ und $-\sqrt{-q}$ die Werte sind, die x annehmen kann, können wir in Kurzform schreiben, dass

$$x^2 + q = 0 \quad \text{genau dann, wenn} \quad x = \pm\sqrt{-q} \quad \text{gegeben, dass } q \leq 0$$

Diese Resultate können angewendet werden, um jede Möglichkeit der beiden einfachen Fälle zu lösen.

Beispiel 3.3.1

Lösen Sie die Gleichungen:

(a) $5x^2 - 8x = 0$ (b) $x^2 - 4 = 0$ (c) $x^2 + 3 = 0$

Lösung:

(a) Indem wir jeden Term durch 5 dividieren, erhalten wir $x^2 - (8/5)x = x(x - 8/5) = 0$, so dass $x = 0$ oder $x = 8/5$.

(b) Die Gleichung ergibt $x^2 = 4$, so dass $x = \pm\sqrt{4} = \pm 2$. Alternativ hat man $x^2 - 4 = (x + 2)(x - 2)$, so dass die Gleichung äquivalent ist zu $(x + 2)(x - 2) = 0$. In jedem Fall erhält man, dass x entweder 2 oder -2 ist.

(c) Da x^2 immer ≥ 0 ist, ist die linke Seite der Gleichung $x^2 + 3 = 0$ immer strikt positiv und die Gleichung hat daher keine Lösung.

Schwierigere Fälle

Wenn in Gleichung (3.3.2) beide Koeffizienten von 0 verschieden sind, wird es schwieriger, die Gleichung zu lösen. Betrachten Sie z. B.

$$x^2 - (4/3)x - 1/4 = 0.$$

Wir könnten natürlich versuchen, die Werte von x, die die Gleichung erfüllen, durch Probieren zu erraten. Jedoch ist es nicht leicht, auf diese Weise, die beiden einzigen Lösungen, die $x = 3/2$ und $x = -1/6$ sind, zu finden. Hier sind zwei Versuche die Gleichung zu lösen, die fehlschlagen.

(a) Der erste Versuch ordnet die Gleichung $x^2 - (4/3)x - 1/4 = 0$ um, so dass $x^2 - (4/3)x = 1/4$ und somit $x(x - 4/3) = 1/4$. Somit muss das Produkt von x und $x - 4/3$ gleich $1/4$ sein. Es gibt jedoch unendlich viele Paare von Zahlen, deren Produkt $1/4$ ist, d. h. dies hilft uns wenig, um x zu finden.

(b) Im zweiten Versuch dividieren wir jeden Term durch x und erhalten $x - 4/3 = (1/4)(1/x)$. Da diese Gleichung Terme sowohl in x und $1/x$ als auch noch einen konstanten Term enthält, sind wir der Lösung nicht näher gekommen.

Tatsächlich brauchen wir eine vollständig neue Idee, um die Gleichung (3.3.2) zu lösen. Das folgende Beispiel illustriert die Idee, die uns eine allgemeine Methode geben wird, um diese schwierigere Gleichung zu lösen.

Beispiel 3.3.2

Lösen Sie die Gleichung: $x^2 + 8x - 9 = 0$.

Lösung: Üblicherweise bringt man zunächst 9 auf die rechte Seite:

$$x^2 + 8x = 9 \tag{$*$}$$

Da x in zwei Termen vorkommt, ist es nicht offensichtlich, wie man weiter verfährt. Die *Methode der quadratischen Ergänzung*, einer der ältesten Tricks in der Mathematik, erweist sich hier als hilfreich. In diesem Fall addiert man 16 zu jeder Seite der Gleichung und erhält:

$$x^2 + 8x + 16 = 9 + 16 \tag{$**$}$$

Der Grund, warum man 16 addiert ist der, dass die linke Seite dann ein vollständiges Quadrat wird: $x^2 + 8x + 16 = (x + 4)^2$. Deshalb nimmt Gleichung $(**)$ die Gestalt

$$(x + 4)^2 = 25 \tag{$***$}$$

an.

Die Gleichung $z^2 = 25$ hat zwei Lösungen $z = \pm\sqrt{25} = \pm 5$. Daher impliziert $(***)$, dass entweder $x + 4 = 5$ oder $x + 4 = -5$. Die Lösungen der gegebenen Gleichung sind deshalb $x = 1$ und $x = -9$.

Alternativ kann Gleichung $(***)$ geschrieben werden als $(x + 4)^2 - 5^2 = 0$. Indem wir Formel (1.3.3) für die Differenz von Quadraten benutzen, erhalten wir $(x + 4 - 5)$ $(x + 4 + 5) = 0$ oder $(x - 1)(x + 9) = 0$ Wir haben daher die folgende *Faktorenzerlegung*

$$x^2 + 8x - 9 = (x - 1)(x + 9)$$

Beachten Sie, dass $(x - 1)(x + 9)$ genau dann 0 ist, wenn $x = 1$ oder $x = -9$ ist. ▬▬▬

Der allgemeine Fall

Wir wenden nun die Methode der quadratischen Ergänzung auf die quadratische Gleichung (3.3.2) an. Diese Gleichung hat offensichtlich dieselben Lösungen wie

$$x^2 + px = -q$$

Die Hälfte des Koeffizienten von x ist $p/2$. Wenn wir das Quadrat dieser Zahl zu beiden Seiten der Gleichung addieren, erhalten wir

$$x^2 + px + (p/2)^2 = (p/2)^2 - q$$

Die linke Seite ist nun ein vollständiges Quadrat, d. h.

$$(x + p/2)^2 = p^2/4 - q \tag{$*$}$$

 Beachten Sie: Wenn $p^2/4 - q < 0$, dann ist die rechte Seite negativ. Weil $(x + p/2)^2$ nichtnegativ ist für alle x, schließen wir, dass es in diesem Fall keine Lösung der Gleichung $(*)$ gibt. Wenn andererseits $p^2/4 - q > 0$, dann folgen aus $(*)$ zwei Möglichkeiten:

$$x + p/2 = \sqrt{p^2/4 - q} \qquad \text{und} \qquad x + p/2 = -\sqrt{p^2/4 - q}$$

Man findet dann leicht die Werte von x. Diese Formeln gelten auch für $p^2/4 - q = 0$, obwohl sie dann zweimal genau dieselbe Lösung $x = -p/2$ ergeben. Zusammenfassend gilt:[4]

---

[4] Der Ausdruck $p^2/4 - q$ wird auch Diskriminante genannt.

pq-Lösungsformel für quadratische Gleichungen

Für $\dfrac{p^2}{4} \geq q$ gilt

$$x^2 + px + q = 0 \quad \text{genau dann, wenn} \quad x = -\frac{p}{2} \pm \sqrt{\frac{p^2}{4} - q} \qquad (3.3\ 3)$$

Wenn uns eine Gleichung der Gestalt (3.3.1) gegeben ist, können wir immer die Lösungen finden, indem wir zunächst durch a dividieren und dann die Lösungsformel (3 3.3) verwenden. Manchmal ist es nützlich, die Lösungsformel von (3.3.1) in Abhängigkeit von den Koeffizienten a, b und c zu haben. Indem wir Gleichung (3.3.1) durch a dividieren, erhalten wir $x^2 + px + q = 0$ mit $p = b/a$ und $q = c/a$. Wenn wir diese Werte in (3.3.3) einsetzen, erhalten wir die Lösungen $x = -b/2a \pm \sqrt{b^2/4a^2 - c/a}$.

Lösungen der quadratischen Gleichung (abc-Formel)

Wenn $b^2 - 4ac \geq 0$ und $a \neq 0$, dann gilt

$$ax^2 + bx + c = 0 \quad \text{genau dann, wenn} \quad x = \frac{-b \pm \sqrt{b^2 - 4ac}}{2a} \qquad (3.3\ 4)$$

Es ist sicherlich eine lohnende Idee, einige Minuten Ihres Lebens damit zu verbringen, um sich diese Formel (oder Formel (3.3.3)) gründlich einzuprägen. Wenn Sie dies einmal getan haben, können Sie sofort die Lösung jeder quadratischen Gleichung aufschreiben. Nur wenn $b^2 - 4ac \geq 0$ ist, sind die Lösungen reelle Zahlen. Wenn wir die Formel für $b^2 - 4ac < 0$ benutzen, erhalten wir die Quadratwurzel aus einer negativen Zahl und es gibt somit keine reellen Lösungen. Die Lösungen heißen auch oft **Wurzeln** der quadratischen Gleichung.[5]

Beispiel 3.3.3

Benutzen Sie die Lösungsformeln der quadratischen Gleichung, um die Lösungen (Wurzeln) von $2x^2 - 2x - 40 = 0$ zu finden.

Lösung: Schreiben Sie die Gleichung in der Form $2x^2 + (-2)x + (-40) = 0$. Weil $a = 2$, $b = -2$ und $c = -40$, folgt aus der Lösungsformel (3.3.4)

$$x = \frac{-(-2) \pm \sqrt{(-2)^2 - 4 \cdot 2 \cdot (-40)}}{2 \cdot 2} = \frac{2 \pm \sqrt{4 + 320}}{4} = \frac{2 \pm 18}{4} = \frac{1}{2} \pm \frac{9}{2}$$

Die Lösungen sind daher $x = 1/2 + 9/2 = 5$ und $x = 1/2 - 9/2 = -4$.

Wenn wir stattdessen Formel (3.3.3) verwenden, teilen wir jeden Term durch 2 und erhalten $x^2 - x - 20 = 0$, so dass $x = 1/2 \pm \sqrt{1/4 + 20} = 1/2 \pm \sqrt{81/4} = 1/2 \pm 9/2$. Dies ergibt dieselben Lösungen wie bisher.

---

[5] Die Lösungsformel für die quadratische Gleichung ist sehr nützlich. Sie sollten jedoch nicht zu einem Fanatiker dieser Gleichung werden und sie immer benutzen. Wenn $b = 0$ oder $c = 0$, so haben wir am Anfang dieses Kapitels erklärt, wie die Gleichung sehr leicht gelöst werden kann. Ein extremer „Fanatiker der Lösungsformel der quadratischen Gleichung", der kürzlich in einer Klausur die Gleichung $(x - 4)^2 = 0$ lösen sollte, multiplizierte die Klammern aus und erhielt $x^2 - 8x + 16 = 0$, benutzte dann die Lösungsformel der quadratischen Gleichung und fand die (korrekte) Antwort $x = 4$. Was hätten Sie in diesem Fall getan?

Sei $p^2/4 - q \geq 0$ und seien x_1 and x_2 die Lösungen von (3.3.2). Indem wir die Formel (1.3.3) für die Differenz von Quadraten benutzen, wie wir es getan haben, um in Beispiel (3.3.2) die Faktorenzerlegung zu erhalten, folgt, dass (∗) äquivalent ist zu $(x - x_1)(x - x_2) = 0$. Es folgt auch:

Faktorenzerlegung einer quadratischen Funktion

Wenn x_1 und x_2 die Lösungen von $ax^2 + bx + c = 0$ sind, so gilt:

$$ax^2 + bx + c = a(x - x_1)(x - x_2) \tag{3.3.5}$$

Dies ist ein sehr wichtiges Resultat, da es zeigt, wie man eine allgemeine quadratische Funktion in Faktoren zerlegt. Wenn $b^2 - 4ac < 0$ ist, gibt es keine Faktorenzerlegung von $ax^2 + bx + c$. Wenn $b^2 - 4ac = 0$, dann ist $x_1 = x_2$ und $ax^2 + bx + c = a(x - x_1)^2 = a(x - x_2)^2$.

Beispiel 3.3.4

Zerlegen Sie (wenn möglich) die folgenden quadratischen Funktionen in Faktoren:

(a) $\dfrac{1}{3}x^2 + \dfrac{2}{3}x - \dfrac{14}{3}$ (b) $-2x^2 + 40x - 600$

Lösung:

(a) $\frac{1}{3}x^2 + \frac{2}{3}x - \frac{14}{3} = 0$ hat dieselben Lösungen wie $x^2 + 2x - 14 = 0$. Nach Formel (3.3.3) sind die Lösungen $x = -1 \pm \sqrt{1 + 14} = -1 \pm \sqrt{15}$. Dies sind auch die Lösungen der ursprünglichen Gleichung. Aus (3.3.5) folgt dann

$$\begin{aligned}
\frac{1}{3}x^2 + \frac{2}{3}x - \frac{14}{3} &= \frac{1}{3}\left[x - \left(-1 + \sqrt{15}\right)\right]\left[x - \left(-1 - \sqrt{15}\right)\right] \\
&= \frac{1}{3}\left(x + 1 - \sqrt{15}\right)\left(x + 1 + \sqrt{15}\right)
\end{aligned}$$

(b) Für $-2x^2 + 40x - 600 = 0$ ist $a = -2$, $b = 40$ und $c = -600$. Damit ist $b^2 - 4ac = 1600 - 4800 = -3200 < 0$. Es gibt also keine Faktorenzerlegung.

Indem wir die rechte Seite der Identität $x^2 + px + q = (x - x_1)(x - x_2)$ ausmultiplizieren, erhalten wir $x^2 + px + q = x^2 - (x_1 + x_2)x + x_1 x_2$. Indem wir die Koeffizienten gleicher Potenzen von x gleichsetzen, erhalten wir $x_1 + x_2 = -p$ und $x_1 x_2 = q$. Daher gilt:

Vietascher Wurzelsatz

Wenn x_1 und x_2 die Lösungen von $x^2 + px + q = 0$ sind, dann gilt:

$$x_1 + x_2 = -p \qquad \text{und} \qquad x_1 x_2 = q \tag{3.3.6}$$

In Worten: Die Summe der Lösungen ist das Negative des Koeffizienten des linearen Terms und das Produkt der Lösungen ist gleich dem konstanten Term. Man erhält die Formeln (3.3.6) auch, indem man die zwei in (3.3.3) gefundenen Lösungen addiert bzw. multipliziert.

Aufgaben für Kapitel 3.3

1. Lösen Sie die folgenden quadratischen Gleichungen, wenn sie Lösungen haben:

   (a) $15x - x^2 = 0$ (b) $p^2 - 16 = 0$ (c) $(q-3)(q+4) = 0$

   (d) $2x^2 + 9 = 0$ (e) $x(x+1) = 2x(x-1)$ (f) $x^2 - 4x + 4 = 0$

2. Lösen Sie die folgenden quadratischen Gleichungen, indem Sie die Methode der quadratischen Ergänzung benutzen und zerlegen Sie, wenn möglich, die linke Seite in Faktoren:

   (a) $x^2 - 5x + 6 = 0$ (b) $y^2 - y - 12 = 0$ (c) $2x^2 + 60x + 800 = 0$

   (d) $-\frac{1}{4}x^2 + \frac{1}{2}x + \frac{1}{2} = 0$ (e) $m(m-5) - 3 = 0$ (f) $0.1p^2 + p - 2.4 = 0$

3. Lösen Sie die folgenden Gleichungen mit Hilfe der Lösungsformel für quadratische Gleichungen:

   (a) $r^2 + 11r - 26 = 0$ (b) $3p^2 + 45p = 48$ (c) $20\,000 = 300K - K^2$

   (d) $r^2 + (\sqrt{3} - \sqrt{2})r = \sqrt{6}$ (e) $0.3x^2 - 0.09x = 0.12$ (f) $\frac{1}{24} = p^2 - \frac{1}{12}p$

4. Lösen Sie die folgenden Gleichungen mit Hilfe der Lösungsformel für quadratische Gleichungen:

   (a) $x^2 - 3x + 2 = 0$ (b) $5t^2 - t = 3$ (c) $6x = 4x^2 - 1$

   (d) $9x^2 + 42x + 44 = 0$ (e) $30\,000 = x(x + 200)$ (f) $3x^2 = 5x - 1$

5. (a) Bestimmen Sie die Seitenlängen eines Rechtecks, dessen Umfang 40 cm und dessen Fläche 75 cm^2 ist.

   (b) Bestimmen Sie zwei aufeinander folgende natürliche Zahlen, deren Summe der Quadrate 13 ist.

   (c) In einem rechtwinkligen Dreieck ist die Länge der Hypothenuse 34 cm. Eine der beiden kürzeren Seiten (Katheten) ist 14 cm länger als die andere. Bestimmen Sie die Längen der beiden kürzeren Seiten.

   (d) Ein Motorradfahrer fuhr 80 km. Um 16 Minuten zu sparen, musste er 10 km/h schneller als üblich fahren. Welches war seine übliche Geschwindigkeit?

6. Lösen Sie die folgenden Gleichungen:

   (a) $x^3 - 4x = 0$ (b) $x^4 - 5x^2 + 4 = 0$ (c) $z^{-2} - 2z^{-1} - 15 = 0$

▶ Lösungen zu den Aufgaben finden Sie im Anhang des Buches.

3.4 Nichtlineare Gleichungen

Wir untersuchen jetzt eine allgemeinere Form von Gleichungen, die die linearen und quadratischen Gleichungen umfasst, für die aber keine allgemeine Methode einfach zur Verfügung steht. Diese nichtlinearen Gleichungen sind allgegenwärtig in den Wirtschaftswissenschaften, so dass wir in der Lage sein müssen, mit ihnen umzugehen und aus ihnen so viel Information gewinnen wie möglich.

Lösen Sie jede der folgenden drei Gleichungen:

(a) $x^3\sqrt{x+2} = 0$ (b) $x(y+3)(z^2+1)\sqrt{w-3} = 0$ (c) $x^2 - 3x^3 = 0$

Lösung:

(a) Wenn $x^3\sqrt{x+2} = 0$, dann ist entweder $x^3 = 0$ oder $\sqrt{x+2} = 0$. Die Gleichung $x^3 = 0$ hat nur die eine Lösung $x = 0$, während aus $\sqrt{x+2} = 0$ folgt, dass $x = -2$ ist. Die Lösungen der Gleichung sind daher $x = 0$ und $x = -2$.

(b) Es gibt vier Faktoren in diesem Produkt. Einer der Faktoren, $z^2 + 1$, wird niemals 0. Daher sind die Lösungen: $x = 0$ oder $y = -3$ oder $w = 3$.

(c) Beginnen Sie mit der Faktorenzerlegung: $x^2 - 3x^3 = x^2(1 - 3x)$. Das Produkt $x^2(1 - 3x)$ ist dann und nur dann 0, wenn $x^2 = 0$ oder $1 - 3x = 0$. Daher sind $x = 0$ und $x = 1/3$ die Lösungen.[6]

Bei der Lösung dieser Gleichungen haben wir wiederholt die Tatsache benutzt, dass ein Produkt von zwei oder mehr Faktoren nur dann 0 sein kann, wenn wenigstens einer der Faktoren 0 ist. D.h. im Allgemeinen gilt:

$$ab = ac \quad \text{ist äquivalent zu} \quad a = 0 \quad \text{oder} \quad b = c \tag{3.4.1}$$

Denn die Gleichung $ab = ac$ ist äquivalent zu $ab - ac = 0$ oder $a(b - c) = 0$. Wenn $ab = ac$ und $a \neq 0$, schließen wir aus Gleichung (3.4.1), dass $b = c$.

Welche Schlüsse kann man über die Variablen ziehen, wenn

(a) $x(x + a) = x(2x + b)$ (b) $\lambda y = \lambda z^2$ (c) $xy^2(1 - y) - 2\lambda(y - 1) = 0$

Lösung:

(a) $x = 0$ oder $x + a = 2x + b$. Die letzte Gleichung ergibt $x = a - b$. Die Lösungen sind deshalb $x = 0$ und $x = a - b$.

(b) $\lambda = 0$ oder $y = z^2$. (Man „vergisst" leicht die Möglichkeit $\lambda = 0$.)

(c) Die Gleichung ist äquivalent zu

$$xy^2(1 - y) + 2\lambda(1 - y) = 0,$$

was geschrieben werden kann als

$$(1 - y)(xy^2 + 2\lambda) = 0$$

---

[6] Wenn man versucht, eine Gleichung zu lösen, so macht man leicht einen schweren Fehler, indem man einen Faktor wegkürzt, der Null sein könnte. Es ist daher wichtig, zu überprüfen, ob der Faktor, der weggekürzt werden soll, wirklich nicht Null ist. Nehmen Sie z. B. an, dass man den gemeinsamen Faktor x^2 in der Gleichung $x^2 = 3x^3$ wegkürzt. Das Ergebnis ist $1 = 3x$, woraus $x = 1/3$ folgt. Die Lösung $x = 0$ ist verloren gegangen.

Wir schließen aus der letzten Gleichung, dass $1 - y = 0$ oder $xy^2 + 2\lambda = 0$, d. h. $y = 1$ oder $\lambda = -\frac{1}{2}xy^2$.

Schließlich betrachten wir auch einige Gleichungen mit Brüchen. Wir erinnern daran, dass der Bruch a/b nicht definiert ist, wenn $b = 0$ ist. Wenn $b \neq 0$, dann ist $a/b = 0$ äquivalent zu $a = 0$.

Beispiel 3.4.3

Lösen Sie die folgenden Gleichungen:

(a) $\dfrac{1 - K^2}{\sqrt{1 + K^2}} = 0$ (b) $\dfrac{45 + 6r - 3r^2}{(r^4 + 2)^{3/2}} = 0$ (c) $\dfrac{x^2 - 5x}{\sqrt{x^2 - 25}} = 0$

Lösung:

(a) Der Nenner wird niemals 0, so dass der Bruch 0 ist, wenn $1 - K^2 = 0$, d. h. wenn $K = \pm 1$.

(b) Wieder ist der Nenner niemals 0. Der Bruch ist 0, wenn $45 + 6r - 3r^2 = 0$, d. h. wenn $3r^2 - 6r - 45 = 0$. Wenn wir diese quadratische Gleichung lösen, erhalten wir $r = -3$ oder $r = 5$.

(c) Der Zähler ist gleich $x(x - 5)$ und dies ist 0, wenn $x = 0$ oder $x = 5$ ist. Für $x = 0$ ist der Nenner gleich $\sqrt{-25}$, also nicht definiert. Und für $x = 5$ ist der Nenner 0. Wir schließen daraus, dass diese Gleichung keine Lösung hat.

Aufgaben für Kapitel 3.4

1. Lösen Sie die folgenden Gleichungen:
   (a) $x(x + 3) = 0$ (b) $x^3(1 + x^2)(1 - 2x) = 0$ (c) $x(x - 3) = x - 3$

   (d) $\sqrt{2x + 5} = 0$ (e) $\dfrac{x^2 + 1}{x(x + 1)} = 0$ (f) $\dfrac{x(x + 1)}{x^2 + 1} = 0$

2. Lösen Sie die folgenden Gleichungen:

   (a) $\dfrac{5 + x^2}{(x - 1)(x + 2)} = 0$ (b) $1 + \dfrac{2x}{x^2 + 1} = 0$

   (c) $\dfrac{(x + 1)^{1/3} - \frac{1}{3}x(x + 1)^{-2/3}}{(x + 1)^{2/3}} = 0$ (d) $\dfrac{x}{x - 1} + 2x = 0$

3. Untersuchen Sie, welche Schlüsse über die Variablen gezogen werden können, wenn:
   (a) $z^2(z - a) = z^3(a + b)$, $a \neq 0$ (b) $(1 + \lambda)\mu x = (1 + \lambda)y\mu$

   (c) $\dfrac{\lambda}{1 + \mu} = \dfrac{-\lambda}{1 - \mu^2}$ (d) $ab - 2b - \lambda b(2 - a) = 0$

   ▶ Lösungen zu den Aufgaben finden Sie im Anhang des Buches.

3.5 Lösung von Gleichungen mit Hilfe von Implikationspfeilen

Implikations- und Äquivalenz-Pfeile sind sehr nützlich, um Fehler beim Lösen von Gleichungen zu vermeiden. Betrachten Sie zunächst das folgende Beispiel.

Beispiel 3.5.1

Lösen Sie die Gleichung $(2x - 1)^2 - 3x^2 = 2\left(\frac{1}{2} - 4x\right)$.

Lösung: Indem man $(2x - 1)^2$ und auch die rechte Seite ausmultipliziert, erhält man eine neue Gleichung, die offensichtlich dieselben Lösungen hat wie die ursprüngliche Gleichung:

$$(2x - 1)^2 - 3x^2 = 2\left(\tfrac{1}{2} - 4x\right) \iff 4x^2 - 4x + 1 - 3x^2 = 1 - 8x$$

Indem man $8x - 1$ zu jeder Seite der zweiten Gleichung addiert und dann Terme gleichen Typs sammelt, erhält man den äquivalenten Ausdruck

$$4x^2 - 4x + 1 - 3x^2 = 1 - 8x \iff x^2 + 4x = 0$$

Nun ist $x^2 + 4x = x(x + 4)$, und der letzte Ausdruck ist genau dann 0, wenn $x = 0$ oder $x = -4$ ist. Das heißt

$$x^2 + 4x = 0 \iff x(x + 4) = 0 \iff [x = 0 \quad \text{oder} \quad x = -4]$$

Dabei haben wir in dem letzten Ausdruck zur Klarheit Klammern verwendet. Wenn wir alles zusammen betrachten, haben wir eine Kette von Äquivalenzpfeilen erhalten, die zeigt, dass die gegebene Gleichung für die zwei Werte $x = 0$ und $x = -4$ erfüllt ist und für keine anderen Werte von x.

Beispiel 3.5.2

Lösen Sie die Gleichung $x + 2 = \sqrt{4 - x}$ nach x auf.[7]

Lösung: Quadrieren beider Seiten der gegebenen Gleichung ergibt:

$$\left(x + 2\right)^2 = \left(\sqrt{4 - x}\right)^2$$

Folglich ist $x^2 + 4x + 4 = 4 - x$, d. h. $x^2 + 5x = 0$. Aus der letzten Gleichung folgt: $x(x + 5) = 0$, woraus folgt $x = 0$ oder $x = -5$. Damit ist es eine notwendige Bedingung, dass x eine Lösung von $x + 2 = \sqrt{4 - x}$ ist, dass $x = 0$ oder $x = -5$ ist. Wenn wir diese beiden möglichen Werte für x in die Originalgleichung einsetzen, sehen wir, dass nur $x = 0$ die Gleichung erfüllt. Die einzige Lösung der Gleichung ist daher $x = 0$.

Die zur Lösung des Beispiels 3.5.2 angewendete Methode ist die am meisten gebräuchliche Methode. Es wird zunächst eine Kette von Implikationen aufgestellt, die mit der

---

[7] Vergleichen Sie mit Beispiel 2.2.1.

gegebenen Gleichung startet und mit allen möglichen Lösungen endet. Indem wir jeden dieser möglichen Lösungswerte überprüfen, finden wir heraus, welche von ihnen tatsächlich die Gleichung erfüllen. Selbst dann, wenn die Kette von Implikationen auch eine Kette von Äquivalenzen ist, ist solch eine Probe eine nützliche Überprüfung sowohl der Logik als auch der Berechnungen.

Aufgaben für Kapitel 3.5

1. Nutzen Sie Implikationspfeile zur Lösung der Gleichung

$$\frac{(x+1)^2}{x(x-1)} + \frac{(x-1)^2}{x(x+1)} - 2\frac{3x+1}{x^2-1} = 0$$

2. Nutzen Sie Implikationspfeile zur Lösung der folgenden Gleichungen:

   (a) $x + 2 = \sqrt{4x+13}$ (b) $|x+2| = \sqrt{4-x}$ (c) $x^2 - 2|x| - 3 = 0$

3. Nutzen Sie Implikationspfeile zur Lösung der folgenden Gleichungen:

   (a) $\sqrt{x-4} = \sqrt{x+5} - 9$ (b) $\sqrt{x-4} = 9 - \sqrt{x+5}$

4. Betrachten Sie den folgenden Versuch, die Gleichung $x + \sqrt{x+4} = 2$ zu lösen:

   „Es folgt aus der gegebenen Gleichung, dass $\sqrt{x+4} = 2 - x$. Quadrieren beider Seiten ergibt $x+4 = 4 - 4x + x^2$. Nach Umordnen der Terme erkennt man, dass diese Gleichung $x^2 - 5x = 0$ impliziert. Indem wir x kürzen, erhalten wir $x - 5 = 0$, und diese Gleichung ist erfüllt, wenn $x = 5$.“

   (a) Kennzeichnen Sie mit Pfeilen die Implikationen oder Äquivalenzen, die in dem Text ausgedrückt werden. Welche von ihnen sind korrekt?

   (b) Geben Sie eine korrekte Lösung zu dieser Gleichung.

▶ Lösungen zu den Aufgaben finden Sie im Anhang des Buches.

3.6 Zwei lineare Gleichungen in zwei Unbekannten

In dem makroökonomischen Modell in Beispiel 3.2.1 haben wir gesehen, dass zwei Gleichungen notwendig waren, um die gegebenen ökonomischen Phänomene zu modellieren. In dem Beispiel haben wir uns auf die Lösung für den Wert des BIP fokussiert, aber Ökonomen sind an der Lösung von *allen* endogenen Variablen in ihren Modellen interessiert. In dem Beispiel würde man auch die Lösung des Gesamtkonsums bestimmen.

Für den Fall von zwei Variablen, die durch zwei lineare Gleichungen in Beziehung stehen, ist eine allgemeine Methode leicht zu entwickeln. Ein Beispiel ermöglicht es uns die Ideen zu entwickeln, bevor wir den allgemeinen Fall behandeln.

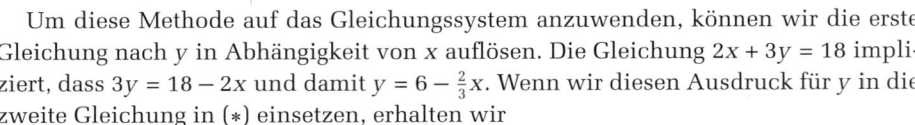

Beispiel 3.6.1

Bestimmen Sie die Werte von x und y, die die beiden folgenden Gleichungen erfüllen:

$$2x + 3y = 18$$
$$3x - 4y = -7$$

Lösung:
Methode 1   Eine erste Möglichkeit ist es, eine der Variablen zuerst zu behandeln, wie wir es in Kap. 3.2 getan haben, und dann die Lösung dieser Variablen zu benutzen, um nach der anderen aufzulösen. Das heißt, man folgt einem Zwei-Schritte-Verfahren: (i) Lösen Sie zunächst eine der beiden Gleichungen nach einer der beiden Variablen auf, indem Sie sie diese Variable durch die andere ausdrücken. (ii) Setzen Sie dann das Resultat in die andere Gleichung ein. Es bleibt dann nur eine Gleichung mit einer Unbekannten, die leicht zu lösen ist.[8]

Um diese Methode auf das Gleichungssystem anzuwenden, können wir die erste Gleichung nach y in Abhängigkeit von x auflösen. Die Gleichung $2x + 3y = 18$ impliziert, dass $3y = 18 - 2x$ und damit $y = 6 - \frac{2}{3}x$. Wenn wir diesen Ausdruck für y in die zweite Gleichung in ($*$) einsetzen, erhalten wir

$$3x - 4\left(6 - \tfrac{2}{3}x\right) = -7$$
$$3x - 24 + \tfrac{8}{3}x = -7$$
$$9x - 72 + 8x = -21$$
$$17x = 51$$

Daher ist $x = 3$.

Wir finden dann y, indem wir die Gleichung $y = 6 - \frac{2}{3}x$ noch einmal benutzen und erhalten: $y = 6 - \frac{2}{3} \cdot 3 = 4$. Wir erhalten dann $x = 3$ und $y = 4$ als Lösung unseres Gleichungssystems.[9]

Methode 2   Diese Methode basiert auf der Elimination einer der beiden Variablen durch Addition (oder Subtraktion) eines Vielfachen der einen Gleichung zu (oder von) der anderen. Nehmen Sie an, dass wir die Unbekannte y eliminieren wollen. Wenn wir die erste Gleichung mit 4 und die zweite mit 3 multiplizieren, so sind die Koeffizienten des y-Terms gleich, abgesehen vom Vorzeichen. Wenn wir dann die transformierten Gleichungen addieren, verschwindet der Term mit y und wir erhalten:

$$
\begin{aligned}
8x + 12y &= 72 \\
9x - 12y &= -21 \\
\hline
17x &= 51
\end{aligned}
$$

---

[8]   Was wir in Beispiel 3.2.1 getan haben, war der erste von diesen beiden Schritten. Der zweite Schritt wäre ($**$) in (ii) einzusetzen, um die Lösung für C zu betimmen, welche gleich

$$C = \frac{a + b\bar{I}}{1 - b}$$

ist. Diese Gleichung vervollständigt die reduzierte Form des Modells, zusammen mit ($***$).

[9]   Eine nützliche Kontrolle ist es, solch eine Lösung durch direktes Einsetzen in die Ausgangsgleichung zu überprüfen. Wenn wir hier $x = 3$ und $y = 4$ in das Gleichungssystem einsetzen, erhalten wir $2 \cdot 3 + 3 \cdot 4 = 18$ und $3 \cdot 3 - 4 \cdot 4 = -7$, so dass alles in Ordnung ist.

Daher ist $x = 3$. Um den Wert von y zu finden, setzen wir 3 für x in eine der Originalgleichungen ein und lösen diese nach y auf. Dies ergibt $y = 4$ in Übereinstimmung mit dem früheren Ergebnis.

Systeme von zwei Gleichungen und zwei Unbekannten sind allgemein als lineare 2×2-Systeme bekannt. Das allgemeine lineare 2×2-System ist

$$ax + by = c \tag{3.6.1}$$

$$dx + ey = f \tag{3.6.2}$$

Dabei sind a, b, c, d, e und f beliebige gegebene Zahlen, während x und y die Variablen oder die „Unbekannten" sind.[10]

Wir nehmen zunächst an, dass $ae - bd \neq 0$. Nach Methode 2 multiplizieren wir die erste Gleichung mit e und die zweite mit $-b$ und erhalten:

$$aex + bey = ce$$
$$\underline{-bdx - bey = -bf}$$
$$(ae - bd)x \quad\quad = ce - bf$$

Daraus folgt der Wert für x. Indem wir den Wert für x in (3.6.1) einsetzen, können wir y bestimmen. Wir erhalten:

$$x = \frac{ce - bf}{ae - bd}, \qquad y = \frac{af - cd}{ae - bd} \tag{3.6.3}$$

Wir haben Ausdrücke für beide Unbekannten x und y erhalten.

Offensichtlich sind diese letzten Formeln nicht anwendbar, wenn der Nenner $ae - bd$ in beiden Brüchen gleich 0 ist. In diesem Fall ist die zweite Methode nicht anwendbar und die Lösung der Gleichungen (3.6.1) und (3.6.2) verlangt eine spezielle Methode. Wir folgen zunächst der ersten Methode und nehmen dabei an, dass $b \neq 0$ gilt.[11] Auflösen nach y in Gleichung (3.6.1) ergibt

$$y = \frac{c}{b} - \frac{a}{b}x \tag{$*$}$$

Wenn wir diese Lösung in (3.6.2) einsetzen, erhalten wir

$$dx + e\left(\frac{c}{b} - \frac{a}{b}x\right) = f$$
$$dx + \frac{ce}{b} - \frac{ae}{b}x = f$$
$$bd \cdot x + ce - ae \cdot x = bf$$
$$(bd - ae)x = bf - ce$$

Das Problem ist: Da $ae - bd = 0$, enthält die letzte Gleichung einfach die Aussage, dass $bf - ce = 0$ oder dass $ce = bf$. Beachten Sie, dass wir beide Variablen aus unserer

---

[10] Wenn $a = 2$, $b = 3$, $c = 18$, $d = 3$, $e = -4$ und $f = -7$, erhalten wir das Gleichungssystem in dem Beispiel.

[11] Wir benötigen nur, dass einer der Koeffizienten a, b, d oder e von Null verschieden ist. Wenn alle gleich Null sind, ist das Problem trivial und nicht interessant.

Rechnung verloren haben und eine Aussage erhalten haben über die Parameter des Gleichungssystems, die wahr sein oder auch nicht wahr sein kann.

Wenn $ae = bd$ und $bf \neq ce$, hat das Gleichungssystem keine Lösung: Es ist unmöglich, Werte von x und y zu finden, die gleichzeitig die zwei Gleichungen erfüllen. Nehmen Sie jetzt an, dass neben $ae - bd = 0$ auch $bf - ce = 0$ gilt. Wir erinnern, dass

$$aex + bey = ce$$
$$-bdx - bey = -bf$$

Wir sehen daran, dass unsere zwei Gleichungen übereinstimmen, d. h. dass wir in Wirklichkeit nur eine einzige Gleichung haben. Wir haben es mit einem Gleichungssytem zu tun, in dem eine der Gleichungen die Information wiederholt, die durch die andere Gleichung gegeben ist, d. h. also nichts Neues hinzufügt. Beachten Sie jetzt, wenn wir *irgendeinen* Wert für x auswählen und y nach (∗) bestimmen, so ist die erste Gleichung sofort nach Konstruktion erfüllt. Indem wir für die zweite Gleichung die Tatsachen nutzen, dass $ae - bd = 0$, $bf - ce = 0$ und $b \neq 0$, so dass $ae/b = d$ und $ce/b = f$, erhalten wir, dass

$$dx + ey = dx + e\left(\frac{c}{b} - \frac{a}{b}x\right) = \left(d - \frac{ae}{b}\right)x + \frac{ce}{b} = 0 \cdot x + f = f$$

Die zweite Gleichung ist „umsonst" erfüllt und wir haben „die" Lösung für das Gleichungssystem gefunden – in der Tat unendlich viele von ihnen: mit jedem Wert von x und $y = c/b - (a/b)x$.

Wir fassen diese Resultate wie folgt zusammen:

Lineare 2 × 2-Gleichungssysteme

Die Lösung des Gleichungssystems (3.6.1)–(3.6.2) ist

$$x = \frac{ce - bf}{ae - bd} \quad \text{und} \quad y = \frac{af - cd}{ae - bd}, \quad \text{vorausgesetzt, dass } ae \neq bd. \qquad (3.6.4)$$

Wenn $ae = bd$ und $bf \neq ce$, hat das Gleichungssystem keine Lösung.

Wenn $ae = bd$ und $bf = ce$, hat das Gleichungssystem unendlich viele Lösungen:

$$x \text{ kann } \textit{jeden} \text{ Wert annehmen und } y = \frac{c}{b} - \frac{a}{b}x, \quad \text{vorausgesetzt, dass } b \neq 0.$$
$$(3.6.5)$$

Diese Art von Gleichungssystemen und die mit ihrer Lösung assoziierten Aspekte werden genauer in Kap. 15.1 untersucht.

Aufgaben für Kapitel 3.6

1. Lösen Sie die folgenden Gleichungssysteme:

    (a) $x - y = 5$ und $x + y = 11$

    (b) $4x - 3y = 1$ und $2x + 9y = 4$

    (c) $3x + 4y = 2.1$ und $5x - 6y = 7.3$

2. Lösen Sie die folgenden Gleichungssysteme:

    (a) $\begin{aligned} 5x + 2y &= 3 \\ 2x + 3y &= -1 \end{aligned}$
    (b) $\begin{aligned} x - 3y &= -25 \\ 4x + 5y &= 19 \end{aligned}$
    (c) $\begin{aligned} 2x + 3y &= 3 \\ 6x + 6y &= -1 \end{aligned}$

3. Lösen Sie die folgenden Gleichungssysteme:

    (a) $\begin{aligned} 23p + 45q &= 181 \\ 10p + 15q &= 65 \end{aligned}$
    (b) $\begin{aligned} 0.01r + 0.21s &= 0.042 \\ -0.25r + 0.55s &= -0.47 \end{aligned}$

4. (a) Finden Sie zwei Zahlen, deren Summe gleich 52 und deren Differenz gleich 26 ist.

    (b) Fünf Tische und 20 Stühle kosten 1800 Euro, während 2 Tische und 3 Stühle 420 Euro kosten. Wie hoch ist der Preis für einen Tisch und wie viel kostet ein Stuhl?

    (c) Ein Unternehmen produziert Kopfhörer in zwei Güteklassen, Basic (B) und Premium (P). Für das folgende Jahr ist der geschätzte Output von B um 50 % höher als der von P. Der Gewinn pro verkaufter Einheit ist 300 Euro für P und 200 Euro für B. Wie viel muss von jeder Qualität produziert werden, wenn im folgenden Jahr ein Gewinn von 180 000 Euro erzielt werden soll?

    (d) Am Anfang des Jahres hatte eine Person insgesamt 10 000 Euro auf zwei Konten. Die Zinsraten waren 5 % bzw. 7.2 % pro Jahr. Wie groß war das Anfangskapital auf beiden Konten, wenn die Person keine Transaktionen zwischen den beiden Konten vorgenommen hat und insgesamt 676 Euro an Zinsen erhalten hat?

▶ Lösungen zu den Aufgaben finden Sie im Anhang des Buches.

Aufgaben zur Wiederholung für Kapitel 3

1. Lösen Sie die folgenden Gleichungen:

    (a) $3x - 20 = 16$ (b) $-5x + 8 + 2x = -(4-x)$ (c) $-6(x - 5) = 6(2 - 3x)$

    (d) $\dfrac{4 - 2x}{3} = -5 - x$ (e) $\dfrac{5}{2x - 1} = \dfrac{1}{2 - x}$ (f) $\sqrt{x - 3} = 6$

2. Lösen Sie die folgenden Gleichungen:

    (a) $\dfrac{x - 3}{x - 4} = \dfrac{x + 3}{x + 4}$ (b) $\dfrac{3(x + 3)}{x - 3} - 2 = 9\dfrac{x}{x^2 - 9} + \dfrac{27}{(x + 3)(x - 3)}$

    (c) $\dfrac{2x}{3} = \dfrac{2x - 3}{3} + \dfrac{5}{x}$ (d) $\dfrac{x - 5}{x + 5} - 1 = \dfrac{1}{x} - \dfrac{11x + 20}{x^2 - 5x}$

3. Lösen Sie die folgenden Gleichungen nach der angegebenen Variablen auf:

    (a) $x = \frac{2}{3}(y - 3) + y$ nach y (b) $ax - b = cx + d$ nach x

    (c) $AK\sqrt{L} = Y_0$ nach L (d) $px + qy = m$ nach y

    (e) $\dfrac{\dfrac{1}{1 + r} - a}{\dfrac{1}{1 + r} + b} = c$ nach r (f) $Px(Px + Q)^{-1/3} + (Px + Q)^{2/3} = 0$ nach x

4. Lösen Sie die folgenden Gleichungen nach der angegebenen Variablen auf:

(a) $3K^{-1/2}L^{1/3} = 1/5$ nach K (b) $(1 + r/100)^t = 2$ nach r

(c) $p - abx_0^{b-1} = 0$ nach x_0 (d) $[(1-\lambda)a^{-\varrho} + \lambda b^{-\varrho}]^{-1/\varrho} = c$ nach b

5. Lösen Sie die folgenden quadratischen Gleichungen:

(a) $z^2 = 8z$ (b) $x^2 + 2x - 35 = 0$ (c) $p^2 + 5p - 14 = 0$

(d) $12p^2 - 7p + 1 = 0$ (e) $y^2 - 15 = 8y$ (f) $42 = x^2 + x$

6. Lösen Sie die folgenden Gleichungen:

(a) $(x^2 - 4)\sqrt{5-x} = 0$ (b) $(x^4 + 1)(4 + x) = 0$ (c) $(1-\lambda)x = (1-\lambda)y$

7. Johnson legte 1500 Euro an, einen Teil zu 15 % Zinsen und den Rest zu 20 %. Sein jährliches Gesamteinkommen aus diesen beiden Anlagen war 275 Euro. Wieviel hat er jeweils zu den beiden Zinssätzen angelegt?

8. Betrachten Sie das makroökonomische Modell

$$\text{(i)} \;\; Y = C + \bar{I} + G, \qquad \text{(ii)} \;\; C = b(Y - T), \qquad \text{(iii)} \;\; T = tY$$

Dabei seien $b \in (0, 1)$ und $t \in (0, 1)$ Parameter, Y ist das Bruttoinlandsprodukt (BIP), C der Konsum, $\bar{I}$ die Gesamtinvestition, T bedeutet Steuern und G seien die Staatsausgaben.

(a) Drücken Sie Y und C in Abhängigkeit von $\bar{I}$, G und den Parametern aus.
(b) Was passiert mit Y und C, wenn t wächst?

9. Berechnen Sie $x - y$, wenn $5^{3x} = 25^{y+2}$ und $x - 2y = 8$.

Anspruchsvollere Aufgabe

10. Lösen Sie die folgenden Gleichungssysteme: :

(a)
$$\frac{2}{x} + \frac{3}{y} = 4$$
$$\frac{3}{x} - \frac{2}{y} = 19$$

(b)
$$3\sqrt{x} + 2\sqrt{y} = 2$$
$$2\sqrt{x} - 3\sqrt{y} = \frac{1}{4}$$

(c)
$$x^2 + y^2 = 13$$
$$4x^2 - 3y^2 = 24$$

▶ Lösungen zu den Aufgaben finden Sie im Anhang des Buches.

Funktionen einer Variablen

4

ÜBERBLICK

Die Mathematik ist nicht so sehr ein Fachgebiet als vielmehr eine Methode, jedes Fachgebiet zu studieren; sie ist nicht so sehr eine Wissenschaft als eine Lebensweise.

–George F.J. Temple (1981)

Funktionen sind in praktisch jedem Gebiet der reinen und angewandten Mathematik wichtig, einschließlich der auf Wirtschaftswissenschaften angewandten Mathematik. Die Sprache ökonomischer Analysen ist voll von Begriffen wie Nachfrage- und Angebotsfunktionen, Kostenfunktionen, Produktionsfunktionen, Konsumfunktionen usw. In diesem Kapitel diskutieren wir Funktionen einer reellen Variablen, illustriert durch einige sehr wichtige ökonomische Beispiele.

4.1   Einführung

Eine Variable ist eine Funktion einer anderen Variablen, wenn die erste Variable von der zweiten *abhängt*. Zum Beispiel ist die Fläche eines Kreises eine Funktion seines Radius. Wenn der Radius r gegeben ist, dann ist die Fläche A (von „area = Fläche") bestimmt. In der Tat ist $A = \pi r^2$, wobei π die numerische Konstante $3.14159\ldots$ ist.

Man braucht keine mathematische Formel, um darzulegen, dass eine Variable eine Funktion einer anderen Variablen ist: Eine Tabelle kann auch die Beziehung aufzeigen. Tabelle 4.1.1 z. B. zeigt die Entwicklung der gesamten jährlichen persönlichen Konsumausgaben, gemessen in Euro ohne Berücksichtigung der Inflation in der Europäischen Union (28 Länder) vom ersten Quartal 2013, das wir als 13Q1 schreiben, bis zum letzten Quartal 2014, das wir als 14Q4 schreiben. Diese Tabelle definiert Konsumausgaben als Funktion des Kalenderquartals.

Quartal	13Q1	13Q2	13Q3	13Q4	14Q1	14Q2	14Q3	14Q4
Konsum	1 917.5	1 924.9	1 934.3	1 946.0	1 958.6	1 973.4	1 995.1	2 008.2

Tabelle 4.1.1: Persönliche Konsumausgaben in der EU, 2013Q1–2014Q4 (in Milliarden Euro)

In der Umgangssprache benutzen wir manchmal das Wort „Funktion" in einer ähnlichen Weise. Zum Beispiel könnten wir sagen, dass die Kindersterblichkeitsrate eines Landes eine Funktion der Qualität des Gesundheitssystems ist, oder dass das Sozialprodukt eines Landes eine Funktion des Investitionsniveaus ist.

Die Abhängigkeit zwischen zwei Variablen kann auch durch einen Graphen illustriert werden. In Abb. 4.1.1 haben wir eine Kurve dargestellt, die vor einigen Jahren angeblich eine wichtige Rolle gespielt hat in der Diskussion über die „Schattenwirtschaft". Es zeigt die vermutete Beziehung zwischen dem Einkommensteuersatz eines Landes und seinen Gesamtsteuereinnahmen. Es ist offensichtlich, wenn der Steuersatz 0 % ist, dann sind die Steuereinnahmen 0. Wenn der Steuersatz jedoch 100 % beträgt, dann werden die Steuereinnahmen auch (ungefähr) 0 sein, da niemand mehr bereit ist zu arbeiten, wenn das gesamte Einkommen konfisziert wird. Von dieser Kurve, die eine beachtliche Kontroverse erzeugt hat, wird angenommen, dass sie von dem amerikanischen Ökonomen Arthur Laffer, der diese Aussage dann später populär machte, in einem Restaurant auf die Rückseite einer Serviette gezeichnet wurde.[1]

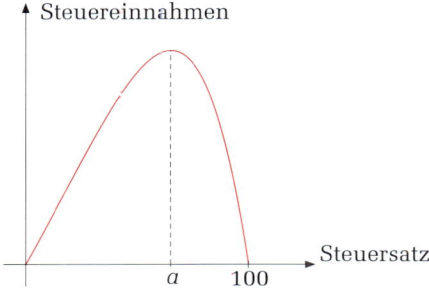

Abbildung 4.1.1: Die „Laffer-Kurve", die die Steuereinnahmen in Abhängigkeit vom Steuersatz zeigt

In manchen Situationen ist ein Graph einer Formel vorzuziehen. Ein solcher Fall ist ein Elektrokardiogramm (EKG), das das Herzschlagmuster eines Patienten zeigt. Hier untersucht der Arzt das Muster der Wiederholungen direkt am Graphen; der Patient könnte sterben, bevor der Arzt eine Formel, die das EKG-Bild approximiert, verstehen würde.

Alle bisher betrachteten Zusammenhänge haben etwas Charakteristisches gemeinsam: Eine bestimmte Regel setzt jeden Wert der einen Variablen mit einen bestimmten Wert einer anderen Variablen in Beziehung. Im EKG-Beispiel ist die Funktion die Regel, die die elektrische Aktivität als Funktion der Zeit zeigt.

In all unseren Beispielen wird implizit angenommen, dass die Variablen gewissen Beschränkungen unterworfen sind. Zum Beispiel sind in Tabelle 4.1.1 nur die Quartale von 2013 bis 2014 relevant.

4.2 Grundlegende Definitionen

Die Beispiele im vorangehenden Abschnitt führen uns zu der folgenden allgemeinen Definition, wobei D eine Menge von reellen Zahlen ist:

Funktion

Eine (reellwertige) **Funktion** einer reellen Variablen x mit **Definitionsbereich** D ist eine Regel, die jeder Zahl x in D eine eindeutige reelle Zahl $f(x)$ zuordnet. Die Menge der Werte $f(x)$, die man erhält, wenn x im Definitionsbereich variiert, nennt man den **Wertebereich** von f.

---

[1] Tatsächlich gab es viele Ökonomen, die schon früher dieselbe Idee hatten. Siehe z. B. Teil (b) in Beispiel 7.2.2.

Das Wort „Regel" ist hier in einem sehr weitläufigen Sinn gemeint. *Jede* Regel mit den beschriebenen Eigenschaften heißt Funktion, egal ob diese Regel durch eine Formel gegeben ist, in Worten beschrieben ist, durch eine Tabelle definiert ist, durch eine Kurve dargestellt ist oder auf irgendeine andere Weise ausgedrückt wird.

Funktionen werden mit Buchstaben, wie f, g, F, oder φ bezeichnet. Wenn f eine Funktion und x eine Zahl aus dem Definitionsbereich D ist, dann bezeichnet $f(x)$ diejenige Zahl, die die Funktion f der Zahl x zuordnet. Das Symbol $f(x)$ wird gesprochen als „f von x", oder oft nur „f x". Es ist wichtig, den Unterschied zwischen f, welches ein Symbol für die Funktion (die Regel) ist, und $f(x)$ zu beachten, welches den Wert von f an der Stelle x bezeichnet.

Wenn f eine Funktion ist, so bezeichnen wir manchmal mit y den Wert von f an der Stelle x, so dass

$$y = f(x) \tag{4.2.1}$$

Wir nennen dann x die **unabhängige Variable** oder das **Argument** von f, während y die **abhängige Variable** genannt wird, weil der Wert y (im Allgemeinen) vom Wert von x abhängt. Der Definitionsbereich von f ist dann die Menge aller möglichen Werte der unabhängigen Variablen, während der Wertebereich die Menge der zugehörigen Werte der abhängigen Variablen ist. In den Wirtschaftswissenschaften wird x oft die *exogene* Variable genannt, von der angenommen wird, das sie *außerhalb* des ökonomischen Modells festgelegt wird, während für jedes gegebene x die Gleichung $y = f(x)$ dazu dient, die *endogene* Variable y *innerhalb* des ökonomischen Modells zu bestimmen.

Eine Funktion wird oft durch eine Formel, wie $y = 8x^2 + 3x + 2$ definiert. Die Funktion ist dann die Regel $x \mapsto 8x^2 + 3x + 2$, die jedem Wert von x die Zahl $8x^2 + 3x + 2$ zuordnet.

Notation für Funktionen

Um mit der relevanten Notation vertraut zu werden, hilft es, einige Beispiele von Funktionen zu betrachten, die durch Formeln definiert sind.

Beispiel 4.2.1

Eine Funktion sei für alle Zahlen durch die folgende Regel definiert:

Ordne jeder Zahl die dritte Potenz dieser Zahl zu.

Diese Funktion ordnet der Zahl 0 den Wert $0^3 = 0$ zu, der Zahl 3 den Wert $3^3 = 27$, der Zahl -2 den Wert $(-2)^3 = (-2)(-2)(-2) = -8$ und der Zahl $1/4$ den Wert $(1/4)^3 = 1/64$. Allgemein ordnet sie der Zahl x die Zahl x^3 zu. Wenn wir diese dritte Potenz-Funktion mit f bezeichnen, dann ist $f(x) = x^3$. Somit ist $f(0) = 0^3 = 0$, $f(3) = 3^3 = 27$, $f(-2) = (-2)^3 = -8$, $f(1/4) = (1/4)^3 = 1/64$.

Indem wir a für x in die Formel für f einsetzen, erhalten wir $f(a) = a^3$, während

$$f(a + 1) = (a + 1)^3 = (a + 1)(a + 1)(a + 1) = a^3 + 3a^2 + 3a + 1$$

Ein verbreiteter Fehler ist die Annahme, dass $f(a) = a^3$ impliziert, dass $f(a+1) = a^3 + 1$. Der Fehler kann illustriert werden, indem wir uns eine einfache Interpretation von f ansehen. Wenn a die Seitenlänge eines Würfels in Metern ist, so ist $f(a) = a^3$ das Volumen des Würfels in Kubikmetern, d.h. in m³. Nehmen Sie an, dass jede Kante des Würfels um 1 m verlängert wird. Dann ist das Volumen des neuen Würfels $f(a + 1) = (a+1)^3$ m³. Die Zahl $a^3 + 1$ kann interpretiert werden als die Zahl, die man erhält, wenn das Volumen eines Würfels mit der Seitenlänge a um 1 m³ vergrößert wird. In der Tat ist $f(a + 1) = (a + 1)^3$ sehr verschieden von $a^3 + 1$, wie in den Abbildungen 4.2.1 und 4.2.2 gezeigt wird.

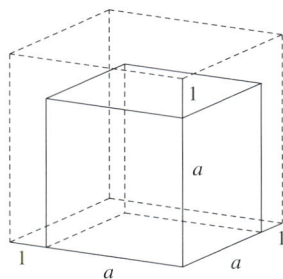

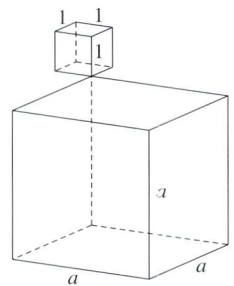

Abbildung 4.2.1: Volumen $f(a + 1) = (a + 1)^3$

Abbildung 4.2.2: Volumen $a^3 + 1$

Beispiel 4.2.2

Die Gesamtkosten für die Herstellung von x Einheiten eines Produktes seien gegeben durch

$$C(x) = 100x\sqrt{x} + 500$$

für jede nichtnegative ganze Zahl x. Bestimmen Sie die Kosten für die Herstellung von 16 Einheiten. Nehmen Sie an, dass das Unternehmen a Einheiten produziert. Bestimmen Sie den *Zuwachs* der Kosten für die Herstellung einer weiteren Einheit.

Lösung: Die Kosten für die Herstellung von 16 Einheiten findet man, indem man 16 für x in die Formel für $C(x)$ einsetzt:

$$C(16) = 100 \cdot 16\sqrt{16} + 500 = 100 \cdot 16 \cdot 4 + 500 = 6900$$

Die Kosten für die Produktion von a Einheiten sind $C(a) = 100a\sqrt{a} + 500$ und die Kosten für die Herstellung von $a + 1$ Einheiten sind $C(a + 1)$, so dass der Zuwachs der Kosten gegeben ist durch

$$C(a + 1) - C(a) = 100(a + 1)\sqrt{a + 1} + 500 - 100a\sqrt{a} - 500$$

$$= 100\left[(a + 1)\sqrt{a + 1} - a\sqrt{a}\right]$$

In der ökonomischen Theorie untersuchen wir häufig Funktionen, die neben den unabhängigen Variablen von einer Vielzahl von Parametern abhängen. Eine offensichtliche Verallgemeinerung von Beispiel 4.2.2 folgt.

Beispiel 4.2.3

Nehmen Sie an, dass die Kosten für die Herstellung von x Einheiten eines Gutes gegeben seien durch

$$C(x) = Ax\sqrt{x} + B \,,$$

wobei A und B Konstanten sind. Bestimmen Sie die Kosten für die Herstellung von 0, 10 und $x + \Delta x$ Einheiten, wobei Δx eine reelle Zahl ist, die die Änderung in der Menge der produzierten Einheiten beschreibt.

Lösung: Die Kosten für die Herstellung von 0 Einheiten sind $C(0) = A \cdot 0 \cdot \sqrt{0} + B = 0 + B = B$, d.h. gleich dem Parameter[2] B. Ähnlich ist $C(10) = A10\sqrt{10} + B$. Indem wir $x + \Delta x$ für x in die gegebene Formel einsetzen, erhalten wir schließlich

$$C(x + \Delta x) = A(x + \Delta x)\sqrt{x + \Delta x} + B$$

Bisher haben wir x verwendet, um die unabhängige Variable zu bezeichnen. Wir könnten aber genauso gut jedes andere Symbol verwenden. So definieren z. B. alle folgenden Formeln exakt genau dieselbe Funktion (und daher können wir $f = g = \varphi$ setzen):

$$f(x) = x^4, \qquad g(t) = t^4, \qquad \varphi(\xi) = \xi^4 \qquad (4.2.2)$$

Aus diesem Grund könnten wir diese Funktion auch als $x \mapsto x^4$ ausdrücken oder alternativ als

$$f(\cdot) = (\cdot)^4 \qquad (4.2.3)$$

Hier wird angenommen, dass der Punkt zwischen den Klammern durch eine beliebige Zahl oder einen beliebigen Buchstaben oder sogar durch eine andere Funktion (wie $1/y$) ersetzt werden kann. Daher ist

$$f(1) = (1)^4 = 1, \qquad f(k) = k^4 \qquad \text{und} \qquad f(1/y) = (1/y)^4 \qquad (4.2.4)$$

Definitionsbereich und Wertebereich

Die Definition einer Funktion ist unvollständig, es sei denn ihr Definitionsbereich ist offensichtlich oder explizit angegeben. Der natürliche Definitionsbereich der Funktion f, definiert durch $f(x) = x^3$ ist die Menge aller reellen Zahlen. In Beispiel 4.2.2, in dem $C(x) = 100x\sqrt{x} + 500$ die Kosten für die Herstellung von x Einheiten eines Produktes bezeichnete, wurde der Definitionsbereich als die Menge der nichtnegativen ganzen Zahlen angegeben. Tatsächlich ist ein natürlicherer Definitionsbereich gegeben durch die Menge der Zahlen 0, 1, 2, ..., x_0, wobei x_0 die maximale Anzahl der Einheiten ist, die das Unternehmen produzieren kann. Jedoch ist für ein Unternehmen wie eine Eisenerzmine, wo der Output x eine stetige Variable ist, der natürliche Definitionsbereich das abgeschlossene Intervall $[0, x_0]$.

Wir wollen folgende Konvention vereinbaren: *Wenn eine Funktion durch eine algebraische Formel definiert ist, so besteht der Definitionsbereich aus allen Werten*

---

[2] Der Parameter B entspricht einfach den Fixkosten. Dies sind die Kosten, die gezahlt werden müssen unabhängig davon, ob tatsächlich produziert wird oder nicht, wie beispielsweise die jährliche Lizenzgebühr eines Taxi-Unternehmens.

der unabhängigen Variablen, für die die Formel einen eindeutigen Wert ergibt, wenn kein anderer Definitionsbereich explizit angegeben ist.

Beispiel 4.2.4

Finden Sie die Definitionsbereiche der Funktionen

(a) $f(x) = 1/(x + 3)$ und (b) $g(x) = \sqrt{2x + 4}$.

Lösung:
(a) Für $x = -3$ reduziert sich die Formel zu dem bedeutungslosen Ausdruck „1/0.“ Für alle anderen Werte von x liefert die Formel eine wohldefinierte Zahl $f(x)$. Daher besteht der Definitionsbereich aus allen Zahlen $x \neq -3$.
(b) Der Ausdruck $\sqrt{2x + 4}$ ist definiert für alle x, für die $2x + 4$ nicht negativ ist. Lösen der Ungleichung $2x + 4 \geq 0$ nach x ergibt $x \geq -2$. Daher ist der Definitionsbereich von g das Intervall $[-2, \infty)$. ■

Sei f eine Funktion mit Definitionsbereich D. Die Menge aller Werte $f(x)$, die die Funktion annimmt, heißt der *Wertebereich* von f. Häufig bezeichnen wir den Definitionsbereich von f mit D_f und den Wertebereich mit R_f (R von range $\hat{=}$ Wertebereich). Diese Konzepte werden in Abb. 4.2.3 illustriert unter Benutzung der Idee des Graphen einer Funktion. Graphen werden in Kap. 4.3 formal betrachtet.

Alternativ können wir uns eine Funktion f als Maschine vorstellen, die so funktioniert: Gibt man x aus dem Definitionsbereich als Input hinein, so erhält man als Output $f(x)$. Der Wertebereich von f besteht dann aus allen Zahlen, die wir als Output erhalten, wenn wir alle Zahlen im Definitionsbereich als Input verwenden. Wenn wir versuchen eine Zahl als Input hineinzugeben, die nicht im Definitionsbereich liegt, verweigert die Maschine ihren Dienst und es gibt keinen Output.

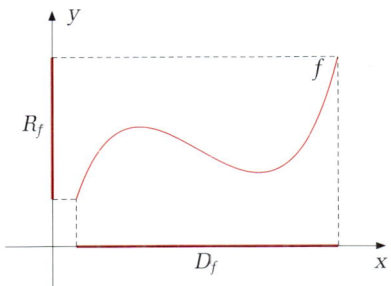

Abbildung 4.2.3: Definitions- und Wertebereich von f

Beispiel 4.2.5

Zeigen Sie, dass die Zahl 4 zum Wertebereich, der durch $g(x) = \sqrt{2x + 4}$ definierten Funktion gehört. Bestimmen Sie den gesamten Wertebereich von g. Nutzen Sie dann Beispiel 4.2.4, um zu zeigen, dass g den Definitionsbereich $[-2, \infty)$ hat.

Lösung: Um zu zeigen, dass 4 im Wertebereich von g enthalten ist, müssen wir eine Zahl x finden, so dass $g(x) = 4$ gilt. Das bedeutet: wir müssen die Gleichung $\sqrt{2x+4} = 4$ nach x auflösen. Indem wir beide Seiten der Gleichung quadrieren, erhalten wir $2x + 4 = 4^2 = 16$, d. h. $x = 6$. Da $g(6) = 4$, gehört die Zahl 4 zum Wertebereich R_g.

Um den ganzen Wertebereich von g zu bestimmen, müssen wir die Frage beantworten: Welches sind die möglichen Werte von $\sqrt{2x+4}$, wenn x durch das gesamte Intervall $[-2, \infty)$ läuft? Für $x = -2$ ist $\sqrt{2x+4} = 0$ und $\sqrt{2x+4}$ kann niemals negativ sein. Wir behaupten: welche Zahl $y_0 \geq 0$ wir auch wählen, es existiert immer eine Zahl x_0, so dass $\sqrt{2x_0 + 4} = y_0$. Indem wir jede Seite dieser letzten Gleichung quadrieren, erhalten wir $2x_0 + 4 = y_0^2$ und damit $2x_0 = y_0^2 - 4$, woraus folgt, dass $x_0 = \frac{1}{2}(y_0^2 - 4)$. Da $y_0^2 \geq 0$, erhalten wir $x_0 = \frac{1}{2}\left(y_0^2 - 4\right) \geq \frac{1}{2}(-4) = -2$. Somit haben wir für jede Zahl $y_0 \geq 0$ eine Zahl $x_0 \geq -2$ gefunden, so dass $g(x_0) = y_0$ ist. Der Wertebereich von g ist deshalb $[0, \infty)$.

Selbst wenn wir eine Funktion haben, die vollständig durch eine Formel, einschließlich des Definitionsbereiches, spezifiziert ist, ist es nicht immer leicht, den Wertebereich der Funktion zu finden. So ist es z. B. ohne die Methoden der Differentialrechnung nicht leicht, den Wertebereich R_f zu finden, wenn $f(x) = 3x^3 - 2x^2 - 12x - 3$ und $D_f = [-2, 3]$ ist.

Eine Funktion f heißt **monoton wachsend**, wenn aus $x_1 < x_2$ folgt $f(x_1) \leq f(x_2)$ und **strikt monoton wachsend**,[3] wenn aus $x_1 < x_2$ folgt, dass $f(x_1) < f(x_2)$. (Dabei sind x_1, x_2 beliebige Punkte in D_f). *Monoton fallende* und *strikt monoton fallende* Funktionen sind in einer entsprechenden Weise definiert. (siehe Kap. 6.3.) Die Funktion g in Beispiel 4.2.5 ist strikt monoton wachsend auf $[-2, \infty)$.

 Rechner (einschließlich Rechner-Programme auf Personal-Computern und Smartphones) haben oft viele Spezialfunktionen eingebaut. So haben z. B. die meisten von ihnen die $\sqrt{}$-Funktion, die einer eingegebenen Zahl x die Quadratwurzel dieser Zahl $\sqrt{x}$ zuordnet. Wenn wir eine nichtnegative Zahl wie 25 eingeben und die Quadratwurzel-Taste drücken, so erscheint die Zahl 5. Wenn wir -3 eingeben, so erscheint „Error" oder „keine Zahl". Dies ist die Art und Weise, wie der Rechner uns sagt, dass $\sqrt{-3}$ nicht definiert ist (innerhalb des reellen Zahlensystems).

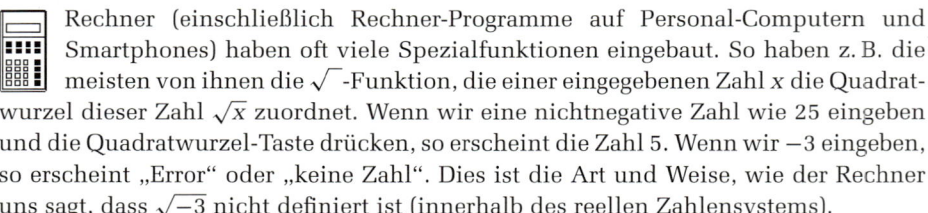

Aufgaben für Kapitel 4.2

1. Es sei $f(x) = x^2 + 1$.

    (a) Berechnen Sie: $f(0)$, $f(-1)$, $f(1/2)$ und $f(\sqrt{2})$.

    (b) Für welche Werte von x gilt

         (i) $f(x) = f(-x)$?   (ii) $f(x+1) = f(x) + f(1)$?   (iii) $f(2x) = 2f(x)$?

2. Nehmen Sie an, dass $F(x) = 10$ ist für alle x. Bestimmen Sie: $F(0)$, $F(-3)$ und $F(a+h) - F(a)$.

---

[3] Statt *strikt* wird auch *streng* gesagt, statt *wachsend* auch *steigend*.

➡ Fortsetzung

3. Es sei $f(t) = a^2 - (t-a)^2$, wobei a eine Konstante ist.

   (a) Berechnen Sie: $f(0)$, $f(a)$, $f(-a)$ und $f(2a)$.

   (b) Berechnen Sie: $3f(a) + f(-2a)$.

4. Sei $f(x) = \dfrac{x}{1+x^2}$.

   (a) Berechnen Sie $f(-1/10)$, $f(0)$, $f(1/\sqrt{2})$, $f(\sqrt{\pi})$ und $f(2)$.

   (b) Zeigen Sie, dass $f(-x) = -f(x)$ für alle x und dass $f(1/x) = f(x)$ für $x \neq 0$.

5. Es sei $F(t) = \sqrt{t^2 - 2t + 4}$. Berechnen Sie: $F(0)$, $F(-3)$ und $F(t+1)$.

6. Die Kosten für die Herstellung von x Einheiten eines Gutes seien $C(x) = 1000 + 300x + x^2$.

   (a) Berechnen Sie $C(0)$, $C(100)$ und $C(101) - C(100)$.

   (b) Berechnen Sie $C(x+1) - C(x)$ und erklären Sie in Worten die Bedeutung dieser Differenz.

7. Die Nachfrage nach Baumwolle in den USA wurde für den Zeitraum 1915–1919 mit geeigneten Einheiten für den Preis P und die Menge Q geschätzt durch $Q = D(P) = 6.4 - 0.3P$.

   (a) Finden Sie für die folgenden Fälle jeweils die Nachfrage, wenn der Preis 8, 10, und 10.22 ist.

   (b) Wie hoch ist der Preis, wenn die Nachfrage 3.13 ist?

8. (a) Es sei $f(x) = 100x^2$. Zeigen Sie, dass $f(tx) = t^2 f(x)$ für alle t gilt.

   (b) Es sei $P(x) = x^{1/2}$. Zeigen Sie, dass $P(tx) = t^{1/2} P(x)$ für alle $t \geq 0$ gilt.

9. Die Kosten für die Beseitigung von $p\,\%$ der Verunreinigungen in einem See seien $b(p) = 10p/(105 - p)$.

   (a) Bestimmen Sie $b(0)$, $b(50)$ und $b(100)$.

   (b) Was bedeutet $b(50 + h) - b(50)$? $(h \geq 0)$

10. Nur für sehr spezielle „additive" Funktionen gilt $f(a+b) = f(a) + f(b)$ für alle a und b. Bestimmen Sie, ob $f(2+1) = f(2) + f(1)$ für die folgenden Funktionen gilt:

    (a) $f(x) = 2x^2$ (b) $f(x) = -3x$ (c) $f(x) = \sqrt{x}$

11. (a) Es sei $f(x) = Ax$. Zeigen Sie, dass $f(a+b) = f(a) + f(b)$ für alle a und b.

    (b) Es sei $f(x) = 10^x$. Zeigen Sie, dass $f(a+b) = f(a) \cdot f(b)$ für alle natürlichen Zahlen a und b.

12. Ein Freund von Ihnen behauptet, dass $(x+1)^2 = x^2 + 1$. Können Sie ein geometrisches Argument verwenden, um zu zeigen, dass dies falsch ist?

13. Bestimmen Sie die Definitionsbereiche der Funktionen, die durch die folgenden Formeln definiert sind:

    (a) $y = \sqrt{5 - x}$ (b) $y = \dfrac{2x - 1}{x^2 - x}$ (c) $y = \sqrt{\dfrac{x - 1}{(x-2)(x+3)}}$

➡

➡ Fortsetzung

14. Sei $f(x) = (3x + 6)/(x - 2)$.

  (a) Bestimmen Sie den Definitionsbereich von f.

  (b) Zeigen Sie, dass die Zahl 5 im Wertebereich von f liegt, indem Sie eine Zahl x finden, so dass $(3x + 6)/(x - 2) = 5$ gilt.

  (c) Zeigen Sie, dass die Zahl 3 nicht im Wertebereich von f liegt.

15. Bestimmen Sie den Definitionsbereich und den Wertebereich von $g(x) = 1 - \sqrt{x + 2}$.

▶ Lösungen zu den Aufgaben finden Sie im Anhang des Buches.

4.3   Graphen von Funktionen

Erinnern wir uns daran, dass wir ein **rechtwinkliges** (oder ein **kartesisches**) Koordinatensystem erhalten, indem wir zunächst zwei aufeinander senkrecht stehende Geraden zeichnen, die Koordinatenachsen genannt werden. Die zwei Achsen sind die *x-Achse* (oder die *horizontale (waagerechte) Achse* oder auch Abszisse) und die *y-Achse* (oder die *vertikale (senkrechte) Achse* oder auch Ordinate). Der Schnittpunkt O heißt der *Ursprung*. Wir messen die reellen Zahlen entlang jeder dieser Geraden wie in Abb. 4.3.1 gezeigt wird. Der Einheitsabstand auf der *x*-Achse ist nicht notwendig derselbe wie auf der *y*-Achse, obwohl dies in Abb. 4.3.1 der Fall ist.

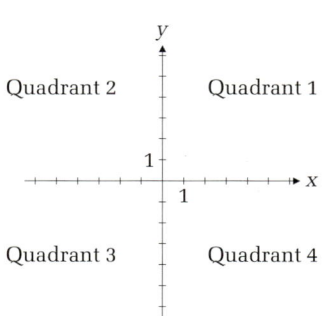

Abbildung 4.3.1: Ein Koordinatensystem

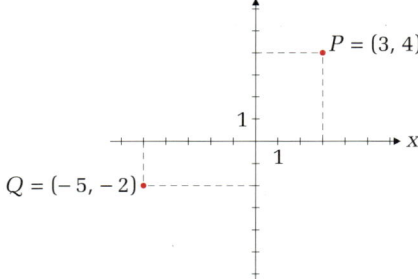

Abbildung 4.3.2: Punkte $(3, 4)$ und $(-5, -2)$

Das rechtwinklige Koordinatensystem in Abb. 4.3.1 heißt auch **xy-Ebene**. Die Koordinatenachsen teilen die Ebene in vier Quadranten, die traditionell wie in Abb. 4.3.1 durchnummeriert werden. Jeder Punkt P in der Ebene kann als ein Paar (a, b) von reellen Zahlen dargestellt werden. Diese findet man, indem man die Lote (Senkrechten) auf die Achsen fällt. Der Punkt, der durch (a, b) dargestellt werden kann, liegt im Schnittpunkt der vertikalen Geraden $x = a$ mit der horizontalen Geraden $y = b$.

Umgekehrt repräsentiert jedes Paar reeller Zahlen einen eindeutigen Punkt in der Ebene. Wenn z. B. in Abb. 4.3.2 das geordnete Paar $(3, 4)$ gegeben ist, so liegt der zugehörige Punkt P im Schnittpunkt von $x = 3$ und $y = 4$. Damit liegt P drei Einheiten rechts von der y-Achse und vier Einheiten über der x-Achse. Wir nennen $(3, 4)$ die **Koordinaten** von P. Analog liegt Q 5 Einheiten links von der y-Achse und 2 Einheiten unterhalb der x-Achse, so dass die Koordinaten von Q gegeben sind durch $(-5, -2)$.

Beachten Sie, dass wir (a, b) ein **geordnetes Paar** nennen, weil es auf die Reihenfolge der zwei Zahlen in dem Paar ankommt. So stellen z. B. $(3, 4)$ und $(4, 3)$ zwei verschiedene Punkte dar.

Wie Sie sicherlich wissen, kann jede Funktion einer Variablen durch einen Graphen in einem rechtwinkligen Koordinatensystem dargestellt werden. Solche Darstellungen helfen uns, die Funktion zu visualisieren. Dies ist deshalb wichtig, weil die Gestalt (oder Form) des Graphen die Eigenschaften der Funktion widerspiegeln.

Graph

Der *Graph* einer Funktion f ist die Menge aller geordneten Paare $(x, f(x))$, wobei x zum Definitionsbereich von f gehört.

Beispiel 4.3.1

Betrachten Sie die Funktion $f(x) = x^2 - 4x + 3$. Die Werte von $f(x)$ sind für einige ausgewählte Werte von x in der Tabelle 4.3.1 gegeben. Wenn wir die Punkte $(0, 3)$, $(1, 0)$, $(2, -1)$, $(3, 0)$ und $(4, 3)$, die wir aus der Tabelle erhalten, in eine xy-Ebene eintragen und eine glatte Kurve durch diese Punkte zeichnen, erhalten wir wie in Abb. 4.3.3 den Graphen der Funktion.[4]

x	0	1	2	3	4
$f(x) = x^2 - 4x + 3$	3	0	-1	0	3

Tabelle 4.3.1: Werte von $f(x) = x^2 - 4x + 3$

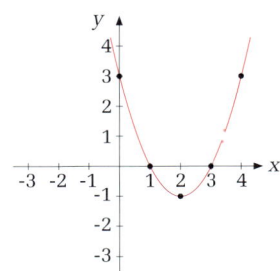

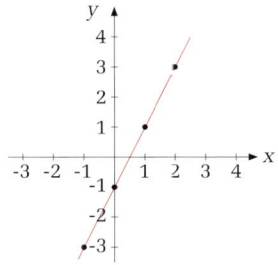

Abbildung 4.3.3: Der Graph von $f(x) = x^2 - 4x + 3$ Abbildung 4.3.4: Der Graph von $g(x) = 2x - 1$

Beispiel 4.3.2

Finden Sie einige Punkte des Graphen von $g(x) = 2x - 1$ und skizzieren Sie ihn.

---

[4] Dieser Graph wird eine *Parabel* genannt, wie Sie in Kap. 4.6 sehen werden.

Lösung: Es gilt $g(-1) = 2 \cdot (-1) - 1 = -3$, $g(0) = 2 \cdot 0 - 1 = -1$ und $g(1) = 2 \cdot 1 - 1 = 1$. Ferner ist $g(2) = 3$. Es gibt unendlich viele Punkte auf dem Graphen, so dass wir sie nicht alle aufschreiben können. In Abb. 4.3.4 sind die vier Punkte $(-1, -3)$, $(0, -1)$, $(1, 1)$ und $(2, 3)$ markiert, und sie scheinen auf einer Geraden zu liegen. Diese Gerade ist der Graph.

Einige wichtige Graphen

Die Abbildungen 4.3.5–4.3.10 zeigen die Graphen einiger spezieller Funktionen, die so oft in den Anwendungen vorkommen, dass Sie lernen sollten, ihre Graphen zu erkennen. Sie sollten für jede Funktion eine Tabelle der Funktionswerte anlegen, um die Gestalt dieser Graphen zu bestätigen.

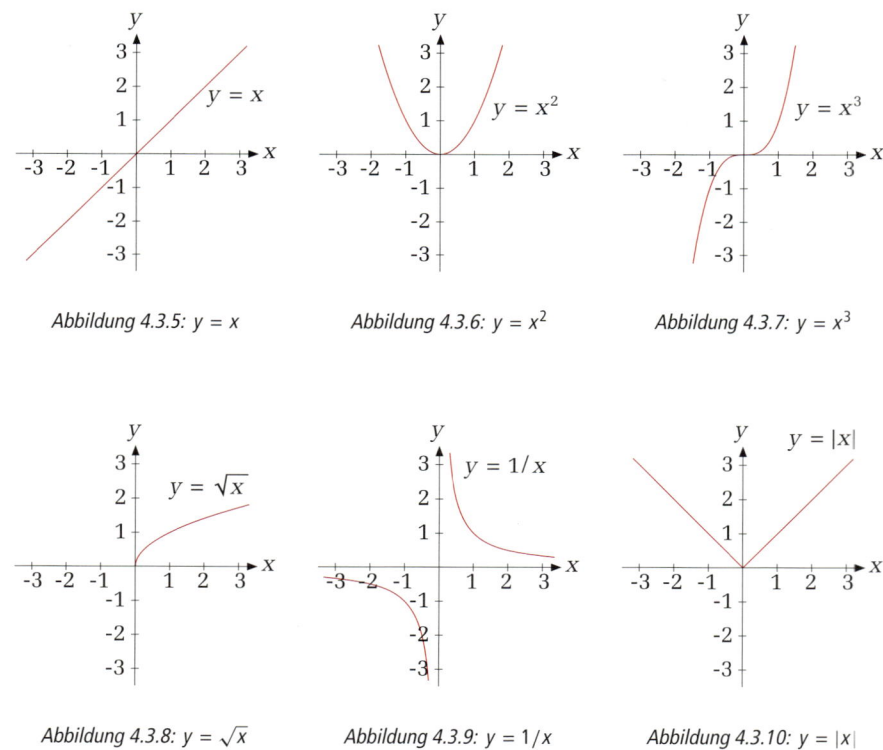

Abbildung 4.3.5: $y = x$ Abbildung 4.3.6: $y = x^2$ Abbildung 4.3.7: $y = x^3$

Abbildung 4.3.8: $y = \sqrt{x}$ Abbildung 4.3.9: $y = 1/x$ Abbildung 4.3.10: $y = |x|$

Beachten Sie: Wenn wir den Graphen einer Funktion zeichnen, müssen wir versuchen, eine hinreichend große Zahl von Punkten auf dem Graphen zu finden. Andernfalls könnten wir einige wichtige Eigenschaften der Funktion übersehen. Tatsächlich können wir durch das bloße Plotten einer endlichen Menge von Punkten niemals vollständig sicher sein, dass wir alle Feinheiten (kleinen Veränderungen) zwischen diesen Punkten erfassen. Für kompliziertere Funktionen benötigen wir die Differentialrechnung zur Untersuchung des Kurvenverlaufs.

Aufgaben für Kapitel 4.3

1. Zeichnen Sie die Punkte $(2, 3)$, $(-3, 2)$, $(-3/2, -2)$, $(4, 0)$ und $(0, 4)$ in ein Koordinaten-system.

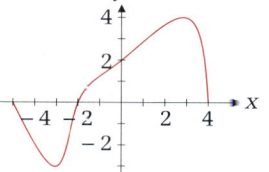

2. Der Graph der Funktion f ist in Abb. 4.3.11 dargestellt.

Abbildung 4.3.11 Aufgabe 2

   (a) Bestimmen Sie: $f(-5)$, $f(-3)$, $f(-2)$. $f(0)$, $f(3)$ und $f(4)$ durch Betrachtung des Graphen.

   (b) Bestimmen Sie den Definitionsbereich und den Wertebereich von f.

3. Füllen Sie die Tabellen aus und zeichnen Sie die Graphen der folgenden Funktionen

(a)

x	0	1	2	3	4
$g(x) = -2x + 5$					

(b)

x	-2	-1	0	1	2	3	4
$h(x) = x^2 - 2x - 3$							

(c)

x	-2	-1	0	1	2
$F(x) = 3^x$					

(d)

x	-2	-1	0	1	2	3
$G(x) = 1 - 2^{-x}$						

▶ Lösungen zu den Aufgaben finden Sie im Anhang des Buches.

4.4 Lineare Funktionen

Lineare Gleichungen kommen sehr oft in den Wirtschaftswissenschaften vor. Erinnern Sie von Gleichung 3.2.1, dass sie durch

$$y = ax + b \qquad (4.4.1)$$

definiert sind, wobei a und b Konstanten sind. Wie wir in Beispiel 4.3.2 gesehen haben, ist der Graph der Gleichung eine Gerade. Wenn wir mit f die Funktion bezeichnen, die x den Funktionswert y zuordnet, dann ist $f(x) = ax + b$ und f heißt eine **lineare** Funktion.

Wählen Sie einen beliebigen Wert von x. Dann ist

$$f(x + 1) - f(x) = a(x + 1) + b - ax - b = a \qquad (4.4.2)$$

Dies zeigt, dass a die Änderung des Funktionswertes misst, wenn x um eine Einheit wächst. Aus diesem Grunde ist die Zahl a die **Steigung** der Geraden (oder der Funktion). Wenn die Steigung a positiv ist, ist die Gerade nach rechts oben ansteigend und je größer der Wert von a, desto steiler ist die Gerade. Andererseits, wenn a negativ ist, ist die Gerade nach rechts unten abfallend und der Absolutbetrag von a misst die Steilheit der Gerade. Wenn z. B. $a = -3$, dann ist die Steilheit 3. Im Spezialfall $a = 0$ ist die Steilheit Null, weil die Gerade horizontal ist. In diesem Fall haben wir $a = 0$, so dass die Gerade $y = ax + b$ zu $y = b$ für alle x wird.

Die drei Fälle werden in den Abbildungen 4.4.1 bis 4.4.3 illustriert. Wenn $x = 0$, dann ist $y = ax + b = b$ und b heißt der **y-Achsenabschnitt** oder oft nur Achsenabschnitt.

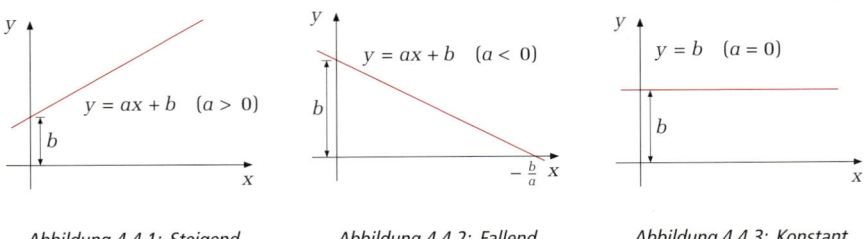

Abbildung 4.4.1: Steigend   Abbildung 4.4.2: Fallend   Abbildung 4.4.3: Konstant

Beispiel 4.4.1

Bestimmen und interpretieren Sie die Steigungen der folgenden Geraden

(a) Die Kostenfunktion für die U.S. Steel Corp. über den Zeitraum 1917–1938 wurde geschätzt als $C = 55.73x + 182\,100\,000$, wobei C die Gesamtkosten in Dollar pro Jahr sind und x ist die Stahlproduktion in Tonnen pro Jahr.

(b) Die Nachfragefunktion für Reis in Indien für den Zeitraum 1949–1964 wurde geschätzt als $q = -0.15p + 0.14$, wobei p der Preis pro Kilo in indischen Rupien und q der jährliche Konsum pro Person ist, gemessen in Kilogramm.

Lösung:

(a) Die Steigung ist 55.73, d. h. wenn die Produktion um 1 Tonne steigt, dann *steigen* die Kosten um \$55.73.

(b) Die Steigung ist -0.15, d. h. wenn der Preis um eine indische Rupie steigt, dann *fällt* die nachgefragte Menge um 0.15 Kilogramm pro Jahr.

Die Berechnung der Steigung einer Geraden in der Ebene ist einfach. Wählen Sie zwei verschiedene Punkte auf der Geraden: $P = (x_1, y_1)$ und $Q = (x_2, y_2)$, wie in Abb. 4.4.4 gezeigt wird. Die Steigung der Geraden ist der Quotient $(y_2 - y_1)/(x_2 - x_1)$.

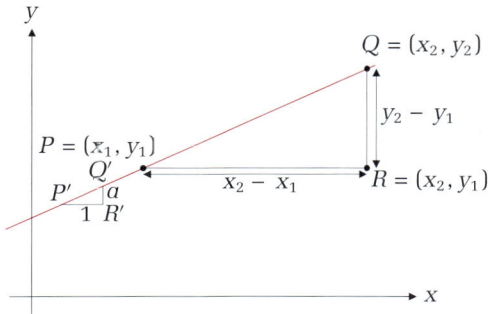

Abbildung 4.4.4: Steigung $a = (y_2 - y_1)/(x_2 - x_1)$

Wenn wir die Steigung mit a bezeichnen, so gilt:

Steigung einer Geraden

Die **Steigung** einer Geraden l ist

$$a = \frac{y_2 - y_1}{x_2 - x_1}, \qquad x_1 \neq x_2 , \tag{4.4 3}$$

wobei (x_1, y_1) und (x_2, y_2) zwei beliebige verschiedene Punkte auf l sind.

Indem wir Zähler und Nenner von $(y_2 - y_1)/(x_2 - x_1)$ mit -1 multiplizieren, erhalten wir $(y_1 - y_2)/(x_1 - x_2)$. Dies zeigt, dass es keinen Unterschied macht, welcher Punkt P und welcher Q ist. Ferner folgt aus den Eigenschaften ähnlicher Dreiecke, dass die Quotienten $Q'R'/P'R'$ und QR/PR in Abb. 4.4.4 gleich sein müssen. Aus diesem Grunde ist die Zahl $a = (y_2 - y_1)/(x_2 - x_1)$ gleich der Änderung des Wertes von y, wenn x um eine Einheit wächst; diese Änderung ist die Steigung.

Beispiel 4.4.2

Bestimmen Sie die Steigungen der drei Geraden l, m und n in den Abb. 4.4.5 bis 4.4.7.

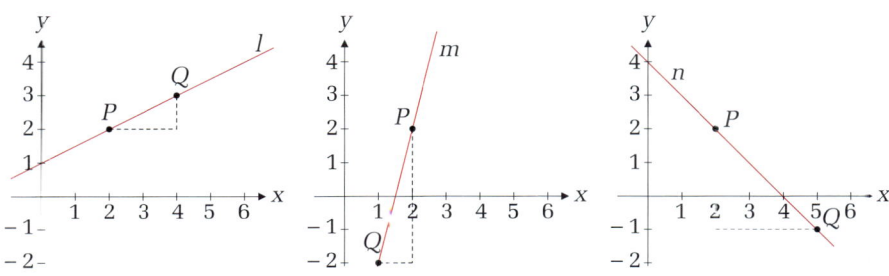

Abbildung 4.4.5: Die Gerade l   *Abbildung 4.4.6: Die Gerade m*   *Abbildung 4.4.7: Die Gerade n*

Lösung: Die Geraden l, m und n gehen alle durch den Punkt $P = (2, 2)$. In Abb. 4.4.5 ist $Q = (4, 3)$, in Abb. 4.4.6 ist $Q = (1, -2)$ und in Abb. 4.4.7 ist $Q = (5, -1)$. Daher sind die entsprechenden Steigungen der Geraden l, m und n gleich

$$a_l = \frac{3 - 2}{4 - 2} = \frac{1}{2}, \qquad a_m = \frac{-2 - 2}{1 - 2} = 4, \qquad a_n = \frac{-1 - 2}{5 - 2} = -1$$

Die Punkt-Steigungs- und die Zwei-Punkte-Formel

Wir wollen die Gleichung einer Geraden l bestimmen, die die Steigung a besitzt und durch den Punkt $P = (x_1, y_1)$ geht. Wenn (x, y) ein weiterer Punkt auf der Geraden ist, so ist die Steigung a gegeben durch die Formel:

$$\frac{y - y_1}{x - x_1} = a \tag{4.4.4}$$

Indem wir jede Seite mit $x - x_1$ multiplizieren, erhalten wir $y - y_1 = a(x - x_1)$. Daher gilt:

Punkt-Steigungs-Formel einer Geraden

Die Gleichung einer Geraden mit der Steigung a durch den Punkt (x_1, y_1) ist

$$y - y_1 = a(x - x_1) \tag{4.4.5}$$

Beachten Sie bei der Anwendung dieser Formel, dass x_1 und y_1 feste Zahlen sind, die die Koordinaten des festen Punktes auf der Geraden angeben. Andererseits sind x und y Variablen, die die Koordinaten eines beliebigen Punktes auf der Geraden bezeichnen.

Beispiel 4.4.3

Bestimmen Sie die Gleichung der Geraden mit der Steigung -4 durch den Punkt $(-2, 3)$. Bestimmmen Sie dann den y-Achsenabschnitt und den Punkt, in dem die Gerade die x-Achse schneidet (den x-Achsenabschnitt).

Lösung: Die Punkt-Steigungs-Formel mit $(x_1, y_1) = (-2, 3)$ und $a = -4$ ergibt $y - 3 = (-4)(x - (-2))$, d.h. $y - 3 = -4(x + 2)$, was sich auf $4x + y = -5$ reduziert. Den y-Achsenabschnitt erhalten wir für $x = 0$. Also ist $y = -5$. Die Gerade schneidet die x-Achse in dem Punkt, in dem $y = 0$ ist, d.h. dort, wo $4x = -5$, d.h. also $x = -5/4$. Also ist der Punkt $(-5/4, 0)$ der Schnittpunkt mit der x-Achse.[5]

---

[5] Es ist eine gute Übung für Sie, den Graphen zu zeichnen und diese Lösung zu verifizieren.

Häufig suchen wir die Gleichung einer Geraden, die durch zwei gegebene verschiedene Punkte verläuft. Indem wir die Steigungsformel mit der Punkt-Steigungs-Formel verbinden, erhalten wir folgendes Resultat:

Zwei-Punkte-Formel einer Geraden

Die Gleichung einer Geraden durch (x_1, y_1) und (x_2, y_2), wobei $x_1 \neq x_2$, erhält man wie folgt:

1. Berechnen Sie die Steigung der Geraden $\quad a = \dfrac{y_2 - y_1}{x_2 - x_1}$

2. Setzen Sie den Ausdruck für a in die Punkt-Steigungs-Formel ein. Das Resultat ist

$$y - y_1 = \frac{y_2 - y_1}{x_2 - x_1}(x - x_1) \qquad\qquad (4.4.6)$$

Beispiel 4.4.4

Bestimmen Sie die Gleichung der Geraden durch $(-1, 3)$ und $(5, -2)$.

Lösung: Sei $(x_1, y_1) = (-1, 3)$ und $(x_2, y_2) = (5, -2)$. Dann erhält man aus der Zwei-Punkte-Formel

$$y - 3 = \frac{-2 - 3}{5 - (-1)}[x - (-1)] = -\frac{5}{6}(x + 1)$$

Das bedeutet $5x + 6y = 13$.

Grafische Lösungen von linearen Gleichungen

Kapitel 3.6 behandelt algebraische Methoden zur Lösung eines linearen Gleichungssystems mit zwei Unbekannten. Die Gleichungen sind linear und damit sind ihre Graphen Geraden. Die Koordinaten eines Punktes auf der Geraden erfüllen die Gleichung dieser Geraden. Damit erfüllen die Koordinaten eines Schnittpunktes dieser Geraden beide Gleichungen. Dies bedeutet, dass ein Punkt, in dem die Geraden sich schneiden, das Gleichungssystem erfüllt.

Beispiel 4.4.5

Lösen Sie jedes der drei Gleichungspaare auf grafische Weise:

(a) $\quad x + y = 5$ und $x - y = -1$ $\qquad$ (b) $3x + y = -7$ und $x - 4y = 2$

(c) $\quad 3x + 4y = 2$ und $6x + 8y = 24$

Lösung:

(a) Abb. 4.4.8 zeigt die Graphen der Geraden $x + y = 5$ und $x - y = -1$. Es gibt nur einen Schnittpunkt, nämlich $(2, 3)$. Die Lösung des Gleichungssystems ist daher $x = 2$, $y = 3$.

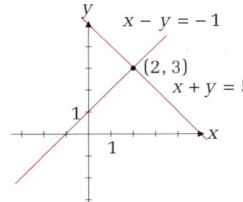

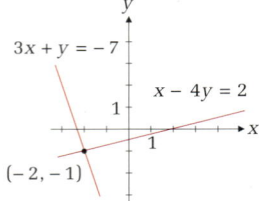

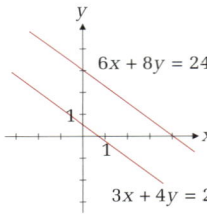

Abbildung 4.4.8: $x + y = 5$
und $x - y = -1$

Abbildung 4.4.9: $3x + y = -7$
und $x - 4y = 2$

Abbildung 4.4.10: $3x + 4y = 2$
und $6x + 8y = 24$

(b) Abb. 4.4.9 zeigt die Graphen der Geraden $3x + y = -7$ und $x - 4y = 2$. Es gibt nur einen Schnittpunkt, nämlich $(-2, -1)$. Die Lösung des Gleichungssystems ist daher $x = -2$, $y = -1$.

(c) Abb. 4.4.10 zeigt die Graphen der Geraden $3x + 4y = 2$ und $6x + 8y = 24$. Diese Geraden sind parallel und haben keinen Schnittpunkt. Das Gleichungssystem hat keine Lösungen.

Lineare Ungleichungen

Dieses Unterkapitel endet mit der Erörterung, wie lineare Ungleichungen geometrisch dargestellt werden. Wir präsentieren zwei Beispiele.

Beispiel 4.4.6

Skizzieren Sie in der xy-Ebene die Menge aller Zahlenpaare (x, y), die die Ungleichung $2x + y \leq 4$ erfüllen, d. h. in Mengen-Notation ist diese Menge $\{(x, y): 2x + y \leq 4\}$.

Lösung: Die Ungleichung kann geschrieben werden als $y \leq -2x + 4$. Die Menge der Punkte (x, y), die die Gleichung $y = -2x + 4$ erfüllen, bilden eine Gerade. Deshalb muss die Menge der Punkte (x, y), die die Ungleichung $y \leq -2x + 4$ erfüllen, y-Werte haben, die unter den entsprechenden Punkten auf der Geraden $y = -2x + 4$ liegen. Sie muss daher aus allen Punkten bestehen, die auf oder unter dieser Geraden liegen. Siehe Abb. 4.4.11.

Beispiel 4.4.7

Eine Person habe m Euro zum Kauf zweier Güter zur Verfügung. Die Preise der zwei Güter seien p und q Euro pro Einheit. Nehmen Sie an, dass x Einheiten des ersten Gutes und y Einheiten des zweiten Gutes gekauft werden. Unter der Annahme, dass keine negativen Einheiten von x und y gekauft werden können, ist die *Budget-Menge*

$$B = \{(x, y): px + qy \leq m, \ x \geq 0, \ y \geq 0\}$$

wie in (2.1.1). Skizzieren Sie die Budget-Menge in der xy-Ebene. Bestimmen Sie die Steigung der Budget-Geraden $px + qy = m$ und ihren x- und y-Achsenabschnitt.

Lösung: Die Menge der Punkte (x, y), die $x \geq 0$ und $y \geq 0$ erfüllen, ist der erste (nichtnegative) Quadrant. Wenn wir die zusätzliche Forderung $px - qy \leq m$ erheben, erhalten wir den dreieckigen Bereich B, der in Abb. 4.4.12 gezeigt ist.

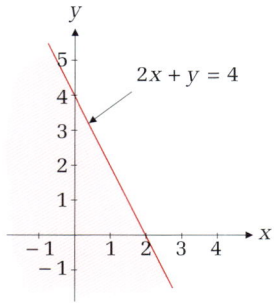

Abbildung 4.4.11: $\{(x, y): 2x + y \leq 4\}$

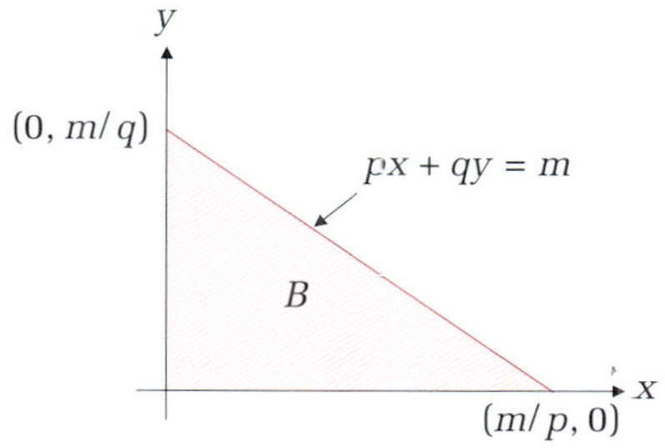

Abbildung 4.4.12: Budget-Menge: $px + qy \leq m, x \geq 0$
und $y \geq 0$

Wenn $px + qy = m$, dann ist $qy = -px + m$ und deshalb $y = (-p/q)x + m/q$. Dies zeigt, dass die Steigung gleich $-p/q$ ist. Die Budget-Gerade schneidet die x-Achse, wenn $y = 0$ ist. Dann ist $px = m$ und somit $x = m/p$. Die Budget-Gerade schneidet die y-Achse, wenn $x = 0$ ist. Dann ist $qy = m$ und somit $y = m/q$. Damit sind die zwei Schnittpunkte $(m/p, 0)$ und $(0, m/q)$, wie in Abb. 4.4.12 gezeigt wird. ■

Aufgaben für Kapitel 4.4

1. Bestimmen Sie die Steigungen der Geraden durch die folgenden Paare von Punkten:

   (a) $(2, 3)$ und $(5, 8)$ (b) $(-1, -3)$ und $(2, -5)$ (c) $\left(\frac{1}{2}, \frac{3}{2}\right)$ und $\left(\frac{1}{3}, -\frac{1}{5}\right)$

2. Zeichnen Sie die Graphen der folgenden Geraden:

   (a) $3x + 4y = 12$ (b) $\dfrac{x}{10} - \dfrac{y}{5} = 1$ (c) $x = 3$

3. Nehmen Sie an, die Nachfrage D nach einem Gut sei eine lineare Funktion seines Preises pro Einheit, P. Wenn der Preis 10 Euro ist, ist die Nachfrage 200 Einheiten und wenn der Preis 15 Euro ist, ist die Nachfrage 150 Einheiten. Bestimmen Sie die Nachfragefunktion.

4. Entscheiden Sie, welche der folgenden Zusammenhänge linear sind:

   (a) $5y + 2x = 2$ (b) $P = 10(1 - 0.3t)$ (c) $C = (0.5x + 2)(x - 3)$

   (d) $p_1 x_1 + p_2 x_2 = R$ (p_1, p_2 und R sind Konstanten)

5. Eine Druckerei verlangt 1400 Euro als Preis für die Herstellung von 100 Kopien eines Berichts und 3000 Euro für 500 Kopien. Was wäre der Preis für den Druck von 800 Kopien, wenn Sie eine lineare Relation unterstellen?

➡

➜ Fortsetzung

6. Bestimmen Sie die Steigungen der fünf Geraden L_1 bis L_5, die in Abb. 4.4.13 gezeigt werden und geben Sie die Gleichungen an, die diese Geraden beschreiben.

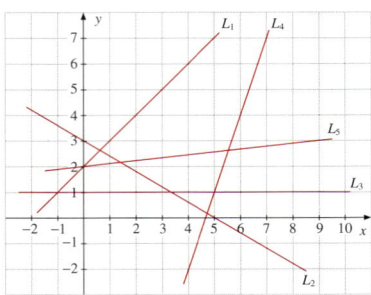

Abbildung 4.4.13: Geraden L_1 bis L_5

7. Bestimmen Sie die Gleichungen der folgenden Geraden:

    (a) L_1 geht durch $(1, 3)$ und hat die Steigung 2.

    (b) L_2 geht durch $(-2, 2)$ und $(3, 3)$.

    (c) L_3 geht durch den Ursprung und hat die Steigung $-1/2$.

    (d) L_4 geht durch $(a, 0)$ und $(0, b)$ (Nehmen Sie an, dass $a \neq 0$).

8. Lösen Sie die folgenden drei Gleichungssysteme grafisch, wenn möglich:

    (a) $x - y = 5$ und $x + y = 1$ (b) $x + y = 2, x - 2y = 2$ und $x - y = 2$

    (c) $3x + 4y = 1$ und $6x + 8y = 6$

9. Skizzieren Sie in der xy-Ebene die Menge aller Zahlenpaare (x, y), die die folgenden Ungleichungen erfüllen:

    (a) $2x + 4y \geq 5$ (b) $x - 3y + 2 \leq 0$ (c) $100x + 200y \leq 300$

10. Skizzieren Sie in der xy-Ebene die Menge aller Zahlenpaare (x, y), die alle drei folgenden Ungleichungen erfüllen: $3x + 4y \leq 12$, $x - y \leq 1$ und $3x + y \geq 3$

▶ Lösungen zu den Aufgaben finden Sie im Anhang des Buches.

4.5   Lineare Modelle

Lineare Zusammenhänge treten in mathematischen Modellen sehr häufig auf. Der Zusammenhang zwischen den Temperaturen gemessen in Grad Celsius und Grad Fahrenheit ist ein Beispiel einer exakten linearen Beziehung zwischen zwei Variablen. (Erinnern Sie, dass $F = \frac{9}{5}C + 32$ per Definition aus Beispiel 1.6.5.) Die meisten der linearen Modelle in den Wirtschaftswissenschaften sind Approximationen komplizierterer Modelle. Zwei typische Zusammenhänge dieser Art wurden in Beispiel 4.4.1 gezeigt. Statistische Methoden sind entwickelt worden, um lineare Funktionen zu konstruieren, die aktuelle Daten so gut wie möglich approximieren. Wir wollen einen sehr naiven Versuch betrachten, ein auf wenigen Daten basierendes lineares Modell zu konstruieren.

Beispiel 4.5.1

Ein Bericht der Vereinten Nationen schätzte die europäische Bevölkerung im Jahr 1960 auf 606 Millionen und im Jahr 1970 auf 657 Millionen. Benutzen Sie diese Schätzungen, um eine lineare Funktion von t zu konstruieren, die die Bevölkerung in Europa approximiert. Nutzen Sie diese Gleichung, um die Bevölkerung in 1930, 2000 und 2015 zu schätzen.

Lösung: Sei t die Anzahl der Jahre seit 1960, so dass $t = 0$ gleich 1960, $t = 1$ gleich 1961 usw.. Wenn P die Bevölkerung in Millionen bezeichnet, so konstruieren wir eine Gleichung der Gestalt $P = at + b$. Wir wissen, dass der Graph durch die Punkte $(t_1, P_1) = (0, 606)$ und $(t_2, P_2) = (10, 657)$ verlaufen muss. Wir benutzen die Zwei-Punkte-Formel und ersetzen darin x und y durch t und P. Dies ergibt

$$P - 606 = \frac{657 - 606}{10 - 0}(t - 0) = \frac{51}{10}t$$

oder

$$P = 5.1\,t + 606 \qquad (*)$$

In Tabelle 4.5.1 haben wir unsere Schätzungen mit denen der UN verglichen. Beachten Sie, dass $t = -30$ dem Jahr 1930 entspricht, weil $t = 0$ dem Jahr 1960 entspricht.

Beachten Sie, dass die Steigung der Geraden $(*)$ gleich 5.1 ist. Dies bedeutet: Wenn die europäische Bevölkerung sich nach $(*)$ entwickelt hätte, wäre der jährliche Zuwachs in der Bevölkerung konstant gleich 5.1 Millionen gewesen.[6]

Jahr	1930	2000	2015
t	-30	40	55
UN-Schätzungen	549	726	738
Formel $(*)$ ergibt	555	810	887

Tabelle 4.5.1: Bevölkerungsschätzungen für Europa

Beispiel 4.5.2

(**Die Konsumfunktion**) In der Keynesianischen makroökonomischen Theorie wird angenommen, dass der Gesamtkonsum für Güter und Dienstleistungen C eine Funktion

---

[6] Tatsächlich wuchs die europäische Bevölkerung ungewöhnlich schnell in den 60-er Jahren. Natürlich wuchs sie ungewöhnlich langsam, als Millionen in den Kriegsjahren 1939–1945 starben. Wir sehen, dass die Formel $(*)$ verglichen mit den UN-Schätzungen keine sehr guten Resultate liefert. Für eine bessere Lösung, das Bevölkerungswachstum zu approximieren betrachten Sie bitte Beispiel 4.9.1.

des Volkseinkommens Y ist mit $C = f(Y)$. Dem Werk von Keynes Mitarbeiter Richard F. Kahn folgend wird in vielen Modellen angenommen, dass die Konsumfunktion linear ist, so dass $C = a + b\,Y$. Dann wird die Steigung b die **Grenzneigung zum Konsum** genannt. Wenn z.B. C und Y in Milliarden Euro gemessen werden, sagt uns die Zahl b, um wie viele Milliarden Euro der Konsum zunimmt, wenn das Volkseinkommen um 1 Milliarde Euro ansteigt. Den Erkenntnissen Kahns folgend wird gewöhnlich angenommen, dass die Zahl b zwischen 0 und 1 liegt.

Der norwegische Ökonom Trygve Haavelmo,[7] schätzte in einer Untersuchung der U.S.-Wirtschaft für den Zeitraum 1929–1941 die folgende Konsumfunktion $C = 95.05 + 0.712\,Y$. Hier ist die Grenzneigung zum Konsum gleich 0.712.

Beispiel 4.5.3

(**Angebot und Nachfrage**) Über eine feste Zeitperiode, wie eine Woche, wird die Anzahl der Einheiten eines Gutes, die Verbraucher nachfragen (d. h. bereit sind zu kaufen), vom Preis dieses Gutes abhängen. Im Allgemeinen wird die Nachfrage zurückgehen, wenn der Preis steigt.[8] Auch die Anzahl der Einheiten, die die Hersteller innerhalb einer gewissen Zeitperiode bereit sind, dem Markt anzubieten, hängt auch vom Preis ab, den sie erzielen können. Im Allgemeinen wird das Angebot steigen, wenn der Preis steigt. Daher sehen typische Nachfrage- und Angebotsfunktionen so aus, wie in Abb. 4.5.1 angedeutet.

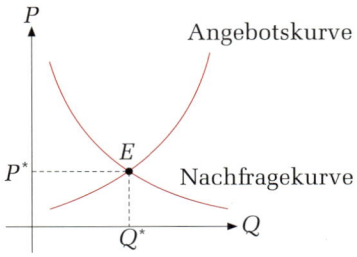

Abbildung 4.5.1: Nachfrage- und Angebotskurve

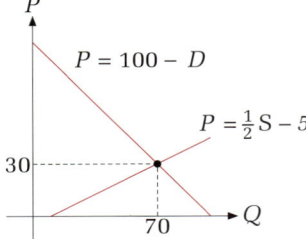

Abbildung 4.5.2: $P = 100 - D$ und $P = \frac{1}{2}S - 5$

Der Punkt E in Abb. 4.5.1, in dem die Nachfrage gleich dem Angebot ist, stellt das **Gleichgewicht** dar. Der Preis P^*, bei dem dies eintritt, ist der **Gleichgewichtspreis** und die zugehörige Menge Q^* ist die **Gleichgewichtsmenge**. Der Gleichgewichtspreis ist also der Preis, bei dem die Verbraucher die gleiche Menge dieses Gutes kaufen wollen, wie die Hersteller bei diesem Preis verkaufen wollen.

Betrachten Sie als ein sehr einfaches Beispiel die folgenden linearen Nachfrage- und Angebotsfunktionen $D = 100 - P$ und $S = 10 + 2P$ oder in inverser Form $P = 100 - D$ und

---

[7] (1911–1999). Er erhielt den Nobelpreis im Jahr 1989.

[8] Für gewisse Luxusgüter, wie Parfüm, die oft als Geschenke gegeben werden, kann die Nachfrage steigen, wenn der Preis steigt. Für unbedingt lebensnotwendige Güter, wie z. B. Insulin für Diabetiker, kann die Nachfrage fast unabhängig vom Preis sein. Gelegentlich sind Diätwaren auch „Giffen-Güter", für die die Nachfrage steigt, wenn der Preis steigt. Die angebotene Erklärung ist, dass diese Nahrungsmittel so wichtig sind für das Überleben eines sehr armen Haushalts, dass ein Anstieg im Preis das Realeinkommen substantiell erniedrigt und so alternative Quellen der Ernährung finanziell noch weniger tragbar macht.

$P = \frac{1}{2}S - 5$ wie[9] in Abb. 4.5.2. Die Nachfrage ist gleich dem Angebot, vorausgesetzt, dass $100 - P = 10 + 2P$, d. h. $3P = 90$. Der Gleichgewichtspreis ist also $P^* = 30$ mit der zugehörigen Gleichgewichtsmenge $Q^* = 70$.

Eine Besonderheit der Abb. 4.5.1 und 4.5.2 ist, dass wir hier den Preis auf der vertikalen Achse und die Menge auf der horizontalen Achse messen, obwohl im Allgemeinen die Menge als eine Funktion des Preises betrachtet wird. Dies ist die Standard-Praxis in der elementaren Preistheorie, seitdem die fundamentalen Ideen des französischen Mathematikers und Ökonomen Antoine-Augustin Cournot (1801–1877) und mehrerer anderer europäischer Zeitgenossen im späten 19-ten Jahrhundert durch den englischen Ökonomen Alfred Marshall (1842–1924) populär wurden.

Beispiel 4.5.4

(**Lineare Angebots- und Nachfragefunktionen**) Betrachten Sie die folgenden allgemeinen linearen Nachfrage- und Angebotsmodelle: $D = a - bP$ und $S = \alpha + \beta P$, wobei a und b positive Parameter der Nachfragefunktion D sind, während α und β positive Parameter der Angebotsfunktion sind.[10]

Der Gleichgewichtspreis P^* tritt ein, wenn die Nachfrage gleich dem Angebot ist, d. h. $D = S$ an der Stelle $P = P^*$. Dies impliziert $a - bP^* = \alpha + \beta P^*$ oder $a - \alpha = (\beta + b)P^*$. Die zugehörige Gleichgewichtsmenge ist $Q^* = a - bP^*$. Daher herrscht Gleichgewicht, wenn

$$P^* = \frac{a - \alpha}{\beta + b}, \qquad Q^* = a - b\frac{a - \alpha}{\beta + b} = \frac{a\beta + \alpha b}{\beta + b}$$

Aufgaben für Kapitel 4.5

1. Die Konsumfunktion $C = 4141 + 0.78\,Y$ wurde für das Vereinigte Königreich für den Zeitraum 1949–1975 geschätzt. Wie hoch ist die Grenzneigung zum Konsum?

2. Bestimmen Sie den Gleichgewichtspreis für jedes der folgenden linearen Modelle für Angebot und Nachfrage:

   (a) $D = 75 - 3P$ und $S = 2P$ (b) $D = 100 - 0.5P$ und $S = 10 + 0.5P$

---

[9] Wenn man eine lineare Angebotsfunktion spezifiziert, kann das Vorzeichen des konstanten Terms problematisch sein. In dem gerade betrachteten Fall hat eine negative Konstante die intuitiv nicht erklärbare Implikation, dass das Angebot positiv ist auch dann, wenn der Preis Null ist – in unserem Fall sind es 10 Einheiten. Eine Möglichkeit, dass so etwas passieren kann, wäre es, dass der Hersteller einen Vorrat dieses Produkts besitzt und dieses leicht verderblich ist. Aber ein positives und bei niedrigen Preisen wachsendes Angebot zu haben kann inkonsistent mit dem Verhalten des Herstellers sein. Die Schwierigkeit ist, dass eine positive Konstante auch ein Problem mit sich bringt: Dass bei gewissen niedrigen Preisen das Angebot des Herstellers negativ ist. Wir werden über diese Probleme hinwegsehen, aber sie mögen als eine Warnung dienen, dass zu sehr vereinfachte Modelle, manchmal unerwünschte Besonderheiten zeigen können.

[10] Solche linearen Angebots- und Nachfragefunktionen spielen eine wichtige Rolle in den Wirtschaftswissenschaften. Es ist häufig der Fall, dass der Markt für ein bestimmtes Produkt wie Kupfer näherungsweise durch geeignet geschätzte lineare Nachfrage- und Angebotsfunktionen dargestellt werden kann.

➔ Fortsetzung

3. Die Gesamtkosten C für die Herstellung von x Einheiten eines gewissen Gutes seien eine lineare Funktion von x. Aufzeichnungen zeigen, dass einmal 100 Einheiten mit Gesamtkosten von 200 Euro hergestellt wurden. Ein anderes Mal wurden 150 Einheiten mit Gesamtkosten von 275 Euro hergestellt. Stellen Sie die lineare Gleichung für die Gesamtkosten C in Abhängigkeit von der Anzahl produzierter Einheiten x auf.

4. Die Ausgaben eines Haushalts für Konsumgüter, C, hängen vom Einkommen des Haushalts, y, in der folgenden Weise ab: Wenn das Haushaltseinkommen 1000 Euro beträgt, sind die Ausgaben für Konsumgüter 900 Euro und für jede Steigerung des Einkommens um 100 Euro steigen die Ausgaben für Konsumgüter um 80 Euro. Drücken Sie die Ausgaben für Konsumgüter als Funktion des Einkommens aus. Unterstellen Sie dabei einen linearen Zusammenhang.

5. Für die meisten Wirtschaftsgüter wie Autos, Stereoanlagen und Möbel *vermindert* sich der Wert in jedem Jahr. Wenn man annimmt, dass der Wert eines Wirtschaftsgutes sich in jedem Jahr um einen festen Prozentsatz des Anfangswertes verringert, so spricht man von *linearer Abschreibung*.

   (a) Nehmen Sie an, dass vom Wert eines Autos, das ursprünglich 20 000 Euro gekostet hat, jedes Jahr 10 % des Anfangswertes abgeschrieben werden. Geben Sie eine Formel für den Wert $P(t)$ nach t Jahren an.

   (b) Eine Waschmaschine mit Anfangswert 500 Euro sei nach 10 Jahren vollständig abgeschrieben (lineare Abschreibung). Geben Sie eine Formel für ihren Wert $W(t)$ nach t Jahren an.

▶ Lösungen zu den Aufgaben finden Sie im Anhang des Buches.

4.6 Quadratische Funktionen

Ökonomen sind oft der Auffassung, dass lineare Funktionen zu einfach sind, um ökonomische Phänomene mit hinreichender Genauigkeit zu modellieren. Viele ökonomische Modelle verwenden Funktionen, die entweder bis auf einen Minimalwert fallen und dann steigen oder ansteigen auf einen Maximalwert und dann fallen. Einige einfache Funktionen mit dieser Eigenschaft sind die allgemeinen **quadratischen** Funktionen, die wir zuerst in Kap. 3.3 gesehen haben:

$$f(x) = ax^2 + bx + c \qquad (4.6.1)$$

Dabei sind a, b und c Konstanten mit $a \neq 0$, denn sonst wäre die Funktion linear. Allgemein bezeichnet man den Graphen von $f(x) = ax^2 + bx + c$ als **Parabel**. Die Gestalt dieser Parabel ähnelt ganz grob ∩, wenn $a < 0$ und ∪, wenn $a > 0$. Drei typische Beispiele werden in Abb. 4.6.1 bis 4.6.3 gezeigt. Die Graphen sind symmetrisch um die **Symmetrieachse**. Dies ist in jedem der drei Fälle die senkrechte punktierte Linie. Um die Funktion $f(x) = ax^2 + bx + c$ genauer zu untersuchen, sollten wir Antworten auf die folgenden Fragen finden:

A. Für welche Werte von x (falls es welche gibt) ist $ax^2 + bx + c = 0$?

B. Welches sind die Koordinaten des Maximum-/Minimumpunktes P, der auch **Scheitelpunkt** der Parabel genannt wird?

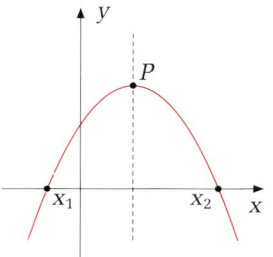
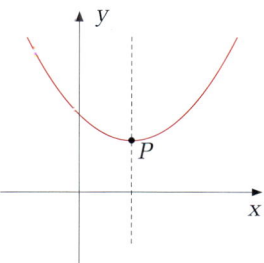
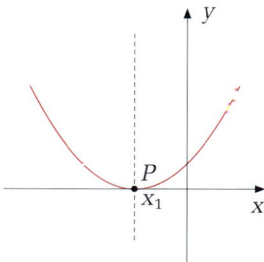

Abbildung 4.6.1: $a < 0$, $b^2 > 4ac$ *Abbildung 4.6.2: $a > 0$, $b^2 < 4ac$*   *Abbildung 4.6.3: $a > 0$, $b^2 = 4ac$*

Die Antwort auf Frage A wurde schon durch die Lösungsformel (3.3.4) für quadratische Gleichungen gegeben. Die einfachste Möglichkeit, um Frage B zu beantworten, ist Ableitungen zu benutzen, welches das Thema von Kapitel 6 ist – siehe insbesondere Aufgabe 6.2.7. Wir wollen uns jedoch kurz anschauen, wie die „Methode der quadratischen Ergänzung" aus Kapitel 3.3 verwendet werden kann, um Frage B zu beantworten.

Diese Methode ergibt:

$$f(x) = ax^2 + bx + c = a\left(x + \frac{b}{2a}\right)^2 - \frac{b^2 - 4ac}{4a} \tag{4.6.2}$$

Dies ist leicht nachzuvollziehen, indem man die rechte Seite ausmultipliziert und gleiche Terme zusammenfasst. Wenn x variiert, ändert sich nur der Wert von $a(x + b/2a)^2$. Dieser Term ist nur dann 0, wenn $x = -b/2a$. Wenn $a > 0$ ist, ist dieser Term niemals kleiner als 0. Das bedeutet: Wenn $a > 0$ ist, nimmt die Funktion $f(x)$ ihr Minimum an, wenn $x = -b/2a$ ist. Der Wert von $f(x)$ ist dann:

$$f(-b/2a) = -(b^2 - 4ac)/4a = c - b^2/4a$$

Wenn andererseits $a < 0$, dann ist $a(x + b/2a)^2 \leq 0$ für alle x und der quadratische Term ist nur dann 0, wenn $x = -b/2a$. Daher nimmt in diesem zweiten Fall die Funktion $f(x)$ ihr Maximum an, wenn $x = -b/2a$.

Zusammenfassend haben wir das Folgende gezeigt:

Extrema von quadratischen Funktionen

Für $a > 0$ hat $f(x) = ax^2 + bx + c$ ein **Minimum** für $\quad x = -\dfrac{b}{2a}$ $\qquad$ (4.6.3)

Für $a < 0$ hat $f(x) = ax^2 + bx + c$ ein **Maximum** für $\quad x = -\dfrac{b}{2a}$ $\qquad$ (4.6.4)

Der Extremwert ist in beiden Fällen $\quad y = c - \dfrac{b^2}{4a}$ $\qquad$ (4.6.5)

Die Symmetrieachse[11] einer Parabel ist die vertikale Gerade durch ihren Scheitelpunkt, welches der Punkt P in allen drei Abb. 4.6.1 bis 4.6.3 ist. Formel (4.6.2) impliziert nämlich, dass für jede Zahl u gilt:

$$f\left(-\frac{b}{2a} + u\right) = au^2 - \frac{b^2 - 4ac}{4a} = f\left(-\frac{b}{2a} - u\right)$$

Es folgt, dass die quadratische Funktion $f(x) = ax^2 + bx + c$ symmetrisch ist um die vertikale Gerade $x = -b/2a$, die durch P verläuft.

Quadratische Optimierungsprobleme in den Wirtschaftswissenschaften

Viele ökonomische Analysen befassen sich mit Optimierungsproblemen. Wirtschaftswissenschaften sind im Grunde die Wissenschaften der Entscheidungsfindung und Optimierungsprobleme sind die Form, in der Entscheidungen mathematisch modelliert werden. Eine allgemeine Diskussion solcher Probleme muss zurückgestellt werden, bis wir die notwendigen Werkzeuge aus der Analysis entwickelt haben. Hier zeigen wir, wie die einfachen Resultate aus diesem Kapitel über die Maximierung quadratischer Funktionen verwendet werden können, um einige grundlegende ökonomische Ideen zu veranschaulichen.

Beispiel 4.6.1

Der Preis P pro Einheit, den ein Unternehmen für die Herstellung und den Verkauf von Q Einheiten erzielt, ist $P = 102 - 2Q$ und die Kosten für die Herstellung und den Verkauf von Q Einheiten sind $C = 2Q + \frac{1}{2}Q^2$. Dann ist der Gewinn[12]

$$\pi(Q) = PQ - C = (102 - 2Q)Q - \left(2Q + \frac{1}{2}Q^2\right) = 100Q - \frac{5}{2}Q^2$$

Bestimmen Sie den Wert von Q, der den Gewinn maximiert, und berechnen Sie den zugehörigen maximalen Gewinn.

Lösung: Mit Formel (4.6.4) erhalten wir, dass der Gewinn maximiert wird für

$$Q = Q^* = -\frac{100}{2 \cdot (-5/2)} = 20$$

mit

$$\pi^* = \pi(Q^*) = 100 \cdot 20 - \frac{5}{2} \cdot 400 = 1000$$

Dieses Beispiel ist ein Spezialfall des Monopolistenproblems, das im nächsten Beispiel untersucht wird.

---

[11] Die Funktion f ist symmetrisch um $x = x_0$, falls $f(x_0 + u) = f(x_0 - u)$ für alle u. Siehe Kap. 5.2.
[12] In der Mathematik wird der griechische Buchstabe π verwendet, um das konstante Verhältnis $3.1415\ldots$ zwischen dem Umfang und dem Durchmesser eines Kreises zu bezeichnen. In den Wirtschaftswissenschaften wird diese Konstante nicht sehr oft gebraucht. Ferner bezeichnen p und P gewöhnlich einen Preis, so dass man π verwendet, um den Profit (Gewinn) zu bezeichnen.

Beispiel 4.6.2

(**Ein Monopolistenproblem**) Betrachten Sie ein Unternehmen, dass der einzige Anbieter eines von ihm hergestellten Produktes ist, möglicherweise einer patentierten Medizin, und somit eine Monopolstellung genießt. Es werde angenommen, dass die Gesamtkosten des Monopolisten gegeben sind durch die quadratische Funktion

$$C = \alpha Q + \beta Q^2$$

ihres Outputs $Q \geq 0$, wobei α und β positive Konstanten sind. Für jedes Q wird angenommen, dass der Preis P, zu dem der Output verkauft werden kann, bestimmt ist durch die lineare „inverse" Nachfragefunktion

$$P = a - bQ,$$

wobei a und b Konstanten sind mit $a > 0$ und $b \geq 0$. Somit ist für jedes nichtnegative Q der Gesamterlös R gegeben durch die quadratische Funktion $R = PQ = (a - bQ)Q$ und der Gewinn durch die quadratische Funktion

$$\pi(Q) = R - C = (a - bQ)Q - \alpha Q - \beta Q^2 = (a - \alpha)Q - (b + \beta)Q^2$$

Nehmen Sie an, dass es das Ziel des Monopolisten ist, die Gewinnfunktion $\pi = \pi(Q)$ zu maximieren. Bestimmen Sie dann das optimale Outputniveau Q^M und den optimalen Gewinn π^M.

Lösung: Lösung: Indem wir (4.6.4) verwenden, sehen wir, dass es ein Maximum von π gibt an der Stelle

$$Q^M = \frac{a - \alpha}{2(b + \beta)} \qquad (4.6.6)$$

mit

$$\pi^M = \frac{(a - \alpha)^2}{2(b + \beta)} - (b + \beta)\frac{(a - \alpha)^2}{4(b + \beta)^2} = \frac{(a - \alpha)^2}{4(b + \beta)}$$

Dies ist gültig, falls $a > \alpha$; falls $a \leq \alpha$, wird das Unternehmen nicht produzieren und man hat in diesem Fall $Q^M = 0$ und $\pi^M = 0$. Die zwei Fälle sind in den Abbildungen 4.6.4 und 4.6.5 dargestellt. In Abb. 4.6.5 ist der Teil der Parabel links von $Q = 0$ gestrichelt dargestellt, weil er nicht wirklich relevant ist wegen der natürlichen Forderung, dass $Q \geq 0$ sein muss. Der mit Q^M in (∗) assoziierte Preis und die zugehörigen Kosten können durch Routine-Algebra gefunden werden.

Wenn wir $b = 0$ setzen in der Preisfunktion $P = a - bQ$, so ist $P = a$ für alle Q. In diesem Fall beeinflusst die Wahl der Menge durch das Unternehmen überhaupt nicht den Preis und deshalb sagt man, das Unternehmen ist *vollständig wettbewerbsfähig*. Indem wir in unseren früheren Ausdrücken a durch P ersetzen, sehen wir, dass der Gewinn für ein vollständig wettbewerbsfähiges Unternehmen maximiert wird durch

$$Q^* = \frac{P - \alpha}{2\beta} \qquad (4.6.7)$$

mit

$$\pi^* = \frac{(P - \alpha)^2}{4\beta}$$

vorausgesetzt, dass $P > \alpha$. Falls $P \leq \alpha$, so ist $Q^* = 0$ und $\pi^* = 0$.

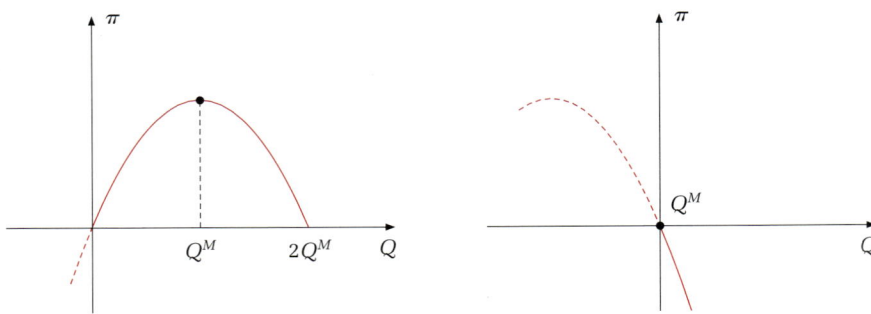

Abbildung 4.6.4: Die Gewinnfunktion, a > α   *Abbildung 4.6.5: Die Gewinnfunktion, a ≤ α*

Auflösen der Gleichung (4.6.7) nach P ergibt $P = \alpha + 2\beta Q^*$. Daher stellt

$$P = \alpha + 2\beta Q \tag{4.6.8}$$

die *Angebotskurve* dieses vollständig wettbewerbsfähigen Unternehmens für $P > \alpha$ dar. Für $P \leq \alpha$ ist der gewinnmaximierende Output Q^* gleich 0. Die Angebotskurve, die den Preis auf dem Markt in Beziehung setzt zu der von dem Unternehmen gewählten Größe des Outputs wird in Abb. 4.6.7 gezeigt. Sie enthält alle Punkte auf dem Streckenabschnitt zwischen dem Ursprung und $(0, \alpha)$, wo der Preis für das Unternehmen zu niedrig ist, um irgendeinen Gewinn bei der Produktion eines positiven Outputs zu erzielen.

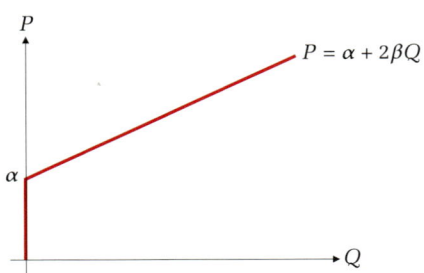

Abbildung 4.6.6: Die Angebotskurve eines vollständig wettbewerbsfähigen Unternehmens

Kehren wir zurück zu dem Monopol-Unternehmen (das keine Angebotskurve hat). Wenn es irgendwie dazu gebracht werden könnte, wie ein wettbewerbsfähiges Unternehmen zu handeln, würde es sich unter der Annahme eines gegebenen Preises auf der Angebotskurve (4.6.7) befinden. Bei der gegebenen Nachfragekurve $P = a - bQ$, tritt Gleichgewicht zwischen Angebot und Nachfrage ein, wenn (4.6.7) auch erfüllt ist und somit $P = a - bQ = \alpha + 2\beta Q$. Durch Auflösen der zweiten Gleichung nach Q und anschließendes Einsetzen für P und π sehen wir, dass der Output im Gleichgewicht, der zugehörige Preis und der Gewinn gegeben wären durch

$$Q^e = \frac{a - \alpha}{b + 2\beta}, \qquad P^e = \frac{2a\beta + \alpha b}{b + 2\beta}, \qquad \pi^e = \frac{\beta(a - \alpha)^2}{(b + 2\beta)^2}$$

Um den Monopolisten dazu zu bringen, ein wettbewerbsfähiges Unternehmen zu imitieren, indem es sich auf (Q^e, P^e) einstellt, könnte es erstrebenswert sein, den Output des Monopolisten zu besteuern (oder zu subventionieren). Nehmen Sie an, dass der Monopolist eine spezielle Steuer der Höhe τ pro Einheit des Outputs zahlen muss. Da die Steuerzahlungen $\tau \cdot Q$ zu den Kosten des Unternehmens hinzuzufügen sind, ist die neue Gesamtkostenfunktion

$$C = \alpha Q + \beta Q^2 + \tau Q = (\alpha + \tau)Q + \beta Q^2$$

Indem wir dieselben Berechnungen wie zuvor ausführen, jedoch mit α ersetzt durch $\alpha + \tau$, erhalten wir für die Wahl der Outputgröße des Unternehmens

$$Q_\tau^M = \begin{cases} \dfrac{a - \alpha - \tau}{2(b + \beta)}, & \text{falls } a \geq \alpha + \tau \\ 0, & \text{sonst} \end{cases}$$

Somit ist $Q_\tau^M = Q^e$, wenn $(a - \alpha - \tau)/2(b + \beta) = (a - \alpha)/(b + 2\beta)$. Die Auflösung dieser Gleichung nach τ ergibt

$$\tau = -\frac{(a - \alpha)b}{b + 2\beta}$$

Beachten Sie, dass τ tatsächlich negativ ist. Dies zeigt auf, dass es wünschenswert ist, den Output des Unternehmens zu *subventionieren*, um zu zusätzlicher Produktion zu ermuntern.[13]

Aufgaben für Kapitel 4.6

1. Es sei $f(x) = x^2 - 4x$.

(a) Vervollständigen Sie die folgende Tabelle und benutzen Sie diese, um den Graphen von f zu skizzieren:

x	-1	0	1	2	3	4	5
$f(x)$							

(b) Bestimmen Sie den Minimumpunkt unter Verwendung von (4.6.3).

(c) Lösen Sie die Gleichung $f(x) = 0$.

---

[13] Natürlich empfindet man Subvention von Monopolisten gewöhnlich als ungerecht und viele zusätzliche Komplikationen müssten sorgfältig in Erwägung gezogen werden, bevor eine erstrebenswerte Methode für die Behandlung von Monopolisten formuliert werden könnte. Die vorangehende Analyse zeigt noch, dass es erstrebenswert ist, den Preis eines Monopolisten oder seinen Gewinn zu senken. Dies ist viel besser direkt zu tun, als seinen Output zu besteuern.

➜ Fortsetzung

2.   Es sei $f(x) = -\frac{1}{2}x^2 - x + \frac{3}{2}$.

    (a)   Vervollständigen Sie die folgende Tabelle und skizzieren Sie den Graphen von f:

x	-4	-3	-2	-1	0	1	2
$f(x)$							

    (b)   Bestimmen Sie den Maximumpunkt unter Verwendung von (4.6.4).

    (c)   Lösen Sie die Gleichung $f(x) = 0$.

    (d)   Zeigen Sie, dass $f(x) = -\frac{1}{2}(x-1)(x+3)$ und benutzen Sie dies, um zu untersuchen, wie das Vorzeichen von $f(x)$ mit x variiert. Vergleichen Sie das Resultat mit Ihrem Graphen.

3.   Bestimmen Sie die Maximum-/Minimumpunkte, indem Sie (4.6.3) oder (4.6.4) verwenden:

    (a) $x^2 + 4x$ (b) $x^2 + 6x + 18$ (c) $-3x^2 + 30x - 30$

    (d) $9x^2 - 6x - 44$ (e) $-x^2 - 200x + 30\,000$ (f) $x^2 + 100x - 20\,000$

4.   Finden Sie für jede der quadratischen Funktionen in Aufgabe 3 die Nullstellen und schreiben Sie, wo möglich, die Funktion in der Gestalt $a(x - x_1)(x - x_2)$.

5.   Finden Sie Lösungen der folgenden Gleichungen, wobei r und s Parameter sind.

    (a) $x^2 - 3rx + 2r^2 = 0$ (b) $x^2 - (r + s)x + rs = 0$ (c) $2x^2 + (4s - r)x = 2rs$

6.   Ein Modell in der Theorie effizienter Anleihemärkte verwendet die Funktion

$$U(x) = 72 - (4 + x)^2 - (4 - rx)^2 \,,$$

wobei r eine Konstante ist. Bestimmen Sie denjenigen Wert von x, für den $U(x)$ seinen größten Wert annimmt.

7.   Ein Landwirt hat 1000 Meter Zaun zur Verfügung, um eine rechteckige Einzäunung vorzunehmen, wie es in der folgenden Abbildung gezeigt ist.

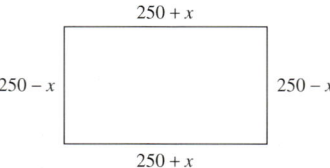

Abbildung 4.6.7: Ein Grundstück

    (a)   Berechnen Sie die Fläche A des Rechtecks, wenn die Grundseite des Rechtecks 100, 250 bzw. 350 Meter lang ist.

    (b)   Die Grundseite habe die Länge $250 + x$. Dann ist die Höhe $250 - x$, wie in Abb. 4.6.7. Welche Wahl von x ergibt die maximale Fläche?[14]

➜

---

[14] Es wird berichtet, dass in der Antike gewisse Landvermesser Verträge mit Bauern abschlossen, um ihnen rechteckige Landflächen zu verkaufen, wobei nur der Umfang spezifiziert wurde. Als Resultat waren die Parzellen lange und schmale Rechtecke.

➡ Fortsetzung

8. Wenn ein Kakao-Importeur Q Tonnen Kakao in England verkauft, so ist der dort erzielte Preis gegeben durch $P_E = \alpha_1 - \frac{1}{3}Q$. Wenn er Q Tonnen von seiner einzigen Bezugsquelle in Ghana kauft, ist der Preis $P_G = \alpha_2 + \frac{1}{6}Q$. Zusätzlich kostet es γ pro Tonne um den Kakao von dem Anbieter in Ghana zu den Kunden in England (dem einzigen Markt des Importeurs) zu transportieren. Die Zahlen α_1, α_2 und γ sind alle positiv.

   (a) Drücken Sie den Gewinn des Kakao-Importeurs als eine Funktion von Q, der Anzahl transportierter Tonnen, aus.

   (b) Nehmen Sie an, dass $\alpha_1 - \alpha_2 - \gamma > 0$ und bestimmen Sie die gewinnmaximierende Ladung Kakao. Was passiert, wenn $\alpha_1 - \alpha_2 - \gamma \leq 0$?

   (c) Nehmen Sie an, dass die Regierung in Ghana, eine Exportsteuer auf Kakao der Höhe τ pro Tonne erhebt. Finden Sie einen neuen Ausdruck für den Gewinn des Importeurs und die neue optimale Ladungsgröße.

   (d) Berechnen Sie die Steuereinnahmen T der Ghanaischen Regierung als Funktion von τ und vergleichen Sie den Graphen dieser Funktion mit der in Abb. 4.7.1 dargestellten Laffer-Kurve.

   (e) Beraten Sie die Ghanaische Regierung, wie sie so viel Steuereinnahmen wie möglich erzielen kann.

Anspruchsvollere Aufgabe

9. Es seien $a_1, a_2, \ldots, a_n$ und $b_1, b_2, \ldots, b_n$ beliebige reelle Zahlen. Wir behaupten, dass die folgende Ungleichung (die so genannte **Cauchy-Schwarz-Ungleichung**) immer gültig ist:

$$(a_1 b_1 + a_2 b_2 + \cdots + a_n b_n)^2 \leq (a_1^2 + a_2^2 + \cdots + a_n^2)(b_1^2 + b_2^2 + \cdots + b_n^2) \qquad (4.6.9)$$

   (a) Überprüfen Sie die Ungleichung für $n = 2$, wenn $a_1 = -3$, $a_2 = 2$, $b_1 = 5$ und $b_2 = -2$.

   (b) Beweisen Sie (4.6.9) mit mit Hilfe des folgenden Tricks: Definieren Sie f für alle x durch

$$f(x) = (a_1 x + b_1)^2 + \cdots + (a_n x + b_n)^2$$

   Es sollte offensichtlich sein, dass $f(x) \geq 0$ für alle x ist. Schreiben Sie $f(x)$ als $Ax^2 + Bx + C$, wobei die Ausdrücke für A, B und C zu den Termen in (4.6.9). Da $Ax^2 + Bx + C \geq 0$ für alle x, muss gelten $B^2 - 4AC \leq 0$. Warum?

   (c) Argumentieren Sie, dass daraus (4.6.9) folgt.

▶ Lösungen zu den Aufgaben finden Sie im Anhang des Buches.

4.7 Polynome

Nach der Betrachtung linearer und quadratischer Funktionen ist es logischerweise der nächste Schritt, **kubische Funktionen** zu untersuchen, d. h. Funktionen der Gestalt

$$f(x) = ax^3 + bx^2 + cx + d, \qquad (4.7.1)$$

wobei a, b, c und d Konstanten sind mit $a \neq 0$. Es ist relativ leicht, das Verhalten linearer und quadratischer Funktionen zu untersuchen. Kubische Funktionen sind wesentlich komplizierter, da sich die Form ihrer Graphen drastisch ändert, wenn die Koeffizienten a, b, c und d variieren. Zwei Beispiele sind in den Abbildungen 4.7.1 und 4.7.2 gegeben. Kubische Funktionen treten gelegentlich in ökonomischen Modellen auf.

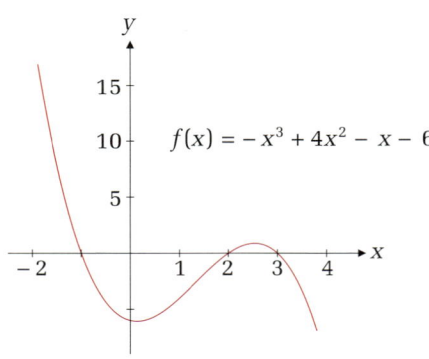

Abbildung 4.7.1: Eine kubische Funktion

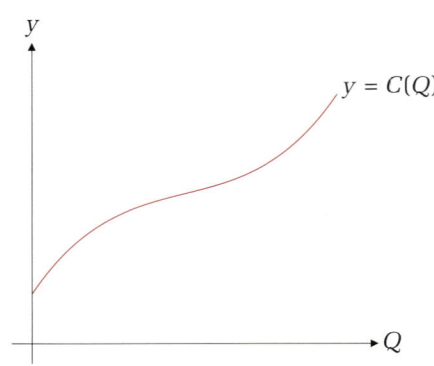

Abbildung 4.7.2: Eine kubische Kostenfunktion

Beispiel 4.7.1

Betrachten Sie ein Unternehmen, das ein einziges Gut herstellt. Die Gesamtkosten für die Herstellung von Q Einheiten des Gutes seien $C(Q)$. Zunächt ist $C(0)$ positiv, weil fixe Anfangskosten auftreten. Wenn die Produktion steigt, steigen die Kosten auch. Zu Beginn steigen die Kosten schnell, aber die Rate der Steigerung verlangsamt sich, wenn die Fertigungseinrichtungen zu einem höheren Anteil jeder Arbeitswoche genutzt werden. Jedoch steigen die Kosten bei einem höheren Produktionsniveau wieder mit einer schnelleren Rate, z. B. wegen technischer Engpässe und Zahlung von Überstunden an die Beschäftigten. Es kann gezeigt werden, dass die kubische Kostenfunktion $C(Q) = aQ^3 + bQ^2 + cQ + d$ diese Art des Verhaltens zeigt, vorausgesetzt, dass $a > 0$, $b < 0$, $c > 0$, $d > 0$ und $3ac > b^2$ ist. Solch eine Funktion ist in Abb. 4.7.2 skizziert.

Kubische Kostenfunktionen, deren Koeffizienten ein anderes Vorzeichenmuster haben, sind auch untersucht worden. So ergab z. B. die Untersuchung eines bestimmten Kraftwerks, dass über eine gewisse Periode die Kosten des Brennmaterials y als Funktion des Outputs Q gegeben war durch

$$y = -Q^3 + 214.2Q^2 - 7900Q + 320700$$

Beachten Sie jedoch: Diese Kostenfunktion kann nicht für alle Q gültig sein, da aus ihr folgen würde, dass die Kosten des Brennmaterials für hinreichend große Q negativ wären.

Die ausführlichere Untersuchung der kubischen Funktionen wird einfacher mit den Methoden der Analysis, wie wir später sehen werden.

Allgemeine Polynome

Lineare, quadratische und kubische Funktionen sind alle Beispiele von **Polynomen**.

Allgemeines Polynom

Die Funktion P, die für alle x definiert ist durch

$$P(x) = a_n x^n + a_{n-1} x^{n-1} + \cdots + a_1 x + a_0, \qquad (4.7\ 2)$$

wobei $a_0, a_1, \ldots, a_n$ Konstanten sind mit $a_n \neq 0$, heißt das **allgemeine Polynom vom Grade n** mit den **Koeffizienten** $a_n, a_{n-1}, \ldots, a_0$.

Wenn z. B. $n = 4$, erhalten wir $P(x) = a_4 x^4 + a_3 x^3 + a_2 x^2 + a_1 x + a_0$, welches das allgemeine Polynom vom Grade 4 ist und gelegentlich auch quartische oder biquadratische Funktion genannt wird. Natürlich gibt es viele Funktionen wie $5 + \dfrac{2}{x^2}$ oder $\dfrac{1}{x^3 - x + 2}$, die keine Polynome sind.

In zahlreichen Problemen der Mathematik und ihren Anwendungen treten Polynome auf. Häufig ist man besonders daran interessiert die Anzahl und die Lage der **Nullstellen** von $P(x)$ zu finden, d. h. der Werte von x, für die $P(x) = 0$ gilt. Die Gleichung

$$a_n x^n + a_{n-1} x^{n-1} + \cdots + a_1 x + a_0 = 0 \qquad (4.7.3)$$

heißt die **allgemeine Gleichung n-ter Ordnung**. Es wird bald gezeigt werden, dass diese Gleichung *höchstens* n (reelle) Lösungen hat, die auch **Wurzeln** genannt werden. Sie braucht jedoch keine Lösungen zu haben. Das entsprechende Polynom n-ten Grades hat einen Graphen, der höchstens $n-1$ „Extrempunkte" hat, es können jedoch weniger sein. So hat z. B. die Gleichung 100. Ordnung $x^{100} + 1 = 0$ keine Lösung, da $x^{100} + 1$ immer größer oder gleich 1 ist und der zugehörige Graph hat nur einen Extrempunkt.

Entsprechend dem **Fundamentalsatz der Algebra** kann jedes Polynom der Gestalt (4.7.2) als ein Produkt von Polynomen ersten und zweiten Grades geschrieben werden.

Faktorzerlegung von Polynomen

Seien $P(x)$ und $Q(x)$ zwei Polynome, wobei der Grad von $P(x)$ größer oder gleich dem Grad von $Q(x)$ sei. Dann existieren immer eindeutige Polynome $q(x)$ und $r(x)$, so dass

$$P(x) = q(x)Q(x) + r(x), \qquad (4.7.4)$$

wobei der Grad von $r(x)$ kleiner als der Grad von $Q(x)$ ist. Diese Tatsache wird das **Restglied-Theorem** genannt. Wenn für x gilt, dass $Q(x) \neq 0$ ist, dann kann (4.7.4) in der Form

$$\frac{P(x)}{Q(x)} = q(x) + \frac{r(x)}{Q(x)}$$

geschrieben werden, wobei $r(x)$ der Rest ist. Falls $r(x) = 0$, sagen wir, dass $Q(x)$ *ein Faktor von $P(x)$ ist* oder dass $P(x)$ *teilbar ist durch $Q(x)$*. Dann ist $P(x) = q(x)Q(x)$ oder $P(x)/Q(x) = q(x)$.

Ein wichtiger Spezialfall ist $Q(x) = x - a$. Dann hat $Q(x)$ den Grad 1, so dass der Rest $r(x)$ Grad 0 haben muss und daher eine Konstante ist. In diesem Spezialfall gilt für alle x

$$P(x) = q(x)(x - a) + r$$

Insbesondere erhalten wir für $x = a$, dass $P(a) = r$ ist. *Daher gilt: $x - a$ teilt $P(x)$ dann und nur dann, wenn $P(a) = 0$.* Diese wichtige Beobachtung kann wie folgt formuliert werden:

Faktorenzerlegung eines Polynoms

$$\text{Das Polynom } P(x) \text{ hat den Faktor } x - a \iff P(a) = 0 \qquad (4.7.5)$$

Beispiel 4.7.2

Zeigen Sie, dass $x - 5$ ein Faktor des Polynoms $P(x) = x^3 - 3x^2 - 50$ ist.

Lösung: $P(5) = 125 - 75 - 50 = 0$, so dass $x - 5$ nach (4.7.5) ein Faktor von $P(x)$ ist. In der Tat: Beachten Sie, dass $P(x) = (x - 5)(x^2 + 2x + 10)$.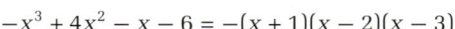

Es folgt aus (4.7.5), dass ein Polynom $P(x)$ vom Grade n höchstens n verschiedene Nullstellen haben kann. Der Grund ist der, dass jede Nullstelle einen Faktor der Form $x - a$ verursacht, so dass $P(x)$ höchstens n solche Faktoren haben kann.

Beachten Sie, dass jede ganze Zahl m, die die kubische Gleichung

$$-x^3 + 4x^2 - x - 6 = 0 \qquad (*)$$

erfüllt, die Gleichung $m(-m^2 + 4m - 1) = 6$ erfüllen muss. Da $-m^2 + 4m - 1$ auch eine ganze Zahl ist, muss m ein Faktor des konstanten Terms 6 sein. Daher sind ± 1, ± 2, ± 3 und ± 6 die einzigen möglichen ganzzahligen Lösungen. Direktes Einsetzen in die linke Seite der Gleichung $(*)$ ergibt, dass von diesen acht Möglichkeiten -1, 2 und 3 die Lösungen der Gleichung sind. Eine Gleichung dritten Grades hat höchstens drei Lösungen, so dass wir alle gefunden haben. In der Tat gilt:

$$-x^3 + 4x^2 - x - 6 = -(x + 1)(x - 2)(x - 3)$$

Im Allgemeinen gilt:

Ganzzahlige Lösungen

Nehmen Sie an, dass $a_n, a_{n-1}, \ldots, a_1, a_0$ alle ganze Zahlen sind. Dann müssen alle ganzzahligen Lösungen der Gleichung

$$a_n x^n + a_{n-1} x^{n-1} + \cdots + a_1 x + a_0 = 0 \qquad (4.7.6)$$

Faktoren des konstanten Terms a_0 sein.

Beispiel 4.7.3

Bestimmen Sie alle möglichen ganzzahligen Lösungen der Gleichung

$$\tfrac{1}{2}x^3 - x^2 + \tfrac{1}{2}x - 1 = 0$$

Lösung: Wir multiplizieren beide Seiten der Gleichung mit 2, um eine Gleichung zu erhalten, deren Koeffizienten alle ganzzahlig sind: $x^3 - 2x^2 + x - 2 = 0$. Nun müssen alle ganzzahligen Lösungen der Gleichung Faktoren von 2 sein. Deshalb können nur ± 1 und ± 2 ganzzahlige Lösungen sein. Eine Überprüfung aller Möglichkeiten zeigt, dass $x = 2$ die einzige ganzzahlige Lösung ist. Und da $x^3 - 2x^2 + x - 2 = (x - 2)(x^2 + 1)$, gibt es nur eine reelle Lösung.

Beispiel 4.7.4

Bestimmen Sie mögliche quadratische und kubische Funktionen, die die Graphen in der Abbildungen 4.7.3 und 4.7.4 haben.

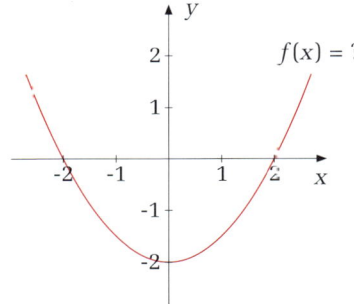

Abbildung 4.7.3: Eine quadratische Funktion

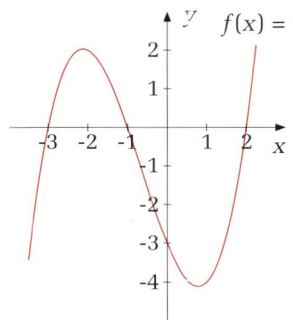

Abbildung 4.7.4: Eine kubische Funktion

Lösung: Abb. 4.7.3: Da der Graph die x-Achse in den zwei Punkten $x = -2$ und $x = 2$ schneidet, versuchen wir es mit $f(x) = a(x - 2)(x + 2)$. Dann ist $f(0) = -4a$. Entsprechend dem Graphen ist $f(0) = -2$ und deshalb $a = 1/2$, so dass

$$f(x) = \frac{1}{2}(x - 2)(x + 2) = \frac{1}{2}x^2 - 2$$

Abb. 4.7.4: Da die Gleichung $f(x) = 0$ die Lösungen $x = -3, -1, 2$ hat, probieren wir die kubische Funktion $f(x) = b(x + 3)(x + 1)(x - 2)$. Dann ist $f(0) = -6b$. Entsprechend dem Graphen ist $f(0) = -3$. Somit ist $b = 1/2$ und daher

$$f(x) = \frac{1}{2}(x + 3)(x + 1)(x - 2)$$

Polynom-Division

Man kann Polynome in fast genau der gleichen Weise dividieren, wie man Zahlen schriftlich dividiert. Betrachten Sie zunächst ein einfaches numerisches Beispiel für die schriftliche Division von Zahlen:

$$2735 \div 5 = 500 + 40 + 7$$
$$\underline{2500}$$
$$235$$
$$\underline{200}$$
$$35$$
$$\underline{35}$$
$$0 \qquad \leftarrow \text{der Rest}$$

Daher[15] ist $2735 \div 5 = 547$.

Betrachten Sie jetzt

$$(-x^3 + 4x^2 - x - 6) \div (x - 2)$$

Wir schreiben das Folgende:

$$
\begin{array}{l}
(-x^3 + 4x^2 - \ x - 6) \div (x - 2) = -x^2 \qquad +2x \qquad +3 \\
\underline{-x^3 + 2x^2} \qquad\qquad \longleftarrow \quad -x^2(x-2) \\
\quad 2x^2 - \ x \\
\quad \underline{2x^2 - 4x} \qquad\qquad \longleftarrow \quad 2x(x-2) \longleftarrow \\
\qquad\quad 3x - 6 \\
\qquad\quad \underline{3x - 6} \longleftarrow \quad\quad 3(x-2) \longleftarrow \\
\qquad\qquad 0 \qquad\qquad \leftarrow \quad \text{der Rest}
\end{array}
$$

Wir schließen, dass $(-x^3 + 4x^2 - x - 6) \div (x - 2) = -x^2 + 2x + 3$. Es ist jedoch leicht zu sehen, dass $-x^2 + 2x + 3 = -(x + 1)(x - 3)$. Somit ist

$$-x^3 + 4x^2 - x - 6 = -(x + 1)(x - 3)(x - 2)$$

Beispiel 4.7.5

Zeigen Sie, dass das Polynom $P(x) = -2x^3 + 2x^2 + 10x + 6$ eine Nullstelle an der Stelle $x = 3$ hat und faktorisieren Sie das Polynom.

Lösung: Indem wir $x = 3$ einsetzen, erhalten wir $P(3) = 0$. Nach (4.7.5) gilt: $P(x)$ hat $x - 3$ als einen Faktor. Indem wir die Division $(-2x^3 + 2x^2 + 10x + 6) \div (x - 3)$ durchführen, erhalten wir das Ergebnis $-2(x^2 + 2x + 1) = -2(x + 1)^2$ und damit ist $P(x) = -2(x - 3)(x + 1)^2$.

---

[15] Beachten Sie, dass die horizontalen Linien Sie auffordern, die Zahlen oberhalb der Linien zu subtrahieren. Sie sind vielleicht an eine etwas andere Anordnung der Zahlen gewöhnt, die Idee ist jedoch dieselbe.

Polynom-Division mit einem Rest

Die Division $2734 \div 5$ ergibt 546 und es bleibt ein Rest von 4. Somit ist $2734/5 = 546 + 4/5$. Wir betrachten eine ähnliche Form der Division für Polynome.

Beispiel 4.7.6

Führen Sie die Division $(x^4 + 3x^2 - 4) \div (x^2 + 2x)$ durch.

Lösung: Indem wir wie gewohnt vorgehen[16], erhalten wir:

$$
\begin{array}{llll}
x^4 \quad\quad + 3x^2 \quad\quad -4 & \div & x^2 + 2x & = \quad x^2 - 2x + 7 \\
\underline{x^4 + 2x^3} & \leftarrow & x^2(x^2 + 2x) \\
\quad -2x^3 + 3x^2 \quad\quad -4 & & \\
\quad \underline{-2x^3 - 4x^2} & \leftarrow & -2x(x^2 + 2x) \\
\quad\quad\quad 7x^2 \quad\quad -4 & & \\
\quad\quad\quad \underline{7x^2 + 14x} & \leftarrow & 7(x^2 + 2x) \\
\quad\quad\quad\quad\quad -14x - 4 & \leftarrow & \text{der Rest}
\end{array}
$$

Wir schließen, dass

$$x^4 + 3x^2 - 4 = (x^2 - 2x + 7)(x^2 + 2x) + (-14x - 4)$$

Daher gilt:

$$\frac{x^4 + 3x^2 - 4}{x^2 + 2x} = x^2 - 2x + 7 - \frac{14x + 4}{x^2 + 2x}$$

Rationale Funktionen

Eine **rationale Funktion** ist eine Funktion $R(x) = P(x)/Q(x)$, die als Quotient von zwei Polynomen $P(x)$ und $Q(x)$ ausgedrückt werden kann. Diese Funktion ist definiert für alle x mit $Q(x) \neq 0$. Die rationale Funktion $R(x)$ heißt **echt**, wenn der Grad von $P(x)$ kleiner ist als der von $Q(x)$. Wenn der Grad von $P(x)$ größer oder gleich dem von $Q(x)$ ist, dann heißt $R(x)$ eine **unechte** rationale Funktion. Indem wir Polynom-Division durchführen, können wir jede unechte rationale Funktion als Summe eines Polynoms und einer echten rationalen Funktion schreiben, wie in Beispiel 4.7.6 gezeigt wurde.

Beispiel 4.7.7

Eine der einfachsten Typen einer rationalen Funktion ist

$$R(x) = \frac{ax + b}{cx + d},$$

wobei $c \neq 0$, denn für $c = 0$ wäre $R(x)$ entweder eine lineare Funktion, wenn $d \neq 0$, oder sonst wäre es nicht definiert, wenn auch $d = 0$.

---

[16] Das Polynom $x^4 + 3x^2 - 4$ hat keine Terme mit x^3 und x. Deshalb haben wir einigen Zwischenraum zwischen den Potenzen von x eingeschoben, um Raum zu erhalten für Terme mit x^3 und x, die im Laufe der Berechnungen entstehen.

Der Graph von R ist eine *Hyperbel*. Siehe Abb. 5.1.7 für ein typisches Beispiel, in dem $R(x) = (3x - 5)/(x - 2)$ ist.[17] Ein sehr einfacher Fall ist $R(x) = \frac{a}{x}$, wobei $a > 0$. Abbildung 4.7.5 zeigt den Teil des Graphen dieser Funktion, in dem $x > 0$. Beachten Sie, dass die schattierte Fläche A immer gleich a ist, unabhängig davon, welchen Punkt P wir auf der Kurve wählen, da die Fläche gleich $A = x_0(a/x_0) = a$ ist.

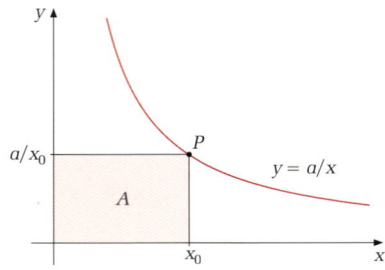

Abbildung 4.7.5: Die Fläche A ist unabhängig von P

Die Untersuchung des Verhaltens komplizierterer rationaler Funktionen wird einfacher, wenn wir geeignete Werkzeuge aus der Analysis eingeführt haben.[18]

Aufgaben für Kapitel 4.7

1. Bestimmen Sie alle ganzzahligen Lösungen der folgenden Gleichungen:

   (a) $x^4 - x^3 - 7x^2 + x + 6 = 0$ (b) $2x^3 + 11x^2 - 7x - 6 = 0$

   (c) $x^4 + x^3 + 2x^2 + x + 1 = 0$ (d) $\frac{1}{4}x^3 - \frac{1}{4}x^2 - x + 1 = 0$

2. Bestimmen Sie alle ganzzahligen Lösungen der folgenden Gleichungen:

   (a) $x^2 + x - 2 = 0$ (b) $x^3 - x^2 - 25x + 25 = 0$ (c) $x^5 - 4x^3 - 3 = 0$

3. Führen Sie die folgenden Divisionen durch:

   (a) $(2x^3 + 2x - 1) \div (x - 1)$ (b) $(x^4 + x^3 + x^2 + x) \div (x^2 + x)$

   (c) $(x^5 - 3x^4 + 1) \div (x^2 + x + 1)$ (d) $(3x^8 + x^2 + 1) \div (x^3 - 2x + 1)$

4. Finden Sie mögliche Formeln für jedes der drei Polynome, deren Graphen in Abb. 4.7.6 bis 4.7.8 gezeigt werden.

5. Führen Sie die folgenden Divisionen durch:

   (a) $(x^2 - x - 20) \div (x - 5)$ (b) $(x^3 - 1) \div (x - 1)$ (c) $(-3x^3 + 48x) \div (x - 4)$

6. Zeigen Sie, dass die Division $(x^4 + 3x^2 + 5) \div (x - c)$ für alle Werte von c ein Restglied übrig lässt.

7. Zeigen Sie: Wenn sowohl $c \neq 0$ als auch $cx + d \neq 0$, dann gilt: $\dfrac{ax + b}{cx + d} = \dfrac{a}{c} + \dfrac{bc - ad}{c(cx + d)}$

➡

---

[17] Siehe auch am Ende des Kapitels 5.5.
[18] Siehe z. B. Aufgabe 7.9.9.

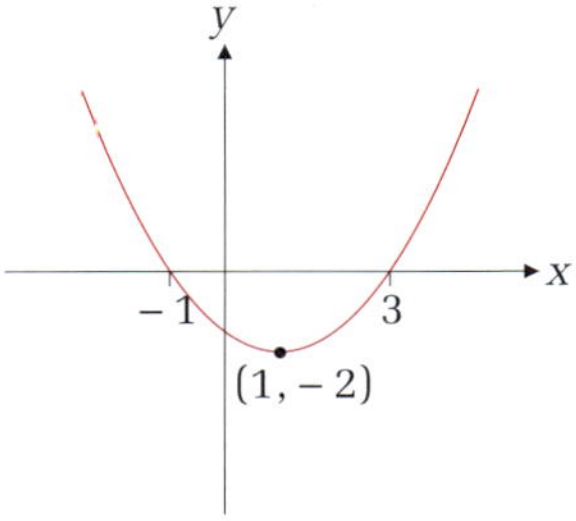

Abbildung 4.7.6: Aufgabe 4(a) 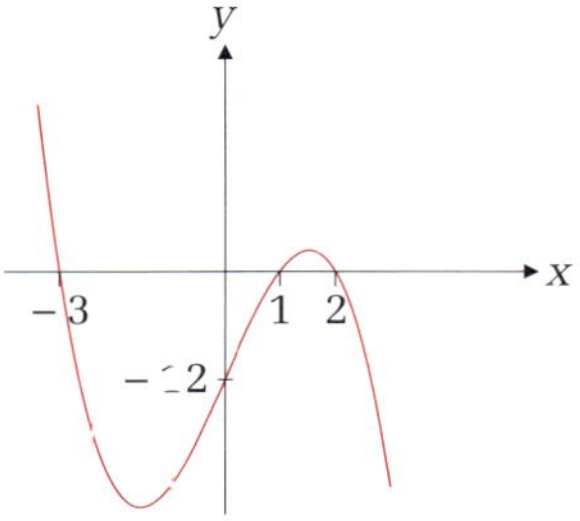   Abbildung 4.7.7: Aufgabe 4(b) 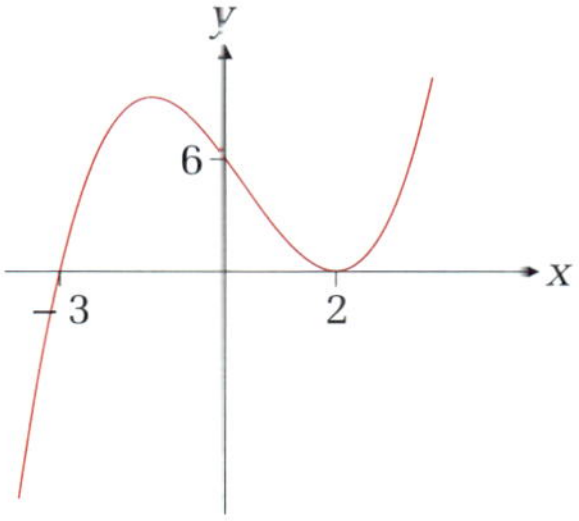   Abbildung 4.7.8: Aufgabe 4(c)

8. Die folgende Funktion wurde in der Nachfrage-Forschung verwendet:

$$E = \alpha \frac{x^2 - \gamma x}{x + \beta}$$

mit Konstanten α, β und γ. Führen Sie die Division $(x^2 - \gamma x) \div (x + \beta)$ durch und benutzen Sie das Resultat, um E als eine Summe einer linearen Funktion und eines geeigneten Bruches darzustellen.

► Lösungen zu den Aufgaben finden Sie im Anhang des Buches.

4.8 Potenzfunktionen

Wir haben in Kap. 1.5 gesehen, wie die Zahl x^r für alle rationalen Zahlen r definiert werden kann. Wir müssen x^r auch betrachten, wenn r irrational ist, damit x^r für alle reellen Zahlen r definiert ist. Wie definieren wir z. B. 5 potenziert mit der irrationalen Zahl π, d. h. 5^π? Da π nahe bei 3.1 ist, sollten wir erwarten, dass 5^π ungefähr

$$5^{3.1} = 5^{31/10} = \sqrt[10]{5^{31}},$$

welches definiert *ist*. Eine noch bessere Approximation ist

$$5^\pi \approx 5^{3.14} = 5^{314/100} = 5^{157/50} = \sqrt[50]{5^{157}}$$

Wir können fortfahren, indem wir mehr Dezimalstellen in der Darstellung von $\pi = 3.14159\,26535\ldots$ verwenden und unsere Approximation wird mit jeder weiteren Dezimalstelle besser. Damit sollte die Bedeutung von 5^π einigermaßen klar sein. Für den Moment jedoch wollen wir damit zufrieden sein, dass wir mit Hilfe eines Rechners herausfinden, dass $5^\pi \approx 156.993$. Später bietet Kap. 7.11 eine ausführlichere Diskussion, wie x^r zu definieren ist, wenn r irrational ist.

Potenzfunktion

Die allgemeine **Potenzfunktion** f ist für $x > 0$ definiert durch die Formel

$$f(x) = Ax^r, \tag{4.8.1}$$

wobei r und A Konstanten sind.

Wenn wir die Potenzfunktion betrachten, nehmen wir an, dass $x > 0$ ist. Der Grund dafür ist, dass für viele Werte von r, wie z. B. $r = 1/2$, das Symbol x^r für negative Werte von x nicht definiert ist. Und wir schließen $x = 0$ aus, weil 0^r nicht definiert ist, wenn $r \leq 0$.

Beispiel 4.8.1

Hier sind drei Beispiele dafür, warum Potenzen mit rationalen Exponenten gebraucht werden:
(a) Die Formel $S \approx 4.84V^{2/3}$ gibt die approximative Oberfläche S eines Balles als Funktion seines Volumens V an. Siehe Aufgabe 4.8.6.
(b) Der Fluss des Blutes (in Litern pro Sekunde) durch das Herz eines Menschen ist annähernd proportional zu $x^{0.7}$, wobei x das Körpergewicht ist.
(c) Sei Y das Nettosozialprodukt, K der Kapitalstock, L Arbeit und t die Zeit. Die Formel $Y = 2.262K^{0.203}L^{0.763}(1.02)^t$ erscheint in einer Studie des Wachstums des Sozialprodukts und zeigt, wie Potenzen mit gebrochenen Exponenten in den Wirtschaftswissenschaften auftauchen können.

Graphen von Potenzfunktionen

Betrachten Sie die Potenzfunktion $f(x) = x^r$, die definiert ist für alle reellen Zahlen r, vorausgesetzt, dass $x > 0$ ist. Wir haben immer $f(1) = 1^r = 1$, so dass der Graph der Funktion durch den Punkt $(1, 1)$ in der xy-Ebene verläuft. Das Verhalten des Graphen hängt entscheidend von der Größe von r ab, wie in den Abbildungen 4.8.1–4.8.3 zu sehen ist.

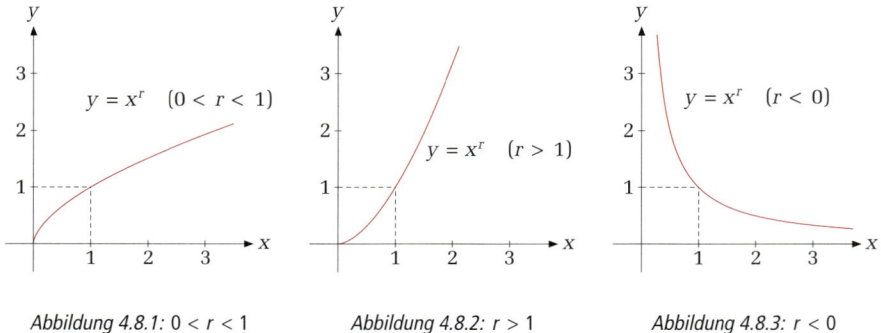

Abbildung 4.8.1: $0 < r < 1$ Abbildung 4.8.2: $r > 1$ Abbildung 4.8.3: $r < 0$

Falls $0 < r < 1$, ähnelt der Graph in Abb. 4.8.1 dem Graphen von $f(x) = x^{0.5}$, der in Abb. 4.3.8 gezeigt ist. Für $r > 1$ wird der Graph in Abb. 4.8.2 gezeigt; z. B. für $r = 2$ ist der Graph die rechte Hälfte der Parabel $y = x^2$, die in Abb. 4.3.6 gezeigt ist. Schließlich wird für $r < 0$ der Graph in Abb. 4.8.3 gezeigt, welcher für $r = -1$ die Hälfte der Hyperbel $y = 1/x$ ist, die in Abb. 4.3.9 gezeigt wird. Abb. 4.8.4 zeigt, wie der Graph von $y = x^r$ sich mit den Werten des Exponenten ändert.

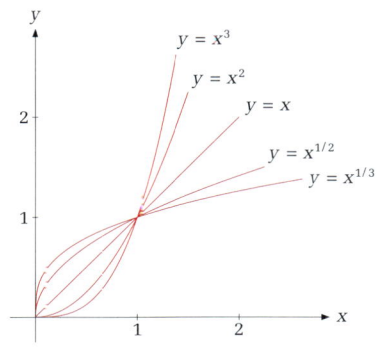

Abbildung 4.8.4: y = x^r

Aufgaben für Kapitel 4.8

1. Skizzieren Sie die Graphen von $y = x^{-3}$, $y = x^{-1}$, $y = x^{-1/2}$ und $y = x^{-1/3}$, definiert für $x > 0$.

2. Benutzen Sie einen Rechner, um approximative Werte für (a) $\sqrt{2}^{\sqrt{2}}$ (b) π^{π} zu finden.

3. Lösen Sie die folgenden Gleichungen nach x auf:

(a) $2^{2x} = 8$ 　　　　 (b) $3^{3x+1} = 1/81$ 　　　　 (c) $10^{x^2-2x+2} = 100$

4. Ordnen Sie jeden der Graphen A–F in den Abb. 4.8.5 bis 4.8.10 einer der Funktionen (a)–(f) in der folgenden Tabelle zu. Versuchen Sie in (f) eine geeignete Funktion zu finden, die den übrig gebliebenen Graphen hat.

(a) $y = \left(\frac{1}{2}\right)x^2 - x - \frac{3}{2}$ hat Graph ____　　　(b) $y = 2\sqrt{2-x}$ hat Graph ____

(c) $y = -\left(\frac{1}{2}\right)x^2 + x + \frac{3}{2}$ hat Graph ____　　　(d) $y = \left(\frac{1}{2}\right)^x - 2$ hat Graph ____

(e) $y = 2\sqrt{x-2}$ 　　hat Graph ____　　　(f) $y =$ 　　hat Graph ____

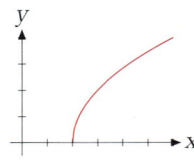

Abbildung 4.8.5: Graph A

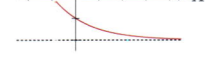

Abbildung 4.8.6: Graph B

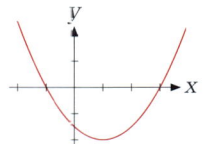

Abbildung 4.8.7: Graph C

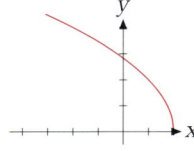

Abbildung 4.8.8: Graph D

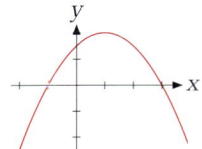

Abbildung 4.8.9: Graph E

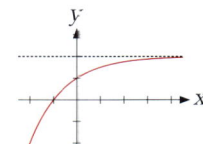

Abbildung 4.8.10: Graph F

→ Fortsetzung

5. Bestimmen Sie t, wenn gilt: (a) $3^{5t}9^t = 27$ (b) $9^t = (27)^{1/5}/3$

6. Die Formeln für die Oberfläche S und das Volumen V eines Balles mit Radius r sind $S = 4\pi r^2$ und $V = (4/3)\pi r^3$. Drücken Sie S als eine Potenzfunktion von V aus.

▶ Lösungen zu den Aufgaben finden Sie im Anhang des Buches.

4.9 Exponentialfunktionen

Eine Größe, die pro Zeiteinheit um einen festen Faktor wächst (oder fällt), nennt man *exponentiell wachsend* (oder *fallend*). Wenn dieser feste Faktor a ist, führt dies zur Untersuchung von

$$f(t) = Aa^t, \tag{4.9.1}$$

wobei $a > 0$ und A Konstanten sind. Im Folgenden werden wir den Fall betrachten, in dem A positiv ist, aber es wird offensichtlich sein, wie die folgende Diskussion auf den Fall zu modifizieren ist, in dem A negativ ist.

Beachten Sie, dass aus $f(t) = Aa^t$ folgt, dass $f(t + 1) = Aa^{t+1} = Aa^t \cdot a^1 = af(t)$ ist, so dass der Wert von f zur Zeit $t + 1$ das a-fache des Wertes von f zur Zeit t ist. Falls $a > 1$, so ist f monoton wachsend; falls $0 < a < 1$, so ist f monoton fallend (Siehe Abb. 4.9.1 und 4.9.2.) Da $f(0) = Aa^0 = A$, können wir immer schreiben $f(t) = f(0)a^t$.

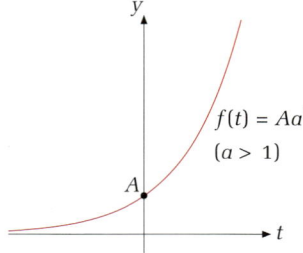
Abbildung 4.9.1: $f(t) = Aa^t$, $a > 1$

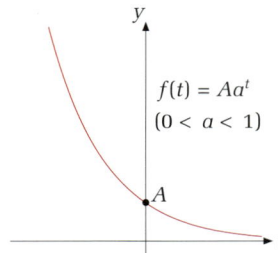
Abbildung 4.9.2: $f(t) = Aa^t$, $0 < a < 1$

Es ist wichtig, den entscheidenden Unterschied zu erkennen zwischen der Exponentialfunktion $f(x) = a^x$ und der typischen *Potenzfunktion* $g(x) = x^a$, die in Kap. 4.8 erörtert wurde. In der Tat: Bei der Exponentialfunktion a^x variiert der Exponent, während die Basis konstant ist. Bei der Potenzfunktion x^a dagegen ist der Exponent eine Konstante, während die Basis variiert.

Exponentialfunktionen treten in vielen wirtschaftswissenschaftlichen, sozialwissenschaftlichen und physikalischen Modellen auf. So sind z.B. wirtschaftliches Wachstum, Bevölkerungswachstum, stetig akkumulierter Zins, radioaktiver Zerfall und abnehmendes Analphabetentum alle durch Exponentialfunktionen beschrieben worden. Darüberhinaus ist die Exponentialfunktion eine der wichtigsten Funktionen in der Statistik. Hier ist eine Anwendung:

Betrachten Sie eine wachsende Population wie die von Europa im 20. Jahrhundert. In Beispiel 4.5.1 haben wir eine lineare Funktion $P = 5.1\,t + 606$ konstruiert, wobei P die Größe der Population in Millionen bezeichnet, $t = 0$ entspricht dem Jahr 1960, als die Größe der Population 606 Millionen war und $t = 10$ entspricht dem Jahr 1970, als die Population auf 657 Millionen geschätzt wurde. Gemäß dieser Formel wäre der jährliche Zuwachs in der Größe der Population konstant und gleich 5.1 Millionen. Dies ist eine äußerst unangemessene Annahme. Schließlich impliziert die lineare Funktion, dass für $t \leq -119$ (d. h. für Jahre vor 1841) die Population Europas negativ war!

In Wirklichkeit wurde nach den Schätzungen der UN erwartet, dass die Bevölkerung Europas um ungefähr 0.45 % jährlich wuchs im Zeitraum 1960 bis 2000. Mit einer Populationsgröße von 606 Millionen im Jahre 1960, wäre die Größe der Population in 1961 gleich $606 \cdot 1.0045$ (siehe Kap. 1.2), d. h. ungefähr 609 Millionen. Im nächsten Jahr, in 1962, wäre sie angewachsen auf $606 \cdot 1.0045^2$, d. h. auf ungefähr 611 Millionen. Wenn die Wachstumsrate konstant gleich 0.45 % jährlich bliebe, würde die Einwohnerzahl jedes Jahr um den Faktor 1.0045 wachsen. Dann wäre die Einwohnerzahl t Jahre nach 1960 gegeben durch

$$P(t) = 606 \cdot 1.0045^t$$

Damit ist $P(t)$ eine Exponentialfunktion der Gestalt (4.9.1). Für das Jahr 2015, das $t = 55$ entspricht, ergibt die Formel $P(55) \approx 776$ Millionen.[19]

Viele Länder, besonders in Afrika, haben in letzter Zeit ein wesentlich größeres Bevölkerungswachstum gehabt als Europa. So war z. B. in den 70-er und 80-er Jahren des 20. Jahrhunderts die Wachstumsrate in der Bevölkerung Zimbabwes nahe bei 3.5 % jährlich. Wenn wir $t = 0$ dem Zensus-Jahr 1969 entsprechen lassen als die Einwohnerzahl 5.1 Millionen war, dann ist die Einwohnerzahl t Jahre nach 1969 gleich $P(t) = 5.1 \cdot 1.035^t$. Wenn wir $P(20)$, $P(40)$ und $P(60)$ nach dieser Formel berechnen, erhalten wir ungefähr 10, 20 und 40. Damit verdoppelt sich die Einwohnerzahl Zimbabwes ungefähr nach 20 Jahren; während der nächsten 20 Jahre verdoppelt sie sich wieder usw. Wir sagen, dass die *Verdopplungszeit* der Einwohnerzahl annähernd 20 Jahre ist. Natürlich ist die Extrapolation, so weit in die Zukunft hinein, zweifelhaft, da das exponentielle Wachstum einer Population nicht für immer weiter gehen kann. Wenn die Wachstumsrate weiterhin 3.5 % jährlich bliebe und es keine Emigration gäbe, dann hätte im Jahr 2296 jeder Bewohner in Zimbabwe im Durchschnitt nur 1 Quadratmeter Land zur Verfügung. Siehe Aufgabe 4.9.6.

Wenn $a > 1$ und $A > 0$, ist die Exponentialfunktion $f(t) = Aa^t$ monoton wachsend. Ihre **Verdopplungszeit** ist die Zeit, die sie braucht, um sich zu verdoppeln. Ihr Wert zur Zeit $t = 0$ ist A, so dass die Verdopplungszeit t^* gegeben ist durch $f(t^*) = Aa^{t^*} = 2A$ und nach Kürzen von A, durch $a^{t^*} = 2$. Damit ist die Verdopplungszeit der Exponentialfunktion $f(t) = Aa^t$ die Potenz, zu der a erhoben werden muss, um 2 zu erhalten. In Aufgabe 4.9.7 werden Sie zeigen, dass die Verdopplungszeit unabhängig ist von dem Jahr, das Sie als Startzeitpunkt verwenden. Schließlich werden wir in Beispiel 4.10.4

---

[19] Die aktuelle Einwohnerzahl ergab sich als ungefähr 738 Millionen. Dies zeigt die Einschränkungen von naiven Hochrechnungen.

die *natürliche Logarithmusfunktion* verwenden, die mit ln bezeichnet wird, um zu bestimmen, dass $t^* = \ln 2 / \ln a$.

Beispiel 4.9.2

Benutzen Sie Ihren Rechner, um die Verdopplungszeit zu bestimmen von

(a) einer Population, wie der von Zimbabwe, die jährlich um 3.5 % wächst (womit Sie die früheren Rechnungen bestätigen).

(b) der Einwohnerzahl Kenyas in den 1980-er Jahren, die damals die höchste jährliche Wachstumsrate in der Welt von 4.2 % hatte.

Lösung:

(a) Die Verdopplungszeit t^* ist gegeben durch die Gleichung $1.035^{t^*} = 2$. Berechnungen mit einem Taschenrechner zeigen, dass $1.035^{15} \approx 1.68$, während $1.035^{25} \approx 2.36$. Damit muss t^* zwischen 15 und 25 liegen. Da $1.035^{20} \approx 1.99$, ist t^* nahe bei 20. Tatsächlich gilt $t^* \approx 20.15$.

(b) Die Verdopplungszeit t^* ist gegeben durch die Gleichung $1.042^{t^*} = 2$. Mit einem Taschenrechner finden wir heraus, dass $t^* \approx 16.85$. Damit würde sich die Einwohnerzahl Kenyas bei einer Wachstumsrate von 4.2 % in weniger als 17 Jahren verdoppeln.

Beispiel 4.9.3

(**Zinseszinsen**) Ein Sparkonto von K Euro, das jedes Jahr um p % Zinsen steigt, wird nach t Jahren angewachsen sein auf $K(1 + p/100)^t$, wie wir in Kap. 1.2 gesehen haben. Nach dieser Formel mit $K = 1$ wird eine Einlage von 1 Euro, der jedes Jahr 8 % „verdient" (so dass $p = 8$), nach t Jahren angewachsen sein auf $(1 + 8/100)^t = 1.08^t$ Euro.

t	1	2	5	10	20	30	50	100	200
$(1.08)^t$	1.08	1.17	1.47	2.16	4.66	10.06	46.90	2199.76	4 838 949.60

Tabelle 4.9.1: Wie 1 Euro auf einem Sparkonto mit der Zeit bei einem jährlichen Zinssatz von 8 % wächst

Nach 30 Jahren ist 1 Euro auf dem Sparkonto auf mehr als 10 Euro und nach 200 Jahren auf mehr als 4.8 Millionen Euro gewachsen! Beachten Sie, dass der Ausdruck 1.08^t eine Exponentialfunktion vom Typ (1) definiert mit $a = 1.08$. Auch wenn a nur geringfügig größer als 1 ist, wird $f(t)$ sehr schnell anwachsen, wenn t groß ist.

Beispiel 4.9.4

(**Stetige Abschreibung**) Jedes Jahr nimmt der Wert von vielen Wirtschaftsgütern wie Autos, Stereoausrüstungen oder Möbeln ab. Wenn der Wert eines Wirtschaftsgutes jedes Jahr um einen festen Prozentsatz abnimmt, dann wird die *Abschreibung* des Wertes *stetig* genannt.[20]

---

[20] Erinnern Sie den Fall der linearen Abschreibung, der in Aufgabe 4.5.5 behandelt wurde.

Nehmen Sie an, dass ein Auto, das zur Zeit $t = 0$ den Wert P_0 hat, jedes Jahr mit einer Rate von 20 % an Wert verliert über einen Zeitraum von insgesamt 5 Jahren. Wie hoch ist der Wert $A(t)$ zur Zeit t für $t = 1, 2, 3, 4, 5$?

Lösung: Nach 1 Jahr ist sein Wert $P_0 - (20P_0/100) = P_0(1 - 20/100) = P_0(0.8)^1$. Das heißt sein Wert nimmt jedes Jahr mit dem Faktor 0.8 ab, so dass sein Wert nach t Jahren

$$A(t) = P_0(0.8)^t$$

ist. Insbesondere ist $A(5) = P_0(0.8)^5 \approx 0.32P_0$, so dass sein Wert nach 5 Jahren abgenommen hat auf ungefähr 32 % des Anfangswertes.

Die wichtigsten Eigenschaften der Exponentialfunktion sind im Folgenden zusammengefasst:

Die allgemeine Exponentialfunktion

Die **allgemeine Exponentialfunktion** mit der Basis $a > 0$ ist

$$f(x) = Aa^x \ ,$$

wobei a der Faktor ist, mit dem $f(x)$ sich ändert, wenn x um 1 steigt.

Falls $a = 1 + p/100$, wobei $p > 0$ und $A > 0$, dann wird $f(x)$ um p % anwachsen für jedes Wachstum von x um 1 Einheit. Falls $a = 1 - p/100$, wobei $0 < p < 100$ und $A > 0$, dann wird $f(x)$ abnehmen um p %, wenn x um 1 steigt.

Die natürliche Exponentialfunktion

Jede Basis a von $f(x) = Aa^x$ führt zu einer anderen Exponentialfunktion. In der Mathematik führt ein besonderer Wert von a zu einer Exponentialfunktion, die weitaus bedeutender ist als alle anderen. Man könnte vielleicht meinen, dass $a = 2$ oder $a = 10$ diese spezielle Basis ist. Gewiss sind Potenzen zur Basis 2 wichtig in der EDV und Potenzen zur Basis 10 treten in unserem gewöhnlichen Dezimalzahlensystem auf. Trotzdem, sobald wir etwas Analysis studiert haben, wird es sich herausstellen, dass die wichtigste Basis einer Exponentialfunktion eine irrationale Zahl ist, die wenig größer als 2.7 ist. In der Tat ist die Bedeutung dieser Zahl so herausragend, dass sie mit dem einzelnen Buchstaben e bezeichnet wird, wahrscheinlich deshalb, weil es der erste Buchstabe des Wortes „exponentiell" ist. Der Wert auf 14 Dezimalstellen ist[21]

$$e = 2.7\,18281828459045\ldots$$

Die zu dieser Basis e gehörige Exponentialfunktion

$$f(x) = e^x \tag{4 9.2}$$

wird die **natürliche Exponentialfunktion** genannt. In den Beispielen 7.5.4 und 7.6.2 werden wir eine explizite Möglichkeit angeben, wie man e^x mit beliebiger Genauigkeit

---

[21] Obwohl die Zahl e bereits 100 Jahre früher bekannt war, war der Schweizer Wissenschaftler und Mathematiker Leonhard Euler (1707–1783) der erste, der sie mit dem Buchstaben e bezeichnete. Er bewies, dass sie irrational ist und berechnete sie auf 23 Dezimalstellen.

approximieren kann. Natürlich gelten alle Regeln für Potenzen auch für die natürliche Exponentialfunktion. Insbesondere

$$\text{(a)} \quad e^s e^t = e^{s+t} \qquad \text{(b)} \quad \frac{e^s}{e^t} = e^{s-t} \qquad \text{(c)} \quad (e^s)^t = e^{st}$$

Die Graphen der Funktionen $f(x) = e^x$ und $f(x) = e^{-x}$ sind in Abb. 4.9.3 gegeben.

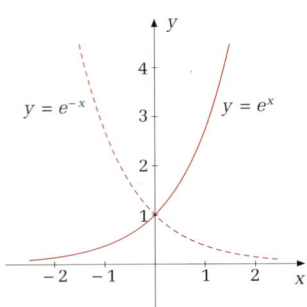

Abbildung 4.9.3: Die Graphen von $y = e^x$ und $y = e^{-x}$

Potenzen mit e als Basis, sogar e^1, sind schwierig per Hand zu berechnen. Ein Taschenrechner mit einer $\boxed{e^x}$-Funktionstaste kann dies jedoch unverzüglich erledigen. So erhält man z. B., dass $e^{1.0} \approx 2.7183$, $e^{0.5} \approx 1.6487$ und $e^{-\pi} \approx 0.0432$ ist.

Manchmal wird die Notation $\exp(u)$ anstelle von e^u verwendet. Falls u ein komplizierter Ausdruck wie $x^3 + x\sqrt{x - 1/x} + 5$ ist es einfacher, $\exp(x^3 + x\sqrt{x - 1/x} + 5)$ anstelle von $e^{x^3 + x\sqrt{x-1/x}+5}$ zu lesen und zu schreiben.

Aufgaben für Kapitel 4.9

1. Wie groß wäre die Verdopplungszeit der Einwohnerzahl Europas, wenn sie mit einer Rate von 0.72 % jährlich wüchse?

2. Die Einwohnerzahl Botswanas wurde im Jahre 1989 auf 1.22 Millionen geschätzt und die Wachstumsrate auf 3.4 % jährlich. Geben Sie eine Formel für die Einwohnerzahl zur Zeit t an, wenn $t = 0$ dem Jahr 1989 entspricht. Wie groß ist die Verdopplungszeit?

3. Ein Sparkonto mit einer Anfangseinlage von 100 Euro bringt pro Jahr 12 % Zinsen ein. Wie hoch ist der Betrag auf dem Sparkonto nach t Jahren? Fertigen Sie eine Tabelle ähnlich zu Tabelle 4.9.1 an und hören Sie dabei bei 50 Jahren auf.

4. Füllen Sie die folgende Tabelle aus und skizzieren Sie die Graphen von $y = 2^x$ und $y = 2^{-x}$.

x	-3	-2	-1	0	1	2	3
2^x							
2^{-x}							

➡ Fortsetzung

5. Die **Dichtefunktion der Standardnormalverteilung**

$$\varphi(x) = \frac{1}{\sqrt{2\pi}} e^{-\frac{1}{2}x^2}$$

ist eine der wichtigsten Funktionen in der Statistik. Ihr Graph wird oft die "Glocken-kurve" genannt, wegen seiner Gestalt. Benutzen Sie Ihren Rechner um die folgende Tabelle auszufüllen:

x	-2	-1	0	1	2
$y = \varphi(x)$					

6. Die Fläche von Zimbabwe ist annähernd $3.91 \cdot 10^{11}$ Quadratmeter. Lösen Sie be-zugnehmend auf Beispiels 4.9.1 und unter Benutzung eines Rechners die Gleichung $5.1 \cdot 10^6 \cdot 1.035^t = 3.91 \cdot 10^{11}$ nach t auf und interpretieren Sie die Lösung.

7. Es sei $f(t) = Aa^t$. Beweisen Sie, dass $a^{t^*} = 2$, falls $f(t + t^*) = 2f(t)$. Dies zeigt, dass die Verdopplungszeit t^* der allgemeinen Exponentialfunktion unabhängig von der An-fangszeit t ist.

8. Welche der folgenden Gleichungen definieren *keine* Exponentialfunktionen von x?

(a) $y = 3^x$ (b) $y = x^{\sqrt{2}}$ (c) $y = (\sqrt{2})^x$

(d) $y = x^x$ (e) $y = (2.7)^x$ (f) $y = 1/2^x$

9. Nehmen Sie an, dass alle Preise mi derselben proportionalen (Inflations-) Rate von 19 % pro Jahr steigen. Nutzen Sie für ein Gut, das gegenwärtig P_0 kostet, die implizierte Formel für den Preis nach t Jahren, um die folgenden Preise vorherzusagen:

(a) Ein 20 kg Sack voll Korn, der heute 16 Euro kostet, nach 5 Jahren.

(b) Ein 4.40 Euro teure Kaffeekanne nach 10 Jahren.

(c) Ein 250 000 Euro teures Hauses nach 4 Jahren.

10. Bestimmen Sie mögliche Exponentialfunktionen für die Graphen in den Abbildun-gen 4.9.4 bis 4.9.6.

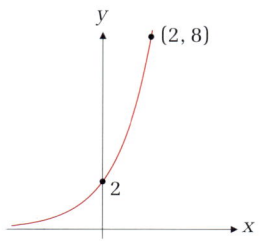

Abbildung 4.9.4: Graph A

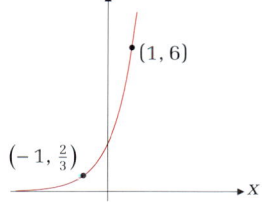

Abbildung 4.9.5: Graph B

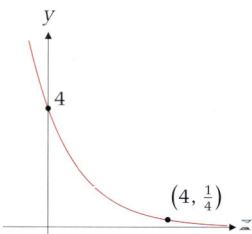

Abbildung 4.9.6: Graph C

▶ Lösungen zu den Aufgaben finden Sie im Anhang des Buches.

4.10   Logarithmusfunktionen

Die Verdopplungszeit einer Exponentialfunktion $f(t) = Aa^t$ wurde als diejenige Zeit definiert, die es braucht, bis $f(t)$ zweimal so groß wird. Um die Verdopplungszeit t^* zu bestimmen, müssen wir die Gleichung $a^{t^*} = 2$ nach t^* auflösen. In den Wirtschaftswissenschaften müssen wir häufig ähnliche Probleme lösen:

(a) Wie lange wird es bei der gegenwärtigen Inflationsrate dauern, bis das Preisniveau sich verdreifacht hat?

(b) Wie lange dauert es, bis die Weltbevölkerung sich verdoppelt hat, wenn sie mit 2 % pro Jahr wächst?

(c) Wie lange dauert es, bis ein Sparkonto mit einem Anfangskapital von 1000 Euro bei einem jährlichen Zinssatz von 8 % einen Betrag von 10 000 Euro erreicht hat?

All diese Fragen erfordern, dass Gleichungen der Gestalt $a^x = b$ nach x aufzulösen sind. Das Problem (c) z. B. reduziert sich darauf, dasjenige x zu finden, das die Gleichung $1000(1.08)^x = 10\,000$ erfüllt.

Wir beginnen mit Gleichungen, in denen die Basis der Exponentialfunktion gleich e ist, das, wie Sie sich erinnern, die irrationale Zahl $2.718\ldots$ ist. Hier sind einige Beispiele: $e^x = 4$; $5e^{-3x} = 16$ und $A\alpha e^{-\alpha x} = k$. In all diesen Gleichungen erscheint die Unbekannte x als Exponent. Wir bringen deshalb die folgende nützliche Definition. Falls $e^u = b$ ist, nennen wir u den **natürlichen Logarithmus** von b und wir schreiben $u = \ln b$. Daher haben wir die folgende Definition des Symbols $\ln b$:

Natürlicher Logarithmus

Für jede positive Zahl b ist

$$e^{\ln b} = b \tag{4.10.1}$$

Daher ist $\ln b$ der Exponent, mit dem Sie e potenzieren müssen, um b zu erhalten.

Da e^u eine strikt monoton wachsende Funktion von u ist, folgt, dass $\ln b$ durch die Definition (4.10.1) eindeutig bestimmt *ist*. Sie sollten sich diese Definition merken. Sie bildet die Grundlage für diesen gesamten Abschnitt und für einen großen Teil dessen, was später kommt. Das folgende Beispiel zeigt, wie diese Definition anzuwenden ist.

Beispiel 4.10.1

Bestimmen Sie folgende Zahlen: (a) $\ln 1$ (b) $\ln e$ (c) $\ln(1/e)$ (d) $\ln 4$ (e) $\ln(-6)$

Lösung:

(a) $\ln 1 = 0$, da $e^0 = 1$ und damit ist 0 der Exponent, mit dem Sie e potenzieren müssen, um 1 zu erhalten.

(b) $\ln e = 1$, da $e^1 = e$ und damit ist 1 der Exponent, mit dem Sie e potenzieren müssen, um e zu erhalten.

(c) $\ln(1/e) = \ln e^{-1} = -1$, da -1 der Exponent ist, mit dem Sie e potenzieren müssen, um $1/e$ zu erhalten.

(d) ln 4 ist der Exponent, mit dem Sie e potenzieren müssen, um 4 zu erhalten. Da $e^1 \approx 2.7$ und $e^2 = e^1 \cdot e^1 \approx 7.3$, muss die Zahl ln 4 zwischen 1 und 2 liegen. Indem Sie einen Rechner benutzen, sollten Sie in der Lage sein, durch Ausprobieren eine gute Approximation von ln 4 zu finden. Es ist jedoch einfacher 4 einzugeben und die $\boxed{\ln x}$-Taste zu drücken. Sie erhalten dann, dass ln 4 ≈ 1.386 ist. Damit ist $e^{1.386} \approx 4$.

(e) ln(−6) wäre der Exponent, mit dem Sie e potenzieren müssten, um −6 zu erhalten. Da e^x positiv ist für alle x, ist ln(−6) offensichtlich nicht definiert. (Dasselbe gilt für ln x immer dann, wenn $x \leq 0$.)

Die folgende Box fasst einige nützliche Regeln für den natürlichen Logarithmus zusammen.

Regeln für die natürliche Logarithmusfunktion ln:

(a) Der Logarithmus eines *Produkts* ist die *Summe* der Logarithmen der Faktoren: Wenn x und y positiv sind, dann gilt
$\ln(xy) = \ln x + \ln y$

(b) Der Logarithmus eines *Quotienten* ist die *Differenz* aus dem Logarithmus des Zählers und des Nenners: Wenn x und y positiv sind, dann gilt $\ln \dfrac{x}{y} = \ln x - \ln y$ (4.10.2)

(c) Der Logarithmus einer *Potenz* ist gleich dem Exponenten multipliziert mit dem Logarithmus der Basis: Wenn x positiv ist dann gilt $\ln x^p = p \ln x$

(d) $\ln 1 = 0$, $\ln e = 1$, für beliebiges x gilt $\ln e^x = x$ und für $x > 0$ gilt $x = e^{\ln x}$.

Um (a) zu zeigen, beachten Sie zunächst, dass die Definition von $\ln(xy)$ impliziert, dass $e^{\ln(xy)} = xy$. Ferner ist $x = e^{\ln x}$ und $y = e^{\ln y}$, so dass

$$e^{\ln(xy)} = xy = e^{\ln x}e^{\ln y} = e^{\ln x + \ln y} , \qquad (*)$$

wobei im letzten Schritt die Regel $e^s e^t = e^{s+t}$ benutzt wurde. Allgemein impliziert $e^u = e^v$, dass $u = v$, so dass wir aus $(*)$ schließen, dass $\ln(xy) = \ln x + \ln y$.

Die Beweise für (b) und (c) beruhen auf der Regel $e^s/e^t = e^{s-t}$ bzw. $(e^s)^t = e^{st}$ und bleiben dem Leser überlassen. Schließlich zeigt (d) einige wichtige Eigenschaften zur bequemen Referenz.

Man *ist* in der Versuchung $\ln(x + y)$ durch $\ln x + \ln y$ zu ersetzen, aber dies ist völlig falsch. Tatsächlich ist $\ln x + \ln y$ gleich $\ln(xy)$ und nicht gleich $\ln(x + y)$.

Logarithmus einer Summe

Es gibt keine einfachen Formeln für $\ln(x + y)$ und $\ln(x - y)$

Hier sind einige Beipiele, in denen die vorangehenden Regeln angewendet werden.

Drücken Sie (a) $\ln 4$, (b) $\ln \sqrt[3]{2^5}$ und (c) $\ln(1/16)$ durch $\ln 2$ aus.

Lösung:

(a) $\ln 4 = \ln(2 \cdot 2) = \ln 2 + \ln 2 = 2\ln 2$. Oder: $\ln 4 = \ln 2^2 = 2\ln 2$.

(b) Es gilt $\sqrt[3]{2^5} = 2^{5/3}$. Deshalb ist $\ln \sqrt[3]{2^5} = \ln 2^{5/3} = (5/3)\ln 2$.

(c) $\ln(1/16) = \ln 1 - \ln 16 = 0 - \ln 2^4 = -4\ln 2$. Oder: $\ln(1/16) = \ln 2^{-4} = -4\ln 2$.

Lösen Sie die folgenden Gleichungen nach x auf:

(a) $5e^{-3x} = 16$ (b) $A\alpha e^{-\alpha x} = k$ (c) $(1.08)^x = 10$ (d) $e^x + 4e^{-x} = 4$

Lösung:

(a) Bilden Sie $\ln$ auf jeder Seite der Gleichung. Sie erhalten dann $\ln(5e^{-3x}) = \ln 16$. Die Produktregel ergibt $\ln(5e^{-3x}) = \ln 5 + \ln e^{-3x}$. Nach Regel (d) ist $\ln e^{-3x} = -3x$. Daher ist $\ln 5 - 3x = \ln 16$, woraus folgt, dass

$$x = \frac{1}{3}(\ln 5 - \ln 16) = \frac{1}{3}\ln\frac{5}{16}$$

(b) Wir argumentieren wie in (a) und erhalten $\ln(A\alpha e^{-\alpha x}) = \ln k$ oder $\ln(A\alpha) + \ln e^{-\alpha x} = \ln k$, so dass $\ln(A\alpha) - \alpha x = \ln k$. Schließlich folgt

$$x = \frac{1}{\alpha}\left[\ln(A\alpha) - \ln k\right] = \frac{1}{\alpha}\ln\frac{A\alpha}{k}$$

(c) Wieder bilden wir auf beiden Seiten den $\ln$ und erhalten $x\ln 1.08 = \ln 10$. Damit ist die Lösung $x = \ln 10/\ln 1.08$ und das ist ≈ 29.9. So dauert es knapp 30 Jahre bis 1 Euro auf 10 Euro angewachsen ist, wenn der Zinssatz 8 % beträgt. (Siehe Tabelle 4.9.1 in Beispiel 4.9.3.)

(d) Man ist in der Versuchung, mit $\ln(e^x + 4e^{-x}) = \ln 4$ zu beginnen, aber dies führt nicht weiter, da $\ln(e^x + 4e^{-x})$ nicht weiter ausgerechnet werden kann. Stattdessen argumentieren wir wie folgt: Wir setzen $u = e^x$ und erhalten $e^{-x} = 1/e^x = 1/u$, so dass die Gleichung äquivalent ist zu $u + 4/u = 4$ oder $u^2 + 4 = 4u$. Wenn wir diese quadratische Gleichung nach u auflösen, erhalten wir $u = 2$ als einzige Lösung. Daher ist $e^x = 2$ und somit $x = \ln 2$.

Die Funktion $g(x) = \ln x$

Für jede positive Zahl x ist die Zahl $\ln x$ definiert durch $e^{\ln x} = x$. Wir nennen die Funktion

$$g(x) = \ln x, \qquad\qquad (4.10.3)$$

wobei $x > 0$, die **natürliche Logarithmusfunktion**. Stellen Sie sich x als einen Punkt vor, der sich auf der vertikalen Achse vom Ursprung aus aufwärts bewegt. Wenn x von Werten kleiner als 1 auf Werte größer als 1 ansteigt, so steigt $g(x)$ von negativen auf positive Werte an. Da e^u gegen 0 strebt, wenn u große negative Werte annimmt, so nimmt $g(x)$ große negative Werte an, wenn x gegen 0 strebt. Indem man die Definition von $\ln x$ wiederholt, dann $y = \ln x$ einsetzt und dann $\ln$ auf beiden Seiten bildet, ergibt sich Gleichung (4.10.2): $e^{\ln x} = x$ für alle $x > 0$ und $\ln e^y = y$ für alle y.

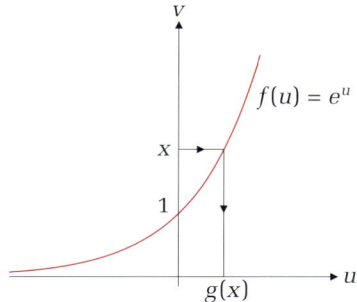

Abbildung 4.10.1: Konstruktion von $g(x) = \ln x$

Abbildung 4.10.2: $g(x) = \ln x$

In Abb. 4.10.2 haben wir den Graphen von $g(x) = \ln x$ dargestellt. Die Gestalt dieses Graphen sollten Sie sich merken. Man kann den Graphen erhalten, indem man den Graphen in Abbildung 4.10.1 an der 45°-Linie spiegelt, so dass die u- und v-Achsen vertauscht werden und zur y- bzw. x-Achse in Abbildung 4.10.2 werden. Nach Beispiel 4.10.1 haben wir $g(1/e) = -1$, $g(1) = 0$ und $g(e) = 1$. Bemerken Sie, dass dies mit dem Graphen übereinstimmt.

Logarithmen mit anderen Basen als e

Erinnern Sie sich, dass wir $\ln x$ als den Exponenten definiert haben, mit dem wir die Basis e potenzieren müssen, um x zu erhalten. Manchmal ist es nützlich, Logarithmen mit anderen Basen als e zu verwenden. Vor vielen Jahren, bevor die Nutzung von mechanischen und dann elektronischen Rechnern weit verbreitet war, wurden häufig Tabellen mit Logarithmen zur Basis 10 verwendet, um komplizierte Rechnungen mit Multiplikationen, Divisionen, Quadratwurzeln usw. zu vereinfachen.

Nehmen Sie an, dass a eine feste positive Zahl (meist > 1 gewählt) ist. Falls $a^u = x$, dann nennen wir u den **Logarithmus von x zur Basis a** und schreiben $u = \log_a x$. Das Symbol $\log_a x$ ist dann für jede positive Zahl x definiert durch:

Zum Beispiel ist $\log_2 32 = 5$, da $2^5 = 32$, während $\log_{10}(1/100) = -2$, da $10^{-2} = 1/100$. Beachten Sie, dass $\ln x$ gleich $\log_e x$.

Indem wir $\ln$ auf beiden Seiten von (4.10.4) bilden, erhalten wir $\log_a x \cdot \ln a = \ln x$, so dass

$$\log_a x = \frac{1}{\ln a} \ln x \qquad\qquad (4.10.5)$$

Dies offenbart, dass der Logarithmus von x im System mit der Basis a proportional zu $\ln x$ *ist mit dem Proportionalitätsfaktor* $1/\ln a$. Es folgt unmittelbar, dass $\log_a$ denselben Regeln gehorcht wie $\ln$:

(a) $\log_a(xy) = \log_a x + \log_a y,$ (b) $\log_a(x/y) = \log_a x - \log_a y$

(c) $\log_a x^p = p \log_a x,$ (d) $\log_a 1 = 0$ und $\log_a a = 1$ (4.10.6)

Zum Beispiel folgt (a) aus der entsprechenden Regel für $\ln$:

$$\log_a(xy) = \frac{1}{\ln a} \ln(xy) = \frac{1}{\ln a}(\ln x + \ln y) = \frac{1}{\ln a} \ln x + \frac{1}{\ln a} \ln y = \log_a x + \log_a y$$

Erinnern Sie sich, dass nach Kap. 4.9 die Verdopplungszeit t^* einer Exponentialfunktion $f(t) = Aa^t$ gegeben ist durch $a^{t^*} = 2$. Lösen Sie diese Gleichung nach t^* auf.

Lösung: Indem wir auf beiden Seiten der Gleichung den natürlichen Logarithmus bilden, ergibt sich $\ln a^{t^*} = \ln 2$. Mit Regel (c) erhalten wir $t^* \ln a = \ln 2$ und somit $t^* = \ln 2/\ln a$.

1. Drücken Sie die folgenden Zahlen als Vielfache von $\ln 3$ aus:

   (a) $\ln 9$ (b) $\ln \sqrt{3}$ (c) $\ln \sqrt[5]{3^2}$ (d) $\ln \dfrac{1}{81}$

2. Lösen Sie die folgenden Gleichungen nach x auf:

   (a) $3^x = 8$ (b) $\ln x = 3$ (c) $\ln(x^2 - 4x + 5) = 0$

   (d) $\ln[x(x-2)] = 0$ (e) $\dfrac{x \ln(x+3)}{x^2 + 1} = 0$ (f) $\ln(\sqrt{x} - 5) = 0$

3. Lösen Sie die folgenden Gleichungen nach x auf:

   (a) $3^x 4^{x+2} = 8$ (b) $3 \ln x + 2 \ln x^2 = 6$ (c) $4^x - 4^{x-1} = 3^{x+1} - 3^x$

   (d) $\log_2 x = 2$ (e) $\log_x e^2 = 2$ (f) $\log_3 x = -3$

→ Fortsetzung

4. Gegeben sei $f(t) = Ae^{rt}$ und $g(t) = Be^{st}$ mit $A > 0$, $B > 0$ und $r \neq s$. Lösen Sie die Gleichung $f(t) = g(t)$ nach t auf.

5. Im Jahre 1990 wurde das BIP (Bruttoinlandsprodukt) Chinas auf $1.2 \cdot 10^{12}$ US-Dollar geschätzt, während das der USA mit $5.6 \cdot 10^{12}$ US-Dollar angegeben wurde. Die jährlichen Wachstumsraten der beiden Länder wurden auf 9% bzw. 2% geschätzt. Dies impliziert, dass t Jahre nach 1990 das BIP der beiden Länder Ae^{rt} bzw. Be^{st} sein sollte, wobei $r = 0.09$, $s = 0.02$ und A, B sind geeignete Konstanten. Verwenden Sie die Antwort zu Aufgabe 4, um das Datum zu bestimmen, an dem die BIP der beiden Länder gleich sein sollten.

6. Nehmen Sie an, dass alle Variablen in den folgenden Formeln positiv sind. Welche Formeln gelten immer und welche sind manchmal falsch?

(a) $(\ln A)^4 = 4 \ln A$ (b) $\ln B = 2 \ln \sqrt{B}$

(c) $\ln A^{10} - \ln A^4 = 3 \ln A^2$ (d) $\ln \dfrac{A + B}{C} = \ln A + \ln B - \ln C$

(e) $\ln \dfrac{A + B}{C} = \ln(A + B) - \ln C$ (f) $\ln \dfrac{A}{B} + \ln \dfrac{B}{A} = 0$

(g) $p \ln(\ln A) = \ln(\ln A^p)$ (h) $p \ln(\ln A) = \ln(\ln A)^p$

(i) $\dfrac{\ln A}{\ln B + \ln C} = \ln[A(BC)^{-1}]$

7. Vereinfachen Sie die folgenden Ausdrücke, wobei in a) $x > 0$ und in c) $y > 0$ vorausgesetzt wird:

(a) $\exp\left[\ln(x)\right] - \ln\left[\exp(x)\right]$ (b) $\ln\left[x^4 \exp(-x)\right]$ (c) $\exp\left[\ln(x^2) - 2 \ln y\right]$

► Lösungen zu den Aufgaben finden Sie im Anhang des Buches.

Aufgaben zur Wiederholung für Kapitel 4

1. Gegeben sei $f(x) = 3 - 27x^3$.

(a) Berechnen Sie: $f(0)$, $f(-1)$, $f(1/3)$ und $f(\sqrt[3]{2})$.

(b) Zeigen Sie, dass $f(x) + f(-x) = 6$ für alle x.

2. Sei $F(x) = 1 + \dfrac{4x}{x^2 + 4}$.

(a) Berechnen Sie: $F(0)$, $F(-2)$, $F(2)$ und $F(3)$.

(b) Wie verhält sich $F(x)$, wenn x große positive oder negative Werte annimmt?

(c) Fertigen Sie eine grobe Skizze des Graphen von F an.

3. Abbildung 4.W.1 zeigt die Graphen einer quadratischen Funktion f und einer linearen Funktion g. Benutzen Sie die Graphen, um diejenigen x zu bestimmen, für die: (a) $f(x) \leq g(x)$ (b) $f(x) \leq 0$ (c) $g(x) \geq 0$.

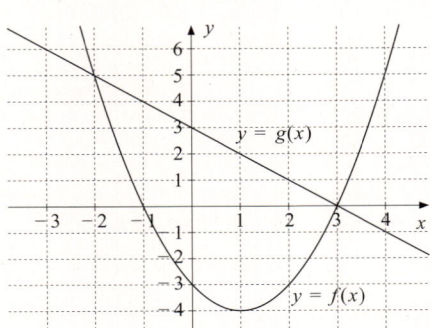

Abbildung 4.W.1: Zwei Funktionen

4. Bestimmen Sie die Definitionsbereiche der folgenden Funktionen:

   (a) $f(x) = \sqrt{x^2 - 1}$ (b) $g(x) = \dfrac{1}{\sqrt{x-4}}$ (c) $h(x) = \sqrt{(x-3)(5-x)}$

5. Die Kosten der Herstellung von x Einheiten eines Gutes seien gegeben durch $C(x) = 100 + 40x + 2x^2$.

   (a) Bestimmen Sie $C(0)$, $C(100)$ und $C(101) - C(100)$.

   (b) Bestimmen Sie $C(x+1) - C(x)$ und erklären Sie in Worten die Bedeutung dieser Differenz.

6. Bestimmen Sie die Steigungen der folgenden Geraden:

   (a) $y = -4x + 8$ (b) $3x + 4y = 12$ (c) $\dfrac{x}{a} + \dfrac{y}{b} = 1$

7. Bestimmen Sie die Gleichungen für die folgenden Geraden:

   (a) L_1 geht durch $(-2, 3)$ und hat die Steigung -3.

   (b) L_2 geht durch $(-3, 5)$ und $(2, 7)$.

   (c) L_3 geht durch (a, b) und $(2a, 3b)$, wobei $a \neq 0$.

8. Bestimmen Sie $f(-3)$, wenn $f(x) = ax + b$, $f(2) = 3$ und $f(-1) = -3$ ist.

9. Füllen Sie die folgende Tabelle aus und fertigen Sie dann eine grobe Skizze des Graphen der Funktion $y = x^2 e^x$ an.

x	-5	-4	-3	-2	-1	0	1
$y = x^2 e^x$							

10. Bestimmen Sie die Gleichung der Parabel $y = ax^2 + bx + c$, die durch die drei Punkte $(1, -3)$, $(0, -6)$ und $(3, 15)$ verläuft, d. h. bestimmen Sie a, b und c.

11. Falls ein Unternehmen Q Tonnen eines Produktes verkauft, ist der pro Tonne erzielte Preis P gleich $P = 1000 - \frac{1}{3}Q$. Der Preis, den das Unternehmen pro Tonne zu zahlen hat, ist $P = 800 + \frac{1}{5}Q$. Zusätzlich gibt es Transportkosten von der Größe 100 pro Tonne.

    (a) Drücken Sie den Gewinn des Unternehmens π als Funktion von Q, der Anzahl verkaufter Tonnen, aus und bestimmen Sie die den Gewinn maximierende Menge.

    (b) Nehmen Sie an, dass die Regierung eine Steuer der Höhe 10 pro Tonne auf das Produkt des Unternehmens erhebt. Bestimmen Sie den neuen Ausdruck für den Gewinn $\hat{\pi}$ und die neue verkaufte Menge, die den Gewinn maximiert.

12. Nehmen Sie in Beispiel 4.6.1 an, dass eine Steuer der Höhe τ pro hergestellter Einheit erhoben wird. Welches Produktionsniveau maximiert den Gewinn, wenn $\tau < 100$ ist?

13. Ein Unternehmen produziert ein Gut und erzielt 100 Euro für jede verkaufte Einheit. Die Kosten für die Herstellung und den Verkauf von x Einheiten seien $20x + 0.25x^2$ Euro.

    (a) Bestimmen Sie das Produktionsniveau, das den Gewinn maximiert.

    (b) Es werde eine Steuer von 10 Euro pro Einheit erhoben. Welches ist jetzt das optimale Produktionsniveau?

    (c) Beantworten Sie die Frage in (b), wenn der Verkaufspreis p ist, die Gesamtkosten für die Herstellung und den Verkauf von x Einheiten $\alpha x + \beta x^2$ sind und die Steuer pro Einheit τ ist, wobei $\tau \leq p - \alpha$.

14. Schreiben Sie die folgenden Polynome als Produkte linearer Faktoren:

    (a) $p(x) = x^3 + x^2 - 12x$ (b) $q(x) = 2x^3 + 3x^2 - 18x + 8$

15. Nehmen Sie an, dass a und b Konstanten sind, während n eine natürliche Zahl ist. Welche der folgenden Divisionen hinterlassen keinen Rest?

    (a) $(x^3 - x - 1)/(x - 1)$ (b) $(2x^3 - x - 1)/(x - 1)$

    (c) $(x^3 - ax^2 + bx - ab)/(x - a)$ (d) $(x^{2n} - 1)/(x + 1)$

16. Bestimmen Sie die Werte von k, für die das Polynom $q(x)$ ein Teiler des Polynoms $p(x)$ ist:

    (a) $p(x) = x^2 - kx + 4$; $q(x) = x - 2$ (b) $p(x) = k^2x^2 - kx - 6$; $q(x) = x + 2$

    (c) $p(x) = x^3 - 4x^2 + x + k$; $q(x) = x + 2$ (d) $p(x) = k^2x^4 - 3kx^2 - 4$; $q(x) = x - 1$

17. Die kubische Funktion $p(x) = \frac{1}{4}x^3 - x^2 - \frac{11}{4}x + \frac{15}{2}$ hat drei reelle Nullstellen. Verifizieren Sie, dass $x = 2$ eine von ihnen ist und finden Sie die beiden anderen.

18. Im Jahr 1964 trat in Tanzania ein Fünfjahresplan in Kraft, der u. a. vorsah, das reale Pro-Kopf-Einkommen in den nächsten 15 Jahren zu verdoppeln. Welches ist die durchschnittliche jährliche Wachstumsrate des realen Pro-Kopf-Einkommens, die verlangt werden muss, um das Ziel zu erreichen?

19. Abbildung 4.W.2 zeigt den Graphen der Funktion $f(x) = (ax + b)/(x + c)$. Welche der Konstanten a, b und c sind positiv, Null oder negativ?

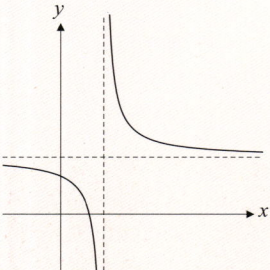

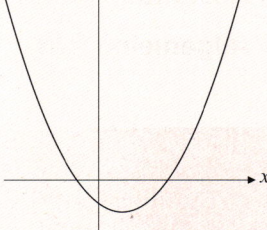

Abbildung 4.W.2: Graph von $y = \dfrac{ax + b}{x + c}$ *Abbildung 4.W.3: Graph von $y = px^2 + qx + r$*

20. Abbildung 4.W.3 zeigt den Graphen der Funktion $y = g(x) = px^2 + qx + r$. Welche der Konstanten p, q und r sind positiv, Null oder negativ?

21. Erinnern Sie: (i) Der Zusammenhang zwischen der Temperatur in Grad Celsius (C) und Grad Fahrenheit (F) ist linear; (ii) Wasser friert bei 0° C und 32° F und (iii) Wasser kocht bei 100° C und 212° F.

    (a) Bestimmen Sie die Gleichung, die C in F umrechnet.

    (b) Welche Temperatur wird in der Grad Celsius- und der Grad Fahrenheit-Skala durch dieselbe Zahl gemessen?

22. Lösen Sie die folgenden Gleichungen nach t auf:

    (a) $x = e^{at+b}$ (b) $e^{-at} = 1/2$ (c) $\dfrac{1}{\sqrt{2\pi}} e^{-t^2/2} = \dfrac{1}{8}$

23. Beweisen Sie die folgenden Gleichheiten mit geeigneten Einschränkungen der Variablen:

    (a) $\ln x - 2 = \ln(x/e^2)$ (b) $\ln x - \ln y + \ln z = \ln \dfrac{xz}{y}$

    (c) $3 + 2\ln x = \ln(e^3 x^2)$ (d) $\frac{1}{2}\ln x - \frac{3}{2}\ln\frac{1}{x} - \ln(x + 1) = \ln\dfrac{x^2}{x + 1}$

▶ Lösungen zu den Aufgaben finden Sie im Anhang des Buches.

Eigenschaften von Funktionen

5

ÜBERBLICK

Das Paradoxon ist nun vollständig nachgewiesen, dass die stärksten Abstraktionen die wahren Waffen sind, mit denen wir unsere Gedanken zu konkreten Tatsachen kontrollieren.

–Alfred North Whitehead (1925)

> *Dieses Kapitel beginnt mit der genaueren Untersuchung von Funktionen einer Variablen und ihrer Graphen. Insbesondere werden wir untersuchen, wie sich Änderungen in den Funktionen in Verschiebungen ihrer Graphen auswirken und wie aus zwei gegebenen Funktionen (durch Verknüpfung) eine neue Funktion konstruiert werden kann. Weiterhin diskutieren wir, wann eine Funktion eine Inverse hat und erklären, wie eine inverse Funktion den Effekt der Ausgangsfunktion rückgängig macht und umgekehrt.*
>
> *Jede Gleichung in zwei Variablen kann als Kurve (oder als Punktmenge) in der xy-Ebene dargestellt werden. Einige Beispiele illustrieren dies. Das Kapitel endet mit einer Diskussion des allgemeinen Konzepts einer Funktion, welches eins der wichtigsten Konzepte in der Mathematik ist, von großer Bedeutung auch in den Wirtschaftswissenschaften.*

5.1   Verschiebung von Graphen

Die Produktionsaufnahme einer bedeutenden neuen Ölquelle wird die Angebotskurve für Öl beeinflussen. Dies wird Auswirkungen auf den Gleichgewichtspreis haben. Eine neue Technologie in der Produktion eines Gutes wird eine Aufwärtsverschiebung der Produktionsfunktion hervorrufen und eine Abwärtsverschiebung der Kostenfunktion.

In diesem Abschnitt untersuchen wir im Allgemeinen, wie der Graph einer Funktion $f(x)$ in Beziehung steht zu den Graphen der Funktionen

$$f(x) + c, \quad f(x + c), \quad cf(x) \quad \text{und} \quad f(-x),$$

wobei c eine positive oder negative Konstante ist. Bevor wir allgemeine Regeln formulieren, betrachten wir das folgende Beispiel.

Beispiel 5.1.1

Der Graph der Funktion $y = \sqrt{x}$ ist einer der drei in Abb. 5.1.1 dargestellten. Skizzieren Sie die Graphen von $y = \sqrt{x}+2$, $y = \sqrt{x}-2$, $y = \sqrt{x + 2}$, $y = \sqrt{x - 2}$, $y = 2\sqrt{x}$, $y = -\sqrt{x}$ und $y = \sqrt{-x}$.

Lösung: Die Graphen von $y = \sqrt{x} + 2$ und $y = \sqrt{x} - 2$, die in Abb. 5.1.1 gezeigt werden, erhält man offensichtlich, indem man den Graphen von $y = \sqrt{x}$ um zwei Einheiten nach oben bzw. nach unten verschiebt. Die Funktion $y = \sqrt{x + 2}$ ist definiert für $x + 2 \geq 0$, d. h. für $x \geq -2$. Ihren Graphen, der in Abb. 5.1.2 dargestellt ist, erhält man, indem man den Graphen von $y = \sqrt{x}$ um zwei Einheiten nach links verschiebt. In gleicher Weise erhält man den Graphen von $y = \sqrt{x - 2}$, indem man den Graphen von $y = \sqrt{x}$ um zwei Einheiten nach rechts verschiebt, wie in Abb. 5.1.2 gezeigt wird.

Den Graphen von $y = 2\sqrt{x}$ erhält man, indem man den Graphen von f vertikal streckt mit einem Faktor zwei, wie in Abb. 5.1.3 gezeigt wird. Den Graphen von $y = -\sqrt{x}$ erhält man, indem man den Graphen von $y = \sqrt{x}$ an der x-Achse spiegelt, wie in Abb. 5.1.4 gezeigt wird.

Schließlich ist die Funktion $y = \sqrt{-x}$ definiert für $-x \geq 0$, d. h. für $x \leq 0$ und ihr Graph ist in Abb. 5.1.5 gezeigt. Man erhält ihn, indem man den Graphen von $y = \sqrt{x}$ an der y-Achse spiegelt.

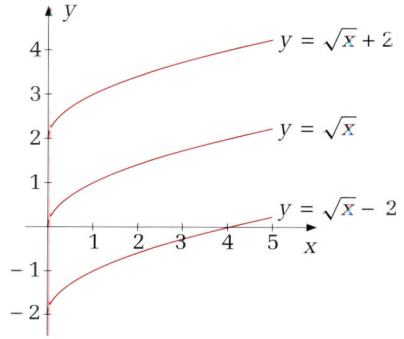

Abbildung 5.1.1: $y = \sqrt{x} \pm 2$

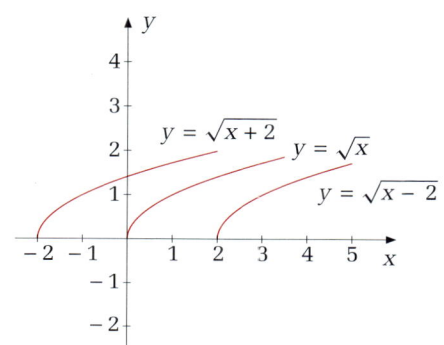

Abbildung 5.1.2: $y = \sqrt{x \pm 2}$

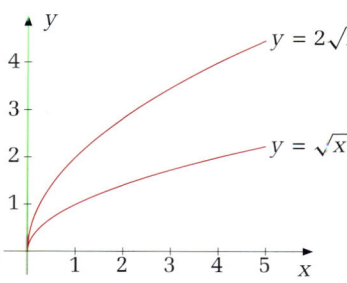

Abbildung 5.1.3: $y = \sqrt{x}$ und $y = 2\sqrt{x}$

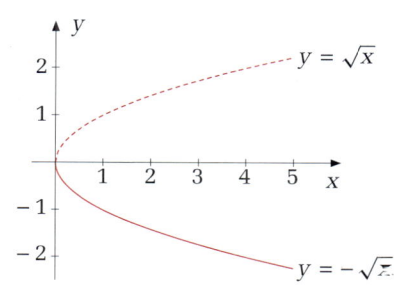

Abbildung 5.1.4: $y = \pm\sqrt{x}$

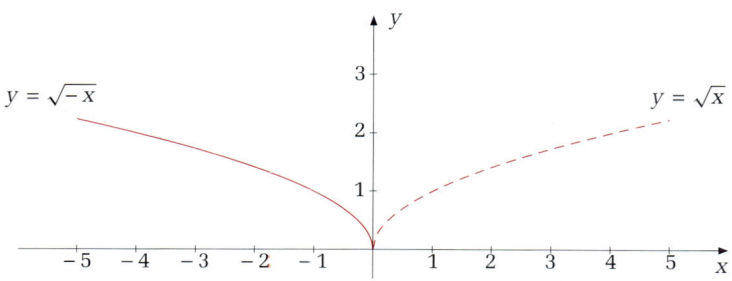

Abbildung 5.1.5: $y = \sqrt{x}$ und $y = \sqrt{-x}$

Hier sind einige allgemeinen Regeln für die Verschiebung des Graphen einer Funktion:

Allgemeine Regeln für die Verschiebung des Graphen von $y = f(x)$

(i) Wenn $y = f(x)$ ersetzt wird durch $y = f(x) + c$, wird der Graph um c Einheiten nach oben verschoben, wenn $c > 0$; er wird nach unten verschoben, wenn $c < 0$ ist.

(ii) Wenn $y = f(x)$ ersetzt wird durch $y = f(x + c)$, wird der Graph um c Einheiten nach links verschoben, wenn $c > 0$; er wird nach rechts verschoben, wenn $c < 0$ ist.

(5.1.1)

(iii) Wenn $y = f(x)$ ersetzt wird durch $y = cf(x)$, wird der Graph vertikal gestreckt, wenn $c > 1$; er wird vertikal gestaucht, wenn $0 < c < 1$; er wird vertikal gestreckt und an der x-Achse gespiegelt, wenn $c < -1$; vertikal gestaucht und an der x-Achse gespiegelt, wenn $-1 < c < 0$.

(iv) Wenn $y = f(x)$ ersetzt wird durch $y = f(-x)$, wird der Graph an der y-Achse gespiegelt.

Wenn die unabhängige Variable y ist und $x = g(y)$, dann sollte man in den obigen Regeln die Worte „oben" mit „rechts", sowie „unten" mit „links" vertauschen. In der dritten Regel wird das Wort „vertikal" zu „horizontal"; und in dieser und der letzten Regel wird der Term „y-Achse" zu „x-Achse".

Mithilfe dieser Regeln und den Abbildungen 4.3.5 − 4.3.10 kann man mit Leichtigkeit eine Vielzahl nützlicher Graphen skizzieren, wie in dem folgenden Beispiel gezeigt wird.

Beispiel 5.1.2

Skizzieren Sie die Graphen von (a) $y = 2 - (x + 2)^2$ (b) $y = \dfrac{1}{x - 2} + 3$.

Lösung:

(a) Zunächst wird $y = x^2$ an der x-Achse gespiegelt, um den Graphen von $y = -x^2$ zu erhalten. Dieser wird dann zwei Einheiten nach links verschoben und man

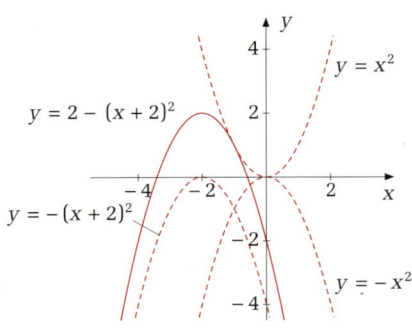

Abbildung 5.1.6: $y = 2 - (x + 2)^2$

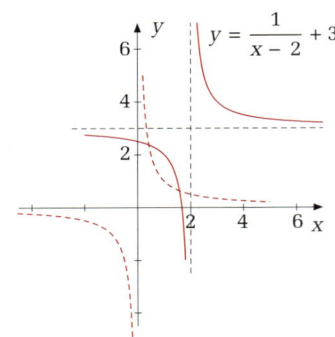

Abbildung 5.1.7: $y = 1/(x - 2) + 3$

erhält den Graphen von $y = -(x + 2)^2$. Schließlich wird dieser neue Graph um drei Einheiten nach oben verschoben und wir erhalten den in Abb. 5.1.6 gezeigten Graphen.

(b) Man erhält den Graphen von $y = 1/(x - 2)$, indem man den Graphen von $y = 1/x$ in Abb. 4.3.9 um zwei Einheiten nach rechts verschiebt. Indem man den neuen Graphen um drei Einheiten nach oben verschiebt, erhalten wir den Graphen in Abb. 5.1.7.

Beispiel 5.1.3

In Beispiel 4.5.3 untersuchten wir die Nachfrage- und Angebotsfunktionen $D = 100 - P$ und $S = 10 + 2P$, wobei sich Gleichgewichtspreis $P^* = 30$ mit der zugehörigen Menge $Q^* = 70$ ergab. Nehmen Sie an, dass es eine Verschiebung in der Angebotsfunktion nach rechts gibt, so dass das neue Angebot zum Preis P gleich $\tilde{S} = 16 + 2P$ ist. Dann ist der neue Gleichgewichtspreis $\tilde{P}^*$ bestimmt durch die Gleichung $100 - \tilde{P}^* = 16 + 2\tilde{P}^*$, aus der $\tilde{P}^* = 28$ mit der entsprechenden Menge $\tilde{Q}^* = 100 - 28 = 72$ folgt. Daher ist der neue Gleichgewichtspreis niedriger als der alte, während die Menge größer ist. Die Verschiebung der Angebotskurve nach außen von S nach $\tilde{S}$ bewirkt, dass der Gleichgewichtspunkt sich nach rechts unten auf der unveränderten Nachfragekurve bewegt. Dies ist in Abb. 5.1.8 gezeigt.

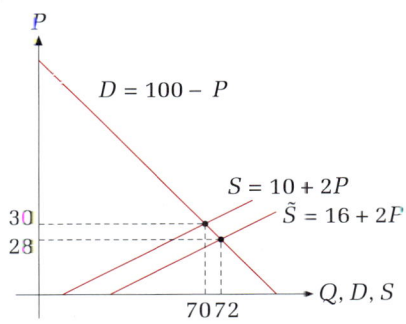

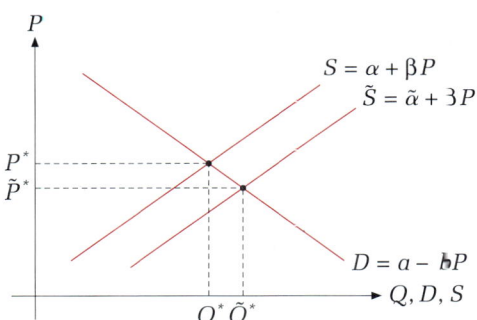

Abbildung 5.1.8: Eine Verschiebung im Angebot   Abbildung 5.1.9: Eine Verschiebung im Angebot

In Beispiel 4.5.4 haben wir die allgemeine lineare Nachfrage- und Angebotsfunktion $D = a - bP$ und $S = \alpha + \beta P$ untersucht. Der Gleichgewichtspreis P^* und die zugehörige Gleichgewichtsmenge Q^* sind gegeben durch

$$P^* = \frac{a - \alpha}{\beta + b} \quad \text{und} \quad Q^* = \frac{a\beta + \alpha b}{\beta + b}$$

Nehmen Sie an, dass es eine Verschiebung in der Angebotsfunktion gibt, so dass das neue Angebot für jeden Preis P gleich $\tilde{S} = \tilde{\alpha} + \beta P$ ist, wobei $\tilde{\alpha} > \alpha$. Dann ist der neue Gleichgewichtspreis $\tilde{P}^*$ bestimmt durch die Gleichung $a - b\tilde{P}^* = \tilde{\alpha} + \beta\tilde{P}^*$, die impliziert, dass

$$\tilde{P}^* = \frac{a - \tilde{\alpha}}{\beta + b} \quad \text{mit} \quad \tilde{Q}^* = a - b\tilde{P}^* = \frac{a\beta + \tilde{\alpha}b}{\beta + b}$$

Die Differenzen zwischen den neuen und alten Gleichgewichtspreisen und Gleichgewichtsmengen sind

$$\tilde{P}^* - P^* = \frac{\alpha - \tilde{\alpha}}{\beta + b} \qquad \text{und} \qquad \tilde{Q}^* - Q^* = -b(\tilde{P}^* - P^*) = \frac{(\tilde{\alpha} - \alpha)b}{\beta + b}$$

Wir sehen, dass $\tilde{P}^*$ kleiner ist als P^* (weil $\tilde{\alpha} > \alpha$), während $\tilde{Q}^*$ größer ist als Q^*. Dies ist in Abb. 5.1.9 gezeigt. Die Rechtsverschiebung in der Angebotsfunktion von S nach $\tilde{S}$ impliziert, dass sich der Gleichgewichtspreis nach unten und nach rechts entlang der unveränderten Nachfragekurve bewegt. Aufwärtsverschiebungen in der Angebotskurve, die z. B. aus Besteuerung oder erhöhten Kosten resultieren, können in derselben Weise analysiert werden. Genauso ist es mit Verschiebungen in der Nachfragekurve.

Beispiel 5.1.4

Nehmen Sie an, dass eine Person, die y Euro in einem gegebenen Jahr verdient, $f(y)$ Euro an an Einkommenssteuer bezahlt. Die Regierung beschließt, die Steuern zu senken. Ein Vorschlag ist es, jeder Person zu erlauben, d Euro von ihrem zu versteuernden Einkommen abzuziehen, bevor die Steuer berechnet wird. Ein alternativer Vorschlag sieht vor, Einkommenssteuer auf den vollen Betrag des zu versteuernden Einkommens zu erheben und dann jeder Person einen „Steuer-Rabatt" zu geben, der die Steuerschuld um c Euro reduziert. Illustrieren Sie die beiden Vorschläge grafisch für eine „normale" Steuerfunktion f. Markieren Sie dasjenige Einkommen y^*, bei dem die beiden Vorschläge dieselbe Steuer ergeben.

Lösung: Abb. 5.1.10 illustriert die Situation für eine sogenannte „progressive" Besteuerung, in der der durchschnittliche Steuersatz, $T/y = f(y)/y$, eine monoton wachsende Funktion von y ist.[1] Zeichnen Sie zunächst den Graphen der ursprünglichen Steuerfunktion $T = f(y)$. Wenn das zu versteuernde Einkommen y und der Abzug vom zu versteuernden Einkommen d ist, dann ist $y - d$ das reduzierte zu versteuernde Einkommen und damit ist die Steuerschuld $f(y - d)$. Indem wir den Graphen der ursprünglichen Steuerfunktion d Einheiten nach rechts verschieben, erhalten wir den Graphen von $T_1 = f(y - d)$.

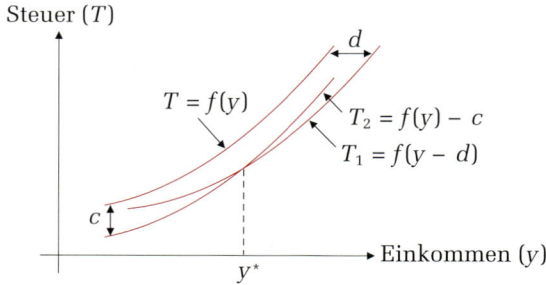

Abbildung 5.1.10: Die Graphen von $T_1 = f(y - d)$ und $T_2 = f(y) - c$

---

[1] Beispiel 5.4.4 betrachtet die U.S.-Bundeseinkommenssteuer, die ein Beispiel für diese Eigenschaft ist.

Den Graphen von $T_2 = f(y) - c$ erhält man, indem man den Graphen von $T = f(y)$ um c Einheiten nach unten verschiebt. Das Einkommen y^*, welches dieselbe Steuer für die zwei verschiedenen Vorschläge ergibt, ist gegeben durch die Gleichung

$$f(y^* - d) = f(y^*) - c$$

Beachten Sie, dass $T_1 > T_2$, wenn $y < y^*$, dass aber $T_1 < T_2$, wenn $y > y^*$. Damit ist der Steuerrabatt besser für diejenigen, die ein kleines Einkommen haben. Der Abzug von zu versteuerndem Einkommen ist günstiger für diejenigen, die ein hohes Einkommen haben (wie zu erwarten war).

Aufgaben für Kapitel 5.1

1. Verwenden Sie Abb. 4.3.6 und die Regeln zur Verschiebung von Graphen, um die folgenden Graphen zu skizzieren

   (a) $y = x^2 + 1$ (b) $y = (x + 3)^2$ (c) $y = 3 - (x + 1)^2$

2. Skizzieren Sie die Graphen der folgenden Funktionen, wenn $y = f(x)$ den in Abb. 5.1.11 dargestellten Graphen hat:

   (a) $y = f(x - 2)$ (b) $y = f(x) - 2$ (c) $y = f(-x)$

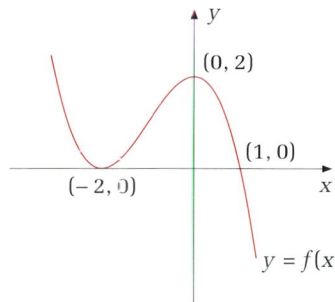

Abbildung 5.1.11: Funktion f für Aufgabe 5.1.2

3. Nehmen Sie an, dass es in dem Modell des Beispiels 5.1.3 eine positive Verschiebung in der Nachfrage gibt, so dass die neue Nachfrage zum Preis P gleich $\tilde{D} = 106 - P$ ist. Finden Sie den neuen Gleichgewichtspunkt und illustrieren Sie dies.

4. Verwenden Sie Abb. 4.3.10 und die Regeln zur Verschiebung von Graphen, um den Graphen von $y = 2 - |x + 2|$ zu skizzieren.

5. Skizzieren Sie den Graphen von $g(x) = 2 - (x + 2)^{-2}$, ausgehend vom Graphen der Funktion $f(x) = 1/x^2$.

6. Nehmen Sie in Beispiel 5.1.4 an, dass $f(y) = Ay + By^2$, wobei A und B positive Parameter sind. Bestimmen Sie y^* in diesem Fall.

▶ Lösungen zu den Aufgaben finden Sie im Anhang des Buches.

5.2 Verknüpfungen von Funktionen

Abb. 5.2.1 zeigt eine grafische Darstellung der Anzahl der männlichen und weiblichen Studierenden, die an einer bestimmten Universität im Zeitraum von 1986 bis 1997 eingeschrieben waren.

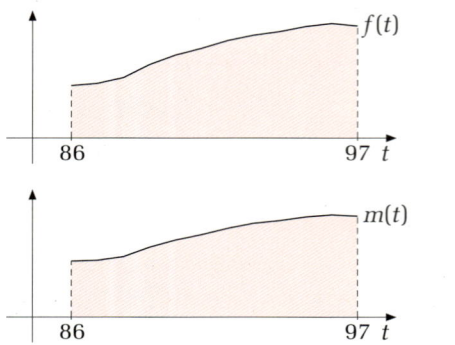
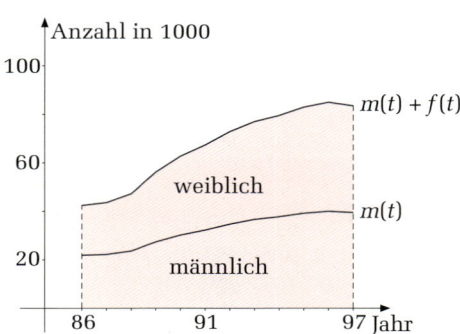

Abbildung 5.2.1: Männliche und weibliche Studierende   *Abbildung 5.2.2: Gesamtanzahl Studierende*

Seien $f(t)$ und $m(t)$ die Anzahlen der weiblichen und männlichen Studierenden im Jahr t, während $n(t)$ die Gesamtanzahl der Studierenden bezeichne. Natürlich ist $n(t) = f(t) + m(t)$. Man erhält den Graphen der Gesamtanzahl $n(t)$, indem man den Graphen von $f(t)$ über den Graphen von $m(t)$ stapelt, wie in Abb. 5.2.2.

Nehmen Sie im Allgemeinen an, dass f und g Funktionen sind, die beide in einer Menge A von reellen Zahlen definiert sind. Die Funktion h, die durch die Formel $h(x) = f(x) + g(x)$ definiert ist, bezeichnet man als die **Summe** von f und g und wir schreiben $h = f + g$. Die Funktion k, die durch $k(x) = f(x) - g(x)$ definiert ist, heißt die **Differenz** zwischen f und g, und wir schreiben $k = f - g$.

Summen und Differenzen tauchen oft in ökonomischen Modellen auf. Betrachten Sie die folgenden typischen Beispiele.

Beispiel 5.2.1

Die Kosten der Herstellung von Q Einheiten eines Gutes seien $C(Q)$. Die Kosten pro produzierter Einheit $A(Q) = C(Q)/Q$ heißen dann **Durchschnittskosten**. Wenn insbesondere

$$C(Q) = aQ^3 + bQ^2 + cQ + d$$

eine Kostenfunktion von dem in Abb. 4.7.2 gezeigten Typ ist, so sind die Durchschnittskosten

$$A(Q) = aQ^2 + bQ + c + \frac{d}{Q}$$

Damit ist $A(Q)$ eine Summe einer quadratischen Funktion $y = aQ^2 + bQ + c$ und der Hyperbel $y = d/Q$. Abb. 5.2.5 zeigt, wie man den Graphen der Durschnittskosten-Funktion $A(Q)$ erhält, indem man den Graphen der Hyperbel $y = d/Q$, der in Abb. 5.2.4 gezeigt wird, auf den Graphen der Parabel $y = aQ^2 + bQ + c$ aus Abb. 5.2.3 stapelt.

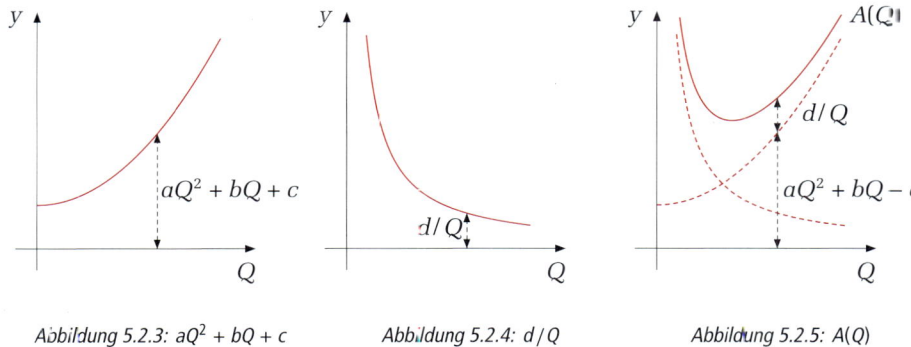

Abbildung 5.2.3: $aQ^2 + bQ + c$ Abbildung 5.2.4: d/Q Abbildung 5.2.5: $A(Q)$

Beachten Sie, dass der Graph von $A(Q)$ für kleine Werte von Q nahe am Graphen von $y = d/Q$ liegt, während für große Werte von Q der Graph nahe an der Parabel ist, da d/Q klein ist, wenn Q groß ist.

Bezeichne jetzt $R(Q)$ die **Einnahmen** aus dem Verkauf von Q Einheiten. Dann ist der **Gewinn** $\pi(Q)$ gegeben durch $\pi(Q) = R(Q) - C(Q)$. Ein Beispiel, das die Konstruktion des Graphen der Gewinnfunktion $\pi(Q)$ zeigt, ist in Abb. 5.2.6 gegeben. In diesem Fall erhält das Unternehmen einen festen Preis p pro Einheit, so dass der Graph von $R(Q)$ eine Gerade durch den Ursprung ist. Der Graph von $-C(Q)$ muss zu $R(Q)$ addiert werden. Das Produktionsniveau, das den Gewinn maximiert, ist Q^*.

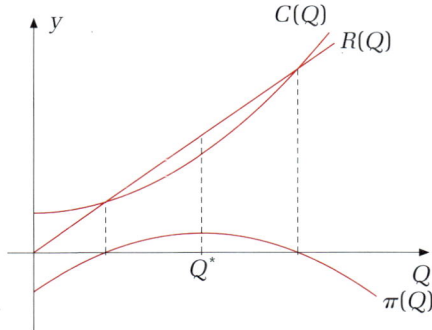

Abbildung 5.2.6: $\pi(Q) = R(Q) - C(Q)$

Produkte und Quotienten

Wenn f und g auf einer Menge A definiert sind, so heißt die Funktion h, definiert durch $h(x) = f(x) \cdot g(x)$, das **Produkt** von f und g. Wir schreiben $h = f \cdot g$ (oder fg). Die Funktion k, definiert wo $g(x) \neq 0$, durch $k(x) = f(x)/g(x)$, wird der **Quotient** von f und g genannt und wir schreiben $k = f/g$. Wir haben bereits viele Beispiele von diesen Operationen gesehen. Es ist schwierig, allgemein gültige Regeln über das Verhalten der Graphen von fg und f/g bei gegebenen Graphen von f und g anzugeben.

Verkettung von Funktionen

Nehmen Sie an, dass die Nachfrage nach einem Gut eine Funktion x seines Preises ist. Nehmen Sie an, dass der Preis p nicht konstant ist, sondern von der Zeit t abhängt. Dann ist es natürlich, x als Funktion von t zu betrachten.

Wenn im Allgemeinen y eine Funktion von u und u eine Funktion von x ist, dann kann y als Funktion von x betrachtet werden. Wir nennen y eine **verkettete Funktion** von x. Wenn wir die zwei involvierten Funktionen mit f und g bezeichnen, wobei $y = f(u)$ und $u = g(x)$, dann können wir u durch $g(x)$ ersetzen und somit y in der folgenden Form schreiben:

$$y = f\big(g(x)\big) \tag{5.2.1}$$

Beachten Sie: Wenn wir y berechnen, wenden wir zunächst g auf x an, um $g(x)$ zu erhalten und dann wenden wir f auf $g(x)$ an. Hier wird $g(x)$ der **Kern** oder die **innere Funktion** genannt, während f als **äußere Funktion** bezeichnet wird.

Die Funktion, die x auf $f\big(g(x)\big)$ abbildet, wird oft mit $f \circ g$ bezeichnet und wird als „f von g" oder „f nach g" gelesen. Sie heißt die **Verkettung** (Hintereinanderschaltung, Komposition) von f mit g. Entsprechend bezeichnet $g \circ f$ diejenige Funktion, die x auf $g\big(f(x)\big)$ abbildet. Somit haben wir

$$(f \circ g)(x) = f\big(g(x)\big) \qquad \text{und} \qquad (g \circ f)(x) = g\big(f(x)\big) \tag{5.2.2}$$

Gewöhnlich sind $f \circ g$ und $g \circ f$ ganz verschiedene Funktionen. Wenn z. B. $g(x) = 2 - x^2$ und $f(u) = u^3$, dann ist $(f \circ g)(x) = (2 - x^2)^3$, während $(g \circ f)(x) = 2 - (x^3)^2 = 2 - x^6$; die zwei resultierenden Polynome sind nicht identisch.

Es passiert leicht, dass man $f \circ g$ mit $f \cdot g$ verwechselt, besonders typografisch. Diese zwei Funktionen sind jedoch völlig verschieden definiert. Wenn wir $f \circ g$ an der Stelle x berechnen, berechnen wir zuerst $g(x)$ und dann f an der Stelle $g(x)$. Andererseits ist das Produkt $f \cdot g$ von f und g diejenige Funktion, deren Wert an einer bestimmten Stelle x einfach das Produkt von $f(x)$ und $g(x)$ ist, d. h. $(f \cdot g)(x) = f(x) \cdot g(x)$.

Viele Taschenrechner haben zahlreiche eingebaute Funktionen. Wenn wir eine Zahl x_0 und dann die Taste für die Funktion f drücken, erhalten wir $f(x_0)$. Wenn wir eine verkettete Funktion berechnen, mit gegebenem f und g, und versuchen den Wert $f\big(g(x)\big)$ zu erhalten, verfahren wir ähnlich: wir geben die Zahl x_0 ein, drücken dann die g-Taste, um $g(x_0)$ zu erhalten, anschließend drücken wir die f-Taste, um $f(g(x_0))$ zu erhalten. Nehmen Sie an, Ihr Rechner habe die Funktionen $\boxed{1/x}$ und $\boxed{\sqrt{x}}$.

Wenn wir die Zahl 9 drücken, dann $\boxed{1/x}$ und anschließend $\boxed{\sqrt{x}}$ drücken, erhalten wir $1/3 = 0.33\ldots$

Die Berechnung kann wie folgt illustriert werden:

$$9 \xrightarrow{\;1/x\;} 1/9 \xrightarrow{\;\sqrt{x}\;} 1/3$$

In Funktionen-Notation ist: $f(x) = \sqrt{x}$ und $g(x) = 1/x$, so dass $f(g(x)) = f(1/x) = \sqrt{1/x} = 1/\sqrt{x}$. Insbesondere ist $f(g(9)) = 1/\sqrt{9} = 1/3$.

Beispiel 5.2.2

Schreiben Sie die folgenden Funktionen als Verkettung von Funktionen:

(a) $y = (x^3 + x^2)^{50}$ (b) $y = e^{-(x-\mu)^2}$, wobei μ eine Konstante ist

Lösung:

(a) Wenn ein Wert von x gegeben ist, berechnen Sie zunächst $x^3 + x^2$, welches die innere Funktion ergibt: $g(x) = x^3 + x^2$. Dann bilden Sie die fünfzigste Potenz des Ergebnisses, so dass die äußere Funktion $f(u) = u^{50}$ ist. Daher ist

$$f(g(x)) = f(x^3 + x^2) = (x^3 + x^2)^{50}$$

(b) Wählen Sie die innere Funktion als $g(x) = -(x-\mu)^2$ und die äußere Funktion als $f(u) = e^u$. Dann ist $f(g(x)) = f(-(x-\mu)^2) = e^{-(x-\mu)^2}$. Wir hätten auch $g(x) = (x-\mu)^2$ und $f(u) = e^{-u}$ wählen können.

Symmetrie

Die Funktion $f(x) = x^2$ erfüllt die Gleichung $f(-x) = f(x)$. Das gilt auch für jede gerade Potenz x^{2n}, wenn n eine ganze positive oder negative Zahl ist. Wenn $f(-x) = f(x)$ für alle x aus dem Definitionsbereich von f, wird f eine **gerade** Funktion genannt. Dies impliziert, dass der Graph von f **symmetrisch zur y-Achse** ist, wie in Abb. 5.2.7 gezeigt wird.

Andererseits erfüllt jede ungerade Potenz x^{2n+1} (mit einer ganzen Zahl n) wie z. B. $f(x) = x^3$ die Gleichung $f(-x) = -f(x)$. Wenn $f(-x) = -f(x)$ für alle x aus dem Definitionsbereich von f gilt, wird f eine **ungerade** Funktion genannt. Dies impliziert, dass der Graph von f **symmetrisch zum Ursprung** ist, wie in Abb. 5.2.8, gezeigt wird.

Schließlich heißt f **symmetrisch zur Geraden $x = a$**, wenn $f(a + x) = f(a - x)$ für alle x. Der Graph von f ist dann **symmetrisch zur Geraden $x = a$**, wie in Abb. 5.2.9 dargestellt wird. In Kap. 4.6 haben wir gezeigt, dass die quadratische Funktion $f(x) = ax^2 + bx + c$ symmetrisch zur Geraden $x = -b/2a$ ist. Die Funktion $y = e^{-(x-\mu)^2}$ aus Beispiel 5.2.2(b) ist symmetrisch um $x = \mu$.

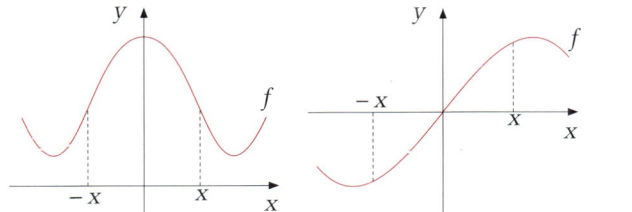

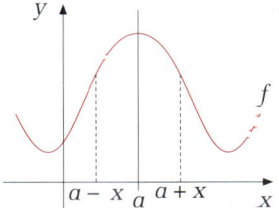

Abbildung 5.2.7: Gerade Funktion   Abbildung 5.2.8: Ungerade Funktion   Abbildung 5.2.9: Symmetrisch um $x = a$

Aufgaben für Kapitel 5.2

1. Nehmen Sie $x > 0$ an. Zeigen Sie grafisch, wie Sie den Graphen von $y = \frac{1}{4}x^2 + \frac{1}{x}$ erhalten, indem Sie den Graphen von $\frac{1}{x}$ zum Graphen von $y = \frac{1}{4}x^2$ addieren.

2. Skizzieren Sie die Graphen der folgenden Funktionen:

   (a) $y = \sqrt{x} - x$ (b) $y = e^x + e^{-x}$ (c) $y = e^{-x^2} + x$

3. Sei $f(x) = 3x - x^3$ und $g(x) = x^3$. Berechnen Sie: $(f + g)(x)$, $(f - g)(x)$, $(fg)(x)$, $(f/g)(x)$, $f(g(1))$ und $g(f(1))$.

4. Sei $f(x) = 3x + 7$. Berechnen Sie $f(f(x))$. Finden Sie den Wert x^*, für den $f(f(x^*)) = 100$.

5. Berechnen Sie $\ln(\ln e)$ und $(\ln e)^2$. Was bemerken Sie?[2]

▶ Lösungen zu den Aufgaben finden Sie im Anhang des Buches.

5.3 Inverse Funktionen

Nehmen Sie an, dass die nachgefragte Menge D für ein Gut abhängig ist vom Preis P pro Einheit gemäß $D = \frac{30}{P^{1/3}}$. Diese Formel gibt uns direkt die zu einem gegebenen Preis P gehörende Nachfrage D an. Wenn z. B. $P = 27$, dann ist $D = 30/27^{1/3} = 10$. Somit ist D eine Funktion von P. Das heißt $D = f(P)$ mit $f(P) = 30/P^{1/3}$. Bemerken Sie, dass die Nachfrage sinkt, wenn der Preis steigt.

Wenn wir die Sache jedoch aus der Sicht des Herstellers betrachten, ist es vielleicht natürlicher, den Output als die Größe anzusehen, die er wählen kann, um dann den daraus resultierenden Preis zu betrachten. Der Hersteller ist an der *inversen* (umgekehrten) Funktion interessiert, in der der Preis von der verkauften Menge abhängt. Diese funktionale Beziehung erhält man, indem man $D = 30/P^{1/3}$ nach P auflöst. Wir erhalten zunächst $P^{1/3} = 30/D$ und dann $(P^{1/3})^3 = (30/D)^3$, so dass $P = 27\,000/D^3$. Diese Gleichung gibt uns direkt den Preis P an, der einem gegebenen Output D entspricht. Wenn z. B. $D = 10$, dann ist $P = 27\,000/10^3 = 27$. In diesem Fall ist P eine Funktion $g(D)$ von D mit $g(D) = 27\,000/D^3$.

Die zwei Variablen D und P stehen derart in Beziehung zu einander, dass jede von ihnen als Funktion der anderen betrachtet werden kann. Die zwei Funktionen

$$f(P) = 30P^{-1/3} \qquad \text{und} \qquad g(D) = 27\,000D^{-3}$$

sind *invers* zueinander. Wir sagen, dass f die Inverse von g und dass g die Inverse von f ist.

Beachten Sie, dass die zwei Funktionen f und g genau dieselben Informationen enthalten. Zum Beispiel kann die Tatsache, dass beim Preis 27 die Nachfrage gleich 10 ist, entweder durch f oder durch g ausgedrückt werden: $f(27) = 10$ oder $g(10) = 27$.

---

[2] Dies illustriert: Wenn wir die Funktion f^2 durch $f^2(x) = (f(x))^2$ definieren, dann gilt im Allgemeinen: $f^2(x) \neq f(f(x))$.

In Beispiel 4.5.3 haben wir eine noch einfachere Nachfragefunktion $D = 100 - P$ betrachtet. Wenn wir nach P auflösen, erhalten wir $P = 100 - D$, welches als inverse Nachfragefunktion bezeichnet wurde.

Nehmen Sie jetzt allgemein an, dass f eine Funktion mit Definitionsbereich $D_f = A$ ist, was bedeutet, dass zu jedem x in A eine eindeutige Zahl $f(x)$ gehört. Erinnern Sie sich: Wenn f den Definitionsbereich A hat, dann ist der Wertebereich (= „range") von f die Menge $B = R_f = \{f(x) : x \in A\}$, die auch mit $f(A)$ bezeichnet wird. Der Wertebereich B besteht aus allen Zahlen $f(x)$, die man erhält, wenn man x in A variiert. Weiterhin ist f **Eins zu Eins** oder **umkehrbar eindeutig** (auch: eineindeutig) in A, wenn f niemals denselben Wert in zwei verschiedenen Punkten aus A annimmt. Mit anderen Worten: Für jedes y in B, gibt es genau ein x in A, so dass $y = f(x)$. Äquivalent ist: f ist umkehrbar eindeutig in A, wenn es die folgende Eigenschaft hat: Wenn x_1 und x_2 beide in A liegen und $x_1 \neq x_2$, dann ist auch $f(x_1) \neq f(x_2)$.

Es ist offensichtlich, dass dass eine in ganz A strikt wachsende oder strikt fallende Funktion umkehrbar eindeutig ist. Eine spezielle umkehrbar eindeutige Funktion f ist in Abb. 5.3.1 dargestellt. Die Funktion g, die in Abb. 5.3.2 gezeigt wird, ist nicht umkehrbar eindeutig, da z.B. die zwei x-Werte x_1 und x_2 beide mit y_1 assoziiert sind.

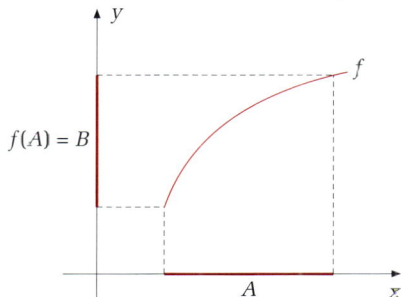

Abbildung 5.3.1: f ist umkehrbar eindeutig mit Definitionsbereich A und Wertebereich B. f hat eine Inverse.

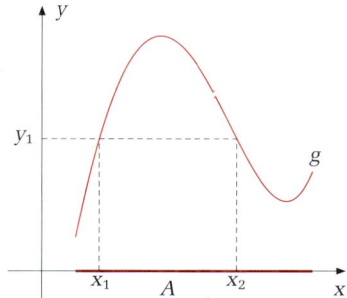

Abbildung 5.3.2: g ist nicht umkehrbar eindeutig und hat daher keine Inverse in A.

Definition der inversen Funktion

Sei f eine Funktion mit Definitionsbereich A und Wertebereich B. Genau dann, wenn f umkehrbar eindeutig ist, hat sie eine **inverse Funktion** g mit Definitionsbereich B und Wertebereich A. Die Funktion g ist durch die folgende Regel gegeben: Für jedes $y \in B$ ist der Wert $g(y)$ die eindeutig bestimmte Zahl x in A mit $f(x) = y$. Dann gilt:

$$g(y) = x \iff y = f(x) \qquad (x \in A, \ y \in B) \qquad (5.3.1)$$

Es ist eine direkte Folgerung aus (5.3.1), dass

$$g(f(x)) = x \quad \text{für alle } x \in A \qquad \text{und} \qquad f(g(y)) = y \quad \text{für alle } y \in B \qquad (5.3.2)$$

Die Gleichung $g(f(x)) = x$ zeigt: Wenn wir zuerst f anwenden auf x und dann g auf $f(x)$, dann erhalten wir x zurück: g *macht rückgängig, was f mit x gemacht hat*. Beachten

Sie: Wenn g die Inverse einer Funktion f ist, dann ist f die Inverse von g. Wenn g die Inverse von f ist, so ist es Standard, die Notation f^{-1} für g zu verwenden.[3]

In einfachen Fällen können wir dieselbe Methode wie in dem einführenden Beispiel verwenden, um die Inverse einer gegebenen Funktion zu finden (und damit automatisch nachweisen, dass die Inverse existiert). Es folgen weitere Beispiele:

Beispiel 5.3.1

Lösen Sie die folgenden Gleichungen nach x auf und finden Sie die entsprechenden inversen Funktionen

(a) $y = 4x - 3$ (b) $y = \sqrt[5]{x + 1}$ (c) $y = \dfrac{3x - 1}{x + 4}$

Lösung:

(a) Indem wir die Gleichung nach x auflösen, erhalten wir die folgenden Äquivalenzen für alle x und alle y:

$$y = 4x - 3 \iff 4x = y + 3 \iff x = \tfrac{1}{4}y + \tfrac{3}{4}$$

Wir schließen, dass $f(x) = 4x - 3$ und $g(y) = \tfrac{1}{4}y + \tfrac{3}{4}$ invers zueinander sind.

(b) Wir erheben zunächst jede Seite in die fünfte Potenz und erhalten damit die Äquivalenzen

$$y = \sqrt[5]{x + 1} \iff y^5 = x + 1 \iff x = y^5 - 1$$

Diese gelten für alle x und alle y. Damit haben wir gezeigt, dass $f(x) = \sqrt[5]{x + 1}$ und $g(y) = y^5 - 1$ invers zueinander sind.

(c) Wir beginnen damit, beide Seiten der Gleichung mit $x + 4$ zu multiplizieren und erhalten dadurch: $y(x + 4) = 3x - 1$. Aus dieser Gleichung erhalten wir $yx + 4y = 3x - 1$ oder $x(3 - y) = 4y + 1$ und damit

$$x = \frac{4y + 1}{3 - y}$$

Wir schließen, dass $f(x) = (3x - 1)/(x + 4)$ und $g(y) = (4y + 1)/(3 - y)$ invers zueinander sind. Beachten Sie, dass f nur definiert ist für $x \neq -4$ und g ist nur definiert für $y \neq 3$. Deshalb ist die Äquivalenz in (5.3.1) nur mit diesen Einschränkungen gültig.

---

[3] Dies ist manchmal verwirrend. Wenn a eine Zahl ist, dann ist a^{-1} gleich $1/a$. Aber $f^{-1}(x)$ bedeutet *nicht* $1/f(x) = (f(x))^{-1}$. Zum Beispiel: Die Funktionen, definiert durch $y = 1/(x^2 + 2x + 3)$ und $y = x^2 + 2x + 3$ sind *nicht* invers zueinander, sondern reziprok, d.h. die eine ist der Kehrwert der anderen und umgekehrt.

Eine geometrische Charakterisierung inverser Funktionen

In unserem einführenden Beispiel haben wir gesehen, dass $f(P) = 30P^{-1/3}$ und $g(D) = 27\,000D^{-3}$ inverse Funktionen sind. Wegen der konkreten Interpretation der Symbole P und D war es nahe liegend, die Funktionen so zu beschreiben, wie wir es getan haben. In anderen Situationen kann es angebracht sein, dieselben Variablen als Argumente sowohl in f als auch in g zu verwenden. In Beispiel 5.3.1(a) haben wir gesehen, dass $f(x) = 4x - 3$ und $g(y) = \frac{1}{4}y + \frac{3}{4}$ invers zueinander sind. Wenn wir in der Funktion g auch x anstelle von y als Variable benutzen, erhalten wir, dass

$$f(x) = 4x - 3 \quad \text{und} \quad g(x) = \tfrac{1}{4}x + \tfrac{3}{4} \quad \text{Inverse zueinander sind.} \qquad (*)$$

Analog können wir auf der Basis von Beispiel 1(b) sagen:

$$f(x) = (x + 1)^{1/5} \quad \text{und} \quad g(x) = x^5 - 1 \quad \text{sind Inverse zueinander.} \qquad (**)$$

Es gibt eine interessante geometrische Eigenschaft der Graphen inverser Funktionen. Für die Paare der inversen Funktionen in $(*)$ und $(**)$, sind die Graphen von f und g Spiegelbilder zueinander bezüglich der Geraden $y = x$. Dies wird in Abb. 5.3.3 und 5.3.4 illustriert.

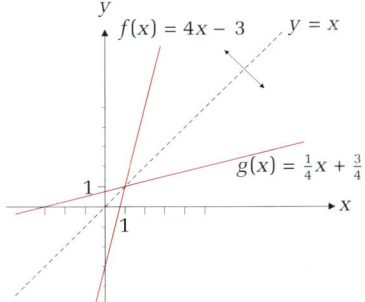
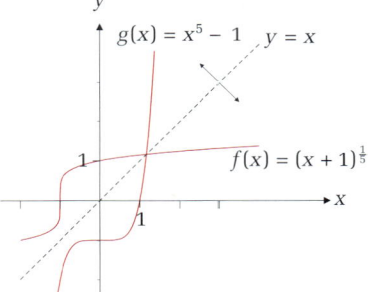

Abbildung 5.3.3: f und g sind invers zueinander.
Abbildung 5.3.4: f und g sind invers zueinander.

Nehmen Sie allgemein an, dass f und g Inverse zueinander sind. Die Tatsache, dass (a, b) auf dem Graphen von f liegt, bedeutet, dass $b = f(a)$ ist. Nach (5.3.1) impliziert dies $g(b) = a$, so dass (b, a) auf dem Graphen von g liegt. Da (a, b) und (b, a) symmetrisch zur Geraden $y = x$ liegen (siehe Aufgabe 8), können wir den folgenden Schluss ziehen:

Symmetrie inverser Funktionen

Wenn zwei Funktionen f und g Inverse zueinander sind, dann sind die Graphen von $y = f(x)$ und $y = g(x)$ symmetrisch zur Geraden $y = x$.   (5.3.3) (Die Einheiten auf den Koordinatenachsen müssen dieselben sein.)

Wenn die Funktionen f und g Inverse zueinander sind, dann sind nach Definition (5.3.1) die Gleichungen $y = f(x)$ und $x = g(y)$ äquivalent. Die zwei Funktionen haben tatsächlich exakt denselben Graphen, obwohl wir im zweiten Fall x als abhängig von y betrachten sollten, anstatt anders herum. Andererseits sind die Graphen von $y = f(x)$ und $y = g(x)$ symmetrisch zur Geraden $y = x$.

Die Beispiele 4.5.3 und 5.1.3 betrachten Nachfrage- und Angebotskurven. Man kann dabei an den Graphen einer Funktion denken, bei der die Menge Q vom Preis P abhängt oder gleichwertig der inversen Funktion, bei der der Preis P von der Menge Q abhängt.

In allen bisher betrachteten Beispielen konnte die Inverse durch bekannte Formeln ausgedrückt werden. Es zeigt sich jedoch, dass selbst, wenn eine Funktion eine Inverse hat, es unmöglich sein kann, diese in Form einer Funktion auszudücken, die wir kennen. *Inverse Funktionen sind in der Tat eine wichtige Quelle neuer Funktionen.* Ein typischer Fall entsteht in Zusammenhang mit der Exponentialfunktion. Wir haben in Kap. 4.9 gezeigt, dass $y = e^x$ strikt monoton wachsend ist und dass es gegen 0 strebt, wenn x gegen $-\infty$ strebt und gegen ∞, wenn x gegen ∞. Für jedes positive y existiert ein eindeutig bestimmtes x, so dass $e^x = y$ gilt. In Kap. 4.10 nannten wir die neue Funktion die natürliche Logarithmusfunktion ln, und wir haben die Äquivalenz $y = e^x \iff x = \ln y$. Die *Funktionen $f(x) = e^x$ und $g(y) = \ln y$ sind deshalb Inverse zueinander.* Weil die ln-Funktion in so vielen Zusammenhängen erscheint, ist sie tabelliert und darüber hinaus als Extra-Taste auf vielen Taschenrechnern vorhanden.

Wenn ein Taschenrechner eine gewisse Funktion f als Taste zur Verfügung hat, dann wird er gewöhnlich auch eine andere Taste für die inverse Funktion f^{-1} haben. Wenn er z. B. eine $\boxed{e^x}$-Taste hat, hat er auch eine $\boxed{\ln x}$-Taste. Da $f^{-1}(f(x)) = x$ ist, folgt: wenn wir eine Zahl x eingeben, die $\boxed{f}$-Taste drücken und dann die $\boxed{f^{-1}}$-Taste drücken, dann sollten wir als Ergebnis x zurückerhalten. Versuchen Sie, 5 zu drücken, dann die $\boxed{e^x}$-Taste und dann die $\boxed{\ln x}$-Taste. Sie sollten wieder 5 erhalten.[4]

Wenn f und g Inverse zueinander sind, ist der Definitionsbereich von f gleich dem Wertebereich von g und umgekehrt. Betrachten Sie die folgenden Beispiele.

Beispiel 5.3.2

Die Funktion $f(x) = \sqrt{3x + 9}$, definiert auf dem Intervall $[-3, \infty)$, *ist* strikt monoton wachsend und hat daher eine Inverse. Finden Sie eine Formel für die Inverse. Verwenden Sie x als die freie Variable für beide Funktionen.

Lösung: Wenn x von -3 bis ∞ ansteigt, dann steigt $f(x)$ von 0 bis ∞, d. h. der Wertebereich von f ist $[0, \infty)$. Daher hat f eine Inverse g, definiert auf $[0, \infty)$. Um eine Formel für die Inverse zu finden, lösen wir die Gleichung $y = \sqrt{3x + 9}$ nach x auf. Quadrieren ergibt $y^2 = 3x + 9$. Auflösen nach x ergibt: $x = \frac{1}{3}y^2 - 3$. Indem wir in diesem Ausdruck x und y vertauschen, erhalten wir die inverse Funktion von f als $g(x) = \frac{1}{3}x^2 - 3$, definiert auf $[0, \infty]$. Die Graphen der zwei Funktion $f(x)$ und $g(x)$ werden in Abb. 5.3.5 gezeigt.

---

[4] Ein Grund, warum Sie nicht exakt 5 wieder erhalten, könnte ein Rundungsfehler sein.

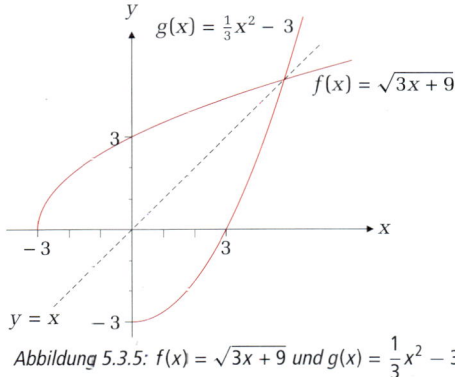

Abbildung 5.3.5: $f(x) = \sqrt{3x + 9}$ *und* $g(x) = \dfrac{1}{3}x^2 - 3$

Beispiel 5.3.3

Betrachten Sie die Funktion f, definiert durch die Formel $f(x) = 4\ln(\sqrt{x+4} - 2)$.

(a) Für welche Werte von x ist $f(x)$ definiert? Bestimmen Sie den Wertebereich von f.

(b) Finden Sie eine Formel für ihre Inverse. Verwenden Sie x als freie Variable.

Lösung:

(a) Damit $\sqrt{x+4}$ definiert ist, muss $x \geq -4$ sein. Wir müssen jedoch auch sicher stellen, dass $\sqrt{x+4} - 2 > 0$, denn sonst ist die Logarithmusfunktion nicht definiert. Nun bedeutet $\sqrt{x+4} - 2 > 0$, dass $\sqrt{x+4} > 2$ oder $x + 4 > 4$, d. h. $x > 0$. Der Definitionsbereich von f ist deshalb $(0, \infty)$. Wenn x von nahe bei 0 bis ∞ variiert, wächst $f(x)$ von $-\infty$ bis ∞. Der Wertebereich von f ist deshalb $(-\infty, \infty)$.

(b) Wenn $y = 4\ln(\sqrt{x+4} - 2)$, dann ist $\ln(\sqrt{x+4} - 2) = y/4$, so dass $\sqrt{x+4} - 2 = e^{y/4}$ und damit $\sqrt{x+4} = 2 + e^{y/4}$. Durch Quadrieren beider Seiten erhalten wir $x + 4 = (2 + e^{y/4})^2 = 4 + 4e^{y/4} + e^{y/2}$, so dass $x = 4e^{y/4} + e^{y/2}$. Die inverse Funktion mit x als freier Variable ist deshalb $y = e^{x/2} + 4e^{x/4}$. Sie ist definiert auf $(-\infty, \infty)$ mit Wertebereich $(0, \infty)$. ∎

Aufgaben für Kapitel 5.3

1. Die Nachfrage D als Funktion des Preises P sei gegeben durch $D = \dfrac{32}{5} - \dfrac{3}{10}P$. Lösen Sie die Gleichung nach P auf und finden Sie die inverse Funktion.

2. Die Nachfrage D nach Zucker in den USA in der Zeit 1915–1929 als Funktion des Preises P wurde geschätzt als $D = f(P) = 157.8/P^{0.3}$. Lösen Sie die Gleichung nach P auf und finden Sie so die Inverse von f.

3. Bestimmen Sie die Definitionsbereiche, die Wertebereiche und die Inversen für die durch die folgenden Formeln gegebenen Funktionen

   (a) $y = -3x$ (b) $y = 1/x$ (c) $y = x^3$ (d) $y = \sqrt{\sqrt{x} - 2}$

➔ Fortsetzung

4. Die Funktion f sei definiert durch die folgende Tabelle:

x	-4	-3	-2	-1	0	1	2
$f(x)$	-4	-2	0	2	4	6	8

(a) Bezeichnen Sie die Inverse von f mit f^{-1}. Welches ist ihr Definitionsbereich? Welches ist der Wert von $f^{-1}(2)$?

(b) Finden Sie eine Formel für eine Funktion $f(x)$, definiert für alle reellen x, die mit dieser Tabelle übereinstimmt. Welches ist die Formel für die Inverse?

5. Warum hat $f(x) = x^2$ für $x \in (-\infty, \infty)$ keine inverse Funktion? Zeigen Sie, dass f, eingeschränkt auf $[0, \infty)$ eine Inverse hat. Bestimmen Sie diese Inverse.

6. Formalisieren Sie die folgenden Aussagen:

(a) Halbieren und Verdoppeln sind inverse Operationen.

(b) Die Operation: „Multipliziere eine Zahl mit 3 und subtrahiere dann 2" ist invers zu der Operation: „Addiere 2 zu der Zahl und dividiere dann durch 3".

(c) Die Operation „Subtrahiere 32 von einer Zahl und multipliziere das Ergebnis mit 5/9" ist das Inverse der Operation: „Multipliziere eine Zahl mit 9/5 und addiere dann 32". „Grad Fahrenheit in Grad Celsius und Grad Celsius in Grad Fahrenheit".[5]

7. Wenn f eine Funktion ist, die Ihnen sagt, wie viele Kilogramm Karotten Sie für einen bestimmten Geldbetrag kaufen können, was sagt Ihnen dann f^{-1}?

8. Betrachten Sie ein Koordinatensystem in der Ebene:

(a) Zeigen Sie, dass die Punkte $(3, 1)$ und $(1, 3)$ symmetrisch zur Geraden $y = x$ sind und ebenso die Punkte $(5, 3)$ und $(3, 5)$.

(b) Nutzen Sie Eigenschaften kongruenter Dreiecke, um zu beweisen, dass die Punkte (a, b) und (b, a) in der Ebene symmetrisch zur Geraden $y = x$ sind. Welches ist der Punkt, der in der Mitte zwischen diesen beiden Punkten liegt?

9. Bestimmen Sie die Inversen der folgenden Funktionen, wobei x die unabhängige Variable ist:

(a) $f(x) = (x^3 - 1)^{1/3}$ (b) $f(x) = \dfrac{x + 1}{x - 2}$ (c) $f(x) = (1 - x^3)^{1/5} + 2$

10. Die durch die folgenden Formeln definierten Funktionen sind strikt monoton wachsend in ihrem Definitionsbereich. Bestimmen Sie den Definitionsbereich jeder inversen Funktion und jeweils eine Formel für die Inverse.

(a) $y = e^{x+4}$ (b) $y = \ln x - 4, \quad x > 0$ (c) $y = \ln(2 + e^{x-3})$

Anspruchsvollere Aufgabe

11. Bestimmen Sie die Inverse von $f(x) = \frac{1}{2}(e^x - e^{-x})$.
(*Hinweis:* Sie müssen eine Gleichung zweiten Grades in $z = e^x$ lösen.)

▶ Lösungen zu den Aufgaben finden Sie im Anhang des Buches.

---

[5] Siehe Beispiel 1.6.5 und Wiederholungsaufgabe 4.21.

5.4 Graphen von Gleichungen

Die Gleichungen $x\sqrt{y} = 2$, $x^2 + y^2 = 16$ und $y^3 + 3x^2y = 13$ sind drei Beispiele von Gleichungen in zwei Variablen x und y. Eine **Lösung** solch einer Gleichung ist ein geordnetes Paar (a, b), so dass die Gleichung erfüllt ist, wenn wir x durch a und y durch b ersetzen. Die *Lösungsmenge* der Gleichung ist die Menge aller Lösungen. Die Darstellung aller Paare aus der Lösungsmenge in einem kartesischen Koordinatensystem ergibt eine Menge, die der *Graph* der Gleichung genannt wird.

Beispiel 5.4.1

Finden Sie einige Lösungen für jede der Gleichungen $x\sqrt{y} = 2$ und $x^2 + y^2 = 16$, und versuchen Sie die Graphen zu skizzieren.

Lösung: Aus $x\sqrt{y} = 2$ erhalten wir $y = 4/x^2$. Daher ist es leicht, entsprechende Werte für x und y zu finden, wie sie in Tabelle 5.4.1 gegeben sind. Der Graph ist in Abb. 5.4.1 dargestellt, mit den vier Punkten aus Tabelle 5.4.1.

x	1	2	4	6
y	4	1	1/4	1/9

Tabelle 5.4.1: Lösungen von $x\sqrt{y} = 2$

Der Graph ist in Abb. 5.4.1 dargestellt.

Für $x^2 + y^2 = 16$ erhalten wir für $y = 0$, $x^2 = 16$ und somit $x = \pm 4$. Daher sind $(4, 0)$ und $(-4, 0)$ Lösungen. In Tabelle 5.4.2 sind einige weitere Lösungen angegeben.

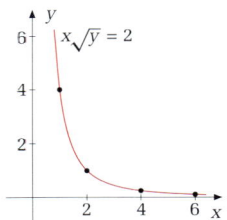
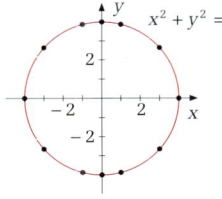
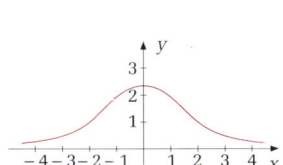

Abbildung 5.4.1: $x\sqrt{y} = 2$ Abbildung 5.4.2: $x^2 + y^2 = 16$ Abbildung 5.4.3: $y^3 + 3x^2y = 13$

x	-4	-3	-1	0	1	3	4
y	0	$\pm\sqrt{7}$	$\pm\sqrt{15}$	± 4	$\pm\sqrt{15}$	$\pm\sqrt{7}$	0

Tabelle 5.4.2: Lösungen von $x^2 + y^2 = 16$

In Abb. 5.4.2 haben wir die in der Tabelle gegebenen Punkte dargestellt. Der Graph scheint ein Kreis zu sein. Dies wird in Kap. 5.5 bestätigt.

Beispiel 5.4.2

Was können Sie über den Graphen der Gleichung $y^3 + 3x^2y = 13$ sagen?

Lösung: Wenn $x = 0$, dann ist $y^3 = 13$, so dass $y = \sqrt[3]{13} \approx 2.35$. Daher liegt $(0, \sqrt[3]{13})$ auf dem Graphen. Beachten Sie: Wenn (x_0, y_0) auf dem Graphen liegt, dann auch $(-x_0, y_0)$, da x in die zweite Potenz erhoben wird. Daher ist der Graph symmetrisch zur y-Achse. Beachten Sie, dass $(2, 1)$ und damit auch $(-2, 1)$ Lösungen sind.

Wenn wir die Gleichung in der Form

$$y = \frac{13}{y^2 + 3x^2} \qquad (*)$$

schreiben, sehen wir, dass für keinen Punkt (x, y) auf dem Graphen $y \leq 0$ sein kann, so dass der ganze Graph oberhalb der x-Achse liegt. Aus $(*)$ folgt auch: wenn x groß ist, positiv oder negativ, dann muss y klein sein.

Abbildung 5.4.3 zeigt den Graphen, der mit diesen Erkenntnissen übereinstimmt. Er besteht aus allen Punkten (x, y), die $x = \pm\sqrt{(13 - y^3)/3y}$ erfüllen. ▬▬▬

Test mit einer vertikalen Geraden

Graphen verschiedener Funktionen können unzählbar viele verschiedene Formen haben. Jedoch sind nicht alle Kurven in der Ebene Graphen von Funktionen. Per Definition ordnet eine Funktion jedem Punkt x aus dem Definitionsbereich nur einen y-Wert zu. *Der Graph einer Funktion hat deshalb die Eigenschaft, dass eine vertikale Gerade durch einen beliebigen Punkt der x-Achse höchstens einen Schnittpunkt mit dem Graphen hat.* Dieser einfache *Test mit einer vertikalen Geraden* ist in den Abbildungen 5.4.4 und 5.4.5 illustriert.

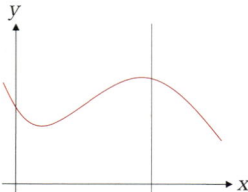

Abbildung 5.4.4: Eine Funktion.

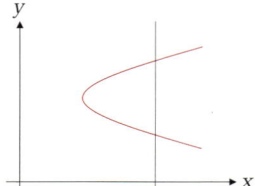

Abbildung 5.4.5: Keine *Funktion.*

Der Graph des Kreises $x^2 + y^2 = 16$ in Abb. 5.4.2 ist ein typisches Beispiel eines Graphen, der *keine* Funktion darstellt, da er nicht den Test mit der vertikalen Geraden besteht. Eine vertikale Gerade $x = a$ für ein a mit $-4 < a < 4$ schneidet den Kreis in *zwei* Punkten. Wenn wir die Gleichung $x^2 + y^2 = 16$ nach y auflösen, erhalten wir $y = \pm\sqrt{16 - x^2}$. Beachten Sie, dass der obere Halbkreis allein der Graph der Funktion $y = \sqrt{16 - x^2}$ ist, und der untere Halbkreis ist der Graph der Funktion $y = -\sqrt{16 - x^2}$. Diese beiden Funktionen sind auf dem Intervall $[-4, 4]$ definiert.

Wahl der Einheiten

Eine Funktion einer Variablen ist eine Regel, die Zahlen aus ihrem Definitionsbereich Zahlen in ihrem Wertebereich zuordnet. Wenn wir eine empirische Relation durch eine Funktion beschreiben, müssen wir zuerst die Maßeinheiten festlegen. Zum Beispiel könnten wir Zeit in Jahren, Tagen oder Wochen messen. Wir könnten Geld in Dollar, Yen oder Euro messen. Die getroffene Wahl wird den durch den Graphen der Funktion vermittelten visuellen Eindruck beeinflussen.

Die Abbildungen 5.4.6 und 5.4.7 zeigen die Zeitreihen der öffentlichen Pro-Kopf-Ausgaben während der Periode 2001–2009 für die 27 Länder, die zur EU gehörten im Jahre 2009. Die Daten sind in *derzeitigen* Euro, d.h. es hat keine Korrektur gegeben, um den Effekt der Inflation zu berücksichtigen. Diese Grafiken zeigen einen Standardtrick, der oft benutzt wird, um beim Betrachter Eindrücke empirischer Zusammenhänge zu beeinflussen. In beiden Diagrammen ist die Zeit in Jahren gemessen und die öffentlichen Ausgaben pro Kopf in Euro. Sie stellen beide dieselbe Funktion dar. Aber wenn Sie versuchen wollten, ein Auditorium durch die Leistungsfähigkeit der europäischen Wirtschaft zu beeindrucken, welche Abbildung würden Sie wählen?

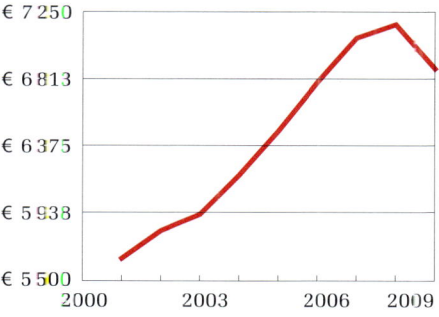

Abbildung 5.4.6: Eine optimistische Sicht.

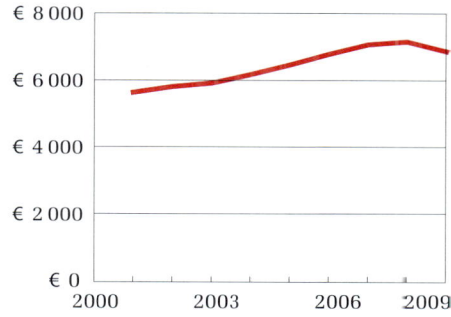

Abbildung 5.4.7: Eine pessimistische Sicht.

Abschnittsweise definierte Funktionen

Manchmal ist eine Funktion in mehreren disjunkten Teilabschnitten definiert, indem eine separate Formel für jeden dieser Teilabschnitte des Definitionsbereiches gegeben ist. Zwei Beispiele solcher **abschnittsweise definierter Funktionen** folgen jetzt.

Beispiel 5.4.3

Zeichnen Sie den Graphen der Funktion f, die definiert ist durch:

$$f(x) = \begin{cases} -x & \text{für} & x \leq 0 \\ x^2 & \text{für} & 0 < x \leq 1 \\ 1.5 & \text{für} & x > 1 \end{cases}$$

Lösung: Der Graph ist in Abb. 5.4.8 gezeichnet. Der Pfeil an der Stelle $(1, 1.5)$ deutet an, dass dieser Punkt nicht zum Graphen der Funktion gehört. Wie wir in Kapitel 7.8 erklären werden, hat die Funktion eine *Unstetigkeit* an der Stelle $x = 1$.

Beispiel 5.4.4

(**U.S.-Bundeseinkommenssteuer (2009)**) In Abb. 5.4.9 zeigen wir einen Teil des Graphen der Einkommenssteuer, die eine einzelne Person zu zahlen hat, als eine Funktion des Nettoeinkommens dieser Person.[6] Für Einkommen unter 8 350$, war der Steuersatz 10%, so dass eine Person mit so geringem Einkommen x an Steuern $y = 0.1x$ zu zahlen hatte. Für Einkommen zwischen 8 351$ und 33 950$ waren die zu zahlenden Steuern 835$ plus 15% des Einkommens über 8 350$: Eine Person mit Einkommen x in diesem Bereich zahlte $y = 835 + 0.15(x - 8350)$ an Steuern. Dieser letztgenannte Steuersatz, 15%, ist bekannt als *Grenzsteuersatz* für Einkommen in dem Bereich von 8 351$ bis 33 950$. Der Grenzsteuersatz höherer Einkommensbereiche ist höher, was die Tatsache erklärt, dass der Graph steiler und steiler wird, wenn wir uns weiter nach rechts bewegen. Zum Beispiel für Einkommen zwischen 33 951$ und 82 250$ war der Grenzsteuersatz 25%; er erreicht ein Maximum von 35% für Einkommen oberhalb von 372 952$, was im Graphen nicht gezeigt wird. In der Finanzwissenschaft sind Steuerfunktionen, deren Grenzraten ansteigen mit dem Einkommen der Steuerzahler als *progressiv* bekannt.

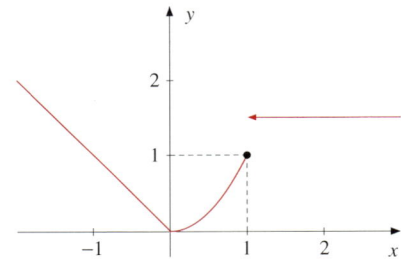

Abbildung 5.4.8: Funktion in Beispiel 5.4.3.   Abbildung 5.4.9: U.S.-Bundeseinkommenssteuer in 2009

Aufgaben für Kapitel 5.4

1. Bestimmen Sie einige spezielle Lösungen der folgenden zwei Gleichungen und skizzieren Sie dann ihre Graphen.

   (a) $x^2 + 2y^2 = 6$ (b) $y^2 - x^2 = 1$

---

[6] Natürlich ist Abb. 5.4.9 eine Idealisierung. Die wahre Einkommenssteuerfunktion ist nur für ganzzahlige Dollarwerte definiert – oder, genauer, sie ist eine unstetige „Treppenfunktion" mit kleinen Aufwärtssprüngen immer dann, wenn das Einkommen um einen weiteren Dollar steigt.

→ Fortsetzung

2. Versuchen Sie, den Graphen von $\sqrt{x} + \sqrt{y} = 5$ zu skizzieren, indem Sie einige spezielle Lösungen bestimmen.

3. Die Funktion F ist definiert für alle $r \geq 0$ durch die folgenden Formeln:

$$F(r) = \begin{cases} 0 & \text{für } r \leq 7500 \\ 0.044(r - 7500) & \text{für } r > 7500 \end{cases}$$

Berechnen Sie $F(100\,000)$ und skizzieren Sie den Graphen von F.

▶ Lösungen zu den Aufgaben finden Sie im Anhang des Buches.

5.5 Abstand in der Ebene

Seien $P_1 = (x_1, y_1)$ und $P_2 = (x_2, y_2)$ zwei Punkte in der xy-Ebene wie in Abb. 5.5.1 gezeigt. Nach dem Satz des Pythagoras, der im Anhang gegeben ist, erfüllt der Abstand d zwischen diesen Punkten die Gleichung $d^2 = (x_2 - x_1)^2 + (y_2 - y_1)^2$. Daraus folgt die folgende wichtige Formel:

Abstandsformel

Der Abstand zwischen zwei Punkten (x_1, y_1) und (x_2, y_2) ist

$$d = \sqrt{(x_2 - x_1)^2 + (y_2 - y_1)^2} \qquad (5.5.1)$$

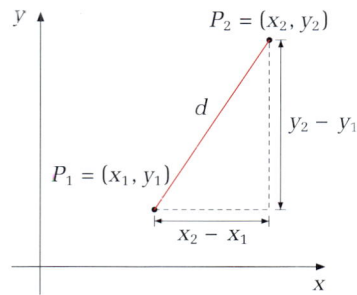

Abbildung 5.5.1: Abstand zwischen zwei Punkten.

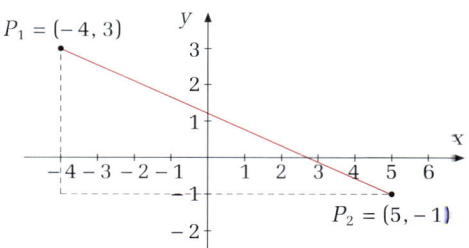

Abbildung 5.5.2: Zwischen $(-4, 3)$ und $(5, -1)$.

Wir haben zwei Punkte im ersten Quadranten betrachtet, um die Abstandsformel zu beweisen. Es zeigt sich, dass dieselbe Formel gültig ist, unabhängig davon, wo die zwei Punkte P_1 und P_2 liegen. Beachten Sie auch: Da $(x_1 - x_2)^2 = (x_2 - x_1)^2$ und $(y_1 - y_2)^2 = (y_2 - y_1)^2$, macht es keinen Unterschied, welcher Punkt P_1 und welcher P_2 ist.

Manche finden, dass Formel (5.5.1) schwer zu merken ist. In Worten sagt sie uns, dass wir den Abstand zwischen zwei Punkten in der Ebene wie folgt finden können: *Bilden Sie die Differenz zwischen den x-Koordinaten und quadrieren Sie das Ergebnis. Machen Sie dasselbe mit den y-Koordinaten. Addieren Sie die Ergebnisse und ziehen Sie dann die Quadratwurzel.*

Beispiel 5.5.1

Bestimmen Sie den Abstand d zwischen $P_1 = (-4, 3)$ und $P_2 = (5, -1)$.

Lösung: Siehe Abb. 5.5.2 für eine Illustration. Mit (5.5.1) für $x_1 = -4$, $y_1 = 3$ und $x_2 = 5$, $y_2 = -1$ ergibt sich

$$d = \sqrt{(5 - (-4))^2 + (-1 - 3)^2} = \sqrt{9^2 + (-4)^2} = \sqrt{81 + 16} = \sqrt{97} \approx 9.85$$

Kreise

Es sei (a, b) ein Punkt in der Ebene. *Der Kreis mit Radius r und Mittelpunkt in (a, b) ist die Menge aller Punkte (x, y), deren Abstand von (a, b) gleich r ist.* Anwenden der Abstandsformel auf einen typischen Punkt (x, y) auf dem in Abb. 5.5.3 gezeigten Kreis ergibt

$$\sqrt{(x - a)^2 + (y - b)^2} = r$$

Durch Quadrieren beider Seiten ergibt sich:

Gleichung eines Kreises

Die Gleichung eines Kreises mit Mittelpunkt in (a, b) und Radius r ist

$$(x - a)^2 + (y - b)^2 = r^2 \qquad\qquad (5.5.2)$$

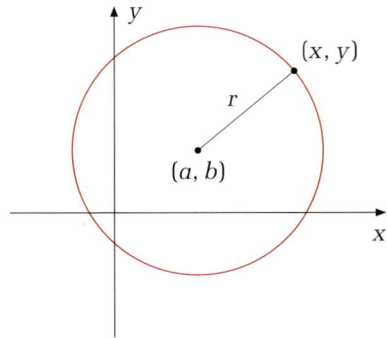

Abbildung 5.5.3: Kreis mit Mittelpunkt in (a, b) und Radius r

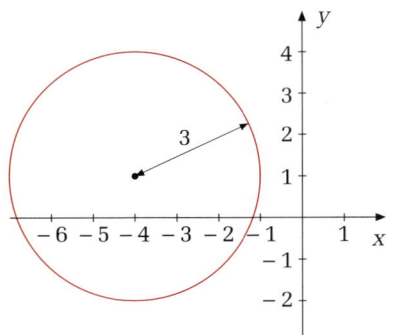

Abbildung 5.5.4: Kreis mit Mittelpunkt in $(-4, 1)$ und Radius 3

Ein Graph von (5.5.2) ist in Abb. 5.5.3 gezeigt. Beachten Sie: Wenn $a = b = 0$ und $r = 4$, dann reduziert sich (5.5.2) auf $x^2 + y^2 = 16$. Dies ist die Gleichung eines Kreises mit Mittelpunkt $(0, 0)$ und Radius 4, wie in Abb. 5.4.2 gezeigt.

Beispiel 5.5.2

Bestimmen Sie die Gleichung des Kreises mit Mittelpunkt $(-4, 1)$ und Radius 3.

Lösung: Siehe Abb. 5.5.4. Hier ist $a = -4$, $b = 1$ und $r = 3$. Somit ist die Gleichung des Kreises nach (5.5.2) gleich

$$(x + 4)^2 + (y - 1)^2 = 9 \qquad (*)$$

Indem wir die Quadrate ausrechnen folgt $x^2 + 8x + 16 + y^2 - 2y + 1 = 9$ und nach Umordnen, d. h. Sammeln von gleichen Termen

$$x^2 + y^2 + 8x - 2y + 8 = 0 \qquad (**)$$

Die in $(**)$ gegebene Gleichung des Kreises hat den Nachteil, dass wir den Mittelpunkt und den Radius nicht unmittelbar ablesen können. Wenn uns die Gleichung $(**)$ jedoch gegeben ist, können wir die Methode der „quadratischen Ergänzung" verwenden, die in Aufgabe 5.5.5 verwendet wird, um $(*)$ aus $(**)$ abzuleiten.

Ellipsen und Hyperbeln

Alle Planeten, die Erde eingeschlossen, bewegen sich um die Sonne auf Umlaufbahnen, die annähernd elliptisch sind. Dadurch sind Ellipsen ein sehr wichtiger Kurventyp in der Physik und Astronomie. Gelegentlich erscheinen Ellipsen auch in den Wirtschaftswissenschaften und in der Statistik. Die einfachste Ellipsenform hat die Gleichung

$$\frac{(x - x_0)^2}{a^2} + \frac{(y - y_0)^2}{b^2} = 1 \qquad (5.5.3)$$

Diese **Ellipse** hat ihren Mittelpunkt in (x_0, y_0), und der Graph wird in Abb. 5.5.5 gezeigt. Beachten Sie: Wenn $a = b$ ist, dann degeneriert die Ellipse zu einem Kreis.

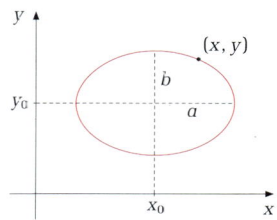

Abbildung 5.5.5: Ellipse

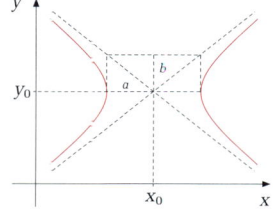

Abbildung 5.5.6: Hyperbel

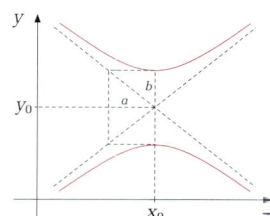

Abbildung 5.5.7: Hyperbel

Die Abbildungen 5.5.6 und 5.5.7 zeigen die Graphen von zwei **Hyperbeln**

$$\frac{(x-x_0)^2}{a^2} - \frac{(y-y_0)^2}{b^2} = +1 \quad \text{bzw.} \quad \frac{(x-x_0)^2}{a^2} - \frac{(y-y_0)^2}{b^2} = -1 \qquad (5.5.4)$$

Diese haben *Asymptoten*, die wie ‚Tangenten im Unendlichen' sind, dargestellt durch die gestrichelten Linien in den Abbildungen 5.5.6 und 5.5.7. Sie sind in beiden Abbildungen dieselben Geraden. Ihre Gleichungen sind $y - y_0 = \pm \frac{b}{a}(x - x_0)$.

Wir beenden dieses Kapitel, indem wir bemerken, dass der Graph der allgemeinen quadratischen Gleichung

$$Ax^2 + Bxy + Cy^2 + Dx + Ey + F = 0 , \qquad (5.5.5)$$

wobei A, B und C nicht alle 0 sind, eine der folgenden Formen hat:

(i) Falls $4AC > B^2$: entweder eine Ellipse (möglicherweise ein Kreis) oder ein einzelner Punkt oder leer.

(ii) Falls $4AC = B^2$: entweder eine Parabel, eine Gerade oder zwei parallele Geraden oder leer.

(ii) Falls $4AC < B^2$: entweder eine Hyperbel oder zwei Geraden, die sich schneiden.

Aufgaben für Kapitel 5.5

1. Bestimmen Sie die Abstände zwischen den folgenden Paaren von Punkten:

(a) $(1, 3)$ und $(2, 4)$ (b) $(-1, 2)$ und $(-3, 3)$ (c) $(3/2, -2)$ und $(-5, 1)$

(d) (x, y) und $(2x, y + 3)$ (e) (a, b) und $(-a, b)$ (f) $(a, 3)$ und $(2 + a, 5)$

2. Der Abstand zwischen $(2, 4)$ und $(5, y)$ ist $\sqrt{13}$. Bestimmen Sie y und erklären Sie geometrisch, warum es zwei Werte für y geben muss.

3. Bestimmen Sie die Abstände zwischen jedem Paar von Punkten:

(a) $(3.998, 2.114)$ und $(1.130, -2.416)$ (b) $(\pi, 2\pi)$ und $(-\pi, 1)$

4. Bestimmen Sie die Gleichungen der Kreise mit:

(a) Mittelpunkt $(2, 3)$ und Radius 4.

(b) Mittelpunkt $(2, 5)$ und einem Punkt in $(-1, 3)$.

5. Wir können zeigen, dass der Graph von $x^2 + y^2 - 10x + 14y + 58 = 0$ ein Kreis ist, indem wir so argumentieren: Ordnen Sie die Gleichung zunächst um, so dass $(x^2 - 10x) + (y^2 + 14y) = -58$. Ergänzung der beiden Quadrate ergibt: $(x^2 - 10x + 5^2) + (y^2 + 14y + 7^2) = -58 + 5^2 + 7^2 = 16$. Damit erhalten wir die Gleichung

$$(x - 5)^2 + (y + 7)^2 = 16 ,$$

deren Graph ein Kreis mit Mittelpunkt $(5, -7)$ und Radius $\sqrt{16} = 4$ ist. Benutzen Sie diese Methode, um den Mittelpunkt und den Radius für die beiden Kreise mit den folgenden Gleichungen zu finden:

(a) $x^2 + y^2 + 10x - 6y + 30 = 0$ (b) $3x^2 + 3y^2 + 18x - 24y = -39$

➡

➡ Fortsetzung

6. Zeigen Sie: Wenn die Entfernung vom Punkt (x, y) zum Punkt $(-2, 0)$ zweimal so groß wie die Entfernung von (x, y) zu $(4, 0)$ ist, dann muss (x, y) auf dem Kreis mit Mittelpunkt $(6, 0)$ und Radius 4 liegen.

7. In Beispiel 4.7.7 haben wir die Funktion $y = (ax + b)/(cx + d)$ betrachtet und behauptet, dass der Graph dieser Funktion für $c \neq 0$ eine Hyperbel ist. Überlegen Sie, wie dies mit der Klassifizierung (i) bis (iii) übereinstimmt, die nach Formel (5.5.5) gegeben wurde.

Anspruchsvollere Aufgabe

8. Betrachten Sie die Gleichung $x^2 + y^2 + Ax + By + C = 0$, wobei A, B und C Konstanten sind. Zeigen Sie, dass der Graph ein Kreis ist, wenn $A^2 + B^2 > 4C$. Verwenden Sie die Methode aus Aufgabe 5, um seinen Mittelpunkt und seinen Radius zu bestimmen. Was passiert, wenn $A^2 + B^2 \leq 4C$ ist?

▶ Lösungen zu den Aufgaben finden Sie im Anhang des Buches.

5.6 Allgemeine Funktionen

Bisher haben wir Funktionen einer Variablen studiert. Dies sind Funktionen, deren Definitionsbereich eine Menge reeller Zahlen ist und deren Wertebereich auch eine Menge reeller Zahlen ist. Jedoch verlangt eine realistische Beschreibung vieler ökonomischer Phänomene die gleichzeitige Betrachtung einer großen Anzahl von Variablen. Zum Beispiel ist die Nachfrage nach einem Gut wie Butter eine Funktion von mehreren Variablen wie der Preis des Gutes, die Preise von komplementären Gütern wie Brot oder Substituten wie Olivenöl oder Margarine, sowie das Einkommen des Verbrauchers, der Rat des Arztes usw.

Tatsächlich haben Sie wahrscheinlich schon viele spezielle Funktionen von mehreren Variablen gesehen. Zum Beispiel beinhaltet die Formel $V = \pi r^2 h$ für das Volumen V eines Zylinders mit dem Grundradius r und der Höhe h eine Funktion von zwei Variablen.[7] Eine Änderung einer dieser Variablen wird nicht den Wert der anderen Variablen beeinflussen. Für jedes Paar positiver Zahlen (r, h), gibt es einen eindeutig bestimmten Wert für das Volumen V. Um zu betonen, dass V von beiden Werten r und h abhängt, schreiben wir

$$V(r, h) = \pi r^2 h$$

Für $r = 2$ und $h = 3$ erhalten wir $V(2, 3) = 12\pi$, während $r = 3$ und $h = 2$ das Volumen $V(3, 2) = 18\pi$ ergibt. Weiterhin ergibt $r = 1$ und $h = 1/\pi$ das Volumen $V(1, 1/\pi) = 1$. Beachten Sie insbesondere, dass $V(2, 3) \neq V(3, 2)$.

In einigen abstrakten ökonomischen Modellen genügt es manchmal zu wissen, dass es eine funktionale Beziehung zwischen Variablen gibt, ohne diese Abhängigkeit genauer zu spezifizieren. Nehmen Sie z. B. an, dass auf einem Markt drei Güter verkauft werden, deren Preise pro Einheit p, q und r sind. Dann nehmen Ökonomen gewöhnlich an, dass die Nachfrage eines Konsumenten mit Einkommen m nach einem der

---

[7] In diesem Fall bezeichnet natürlich π eine mathematische Konstante, für die gilt $\pi \approx 3.14159$.

Güter durch eine Funktion $f(p, q, r, m)$ mit vier Variablen gegeben ist, ohne notwendigerweise die präzise Form dieser Funktion anzugeben.

Eine ausführliche Diskussion von Funktionen mehrerer Variablen beginnt in Kapitel 11. In diesem Abschnitt wird ein noch allgemeinerer Funktionsbegriff eingeführt. Allgemeine Funktionen der hier dargestellten Art sind von grundlegender Bedeutung in praktisch jedem Bereich der reinen und angewandten Mathematik, einschließlich ihrer Anwendungen in den Wirtschaftswissenschaften. Hier ist die allgemeine Definition:

Funktion

    Eine **Funktion** ist eine Regel, die jedem Element in einer Menge A genau ein[8] Element in einer Menge B zuordnet.   (5.6.1)

Die folgenden Beispiele zeigen, wie weitreichend das Konzept einer Funktion ist.

Beispiel 5.6.1

(a)   Die Funktion, die jedem Dreieck in der Ebene die Fläche dieses Dreiecks zuordnet, gemessen z. B. in cm^2.

(b)   Die Funktion, die die Sozialversicherungsnummer oder eine andere Identifikationszahl jedes Steuerzahlers bestimmt.

(c)   Die Funktion, die für jeden Punkt P in einer horizontalen Ebene den Punkt bestimmt, der 3 Einheiten über P liegt.

(d)   Sei A die Menge aller möglichen Aktionen, die eine Person in einer bestimmten Situation wählen kann. Nehmen Sie an, dass jede Aktion $a \in A$ ein gewisses Resultat hervorruft (z. B. einen bestimmten Gewinn) $\varphi(a)$. Auf diese Weise haben wir eine Funktion φ mit Definitionsbereich A definiert.

Wenn wir die Funktion mit f bezeichnen, so ist die Menge A der **Definitionsbereich** von f und B nennt man das das **Ziel** oder den **Zielbereich**. Dies verallgemeinert die in Kap. 4.2 gegebenen Definitionen: Die zwei Mengen A und B müssen nicht aus Zahlen bestehen, sondern können Mengen aus beliebigen Elementen sein. Die Definition einer Funktion verlangt die Spezifikation dreier Objekte: (i) ein Definitionsbereich A, (ii) ein Ziel B und (iii) eine Regel, die *jedem* Element in A ein *eindeutiges* Element in B zuordnet.[9]

Eine wichtige Forderung in der Definition einer Funktion ist, dass jedem Element im Definitionsbereich A ein *eindeutiges* Element im Zielraum B entspricht. Während es sinnvoll ist, von der Funktion zu sprechen, die jedem Kind die leibliche Mutter zuordnet, definiert die Regel, die jedem Kind die Tante zuordnet, im Allgemeinen keine Funktion, weil viele Kinder mehrere Tanten haben. Um Ihr Verständnis dieser Ideen zu testen, erklären Sie, warum die folgende Regel, im Gegensatz zu Beispiel 5.6.1(c),

---

[8]   Statt *genau ein* sagt man auch *ein und nur ein*.

[9]   Trotzdem unterlassen wir in vielen Situationen die explizite Spezifikation der Mengen A und/oder B, wenn es vom Kontext her offensichtlich ist, welches diese Mengen sind.

keine Funktion definiert: „Ordne einem Punkt P in der Ebene einen Punkt zu, der drei Einheiten entfernt von P liegt."

Wenn f eine Funktion mit Definitionsbereich A und Zielraum B ist, sagen wir oft, dass f eine **Funktion von A nach B** ist und schreiben $f: A \rightarrow B$. Die funktionale Beziehung wird oft wie in Abb. 5.6.1 dargestellt. Manchmal werden anstelle von „Funktion" andere Worte gebraucht, z. B. **Transformation** oder **Abbildung**.

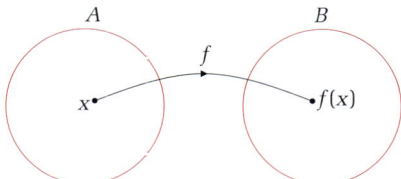

Abbildung 5.6.1: Eine Funktion von A nach B

Der spezielle Wert $f(x)$ heißt oft das **Bild** des Elementes x bei der Funktion f. Die Menge der Elemente in B, die Bilder von wenigstens einem Element in A sind, wird der **Wertebereich** ($\hat{=}$ „range") der Funktion genannt. Damit ist der Wertebereich eine Teilmenge des Zielraumes. Wenn wir den Wertebereich von f mit R_f bezeichnen, dann ist $R_f = \{f(x): x \in A\}$. Dies wird auch als $f(A)$ geschrieben. Der Wertebereich der Funktion in Beispiel 5.6.1(a) ist die Menge aller positiven Zahlen. In Beispiel 5.6.1(c) ist der Wertebereich die (ganze) horizontale Ebene, die entsteht, wenn man die ursprüngliche Ebene um drei Einheiten nach oben verschiebt.

Die Definition einer Funktion verlangt, dass jedem Element in A nur *ein* Element in B zugeordnet wird. Jedoch können verschiedene Elemente in A auf dasselbe Element in B abgebildet werden. In Beispiel 5.6.1(a) z. B. haben viele verschiedene Dreiecke dieselbe Fläche.

Wenn jedes Element aus B das Bild höchstens eines Elementes in A ist, heißt die Funktion f **Eins zu Eins** oder **umkehrbar eindeutig**. Andernfalls, wenn ein oder mehrere Elemente von B die Bilder von mehr als einem Element in A sind, ist die Funktion f „Viele zu Eins", d. h. nicht umkehrbar eindeutig.[10]

Die „Sozialversicherungsfunktion" in Beispiel 5.6.1(b) ist umkehrbar eindeutig, weil zwei verschiedene Steuerzahler immer verschiedene Sozialversicherungsnummern haben sollten. Können Sie erklären, warum die in Beispiel 5.6.1(c) definierte Funktion auch umkehrbar eindeutig ist, während es die Funktion, die jedem Kind seine oder ihre Mutter zuordnet, nicht ist?

Inverse Funktionen

Die Definition der inversen Funktion in Kapitel 5.3 kann leicht verallgemeinert werden auf allgemeine Funktionen. Nehmen Sie an, dass f eine umkehrbar eindeutige Funktion von einer Menge A in eine Menge B ist, und setzen Sie voraus, dass der Wertebereich von f ganz B ist. Wir können dann eine Funktion g von B nach A durch die folgende Regel definieren: Ordne jedem Element v aus B das eindeutig bestimmte Element $u = g(v)$

---

[10] Wenn eine Relation „Eins zu Viele" ist, ist es nicht einmal eine Funktion.

Jetzt & registrieren

Mit Pearson MyLab zu mehr Lernerfolg

Die interaktive eLearning-Plattform Pearson MyLab erweitert unsere Lehrbücher um die digitale Welt. Selbst komplexe Inhalte werden so anschaulicher und leichter verständlich. Über die Theorie hinaus können Sie das Erlernte praktisch anwenden und unmittelbar erleben.

Lernen wo und wann immer Sie wollen ■
mit Ihrem persönlichen Lehrbuch als kommentierbaren eText.

Prüfungen effizient vorbereiten ■
mit vielzähligen Übungsaufgaben inklusive Lösungshinweisen und sofortigem Feedback.

Komplexe Inhalte leichter verstehen □
dank interaktiver Zusätze wie z.B. Videos, interaktive Grafiken o.ä.

besser lernen
mit Pearson MyLab

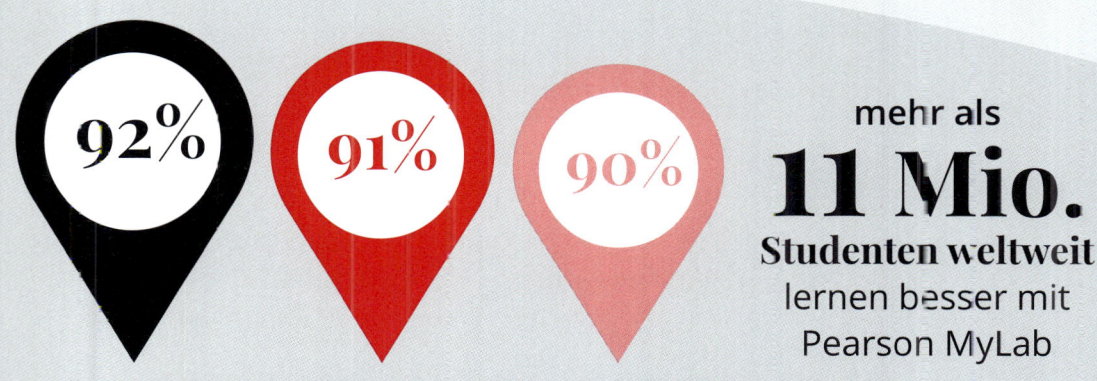

92%

der MyLab-Nutzer verstehen den Lernstoff besser,

91%

fühlen sich besser auf Prüfungen vorbereitet,

90%

finden Pearson MyLabs leicht zu bedienen.

mehr als
11 Mio.
Studenten weltweit
lernen besser mit
Pearson MyLab

Wecken Sie das Potenzial, das in Ihnen steckt!

Registrieren Sie sich jetzt kostenfrei und nutzen Sie alle Vorteile Ihres Pearson MyLabs!

Ihren Zugangscode sowie alle Infos zur Registrierung finden Sie vorne in diesem Buch.

aus A zu, das f auf v abbildet – d. h. dasjenige u, das $v = f(u)$ erfüllt. Weil f umkehrbar eindeutig (Eins zu Eins) ist, kann es nur ein u in A geben, so dass $v = f(u)$ ist, d. h. g ist eine Funktion, ihr Definitionsbereich ist B und ihr Zielraum und Wertebereich sind beide gleich A. Die Funktion g heißt die **inverse Funktion** von f. Zum Beispiel ist die Inverse der in Beispiel 5.6.1(b) erwähnten Sozialversicherungsfunktion die Funktion, die jeder Sozialversicherungsnummer die Person zuordnet, die diese Nummer hat.

Aufgaben für Kapitel 5.6

1. Welche der folgenden Regeln definieren Funktionen?

   (a) Die Regel, die jeder Person in einem Klassenraum seine oder ihre Körpergröße zuordnet.

   (b) Die Regel, die jeder Mutter ihr jüngstes, heute lebendes Kind zuordnet.

   (c) Die Regel, die der Fläche eines Rechtecks den Umfang des Rechtecks zuordnet.

   (d) Die Regel, die dem Volumen eines kugelförmigen Balles seine Oberfläche zuordnet.

   (e) Die Regel, die dem Zahlenpaar (x, y) das Zahlenpaar $(x + 3, y)$ zuordnet.

2. Entscheiden Sie, welche der in Aufgabe 1 definierten Funktionen umkehrbar eindeutig sind und damit eine Inverse haben. Bestimmen Sie die Inverse, wenn sie existiert.

▶ Lösungen zu den Aufgaben finden Sie im Anhang des Buches.

Aufgaben zur Wiederholung für Kapitel 5

1. Verwenden Sie Abb. 4.3.10 und die Regeln zur Verschiebung von Graphen, um die Graphen der folgenden Funktionen zu skizzieren

   (a) $y = |x| + 1$ (b) $y = |x + 3|$ (c) $y = 3 - |x + 1|$

2. Es sei $f(x) = x^3 - 2$ und $g(x) = (1 - x)x^2$. Berechnen Sie:

   $$(f + g)(x); \quad (f - g)(x); \quad (fg)(x); \quad (f/g)(x); \quad f(g(1)) \quad \text{und} \quad g(f(1)).$$

3. Betrachten Sie die Nachfrage- und Angebotsfunktionen $D = 150 - \dfrac{1}{2}P$ und $S = 20 + 2P$.

   (a) Bestimmen Sie den Gleichgewichtspreis P^* und die zugehörige Menge Q^*.

   (b) Nehmen Sie an, dass dem Hersteller eine Steuer von 2 Euro pro Einheit auferlegt wird. Wie wird dies den Gleichgewichtspreis beeinflussen?

   (c) Berechnen Sie die Gesamteinnahmen des Herstellers vor der Steuereinführung (R^*) und nach der Steuereinführung ($\widehat{R}$).

4. Die Nachfrage D als Funktion des Preises P sei gegeben durch $D = \frac{32}{5} - \frac{3}{10} P$. Lösen Sie die Gleichung nach P auf und bestimmen Sie die inverse Nachfragefunktion.[11]

5. Als eine Funktion des Preises P pro Einheit ist die nachgefragte Menge D nach einem Produkt gegeben durch $D = 120 - 5P$. Lösen Sie die Gleichung auf nach P und bestimmen Sie so die inverse Nachfragefunktion.

6. Finden Sie die Inversen der durch die folgenden Formeln gegebenen Funktionen:

   (a) $y = 100 - 2x$ (b) $y = 2x^5$ (c) $y = 5e^{3x-2}$

7. Die folgenden Funktionen sind strikt monoton wachsend in ihrem Definitionsbereich. Bestimmen Sie die Definitionsbereiche ihrer Inversen und Formeln für die Inversen. Benutzen Sie x als freie Variable.

   (a) $f(x) = 3 + \ln(e^x - 2)$, für $x > \ln 2$

   (b) $f(x) = \dfrac{a}{e^{-\lambda x} + a}$, wobei a und λ positiv sind, für $x \in (-\infty, \infty)$

8. Bestimmen Sie die Abstände zwischen den folgenden Paaren von Punkten:

   (a) $(2, 3)$ und $(5, 5)$ (b) $(-4, 4)$ und $(-3, 8)$ (c) $(2a, 3b)$ und $(2 - a, 3b)$

9. Finden Sie die Gleichungen der Kreise mit:

   (a) Mittelpunkt $(2, -3)$ und Radius 5.

   (b) Mittelpunkt $(-2, 2)$ und einem Punkt in $(-10, 1)$.

10. Ein Punkt P bewegt sich in der Ebene, so dass er immer den gleichen Abstand zu jedem der Punkte $A = (3, 2)$ und $B = (5, -4)$ hat. Bestimmen Sie eine einfache Gleichung, die die Koordinaten (x, y) von P erfüllen müssen. (*Hinweis:* Berechnen Sie das Quadrat des Abstands von P zu A bzw. zu B.)

11. Jede Person in einem Team hat rote Blutkörperchen, die zu genau einer von vier Blutgruppen gehören, die mit A, B, AB und O bezeichnet werden. Betrachten Sie die Funktion, die jeder Person in dem Team seine oder ihre Blutgruppe zuordnet. Kann diese Funktion umkehrbar eindeutig sein, wenn das Team aus fünf Personen besteht?

▶ Lösungen zu den Aufgaben finden Sie im Anhang des Buches.

---

[11] Siehe Aufgabe 4.2.7 für eine ökonomische Interpretation.

Differentialrechnung

6

ÜBERBLICK

Wenn man an sie (die Differentialrechnung) nur als eine fortgeschrittenere Technik denkt, erfasst man nicht ihren wahren Gehalt. In ihr wird die Mathematik zu einer dynamischen Methode des Denkens, und das ist ein größerer geistiger Schritt im Aufstieg des Menschen.

–Jacob Bronowski (1973)

Eine wichtige Aufgabe in vielen wissenschaftlichen Disziplinen, einschließlich der Wirtschaftswissenschaften, ist die Untersuchung, wie schnell gewisse Größen sich mit der Zeit ändern. Um die zukünftige Position eines Planeten zu berechnen, um das Wachstum der Population einer biologischen Spezies vorherzusagen oder um die zukünftige Nachfrage nach einem Gut zu schätzen, brauchen wir Informationen über Änderungsraten.

Das Konzept zur Beschreibung der Änderungsrate einer Funktion ist die Ableitung. Dies ist das zentrale Konzept in der mathematischen Analysis. In diesem Kapitel wird die Ableitung einer Funktion definiert. Außerdem werden wichtige Regeln zu ihrer Berechnung dargestellt.

Isaac Newton (1642–1727) und Gottfried Leibniz (1646–1716) entdeckten die meisten dieser allgemeinen Regeln unabhängig von einander. Dies war der Beginn der Differentialrechnung und dies war die Grundlage für die Entwicklung der modernen Wissenschaft. Es ist auch von zentraler Bedeutung für die theoretische Entwicklung der modernen Wirtschaftswissenschaften gewesen.

6.1 Steigungen von Kurven

Wir beginnen dieses Kapitel mit einer geometrischen Motivation für das Konzept. Wenn wir den Graphen einer Funktion untersuchen, würden wir gern ein präzises Maß für die Steilheit des Graphen in einem Punkt haben. Wir wissen, dass für die Gerade $y = ax + b$ die Zahl a die Steigung der Geraden bezeichnet. Wenn a groß und positiv ist, dann steigt die Gerade steil von links nach rechts; wenn a groß und negativ ist, fällt die Gerade steil ab. Was ist jedoch für eine beliebige Funktion f die Steilheit ihres Graphen? Eine nahe liegende Antwort ist es, die Steilheit einer Kurve *in einem bestimmten Punkt* als Steigung der Tangente an die Kurve in diesem Punkt zu definieren – d. h. als Steigung der Geraden, die die Kurve in diesem Punkt gerade berührt. Für die Kurve in Abb. 6.1.1 erkennt man die Steilheit im Punkt P als $1/2$, weil die Steigung der Tangente L gleich $1/2$ ist.

In Abb. 6.1.1 hat der Punkt P die Koordinaten $(x_0, f(x_0))$. Die Steigung der Tangente an den Graphen in P heißt die **Ableitung** von f an der Stelle x_0, und wir bezeichnen diese Zahl mit $f'(x_0)$ (gelesen als „f *Strich* x_0"). In Abb. 6.1.1 haben wir $f'(x_0) = 1/2$. Allgemein gilt:

$$f'(x_0) = \text{die Steigung der Tangente an die Kurve } y = f(x) \text{ im Punkt } (x_0, f(x_0)) \quad (6.1.1)$$

Beispiel 6.1.1

Bestimmen Sie $f'(1)$, $f'(4)$ und $f'(7)$ für die Funktion, deren Graph in Abb. 6.1.2 gegeben ist.

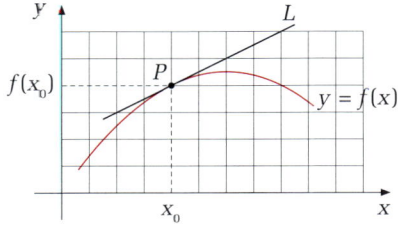

Abbildung 6.1.1: $f'(x_0) = 1/2$

Abbildung 6.1.2: Beispiel 6.1.1

Lösung: Im Punkt $P = (1, 2)$ geht die Tangente durch $(0, 1)$ und hat somit die Steigung 1. Im Punkt $Q = (4, 3)$ ist die Tangente horizontal und hat damit die Steigung 0. Im Punkt $R = (7, 2\frac{1}{2})$ geht die Tangente durch $(8, 2)$ und hat damit die Steigung $-\frac{1}{2}$. Somit ist $f'(1) = 1$, $f'(4) = 0$ und $f'(7) = -1/2$. ■■■

Aufgaben für Kapitel 6.1

1. Abb. 6.1.3 zeigt den Graphen einer Funktion f. Geben Sie die Werte $f(3)$ und $f'(3)$ an.

2. Abb. 6.1.4 zeigt den Graphen einer Funktion g. Geben Sie die Werte $g(5)$ und $g'(5)$ an.

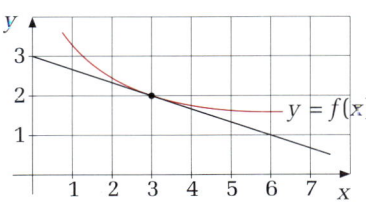

Abbildung 6.1.3: Aufgabe 1

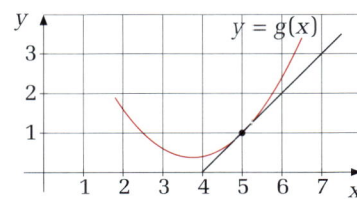

Abbildung 6.1.4: Aufgabe 2

▶ Lösungen zu den Aufgaben finden Sie im Anhang des Buches.

6.2 Tangenten und Ableitungen

Im vorigen Abschnitt haben wir nur eine ziemlich vage Definition der Tangente an eine Kurve in einem Punkt gegeben. Wir haben nur gesagt, dass es eine Gerade ist, die die Kurve in diesem Punkt gerade berührt. Wir geben jetzt eine formalere Definition dieses Konzepts.

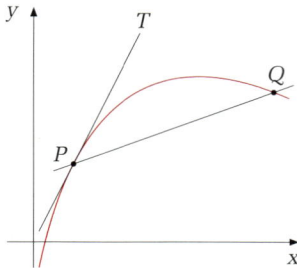

Abbildung 6.2.1: Eine Sekante

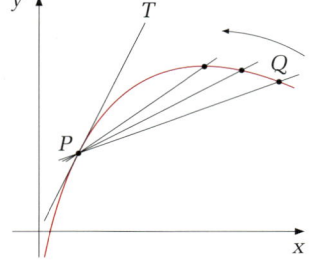

Abbildung 6.2.2: Sekanten und die Tangente

Die hinter dieser Definition stehende geometrische Idee ist leicht zu verstehen. Betrachten Sie einen Punkt P auf einer Kurve in der xy-Ebene wie in Abb. 6.2.1. Betrachten Sie einen anderen Punkt Q auf der Kurve. Die Gerade durch P und Q heißt eine *Sekante*. Wenn wir P festhalten und Q entlang der Kurve auf P zu bewegen, dann dreht sich die Sekante um P, wie in Abb. 6.2.2 angedeutet. Die sich im Grenzfall ergebende Gerade PT, gegen die die Sekante strebt, heißt die **Tangente** an die Kurve in P. Nehmen Sie an, dass die Kurve in den Abbildungen 6.2.1 und 6.2.2 der Graph einer Funktion f ist. Das in Abb. 6.2.2 illustrierte Verfahren erlaubt uns, die Steigung der Tangente PT an den Graphen von f im Punkt P zu bestimmen.

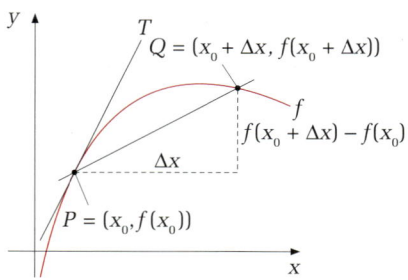

Abbildung 6.2.3: Newton-Quotient

Abbildung 6.2.3 stellt wieder die Kurve dar, die Punkte P und Q und die Tangente PT in Abb. 6.2.2. Der Punkt P in Abb. 6.2.3 hat die Koordinaten $(x_0, f(x_0))$. Der Punkt Q liegt nahe bei P und auch auf dem Graphen von f. Nehmen Sie an, dass die x-Koordinate von Q gleich $x_0 + \Delta x$ ist, wobei Δx eine kleine Zahl $\neq 0$ ist. Dann ist die

x-Koordinate von Q nicht gleich x_0 (weil $Q \neq P$), aber eine Zahl nahe an x_0. Weil Q auf dem Graphen von f liegt, ist die y-Koordinate von Q gleich $f(x_0 + \Delta x)$. Daher hat der Punkt Q die Koordinaten $(x_0 + \Delta x, f(x_0 + \Delta x))$.

Die Steigung der Sekante PQ ist

$$\frac{f(x_0 + \Delta x) - f(x_0)}{\Delta x} \tag{6.2.1}$$

Dieser Bruch wird ein **Differenzen-Quotient** oder auch **Newton-Quotient** von f genannt. Beachten Sie: für $\Delta x = 0$ wird der Bruch $0/0$ und ist somit nicht definiert. Die Wahl von $\Delta x = 0$ entspricht jedoch $Q = P$. Wenn Q sich entlang des Graphen von f auf P zubewegt, muss die x-Koordinate von Q, die gleich $x_0 + \Delta x$ ist, gegen x_0 streben, und somit strebt Δx gegen 0. Gleichzeitig strebt die Sekante PQ gegen die Tangente an den Graphen in P. Daraus folgert man, dass wir die Steigung der Tangente in P *definieren* sollten als die Zahl, gegen die die Steigung der Sekante strebt, wenn Δx gegen 0 geht. Im vorigen Abschnitt nannten wir diese Zahl $f'(x_0)$. Deshalb schlagen wir die folgende Definition von $f'(x_0)$ vor: $f'(x_0)$ *ist der Grenzwert des Differenzen-Quotienten für Δx gegen 0.*

Es ist üblich, die abgekürzte Notation $\lim_{\Delta x \to 0}$, oder $\lim\limits_{\Delta x \to 0}$ für „der Grenzwert für Δx gegen 0" von einem Ausdruck, der von Δx abhängt, zu verwenden. Wir haben deshalb die folgende Definition:

Definition der Ableitung

Die Ableitung der Funktion f an der Stelle x_0, die mit $f'(x_0)$ bezeichnet wird, ist gegeben durch die Formel

$$f'(x_0) = \lim_{\Delta x \to 0} \frac{f(x_0 + \Delta x) - f(x_0)}{\Delta x} \tag{6.2.2}$$

Die Zahl $f'(x_0)$ gibt die Steigung der Tangente an die Kurve $y = f(x)$ im Punkt $(x_0, f(x_0))$ an. Die Gleichung einer Geraden durch (x_1, y_1) mit der Steigung b ist gegeben durch $y - y_1 = b(x - x_1)$. Daher erhalten wir

---

Definition der Tangente

Die Gleichung der Tangente an den Graphen der Funktion $y = f(x)$ im Punkt $(x_0, f(x_0))$ ist

$$y - f(x_0) = f'(x_0)(x - x_0) \tag{6.2.3}$$

Bisher ist das Konzept eines Grenzwerts in der Definition von $f'(x_0)$ nicht ganz klar. In Kapitel 6.5 wird das Konzept eines Grenzwerts ausführlicher diskutiert. Weil es ziemlich kompliziert ist, müssen wir uns bis dahin weitgehend auf die Intuition verlassen. Betrachten Sie ein einfaches Beispiel.

Beispiel 6.2.1

Benutzen Sie (6.2.2), um $f'(x_0)$ zu berechnen, wenn $f(x) = x^2$. Bestimmen Sie insbesondere $f'(1/2)$ und $f'(-1)$. Geben Sie geometrische Interpretationen und bestimmen Sie die Gleichung der Tangente in jedem der Punkte $(1/2, 1/4)$ und $(-1, 1)$.

Lösung: Für $f(x) = x^2$ haben wir $f(x_0 + \Delta x) = (x_0 + \Delta x)^2 = x_0^2 + 2x_0\Delta x + (\Delta x)^2$ und und damit

$$f(x_0 + \Delta x) - f(x_0) = (x_0^2 + 2x_0\Delta x + (\Delta x)^2) - x_0^2 = 2x_0\Delta x + (\Delta x)^2$$

Deshalb erhalten wir für alle $\Delta x \neq 0$

$$\frac{f(x_0 + \Delta x) - f(x_0)}{\Delta x} = \frac{2x_0\Delta x + (\Delta x)^2}{\Delta x} = \frac{\Delta x(2x_0 + \Delta x)}{\Delta x} = 2x_0 + \Delta x \qquad (*)$$

weil wir durch Δx kürzen können, solange $\Delta x \neq 0$ ist. Wenn jedoch Δx gegen 0 strebt, so strebt $2x_0 + \Delta x$ offensichtlich gegen $2x_0$. Daher können wir schreiben

$$f'(x_0) = \lim_{\Delta x \to 0} \frac{f(x_0 + \Delta x) - f(x_0)}{\Delta x} = \lim_{\Delta x \to 0} (2x_0 + \Delta x) = 2x_0$$

Dies zeigt: Wenn $f(x) = x^2$, dann ist $f'(x_0) = 2x_0$. Für $x_0 = 1/2$, erhalten wir $f'(1/2) = 2 \cdot 1/2 = 1$. Ähnlich folgt $f'(-1) = 2 \cdot (-1) = -2$.

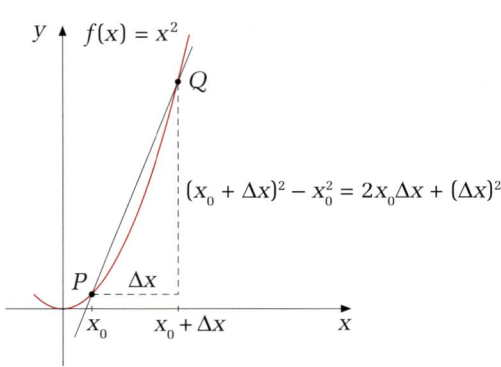

Abbildung 6.2.4: Eine Sekante von $f(x) = x^2$ *Abbildung 6.2.5: Tangenten von $f(x) = x^2$*

Abb. 6.2.4 zeigt eine geometrische Interpretation von $(*)$. In Abb. 6.2.5 haben wir die Tangenten an die Kurve $y = x^2$ gezeichnet für $x_0 = 1/2$ und $x_0 = -1$. Für $x_0 = 1/2$ haben wir $f(x_0) = (1/2)^2 = 1/4$ und $f'(1/2) = 1$. Nach (6.2.3) ist die Gleichung der Tangente durch $y - 1/4 = 1 \cdot (x - 1/2)$ oder $y = x - 1/4$ gegeben.[1] Beachten Sie, dass die Formel $f'(x_0) = 2x_0$ für $x_0 < 0$ ergibt, dass $f'(x_0) < 0$ ist, und für $x_0 > 0$, dass $f'(x_0) > 0$. Stimmt dies mit dem Graphen überein?

---

[1] Können Sie zeigen, dass die andere in Abb. 6.2.5 gezeichnete Tangente die Gleichung $y = -2x - 1$ hat?

Wenn f eine relativ einfache Funktion ist, können wir $f'(x_0)$ mit dem folgenden Rezept finden:

Berechnung der Ableitung

(i)   Addieren Sie Δx ($\Delta x \neq 0$) zu x_0 und berechnen Sie $f(x_0 + \Delta x)$.

(ii) Berechnen Sie die zugehörige Änderung im Funktionswert:
$f(x_0 + \Delta x) - f(x_0)$.

(iii) Bilden Sie für $\Delta x \neq 0$ den Differenzenquotienten aus (6.2.1).

(6.2.4)

(iv) Vereinfachen Sie den Bruch in Schritt (iii) so weit wie möglich.
Falls möglich, kürzen Sie Δx aus Zähler und Nenner.

(v)   Dann ist $f'(x_0)$ diejenige Zahl, gegen die der Differenzenquotient
strebt, wenn Δx gegen 0 geht.

Lassen Sie uns dieses Rezept auf ein anderes Beispiel anwenden.

Beispiel 6.2.2

Berechnen Sie $f'(x_0)$, wenn $f(x) = x^3$.

Lösung: Wir folgen dem Rezept in (6.2.4).

(i) $f(x_0 + \Delta x) = (x_0 + \Delta x)^3 = x_0^3 + 3x_0^2 \Delta x + 3x_0(\Delta x)^2 + (\Delta x)^3$

(ii) $f(x_0 + \Delta x) - f(x_0) = (x_0^3 + 3x_0^2 \Delta x + 3x_0(\Delta x)^2 + (\Delta x)^3) - x_0^3$
$= 3x_0^2 \Delta x + 3x_0(\Delta x)^2 + (\Delta x)^3$

(iii)–(iv) $\dfrac{f(x_0 + \Delta x) - f(x_0)}{\Delta x} = \dfrac{3x_0^2 \Delta x + 3x_0(\Delta x)^2 + (\Delta x)^3}{\Delta x} = 3x_0^2 + 3x_0 \Delta x + (\Delta x)^2$

(v) Wenn Δx gegen 0 geht, dann geht $3x_0 \Delta x + (\Delta x)^2$ auch gegen 0; deshalb strebt der ganze Ausdruck $3x_0^2 + 3x_0 \Delta x + (\Delta x)^2$ gegen $3x_0^2$. Folglich ist $f'(x_0) = 3x_0^2$.

Wir haben somit gezeigt, dass der Graph der Funktion $f(x) = x^3$ im Punkt $x = x_0$ eine Tangente mit der Steigung $3x_0^2$ hat. Beachten Sie, dass $f'(x_0) = 3x_0^2 > 0$ ist, wenn $x_0 \neq 0$, und $f'(0) = 0$. Die Tangente zeigt nach rechts aufwärts für alle $x_0 \neq 0$ und ist horizontal im Ursprung. Sie sollten den Graphen von $f(x) = x^3$ in Abb. 4.3.7 betrachten, um dieses Verhalten zu bestätigen.

Das Rezept funktioniert gut für einfache Funktionen wie die in Beispiel 6.2.1 und 6.2.2. Aber für kompliziertere Funktionen wie z.B. $f(x) = \sqrt{3x^2 + x + 1}$ ist es unnötig mühsam. Die leistungsfähigen Regeln, die in Kap. 6.6 erklärt werden, ermöglichen es, dass die Ableitungen von ganz komplizierten Funktionen sehr leicht bestimmt werden können. Das Verständnis dieser Regeln beruht jedoch auf einem präziseren Konzept von Grenzwerten, das wir in Kap. 6.5 bereitstellen werden.

Zur Notation

Wir haben in Beispiel 6.2.1 gezeigt: Wenn $f(x) = x^2$, dann gilt $f'(x_0) = 2x_0$ für jedes x_0. Wir benutzen gewöhnlich x als Symbol für eine Größe, die jeden beliebigen Wert annehmen kann. Deshalb schreiben wir $f'(x) = 2x$. Wenn wir diese Notation benutzen, so sind unsere Resultate aus den letzten beiden Beispielen die folgenden:

$$f(x) = x^2 \implies f'(x) = 2x \qquad (6.2.5)$$

$$f(x) = x^3 \implies f'(x) = 3x^2 \qquad (6.2.6)$$

Das Resultat in (6.2.5) ist ein Spezialfall der folgenden Regel, die Sie in Aufgabe 6.2.7 beweisen sollen: Für gegebene Konstanten a, b und c gilt

$$f(x) = ax^2 + bx + c \implies f'(x) = 2ax + b \qquad (6.2.7)$$

Hier sind einige Anwendungen von (6.2.7):

$$f(x) = 3x^2 + 2x + 5 \qquad\qquad \implies f'(x) = 2 \cdot 3x + 2 = 6x + 2$$

$$f(x) = -16 + \frac{1}{2}x - \frac{1}{16}x^2 \qquad \implies f'(x) = \frac{1}{2} - \frac{1}{8}x$$

$$f(x) = (x - p)^2 = x^2 - 2px + p^2 \implies f'(x) = 2x - 2p$$

Im letzten Beispiel ist p eine Konstante. Wenn wir mit y den typischen Wert der Funktion $y = f(x)$ bezeichnen, so bezeichnen wir die Ableitung oft mit y'. Wir können dann schreiben:

$$y = x^3 \implies y' = 3x^2$$

Zahlreiche andere Notationen werden oft für die Ableitung in der Mathematik und ihren Anwendungen gebraucht. Eine von ihnen, die ursprünglich auf Leibniz zurückgeht, ist die **Differential-Notation**. Wenn $y = f(x)$ ist, so schreiben wir anstelle $f'(x)$

$$\frac{dy}{dx} \qquad \text{oder} \qquad \frac{df(x)}{dx} \qquad \text{oder} \qquad \frac{d}{dx}f(x) \qquad (6.2.8)$$

Zum Beispiel, wenn $y = x^2$, dann ist

$$\frac{dy}{dx} = 2x \qquad \text{oder} \qquad \frac{d}{dx}(x^2) = 2x$$

Wir können das Symbol d/dx als eine Anweisung auffassen, den folgenden Ausdruck nach x zu differenzieren.[2]

Wenn wir andere Buchstaben als f, x und y verwenden, ändert sich die Notation für die Ableitung entsprechend. Zum Beispiel:

$$P(t) = t^2 \implies P'(t) = 2t; \qquad Y = K^3 \implies Y' = 3K^2 \qquad \text{und} \qquad A = r^2 \implies dA/dr = 2r$$

---

[2] Im Moment wollen wir bei dem Symbol dy/dx nur an seine Bedeutung als $f'(x)$ denken und wollen es nicht betrachten als dy geteilt durch dx. Spätere Kapitel betrachten diese Notation ausführlicher.

Aufgaben für Kapitel 6.2

1. Es sei $f(x) = 4x^2$. Zeigen Sie, dass $f(5+\Delta x) - f(5) = 40\Delta x + 4(\Delta x)^2$. Daher ist $\frac{f(5+\Delta x) - f(5)}{\Delta x} = 40 + 4\Delta x$ für $\Delta x \neq 0$. Nutzen Sie dieses Resultat, um $f'(5)$ zu bestimmen. Vergleichen Sie das Ergebnis mit (6.2.7).

2. Es sei $f(x) = 3x^2 + 2x - 1$.

   (a) Zeigen Sie, dass $\frac{f(x+\Delta x) - f(x)}{\Delta x} = 6x + 2 + 3\Delta x$ für $\Delta x \neq 0$. Benutzen Sie dieses Resultat, um $f'(x)$ zu bestimmen.

   (b) Bestimmen Sie insbesondere $f'(0)$, $f'(-2)$ und $f'(3)$. Bestimmen Sie auch die Gleichung der Tangente an den Graphen im Punkt $(0, -1)$.

3. Die Nachfragefunktion für ein Gut mit dem Preis P ist gegeben durch die Formel $D(P) = a - bP$. Nutzen Sie die Regel (6.2.7), um $dD(P)/dP$ zu bestimmen.

4. Die Kosten für die Herstellung von x Einheiten eines Gutes seien gegeben durch die Formel $C(x) = p + qx^2$. Nutzen Sie die Regel (6.2.7), um $C'(x)$ zu bestimmen.[3]

5. Betrachten Sie die Funktion $f(x) = \frac{1}{x} = x^{-1}$ für alle $x \neq 0$. Zeigen Sie zunächst, dass $[f(x + \Delta x) - f(x)]/\Delta x = -1/x(x + \Delta x)$. Nutzen Sie dieses Resultat, um zu zeigen, dass $f'(x) = -\frac{1}{x^2} = -x^{-2}$ für alle $x \neq 0$.

6. Bestimmen Sie in jedem der folgenden Fälle die Steigung der Tangente an den Graphen der Funktion f in dem angegebenen Punkt:

   (a) $f(x) = 3x + 2$ in $(0, 2)$
        (b) $f(x) = x^2 - 1$ in $(1, 0)$

   (c) $f(x) = 2 + \frac{3}{x}$ in $(3, 3)$
        (d) $f(x) = x^3 - 2x$ in $(0, 0)$

   (e) $f(x) = x + \frac{1}{x}$ in $(-1, -2)$
        (f) $f(x) = x^4$ in $(1, 1)$

7. Sei $f(x) = ax^2 + bx + c$.

   (a) Zeigen Sie, dass $[f(x + \Delta x) - f(x)]/\Delta x = 2ax + b + a\Delta x$. Benutzen Sie dies, um zu zeigen, dass $f'(x) = 2ax + b$.

   (b) Für welchen Wert von x ist $f'(x) = 0$? Erklären Sie dieses Resultat angesichts von (4.6.3) und (4.6.4).

8. Abb. 6.2.6 zeigt den Graphen einer Funktion f. Bestimmen Sie das Vorzeichen der Ableitung $f'(x)$ in den Punkten a, b, c und d.

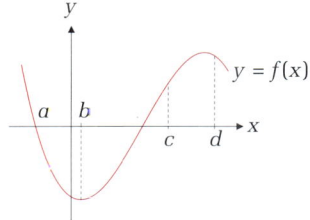

Abbildung 6.2.6: Aufgabe 6.2.8

---

[3] In Kap. 6.4 werden wir dies als *Grenzkosten* bezeichnen.

➜ Fortsetzung

9. Sei $f(x) = \sqrt{x}$ für $x \geq 0$.

(a) Zeigen Sie, dass $(\sqrt{x + \Delta x} - \sqrt{x})(\sqrt{x + \Delta x} + \sqrt{x}) = \Delta x$.

(b) Nutzen Sie das Resultat aus (a), um zu zeigen, dass der Differenzenquotient von $f(x)$ gleich $1/(\sqrt{x + \Delta x} + \sqrt{x})$ ist.

(c) Nutzen Sie das Resultat aus (b), um zu zeigen, dass für $x > 0$ gilt: $f'(x) = \frac{1}{2\sqrt{x}} = \frac{1}{2}x^{-1/2}$

10. Sei $f(x) = ax^3 + bx^2 + cx + d$.

(a) Zeigen Sie, dass $\frac{f(x+\Delta x) - f(x)}{\Delta x} = 3ax^2 + 2bx + c + 3ax\Delta x + a(\Delta x)^2 + b\Delta x$ für $\Delta x \neq 0$ und bestimmen Sie damit $f'(x)$.

(b) Zeigen Sie, dass das Resultat in (a) das Beispiel 6.2.2 und Aufgabe 6.2.7 verallgemeinert.

Anspruchsvollere Aufgabe

11. Wenden Sie die Resultate aus Aufgabe 6.2.8 an, um zu zeigen, dass

$$\left[(x + \Delta x)^{1/3} - x^{1/3}\right]\left[(x + \Delta x)^{2/3} + (x + \Delta x)^{1/3}x^{1/3} + x^{2/3}\right] = \Delta x$$

Folgen Sie dann dem Argument aus der Lösung zu Aufgabe 6.2.9, um zu zeigen, dass gilt: $f(x) = x^{1/3} \implies f'(x) = \frac{1}{3}x^{-2/3}$

► Lösungen zu den Aufgaben finden Sie im Anhang des Buches.

6.3 Monoton wachsende und fallende Funktionen

Die Begriffe *monoton wachsende* und *monoton fallende* Funktion sind schon gebraucht worden, um das Verhalten einer Funktion zu beschreiben, wenn wir uns von *links nach rechts* entlang des Graphen bewegen. Um eine exakte Terminologie festzulegen, führen wir die folgende Definition ein. Wir nehmen an, dass f definiert sei auf einem Intervall I und dass x_1 und x_2 Zahlen aus diesem Intervall sind.

Monoton wachsende und fallende Funktionen

Falls für alle $x_1 \in I$ und $x_2 \in I$ mit $x_2 > x_1$ gilt:

$f(x_2) \geq f(x_1)$, dann ist f **monoton wachsend** in I

$f(x_2) > f(x_1)$, dann ist f **strikt monoton wachsend** in I

$f(x_2) \leq f(x_1)$, dann ist f **monoton fallend** in I

$f(x_2) < f(x_1)$, dann ist f **strikt monoton fallend** in I

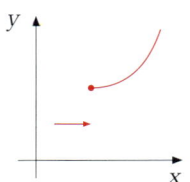

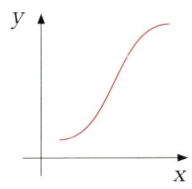

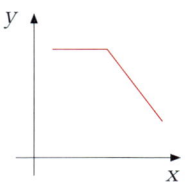

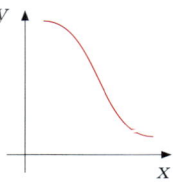

Abbildung 6.3.1: Monoton wachsend

Abbildung 6.3.2: Strikt monoton wachsend

Abbildung 6.3.3: Monoton fallend

Abbildung 6.3.4: Strikt monoton fallend

Abb. 6.3.1–6.3.4 veranschaulichen diese Definitionen. Beachten Sie, dass wir zulassen, dass eine monoton wachsende oder fallende Funktion Bereiche hat, in denen der Graph horizontal verläuft. Dies ist nicht ganz in Übereinstimmung mit der Umgangssprache. Nur wenige Leute würden sagen, dass ihr Gehalt monoton steigend ist, wenn es unverändert bleibt! Aus diesem Grunde nämlich wird eine monoton wachsende Funktion manchmal nichtfallend und eine monoton fallende Funktion manchmal nichtwachsend genannt.

Um mit Hilfe dieser Definitionen zu bestimmen, auf welchen Intervallen, eine Funktion (strikt) monoton wachsend oder (strikt) monoton fallend ist, müssen wir das Vorzeichen von $f(x_2) - f(x_1)$ für alle $x_2 > x_1$ untersuchen. Gewöhnlich ist es ziemlich schwierig, dies direkt anhand der Werte von $f(x)$ an verschiedenen Punkten x zu überprüfen. Wir kennen jedoch bereits eine gute Möglichkeit, zu überprüfen, ob eine Funktion monoton wachsend oder fallend ist, nämlich mit Hilfe des Vorzeichens der Ableitung:

$$f'(x) \geq 0 \text{ für alle } x \text{ im Intervall } I \iff f \text{ ist monoton wachsend auf } I \quad (6.3.1)$$

$$f'(x) \leq 0 \text{ für alle } x \text{ im Intervall } I \iff f \text{ ist monoton fallend auf } I \quad (6.3.2)$$

Wenn wir die Tatsache benutzen, dass die Ableitung einer Funktion die Steigung der Tangente an ihren Graphen ist, erscheinen die Äquivalenzen in (6.3.1) und (6.3.2) nahezu offensichtlich. Eine Feststellung, die ebenso korrekt ist, ist die folgende:

$$f'(x) = 0 \text{ für alle } x \text{ im Intervall } I \iff f \text{ ist konstant auf } I \quad (6.3.3)$$

Ein exakter Beweis von (6.3.1)–(6.3.3) basiert auf dem Mittelwertsatz, den wir in Kap. 8.4 untersuchen werden.

Beispiel 6.3.1

Nutzen Sie das Resultat (6.2.7), um die Ableitung von $f(x) = \frac{1}{2}x^2 - 2$ zu bestimmen. Untersuchen Sie dann, wo f monoton wachsend/fallend ist.

Lösung: Es gilt $f'(x) = x$ und das ist ≥ 0 für $x \geq 0$ und ≤ 0, wenn $x \leq 0$ und damit ist $f'(0) = 0$. Wir schließen daraus, dass f monoton wachsend ist auf $[0, \infty)$ und monoton fallend auf $(-\infty, 0]$. Zeichnen Sie den Graphen von f, um dies zu untermauern. ◼◼◼

Beispiel 6.3.2

Verwenden Sie das Resultat aus Aufgabe 6.2.10, um die Ableitung der kubischen Funktion $f(x) = -\frac{1}{3}x^3 + 2x^2 - 3x + 1$ zu bestimmen. Untersuchen Sie dann, wo f monoton wachsend/fallend ist.

Lösung: Die Formel aus der Aufgabe kann verwendet werden mit $a = -1/3$, $b = 2$, $c = -3$ und $d = 1$. Daher ist $f'(x) = -x^2 + 4x - 3$. Die Lösung der Gleichung $f'(x) = -x^2 + 4x - 3 = 0$ ergibt $x = 1$ und $x = 3$ und damit $f'(x) = -(x-1)(x-3) = (x-1)(3-x)$. Ein Vorzeichen-Diagramm für $(x-1)(3-x)$ (siehe Beispiel 1.6.2) ergibt, dass $f'(x) = (x-1)(3-x) \geq 0$ im Intervall $[1, 3]$ und ≤ 0 in $(-\infty, 1]$ und in $[3, \infty)$. Wir schließen daraus, dass $f(x)$ monoton wachsend in $[1, 3]$ und monoton fallend in $(-\infty, 1]$ und in $[3, \infty)$ ist. Siehe Abb. 6.3.5.

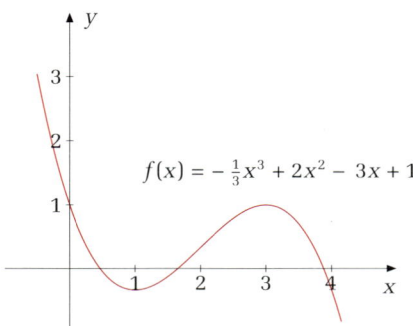

Abbildung 6.3.5: Graph von f aus Beispiel 6.3.2

Wenn $f'(x)$ strikt positiv in einem Intervall ist, so sollte die Funktion strikt monoton wachsend sein. In der Tat gilt:

$f'(x) > 0$ für alle x im Intervall $I \Longrightarrow f(x)$ ist strikt monoton wachsend in I (6.3.4)

$f'(x) < 0$ für alle x im Intervall $I \Longrightarrow f(x)$ ist strikt monoton fallend in I (6.3.5)

Die Implikationen in (6.3.4) und (6.3.5) sind hinreichende Bedingungen dafür, dass f strikt monoton wachsend oder fallend ist. Sie können nicht umgekehrt werden, um notwendige Bedingungen zu ergeben. Zum Beispiel: Wenn $f(x) = x^3$, dann ist $f'(0) = 0$. Jedoch ist f strikt monoton wachsend, wie in Aufgabe 6.3.3 gezeigt werden soll.[4]

---

[4] Man sieht oft die folgende Aussage: „Nehmen Sie an, dass f strikt monoton wachsend ist – d. h. $f'(x) > 0$." Das Beispiel $f(x) = x^3$ zeigt, dass diese Aussage falsch ist. Eine Funktion kann strikt monoton wachsend sein, auch wenn die Ableitung in gewissen Punkten 0 ist. Nehmen Sie nämlich an, dass $f'(x) \geq 0$ für alle x in I und $f'(x) = 0$ in nur endlich vielen Punkten in I. Dann ist $f'(x) > 0$ in jedem Teilintervall zwischen zwei Nullstellen von $f'(x)$ und damit ist f strikt monoton wachsend auf jedem Teilintervall. Es folgt, dass f strikt monoton wachsend auf dem ganzen Intervall ist.

6.4 Änderungsraten

Die Ableitung einer Funktion in einem bestimmten Punkt wurde als Steigung der Tangente an ihren Graphen in diesem Punkt definiert. Wirtschaftswissenschaftler interpretieren die Ableitung auf viele bedeutende Weisen, beginnend mit der Änderungsrate einer ökonomischen Variablen.

Nehmen Sie an, dass eine Größe y durch $y = f(x)$ in Beziehung zu einer Größe x steht. Wenn x den Wert x_0 hat, dann ist der Wert der Funktion gleich $f(x_0)$. Nehmen Sie an, dass x_0 auf $x_0 + \Delta x$ geändert wird. Der neue Wert von y ist dann $f(x_0 + \Delta x)$. Die Änderung im Funktionswert, wenn sich x von x_0 auf $x_0 + \Delta x$ ändert, ist $f(x_0 + \Delta x) - f(x_0)$. Die Änderung in y pro Einheit Änderung in x hat einen besonderen Namen, die *durchschnittliche Änderungsrate von f über dem Intervall von x_0 bis $x_0 + \Delta x$*. Sie ist gleich

$$\frac{f(x_0 + \Delta x) - f(x_0)}{\Delta x}$$

Beachten Sie, dass dieser Bruch genau gleich dem Newton-Quotienten (Differenzen-Quotienten) von f an der Stelle x_0 ist. Wenn wir den Grenzwert für Δx gegen 0 bilden, erhalten wir die Ableitung von f an der Stelle x_0, die wir wie folgt interpretieren:

Die **momentane Änderungsrate** von f in x_0 ist $f'(x_0)$.

Dieses sehr wichtige Konzept tritt immer dann auf, wenn wir Größen untersuchen, die sich ändern. Wenn Zeit die unabhängige Variable ist, benutzen wir oft die „Punkt-notation" für die Differentiation bezüglich der Zeit. Zum Beispiel, wenn $x(t) = t^2$, schreiben wir $\dot{x}(t) = 2t$.

Manchmal sind wir daran interessiert, das Verhältnis $f'(x_0)/f(x_0)$ zu untersuchen. Dieses Verhältnis kann wie folgt interpretiert werden:

> Die **relative Änderungsrate** von f an der Stelle x_0 ist $\dfrac{f'(x_0)}{f(x_0)}$.

In den Wirtschaftswissenschaften treten solche relative Änderungsraten oft auf. Sie werden manchmal *proportionale Änderungsraten* genannt. Sie werden häufig in Prozentzahlen pro Zeiteinheit angegeben – z. B. Prozent pro Jahr.[5] Oft werden wir eine Variable als wachsend mit z. B. 3 % im Jahr beschreiben, wenn die relative Änderungsrate jedes Jahr 3/100 = 0.03 ist.

Beispiel 6.4.1

Sei $N(t)$ die Anzahl der Individuen in einer Population von Tieren zur Zeit t. Wenn t anwächst auf $t + \Delta t$, dann ist die Änderung in der Population gleich $N(t + \Delta t) - N(t)$ Individuen. Daher ist

$$\frac{N(t + \Delta t) - N(t)}{\Delta t}$$

die *durchschnittliche Änderungsrate*. Wenn wir den Grenzwert für Δt gegen 0 bilden, erhalten wir $\dot{N}(t) = dN/dt$ für *die Änderungsrate der Population zur Zeit t*. ■

In Beispiel 4.5.1 wurde die Formel $P = 5.1\, t + 606$ benutzt als eine ungefähre Schätzung der Einwohner Europas in Millionen t Jahre nach 1960. In diesem Fall ist die Änderungsrate $dP/dt = 5.1$ Millionen pro Jahr, konstant für alle t.

Beispiel 6.4.2

Sei $K(t)$ sei der Kapitalstock in einer Wirtschaft zur Zeit t. Die Änderungsrate $\dot{K}(t)$ von $K(t)$ heißt dann **Investitionsrate**[6] zur Zeit t und wird gewöhnlich mit $I(t)$ bezeichnet, so dass

$$\dot{K}(t) = I(t) \tag{6.4.1}$$

Beispiel 6.4.3

Betrachten Sie ein Unternehmen, das ein bestimmtes Gut in einer gegebenen Periode produziert. Seien $C(x)$ die Kosten für die Produktion von x Einheiten. Die Ableitung $C'(x)$ an der Stelle x werden die **Grenzkosten** an der Stelle x genannt. Entsprechend der Definition gilt

$$C'(x) = \lim_{\Delta x \to 0} \frac{C(x + \Delta x) - C(x)}{\Delta x} \quad \textbf{(Grenzkosten)} \tag{6.4.2}$$

Wenn Δx im Absolutbetrag klein ist, erhalten wir die Approximation

$$C'(x) \approx \frac{C(x + \Delta x) - C(x)}{\Delta x} \tag{6.4.3}$$

---

[5] oder pro anno, für diejenigen, die denken, dass Latein noch eine nützliche Sprache ist.
[6] Dies unterscheidet sich von der Bruttoinvestition, weil einige Investitionen benötigt werden, um abgeschriebenes Kapital zu ersetzen.

Die Differenz $C(x + \Delta x) - C(x)$ gibt die *Mehrkosten* für die Produktion von zusätzlichen Δx Einheiten an. Für kleines Δx können diese Mehrkosten linear approximiert werden durch $\Delta x \cdot C'(x)$, d. h. durch das Produkt aus den Grenzkosten und den zusätzlich produzierten Einheiten. Dies gilt auch, wenn $\Delta x < 0$, was eine Verringerung der Produktion und unter der Voraussetzung $C'(x) > 0$ eine Verringerung der Kosten bedeutet.

Beachten Sie: Setzt man $\Delta x = 1$ in (6.4.3) , so sind die Grenzkosten approximativ gleich

$$C'(x) \approx C(x + 1) - C(x) \tag{6.4.4}$$

Die Grenzkosten sind daher annähernd gleich den **Mehrkosten** $C(x+1)-C(x)$, d. h. den *zusätzlichen Kosten für die Herstellung einer weiteren Einheit, d. h. einer Einheit mehr als x*. In elementaren Büchern der Wirtschaftswissenschaften werden die Grenzkosten oft als Differenz $C(x+1)-C(x)$ definiert, da weitergehende Konzepte aus dem Bereich der Differentialrechnung nicht benutzt werden können.

In diesem Buch werden wir manchmal vergleichbare ökonomische Interpretationen unterbreiten, die die Änderung in einer Funktion betrachten, wenn eine Variable x um eine Einheit erhöht wird. Es wäre genauer, die Änderung in der Funktion pro Einheit Erhöhung zu betrachten für kleine Erhöhungen. Hier ist ein Beispiel.

Beispiel 6.4.4

Seien $C(x)$ die Kosten in Millionen Euro für die Beseitigung von x % der Verschmutzung in einem See. Geben Sie eine ökonomische Interpretation von $C'(50) = 3$.

Lösung: Wegen der linearen Approximation $C(50 + \Delta x) - C(50) \approx \Delta x C'(50)$ ist die präzise Interpretation von $C'(50) = 3$ ist, dass beginnend bei 50% die Mehrkosten für jedes 1% an Verschmutzung, das zusätzlich entfernt werden soll, ungefähr 3 Millionen Euro sind. Weniger präzise kann man sagen: $C'(50) = 3$ bedeutet, dass es ungefähr 3 Millionen Euro mehr kostet, um 51 % anstelle von 50 % der Verschmutzung zu beseitigen.

Ähnlich wie in obigen Beispielen verwenden Ökonomen häufig das Wort „Grenz-" um eine Ableitung anzudeuten. Um nur zwei von vielen weiteren Beispielen anzudeuten, erwähnen wir die **Grenzneigung zum Konsum** als Ableitung der Konsumfunktion bezüglich des Einkommens und das **Grenzprodukt** (oder **-produktivität**) der Arbeit als Ableitung der Produktionsfunktion bezüglich des Arbeitsinputs.

Das Konzept ist so bedeutend, dass es einem großem Teil unseres Verständnisses der Wirtschaftswissenschaften zugrunde liegt. Zum Beispiel, Adam Smith (1723–1790), von vielen als Begründer der klassischen Nationalökonomie angesehen, mühte sich ab, zu verstehen, warum ein nicht lebenswichtiges Gut wie ein Diamant mehr wert sein konnte als ein lebenswichtiges Gut wie Wasser. Mit Hilfe der Grenzkostenrechnung erklärten Carl Menger (1840–1921), Leon Walras (1834–1910) und Stanley Jevons (1835–1882) dieses scheinbare Paradoxon: vor die Wahl gestellt zwischen *nur* Wasser oder *nur* Diamanten, würden die Menschen sicherlich Wasser wählen, da es lebenswichtig ist; aber bei gegebenem Wasser und gegebenen Diamanten, die eine Person bereits besitzt, würden sie eventuell ein *weiteres* Glass Wasser geringer bewerten als einen *weiteren* Diamanten. Dieses grundlegende Verständnis der optimalen Entscheidungen geht zurück auf die drei Ökonomen, die als Begründer der „Grenzwert"-Schule der Wirtschaftswissenschaften betrachtet werden.

Aufgaben für Kapitel 6.4

1. Sei $C(x) = x^2 + 3x + 100$ die Kostenfunktion eines Unternehmens. Zeigen Sie, dass die durchschnittliche Änderungsrate pro Einheit Output, wenn x sich von 100 auf $100 + \Delta x$ ändert, wobei $\Delta x \neq 0$, gleich

$$\frac{C(100 + \Delta x) - C(100)}{\Delta x} = 203 + \Delta x$$

   ist. Wie hoch sind die Grenzkosten $C'(100)$? Verwenden Sie dann (6.2.6), um $C'(x)$ und insbesondere $C'(100)$ zu bestimmen.

2. Die Kostenfunktion eines Unternehmens sei $C(x) = \overline{C} + cx$. Geben Sie eine ökonomische Interpretation der Parameter c and $\overline{C}$.

3. Wenn die Gesamtersparnis eines Landes eine Funktion $S(Y)$ des Bruttosozialprodukts Y ist, dann heißt $S'(Y)$ die *Grenzneigung zum Sparen* oder MPS (= „marginal propensity to save"). Bestimmen Sie MPS für die folgenden Funktionen:

   (a) $S(Y) = \overline{S} + sY$ (b) $S(Y) = 100 + 0.1Y + 0.0002Y^2$

4. Mit $T(y)$ sei die Einkommenssteuer bezeichnet, die eine Person als Funktion ihres Einkommens y zu bezahlen hat. Dann wird $T'(y)$ als *Grenzsteuersatz* bezeichnet. Betrachten Sie den Fall $T(y) = ty$, wobei t eine konstante Zahl im Intervall $(0, 1)$ ist. Charakterisieren Sie diese Steuerfunktion, indem Sie den Grenzsteuersatz bestimmen.

5. Es bezeichne $x(t)$ die noch vorhandene Anzahl Barrel Öl in einer Quelle zur Zeit t, wobei die Zeit in Minuten gemessen wird. Wie ist die Gleichung $\dot{x}(0) = -3$ zu interpretieren?

6. Die Gesamtkosten zur Herstellung von $x \geq 0$ Einheiten eines Gutes seien $C(x) = x^3 - 90x^2 + 7500x$.

   (a) Benutzen Sie das Resultat aus Aufgabe (6.2.10), um die Grenzkostenfunktion $C'(x)$ zu berechnen.

   (b) Für welchen Wert von x sind die Grenzkosten am geringsten?

7. (a) Die Gewinnfunktion eines Unternehmens sei $\pi(Q) = 24Q - Q^2 - 5$. Bestimmen Sie den Grenzgewinn und den Wert Q^* von Q, der den Gewinn maximiert.

   (b) Die Erlösfunktion eines Unternehmens sei $R(Q) = 500Q - \frac{1}{3}Q^3$. Bestimmen Sie den Grenzerlös.

   (c) Bestimmen Sie für die spezielle Kostenfunktion $C(Q) = -Q^3 + 214.2Q^2 - 7900Q + 320700$, die in Beispiel 4.7.1 betrachtet wurde, die Grenzkosten.

8. Beziehen Sie sich auf die in Beispiel 6.4.3 gegebene Definition und berechnen Sie die Grenzkosten in den folgenden zwei Fällen:

   (a) $C(x) = a_1 x^2 + b_1 x + c_1$ (b) $C(x) = a_1 x^3 + b_1$

   ► Lösungen zu den Aufgaben finden Sie im Anhang des Buches.

6.5 Exkurs über Grenzwerte

In Kap. 6.2 wurde die Ableitung einer Funktion, basierend auf dem Grenzwertkonzept, definiert. Dasselbe Konzept hat viele andere Anwendungen in Mathematik wie auch in den Wirtschaftswissenschaften, so dass wir es jetzt näher betrachten sollten. Wir geben hier eine vorläufige Definition und formulieren einige wichtige Regeln für Grenzwerte. In Kapitel 7.9 diskutieren wir den Begriff des Grenzwerts genauer.

Beispiel 6.5.1

Betrachten Sie die Funktion F, definiert durch die Formel

$$F(x) = \frac{e^x - 1}{x},$$

wobei die Zahl $e \approx 2.718$ die Basis der natürlichen Exponentialfunktion ist, die in Kap. 4.9 eingeführt wurde. Beachten Sie: Für $x = 0$ ist $e^0 = 1$ und der Bruch entartet dann in den absurden Ausdruck „0/0". Daher ist die Funktion F nicht definiert für $x = 0$. Man kann aber dennoch fragen, was mit $F(x)$ passiert, wenn x nahe bei 0 ist. Mit Hilfe eines Taschenrechners finden wir die in Tabelle 6.5.1 gezeigten Werte.

0	−1	−0.1	−0.001	−0.0001	0.0	0.0001	0.001	0.1	1
$F(x)$	0.632	0.956	0.999	1 000	nicht definiert	1.000	1.001	1.052	1.718

Tabelle 6.5.1: Werte von $F(x) = (e^x - 1)/x$, wenn x nahe bei 0 ist

Man erkennt an der Tabelle: Je näher x an 0 herangeht, desto näher liegt $F(x)$ an 1. Es liegt deshalb nahe, anzunehmen, dass $F(x)$ gegen 1 strebt, wenn x gegen 0 strebt. Wie wir in der Tat später argumentieren werden, ist unsere Definition von e motiviert durch die Voraussetzung, dass dieser Grenzwert gleich 1 ist. Deshalb schreiben wir:

$$\lim_{x \to 0} \frac{e^x - 1}{x} = 1 \quad \text{oder} \quad \frac{e^x - 1}{x} \to 1, \quad \text{wenn} \quad x \to 0$$

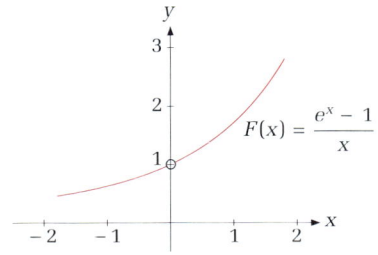

Abbildung 6.5.1: $y = \dfrac{e^x - 1}{x}$

Abb. 6.5.1 zeigt einen Teil des Graphen von F. Die Funktion F ist definiert für alle x, außer für $x = 0$ und $\lim_{x \to 0} F(x) = 1$. Ein kleiner Kreis soll andeuten, dass der entsprechende Punkt $(0, 1)$ nicht zum Graphen von F gehört. ▬

Nehmen Sie im Allgemeinen an, dass eine Funktion f definiert ist für alle x in der Nähe von x_0, aber nicht notwendig an der Stelle $x = x_0$. *Dann sagen wir, dass $f(x)$ die Zahl A als ihren Grenzwert hat, wenn x gegen x_0 strebt, falls $f(x)$ gegen A strebt, wenn x gegen x_0 strebt (aber nicht gleich x_0 ist).* Wir schreiben

$$\lim_{x \to x_0} f(x) = A \qquad \text{oder} \qquad f(x) \to A, \quad \text{wenn} \quad x \to x_0$$

Es ist jedoch möglich, dass der Wert von $f(x)$ nicht gegen eine feste Zahl strebt, wenn x gegen x_0 strebt. Dann sagen wir, dass $\lim_{x \to x_0} f(x)$ *nicht existiert* oder dass $f(x)$ *keinen Grenzwert hat, wenn x gegen x_0 strebt.*

Beispiel 6.5.2

Untersuchen Sie den Grenzwert $\lim_{h \to 0} \dfrac{\sqrt{h+1} - 1}{h}$ unter Benutzung eines Taschenrechners.

Lösung: Indem wir Zahlen h nahe bei 0 wählen, konstruieren wir Tabelle 6.5.2:

h	-0.5	-0.2	-0.1	-0.01	0.0	0.01	0.1	0.2	0.5
$f(h)$	0.586	0.528	0.513	0.501	nicht definiert	0.499	0.488	0.477	0.449

Tabelle 6.5.2: Werte von $f(h) = (\sqrt{h+1} - 1)/h$, wenn h nahe bei 0 ist.

Die Tabelle lässt vermuten, dass $\lim_{h \to 0} \dfrac{\sqrt{h+1} - 1}{h} = 0.5$ ist. ▬

Die Grenzwerte, die wir angeblich in den Beispielen 6.5.1 und 6.5.2 gefunden haben, basieren beide auf zweifelhaften numerischen Verfahren. Können wir z. B. in Beispiel 6.5.2 wirklich sicher sein, dass unsere Vermutung korrekt ist? Könnte es vielleicht sein, dass der Bruch, wenn wir h noch näher an 0 wählen, gegen einen anderen Wert als 0.5 strebt oder vielleicht überhaupt keinen Grenzwert hat? Weitere numerische Berechnungen unterstützen unseren Glauben, dass die anfängliche Vermutung korrekt ist, aber wir können niemals eine Tabelle anfertigen, die *alle* Werte von h nahe bei 0 enthält, so dass numerische Berechnungen allein niemals mit Sicherheit bestätigen können, welches der Grenzwert ist.

Dies zeigt die Notwendigkeit, ein strenges Verfahren zur Bestimmung von Grenzwerten zu haben, das auf einer präzisen mathematischen Definition des Grenzwertbegriffs beruht. Diese Definition wird in Kap. 7.9 gegeben. Hier werden wir nur eine vorläufige Definition angeben, die die richtige Idee übermitteln soll.

Grenzwert

Der Ausdruck
$$\lim_{x \to x_0} f(x) = A \qquad (6.5.1)$$

bedeutet, dass wir $f(x)$ so nah an A finden können, wie wir wollen, für alle x hinreichend nah, aber nicht gleich x_0.

Wir betonen:

(a) Die Zahl $\lim_{x \to x_0} f(x)$ ist abhängig von den Funktionswerten $f(x)$ für x-Werte in der Nähe von x_0, sie hängt jedoch nicht davon ab, wie sich f genau an der Stelle $x = x_0$ verhält. Wenn wir $\lim_{x \to x_0} f(x)$ bestimmen, sind wir nicht am Funktionswert $f(x_0)$ interessiert, auch nicht daran, ob f überhaupt an der Stelle x_0 definiert ist.

(b) Wenn wir $\lim_{x \to x_0} f(x)$ berechnen, müssen wir x-Werte auf beiden Seiten von x_0 in Betracht ziehen.

Regeln für Grenzwerte

Da man Grenzwerte nicht wirklich mit Hilfe numerischer Berechnungen bestimmen kann, benutzen wir einige einfache Regeln für die Bestimmung von Grenzwerten, deren Gültigkeit wir nachweisen können, sobald wir eine exakte Definition des Grenzwertbegriffs haben. Diese Regeln sind sehr einfach und wir haben schon einige von ihnen im vorigen Abschnitt benutzt.

Nehmen Sie an, dass f und g als Funktionen von x in einer Umgebung von x_0 (aber nicht notwendig in x_0) definiert sind. Dann gelten die folgenden Regeln, die in einer Weise aufgeschrieben sind, so dass sie später einfacher zu zitieren sind.[7]

Regeln für Grenzwerte

Wenn $\lim_{x \to x_0} f(x) = A$ und $\lim_{x \to x_0} g(x) = B$ ist, dann gilt:

$$\lim_{x \to x_0} (f(x) \pm g(x)) = A \pm B \qquad (6.5.2)$$

$$\lim_{x \to x_0} (f(x) \cdot g(x)) = A \cdot B \qquad (6.5.3)$$

$$\lim_{x \to x_0} \frac{f(x)}{g(x)} = \frac{A}{B}, \quad \text{falls } B \neq 0 \qquad (6.5.4)$$

$$\lim_{x \to x_0} (f(x))^r = A^r, \quad \text{falls } A^r \text{ definiert und } r \text{ eine reelle Zahl ist)} \qquad (6.5.5)$$

Es ist einfach, intuitive Erläuterungen für diese Regeln zu geben. Nehmen Sie an, dass $\lim_{x \to x_0} f(x) = A$ und $\lim_{x \to x_0} g(x) = B$. Diese Gleichungen implizieren: Wenn x nahe an x_0 ist, dann ist $f(x)$ nahe an A und $g(x)$ ist nahe an B. So sollte nach unserer

---

[7] Wegen der Identitäten $f(x) - g(x) = f(x) + (-1)g(x)$ und $f(x)/g(x) = f(x)(g(x))^{-1}$ ist es klar, dass einige dieser Regeln aus anderen folgen.

Intuition die Summe $f(x) + g(x)$ nahe an $A + B$, die Differenz $f(x) - g(x)$ nahe an $A - B$, das Produkt $f(x)g(x)$ nahe an $A \cdot B$ sein usw.

Diese Regeln können mehrfach verwendet werden, um neue erweiterte Regeln zu erhalten wie

$$\lim_{x \to x_0} [f_1(x) + f_2(x) + \ldots + f_n(x)] = \lim_{x \to x_0} f_1(x) + \lim_{x \to x_0} f_2(x) + \ldots + \lim_{x \to x_0} f_n(x)$$

$$\lim_{x \to x_0} [f_1(x) \cdot f_2(x) \ldots f_n(x)] = \lim_{x \to x_0} f_1(x) \cdot \lim_{x \to x_0} f_2(x) \ldots \lim_{x \to x_0} f_n(x)$$

In Worten: *Der Grenzwert einer Summe ist die Summe der Grenzwerte und der Grenzwert eines Produkts ist das Produkt der Grenzwerte.*

Es gibt zwei Spezialfälle, in denen der Grenzwert offensichtlich ist. Nehmen Sie zuerst an, die Funktion $f(x)$ sei gleich dem konstanten Wert c für jedes x. Für jeden Punkt x_0 gilt dann $\lim_{x \to x_0} c = c$. Zweitens ist auch offensichtlich: Wenn $f(x) = x$ ist, dann gilt $\lim_{x \to x_0} f(x) = \lim_{x \to x_0} x = x_0$ für jeden Punkt x_0. Die Kombination dieser zwei einfachen Regeln mit den allgemeinen Regeln erlaubt die einfache Berechnung von Grenzwerten für gewisse Kombinationen von Funktionen.

Beispiel 6.5.3

Nutzen Sie die in (6.5.2) bis (6.5.5) gegebenen Regeln, um die folgenden Grenzwerte zu berechnen:

(a) $\lim_{x \to -2} (x^2 + 5x)$ (b) $\lim_{x \to 4} \dfrac{2x^{3/2} - \sqrt{x}}{x^2 - 15}$ (c) $\lim_{x \to x_0} Ax^n$

Lösung:

(a) Nach der ersten Regel (6.5.2) ist $\lim_{x \to -2} (x^2 + 5x)$ gleich $\lim_{x \to -2} (x \cdot x) + \lim_{x \to -2} (5 \cdot x)$. Indem man die zweite Regel (6.5.3) zweimal benutzt, kann der letzte Ausdruck berechnet werden als:

$$\lim_{x \to -2} x \cdot \lim_{x \to -2} x + \lim_{x \to -2} 5 \cdot \lim_{x \to -2} x$$

Damit folgt:

$$\lim_{x \to -2} (x^2 + 5x) = (-2)(-2) + 5 \cdot (-2) = -6$$

(b) $\lim_{x \to 4} \dfrac{2x^{3/2} - \sqrt{x}}{x^2 - 15} = \dfrac{2 \lim_{x \to 4} x^{3/2} - \lim_{x \to 4} \sqrt{x}}{\lim_{x \to 4} x^2 - 15} = \dfrac{2 \cdot 4^{3/2} - \sqrt{4}}{4^2 - 15} = \dfrac{2 \cdot 8 - 2}{16 - 15} = 14$

(c) $\lim_{x \to x_0} Ax^n = \left(\lim_{x \to x_0} A \right)\left(\lim_{x \to x_0} x^n \right) = A \cdot \left(\lim_{x \to x_0} x \right)^n = A \cdot x_0^n$, wobei n eine natürliche Zahl ist.

Dieses letzte Beispiel war einfach. Die Beispiele 6.5.1 und 6.5.2 waren schwieriger, da sie einen Bruch enthielten, in dem sowohl der Zähler als auch der Nenner gegen 0 streben. Eine einfache Beobachtung kann uns manchmal helfen, solche Grenzwerte zu bestimmen, vorausgesetzt, dass sie existieren. Weil $\lim_{x \to x_0} f(x)$ nur von solchen Funktionswerten von f abhängen kann, wenn x nahe bei, aber nicht gleich x_0 ist, haben wir das folgende Resultat:

Wenn die Funktionen f und g gleich sind für alle x in der Nähe von x_0, aber nicht notwendig für $x = x_0$, dann gilt

$$\lim_{x \to x_0} f(x) = \lim_{x \to x_0} g(x) \qquad (6.5.6)$$

immer dann, wenn einer der beiden Grenzwerte existiert.

Hier sind einige Beispiele dafür, wie diese Regel angewendet wird.

Beispiel 6.5.4

Berechnen Sie den Grenzwert $\lim\limits_{x \to 2} \dfrac{3x^2 + 3x - 18}{x - 2}$.

Lösung: Wir sehen, dass sowohl Zähler als auch Nenner gegen 0 streben, wenn x gegen 2 strebt. Weil der Zähler $3x^2 + 3x - 18$ für $x = 2$ gleich 0 ist, hat er $x - 2$ als Faktor und es gilt: $3x^2 + 3x - 18 = 3(x - 2)(x + 3)$. Daher ist

$$f(x) = \frac{3x^2 + 3x - 18}{x - 2} = \frac{3(x - 2)(x + 3)}{x - 2}$$

Für $x \neq 2$, können wir $x - 2$ im Zähler und im Nenner entfernen und erhalten $3(x + 3)$. Damit sind die Funktionen $f(x)$ und $g(x) = 3(x + 3)$ für alle $x \neq 2$ gleich. Nach (6.5.6) gilt dann

$$\lim_{x \to 2} \frac{3x^2 + 3x - 18}{x - 2} = \lim_{x \to 2} 3(x + 3) = 3(2 + 3) = 15$$

Beispiel 6.5.5

Berechnen Sie die Grenzwerte: (a) $\lim\limits_{h \to 0} \dfrac{\sqrt{h + 1} - 1}{h}$; (b) $\lim\limits_{x \to 4} \dfrac{x^2 - 16}{4\sqrt{x} - 8}$.

Lösung:

(a) Der Zähler und der Nenner streben beide gegen 0, wenn h gegen 0 strebt. Hier benötigen wir einen Trick. Wir multiplizieren Zähler und Nenner mit $\sqrt{h + 1} + 1$ und erhalten

$$\frac{\sqrt{h + 1} - 1}{h} = \frac{\left(\sqrt{h + 1} - 1\right)\left(\sqrt{h + 1} + 1\right)}{h\left(\sqrt{h + 1} + 1\right)} = \frac{h + 1 - 1}{h\left(\sqrt{h + 1} + 1\right)} = \frac{1}{\sqrt{h + 1} + 1}$$

für alle $h \neq 0$ nach Kürzung des gemeinsamen Faktors h. Für alle $h \neq 0$ (und $h \geq -1$) ist die gegebene Funktion gleich $1/(\sqrt{h + 1} + 1)$ und dieser Ausdruck strebt gegen $1/2$, wenn h gegen 0 strebt. Wir schließen daraus, dass der Grenzwert unserer Funktion gleich $1/2$ ist. Dies bestätigt das Ergebnis aus Beispiel 6.5.2

(b)   Wir müssen versuchen, den Bruch zu vereinfachen, weil $x = 4$ den undefinierten Ausdruck $0/0$ ergibt. Wieder können wir einen Trick benutzen, um den Bruch wie folgt in Faktoren zu zerlegen:

$$\frac{x^2 - 16}{4\sqrt{x} - 8} = \frac{(x+4)(x-4)}{4\left(\sqrt{x} - 2\right)} = \frac{(x+4)\left(\sqrt{x} + 2\right)\left(\sqrt{x} - 2\right)}{4\left(\sqrt{x} - 2\right)} \qquad (*)$$

Wir haben hier die Zerlegung $x - 4 = \left(\sqrt{x} + 2\right)\left(\sqrt{x} - 2\right)$ benutzt, die für $x \geq 0$ korrekt ist. Im letzten Bruch von $(*)$, können wir $\sqrt{x} - 2$ kürzen, wenn $\sqrt{x} - 2 \neq 0$ ist, d. h. wenn $x \neq 4$ ist. Unter Benutzung von (6.5.6) erhält man:

$$\lim_{x \to 4} \frac{x^2 - 16}{4\sqrt{x} - 8} = \lim_{x \to 4} \frac{1}{4}(x+4)(\sqrt{x} + 2) = \frac{1}{4}(4 + 4)(\sqrt{4} + 2) = 8$$

Aufgaben für Kapitel 6.5

1.   Bestimmen Sie die folgenden Grenzwerte unter Verwendung der Regeln für Grenzwerte:

(a) $\lim\limits_{x \to 0} (3 + 2x^2)$ (b) $\lim\limits_{x \to -1} \dfrac{3 + 2x}{x - 1}$ (c) $\lim\limits_{x \to 2} (2x^2 + 5)^3$

(d) $\lim\limits_{t \to 8} \left(5t + t^2 - \tfrac{1}{8}t^3\right)$ (e) $\lim\limits_{y \to 0} \dfrac{(y+1)^5 - y^5}{y + 1}$ (f) $\lim\limits_{z \to -2} \dfrac{1/z + 2}{z}$

2.   Untersuchen Sie die folgenden Grenzwerte mit Hilfe eines Taschenrechners:

(a) $\lim\limits_{\Delta x \to 0} \dfrac{1}{\Delta x}(2^{\Delta x} - 1)$ (b) $\lim\limits_{\Delta x \to 0} \dfrac{1}{\Delta x}(3^{\Delta x} - 1)$ (c) $\lim\limits_{\lambda \to 0} \dfrac{1}{\lambda}(3^{\lambda} - 2^{\lambda})$

3.   Betrachten Sie den Grenzwert $\lim\limits_{x \to 1} \dfrac{x^2 + 7x - 8}{x - 1}$.

(a)   Untersuchen Sie den Grenzwert numerisch, indem Sie eine Wertetabelle des Quotienten anlegen, wenn x nahe bei 1 ist.

(b)   Bestimmen Sie den Grenzwert genau, indem Sie die Methode aus Beispiel 6.5.4 anwenden.

4.   Berechnen Sie die folgenden Grenzwerte:

(a) $\lim\limits_{x \to 2}(x^2 + 3x - 5)$ (b) $\lim\limits_{y \to -3} \dfrac{1}{y + 8}$ (c) $\lim\limits_{x \to 0} \dfrac{x^3 - 2x - 1}{x^5 - x^2 - 1}$

(d) $\lim\limits_{x \to 0} \dfrac{x^3 + 3x^2 - 2x}{x}$ (e) $\lim\limits_{\Delta x \to 0} \dfrac{(x + \Delta x)^3 - x^3}{\Delta x}$ (f) $\lim\limits_{x \to 0} \dfrac{(x + \Delta x)^3 - x^3}{\Delta x}$ $(\Delta x \neq 0)$

5.   Berechnen Sie die folgenden Grenzwerte:

(a) $\lim\limits_{h \to 2} \dfrac{\frac{1}{3} - \frac{2}{3h}}{h - 2}$ (b) $\lim\limits_{x \to 0} \dfrac{x^2 - 1}{x^2}$ (c) $\lim\limits_{t \to 3} \sqrt[3]{\dfrac{32t - 96}{t^2 - 2t - 3}}$

(d) $\lim\limits_{h \to 0} \dfrac{\sqrt{h + 3} - \sqrt{3}}{h}$ (e) $\lim\limits_{t \to -2} \dfrac{t^2 - 4}{t^2 + 10t + 16}$ (f) $\lim\limits_{x \to 4} \dfrac{2 - \sqrt{x}}{4 - x}$

➡ Fortsetzung

6. Berechnen Sie die folgenden Grenzwerte für $f(x) = x^2 + 2x$:

(a) $\displaystyle\lim_{x \to 1} \frac{f(x) - f(1)}{x - 1}$ (b) $\displaystyle\lim_{x \to 2} \frac{f(x) - f(1)}{x - 1}$ (c) $\displaystyle\lim_{\Delta x \to 0} \frac{f(2 + \Delta x) - f(2)}{\Delta x}$

(d) $\displaystyle\lim_{x \to x_0} \frac{f(x) - f(x_0)}{x - x_0}$ (e) $\displaystyle\lim_{\Delta x \to 0} \frac{f(x_0 + \Delta x) - f(x_0)}{\Delta x}$ (f) $\displaystyle\lim_{\Delta x \to 0} \frac{f(x_0 + \Delta x) - f(x_0 - \Delta x)}{\Delta x}$

Anspruchsvollere Aufgabe

7. Berechnen Sie die folgenden Grenzwerte, wobei in Teil (c) n eine natürliche Zahl sei.

(a) $\displaystyle\lim_{x \to 2} \frac{x^2 - 2x}{x^3 - 8}$ (b) $\displaystyle\lim_{\Delta x \to 0} \frac{\sqrt[3]{27 + \Delta x} - 3}{\Delta x}$ (*Hinweis:* Setzen Sie $u = \sqrt[3]{27 + \Delta x}$.)

(c) $\displaystyle\lim_{x \to 1} \frac{x^n - 1}{x - 1}$

▶ Lösungen zu den Aufgaben finden Sie im Anhang des Buches.

6.6 Einfache Regeln der Differentiation

Die Ableitung einer Funktion f wurde definiert durch die Formel

$$f'(x) = \lim_{\Delta x \to 0} \frac{f(x + \Delta x) - f(x)}{\Delta x} \tag{$*$}$$

Wenn dieser Grenzwert existiert, sagen wir, dass f an der Stelle x **differenzierbar** ist. Das Bestimmen der Ableitung einer Funktion heißt **Differenzieren**. Es ist nützlich, sich diesen Prozess als eine Operation vorzustellen, die eine Funktion f in eine neue Funktion f' transformiert. Die Funktion f' ist dann für all diejenigen x-Werte definiert, für die der Grenzwert in ($*$) existiert. Falls $y = f(x)$, so können wir die Symbole y' und dy/dx als Alternativen zu $f'(x)$ verwenden.

In Kapitel 6.2 haben wir die Formel ($*$) benutzt, um die Ableitung einiger einfacher Funktionen zu bestimmen. Es ist jedoch schwierig und zeitaufwendig, die Definition in jedem einzelnen Fall direkt anzuwenden. Wir beginnen jetzt mit einem systematischen Programm, um allgemeine Regeln zu finden, die schließlich mechanische und effiziente Verfahren zur Bestimmung der Ableitung von sehr vielen differenzierbaren Funktionen ergeben, die durch eine Formel definiert ist, wie kompliziert diese auch sein mag. Wir beginnen mit einigen einfachen Regeln.

Wenn f eine konstante Funktion ist, dann ist ihre Ableitung 0:

$$f(x) = A \implies f'(x) = 0 \tag{6.6.1}$$

Dieses Resultat ist sehr einfach geometrisch nachzuvollziehen. Der Graph von $f(x) = A$ ist eine gerade Linie, parallel zur x-Achse. Die Tangente an diesen Graphen ist die Gerade selbst und hat die Steigung 0 in jedem Punkt (siehe Abb. 6.6.1). Sie sollten jetzt die Definition von $f'(x)$ verwenden, um dieselbe Antwort zu erhalten.

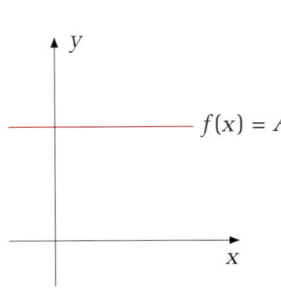

Abbildung 6.6.1: f(x) = A

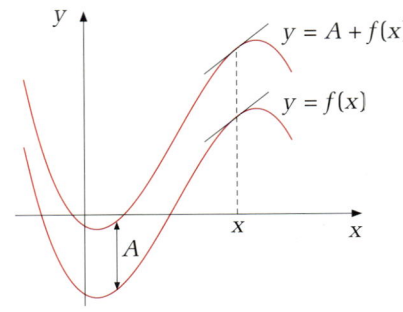

Abbildung 6.6.2: f(x) und A + f(x)

Die beiden nächsten Regeln sind auch sehr nützlich.

Einfache Regeln

Wenn man Ableitungen bildet, verschwinden additive Konstanten, während multiplikative Konstanten erhalten bleiben:

$$y = A + f(x) \Longrightarrow y' = f'(x) \tag{6.6.2}$$

$$y = Af(x) \Longrightarrow y' = Af'(x) \tag{6.6.3}$$

Regel (6.6.2) wird in Abb. 6.6.2 illustriert, wobei A positiv ist. Erinnern Sie nach Kap. 5.1, dass man den Graphen von $A + f(x)$ erhält, indem man den Graphen von $f(x)$ um A Einheiten in Richtung der y-Achse nach oben verschiebt. Daher müssen die Tangenten an die zwei Kurven $y = f(x)$ und $y = f(x) + A$ an derselben Stelle x parallel sein. Insbesondere müssen sie dieselbe Steigung haben. Sie sollten wieder versuchen, die Definition von $f'(x)$ zu verwenden, um diese Behauptung formal zu beweisen.

Wir wollen Regel (6.6.3) unter Verwendung der Definition der Ableitung beweisen. Wenn $g(x) = Af(x)$, dann ist

$$g(x + \Delta x) - g(x) = Af(x + \Delta x) - Af(x) = A\left[f(x + \Delta x) - f(x)\right]$$

und damit

$$g'(x) = \lim_{\Delta x \to 0} \frac{g(x + \Delta x) - g(x)}{\Delta x} = A \lim_{\Delta x \to 0} \frac{f(x + \Delta x) - f(x)}{\Delta x} = Af'(x)$$

Für eine ökonomische Illustration der Regel (6.6.3) nehmen Sie an, dass $R(t)$ die Verkaufseinnahmen der Firma A zur Zeit t bezeichnen und die Verkaufseinnahmen $S(t)$ der Firma B zu jeder Zeit dreimal größer als die von A sind. Dann ist die absolute Wachstumsrate von B dreimal größer als die von A. In mathematischer Notation: $S(t) = 3R(t) \Longrightarrow S'(t) = 3R'(t)$. Trotzdem sind die *relativen* Wachstumsraten der beiden Firmen, nämlich $R'(t)/R(t)$ und $S'(t)/S(t)$ gleich.

In der Notation von Leibniz sind die Resultate (6.6.1), (6.6.2) und (6.6.3) wie folgt:

$$\frac{d}{dx}A = 0, \qquad \frac{d}{dx}\big[A + f(x)\big] = \frac{d}{dx}f(x), \qquad \frac{d}{dx}\big[Af(x)\big] = A\frac{d}{dx}f(x)$$

Beispiel 6.6.1

Nehmen Sie an, wir kennen $f'(x)$. Bestimmen Sie die Ableitungen von:

(a) $5 + f(x)$ (b) $f(x) - \dfrac{1}{2}$ (c) $4f(x)$ (d) $-\dfrac{1}{5}f(x)$ (e) $\dfrac{Af(x) + B}{C}$, wobei $C \neq 0$

Lösung: Wir erhalten

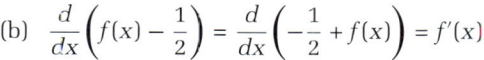

(a) $\dfrac{d}{dx}\big(5 + f(x)\big) = f'(x)$

(b) $\dfrac{d}{dx}\left(f(x) - \dfrac{1}{2}\right) = \dfrac{d}{dx}\left(-\dfrac{1}{2} + f(x)\right) = f'(x)$

(c) $\dfrac{d}{dx}\big(4f(x)\big) = 4f'(x)$

(d) $\dfrac{d}{dx}\left(-\dfrac{1}{5}f(x)\right) = -\dfrac{1}{5}\dfrac{d}{dx}f(x) = -\dfrac{1}{5}f'(x)$

(e) $\dfrac{d}{dx}\left(\dfrac{Af(x) + B}{C}\right) = \dfrac{d}{dx}\left(\dfrac{A}{C}f(x) + \dfrac{B}{C}\right) = \dfrac{A}{C}f'(x)$

Wenige Regeln der Differentiation sind nützlicher als die folgende:

Potenzregel

Für eine beliebige Konstante r gilt:

$$f(x) = x^r \implies f'(x) = rx^{r-1} \qquad\qquad (6.6.4)$$

Für $r = 2$ und $r = 3$ wurde diese Regel in Kapitel 6.2 bestätigt. Die in diesen zwei Beispielen verwendete Methode kann auf den Fall verallgemeinert werden, indem r eine beliebige natürliche Zahl ist. Später werden wir sehen, dass diese Regel für alle reellen Zahlen r gültig ist.

Beispiel 6.6.2

Nutzen Sie Regel (6.6.4), um die Ableitungen zu berechnen von:

(a) $y = x^5$ (b) $y = 3x^8$ (c) $y = \dfrac{x^{100}}{100}$.

Lösung:

(a) $y = x^5 \implies y' = 5x^{5-1} = 5x^4$

(b) $y = 3x^8 \implies y' = 3 \cdot 8x^{8-1} = 24x^7$

(c) $y = \dfrac{x^{100}}{100} = \dfrac{1}{100}x^{100} \implies y' = \dfrac{1}{100}100x^{100-1} = x^{99}$

Beispiel 6.6.3

Nutzen Sie Regel (6.6.4) zur Berechnung von:

(a) $\dfrac{d}{dx}\left(x^{-0.33}\right)$ (b) $\dfrac{d}{dr}(-5r^{-3})$ (c) $\dfrac{d}{dp}(Ap^\alpha + B)$ (d) $\dfrac{d}{dx}\left(\dfrac{A}{\sqrt{x}}\right)$

Lösung:

(a) $\dfrac{d}{dx}\left(x^{-0.33}\right) = -0.33x^{-0.33-1} = -0.33x^{-1.33}$

(b) $\dfrac{d}{dr}(-5r^{-3}) = (-5)(-3)r^{-3-1} = 15r^{-4}$

(c) $\dfrac{d}{dp}(Ap^\alpha + B) = A\alpha p^{\alpha-1}$

(d) $\dfrac{d}{dx}\left(\dfrac{A}{\sqrt{x}}\right) = \dfrac{d}{dx}(Ax^{-1/2}) = A\left(-\dfrac{1}{2}\right)x^{-1/2-1} = -\dfrac{1}{2}Ax^{-3/2} = \dfrac{-A}{2x\sqrt{x}}$

Beispiel 6.6.4

Es bezeichne $r > 0$ das Einkommen eines Haushalts, gemessen z. B. in Euro pro Jahr. Die **Pareto-Einkommensverteilung** wird beschrieben durch die Formel

$$f(r) = \frac{B}{r^\beta} = Br^{-\beta} \tag{6.6.5}$$

Dabei sind B und β positive Konstanten. Wie ausführlicher in Kap. 9.4 erklärt wird, ist $f(r)\Delta r$ annähernd der Anteil der Personen in der Population, deren Einkommen zwischen r und $r + \Delta r$ liegt. Die Verteilungsfunktion ergibt eine gute Approximation für Einkommen oberhalb eines gewissen Schwellenwertes. In diesem Fall lagen empirische Schätzungen von β gewöhnlich im Intervall $2.4 < \beta < 2.6$.

Indem wir (6.6.4) benutzen, erhalten wir $f'(r) = -\beta Br^{-\beta-1} = -\beta B/r^{\beta+1}$, so dass $f'(r) < 0$ und damit $f(r)$ strikt monoton fallend ist.

Aufgaben für Kapitel 6.6

1. Berechnen Sie die Ableitungen der folgenden Funktionen:

   (a) $y = 5$ (b) $y = x^4$ (c) $y = 9x^{10}$ (d) $y = \pi^7$

2. Nehmen Sie an, wir kennen $g'(x)$. Bestimmen Sie die Ableitungen der folgenden Ausdrücke:

   (a) $2g(x) + 3$ (b) $-\frac{1}{6}g(x) + 8$ (c) $\dfrac{g(x) - 5}{3}$

3. Bestimmen Sie die Ableitungen der folgenden Funktionen:

   (a) x^6 (b) $3x^{11}$ (c) x^{50} (d) $-4x^{-7}$

   (e) $\dfrac{x^{12}}{12}$ (f) $-\dfrac{2}{x^2}$ (g) $\dfrac{3}{\sqrt[3]{x}}$ (h) $-\dfrac{2}{x\sqrt{x}}$

4. Berechnen Sie: (a) $\dfrac{d}{dr}(4\pi r^2)$ (b) $\dfrac{d}{dy}\left(Ay^{b+1}\right)$ (c) $\dfrac{d}{dA}\left(\dfrac{1}{A^2\sqrt{A}}\right)$

5. Erklären Sie, warum $f'(x_0) = \lim\limits_{x \to x_0} \dfrac{f(x) - f(x_0)}{x - x_0}$. Benutzen Sie dann diese Formel, um $f'(x_0)$ zu finden, wenn $f(x) = x^2$.

6. Finden Sie für jede der folgenden Funktionen eine Funktion $F(x)$, die $f(x)$ als Ableitung hat, d. h. eine Funktion, die $F'(x) = f(x)$ erfüllt.[8]

   (a) $f(x) = x^2$ (b) $f(x) = 2x + 3$ (c) $f(x) = x^a$ für $a \neq -1$

Anspruchsvollere Aufgabe

7. Die folgenden Grenzwerte sind alle in der Form $\lim\limits_{\Delta x \to 0}[f(x_0 + \Delta x) - f(x_0)]/\Delta x$ geschrieben. Nutzen Sie Ihre Kenntnisse über Ableitungen, um diese Grenzwerte zu bestimmen.

   (a) $\lim\limits_{\Delta x \to 0} \dfrac{(5 + \Delta x)^2 - 5^2}{\Delta x}$ (b) $\lim\limits_{\Delta s \to 0} \dfrac{(\Delta s + 1)^5 - 1}{\Delta s}$ (c) $\lim\limits_{\Delta x \to 0} \dfrac{5(x + \Delta x)^2 + 10 - 5x^2 - 10}{\Delta x}$

▶ Lösungen zu den Aufgaben finden Sie im Anhang des Buches.

6.7 Summen, Produkte und Quotienten

Nehmen Sie an, dass wir $f'(x)$ und $g'(x)$ kennen. Welches sind dann die Ableitungen von $f(x) + g(x)$, $f(x) - g(x)$, $f(x) \cdot g(x)$ und $f(x)/g(x)$? Sie werden sicherlich die beiden ersten korrekt erraten, aber sicherlich nicht so leicht die beiden letzten, es sei denn, Sie haben die Antworten bereits gelernt.

Summen und Differenzen

Nehmen Sie an, dass f und g beide auf einer Menge A von reellen Zahlen definiert sind.

---

[8] Beachten Sie, dass Sie nicht $f'(x)$ finden sollen.

Ableitungen von Summen und Differenzen

Wenn f und g beide in x differenzierbar sind, dann sind die Summe $f + g$ und die Differenz $f - g$ auch in x differenzierbar und es gilt:

$$h(x) = f(x) \pm g(x) \implies h'(x) = f'(x) \pm g'(x) \tag{6.7.1}$$

In Leibniz' Notation:

$$\frac{d}{dx}(f(x) \pm g(x)) = \frac{d}{dx}f(x) \pm \frac{d}{dx}g(x)$$

Wir können einen formalen Beweis von (6.7.1) geben.

Betrachten Sie den Fall, in dem $h(x) = f(x) + g(x)$: Der Newton-Quotient von h ist

$$\frac{h(x + \Delta x) - h(x)}{\Delta x} = \frac{(f(x + \Delta x) + g(x + \Delta x)) - (f(x) + g(x))}{\Delta x}$$

$$= \frac{f(x + \Delta x) - f(x)}{\Delta x} + \frac{g(x + \Delta x) - g(x)}{\Delta x}$$

Wenn $\Delta x \to 0$ strebt, streben die letzten zwei Brüche gegen $f'(x)$ bzw. $g'(x)$ und daher strebt die Summe dieser Brüche gegen $f'(x) + g'(x)$. Somit ist:

$$h'(x) = \lim_{\Delta x \to 0} \frac{h(x + \Delta x) - h(x)}{\Delta x} = f'(x) + g'(x)$$

Dies beweist (6.7.1) für die Summe. Der Beweis des Resultats für die Differenz ist ähnlich – nur einige der Vorzeichen ändern sich in offensichtlicher Weise.

Beispiel 6.7.1

Berechnen Sie $\dfrac{d}{dx}\left(3x^8 + x^{100}/100\right)$.

Lösung: Indem wir (6.7.1) und die Ergebnisse aus Beispiel 6.6.2 benutzen, erhalten wir:

$$\frac{d}{dx}\left(3x^8 + x^{100}/100\right) = \frac{d}{dx}(3x^8) + \frac{d}{dx}\left(x^{100}/100\right) = 24x^7 + x^{99}$$

Beispiel 6.7.2

In Beispiel 6.4.3 bezeichnete $C(x)$ die Kosten für die Produktion von x Einheiten eines gewissen Gutes in einer gegebenen Zeitperiode. Wenn $R(x)$ den Erlös aus dem Verkauf dieser x Einheiten ist, dann ist die Gewinnfunktion die Differenz aus dem Erlös und den Kosten, $\pi(x) = R(x) - C(x)$. Nach (6.7.1) ist $\pi'(x) = R'(x) - C'(x)$. Insbesondere ist $\pi'(x) = 0$, wenn $R'(x) = C'(x)$. In Worten: *Der Grenzgewinn ist 0, wenn der Grenzerlös gleich den Grenzkosten ist.*

Regel (6.7.1) kann auf Summen mit beliebig vielen Termen verallgemeinert werden. Zum Beispiel

$$\frac{d}{dx}(f(x) - g(x) + h(x)) = f'(x) - g'(x) + h'(x)$$

Dies sehen wir, indem wir $f(x) - g(x) + h(x)$ als $(f(x) - g(x)) + h(x)$ schreiben und dann (6.7.1) zweimal anwenden. Wenn wir die Regeln (6.6.2)–(6.6.4) und (6.7.1) anwenden, ist es leicht, jedes Polynom zu differenzieren.

Produkte

Sei $f(x) = x$ und $g(x) = x^2$, dann ist $(f \cdot g)(x) = x^3$. Es gilt $f'(x) = 1$, $g'(x) = 2x$ und $(f \cdot g)'(x) = 3x^2$. Also ist die Ableitung von $(f \cdot g)(x)$ *nicht* gleich $f'(x) \cdot g'(x) = 2x$. Die richtige Regel für die Differentiation eines Produkts ist ein wenig komplizierter.

Die Ableitung eines Produkts

Wenn f und g beide im Punkt x differenzierbar sind, dann auch $h = f \cdot g$ und

$$h(x) = f(x) \cdot g(x) \implies h'(x) = f'(x) \cdot g(x) + f(x) \cdot g'(x) \qquad (6.7.2)$$

In Worten formuliert: *Die Ableitung des Produkts zweier Funktionen ist gleich der Ableitung der ersten Funktion, multipliziert mit der zweiten, plus der ersten, multipliziert mit der Ableitung der zweiten Funktion.* Die Formel ist jedoch verdaulicher als diese Worte.

In Leibniz' Notation wird die Produktregel so ausgedrückt:

$$\frac{d}{dx}\left[f(x) \cdot g(x)\right] = \left[\frac{d}{dx}f(x)\right] \cdot g(x) + f(x) \cdot \left[\frac{d}{dx}g(x)\right]$$

Bevor wir zeigen, warum (6.7.2) gültig ist, sind hier zwei Beispiele:

Beispiel 6.7.3

Bestimmen Sie $h'(x)$, wenn $h(x) = (x^3 - x) \cdot (5x^4 + x^2)$. Bestätigen Sie die Antwort, indem Sie $h(x)$ als ein einziges Polynom schreiben und dann das Resultat differenzieren.

Lösung: Wir sehen, dass $h(x) = f(x) \cdot g(x)$ mit $f(x) = x^3 - x$ und $g(x) = 5x^4 + x^2$ ist. Es gilt $f'(x) = 3x^2 - 1$ und $g'(x) = 20x^3 + 2x$. Daher ist nach (6.7.2)

$$h'(x) = f'(x) \cdot g(x) + f(x) \cdot g'(x) = (3x^2 - 1) \cdot (5x^4 + x^2) + (x^3 - x) \cdot (20x^3 + 2x)$$

Gewöhnlich vereinfachen wir die Antwort, indem wir die Klammern ausmultiplizieren, um nur ein einziges Polynom zu erhalten. Einfache Berechnungen ergeben $h'(x) = 35x^6 - 20x^4 - 3x^2$. Alternativ könnten wir zunächst in dem Ausdruck für $h(x)$ die Klammern ausmultiplizieren, um einzelnes Polynom zu erhalten, d.h. in diesem Fall $h(x) = 5x^7 - 4x^5 - x^3$. Ableiten mit Hilfe der Potenzregel (6.6.4) und der Summen- und Differenzregel (6.7.1) ergibt $h'(x) = 35x^6 - 20x^4 - 3x^2$. ∎

Beispiel 6.7.4

Sei $D(P)$ die Nachfragefunktion für ein Produkt. Wenn der Hersteller $D(P)$ Einheiten zum Preis P pro Einheit verkauft, ist sein Erlös $R(P)$ gegeben durch $R(P) = PD(P)$. Üblicherweise ist $D'(P)$ negativ, weil die Nachfrage zurückgeht, wenn der Preis steigt. Nach der Produktregel (6.7.2) der Differentiation gilt

$$R'(P) = D(P) + PD'(P) \qquad (*)$$

Nehmen Sie für eine ökonomische Interpretation an, dass P um einen Euro steigt. Der Erlös $R(P)$ ändert sich aus zwei Gründen. Zunächst steigt $R(P)$ um $1 \cdot D(P)$, weil jede der $D(P)$ Einheiten einen Euro mehr einbringt. Jedoch führt ein Preisanstieg um einen Euro zu einer Änderung der Nachfrage um $D(P + 1) - D(P)$ Einheiten, was annähernd $D'(P)$ ist. Der (positive) Verlust aufgrund des Preisanstiegs um einen Euro ist dann $-PD'(P)$, was von $D(P)$ zu subtrahieren ist, um $R'(P)$ zu erhalten wie in Gleichung (∗). Der resultierende Ausdruck drückt nur die einfache Tatsache aus, dass $R'(P)$, die totale Änderungsrate von $R(P)$, das ist, was Sie gewinnen minus das, was Sie verlieren. ■

Wir machen jetzt weiter mit dem Beweis von (6.7.2):

Nehmen Sie an, dass die Funktionen f und g in x differenzierbar sind, so dass die Newton-Quotienten

$$\frac{f(x + \Delta x) - f(x)}{\Delta x} \quad \text{und} \quad \frac{g(x + \Delta x) - g(x)}{\Delta x}$$

gegen $f'(x)$ bzw. $g'(x)$ streben, wenn Δx gegen 0 strebt. Wir müssen zeigen, dass der Newton-Quotient von $h = f \cdot g$ auch gegen einen Grenzwert strebt, der durch $f'(x)g(x) + f(x)g'(x)$ gegeben ist. Der Newton-Quotient von h ist

$$\frac{h(x + \Delta x) - h(x)}{\Delta x} = \frac{f(x + \Delta x)g(x + \Delta x) - f(x)g(x)}{\Delta x} \tag{∗}$$

Um weiter zu kommen, müssen wir die rechte Seite (RS) irgendwie transformieren, um auf die Newton-Quotienten von f und g zu kommen. Wir benutzen einen Trick: Der Zähler von RS bleibt unverändert, wenn wir die Zahl $f(x)g(x + \Delta x)$ sowohl subtrahieren als auch addieren. Daher erhalten wir nach geeigneter Umordnung der Terme

$$\frac{h(x + \Delta x) - h(x)}{\Delta x} = \frac{f(x + \Delta x)g(x + \Delta x) - f(x)g(x + \Delta x) + f(x)g(x + \Delta x) - f(x)g(x)}{\Delta x}$$

$$= \frac{f(x + \Delta x) - f(x)}{\Delta x} g(x + \Delta x) + f(x) \frac{g(x + \Delta x) - g(x)}{\Delta x}$$

Da Δx gegen 0 strebt, streben die zwei Newton-Quotienten gegen $f'(x)$ bzw. $g'(x)$. Jetzt können wir $g(x + \Delta x)$ für $\Delta x \neq 0$ schreiben als

$$g(x + \Delta x) = \left[\frac{g(x + \Delta x) - g(x)}{\Delta x} \right] \Delta x + g(x)$$

Nach der Produktregel für Grenzwerte und der Definition von $g'(x)$ strebt dies gegen $g'(x) \cdot 0 + g(x) = g(x)$, wenn Δx gegen 0 strebt. Es folgt, dass der Newton-Quotient von $h = f \cdot g$ gegen $f'(x)g(x) + f(x)g'(x)$ strebt, wenn Δx gegen 0 strebt. ▪

Um es jetzt abzuschließen, nachden wir gesehen haben, wie man das Produkt zweier Funktionen differenziert, wollen wir Produkte von mehr als zwei Funktionen betrachten. Nehmen Sie z. B. an, dass $y = f(x)g(x)h(x)$. Wie erhält man y'? Wir erweitern die früher gezeigten Methoden und setzen $y = [f(x)g(x)]h(x)$. Dann ergibt die Produktregel

$$y' = [f(x)g(x)]' h(x) + [f(x)g(x)] h'(x)$$

$$= [f'(x)g(x) + f(x)g'(x)] h(x) + f(x)g(x)h'(x)$$

$$= f'(x)g(x)h(x) + f(x)g'(x)h(x) + f(x)g(x)h'(x)$$

Wenn keine der drei Funktionen gleich 0 ist, dann können wir das Resultat in der folgenden Weise schreiben:[9]

$$\frac{(fgh)'}{fgh} = \frac{f'}{f} + \frac{g'}{g} + \frac{h'}{h}$$

---

[9] Wenn alle Variablen positiv sind, ist dieses Resultat mit logarithmischer Differentiation einfacher zu beweisen. Siehe Kap. 6.11.

In analoger Weise kann man leicht das Resultat für ein Produkt von n Funktionen schreiben. In Worten: Die relative Änderungsrate eines Produkts ist gleich der Summe der relativen Änderungsraten aller Faktoren.

Quotienten

Nehmen Sie an, dass $h(x) = f(x)/g(x)$, wobei f und g in x differenzierbar sind mit $g(x) \neq 0$. Da wir die Komplikationen mit einer Formel für die Ableitung eines Produkts noch in Erinnerung haben, werden wir etwas vorsichtiger sein, einen schnellen Tipp einer korrekten Formel für $h'(x)$ abzugeben.

In der Tat ist es ganz einfach, eine Formel für $h'(x)$ zu finden, wenn wir *annehmen*, dass $h(x)$ differenzierbar *ist*. Aus $h(x) = f(x)/g(x)$ folgt, dass $f(x) = h(x)g(x)$. Daher ergibt die Produktregel $f'(x) = h'(x) \cdot g(x) + h(x) \cdot g'(x)$. Auflösen nach $h'(x)$ ergibt $h'(x) \cdot g(x) = f'(x) - h(x) \cdot g'(x)$ und daher

$$h'(x) = \frac{f'(x) - h(x)g'(x)}{g(x)} = \frac{f'(x) - [f(x)/g(x)]\,g'(x)}{g(x)}$$

Indem wir Zähler und Nenner des letzten Bruches mit $g(x)$ multiplizieren, erhalten wir die folgende wichtige Formel:

Die Ableitung eines Quotienten

Wenn f und g in x differenzierbar sind und $g(x) \neq 0$, dann ist $h = f/g$ differenzierbar in x und

$$h(x) = \frac{f(x)}{g(x)} \implies h'(x) = \frac{f'(x) \cdot g(x) - f(x) \cdot g'(x)}{(g(x))^2} \qquad (6.7.3)$$

In Worten: *Die Ableitung eines Quotienten ist gleich der Ableitung des Zählers, multipliziert mit dem Nenner, minus dem Zähler, multipliziert mit der Ableitung des Nenners und diese Differenz wird dann durch das Quadrat des Nenners geteilt.* In einfacherer Notation haben wir $(f/g)' = (f'g - fg')/g^2$.

Beachten Sie, dass in der Produktregel die beiden Funktionen in symmetrischer Weise erscheinen, so dass sie leicht zu merken ist. In der Formel für die Ableitung eines Quotienten müssen die Ausdrücke im Zähler in der richtigen Reihenfolge stehen. Hier wird Ihnen jetzt gezeigt, wie Sie überprüfen können, ob Sie die richtige Reihenfolge haben. Schreiben Sie die Ihrer Meinung nach korrekte Formel auf. Setzen Sie $g \equiv 1$, d. h. $g(x) = 1$ für alle x. Dann ist $g' \equiv 0$ und Ihre Formel sollte sich auf f' reduzieren. Wenn Sie $-f'$ erhalten, dann sind Ihre Vorzeichen falsch.

Beispiel 6.7.5

Berechnen Sie $h'(x)$ und $h'(4)$, wenn

$$h(x) = \frac{3x - 5}{x - 2}$$

Lösung: Wir wenden (6.7.3) an mit $f(x) = 3x - 5$ und $g(x) = x - 2$. Dann ist $f'(x) = 3$ und $g'(x) = 1$. Somit erhalten wir für $x \neq 2$:

$$h'(x) = \frac{3 \cdot (x-2) - (3x-5) \cdot 1}{(x-2)^2} = \frac{3x - 6 - 3x + 5}{(x-2)^2} = \frac{-1}{(x-2)^2}$$

Um $h'(4)$ zu bestimmen, setzen wir $x = 4$ in die Formel für $h'(x)$ ein und erhalten $h'(4) = -1/(4-2)^2 = -1/4$. Beachten Sie, dass $h'(x) < 0$ für alle $x \neq 2$. Daher ist h strikt monoton fallend für $x < 2$ und für $x > 2$. Beachten Sie, dass $3 + 1/(x-2) = (3x-5)/(x-2)$. Der Graph wird in Abb. 5.1.7 gezeigt.

Beispiel 6.7.6

$C(x)$ die Gesamtkosten für die Herstellung von x Einheiten eines Gutes. Dann sind $C(x)/x$ die *Durchschnittkosten* für die Produktion von x Einheiten. Bestimmen Sie einen Ausdruck für $\dfrac{d}{dx}[C(x)/x]$.

Lösung:

$$\frac{d}{dx}\left(\frac{C(x)}{x}\right) = \frac{C'(x)x - C(x)}{x^2} = \frac{1}{x}\left(C'(x) - \frac{C(x)}{x}\right)$$

Beachten Sie, dass die Grenzkosten $C'(x)$ die Durchschnittskosten $C(x)/x$ genau dann übersteigen, wenn die Änderungsrate der Durchschnittskosten bei steigendem Output positiv ist.[10]

Die Formel für die Ableitung eines Quotienten wird symmetrischer, wenn wir relative Änderungsraten betrachten. Aus (6.7.3) folgt mit einfachen Berechnungen

$$h(x) = \frac{f(x)}{g(x)} \implies \frac{h'(x)}{h(x)} = \frac{f'(x)}{f(x)} - \frac{g'(x)}{g(x)} \tag{6.7.4}$$

Die relative Änderungsrate eines Quotienten ist gleich der relativen Änderungsrate des Zählers minus der relativen Änderungsrate des Nenners.

Sei $W(t)$ der nominale Lohnsatz und $P(t)$ der Preisindex zur Zeit t. Dann wird $w(t) = W(t)/P(t)$ der **reale Lohnsatz** genannt. Nach (6.7.4) ist

$$\frac{\dot{w}(t)}{w(t)} = \frac{\dot{W}(t)}{W(t)} - \frac{\dot{P}(t)}{P(t)}$$

Die relative Änderungsrate des realen Lohnsatzes ist gleich der Differenz aus den relativen Änderungsraten des nominalen Lohnsatzes und dem Preisindex. Wenn daher der nominale Lohn mit einer Rate von 5 % pro Jahr steigt, die Preise aber um 6 % steigen, dann fallen die realen Löhne um 1 %. Und: Wenn die Inflation dazu führt, dass Löhne und Preise mit derselben relativen Rate steigen, dann ist der reale Lohnsatz konstant.

---

[10] In ähnlicher Weise gilt: Wenn ein Basketball-Team einen neuen Spieler für sich verpflichtet, steigt die Durchschnittsgröße des Teams genau dann, wenn die Größe des neuen Spielers die alte Durchschnittsgröße übersteigt.

Aufgaben für Kapitel 6.7

1. Differenzieren Sie die folgenden Funktion nach x.

    (a) $x + 1$ (b) $x + x^2$ (c) $3x^5 + 2x^4 + 5$

    (d) $8x^4 + 2\sqrt{x}$ (e) $\frac{1}{2}x - \frac{3}{2}x^2 + 5x^3$ (f) $1 - 3x^7$

2. Differenzieren Sie die folgenden Funktion nach x.

    (a) $\frac{3}{5}x^2 - 2x^7 + \frac{1}{8} - \sqrt{x}$ (b) $(2x^2 - 1)(x^4 - 1)$ (c) $\left(x^5 + \frac{1}{x}\right)(x^5 + 1)$

3. Differenzieren Sie die folgenden Funktion nach x.

    (a) $\frac{1}{x^6}$ (b) $x^{-1}(x^2 + 1)\sqrt{x}$ (c) $\frac{1}{\sqrt{x^3}}$ (d) $\frac{x + 1}{x - 1}$

    (e) $\frac{x + 1}{x^5}$ (f) $\frac{3x - 5}{2x + 8}$ (g) $3x^{-11}$ (h) $\frac{3x - 1}{x^2 + x + 1}$

4. Differenzieren Sie die folgenden Funktion nach x.

    (a) $\frac{\sqrt{x} - 2}{\sqrt{x} + 1}$ (b) $\frac{x^2 - 1}{x^2 + 1}$ (c) $\frac{x^2 + x + 1}{x^2 - x + 1}$

5. Sei $x = f(L)$ der Output, wenn L Einheiten Arbeit als Input verwendet werden. Nehmen Sie an, dass $f(0) = 0$ und dass $f'(L) > 0$, $f''(L) < 0$ für alle $L > 0$. Die durchschnittliche Produktivität ist definiert durch die Formel $g(L) = f(L)/L$.

    (a) Sei $L^* > 0$. Kennzeichnen Sie in einem Bild die Werte von $f'(L^*)$ und $g(L^*)$. Welcher ist der größere?

    (b) Wie ändert sich die durchschnittliche Produktivität, wenn der Arbeitsinput steigt?

6. Bestimmen Sie für jede der folgenden Funktionen die Intervalle, in denen die Funktion monoton wachsend ist.

    (a) $y = 3x^2 - 12x + 13$ (b) $y = \frac{1}{4}(x^4 - 6x^2)$ (c) $y = \frac{2x}{x^2 + 2}$ (d) $y = \frac{x^2 - x^3}{2(x + 1)}$

7. Bestimmen Sie die Gleichungen für die Tangenten an die Graphen der folgenden Funktionen in den angegebenen Punkten:

    (a) $y = 3 - x - x^2$ in $x = 1$ (b) $y = \frac{x^2 - 1}{x^2 + 1}$ in $x = 1$

    (c) $y = \left(\frac{1}{x^2} + 1\right)(x^2 - 1)$ in $x = 2$ (d) $y = \frac{x^4 + 1}{(x^2 + 1)(x + 3)}$ in $x = 0$

8. Betrachten Sie eine Ölquelle, wobei $x(t)$ die Förderungsrate in Barrel pro Tag und $p(t)$ der Preis in Euro pro Barrel, beides zur Zeit t. Dann ist $R(t) = p(t)x(t)$ der Erlös in Euro pro Tag. Bestimmen Sie einen Ausdruck für $\dot{R}(t)$ und geben Sie eine ökonomische Interpretation für den Fall, dass $p(t)$ und $x(t)$ beide monoton steigend sind. (*Hinweis:* $R(t)$ steigt aus zwei Gründen.)

9. Differenzieren Sie die folgenden Funktionen bezüglich t:

    (a) $\frac{at + b}{ct + d}$ (b) $t^n\left(a\sqrt{t} + b\right)$ (c) $\frac{1}{at^2 + bt + c}$

➡

→ Fortsetzung

10. Wenn $f(x) = \sqrt{x}$, dann ist $f(x) \cdot f(x) = x$. Nutzen Sie die Produktregel, um eine Formel für $f'(x)$ zu finden. Vergleichen Sie diese mit dem Ergebnis aus Aufgabe 6.2.10.

11. Nehmen Sie an, dass $r = -n$, wobei n eine natürliche Zahl ist. Nutzen Sie die Beziehung $x^{-n} = 1/x^n$ und die Quotientenregel (6.7.3), um die Potenzregel zu beweisen, die besagt, dass $y = x^r \Rightarrow y' = rx^{r-1}$.

▶ Lösungen zu den Aufgaben finden Sie im Anhang des Buches.

6.8 Kettenregel

Nehmen Sie an, dass y eine Funktion von u und u eine Funktion von x ist. Dann ist y eine verkettete Funktion von x. Nehmen Sie an, dass x sich ändert. Dies führt zu einer zweistufigen „Kettenreaktion": zuerst reagiert u direkt auf die Änderung in x; zweitens reagiert y auf diese Änderung in u. Nehmen Sie an, wir kennen die Änderungsraten du/dx und dy/du. Wie erhalten wir dann die Änderungsrate dy/dx? Es stellt sich heraus, dass die Beziehung zwischen diesen Änderungsraten einfach ist:

Die Kettenregel

Wenn y eine differenzierbare Funktion von u und u eine differenzierbare Funktion von x ist, dann ist y eine differenzierbare Funktion von x und es gilt

$$\frac{dy}{dx} = \frac{dy}{du} \cdot \frac{du}{dx} \tag{6.8.1}$$

Es ist leichter, sich die Kettenregel zu merken, wenn man Leibniz' Notation verwendet, da die linke Seite von (6.8.1) genau das ist, was sich ergibt, wenn wir das du auf der rechten Seite „kürzen". Natürlich ist dies nur eine Gedächtnisstütze und man muss vorsichtig sein: Da dy/du und du/dx keine Brüche sind, sondern nur Symbole für Ableitungen und du keine Zahl ist, ist Kürzen *nicht* definiert![11]

Ein wichtiger Spezialfall liegt vor, wenn y eine Potenzfunktion ist.

Die verallgemeinerte Potenzregel

Wenn $y = u^r$ und u eine differenzierbare Funktion von x ist, dann gilt:

$$y' = ru^{r-1}u' \tag{6.8.2}$$

Die Kettenregel ist sehr leistungsfähig. Die Leichtigkeit im Umgang kommt mit zunehmender Praxis.

---

[11] Es wurde darauf hingewiesen, dass Beweis von (6.8.1)) durch Kürzen von du nicht viel besser ist als $64/16 = 4$ zu beweisen, indem man die beiden Sechsen streicht: $\frac{6\!\!\!/4}{1\!\!\!/6} = 4$

Beispiel 6.8.1

Bestimmen Sie dy/dx, wenn

(a) $y = u^5$ und $u = 1 - x^3$ (b) $y = \dfrac{10}{(x^2 + 4x + 5)^7}$

Lösung:

(a) Wir können hier (6.8.1) direkt anwenden. Da $dy/du = 5u^4$ und $du/dx = -3x^2$, erhalten wir

$$\frac{dy}{dx} = \frac{dy}{du} \cdot \frac{du}{dx} = 5u^4(-3x^2) = -15x^2u^4 = -15x^2(1 - x^3)^4$$

(b) Wenn wir $u = x^2 + 4x + 5$ setzen, dann ist $y = 10u^{-7}$. Nach der verallgemeinerten Potenzregel (6.8.2) erhält man

$$\frac{dy}{dx} = 10(-7)u^{-8}u' = -70u^{-8}(2x + 4) = \frac{-140(x + 2)}{(x^2 + 4x + 5)^8}$$

Nach ein wenig Übung werden die Zwischenschritte unnötig. Um z. B. die verkettete Funktion

$$y = (\underbrace{1 - x^3}_{u})^5$$

zu differenzieren, die nach Teil (a) von Beispiel 6.8.1 naheliegt, können wir uns y als $y = u^5$ mit $u = 1 - x^3$ *vorstellen*. Wir können dann sowohl u^5 als auch $1 - x^3$ im Kopf differenzieren und sofort das Ergebnis hinschreiben $y' = 5(1 - x^3)^4(-3x^2)$.

Wenn Sie $y = x^5/5$ nach der Quotientenregel differenzieren, erhalten Sie die richtige Antwort, begehen aber einen kleinen „mathematischen Gewaltakt". Denn es ist viel einfacher y als $y = (1/5)x^5$ zu schreiben, denn dann erhalten Sie $y' = (1/5)5x^4 = x^4$. Unnötig mühsam ist es auch, die Quotientenregel anzuwenden, um die in Teil (b) von Beispiel 6.8.1 gegebene Funktion zu differenzieren. Die verallgemeinerte Potenzregel ist viel effektiver.

Beispiel 6.8.2

Differenzieren Sie die Funktionen:

(a) $y = (x^3 + x^2)^{50}$ (b) $y = \left(\dfrac{x - 1}{x + 3}\right)^{1/3}$ (c) $y = \sqrt{x^2 + 1}$

Lösung:

(a) $y = (x^3 + x^2)^{50} = u^{50}$, wobei $u = x^3 + x^2$, so dass $u' = 3x^2 + 2x$. Dann folgt nach (6.8.2)

$$y' = 50u^{50-1} \cdot u' = 50(x^3 + x^2)^{49}(3x^2 + 2x)$$

(b) Wir verwenden wieder (6.8.2):

$$y = \left(\frac{x - 1}{x + 3}\right)^{1/3} = u^{1/3},$$

wobei $u = \dfrac{x-1}{x+3}$. Die Quotientenregel ergibt

$$u' = \frac{1 \cdot (x+3) - (x-1) \cdot 1}{(x+3)^2} = \frac{4}{(x+3)^2}$$

und daher

$$y' = \frac{1}{3}u^{(1/3)-1} \cdot u' = \frac{1}{3}\left(\frac{x-1}{x+3}\right)^{-2/3} \cdot \frac{4}{(x+3)^2} = \frac{4}{3}(x-1)^{-2/3}(x+3)^{-4/3}$$

(c)   Bemerken Sie zunächst, dass $y = \sqrt{x^2+1} = (x^2+1)^{1/2}$ ist, so dass $y = u^{1/2}$, wobei $u = x^2 + 1$. Daher ist

$$y' = \frac{1}{2}u^{(1/2)-1} \cdot u' = \frac{1}{2}(x^2+1)^{-1/2} \cdot 2x = \frac{x}{\sqrt{x^2+1}}$$

Die Formulierung der Kettenregel mag als sehr abstrakt und schwierig erscheinen. Wenn wir jedoch die in (6.8.1) auftretenden Ableitungen als Änderungsraten interpretieren, erscheint die Kettenregel ziemlich intuitiv, wie das nächste ökonomische Beispiel zeigen wird.

Beispiel 6.8.3

Die Nachfrage x nach einem Gut hängt vom Preis p ab. Nehmen Sie an, dass der Preis p nicht konstant ist, sondern von der Zeit t abhängt. Dann ist x eine verkettete Funktion von t und nach der Kettenregel gilt

$$\frac{dx}{dt} = \frac{dx}{dp} \cdot \frac{dp}{dt}$$

Nehmen Sie z. B. an, dass die Nachfrage nach Butter um 5000 Kilogramm abnimmt, wenn der Preis um 1 Euro pro Kilogramm steigt. Dann ist $dx/dp \approx -5000$. Nehmen Sie ferner an, dass der Preis pro Kilogramm um fünf Cent pro Monat steigt, so dass $dp/dt \approx 0.05$. Wie hoch ist der Rückgang der Nachfrage in Kilogramm pro Monat?

Lösung: Da der Preis um 0.05 Euro pro Monat steigt und die Nachfrage um 5000 Kilogramm je Euro Preissteigerung zurückgeht, *fällt* die Nachfrage um ungefähr $5000 \cdot 0.05 = 250$ Kilogramm pro Monat. Dies bedeutet, dass $dx/dt \approx -250$, gemessen in Kilogramm pro Monat.

Das nächste Beispiel verwendet wiederholt die Kettenregel.

Beispiel 6.8.4

Bestimmen Sie $x'(t)$, wenn $x(t) = 5\left(1 + \sqrt{t^3 + 1}\right)^{25}$.

Lösung: Der erste Schritt ist einfach. Sei $x(t) = 5u^{25}$, wobei $u = 1 + \sqrt{t^3 + 1}$. Dann folgt:

$$x'(t) = 5 \cdot 25 u^{24} \frac{du}{dt} = 125 u^{24} \frac{du}{dt} \qquad (*)$$

Das eigentümlich Neue an diesem Beispiel ist, dass wir du/dt nicht unmittelbar hinschreiben können. Um du/dt zu bestimmen, müssen wir die Kettenregel ein zweites Mal benutzen. Sei $u = 1 + \sqrt{v} = 1 + v^{1/2}$, wobei $v = t^3 + 1$. Dann ist

$$\frac{du}{dt} = \tfrac{1}{2}v^{(1/2)-1} \cdot \frac{dv}{dt} = \tfrac{1}{2}v^{-1/2} \cdot 3t^2 = \tfrac{1}{2}(t^3+1)^{-1/2} \cdot 3t^2 \qquad (**)$$

Aus $(*)$ und $(**)$ erhalten wir

$$x'(t) = 125\left(1 + \sqrt{t^3+1}\right)^{24} \cdot \tfrac{1}{2}(t^3+1)^{-1/2} \cdot 3t^2$$

Nehmen Sie wie im letzten Beispiel an, dass x eine Funktion von u, u eine Funktion von v und v wiederum eine Funktion von t ist. Dann ist x eine verkettete Funktion von t und die Kettenregel kann zweimal angewendet werden, so dass folgt:

$$\frac{dx}{dt} = \frac{dx}{du} \cdot \frac{du}{dv} \cdot \frac{dv}{dt}$$

Dies ist genau die Formel, die im letzten Beispiel verwendet wurde. Wiederum ist die Notation suggestiv, weil die linke Seite genau das ist, was wir erhalten würden, wenn wir sowohl du als auch dv auf der rechten Seite „kürzen" würden.

Eine alternative Formulierung der Kettenregel

Obwohl Leibniz' Notation es sehr leicht macht, sich die Kettenregel zu merken, hat sie den Nachteil, dass sie nicht genau angibt, an welcher Stelle jede Ableitung zu bilden ist. Wir beheben dies, indem wir für die auftretenden Funktionen Namen einführen. So sei $y = f(u)$ und $u = g(x)$. Dann kann y in der Form

$$y = f(g(x))$$

geschrieben werden. Dabei ist y eine *verkettete Funktion* von x, wie in Kap. 5.2 betrachtet, mit $g(x)$ als *Kern* oder *innerer Funktion* und f als *äußerer Funktion*.

Die Kettenregel

Wenn g differenzierbar ist in x_0 und f differenzierbar ist in $u_0 = g(x_0)$, dann ist $h(x) = f(g(x))$ differenzierbar in x_0 und

$$h'(x_0) = f'(u_0)g'(x_0) = f'(g(x_0))g'(x_0) \qquad (6.8.3)$$

In Worten: *Um eine verkettete Funktion zu differenzieren, differenzieren Sie zunächst die äußere Funktion bezüglich der inneren Funktion und multiplizieren Sie dies mit der Ableitung der inneren Funktion.*

Beispiel 6.8.5

Bestimmen Sie die Ableitung der verketteten Funktion $h(x) = f(g(x))$ an der Stelle $x_0 = -3$ für $f(u) = u^3$ und $g(x) = 2 - x^2$.

Lösung: In diesem Fall ist $f'(u) = 3u^2$ und $g'(x) = -2x$. Mit (6.8.3) ergibt sich $h'(-3) = f'(g(-3))\,g'(-3)$. Nun ist $g(-3) = 2 - (-3)^2 = 2 - 9 = -7$; $g'(-3) = 6$ und $f'(g(-3)) = f'(-7) = 3(-7)^2 = 3 \cdot 49 = 147$. Somit ist $h'(-3) = f'(g(-3))\,g'(-3) = 147 \cdot 6 = 882$.

Schließlich zeigen wir, dass die Kettenregel korrekt ist. Mit dieser alternativen Formulierung ist man versucht für (6.8.3) wie folgt zu argumentieren:

In vereinfachter Notation mit $y = h(x) = f(u)$ und $u = g(x)$, wie oben, ist es naheliegend wie folgt zu argumentieren: Da $u = g(x)$ stetig ist, gilt $\Delta u = g(x) - g(x_0) \to 0$, wenn $x \to x_0$. Damit gilt

$$h'(x_0) = \lim_{\Delta x \to 0} \frac{\Delta y}{\Delta x} = \lim_{\Delta x \to 0} \left(\frac{\Delta y}{\Delta u} \cdot \frac{\Delta u}{\Delta x} \right) = \lim_{\Delta u \to 0} \frac{\Delta y}{\Delta u} \cdot \lim_{\Delta x \to 0} \frac{\Delta u}{\Delta x} = \frac{dy}{du} \cdot \frac{du}{dx} = f'(u_0)g'(x_0)$$

Es gibt da jedoch eine Falle, da Δu gleich 0 sein kann für Werte von x, die beliebig nahe an x_0 sind und dann ist $\Delta y / \Delta u$ nicht definiert. Ein korrektes Argument geht wie folgt:

Definieren Sie die Funktionen φ und γ wie folgt:

$$\varphi(u) = \begin{cases} \dfrac{f(u) - f(u_0)}{u - u_0} & \text{falls } u \neq u_0 \\ f'(u_0) & \text{falls } u = u_0 \end{cases} \quad , \qquad \gamma(x) = \begin{cases} \dfrac{g(x) - g(x_0)}{x - x_0} & \text{falls } x \neq x_0 \\ g'(x_0) & \text{falls } x = x_0 \end{cases}$$

Nach Defintion der Ableitungen $f'(u_0)$ und $g'(x_0)$ gilt dann $\lim\limits_{u \to u_0} \varphi(u) = \varphi(u_0)$ und $\lim\limits_{x \to x_0} \gamma(x) = \gamma(x_0)$. Weiterhin gilt

$$f(u) - f(u_0) = \varphi(u)(u - u_0) \qquad \text{und} \qquad g(x) - g(x_0) = \gamma(x)(x - x_0)$$

für alle u in einem Intervall um u_0 und alle x in einem Intervall um x_0. Es folgt, dass für Δx nahe bei 0,

$$\begin{aligned} F(x_0 + \Delta x) - F(x_0) &= f(g(x_0 + \Delta x)) - f(g(x_0)) \\ &= \varphi(g(x_0 + \Delta x)) \cdot (g(x_0 + \Delta x) - g(x_0)) \\ &= \varphi(g(x_0 + \Delta x)) \cdot \gamma(x_0 + \Delta x) \cdot \Delta x \end{aligned}$$

und somit

$$F'(x_0) = \lim_{\Delta x \to 0} \frac{F(x_0 + \Delta x) - F(x_0)}{\Delta x} = \varphi(g(x_0))\gamma(x_0) = f'(g(x_0))g'(x_0)$$

Aufgaben für Kapitel 6.8

1. Verwenden Sie die Kettenregel (6.8.1), um jeweils dy/dx zu bestimmen:

    (a) $y = 5u^4$,   wobei $u = 1 + x^2$ (b) $y = u - u^6$,   wobei $u = 1 + 1/x$

2. Berechnen Sie

    (a) dY/dt, wenn $Y = -3(V + 1)^5$ und $V = \frac{1}{3}t^3$.

    (b) dK/dt, wenn $K = AL^a$ und $L = bt + c$, wobei A, a, b und c positive Konstanten sind.

➜ Fortsetzung

3. Bestimmen Sie die Ableitungen der folgenden Funktionen, wobei a, p, q und b Konstanten sind:

    (a) $y = \dfrac{1}{(x^2 + x + 1)^5}$ (b) $y = \sqrt{x + \sqrt{x + \sqrt{x}}}$ (c) $y = x^c (px + q)^b$

4. Y sei eine Funktion von K und K eine Funktion von t. Finden Sie eine Formel für die Ableitung von Y bezüglich t an der Stelle $t = t_0$.

5. Bestimmen Sie eine Formel für dY/dt, wenn $Y = F(K)$ und $K = h(t)$ ist.

6. Betrachten Sie die Nachfragefunktion $x = b - \sqrt{ap - c}$, wobei a, b und c positive Konstanten sind, x ist die Anzahl der nachgefragten Einheiten und p der Preis pro Einheit mit $p > c/a$. Berechnen Sie dx/dp.

7. Bestimmen Sie eine Formel für $h'(x)$, wenn (a) $h(x) = f(x^2)$ und (b) $h(x) = f(x^n g(x))$.

8. Es sei $s(t)$ der von einem Auto in t Stunden zurückgelegte Weg. Es sei $B(s)$ die Anzahl Liter Benzin, die das Auto benötigt, um s Kilometer zu fahren. Geben Sie eine Interpretation der Funktion $b(t) = B(s(t))$ und bestimmen Sie eine Formel für $b'(t)$.

9. Nehmen Sie an, dass $C = 20q - 4q \left(25 - \frac{1}{2}x\right)^{1/2}$, wobei q eine Konstante und $x < 50$ ist. Bestimmen Sie dC/dx.

10. Differenzieren Sie jeden der folgenden Ausdrücke auf zwei verschiedene Arten:

    (a) $y = (x^4)^5 = x^{20}$ (b) $y = (1 - x)^3 = 1 - 3x + 3x^2 - x^3$

11. Nehmen Sie an, Sie investieren 1000 Euro zu $p\%$ pro Jahr. Es bezeichen $g(p)$ den Betrag, den Sie nach 10 Jahren haben werden.

    (a) Geben Sie ökonomischen Interpretationen von (i) $g(5) \approx 1629$ und (ii) $g'(5) \approx 155$.

    (b) Bestimmen Sie zur Überprüfung der Zahlen in (a) eine Formel für $g(p)$ und berechnen Sie dann $g(5)$ und $g'(5)$.

12. Es sei f differenzierbar in x. Bestimmen Sie Ausdrücke für die Ableitungen der folgenden Funktionen:

    (a) $x + f(x)$ (b) $[f(x)]^2 - x$ (c) $[f(x)]^4$ (d) $x^2 f(x) + [f(x)]^3$

    (e) $x f(x)$ (f) $\sqrt{f(x)}$ (g) $\dfrac{x^2}{f(x)}$ (h) $\dfrac{[f(x)]^2}{x^3}$

▶ Lösungen zu den Aufgaben finden Sie im Anhang des Buches.

6.9 Ableitungen höherer Ordnung

Die Ableitung einer Funktion f wird oft die **erste Ableitung** von f genannt. Wenn f' auch differenzierbar ist, dann können wir f' auch wieder differenzieren. Das Resultat $(f')'$ wird die **zweite Ableitung** von f genannt und prägnanter als f'' geschrieben. Wir verwenden $f''(x)$, um die zweite Ableitung von f, berechnet an der Stelle x, zu bezeichnen.

Beispiel 6.9.1

Bestimmen Sie $f'(x)$ und $f''(x)$, wenn $f(x) = 2x^5 - 3x^3 + 2x$ ist.

Lösung: Die Regeln für die Differentiation von Polynomen implizieren $f'(x) = 10x^4 - 9x^2 + 2$. Dann differenzieren wir jede Seite dieser Gleichung und erhalten $f''(x) = 40x^3 - 18x$.

Die verschiedenen Formen der Notation für die zweite Ableitung sind analog zu denen für die erste Ableitung. Wir schreiben z. B. $y'' = f''(x)$ für die zweite Ableitung von $y = f(x)$. Die Leibniz-Notation wird auch für die zweite Ableitung benutzt. In der Notation dy/dx oder $df(x)/dx$ für die erste Ableitung interpretieren wir das Symbol d/dx als einen Operator, der besagt, dass wir den folgenden Ausdruck nach x differenzieren sollen. Man erhält die zweite Ableitung, indem man den Operator d/dx zweimal anwendet: $f''(x) = (d/dx)(d/dx)f(x)$. Wir denken dabei gewöhnlich an $f''(x) = (d/dx)^2 f(x)$ und schreiben dies daher wie folgt:

$$f''(x) = \frac{d^2 f(x)}{dx^2} = d^2 f(x)/dx^2 \qquad \text{oder} \qquad y'' = \frac{d^2 y}{dx^2} = d^2 y/dx^2$$

Legen Sie Ihre besondere Aufmerksamkeit darauf, wo die oberen Indizes stehen. Natürlich muss sich die Notation der zweiten Ableitung ändern, wenn die Variablen andere Namen haben.

Beispiel 6.9.2

Bestimmen Sie:

(a) Y'', wenn $Y = AK^a$ eine Funktion von $K > 0$ ist, wobei A und a Konstanten sind.

(b) $d^2 L/dt^2$, wenn $L = \dfrac{t}{t+1}$ und $t \geq 0$.

Lösung:

(a) Einmalige Differentiation von $Y = AK^a$ bezüglich K ergibt $Y' = AaK^{a-1}$. Nochmalige Differentiation bezüglich K ergibt $Y'' = Aa(a-1)K^{a-2}$.

(b) Zuerst benutzen wir die Quotientenregel (6.7.3) und erhalten

$$\frac{dL}{dt} = \frac{d}{dt}\left(\frac{t}{t+1}\right) = \frac{1 \cdot (t+1) - t \cdot 1}{(t+1)^2} = (t+1)^{-2}.$$

Damit folgt:

$$\frac{d^2 L}{dt^2} = -2(t+1)^{-3} = \frac{-2}{(t+1)^3}$$

Konvexe und konkave Funktionen

Erinnern Sie sich nach Kap. 6.3, wie das Vorzeichen der ersten Ableitung bestimmt, ob eine Funktion auf einem Intervall I monoton wachsend oder fallend ist. Wenn $f'(x) \geq 0$ $(f'(x) \leq 0)$ auf I, dann ist f monoton wachsend (fallend) auf I und umgekehrt. Die zweite Ableitung $f''(x)$ ist die Ableitung von $f'(x)$. Daher gilt:

$$f''(x) \geq 0 \text{ auf } I \quad \Longleftrightarrow \quad f' \text{ ist monoton wachsend auf } I \qquad (6.9.1)$$

$$f''(x) \leq 0 \text{ auf } I \quad \Longleftrightarrow \quad f' \text{ ist monoton fallend auf } I \qquad (6.9.2)$$

Die Äquivalenz in (6.9.1) wird in Abb. 6.9.1 illustriert. Die Steigung der Tangente, $f'(x)$, ist monoton steigend mit zunehmendem x. Andererseits fällt die Steigung der Tangente an den Graphen in Abb. 6.9.2 mit zunehmendem x, was (6.9.2) illustriert.

Als Hilfe zur Visualierung dieses Sachverhalts, stellen Sie sich vor, dass Sie ein Lineal entlang der Kurve bewegen und dies in jedem Punkt in Richtung der Tangente an den Graphen der Funktion ausrichten. Wenn das Lineal von links nach rechts an der Kurve entlang gleitet, dreht sich die Tangente in Abb. 6.9.1 gegen den Uhrzeiger, in Abb. 6.9.2 mit dem Uhrzeiger.

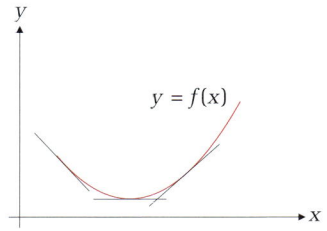

Abbildung 6.9.1: Die Steigung der Tangente wächst mit zunehmendem x

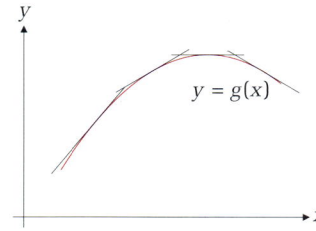

Abbildung 6.9.2: Die Steigung der Tangente fällt mit zunehmendem x

Setzen Sie voraus, dass f stetig ist in dem Intervall I und zweimal differenzierbar im Innern von I. Dann können wir die folgenden Definitionen einführen:

Konvexe und konkave Funktionen

$$f \text{ ist } \textbf{konvex} \text{ auf } I \iff f''(x) \geq 0 \text{ für alle } x \text{ in } I \qquad (6.9.3)$$

$$f \text{ ist } \textbf{konkav} \text{ auf } I \iff f''(x) \leq 0 \text{ für alle } x \text{ in } I \qquad (6.9.4)$$

Diese Eigenschaften sind illustriert in den Abb. 6.9.3–6.9.6, die Sie gründlich betrachten sollten. Ob eine Funktion konkav oder konvex ist, ist entscheidend für viele Resultate der ökonomischen Analysis, insbesondere für solche, in denen es um Maximierungs- oder Minimierungsprobleme geht. Wir bemerken, dass I oft die ganze reelle Zahlengerade ist, wobei wir dann das Intervall nicht explizit erwähnen.

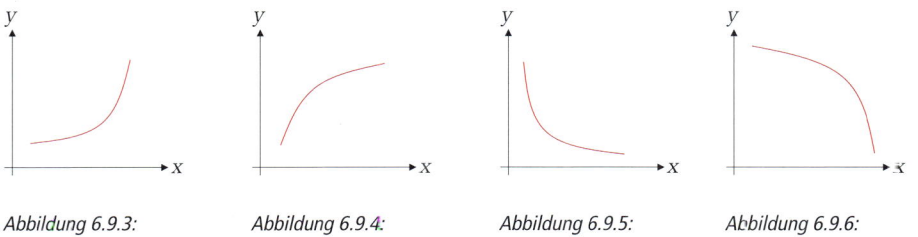

Abbildung 6.9.3:
Monoton wachsend, konvex

Abbildung 6.9.4:
Monoton wachsend, konkav

Abbildung 6.9.5:
Monoton fallend, konvex

Abbildung 6.9.6:
Monoton fallend, konkav

245

Beispiel 6.9.3

Untersuchen Sie die Konvexität/Konkavität der folgenden Funktionen:

$$\text{(a) } f(x) = x^2 - 2x + 2 \quad \text{und} \quad \text{(b) } f(x) = ax^2 + bx + c$$

Lösung:

(a) Hier ist $f'(x) = 2x - 2$, so dass $f''(x) = 2$. Da $f''(x) > 0$ für alle x, ist die Funktion f konvex.

(b) Hier ist $f'(x) = 2ax + b$, so dass $f''(x) = 2a$. Wenn $a = 0$, dann ist f linear. In diesem Fall erfüllt die Funktion f beide Definitionen in (6.9.3) und (6.9.4), so dass f sowohl konvex als auch konkav ist. Wenn $a > 0$, dann ist $f''(x) > 0$, so dass f konvex ist. Wenn $a < 0$ ist, dann ist $f''(x) < 0$, so dass f konkav ist. Die letzten zwei Fälle sind in Abb. 4.6.1 und 4.6.2 illustriert.

Wir betrachten zwei typische Beispiele von konvexen und konkaven Funktionen. Abb. 6.9.7 zeigt einen groben Graphen der Funktion P, für Daten zwischen 1500 und 2000, wobei $P(t)$ die Weltbevölkerung (in Milliarden) im Jahr t angibt. Es zeigt sich in der Abbildung, dass $P(t)$ nicht nur wachsend ist, sondern auch, dass die Wachstumsrate steigend ist: Jedes Jahr wird das *Wachstum* größer. Somit war für die letzten fünf Jahrhunderte $P(t)$ konvex.

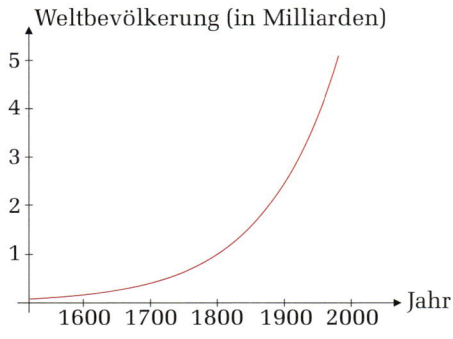

Abbildung 6.9.7: Weltbevölkerung

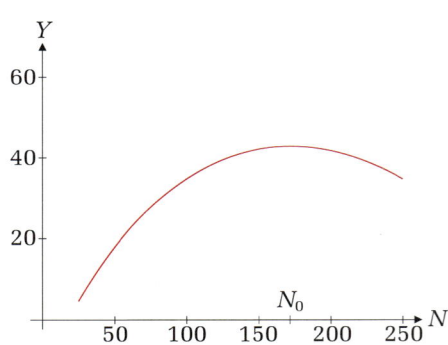

Abbildung 6.9.8: Weizenernte

Der Graph in Abb. 6.9.8 zeigt die Weizenernte $Y(N)$, wenn N (amerikanische) Pfund eines Düngemittels pro Acre (= 4047 Quadratmeter) verwendet wurden. Die Ergebnisse basieren auf Versuchen mit Düngemitteln in Iowa im Jahre 1952. Die Funktion hat ein Maximum an der Stelle $N = N_0 \approx 172$. Eine Erhöhung der verwendeten Menge des Düngemittels über N_0 hinaus, führt zu einer Abnahme des Weizenertrags. Weiterhin ist $Y(N)$ konkav. Wenn $N < N_0$, so führt eine Erhöhung von N um eine Einheit zu einer umso geringeren *Zunahme* in $Y(N)$, je größer N ist. Wenn andererseits $N > N_0$ ist, führt eine Erhöhung von N um eine Einheit zu einer größeren *Abnahme* in $Y(N)$, je größer N ist.

Beispiel 6.9.4

Untersuchen Sie die Konkavität/Konvexität der Produktionsfunktion $Y = AK^a$, definiert für alle $K \geq 0$, wobei $A > 0$ und $a > 0$.

Lösung: Aus Beispiel 6.9.2 haben wir $Y'' = Aa(a-1)K^{a-2}$.

Wenn $a \in (0, 1)$, dann ist der Koeffizient $Aa(a-1) < 0$, so dass $Y'' < 0$ ist für alle $K > 0$. Daher ist die Funktion konkav. Der Graph von $Y = AK^a$ für $0 < a < 1$ ist in Abb. 6.9.9 dargestellt.

Wenn andererseits $a > 1$, dann ist $Y'' > 0$ und Y ist eine konvexe Funktion von K, wie in Abb. 6.9.10 gezeigt ist.

Wenn schließlich $a = 1$, ist Y linear und damit beides, d. h. konkav und konvex.

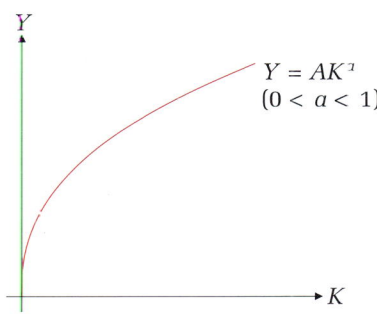

$$Y = AK^a$$
$$(0 < a < 1)$$

$$Y = AK^a$$
$$(a > 1)$$

Abbildung 6.9.9: Konkave Produktionsfunktion *Abbildung 6.9.10: Konvexe Produktionsfunktion*

Beispiel 6.9.5

Nehmen Sie an, dass die Funktionen U und g beide monoton wachsend und konkav mit $U' \geq 0$, $U'' \leq 0$, $g' \geq 0$ und $g'' \leq 0$ sind. Beweisen Sie, dass die verkettete Funktion $f(x) = g(U(x))$ auch monoton wachsend und konkav ist.

Lösung: Die Anwendung der Kettenregel ergibt

$$f'(x) = g'(U(x)) \cdot U'(x) \tag{$*$}$$

Da g' und U' beide ≥ 0 sind, folgt $f'(x) \geq 0$. Daher ist f monoton wachsend. In Worten: *Eine monoton wachsende Transformation einer monoton wachsenden Funktion ist monoton wachsend.*

Um $f''(x)$ zu berechnen, müssen wir das Produkt der beiden Funktionen $g'(U(x))$ und $U'(x)$ differenzieren. Nach der Kettenregel ist die Ableitung von $g'(U(x))$ gleich $g''(U(x)) \cdot U'(x)$. Daher ist

$$f''(x) = g''(U(x)) \cdot (U'(x))^2 + g'(U(x)) \cdot U''(x) \tag{$**$}$$

Da $g'' \leq 0$, $g' \geq 0$ und $U'' \leq 0$, folgt $f''(x) \leq 0$. Wieder in Worten: *Eine monoton wachsende konkave Transformation einer konkaven Funktion ist konkav.*

Dritte und höhere Ableitungen

Wenn $y = f(x)$, so heißt die Ableitung von $y'' = f''(x)$ die **dritte Ableitung** und wir verwenden dafür gewöhnlich die Notation $y''' = f'''(x)$. Es ist von der Notation her schwerfällig, immer mehr und mehr Striche zu verwenden, um die wiederholte Differentiation anzudeuten, so dass die **vierte Ableitung** gewöhnlich mit $y^{(4)} = f^{(4)}(x)$ bezeichnet wird.[12] Dieselbe Ableitung kann auch als $d^4 y/dx^4$ ausgedrückt werden. Im Allgemeinen bezeichne

$$y^{(n)} = f^{(n)}(x) \quad \text{oder} \quad \frac{d^n y}{dx^n}$$

die ***n*-te Ableitung** von f an der Stelle x. Die Zahl n heißt die **Ordnung** der Ableitung. Zum Beispiel bezeichnet $f^{(6)}(x_0)$ die sechste Ableitung von f an der Stelle x_0, die man nach sechsmaligem Differenzieren findet.

Beispiel 6.9.6

Berechnen Sie alle Ableitungen bis einschließlich zur vierten Ordnung von der Funktion $f(x) = 3x^{-1} + 6x^3 - x^2$, wobei $x \neq 0$.

Lösung: Wiederholte Differentiation ergibt

$$f'(x) = -3x^{-2} + 18x^2 - 2x, \qquad f''(x) = 6x^{-3} + 36x - 2,$$

$$f'''(x) = -18x^{-4} + 36 \qquad f^{(4)}(x) = 72x^{-5}$$

Aufgaben für Kapitel 6.9

1. Berechnen Sie die zweiten Ableitungen von:

    (a) $y = x^5 - 3x^4 + 2$ (b) $y = \sqrt{x}$ (c) $y = (1 + x^2)^{10}$

2. Bestimmen Sie $d^2 y/dx^2$, wenn $y = \sqrt{1 + x^2} = (1 + x^2)^{1/2}$.

3. Berechnen Sie :

    (a) y'' für $y = 3x^3 + 2x - 1$ (b) Y''' für $Y = 1 - 2x^2 + 6x^3$

    (c) $d^3 z/dt^3$ für $z = 120t - (1/3)t^3$ (d) $f^{(4)}(1)$ für $f(z) = 100z^{-4}$

4. Bestimmen Sie $g''(2)$, wenn $g(t) = \dfrac{t^2}{t - 1}$.

5. Bestimmen Sie Formeln für y'' und y''', wenn $y = f(x)g(x)$.

6. Bestimmen Sie $d^2 L/dt^2$, wenn $L = 1/\sqrt{2t - 1}$.

---

[12] Wir müssen die Zahl 4 in Klammern setzen, so dass es nicht mit y^4, der vierten Potenz von y, verwechselt wird.

→ Fortsetzung

7. Wenn $u(y)$ den Nutzen eines Individuums bezeichnet, das Einkommen (oder den Konsum) y zu haben, dann ist $R = -yu''(y)/u'(y)$ der Koeffizient der relativen Risikoaversion.[13] Berechnen Sie R für die folgenden Nutzenfunktionen, wobei A_1, A_2 und ρ positive Konstanten mit $\rho \neq 1$ sind und wir nehmen an, dass $y > 0$ ist:

    (a) $u(y) = A_1 y$ (b) $u(y) = \sqrt{y}$ (c) $u(y) = A_1 - A_2 y^{-2}$ (d) $u(y) = A_1 + A_2 \dfrac{y^{1-\rho}}{1-\rho}$

8. Sei $U(x) = \sqrt{x}$ und $g(u) = u^3$. Dann ist $f(x) = g(U(x)) = x^{3/2}$, welches keine konkave Funktion ist. Warum ist dies kein Widerspruch zu dem Ergebnis in Beispiel 6.9.5?

9. Das US Verteidigungsministerium beklagte 1985, dass der Kongress den Verteidigungsetat reduziert habe. Der Abgeordnete Gray wies darauf hin, dass der Etat nicht verringert worden war; der Kongress hatte lediglich die Zuwachsrate reduziert. Bezeichnen Sie mit P die Höhe des Verteidigungsetats und übersetzen Sie die Behauptungen in Aussagen über die Vorzeichen von P' und P''.

10. Ein Satz in einer Zeitung: „Die Wachstumsrate von Bankkrediten steigt mit einer zunehmenden Rate." Wenn $L(t)$ die gesamten Bankkredite zur Zeit t bezeichnen, so ersetzen Sie den Satz in eine mathematische Aussage über das Vorzeichen einer gewissen Ableitung.

▶ Lösungen zu den Aufgaben finden Sie im Anhang des Buches.

6.10 Exponentialfunktionen

Exponentialfunktionen wurden in Kap. 4.9 eingeführt. Es wurde gezeigt, dass sie gut geeignet sind, um gewisse ökonomische Phänomene wie Wachstum und Zinseszinsen zu beschreiben. Insbesondere haben wir die *natürliche* Exponentialfunktion $f(x) = e^x$ eingeführt, wobei $e \approx 2.71828$. Eine alternative Notation ist $f(x) = \exp x$.

Jetzt erklären wir, warum diese spezielle Funktion den Namen „natürlich" verdient. Betrachten Sie den Newton-Quotienten von $f(x) = e^x$:

$$\frac{f(x + \Delta x) - f(x)}{\Delta x} = \frac{e^{x+\Delta x} - e^x}{\Delta x} \qquad (*)$$

Wenn dieser Bruch gegen einen Grenzwert strebt, wenn Δx gegen 0 strebt, dann ist $f(x) = e^x$ differenzierbar und $f'(x)$ ist gleich diesem Grenzwert.

Um die rechte Seite von $(*)$ zu vereinfachen, machen wir Gebrauch von der Regel $e^{x+\Delta x} = e^x \cdot e^{\Delta x}$, um zu schreiben, $e^{x+\Delta x} - e^x = e^x(e^{\Delta x} - 1)$, so dass $(*)$ geschrieben werden kann als:

$$\frac{f(x + \Delta x) - f(x)}{\Delta x} = e^x \cdot \frac{e^{\Delta x} - 1}{\Delta x}$$

Wir berechnen jetzt den Grenzwert der rechten Seite, wenn Δx gegen 0. Beachten Sie, dass e^x eine Konstante ist, wenn wir nur Δx variieren. Für $(e^{\Delta x} - 1)/\Delta x$ haben wir in Beispiel 6.5.1 argumentiert, dass dieser Bruch gegen 1 konvergiert, wenn Δx gegen 0 strebt, obwohl in dem Beispiel die Variable x und nicht Δx war. Es folgt, dass

---

[13] Dagegen ist $R_A = -u''(y)/u'(y)$ der Koeffizient der **absoluten Risikoaversion**.

Ableitung der natürlichen Exponentialfunktion

$$f(x) = e^x \quad \Longrightarrow \quad f'(x) = e^x \qquad\qquad (6.10.1)$$

Also hat die **natürliche Exponentialfunktion** $f(x) = e^x$, *die bemerkenswerte Eigenschaft, dass ihre Ableitung gleich der Funktion selbst ist.* Dies ist der Hauptgrund dafür, dass diese Funktion so oft in der Mathematik und ihren Anwendungen auftaucht. Eine Folgerung aus (6.10.1) ist, dass $f''(x) = e^x$. Weil $e^x > 0$ für alle x, sind $f'(x)$ und $f''(x)$ beide positiv. Daher sind sowohl f als auch f' strikt monoton wachsend. Dies bestätigt die Gestalt des Graphen, der in in Abb. 4.9.3 dargestellt wurde.

Indem wir (6.10.1) mit den anderen Regeln der Differentiation verbinden, können wir Ausdrücke differenzieren, in denen die Exponentialfunktion e^x vorkommt.

Beispiel 6.10.1

Bestimmen Sie die erste und zweite Ableitung von
(a) $y = x^3 + e^x$ (b) $y = x^5 e^x$ (c) $y = e^x/x$

Lösung:

(a)   Es ist $y' = 3x^2 + e^x$ und $y'' = 6x + e^x$.

(b)   Wir wenden die Produktregel an: $y' = 5x^4 e^x + x^5 e^x = x^4 e^x (5 + x)$. Um y'' zu berechnen, differenzieren wir $y' = 5x^4 e^x + x^5 e^x$ ein weiteres Mal und erhalten $y'' = 20x^3 e^x + 5x^4 e^x + 5x^4 e^x + x^5 e^x = x^3 e^x (x^2 + 10x + 20)$.

(c)   Die Quotientenregel ergibt

$$y = \frac{e^x}{x} \Longrightarrow y' = \frac{e^x x - e^x \cdot 1}{x^2} = \frac{e^x (x - 1)}{x^2}$$

Wenn wir $y' = \dfrac{e^x x - e^x}{x^2}$ ein weiteres Mal nach x differenzieren, erhalten wir:

$$y'' = \frac{(e^x x + e^x - e^x) x^2 - (e^x x - e^x) 2x}{(x^2)^2} = \frac{e^x (x^2 - 2x + 2)}{x^3}$$

Indem wir Regel (6.10.1) mit der Kettenregel (6.8.1) kombinieren, können wir die Ableitungen von sehr komplizierten Funktionen berechnen. Beachten Sie zunächst, dass $y = e^{g(x)}$ geschrieben werden kann als $y = e^u$, wobei $u = g(x)$. Dann ist $y' = e^u \cdot u'$ und $u' = g'(x)$, so dass:

$$y = e^{g(x)} \quad \Longrightarrow \quad y' = e^{g(x)} g'(x) \qquad\qquad (6.10.2)$$

Beispiel 6.10.2

Differenzieren Sie die Funktionen:

(a) $y = e^{-x}$ (b) $y = x^p e^{ax}$, wobei p und a Konstanten sind   (c) $y = \sqrt{e^{2x} + x}$

Lösung:

(a) Die direkte Anwendung von (6.10.2) ergibt $y = e^{-x} \Rightarrow y' = e^{-x} \cdot (-1) = -e^{-x}$. Diese Ableitung ist immer negativ, so dass die Funktion strikt monoton fallend ist. Weiterhin ist $y'' = e^{-x} > 0$, so dass die Funktion konvex ist. Dies stimmt mit dem in Abb. 4.9.3 gezeigten Graphen überein.

(b) Nach der Kettenregel ist die Ableitung von e^{ax} gleich ae^{ax}. Mit der Produktregel folgt dann
$$y' = px^{p-1}e^{ax} + x^p a e^{ax} = x^{p-1}e^{ax}(p + ax)$$

(c) Es sei $y = \sqrt{e^{2x} + x} = \sqrt{u}$ mit $u = e^{2x} + x$. Dann ist $u' = 2e^{2x} + 1$, wobei wir die Kettenregel verwendet haben. Indem wir die Kettenregel noch einmal anwenden mit $v = e^{2x} + x$, erhalten wir:

$$y = \sqrt{e^{2x} + x} = \sqrt{v} \Rightarrow y' = \frac{1}{2\sqrt{v}} \cdot v' = \frac{2e^{2x} + 1}{2\sqrt{e^{2x} + x}}$$

Beispiel 6.10.3

Bestimmen Sie für jede der folgenden Funktionen die Intervalle, in denen sie monoton wachsend sind:

(a) $y = \dfrac{e^x}{x}$ (b) $y = x^4 e^{-2x}$ (c) $y = xe^{-\sqrt{x}}$

Lösung:

(a) Nach Beispiel 6.10.1(c) ist $y' = e^x(x - 1)/x^2$, so dass $y' \geq 0$ ist, wenn $x \geq 1$ ist. Daher ist y monoton wachsend auf $[1, \infty)$.

(b) Nach Beispiel 6.10.2(b) mit $p = 4$ und $a = -2$ ist $y' = x^3 e^{-2x}(4 - 2x)$. Ein Vorzeichen-Diagramm ergibt, dass y monoton wachsend im Intervall $[0, 2]$ ist.

(c) Die Funktion ist nur für $x \geq 0$ definiert. Mit der Kettenregel folgt, dass für $x > 0$ die Ableitung von $e^{-\sqrt{x}}$ gleich $-e^{-\sqrt{x}}/2\sqrt{x}$ ist, so dass nach der Produktregel die Ableitung von $y = xe^{-\sqrt{x}}$ gegeben ist durch

$$y' = 1 \cdot e^{-\sqrt{x}} - \frac{xe^{-\sqrt{x}}}{2\sqrt{x}} = e^{-\sqrt{x}}\left(1 - \frac{1}{2}\sqrt{x}\right)$$

Dabei haben wir die Tatsache verwendet, dass $x/\sqrt{x} = \sqrt{x}$. Es folgt, dass y monoton wachsend ist, wenn $x > 0$ und $1 - \frac{1}{2}\sqrt{x} \geq 0$ ist, d. h. y ist monoton wachsend im Intervall $[0, 4]$.

Ein verbreiteter Fehler beim Differenzieren von Exponentialfunktionen ist, anzunehmen, dass die Ableitung von e^x gleich „xe^{x-1}" ist. Tatsächlich ist dies die Ableitung von e^x bezüglich e. Die Exponentialfunktion e^x wurde mit der Potenzfunktion e^x von e verwechselt!

Eigenschaften der natürlichen Exponentialfunktion im Überblick

Die natürliche Exponentialfunktion

$$f(x) = \exp(x) = e^x \qquad (e = 2.71828\ldots)$$

ist differenzierbar, strikt monoton wachsend und konvex. Es gilt:

$$f(x) = e^x \implies f'(x) = f(x) = e^x$$

Die folgenden Eigenschaften gelten für alle Exponenten s und t:

(a) $e^s e^t = e^{s+t}$ (b) $e^s/e^t = e^{s-t}$ (c) $(e^s)^t = e^{st}$

Ferner gilt:

$$\lim_{x \to -\infty} e^x = 0 \quad \text{und} \quad \lim_{x \to \infty} e^x = \infty$$

Differenzieren anderer Exponentialfunktionen

Bisher haben wir nur die Ableitung von e^x, wobei $e = 2.71828\ldots$ ist, betrachtet. Wie können wir $y = a^x$ differenzieren, wenn a irgendeine positive Zahl ist? Nach Definition (4.10.1) haben wir $a = e^{\ln a}$. Indem wir die allgemeine Eigenschaft $(e^r)^s = e^{rs}$ verwenden, erhalten wir die Formel

$$a^x = \left(e^{\ln a}\right)^x = e^{(\ln a)x}$$

Dies zeigt, dass wir in Situationen, in denen die Funktion a^x auftaucht, genauso gut mit der speziellen Exponentialfunktion e^{bx} arbeiten können, wobei die Konstante b gleich $\ln a$ ist. Insbesondere können wir a^x differenzieren, indem wir $e^{x \ln a}$ differenzieren. Nach (6.10.2) erhalten wir mit $g(x) = (\ln a)x$, dass

$$y = a^x \implies y' = a^x \ln a \tag{6.10.3}$$

Beispiel 6.10.4

Bestimmen Sie die Ableitungen von: (a) $f(x) = 10^{-x}$ (b) $g(x) = x2^{3x}$

Lösung:

(a) Umschreiben ergibt $f(x) = 10^{-x} = 10^u$, wobei $u = -x$. Mit (6.10.3) und der Kettenregel folgt: $f'(x) = -10^{-x} \ln 10$.

(b) Wir schreiben $y = 2^{3x} = 2^u$ mit $u = 3x$. Nach (6.10.3) und der Kettenregel ist

$$y' = (2^u \ln 2)u' = (2^{3x} \ln 2) \cdot 3 = 3 \cdot 2^{3x} \ln 2$$

Schließlich nutzen wir die Produktregel und erhalten

$$g'(x) = 1 \cdot 2^{3x} + x \cdot 3 \cdot 2^{3x} \ln 2 = 2^{3x}(1 + 3x \ln 2)$$

Aufgaben für Kapitel 6.10

1. Bestimmen Sie die Ableitungen erster Ordnung von:

(a) $y = e^x + x^2$ (b) $y = 5e^x - 3x^3 + 8$ (c) $y = \dfrac{x}{e^x}$ (d) $y = \dfrac{x + x^2}{e^x + 1}$

(e) $y = -x - 5 - e^x$ (f) $y = x^3 e^x$ (g) $y = e^x x^{-2}$ (h) $y = (x + e^x)^2$

2. Bestimmen Sie die Ableitungen erster Ordnung der folgenden Funktionen bezüglich t, wobei a, b, c, p und q Konstanten sind.

(a) $x = (a + bt + ct^2) e^t$ (b) $x = \dfrac{p + qt^3}{t e^t}$ (c) $x = \dfrac{(at + bt^2)^2}{e^t}$

3. Bestimmen Sie die Ableitungen erster und zweiter Ordnung von:

(a) $y = e^{-3x}$ (b) $y = 2e^{x^3}$ (c) $y = e^{1/x}$ (d) $y = 5e^{2x^2 - 3x + 1}$

4. Bestimmen Sie die Intervalle, in denen die folgenden Funktionen monoton wachsend sind:

(a) $y = x^3 + e^{2x}$ (b) $y = 5x^2 e^{-4x}$ (c) $y = x^2 e^{-x^2}$

5. Bestimmen Sie die Intervalle, in denen die folgenden Funktionen monoton wachsend sind:

(a) $y = x^2 / e^{2x}$ (b) $y = e^x - e^{3x}$ (c) $y = \dfrac{e^{2x}}{x + 2}$

6. Bestimmen Sie:

(a) $\dfrac{d}{dx}\left(e^{(e^x)}\right)$ (b) $\dfrac{d}{dt}\left(e^{t/2} + e^{-t/2}\right)$ (c) $\dfrac{d}{dt}\left(\dfrac{1}{e^t + e^{-t}}\right)$ (d) $\dfrac{d}{dz}\left(e^{z^3} - 1\right)^{1/3}$

7. Differenzieren Sie:

(a) $y = 5^x$ (b) $y = x 2^x$ (c) $y = x^2 2^{x^2}$ (d) $y = e^x 10^x$

▶ Lösungen zu den Aufgaben finden Sie im Anhang des Buches.

6.11 Logarithmusfunktionen

In Kapitel 4.10 haben wir die natürliche Logarithmusfunktion $g(x) = \ln x$ eingeführt. Sie ist definiert für alle $x > 0$ und hat den folgenden Graphen (reproduziert nach Abb. 4.10.2):

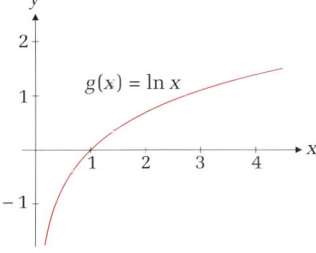

Abbildung 6.11.1: Graph der Logarithmusfunktion $g(x) = \ln x$

Nach Kap. 5.3 hat die Funktion $g(x) = \ln x$ die Funktion $f(x) = e^x$ als *Inverse*. Wenn wir *annehmen*, dass $g(x) = \ln x$ für alle $x > 0$ eine Ableitung hat, so können wir diese sehr leicht finden. Wir differenzieren die $g(x) = \ln x$ definierende Gleichung

$$e^{g(x)} = x \tag{$*$}$$

nach x. nach x. Wir nutzen (6.10.2), um jede Seite von $(*)$ zu differenzieren und erhalten $e^{g(x)}g'(x) = 1$. Da $e^{g(x)} = x$, haben wir $xg'(x) = 1$ und damit ist die Ableitung von $\ln x$ an der Stelle x einfach die Zahl $1/x$.

Ableitung der natürlichen Logarithmusfunktion

$$g(x) = \ln x \implies g'(x) = \frac{1}{x} \tag{6.11.1}$$

Für $x > 0$ haben wir $g'(x) > 0$, so dass $g(x)$ *strikt* monoton wachsend ist. Beachten Sie auch, dass $g''(x) = -1/x^2$ und dies ist kleiner als 0 für alle $x > 0$, so dass $g(x)$ konkav ist. Dies wird durch die Gestalt des Graphen in Abb. 6.11.1 bestätigt. In der Tat ist das Wachstum von $\ln x$ sehr langsam. Zum Beispiel nimmt $\ln x$ erst den Wert 10 an, wenn $x > 22\,026$, da aus $\ln x = 10$ folgt $x = e^{10} \approx 22\,026.5$.

Beispiel 6.11.1

Berechnen Sie y' und y'', wenn (a) $y = x^3 + \ln x$ (b) $y = x^2 \ln x$ (c) $y = \frac{\ln x}{x}$

Lösung:

(a) Wir finden sehr leicht heraus, dass $y' = 3x^2 + \dfrac{1}{x}$. Weiterhin ist $y'' = 6x - \dfrac{1}{x^2}$.

(b) Die Produktregel ergibt $y' = 2x \ln x + x^2(1/x) = 2x \ln x + x$. Differentiation des letzten Ausdrucks nach x ergibt $y'' = 2 \ln x + 2x(1/x) + 1 = 2 \ln x + 3$.

(c) Hier verwenden wir die Quotientenregel:

$$y' = \frac{(1/x)x - (\ln x) \cdot 1}{x^2} = \frac{1 - \ln x}{x^2}$$

Nochmalige Differentiation ergibt:

$$y'' = \frac{-(1/x)x^2 - (1 - \ln x)2x}{(x^2)^2} = \frac{2 \ln x - 3}{x^3}$$

Häufig taucht die natürliche Logarithmusfunktion in verketteten Funktionen auf. Da $\ln u$ nur dann definiert ist, wenn $u > 0$ ist, ist eine verkettete Funktion der Gestalt $y = \ln h(x)$ nur für solche Werte von x definiert, die $h(x) > 0$ erfüllen.

Die Kombination der Regel für die Differentiation von $\ln x$ mit der Kettenregel ermöglicht uns die Differentiation vieler verschiedener Funktionstypen. Nehmen Sie z. B. an, dass $y = \ln h(x)$ ist, wobei $h(x)$ differenzierbar und positiv ist. Nach der Kettenregel folgt aus $y = \ln u$ mit $u = h(x)$, dass $y' = (1/u)u' = (1/h(x))h'(x)$ ist, so dass:

$$y = \ln h(x) \implies y' = \frac{h'(x)}{h(x)} \qquad\qquad (6.11.2)$$

Wenn $N(t)$ eine Funktion von t ist, dann ist

$$\frac{d}{dt} \ln N(t) = \frac{1}{N(t)} \frac{dN(t)}{dt} = \frac{\dot{N}(t)}{N(t)}$$

die relative Wachstumsrate von $N(t)$.

Beispiel 6.11.2

Bestimmen Sie die Definitionsbereiche der folgenden Funktionen und berechnen Sie ihre Ableitungen:

(a) $y = \ln(1 - x)$ 　　　(b) $y = \ln(4 - x^2)$ 　　　(c) $y = \ln\left(\dfrac{x - 1}{x + 1}\right) - \dfrac{1}{4}x$

Lösung:

(a) $\ln(1 - x)$ ist definiert für $1 - x > 0$, d. h. wenn $x < 1$ ist. Um die Ableitung zu bestimmen, verwenden wir (6.11.2) mit $h(x) = 1 - x$. Dann ist $h'(x) = -1$ und

$$y' = \frac{-1}{1 - x} = \frac{1}{x - 1}$$

(b) $\ln(4 - x^2)$ ist definiert, wenn $4 - x^2 > 0$ ist, d. h. wenn $(2 - x)(2 + x) > 0$. Dies ist genau dann erfüllt, wenn $-2 < x < 2$. Formel (6.11.2) ergibt dann

$$y' = \frac{-2x}{4 - x^2} = \frac{2x}{x^2 - 4}$$

(c) Wir können $y = \ln u - \frac{1}{4}x$ schreiben, wobei $u = (x - 1)/(x + 1)$. Damit die Funktion definiert ist, verlangen wir $u > 0$. Ein Vorzeichendiagramm zeigt, dass dies erfüllt ist, wenn $x < -1$ oder $x > 1$. Mit (6.11.2) erhalten wir:

$$y' = \frac{u'}{u} - \frac{1}{4} \qquad \text{mit} \qquad u' = \frac{1 \cdot (x + 1) - 1 \cdot (x - 1)}{(x + 1)^2} = \frac{2}{(x + 1)^2}$$

Somit ist

$$y' = \frac{2(x + 1)}{(x + 1)^2(x - 1)} - \frac{1}{4} = \frac{9 - x^2}{4(x^2 - 1)} = \frac{(3 - x)(3 + x)}{4(x - 1)(x + 1)} \qquad \blacksquare$$

Beispiel 6.11.3

Bestimmen Sie die Intervalle, in denen die folgenden Funktionen monoton wachsend sind:

(a) $y = x^2 \ln x$ 　　　(b) $y = 4x - 5\ln(x^2 + 1)$ 　　　(c) $y = 3\ln(1 + x) + x - \dfrac{1}{2}x^2$

Lösung:

(a) Die Funktion ist für $x > 0$ definiert und

$$y' = 2x \ln x + x^2 \left(\frac{1}{x} \right) = x(2 \ln x + 1)$$

so dass $y' \geq 0$ ist, wenn $\ln x \geq -1/2$, d. h. wenn $x \geq e^{-1/2}$ ist. Daher ist y monoton wachsend im Intervall $[e^{-1/2}, \infty)$.

(b) Es ist

$$y' = 4 - \frac{10x}{x^2 + 1} = \frac{4(x-2)(x - \frac{1}{2})}{x^2 + 1}$$

Ein Vorzeichen-Diagramm ergibt, dass y monoton wachsend ist in den Intervallen $(-\infty, \frac{1}{2}]$ und $[2, \infty)$.

(c) Die Funktion ist definiert für $x > -1$ und

$$y' = \frac{3}{1+x} + 1 - x = \frac{(2-x)(2+x)}{x+1}$$

Ein Vorzeichen-Diagramm ergibt, dass y monoton wachsend ist im Intervall $(-1, 2]$.

Eigenschaften der natürlichen Logarithmusfunktion im Überblick

Die natürliche Logarithmusfunktion

$$g(x) = \ln x$$

ist differenzierbar, strikt monoton wachsend und konkav in $(0, \infty)$. Es gilt:

$$g'(x) = \frac{1}{x}, \qquad g''(x) = -\frac{1}{x^2}$$

Nach Definition gilt $e^{\ln x} = x$ für alle $x > 0$ und $\ln e^x = x$ für alle x. Die folgenden Eigenschaften gelten für alle $x > 0$, $y > 0$:

   (a) $\ln(xy) = \ln x + \ln y$ (b) $\ln(x/y) = \ln x - \ln y$ (c) $\ln x^p = p \ln x$

Ferner gilt

$$\ln x \to -\infty \quad \text{für} \quad x \to 0 \text{ von rechts}$$

während

$$\ln x \to \infty \quad \text{für} \quad x \to +\infty$$

Logarithmisches Differenzieren

Wenn man einen Ausdruck differenzieren will, der Produkte, Quotienten, Wurzeln, Potenzen und Kombinationen davon enthält, ist es oft vorteilhaft **logarithmische Differentiation** zu benutzen. Die Methode wird an zwei Beispielen illustriert:

Beispiel 6.11.4

Bestimmen Sie die Ableitung von $y = x^x$, definiert für alle $x > 0$.

Lösung: Die Potenzregel der Differentiation, $y = x^a \Rightarrow y' = ax^{a-1}$, verlangt, dass der Exponent a eine Konstante ist, während die Regel $y = a^x \Rightarrow y' = a^x \ln a$ verlangt, dass die Basis a eine Konstante ist. In dem Ausdruck x^x variieren der Exponent und die Basis mit x, so dass keine der beiden Regeln verwendet werden kann.

Wir bilden zunächst auf beiden Seiten den natürlichen Logarithmus, $\ln y = x \ln x$. Differenziert man auf beiden Seiten nach x, ergibt sich $y'/y = 1 \cdot \ln x + x(1/x) = \ln x + 1$. Multiplikation mit $y = x^x$ ergibt das Resultat:

$$y = x^x \Longrightarrow y' = x^x(\ln x + 1)$$

Beispiel 6.11.5

Bestimmen Sie die Ableitung von $y = [A(x)]^\alpha [B(x)]^\beta [C(x)]^\gamma$, wobei α, β und γ Konstanten und A, B und C positive Funktionen sind.

Lösung: Bilden Sie zunächst den natürlichen Logarithmus auf beiden Seiten. Dies ergibt:

$$\ln y = \alpha \ln(A(x)) + \beta \ln(B(x)) + \gamma \ln(C(x))$$

Differenziert man auf beiden Seiten nach x, ergibt sich

$$\frac{y'}{y} = \alpha \frac{A'(x)}{A(x)} + \beta \frac{B'(x)}{B(x)} + \gamma \frac{C'(x)}{C(x)}$$

Indem wir mit y multiplizieren, erhalten wir

$$y' = \left[\alpha \frac{A'(x)}{A(x)} + \beta \frac{B'(x)}{B(x)} + \gamma \frac{C'(x)}{C(x)} \right] [A(x)]^\alpha [B(x)]^\beta [C(x)]^\gamma$$

In Gleichung (4.10.5) haben wir gezeigt, dass der Logarithmus von x zur Basis a, der mit $\log_a x$ bezeichnet wird, die Gleichung $\log_a x = \frac{1}{\ln a} \ln x$ erfüllt. Differenziert man jede Seite nach x, ergibt sich sofort:

$$y = \log_a x \Rightarrow y' = \frac{1}{\ln a} \frac{1}{x} \tag{6.11.3}$$

257

Approximation der Zahl e

Wenn $g(x) = \ln x$, dann ist $g'(x) = 1/x$ und insbesondere $g'(1) = 1$. Wir nutzen der Reihe nach: (i) Die Definition von $g'(1)$; (ii) die Tatsache, dass $\ln 1 = 0$ und (iii) die Regel $\ln x^p = p \ln x$. Das Resultat ist:

$$1 = g'(1) = \lim_{\Delta x \to 0} \frac{\ln(1 + \Delta x) - \ln 1}{\Delta x} = \lim_{\Delta x \to 0} \frac{1}{\Delta x} \ln(1 + \Delta x) = \lim_{\Delta x \to 0} \ln(1 + \Delta x)^{1/\Delta x}$$

Weil $\ln(1+\Delta x)^{1/\Delta x}$ gegen 1 strebt, wenn Δx gegen 0 strebt, und die Exponentialfunktion stetig ist, folgt, dass $(1 + \Delta x)^{1/\Delta x}$ selbst gegen $\exp 1 = e$ streben muss, d. h.

$$e = \lim_{\Delta x \to 0} (1 + \Delta x)^{1/\Delta x} \qquad (6.11.4)$$

Um diesen Grenzwert zu illustrieren, zeigt Tabelle 6.11.1 einige Funktionswerte, die mit einem Taschenrechner berechnet wurden. Diese Zahlen scheinen zu bestätigen, dass die Dezimalentwicklung $2.718281828\ldots$, die wir für e gegeben haben, korrekt ist. Natürlich ist dies keinerlei Beweis dafür, dass der Grenzwert existiert, aber es zeigt, dass immer bessere Approximationen von e erreicht werden können, wenn man Δx immer kleiner wählt.[14]

Δx	1	1/2	1/10	1/1000	1/100000	1/1000000
$(1 + \Delta x)^{1/\Delta x}$	2	2.25	$2.5937\ldots$	$2.7169\ldots$	$2.71825\ldots$	$2.718281828\ldots$

Tabelle 6.11.1: Werte von $(1 + \Delta x)^{1/\Delta x}$, wenn Δx kleiner und kleiner wird.

Potenzfunktionen

In Kap. 6.6 haben wir gezeigt, dass für alle reellen Zahlen r gilt:

$$f(x) = x^r \implies f'(x) = rx^{r-1} \qquad (*)$$

Diese wichtige Regel wurde nur für einige spezielle Werte von r bewiesen, insbesondere für die rationalen Zahlen. Da $x = e^{\ln x}$ ist, erhalten wir $x^r = (e^{\ln x})^r = e^{r \ln x}$. Mit der Kettenregel ergibt sich

$$\frac{d}{dx}(x^r) = \frac{d}{dx}(e^{r \ln x}) = e^{r \ln x} \cdot \frac{r}{x} = x^r \frac{r}{x} = rx^{r-1}$$

Dies rechtfertigt, dass dieselbe Potenzregel auch dann benutzt werden kann, wenn r eine irrationale Zahl ist.

---

[14] Eine bessere Möglichkeit e^x zu approximieren für beliebiges reelles x wird in den Beispielen 7.5.4 und 7.6.2 vorgeschlagen.

Aufgaben für Kapitel 6.11

1. Berechnen Sie die ersten und zweiten Ableitungen von:

(a) $y = \ln x + 3x - 2$ (b) $y = x^2 - 2\ln x$ (c) $y = x^3 \ln x$ (d) $y = \dfrac{\ln x}{x}$

2. Bestimmen Sie die Ableitungen von:

(a) $y = x^3(\ln x)^2$ (b) $y = \dfrac{x^2}{\ln x}$ (c) $y = (\ln x)^{10}$ (d) $y = (\ln x + 3x)^2$

3. Bestimmen Sie die Ableitungen von:

(a) $\ln(\ln x)$ (b) $\ln\sqrt{1 - x^2}$ (c) $e^x \ln x$ (d) $e^{x^3} \ln x^2$

(e) $\ln(e^x + 1)$ (f) $\ln(x^2 + 3x - 1)$ (g) $2(e^x - 1)^{-1}$ (h) $e^{2x^2 - x}$

4. Bestimmen Sie die Definitionsbereiche der Funktionen, die definiert sind durch:

(a) $y = \ln(x + 1)$ (b) $y = \ln\left(\dfrac{3x - 1}{1 - x}\right)$ (c) $y = \ln|x|$

5. Bestimmen Sie die Definitionsbereiche der Funktionen, die definiert sind durch:

(a) $y = \ln(x^2 - 1)$ (b) $y = \ln(\ln x)$ (c) $y = \dfrac{1}{\ln(\ln x) - 1}$

6. Bestimmen Sie die Intervalle, wo die folgenden Funktionen monoton wachsend sind:

(a) $y = \ln(4 - x^2)$ (b) $y = x^3 \ln x$ (c) $y = \dfrac{(1 - \ln x)^2}{2x}$

7. Bestimmen Sie die Gleichung der Tangente an den Graphen von

(a) $y = \ln x$ in den drei Punkten mit den x-Koordinaten: 1, $\frac{1}{2}$ und e;

(b) $y = xe^x$ in den drei Punkten mit den x-Koordinaten: 0, 1 und -2.

8. Benutzen Sie logarithmische Differentiation, um $f'(x)/f(x)$ zu bestimmen, wenn:

(a) $f(x) = x^{2x}$ (b) $f(x) = \sqrt{x - 2}\,(x^2 + 1)(x^4 + 6)$ (c) $f(x) = \left(\dfrac{x + 1}{x - 1}\right)^{1/3}$

9. Differenzieren Sie die folgenden Funktionen mit Hilfe logarithmischer Differentiation:

(a) $y = (2x)^x$ (b) $y = x^{\sqrt{x}}$ (c) $y = \left(\sqrt{x}\right)^x$

10. Zeigen Sie: Wenn u und v differenzierbare Funktionen von x sind mit $u > 0$, dann gilt

$$y = u^v \;\Rightarrow\; y' = u^v\left(v'\ln u + \frac{vu'}{u}\right)$$

Anspruchsvollere Aufgabe

11. Wenn $f(x) = e^x - 1 - x$, dann ist $f'(x) = e^x - 1 > 0$ für alle $x > 0$. Die Funktion $f(x)$ ist daher strikt monoton wachsend in dem Intervall $[0, \infty)$. Da $f(0) = 0$, folgt, dass $f(x) > 0$ für alle $x > 0$ und damit $e^x > 1 + x$ für alle $x > 0$ ist. Benutzen Sie dieselbe Methode, um folgende Ungleichungen zu beweisen:

(a) $e^x > 1 + x + x^2/2$ für $x > 0$

(b) $\frac{1}{2}x < \ln(1 + x) < x$ für $0 < x < 1$

(c) $\ln x < 2(\sqrt{x} - 1)$ für $x > 1$

▶ Lösungen zu den Aufgaben finden Sie im Anhang des Buches.

Aufgaben zur Wiederholung für Kapitel 6

1. Es sei $f(x) = x^2 - x + 2$. Zeigen Sie, dass $[f(x + \Delta x) - f(x)]/\Delta x = 2x - 1 + \Delta x$ ist, und benutzen Sie dieses Resultat, um $f'(x)$ zu bestimmen.

2. Es sei $f(x) = -2x^3 + x^2$. Berechnen Sie $[f(x + \Delta x) - f(x)]/\Delta x$ und bestimmen Sie $f'(x)$.

3. Berechnen Sie die Ableitungen erster und zweiter Ordnung für die folgenden Funktionen:

    (a) $y = 2x - 5$ (b) $y = \dfrac{1}{3}x^9$ (c) $y = 1 - \dfrac{1}{10}x^{10}$ (d) $y = 3x^7 + 8$

    (e) $y = \dfrac{x - 5}{10}$ (f) $y = x^5 - x^{-5}$ (g) $y = \dfrac{x^4}{4} + \dfrac{1}{3}x^3 + \dfrac{1}{2}5^2$ (h) $y = \dfrac{1}{x} + \dfrac{1}{x^3}$

4. Es seien $C(Q)$ die Kosten für die Herstellung von Q Einheiten eines Produkts pro Monat. Wie ist $C'(1000) = 25$ zu interpretieren? Nehmen Sie an, der zu erzielende Preis sei fest bei 30 und der gegenwärtige Output pro Monat sei 1000. Lohnt es sich, die Produktion zu erweitern?

5. Bestimmen Sie die Gleichungen der Tangenten an die Graphen der folgenden Funktionen in den angegebenen Punkten:

    (a) $y = -3x^2$ für $x = 1$ (b) $y = \sqrt{x} - x^2$ für $x = 4$

    (c) $y = \dfrac{x^2 - x^3}{x + 3}$ für $x = 1$

6. Es bezeichne $A(x)$ die Kosten in Euro für den Bau eines Hauses mit einer Grundfläche von x Quadratmetern. Wie ist $A'(100) = 250$ zu interpretieren?

7. Differenzieren Sie die folgenden Funktionen:

    (a) $f(x) = x(x^2 + 1)$ (b) $g(w) = w^{-5}$ (c) $h(y) = y(y - 1)(y + 1)$

    (d) $G(t) = \dfrac{2t + 1}{t^2 + 3}$ (e) $\varphi(\xi) = \dfrac{2\xi}{\xi^2 + 2}$ (f) $F(s) = \dfrac{s}{s^2 + s - 2}$

8. Bestimmen Sie die Ableitungen:

    (a) $\dfrac{d}{da}(a^2 t - t^2)$ (b) $\dfrac{d}{dt}(a^2 t - t^2)$ (c) $\dfrac{d}{d\varphi}\left(x\varphi^2 - \sqrt{\varphi}\right)$

9. Benutzen Sie die Kettenregel, um dy/dx zu bestimmen:

    (a) $y = 10u^2$, wobei $u = 5 - x^2$ (b) $y = \sqrt{u}$, wobei $u = \dfrac{1}{x} - 1$

10. Berechnen Sie:

    (a) dZ/dt, wenn $Z = (u^2 - 1)^3$ und $u = t^3$.

    (b) dK/dt, wenn $K = \sqrt{L}$ und $L = 1 + 1/t$.

11. Es seien $a(t)$ und $b(t)$ differenzierbare Funktionen von t mit positiven Werten, wobei A, α und β Konstanten sind. Bestimmen Sie Ausdrücke für $\dot{x}/x$, wobei:

    (a) $x = \big(a(t)\big)^2 b(t)$ (b) $x = A\big(a(t)\big)^\alpha \big(b(t)\big)^\beta$ (c) $x = A\big((a(t))^\alpha + (b(t))^\beta\big)^{\alpha+\beta}$

12. Es sei $R = S^\alpha$, $S = 1 + \beta K^\gamma$ und $K = At^p + B$. Bestimmen Sie dR/dt.

13. Bestimmen Sie die Ableitungen für die folgenden Funktionen, wobei a, b, p und q konstant sind:

    (a) $h(L) = (L^a + b)^p$ (b) $C(Q) = aQ + bQ^2$ (c) $P(x) = \big(ax^{1/q} + b\big)^q$

14. Bestimmen Sie jeweils die erste Ableitung von:

    (a) $y = -7e^x$ (b) $y = e^{-3x^2}$ (c) $y = \dfrac{x^2}{e^x}$ (d) $y = e^x \ln(x^2 + 2)$

    (e) $y = e^{5x^3}$ (f) $y = 2 - x^4 e^{-x}$ (g) $y = (e^x + x^2)^{10}$ (h) $y = \ln(\sqrt{x} + 1)$

15. Bestimmen Sie die Intervalle, in denen die folgenden Funktionen monoton wachsend sind:

    (a) $y = (\ln x)^2 - 4$ (b) $y = \ln(e^x + e^{-x})$ (c) $y = x - \dfrac{3}{2}\ln(x^2 + 2)$

16. (a) Sei $\pi(Q) = QP(Q) - cQ$, wobei P eine differenzierbare Funktion und c eine Konstante ist. Bestimmen Sie einen Ausdruck für $d\pi/dQ$.

    (b) Sei $\pi(L) = PF(L) - wL$, wobei F eine differenzierbare Funktion und P und w Konstanten sind. Bestimmen Sie einen Ausdruck für $d\pi/dL$.

▶ Lösungen zu den Aufgaben finden Sie im Anhang des Buches.

Anwendungen der Differentialrechnung

7

ÜBERBLICK

> Obwohl es ein Paradoxon zu sein scheint,
> die Wissenschaften sind dominiert von der Idee der Approximation.
>
> —Bertrand Russell

In vielen ökonomischen Modellen werden Funktionen implizit durch eine oder mehrere Gleichungen definiert. In einigen einfachen, aber ökonomisch relevanten Fällen, zeigen wir am Anfang dieses Kapitels, wie die Ableitungen solcher Funktionen berechnet werden, einschließlich der Ableitung der inversen Funktion. Es ist für Ökonomen sehr wichtig, die Technik des impliziten Differenzierens zu beherrschen.

Weiterhin betrachten wir lineare Approximationen und Differentiale, gefolgt von einer Diskussion der Approximation durch quadratische Funktionen oder durch Polynome höherer Ordnung. Kapitel 7.6 behandelt die Taylor-Formel, die es ermöglicht den resultierenden Fehler zu untersuchen, wenn eine Funktion durch ein Polynom approximiert wird. Eine Erörterung des wichtigen ökonomischen Konzepts der Elastizität folgt in Kap. 7.7.

Das Wort stetig ist auch in der Umgangssprache gebräuchlich. Wir benutzen es insbesondere, um Änderungen zu charakterisieren, die allmählich und nicht plötzlich eintreten. Dieser Gebrauch steht in enger Beziehung zur Idee einer stetigen Funktion. Wir erörtern dieses Konzept in Kap. 7.8 und erläutern die nahe Beziehung zum Begriff des Grenzwerts. Grenzwerte und Stetigkeit sind Schlüsselideen in der Mathematik und sind auch in der Anwendung der Mathematik auf ökonomische Probleme sehr wichtig. Die vorläufige Betrachtung von Grenzwerten in Kap. 6.5 war notwendigerweise sehr lückenhaft. In Kap. 7.9 betrachten wir dieses Konzept näher und erweitern es in zahlreiche Richtungen.

Als Nächstes präsentieren wir den Zwischenwertsatz, der die Idee präzisiert, dass eine stetige Funktion einen „zusammenhängenden" Graphen hat. Dies ermöglicht den Beweis, dass gewisse Gleichungen Lösungen haben. Daran anschließend gibt es eine kurze Diskussion der Newton-Methode zur approximativen Lösung von Gleichungen. Dann schließt sich ein kurzer Abschnitt über unendliche Folgen an. Schließlich bringt Kap. 7.12 die Regeln von L'Hôspital für unbestimmte Formen, die manchmal nützlich sind, um Grenzwerte zu bestimmen.

7.1   Implizites Differenzieren

Wir wissen, wie man Funktionen differenziert, die explizit durch eine Formel, wie $y = f(x)$, gegeben sind. Wir untersuchen jetzt, wie man Funktionen differenziert, die implizit durch eine Gleichung, wie $g(x, y) = c$, gegeben sind. Wir beginnen mit einem sehr einfachen Fall.

Beispiel 7.1.1

Betrachten Sie die folgende Gleichung in x und y:

$$xy = 5 \qquad\qquad (*)$$

Wenn $x = 1$, dann ist $y = 5$. Und $x = 3$ ergibt $y = 5/3$. Ferner ergibt $x = 5$ den Wert $y = 1$. Im Allgemeinen gibt es für jede Zahl $x \neq 0$ eine eindeutig bestimmte Zahl y, so dass das Paar (x, y) die Gleichung erfüllt. Wir sagen: Die Gleichung (∗) *definiert y implizit als eine Funktion von x*. Der Graph der Gleichung (∗) ist für $x > 0$ in Abb. 7.1.1 gezeigt.

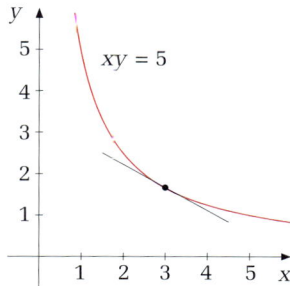

Abbildung 7.1.1: $xy = 5$, mit $x > 0$

Ökonomen brauchen oft die Gleichung der Tangente in einem beliebigen Punkt an solch einen Graphen, d. h. sie benötigen die Ableitung von y als Funktion von x. Die Antwort kann durch implizites Differenzieren der Gleichung (∗) gefunden werden, die y als Funktion von x definiert. Wenn wir diese Funktion mit f bezeichnen und dann y durch $f(x)$ ersetzen, erhalten wir

$$xf(x) = 5 \qquad \text{für alle} \quad x > 0 \qquad\qquad (**)$$

Weil die linke und die rechte Seite dieser Gleichung für alle $x > 0$ gleich sind, muss die Ableitung der linken Seite nach x gleich der Ableitung der rechten Seite nach x sein. Die Ableitung der Konstanten 5 ist 0. Wenn wir $xf(x)$ differenzieren, müssen wir die Produktregel anwenden. Deshalb erhalten wir bei Differentiation von (∗∗) nach x:

$$1 \cdot f(x) + xf'(x) = 0$$

Für $x > 0$ folgt dann:

$$f'(x) = -\frac{f(x)}{x}$$

Wenn $x = 3$ ist, dann ist $f(3) = 5/3$ und daher $f'(3) = -(5/3)/3 = -5/9$, welches mit Abb. 7.1.1 übereinstimmt.

Gewöhnlich führen wir keinen Namen wie f für y als Funktion von x ein. Stattdessen differenzieren wir (∗) nach x, wobei wir uns daran erinnern, dass y eine differenzierbare Funktion von x ist. Wiederum nach der Produktregel führt dies zu $y + xy' = 0$. Auflösen nach y' ergibt:

$$y' = -\frac{y}{x} \qquad\qquad (***)$$

Für dieses spezielle Beispiel gibt es eine andere Möglichkeit, das Ergebnis zu finden. Aus Gleichung (∗) erhalten wir durch Auflösen nach y, dass $y = 5/x = 5x^{-1}$ und daher ergibt die direkte Differentiation $y' = 5(-1)x^{-2} = -5/x^2$. Beachten Sie, dass Substitution von $5/x$ für y in (∗∗∗) wieder $y' = -5/x^2$ ergibt.

Der Graph von

$$y^3 + 3x^2y = 13 \qquad (*)$$

wurde in Beispiel 5.4.2 untersucht und ist in Abb. 7.1.2 dargestellt. Er verläuft durch den Punkt (2, 1). Bestimmen Sie die Steigung des Graphen in diesem Punkt.

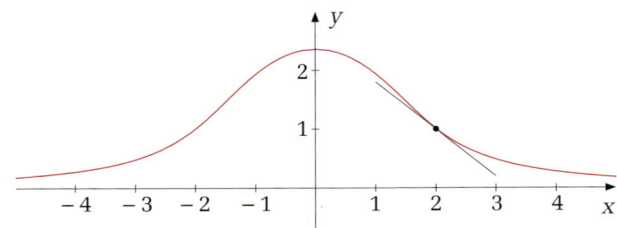

Abbildung 7.1.2: Der Graph von $y^3 + 3x^2y = 13$

Lösung: Da es in diesem Fall keinen einfachen Weg gibt, y als eine explizite Funktion von x auszudrücken, benutzen wir implizite Differentiation. Wir ersetzen in Gedanken y als nicht näher spezifizierte Funktion von x, wo immer y auftaucht. Dadurch wird $y^3 + 3x^2y$ zu einer Funktion von x, die konstant gleich 13 für alle x ist. Aber dann muss die Ableitung von $y^3 + 3x^2y$ nach x für alle x gleich Null sein. Nach der Kettenregel ist die Ableitung von y^3 nach x gleich $3y^2y'$. Nach der Produktregel ist die Ableitung von $3x^2y$ gleich $6xy + 3x^2y'$. Daher ergibt die Differentiation von $(*)$

$$3y^2y' + 6xy + 3x^2y' = 0 \qquad (**)$$

Auflösen dieser Gleichung nach y' ergibt:

$$y' = \frac{-6xy}{3x^2 + 3y^2} = \frac{-2xy}{x^2 + y^2} \qquad (7.1.1)$$

Für $x = 2$ und $y = 1$ erhalten wir $y' = -4/5$, was mit Abb. 7.1.2 übereinstimmt.[1] ▬▬

Die Beispiele 7.1.1 und 7.1.2 illustrieren die folgende allgemeine Methode

Implizite Differentiation

Wenn zwei Variablen x und y durch eine Gleichung in Beziehung stehen, erhalten Sie y' so:

(i) Differenzieren Sie jede Seite der Gleichung nach x, betrachten Sie dabei y als Funktion von x.

(ii) Lösen Sie die resultierende Gleichung nach y' auf.

---

[1] Siehe auch Abb. 5.4.3.

Wir bemerken, dass gewöhnlich im ersten dieser zwei Schritte die Kettenregel benutzt werden muss.

Das nächste Unterkapitel enthält zahlreiche ökonomische Beispiele dieses Verfahrens. Eine besonders wichtige Anwendung dieser Methode findet sich im nächsten Kapitel, in dem die allgemeine Frage gestellt wird: Was geschieht mit der Lösung eines Optimierungsproblems, wenn sich dessen Parameter ändern?

Beispiel 7.1.3

Die Gleichung $x^2 y^3 + (y+1)e^{-x} = x + 2$ definiert y als eine differenzierbare Funktion von x in einer Umgebung von $(x, y) = (0, 1)$. Berechnen Sie y' in diesem Punkt.

Lösung: Implizite Differentiation nach x ergibt

$$2xy^3 + x^2 3y^2 y' + y'e^{-x} + (y+1)(-e^{-x}) = 1$$

Einsetzen von $x = 0$ und $y = 1$ ergibt $y' + 2(-1) = 1$, woraus $y' = 3$ folgt.

Beispiel 7.1.4

Nehmen Sie an, dass y durch die Gleichung

$$g(xy^2) = xy + 1 \qquad (*)$$

implizit als Funktion von x definiert wird, wobei g eine gegebene differenzierbare Funktion einer Variablen ist. Bestimmen Sie einen Ausdruck für y'.

Lösung: Wir differenzieren jede Seite der Gleichung nach x, wobei wir y als Funktion von x betrachten. Die Ableitung von $g(xy^2)$ nach x ist $g'(xy^2)(y^2 + x2yy')$. Differenzieren von $(*)$ ergibt somit $g'(xy^2)(y^2 + x2yy') = y + xy'$. Indem wir nach y' auflösen, erhalten wir

$$y' = \frac{y\left[yg'(xy^2) - 1\right]}{x\left[1 - 2yg'(xy^2)\right]}$$

Beispiel 7.1.5

Nehmen Sie an, dass eine Person zu entscheiden hat, wieviel von ihrem gegenwärtigen Einkommen sie für zukünftigen Konsum sparen will.[2] Es ist üblich anzunehmen, dass es eine sogenannte Nutzenfunktion, $u(c)$, definiert auf den positiven reellen Zahlen, gibt, die den Wert misst, den ein Verbraucher aus dem Konsum c in einer gegebenen Periode hat. Wenn sie c_t im Jahr t konsumiert, ist ihr „momentaner Nutzen" gleich $u(c_t)$. Man nimmt gewöhnlich an, dass das Individuum ungeduldig ist und gegenwärtigen Konsum höher wertet als zukünftigen Konsum. Nimmt man der Einfachheit an, dass das Individuum nur für zwei Perioden lebt, so ist ihr „intertemporaler Nutzen" modelliert als

$$u(c_1) + \beta u(c_2),$$

---

[2] Beispiel 8.5.4 wird dieses Problem weiter untersuchen.

wobei $0 < \beta < 1$ eine Konstante ist, die die Ungeduld des Individuums misst – ihren „Diskontierungsfaktor".

Betrachten Sie jetzt eine Sparmethode, die den gegenwärtigen Konsum c_1 des Individuums reduziert. Um wieviel muss sich ihr zukünftiger Konsum ändern, damit sie entschädigt wird, so dass ihr intertemporaler Nutzen konstant bleibt? Nehmen Sie an, dass ohne diese Methode ihr Nutzenniveau $\overline{U}$ ist. Setzt man $x = c_1$ und $y = c_2$, um unsere frühere Notation beizubehalten, so folgt, dass y implizit definiert ist durch

$$u(x) + \beta u(y) = \overline{U} \qquad (*)$$

als eine Funktion von x. Die Frage, die wir beantworten wollen ist, um wieviel sich y ändert, wenn wir x um einen kleinen Betrag ändern, was durch y' gemessen wird. Indem wir implizite Differentiation für $(*)$ nutzen, erhalten wir

$$u'(x) + \beta u'(y)y' = 0$$

Dies impliziert:

$$y' = -\frac{u'(x)}{u'(y)} \qquad (7.1.2)$$

Es ist normal, anzunehmen, dass $u'(c) > 0$ für alle c, so dass das Individuum es vorzieht, mehr zu konsumieren. Unter dieser Annahme ist $y' < 0$, was so ist, wie es sein sollte: wenn der gegenwärtige Konsum der Person *abnimmt*, dann *muss* ihr zukünftiger Konsum *zunehmen*, wenn sie indifferent bleiben soll. Der Quotient $u'(x)/u'(y)$ ist ein Beispiel dafür, was in den Wirtschaftswissenschaften als „Grenzrate der Substitution" bekannt ist und genauer in Kapitel 12.5 untersucht wird. ▬▬▬

Die zweite Ableitung implizit definierter Funktionen

Die folgenden Beispiele zeigen, wie die zweite Ableitung einer Funktion zu berechnen ist, die implizit durch eine Gleichung definiert ist.

Beispiel 7.1.6

Berechnen Sie y'', wenn y als Funktion von x implizit gegeben ist durch

$$xy = 5$$

Lösung: In Beispiel 7.1.1 haben wir durch implizite Differentiation herausgefunden, dass $y + xy' = 0$. Erneute implizite Differentiation dieser Gleichung nach x, unter Beachtung, dass y und y' beide von x abhängen, ergibt

$$y' + y' + xy'' = 0$$

Einsetzen des Ausdrucks $-y/x$, den wir bereits für y' erhalten haben, ergibt $-2y/x + xy'' = 0$. Auflösen nach y'' ergibt schließlich

$$y'' = \frac{2y}{x^2}$$

Wir sehen: Wenn $y > 0$, dann ist $y'' > 0$. Dies stimmt mit Abb. 7.1.1 überein, da der Graph konvex ist. Da $y = 5/x$ ist, erhalten wir auch $y'' = 10/x^3$.

In diesem einfachen Fall können wir die Antwort direkt überprüfen. Da $y = 5x^{-1}$ und $y' = -5x^{-2}$, erhalten wir $y'' = 10x^{-3}$.

Um y'' zu bestimmen, können wir auch Formel (∗∗∗) aus Beispiel 7.1.1 anwenden und den Bruch nach x differenzieren, unter erneuter Beachtung, dass y von x abhängt. Dies ergibt:

$$y'' = -\frac{y'x - y}{x^2} = -\frac{(-y/x)x - y}{x^2} = \frac{2y}{x^2}$$

Beispiel 7.1.7

Bestimmen Sie y'' im Punkt $(2, 1)$ für die Funktion, die durch die Gleichung $y^3 + 3x^2 y = 13$ in Beispiel 7.1.2 definiert ist.

Lösung: Der einfachste Weg ist, Gleichung (∗∗) in Beispiel 7.1.2 nach x zu differenzieren. Die Ableitung von $3y^2 y'$ nach x ist $(6yy')y' + 3y^2 y'' = 6y(y')^2 + 3y^2 y''$. Die zwei anderen Terme werden auf die gleiche Art differenziert und wir erhalten

$$6y(y')^2 + 3y^2 y'' + 6y + 6xy' + 6xy' + 3x^2 y'' = 0$$

Setzen Sie jetzt $x = 2$, $y = 1$ und den Wert $y' = -4/5$ ein, den wir bereits in Beispiel 7.1.2 erhalten haben. Auflösen der resultierenden Gleichung ergibt $y'' = 78/125$.

Ein offensichtlicher alternativer Lösungsweg beginnt mit dem Bruch auf der rechten Seite von (7.1.1) und differenziert diesen nach x.

Beispiel 7.1.8

Erinnern Sie das intertemporale Entscheidungsproblem, das in Beispiel 7.1.5 untersucht wurde. Die Paare (x, y), die (∗) erfüllen, sind die Kombinationen von gegenwärtigem und zukünftigem Konsum, für die der intertemporale Nutzen der Person konstant ist. Die Menge all dieser Paare ist bekannt als die *Indifferenzkurve* des Verbrauchers, die in Abb. 7.1.3 dargestellt ist. Das Ergebnis aus Beispiel 7.1.5 sagt uns, dass der Graph der Funktion, die implizit durch (∗) definiert wird, abwärts geneigt ist, wie in Abb. 7.1.3 gezeigt. Dieser Graph ist genau die Indifferenzkurve.

Mit Hilfe der Resultate aus Kap. 6.9 möchten wir das Vorzeichen von y'' untersuchen, um mehr über die Gestalt der Indifferenzkurve zu erfahren. Nun ergibt die Differentiation von (7.1.2):

$$y'' = -\frac{u'(y)u''(x) - u'(x)u''(y)y'}{[u'(y)]^2} = -\frac{1}{[u'(y)]^2}\left(u'(y)u''(x) + \frac{[u'(x)]^2}{u'(y)}u''(y)\right) \qquad (∗)$$

Dabei haben wir (7.1.2) ein zweites Mal benutzt, um y' zu ersetzen. Ökonomen nehmen normalerweise an, dass die erste Ableitung von u positiv und abfallend ist. Die Idee ist, dass jede zusätzliche Einheit des Konsums der Person einen kleineren Zuwachs im Nutzen gibt als die vorhergehende. Dies bedeutet, dass $u''(c) < 0$, d.h. dass u eine konkave Funktion ist. Nun impliziert diese Konkavitätsannahme, dass $u''(x) < 0$ und $u''(y) < 0$ in dem vorigen Ausdruck und deshalb dass $y'' > 0$. Somit impliziert die Annahme, dass die Nutzenfunktion konkav ist, dass die Indifferenzkurve, betrachtet als eine Funktion $y(x)$, konvex ist.

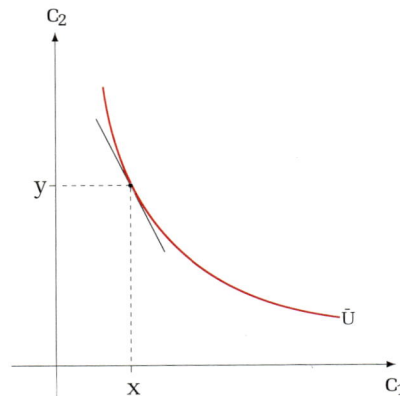

Abbildung 7.1.3: Eine Indifferenzkurve

Abbildung 7.1.3 zeigt eine typische Indifferenzkurve. Die Gerade ist die Tangente an die Indifferenzkurve im Punkt (x, y). Ihre Steigung ist y', gegeben durch Gleichung (7.1.2). Der Absolutbetrag dieser Steigung ist die Grenzrate der Substitution und wird „intertemporale" Grenzrate der Substitution genannt im Kontext dieses Beispiels.

Nun sagt uns Gleichung (∗), dass $y'' > 0$, so dass y' monoton wachsend ist. Der Absolutbetrag von y' ist deshalb monoton fallend, was widerspiegelt, dass die Indifferenzkurve flacher wird, wenn man sich nach unten und nach rechts bewegt. Die Intuition ist, dass der Zuwachs in zukünftigem Konsum, der nötig ist, ein Opfer im gegenwärtigen Konsum zu kompensieren, um so niedriger ist, je höher der gegenwärtige Konsum der Person ist.

Aufgaben für Kapitel 7.1

1.   Bestimmen Sie y' durch implizites Differenzieren, wenn $3x^2 + 2y = 5$. Überprüfen Sie Ihre Lösung, indem Sie die Gleichung nach y auflösen und dann differenzieren.

2.   Bestimmen Sie dy/dx und d^2y/dx^2 durch implizites Differenzieren, wenn $x^2y = 1$. Überprüfen Sie Ihre Lösung, indem Sie die Gleichung nach y auflösen und dann differenzieren.

3.   Bestimmen Sie dy/dx und d^2y/dx^2 durch implizites Differenzieren, wenn

      (a) $x - y + 3xy = 2$ (b) $y^5 = x^6$

4.   Eine Kurve in der uv-Ebene sei gegeben durch $u^2 + uv - v^3 = 0$. Berechnen Sie dv/du durch implizites Differenzieren. Bestimmen Sie den Punkt (u, v) auf der Kurve, in dem $dv/du = 0$ und $u \neq 0$ ist.

5.   Nehmen Sie an, dass y eine differenzierbare Funktion von x ist, die die Gleichung $2x^2 + 6xy + y^2 = 18$ erfüllt. Bestimmen Sie y' und y'' im Punkt $(x, y) = (1, 2)$.

➡ Fortsetzung

6. Bestimmen Sie für jede der folgenden Gleichungen y', wenn $y = f(x)$ eine differenzierbare Funktion ist, die die Gleichung erfüllt. (a ist eine positive Konstante.)

(a) $x^2 + y^2 = a^2$ (b) $\sqrt{x} + \sqrt{y} = \sqrt{a}$ (c) $x^4 - y^4 = x^2 y^3$ (d) $e^{xy} - x^2 y = 1$

7. Betrachten Sie die Kurve $2xy - 3y^2 = 9$.

(a) Bestimmen Sie die Steigung der Tangente im Punkt $(x, y) = (6, 1)$.

(b) Berechnen Sie auch die zweite Ableitung in diesem Punkt.

8. Nehmen Sie an, dass y durch die folgenden Gleichungen implizit als Funktion von x definiert ist, wobei g eine gegebene differenzierbare Funktion einer Variablen ist. Bestimmen Sie jeweils einen Ausdruck für y'.

(a) $xy = g(x) + y^3$ (b) $g(x + y) = x^2 + y^2$ (c) $(xy + 1)^2 = g(x^2 y)$

9. Nehmen Sie an, dass h eine differenzierbare Funktion einer Variablen mit $h(0) = 0$ und $h'(0) \neq -1$ ist. Bestimmen Sie einen Ausdruck für y' im Punkt $(x, y) = (1, 0)$, wenn y implizit als differenzierbare Funktion von x definiert ist durch die Gleichung

$$x^5 h(xy) + e^{xy} = x$$

10. Die in Abbildung 7.1.4 gezeigte elegante Kurve ist als *Lemniskate* bekannt. Ende des 17. Jahrhunderts entdeckte der Schweizer Mathematiker Johann Bernoulli (1667–1748), dass sie der Graph der Gleichung

$$(x^2 + y^2)^2 = a^2(x^2 - y^2)$$

ist, wobei a eine positive Konstante ist.

(a) Bestimmen Sie die Steigung der Tangente an diese Kurve in einem Punkt (x, y), in dem $y \neq 0$ ist.

(b) Bestimmen Sie diejenigen Punkte auf der Kurve, in denen die Tangente parallel zur x-Achse ist.

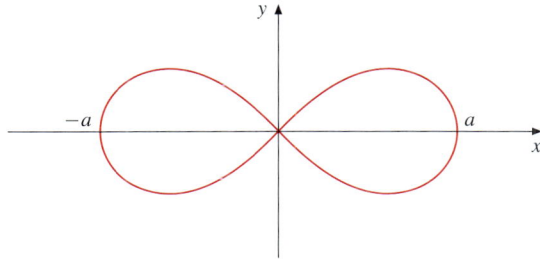

Abbildung 7.1.4: Eine Lemniskate

▶ Lösungen zu den Aufgaben finden Sie im Anhang des Buches.

7.2   Ökonomische Beispiele

Nur wenige mathematische Techniken sind in den Wirtschaftswissenschaften wichtiger als implizites Differenzieren, da so viele Funktionen in ökonomischen Modellen implizit durch eine Gleichung oder durch ein System von Gleichungen definiert werden. Oft haben die Variablen andere Namen als x und y, so dass es nötig ist, das Differenzieren von Gleichungen mit anderen Namen für die Variablen zu üben.

Beispiel 7.2.1

Eine allgemeinere Version des Standardmodells der Makroökonomie zur Bestimmung des Volkseinkommens, das wir in Beispiel 3.2.1 gesehen haben, ist (i) $Y = C + \bar{I}$ und (ii) $C = f(Y)$. Dabei ist (ii) die in Beispiel 4.5.2 diskutierte Konsumfunktion und (i) sagt aus, dass BIP, Y, sich aufteilt in den Konsum C und die Investition $\bar{I}$, welche als exogen angenommen wird. Nehmen Sie an, dass $f'(Y)$, die *Grenzneigung zum Konsum*, existiert und zwischen 0 und 1 liegt.

(a) Nehmen Sie zunächst an, dass $C = f(Y) = 95.05 + 0.712\,Y$, wie in Beispiel 4.5.2. Benutzen Sie die Gleichungen (i) und (ii), um Y in Abhängigkeit von $\bar{I}$ zu bestimmen.

(b) Das Einsetzen des Ausdrucks für C von (ii) in (i) ergibt $Y = f(Y) + \bar{I}$. Nehmen Sie an, dass diese Gleichung Y als eine differenzierbare Funktion von $\bar{I}$ definiert. Bestimmen Sie einen Ausdruck für $dY/d\bar{I}$.

(c) Nehmen Sie an, dass $f''(Y)$ auch existiert und bestimmen Sie $Y'' = d^2 Y/d\bar{I}^2$.

Lösung:

(a) In diesem Fall ist $Y = 95.05 + 0.712\,Y + \bar{I}$. Auflösen nach Y ergibt

$$Y = (95.05 + \bar{I})/(1 - 0.712) \approx 3.47\,\bar{I} + 330.03$$

Insbesondere ist $dY/d\bar{I} \approx 3.47$, d. h. wenn I um 1 Milliarde Euro erhöht wird, dann ist der zugehörige Zuwachs im BIP ungefähr 3.47 Milliarden Euro.

(b) Differenzieren von $Y = f(Y) + \bar{I}$ nach $\bar{I}$ unter Benutzung der Kettenregel ergibt

$$\frac{dY}{d\bar{I}} = f'(Y)\frac{dY}{d\bar{I}} + 1 \qquad \text{oder} \qquad \frac{dY}{d\bar{I}}\big[1 - f'(Y)\big] = 1 \qquad (*)$$

Auflösen nach $dY/d\bar{I}$ ergibt

$$\frac{dY}{d\bar{I}} = \frac{1}{1 - f'(Y)} \qquad\qquad (**)$$

Wenn z. B. $f'(Y) = 1/2$ ist, dann ist $dY/d\bar{I} = 2$. Wenn $f'(Y) = 0.712$ ist, dann ist $dY/d\bar{I} = 3.47$. Im Allgemeinen sehen wir, dass wegen der Annahme, dass $f'(Y)$ zwischen 0 und 1 liegt, auch $1 - f'(Y)$ zwischen 0 und 1 liegt. Daher ist $1/\big[1 - f'(Y)\big]$ immer größer als 1. In diesem Modell wird daher ein Zuwachs in der Investition um eine Milliarde Euro immer zu einem Zuwachs des BIP führen, der größer als eine Milliarde Euro ist. Außerdem gilt: Je größer $f'(Y)$, die Grenzneigung zum Konsum, desto kleiner ist $1 - f'(Y)$ und desto größer ist $dY/d\bar{I}$.

(c) Wir differenzieren die erste Gleichung in (*) implizit nach $\bar{I}$. Die Ableitung von $f'(Y)$ nach $\bar{I}$ ist $f''(Y)(dY/d\bar{I})$. Nach der Produktregel ist die Ableitung des Produkts $f'(Y)(dY/d\bar{I})$ nach $\bar{I}$ gleich

$$\frac{d}{d\bar{I}}\left(f'(Y)\frac{dY}{d\bar{I}}\right) = f''(Y)\frac{dY}{d\bar{I}}\frac{dY}{d\bar{I}} + f'(Y)\frac{d^2Y}{d\bar{I}^2}$$

Daher ist

$$\frac{d^2Y}{d\bar{I}^2} = f''(Y)\left(\frac{dY}{d\bar{I}}\right)^2 + f'(Y)\frac{d^2Y}{d\bar{I}^2}$$

Da $dY/d\bar{I} = 1/(1 - f'(Y))$, folgt mit einfacher Algebra:

$$\frac{d^2Y}{d\bar{I}^2} = \frac{f''(Y)}{[1 - f'(Y)]^3}$$

Beispiel 7.2.2

Nehmen Sie an, dass in dem linearen Angebots- und Nachfragemodell in Beispiel 4.5.4 dem Verbraucher eine Steuer von τ pro Einheit auferlegt wird, so dass der Preis von P auf $P + \tau$ steigt. Dann ist

$$D = a - b(P + \tau), \qquad S = \alpha + \beta P \qquad (7.2.1)$$

Hier sind a, b, α und β positive Konstanten. Der Gleichgewichtspreis wird bestimmt, indem man Angebot und Nachfrage gleichsetzt, so dass

$$a - b(P + \tau) = \alpha + \beta P \qquad (7.2.2)$$

(a) Gleichung (7.2.2) definiert den Preis P implizit als eine Funktion der Steuer τ. Berechnen Sie $dP/d\tau$ durch implizite Differentiation. Wie ist das Vorzeichen? Wie ist das Vorzeichen von $\frac{d}{d\tau}(P + \tau)$? Überprüfen Sie das Resultat, indem Sie die Gleichung (7.2.2) zunächst nach P auflösen und dann $dP/d\tau$ explizit bestimmen.

(b) Berechnen Sie die Steuereinnahmen T als Funktion von τ. Für welchen Wert von τ nimmt die quadratische Funktion T ihr Maximum an?

(c) Verallgemeinern Sie das obige Modell, indem Sie annehmen, dass $D = f(P + \tau)$ und $S = g(P)$, wobei f und g differenzierbare Funktionen mit $f' < 0$ und $g' > 0$ sind. Die Gleichgewichtsbedingung $f(P + \tau) = g(P)$ definiert P implizit als eine differenzierbare Funktion von τ. Bestimmen Sie einen Ausdruck für $dP/d\tau$ durch implizite Differentiation. Illustrieren Sie dies grafisch.

Lösung:

(a) Differenzieren von (7.2.2) nach τ ergibt $-b\left(\dfrac{dP}{d\tau} + 1\right) = \beta\dfrac{dP}{dt}$. Auflösen nach $\dfrac{dP}{d\tau}$ ergibt

$$\frac{dP}{d\tau} = \frac{-b}{b + \beta}$$

Wir sehen, dass $dP/d\tau$ negativ ist. Da P der vom Hersteller erzielte Preis ist, wird dieser Preis fallen, wenn die Steuerrate τ steigt. Aber $P + \tau$ ist der vom

Konsumenten zu zahlende Preis. Weil

$$\frac{d}{d\tau}(P+\tau) = \frac{dP}{d\tau} + 1 = \frac{-b}{b+\beta} + 1 = \frac{-b+b+\beta}{b+\beta} = \frac{\beta}{b+\beta}$$

ist, sehen wir, dass $0 < d(P+\tau)/d\tau < 1$. Das heißt, dass der Verbraucherpreis $P+\tau$ steigt, jedoch ist der Preisanstieg geringer als der Steueranstieg.

Wenn wir (7.2.2) nach P auflösen, erhalten wir

$$P = \frac{a-\alpha-b\tau}{b+\beta} = \frac{a-\alpha}{b+\beta} - \frac{b}{b+\beta}\tau$$

Diese Gleichung zeigt, dass der Herstellergleichgewichtspreis eine lineare Funktion von τ, der Steuer pro Einheit, ist mit der Steigung $-b/(b+\beta)$.

(b) Die gesamten Steuereinnahmen sind $T = S\tau = (\alpha + \beta P)\tau$, wobei P der Gleichgewichtspreis ist. Daher ist

$$T = \left[\alpha + \beta\left(\frac{a-\alpha}{b+\beta} - \frac{b}{b+\beta}\tau\right)\right]\tau = \frac{-b\beta}{b+\beta}\tau^2 + \frac{a\beta+\alpha b}{b+\beta}\tau$$

Diese quadratische Funktion hat ihr Maximum an der Stelle $\tau = (\alpha b + \beta a)/2b\beta$.

(c) Differenzieren der Gleichung $f(P+\tau) = g(P)$ nach τ ergibt

$$f'(P+\tau)\left(\frac{dP}{d\tau} + 1\right) = g'(P)\frac{dP}{d\tau} \tag{7.2.3}$$

Auflösen nach $dP/d\tau$ ergibt

$$\frac{dP}{d\tau} = \frac{f'(P+\tau)}{g'(P) - f'(P+\tau)}$$

Da $f' < 0$ und $g' > 0$ ist, sehen wir, dass auch in diesem Fall $dP/d\tau$ negativ ist. Ferner ist

$$\frac{d}{d\tau}(P+\tau) = \frac{dP}{d\tau} + 1 = \frac{f'(P+\tau)}{g'(P) - f'(P+\tau)} + 1 = \frac{g'(P)}{g'(P) - f'(P+\tau)}$$

Wiederum, da $f' < 0$ und $g' > 0$, impliziert dies, dass auch in diesem Fall $0 < d(P+\tau)/d\tau < 1$ ist.

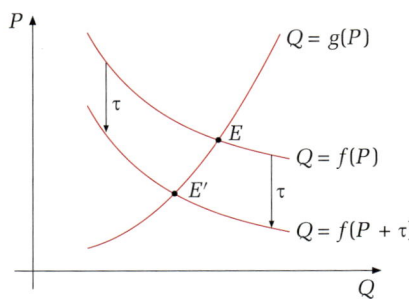

Abbildung 7.2.1: Verschiebung der Nachfragekurve

Abbildung 7.2.1 zeigt einen Graphen, der diese Antwort illustriert. Wie in den Wirtschaftswissenschaften üblich, tragen wir auf der horizontalen Achse die Menge und auf der vertikalen Achse den Preis ab. Die Nachfragekurve mit der Steuer wird dargestellt durch die Kurve $Q = f(P + \tau)$. Man erhält den zugehörigen Graphen, indem man den Graphen von $Q = f(P)$ oder äquivalent den Graphen der inversen Nachfragekurve $P = f^{-1}(Q)$ um τ Einheiten nach unten verschiebt, so dass man $P = f^{-1}(Q) - \tau$ oder $Q = f(P + \tau)$ erhält. Die Abbildung bestätigt, dass mit steigendem τ das neue Gleichgewicht E' zu einem niedrigeren Preis P gehört. Trotzdem steigt $P + \tau$, weil die Abnahme in P kleiner als die Zunahme in τ ist.

Aufgaben für Kapitel 7.2

1. Nach einer Studie stand im Zeitraum 1925–1937 in Stockholm die Nachfrage Q nach Butter zum Preis P durch die Gleichung $Q \cdot P^{1/2} = 38$ in Beziehung. Bestimmen Sie dQ/dP durch implizites Differenzieren. Überprüfen Sie die Antwort, indem Sie eine alternative Methode zur Berechnung der Ableitung verwenden.

2. Betrachten Sie ein den Gewinn maximierendes Unternehmen, das ein einziges Gut produziert. Wenn das Unternehmen einen festen Preis pro verkaufter Einheit erhält, ist der Gewinn aus Q verkauften Einheiten $\pi(Q) = PQ - C(Q)$, wobei $C(Q)$ die Kostenfunktion ist. Nehmen Sie an, dass $C'(Q) > 0$ und $C''(Q) > 0$. In Beispiel 8.5.1 wird gezeigt, dass $Q = Q^* > 0$ den Gewinn maximiert, vorausgesetzt, dass

$$P = C'(Q^*). \qquad (*)$$

Somit sind im Optimum die Grenzkosten gleich dem Preis pro Einheit.

   (a) Bestimmen Sie durch implizites Differenzieren von $(*)$ nach P einen Ausdruck für dQ^*/dP.

   (b) Kommentieren Sie das Vorzeichen von dQ^*/dP.

3. Betrachten Sie die Gleichung $AP^{-\alpha}r^{-\beta} = S$, wobei A, α, β und S positive Konstanten sind. Die linke Seite der Gleichung drückt die Nachfrage nach einem Gut als eine monoton fallende Funktion sowohl des Preises P als auch der Zinsrate r aus. Im Gleichgewicht muss diese Nachfrage gleich einer festen Größe des Angebots S sein.

   (a) Bilden Sie auf beiden Seiten den natürlichem Logarithmus und bestimmen Sie dP/dr durch implizites Differenzieren.

   (b) Wie reagiert der Gleichgewichtspreis auf einen Anstieg der Zinsrate?

4. Eine Erweiterung des Standardmodells der Makroökonomie in Beispiel 7.2.1 ergibt:

   (i) $Y = C + \bar{I} + \bar{X} - M$;   (ii) $C = f(Y)$, mit $0 < f'(Y) < 1$;   (iii) $M = g(Y)$.

   Hier ist $\bar{X}$ eine exogene Konstante, die die Exporte bezeichnet, g in (iii) wird *Importfunktion* genannt, von der angenommen wird, dass sie die Gleichung $0 < g'(Y) < f'(Y)$ erfüllt.

   (a) Setzen Sie (ii) und (iii) ein in (i), um eine Gleichung zu erhalten, die Y als Funktion der exogenen Investition $\bar{I}$ definiert.

   (b) Bestimmen Sie einen Ausdruck für $dY/d\bar{I}$ durch implizites Differenzieren. Diskutieren Sie das Vorzeichen von $dY/d\bar{I}$.

   (c) Bestimmen Sie einen Ausdruck für $d^2Y/d\bar{I}^2$.

➜ Fortsetzung

5. Bestimmen Sie einen Ausdruck für $d^2P/d\tau^2$ in Teil (c) von Beispiel 7.2.2, indem Sie Gleichung 7.2.3 (∗) nach τ differenzieren.

6. In Beispiel 7.2.2 haben wir ein Angebot- und Nachfragemodell untersucht, in dem die Konsumenten eine Steuer bezahlen müssen. Nehmen Sie stattdessen jetzt an, dass der Produzent eine Steuer pro verkaufter Einheit zu zahlen hat, die gleich einem Anteil t des erzielten Verkaufspreises P ist, wobei $0 < t < 1$ ist. Dies impliziert, dass die Gleichgewichtsbedingung mit Steuer jetzt wie folgt ist:

$$f(P) = g(P - tP) \qquad (*)$$

Wir nehmen an, dass $f' < 0$ und $g' > 0$.

(a) Differenzieren Sie (∗) bezüglich t und finden Sie einen Ausdruck für dP/dt.

(b) Bestimmen Sie das Vorzeichen von dP/dt und geben Sie dafür eine ökonomische Interpretation.

▶ Lösungen zu den Aufgaben finden Sie im Anhang des Buches.

7.3 Ableitung der Inversen

Kapitel 5.3 handelte von inversen Funktionen. Wie dort erklärt: Wenn f eine umkehrbar eindeutige Funktion ist, die auf einem Intervall I definiert ist, dann hat sie eine inverse Funktion g, die auf dem Wertebereich $f(I)$ von f definiert ist. Welche Beziehung besteht zwischen den Ableitungen von f und g?

Beispiel 7.3.1

Vorausgesetzt, dass $a \neq 0$, sind die beiden linearen Funktionen $f(x) = ax + b$ und $g(x) = (x - b)/a$ Inverse zueinander, wie Sie überprüfen sollten. Die Graphen sind Geraden, die symmetrisch zur Geraden $y = x$ sind. Die Steigungen sind a bzw. $1/a$. Schauen Sie noch einmal zurück auf Abb. 5.3.3 und beachten Sie, dass dieses Resultat bestätigt wird, denn dort ist die Steigung von f gleich 4 und die Steigung von g ist $1/4$.

Erinnern Sie: Wenn f und g Inverse zueinander sind, dann gilt für alle x aus I:

$$g\big(f(x)\big) = x \qquad (7.3.1)$$

Durch implizites Differenzieren, *vorausgesetzt, dass* f und g beide differenzierbar sind, können wir sehr leicht die Beziehung zwischen den Ableitungen von f und g finden. In der Tat: Differenzieren von (7.3.1) nach x ergibt $g'\big(f(x)\big)f'(x) = 1$. Für jedes x mit $f'(x) \neq 0$ gilt daher $g'(f(x)) = 1/f'(x)$.

Die wichtigsten Eigenschaften inverser Funktionen werden im folgenden Theorem zusammengefasst:

Theorem 7.3.1 (Inverse Funktionen)

Wenn f differenzierbar und strikt monoton wachsend (oder strikt monoton fallend) in einem Intervall I ist, dann hat f eine inverse Funktion g, die strikt monoton wachsend (strikt monoton fallend) im Intervall $f(I)$ ist. Wenn x_0 ein innerer Punkt von I und $f'(x_0) \neq 0$ ist, dann ist g differenzierbar in $y_0 = f(x_0)$ und

$$g'(y_0) = \frac{1}{f'(x_0)} \tag{7.3.2}$$

Formel (7.3.2) wird wie folgt angewendet, um die Ableitung von g in einem Punkt y_0 zu finden. Bestimmen Sie, wenn möglich, zunächst den Punkt x_0 in I, für den $f(x_0) = y_0$ ist. Berechnen Sie anschließend $f'(x)$ und bestimmen Sie $f'(x_0)$. Wenn $f'(x_0) \neq 0$ ist, dann hat g eine Ableitung in y_0, die durch $g'(y_0) = 1/f'(x_0)$ gegeben ist. Eine Implikation von (7.3.2) ist, dass f' und g' dasselbe Vorzeichen haben müssen. Also: Wenn f strikt monoton wachsend (fallend) ist, dann ist g strikt monoton wachsend (fallend) und umgekehrt.

Die geometrische Interpretation von Formel (7.3.2) wird in Abb. 7.3.1 gezeigt, wo f und g Inverse zueinander sind. Die Steigung der Tangente in P sei $a = f'(x_0)$; in der Abbildung ist $a \approx 1/3$. Im Punkt Q auf dem Graphen der inversen Funktion ist die x-Koordinate $f(x_0)$ und die Steigung der Tangente in diesem Punkt ist $g'(f(x_0))$. Diese Zahl ist gleich $1/a$.

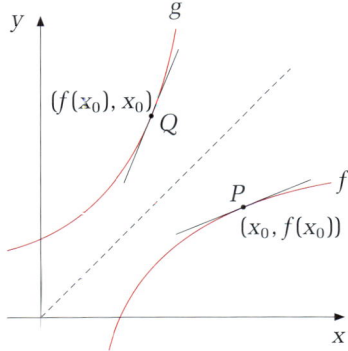

Abbildung 7.3.1: Wenn die Steigung in P gleich a ist, dann ist die Steigung in Q gleich 1/a

Beispiel 7.3.2

Die Funktion f sei für alle reellen x definiert durch die folgende Formel: $f(x) = x^5 + 3x^3 + 6x - 3$. Zeigen Sie, dass f eine inverse Funktion g hat und verwenden Sie dann Formel (7.3.2), um $g'(7)$ zu bestimmen. Beachten Sie, dass $f(1) = 7$ ist.

Lösung: Differenzieren von $f(x)$ ergibt $f'(x) = 5x^4 + 9x^2 + 6$. Offensichtlich ist $f'(x) > 0$ für alle x, so dass f strikt monoton wachsend und folglich umkehrbar eindeutig ist. Sie hat daher eine inverse Funktion g. Um $g'(7)$ zu bestimmen, verwenden wir Formel (7.3.2) mit $x_0 = 1$ und $y_0 = 7$. Da $f'(1) = 20$ ist, erhalten wir $g'(7) = 1/f'(1) = 1/20$. Beachten Sie, dass wir $g'(7)$ exakt bestimmt haben, obwohl es unmöglich ist, eine algebraische Formel für die Funktion g zu finden.   ▬

Beispiel 7.3.3

Nehmen Sie an, dass f und g zweimal differenzierbare Funktionen sind, die invers zueinander sind. Finden Sie einen Ausdruck für $g''(f(x))$, indem Sie $g'(f(x)) = 1/f'(x)$ nach x differenzieren, wobei $f'(x) \neq 0$. Haben f'' und g'' dieselben oder entgegengesetzte Vorzeichen?

Lösung: Differentiation von $g'(f(x)) = 1/f'(x)$ nach x ergibt

$$g''(f(x))f'(x) = (-1)(f'(x))^{-2}f''(x)$$

Es folgt für $f'(x) \neq 0$, dass

$$g''(f(x)) = -\frac{f''(x)}{(f'(x))^3} \tag{7.3.3}$$

Wenn $f' > 0$ ist, dann haben $f''(x)$ und $g''(f(x))$ entgegengesetzte Vorzeichen. Sie haben jedoch dasselbe Vorzeichen, wenn $f' < 0$ ist. Insbesondere gilt: Wenn f monoton wachsend und konkav ist, dann ist die Inverse g monoton wachsend und konvex wie in Abb. 7.3.1 gezeigt wird.   ▬

Es ist üblich, Formel (7.3.2) in der trügerisch einfachen Weise

$$dx/dy = \frac{1}{dy/dx} \tag{7.3.4}$$

zu schreiben, als ob man dx und dy wie gewöhnliche Zahlen behandeln könnte. Formel (7.3.3) zeigt, dass eine ähnliche Verwendung der Differentialnotation für die zweiten Ableitungen drastisch fehlschlägt. Die „Formel $d^2x/dy^2 = 1/(dy^2/d^2x)$" ergibt z. B. überhaupt keinen Sinn.

Beispiel 7.3.4

Nehmen Sie an, dass man anstelle der linearen Nachfragefunktion in Beispiel 4.5.4 die **log-lineare** Funktion $\ln Q = a - b \ln P$ hat.

(a) Drücken Sie Q als Funktion von P aus und zeigen Sie, dass $dQ/dP = -bQ/P$.

(b) Drücken Sie P als Funktion von Q aus und bestimmen Sie dP/dQ.

(c) Zeigen Sie, dass Ihre Lösung die Version $dP/dQ = 1/(dQ/dP)$ von (7.3.4) erfüllt.

Lösung: (a) Indem man auf beiden Seiten die e-Funktion anwendet, ergibt sich $Q = e^{a-b\ln P} = e^a(e^{\ln P})^{-b} = e^a P^{-b}$, so dass $dQ/dP = -be^a P^{-b-1} = -bQ/P$.   (b) Indem man $Q = e^a P^{-b}$ nach P auflöst, ergibt sich $P = e^{a/b}Q^{-1/b}$, so dass $dP/dQ = (-1/b)e^{a/b}Q^{-1-1/b}$. (c) Aus (b) folgt $dP/dQ = (-1/b)P/Q = 1/(dQ/dP)$.   ▬

Beachten Sie, dass in diesem Beispiel die inverse Nachfragefunktion $P = e^{a/b}Q^{-1/b}$ auch log-linear ist.

Aufgaben für Kapitel 7.3

1. Die für alle x durch $f(x) = e^{2x-2}$ definierte Funktion hat eine Inverse g. Bestimmen Sie x, so dass $f(x) = 1$. Wenden Sie dann Formel (7.3.2) an, um $g'(1)$ zu bestimmen. Überprüfen Sie Ihr Resultat, indem Sie zunächst eine Formel für die Inverse g bestimmen.

2. Die Funktion f sei für $-2 \leq x \leq 2$ definiert durch die Formel $f(x) = \frac{1}{3}x^3\sqrt{4-x^2}$.

   (a) Bestimmen Sie die Intervalle, in denen f monoton wachsend bzw. monoton fallend ist und skizzieren Sie dann den Graphen von f.

   (b) Erklären Sie, warum f eine inverse Funktion g auf $[0, \sqrt{3}]$ hat und berechnen Sie $g'(\frac{1}{3}\sqrt{3})$. (*Hinweis:* $f(1) = \frac{1}{3}\sqrt{3}$.)

3. Sei f für alle x definiert durch $f(x) = \ln(2 + e^{x-3})$.

   (a) Zeigen Sie, dass f strikt monoton wachsend ist und bestimmen Sie den Wertebereich von f.

   (b) Bestimmen Sie einen Ausdruck für die Inverse g von f. Wo ist g definiert?

   (c) Verifizieren Sie, dass $f'(3) = 1/g'(f(3))$.

4. Nach Aufgabe 5.3.2 war die Nachfrage nach Zucker in den USA in der Zeit 1915–1929 als Funktion des Preises P gegeben durch $D = 157.8/P^{0.3}$. Bestimmen Sie dP/dD, indem Sie (7.3.4) verwenden.

5. Verwenden Sie (7.3.4), um dx/dy zu bestimmen, wenn

   (a) $y = e^{-x-5}$ (b) $y = \ln(e^{-x} + 3)$ (c) $xy^3 - x^3y = 2x$

▶ Lösungen zu den Aufgaben finden Sie im Anhang des Buches.

7.4 Lineare Approximationen

Vieles in der modernen Wirtschaftsanalyse beruht auf numerischen Berechnungen, beinahe immer nur approximativ. Anstatt mit einer komplizierten Funktion zu arbeiten, approximieren wir diese oft durch eine viel einfachere. Da lineare Funktionen besonders einfach sind, erscheint es natürlich zuerst zu versuchen, eine „lineare Approximation" zu benutzen.

Betrachten Sie eine Funktion $f(x)$, die an der Stelle $x = x_0$ differenzierbar ist. Nehmen Sie an, dass wir den Graphen von f durch seine Tangente an der Stelle $(x_0, f(x_0))$ approximieren, wie in Abb. 7.4.1 gezeigt ist. Die Tangente ist der Graph der Funktion $y = p(x) = f(x_0) + f'(x_0)(x - x_0)$, wie wir in Formel 6.2.3 gesehen haben.

Theorem 7.4.1 Die lineare Approximation an f um x = x₀

Für x in der Nähe von x_0 gilt:

$$f(x) \approx f(x_0) + f'(x_0)(x - x_0) \qquad (7.4.1)$$

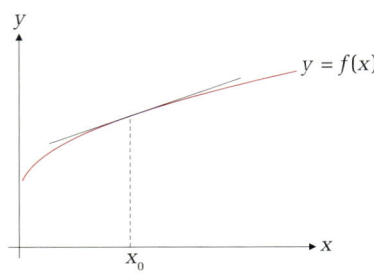

Abbildung 7.4.1: Approximation einer Funktion durch ihre Tangente

Beachten Sie, dass die Funktion $f(x)$ und ihre lineare Approximation $p(x) = f(x_0) + f'(x_0)(x - x_0)$ denselben Funktionswert und dieselbe Ableitung an der Stelle $x = x_0$ haben.[3]

Beispiel 7.4.1

Bestimmen Sie die lineare Approximation an $f(x) = \sqrt[3]{x}$ um $x = 1$.

Lösung: Wir haben $f(x) = \sqrt[3]{x} = x^{1/3}$, so dass $f(1) = 1$ und $f'(x) = \frac{1}{3}x^{-2/3}$, woraus folgt, dass $f'(1) = \frac{1}{3}$. Einsetzen dieser Werte in (7.4.1) mit $x_0 = 1$ ergibt:

$$\sqrt[3]{x} \approx f(1) + f'(1)(x - 1) = 1 + \tfrac{1}{3}(x - 1) \qquad \text{(für } x \text{ in der Nähe von 1)}$$

Zum Beispiel ist $\sqrt[3]{1.03} \approx 1 + \frac{1}{3}(1.03 - 1) = 1 + \frac{1}{3}(0.03) = 1.01$. Der korrekte Wert auf 4 Dezimalstellen ist 1.0099.

Beispiel 7.4.2

Verwenden Sie (7.4.1), um zu zeigen, dass $\ln(1 + x) \approx x$ für x in der Nähe von 0.

Lösung: Mit $f(x) = \ln(1 + x)$ erhalten wir $f(0) = 0$ und $f'(x) = 1/(1 + x)$, was $f'(0) = 1$ impliziert. Mit (7.4.1) ergibt sich dann $\ln(1 + x) \approx x$.

Beispiel 7.4.3

Die 70-er Regel: Wenn ein Betrag K jährlich $p\%$ Zinsen einbringt, ist die Verdopplungszeit des Geldbetrages gleich $t^* = \ln 2 / \ln(1 + p/100)$ – siehe Beispiel 4.10.2. Die Approximationen $\ln 2 \approx 0.7$ und $\ln(1 + x) \approx x$ implizieren, dass

$$t^* = \frac{\ln 2}{\ln(1 + p/100)} \approx \frac{0.7}{p/100} = \frac{70}{p}$$

Dies ergibt die „70-Regel", nach der gilt: Wenn der Zinssatz $p\%$ pro Jahr ist, dann ist

---

[3] Man kann beweisen: Wenn f differenzierbar ist, dann gilt $f(x) - f(x_0) = [f'(x_0) + \varepsilon(x)](x - x_0)$, wobei $\varepsilon(x) \to 0$, wenn $x \to x_0$. Das heißt, falls $x - x_0$ sehr klein ist, dann ist ε sehr klein und $\varepsilon(x)(x - x_0)$ ist „sehr-sehr klein".

Verdopplungszeit ungefähr 70, dividiert durch p. Wenn z. B. $p = 3.5\%$ ist, dann ist t^* gleich 20, welches nahe zu dem exakten Wert $t^* = \ln 2/\ln 1.035 \approx 20.1$ ist.[4] ▬▬▬

Beispiel 7.4.4

Verwenden Sie (7.4.1), um eine Approximation für $(1.001)^{50}$ zu finden.

Lösung: Wir setzen $f(x) = x^{50}$. Dann ist $f(1) = 1$ und $f'(x) = 50x^{49}$, so dass $f'(1) = 50 \cdot 1^{49} = 50$ ist. Daher ist nach Formel (7.4.1) mit $x = 1.001$ und $x_0 = 1$:

$$(1.001)^{50} \approx 1 + 50 \cdot 0.001 = 1.05$$

(Mit einem Rechner erhalten wir $(1.001)^{50} \approx 1.0512$.) ▬▬▬

Das Differential einer Funktion

Betrachten Sie eine differenzierbare Funktion $f(x)$ und bezeichnen Sie mit dx eine beliebige Änderung in der Variablen x. In dieser Notation ist „dx" nicht das Produkt von d und x. Sondern dx ist ein einzelnes Symbol, das die Änderung im Wert von x darstellt. Der Ausdruck $f'(x)\,dx$ heißt das **Differential** von $y = f(x)$ und es wird mit dy (oder df) bezeichnet, so dass

$$dy = f'(x)\,dx \tag{7.4.2}$$

Beachten Sie, dass dy proportional zu dx ist mit $f'(x)$ als Proportionalitätsfaktor.

Wenn sich nun x um dx ändert, dann ist die entsprechende Änderung in $y = f(x)$ gleich

$$\Delta y = f(x + dx) - f(x) \tag{7.4.3}$$

Nehmen Sie an, dass wir in der Approximation (7.4.1) das x durch $x + dx$ und x_0 durch x ersetzen. Das Ergebnis ist $f(x+dx) \approx f(x)+f'(x)\,dx$. Wenn wir die obigen Definitionen von dy und Δy in (12.9.1) und (7.4.3) verwenden, erhalten wir $\Delta y \approx dy = f'(x)\,dx$.

Das Differential dy ist nicht der tatsächliche Zuwachs in y, wenn x auf $x + dx$ geändert wird, sondern diejenige Änderung in y, die eintreten würde, wenn y sich weiterhin mit der festen Rate $f'(x)$ ändern würde, wenn x sich auf $x + dx$ ändert. Der aus der Verwendung von dy anstelle der exakten Änderung Δy resultierende Fehler wird in Abb. 7.4.2 grafisch illustriert.

Betrachten Sie zunächst die Bewegung von P nach Q entlang der Kurve $y = f(x)$: Wenn x sich um dx ändert, ist die tatsächliche Änderung in der vertikalen Höhe des Punktes gleich Δy. Nehmen Sie stattdessen an, dass wir uns nur entlang der Tangente an den Graphen im Punkt P bewegen dürfen. Damit ist, wenn wir uns von P nach R entlang der Tangente bewegen, die Änderung in der Höhe, die zu dx gehört, gleich dy. Wie nach Abb. 7.4.2 zu vermuten ist, ist die Approximation $\Delta y \approx dy$ gewöhnlich besser, wenn dx im Absolutbetrag kleiner ist. Dies rührt daher, dass die Länge $|RQ| = |\Delta y - dy|$ der Strecke RQ, die die Differenz zwischen Δy und dy darstellt, gegen 0 strebt, wenn dx gegen 0 strebt. In der Tat wird $|RQ|$ so schnell klein, dass der Quotient $|RQ|/dx$ gegen 0 strebt, wenn $dx \to 0$.

---

[4] Luca Pacioli, von vielen als der Vater der doppelten Buchführung betrachtet, geschrieben in Venedig im Jahr 1494, schlug eine äquivalente „72-Regel" vor, in der $t^* = 72/p$. Dies ist günstiger, weil 72 durch mehr ganze Zahlen teilbar ist als 70. Eine genauere Approximation ist die „69.3-Regel", weil $\ln 2 \approx 0.693$ auf drei Dezimalstellen.

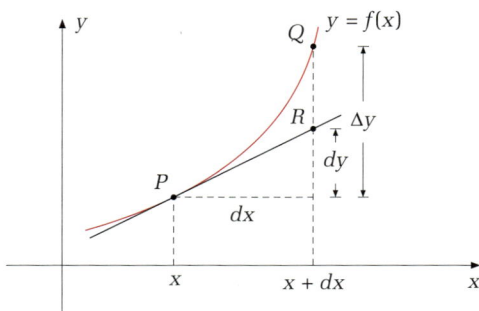

Abbildung 7.4.2: Eine geometrische Darstellung des Differentials dy und $\Delta y = f(x + dx) - f(x)$

Regeln für Differentiale

Die Notation $(d/dx)(\cdot)$ fordert dazu auf, den Ausdruck in den Klammern nach x zu differenzieren. Zum Beispiel $(d/dx)(x^3) = 3x^2$. Analog bezeichnet $d(\cdot)$ das Differential von dem, was innnerhalb der Klammern steht.

Beispiel 7.4.5

Berechnen Sie die folgenden Differentiale:

(a) $d(Ax^a + B)$, wobei A, B und a Konstanten sind

(b) $d(f(K))$, wobei f eine differenzierbare Funktion von K ist

Lösung:

(a)   Wenn wir $f(x) = Ax^a + B$ setzen, erhalten wir $f'(x) = Aax^{a-1}$, so dass
     $d(Ax^a + B) = Aax^{a-1}\, dx$.

(b) $d\left(f(K)\right) = f'(K)\, dK$.

Regeln für Differentiale

Seien f und g differenzierbare Funktionen von x und a und b seien Konstanten. Dann gelten die folgenden Regeln:

$$d(af + bg) = a\, df + b\, dg \qquad (7.4.4)$$

$$d(fg) = g\, df + f\, dg \qquad (7.4.5)$$

und, wenn $g \neq 0$,

$$d\left(\frac{f}{g}\right) = \frac{g\, df - f\, dg}{g^2} \qquad (7.4.6)$$

Hier ist ein Beweis der zweiten Formel:

$$d(fg) = (fg)'\, dx = (f'g + fg')\, dx = gf'\, dx + fg'\, dx = g\, df + f\, dg$$

Die anderen werden in der gleichen Weise bewiesen.

Nehmen Sie an, dass $y = f(x)$ und dass $x = g(t)$ eine Funktion von t ist. Dann ist $y = h(t) = f(g(t))$ eine Funktion von t. Das Differential von $y = h(t)$ ist $dy = h'(t)\, dt$. Nach der Kettenregel ist $h'(t) = f'(g(t))\, g'(t)$, so dass $dy = f'(g(t))g'(t)\, dt$ ist. Da jedoch $x = g(t)$ ist, ist das Differential von x gleich $dx = g'(t)\, dt$ und daher $dy = f'(x)\, dx$. Dies zeigt: *Wenn $y = f(x)$ ist, dann ist das Differential von y gleich $dy = f'(x)\, dx$, egal ob x von einer anderen Variablen abhängt oder nicht.*

Ökonomen benutzen oft Differentiale in ihren Modellen. Es folgt ein typisches Beispiel.

Beispiel 7.4.6

Betrachten Sie wieder das Modell aus Beispiel 7.2.1. Bestimmen Sie das Differential dY ausgedrückt in Abhängigkeit von $d\bar{I}$. Die Beschäftigung sei auch eine Funktion $N = g(Y)$ von Y. Bestimmen Sie das Differential dN in Abhängigkeit von $d\bar{I}$.

Lösung: Indem wir das Differential von (i) in Beispiel 7.2.1 bilden, erhalten wir $dY = dC + d\bar{I}$. Indem wir dasselbe für (ii) machen, ergibt sich $dC = f'(Y)\, dY$. Einsetzen von dC aus dem letzten Ausdruck in den ersten und Auflösen nach dY ergibt

$$dY = \frac{1}{1 - f'(Y)}\, d\bar{I}$$

Dies ist dieselbe Formel, die wir früher gefunden haben. Aus $N = g(Y)$ folgt $dN = g'(Y)\, dY$, so dass

$$dN = \frac{g'(Y)}{1 - f'(Y)}\, d\bar{I}$$

Ökonomen behaupten gewöhnlich, dass die Beschäftigung steigt, wenn das Volkseinkommen steigt ($g'(Y) > 0$) und dass die Grenzneigung zum Konsum, $f'(Y)$, zwischen 0 und 1 liegt. Nach der obigen Formel für dN implizieren diese Behauptungen: Wenn die Investition steigt, dann steigt auch die Beschäftigung.

Aufgaben für Kapitel 7.4

1. Zeigen Sie, dass $\sqrt{1 + x} \approx 1 + \frac{1}{2}x$ für x nahe bei 0 und illustrieren Sie diese Approximation, indem Sie die Graphen von $y = 1 + \frac{1}{2}x$ und $y = \sqrt{1 + x}$ im selben Koordinatensystem zeichnen.

2. Verwenden Sie (7.4.1), um die lineare Approximation an $f(x) = (5x + 3)^{-2}$ um $x = 0$ zu bestimmen.

3. Bestimmen Sie die linearen Approximationen an die folgenden Funktionen um $x = 0$:

   (a) $f(x) = (1 + x)^{-1}$ (b) $f(x) = (1 + x)^5$ (c) $f(x) = (1 - x)^{1/4}$

➡ Fortsetzung

4. Bestimmen Sie die lineare Approximation an $F(K) = AK^\alpha$ um $K = 1$.

5. Seien p, q und r Konstanten. Bestimmen Sie die folgenden Differentiale:

(a) $d(10x^3)$ (b) $d(5x^3 - 5x^2 + 5x + 5)$ (c) $d(1/x^3)$ (d) $d(\ln x)$

(e) $d(x^p + x^q)$ (f) $d(x^p x^q)$ (g) $d(px + q)^r$ (h) $d(e^{px} + e^{qx})$

6. (a) Zeigen Sie, dass $(1 + x)^m \approx 1 + mx$ für x nahe bei 0.

     (b) Verwenden Sie dies, um die Approximation folgender Zahlen zu bestimmen:

        (i) $\sqrt[3]{1.1} = \left(1 + \frac{1}{10}\right)^{1/3}$ (ii) $\sqrt[5]{33} = 2\left(1 + \frac{1}{32}\right)^{1/5}$ (iii) $\sqrt[3]{9} = \sqrt[3]{8 + 1}$ (iv) $(0.98)^{25}$

7. Berechnen Sie $\Delta y = f(x + dx) - f(x)$ und das Differential $dy = f'(x)\,dx$ für die folgenden Fälle:

     (a) $f(x) = x^2 + 2x - 3$ für $x = 2$ und (i) $dx = 1/10$ oder (ii) $dx = 1/100$

     (b) $f(x) = 1/x$ für $x = 3$ und (i) $dx = -1/10$ oder (ii) $dx = -1/100$

     (c) $f(x) = \sqrt{x}$ für $x = 4$ und (i) $dx = 1/20$ oder (ii) $dx = 1/100$

8. Die Gleichung $3xe^{xy^2} - 2y = 3x^2 + y^2$ definiert y als differenzierbare Funktion von x um den Punkt $(x, y) = (1, 0)$.

     (a) Bestimmen Sie die Steigung des Graphen in diesem Punkt durch implizites Differenzieren.

     (b) Welches ist die lineare Approximation von y um $x = 1$?

9. Ein Kreis mit Radius r hat die Fläche $A(r) = \pi r^2$. Dann ist $A'(r) = 2\pi r$ der Umfang des Kreises.

     (a) Erklären Sie die Approximation $A(r + dr) - A(r) \approx 2\pi r\,dr$ geometrisch.

     (b) Erklären Sie die Approximation $V(r + dr) - V(r) \approx 4\pi r^2\,dr$ geometrisch, wobei $V(r) = \frac{4}{3}\pi r^3$ das Volumen und $V'(r) = 4\pi r^2$ die Oberfläche einer Kugel mit Radius r ist.

10. Wenn ein Betrag K für eine Kreditkarte berechnet wird, für die der Zinssatz $p\%$ pro Jahr ist, dann wird, falls zuvor keine Zahlungen ausgeführt werden, die Schuld nach t Jahren angewachsen sein auf $K_t = K(1 + p/100)^t$ (sogar ohne Strafzahlungen). Verwenden Sie die Approximation $\ln(1 + p/100) \approx p/100$, hergeleitet in Beispiel 7.4.2, um zu zeigen, dass $\ln K_t \approx \ln K + pt/100$. Finden Sie den Zinssatz in Prozent p, für den sich die Schuld nach t Jahren verdoppelt.

11. Betrachten Sie die Funktion $g(\mu) = A(1 + \mu)^{a/(1+b)} - 1$, wobei A, a und b positive Konstanten sind. Bestimmen Sie die lineare Approximation der Funktion um den Punkt $\mu = 0$.

▶ Lösungen zu den Aufgaben finden Sie im Anhang des Buches.

7.5 Polynomiale Approximationen

Der vorangehende Abschnitt untersuchte die Approximation von Funktionen einer Variablen durch lineare Funktionen. Insbesondere wurde in Beispiel 7.4.1 die Approximation

$$\sqrt[3]{x} \approx 1 + \tfrac{1}{3}(x - 1)$$

für x in der Nähe von 1 betrachtet. In diesem Fall haben die Funktionen $y = \sqrt[3]{x}$ und $y = 1 + \tfrac{1}{3}(x - 1)$ an der Stelle $x = 1$ beide den Wert 1 und dieselbe Ableitung $1/3$. Die Approximation durch lineare Funktionen kann gelegentlich Ergebnisse von unzureichender Genauigkeit liefern. Daher liegt es nahe, quadratische Approximationen oder Approximationen durch Polynome höherer Ordnung zu probieren.

Quadratische Approximationen

Wir beginnen damit, zu zeigen, wie eine zweimal differenzierbare Funktion $y = f(x)$ in der Nähe von $x = x_0$ durch ein quadratisches Polynom

$$f(x) \approx p(x) = A + B(x - x_0) + C(x - x_0)^2$$

approximiert werden kann. Bei festem x_0 sind drei Koeffizienten A, B und C zu bestimmen. Wir nutzen dazu drei Bedingungen. Speziell an der Stelle $x = x_0$ richten wir es so ein, dass für $f(x)$ und $p(x) = A + B(x - x_0) + C(x - x_0)^2$ gilt: Sie haben (i) denselben Funktionswert; (ii) denselben Wert der Ableitung und (iii) denselben Wert der zweiten Ableitung. In Symbolen geschrieben, verlangen wir $f(x_0) = p(x_0)$, $f'(x_0) = p'(x_0)$ und $f''(x_0) = p''(x_0)$. Nun ist $p'(x) = B + 2C(x - x_0)$ und $p''(x) = 2C$. Nach Einsetzen von $x = x_0$ in unsere Ausdrücke für $p(x)$, $p'(x)$ und $p''(x)$ folgt, dass $A = p(x_0)$, $B = p'(x_0)$ und $C = \tfrac{1}{2}p''(x_0)$. Daher gilt das Folgende:

Die quadratische Approximation an $f(x)$ um $x = x_0$

Für x in der Nähe von x_0 gilt:

$$f(x) \approx f(x_0) + f'(x_0)(x - x_0) + \tfrac{1}{2}f''(x_0)(x - x_0)^2 \qquad (7.5.1)$$

Beachten Sie, dass wir im Vergleich zu (7.4.1) nur einen zusätzlichen Term eingefügt haben. Für $x_0 = 0$ erhalten wir insbesondere das Folgende: Für x in der Nähe von 0 gilt:

$$f(x) \approx f(0) + f'(0)x + \tfrac{1}{2}f''(0)x^2 \qquad (7.5.2)$$

Beispiel 7.5.1

Bestimmen Sie die quadratische Approximation für $f(x) = \sqrt[3]{x}$ um $x = 1$.

Lösung: Hier ist $f'(x) = \tfrac{1}{3}x^{-2/3}$ und $f''(x) = \tfrac{1}{3}\left(-\tfrac{2}{3}\right)x^{-5/3}$. Es folgt, dass $f'(1) = \tfrac{1}{3}$ und $f''(1) = -\tfrac{2}{9}$. Da $f(1) = 1$ ist, folgt mit (7.5.1):

$$\sqrt[3]{x} \approx 1 + \tfrac{1}{3}(x - 1) - \tfrac{1}{9}(x - 1)^2 \qquad \text{(für } x \text{ in der Nähe von 1)}$$

Zum Beispiel ist $\sqrt[3]{1.03} \approx 1 + \frac{1}{3} \cdot 0.03 - \frac{1}{9}(0.03)^2 = 1 + 0.01 - 0.0001 = 1.0099$. Dies ist auf 4 Dezimalstellen korrekt und daher besser als die in Beispiel 7.4.1 hergeleitete lineare Approximation.

Beispiel 7.5.2

Bestimmen Sie die quadratische Approximation für $y = y(x)$ um $x = 0$, wenn y implizit als Funktion von x in der Nähe von $(x, y) = (0, 1)$ durch $xy^3 + 1 = y$ definiert ist.

Lösung: Implizites Differenzieren nach x ergibt

$$y^3 + 3xy^2 y' = y' \qquad\qquad (*)$$

Einsetzen von $x = 0$ und $y = 1$ in $(*)$ ergibt $y' = 1$. Differenzieren von $(*)$ nach x ergibt jetzt

$$3y^2 y' + (3y^2 + 6xyy')y' + 3xy^2 y'' = y''$$

Durch Einsetzen von $x = 0$, $y = 1$ und $y' = 1$ erhalten wir $y'' = 6$. Daher ist nach (7.5.2)

$$y(x) \approx y(0) + y'(0)x + \tfrac{1}{2} y''(0)x^2 = 1 + x + 3x^2$$

Approximationen höherer Ordnung

Bisher haben wir lineare und quadratische Approximationen betrachtet. Für Funktionen mit Ableitungen dritter und höherer Ordnung können wir noch bessere Approximationen in der Nähe eines Punktes finden, indem wir Polynome höheren Grades benutzen. Nehmen Sie an, dass wir eine Funktion $f(x)$ über einem Intervall mit Mittelpunkt in $x = x_0$ durch ein Polynom n-ten Grades der Gestalt

$$p(x) = A_0 + A_1(x - x_0) + A_2(x - x_0)^2 + A_3(x - x_0)^3 + \cdots + A_n(x - x_0)^n \qquad (7.5.3)$$

approximieren wollen. Das Polynom $p(x)$ hat $n + 1$ Koeffizienten. Daher können wir $n + 1$ Bedingungen an dieses Polynom stellen:

$$f(x_0) = p(x_0), \qquad f'(x_0) = p'(x_0), \qquad \ldots, \qquad f^{(n)}(x_0) = p^{(n)}(x_0)$$

Diese Bedingungen verlangen, dass $p(x)$ und seine ersten n Ableitungen mit dem Funktionswert von $f(x)$ und den ersten n Ableitungen an der Stelle $x = x_0$ übereinstimmen. Wir wollen sehen, welches diese Bedingungen sind, wenn $n = 3$ ist. In diesem Fall ist

$$p(x) = A_0 + A_1(x - x_0) + A_2(x - x_0)^2 + A_3(x - x_0)^3$$

Wiederholte Differentiation ergibt:

$$p'(x) = A_1 + 2A_2(x - x_0) + 3A_3(x - x_0)^2$$
$$p''(x) = 2A_2 + 2 \cdot 3A_3(x - x_0)$$
$$p'''(x) = 2 \cdot 3A_3$$

Für $x = x_0$ haben wir daher $p(x_0) = A_0$, $p'(x_0) = 1! A_1$, $p''(x_0) = 2! A_2$, $p'''(x_0) = 3! A_3$. Dies impliziert die folgende Approximation:

$$f(x) \approx f(x_0) + \frac{1}{1!}f'(x_0)(x - x_0) + \frac{1}{2!}f''(x_0)(x - x_0)^2 + \frac{1}{3!}f'''(x_0)(x - x_0)^3$$

Wir haben damit einen weiteren Term zur quadratischen Approximation (7.5.1) hin-zugefügt.

Der allgemeine Fall folgt demselben Muster und wir erhalten die folgende Appro-ximation für $f(x)$ durch ein Polynom n-ten Grades.

Taylor-Approximation für $f(x)$ um $x = x_0$: Für x in der Nähe von x_0 gilt:

$$f(x) \approx f(x_0) + \frac{f'(x_0)}{1!}(x - x_0) + \frac{f''(x_0)}{2!}(x - x_0)^2 + \cdots + \frac{f^{(n)}(x_0)}{n!}(x - x_0)^n \qquad (7.5.4)$$

Das Polynom auf der rechten Seite von (7.5.4) heißt das **Taylor-Polynom** oder **die Taylor-Approximation** n-ter Ordnung für f um $x = x_0$. Die Funktion f und ihr Taylor-Polynom n-ter Ordnung haben daher eine hochgradige Berührung an der Stelle $x = x_0$, so dass es berechtigt ist anzunehmen, dass die Approximation in (7.5.4) gut über ein (möglicherweise kleines) Intervall mit Mittelpunkt $x = x_0$ ist. Das nächste Unterkapitel untersucht den Fehler, der sich aus der polynomialen Approximation ergibt. Für den Fall, dass f selbst ein Polynom ist, dessen Grad n nicht übersteigt, wird die Formel in jedem Punkt exakt ohne jeglichen Approximationsfehler.

Beispiel 7.5.3

Bestimmen Sie die Taylor-Approximation dritten Grades für $f(x) = \sqrt{1 + x}$ um $x = 0$.

Lösung: Wir schreiben $f(x) = \sqrt{1 + x} = (1 + x)^{1/2}$. Dann ist

$$f'(x) = \tfrac{1}{2}(1 + x)^{-1/2},$$

$$f''(x) = \tfrac{1}{2}\left(-\tfrac{1}{2}\right)(1 + x)^{-3/2},$$

$$f'''(x) = \tfrac{1}{2}\left(-\tfrac{1}{2}\right)\left(-\tfrac{3}{2}\right)(1 + x)^{-5/2}$$

Für $x = 0$ ergibt sich $f(0) = 1$, $f'(0) = 1/2$, $f''(0) = (1/2)(-1/2) = -1/4$ und schließlich $f'''(0) = (1/2)(-1/2)(-3/2) = 3/8$. Daher erhalten wir mit (7.5.4) für den Fall $n = 3$

$$f(x) \approx 1 + \frac{1}{1!}\frac{1}{2}x + \frac{1}{2!}\left(-\frac{1}{4}\right)x^2 + \frac{1}{3!}\frac{3}{8}x^3 = 1 + \frac{1}{2}x - \frac{1}{8}x^2 + \frac{1}{16}x^3 \qquad \blacksquare$$

Beispiel 7.5.4

Schreiben Sie für jede natürliche Zahl n die Taylor-Approximation n-ter Ordnung für $f(x) = e^x$ um $x = 0$.

Lösung: Dieser Fall ist besonders einfach, da alle Ableitungen von f gleich e^x sind und daher $f^{(k)}(0) = 1$ für alle $k = 1, 2, \ldots, n$ ist. Daher ergibt (7.5.4)

$$e^x \approx 1 + \frac{x}{1!} + \frac{x^2}{2!} + \cdots + \frac{x^n}{n!} \qquad (7.5.5)$$

Dies ist ein wichtiges Resultat. $\qquad \blacksquare$

Aufgaben für Kapitel 7.5

1. Bestimmen Sie die quadratischen Approximationen für die folgenden Funktionen um die gegebenen Punkte:

   (a) $f(x) = (1 + x)^5$ um $x = 0$

   (b) $F(K) = AK^{\alpha}$ um $K = 1$

   (c) $f(\varepsilon) = \left(1 + \frac{3}{2}\varepsilon + \frac{1}{2}\varepsilon^2\right)^{1/2}$ um $\varepsilon = 0$

   (d) $H(x) = (1 - x)^{-1}$ um $x = 0$

2. Bestimmen Sie das Taylor-Polynom fünfter Ordnung für $f(x) = \ln(1 + x)$ um $x = 0$.

3. Bestimmen Sie für $f(x) = 5\left(\ln(1 + x) - \sqrt{1 + x}\right)$ das Taylor-Polynom zweiter Ordnung um $x = 0$.

4. Eine Studie über Einstellungen zum Risiko basiert auf der Approximation

$$U(y + m) \approx U(y) + U'(y)m + \tfrac{1}{2}U''(y)m^2$$

   der Nutzenfunktion eines Verbrauchers, wobei y das Anfangseinkommen des Verbrauchers und m ein zufälliger Gewinn, den der Verbraucher erhalten könnte. Erklären Sie, wie man auf diese Approximation kommt.

5. Bestimmen Sie die quadratische Approximation für y um $(x, y) = (0, 1)$, wenn y implizit als Funktion von x durch die Gleichung $1 + x^3 y + x = y^{1/2}$ definiert ist.

6. Gegeben sei die Funktion $x(t)$ durch die Bedingungen $x(0) = 1$ und $\dot{x}(t) = tx(t) + 2[x(t)]^2$. Bestimmen Sie das Taylor-Polynom zweiter Ordnung für $x(t)$ um $t = 0$.

7. Bestätigen Sie die Approximation $e^{\sigma\sqrt{t/n}} \approx 1 + \sigma\sqrt{t/n} + \sigma^2 t/2n$.

8. Begründen Sie die Approximation $\left(1 + \dfrac{p}{100}\right)^n \approx 1 + n\dfrac{p}{100} + \dfrac{n(n-1)}{2}\left(\dfrac{p}{100}\right)^2$.

9. Die Funktion h sei definiert für alle $x > 0$ durch $h(x) = \dfrac{x^p - x^q}{x^p + x^q}$, wobei $p > q > 0$. Bestimmen Sie das Taylor-Polynom erster Ordnung für $h(x)$ um $x = 1$.

▶ Lösungen zu den Aufgaben finden Sie im Anhang des Buches.

7.6 Taylor-Formel

Jede Approximation wie (7.5.4) ist von begrenztem Nutzen, wenn nicht irgendetwas über den resultierenden Fehler bekannt ist. Die Taylor-Formel beseitigt diesen Nachteil. Diese Formel wird häufig von Ökonomen benutzt und sie wird als eines der Hauptresultate der mathematischen Analysis angesehen. Betrachten Sie die Taylor-Approximation um $x = 0$ in (7.5.4):

$$f(x) \approx f(0) + \frac{1}{1!}f'(0)x + \frac{1}{2!}f''(0)x^2 + \cdots + \frac{1}{n!}f^{(n)}(0)x^n \tag{$*$}$$

Abgesehen von $x = 0$ sind die Funktion $f(x)$ und das Taylor-Polynom auf der rechten Seite von $(*)$ gewöhnlich verschieden. Die Differenz zwischen den beiden wird sowohl von x als auch von n abhängen und heißt der *Rest* oder das Restglied nach n Termen. Wir bezeichnen es mit $R_{n+1}(x)$. Daher ist

$$f(x) = f(0) + \frac{1}{1!}f'(0)x + \cdots + \frac{1}{n!}f^{(n)}(0)x^n + R_{n+1}(x) \qquad (7.6.1)$$

Das folgende Theorem gibt eine wichtige explizite Formel für den Rest.[5] Der Beweis wird auf Kap. 8.4 zurückgestellt, nachdem wir den Mittelwertsatz behandelt haben.

Lagrange'sche Form des Restgliedes

Nehmen Sie an, dass f in einem Intervall, das 0 und x enthält, $n + 1$ mal differenzierbar ist. Dann kann das in (7.6.1) gegebene Restglied $R_{n+1}(x)$ geschrieben werden als

$$R_{n+1}(x) = \frac{1}{(n + 1)!}f^{(n+1)}(c)x^{n+1} \qquad (7.6.2)$$

für eine Zahl c zwischen 0 und x.

Wenn wir diese Formel für $R_{n+1}(x)$ in (7.6.1): verwenden, erhalten wir

Taylor-Formel

Nehmen Sie an, dass f in einem Intervall, das 0 und x enthält, $n + 1$ mal differenzierbar ist. Dann gilt

$$f(x) = f(0) + \frac{1}{1!}f'(0)x + \cdots + \frac{1}{n!}f^{(n)}(0)x^n + \frac{1}{(n + 1)!}f^{(n+1)}(c)x^{n+1} \qquad (7.6.3)$$

für eine Zahl c zwischen 0 und x.

Beachten Sie, dass das Restglied den vorangehenden Termen in der Summe ähnelt. Der einzige Unterschied ist, dass in der Formel für das Restglied $f^{(n+1)}$ an der Stelle c berechnet wird, wobei c eine nicht näher spezifizierte Zahl zwischen 0 und x ist, während in allen anderen Termen die Ableitung an der Stelle 0 berechnet wird. Die Zahl c ist nicht fest, da sie im Allgemeinen sowohl von x als auch von n abhängt.

Wenn wir $n = 1$ in Formel (7.6.3) setzen, erhalten wir für ein c zwischen 0 und x:

$$f(x) = f(0) + f'(0)x + \tfrac{1}{2}f''(c)x^2 \qquad (7.6.4)$$

Diese Formel sagt uns, dass $\tfrac{1}{2}f''(c)x^2$ der Fehler ist, der sich ergibt, wenn wir $f(x)$ durch die zugehörige lineare Approximation um $x = 0$ ersetzen.

---

[5] Der englische Mathematiker Brook Taylor (1685–1731) hatte bereits 1715 polynomiale Approximationen in der allgemeinen Form $(*)$ gefunden. Der Italiener Joseph-Louis Lagrange (1736–1813) bewies (7.6.2) ungefähr 50 Jahre später.

Wie benutzen wir die Restglied-Formel? Sie ermöglicht die Abschätzung einer oberen Grenze für den resultierenden Fehler, wenn wir f durch das n-te Taylor-Polynom ersetzen. Nehmen Sie z. B. an, dass für alle x in einem Intervall I der Absolutbetrag von $f^{(n+1)}(x)$ höchstens M ist. Dann können wir schließen, dass in diesem Intervall

$$|R_{n+1}(x)| \leq \frac{M}{(n+1)!} |x|^{n+1} \tag{7.6.5}$$

Beachten Sie, dass für große n und x nahe bei 0 das Restglied $|R_{n+1}(x)|$ aus zwei Gründen klein ist: Erstens, wenn n groß ist, dann ist die Zahl $(n+1)!$ im Nenner in (7.6.5) groß und zweitens, wenn $|x|$ kleiner ist als 1, dann ist $|x|^{n+1}$ auch klein, wenn n groß ist.

Beispiel 7.6.1

Verwenden Sie Formel (7.6.4) zur Approximation der Funktion

$$f(x) = \sqrt{25 + x} = (25 + x)^{1/2}$$

Verwenden Sie das Resultat zur Abschätzung von $\sqrt{25.01}$ mit einer oberen Grenze für den Absolutbetrag des Restgliedes.

Lösung:

Lösung: Um (7.6.4) anzuwenden, differenzieren wir zunächst:

$$f'(x) = \frac{1}{2}(25 + x)^{-1/2} \quad \text{und} \quad f''(x) = \frac{1}{2}\left(-\frac{1}{2}\right)(25 + x)^{-3/2}$$

Dann ist $f(0) = 5$, während $f'(0) = 1/2 \cdot 1/5 = 1/10$ und $f''(c) = -(1/4)(25+c)^{-3/2}$. Somit existiert nach (7.6.4) ein c zwischen 0 und x, so dass

$$\sqrt{25 + x} = 5 + \frac{1}{10}x + \frac{1}{2}\left(-\frac{1}{4}\right)(25 + c)^{-3/2}x^2 = 5 + \frac{1}{10}x - \frac{1}{8}(25 + c)^{-3/2}x^2 \tag{$*$}$$

Um $\sqrt{25.01}$ abzuschätzen, schreiben wir $25.01 = 25 + 0.01$ und benutzen dann $(*)$. Wenn $x = 0.01$, dann liegt c zwischen 0 und 0.01 und somit ist $25 + c > 25$. Dann ist $(25 + c)^{-3/2} < (25)^{-3/2} = 1/125$, so dass der Absolutbetrag des Restgliedes gleich

$$|R_2(0.01)| = \left| \frac{-1}{8}(25 + c)^{-3/2}\left(\frac{1}{100}\right)^2 \right| \leq \frac{1}{80\,000} \cdot \frac{1}{125} = 10^{-7}$$

ist. Wir schließen, dass $\sqrt{25.01} \approx 5 + 1/10 \cdot 1/100 = 5.001$ ist mit einem Fehler, der kleiner als 10^{-7} ist.

Beispiel 7.6.2

Bestimmen Sie die Taylor-Formel für $f(x) = e^x$ und schätzen Sie das Restglied für $n = 3$ und $x = 0.1$ ab.

Lösung: Aus Beispiel 7.5.4 folgt, dass es eine Zahl c zwischen 0 und x gibt, so dass

$$e^x = 1 + \frac{x}{1!} + \frac{x^2}{2!} + \cdots + \frac{x^n}{n!} + \frac{x^{n+1}}{(n+1)!}e^c \qquad (7.6.6)$$

Man kann beweisen, dass für jede feste Zahl x der Fehlerterm in (7.6.6) gegen 0 strebt, wenn n gegen ∞ strebt. Für jedes x kann man deshalb (7.6.6) benutzen, um den Wert von e^x mit beliebiger Genauigkeit zu bestimmen. Wenn jedoch $|x|$ groß ist, sind eine große Anzahl von Termen nötig, um einen hohen Grad an Genauigkeit zu erhalten, weil das Restglied nur sehr langsam gegen 0 geht, wenn n gegen ∞ geht.

Für $n = 3$ und $x = 0.1$ impliziert Gleichung (7.6.6), dass für ein c im Intervall $(0, 0.1)$ gilt:

$$e^{0.1} = 1 + \frac{1}{10} + \frac{1}{200} + \frac{1}{6000} + \frac{(0.1)^4}{24}e^c \qquad (*)$$

Für $c < 0.1$ haben wir $e^c < e^{0.1}$. Wir behaupten, dass $e^{0.1} < 1.2$. Um dies zu beweisen, beachten Sie, dass $(1.2)^{10} \approx 6.2 > e$, so dass $e < (1.2)^{10}$ und damit $e^c < e^{0.1} < [(1.2)^{10}]^{0.1} = 1.2$. Daher ist

$$\left| R_4\left(\frac{1}{10}\right) \right| = \frac{(0.1)^4}{24}e^c < \frac{1}{240\,000}\,1.2 = 0.000\,005 = 5 \cdot 10^{-6}$$

Der Fehler, der entsteht, wenn man das Restglied in $(*)$ weglässt, ist daher kleiner als $5 \cdot 10^{-6}$.

Nehmen Sie an, dass wir die Taylor-Formel auf einem Intervall um $x = x_0$ anstelle $x = 0$ betrachten. Die ersten $n + 1$ Terme auf der rechten Seite der Gleichung (7.6.3) sind durch diejenigen der Gleichung (7.5.4) zu ersetzen und das neue Restglied ist

$$R_{n+1}(x) = \frac{1}{(n+1)!}f^{(n+1)}(c)(x - x_0)^{n+1} \qquad (7.6.7)$$

für ein c zwischen x und x_0. Es ist leicht zu zeigen, dass (7.6.7) aus den Gleichungen (7.6.2) und (7.6.3) folgt, indem man die Funktion g betrachtet, die durch $g(t) = f(x_0 + t)$ definiert ist, wenn t nahe bei 0 ist.

Aufgaben für Kapitel 7.6

1. Schreiben Sie die Taylor-Formel (7.6.3) mit $n = 2$ für $f(x) = \ln(1 + x)$ auf.

2. Verwenden Sie die Approximation $(1 + x)^m \approx 1 + mx + \frac{1}{2}m(m - 1)x^2$ und die Tatsache, dass $\sqrt[3]{25} = 3(1 - 2/27)^{1/3}$, um die folgenden Werte zu bestimmen: (a) $\sqrt[3]{25}$ und (b) $\sqrt[5]{33}$. Überprüfen Sie dann diese Approximationen unter Verwendung eines Rechners.

3. Zeigen Sie, dass $\sqrt[3]{9} = 2(1 + 1/8)^{1/3}$ ist. Benutzen Sie Formel (7.6.3) mit $n = 2$, um $\sqrt[3]{9}$ auf drei Dezimalstellen zu berechnen.

4. Sei $g(x) = \sqrt[3]{1 + x}$.
   (a) Bestimmen Sie das Taylor-Polynom der Ordnung 2 von $g(x)$ um den Ursprung.
   (b) Zeigen Sie, dass für $x \geq 0$ gilt: $|R_3(x)| \leq 5x^3/81$
   (c) Bestimmen Sie $\sqrt[3]{1003}$ auf 7 Dezimalstellen.

▶ Lösungen zu den Aufgaben finden Sie im Anhang des Buches.

7.7 Elastizitäten

Ökonomen untersuchen häufig, wie die Nachfrage nach einem gewissen Gut, wie z.B. Kaffee, auf Preisänderungen reagiert. Wir könnten fragen, um wie viele Einheiten, wie z.B. Kilogramm, die nachgefragte Menge zurückgeht pro Euro Preisanstieg. Auf diese Weise erhalten wir eine konkrete Zahl, gemessen in Einheiten des Gutes pro Geldeinheit. Es gibt jedoch mehrere unzureichende Aspekte, wenn man die Sensitivität der Nachfrage auf Preisänderungen in dieser Weise misst. Zum Beispiel kann der Anstieg des Preises um 1 Euro bei einem Kilogramm Kaffee als beträchtlich angesehen werden, während der Anstieg des Preises eines Autos um 1 Euro unbedeutend ist.

Dieses Problem ergibt sich, weil die Sensitivität der Nachfrage auf Preisänderungen in den gleichen willkürlichen Einheiten gemessen wird wie diejenigen, die benutzt werden, um die nachgefragte Menge und den Preis zu messen. Diese Schwierigkeiten verschwinden, wenn wir stattdessen relative Änderungen betrachten. Wir fragen, um welchen Prozentsatz sich die nachgefragte Menge ändert, wenn der Preis um 1% steigt. Die Zahl, die wir auf diese Weise erhalten, wird unabhängig von den Einheiten sein, in denen die Mengen und die Preise gemessen werden. Diese Zahl heißt die **Preiselastizität der Nachfrage**, gemessen bei einem gegebenen Preis.

Im Jahre 1960 wurde in einem bestimmten Land die Preiselastizität von Butter auf -1 geschätzt. Dies bedeutet, dass ein Anstieg des Preises um 1% zu einer Verringerung der Nachfrage um 1% führen würde, wenn alle anderen Faktoren, die die Nachfrage beeinflussen, konstant bleiben würden. Die Preiselastizität von Kartoffeln wurde auf -0.2 geschätzt. Wie ist dies zu interpretieren? Was ist Ihrer Meinung nach der Grund dafür, dass der Absolutbetrag dieser Elastizität um so viel kleiner ist als der für Butter?

Nehmen Sie jetzt an, dass die Nachfrage nach einem Gut durch die Funktion $x = D(P)$ des Preises P beschrieben werden kann. Wenn sich der Preis von P auf $P + \Delta P$ ändert, verändert sich auch die nachgefragte Menge x. Die absolute Änderung in x ist $\Delta x = D(P + \Delta P) - D(P)$, und die *relative* oder *proportionale* Änderung ist

$$\frac{\Delta x}{x} = \frac{D(P + \Delta P) - D(P)}{D(P)}$$

Das Verhältnis zwischen der relativen Änderung in der nachgefragten Menge und der relativen Preisänderung ist

$$\frac{\Delta x}{x} \bigg/ \frac{\Delta P}{P} = \frac{P}{x}\frac{\Delta x}{\Delta P} = \frac{P}{D(P)}\frac{D(P + \Delta P) - D(P)}{\Delta P} \tag{$*$}$$

Wenn $\Delta P = P/100$, so dass P um 1 % steigt, dann wird ($*$) zu $(\Delta x/x) \cdot 100$, welches die prozentuale Änderung in der nachgefragten Menge ist. Wir nennen das Verhältnis in ($*$) *die durchschnittliche Elastizität von x im Intervall* $[P, P + \Delta P]$. Beachten Sie, dass die in ($*$) definierte Zahl sowohl von der Preisänderung ΔP als auch vom Preis P abhängt, aber dimensionslos ist. Daher macht es keinen Unterschied, ob die Mengen in Tonnen, Kilogramm oder Pfund oder ob die Preise in Dollar, Pfund oder Euro gemessen werden.

Wir würden die Elastizität von D in P gern so definieren, dass sie nicht von der Größe des Zuwachses in P abhängt. Dies ist möglich, wenn D eine differenzierbare Funktion von P ist. Denn dann ist es nahe liegend, die Elastizität von D bezüglich P

als Grenzwert des Verhältnisses in (∗) zu definieren, wenn ΔP gegen 0 strebt. Da der Newton-Quotient $[D(P + \Delta P) - D(P)]/\Delta P$ gegen $D'(P)$ strebt, wenn ΔP gegen 0 strebt, erhalten wir:

Preiselasizität der Nachfrage

Die Elastizität der Nachfragefunktion $D(P)$ (bezüglich des Preises P) ist

$$\frac{P}{D(P)} \frac{\mathrm{d}D(P)}{\mathrm{d}P} \qquad (7.7.1)$$

Gewöhnlich erhalten wir eine gute Approximation der Elastizität, indem wir $\Delta P/F = 1/100 = 1\,\%$ setzen und $P\,\Delta x/(x\,\Delta P)$ berechnen.

Die allgemeine Definition der Elastizität

Die obige Definition der Elastizität betraf eine Funktion, die die nachgefragte Menge als Funktion des Preises bestimmte. Ökonomen betrachten jedoch auch die Einkommenselastizität der Nachfrage, wenn die Nachfrage als Funktion des Einkommens betrachtet wird. Sie betrachten auch Elastizitäten des Angebots, Elastizitäten der Substitution und viele andere Arten von Elastizitäten. Es ist daher hilfreich zu sehen, wie die Elastizität für eine allgemeine differenzierbare Funktion definiert werden kann.

Elastizität

Wenn f an der Stelle x differenzierbar und $f(x) \neq 0$ ist, dann ist die Elastizität[6] von f bezüglich x gleich

$$\mathrm{El}_x f(x) = \frac{x}{f(x)} f'(x) \qquad (7.7.2)$$

Beispiel 7.7.1

Bestimmen Sie die Elastizität von $f(x) = Ax^b$, wobei A und b Konstanten sind mit $A \neq 0$.

Lösung: In diesem Fall ist $f'(x) = Abx^{b-1}$. Daher ist $\mathrm{El}_x Ax^b = (x/Ax^b)Abx^{b-1} = b$, so dass gilt:

$$f(x) = Ax^b \Longrightarrow \mathrm{El}_x f(x) = b \qquad (7.7.3)$$

Die Elastizität der Potenzfunktion Ax^b bezüglich x ist einfach der Exponent b. Somit hat diese Funktion eine konstante Elastizität. Tatsächlich ist dies der einzige Funktionstyp, der eine konstante Elastizität hat. Dies wird in Aufgabe 9.9.6 gezeigt. ∎

---

[6] Man bezeichnet diese Elastizität auch als Punktelastizität.

Nehmen Sie an, dass die nachgefragte Menge für ein bestimmtes Gut gegeben ist durch $D(P) = 8000P^{-1.5}$. Berechnen Sie die Elastizität von $D(P)$ und bestimmen Sie die exakte prozentuale Änderung der nachgefragten Menge, wenn der Preis um 1 % von $P = 4$ aus ansteigt.

Lösung: Mit (7.7.3) folgt $\mathrm{El}_P\, D(P) = -1.5$, so dass ein Anstieg des Preises um 1 % eine Abnahme der Nachfrage um ungefähr 1.5 % verursacht. In diesem Fall können wir auch die Abnahme in der Nachfrage exakt berechnen. Wenn der Preis 4 ist, ist die nachgefragte Menge $D(4) = 8000 \cdot 4^{-1.5} = 1000$. Wenn der Preis $P = 4$ um 1 % steigt, ist der neue Preis $4 + 4/100 = 4.04$, so dass die *Änderung* der Nachfrage gegeben ist durch

$$\Delta D = D(4.04) - D(4) = 8000 \cdot 4.04^{-1.5} - 1000 = -14.81$$

Die prozentuale Änderung in der Nachfrage von $D(4)$ ist $-(14.81/1000) \cdot 100 = -1.481\,\%$.

Es bezeichne $D(P)$ die Nachfragefunktion für ein Produkt. Durch den Verkauf von $D(P)$ Einheiten zum Preis P, hat der Hersteller den Erlös $R(P) = P \cdot D(P)$. Die Elastizität von $R(P)$ bezüglich P ist

$$\mathrm{El}_P R(P) = \frac{P}{P \cdot D(P)} \frac{d}{dP}[P \cdot D(P)] = \frac{1}{D(P)}[D(P) + P \cdot D'(P)] = 1 + \mathrm{El}_P D(P)$$

Beachten Sie: Wenn $\mathrm{El}_P D(P) = -1$, dann ist $\mathrm{El}_P R(P) = 0$. Das heißt, wenn die Preiselastizität der Nachfrage in einem Punkt gleich -1 ist, dann hat eine kleine Preisänderung (fast) keinen Einfluss auf den Erlös. Allgemeiner gilt: Der durch eine Preisänderung erzeugte Grenzerlös dR/dP ist positiv, wenn die Preiselastizität der Nachfrage größer als -1 und negativ, wenn die Elastizität kleiner als -1 ist.

Ökonomen verwenden oft die folgende Terminologie:

1. Wenn $|\mathrm{El}_x f(x)| > 1$, dann ist f elastisch an der Stelle x.
2. Wenn $|\mathrm{El}_x f(x)| = 1$, dann ist f 1-elastisch (ausgeglichen elastisch) an der Stelle x.
3. Wenn $|\mathrm{El}_x f(x)| < 1$, dann ist f unelastisch an der Stelle x.
4. Wenn $|\mathrm{El}_x f(x)| = 0$, dann ist f vollkommen unelastisch an der Stelle x.
5. Wenn $|\mathrm{El}_x f(x)| = \infty$, dann ist f vollkommen elastisch an der Stelle x.

Wenn $y = f(x)$ eine inverse Funktion $x = g(y)$ hat, dann impliziert Theorem 7.3.1

$$\mathrm{El}_y g(y) = \frac{y}{g(y)} g'(y) = \frac{f(x)}{x} \frac{1}{f'(x)} = \frac{1}{\mathrm{El}_x f(x)} \tag{7.7.4}$$

Eine Formulierung, die gut zu (7.3.2) passt, ist so:

$$\mathrm{El}_y x = \frac{1}{\mathrm{El}_x y} \tag{7.7.5}$$

Es gibt einige Regeln für Elastizitäten von Summen, Produkten, Quotienten und verketteten Funktionen, die gelegentlich nützlich sind. Sie sollten daher vielleicht die Regeln in Aufgabe 7.7.9 herleiten.

Elastizitäten als logarithmische Ableitungen

Nehmen Sie an, dass die zwei Variablen x und y durch die folgende Gleichung $y = Ax^b$ in Beziehung stehen, wobei x, y und A positiv sind, wie in Beispiel 7.7.1. Wenn wir den natürlichen Logarithmus auf beiden Seiten der Gleichung bilden und die Regeln für Logarithmen aus Kap. 4.10 beachten, sehen wir, dass

$$\ln y = \ln A + b \ln x \tag{7.7.6}$$

Wir sehen hier, dass $\ln y$ eine lineare Funktion von $\ln x$ ist und sagen deshalb, dass (7.7.6) eine **loglineare** Beziehung zwischen x und y ist.

Für die Funktion $y = Ax^b$ wissen wir aus Beispiel 7.7.1, dass $\mathrm{El}_x y = b$. Deshalb sehen wir aus (7.7.6), dass $\mathrm{El}_x y$ gleich der (doppelten) logarithmischen Ableitung $d \ln y / d \ln x$ ist, die gleich der konstanten Steigung dieser loglinearen Beziehung ist. Dieses Beispiel illustriert die allgemeine Regel, dass für Funktionen $y = f(x)$ von positiven Variablen x, die positive Werte $f(x)$ haben, Elastizitäten gleich solchen logarithmischen Ableitungen sind. In der Tat gilt dann: Wenn y eine differenzierbare Funktion von x ist, dann zeigt ein Beweis, der mehrfach die Kettenregel verwendet, dass

$$\mathrm{El}_x y = \frac{x}{y} \frac{dy}{dx} = \frac{d \ln y}{d \ln x} \tag{7.7.7}$$

Die Transformation von der ursprünglichen Gleichung $y = Ax^b$ zu Gleichung (7.7.6) sieht man oft in ökonomischen Modellen, manchmal mit Logarithmen zu anderen Basen als e.

Aufgaben für Kapitel 7.7

1. Bestimmen Sie die Elastizitäten der durch die folgenden Formeln gegebenen Funktionen:

   (a) $3x^{-3}$ (b) $-100x^{100}$ (c) $\sqrt{x}$ (d) $A/x\sqrt{x}$, wobei A eine Konstante ist

2. Eine Untersuchung der Verkehrswirtschaft verwendet die Beziehung $T = 0.4K^{1.06}$, wobei K die Ausgaben für den Straßenbau und T ein Maß für das Verkehrsaufkommen sind. Bestimmen Sie die Elastizität von T bezüglich K. Zu ungefähr welcher prozentualen Änderung des Verkehrsaufkommens führt nach diesem Modell eine Erhöhung der Ausgaben um 1 %?

3. Eine Untersuchung der norwegischen Staatseisenbahnen ergab, dass für Fahrten bis zu 60 km die Preiselastizität des Verkehraufkommens ungefähr gleich −0.4 war.

   (a) Welches sind nach dieser Studie die Konsequenzen einer Erhöhung der Fahrpreise um 10 %?

   (b) Die entsprechende Elastizität für Reisen über 300 km wurde zu ungefähr −0.9 berechnet. Können Sie einen Grund dafür erkennen, warum diese Elastizität im Absolutbetrag größer ist als die vorige?

→ Fortsetzung

4. Verwenden Sie Definition (7.7.2), um $\text{El}_x y$ für die folgenden Funktionen zu bestimmen, wobei a und p Konstanten sind.

    (a) $y = e^{ax}$ (b) $y = \ln x$ (c) $y = x^p e^{ax}$ (d) $y = x^p \ln x$

5. Zeigen Sie, dass $\text{El}_x(f(x))^p = p\,\text{El}_x f(x)$, wobei p eine Konstante ist.

6. Für den Zeitraum 1927 bis 1941 wurde die Nachfrage D nach Äpfeln in den USA als Funktion des Einkommens r geschätzt als $D = Ar^{1.23}$, wobei A eine Konstante ist. Bestimmen und interpretieren Sie Einkommenselastizität der Nachfrage oder die *Engel-Elastizität*, die definiert ist als Elastizität von D bezüglich r.

7. Eine Studie der Verkehrssysteme in 37 amerikanischen Städten schätzte die durchschnittliche Fahrtzeit zur Arbeit, m (in Minuten), als eine Funktion der Einwohnerzahl N. Sie fanden heraus, dass $m = e^{-0.02} N^{0.19}$. Schreiben Sie die Beziehung in loglinearer Form. Wie groß ist der Wert von m, wenn $N = 480\,000$ ist?

8. Zeigen Sie, dass bei der Bestimmung von Elastizitäten gilt:

    (a) Multiplikative Konstanten verschwinden: $\text{El}_x Af(x) = \text{El}_x f(x)$

    (b) Additive Konstanten verschwinden *nicht*: $\text{El}_x[A + f(x)] = \dfrac{f(x)\text{El}_x f(x)}{A + f(x)}$

Anspruchsvollere Aufgaben

9. Zeigen Sie: Wenn f und g differenzierbare Funktionen von x mit positiven Funktionswerten sind und A eine Konstante ist, dann gelten die folgenden Regeln, wenn die entsprechenden Elastizitäten definiert sind. Dabei schreiben wir z. B. $\text{El}_x f$ anstelle $\text{El}_x f(x)$.

    (a) $\text{El}_x A = 0$ (b) $\text{El}_x (fg) = \text{El}_x f + \text{El}_x g$

    (c) $\text{El}_x \left(\dfrac{f}{g}\right) = \text{El}_x f - \text{El}_x g$ (d) $\text{El}_x (f + g) = \dfrac{f\,\text{El}_x f + g\,\text{El}_x g}{f + g}$

    (e) $\text{El}_x (f - g) = \dfrac{f\,\text{El}_x f - g\,\text{El}_x g}{f - g}$ (f) $\text{El}_x f(g(x)) = \text{El}_u f(u)\text{El}_x u \ (u = g(x))$

10. Verwenden Sie die Regeln aus Aufgabe 9, um das Folgende zu berechnen:

    (a) $\text{El}_x(-10x^{-5})$ (b) $\text{El}_x(x + x^2)$ (c) $\text{El}_x(x^3 + 1)^{10}$

    (d) $\text{El}_x(\text{El}_x 5x^2)$ (e) $\text{El}_x(1 + x^2)$ (f) $\text{El}_x \left(\dfrac{x - 1}{x^5 + 1}\right)$

▶ Lösungen zu den Aufgaben finden Sie im Anhang des Buches.

7.8 Stetigkeit

Grob gesagt ist eine Funktion $y = f(x)$ stetig, wenn kleine Änderungen in der unabhängigen Variablen x kleine Änderungen im Funktionswert hervorrufen. Geometrisch gesehen *ist eine Funktion stetig auf einem Intervall, wenn ihr Graph zusammenhängend ist – d. h. keine Sprünge aufweist*. Ein Beispiel ist in Abb. 7.8.1 angedeutet.

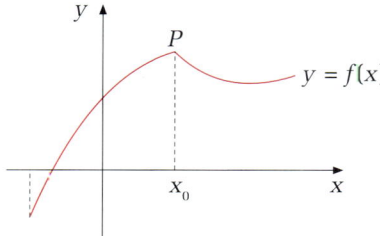

Abbildung 7.8.1: Eine stetige Funktion

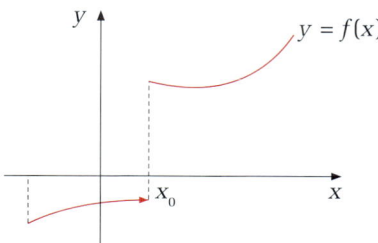

Abbildung 7.8.2: Eine unstetige Funktion

Es wird oft gesagt, dass eine Funktion stetig ist, wenn ihr Graph gezeichnet werden kann, ohne den Bleistift vom Papier abzuheben. Andererseits: Wenn der Graph einen oder mehrere Sprünge macht, sagen wir, dass f unstetig ist. Daher ist die Funktion, deren Graph in Abb. 7.8.2 gezeigt wird, unstetig an der Stelle $x = x_0$ jedoch stetig in allen anderen Stellen ihres Definitionsbereichs. Der Graph zeigt, dass $f(x) < 0$ für alle $x < x_0$, jedoch $f(x) > 0$ für alle $x \geq x_0$, so dass es einen Sprung an der Stelle $x = x_0$ gibt.

Warum ist es uns wichtig, zwischen stetigen und unstetigen Funktionen zu unterscheiden? Ein bedeutender Grund ist, dass wir gewöhnlich mit numerischen Approximationen arbeiten müssen. Wenn z. B. eine Funktion f durch eine Formel gegeben ist und wir $f(\sqrt{2})$ berechnen wollen, betrachten wir es gewöhnlich als selbstverständlich, dass wir $f(1.4142)$ berechnen können und eine gute Approximation an $f(\sqrt{2})$ erhalten. In Wirklichkeit wird dabei implizit angenommen, dass f stetig ist. Da 1.4142 nahe an $\sqrt{2}$ ist, muss dann der Wert $f(1.4142)$ nahe an $f(\sqrt{2})$ sein.

In Anwendungen der Mathematik in den Natur- und Wirtschaftswissenschaften stellt eine Funktion oft die Änderung eines Phänomens mit der Zeit dar. Die Stetigkeit der Funktion wird dann die Stetigkeit des Phänomens widerspiegeln, im Sinne allmählicher und nicht plötzlicher Änderungen. Zum Beispiel ist die Körpertemperatur einer Person eine Funktion der Zeit, die sich von einen Wert auf einer anderen ändert, indem sie zuvor alle dazwischen liegenden Werte passiert hat.

Auf der anderen Seite ist der Marktpreis von Öl eigentlich eine unstetige Funktion der Zeit, wenn wir es genau genug betrachten. Ein Grund ist der, dass der Preis (gemessen in Dollar oder einer anderen Währung) immer eine rationale Zahl sein muss. Ein zweiter und interessanterer Grund für gelegentliche große Preissprünge ist die plötzliche Ankunft einer Nachricht oder einer Unruhe, die entweder die Nachfrageoder die Angebotsfunktion signifikant beeinflusst – z. B. ein plötzlicher Wechsel in der Regierung eines bedeutenden Öl exportierenden Landes.

Bevor wir das gerade erörterte Konzept der Stetigkeit in mathematischen Argumenten verwenden, muss es offensichtlich präziser gefasst werden. In der Tat brauchen wir eine Definition der Stetigkeit, die nicht allein auf intuitiven geometrischen Ideen basiert.

Stetigkeit in Form von Grenzwerten

Wie oben erörtert, ist eine Funktion $y = f(x)$ stetig an der Stelle $x = x_0$, wenn kleine Änderungen in x kleine Änderungen in $f(x)$ hervorrufen. Anders ausgedrückt: Wenn x nahe an x_0 ist, dann muss $f(x)$ nahe an $f(x_0)$ sein. Dies legt die folgende Definition nahe:

Stetigkeit

Die Funktion f ist **stetig** an der Stelle $x = x_0$ genau dann, wenn

$$\lim_{x \to x_0} f(x) = f(x_0) \qquad (7.8.1)$$

Daher sehen wir: Damit f an der Stelle $x = x_0$ stetig ist, müssen die folgenden drei Bedingungen alle erfüllt sein:

(i)   Die Funktion f muss an der Stelle $x = x_0$ definiert sein.

(ii) Der Grenzwert von $f(x)$, wenn x gegen x_0 strebt, muss existieren.

(iii) Dieser Grenzwert muss gleich $f(x_0)$ sein.

Wenn nicht alle drei Bedingungen erfüllt sind, sagen wir, dass f **unstetig** ist an der Stelle x_0.

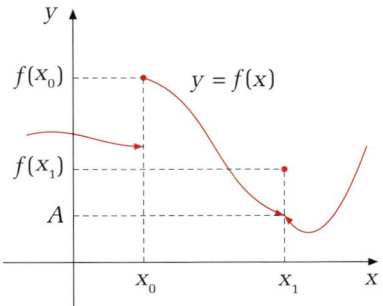

Abbildung 7.8.3: Eine unstetige Funktion

Abbildung 7.8.3 unterscheidet zwischen zwei wichtige Arten von Unstetigkeiten, die auftreten können. An der Stelle $x = x_0$ ist die Funktion unstetig, weil $f(x)$ offensichtlich keinen Grenzwert hat, wenn x gegen x_0 strebt. Daher ist Bedingung (ii) nicht erfüllt. Dies ist eine „irreparable" Unstetigkeit. Andererseits existiert der Grenzwert von $f(x)$, wenn x gegen x_1 strebt, und ist gleich A. Da aber $A \neq f(x_1)$ ist, ist Bedingung (iii) nicht erfüllt, so dass f an der Stelle x_1 unstetig ist. Dies ist eine „reparable" Unstetigkeit, die verschwindet, wenn $f(x_1)$ als A umdefiniert würde.

Eigenschaften von stetigen Funktionen

Mathematiker haben viele wichtige Resultate entdeckt, die nur für stetige Funktionen gelten. Es ist deshalb wichtig, entscheiden zu können, ob eine gegebene Funktion stetig ist oder nicht. Die in Kap. 6.5 für Grenzwerte gegebenen Regeln machen es leicht, Stetigkeit für viele Funktionstypen zu begründen. Beachten Sie: Wegen $\lim_{x \to x_0} c = c$ und $\lim_{x \to x_0} x = x_0$ in jedem Punkt x_0 gilt: Die zwei Funktionen

$$f(x) = c \quad \text{und} \quad f(x) = x \text{ sind überall stetig.} \tag{7.8.2}$$

Dies ist, wie es sein sollte, da die Graphen dieser Funktionen Geraden sind. Wenn wir nun Definition (7.8.1) und die Regeln für Grenzwerte in (6.5.2)–(6.5.5) verwenden, erhalten wir sofort die folgenden Resultate.

Eigenschaften von stetigen Funktionen

Wenn f und g stetig in x_0 sind, so gilt:

(a) $f + g$ und $f - g$ sind stetig in x_0.

(b) fg und f/g, falls $g(x_0) \neq 0$, sind stetig in x_0.

(c) $[f(x)]^r$ ist stetig in x_0, falls $[f(x_0)]^r$ definiert ist, wobei r eine reelle   (7.8.3)
Zahl ist.

(d) Wenn f eine Inverse hat auf dem Intervall I, so ist die Inverse f^{-1}
stetig auf $f(I)$.

Zum Beispiel kann man den ersten Teil von (b) so beweisen: Wenn f und g beide stetig in x_0 sind, dann gilt $f(x) \to f(x_0)$ und $g(x) \to g(x_0)$, wenn $x \to x_0$. Aber dann gilt nach den Regeln für Grenzwerte $f(x)g(x) \to f(x_0)g(x_0)$, wenn $x \to x_0$, und dies bedeutet genau, dass fg stetig in $x = x_0$ ist. Das Resultat in (d) ist etwas trickreicher zu beweisen. Man kann es jedoch leicht glauben, da die Graphen von f und der Inversen f^{-1} symmetrisch zur Geraden $y = x$ sind.

Durch Verbindung dieser Eigenschaften und (7.8.2) folgt z. B., dass $h(x) = x + 8$ und $k(x) = 3x^3 + x + 8$ stetig sind. Im Allgemeinen folgt, dass ein Polynom, da es eine Summe von stetigen Funktionen ist, überall stetig ist. Ferner ist eine rationale Funktion

$$R(x) = \frac{P(x)}{Q(x)}, \quad \text{wobei } P(x) \text{ und } Q(x) \text{ Polynome sind,}$$

stetig in allen x, für die $Q(x) \neq 0$ ist.

Betrachten Sie eine verkettete Funktion $f(g(x))$, wobei angenommen werde, dass f und g stetig sind. Wenn x nahe an x_0 ist, dann ist wegen der Stetigkeit von g in x_0 auch $g(x)$ nahe an $g(x_0)$. Wiederum wird $f(g(x))$ nahe an $f(g(x_0))$ sein, weil f stetig in $g(x_0)$ ist. Damit ist $f(g(x))$ stetig in x_0. In Kürze: *Verkettungen von stetigen Funktionen sind stetig*: Wenn g stetig in $x = x_0$ ist und f stetig in $g(x_0)$ ist, dann ist $f(g(x))$ stetig in $x = x_0$. Im Allgemeinen gilt:

Erhalt der Stetigkeit

> Jede Funktion, die aus stetigen Funktionen durch Kombination einer
> oder mehrerer der folgenden Operationen: Addition, Subtraktion, Mul-
> tiplikation, Division (außer durch Null) und Verkettung, erzeugt werden
> kann, ist stetig in allen Punkten, in denen sie definiert ist.   (7.8.4)

Indem wir die gerade erörterten Regeln anwenden, wird gewöhnlich ein einziger Blick
auf die Formel, die die Funktion definiert, genügen, um die Punkte zu bestimmen, in
denen sie stetig ist.

Beispiel 7.8.1

Bestimmen Sie, für welche Werte x die Funktionen f und g stetig sind:

(a) $f(x) = \dfrac{x^4 + 3x^2 - 1}{(x-1)(x+2)}$ (b) $g(x) = (x^2 + 2)\left(x^3 + \dfrac{1}{x}\right)^4 + \dfrac{1}{\sqrt{x+1}}$

Lösung:

(a) Dies ist eine rationale Funktion, die in allen x stetig ist, in denen der Nenner
$(x-1)(x+2)$ nicht verschwindet. Daher ist f stetig in allen x, die verschieden von
1 und -2 sind.

(b) Diese Funktion ist definiert, wenn $x \neq 0$ und $x + 1 > 0$ ist. Wegen der Eigenschaften
(a), (b) und (c) in (7.8.3) ist g stetig im Definitionsbereich $(-1, 0) \cup (0, \infty)$. ■

Wenn man weiß, wo eine Funktion stetig ist, wird die Berechnung vieler Grenzwerte
vereinfacht. Wenn f in $x = x_0$ stetig ist, dann kann der Grenzwert von $f(x)$ für x
gegen x_0 bestimmt werden, indem man einfach $f(x_0)$ berechnet. Da z. B. die Funktion
$f(x) = x^2 + 5x$, die wir in Beispiel 6.5.3 untersucht haben, eine stetige Funktion von x
ist, ist

$$\lim_{x \to -2} (x^2 + 5x) = (-2)^2 + 5(-2) = 4 - 10 = -6$$

Natürlich ist die einfache Berechnung von $f(-2)$ viel leichter, als die Regeln für Grenzwerte anzuwenden.

Abschnittsweise definierte Funktionen, wie in den Beispielen 5.4.3 und 5.4.4, sind
Funktionen, die durch verschiedene Formeln in disjunkten Intervallen definiert sind.
Solche Funktionen sind häufig in den Verbindungsstellen unstetig. Ein anderes Beispiel: Der Betrag an Porto, das Sie für einen Brief bezahlen, ist eine unstetige Funktion
des Gewichts. (Solange wir vorgedruckte Briefmarken benutzen, wird es außerordent-
lich ungewöhnlich sein, eine „Portofunktion" zu haben, die auch nur annähernd stetig
ist.) Andererseits, wenn eine Steuerfunktion gegeben ist, die so ähnlich aussieht wie
die in Beispiel 5.4.4, so ist die Steuer, die Sie bezahlen (im Wesentlichen) eine stetige
Funktion ihres Nettoeinkommens (obwohl viele Leute glauben, dass sie es nicht ist).

Beispiel 7.8.2

Ein ökonomisch bedeutungsvolles Beispiel einer unstetigen Funktion ist die Besteuerung von Hauskäufen im Vereinigten Königreich vor der Reform am 3. Dezember 2014. Jeder Käufer eines Hauses hatte eine Steuer zu bezahlen, die „Stempelsteuer" – oder offiziell „Stamp Duty Land Tax" genannt wurde, gewöhnlich abgekürzt als SDLT. Vor dem 3. Dezember 2014 wurde SDLT erhoben mit einem anwachsenden Durchschnittssteuersatz laut „Flächengründung". Vom 24. März 2012 bis 3. Dezember 2014, waren diese Steuersätze wie in Tabelle 7.8.1 gezeigt.

Kaufpreis des Objekts	Rate der SDLT
Bis 125 000 £	Null
Über 125 000 £ bis 250 000 £	2 %
Über 250 000 £ bis 925 000 £	5 %
Über 925 000 £ bis 1.5 Millionen £	10 %
Über 1.5 Millionen £	12 %

Tabelle 7.8.1: Steuersatz auf englische Häuser vor dem 3. Dezember 2014
(http://webarchive.nationalarchives.gov.uk/20141124143249/http://www. hmrc.gov.uk/sdlt/rates-tables.htm#3)

Eine wichtige Implikation dieses Besteuerungssystems war, dass die Höhe der zu zahlenden Steuer immer dann einen unstetigen Sprung macht, wenn der Steuersatz anstieg. Insbesondere war die Steuer auf ein Haus, dass für 125 000 £ gekauft wurde, gleich Null. Wenn das Haus aber stattdessen für 125 001 £ gekauft wurde, stieg die zu zahlende Steuer an auf 2 % des Kaufpreises, was gleich 2 500.02 £ ist. Ähnlich: Die Steuer auf ein Haus, das für 250 000 £ gekauft wurde, war 2 % des Kaufpreises, was gleich 5 000 £ ist. Wenn aber das Haus stattdessen für 250 001 £ gekauft worden wäre, würde die zu zahlende Steuer ansteigen auf 5 % des Kaufpreises, was 12 500.05 £ ist.

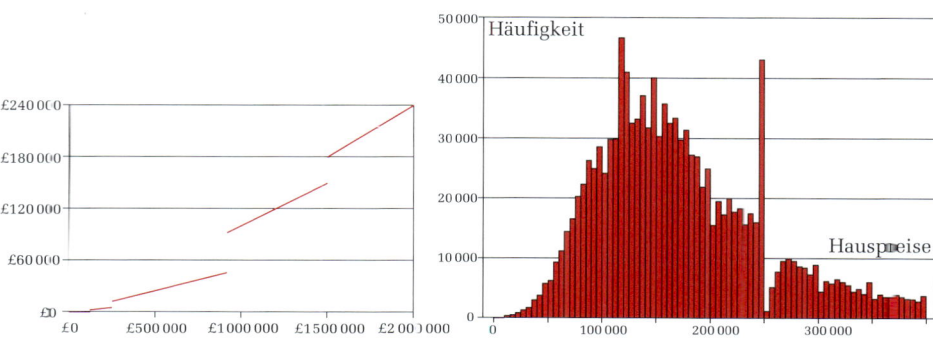

Abbildung 7.8.4: SDLT Ertragsfunktion   Abbildung 7.8.5: Häufigkeitsverteilung der Hauspreise

Abbildung 7.8.4 zeigt einen Graphen dieser alten SDLT Ertragsfunktion mit unstetigen Sprüngen bei jedem der vier Preise, bei denen es einen Anstieg des Steuersatzes gibt. Abbildung 7.8.5 ist ein Balkendiagramm, das die Häufigkeitsverteilung der Hauskäufe zu verschiedenen Preisen für das Jahr 2006 zeigt.[7] Nicht überraschend gibt es große Mulden in der Verteilung, gerade oberhalb eines Preises, bei dem der Steuersatz steigt. Beachten Sie insbesondere den hohen Anstieg der Häufigkeit in dem Balken genau links von 250 000 £ und den großen Rückgang bis fast auf Null in dem Balken genau rechts von 250 000 £. Ein Ökonom kann dies einfach erklären. Schließlich: Wenn Käufer und Verkäufer sich geeinigt haben, dass ein Haus tatsächlich 251 000 £ wert ist, worauf eine Steuer von 12 550 £ zu zahlen ist, könnten sie sich stattdessen einigen, den Kaufpreis zu protokollieren als 249 000 £, auf den die zu zahlende Steuer nur 4 950 £ beträgt. Dies erspart dem Käufer 7 600 £ an Steuern, wovon er einiges verwenden könnte, um dem Verkäufer wenigstens 2 000 £ extra für „Zubehör" wie Teppiche und Vorhänge zu zahlen, die im Vereinigten Königreich oft nicht mit im Preis des Hauses eingeschlossen sind.[8]

Letztendlich bekam das UK-Finanzministerium mit, dass es eine ernsthafte Anomalie in dem Steuersystem gab.[9] Somit wurde am 3. Dezember 2014 angekündigt, dass das SDLT Steuersystem sofort reformiert werden sollte. Es wurde dem US-Bundeseinkommenssteuersystem ähnlich, das in den Beispielen 5.4.4 und 7.9.7 beschrieben wurde, mit mehreren Bereichen. Zwischen diesen Bereichen würde die Grenzrate ansteigen, aber der durchschnittliche Steuersatz und die zu zahlende Gesamtsteuer sind beide stetige Funktionen des Preises. Es bleibt abzuwarten, ob dieser Schritt hin zur Stetigkeit zu einer mehr regelmäßigen Häufigkeitsverteilung der Preise führt, die für englische Häuser und das Land, auf dem sie gebaut sind, gezahlt werden.

Übrigens beschrieb der *Economist* in seiner Diskussion dieser Steuerreform in der Ausgabe vom 6. Dezember 2014 die neue Ertragsfunktion als „weniger knickig". Dies ist tatsächlich mathematischer Unsinn. Knicke sind Ecken, in denen sich die Steigung der Tangente an die Graphen unstetig ändert, wie es in (7.9.4) erörtert wird, so dass Knicke verschieden sind von unstetigen Sprüngen. Das alte Verfahren hatte Sprünge, aber keine Knicke. Das neue Programm hat Knicke, aber, weil es stetig ist, hat es keine Sprünge.

---

[7] Dieses Balkendiagramm basiert, mit der freundlichen Erlaubnis des Autors auf dem Artikel von Teemu Lyytikäinen und Christian Hilber mit dem Titel „Housing transfer taxes and household mobility: Distortion on the housing or labour market?" verfügbar bei http://econpapers.repec.org/paper/ferwpaper/47.htm

[8] Lyytikäinen und Hilber weisen darauf hin, dass es 2003, als SDLT ein älteres System ersetzte, „geplant war, gegen Steuerhinterziehung vorzugehen. In dem alten System war es möglich, Steuern zu vermeiden, indem man ‚bewegliche und unbewegliche Einrichtungsgegenstände' separat zu überhöhten Preisen verkaufte. In dem gegenwärtigen System [in 2006], wird der Verkauf von beweglichen und unbeweglichen Einrichtungsgegenständen zusammen mit der Immobilie erklärt und das Grundbuchamt vergleicht den Kaufpreis mit typischen Preisen in dem Gebiet, um Steuerhinterziehung zu entdecken." Die Unregelmäßigkeiten in der Häufigkeitsverteilung von Hauspreisen lassen vermuten, dass solche Hinterziehung unzureichend verhindert wurde, gelinde gesagt.

[9] Tatsächlich wurden diese Steuern nur in England und Wales erhoben. Schottland und Nordirland hatten andere Systeme.

Aufgaben für Kapitel 7.8

1. Welche der folgenden Funktionen sind offensichtlich stetige Funktionen der Zeit?

   (a) Der Preis einer Unze Gold auf dem Züricher Goldmarkt.

   (b) Die Körpergröße eines heranwachsenden Kindes.

   (c) Die Höhe eines Flugzeugs über dem Meeresspiegel.

   (d) Die von einem Auto zurückgelegte Entfernung.

2. Seien f und g für alle x definiert durch

   $$f(x) = \begin{cases} x^2 - 1, & \text{für} \quad x \le 0 \\ -x^2, & \text{für} \quad x > 0 \end{cases} \qquad \text{und} \qquad g(x) = \begin{cases} 3x - 2, & \text{für} \quad x \le 2 \\ -x + 6, & \text{für} \quad x > 2 \end{cases}$$

   Zeichnen Sie von jeder Funktion den Graphen. Ist f stetig an der Stelle $x = 0$? Ist g stetig an der Stelle $x = 2$?

3. Bestimmen Sie für die durch die folgenden Formeln definierten Funktionen jeweils die Werte von x, in denen die betreffende Funktion stetig ist:

   (a) $x^5 + 4x$

   (b) $\dfrac{x}{1 - x}$

   (c) $\dfrac{1}{\sqrt{2 - x}}$

   (d) $\dfrac{x}{x^2 + 1}$

   (e) $\dfrac{x^8 - 3x^2 + 1}{x^2 + 2x - 2}$

   (f) $\dfrac{1}{\sqrt{x}} + \dfrac{x^7}{(x + 2)^{3/2}}$

4. Zeichnen Sie den Graphen von y als Funktion von x, wenn y wie in Abb. 7.8.6 angedeutet von x abhängt – d. h. y ist die Höhe des Flugzeugs über dem Punkt des Erdbodens vertikal unter dem Flugzeug. Ist y eine stetige Funktion von x?

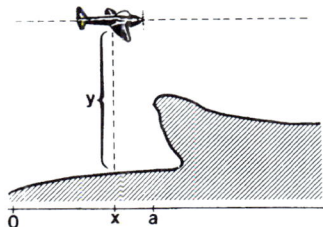

Abbildung 7.8.6: Aufgabe 4

5. Für welche Werte von a ist die folgende Funktion für alle x stetig?

   $$f(x) = \begin{cases} ax - 1, & \text{für} \quad x \le 1 \\ 3x^2 + 1, & \text{für} \quad x > 1 \end{cases}$$

6. Skizzieren Sie den Graphen einer Funktion f, die auf einem Intervall umkehrbar eindeutig ist, aber weder strikt monoton wachsend noch strikt monoton fallend ist. [*Hinweis:* f kann nicht stetig sein.]

▶ Lösungen zu den Aufgaben finden Sie im Anhang des Buches.

7.9 Mehr über Grenzwerte

Kapitel 6.5 enthielt eine vorläufige Diskussion von Grenzwerten. Wir werden dies jetzt durch zusätzliche Konzepte und Resultate ergänzen und die Erörterung weiterhin auf einem intuitiven Niveau halten. Der Grund für diese allmähliche Annäherung ist, dass es wichtig und ganz leicht ist, ausreichende Kenntnisse über Grenzwerte zu erlangen. Die Erfahrung zeigt jedoch, dass die exakte Definition ziemlich schwierig zu verstehen ist, genauso wie Beweise, die auf dieser Definition aufbauen.

Nehmen Sie an, dass f definiert ist für alle x in der Nähe von x_0, jedoch nicht notwendig in x_0. Nach Kap. 6.5 hat die Funktion $f(x)$ die Zahl A als ihren Grenzwert, wenn x gegen x_0 strebt, wenn die Zahl $f(x)$ beliebig nahe an A gewählt werden kann, indem man x hinreichend nahe an, aber nicht gleich x_0 wählt. In diesem Fall sagen wir, dass der Grenzwert existiert. Betrachten wir jetzt einen Fall, in dem der Grenzwert nicht existiert.

Beispiel 7.9.1

Untersuchen Sie $\lim\limits_{x\to-2}\dfrac{1}{(x+2)^2}$ mit Hilfe eines Taschenrechners.

Lösung: Indem wir x-Werte in der Nähe von -2 wählen, erhalten wir die Werte in Tabelle 7.9.1.

x	-1.8	-1.9	-1.99	-1.999	-2.0	-2.001	-2.01	-2.1	-2.2
$\dfrac{1}{(x+2)^2}$	25	100	10000	1000000	*	1000000	10000	100	25

* nicht definiert

Tabelle 7.9.1: Werte von $1/(x+2)^2$, wenn x nahe an -2

Wenn x näher und näher an -2 herankommt, sehen wir, dass der Wert des Bruches größer und größer wird. Indem wir noch weitere Werte zu der Tabelle berechnen, sehen wir z. B., dass wir für $x = -2.0001$ und $x = -1.9999$ als Wert des Bruches 100 Millionen erhalten. Abbildung 7.9.1 zeigt den Graphen von $f(x) = 1/(x+2)^2$. Die Gerade $x = -2$ wird eine *vertikale Asymptote* für den Graphen von f genannt.

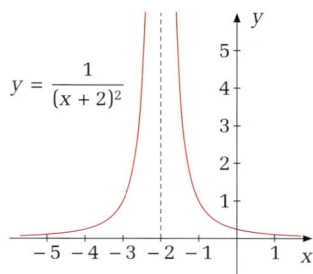

Abbildung 7.9.1: $f(x) \to \infty$, wenn $x \to -2$

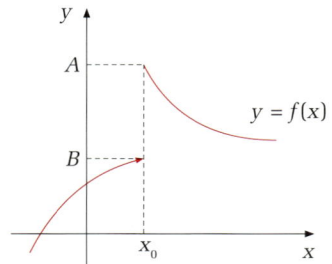

Abbildung 7.9.2: $\lim\limits_{x\to x_0} f(x)$ existiert nicht.

Wir können offensichtlich den Bruch so groß machen, wie wir wollen, indem wir x genügend nah an x_0 wählen. Somit strebt der Bruch nicht gegen einen Grenzwert, wenn x gegen -2 strebt. Stattdessen sagen wir, dass er gegen Unendlich strebt und schreiben

$$\frac{1}{(x+2)^2} \to \infty \qquad \text{wenn} \qquad x \to -2$$

Beachten Sie, dass ∞ *keine* Zahl ist, so dass ∞ kein Grenzwert ist.

Einseitige Grenzwerte

Die Funktion, deren Graph in Abb. 7.9.2 gezeigt wird, hat auch keinen Grenzwert, wenn x gegen x_0 strebt. Jedoch sieht man aus der Abbildung, dass $f(x)$ gegen die Zahl B strebt, wenn x gegen x_0 strebt mit Werten von x, die kleiner als x_0 sind. Wir sagen deshalb, dass der *Grenzwert von $f(x)$, wenn x von links gegen x_0 strebt, gleich B ist*, und wir schreiben

$$\lim_{x \to x_0^-} f(x) = B \quad \text{oder} \quad f(x) \to B, \text{ wenn } x \to x_0^-$$

Analog, auch mit Bezug auf Abb. 7.9.2, sagen wir, dass der *Grenzwert von $f(x)$, wenn x von rechts gegen x_0 strebt, gleich A ist*, und wir schreiben

$$\lim_{x \to x_0^+} f(x) = A \quad \text{oder} \quad f(x) \to A, \text{ wenn } x \to x_0^+$$

Wir nennen diese Grenzwerte *einseitige Grenzwerte*, den ersten *linksseitig* und den zweiten *rechtsseitig*. Sie werden manchmal auch *Grenzwert von unten* bzw. *Grenzwert von oben* genannt.

Eine notwendige und hinreichende Bedingung, dass der (gewöhnliche) Grenzwert existiert, ist, dass die beiden einseitigen Grenzwerte von f an der Stelle x_0 existieren und gleich sind:

$$\lim_{x \to x_0} f(x) = A \quad \Longleftrightarrow \quad \left[\lim_{x \to x_0^-} f(x) = A \text{ und } \lim_{x \to x_0^+} f(x) = A \right] \qquad (7.9.1)$$

Es sollte jetzt auch klar sein, was mit

$$f(x) \to \pm\infty, \text{ wenn } x \to x_0^- \quad \text{und} \quad f(x) \to \pm\infty, \text{ wenn } x \to x_0^+$$

gemeint ist.

Beispiel 7.9.2

Abb. 7.9.3 zeigt den Graphen einer Funktion f, die auf dem Intervall $[0, 9]$ definiert ist. Benutzen Sie die Abbildung, um zu überprüfen, dass die folgenden Grenzwerte korrekt sind:

$$\lim_{x \to 2} f(x) = 3, \ \lim_{x \to 4^-} f(x) = 1/2, \ \lim_{x \to 4^+} f(x) = 3 \text{ und } \lim_{x \to 6^-} f(x) = \lim_{x \to 6^+} f(x) = -\infty$$

In einer Situation wie der im letzten Fall schreiben wir auch $\lim_{x \to 6} f(x) = -\infty$.

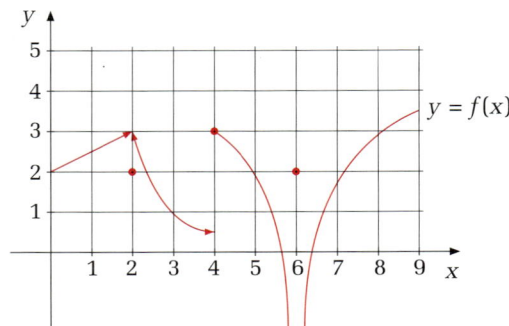

Abbildung 7.9.3: Eine Funktion, definiert auf $[0, 9]$

Beispiel 7.9.3

Erklären Sie die folgenden Grenzwerte:

$$\frac{1}{\sqrt{2-x}} \to \infty, \quad \text{wenn } x \to 2^-, \qquad \frac{-1}{\sqrt{x-2}} \to -\infty, \quad \text{wenn } x \to 2^+$$

Lösung: Wenn x geringfügig kleiner als 2 ist, dann ist $2 - x$ klein und positiv. Daher ist $\sqrt{2-x}$ nahe an 0, und $1/\sqrt{2-x}$ ist eine große positive Zahl. Zum Beispiel ist $1/\sqrt{2-1.9999} = 1/\sqrt{0.0001} = 100$. Wenn x gegen 2^- strebt, so strebt $1/\sqrt{2-x}$ gegen ∞.

Der andere Grenzwert ergibt sich auf ähnliche Weise. Denn wenn x geringfügig größer als 2 ist, dann ist $\sqrt{x-2}$ positiv und nahe an 0. Damit ist $-1/\sqrt{x-2}$ eine große negative Zahl.

Einseitige Stetigkeit

Die Einführung einseitiger Grenzwerte erlaubt uns, einseitige Stetigkeit zu definieren. Nehmen Sie an, dass f auf dem halboffenen Intervall $(c, x_0]$ definiert ist. Wenn $f(x)$ gegen $f(x_0)$ strebt, wenn x gegen x_0^- strebt, sagen wir, dass f *stetig von links* an der Stelle x_0 ist. Ähnlich sagen wir, wenn f auf $[x_0, d)$ definiert ist, dass f *stetig von rechts* an der Stelle x_0 ist, wenn $f(x)$ gegen $f(x_0)$ strebt, wenn x gegen x_0^+ strebt. Wegen (7.9.1) sehen wir, dass eine Funktion f genau dann stetig an der Stelle x_0 ist, wenn f an der Stelle x_0 sowohl stetig von links als auch von rechts ist.

Beispiel 7.9.4

Abb. 7.9.3 zeigt, dass f rechtsstetig an der Stelle $x = 4$ ist, da $\lim_{x \to 4^+} f(x)$ existiert und gleich $f(4) = 3$ ist. An der Stelle $x = 2$ ist $\lim_{x \to 2^-} f(x) = \lim_{x \to 2^+} f(x) = 3$, aber $f(2) = 2$, so dass f weder rechts- noch linksstetig an der Stelle $x = 2$ ist.

Wenn eine Funktion f auf einem abgeschlossenen, beschränkten Intervall $[a, b]$ definiert ist, sagen wir gewöhnlich, dass f stetig in $[a, b]$ ist, wenn es in jedem Punkt aus

(a, b) stetig und zusätzlich rechtsstetig an der Stelle a und linksstetig an der Stelle b ist. Es sollte offensichtlich sein, wie Stetigkeit auf halboffenen Intervallen zu definieren ist. Die Stetigkeit einer Funktion in allen Punkten eines Intervalls (einschließlich der einseitigen Stetigkeit in den Endpunkten) ist oft die Mindestvoraussetzung, wenn wir von „gutartigen" Funktionen sprechen.

Grenzwerte im Unendlichen

Wir können auch die Terminologie der Grenzwerte verwenden, um das Verhalten einer Funktion zu beschreiben, wenn ihr Argument im positiven oder negativen Bereich unendlich groß wird. Sei f für beliebig große positive Zahlen x definiert. Wir sagen, dass $f(x)$ *den Grenzwert A hat, wenn x gegen unendlich strebt*, wenn $f(x)$ beliebig nahe an A gewählt werden kann, indem man x hinreichend groß wählt. Wir schreiben

$$\lim_{x \to \infty} f(x) = A \quad \text{oder} \quad f(x) \to A, \quad \text{wenn} \quad x \to \infty$$

In der gleichen Weise sagt

$$\lim_{x \to -\infty} f(x) = B \quad \text{oder} \quad f(x) \to B, \quad \text{wenn} \quad x \to -\infty$$

aus, dass $f(x)$ beliebig nahe an B gewählt werden kann, indem man für x eine hinreichend große negative Zahl wählt. Die zwei Grenzwerte sind in Abb. 7.9.4 illustriert. Die horizontale Gerade $y = A$ ist eine horizontale **Asymptote** für den Graphen von f, wenn x gegen ∞ strebt, während $y = B$ eine horizontale Asymptote für den Graphen ist, wenn x gegen $-\infty$ strebt.

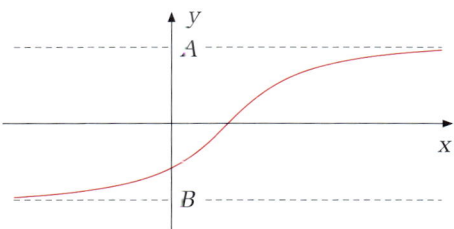

Abbildung 7.9.4: $y = A$ und $y = B$ sind horizontale Asymptoten.

Beispiel 7.9.5

Untersuchen Sie die folgenden Funktionen, wenn $x \to \infty$ und $x \to -\infty$:

(a) $f(x) = \dfrac{3x^2 + x - 1}{x^2 + 1}$ (b) $g(x) = \dfrac{1 - x^5}{x^4 + x + 1}$

Lösung:
(a) Außer an der Stelle $x = 0$ können wir jeden Term im Zähler und im Nenner durch die höchste Potenz von x, welche x^2 ist, dividieren und erhalten

$$f(x) = \frac{3x^2 + x - 1}{x^2 + 1} = \frac{3 + (1/x) - (1/x^2)}{1 + (1/x^2)}$$

Wenn x im Absolutbetrag groß ist, dann sind sowohl $1/x$ als auch $1/x^2$ nahe an 0. Daher ist $f(x)$ beliebig nahe an 3, wenn $|x|$ hinreichend groß ist, und es gilt $f(x) \to 3$, wenn $x \to -\infty$ und wenn $x \to \infty$.

(b) Wenn Sie beachten, dass

$$g(x) = \frac{1 - x^5}{x^4 + x + 1} = \frac{(1/x^4) - x}{1 + (1/x^3) + 1/x^4},$$

sollten Sie in der Lage sein, das Argument selbst zu Ende bringen, indem Sie ähnlich wie in Teil (a) vorgehen.

Warnungen

Wir haben die ursprüngliche Definition eines Grenzwertes in mehrere verschiedene Richtungen verallgemeinert. Für dieses erweiterte Grenzwertkonzept gelten die in Kap. 6.5 gegebenen Regeln für Grenzwerte weiterhin. So sind z. B. alle üblichen Regeln für Grenzwerte gültig, wenn wir links- oder rechtsseitige Grenzwerte betrachten. Auch wenn wir $x \to x_0$ durch $x \to \infty$ oder $x \to -\infty$ ersetzen, sind wieder die entsprechenden Eigenschaften der Grenzwerte gültig. Vorausgesetzt, dass mindestens einer der beiden Grenzwerte A und B nicht Null ist, bleiben die vier Regeln (6.5.2)–(6.5.5) gültig, wenn höchstens einer von A und B unendlich ist.

Wenn jedoch $f(x)$ und $g(x)$ beide gegen ∞ streben, wenn x gegen x_0 strebt, müssen wir viel vorsichtiger sein. Da die Funktionswerte $f(x)$ und $g(x)$ jeder für sich beliebig groß gemacht werden können, wenn x hinreichend nahe an x_0 ist, können auch $f(x) + g(x)$ und $f(x)g(x)$ beliebig groß gemacht werden. Aber im Allgemeinen können wir nichts über die Grenzwerte von $f(x) - g(x)$ und $f(x)/g(x)$ aussagen. Die Grenzwerte dieser Ausdrücke werden davon abhängen, wie „schnell" $f(x)$ bzw. $g(x)$ gegen ∞ streben, wenn x gegen x_0 strebt. Kurz formuliert gilt:

Eigenschaften von unendlichen Grenzwerten

Wenn $f(x) \to \infty$ und $g(x) \to \infty$, wenn $x \to x_0$, dann gilt:

$$f(x) + g(x) \to \infty \text{ und } f(x)g(x) \to \infty, \text{ wenn } x \to x_0 \qquad (7.9.2)$$

Es gibt jedoch keine Regel für die Grenzwerte von $f(x) - g(x)$ und $f(x)/g(x)$, wenn $x \to x_0$.

Es ist wichtig zu beachten, dass wir die Grenzwerte von $f(x) - g(x)$ und $f(x)/g(x)$ ohne weitere Informationen über f und g nicht bestimmen können. Wir wissen nicht einmal, ob diese Grenzwerte existieren oder nicht. Das folgende Beispiel illustriert einige der Möglichkeiten.

Beispiel 7.9.6

Gegeben seien $f(x) = 1/x^2$ und $g(x) = 1/x^4$. Wenn $x \to 0$, dann gilt $f(x) \to \infty$ und $g(x) \to \infty$. Untersuchen Sie die Grenzwerte der folgenden Ausdrücke, wenn $x \to 0$ strebt.

$$f(x) - g(x), \qquad g(x) - f(x), \qquad \frac{f(x)}{g(x)}, \qquad \frac{g(x)}{f(x)}$$

Lösung: $f(x) - g(x) = \dfrac{x^2 - 1}{x^4}$. Wenn $x \to 0$, strebt der Zähler gegen -1 und der Nenner gegen 0. Der Bruch strebt daher gegen $-\infty$. Für die anderen drei Grenzwerte haben wir:

$$g(x) - f(x) = \frac{1 - x^2}{x^4} \to \infty, \qquad \frac{f(x)}{g(x)} = x^2 \to 0, \qquad \frac{g(x)}{f(x)} = \frac{1}{x^2} \to \infty$$

Diese Beispiele sollen Ihnen zeigen, dass unendliche Grenzwerte mit äußerster Sorgfalt zu handhaben sind. Betrachten wir noch einige weitere knifflige Beispiele. Nehmen Sie an, wir untersuchen das Produkt $f(x)g(x)$ zweier Funktionen, wobei $g(x)$ gegen 0 strebt, wenn x gegen x_0 strebt. Strebt das Produkt $f(x)g(x)$ auch gegen 0, wenn x gegen x_0 strebt? Nicht notwendigerweise. Wenn $f(x)$ gegen einen Grenzwert A strebt, dann wissen wir, dass $f(x)g(x)$ gegen $A \cdot 0 = 0$ strebt. Wenn andererseits $f(x)$ gegen $\pm\infty$ strebt, dann ist es leicht, Beispiele zu konstruieren, in denen das Produkt $f(x)g(x)$ nicht gegen 0 strebt. Sie sollten selbst versuchen, einige Beispiele zu konstruieren, bevor Sie sich Aufgabe 7.9.4 zuwenden.

Stetigkeit und Differenzierbarkeit

Betrachten Sie die in Abb. 7.9.5 dargestellte Funktion. Im Punkt $(x_0, f(x_0))$ hat der Graph keine eindeutige Tangente. Daher hat f keine Ableitung an der Stelle $x = x_0$, jedoch ist f stetig an der Stelle $x = x_0$. Eine Funktion kann also stetig in einem Punkt sein, ohne dort differenzierbar zu sein. Ein Standardbeispiel ist die Absolutbetragsfunktion, deren Graph in Abb. 4.3.10 gezeigt wird: Diese Funktion ist überall stetig, aber im Ursprung nicht differenzierbar.

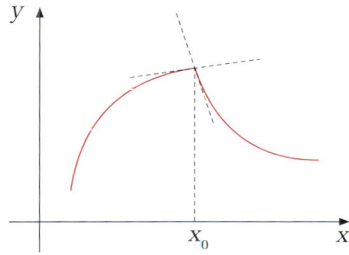

Abbildung 7.9.5: f ist stetig, aber nicht differenzierbar in $x = x_0$.

Andererseits impliziert Differenzierbarkeit die Stetigkeit:

Wenn f an der Stelle $x = x_0$ differenzierbar ist, dann ist f stetig in $x = x_0$.   (7.9.3)

Der Beweis dieses Resultats ist in der Tat nicht schwierig:

Die Funktion f ist an der Stelle $x = x_0$ stetig, vorausgesetzt, dass $f(x_0 + \Delta x) - f(x_0)$ gegen 0 strebt, wenn $\Delta x \to 0$. Nun gilt für $\Delta x \neq 0$,

$$f(x_0 + \Delta x) - f(x_0) = \frac{f(x_0 + \Delta x) - f(x_0)}{\Delta x} \cdot \Delta x \qquad (*)$$

Wenn f an der Stelle $x = x_0$ differenzierbar ist, strebt der Newton-Quotient $[f(x_0 + \Delta x) - f(x_0)]/\Delta x$ gegen die Zahl $f'(x_0)$, wenn $\Delta x \to 0$. Deshalb strebt die rechte Seite von $(*)$ gegen $f'(x_0) \cdot 0 = 0$, wenn $\Delta x \to 0$. Daher ist f an der Stelle $x = x_0$ stetig.

Nehmen Sie an, dass f eine Funktion ist, deren Newton-Quotient $[f(x_0 + \Delta x) - f(x_0)]/\Delta x$ gegen einen Grenzwert strebt, wenn Δx mit positiven Werten gegen 0 strebt. Der Grenzwert heißt dann die *rechtsseitige Ableitung* von f an der Stelle x_0. Die *linksseitige Ableitung* von f an der Stelle x_0 wird ähnlich definiert, Wenn die einseitigen Grenzwerte des Newton-Quotienten existieren, dann verwenden wir die Notation

$$f'(x_0^+) = \lim_{\Delta x \to 0^+} \frac{f(x_0 + \Delta x) - f(x_0)}{\Delta x}, \qquad f'(x_0^-) = \lim_{\Delta x \to 0^-} \frac{f(x_0 + \Delta x) - f(x_0)}{\Delta x} \qquad (7.9.4)$$

Wenn f an der Stelle x_0 stetig ist und links- und rechtsseitige Ableitungen mit $f'(x_0^+) \neq f'(x_0^-)$ hat, sagt man, dass der Graph von f an der Stelle $(x_0, f(x_0))$ einen **Knick** hat.

Beispiel 7.9.7

(US-Bundeseinkommenssteuer, 2009) Diese Einkommensteuerfunktion wurde in Beispiel 5.4.4 erörtert. Abb. 5.4.9 zeigt den Graphen dieser Steuerfunktion. Wenn $\tau(x)$ die beim Einkommen x gezahlte Steuer bezeichnet, so hat der Graph Knicke, z. B. an den Stellen $x = 8\,375$ und $x = 34\,000$. In der Tat für Einkommen unter $8\,375\$$ war die Steuerrate 10 %, während ein Steuerzahler mit einem Einkommen zwischen 8 375 S und 34 000 \$ an Steuern 10 % der „ersten" 8 375 \$ und 15% auf den Teil seines Einkommens über 8 375 \$ zahlte. Daher ist $\tau'(8375^-) = 0.1$, während $\tau'(8375^+) = 0.15$. Ähnlich ist $\tau'(34\,000^-) = 0.15$, während $\tau'(34\,000^+) = 0.25$. Die höchste Steuerrate war $\tau'(373\;680^+) = 0.35$.

Eine strenge Definition von Grenzwerten

Unsere vorläufige Definition des Begriffs Grenzwert in Kap. 6.5 war wie folgt: $\lim_{x \to x_0} f(x) = A$ bedeutet, dass wir $f(x)$ so nahe an A wählen können, wie wir wollen, für alle x hinreichend nahe an (aber nicht gleich) x_0. Die Nähe, oder allgemeiner, die

Entfernung zwischen zwei Zahlen kann durch den Absolutbetrag ihrer Differenz gemessen werden. Unter Verwendung des Absolutbetrages kann die Definition auf die folgende Weise umformuliert werden:

$\lim_{x \to x_0} f(x) = A$ bedeutet, dass *wir $|f(x) - A|$ so klein wie möglich wählen können für alle $x \neq x_0$ mit hinreichend kleinem $|x - x_0|$.*

Gegen Ende des 19. Jahrhunderts entdeckten einige der zu jener Zeit besten Mathematiker der Welt, dass diese Definition auf die folgende Weise präzisiert werden kann:[10]

Die ϵ–δ Definition des Grenzwerts

Wir sagen, dass $f(x)$ den Grenzwert A hat, wenn für jede Zahl $\varepsilon > 0$ eine Zahl $\delta > 0$ existiert, so dass $|f(x) - A| < \varepsilon$ für alle x mit $0 < |x - x_0| < \delta$.
Wenn dies gilt, schreiben wir

$$\lim_{x \to x_0} f(x) = A \qquad (7.9.5)$$

und sagen auch, dass $f(x)$ gegen A strebt, wenn x gegen x_0 strebt

---

Dies ist die Definition, auf der alle exakten Arbeiten über Grenzwerte basieren. Sie ist in Abb. 7.9.6 illustriert. Der Graph von f muss für alle $x \neq x_0$ in $(x_0 - \delta, x_0 + \delta)$ innerhalb der Box bleiben.

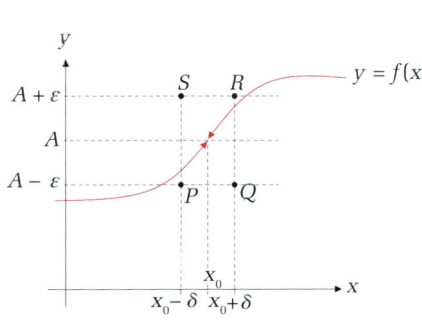

Abbildung 7.9.6: Definition des Grenzwerts

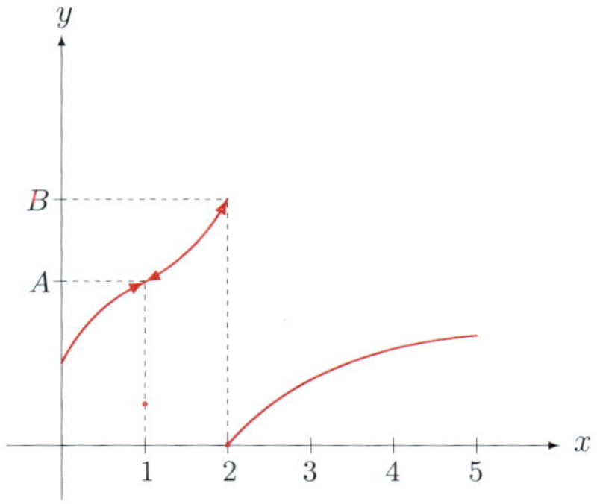

Abbildung 7.9.7: Aufgabe 1

Diese Definition ist die Grundlage aller mathematisch präziser Arbeit über Grenzwerte. Es wird illustriert in Abb. 7.9.6. Die Definition impliziert, dass der Graph von f innerhalb der rechteckigen Box $PQRS$ bleiben muss für alle $x \neq x_0$ in $(x_0 - \delta, x_0 + \delta)$. Das *Betrachten* dieser formalen ε–δ Definition des Grenzwertkonzepts sollte als ein Teil jeder allgemeinen Mathematikausbildung betrachtet werden. In diesem Buch stützen wir uns jedoch mehr auf ein intuitives Verständnis von Grenzwerten.

---

[10] Diese spezielle Idee wird oft den deutschen Mathematikern Eduard Heine (1821–1881) und Karl Weierstrass (1815–1897) zugeschrieben, obwohl es darüber keinen Konsens gibt.

Aufgaben für Kapitel 7.9

1. Die Funktion f, definiert für $0 < x < 5$, hat den in Abb. 7.9.7 gezeigten Graphen. Bestimmen Sie die folgenden Grenzwerte:

    (a) $\lim\limits_{x \to 1^-} f(x)$ (b) $\lim\limits_{x \to 1^+} f(x)$ (c) $\lim\limits_{x \to 2^-} f(x)$ (d) $\lim\limits_{x \to 2^+} f(x)$

2. Berechnen Sie die folgenden Grenzwerte:

    (a) $\lim\limits_{x \to 0^+} (x^2 + 3x - 4)$ (b) $\lim\limits_{x \to 0^-} \dfrac{x + |x|}{x}$ (c) $\lim\limits_{x \to 0^+} \dfrac{x + |x|}{x}$

    (d) $\lim\limits_{x \to 0^+} \dfrac{-1}{\sqrt{x}}$ (e) $\lim\limits_{x \to 3^+} \dfrac{x}{x - 3}$ (f) $\lim\limits_{x \to 3^-} \dfrac{x}{x - 3}$

3. Berechnen Sie die folgenden Grenzwerte:

    (a) $\lim\limits_{x \to \infty} \dfrac{x - 3}{x^2 + 1}$ (b) $\lim\limits_{x \to -\infty} \sqrt{\dfrac{2 + 3x}{x - 1}}$ (c) $\lim\limits_{x \to \infty} \dfrac{(ax - b)^2}{(a - x)(b - x)}$

4. Seien $f_1(x) = x$, $f_2(x) = x$, $f_3(x) = x^2$ und $f_4(x) = 1/x$. Bestimmen Sie $\lim\limits_{x \to \infty} f_i(x)$ für $i = 1, 2, 3, 4$. Untersuchen Sie dann, ob die Regeln für Grenzwerte aus Kap. 6.5 angewendet werden können auf die folgenden Grenzwerte, wenn $x \to \infty$.

    (a) $f_1(x) + f_2(x)$ (b) $f_1(x) - f_2(x)$ (c) $f_1(x) - f_3(x)$ (d) $f_1(x)/f_2(x)$

    (e) $f_1(x)/f_3(x)$ (f) $f_1(x)f_2(x)$ (g) $f_1(x)f_4(x)$ (h) $f_3(x)f_4(x)$

5. Die nicht senkrechte Gerade $y = ax + b$ heißt **Asymptote** an die Kurve $y = f(x)$ für $x \to \infty$ (oder $x \to -\infty$), falls

    $$f(x) - (ax + b) \to 0, \quad \text{wenn} \quad x \to \infty \text{ (oder } x \to -\infty)$$

    Diese Bedingung bedeutet, dass der vertikale Abstand zwischen dem Punkt $(x, f(x))$ auf der Kurve und dem Punkt $(x, ax + b)$ auf der Geraden gegen 0 strebt, wenn $x \to \pm\infty$, wie in Abb. 7.9.8.

    Nehmen Sie an, dass $f(x) = P(x)/Q(x)$ eine rationale Funktion ist, in der der Grad des Polynoms $P(x)$ um *eins größer* als der des Polynoms $Q(x)$ ist. In diesem Fall hat $f(x)$ eine Asymptote, die man finden kann, indem man die Methode der Polynomdivision $P(x) \div Q(x)$ durchführt, die in Kap. 4.7. erklärt wurde, um ein Polynom vom Grad 1 zu erhalten und einen Restterm, der gegen 0 konvergiert, wenn $x \to \pm\infty$. Verwenden Sie diese Methode, um die Asymptoten für die Graphen jeder der folgenden Funktionen von x zu bestimmen:

    (a) $\dfrac{x^2}{x + 1}$ (b) $\dfrac{2x^3 - 3x^2 + 3x - 6}{x^2 + 1}$ (c) $\dfrac{3x^2 + 2x}{x - 1}$ (d) $\dfrac{5x^4 - 3x^2 + 1}{x^3 - 1}$

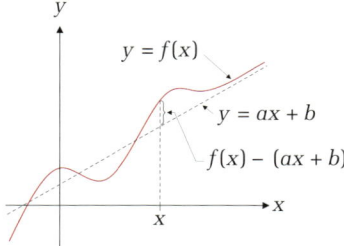

Abbildung 7.9.8: Eine Asymptote

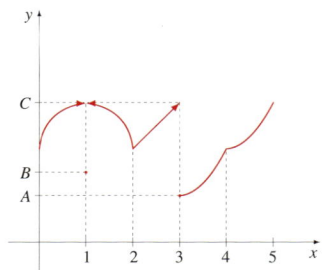

Abbildung 7.9.9: Aufgabe 7

➡ Fortsetzung

6. Betrachten Sie die für $x \geq 0$ durch die folgende Formel definierte Kostenfunktion:

$$C(x) = A\frac{x(x + b)}{x + c} + d$$

Dabei sind A, b, c und d positive Konstanten. Bestimmen Sie die Asymptoten.

7. Sei f die Funktion, definiert für $0 < x < 5$, deren Graph in Abb. 7.9.9 gezeigt wird. Untersuchen Sie die Stetigkeit und Differenzierbarkeit der Funktion an den Stellen: (a) $x = 1$; (b) $x = 2$; (c) $x = 3$ und (d) $x = 4$.

8. Zeichnen Sie den Graphen der Funktion f, die durch $f(x) = 0$ für $x \leq 0$ und $f(x) = x$ für $x > 0$ definiert ist. Berechnen Sie $f'(0^+)$ und $f'(0^-)$.

9. Betrachten Sie die Funktion f, die durch die folgende Formel definiert ist

$$f(x) = \frac{3x}{-x^2 + 4x - 1}$$

Berechnen Sie $f'(x)$ und bestimmen Sie, wo die Funktion monoton wachsend ist, indem Sie ein Vorzeichen-Diagramm benutzen. (Die Funktion ist nicht definiert für $x = 2 \pm \sqrt{3}$.)

▶ Lösungen zu den Aufgaben finden Sie im Anhang des Buches.

7.10 Der Zwischenwertsatz und das Newton-Verfahren

Ein wichtiger Grund für die Einführung des Konzepts einer stetigen Funktion war, die Idee eines zusammenhängenden Graphen zu präzisieren – das ist ein Graph, der keine Sprünge aufweist. Das folgende Resultat, das mit der ε-δ-Definition eines Grenzwerts bewiesen werden kann, drückt diese Eigenschaft in mathematischer Sprache aus.

Theorem 7.10.1 (Der Zwischenwertsatz)

Sei f eine stetige Funktion auf dem abgeschlossenen Intervall $[a, b]$.

(i) Wenn $f(a)$ und $f(b)$ verschiedene Vorzeichen haben, dann gibt es wenigstens ein c in (a, b), so dass $f(c) = 0$.

(ii) Wenn $f(a) \neq f(b)$, dann gibt es für jeden *Zwischenwert* y in dem offenen Intervall zwischen $f(a)$ und $f(b)$ wenigstens ein c in (a, b) so dass $f(c) = y$.

Die Aussage in Teil (ii) folgt, indem man Teil (i) auf die Funktion $g(x) = f(x) - y$ anwendet. Sie sollten ein Bild zeichnen, um sich zu überzeugen, dass eine Funktion, für die es kein solches c gibt, wenigstens eine Unstetigkeitsstelle haben muss.

Theorem 7.10.1 ist wichtig, weil es die Existenz von Lösungen einiger Gleichungen garantiert, die nicht explizit gelöst werden können. Wir verschieben den Beweis auf Kap. 7.11.

Beispiel 7.10.1

Zeigen Sie, dass die folgende Gleichung wenigstens eine Lösung c zwischen 0 und 1 hat:

$$x^6 + 3x^2 - 2x - 1 = 0$$

Lösung: Das Polynom $f(x) = x^6 + 3x^2 - 2x - 1$ ist stetig für alle x – insbesondere für x in $[0, 1]$. Ferner sind $f(0) = -1$ und $f(1) = 1$. Nach Theorem 7.10.1 existiert wenigstens eine Zahl c in $(0, 1)$, so dass $f(c) = 0$ ist.

Manchmal müssen wir zeigen, dass eine spezielle Gleichung eine eindeutige Lösung hat. Betrachten Sie das folgende Beispiel.

Beispiel 7.10.2

Zeigen Sie, dass die Gleichung

$$2x - 5e^{-x}(1 + x^2) = 0$$

eine eindeutige Lösung hat, die im Intervall $(0, 2)$ liegt.

Lösung: Definieren Sie $g(x) = 2x - 5e^{-x}(1 + x^2)$. Dann sind $g(0) = -5$ und $g(2) = 4 - 25/e^2$. In der Tat ist $g(2) > 0$, da $e > 5/2$. Nach dem Zwischenwertsatz muss die stetige Funktion g daher mindestens eine Nullstelle in $(0, 2)$ haben. Beachten Sie ferner, dass $g'(x) = 2 + 5e^{-x}(1 + x^2) - 10xe^{-x} = 2 + 5e^{-x}(1 - 2x + x^2) = 2 + 5e^{-x}(x - 1)^2$ ist. Damit ist aber $g'(x) > 0$ für alle x, so dass g strikt monoton wachsend ist. Es folgt, dass g nur eine Nullstelle haben kann.

Das Newton-Verfahren

Der Zwischenwertsatz kann oft angewendet werden, um zu zeigen, dass eine Gleichung $f(x) = 0$ eine Lösung in einem gegebenen Intervall hat, aber er sagt nichts darüber aus, wo man diese Nullstelle findet. In diesem Abschnitt werden wir eine effektive Methode erklären, wie man eine gute approximative Lösung findet. Die Methode wurde zuerst von Isaac Newton vorgeschlagen. Sie hat eine einfache geometrische Interpretation.

Betrachten Sie den Graphen der Funktion $y = f(x)$ in Abb. 7.10.1. Er hat eine Nullstelle an der Stelle $x = a$, aber diese Nullstelle ist nicht bekannt. Um sie zu finden, beginnen Sie mit x_0 als einer ersten Abschätzung von a. Es ist gewöhnlich besser, mit x_0 zu beginnen, das nicht zu weit von a entfernt ist, wenn das möglich ist.

Um die Abschätzung zu verbessern, konstruieren wir die Tangente an den Graphen im Punkt $(x_0, f(x_0))$ und bestimmen dann den Punkt x_1, in dem die Tangente die x-Achse schneidet, wie in Abb. 7.10.1 gezeigt ist.

Gewöhnlich ist x_1 eine bedeutend bessere Abschätzung von a als x_0. Nachdem Sie x_1 gefunden haben, wiederholen Sie das Vorgehen, indem Sie die Tangente an die Kurve im Punkt $(x_1, f(x_1))$ konstruieren. Bezeichnen Sie mit x_2 den Punkt, in dem diese neue Tangente die x-Achse schneidet. In dieser Weise fortfahrend erhalten wir eine Folge von Punkten, die im Allgemeinen sehr schnell gegen a konvergiert.

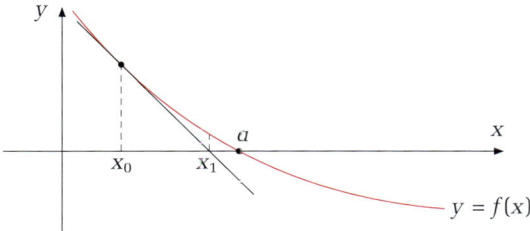

Abbildung 7.10.1: Newton-Verfahren

Es ist leicht, Formeln für x_1, x_2, ... zu finden. Die Steigung der Tangente an der Stelle x_0 ist $f'(x_0)$. Nach der Punkt-Steigungsformel ist die Gleichung für die Tangente durch den Punkt $(x_0, f(x_0))$ mit der Steigung $f'(x_0)$ gegeben durch

$$y - f(x_0) = f'(x_0)(x - x_0)$$

In dem Punkt, in dem diese Tangente die x-Achse schneidet, ist $y = 0$ und $x = x_1$. Daher ist $-f(x_0) = f'(x_0)(x_1 - x_0)$. Indem wir diese Gleichung nach x_1 auflösen, erhalten wir

$$x_1 = x_0 - \frac{f(x_0)}{f'(x_0)}$$

In ähnlicher Weise erhalten wir, wenn x_1 gegeben ist, die Formel für x_2

$$x_2 = x_1 - \frac{f(x_1)}{f'(x_1)}$$

Im Allgemeinen erhält man die folgende Formel für die $(n+1)$-te Approximation x_{n+1}, ausgedrückt durch die n-te Approximation x_n:

Newton-Verfahren

Solange $f'(x_n) \neq 0$ erzeugt das Newton-Verfahren die Folge von Punkten, die durch die folgende Formel gegeben sind:

$$x_{n+1} = x_n - \frac{f(x_n)}{f'(x_n)}, \qquad n = 0, 1, \ldots \qquad (7.10.1)$$

Gewöhnlich konvergiert die Folge $\{x_n\}$ schnell gegen eine Nullstelle von f.

Beispiel 7.10.3

In Beispiel 7.10.1 betrachteten wir die Funktion

$$f(x) = x^6 + 3x^2 - 2x - 1$$

Nutzen Sie das Newton-Verfahren einmal, um einen approximativen Wert für die Nullstelle von f in dem Intervall $[0, 1]$ zu finden.

Lösung: Wählen Sie $x_0 = 1$. Dann ist $f(x_0) = f(1) = 1$. Da $f'(x) = 6x^5 + 6x - 2$ ist, haben wir $f'(1) = 10$. Mit Gleichung (7.10.1) für $n = 0$ erhalten wir daher:

$$x_1 = 1 - \frac{f(1)}{f'(1)} = 1 - \frac{1}{10} = \frac{9}{10} = 0.9$$

Beispiel 7.10.4

Wenden Sie das Newton-Verfahren zweimal an, um einen approximativen Wert für $\sqrt[15]{2}$ zu bestimmen.

Lösung: Wir brauchen eine Gleichung der Gestalt $f(x) = 0$, die $x = \sqrt[15]{2} = 2^{1/15}$ als Lösung hat. Die Gleichung $x^{15} = 2$ hat diese Lösung. Somit setzen wir $f(x) = x^{15} - 2$. Wählen Sie $x_0 = 1$. Dann ist $f(x_0) = f(1) = -1$. Da $f'(x) = 15x^{14}$, haben wir $f'(1) = 15$. Gleichung (7.10.1) mit $n = 0$ ergibt daher:

$$x_1 = 1 - \frac{f(1)}{f'(1)} = 1 - \frac{-1}{15} = \frac{16}{15} \approx 1.0667$$

Weiter ist

$$x_2 = x_1 - \frac{f(x_1)}{f'(x_1)} = \frac{16}{15} - \frac{f(16/15)}{f'(16/15)} = \frac{16}{15} - \frac{(16/15)^{15} - 2}{15(16/15)^{14}} \approx 1.04729412$$

Dies ist tatsächlich auf 8 Dezimalstellen korrekt.

Eine oft verwendete Faustregel besagt: Um eine Approximation zu erhalten, die auf n Stellen korrekt ist, wenden Sie das Newton-Verfahren so lange an, bis es zweimal hintereinander dieselben n Dezimalstellen ergibt.

Wie schnell konvergiert das Newton Verfahren (wenn es konvergiert)?

Theorem 7.10.2   (Konvergenz des Newton-Verfahrens)

Nehmen Sie an, dass f zweimal differenzierbar ist mit $f(x^*) = 0$ und $f'(x^*) \neq 0$ und dass es Zahlen $K > 0$ und $\delta > 0$ gibt mit $K\delta < 1$, so dass

$$\frac{|f(x)f''(x)|}{f'(x)^2} \leq K|x - x^*|$$

für alle x in dem offenen Intervall $I = (x^* - \delta, x^* + \delta)$.

    Dann gilt: Vorausgesetzt, dass die Folge $\{x_n\}$ in Gleichung (7.10.1) mit einem x_0 in I startet, so konvergiert sie gegen x^* mit einem Fehler $|x_n - x^*|$, für den gilt:

$$|x_n - x^*| \leq \frac{(\delta K)^{2^n}}{K}$$

In den meisten Fällen ist das Newton-Verfahren sehr effizient, aber es kann passieren, dass die durch Gleichung (7.10.1) definierte Folge $\{x_n\}$ nicht konvergiert. Abb. 7.10.2 zeigt ein Beispiel, in dem x_1 eine viel schlechtere Approximation für a ist als x_0 es war. Gewöhnlich schlägt das Newton-Verfahren nur dann fehl, wenn der Absolutbetrag von $f'(x_n)$ für ein n zu klein wird. Natürlich bricht Formel (7.10.1) vollständig zusammen, wenn $f'(x_n) = 0$ ist.

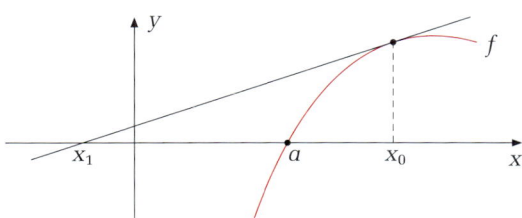

Abbildung 7.10.2: Newton-Verfahren

Aufgaben für Kapitel 7.10

1. Zeigen Sie, dass jede der folgenden Gleichungen wenigstens eine Lösung in dem gegebenen Intervall hat.

   (a) $x^7 - 5x^5 + x^3 - 1 = 0$ in $(-1, 1)$ (b) $x^3 + 3x - 8 = 0$ in $(1, 3)$

   (c) $\sqrt{x^2 + 1} = 3x$ in $(0, 1)$ (d) $e^{x-1} = 2x$ in $(0, 1)$

2. Erkären Sie, warum jeder, der größer als 1 Meter ist, irgendwann einmal genau 1 Meter groß war.

3. Finden Sie eine bessere Approximation zu $\sqrt[3]{17} \approx 2.5$, indem Sie das Newton-Verfahren einmal anwenden.

4. Die Gleichung $x^4 + 3x^3 - 3x^2 - 8x + 3 = 0$ hat eine ganzzahlige Lösung. Bestimmen Sie diese. Die drei weiteren Lösungen sind in der Nähe von -1.9, 0.4 und 1.5. Bestimmen Sie bessere Approximationen für jede Lösung, die keine ganze Zahl ist, indem Sie das Newton-Verfahren einmal anwenden.

5. Die Gleichung $(2x)^x = 15$ hat eine Lösung, die annähernd eine ganze Zahl ist. Bestimmen Sie eine bessere Approximation, indem Sie das Newton-Verfahren einmal anwenden.

6. In Abb. 7.10.1 ist $f(x_0) > 0$ und $f'(x_0) < 0$. Ferner ist x_1 rechts von x_0. Zeigen Sie, dass dies mit der Formel (7.10.1) für $n = 0$ übereinstimmt. Prüfen Sie die anderen Kombinationen der Vorzeichen von $f(x_0)$ und $f'(x_0)$, um sowohl geometrisch als auch analytisch zu sehen, auf welcher Seite von x_0 der Punkt x_1 liegt.

▶ Lösungen zu den Aufgaben finden Sie im Anhang des Buches.

7.11   Unendliche Folgen

Wir begegnen oft Funktionen wie denen im Newton-Verfahren, die jeder natürlichen Zahl n eine Zahl $s(n)$ zuordnen. Solch eine Funktion heißt eine **unendliche Folge** oder einfach nur eine Folge. Ihre Glieder $s(1), s(2), s(3), \ldots, s(n), \ldots$ werden gewöhnlich mit Indizes bezeichnet: $s_1, s_2, s_3, \ldots, s_n, \ldots$. Wir verwenden die Notation $\{s_n\}_{n=1}^{\infty}$ oder einfach $\{s_n\}$ für eine beliebige unendliche Folge. Wenn z. B. $s(n) = 1/n$ für $n = 1, 2, 3, \ldots$, dann sind die Glieder dieser Folge

$$1, \ \frac{1}{2}, \ \frac{1}{3}, \ \frac{1}{4}, \ \ldots, \ \frac{1}{n}, \ \ldots$$

Wenn wir n groß genug wählen, können die Glieder dieser Folge beliebig klein gemacht werden. Wir sagen, dass die Folge gegen 0 *konvergiert*. Allgemein definieren wir:

*Eine Folge $\{s_n\}$ **konvergiert** gegen eine Zahl s, wenn s_n beliebig nahe an s gewählt werden kann, indem man n hinreichend groß wählt.* Wir schreiben

$$\lim_{n \to \infty} s_n = s \qquad \text{oder} \qquad s_n \to s, \quad \text{wenn} \quad n \to \infty$$

Diese Definition ist nur ein Spezialfall der früheren Definition $f(x) \to A$, wenn $x \to \infty$. Alle üblichen Regeln für Grenzwerte aus Kap. 6.5 gelten auch für Grenzwerte von Folgen.

Wenn eine Folge nicht gegen eine reelle Zahl konvergiert, sagt man, dass sie **divergiert**. Betrachten Sie die folgenden zwei Folgen:

$$\{2^n\}_{n=0}^{\infty} \qquad \text{und} \qquad \{(-1)^n\}_{n=1}^{\infty}$$

Erklären Sie, warum diese beide divergieren.[11]

Beispiel 7.11.1

Für $n \geq 3$ sei A_n die Fläche eines regulären Polygons mit n gleichen Seiten und n gleichen Winkeln, oder n-Polygons das in einen Kreis mit Radius 1 einbeschrieben ist. Für $n = 1$ oder $n = 2$ kollabiert das Polygon zu einem einem einzelnen Punkt bzw. zu einem Intervall auf einer Geraden. Beide haben die Fläche Null, so dass wir $A_1 = A_2 = 0$ setzen.

Danach für $n = 3$ ist A_3 die Fläche eines Dreiecks; für $n = 4$ ist A_4 die Fläche eines Quadrats, für $n = 5$ ist A_5 die Fläche eines Pentagons usw. – siehe Abb. 7.11.1.

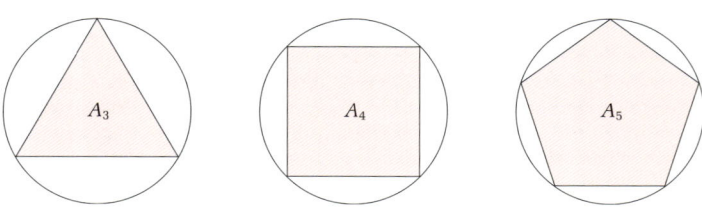

Abbildung 7.11.1: Drei Polygone

---

[11] Gelegentlich, wie bei der ersten dieser Folgen, ist der Anfangsindex nicht 1, sondern eine andere ganze Zahl, hier 0.

Die Fläche A_n wächst mit n, ist aber immer kleiner als π, die Fläche eines Kreises mit Radius 1. Es erscheint intuitiv offensichtlich, dass wir die Differenz zwischen A_n und π beliebig klein machen können, wenn n hinreichend groß gewählt wird, so dass $A_n \to \pi$, wenn $n \to \infty$.

Beispiel 7.11.2

In Kap. 6.11 haben wir gezeigt, dass $\lim_{\Delta x \to 0}(1 + \Delta x)^{1/\Delta x}$ gleich $e = 2.718\ldots$ ist. Wenn wir $\Delta x = 1/n$ setzen, wobei die natürliche Zahl $n \to \infty$, wenn $\Delta x \to 0$, erhalten wir den folgenden wichtigen Grenzwert:

$$e = \lim_{n \to \infty}\left(1 + \frac{1}{n}\right)^n \tag{7.11.1}$$

Beweis des Zwischenwertsatzes

Eine fundamentale Eigenschaft der reellen Zahlen besagt: Wenn die zwei Folgen $\{a_n\}_{n=1}^{\infty}$ und $\{b_n\}_{n=1}^{\infty}$ gemeinsam die zwei Bedingungen

(i) für alle $n \geq 1$ gilt $a_n \leq a_{n+1} \leq b_{n+1} \leq b_n$; (ii) $\lim_{n \to \infty} |b_n - a_n| = 0$ (7.11 2)

erfüllen, dann gibt es einen gemeinsamen Grenzwert c^* der zwei Folgen.

Diese Eigenschaft ermöglicht uns Theorem 7.10.1 wie folgt zu beweisen:

Betrachten Sie die folgende Konstruktion einer schrumpfenden Folge von Intervallen $[a_n, b_n]$. Starten Sie mit $a_0 = a$ und $b_0 = b$. Dann haben $f(a_0)$ und $f(b_0)$ entgegengesetzte Vorzeichen, nach Voraussetzung. Gegeben a_0 und b_0, bilden Sie den Punkt $c_0 = \frac{1}{2}(a_0 + b_0)$, d.h. den Mittelpunkt des Intervalls $[a_0, b_0]$. Wenn $f(c_0) = 0$, dann setzen wir $c = c_0$ und die Konstruktion ist beendet. Andernfalls, d.h. wenn $f(c_0) \neq 0$, dann haben entweder $f(c_0)$ und $f(a_0)$ entgegengesetzte Vorzeichen oder $f(c_0)$ und $f(b_0)$ haben entgegengesetzte Vorzeichen. Im ersten Fall wählen Sie $a_1 = a_0$ und $b_1 = c_0$; im zweiten Fall wählen Sie $a_1 = c_0$ und $b_1 = b_0$. Auf diese Weise haben wir ein neues Intervall $[a_1, b_1]$ konstruiert, so dass $f(a_1)$ und $f(b_1)$ entgegengesetzte Vorzeichen haben. Ferner impliziert unsere Konstruktion, dass entweder $|b_1 - a_1| = |c_0 - a_0| = \frac{1}{2}|b_0 - a_0|$ oder $|b_1 - a_1| = |b_0 - c_0| = \frac{1}{2}|b_0 - a_0|$. In jedem Fall ist das neue Intervall halb so lang wie das alte. Bemerken Sie noch, dass $a_0 \leq a_1 \leq b_1 \leq b_0$.

Diese Konstruktion kann so oft wie nötig wiederholt werden, um eine Folge von Intervallen $[a_n, b_n]$ mit $|b_{n+1} - a_{n+1}| = \frac{1}{2}|b_n - a_n|$ zu erzeugen, an deren Endpunkten die Funktionswerte $f(a_n)$ und $f(b_n)$ entgegengesetzte Vorzeichen haben. Die Konstruktion ist nach n Schritten beendet, wenn wir einen Punkt c_n erreichen, für den $f(c_n) = 0$. Andernfalls erhält man eine unendliche Folge von Intervallen $[a_n, b_n]$, deren Länge die Gleichung $|b_n - a_n| = 2^{-n}|b_0 - a_0|$ erfüllt und somit gegen Null konvergiert. Außerdem ist die Folge a_n der unteren Grenzen nicht-fallend und die Folge b_n der oberen Grenzen ist nicht-steigend.

Da die Folgen $\{a_n\}_{n=1}^{\infty}$ und $\{b_n\}_{n=1}^{\infty}$ die Gleichung (7.11.2) erfüllen, existiert ein gemeinsamer Grenzwert c^*, so dass a_n von unten gegen c^* konvergiert und b_n von oben gegen c^* konvergiert. Wir haben aber angenommen, dass die Funktion f stetig ist auf dem Intervall $[a, b]$, so dass Definition (7.8.1) impliziert, dass $f(a_n) \to f(c^*)$ und auch $f(b_n) \to f(c^*)$, wenn $n \to \infty$.

Beachten Sie jetzt: Weil $f(a_n)$ und $f(b_n)$ immer entgegengesetzte Vorzeichen haben, gilt $f(a_n)f(b_n) \leq 0$ für alle $n = 0, 1, 2, \ldots$. Dann implizieren die obigen Grenzwerteigenschaften, dass

$$[f(c^*)]^2 = \lim_{n \to \infty} f(a_n)f(b_n) \leq 0$$

Aber dies ist nur möglich, wenn $f(c^*) = 0$, so dass wir $c = c^*$ nehmen können.

Wir bemerken, dass die fundamentale Eigenschaft (7.11.2) der reellen Zahlen, die in diesem Beweis benutzt wurde, nicht gilt, wenn wir uns auf die Menge der rationalen Zahlen beschränken. In der Tat: Betrachten Sie die Funktion $f(x) = x^2 - 2$ auf dem Intervall $[1, 2]$. Alle andere Bedingungen des Zwischenwertsatzes sind erfüllt. Man kann eine unendliche Folge von Intervallen $[a_n, b_n]$ mit allen obigen Eigenschaften konstruieren. Es gibt jedoch keinen Grenzwert unter den rationalen Zahlen. In der Tat gibt es keine rationale Zahl, so dass $f(x) = 0$, weil $\sqrt{2}$ irrational ist.

Irrationale Zahlen als Grenzwerte von Folgen

Für die in Beispiel 7.11.1 gegebene Folge $\{A_n\}$ haben wir gezeigt, dass sie gegen die irrationale Zahl $\pi = 3.14159265\ldots$ konvergiert. Eine andere Folge, die gegen π konvergiert, beginnt so: $s_1 = 3.1$, $s_2 = 3.14$, $s_3 = 3.141$, $s_4 = 3.1415$, usw. Jede neue Zahl entsteht, indem man eine weitere Ziffer in der Dezimaldarstellung für π hinzufügt. Diese Folge ist so konstruiert, dass $s_n \to \pi$, wenn $n \to \infty$.

In Kapitel 1.5 wurde a^x definiert, wenn x rational ist, und in Kapitel 4.8 wurde vorgeschlagen, wie a^x zu definieren ist, wenn x irrational ist, indem der Spezialfall 5^π betrachtet wurde. Sei jetzt r eine beliebige irrationale Zahl. Dann gibt es, genau wie für π eine Folge r_n von rationalen Zahlen, so dass $r_n \to r$, wenn $n \to \infty$. Die Potenz a^{r_n} ist wohldefiniert für alle n. Da r_n gegen r konvergiert, ist es vernünftig a^r als Grenzwert von a^{r_n} zu definieren, wenn n gegen unendlich geht:

$$a^r = \lim_{n \to \infty} a^{r_n} \tag{$*$}$$

Tatsächlich gibt es unendlich viele Folgen $\{r_n\}$ von rationalen Zahlen, die gegen eine gegebene irrationale Zahl r konvergieren. Man kann jedoch zeigen, dass der Grenzwert in ($*$) existiert und unabhängig davon ist, welche Folge wir wählen.

Aufgaben für Kapitel 7.11

1. Gegeben sei $\alpha_n = \dfrac{3 - n}{2n - 1}$ und $\beta_n = \dfrac{n^2 + 2n - 1}{3n^2 - 2}$, $n = 1, 2, \ldots$ Bestimmen Sie die folgenden Grenzwerte:

    (a) $\displaystyle\lim_{n \to \infty} \alpha_n$ (b) $\displaystyle\lim_{n \to \infty} \beta_n$ (c) $\displaystyle\lim_{n \to \infty} (3\alpha_n + 4\beta_n)$

    (d) $\displaystyle\lim_{n \to \infty} \alpha_n \beta_n$ (e) $\displaystyle\lim_{n \to \infty} \alpha_n/\beta_n$ (f) $\displaystyle\lim_{n \to \infty} \sqrt{\beta_n - \alpha_n}$

2. Untersuchen Sie die Konvergenz der Folgen, deren allgemeiner Term wie folgt ist

    (a) $s_n = 5 - \dfrac{2}{n}$ (b) $s_n = \dfrac{n^2 - 1}{n}$ (c) $s_n = \dfrac{3n}{\sqrt{2n^2 - 1}}$

3. Zeigen Sie, dass $e^x = \displaystyle\lim_{n \to \infty} \left(1 + \dfrac{x}{n}\right)^n$ für $x > 0$ gilt.[12]

▶ Lösungen zu den Aufgaben finden Sie im Anhang des Buches.

---

[12] Derselbe Grenzwert gilt auch für $x < 0$.

7.12   Regeln von L'Hôspital

Wir müssen häufig Grenzwerte eines Quotienten untersuchen, wenn x gegen x_0 strebt, wobei sowohl Zähler als auch Nenner gegen 0 streben. Wir schreiben dann

$$\lim_{x \to x_0} \frac{f(x)}{g(x)} = \text{,,0/0"}$$

Wir nennen solch einen Grenzwert eine **unbestimmte Form vom Typ 0/0**. Hier kann x_0 durch x_0^+, x_0^-, ∞ oder $-\infty$ ersetzt werden. Die Worte „unbestimmte Form" deuten an, dass der Grenzwert oder der einseitige Grenzwert nicht ohne weitere Untersuchung gefunden werden kann.

Wir beginnen mit dem einfachen Fall einer unbestimmten Form $f(x)/g(x)$, wobei f und g differenzierbar sind mit $f(x_0) = g(x_0) = 0$. Wenn $x \neq x_0$ und $g(x) \neq g(x_0)$ sind, dann folgt mit einigen einfachen algebraischen Routinerechnungen

$$\frac{f(x)}{g(x)} = \frac{[f(x) - f(x_0)]/(x - x_0)}{[g(x) - g(x_0)]/(x - x_0)}$$

Die rechte Seite ist der Quotient von zwei Newton-Quotienten. Indem wir den Grenzwert für x gegen x_0 bilden, sehen wir unter der Voraussetzung, dass $g'(x_0) \neq 0$ ist, dass dieser Quotient gegen $f'(x_0)/g'(x_0)$ strebt. Damit erhalten wir das folgende Resultat

---

Regel von L'Hôspital

Wenn $f(x_0) = g(x_0) = 0$ und $g'(x_0) \neq 0$, dann gilt

$$\lim_{x \to x_0} \frac{f(x)}{g(x)} = \frac{f'(x_0)}{g'(x_0)} \tag{7.12.1}$$

Nach (7.12.1) können wir, unter der Voraussetzung $g'(x_0) \neq 0$, den Grenzwert einer unbestimmten Form vom Typ „0/0" finden, indem wir den Zähler und den Nenner separat differenzieren.

Beispiel 7.12.1

Verwenden Sie (7.12.1), um den in Beispiel 6.5.1 gefundenen Grenzwert zu bestätigen, nämlich:

$$\lim_{x \to 0} \frac{e^x - 1}{x} = 1$$

Lösung: In diesem Fall setzen Sie $f(x) = e^x - 1$ und $g(x) = x$ in (7.12.1). Beachten Sie, dass $f(0) = e^0 - 1 = 0$ und $g(0) = 0$. Weiterhin gilt $f'(x) = e^x$ und $g'(x) = 1$, so dass $f'(0) = g'(0) = 1$. Gleichung (7.12.1) impliziert daher:

$$\lim_{x \to 0} \frac{e^x - 1}{x} = \frac{f'(0)}{g'(0)} = \frac{1}{1} = 1$$

Beispiel 7.12.2

Nehmen Sie an, dass $x > 0$ und $y > 0$. Berechnen Sie

$$\lim_{\lambda \to 0} \frac{x^\lambda - y^\lambda}{\lambda}$$

Lösung: Bei dieser Grenzwertberechnung werden x und y konstant gehalten. Wir definieren $f(\lambda) = x^\lambda - y^\lambda$ und $g(\lambda) = \lambda$. Dann ist $f(0) = g(0) = 0$. Indem wir die Regel $(d/dx)a^x = a^x \ln a$ benutzen, erhalten wir $f'(\lambda) = x^\lambda \ln x - y^\lambda \ln y$, so dass $f'(0) = \ln x - \ln y$ ist. Weiterhin ist $g'(\lambda) = 1$ und somit $g'(0) = 1$. Mit L'Hôspitals Regel folgt

$$\lim_{\lambda \to 0} \frac{x^\lambda - y^\lambda}{\lambda} = \frac{\ln x - \ln y}{1} = \ln \frac{x}{y}$$

Insbesonders für $y = 1$ erhalten wir das folgende nützliche Resultat:

$$\lim_{\lambda \to 0} \frac{x^\lambda - 1}{\lambda} = \ln x \qquad (7.12.2)$$

Nehmen Sie an, dass wir eine „0/0" Form wie in (7.12.1) haben, aber dass auch $f'(x_0)/g'(x_0)$ vom Typ „0/0" ist. Da $g'(x_0) = 0$ ist, bricht das Argument für (7.12.1) zusammen. Was können wir dann tun? Die Anwort ist: Zähler und Nenner noch einmal separat differenzieren. Wenn wir immer noch einen Ausdruck vom Typ „0/0" erhalten, fahren wir fort, Zähler und Nenner so lange zu differenzieren, bis der Grenzwert bestimmt ist, wenn das möglich ist. Hier ist ein Beispiel:

Beispiel 7.12.3

Bestimmen Sie

$$\lim_{x \to 0} \frac{e^{xt} - 1 - xt}{x^2}$$

Lösung: Der Zähler und der Nenner sind beide 0 an der Stelle $x = 0$. Zweimalige Anwendung der Regel von L'Hôspital ergibt:

$$\lim_{x \to 0} \frac{e^{xt} - 1 - xt}{x^2} = \text{„0/0"} = \lim_{x \to 0} \frac{te^{xt} - t}{2x} = \text{„0/0"} = \lim_{x \to 0} \frac{t^2 e^{xt}}{2} = \frac{1}{2}t^2$$

Hier folgen zwei wichtige Warnungen, die die häufigsten Fehler im Zusammenhang mit der Anwendung der Regel von L'Hôspital betreffen:

1. Überprüfen Sie, dass Sie wirklich eine unbestimmte Form haben. Andernfalls ergibt die Regel gewöhnlich ein fehlerhaftes Resultat, wie Aufgabe 7.12.5 zeigt.

2. Differenzieren Sie nicht f/g als einen Quotienten, sondern berechnen Sie stattdessen f'/g'.

Die hier erklärte und zur Lösung von Beispiel 7.12.3 verwendete Methode beruht auf folgendem Theorem. Beachten Sie, dass die Voraussetzungen bezüglich f und g schwächer sind als es nach den bisherigen Beispielen erscheinen mag. Zum Beispiel müssen f und g nicht einmal differenzierbar sein an der Stelle $x = x_0$. Damit enthält das Theorem eine allgemeinere Version der Regel von L'Hôspital.

Theorem 7.12.1 (Regel von L'Hôspital für „0/0" Formen)

Nehmen Sie an, dass f und g in einem Intervall (α, β), das x_0 enthält, differenzierbar sind, eventuell mit Ausnahme der Stelle x_0, und nehmen Sie an, dass $f(x)$ und $g(x)$ beide gegen 0 streben, wenn x gegen x_0 strebt. Wenn $g'(x) \neq 0$ für alle $x \neq x_0$ in (α, β) und wenn $\lim_{x \to x_0} f'(x)/g'(x) = L$ ist, dann gilt:

$$\lim_{x \to x_0} \frac{f(x)}{g(x)} = \lim_{x \to x_0} \frac{f'(x)}{g'(x)} = L$$

Dies gilt unabhängig davon, ob L endlich, ∞ oder $-\infty$ ist.

Erweiterungen der Regel von L'Hôspital

Die Regel von L'Hôspital kann auf einige andere Fälle verallgemeinert werden. Zum Beispiel kann x_0 ein Endpunkt des Intervalls (α, β) sein. Somit kann $x \to x_0$ durch $x \to x_0^+$ oder $x \to x_0^-$ ersetzt werden. Außerdem ist leicht zu sehen, dass x_0 durch ∞ oder $-\infty$ ersetzt werden kann, wie Aufgabe 6 zeigt. Die Regel ist auch auf andere unbestimmte Formen wie „$\pm\infty/\pm\infty$" anwendbar, obwohl der Beweis komplizierter ist – siehe Aufgabe 8 für weitere Details. Hier ist ein Beispiel:

$$\lim_{x \to \infty} \frac{\ln x}{x} = \text{``}\infty/\infty\text{''} = \lim_{x \to \infty} \frac{1/x}{1} = 0 \tag{7.12.3}$$

In der Tat kann manchmal eine Vielzahl von anderen unbestimmten Formen durch algebraische Umformungen oder Substitutionen in Ausdrücke der Gestalt, die wir bereits erwähnt haben, transformiert werden.

Beispiel 7.12.4

Bestimmen Sie $L = \lim_{x \to \infty} \left(\sqrt[5]{x^5 - x^4} - x \right)$.

Lösung: Wir reduzieren diesen „$\infty - \infty$" Fall in einen „0/0" Fall durch einige algebraische Umformungen. Beachten Sie zunächst, dass für $x \neq 0$,

$$\sqrt[5]{x^5 - x^4} - x = \left[x^5(1 - 1/x) \right]^{1/5} - x = x(1 - 1/x)^{1/5} - x$$

Daher gilt

$$\lim_{x \to \infty} (\sqrt[5]{x^5 - x^4} - x) = \lim_{x \to \infty} \frac{(1 - 1/x)^{1/5} - 1}{1/x} = \text{„0/0"}$$

Mit der Regel von L'Hôspital erhalten wir

$$L = \lim_{x \to \infty} \frac{(1/5)(1 - 1/x)^{-4/5}(1/x^2)}{-1/x^2} = \lim_{x \to \infty} \left[-\frac{1}{5}\left(1 - \frac{1}{x}\right)^{-4/5} \right] = -\frac{1}{5} \quad \blacksquare$$

Funktionen von zwei Variablen werden nicht vor Kapitel 11 systematisch untersucht. Trotzdem geben wir hier ein Beispiel, in dem die Anwendung der Regel von l'Hôspital auf eine Funktion von zwei Variablen ein ökonomisch wichtiges Resultat ergibt.

Beispiel 7.12.5

Betrachten Sie die CES-Funktion („konstante Elastizität der Substitution")

$$F(K, L) = A\big(aK^{-\varrho} + (1-a)L^{-\varrho}\big)^{-1/\varrho} \tag{$*$}$$

wobei $A > 0$, $K > 0$, $L > 0$, $a \in (0, 1)$ und $\varrho \neq 0$ sind. Halten Sie A, K, L und a konstant und wenden Sie die Regel von L'Hôspital auf $z = \ln[F(K, L)/A]$ an, wenn $\varrho \to 0$, um zu zeigen, dass $F(K, L)$ gegen die Cobb-Douglas-Funktion $AK^a L^{1-a}$ konvergiert.

Lösung: Wir erhalten

$$z = \ln\big(aK^{-\varrho} + (1-a)L^{-\varrho}\big)^{-1/\varrho} = -\ln\big(aK^{-\varrho} + (1-a)L^{-\varrho}\big)/\varrho \to \text{„0/0"} \quad \text{für } \varrho \to 0$$

Weil $(d/d\rho)K^{-\rho} = -K^{-\rho}\ln K$ und $(d/d\rho)L^{-\rho} = -L^{-\rho}\ln L$, folgt nach der Regel von L'Hôspital:

$$\lim_{\varrho \to 0} z = \lim_{\varrho \to 0}\left(\frac{aK^{-\varrho}\ln K + (1-a)L^{-\varrho}\ln L}{aK^{-\varrho} + (1-a)L^{-\varrho}}\right)\Big/1 = a\ln K + (1-a)\ln L = \ln K^a L^{1-a}$$

Daher gilt $e^z \to K^a L^{1-a}$. Nach der Definition von z folgt, dass $F(K, L) \to AK^a L^{1-a}$, wenn $\varrho \to 0$. ▬▬▬

Ein wichtiger Grenzwert

Wenn a eine beliebige Zahl größer als 1 ist, dann gilt $a^x \to \infty$ für $x \to \infty$. Zum Beispiel gilt $(1.0001)^x \to \infty$ für $x \to \infty$. Weiterhin gilt für eine beliebige positive Zahl p, dass $x^p \to \infty$ für $x \to \infty$. Wenn wir $(1.0001)^x$ und x^{1000} vergleichen, ist es klar, dass der erste Ausdruck zunächst ganz langsam anwächst, während der zweite sehr schnell wächst. Trotzdem „überholt" $(1.0001)^x$ irgendwann einmal x^{1000}. Allgemein kann man beweisen, dass für gegebenes $a > 1$ und jede konstante positive Zahl p gilt:

$$\lim_{x \to \infty} \frac{x^p}{a^x} = 0 \tag{7.12.4}$$

Zum Beispiel konvergieren x^2/e^x und $x^{10}/(1.1)^x$ beide gegen 0, wenn x gegen ∞ konvergiert. Dieses Resultat ist tatsächlich bemerkenswert. Es kann kurz so zusammmgefasst werden, indem man sagt, dass für eine beliebige Basis $a > 1$ *die Exponentialfunktion a^x schneller wächst als jede Potenz x^p von x. Noch kürzer und bündiger: „ Exponentiale besiegen Potenzen."* (Wenn $p \leq 0$ ist, ist der Grenzwert offensichtlich 0.)

Um (7.12.4) zu beweisen, betrachten wir den Logarithmus der linken Seite:

$$\ln \frac{x^p}{a^x} = p\ln x - x\ln a = x\left(p\frac{\ln x}{x} - \ln a\right) \tag{$*$}$$

Nun gilt für $x \to \infty$, dass $\ln x/x \to 0$ wegen (7.12.3). Somit konvergiert der Term in Klammern in $(*)$ gegen $-\ln a$, was negativ ist, weil $a > 1$. Es folgt aus $(*)$, dass $\ln(x^p/a^x) \to -\infty$ und somit $x^p/a^x = \exp[\ln(x^p/a^x)] \to 0$ weil $e^z \to 0$, wenn $z \to -\infty$.

Aufgaben für Kapitel 7.12

1. Verwenden Sie die Regel von L'Hôspital zur Bestimmung von:

   (a) $\lim\limits_{x\to 3} \dfrac{3x^2 - 27}{x - 3}$ (b) $\lim\limits_{x\to 0} \dfrac{e^x - 1 - x - \frac{1}{2}x^2}{3x^3}$ (c) $\lim\limits_{x\to 0} \dfrac{e^{-3x} - e^{-2x} + x}{x^2}$

2. Bestimmen Sie die Grenzwerte: (a) $\lim\limits_{x\to a} \dfrac{x^2 - a^2}{x - a}$ (b) $\lim\limits_{x\to 0} \dfrac{2\sqrt{1 + x} - 2 - x}{2\sqrt{1 + x} + x^2 - 2 - x}$.

3. Verwenden Sie die Regel von L'Hôspital, um die folgenden Grenzwerte zu bestimmen:

   (a) $\lim\limits_{x\to 1} \dfrac{x - 1}{x^2 - 1}$ (b) $\lim\limits_{x\to -2} \dfrac{x^3 + 3x^2 - 4}{x^3 - 5x^2 + 8x + 4}$ (c) $\lim\limits_{x\to 2} \dfrac{x^4 - 4x^3 + 6x^2 - 8x + 8}{x^3 - 3x^2 + 4}$

   (d) $\lim\limits_{x\to 1} \dfrac{\ln x - x + 1}{(x - 1)^2}$ (e) $\lim\limits_{x\to 1} \dfrac{1}{x - 1} \ln\left(\dfrac{7x + 1}{4x + 4}\right)$ (f) $\lim\limits_{x\to 1} \dfrac{x^x - x}{1 - x + \ln x}$

4. Bestimmen Sie die folgenden Grenzwerte:

   (a) $\lim\limits_{x\to \infty} \dfrac{\ln x}{\sqrt{x}}$ (b) $\lim\limits_{x\to 0^+} x \ln x$ (c) $\lim\limits_{x\to 0^+} (x e^{1/x} - x)$

5. Finden Sie den Fehler in der folgenden Schlussweise:

$$\lim_{x\to 1} \frac{x^2 + 3x - 4}{2x^2 - 2x} = \lim_{x\to 1} \frac{2x + 3}{4x - 2} = \lim_{x\to 1} \frac{2}{4} = \frac{1}{2}$$

Welches ist der korrekte Wert des ersten Grenzwerts?

6. Bestimmen Sie für $\beta > 0$ und $\gamma > 0$ den Grenzwert $\lim\limits_{v\to 0^+} \dfrac{1 - (1 + v^\beta)^{-\gamma}}{v}$. (Betrachten Sie zunächst den Fall $\beta = 1$.)

7. In dem Kontext der Beispiele 7.1.5 und 7.1.8 ist die Familie der CES-Nuzenfunktionen gegeben durch[13]

$$u(c) = \begin{cases} \dfrac{c^{1-\rho} - 1}{1 - \rho}, & \text{wenn } \rho \neq 1 \\ \ln c, & \text{wenn } \rho = 1 \end{cases}$$

für alle $c > 0$. Verwenden Sie die Regel von l'Hôspital, um zu zeigen, dass $\lim\limits_{\rho\to 1} \dfrac{c^{1-\rho} - 1}{1 - \rho} = \ln c$. In diesem Sinne ist die Familie "stetig in ρ"

Anspruchsvollere Aufgaben

8. Nehmen Sie an, dass f und g beide für alle großen Werte von x differenzierbar sind und dass $f(x)$ und $g(x)$ beide gegen 0 konvergieren, wenn $x \to \infty$. Wenn zusätzlich $\lim_{x\to\infty} g'(x) \neq 0$ ist, so zeigen Sie, dass

$$\lim_{x\to\infty} \frac{f(x)}{g(x)} = \text{„}0/0\text{"} = \lim_{x\to\infty} \frac{f'(x)}{g'(x)},$$

indem Sie $x = 1/t$ im ersten Quotienten setzen und dann die Regel von L'Hôspital anwenden, wenn $t \to 0^+$.

➡

---

[13] Siehe Beispiel 7.12.5; in dem Kontext der Beispiele 7.1.5 und 7.1.8 sind diese Funktionen bekannt als konstante relative Risiko-Aversion oder CRRA Bevorzugungen.

Jetzt einloggen
& besser lernen.

mehr als
11 Mio.
Studenten weltweit
lernen besser mit
Pearson MyLab

Lernen wo und
wann immer
Sie wollen

Prüfungen
effizient
vorbereiten

Komplexe
Inhalte leichter
verstehen

Wecken Sie das Potenzial, das in Ihnen steckt!

Mehr als 11 Millionen Studenten weltweit lernen
schon heute besser mit Pearson MyLab. Warum
nicht auch Sie? Loggen Sie sich doch gleich ein
und nutzen Sie alle Vorteile Ihres Labs!

Sie haben sich noch nicht registriert?
Infos zur kostenfreien Registrierung finden
Sie vorne in diesem Buch!

9. Nehmen Sie an, dass $\lim_{x \to x_0} f(x)/g(x) = \text{„}\pm\infty/\infty\text{“} = L \neq 0$, wobei f und g differenzierbare Funktionen sind, deren Ableitungen $f'(x)$ und $g'(x)$ gegen einen Grenzwert ungleich Null konvergieren, wenn x gegen x_0 konvergiert. Zeigen Sie durch Anwendung der Regel von L'Hôspital auf den äquivalenten Grenzwert $\lim_{x \to x_0} [1/g(x)]/[1/f(x)] = \text{„}0/0\text{“}$, dass $L = \lim_{x \to x_0} [f'(x)/g'(x)]$, vorausgesetzt, dass dieser Grenzwert existiert.

▶ Lösungen zu den Aufgaben finden Sie im Anhang des Buches.

Aufgaben zur Wiederholung für Kapitel 7

1. Nutzen Sie implizite Differentiation, um dy/dx und d^2y/dx^2 für jede der folgenden Gleichungen zu bestimmen:

     (a) $5x + y = 10$ (b) $xy^3 = 125$ (c) $e^{2y} = x^3$

Überprüfen Sie dies, indem Sie jede Gleichung nach y als Funktion von x auflösen und dann differenzieren.

2. Berechnen Sie y', wenn y implizit durch die Gleichung $y^5 - xy^2 = 24$ definiert ist. Wird y' jemals 0?

3. Der Graph der Gleichung $x^3 + y^3 = 3xy$ verläuft durch den Punkt $(3/2, 3/2)$. Bestimmen Sie die Steigung der Tangente an die Kurve in diesem Punkt. Diese Gleichung hat einen interessanten Graphen, der *Descartes' Folium* genannt wird und in Abbildung 7.W.1 dargestellt ist.

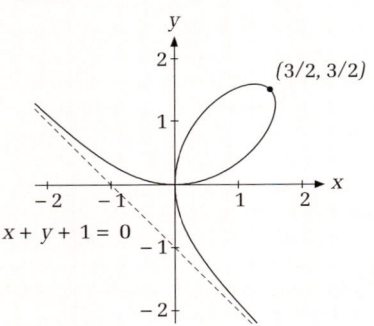

Abbildung 7.W.1 Descartes' Folium

4. (a) Bestimmen Sie die Steigung der Tangente an die Kurve $x^2y + 3y^3 = 7$ in $(x, y) = (2, 1)$.

     (b) Zeigen Sie, dass $y'' = -210/13^3$ in $(2, 1)$.

5. Sei $K^{1/3}L^{1/3} = 24$. Berechnen Sie dL/dK durch implizites Differenzieren.

6. Die Gleichung

$$\ln y + y = 1 - 2\ln x - 0.2(\ln x)^2$$

definiert y als Funktion von x für $x > 0$, $y > 0$. Berechnen Sie y' und zeigen Sie, dass $y' = 0$ für $x = e^{-5}$.

7. Betrachten Sie das folgende makrökomische Modell:

   (i) $Y = C + I$ (ii) $C = f(Y - T)$ (iii) $T = \alpha + \beta Y$

Dabei ist Y das BIP, C der Konsum, T bezeichnet die Steuern und α und β sind Konstanten. Nehmen Sie an, dass $f' \in (0, 1)$ und $\beta \in (0, 1)$.

(a) Leiten Sie aus den Gleichungen (i)–(iii) die Gleichung $Y = f((1 - \beta)Y - \alpha) + I$ her.

(b) Differenzieren Sie die Gleichung in (a) implizit bezüglich I und bestimmen Sie einen Ausdruck für dY/dI.

(c) Untersuchen Sie das Vorzeichen von dY/dI.

8. (a) Bestimmen Sie y', wenn y implizit gegeben ist durch die Gleichung

$$x^2 - xy + 2y^2 = 7.$$

(b) Bestimmen Sie die Punkte, in denen der Graph eine horizontale Tangente hat und die Punkte, in denen er eine vertikale Tangente hat. Stimmen Ihre Resultate mit Abb. 7.W.2 überein, die den Graphen der Gleichung zeigt?

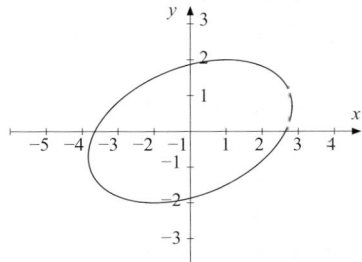

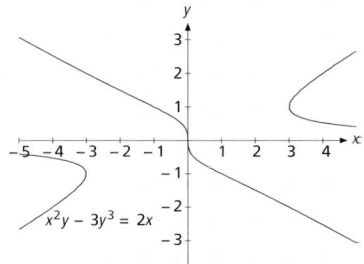

Abbildung 7.W.2: Aufgabe 8   *Abbildung 7.W.3:* Aufgabe 9

9. Der Graph der Gleichung $x^2y - 3y^3 = 2x$ geht durch den Punkt $(x, y) = (-1, 1)$.

(a) Bestimmen Sie die Steigung des Graphen in diesem Punkt.

(b) Bestimmen Sie die Punkte, in denen die Kurve eine vertikale Tangente hat. Zeigen Sie, dass kein Punkt auf der Kurve eine horizontale Tangente hat. Stimmen Ihre Resultate mit Abb. 7.W.3 überein, die den Graphen der Gleichung zeigt?

10. Sei f die Funktion, definiert durch die Formel $f(x) = \frac{1}{2} \ln \frac{1+x}{1-x}$.

    (a) Bestimmen Sie den Definitionsbereich und den Wertebereich von f.

    (b) Zeigen Sie, dass f eine Inverse g hat und bestimmen Sie eine Formel für die Inverse. Beachten Sie, dass $f(\frac{1}{2}) = \frac{1}{2} \ln 3$ ist. Bestimmen Sie $g'(\frac{1}{2} \ln 3)$ auf zwei verschiedene Arten.

11. Sei $f(x)$ für alle $x > 0$ definiert durch $f(x) = (\ln x)^3 - 2(\ln x)^2 + \ln x$.

    (a) Berechnen Sie $f(e^2)$ und bestimmen Sie die Nullstellen von $f(x)$.

    (b) Zeigen Sie, dass $f(x)$, definiert auf dem Intervall $[e, \infty)$, eine inverse Funktion h hat und bestimmen Sie $h'(2)$.

12. Bestimmen Sie die quadratischen Approximationen zu den folgenden Funktionen um $x = 0$:

    (a) $f(x) = \ln(2x + 4)$ (b) $g(x) = (1 + x)^{-1/2}$ (c) $h(x) = xe^{2x}$

13. Bestimmen Sie die Differentiale:

    (a) $d(\sqrt{1 + x^2})$ (b) $d(4\pi r^2)$ (c) $d(100K^4 + 200)$ (d) $d(\ln(1 - x^3))$

14. Berechnen Sie das Differential von $f(x) = \sqrt{1 + x^3}$. Welches ist die approximative Änderung in $f(x)$, wenn x sich von $x = 2$ auf $x = 2 + dx$ ändert, wobei $dx = 0.2$ ist?

15. Verwenden Sie Formel (7.6.6) mit $n = 5$, um einen angenäherten Wert für $\sqrt{e}$ zu bestimmen. Zeigen Sie, dass die Antwort auf drei Dezimalstellen genau ist. (*Hinweis:* Für $0 < c < 1/2$ gilt $e^c < e^{1/2} < 2$.)

16. Bestimmen Sie die quadratische Approximation für $y = y(x)$ um $(x, y) = (0, 1)$, wenn y implizit als Funktion von x durch die Gleichung $y + \ln y = 1 + x$ definiert ist.

17. Bestimmen Sie jeweils die Werte von x, in denen die durch die folgenden Formeln definierten Funktionen jeweils stetig sind:

    (a) $e^x + e^{1/x}$ (b) $\dfrac{\sqrt{x} + 1/x}{x^2 + 2x + 2}$ (c) $\dfrac{1}{\sqrt{x + 2}} + \dfrac{1}{\sqrt{2 - x}}$

18. Sei f eine gegebene differenzierbare Funktion einer Variablen. Nehmen Sie an, dass jede der folgenden Gleichungen y implizit als eine Funktion von x definiert. Bestimmen Sie jeweils einen Ausdruck für y'.

    (a) $x = f(y^2)$ (b) $xy^2 = f(x) - y^3$ (c) $f(2x + y) = x + y^2$

19. Die Nachfrage nach Margarine (Marg) und nach Mahlzeiten (Mah) außer Haus in Großbritannien wurden während der Zeit 1920–1937 als Funktionen des persönlichen Einkommens r durch $D_{\text{Marg}} = Ar^{-0.165}$ bzw. $D_{\text{Mah}} = Br^{2.39}$ für geeignete Konstanten A und B geschätzt. Bestimmen und interpretieren Sie die (Engel-) Elastizitäten von D_{Marg} und D_{Mah} bezüglich r.

20. Bestimmen Sie die Elastizitäten der durch die folgenden Formeln gegebenen Funktionen:

(a) $50x^5$ (b) $\sqrt[3]{x}$ (c) $x^3 + x^5$ (d) $\dfrac{x-1}{x+1}$

21. Die Gleichung $x^3 - x - 5 = 0$ hat eine Wurzel in der Nähe von 2. Bestimmen Sie eine Approximation an diese Wurzel, indem Sie die Newton-Methode einmal anwenden mit $x_0 = 2$.

22. Zeigen Sie, dass $f(x) = e^{\sqrt{x}} - 3$ eine eindeutige Nullstelle im Intervall $(1, 4)$ hat. Bestimmen Sie einen approximativen Wert für diese Nullstelle, indem Sie die Newton-Methode einmal mit $x_0 = 1$ anwenden.

23. Berechnen Sie die Grenzwerte:

(a) $\displaystyle\lim_{x \to 3^-} (x^2 - 3x + 2)$ (b) $\displaystyle\lim_{x \to -2^+} \frac{x^2 - 3x + 14}{x + 2}$ (c) $\displaystyle\lim_{x \to -1} \frac{3 - \sqrt{x + 17}}{x + 1}$

(d) $\displaystyle\lim_{x \to 0} \frac{(2 - x)e^x - x - 2}{x^3}$ (e) $\displaystyle\lim_{x \to 3} \left(\frac{1}{x - 3} - \frac{5}{x^2 - x - 6} \right)$ (f) $\displaystyle\lim_{x \to 4} \frac{x - 4}{2x^2 - 32}$

(g) $\displaystyle\lim_{x \to 2} \frac{x^2 - 3x + 2}{x - 2}$ (h) $\displaystyle\lim_{x \to -1} \frac{4 - \sqrt{x + 17}}{2x + 2}$ (i) $\displaystyle\lim_{x \to \infty} \frac{(\ln x)^2}{3x^2}$

24. Untersuchen Sie den folgenden Grenzwert für verschiedene Werte der Konstanten a, b, c und d unter der Annahme, dass b und d positiv sind:

$$\lim_{x \to 0} \frac{\sqrt{ax + b} - \sqrt{cx + d}}{x}$$

25. Berechnen Sie $\displaystyle\lim_{x \to 0} \frac{a^x - b^x}{e^{ax} - e^{bx}}$, wobei $a \neq b$ und a und b beide positiv sind.

26. Die Gleichung $x^{21} - 11x + 10 = 0$ hat eine Lösung an der Stelle $x = 1$ und eine andere Lösung im Intervall $(0, 1)$. Beginnen Sie mit $x_0 = 0.9$ und wenden Sie das Newton-Verfahren so lange an, bis Sie die Lösung auf drei Dezimalstellen genau haben.

▶ Lösungen zu den Aufgaben finden Sie im Anhang des Buches.

Univariate Optimierung

8

ÜBERBLICK

> Wenn Sie wirklichen Realismus möchten, dann schauen Sie sich die Welt um sich herum an; wenn Sie Verständnis erreichen möchten, dann schauen Sie auf Theorien.
>
> –Robert Dorfman (1964)

*Die beste Möglichkeit, eine spezielle Aufgabenstellung zu erledigen, ist das, was man ein **Optimierungsproblem** nennt. Beispiele dafür treten in fast allen Gebieten menschlicher Aktivität auf. Ein Manager sucht diejenigen Input-Kombinationen, wie Kapital und Arbeit, die den Gewinn maximieren oder die Kosten minimieren. Ein Arzt möchte vielleicht die beste Tageszeit für die Injektion eines Medikaments wissen, um dadurch zu vermeiden, dass die Konzentration im Blut gefährlich hoch wird. Ein Landwirt möchte wissen, welche Menge Dünger pro Quadratmeter den höchsten Gewinn ergibt. Eine Ölgesellschaft möchte die optimale Förderungsrate einer ihrer Quellen bestimmen.*

Die systematische Untersuchung eines Optimierungsproblems dieser Art verlangt ein mathematisches Modell. Die Konstruktion eines solchen Modells ist im Allgemeinen nicht einfach und nur in einfachen Fällen wird das Modell zu einem Maximierungs- oder Minimierungsproblem einer Funktion einer einzigen Variablen führen – das Hauptthema dieses Kapitels.

Im Allgemeinen sind in den Wirtschaftswissenschaften keine mathematischen Methoden wichtiger als diejenigen, die zur Lösung von Optimierungsproblemen konzipiert sind. Obwohl bei ökonomischen Optimierungsproblemen gewöhnlich mehrere Variablen involviert sind, zeigen die Beispiele der quadratischen Optimierung in Kap. 4.6 auf, wie auch aus einfachen univariaten Optimierungsproblemen wertvolle ökonomische Einsichten gewonnen werden können.

8.1 Extremstellen

Diejenigen Stellen im Definitionsbereich einer Funktion, in denen diese ihren größten und ihren kleinsten Wert annimmt, werden gewöhnlich Maximum- und Minimumstellen genannt. Wenn wir uns nicht um die Unterscheidung zwischen Maximum- und Minimumstellen kümmern müssen, so nennen wir sie **Extremstellen** oder **Extrema**. Wenn $f(x)$ den Definitionsbereich D hat, so definieren wir:

$$c \in D \text{ ist eine } \textbf{Maximumstelle} \text{ für } f \iff f(x) \leq f(c) \text{ für alle } x \in D \qquad (8.1.1)$$

$$d \in D \text{ ist eine } \textbf{Minimumstelle} \text{ für } f \iff f(x) \geq f(d) \text{ für alle } x \in D \qquad (8.1.2)$$

In (8.1.1) nennen wir $f(c)$ den **Maximalwert** und in (8.1.2) nennen wir $f(d)$ den **Minimalwert**.[1] Wenn der Wert von f an der Stelle c strikt größer als an jeder anderen

---

[1] Manche Autoren verwenden eine andere Terminologie, indem sie die Extremwerte als das Maximum oder Minimum bezeichen und die Stellen, in denen diese Werte angenommen werden als *Maximierer* oder *Minimierer*.

Stelle in D ist, dann ist c eine **strikte Maximum**-Stelle. Entsprechend ist d eine **strikte Minimum**-Stelle, falls $f(x) > f(d)$ für alle $x \in D$, $x \neq d$. Als kollektive Namen benutzen wir die Begriffe **Optimalstellen** und **Optimalwerte** oder **Extremstellen** und **Extremwerte**.

Falls f eine Funktion mit Definitionsbereich D ist, dann ist die Funktion $-f$ auf D definiert durch $(-f)(x) = -f(x)$. Beachten Sie, dass $f(x) \leq f(c)$ für alle x in D genau dann, wenn $-f(x) \geq -f(c)$ für alle x in D. Daher maximiert c die Funktion f in D genau dann, wenn c die Funktion $-f$ in D minimiert. Diese einfache Beobachtung, die in Abb. 8.1.1 illustriert ist, kann benutzt werden, um Maximierungsprobleme in Minimierungsprobleme zu konvertieren und umgekehrt.

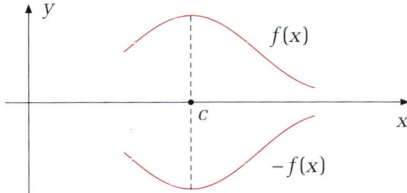

Abbildung 8.1.1: Die Stelle c ist eine Maximumstelle für f(x) und eine Minimumstelle für $-f(x)$.

Manchmal können wir die Maximum- und Minimumstellen einer Funktion finden, indem wir einfach die Formel für die Funktion untersuchen.

Beispiel 8.1.1

Bestimmen Sie mögliche Maximum- und Minimumstellen für:

(a) $f(x) = 3 - (x - 2)^2$ (b) $g(x) = \sqrt{x - 5} - 100$ für $x \geq 5$

Lösung:

(a) Da $(x - 2)^2 \geq 0$ für alle x, folgt $f(x) \leq 3$ für alle x. Es ist jedoch $f(x) = 3$, wenn $(x - 2)^2 = 0$, d. h. für $x = 2$. Deshalb ist $x = 2$ eine Maximumstelle für f. Da $f(x) \to -\infty$, wenn $x \to \infty$, hat f kein Minimum.

(b) Da $\sqrt{x - 5} \geq 0$ für alle $x \geq 5$ folgt $g(x) \geq -100$ für alle $x \geq 5$. Da $g(5) = -100$, schließen wir, dass $x = 5$ eine Minimumstelle ist. Da $g(x) \to \infty$, wenn $x \to \infty$, hat g kein Maximum.

Nur selten können wir Extremstellen so einfach wie in Beispiel 8.1.1 finden. Die Hauptaufgabe dieses Kapitels ist es, zu erklären, wie man mögliche Extremstellen in komplizierteren Fällen lokalisiert.

Nehmen Sie an, dass c ein Punkt in einem Intervall I ist. Wenn c kein Endpunkt von I ist, ist es möglich, ein anderes Intervall, vielleicht sehr klein, zu konstruieren, das Punkte auf beiden Seiten von c enthält, aber vollständig in I enthalten ist. Nehmen Sie zum Beispiel an, dass c in $I = (a, b]$ liegt. Wenn $c < b$, dann ist die kleinere der zwei Zahlen $c - a$ und $b - c$ größer als Null. Wir bezeichnen diese kleinere Zahl mit δ und definieren das Intervall $J = (c - \delta, c + \delta)$. Dann haben wir Zahlen in J auf beiden Seiten von c, während $J \subseteq I$. Dasselbe gilt nicht, wenn $c = b$, da jedes Intervall, das Zahlen rechts von c enthält, auch Zahlen außerhalb von I enthält. Um diese zwei Situationen zu unterscheiden, sagen wir, dass jedes $c < b$, das in I liegt, ein *innerer Punkt* von I ist, während b ein *Randpunkt* von I ist, wie auch a. Um diese Idee klar zu machen:

Das Innere eines Intervalls

Seien a und b reelle Zahlen. Alle Punkte in dem offenen Intervall (a, b) sind *innere Punkte* der Intervalle $[a, b]$, $[a, b)$, $(a, b]$ und (a, b). Für die Intervalle $[a, b)$ und (a, b) kann der Endpunkt b auch ∞ sein; für die Intervalle $(a, b]$ und (a, b) kann der Endpunkt a auch $-\infty$ sein.

Eine wesentliche Beobachtung ist: Falls f eine differenzierbare Funktion ist, die ein Maximum oder Minimum in einem inneren Punkt c ihres Definitionsbereiches hat, dann muss die Tangente an ihren Graphen in diesem Punkt horizontal (parallel zur x-Achse) sein. Daher ist $f'(c) = 0$. Punkte c, in denen f differenzierbar ist und $f'(c) = 0$ ist, heißen **stationäre Stellen** für f. Präzise formuliert hat man das folgende Theorem:

Theorem 8.1.1   Notwendige Bedingung erster Ordnung

Nehmen Sie an, dass eine Funktion f differenzierbar ist in einem Intervall I und dass c ein innerer Punkt von I ist. Damit $x = c$ eine Maximum- oder Minimumstelle für f in I ist, ist es eine notwendige Bedingung, dass $x = c$ eine stationäre Stelle für f ist, d. h. $x = c$ ist eine Lösung von

$$f'(x) = 0 \tag{8.1.3}$$

Ein Beweis des Theorems geht wie folgt:

Nehmen Sie an, dass f ein Maximum an der Stelle c hat Wenn der Absolutbetrag von Δx hinreichend klein ist, dann ist $c + \Delta x \in I$, weil c ein innerer Punkt von I ist. Weil c eine Maximumstelle ist, gilt $f(c + \Delta x) - f(c) \leq 0$. Falls Δx hinreichend klein und positiv ist, ist der Newton-Quotient $[f(c + \Delta x) - f(c)]/\Delta x \leq 0$. Der Grenzwert dieses Quotienten für $\Delta x \to 0^+$ ist deshalb auch ≤ 0. Da aber $f'(c)$ existiert, ist dieser Grenzwert gleich $f'(c)$, so dass $f'(c) \leq 0$. Für kleine negative Werte von Δx andererseits erhalten wir $[f(c + \Delta x) - f(c)]/\Delta x \geq 0$. Der Grenzwert dieses Ausdrucks für $\Delta x \to 0^-$ ist deshalb ≥ 0. Somit ist $f'(c) \geq 0$. Wir haben jetzt bewiesen, dass $f'(c) \leq 0$ und $f'(c) \geq 0$, so dass $f'(c) = 0$ ist.

Der Beweis für den Fall, dass c eine Minimumstelle ist, ist ähnlich.

Bevor wir beginnen, die Eigenschaften von Maxima und Minima systematisch zu untersuchen, stellen wir einige geometrische Beispiele bereit. Sie werden uns die Rolle aufzeigen, die stationäre Stellen einer Funktion in der Optimierungstheorie spielen. Abb. 8.1.2 zeigt den Graphen einer Funktion f, die auf einem Intervall $[a, b]$ definiert ist und zwei stationäre Stellen c und d hat. An der Stelle c liegt ein Maximum vor, an der Stelle d ein Minimum.

Die Funktion in Abb. 8.1.3 hat keine stationären Stellen. Sie hat ein Maximum im Endpunkt b und ein Minimum an der Stelle d. An der Stelle d ist die Funktion nicht differenzierbar. An der Stelle b, ist die Ableitung (die linksseitige Ableitung) nicht 0.

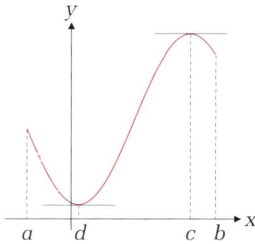

Abbildung 8.1.2: Zwei stationäre
Stellen

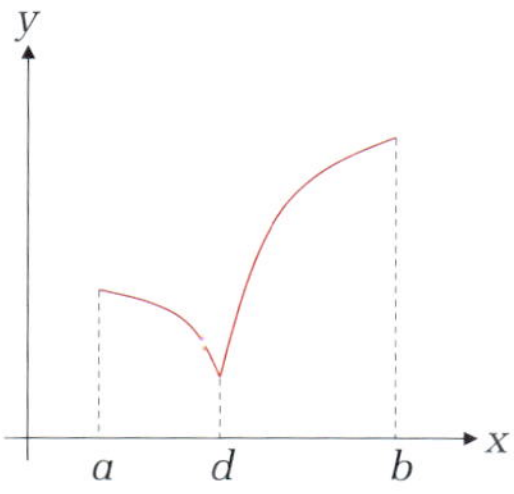

Abbildung 8.1.3: Keine stationäre
Stelle

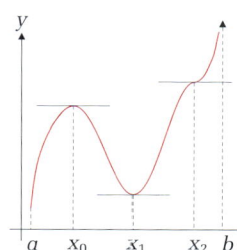

Abbildung 8.1.4: Keine inneren
Extrema

Bedingung (8.1.3) ist bekannt als eine Bedingung erster Ordnung, da sie sich auf die erste Ableitung der Funktion bezieht. Theorem 8.1.1 impliziert, dass (8.1.3) eine *notwendige* Bedingung für eine differenzierbare Funktion f ist, ein Maximum oder Minimum in einem inneren Punkt x ihres Definitionsbereiches zu haben. Die Bedingung ist weit davon entfernt, auch hinreichend zu sein. Dies ist in Abb. 8.1.4 illustriert, wo f drei stationäre Stellen x_0, x_1 und x_2 hat, aber keine von ihnen ist eine Extremstelle. Im Endpunkt a liegt ein Minimum vor, während der Endpunkt b eine Maximumstelle ist.[2] An der stationären Stelle x_0 hat die Funktion f ein „lokales Maximum" in dem Sinne, dass ihr Wert in diesem Punkt größer ist als in allen Nachbarpunkten. Analog hat sie in x_1 ein „lokales Minimum", während x_2 eine stationäre Stelle ist, an der weder ein lokales Maximum noch ein lokales Minimum vorliegt. Tatsächlich ist x_2 ein Spezialfall einer *Wendestelle*.

Die in Abb. 8.1.2 angedeutete Situation ist die am häufigsten in den Anwendungen auftretende Situation, da Maximum- und Minimumstellen gewöhnlich an stationären Stellen auftreten. Jedoch zeigen die Abbildungen 8.1.3 und 8.1.4 Situationen, die auch in ökonomischen Problemen vorkommen *können*. Tatsächlich repräsentieren die drei Abbildungen wichtige Aspekte univariater Optimierungsprobleme. Da die Theorie so wichtig ist in den Wirtschaftswissenschaften, dürfen wir uns nicht einfach auf vage geometrische Erkenntnisse verlassen. Stattdessen müssen wir eine stabilere analytische Grundlage entwickeln, indem wir präzise mathematische Resultate formulieren.

Aufgaben für Kapitel 8.1

1. Benutzen Sie Argumente, die ähnlich denen in Beispiel 8.1.1 sind, um die Maximum- oder Minimumstellen für die folgenden Funktionen zu finden:

   (a) $f(x) = \dfrac{8}{3x^2 + 4}$ (b) $g(x) = 5(x + 2)^4 - 3$ (c) $h(x) = \dfrac{1}{1 + x^4}$ für $x \in [-1, 1]$

   (d) $F(x) = \dfrac{-2}{2 + x^2}$ (e) $G(x) = 2 - \sqrt{1 - x}$ (f) $H(x) = 100 - e^{-x^2}$

   ▶ Lösungen zu den Aufgaben finden Sie im Anhang des Buches.

---

[2] Oder, wenn Sie es vorziehen, nehmen Sie an, dass b nicht im Definitionsbereich der Funktion liegt und dass $f(x)$ gegen ∞ strebt, wenn x gegen b strebt.

8.2 Einfache Tests auf Extremstellen

In vielen Fällen können wir Maximal- oder Minimalwerte einer Funktion finden, indem wir einfach das Vorzeichen der ersten Ableitung untersuchen. Nehmen Sie an, dass die Funktion $f(x)$ differenzierbar ist in einem Intervall I und dass sie nur eine stationäre Stelle $x = c$ hat. Nehmen Sie an, dass $f'(x) \geq 0$ für alle x in I mit $x \leq c$, während $f'(x) \leq 0$ für alle x in I mit $x \geq c$. Dann ist $f(x)$ monoton wachsend links von c und monoton fallend rechts von c. Es folgt, dass $f(x) \leq f(c)$ für alle $x \leq c$ und $f(c) \geq f(x)$ für alle $x \geq c$. Daher ist $x = c$ eine Maximumstelle für f in I, wie in Abb. 8.2.1 illustriert wird.

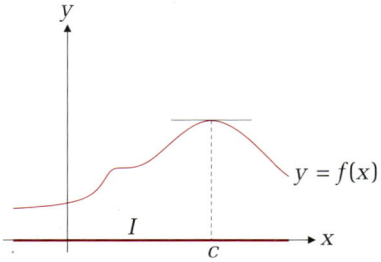

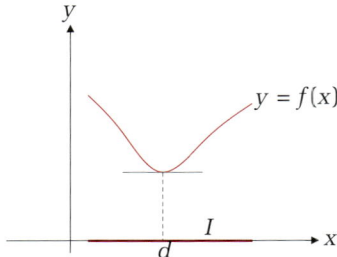

Abbildung 8.2.1: $x = c$ ist eine Maximumstelle.   Abbildung 8.2.2: $x = d$ ist eine Minimumstelle.

Mit offensichtlichen Modifikationen gilt ein ähnliches Resultat für Minimumstellen, wie in Abb. 8.2.2 illustriert wird. Kurz formuliert:[3]

Theorem 8.2.1 Test der ersten Ableitung auf Extrema

Nehmen Sie an, dass die Funktion $f(x)$ differenzierbar ist in einem Intervall I, das c enthält.
(i)   Falls $f'(x) \geq 0$ für $x \leq c$ und $f'(x) \leq 0$ für $x \geq c$, dann ist $x = c$ eine Maximumstelle für f.
(ii) Falls $f'(x) \leq 0$ für $x \leq c$ und $f'(x) \geq 0$ für $x \geq c$, dann ist $x = c$ eine Minimumstelle für f.

Beispiel 8.2.1

Die Konzentration eines Arzneimittels im Blut, gemessen in Milligramm pro Liter, ist t Stunden nach der Injektion gegeben durch die Formel

$$c(t) = \frac{t}{t^2 + 4}, \qquad t \geq 0$$

Finden Sie den Zeitpunkt der maximalen Konzentration.

---

[3] Viele Bücher über Mathematik für Ökonomen lehren die Studierenden, immer die so genannten Bedingungen zweiter Ordnung zu überprüfen, auch wenn dieser Test der ersten Ableitung viel einfacher zu handhaben ist.

Lösung: Differenzieren bezüglich t ergibt

$$c'(t) = \frac{1 \cdot (t^2 + 4) - t \cdot 2t}{(t^2 + 4)^2} = \frac{4 - t^2}{(t^2 + 4)^2} = \frac{(2 + t)(2 - t)}{(t^2 + 4)^2}$$

Für $t \geq 0$ bestimmt der Term $2 - t$ allein das algebraische Vorzeichen des Quotienten, weil alle anderen Terme positiv sind. Wenn $t \leq 2$, dann ist $c'(t) \geq 0$, während $c'(t) \leq 0$ für $t \geq 2$. Wir schließen, dass $t = 2$ die Funktion $c(t)$ maximiert. Daher ist die Konzentration des Arzneimittels 2 Stunden nach der Injektion am höchsten. Da $c(2) = 0.25$, ist die maximale Konzentration 0.25 Milligramm pro Liter.

Beispiel 8.2.2

Betrachten Sie die Funktion f, die für alle x definiert ist durch

$$f(x) = e^{2x} - 5e^x + 4 = (e^x - 1)(e^x - 4)$$

(a) Bestimmen Sie die Nullstellen von $f(x)$ und berechnen Sie $f'(x)$.

(b) Bestimmen Sie die Intervalle, in denen f monoton wachsend und fallend ist und bestimmen Sie mögliche Extremstellen und die zugehörigen Extremwerte.

(c) Untersuchen Sie $\lim_{x \to -\infty} f(x)$ und skizzieren Sie den Graphen von f.

Lösung:

(a) $f(x) = (e^x - 1)(e^x - 4) = 0$, falls $e^x = 1$ und wenn $e^x = 4$. Daher ist $f(x) = 0$ für $x = 0$ und für $x = \ln 4$. Durch Differenzieren von $f(x)$ erhalten wir $f'(x) = 2e^{2x} - 5e^x$.

(b) $f'(x) = 2e^{2x} - 5e^x = e^x(2e^x - 5)$. Daher gilt $f'(x) = 0$ für $e^x = 5/2 = 2.5$, d.h. $x = \ln 2.5$. Ferner ist $f'(x) \leq 0$ für $x \leq \ln 2.5$ und $f'(x) \geq 0$ für $x \geq \ln 2.5$. Daher ist $f(x)$ monoton fallend im Intervall $(-\infty, \ln 2.5]$ und monoton wachsend in $[\ln 2.5, \infty)$. Daher hat $f(x)$ ein Minimum an der Stelle $x = \ln 2.5$ und $f(\ln 2.5) = (2.5 - 1)(2.5 - 4) = -2.25$. Da $f(x) \to \infty$, wenn $x \to \infty$, hat $f(x)$ kein Maximum.

(c) Wenn $x \to -\infty$, dann strebt e^x gegen 0 und $f(x)$ strebt gegen 4. Der Graph ist in Abb. 8.2.3 dargestellt. Beachten Sie, dass $y = 4$ eine Asymptote ist für $x \to -\infty$.

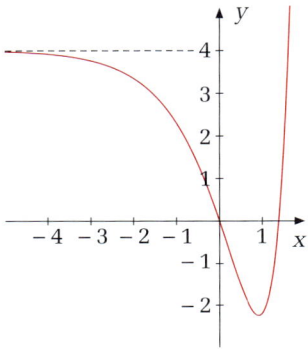

Abbildung 8.2.3: $f(x) = e^{2x} - 5e^x + 4$

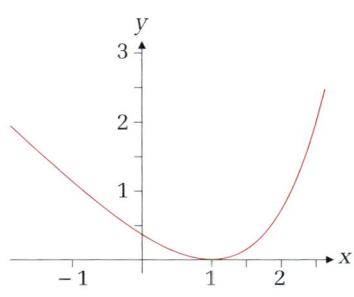

Abbildung 8.2.4: $f(x) = e^{x-1} - x$

Extremstellen für konkave und konvexe Funktionen

Erinnern Sie sich an die Definition konkaver und konvexer Funktionen in Kap. 6.9. Nehmen Sie an, dass die Funktion f konkav ist mit $f''(x) \leq 0$ für alle x in einem Intervall I. Dann ist $f'(x)$ monoton fallend in I. Falls $f'(c) = 0$ für einen inneren Punkt c des Intervalls I, dann muss $f'(x) \geq 0$ sein links von c, während $f'(x) \leq 0$ rechts von c. Dies impliziert, dass die Funktion selbst links von c monoton wachsend und rechts von c monoton fallend ist. Wir schließen, dass $x = c$ eine Maximumstelle für f in I ist. Wir erhalten offensichtlich ein entsprechendes Resultat für ein Minimum einer konvexen Funktion.

Theorem 8.2.2   Extrema für konkave und konvexe Funktionen

Nehmen Sie an, dass f eine Funktion in einem Intervall I ist und dass c eine stationäre Stelle für f im Innern des Intervalls I ist.
(i)   Wenn f konkav ist, dann ist c eine Maximumstelle für f in I.
(ii)   Wenn f konvex ist, dann ist c eine Minimumstelle für f in I.

Beispiel 8.2.3

Betrachten Sie die Funktion f, die für alle x durch $f(x) = e^{x-1} - x$ definiert ist. Zeigen Sie, dass f konvex ist und bestimmen Sie ihre Minimumstelle. Skizzieren Sie den Graphen.

Lösung: $f'(x) = e^{x-1} - 1$ und $f''(x) = e^{x-1} > 0$. Somit ist f konvex. Beachten Sie, dass $f'(x) = e^{x-1} - 1 = 0$ für $x = 1$. Aus Theorem 8.2.2 folgt, dass $x = 1$ die Funktion f minimiert. Siehe Abb. 8.2.4 für den Graphen von f, der das Resultat bestätigt. ■■■■

Aufgaben für Kapitel 8.2

1.   Bezeichne y die durchschnittliche wöchentliche Menge an Schweinefleisch, in Millionen Pfund, die 1948 in Chicago hergestellt wurde und sei x der gesamte wöchentliche Arbeitsaufwand, in Tausend Stunden. Eine Studie schätzte den Zusammenhang $y = -2.05 + 1.06x - 0.04x^2$. Bestimmen Sie den Wert von x, der y maximiert, indem Sie die Variation des Vorzeichens von y' untersuchen.

2.   Bestimmen Sie die Ableitung der Funktion h, die für alle x definiert ist durch die Formel $h(x) = 8x/(3x^2 + 4)$. Beachten Sie, dass $h(x) \to 0$ für $x \to \pm\infty$. Untersuchen Sie die Variation des Vorzeichens von $h'(x)$, um die Extremstellen von $h(x)$ zu finden.

3.   Die Höhe einer Blütenpflanze nach t Monaten ist gegeben durch $h(t) = \sqrt{t} - \frac{1}{2}t$ für $t \in [0, 3]$. Zu welcher Zeit ist die Pflanze am höchsten?

4.   Zeigen Sie, dass gilt

$$f(x) = \frac{2x^2}{x^4 + 1} \quad \Rightarrow \quad f'(x) = \frac{4x(1 + x^2)(1 + x)(1 - x)}{(x^4 + 1)^2}$$

und bestimmen Sie den Maximalwert von f in $[0, \infty)$.

➡

➡ Fortsetzung

5. Bestimmen Sie mögliche Extremstellen für $g(x) = x^3 \ln x$ für $x \in (0, \infty)$.

6. Bestimmen Sie mögliche Extremstellen für $f(x) = e^{3x} - 6e^x$ für $x \in (-\infty, \infty)$.

7. Bestimmen Sie das Maximum von $y = x^2 e^{-x}$ in $[0, 4]$.

8. Verwenden Sie Theorem 8.2.2, um diejenigen Werte von x zu finden, die die durch die folgenden Formeln gegebenen Funktionen maximieren/minimieren:

    (a) $y = e^x + e^{-2x}$ (b) $y = 9 - (x - a)^2 - 2(x - b)^2$ (c) $y = \ln x - 5x$ für $x > 0$

9. Betrachten Sie n Zahlen $a_1, a_2, \ldots, a_n$. Bestimmen Sie diejenige Zahl $\bar{x}$, die die beste Approximation an diese Zahlen liefert in dem Sinne, dass die Distanzfunktion d minimiert wird:

    $$d(x) = (x - a_1)^2 + (x - a_2)^2 + \cdots + (x - a_n)^2$$

Anspruchsvollere Aufgabe

10. Nach der großen Flutkatastrophe in Holland im Jahre 1953 wurde von der holländischen Regierung ein Forschungsprojekt initiiert, um die optimale Höhe der Deiche zu bestimmen. In einem der Modelle musste derjenige Wert von x gefunden werden, der die Funktion $f(x) = I_0 + kx + Ae^{-\alpha x}$ für $x \geq 0$ minimiert. Dabei bezeichnet x die Anzahl der Meter, um die die Deiche erhöht werden sollten, $I_0 + kx$ sind die Konstruktionskosten und $Ae^{-\alpha x}$ ist eine Schätzung des durch eine Überflutung erwarteten Verlustes. Die Parameter I_0, k, A und α sind alle positive Konstanten.

    (a) Nehmen Sie an, dass $A\alpha > k$. Bestimmen Sie $x_0 > 0$, das $f(x)$ minimiert.

    (b) Die Konstante A ist definiert als $A = p_0 V(1 + 100/\delta)$, wobei p_0 die Wahrscheinlichkeit ist, dass die Deiche überflutet werden, wenn sie nicht erneuert werden. V sind die geschätzten Kosten eines Flutschadens und δ ist eine Zinsrate. Zeigen Sie, dass:

    $$x_0 = \frac{1}{\alpha} \ln\left[\frac{\alpha p_0 V}{k} \left(1 + \frac{100}{\delta}\right) \right]$$

    Untersuchen Sie, was mit x_0 geschieht, wenn eine der Variablen p_0, V, δ oder k ansteigt. Kommentieren Sie die Plausibiltät der Ergebnisse[4].

▶ Lösungen zu den Aufgaben finden Sie im Anhang des Buches.

8.3   Ökonomische Beispiele

Dieses Unterkapitel präsentiert einige interessante Beispiele ökonomischer Optimierungsprobleme.

Beispiel 8.3.1

Nehmen Sie an, dass $Y(N)$ Scheffel (= „bushel") Weizen geerntet werden pro acre (= 4 047 m²) Land, wenn N Pfund Düngemittel pro acre verwendet werden. Falls

---

[4]   Das Problem ist erörtert in D. van Dantzig, „Economic Decision Problems for Flood Prevention," *Econometrica*, 24 (1956): 276–287.

P der Preis in Dollar pro Scheffel Weizen ist und q der Preis in Dollar pro Pfund Düngemittel, dann ist der Gewinn in Dollar pro acre

$$\pi(N) = PY(N) - qN$$

für $N \geq 0$. Nehmen Sie an, dass es ein N^* gibt mit $\pi'(N) \geq 0$ für $N \leq N^*$ und $\pi'(N) \leq 0$ für $N \geq N^*$. Dann maximiert N^* den Gewinn und $\pi'(N^*) = 0$, d. h. $PY'(N^*) - q = 0$, so dass

$$PY'(N^*) = q \tag{$*$}$$

Wir geben eine ökonomische Interpretation dieser Bedingung. Nehmen Sie an, dass N^* Einheiten des Düngemittels verwendet werden und wir erwägen, N^* um eine Einheit zu erhöhen. Was gewinnen wir? Falls N^* um eine Einheit erhöht wird, so werden $Y(N^* + 1) - Y(N^*)$ mehr Scheffel produziert. Nun ist $Y(N^* + 1) - Y(N^*) \approx Y'(N^*)$. Für jedes dieser Scheffel erhalten wir P Dollar, so dass gilt: *Durch Erhöhung von N^* um eine Einheit gewinnen wir ungefähr $PY'(N^*)$ Dollar.* Andererseits gilt auch: *Durch Erhöhung von N^* um eine Einheit verlieren wir q Dollar.* Denn dies sind die Kosten für eine Einheit des Düngemittels. Daher können wir ($*$) wie folgt interpretieren: Um den Gewinn zu maximieren, sollten Sie die Menge des Düngemittels auf dasjenige Niveau N^* einstellen, bei dem ein zusätzliches Pfund Düngemittel Gewinne und Verluste ausgleicht.

(a) In einem (unrealistischen) Beispiel sei $Y(N) = \sqrt{N}$, $P = 10$ und $q = 0.5$. Bestimmen Sie die Menge des Düngemittels, die den Gewinn in diesem Fall maximiert.

(b) In einer landwirtschaftlichen Studie in Iowa wurde die Ertragsfunktion $Y(N)$ für das Jahr 1952 geschätzt als

$$Y(N) = -13.62 + 0.984N - 0.05N^{1.5}$$

Bestimmen Sie die Menge des Düngemittels, die den Gewinn maximiert, falls der Weizenpreis 1.40\$ pro Scheffel und der Preis des Düngemittels 0.18\$ pro Pfund ist.

Lösung:

(a) Die Gewinnfunktion ist

$$\pi(N) = PY(N) - qN = 10N^{1/2} - 0.5N, \qquad N \geq 0$$

Dann ist $\pi'(N) = 5N^{-1/2} - 0.5$. Wir sehen, dass $\pi'(N^*) = 0$, falls $(N^*)^{-1/2} = 0.1$ und damit $N^* = 100$. Weiterhin folgt, dass $\pi'(N) \geq 0$, falls $N \leq 100$ und $\pi'(N) \leq 0$ für $N \geq 100$. Wir schließen, dass $N^* = 100$ den Gewinn maximiert. Siehe Abb. 8.3.1.

(b) In diesem Fall ist

$$\pi(N) = 1.4(-13.62 + 0.984N - 0.05N^{1.5}) - 0.18N$$
$$= -19.068 + 1.1976N - 0.07N^{1.5}$$

so dass

$$\pi'(N) = 1.1976 - 0.07 \cdot 1.5N^{0.5} = 1.1976 - 0.105\sqrt{N}$$

Daher gilt $\pi'(N^*) = 0$, wenn $0.105\sqrt{N^*} = 1.1976$. Dies impliziert, dass

$$\sqrt{N^*} = \frac{1.1976}{0.105} \approx 11.4 \quad \text{und damit} \quad N^* \approx (11.4)^2 \approx 130$$

Indem wir den Ausdruck für $\pi'(N)$ untersuchen, sehen wir, dass $\pi'(N)$ links von N^* positiv und rechts von N^* negativ ist. Daher maximiert $N^* \approx 130$ den Gewinn. Der Graph von $\pi(N)$ wird in in Abb. 8.3.2 gezeigt.

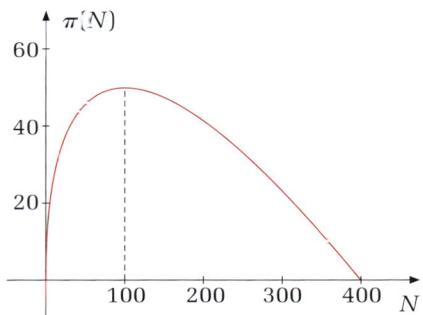

Abbildung 8.3.1: Beispiel 8.3.1(a)

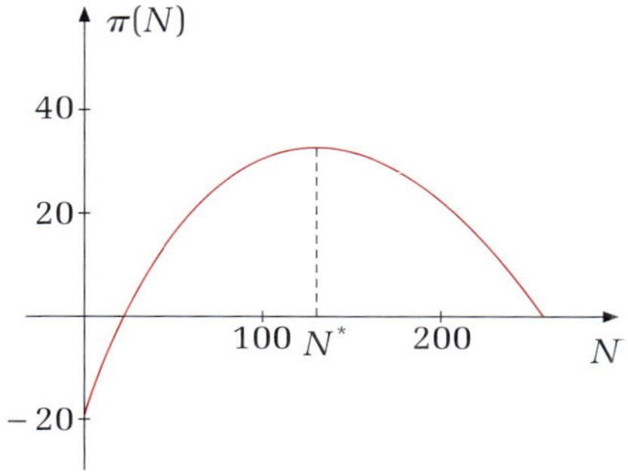

Abbildung 8.3.2: Beispiel 8.3.1(b)

Beispiel 8.3.2

Die Gesamtkosten zur Herstellung von $Q > 0$ Einheiten eines Gutes seien $C(Q) = aQ^2 + bQ + c$, wobei a, b und c positive Konstanten sind.

(a) Bestimmen Sie denjenigen Wert von Q, der die Durchschnittskosten $A(Q) = C(Q)/Q$ minimiert in dem Spezialfall, wenn $C(Q) = 2Q^2 + 10Q + 32$.

(b) Zeigen Sie, dass im allgemeinen Fall die Durchschnittskostenfunktion ein Minimum hat an der Stelle $Q^* = \sqrt{c/a}$. Zeichnen Sie in dasselbe Koordinatensystem die Graphen der Durchschnittskosten, der Grenzkosten und die Gerade $P = aQ - b$.

Lösung:

(a) Wir erhalten hier $A(Q) = 2Q + 10 + 32/Q$, so dass $A'(Q) = 2 - 32/Q^2$ und $A''(Q) = 64/Q^3$. Da $A''(Q) > 0$ für alle $Q > 0$, ist die Funktion A konvex und da $A'(Q) = 0$ für $Q = 4$, ist dies eine Minimumstelle.

(b) Wir erhalten hier $A(Q) = aQ + b + c/Q$, $A'(Q) = a - c/Q^2$ und $A''(Q) = 2c/Q^3$. Da $A''(Q) > 0$ für alle $Q > 0$, ist die Funktion A konvex und da $A'(Q) = 0$ für $Q^* = \sqrt{c/a}$, ist dies eine Minimumstelle. Die Graphen sind gezeichnet in Abb. 8.3.3. Beachten Sie, dass an der Minimumstelle Q^* die Grenzkosten gleich den Durchschnittskosten sind. Dies ist kein Zufall, weil es allgemein gilt, dass $A'(Q) = 0$ genau dann, wenn $C'(Q) = A(Q)$ gilt.[5]

Das folgende Beispiel zeigt in typischer Weise, wie Ökonomen implizites Differenzieren im Zusammenhang mit Optimierungsproblemen verwenden.

---

[5] Siehe Beispiel 6.7.6. Die minimalen Durchschnittskosten sind $A(Q^*) = a\sqrt{c/a} + b + c/\sqrt{c/a} = \sqrt{ac} + b + \sqrt{ac} = 2\sqrt{ac} + b$.

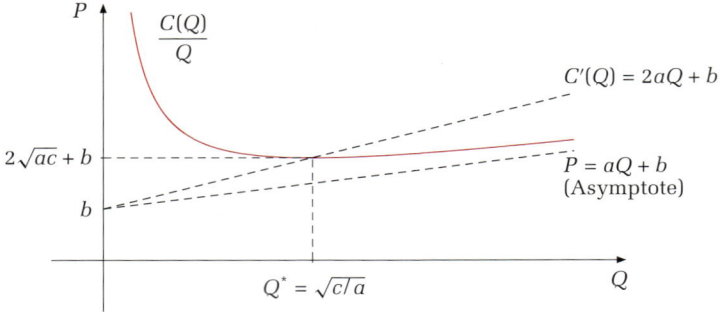

Abbildung 8.3.3: Durchschnittskostenfunktion

Beispiel 8.3.3

Für einen Monopolisten gelte die inverse Nachfragefunktion $P(Q)$, die den Preis bezeichnet, wenn der Output Q ist. Der Monopolist hat konstante durchschnittliche Kosten k pro produzierter Einheit.

(a) Bestimmen Sie die Gewinnfunktion $\pi(Q)$ und zeigen Sie, dass die Bedingung erster Ordnung für ein Maximum des Gewinns in $Q^* > 0$ gegeben ist durch:

$$P(Q^*) + Q^* P'(Q^*) = k \qquad (*)$$

(b) Zeigen Sie durch implizites Differenzieren von $(*)$, wie die Wahl der optimalen Produktion durch Änderungen in k beeinflusst wird.

(c) Wie reagiert der optimale Gewinn auf Änderungen in k?

Lösung:

(a) Die Gewinnfunktion ist $\pi(Q) = QP(Q) - kQ$, so dass $\pi'(Q) = P(Q) + QP'(Q) - k$. Damit $Q^* > 0$ den Gewinn $\pi(Q)$ maximiert, muss gelten $\pi'(Q^*) = 0$, d.h. Gleichung $(*)$.

(b) Unter der Annahme, dass Gleichung $(*)$ den optimalen Gewinn Q^* als differenzierbare Funktion von k definiert, erhalten wir

$$P'(Q^*)\frac{dQ^*}{dk} + \frac{dQ^*}{dk}P'(Q^*) + Q^* P''(Q^*)\frac{dQ^*}{dk} = 1$$

Auflösen nach dQ^*/dk ergibt

$$\frac{dQ^*}{dk} = \frac{1}{Q^* P''(Q^*) + 2P'(Q^*)}$$

(c) Da $\pi(Q^*) = Q^* P(Q^*) - kQ^*$, ergibt Differentiation nach k:

$$\frac{d\pi(Q^*)}{dk} = \frac{dQ^*}{dk}P(Q^*) + Q^* P'(Q^*)\frac{dQ^*}{dk} - Q^* - k\frac{dQ^*}{dk}$$

Die drei Terme, die dQ^*/dk enthalten, fallen jedoch wegen der Bedingung erster Ordnung $(*)$ alle heraus. Somit gilt: $d\pi^*/dk = -Q^*$. Wenn also die Kosten um eine Einheit steigen, fällt der optimale Gewinn um ungefähr Q^*, das Niveau des optimalen Outputs.

Aufgaben für Kapitel 8.3

1. (a) Ein Unternehmen produziert $Q = 2\sqrt{L}$ Einheiten eines Gutes, wenn L Einheiten Arbeit verwendet werden. Welcher Wert von L maximiert den Gewinn $\pi(L)$, wenn der erzielte Preis pro Einheit 160 Euro und die Kosten pro Einheit Arbeit 40 Euro sind?

(b) Ein Unternehmen produziert $Q = f(L)$ Einheiten eines Gutes, wenn L Einheiten Arbeit verwendet werden. Nehmen Sie an, dass $f'(L) > 0$ und $f''(L) < 0$. Welches ist die Bedingung erster Ordnung für die Maximierung des Gewinns an der Stelle $L = L^*$, wenn der erzielte Preis pro Einheit gleich 1 und der Preis pro Einheit Arbeit gleich w ist?

(c) Bestimmen Sie durch implizites Differenzieren der Bedingung erster Ordnung in (b) nach w, wie sich L^* ändert, wenn w sich ändert.

2. Nehmen Sie in Beispiel 8.3.3 an, dass $P(Q) = a - Q$ und dass $0 < k < a$.

(a) Bestimmen Sie den gewinnmaximierenden Output Q^* und den dazugehörigen Gewinn $\pi(Q^*)$ des Monopolisten.

(b) Wie reagiert der Gewinn des Monopolisten auf Änderungen von k? Bestimmen Sie $d\pi(Q^*)/dk$.

(c) Die Regierung vertritt die Auffassung, dass der Monopolist zu wenig produziert. Sie möchte den Monopolisten veranlassen $\hat{Q} = a - k$ Einheiten zu produzieren indem Sie eine Subvention der Höhe s pro Einheit Output gewährt. Berechnen Sie diejenige Höhe s der Subvention, die nötig ist, um das Ziel zu erreichen.

3. Aus einem quadratischen Zinnblech, dessen Seiten 18 cm lang sind, soll eine offene quadratische Schachtel der Tiefe x hergestellt werden, indem gleich große Quadrate mit der Seitenlänge x in jeder Ecke ausgeschnitten werden und dann über die Ecken gefaltet werden. Zeichnen Sie ein Bild und zeigen Sie, dass das Volumen der Schachtel für $x \in [0, 9]$ gegeben ist durch:

$$V(x) = x(18 - 2x)^2 = 4x^3 - 72x^2 + 324x$$

Bestimmen Sie auch die Maximumstelle von V in $[0, 9]$.

4. In einem ökonomischen Modell ist der Anteil der Familien, deren Einkommen nicht größer als x ist und die einen Heimcomputer haben, gegeben durch

$$p(x) = a + k(1 - e^{-cx}),$$

wobei a, k und c positive Konstanten sind. Bestimmen Sie $p'(x)$ und $p''(x)$. Hat $p(x)$ ein Maximum? Skizzieren Sie den Graphen von p.

5. Die Steuer T, die eine Person auf ihr Einkommen w zahlt, sei gegeben durch $T = a(bw + c)^p + kw$, wobei a, b, c und k positive Konstanten sind und $p > 1$. Dann ist die durchschnittliche Steuerrate

$$\overline{T}(w) = \frac{T}{w} = a\frac{(bw + c)^p}{w} + k$$

Bestimmen Sie den Wert des Einkommens, der die durchschnittliche Steuerrate minimiert.

▶ Lösungen zu den Aufgaben finden Sie im Anhang des Buches.

8.4   Der Extremwertsatz

Die wichtigsten Theoreme, die bisher in diesem Kapitel benutzt wurden, um Extremstellen zu lokalisieren, verlangen, dass die Funktion auf einer Seite dieser Stelle ständig wächst und auf der anderen Seite dieser Stelle ständig fällt. Viele Funktionen mit
einer Ableitung, deren Vorzeichen in einer komplizierteren Weise wechselt, können
trotzdem ein Maximum oder Minimum haben. Dieser Abschnitt zeigt, wie mögliche
Extremstellen einer wichtigen Klasse solcher Funktionen zu lokalisieren sind.

Es ist nicht schwierig, sich Funktionen vorzustellen, die keine Extremstellen haben – z. B. die Funktion $f(x) = x$, die auf der ganzen reellen Zahlenachse definiert ist.
Das folgende Theorem enthält wichtige hinreichende Bedingungen für die Existenz
eines Maximums und eines Minimums.

Theorem 8.4.1   Der Extremwertsatz

Nehmen Sie an, dass f eine stetige Funktion auf einem abgeschlossenen beschränkten Intervall $[a, b]$ ist. Dann existiert eine Stelle d in $[a, b]$, an der f ein Minimum hat
und eine Stelle c in $[a, b]$, an der f ein Maximum hat, d.h. es gilt $f(d) \leq f(x) \leq f(c)$
für alle x in $[a, b]$.

Eines der häufigsten Missverständnisse des Extremwertsatzes wird durch die folgende
Behauptung in einer Examensarbeit illustriert: „Die Funktion ist stetig. Da sie jedoch
nicht auf einem abgeschlossenen beschränkten Intervall definiert ist, zeigt der Extremwertsatz, dass es kein Maximum gibt." Das Missverständnis ist hier das folgende:
Obwohl die Bedingungen des Theorems hinreichend sind, sind sie keineswegs *notwendig* für die Existenz einer Extremstelle. In Aufgabe 9 sollen Sie eine Funktion
untersuchen, die auf einem Intervall definiert ist, das weder abgeschlossen noch beschränkt ist, und die darüber hinaus nicht einmal stetig ist. Dennoch hat die Funktion
sowohl ein Maximum als auch ein Minimum.

Diese Beobachtung bedeutet jedoch nicht, dass wir auf die Voraussetzungen des
Theorems verzichten können. Die Abbildungen 8.4.1 bis 8.4.3 zeigen Fälle, in denen
zwei der Voraussetzungen aus Theorem 8.4.1 erfüllt sind, die übrig bleibende jedoch

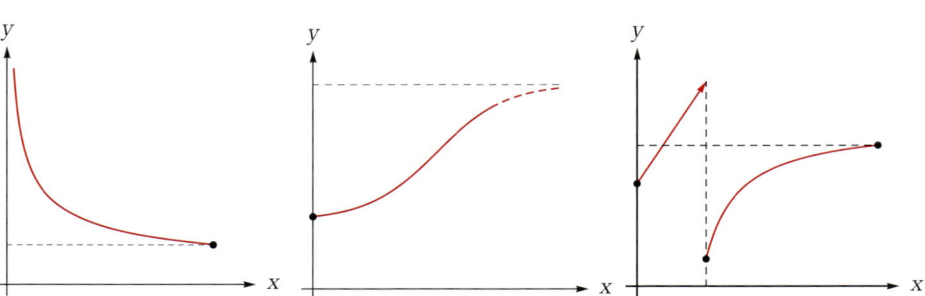

Abbildung 8.4.1: Der Definitionsbereich ist nicht abgeschlossen

Abbildung 8.4.2: Der Definitionsbereich ist unbeschränkt

Abbildung 8.4.3: Eine unstetige Funktion

nicht. In jedem der Fälle hat die Funktion kein Maximum – obwohl sie ein Minimum besitzt.

Der Beweis des Extremwertsatzes ist überraschend schwierig.[6] Dennoch ist es leicht, das Resultat zu erfassen. Stellen Sie sich zum Beispiel eine Bergetappe eines Radrennens wie die Tour de France vor. Da Straßen normalerweise nicht über Klippen gehen, ist die Höhe der Straße über dem Meeresspiegel eine stetige Funktion der zurückgelegten Entfernung, wie in Abb. 8.4.4 illustriert wird. Wie die Abbildung auch zeigt, muss die Etappe den Fahrradfahrer über einen höchsten Punkt P und einen niedrigsten Punkt Q bringen. Natürlich könnten diese Punkte auch am Start oder am Ziel der Etappe sein und die Etappe muss irgendwann beendet sein!

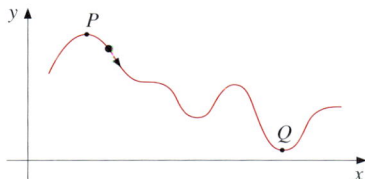

Abbildung 8.4.4: Höhe als eine Funktion der Entfernung

Wie man nach Maxima und Minima sucht

Nehmen Sie an, wir wissen, dass eine Funktion f ein Maximum und/oder ein Minimum in einem beschränkten Intervall I hat. Das Optimum muss entweder in einem inneren Punkt von I oder in einem der Endpunkte auftreten. Wenn es innerhalb des Intervalls I – nämlich in einem inneren Punkt – eintritt und wenn f differenzierbar ist, dann ist die Ableitung f' in diesem Punkt Null. Weiterhin gibt es noch die Möglichkeit, dass das Optimum in einem Punkt auftritt, in dem f nicht differenzierbar ist. Daher gehört jede Extremstelle zu einer der drei verschiedenen Mengen:

(a) Innere Punkte von I, in denen $f'(x) = 0$ ist;

(b) Endpunkte von I, falls sie zu I gehören; und

(c) Innere Punkte von I, in denen f' nicht existiert.

Punkte, die eine dieser drei Bedingungen erfüllen, wollen wir *Kandidaten für Extremstellen* nennen. Ob sie wirklich Extremstellen sind, hängt von einer gründlichen Untersuchung der Funktionswerte ab, wie weiter unten erklärt wird.

In Abb. 8.1.3 sehen Sie ein typisches Beispiel, das zeigt, dass ein Minimum in einem Punkt vom Typ (c) auftreten kann. Jedoch sind die meisten Funktionen, die Ökonomen untersuchen, überall differenzierbar, so dass das folgende Rezept daher die meisten interessanten Probleme abdeckt.

---

[6] Der ursprüngliche Beweis ist von dem deutschen Mathematiker Karl Weierstrass (1815–1897). Das wesentliche Argument ist, dass der Wertebereich einer stetigen Funktion, die auf einem abgeschlossenen und beschränkten Intervall definiert ist, selbst abgeschlossen und beschränkt ist. Die Endpunkte des Wertebereichs, welches die Extremwerte der Funktion sind, existieren deshalb.

Auffinden der Extrema von Funktionen

Um die Maximal- und Minimalwerte einer differenzierbaren Funktion f zu finden, die auf einem abgeschlossenen beschränkten Intervall $[a, b]$ definiert ist, gehen Sie wie folgt vor:

(I)   Bestimmen Sie alle stationären Stellen von f in (a, b) – d. h. bestimmen Sie alle x in (a, b), die die Gleichung $f'(x) = 0$ erfüllen.

(II) Berechnen Sie den Funktionswert von f in den Endpunkten a und b des Intervalls und auch an allen stationären Stellen.

(III) Der größte der in (II) gefundenen Funktionswerte ist der Maximalwert und der kleinste Funktionswert ist der Minimalwert von f in $[a, b]$.

Eine differenzierbare Funktion ist stetig und damit garantiert der Extremwertsatz, dass Maximum- und Minimumstellen existieren, vorausgesetzt, dass der Definitionsbereich abgeschlossen und beschränkt ist. Indem wir dem gerade gegebenen Rezept folgen, können wir im Prinzip diese Extremstellen finden.

Beispiel 8.4.1

Bestimmen Sie die Maximal- und Minimalwerte für $x \in [0, 3]$ von

$$f(x) = 3x^2 - 6x + 5$$

Lösung: Die Funktion ist überall differenzierbar und $f'(x) = 6x - 6 = 6(x - 1)$. Daher ist $x = 1$ die einzige stationäre Stelle. Die Kandidaten für Extremstellen sind daher die Endpunkte 0 und 3, sowie $x = 1$. Wir berechnen die Werte von f in diesen drei Punkten. Die Ergebnisse sind $f(0) = 5$, $f(3) = 14$ und $f(1) = 2$. Wir schließen, dass der Maximalwert 14 ist und an der Stelle $x = 3$ angenommen wird. Der Minimalwert ist 2 an der Stelle $x = 1$.

Beispiel 8.4.2

Bestimmen Sie die Maximal- und Minimalwerte für $x \in [-1, 3]$ von

$$f(x) = \tfrac{1}{4}x^4 - \tfrac{5}{6}x^3 + \tfrac{1}{2}x^2 - 1$$

Lösung: Die Funktion ist überall differenzierbar und

$$f'(x) = x^3 - \tfrac{5}{2}x^2 + x = x\left(x^2 - \tfrac{5}{2}x + 1\right)$$

Als Lösungen der quadratischen Gleichung $x^2 - \tfrac{5}{2}x + 1 = 0$ erhalten wir $x = 1/2$ und $x = 2$. Daher ist $f'(x) = 0$ für $x = 0$, $x = 1/2$ und $x = 2$. Diese drei Punkte, zusammen mit den beiden Endpunkten -1 und 3 des Intervalls bilden die fünf Kandidaten für Extremstellen. Wir erhalten $f(-1) = 7/12$, $f(0) = -1$, $f(1/2) = -185/192$, $f(2) = -5/3$ und $f(3) = 5/4$. Daher ist der Maximalwert von f gleich 5/4 an der Stelle $x = 3$. Der Minimalwert ist $-5/3$ an der Stelle $x = 2$.

Beachten Sie, dass es nicht nötig ist, die Vorzeichenvariation von $f'(x)$ zu untersuchen oder andere Bedingungen zu überprüfen, um sicher zu sein, dass wir den Maximal- und Minimalwert gefunden haben. In den beiden vorangehenden Beispielen hatten wir keine Mühe, die Lösungen der Gleichung $f'(x) = 0$ zu finden. In manchen Fällen könnte jedoch das Bestimmen aller Lösungen von $f'(x) = 0$ ein beachtliches oder sogar unüberwindbares Problem bilden. So ist z. B.

$$f(x) = x^{26} - 32x^{23} - 11x^5 - 2x^3 - x + 28$$

für $x \in [-1, 5]$ eine stetige Funktion, die somit ein Maximum und ein Minimum in $[-1, 5]$ hat. Es ist jedoch unmöglich, eine exakte Lösung der Gleichung $f'(x) = 0$ zu bestimmen.

Auf Schwierigkeiten dieser Art trifft man oft in praktischen Optimierungsproble- men. In der Realität kann die Gleichung $f'(x) = 0$ nur in sehr speziellen Fällen exakt gelöst werden. Glücklicherweise gibt es numerische Standardmethoden, die auf ei- nem Computer genutzt werden können, die in den meisten Fällen Punkte liefern, die beliebig nahe an der tatsächlichen Lösung solcher Gleichungen liegen – sehen Sie z. B. die Newton-Methode, die in Kap. 7.10 diskutiert wurde.

Der Mittelwertsatz

Dieser Abschnitt befasst sich mit dem Mittelwertsatz, der ein wichtiges Werkzeug für den präzisen Beweis vieler Resultate in der Analysis ist. Dieser Abschnitt ist etwas anspruchsvoller als der Rest des Buches und kann daher als optional betrachtet wer- den.

Betrachten Sie eine Funktion f, die auf einem Intervall $[a, b]$ definiert ist und neh- men Sie an, dass der Graph von f zusammenhängend ist und keine Knicke hat, wie in Abb. 8.4.5 gezeigt. Da der Graph von f die Punkte A und B durch eine zusammenhän- gende Kurve verbindet, die in jedem Punkt eine Tangente hat, ist es geometrisch plausi- bel, dass für wenigstens einen Punkt x zwischen a und b die Tangente an den Graphen in x parallel zur Geraden AB ist. In Abb. 8.4.5 ist x^* solch ein Wert von x. Die Gerade AB hat die Steigung $[f(b) - f(a)]/(b - a)$. Somit ist die Bedingung, dass eine Tangente in $(x^*, f(x^*))$ parallel zur Geraden AB ist, gegeben durch $f'(x^*) = [f(b) - f(a)]/(b - a)$. Tatsächlich kann x^* so gewählt werden, dass der vertikale Abstand zwischen dem Graphen von f und AB so groß wie möglich ist. Der folgende Beweis beruht auf dieser Tatsache.

Theorem 8.4.2 (Der Mittelwertsatz)

Wenn f auf dem abgeschlossenen beschränkten Intervall $[a, b]$ stetig und im offe- nen Intervall (a, b) differenzierbar ist, dann gibt es wenigstens einen inneren Punkt x^* in (a, b), so dass

$$f'(x^*) = \frac{f(b) - f(a)}{b - a} \qquad (8.4.1)$$

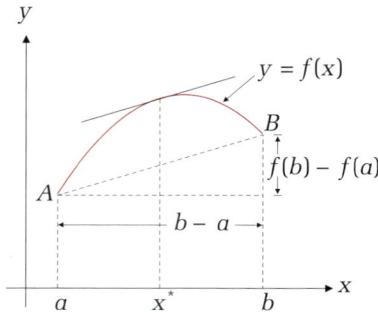

Abbildung 8.4.5: Der Mittelwertsatz

Wir können dieses Theorem wie folgt beweisen:

Nach der Zwei-Punkte-Formel einer Geraden (4.4.6) hat der Geradenabschnitt zwischen A und B in Abb. 8.4.5 die Gleichung

$$y - f(a) = \frac{f(b) - f(a)}{b - a}(x - a)$$

Die Funktion

$$g(x) = f(x) - f(a) - \frac{f(b) - f(a)}{b - a}(x - a)$$

misst daher den vertikalen Abstand zwischen dem Graphen von f und diesem Geradenabschnitt. Beachten Sie, dass

$$g'(x) = f'(x) - \frac{f(b) - f(a)}{b - a} \tag{$*$}$$

Offensichtlich ist $g(a) = g(b) = 0$. Die Funktion $g(x)$ übernimmt von f die Eigenschaft der Stetigkeit in $[a, b]$ und Differenzierbarkeit in (a, b). Nach dem Extremwertsatz hat $g(x)$ ein Maximum und ein Minimum in $[a, b]$. Da $g(a) = g(b)$, muss wenigstens eine dieser Extremstellen x^* in (a, b) liegen. Theorem 8.1.1 sagt uns, dass $g'(x^*) = 0$ und die Behauptung folgt aus $(*)$.

Beispiel 8.4.3

Überprüfen Sie den Mittelwertsatz für $f(x) = x^3 - x$, definiert auf $[0, 2]$.

Lösung: Wir erhalten $[f(2) - f(0)]/(2 - 0) = 3$ und $f'(x) = 3x^2 - 1$. Die Gleichung $f'(x) = 3$ hat zwei Lösungen $x = \pm 2\sqrt{3}/3$. Da die positive Lösung $x^* = 2\sqrt{3}/3 \in (0, 2)$, erhalten wir

$$f'(x^*) = \frac{f(2) - f(0)}{2 - 0}$$

Damit ist der Mittelwertsatz in diesem Fall bestätigt. ▬▬▬

Erinnern Sie von Kap. 6.3, dass eine Funktion f *monoton wachsend* ist in I, falls $f(x_2) \geq f(x_1)$ für $x_2 > x_1$ mit x_1 und x_2 in I. Indem wir die Definition der Ableitung benutzen, sehen wir sofort: Falls $f(x)$ monoton wachsend und differenzierbar ist, dann ist $f'(x) \geq 0$. Der Mittelwertsatz kann benutzt werden, um dies zu präzisieren und die Umkehrung zu beweisen. Sei f eine Funktion, die im Intervall I stetig und im Innern von I differenzierbar ist. Nehmen Sie an, dass $f'(x) \geq 0$ für alle x im Innern von I. Seien $x_2 > x_1$ zwei beliebige Zahlen in I. Nach dem Mittelwertsatz existiert eine Zahl x^* in (x_1, x_2), so dass

$$f(x_2) - f(x_1) = f'(x^*)(x_2 - x_1) \tag{8.4.2}$$

Da $x_2 > x_1$ und $f'(x^*) \geq 0$, folgt $f(x_2) \geq f(x_1)$, so dass $f(x)$ monoton wachsend ist. Dies beweist die Aussage (6.3.1). Die Äquivalenz in (6.3.2) kann bewiesen werden, indem man die Bedingung für $-f$ betrachtet, um monoton wachsend zu sein. Schließlich erfordert (6.3.3), dass f und $-f$ monoton wachsend sind.[7]

Wir können den Mittelwertsatz auch benutzen, um die Lagrange sche Restglied-Formel (7.6.2) zu beweisen:

Wir beginnen mit dem Beweis, dass die Formel korrekt ist für $n = 1$. Dies bedeutet, dass wir Formel (7.6.4) beweisen wollen. Für $x \neq 0$ definieren wir die Funktion $S(x)$ implizit durch die Gleichung

$$f(x) = f(0) + f'(0)x + \tfrac{1}{2}S(x)x^2 \tag{$*$}$$

Wenn wir beweisen können, dass es eine Zahl c zwischen 0 und x gibt, so dass $S(x) = f''(c)$, dann ist (7.6.4) bestätigt. Halten Sie x fest und definieren Sie die Funktion g für alle t zwischen 0 und x durch

$$g(t) = f(x) - [f(t) + f'(t)(x - t) + \tfrac{1}{2}S(x)(x - t)^2] \tag{$**$}$$

Dann implizieren $(*)$ und $(**)$, dass $g(0) = f(x) - [f(0) + f'(0)x + \tfrac{1}{2}S(x)x^2] = 0$ und dass $g(x) = f(x) - [f(x) + 0 + 0] = 0$. Damit existiert nach dem Mittelwertsatz eine Zahl c strikt zwischen 0 und x, so dass $g'(c) = 0$. Indem wir $(**)$ bezüglich t differenzieren und dabei x festhalten, erhalten wir

$$g'(t) = -f'(t) + f'(t) - f''(t)(x - t) + S(x)(x - t)$$

Damit ist $g'(c) = -f''(c)(x - c) + S(x)(x - c)$. Da $g'(c) = 0$ und $c \neq x$, folgt $S(x) = f''(c)$. Somit haben wir (7.6.4) bewiesen.

Der Beweis für den Fall $n > 1$ basiert auf genau derselben Idee, indem wir $(*)$ und $(**)$ in der nahe liegenden Weise verallgemeinern.

Aufgaben für Kapitel 8.4

1. Bestimmen Sie das Maximum und das Minimum und zeichnen Sie den Graphen von $f(x) = 4x^2 - 40x + 80$, für $x \in [0, 8]$.

---

[7] Alternativ folgt es einfach, indem wir Gleichung (8.4.2) verwenden.

→ Fortsetzung

2. Bestimmen Sie das Maximum und das Minimum von jeder Funktion über dem angegebenen Intervall:

(a) $f(x) = -2x - 1$ in $[0, 3]$ (b) $f(x) = x^3 - 3x + 8$ in $[-1, 2]$

(c) $f(x) = \dfrac{x^2 + 1}{x}$ in $[1/2, 2]$ (d) $f(x) = x^5 - 5x^3$ in $[-1, \sqrt{5}\,]$

(e) $f(x) = x^3 - 4500x^2 + 6 \cdot 10^6 x$ in $[0, 3000]$

3. Nehmen Sie an, dass die Funktion g durch $g(x) = \frac{1}{5}(e^{x^2} + e^{2-x^2})$ für alle $x \in [-1, 2]$ definiert ist. Berechnen Sie $g'(x)$ und bestimmen Sie die Extremstellen von g.

4. Ein Sportverein plant, ein Flugzeug zu chartern und berechnet seinen Mitgliedern 10 % Provision auf den Preis, den er für den Kauf eines Sitzplatzes bezahlt. Der Preis wird durch die Chartergesellschaft festgesetzt. Der Standardpreis für jeden Passagier ist 800 Euro. Für jeden über 60 hinausgehenden Passagier, erhalten alle Reisenden (einschließlich der ersten 60) einen Rabatt von 10 Euro. Das Flugzeug kann höchstens 80 Passagiere befördern.

(a) Wieviel Provision wird bei 61, 70, 80 und $60 + x$ Passagieren verdient?

(b) Bestimmen Sie die Anzahl der Passagiere, die die gesamte Provision, die der Sportverein einnimmt, maximiert.

5. Die Funktion f sei für $x \in [1, e^3]$ definiert durch $f(x) = (\ln x)^3 - 2(\ln x)^2 + \ln x$.

(a) Bestimmen Sie die Extremstellen von f.

(b) Zeigen Sie, dass f, eingeschränkt auf $[e, e^3]$ eine inverse Funktion g hat und bestimmen Sie $g'(2)$.

Anspruchsvollere Aufgaben

6. Bestimmen Sie für die folgenden Funktionen alle Zahlen x^* in den angegebenen Intervallen $[a, b]$, so dass $f'(x^*) = [f(b) - f(a)]/(b - a)$:

(a) $f(x) = x^2$ in $[1, 2]$ (b) $f(x) = \sqrt{1 - x^2}$ in $[0, 1]$

(c) $f(x) = 2/x$ in $[2, 6]$ (d) $f(x) = \sqrt{9 + x^2}$ in $[0, 4]$

7. Sie sollen von Punkt A in einem See zu Punkt B segeln. Was hat der Mittelwertsatz über Ihre Reise zu sagen?

8. Betrachten Sie die Funktion f, die für alle $x \in [-1, 1]$ definiert ist durch

$$f(x) = \begin{cases} x & \text{für} & x \in (-1, 1) \\ 0 & \text{für} & x = -1 \quad \text{und für} \quad x = 1 \end{cases}$$

Ist diese Funktion stetig? Nimmt f ein Maximum oder Minimum an?

9. Sei f für alle x in $(0, \infty)$ definiert durch

$$f(x) = \begin{cases} x + 1, & \text{für} & x \in (0, 1] \\ 1, & \text{für} & x \in (1, \infty) \end{cases}$$

Beweisen Sie, dass f Maximal- und Minimalwerte annimmt. Weisen Sie nach, dass trotzdem *keine* der Bedingungen im Extremwertsatz erfüllt ist.

► Lösungen zu den Aufgaben finden Sie im Anhang des Buches.

8.5 Weitere ökonomische Beispiele

Beispiel 8.5.1

Ein Unternehmen, das ein einzelnes Gut herstellt, möchte seinen Gewinn maximieren. Der Gesamterlös, der in einer bestimmten Periode durch die Produktion und den Verkauf von Q Einheiten erzielt wird, ist $R(Q)$ Euro, während $C(Q)$ die zugehörigen Gesamtkosten in Euro bezeichnen. Der durch die Produktion und den Verkauf von Q Einheiten erzielte Gewinn ist dann

$$\pi(Q) = R(Q) - C(Q) \qquad (*)$$

Aufgrund technischer Einschränkungen gibt es eine maximale Menge $\overline{Q}$, die von dem Unternehmen in einer gegebenen Periode produziert werden kann. Nehmen Sie an, dass R und C differenzierbare Funktionen von Q im Intervall $[0, \overline{Q}]$ sind. Die Gewinnfunktion π ist dann differenzierbar und damit stetig. Folglich hat π einen Maximalwert. In Spezialfällen könnte dieses Maximum an der Stelle $Q = 0$ oder $Q = \overline{Q}$ eintreten. Falls nicht, liegt ein „inneres Maximum" vor, wo das Produktionsniveau Q^* die Gleichung $\pi'(Q^*) = 0$ erfüllt und somit

$$R'(Q^*) = C'(Q^*) \qquad (**)$$

Daher *sollte die Produktion auf ein Niveau eingestellt werden, in dem der Grenzerlös gleich den Grenzkosten ist.*

Wir wollen annehmen, dass das Unternehmen einen festen Preis P pro verkaufter Einheit erhält. Dann ist $R(Q) = PQ$ und $(**)$ nimmt die folgende Form an:

$$P = C'(Q^*) \qquad (8.5.1)$$

Also sollte in dem Fall, in dem das Unternehmen keine Kontrolle über den Preis hat, *die Produktion auf das Niveau eingestellt werden, bei dem die Grenzkosten gleich dem Preis pro Einheit des Gutes sind*, wobei ein inneres Maximum angenommen wird.

Es ist durchaus möglich, dass das Unternehmen Funktionen $R(Q)$ und $C(Q)$ hat, für die die Gleichung $(**)$ mehrere Lösungen hat. Wenn das der Fall ist, tritt der maximale Gewinn in demjenigen Punkt Q^* unter den Lösungen von $(**)$ ein, der den höchsten Wert von $\pi(Q^*)$ ergibt.

Gleichung $(**)$ hat eine ökonomische Interpretation, die der entsprechenden Optimalitätsbedingung in Beispiel 8.3.1 ähnlich ist. Nehmen Sie an, wir erwägen, die Produktion von dem Niveau Q^* aus um eine Einheit zu erhöhen. Wir würden den Erlös um den Betrag $R(Q^* + 1) - R(Q^*) \approx R'(Q^*)$ erhöhen. Wir würden die Kosten um den Betrag $C(Q^* + 1) - C(Q^*) \approx C'(Q^*)$ erhöhen. Gleichung $(**)$ setzt $R'(Q^*)$ und $C'(Q^*)$ gleich, so dass die approximativen zusätzlichen Einnahmen durch den Verkauf einer Extraeinheit durch die approximativen zusätzlichen Kosten für die Herstellung dieser Einheit ausgeglichen werden.

Beispiel 8.5.2

Nehmen Sie an, dass das Unternehmen in dem vorangehenden Beispiel einen Festpreis von $P = 121$ Euro pro Einheit erzielt und dass die Kostenfunktion gegeben ist durch $C(Q) = 0.02Q^3 - 3Q^2 + 175Q + 500$. Das Unternehmen kann höchstens $\overline{Q} = 110$ Einheiten herstellen.

(a) Legen Sie eine Tabelle mit den Werten der Funktionen $R(Q) = 121Q$, $C(Q)$ und $\pi(Q) = R(Q) - C(Q)$ für $Q = 0, 10, 30, 50, 70, 90$ und 110 an. Zeichnen Sie die Graphen von $R(Q)$ und $C(Q)$ in dasselbe Koordinatensystem.

(b) Beantworten Sie die folgenden Fragen annähernd, indem Sie die Graphen in (a) benutzen:

   (i) Wie viele Einheiten müssen hergestellt werden, damit das Unternehmen einen Gewinn erzielt?

   (ii) Wie viele Einheiten müssen produziert werden, damit der Gewinn 2000 Euro beträgt?

   (iii) Welches Produktionsniveau maximiert den Gewinn?

(c) Beantworten Sie die Frage in (b)(iii) durch Berechnung.

(d) Welches ist der kleinste Preis pro Einheit, den das Unternehmen berechnen muss, um kein Geld zu verlieren, wenn die Kapazität voll ausgeschöpft ist, d. h. wenn es 110 Einheiten produziert?

Lösung:

(a) Wir bilden die folgende Tabelle:

Q	0	10	30	50	70	90	110
$R(Q) = 121Q$	0	1 210	3 630	6 050	8 470	10 890	13 310
$C(Q)$	500	1 970	3 590	4 250	4 910	6 530	10 070
$\pi(Q) = R(Q) - C(Q)$	−500	−760	40	1 800	3 560	4 360	3 240

Die Graphen von $R(Q)$ und $C(Q)$ sind in Abb. 8.5.1 dargestellt.

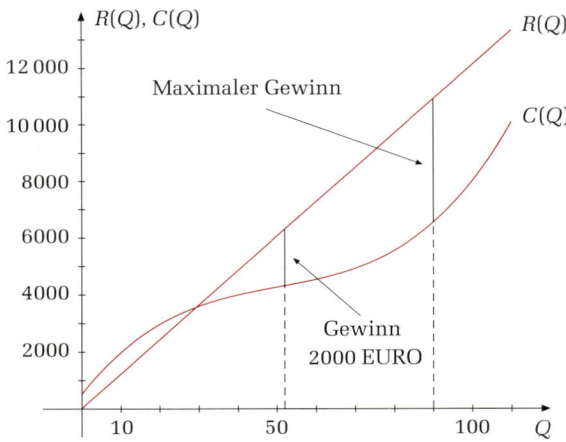

Abbildung 8.5.1: Erlös, Kosten und Gewinn

(b) (i) Das Unternehmen erzielt einen Gewinn, wenn $\pi(Q) > 0$, d. h. wenn $R(Q) > C(Q)$. In der Abbildung sehen wir, dass $R(Q) > C(Q)$, wenn Q größer als ungefähr 30 ist.

(ii) Wir müssen herausfinden, wo der „Abstand" zwischen $R(Q)$ und $C(Q)$ gleich 2000 ist. Dies ist der Fall, wenn $Q \approx 52$ ist.

(iii) Der Gewinn ist am größten, wenn der Abstand zwischen $R(Q)$ und $C(Q)$ am größten ist. Dies scheint der Fall zu sein, wenn $Q \approx 90$ ist.

(c) Wenn die Formel für $C'(Q)$ in die Gleichung (8.5.1) eingesetzt wird mit $P = 121$, ergibt sich $121 = 0.06Q^2 - 6Q + 175$. Auflösen dieser quadratischen Gleichung ergibt $Q = 10$ und $Q = 90$. Wir wissen, dass $\pi(Q)$ eine Maximumstelle in $[0, 110]$ haben muss und es gibt vier Kandidaten: $Q = 0$, $Q = 10$, $Q = 90$ und $Q = 110$. Unter Benutzung der Tabelle aus (a) sehen wir, dass

$$\pi(0) = -500, \quad \pi(10) = -760, \quad \pi(90) = 4360, \quad \pi(110) = 3240$$

Das Unternehmen erzielt deshalb maximalen Gewinn, wenn es 90 Einheiten herstellt.

(d) Wenn der Preis pro Einheit P ist, so ist der Gewinn aus der Herstellung von 110 Einheiten
$$\pi(110) = P \cdot 110 - C(110) = 110P - 10\,070$$

Der kleinste Preis P, der gewährleistet, dass das Unternehmen keinen Verlust macht, wenn es 110 Einheiten produziert, erfüllt die Gleichung $\pi(110) = 0$, d. h. $110P = 10\,070$ mit der Lösung $P \approx 91.55$. Dies sind die Durchschnittskosten für die Produktion von 110 Einheiten. Der Preis muss mindestens 91.55 Euro sein, wenn der Erlös ausreichend sein soll, um die Kosten der Produktion bei voller Kapazität zu decken.

Beispiel 8.5.3

In dem Modell des vorangehenden Beispiels nahm das Unternehmen den Preis als gegeben an. Betrachten Sie das andere Extrem, in dem das Unternehmen eine Monopolstellung im Verkauf des Gutes hat. Nehmen Sie an, dass der Preis $P(Q)$ pro Einheit mit Q nach der Formel $P(Q) = 100 - \frac{1}{3}Q$ für $Q \in [0, 300]$ variiert. Nehmen Sie jetzt an, dass die Kostenfunktion
$$C(Q) = \frac{1}{600}Q^3 - \frac{1}{3}Q^2 + 50Q + \frac{1000}{3}$$
ist. Dann ist der Gewinn
$$\pi(Q) = QP(Q) - C(Q) = -\frac{1}{600}Q^3 + 50Q - \frac{1000}{3}$$
Bestimmen Sie das Produktionsniveau, das den Gewinn maximiert und berechnen Sie den maximalen Gewinn.

Lösung: Die Ableitung von $\pi(Q)$ ist $\pi'(Q) = -\frac{1}{200}Q^2 + 50$. Daher gilt $\pi'(Q) = 0$ für $Q^2 = 10\,000$ Da $Q > 0$ nicht zulässig, kommt nur $Q = 100$ als Maximumstelle in Frage. Die Werte von $\pi(Q)$ in den Endpunkten von $[0, 300]$ sind $\pi(0) = -1000/3$ und $\pi(300) = -91\,000/3$. Da $\pi(100) = 3000$, schließen wir, dass $Q = 100$ tatsächlich den Gewinn maximiert und der maximale Gewinn ist 3000.

Beispiel 8.5.4

Erinnern Sie sich an Beispiel 7.1.5 und nehmen Sie an, dass ein Student ein gegenwärtiges Einkommen y_1 und ein zukünftiges Einkommen y_2 erwartet. Er plant einen gegenwärtigen Konsum $c_1 > 0$ und zukünftigen Konsum $c_2 > 0$ mit der Absicht die Nutzenfunktion

$$U = \ln c_1 + \frac{1}{1 + \delta} \ln c_2$$

zu maximieren, wobei δ seine Diskontierungsrate ist.[8] Wenn er jetzt Geld leiht, so dass $c_1 > y_1$, dann wird der zukünftige Konsum nach Rückzahlung des Kreditbetrages $c_1 - y_1$ mit Zinsen, berechnet zur Rate r, gegeben sein durch

$$c_2 = y_2 - (1 + r)(c_1 - y_1)$$

Alternativ: Wenn er jetzt spart, so dass $c_1 < y_1$, wird der zukünftige Konsum

$$c_2 = y_2 + (1 + r)(y_1 - c_1)$$

sein, nachdem er Zinsen zur Rate r auf seine Ersparnisse erhalten hat. Bestimmen Sie den optimalen Leih- oder Sparplan.

Lösung: Ob der Student leiht oder spart, der Konsum in der zweiten Periode ist in jedem Fall

$$c_2 = y_2 - (1 + r)(c_1 - y_1)$$

Somit wird der Student

$$U = \ln c_1 + \frac{1}{1 + \delta} \ln[y_2 - (1 + r)(c_1 - y_1)] \tag{$*$}$$

maximieren wollen, indem er c_1 wählt. Wir können die Aufmerksamkeit offensichtlich auf das Intervall $0 < c_1 < y_1 + (1 + r)^{-1}y_2$ richten, wo c_1 und c_2 beide positiv sind. Indem wir $(*)$ bezüglich der Wahlvariablen c_1 differenzieren, erhalten wir

$$\frac{dU}{dc_1} = \frac{1}{c_1} - \frac{1 + r}{1 + \delta} \cdot \frac{1}{y_2 - (1 + r)(c_1 - y_1)}$$

Indem wir die Brüche so umschreiben, dass sie einen gemeinsamen Nenner haben, erhalten wir

$$\frac{dU}{dc_1} = \frac{(1 + \delta)[y_2 - (1 + r)(c_1 - y_1)] - (1 + r)c_1}{c_1(1 + \delta)[y_2 - (1 + r)(c_1 - y_1)]}$$

Nach Umordnen des Zählers und Nullsetzen der Ableitung erhalten wir

$$\frac{dU}{dc_1} = \frac{(1 + \delta)[(1 + r)y_1 + y_2] - (2 + \delta)(1 + r)c_1}{c_1(1 + \delta)[y_2 - (1 + r)(c_1 - y_1)]} = 0 \tag{$**$}$$

Die eindeutige Lösung dieser Gleichung ist

$$c_1^* = \frac{(1 + \delta)[(1 + r)y_1 + y_2]}{(2 + \delta)(1 + r)} = y_1 + \frac{(1 + \delta)y_2 - (1 + r)y_1}{(2 + \delta)(1 + r)}$$

Aus $(**)$ sehen wir, dass für $c_1 < c_1^*$ gilt $dU/dc_1 > 0$, während für $c_1 > c_1^*$ gilt $dU/dc_1 < 0$. Wir schließen, dass c_1^* tatsächlich U maximiert. Ferner leiht der Student genau dann, wenn $(1 + \delta)y_2 < (1 + r)y_1$. In dem wahrscheinlicheren Fall, dass $(1 + \delta)y_2 > (1 + r)y_1$, weil zukünftiges Einkommmen um einiges höher ist als das gegenwärtige

---

[8] Im Sinne von Beispiel 7.1.5 ist $\beta = 1/(1 + \delta)$.

Einkommen, wird er leihen. Nur wenn zufällig $(1 + \delta)y_2$ exakt gleich $(1 + r)y_1$ ist, wird er weder ein Kreditnehmer noch ein Kreditgeber sein. Bei dieser Diskussion ist jedoch der Unterschied zwischen Guthaben- und Sollzinsen, den man in der Realität immer vorfindet, vernachlässigt worden.

Aufgaben für Kapitel 8.5

1. Nehmen Sie mit Bezug auf Beispiel 8.5.1 an, dass $R(Q) = 10Q - Q^2/1000$ für $Q \in [0, 10\,000]$ und $C(Q) = 5000 + 2Q$ für alle $Q \geq 0$. Bestimmen Sie den Wert von Q, der den Gewinn maximiert.

2. Mit Bezug auf Beispiel 8.5.1 sei $R(Q) = 80Q$ und $C(Q) = Q^2 + 10Q + 900$. Das Unternehmen kann höchstens 50 Einheiten produzieren.

    (a) Zeichnen Sie die Graphen von R und C in dasselbe Koordinatensystem.

    (b) Beantworten Sie die folgenden Fragen sowohl grafisch als auch durch Berechnung:
    (i) Wie viele Einheiten müssen hergestellt werden, damit das Unternehmen einen Gewinn erzielt?
    (ii) Wie viele Einheiten müssen hergestellt werden, damit das Unternehmen seinen Gewinn maximiert?

3. Ein Unternehmen der Pharmazie produziert Penizillin. Der Verkaufspreis pro Einheit ist 200, während die Kosten für die Herstellung von x Einheiten gegeben sind durch $C(x) = 500\,000 + 80x + 0.003x^2$. Das Unternehmen kann höchstens 30\,000 Einheiten herstellen. Welcher Wert von x maximiert den Gewinn?

4. Betrachten Sie Beispiel 8.5.1 und bestimmen Sie das Produktionsniveau, das den Gewinn maximiert, wenn

    (a) $R(Q) = 1840Q$ und $C(Q) = 2Q^2 + 40Q + 5000$

    (b) $R(Q) = 2240Q$ und $C(Q) = 2Q^2 + 40Q + 5000$

    (c) $R(Q) = 1840Q$ und $C(Q) = 2Q^2 + 1940Q + 5000$

5. Der Preis, den ein Unternehmen für eine Einheit eines Gutes erzielt, variiert mit der Nachfrage Q entsprechend der Formel $P(Q) = 18 - 0.006Q$. Die Gesamtkosten sind $C(Q) = 0.004Q^2 + 4Q + 4500$.

    (a) Bestimmen Sie den Gewinn $\pi(Q)$ und den Wert von Q, der den Gewinn maximiert.

    (b) Bestimmen Sie eine Formel für die Elastizität von $P(Q)$ bezüglich Q und bestimmen Sie denjenigen Wert Q^* von Q, für den die Elastizität gleich -1 ist.

    (c) Zeigen Sie, dass der Grenzerlös an der Stelle Q^* gleich Null ist.

6. Mit Bezug auf Beispiel 8.5.1 sei $R(Q) = PQ$ und $C(Q) = aQ^b + c$, wobei P, a, b und c positive Konstanten sind und $b > 1$. Bestimmen Sie denjenigen Wert von Q, der den Gewinn $\pi(Q) = PQ - (aQ^b + c)$ maximiert. Verwenden Sie Theorem 8.2.2.

▶ Lösungen zu den Aufgaben finden Sie im Anhang des Buches.

8.6 Lokale Extremstellen

Bisher sind in diesem Kapitel sogenannte *globale* Optimierungsprobleme erörtert worden. Der Grund für diese Terminologie ist, dass wir den größten oder kleinsten Wert einer Funktion gesucht haben, wenn wir die Funktionswerte in *allen* Punkten ihres Definitionsbereiches ohne irgendeine Ausnahme vergleichen. In angewandten Optimierungsproblemen, insbesondere solchen, die in den Wirtschaftswissenschaften auftreten, sind es gewöhnlich diese globalen Extrema, die von Interesse sind. Jedoch ist man manchmal auch an den lokalen[9] Maxima und Minima einer Funktion interessiert. In diesem Fall vergleichen wir den in Frage kommenden Punkt nur mit alternativen Funktionswerten in nahe gelegenen Punkten.

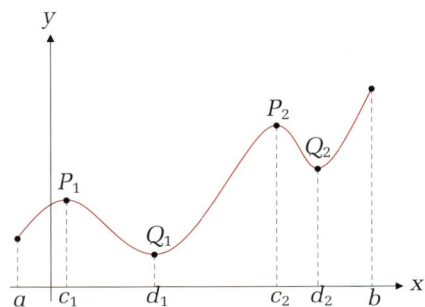

Abbildung 8.6.1: c_1, c_2 und b sind lokale Maximumstellen; a, d_1 und d_2 sind lokale Minimumstellen.

Betrachten Sie Abb. 8.6.1 und stellen Sie sich vor, dass der Graph das Profil einer Landschaft darstellt. Dann sind die Berggipfel P_1 und P_2 lokale Maxima, während die Talsohlen Q_1 und Q_2 lokale Minima darstellen. Die genauen Definitionen sind wie folgt:

---

[9] Statt *lokal* wird in anderen Büchern auch *relativ* gesagt.

Diese Definitionen implizieren, dass der Punkt a in Abb. 8.6.1 eine lokale Minimum-stelle ist, während b eine lokale (und globale) Maximumstelle ist.[10] Funktionswerte, die zu lokalen Maximum/Minimumstellen gehören, heißen **lokale Maximum/Minimumwerte**. Als kollektive Namen verwenden wir **lokale Extremstellen** und **lokale Extremwerte**.

Bei der Suche nach (globalen) Maximum- und Minimumstellen war Theorem 8.1.1 sehr hilfreich. Tatsächlich gilt dasselbe Resultat für lokale Extremstellen:

> *In einer lokalen Extremstelle im Innern des Defintionsbereiches einer differenzierbaren Funktion muss die Ableitung Null sein.*

Dies ist einleuchtend, wenn wir uns erinnern, dass im Beweis des Theorems 8.1.1 das Verhalten der Funktion nur in einem kleinen Intervall um die Optimalstelle herum betrachtet werden musste. Folglich können wir uns bei der Suche nach möglichen lokalen Maxima und Minima einer auf einem Intervall I definierten Funktion f auf folgende Typen von Stellen beschränken:

(i)   Innere Punkte in I mit $f'(x) = 0$;

(ii) Endpunkte von I, falls sie zu I gehören, und

(iii) Innere Punkte von I, in denen f' nicht existiert.

Wir haben damit *notwendige* Bedingungen dafür aufgestellt, dass eine auf einem Intervall I definierte Funktion f eine lokale Extremstelle hat. Aber wie entscheiden wir, ob eine Stelle, die die notwendigen Bedingungen erfüllt, ein lokales Maximum, ein lokales Minimum oder keins von beiden ist? Im Gegensatz zu globalen Extremstellen hilft es hier nicht, die Funktionswerte an den verschiedenen Stellen zu berechnen. Um den Grund dafür zu erkennen, betrachten Sie wieder die Funktion, die in Abb. 8.6.1 dargestellt ist. Der Punkt P_1 ist ein lokaler Maximumpunkt und Q_2 ist ein lokaler Minimumpunkt, jedoch ist der Funktionswert in P_1 *kleiner* als der Funktionswert in Q_2.

Der Test der ersten Ableitung

Es gibt zwei Hauptwege, um zu bestimmen, ob eine gegebene stationäre Stelle eine lokale Maximumstelle, eine lokale Minimumstelle oder keins von beiden ist. Einer von ihnen basiert auf der Untersuchung des Vorzeichens der ersten Ableitung um die stationäre Stelle herum und ist eine einfache Modifikation von Theorem 8.2.1.

---

[10] Einige Autoren beschränken die Definition einer lokalen Maximum/Minimumstelle auf *innere* Punkte des Definitionsbereiches der Funktion. Entsprechend dieser Definition ist eine globale Maximumstelle, die kein innerer Punkt ist, keine lokale Maximumstelle. Es erscheint vernünftig, dass eine globale Maximum/Minimumstelle immer auch eine lokale Maximum/Minimumstelle sein sollte, so dass wir bei den Definitionen (8.6.1) und (8.6.2) bleiben.

Theorem 8.6.1 (Test der ersten Ableitung auf lokale Extrema)

Nehmen Sie an, dass c eine stationäre Stelle für $y = f(x)$ ist.

(i) Falls $f'(x) \geq 0$ in einem Intervall (a, c) links von c und $f'(x) \leq 0$ in einem Intervall (c, b) rechts von c, dann ist $x = c$ eine lokale Maximumstelle für f.

(ii) Falls $f'(x) \leq 0$ in einem Intervall (a, c) links von c und $f'(x) \geq 0$ in einem Intervall (c, b) rechts von c, dann ist $x = c$ eine lokale Minimumstelle für f.

(iii) Falls $f'(x) > 0$ sowohl in einem Intervall (a, c) links von c als auch in einem Intervall (c, b) rechts von c, dann ist $x = c$ keine lokale Extremstelle für f. Derselbe Schluss gilt, falls $f'(x) < 0$ auf beiden Seiten von c.

Nur Fall (iii) ist noch nicht durch Theorem 8.2.1 abgedeckt. In der Tat, wenn $f'(x) > 0$ in (a, c) und auch in (c, b), dann ist $f(x)$ strikt monoton wachsend in $(a, c]$ und auch in $[c, b)$. Dann kann $x = c$ keine lokale Extremstelle sein.

Beispiel 8.6.1

Klassifizieren Sie die stationären Stellen von $f(x) = \frac{1}{9}x^3 - \frac{1}{6}x^2 - \frac{2}{3}x + 1$.

Lösung: Wir erhalten $f'(x) = \frac{1}{3}x^2 - \frac{1}{3}x - \frac{2}{3} = \frac{1}{3}(x + 1)(x - 2)$, so dass $x = -1$ und $x = 2$ die stationären Stellen sind. Das Vorzeichendiagramm für $f'(x)$ ist:

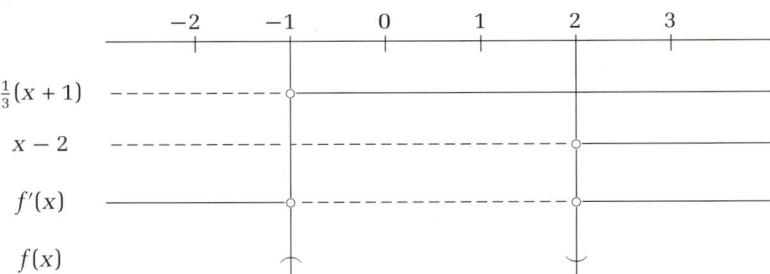

Wir schließen aus diesem Vorzeichendiagramm, dass $x = -1$ eine lokale Maximumstelle ist, während $x = 2$ eine lokale Minimumstelle ist.

Beispiel 8.6.2

Klassifizieren Sie die stationären Stellen von $f(x) = x^2 e^x$.

Lösung: Durch Differenzieren erhalten wir $f'(x) = 2xe^x + x^2 e^x = xe^x(2 + x)$. Dann gilt $f'(x) = 0$ für $x = 0$ und für $x = -2$. Ein Vorzeichendiagramm zeigt, dass f ein lokales Maximum an der Stelle $x = -2$ hat und ein lokales und auch globales Minimum an der Stelle $x = 0$. Der Graph von f ist in Abb. 8.6.2 dargestellt.

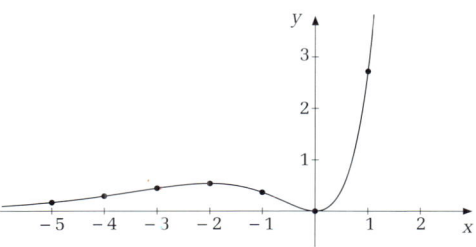

Abbildung 8.6.2: $f(x) = x^2 e^x$

Der Test der zweiten Ableitung

Für die meisten Probleme von praktischem Interesse, in denen eine explizite Funktion spezifiziert ist, wird der Test der ersten Ableitung allein bestimmen, ob eine stationäre Stelle ein lokales Maximum, ein lokales Minimum oder keins von beiden ist. Erinnern Sie sich daran, dass das Theorem die Kenntnis des Vorzeichens von $f'(x)$ auf beiden Seiten, also links und rechts von der gegebenen stationären Stelle verlangt. Der nächste Test verlangt nur die Kenntnis der beiden ersten Ableitungen der Funktion, jedoch nur an der stationären Stelle selbst.

Theorem 8.6.2 (Test der zweiten Ableitung auf lokale Extrema)

Sei f eine zweimal differenzierbare Funktion in einem Intervall I, und c sei ein innerer Punkt von I.

(i)   Wenn $f'(c) = 0$ und $f''(c) < 0$, dann ist $x = c$ eine strikte lokale Maximumstelle.

(ii) Wenn $f'(c) = 0$ und $f''(c) > 0$, dann ist $x = c$ eine strikte lokale Minimumstelle.

(iii) Wenn $f'(c) = 0$ und $f''(c) = 0$, dann bleibt der Charakter von $x = c$ unbestimmt.

Der Beweis ist wie folgt:

Um (i) zu beweisen, nehmen Sie an, dass $f'(c) = 0$ und $f''(c) < 0$. Nach Definition von $f''(c)$ als Ableitung von $f'(x)$ an der Stelle c ist

$$f''(c) = \lim_{\Delta x \to 0} \frac{f'(c + \Delta x) - f'(c)}{\Delta x} = \lim_{\Delta x \to 0} \frac{f'(c + \Delta x)}{\Delta x}$$

Da $f''(c) < 0$, folgt $f'(c + \Delta x)/\Delta x < 0$, falls $|\Delta x|$ hinreichend klein ist. Insbesondere, falls Δx eine kleine positive Zahl ist, ist $f'(c + \Delta x) < 0$, so dass f' negativ in einem Intervall rechts von c ist. Genauso sehen wir, dass f' positiv in einem Intervall links von c ist. Aber dann ist c eine strikte lokale Maximumstelle für f.

Teil (ii) kann genauso bewiesen werden.

In dem nicht aussagefähigen Teil (iii), in dem $f'(c) = f''(c) = 0$, kann „alles" passieren. Jede der drei Funktionen $f(x) = x^4$, $f(x) = -x^4$ und $f(x) = x^3$ erfüllt $f'(0) = f''(0) = 0$. An der Stelle $x = 0$ haben sie, wie in den Abbildungen 8.6.3 bis 8.6.5 gezeigt wird, ein Minimum, ein Maximum bzw., so wie es in Kap. 8.7 genannt wird, eine Wendestelle. Gewöhnlich kann wie in diesem Fall der Test der ersten Ableitung verwendet werden, um die stationären Stellen zu klassifizieren, in denen $f'(c) = f''(c) = 0$ gilt.

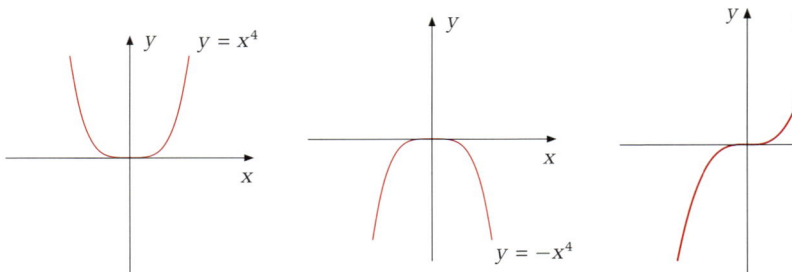

Abbildung 8.6.3: Minimumstelle   Abbildung 8.6.4: Maximumstelle   Abbildung 8.6.5: Wendestelle

Beispiel 8.6.3

Klassifizieren Sie die stationären Stellen von $f(x) = \frac{1}{9}x^3 - \frac{1}{6}x^2 - \frac{2}{3}x + 1$, indem Sie den Test der zweiten Ableitung anwenden.

Lösung: Wir sahen in Beispiel 8.6.1, dass $f'(x) = \frac{1}{3}x^2 - \frac{1}{3}x - \frac{2}{3} = \frac{1}{3}(x+1)(x-2)$ mit den zwei stationären Stellen $x = -1$ und $x = 2$. Ferner ist $f''(x) = \frac{2}{3}x - \frac{1}{3}$, so dass $f''(-1) = -1$ und $f''(2) = 1$. Aus Theorem 8.6.2 folgt, dass $x = -1$ eine lokale Maximumstelle und $x = 2$ eine lokale Minimumstelle ist. Dies bestätigt die Resultate in Beispiel 8.6.1.

Beispiel 8.6.4

Klassifizieren Sie die stationären Stellen von $f(x) = x^2 e^x$, indem Sie den Test der zweiten Ableitung anwenden.

Lösung: Aus Beispiel 8.6.2 wissen wir, dass $f'(x) = 2xe^x + x^2 e^x$ mit den beiden stationären Stellen $x = 0$ und $x = -2$. Die zweite Ableitung von f ist

$$f''(x) = 2e^x + 2xe^x + 2xe^x + x^2 e^x = e^x(2 + 4x + x^2)$$

Wir erhalten $f''(0) = 2 > 0$ und $f''(-2) = -2e^{-2} < 0$. Es folgt aus Theorem 8.6.2, dass $x = 0$ eine lokale Minimumstelle und $x = -2$ eine lokale Maximumstelle ist. Dies bestätigt die Resultate aus Beispiel 8.6.2.

Theorem 8.6.2 kann verwendet werden, um eine nützliche notwendige Bedingung für lokale Extrema zu erhalten. Nehmen Sie an, dass f in dem Intervall I differenzierbar ist und dass c ein innerer Punkt von I ist, in dem ein lokales Maximum vorliegt. Dann ist $f'(c) = 0$. Ferner ist $f''(c) > 0$ unmöglich, da diese Ungleichung nach Theorem 8.6.2(ii) implizieren würde, dass c ein striktes lokales Minimum ist. Daher muss $f''(c) \leq 0$ sein. Genauso sehen wir, dass $f''(c) \geq 0$ eine notwendige Bedingung für ein lokales Minimum ist. Kurz gesagt:

Notwendige Bedingungen zweiter Ordnung

Der Punkt c ist eine lokale Maximumstelle für $f \Longrightarrow f''(c) \leq 0$ (8.6.3)

Der Punkt c ist eine lokale Minimumstelle für $f \Longrightarrow f''(c) \geq 0$ (8.6.4)

Viele Resultate in ökonomischen Analysen beruhen eher darauf, ein geeignetes Vorzeichen der zweiten Ableitung zu postulieren als eine geeignete Variation des Vorzeichens der ersten Ableitung zu fordern.

Beispiel 8.6.5

Nehmen Sie an, dass dem Unternehmen in Beispiel 8.5.1 eine Verkaufssteuer von τ Euro pro Einheit auferlegt wird. Der Gewinn des Unternehmens aus der Produktion und dem Verkauf von Q Einheiten ist dann $\pi(Q) = R(Q) - C(Q) - \tau Q$. Um den Gewinn für eine Menge Q^* mit $0 < Q^* < \overline{Q}$ zu maximieren, muss $\pi'(Q^*) = 0$ sein. Daher muss gelten:

$$R'(Q^*) - C'(Q^*) - \tau = 0 \qquad (*)$$

Nehmen Sie an, dass $R''(Q^*) < 0$ und $C''(Q^*) > 0$. Gleichung $(*)$ definiert Q^* implizit als eine differerenzierbare Funktion von τ. Bestimmen Sie einen Ausdruck für $dQ^*/d\tau$ und diskutieren Sie das Vorzeichen. Berechnen Sie auch die Ableitung bezüglich τ des Optimalwertes $\pi(Q^*)$ der Gewinnfunktion und zeigen Sie, dass $d\pi(Q^*)/d\tau = -Q^*$.

Lösung: Differenzieren von $(*)$ nach τ ergibt

$$R''(Q^*)\frac{dQ^*}{d\tau} - C''(Q^*)\frac{dQ^*}{d\tau} - 1 = 0$$

Auflösen nach $dQ^*/d\tau$ ergibt

$$\frac{dQ^*}{d\tau} = \frac{1}{R''(Q^*) - C''(Q^*)} \qquad (**)$$

Die Annahmen über die Vorzeichen von R'' und C'' implizieren, dass $dQ^*/d\tau < 0$. Daher wird die optimale Anzahl der produzierten Einheiten abnehmen, wenn die Steuerrate τ steigt.

Der optimale Wert der Gewinnfunktion ist $\pi(Q^*) = R(Q^*) - C(Q^*) - \tau Q^*$. Indem wir die Abhängigkeit von Q^* von τ in Betracht ziehen, erhalten wir

$$\frac{d\pi(Q^*)}{d\tau} = R'(Q^*)\frac{dQ^*}{d\tau} - C'(Q^*)\frac{dQ^*}{d\tau} - Q^* - \tau\frac{dQ^*}{d\tau}$$

$$= \left[R'(Q^*) - C'(Q^*) - \tau\right]\frac{dQ^*}{d\tau} - Q^*$$

$$= -Q^*$$

Beachten Sie, wie die eckige Klammer wegen der Bedingung erster Ordnung $(*)$ verschwindet. Dies ist ein Beispiel des „Envelope-Theorems", das in Kap. 13.7 erörtert werden wird. Wenn die Verkaufssteuer um 1 Cent ansteigt, dann nimmt der Gewinn um angenähert Q^* Cent ab, wobei Q^* die Anzahl der im Optimum produzierten Einheiten ist.

Aufgaben für Kapitel 8.6

1. Betrachten Sie die Funktion f, die für alle x durch $f(x) = x^3 - 12x$ definiert ist. Bestimmen Sie die stationären Stellen von f und klassifizieren Sie diese, indem Sie sowohl den Test der ersten Ableitung als auch den Test der zweiten Ableitung verwenden.

2. Bestimmen Sie mögliche lokale Extremstellen und Extremwerte für die folgenden Funktionen:

    (a) $f(x) = -2x - 1$ (b) $f(x) = x^3 - 3x + 8$ (c) $f(x) = x + \dfrac{1}{x}$

    (d) $f(x) = x^5 - 5x^3$ (e) $f(x) = \frac{1}{2}x^2 - 3x + 5$ (f) $f(x) = x^3 + 3x^2 - 2$

3. Die Funktion f sei gegeben durch die Formel $f(x) = \left(1 + \dfrac{2}{x}\right)\sqrt{x + 6}$.

    (a) Bestimmen Sie mögliche lokale Extremstellen.

    (b) Untersuchen Sie $f(x)$, wenn $x \to 0^-$, $x \to 0^+$ und $x \to \infty$. Bestimmen Sie auch die Grenzwerte von $f'(x)$, wenn $x \to \infty$. Hat f in seinem Definitionsbereich ein Maximum oder ein Minimum?

4. Abb. 8.6.6 zeigt die *Ableitung* einer Funktion f. Welche der Stellen a, b, c, d und e sind lokale Maximumstellen für f, lokale Minimumstellen für f oder keines von beiden?

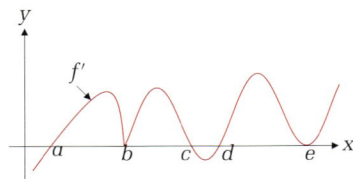

Abbildung 8.6.6: Aufgabe 4

5. Sei $f(x) = x^3 + ax^2 + bx + c$. Welche Forderungen müssen an die Konstanten a, b und c gestellt werden, damit die Funktion (a) ein lokales Minimum an der Stelle $x = 0$ hat? (b) stationäre Stellen in $x = 1$ und $x = 3$ hat?

6. Bestimmen Sie die lokalen Extremstellen für (a) $f(x) = x^3 e^x$;   (b) $g(x) = x^2 2^x$.

Anspruchsvollere Aufgabe

7. Bestimmen Sie die lokalen Extremstellen von $f(x) = x^3 + ax + b$. Benutzen Sie das Ergebnis, um zu zeigen, dass die Gleichung $f(x) = 0$ genau dann drei verschiedene reelle Lösungen hat, wenn $4a^3 + 27b^2 < 0$ ist.

▶ Lösungen zu den Aufgaben finden Sie im Anhang des Buches.

8.7 Wendestellen, Konkavität und Konvexität

Erinnern Sie sich, dass wir in Kap. 6.9 eine zweimal differenzierbare Funktion $f(x)$ als konkav in einem Intervall I definiert haben, wenn $f''(x) \leq 0$ für alle x in I; und konvex, wenn $f''(x) \geq 0$ für alle x in I. Punkte, in denen eine Funktion aus einer konvexen in eine konkave Funktion übergeht oder umgekehrt, heißen Wendestellen[11]. Für zweimal differenzierbare Funktionen können sie so definiert werden:

Wendestelle

Wenn die Funktion f zweimal differenzierbar ist, heißt die Stelle c eine **Wendestelle** für f, falls ein Intervall (a, b) um c herum existiert, so dass:

(a) $f''(x) \geq 0$ in (a, c) und $f''(x) \leq 0$ in (c, b);
 oder (8.7.1)

(b) $f''(x) \leq 0$ in (a, c) und $f''(x) \geq 0$ in (c, b).

Kurz gesagt: $x = c$ ist eine Wendestelle, falls $f''(x)$ an der Stelle $x = c$ das *Vorzeichen wechselt*, und wir nennen den Punkt $(c, f(c))$ einen Wendepunkt des Graphen. Abb. 8.7.1 zeigt ein abstraktes Beispiel aus der Mathematik, während Abb. 8.7.2 ein sportliches Beispiel zeigt: es zeigt das Profil einer Sprungschanze. Der Punkt P, wo der Berg am steilsten ist, ist ein Wendepunkt.

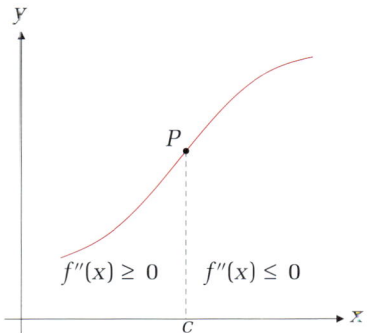

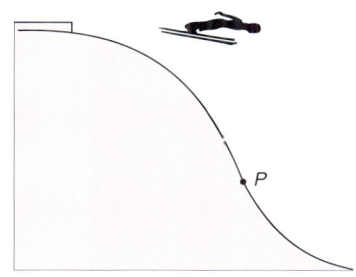

Abbildung 8.7.1: Der Punkt P ist ein Wendepunkt des Graphen; x = c ist eine Wendestelle für die Funktion.

Abbildung 8.7.2: Der Punkt P, in dem die Steigung am steilsten ist, ist ein Wendepunkt.

Wenn wir nach möglichen Wendestellen einer Funktion suchen, benutzen wir gewöhnlich Teil (ii) in dem folgenden Theorem:

---

[11] Wir bemerken, dass das, was ein Mathematiker als einen Umkehrpunkt einer Funktion f bezeichnen würde, nämlich ein Punkt, in dem sich das Vorzeichen von $f'(x)$ ändert, irrtümlicher Weise im populären Sprachgebrauch als Wendestelle bezeichnet wird. Vielleicht ist es zu viel erwartet, dass die Umgangssprache Änderungen im Vorzeichen der zweiten Ableitung in Betracht zieht!

Sei f eine Funktion mit einer stetigen zweiten Ableitung in einem Intervall I, und c sei ein innerer Punkt von I.

(i)   Falls c eine Wendestelle für f ist, dann ist $f''(c) = 0$.

(ii)   Falls $f''(c) = 0$ und f'' das Vorzeichen an der Stelle c wechselt, dann ist c eine Wendestelle für f.

Der Beweis dieses Theorems ist ziemlich einfach:

(i)   Weil $f''(x) \leq 0$ auf einer Seite von c und $f''(x) \geq 0$ auf der anderen Seite und weil f'' stetig ist, muss $f''(c) = 0$ gelten.

(ii)   Falls f'' das Vorzeichen wechselt an der Stelle c, ist c laut Definition eine Wendestelle für f.

Dieses Theorem impliziert, dass $f''(c) = 0$ eine *notwendige* Bedingung dafür ist, dass c eine Wendestelle ist. Sie ist jedoch keine hinreichende Bedingung, da $f''(c) = 0$ nicht impliziert, dass f'' das Vorzeichen an der Stelle $x = c$ wechselt. Ein typischer Fall wird im nächsten Beispiel gegeben.

Beispiel 8.7.1

Zeigen Sie, dass die Funktion $f(x) = x^4$ keine Wendestelle in $x = 0$ hat, obwohl $f''(0) = 0$.

Lösung: Hier ist $f'(x) = 4x^3$ und $f''(x) = 12x^2$, so dass $f''(0) = 0$. Aber es ist $f''(x) > 0$ für alle $x \neq 0$, und somit wechselt f'' nicht das Vorzeichen an der Stelle $x = 0$. Daher ist $x = 0$ keine Wendestelle. Tatsächlich ist es eine globale Minimumstelle, wie in Abb. 8.6.3 zu sehen ist.   ▬▬▬

Beispiel 8.7.2

Bestimmen Sie mögliche Wendestellen für $f(x) = \frac{1}{9}x^3 - \frac{1}{6}x^2 - \frac{2}{3}x + 1$.

Lösung: Aus Beispiel 8.6.3 wissen wir, dass $f''(x) = \frac{2}{3}x - \frac{1}{3} = \frac{2}{3}\left(x - \frac{1}{2}\right)$. Daher ist $f''(x) \leq 0$ für $x \leq 1/2$, während $f''(1/2) = 0$ und $f''(x) \geq 0$ für $x > 1/2$. Nach Theorem 8.7.1(ii) ist $x = 1/2$ eine Wendestelle für f.   ▬▬▬

Beispiel 8.7.3

Bestimmen Sie mögliche Wendestellen für $f(x) = x^6 - 10x^4$.

Lösung: In diesem Fall ist $f'(x) = 6x^5 - 40x^3$ und

$$f''(x) = 30x^4 - 120x^2 = 30x^2(x^2 - 4) = 30x^2(x - 2)(x + 2)$$

Ein Vorzeichendiagramm für f'' ist wie folgt:

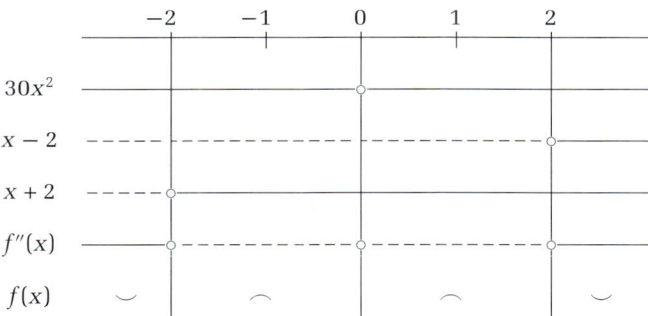

Aus dem Vorzeichendiagramm sehen wir, dass f'' an der Stelle $x = -2$ und an der Stelle $x = 2$ das Vorzeichen wechselt, so dass diese Stellen Wendestellen sind. Da f'' an der Stelle $x = 0$ nicht das Vorzeichen wechselt, ist dies keine Wendestelle, obwohl $f''(0) = 0$.

In ökonomischen Modellen kommen oft Funktionen vor, die Wendestellen haben. Die Kostenfunktion in Abb. 4.7.2 ist ein typisches Beispiel. Hier ist ein weiteres Beispiel.

Beispiel 8.7.4

Ein Unternehmen produziert ein Gut und braucht dazu nur einen Input. Es sei $y = f(x)$, für $x \geq 0$ der erzielte Output, wenn x Einheiten des Inputs verwendet werden. Dann heißt f eine **Produktionsfunktion**. Ihre erste Ableitung misst den Zuwachs im Output, wenn man den verwendeten Input infinitesimal erhöht; diese Ableitung wird das *Grenzprodukt* des Unternehmens genannt. Es wird oft angenommen, dass die Funktion „S-förmig" ist, d, h. das Grenzprodukt $f'(x)$ ist bis zu einem gewissen Produktionsniveau c monoton wachsend und dann monoton fallend. Solch eine Produktionsfunktion ist in Abb. 8.7.1 dargestellt. Falls f zweimal differenzierbar ist, dann ist $f''(x) \geq 0$ in $[0, c]$ und $f''(x) \leq 0$ in $[c, \infty)$. Daher ist f zunächst konvex und dann konkav mit c als Wendestelle. Beachten Sie: An der Stelle c bewirkt eine zusätzliche Input-Einheit den größten Zuwachs im Output.

Allgemeinere Definitionen konkaver und konvexer Funktionen

Bisher wurden die Eigenschaften der Konvexität und Konkavität von Funktionen durch einen Blick auf das Vorzeichen der zweiten Ableitung definiert. Eine alternative geometrische Charakterisierung der Konvexität und Konkavität bietet eine allgemeinere Definition, die sogar für Funktionen gültig ist, die nicht differenzierbar sind.

Die Funktion f heißt **konkav**, falls der Streckenabschnitt, der zwei beliebige Punkte auf dem Graphen verbindet, unterhalb des Graphen oder
auf dem Graphen verläuft. Sie heißt **konvex**, falls jeder solche Streckenabschnitt oberhalb des Graphen oder auf dem Graphen verläuft. $\qquad$ (8.7.2)

Diese Definitionen werden in den Abbildungen 8.7.3 und 8.7.4 illustriert. Da der
Graph in Abb. 8.7.3 einen „Knick" hat, ist diese Funktion nicht einmal differenzierbar,
geschweige denn zweimal differenzierbar. Für zweimal differenzierbare Funktionen
kann man beweisen, dass diese allgemeine Definition äquivalent zu den Definitionen
in (6.9.3) und (6.9.4) ist. Um diese Definition zur Untersuchung der Konvexität oder
Konkavität einer gegebenen Funktion heranzuziehen, brauchen wir eine algebraische
Formulierung. Dieses wird in FMEA erörtert werden.

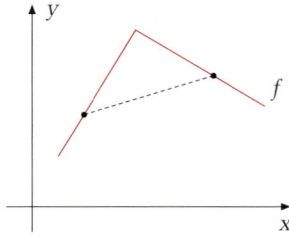
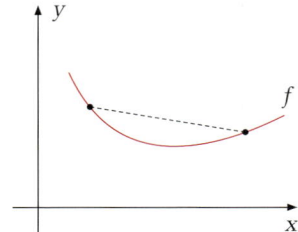

Abbildung 8.7.3: f ist konkav. $\qquad\qquad$ *Abbildung 8.7.4: f ist konvex.*

Strikt konkave und konvexe Funktionen

Eine Funktion f heißt **strikt konkav**, falls der Streckenabschnitt, der zwei beliebige
Punkte auf dem Graphen verbindet, strikt unterhalb des Graphen verläuft, abgesehen
von den Endpunkten des Streckenabschnitts; sie heißt **strikt konvex**, falls der Streckenabschnitt, der zwei beliebige Punkte auf dem Graphen verbindet, strikt oberhalb
des Graphen verläuft, abgesehen von den Endpunkten des Streckenabschnitts. Zum
Beispiel besteht die Funktion, deren Graph in Abb. 8.7.3 gezeigt wird, aus zwei linearen Teilen, auf denen Streckenabschnitte, die zwei Punkte verbinden, mit einem
Teil des Graphen zusammenfallen. Daher ist diese Funktion konkav, aber nicht strikt
konkav. Im Gegensatz dazu ist die in Abb. 8.7.4 dargestellte Funktion strikt konvex.

Ganz offensichtlich sind die folgenden Bedingungen, die ausführlicher in FMEA
erörtert werden, hinreichend für strikte Konkavität/Konvexität:

$$f''(x) < 0 \text{ für alle } x \in (a, b) \;\Rightarrow\; f(x) \text{ ist strikt konkav in } (a, b) \qquad (8.7.3)$$

$$f''(x) > 0 \text{ für alle } x \in (a, b) \;\Rightarrow\; f(x) \text{ ist strikt konvex in } (a, b) \qquad (8.7.4)$$

Die umgekehrten Implikationen sind nicht korrekt. So kann man z. B. beweisen, dass
$f(x) = x^4$ strikt konvex im Intervall $(-\infty, \infty)$ ist, jedoch ist $f''(x)$ nicht überall > 0, da
$f''(0) = 0$ ist – siehe Abb. 8.6.3.

Für zweimal differenzierbare Funktionen ist es gewöhnlich viel einfacher, die Konkavität/Konvexität durch die Betrachtung des Vorzeichens der zweiten Ableitung zu überprüfen als die Definitionen mit Hilfe der geometrischen Eigenschaften zu verwenden. Jedoch sind bei theoretischen Argumenten diese Definitionen oft sehr nützlich, besonders weil sie sich leicht auf Funktionen mit mehreren Variablen verallgemeinern lassen. (Siehe FMEA.)

Aufgaben für Kapitel 8.7

1. Sei f für alle x definiert durch $f(x) = x^3 + \frac{3}{2}x^2 - 6x + 10$.

   (a) Bestimmen Sie die stationären Stellen von f und bestimmen Sie die Intervalle, in denen f monoton wachsend ist.

   (b) Bestimmen Sie die Wendestelle für f.

2. Entscheiden Sie, wo die folgenden Funktionen konvex sind und bestimmen Sie mögliche Wendestellen:

   (a) $f(x) = \dfrac{x}{1 + x^2}$ (b) $g(x) = \dfrac{1 - x}{1 + x}$ (c) $h(x) = xe^x$

3. Bestimmen Sie lokale Extremstellen und Wendestellen für die durch die folgenden Formeln definierten Funktionen:

   (a) $y = (x + 2)e^{-x}$ (b) $y = \ln x + 1/x$ (c) $y = x^3 e^{-x}$

   (d) $y = (\ln x)/x^2$ (e) $y = e^{2x} - 2e^x$ (f) $y = (x^2 + 2x)e^{-x}$

4. Ein wettbewerbsfähiges Unternehmen erzielt einen Preis p für jede Einheit ihres Outputs und zahlt einen Preis w für jede Einheit ihres einzigen variablen Inputs. Es hat außerdem Fixkosten der Höhe F. Der Output aus der Verwendung von x Einheiten des variablen Inputs ist $f(x) = \sqrt{x}$.

   (a) Bestimmen Sie die Erlös-, Kosten- und Gewinnfunktion des Unternehmens.

   (b) Schreiben Sie die Bedingungen erster Ordnung für die Gewinnmaximierung auf und geben Sie dafür eine ökonomische Interpretation. Überprüfen Sie, ob der Gewinn in einem Punkt, der die Bedingungen erster Ordnung erfüllt, tatsächlich maximiert wird.

5. Bestimmen Sie die Extremstellen und die Wendestellen der Funktion f, deren Graph in Abb. 8.7.5 gezeigt wird.

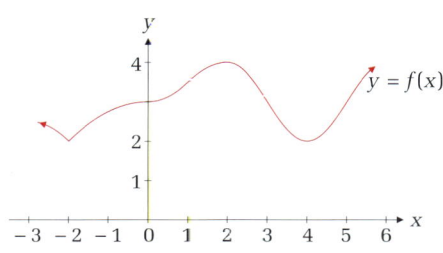

Abbildung 8.7.5: Aufgabe 5

→ Fortsetzung

6. Bestimmen Sie die Zahlen a und b, so dass der Graph von $f(x) = ax^3 + bx^2$ durch $(-1, 1)$ verläuft und eine Wendestelle in $x = 1/2$ hat.

7. Betrachten Sie die folgende kubische Kostenfunktion, die für $x \geq 0$ definiert ist durch: $C(x) = ax^3 + bx^2 + cx + d$, wobei $a > 0, b < 0, c > 0$ und $d > 0$. Bestimmen Sie die Intervalle, in denen die Funktion konvex bzw. konkav ist. Bestimmen Sie auch die einzige Wendestelle dieser Funktion.

8. Benutzen Sie dasselbe Koordinatensystem, um die Graphen zweier konkaver Funktionen f und g zu zeichnen. Beide Funktionen seien für alle x definiert. Die Funktion h sei definiert durch $h(x) = \min\{f(x), g(x)\}$, d.h. für ein gegebenes x ist $h(x)$ die kleinere der Zahlen $f(x)$ und $g(x)$. Zeichnen Sie den Graphen von h und argumentieren Sie, dass h auch konkav ist.

▶ Lösungen zu den Aufgaben finden Sie im Anhang des Buches.

Aufgaben zur Wiederholung für Kapitel 8

1. Sei $f(x) = \dfrac{x^2}{x^2 + 2}$.

(a) Berechnen Sie $f'(x)$ und bestimmen Sie, wo $f(x)$ monoton wachsend/fallend ist.

(b) Bestimmen Sie mögliche Wendestellen.

(c) Bestimmen Sie den Grenzwert von $f(x)$ für $x \to \pm\infty$ und skizzieren Sie den Graphen von $f(x)$.

2. Die Produktionsfunktion eines Unternehmens sei $Q(L) = 12L^2 - \frac{1}{20}L^3$, wobei L die Anzahl der Arbeitskräfte bezeichne und $L \in [0, 200]$.

(a) Welche Anzahl der Arbeitskräfte maximiert den Output $Q(L)$?

(b) Welche Anzahl der Arbeitskräfte maximiert den Output pro Arbeitskraft $Q(L)/L$? Bezeichne L^* diese Größe. Beachten Sie, dass dann $Q'(L^*) = Q(L^*)/L^*$. Ist dies ein Zufall?

3. Ein Bauer hat 1 000 Meter Zaun zur Verfügung um eine rechteckige Einzäunung vorzunehmen wie in Aufgabe 4.6.7. Dieses Mal ist jedoch eine der Seiten ein gerades Flussufer, so dass an dieser Seite kein Zaun benötigt wird. Wie lang sollten die Seiten gewählt werden, um die Fläche zu maximieren?

4. Durch die Produktion und den Verkauf von Q Einheiten eines Gutes erzielt ein Unternehmen den Gesamterlös $R(Q) = -0.0016Q^2 + 44Q$ und hat dabei die Kosten $C(Q) = 0.0004Q^2 + 8Q + 64\,000$.

(a) Welches Produktionsniveau maximiert den Gewinn?

(b) Die Elastizität $\mathrm{El}_Q C(Q)$ ist ≈ 0.12 für $Q = 1000$. Interpretieren Sie dieses Resultat.

5. Der Preis P, der pro Einheit aus der Produktion und dem Verkauf von $Q \geq 0$ Einheiten erzielt wird, ist $P = a - bQ^2$. Die Kosten für die Produktion und den Verkauf von Q Einheiten sind $C = \alpha - \beta Q$. Alle Konstanten sind positiv. Bestimmen Sie den Wert von Q, der den Gewinn maximiert.

6. Sei $g(x) = x - 2\ln(x + 1)$.

(a) Wo ist g definiert?

(b) Bestimmen Sie $g'(x)$ und $g''(x)$.

(c) Bestimmen Sie mögliche Extremstellen und Wendestellen. Skizzieren Sie den Graphen.

7. Gegeben sei $f(x) = \ln(x + 1) - x + \dfrac{x^2}{2} - \dfrac{x^3}{6}$.

(a) Bestimmen Sie den Definitionsbereich der Funktion und zeigen Sie, dass für x aus dem Definitionsbereich gilt:

$$f'(x) = \frac{x^2 - x^3}{2(x + 1)}$$

(b) Bestimmen Sie mögliche Extrem- und Wendestellen.

(c) Untersuchen Sie $f(x)$ für $x \to (-1)^+$, und skizzieren Sie den Graphen im Intervall $[-1, 2]$.

8. Betrachten Sie die Funktion h, die für alle x durch $h(x) = \dfrac{e^x}{2 + e^{2x}}$ definiert ist.

(a) Wo ist h monoton wachsend/fallend? Bestimmen Sie mögliche Maximum/Minimumstellen für h.

(b) Warum hat h, eingeschränkt auf $(-\infty, 0]$, eine Inverse? Bestimmen Sie einen Ausdruck für die inverse Funktion.

9. Sei $f(x) = \left(e^{2x} + 4e^{-x}\right)^2$.

(a) Bestimmen Sie $f'(x)$ und $f''(x)$.

(b) Bestimmen Sie, wo f monoton wachsend/fallend ist und zeigen Sie, dass f konvex ist.

(c) Bestimmen Sie mögliche globale Extremstellen für f.

Anspruchsvollere Aufgaben

10. Es sei $a > 0$. Betrachten Sie die Funktion

$$f(x) = \frac{x}{\sqrt[3]{x^2 - a}}$$

(a) Bestimmen Sie den Definitionsbereich D_f von f und die Intervalle, in denen $f(x)$ positiv ist. Zeigen Sie, dass der Graph von f symmetrisch um den Ursprung ist.

(b) Wo ist f monoton wachsend und wo monoton fallend? Bestimmen Sie mögliche lokale Extremstellen.

(c) Bestimmen Sie mögliche Wendestellen von f.

11. Klassifizieren Sie die stationären Stellen von $f(x) = \dfrac{6x^3}{x^4 + x^2 + 2}$, indem Sie den Test der ersten Ableitung anwenden. Skizzieren Sie den Graphen von f.

▶ Lösungen zu den Aufgaben finden Sie im Anhang des Buches.

Integralrechnung

9

ÜBERBLICK

Was heißt das für ein Leben führen, sich und die Jugend ennuyieren?

Mephistopheles zu Faust in Johann Wolfgang von Goethes *Faust*

Das Hauptthema der vorangehenden drei Kapitel war Differentialrechnung, die direkt auf viele interessante ökonomische Probleme angewendet werden kann. Ökonomen, insbesondere wenn sie Statistik machen, stehen jedoch oft vor dem mathematischen Problem, eine Funktion aus Informationen über ihre Ableitung zu finden. Dieser Prozess der Rekonstruktion einer Funktion aus ihrer Ableitung kann als „Umkehrung" der Differentiation betrachtet werden. Mathematiker nennen diesen Prozess Integration.

Es gibt einfache Formeln die seit alten Zeiten für die Berechnung der Fläche eines Dreiecks bekannt sind und somit für jedes Polygon, das nach Definition ganz durch Geraden begrenzt ist. Vor mehr als 4000 Jahren jedoch befassten sich die Babylonier mit dem Problem, ein sinnvolles Maß für den Inhalt ebener Flächen zu finden, die wie z.B. ein Kreis nicht durch Geraden begrenzt sind. Die Lösung dieses Flächenproblems ist sehr eng mit der Integration verknüpft, wie in Kapitel 9.2 erklärt wird.

Außer einer Einführung in die Integralrechnung wird dieses Kapitel auch wichtige Anwendungen von Integralen diskutieren, die Ökonomen kennen sollten. Eine kurze Einführung einfacher Differentialgleichungen beschließt dieses Kapitel.

9.1 Unbestimmte Integrale

Nehmen Sie an, dass wir die Funktion F nicht kennen, aber wir wissen, dass ihre Ableitung gleich x^2 ist, so dass $F'(x) = x^2$. Was ist F? Da die Ableitung von x^3 gleich $3x^2$ ist, sehen wir, dass $\frac{1}{3}x^3$ die Ableitung x^2 hat. Aber auch $\frac{1}{3}x^3 + C$, wobei C eine beliebige Konstante ist, hat diese Ableitung, da additive Konstanten beim Differenzieren verschwinden.

Es sei $G(x)$ eine beliebige Funktion, die x^2 als ihre Ableitung hat. Dann ist die Ableitung von $G(x) - \frac{1}{3}x^3$ gleich 0 für alle x. Aber nach (6.3.3) muss eine Funktion, deren Ableitung für alle x gleich 0 ist, konstant sein. Dies zeigt, dass

$$F'(x) = x^2 \iff F(x) = \frac{1}{3}x^3 + C$$

mit einer beliebigen Konstanten C.

Beispiel 9.1.1

Nehmen Sie an, dass die Grenzkostenfunktion eines Unternehmens $C'(Q) = 2Q^2 + 2Q + 5$ ist und dass die Fixkosten 100 sind. Bestimmen Sie die Kostenfunktion $C(Q)$.

Lösung: Indem wir jeden der drei Terme in dem Ausdruck für $C'(Q)$ separat betrachten, erkennen wir, dass die Kostenfunktion die Gestalt $C(Q) = \frac{2}{3}Q^3 + Q^2 + 5Q + c$ haben muss, denn, wenn wir diese Funktion differenzieren, erhalten wir genau $2Q^2 + 2Q + 5$. Nun sind aber die Fixkosten 100, d. h. $C(0) = 100$. Indem wir $Q = 0$ in die vorgeschlagene Formel für $C(Q)$ einsetzen, erhalten wir $100 = c$. Daher muss die gesuchte Kostenfunktion $C(Q) = \frac{2}{3}Q^3 + Q^2 + 5Q + 100$ sein. ▬▬▬

Nehmen Sie an, dass $f(x)$ und $F(x)$ zwei Funktionen von x sind mit der Eigenschaft $f(x) = F'(x)$ für alle x in einem Intervall I. Wir kommen dann von F zu f, indem wir die Ableitung bilden. So könnte der umgekehrte Prozess des Übergangs von f zu F treffend als Bilden der **Gegenableitung** bezeichnet werden. Der üblichen mathematischen Praxis folgend, nennen wir F ein **unbestimmtes Integral** von f über dem Intervall I und bezeichnen es mit $\int f(x)\,dx$. Zwei Funktionen, die über einem Intervall dieselben Ableitungen haben, müssen sich durch eine Konstante unterscheiden, so dass gilt:

Das unbestimmte Integral

Wenn $F'(x) = f(x)$, dann ist

$$\int f(x)\,dx = F(x) + C \qquad (9.1.1)$$

wobei C eine beliebige Konstante ist.

Zum Beispiel impliziert die Lösung zu Beispiel 9.1.1, dass

$$\int (2x^2 + 2x + 5)\,dx = \frac{2}{3}x^3 + x^2 + 5x + C$$

Das Symbol $\int$ ist das **Integralzeichen** und die in (9.1.1) erscheinende Funktion $f(x)$ ist der Integrand. Dann schreiben wir dx, um anzudeuten, dass x die **Integrationsvariable** ist. Schließlich ist noch C eine **Integrationskonstante**. Wir lesen (9.1.1) so: Das unbestimmte Integral von $f(x)$ bezüglich x ist $F(x)$ plus eine Konstante. Wir nennen es ein *unbestimmtes* Integral, da $F(x) + C$ nicht als eine Funktion zu betrachten ist, sondern als eine ganze Klasse von Funktionen, die alle dieselbe Ableitung f haben.
   Differentiation jeder Seite von (9.1.1) zeigt direkt, dass

$$\frac{d}{dx}\int f(x)\,dx = f(x) \qquad (9.1.2)$$

nämlich, dass die Ableitung eines unbestimmten Integrals gleich dem Integranden ist. Ferner kann (9.1.1) offensichtlich umgeschrieben werden als

$$\int F'(x)\,dx = F(x) + C \qquad (9.1.3)$$

Daher *heben sich Integration und Differentiation gegenseitig auf.*

Einige wichtige Integrale

Es gibt einige wichtige Integrationsformeln, die unmittelbar aus den entsprechenden Regeln für die Differentiation folgen. Sei r eine feste Zahl $\neq -1$. Da die Ableitung von $x^{r+1}/(r+1)$ gleich x^r ist, folgt

Wenn $r \neq -1$, dann gilt

$$\int x^r \, dx = \frac{1}{r+1} x^{r+1} + C \qquad (9.1.4)$$

Dieses sehr wichtige Resultat sagt aus, dass man das unbestimmte Integral einer Potenz von x (außer x^{-1}) erhält, indem man den Exponenten von x um 1 erhöht und dann durch den neuen Exponenten dividiert und schließlich noch eine Integrationskonstante addiert. Hier sind drei bedeutende Beispiele:

Beispiel 9.1.2

(a) $\displaystyle \int x \, dx = \int x^1 \, dx = \frac{1}{1+1} x^{1+1} + C = \frac{1}{2} x^2 + C$

(b) $\displaystyle \int \frac{1}{x^3} \, dx = \int x^{-3} \, dx = \frac{1}{-3+1} x^{-3+1} + C = -\frac{1}{2x^2} + C$

(c) $\displaystyle \int \sqrt{x} \, dx = \int x^{1/2} \, dx = \frac{1}{1/2+1} x^{1/2+1} + C = \frac{2}{3} x^{3/2} + C$

Für $r = -1$ ist die Formel in (9.1.4) nicht gültig, da die rechte Seite eine Division durch Null verlangen würde und so bedeutungslos wird. Der Integrand ist dann $1/x$ und die Aufgabe ist nun, eine Funktion zu finden, die $1/x$ als ihre Ableitung hat. Nun hat $\ln x$ diese Eigenschaft, ist aber nur für $x > 0$ definiert. Beachten Sie jedoch, dass $\ln(-x)$ für $x < 0$ definiert ist und nach der Kettenregel die Ableitung $[1/(-x)](-1) = 1/x$ hat. Erinnern Sie auch, dass $|x| = x$, falls $x \geq 0$ und $|x| = -x$, falls $x < 0$. Daher gilt unabhängig von $x > 0$ oder $x < 0$:

$$\int \frac{1}{x} \, dx = \ln |x| + C \qquad (9.1.5)$$

Betrachten Sie jetzt die Exponentialfunktion. Die Ableitung von e^x ist e^x. Daher ist $\int e^x \, dx = e^x + C$. Da die Ableitung von $(1/a)e^{ax}$ gleich e^{ax} ist, gilt allgemeiner:

Wenn $a \neq 0$, dann gilt:

$$\int e^{ax} \, dx = \frac{1}{a} e^{ax} + C \qquad (9.1.6)$$

Für $a > 0$ können wir $a^x = e^{(\ln a)x}$ schreiben. Als Spezialfall von (9.1.6) erhalten wir für $\ln a \neq 0$, d.h. $a \neq 1$

Wenn $a > 0$ und $a \neq 1$, gilt:

$$\int a^x \, dx = \frac{1}{\ln a} a^x + C \qquad (9.1.7)$$

Die obigen Resultate sind Beispiele, wie aus der Kenntnis der Ableitung einer Funktion, gegeben durch eine Formel, automatisch ein entsprechendes unbestimmtes Integral folgt. In der Tat, stellen Sie sich vor, es wäre eine vollständige Tabelle aufzustellen mit jeder Funktion, die wir differenzieren können, in der ersten Spalte und der entsprechenden Ableitung in der zweiten Spalte. So würde z. B. entsprechend zum Eintrag $y = x^2 e^x$ in der ersten Spalte in der zweiten Spalte $y' = 2xe^x + x^2 e^x$ stehen. Da Integration die Umkehrung der Differentiation ist, schließen wir auf das zugehörige Integrationsresultat $\int (2xe^x + x^2 e^x)\, dx = x^2 e^x + C$ für eine Konstante C.

Sogar nach dieser übermenschlichen Anstrengung würden Sie in der Tabelle vergeblich nach e^{-x^2} in der zweiten Spalte suchen. Der Grund ist, dass es keine „Standard"-Funktion gibt, die e^{-x^2} als ihre Ableitung hat. In der Tat wird das Integral von e^{-x^2} benutzt in der Definition einer sehr speziellen „Fehlerfunktion", die wegen ihrer Beziehung zur „Normalverteilung" eine herausragende Rolle in der Statistik spielt – siehe Aufgaben 4.9.5 und 9.7.12. Eine Liste einiger solcher unausführbarer "Integrale" ist gegeben in (9.3.9).

Indem wir systematisch die geeigneten Regeln benutzen, können wir sehr komplizierte Funktionen *differenzieren*. Andererseits kann das Bestimmen des unbestimmten Integrals von sogar ganz einfachen Funktionen sehr schwierig oder sogar unmöglich sein. Wo es möglich ist, haben Mathematiker eine Vielzahl von *Integrationsmethoden* entwickelt, die helfen sollen, diese Aufgaben zu lösen. Einige dieser Methoden werden im Rest dieses Kapitels erklärt werden.

Gewöhnlich ist es jedoch sehr leicht zu überprüfen, ob ein vorgeschlagenes unbestimmtes Integral korrekt ist. Wir differenzieren einfach die vorgeschlagene Funktion, um zu sehen, ob ihre Ableitung wirklich mit dem Integranden übereinstimmt.

Beispiel 9.1.3

Bestätigen Sie, dass für $x > 0$ gilt: $\int \ln x\, dx = x \ln x - x + C$

Lösung: Wir setzen $F(x) = x \ln x - x + C$. Dann ist

$$F'(x) = 1 \cdot \ln x + x \cdot (1/x) - 1 = \ln x + 1 - 1 = \ln x$$

Dies zeigt, dass die Integralformel korrekt ist.

Einige allgemeine Regeln

Die Differentiationsregeln (6.6.3) und (6.7.1) implizieren sofort, dass $(aF(x))' = aF'(x)$ und $(F(x) + G(x))' = F'(x) + G'(x)$. Diese Gleichheiten implizieren dann sofort:

Grundlegende Integrationsregeln

$$\int af(x)\, dx = a \int f(x)\, dx, \text{ wobei } a \neq 0 \text{ eine Konstante ist} \qquad (9.1.8)$$

$$\int [f(x) + g(x)]\, dx = \int f(x)\, dx + \int g(x)\, dx \qquad (9.1.9)$$

Regel (9.1.8) besagt, dass ein konstanter Faktor vor das Integral gezogen werden kann, während Regel (9.1.9) zeigt, dass das Integral einer Summe die Summe der Integrale ist. Wiederholte Anwendung dieser zwei Regeln ergibt:

$$\int [a_1f_1(x) + \cdots + a_nf_n(x)]\, dx = a_1 \int f_1(x)\, dx + \cdots + a_n \int f_n(x)\, dx \qquad (9.1.10)$$

Beispiel 9.1.4

Nutzen Sie (9.1.10) zur Berechnung von: (a) $\int (3x^4+5x^2+2)\, dx$ (b) $\int \left(\frac{3}{x}-8e^{-4x}\right) dx$

Lösung:
(a)

$$\int (3x^4 + 5x^2 + 2)\, dx = 3 \int x^4\, dx + 5 \int x^2\, dx + 2 \int 1\, dx$$

$$= 3\left(\frac{1}{5}x^5 + C_1\right) + 5\left(\frac{1}{3}x^3 + C_2\right) + 2(x + C_3)$$

$$= \frac{3}{5}x^5 + \frac{5}{3}x^3 + 2x + 3C_1 + 5C_2 + 2C_3$$

$$= \frac{3}{5}x^5 + \frac{5}{3}x^3 + 2x + C$$

Da C_1, C_2 und C_3 beliebige Konstanten sind, ist auch $3C_1 + 5C_2 + 2C_3$ eine beliebige Konstante. Daher haben wir sie in der letzten Zeile zur Vereinfachung durch die einzige Konstante C ersetzt. In zukünftigen Beispielen dieser Art werden wir gewöhnlich die zwei mittleren Zeilen der dargestellten Gleichungen weglassen.

(b) $\int \left(\frac{3}{x} - 8e^{-4x}\right) dx = 3 \int \frac{1}{x}\, dx + (-8) \int e^{-4x}\, dx = 3 \ln |x| + 2e^{-4x} + C$

Bis jetzt haben wir immer x als Integrationsvariable benutzt. In Anwendungen haben die Variablen oft andere Namen. Dies macht jedoch keinen Unterschied in den Integrationsregeln.

Beispiel 9.1.5

Bestimmen Sie: (a) $\int \frac{B}{r^{2.5}}\, dr$ (b) $\int (a + bq + cq^2)\, dq$ (c) $\int (1 + t)^5\, dt$
Lösung:

(a) Indem wir $\frac{B}{r^{2.5}}$ als $Br^{-2.5}$ schreiben, kann Formel (9.1.4) mit der Variablen r anstelle x benutzt werden, so dass

$$\int \frac{B}{r^{2.5}}\, dr = B \int r^{-2.5}\, dr = B\frac{1}{-2.5 + 1} r^{-2.5+1} + C = -\frac{B}{1.5r^{1.5}} + C$$

(b) $\int (a + bq + cq^2)\, dq = aq + \frac{1}{2}bq^2 + \frac{1}{3}cq^3 + C$

(c) $\int (1 + t)^5\, dt = \frac{1}{6}(1 + t)^6 + C$

Aufgaben für Kapitel 9.1

1. Bestimmen Sie die folgenden Integrale, indem Sie Formel (9.1.4) benutzen:

(a) $\int x^{13}\, dx$ (b) $\int x\sqrt{x}\, dx$ (c) $\int \frac{1}{\sqrt{x}}\, dx$ (d) $\int \sqrt{x\sqrt{x\sqrt{x}}}\, dx$

(e) $\int e^{-x}\, dx$ (f) $\int e^{x/4}\, dx$ (g) $\int 3e^{-2x}\, dx$ (h) $\int 2^{x}\, dx$

2. Bei der Herstellung eines Produkts seien die Grenzkosten für die Herstellung von x Einheiten $C'(x)$ und die Fixkosten $C(0)$. Bestimmen Sie die Gesamtkostenfunktion $C(x)$, wenn:

(a) $C'(x) = 3x + 4$ und $C(0) = 40$ (b) $C'(x) = ax + b$ und $C(0) = C_0$

3. Bestimmen Sie die folgenden Integrale:

(a) $\int (t^3 + 2t - 3)\, dt$ (b) $\int (x-1)^2\, dx$ (c) $\int (x-1)(x+2)\, dx$

(d) $\int (x+2)^3\, dx$ (e) $\int (e^{3x} - e^{2x} + e^{x})\, dx$ (f) $\int \frac{x^3 - 3x + 4}{x}\, dx$

4. Bestimmen Sie die folgenden Integrale:

(a) $\int \frac{(y-2)^2}{\sqrt{y}}\, dy$ (b) $\int \frac{x^3}{x+1}\, dx$ (c) $\int x(1+x^2)^{15}\, dx$

(*Hinweis:* Multiplizieren Sie in Teil (a) zunächst $(y-2)^2$ aus und dividieren Sie dann jeden Term durch $\sqrt{y}$. Verwenden Sie in Teil (b) Polynomdivision wie in Kap. 4.7. Welches ist in Teil (c) die Ableitung von $(1+x^2)^{16}$?)

5. Zeigen Sie, dass

(a) $\int x^2 \ln x\, dx = \frac{1}{3}x^3 \ln x - \frac{1}{9}x^3 + C$

(b) $\int \sqrt{x^2 + 1}\, dx = \frac{1}{2}x\sqrt{x^2+1} + \frac{1}{2}\ln\left(x + \sqrt{x^2+1}\right) + C$

6. Nehmen Sie an, dass $f(0) = 2$ und dass die *Ableitung* von f den in Abb. 9.1.1 gegebenen Graphen hat. Schlagen Sie zuerst eine Formel für $f'(x)$ vor, skizzieren Sie dann den Graphen von $f(x)$ und bestimmen Sie eine explizite Funktion $f(x)$, die diesen Graphen hat.

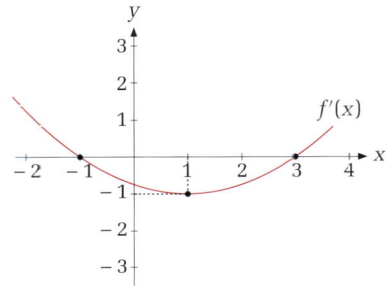

Abbildung 9.1.1: Aufgabe 6

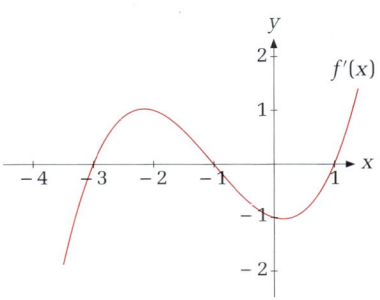

Abbildung 9.1.2: Aufgabe 7

→ Fortsetzung

7. Nehmen Sie an, dass $f(0) = 0$ und dass die *Ableitung* von f den in Abb. 9.1.2 gegebenen Graphen hat. Skizzieren Sie den Graphen von $f(x)$ und bestimmen Sie eine explizite Funktion, die diesen Graphen hat.

8. Zeigen Sie, dass $\int 2x \ln(x^2 + a^2)\, dx = (x^2 + a^2)\ln(x^2 + a^2) - x^2 + C$ ist.

9. (a) Zeigen Sie: Wenn $a \neq 0$ und $p \neq -1$, dann gilt: $\int (ax+b)^p\, dx = \dfrac{1}{a(p+1)}(ax+b)^{p+1} + C$

    (b) Nutzen Sie Teil (a) zur Bestimmung von: (i) $\int (2x+1)^4\, dx$; (ii) $\int \sqrt{x+2}\, dx$ und

    (iii) $\int \dfrac{1}{\sqrt{4-x}}\, dx$.

    (c) Bestimmen Sie $F(x)$, wenn: (i) $F'(x) = \dfrac{1}{2}e^x - 2x$ und $F(0) = \dfrac{1}{2}$; (ii) $F'(x) = x(1 - x^2)$ und $F(1) = \dfrac{5}{12}$.

10. Bestimmen Sie die allgemeine Form einer Funktion f, deren zweite Ableitung gleich x^2 ist. Bestimmen Sie $f(x)$, wenn wir zusätzlich noch $f(0) = 1$ und $f'(0) = -1$ verlangen.

11. Nehmen Sie an, dass $f''(x) = x^{-2} + x^3 + 2$ für $x > 0$ und $f(1) = 0$, $f'(1) = 1/4$. Bestimmen Sie $f(x)$.

▶ Lösungen zu den Aufgaben finden Sie im Anhang des Buches.

9.2 Flächen und bestimmte Integrale

Dieser Abschnitt wird zeigen, wie man das Konzept des Integrals benutzen kann, um Flächeninhalte vieler Regionen in der Ebene zu berechnen. Dieses Problem ist in der Ökonomie seit mehr als 4 000 Jahren von Bedeutung. Wie alle großen Flüsse haben der Tigris und der Euphrat in Mesopotamien (heute Teil des Irak) sowie der Nil in Ägypten gelegentlich ihren Verlauf als Ergebnis einer schweren Flut verändert. Einige Bauern haben dabei Land verloren, andere Land gewonnen. Da auf Landflächen oft Steuern erhoben wurden, war es notwendig, die Fläche einer Parzelle neu zu berechnen, deren Grenze ein unregelmäßig verlaufendes Flussufer sein könnte.

Erst später, jedoch schon um 360 v. Chr. entwickelte der griechische Mathematiker Eudoxos eine allgemeine Methode zur Bestimmung der Flächen unregelmäßig begrenzter Regionen in der Ebene, bekannt als *Ausschöpfungsmethode*. Die Idee war, die Region auszuschöpfen durch eine steigende Anzahl inliegender polygonaler Regionen, deren Flächen exakt berechnet werden können, indem man die Summe der Flächen endlich vieler Dreiecke bildet. Vorausgesetzt, dass diese Folge die Fläche tatsächlich „ausschöpft", in dem Sinne, dass im Grenzfall jeder Punkt eingeschlossen wird, können wir die *Fläche* der Region als Grenzwert der ansteigenden Folge von Flächen der einbeschriebenen polygonalen Regionen definieren. Darüber hinaus kann man den Fehler jeder endlichen Approximation begrenzen, indem man die Region umschreibt mit einer abnehmenden Folge von polygonalen Regionen, deren Durchschnitt die Region selbst ist.

Eudoxos und Archimedes u.a. verwendeten diese Ausschöpfungsmethode, um sehr genaue Approximationen der Flächen einer Vielzahl spezifischer ebener Regionen zu bestimmen, wie z. B. eine kreisförmige Scheibe. (Siehe Beispiel 7.11.1 als Illustration für diese Methode.) Es erwies sich jedoch, dass die Ausschöpfungsmethode nur in einer begrenzten Zahl der Fälle funktioniert, zum Teil wegen der damit verbundenen algebraischen Probleme. Es vergingen fast 1900 Jahre nach Eudoxos, bis eine exakte Methode entwickelt werden konnte, die das, was wir heute Integralrechnung nennen, mit der neuen Differentialrechnung, die auf Newton und Leibniz zurückgeht, verbindet. Neben der Möglichkeit Flächen mit beliebiger Genauigkeit zu berechnen, haben ihre Ideen viele andere Anwendungsmöglichkeiten. Die Darstellung der präzisen logischen Beziehungen zwischen der Differentiation und der Integration ist eine der Hauptleistungen der mathematischen Analysis. Es ist sogar behauptet worden, dass diese Entdeckung die allein wichtigste in allen Wissenschaften ist.

Das Problem, das in diesem Abschnitt betrachtet und gelöst werden soll, ist in Abb. 9.2.1 illustriert: *Wie berechnen wir die Fläche A unter dem Graphen einer stetigen und nichtnegativen Funktion f über dem Intervall [a, b]?*

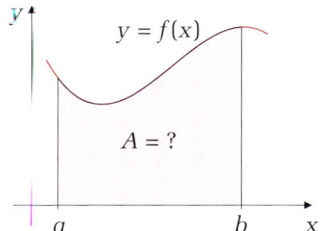
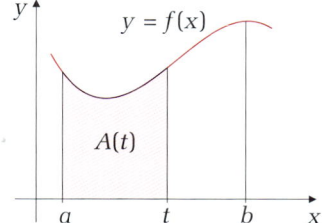

Abbildung 9.2.1: Fläche A unter dem Graphen   Abbildung 9.2.2: Fläche A(t) unter dem Graphen bis t

Es sei t ein beliebiger Punkt in $[a, b]$ und $A(t)$ bezeichnet die Fläche unter der Kurve $y = f(x)$ über dem Intervall $[a, t]$ wie in Abb. 9.2.2 gezeigt wird. Offensichtlich ist $A(a) = 0$, da es keine Fläche von a bis a gibt. Andererseits ist die Fläche in Abb. 9.2.1 gleich $A = A(b)$. Es ist offensichtlich von Abb. 9.2.2, dass $A(t)$ wächst, wenn t wächst, da f überall positiv ist. Nehmen Sie an, dass wir t um eine positive Größe Δt erhöhen. Dann ist $A(t + \Delta t)$ die Fläche unter der Kurve $y = f(x)$ über dem Intervall $[a, t + \Delta t]$. Daher ist $A(t + \Delta t) - A(t)$ die Fläche ΔA unter der Kurve über dem Intervall $[t, t + \Delta t]$, wie in Abb. 9.2.3 gezeigt ist.

In Abb. 9.2.4 wurde die Fläche ΔA vergrößert dargestellt. Sie kann nicht größer sein als die Fläche des Rechtecks mit der Grundseite Δt und der Höhe $f(t + \Delta t)$ und sie kann nicht kleiner sein als die Fläche des Rechtecks mit der Grundseite Δt und der Höhe $f(t)$. Daher hat man für alle $\Delta t > 0$

$$f(t)\Delta t \leq A(t + \Delta t) - A(t) \leq f(t + \Delta t)\Delta t \qquad (*)$$

Da $\Delta t > 0$, folgt

$$f(t) \leq \frac{A(t + \Delta t) - A(t)}{\Delta t} \leq f(t + \Delta t) \qquad (**)$$

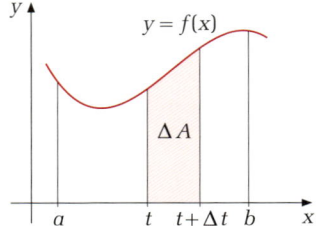

Abbildung 9.2.3: Änderung in der Fläche, ΔA

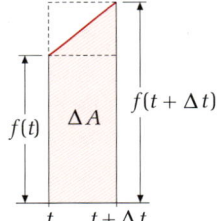

Abbildung 9.2.4: Approximation von ΔA

Wir wollen untersuchen, was mit (∗∗) passiert, wenn $\Delta t \to 0$. Das Intervall $[t, t + \Delta t]$ schrumpft zusammen auf den einzelnen Punkt t, und wegen der Stetigkeit von f, strebt der Wert $f(t+\Delta t)$ gegen $f(t)$. Der Newton-Quotient $[A(t+\Delta t)-A(t)]/\Delta t$ ist eingeschränkt zwischen $f(t)$ und einer Größe $f(t + \Delta t)$, die gegen $f(t)$ strebt. Dieser Quotient muss deshalb gegen $f(t)$ streben, wenn $\Delta t \to 0$.

So kommen wir zu dem bemerkenswerten Ergebnis, dass die Funktion $A(t)$, die die Fläche unter dem Graphen von f über dem Intervall $[a, t]$ misst, differenzierbar ist mit der Ableitung

$$A'(t) = f(t) \quad \text{für alle } t \text{ in } (a, b) \tag{∗∗∗}$$

Dies beweist: *Die Ableitung der Flächen-Funktion $A(t)$ ist gleich der „Höhen"-Funktion $f(t)$ der Kurve, und die Flächenfunktion ist deshalb eins der unbestimmten Integrale von $f(t)$.*[1]

Wir verwenden jetzt x als freie Variable. Nehmen Sie an, dass $F(x)$ ein beliebiges unbestimmtes Integral von $f(x)$ ist. Dann ist $A(x) = F(x) + C$ für eine Konstante C. Erinnern Sie sich daran, dass $A(a) = 0$ ist. Damit ist $0 = A(a) = F(a) + C$, so dass $C = -F(a)$. Deshalb gilt:

$$A(x) = F(x) - F(a), \quad \text{wobei} \quad F(x) = \int f(x)\,dx \tag{9.2.1}$$

Nehmen Sie an, dass $G(x)$ eine andere Funktion ist mit $G'(x) = f(x)$. Dann ist $G(x) = F(x)+C_1$ für eine andere Konstante C_1 und somit $G(x) - G(a) = F(x)+C_1 - (F(a)+C_1) = F(x) - F(a)$. Dieses Argument besagt, dass die Fläche, die wir mit (9.2.1) berechnen, unabhängig davon ist, welches unbestimmte Integral von f wir verwenden.

Beispiel 9.2.1

Berechnen Sie die Fläche unter der Parabel $f(x) = x^2$ über dem Intervall $[0, 1]$.

Lösung: Die in Frage stehende Fläche ist die in Abb. 9.2.5 schattiert dargestellte Region. Die Fläche ist gleich $A = F(1) - F(0)$, wobei $F(x)$ ein unbestimmtes Integral

---

[1] Die Funktion f in den Abbildungen ist monoton wachsend im Intervall $[t, t+\Delta t]$. Es ist leicht zu sehen, dass dieselbe Schlussfolgerung gilt, wenn die Funktion f stetig ist im abgeschlossenen Intervall $[t, t + \Delta t]$. Sie brauchen auf der linken Seite von (∗) nur $f(t)$ durch $f(c)$ zu ersetzen, wobei c die Minimumstelle der stetigen Funktion f in dem Intervall ist, und auf der rechten Seite müssen Sie $f(t + \Delta t)$ durch $f(d)$ ersetzen, wobei d die Maximumstelle von f in $[t, t + \Delta t]$ ist. Wegen der Stetigkeit müssen $f(c)$ und $f(d)$ beide gegen $f(t)$ streben, wenn $\Delta t \to 0$. Somit gilt (∗∗∗) auch für beliebige stetige Funktionen f.

von x^2 ist. Nun ist $\int x^2\, dx = \frac{1}{3}x^3 + C$, so dass wir $F(x) = \frac{1}{3}x^3$ wählen. Daher ist die gesuchte Fläche

$$A = F(1) - F(0) = \frac{1}{3} \cdot 1^3 - \frac{1}{3} \cdot 0^3 = \frac{1}{3}$$

Abb. 9.2.5 legt nahe, dass diese Antwort glaubhaft ist, da die schattierte Fläche ungefähr 1/3 der Fläche eines Quadrats mit der Seitenlänge 1 ausmacht.

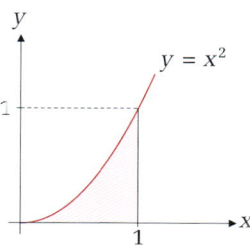

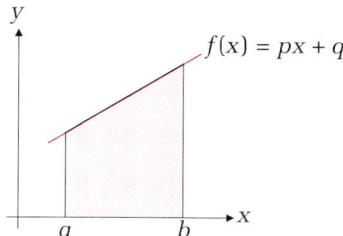

Abbildung 9.2.5: y = x² *Abbildung 9.2.6: y = px + q*

Das Argument, das zu (9.2.1) führt, basiert auf ziemlich intuitiven Betrachtungen. Formal ziehen Mathematiker es vor, die Fläche unter dem Graphen einer stetigen und nichtnegativen Funktion f über dem Intervall $[a, b]$ als die Zahl $F(b) - F(a)$ zu *definieren*, wobei $F'(x) = f(x)$. Das dabei entstehende Konzept einer Fläche stimmt mit dem üblichen Konzept für Regionen, die durch Geraden begrenzt sind, überein. Das nächste Beispiel bestätigt dies in einem Spezialfall.

Beispiel 9.2.2

Bestimmen Sie die Fläche A unterhalb der Geraden $f(x) = px + q$ über dem Intervall $[a, b]$, wobei a, b, p und q alle positiv sind mit $b > a$.

Lösung: Die Fläche ist in Abb. 9.2.6 schattiert dargestellt. Sie ist gleich $F(b) - F(a)$, wobei $F(x)$ ein unbestimmtes Integral von $px+q$ ist. Nun ist $\int(px+q)\, dx = \frac{1}{2}px^2+qx+C$. Die nahe liegende Wahl eines unbestimmten Integrals ist $F(x) = \frac{1}{2}px^2 + qx$, und somit ist

$$A = F(b) - F(a) = \left(\frac{1}{2}pb^2 + qb\right) - \left(\frac{1}{2}pa^2 + qa\right) = \frac{1}{2}p(b^2 - a^2) + q(b - a)$$

Wie Abb. 9.2.6 zeigt, ist die Fläche A die Summe eines Rechtecks, dessen Fläche $(b - a)(pa + q)$ ist, und eines Dreiecks, dessen Fläche $\frac{1}{2}p(b - a)^2$ ist. Sie sollten überprüfen, dass dies dieselbe Antwort ergibt.

Das bestimmte Integral

Sei f eine auf dem Intervall $[a, b]$ definierte stetige Funktion. Nehmen Sie an, dass die Funktion F stetig ist auf $[a, b]$ und die Ableitung $F'(x) = f(x)$ für jedes x in (a, b) hat. Dann heißt die Differenz $F(b)-F(a)$ das **bestimmte Integral** von f über $[a, b]$. Wir haben bereits weiter oben festgestellt, dass diese Differenz nicht von dem unbestimmten Integral von f abhängt, das wir als F gewählt haben. Das bestimmte Integral von f über $[a, b]$ ist deshalb eine *Zahl*, die nur von der Funktion f und den Zahlen a und b abhängt. Wir bezeichnen diese Zahl mit

$$\int_a^b f(x)\,dx \qquad (9.2.2)$$

Diese Notation macht die Funktion $f(x)$, die wir integrieren und das Intervall $[a, b]$, über das wir integrieren, deutlich. Die Zahlen a und b heißen **untere** bzw. **oberere Integrationsgrenze**.

Die Variable x in Gleichung (9.2.2) ist eine *Hilfsvariable* in dem Sinne, dass sie durch jede andere Variable, die nicht in dem Ausdruck vorkommt, ersetzt werden kann. Zum Beispiel sind

$$\int_a^b f(x)\,dx = \int_a^b f(y)\,dy = \int_a^b f(\xi)\,d\xi$$

alle gleich $F(b) - F(a)$. Aber wir schreiben nicht etwas wie $\int_a^y f(y)\,dy$ mit derselben Variablen sowohl als obere Grenze als auch als Hilfsvariable der Integration, weil dieser Ausdruck bedeutungslos ist.

Die Differenz $F(b) - F(a)$ wird mit $\left.\vphantom{\int}\right|_a^b F(x)$ oder $\left[F(x)\right]_a^b$ bezeichnet. Daher haben wir:

Das bestimmte Integral

$$\int_a^b f(x)\,\mathrm{d}x = \left.\vphantom{\int}\right|_a^b F(x) = F(b) - F(a) \qquad (9.2.3)$$

wobei F ein unbestimmtes Integral von f ist über einem Intervall, das a und auch b enthält.

Beispiel 9.2.3

Berechnen Sie die bestimmten Integrale: (a) $\displaystyle\int_2^5 e^{2x}\,dx$ (b) $\displaystyle\int_{-2}^2 (x - x^3 - x^5)\,dx$

Lösung:

(a) Da $\int e^{2x}\,dx = \dfrac{1}{2}e^{2x} + C$, erhalten wir $\displaystyle\int_2^5 e^{2x}\,dx = \left.\vphantom{\int}\right|_2^5 \dfrac{1}{2}e^{2x} = \dfrac{1}{2}e^{10} - \dfrac{1}{2}e^4 = \dfrac{1}{2}e^4(e^6 - 1)$.

(b) $\displaystyle\int_{-2}^2 (x - x^3 - x^5)\,dx = \left.\vphantom{\int}\right|_{-2}^2 \left(\dfrac{1}{2}x^2 - \dfrac{1}{4}x^4 - \dfrac{1}{6}x^6\right)$

$$= \left(2 - 4 - \dfrac{64}{6}\right) - \left(2 - 4 - \dfrac{64}{6}\right) = 0$$

Nach dem Lesen des nächsten Unterabschnitts unter der Beobachtung, dass der Graph von $f(x) = x - x^3 - x^5$ symmetrisch zum Ursprung ist, sollten Sie besser verstehen, warum die Antwort zu Teil (b) gleich 0 sein muss.

Definition (9.2.3) verlangt nicht notwendig $a < b$. Wenn jedoch $a > b$ und $f(x)$ positiv über dem gesamten Intervall $[b, a]$ ist, so ist $\int_a^b f(x)\,dx$ eine negative Zahl. Beachten Sie auch, dass wir in (9.2.3) das bestimmte Integral definiert haben, ohne ihm notwendigerweise eine geometrische Interpretation als Fläche unter einer Kurve gegeben zu haben. Tatsächlich kann es in Abhängigkeit vom Kontext verschiedene Interpretationen haben. Wenn z. B. $f(r)$ eine Einkommensdichtefunktion ist wie in Kap. 9.4, dann ist $\int_a^b f(r)\,dr$ der Anteil der Personen mit Einkommen zwischen a und b.

Obwohl die Notation für bestimmte und unbestimmte Integrale ähnlich ist, sind diese beiden Integrale vollständig verschieden. Tatsächlich bezeichnet $\int_a^b f(x)\,dx$ eine einzelne Zahl, während $\int f(x)\,dx$ eine unendliche Menge von Funktionen repräsentiert, die alle $f(x)$ als ihre Ableitung haben.

Die Fläche, wenn $f(x)$ negativ ist

Falls $f(x) \geq 0$ über $[a, b]$, dann ist $\int_a^b f(x)\,dx$ die Fläche unterhalb des Graphen von f über $[a, b]$. Falls f definiert ist auf $[a, b]$ und $f(x) \leq 0$ für alle x in $[a, b]$, schließen der Graph von f, die x-Achse und die Geraden $x = a$ und $x = b$ nach wie vor eine Fläche ein, die in Abb. 9.2.7 als Fläche A dargestellt ist. Indem wir $g(x) = -f(x)$ definieren, haben wir $g(x) \geq 0$, so dass $\int_a^b g(x)\,dx$ die Fläche unterhalb des Graphen von g über $[a, b]$ misst. Aber es folgt, nach der Konstruktion, dass dies genauso groß ist wie die Fläche A, wie in Abb. 9.2.8 dargestellt ist. Es folgt dann, dass die Fläche über f und unter $[a, b]$ gleich $\int_a^b (-f)(x)\,dx$ ist, mit einem Minuszeichen vor dem Integranden, weil die Fläche einer Region positiv (oder Null) sein muss, während das bestimmte Integral von f über $[a, b)$ negativ ist. In Kürze, in Kap. 9.3, werden wir sehen, dass wir gleichbedeutend das Minuszeichen vor das Integral setzen können: siehe Regel (9.3.3).

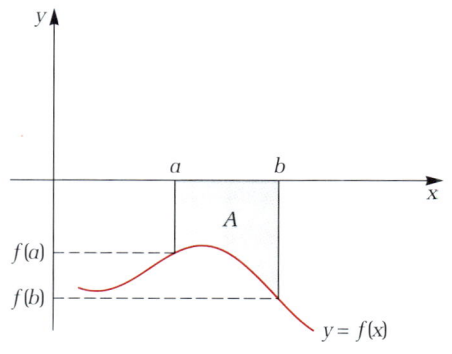

Abbildung 9.2.7: $f(x) \leq 0$

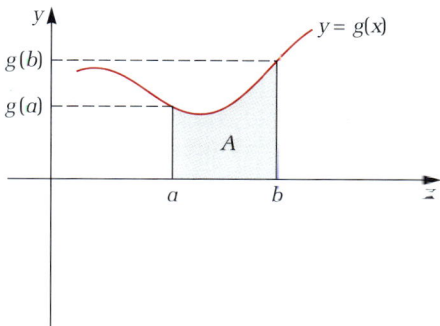

Abbildung 9.2.8: $g(x) = -f(x) \geq 0$

Beispiel 9.2.4

Abbildung 9.2.9 zeigt den Graphen von $f(x) = e^{x/3} - 3$. Berechnen Sie die schattierte Fläche A zwischen der x-Achse und dem Graphen über dem Intervall $[0, b]$ wobei $b = 3\ln 3$ gewählt wurde, weil dort $f(b) = 0$.

Lösung: Weil $f(x) \leq 0$ im Intervall $[0, 3\ln 3]$, erhalten wir

$$A = -\int_0^{3\ln 3} \left(e^{x/3} - 3\right) dx = -\left.\left(3e^{x/3} - 3x\right)\right|_0^{3\ln 3}$$

$$= -(3e^{\ln 3} - 3 \cdot 3\ln 3) + 3e^0 = -9 + 9\ln 3 + 3 = 9\ln 3 - 6 \approx 3.89$$

Ist die Antwort plausibel? Ja, weil die in Abb. 9.2.9 schattierte Menge eine Fläche zu haben scheint, die ein wenig kleiner ist als die des Dreiecks mit den Eckpunkten $(0, 0)$, $(0, -2)$ und $(4, 0)$, dessen Fläche 4 ist, und ein wenig größer als die Fläche des einbeschriebenen Dreiecks mit den Eckpunkten $(0, 0)$, $(0, -2)$ und $(3\ln 3, 0)$, dessen Fläche $3\ln 3 \approx 3.30$ ist.

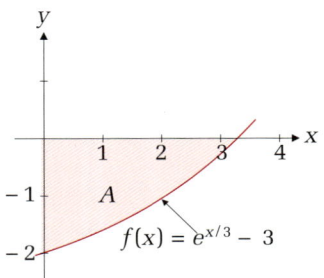

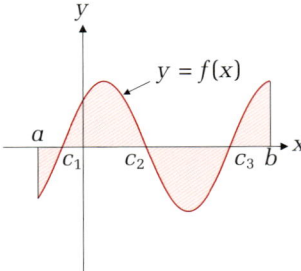

Abbildung 9.2.9: $e^{x/3} - 3$ *Abbildung 9.2.10: Eine Funktion mit positiven und negativen Werten*

Nehmen Sie an, dass die Funktion f definiert und stetig ist auf $[a, b]$ und dass f in einigen Teilintervallen positiv, in anderen negativ ist, wie es in Abb. 9.2.10 gezeigt ist. Seien c_1, c_2, c_3 drei Lösungen der Gleichung $f(x) = 0$ – d. h. drei Punkte, in denen der Graph die x-Achse schneidet. Das bestimmte Integral $\int_a^b f(x)dx$ ist die Summe der zwei schattierten Fläche oberhalb der x-Achse, abzüglich der Summe der zwei schattierten Flächen unterhalb der x-Achse. Die gesamte Fläche andererseits, die begrenzt ist durch den Graphen von f, die x-Achse und die Geraden $x = a$ und $x = b$ wird dann berechnet, indem man nacheinander die positiven Flächen in jedem Teilintervall $[a, c_1]$, $[c_1, c_2]$, $[c_2, c_3]$ und $[c_3, b]$ entsprechend den vorangehenden Definitionen bestimmt und dann diese Flächen addiert. Insbesondere ist die schraffierte Fläche

$$-\int_a^{c_1} f(x)\, dx + \int_{c_1}^{c_2} f(x)\, dx - \int_{c_2}^{c_3} f(x)\, dx + \int_{c_3}^b f(x)\, dx$$

In der Tat illustriert dies ein allgemeines Resultat: Die Fläche zwischen dem Graphen einer Funktion f und der x-Achse ist gegeben durch das bestimmte Integral $\int_a^b |f(x)|\, dx$ des Absolutwertes des Integranden $f(x)$. Dies ist gleich der Fläche unter dem Graphen der nichtnegativen Funktion $|f(x)|$.

Aufgaben für Kapitel 9.2

1. Berechnen Sie die Flächen unter den Graphen über $[0, 1]$ von:

(a) $f(x) = x^3$

(b) $f(x) = x^{10}$

2. Berechnen Sie die Fläche, die begrenzt wird durch den Graphen der Funktion über dem angegebenen Intervall. Skizzieren Sie in (c) den Graphen und kennzeichnen Sie die gesuchte Fläche, indem Sie diese schraffieren.

(a) $f(x) = 3x^2$ in $[0, 2]$

(b) $f(x) = x^6$ in $[0, 1]$

(c) $f(x) = e^x$ in $[-1, 1]$

(d) $f(x) = 1/x^2$ in $[1, 10]$

3. Berechnen Sie die Fläche, die begrenzt ist durch den Graphen von $f(x) = 1/x^3$, die x-Achse und die beiden Geraden $x = -2$ und $x = -1$. Fertigen Sie eine Zeichnung an. (*Hinweis:* $f(x) < 0$ in $[-2, -1]$.)

4. Berechnen Sie die Fläche, die begrenzt ist durch den Graphen von $f(x) = \frac{1}{2}(e^x + e^{-x})$, die x-Achse und die Geraden $x = -1$ und $x = 1$.

5. Berechnen Sie die folgenden Integrale:

(a) $\int_0^1 x \, dx$

(b) $\int_1^2 (2x + x^2) \, dx$

(c) $\int_{-2}^3 \left(\frac{1}{2}x^2 - \frac{1}{6}x^3 \right) dx$

(d) $\int_0^2 (t^3 - t^4) \, dt$

(e) $\int_1^2 \left(2t^5 - \frac{1}{t^2} \right) dt$

(f) $\int_2^3 \left(\frac{1}{t-1} + t \right) dt$

6. Sei $f(x) = x(x - 1)(x - 2)$.

(a) Berechnen Sie $f'(x)$. Wo ist $f(x)$ monoton wachsend?

(b) Skizzieren und berechnen Sie $\int_0^1 f(x)dx$.

7. Der Gewinn eines Unternehmens als Funktion seines Outputs $x > 0$ ist gegeben durch

$$f(x) = 4000 - x - \frac{3\,000\,000}{x}$$

(a) Bestimmen Sie dasjenige Niveau des Outputs, das den Gewinn maximiert. Skizzieren Sie den Graphen von f.

(b) Der aktuelle Output variiert zwischen 1000 und 3000 Einheiten. Berechnen Sie den durchschnittlichen Gewinn

$$I = \frac{1}{2000} \int_{1000}^{3000} f(x) \, dx$$

8. Berechnen Sie die Integrale

(a) $\int_1^3 \frac{3x}{10} \, dx$

(b) $\int_{-3}^{-1} \xi^2 \, d\xi$

(c) $\int_0^1 \alpha e^{\beta \tau} \, d\tau \quad (\beta \neq 0)$

(d) $\int_{-2}^{-1} \frac{1}{y} \, dy$

▶ Lösungen zu den Aufgaben finden Sie im Anhang des Buches.

9.3   Eigenschaften bestimmter Integrale

Aus der Definition des bestimmten Integrals können eine Anzahl von Eigenschaften abgeleitet werden.

Eigenschaften bestimmter Integale

Wenn f eine stetige Funktion auf einem Intervall ist, das a, b und c enthält, dann gilt:

$$\int_a^b f(x)\,dx = -\int_b^a f(x)\,dx \tag{9.3.1}$$

$$\int_a^a f(x)\,dx = 0 \tag{9.3.2}$$

$$\int_a^b \alpha f(x)\,dx = \alpha \int_a^b f(x)\,dx, \text{ wobei } \alpha \text{ eine beliebige Zahl} \tag{9.3.3}$$

$$\int_a^b f(x)\,dx = \int_a^c f(x)\,dx + \int_c^b f(x)\,dx \tag{9.3.4}$$

Wenn das bestimmte Integral als eine Fläche interpretiert wird, dann ist (9.3.4) die Additivitätseigenschaft von Flächen, wie in Abb. 9.3.1 illustriert wird. Natürlich lässt sich (9.3.4) leicht auf den Fall verallgemeinern, in dem wir das Intervall $[a, b]$ in eine beliebige endliche Anzahl von Teilintervallen zerlegen.

Die Gleichungen (9.3.3) und (9.3.4) für bestimmte Integrale entsprechen der Regel (9.1.8) für Integale mit einer multiplikativen Konstanten bzw. der Summationseigenschaft (9.1.9) für unbestimmte Integrale. In der Tat, wenn f und g stetig in $[a, b]$ sind und wenn α und β reelle Zahlen sind, dann ist es leicht zu zeigen, dass

$$\int_a^b [\alpha f(x) + \beta g(x)]\,dx = \alpha \int_a^b f(x)\,dx + \beta \int_a^b g(x)\,dx \tag{9.3.5}$$

Diese Regel kann offensichtlich wieder auf mehr als zwei Funktionen erweitert werden.

Differenzieren bezüglich der Integrationsgrenzen

Nehmen Sie an, dass $F'(x) = f(x)$ für alle x in einem offenen Intervall (a, b). Nehmen Sie weiter an, dass $a < t < b$. Es folgt, dass $\int_a^t f(x)\,dx = \left|_a^t F(x) = F(t) - F(a)\right.$, so dass

$$\frac{d}{dt}\int_a^t f(x)\,dx = F'(t) = f(t) \tag{9.3.6}$$

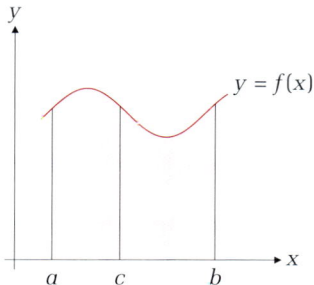

Abbildung 9.3.1: $\int_a^b f(x)\,dx = \int_a^c f(x)\,dx + \int_c^b f(x)\,dx$

Mit anderen Worten: *Die Ableitung des bestimmten Integrals nach der oberen Integrationsgrenze ist gleich dem Integranden, berechnet an dieser Grenze.*[2]

Entsprechend ist $\int_t^b f(x)\,dx = \big|_t^b F(x) = F(b) - F(t)$, so dass

$$\frac{d}{dt}\int_t^b f(x)\,dx = -F'(t) = -f(t) \qquad (9.3.7)$$

Mit anderen Worten: *Die Ableitung des bestimmten Integrals nach der unteren Integrationsgrenze ist gleich dem Negativen des Integranden, berechnet an dieser Grenze.*

Diese Resultate sind nicht überraschend: Nehmen Sie an, dass $f(x) \geq 0$ und $t \leq b$. Wir können $\int_t^b f(x)\,dx$ als Fläche unter dem Graphen von f über dem Intervall $[t, b]$ interpretieren. Dann schrumpft das Intervall, wenn t wächst und die Fläche wird abnehmen.

Die Resultate in (9.3.6) und (9.3.7) können verallgemeinert werden. Dazu seien $a(t)$ und $b(t)$ differenzierbar und $f(x)$ stetig. Dann ist

$$\frac{d}{dt}\int_{a(t)}^{b(t)} f(x)\,dx = f(b(t))\,b'(t) - f(a(t))\,a'(t) \qquad (9.3.8)$$

Um diese Formel zu beweisen, nehmen Sie an, dass F ein unbestimmtes Integral von f ist, so dass $F'(x) = f(x)$. Dann gilt $\int_u^v f(x)\,dx = F(v) - F(u)$, so dass insbesondere

$$\int_{a(t)}^{b(t)} f(x)\,dx = F(b(t)) - F(a(t))$$

Wenn wir die Kettenregel benutzen, um die rechte Seite dieser Gleichung nach t zu differenzieren, erhalten wir $F'(b(t))b'(t) - F'(a(t))a'(t)$. Jedoch ist $F'(b(t)) = f(b(t))$ und $F'(a(t)) = f(a(t))$, so dass Gleichung (9.3.8) resultiert.[3]

---

[2] Dieses Resultat wird auch als Hauptsatz der Differential- und Integralrechnung bezeichnet.
[3] Formel (9.3.8) ist ein Spezialfall der Leibniz-Formel, die in FMEA, Kap. 4.2, erörtert wird.

Stetige Funktionen sind integrierbar

Nehmen Sie an, dass $f(x)$ eine stetige Funktion $[a, b]$ ist. Dann haben wir $\int_a^b f(x)\,dx$ als die Zahl $F(b) - F(a)$ definiert, vorausgesetzt, dass $F(x)$ eine Funktion ist, deren Ableitung gleich $f(x)$ ist. In einigen Fällen sind wir in der Lage, einen expliziten Ausdruck für $F(x)$ anzugeben. Aber das ist nicht immer der Fall. Zum Beispiel ist es unmöglich eine explizite Standardfunktion von x anzugeben, deren Ableitung die positivwertige Funktion $f(x) = (1/\sqrt{2\pi})e^{-x^2/2}$ ist, die Dichte der Standard-Normalverteilung in der Statistik, deren Graph in der Antwort zu Aufgabe 4.9.5 dargestellt ist. Dennoch *ist* $f(x)$ stetig auf jedem Intervall $[a, b]$ der reellen Zahlengeraden, so dass die Fläche unter dem Graphen von f über diesem Intervall definitiv existiert und gleich $\int_a^b f(x)\,dx$ ist.

Tatsächlich kann man beweisen, dass jede stetige Funktion eine Gegenableitung hat. Hier sind einige Integrale, die tatsächlich „unlösbar" sind, es sei denn man würde spezielle neue Funktionen einführen:

$$\int e^{x^2}\,dx, \quad \int e^{-x^2}\,dx, \quad \int \frac{e^x}{x}\,dx, \quad \int \frac{1}{\ln x}\,dx \text{ und } \int \frac{1}{\sqrt{x^4+1}}\,dx \qquad (9.3.9)$$

Das Riemann-Integral

Die bisher erörterte Art des Integrals, die auf der Gegenableitung basiert, heißt das *Newton-Leibniz* (N-L)-*Integral*. Mehrere andere Arten eines Integrals werden von Mathematikern betrachtet. Für stetige Funktionen ergeben sie alle dasselbe Resultat wie das N-L-Integral. Wir skizzieren kurz das so genannte *Riemann-Integral*. Die Idee hinter dieser Definition steht in enger Beziehung zur Ausschöpfungsmethode, die in Kap. 9.2 beschrieben wurde.

Sei f eine *beschränkte* Funktion in dem Intervall $[a, b]$ und n sei eine natürliche Zahl. Zerlegen Sie $[a, b]$ in n Teile, indem Sie Punkte $a = x_0 < x_1 < x_2 < \cdots < x_{n-1} < x_n = b$ wählen. Setzen Sie $\Delta x_i = x_{i+1} - x_i$, $i = 0, 1, \ldots, n-1$ und wählen Sie eine beliebige Zahl ξ_i in jedem Intervall $[x_i, x_{i+1}]$. Die Summe

$$f(\xi_0)\Delta x_0 + f(\xi_1)\Delta x_1 + \cdots + f(\xi_{n-1})\Delta x_{n-1} \qquad (9.3.10)$$

wird eine mit der Funktion f assoziierte *Riemann-Summe* genannt. Sie sollten ein Bild zeichnen, um diese Konstruktion zu verstehen.

Die Summe (9.3.10) hängt von f wie auch von der Zerlegung und der Wahl der verschiedenen ξ_i's ab. Nehmen Sie jedoch an, dass der Grenzwert der Summe existiert, wenn n gegen ∞ strebt und gleichzeitig die größte der Zahlen $\Delta x_0, \Delta x_1, \ldots, \Delta x_{n-1}$ gegen 0 strebt. Dann heißt f *Riemann-integrierbar* oder R-integrierbar in dem Intervall $[a, b]$, und wir setzen

$$\int_a^b f(x)\,dx = \lim \sum_{i=0}^{n-1} f(\xi_i)\,\Delta x_i$$

Lehrbücher der mathematischen Analysis zeigen, dass der Wert des Integrals unabhängig ist von der Wahl der ξ_i's. Sie zeigen auch, dass jede stetige Funktion R-integrierbar ist, und dass das R-Integral in diesem Fall (9.2.3) erfüllt. Das N-L-Integral und das R-Integral stimmen also für stetige Funktionen überein. Aber das R-Integral ist definiert für einige (unstetige) Funktionen, deren N-L-Integral nicht existiert.

Aufgaben für Kapitel 9.3

1. Berechnen Sie die folgenden Integrale:

    (a) $\int_0^5 (x + x^2)\,dx$ (b) $\int_{-2}^2 (e^x - e^{-x})\,dx$ (c) $\int_2^{10} \frac{1}{x-1}\,dx$ (d) $\int_0^1 2xe^{x^2}\,dx$

    (e) $\int_{-4}^4 (x-1)^3\,dx$ (f) $\int_1^2 (x^5 + x^{-5})\,dx$ (g) $\int_0^4 \frac{1}{2}\sqrt{x}\,dx$ (h) $\int_1^2 \frac{1+x^3}{x^2}\,dx$

2. Es sei $\int_a^b f(x)\,dx = 8$ und $\int_a^c f(x)\,dx = 4$. Bestimmen Sie $\int_c^b f(x)\,dx$.

3. Bestimmen Sie $I = \int_0^1 (f(x) - g(x))\,dx$, wenn $\int_0^1 (f(x) - 2g(x))\,dx = 6$ und $\int_0^1 (2f(x) + 2g(x))\,dx = 9$.

4. Es seien p, q und r positive Konstanten. Berechnen Sie das Integral $\int_0^1 x^p(x^q + x^r)\,dx$.

5. Bestimmen Sie die Funktion $f(x)$, wenn $f'(x) = ax^2 + bx$ und die folgenden drei Gleichungen alle gelten:

    (i) $f'(1) = 6$ (ii) $f''(1) = 18$ (iii) $\int_0^2 f(x)\,dx = 18$

6. Berechnen Sie die folgenden Integrale und nehmen Sie dabei in (d) an, dass alle Konstanten positiv sind:

    (a) $\int_0^3 \left(\frac{1}{3}e^{3t-2} + \frac{1}{t+2} \right) dt$ (b) $\int_0^1 (x^2 + 2)^2\,dx$

    (c) $\int_0^1 \frac{x^2 + x + \sqrt{x+1}}{x+1}\,dx$ (d) $\int_1^b \left(A\frac{x+b}{x+c} + \frac{d}{x} \right) dx$

7. Sei $F(x) = \int_0^x (t^2 + 2)\,dt$ und $G(x) = \int_0^{x^2} (t^2 + 2)\,dt$. Bestimmen Sie $F'(x)$ und $G'(x)$.

8. Definieren Sie $H(t) = \int_0^{t^2} K(\tau)e^{-\varrho\tau}\,d\tau$, wobei $K(\tau)$ eine gegebene stetige Funktion und ϱ eine Konstante ist. Bestimmen Sie $H'(t)$.

9. Bestimmen Sie:

    (a) $\frac{d}{dt}\int_0^t x^2\,dx$ (b) $\frac{d}{dt}\int_t^3 e^{-x^2}\,dx$

    (c) $\frac{d}{dt}\int_{-t}^t \frac{1}{\sqrt{x^4+1}}\,dx$ (d) $\frac{d}{d\lambda}\int_{-\lambda}^2 (f(t) - g(t))\,dt$

10. Bestimmen Sie die Fläche zwischen den beiden Parabeln, die durch die Gleichungen $y + 1 = (x-1)^2$ und $3x = y^2$ definiert sind. (*Hinweis:* Die Schnittpunkte haben ganzzahlige Koordinaten.)

➜ Fortsetzung

Anspruchsvollere Aufgaben

11. Eine Theorie zur Investitionsrechnung verwendet die Funktion W, die für alle $T > 0$ definiert ist durch

$$W(T) = \frac{K}{T} \int_0^T e^{-\varrho t}\, dt$$

wobei K und ϱ positive Konstanten sind. Berechnen Sie das Integral und zeigen Sie dann, dass $W(T)$ Werte in dem Intervall $(0, K)$ annimmt und strikt monoton fallend ist. (*Hinweis:* Siehe Aufgabe 6.11.11.)

12. Betrachten Sie die Funktion f, die für $x > 0$ definiertr ist durch $f(x) = 4\ln(\sqrt{x+4} - 2)$.

(a) Zeigen Sie, dass f eine inverse Funktion g hat und bestimmen Sie eine Formel für g.

(b) Zeichnen Sie die Graphen von f und g in demselben Koordinatensystem.

(c) Geben Sie eine geometrische Interpretation von $A = \int_5^{10} 4\ln(\sqrt{x+4} - 2)\, dx$ und erklären Sie, warum

$$A = 10 \cdot a - \int_0^a (e^{x/2} + 4e^{x/4})\, dx$$

wobei $a = f(10)$. Benutzen Sie diese Gleichung, um A in Abhängigkeit von a auszudrücken.

▶ Lösungen zu den Aufgaben finden Sie im Anhang des Buches.

9.4 Ökonomische Anwendungen

Wir haben das bestimmte Integral motiviert als ein Hilfsmittel zur Berechnung der Fläche unter einer Kurve. Das Integral hat jedoch viele andere wichtige Interpretationen. In der Statistik werden viele wichtige Verteilungsfunktionen als Integrale stetiger Dichtefunktionen ausgedrückt. Dieser Abschnitt präsentiert einige andere Beispiele, die zeigen, warum Integrale in den Wirtschaftswissenschaften wichtig sind.

Förderung aus einer Ölquelle

Nehmen Sie an, dass ein Ölproduzent zur Zeit $t = 0$ mit der Förderung von Öl aus einer Quelle beginnt, die zu der Zeit K Barrel Öl enthält. Wir definieren $x(t)$ als die Anzahl der Barrel Öl, die zur Zeit t noch übrig sind. Insbesondere ist $x(0) = K$. Wenn wir annehmen, dass wir kein Öl in die Quelle zurückpumpen können, dann ist $x(t)$ eine monoton fallende Funktion von t. Die Menge Öl, die in einem Zeitintervall $[t, t + \Delta t]$, wobei $\Delta t > 0$, gefördert wird, ist $x(t) - x(t + \Delta t)$. Die Förderung pro Zeiteinheit ist daher

$$\frac{x(t) - x(t + \Delta t)}{\Delta t} = -\frac{x(t + \Delta t) - x(t)}{\Delta t} \qquad (*)$$

Wenn wir annehmen, dass $x(t)$ differenzierbar ist, dann strebt der Quotient $(*)$ gegen $-\dot{x}(t)$, wenn Δt gegen Null strebt. Wenn wir mit $u(t)$ die **Förderungsrate** zur Zeit t

bezeichnen, so haben wir $\dot{x}(t) = -u(t)$ mit $x(0) = K$. Die Lösung dieser Gleichung ist

$$x(t) = K - \int_0^t u(\tau)\, d\tau \qquad (**)$$

Wir überprüfen $(**)$ wie folgt. Zunächst setzen wir $t = 0$ und erhalten $x(0) = K$. Wenn wir ferner $(**)$ nach t differenzieren, so erhalten wir mit Regel (9.3.6), dass $\dot{x}(t) = -u(t)$.

Das Resultat $(**)$ kann wie folgt interpretiert werden: Die Menge Öl, die zur Zeit t noch übrig ist, ist gleich der Anfangsmenge K, verringert um die Menge, die in der Zeitspanne $[0, t]$ gefördert wurde, nämlich $\int_0^t u(\tau)\, d\tau$.

Wenn die Förderungsrate konstant ist mit $u(t) = \overline{u}$, dann folgt aus $(**)$

$$x(t) = K - \int_0^t \overline{u}\, d\tau = K - \Big|_0^t \overline{u}\tau = K - \overline{u}t$$

Insbesondere wird die Quelle leer sein, wenn $x(t) = 0$, d. h. wenn $K - \overline{u}t = 0$, also wenn $t = K/\overline{u}$. (Natürlich hätte man diese spezielle Antwort auf direkterem Wege ohne Rückgriff auf die Integralrechnung finden können.)

Dieses Beispiel illustriert zwei Konzepte, für die es wichtig ist, dass sie in vielen ökonomischen Argumenten zu unterscheiden sind. Die Größe $x(t)$ ist ein *Bestand*, gemessen in Barrel. Auf der anderen Seite ist $u(t)$ ein *„Fluss"* (eine Bewegung), gemessen in Barrel *pro Zeiteinheit*.

Einkommensverteilung

In vielen Ländern können Daten von Einkommenssteuerbehörden verwendet werden, um Eigenschaften der Einkommensverteilung innerhalb eines gegebenen Jahres zu vergleichen oder um zu untersuchen, wie sich die Verteilung von Jahr zu Jahr ändert. Nehmen Sie an, wir messen das jährliche Einkommen in Euro und bezeichnen mit $F(r)$ den Anteil der Personen, die nicht mehr als r Euro in einem speziellen Jahr erhalten. Wenn es nun n Personen in der Population gibt, so ist $nF(r)$ die Anzahl der Personen, deren Einkommen nicht größer als r ist. Wenn r_0 das kleinste und r_1 das höchste (registrierte) Einkommen in der Gruppe ist, so sind wir an der Funktion F im Intervall $[r_0, r_1]$ interessiert. Laut Definition ist F nicht stetig und deshalb auch nicht differenzierbar in $[r_0, r_1]$, da r ein Vielfaches von 0.01 Euro und $F(r)$ ein Vielfaches von $1/n$ sein muss. Wenn die Population jedoch aus einer großen Anzahl Personen besteht, dann ist es gewöhnlich möglich, eine „glatte" Funktion zu finden, die eine gute Approximation an die wahre Einkommensverteilung liefert. Nehmen Sie deshalb an, dass F eine Funktion mit einer stetigen mit f bezeichneten Ableitung ist, so dass $f(r) = F'(r)$ für alle r in (r_0, r_1). Gemäß der Definition der Ableitung haben wir

$$f(r)\,\Delta r \approx F(r + \Delta r) - F(r)$$

für alle kleinen Δr. Somit ist $f(r)\,\Delta r$ ungefähr gleich dem Anteil der Personen mit einem Einkommen zwischen r und $r + \Delta r$. Die Funktion f wird **Einkommensdichtefunktion** genannt und F ist die assoziierte **kumulative Verteilungsfunktion**.[4]

---

[4] Leser, die einige Kenntnisse der elementaren Statistik haben, werden die Analogie zu Dichtefunktionen und kumulativen Wahrscheinlichkeitsverteilungsfunktionen erkennen.

Nehmen Sie an, dass f eine stetige Einkommensdichtefunktion für eine gewisse Population mit Einkommen in dem Intervall $[r_0, r_1]$ ist. Falls $r_0 \leq a \leq b \leq r_1$, dann implizieren die vorausgehende Diskussion und die Definition des bestimmten Integrals, dass $\int_a^b f(r)\,dr$ der Anteil der Personen mit Einkommen in $[a, b]$ ist. Daher ist

$$N = n \int_a^b f(r)\,dr \tag{9.4.1}$$

die **Anzahl der Personen** mit Einkommen in $[a, b]$.

Wir wollen jetzt einen Ausdruck für das Gesamteinkommen all derer finden, die zwischen a und b Euro verdienen. Es bezeichne $M(r)$ das Gesamteinkommen all derer, die nicht mehr als r Euro während des Jahres verdienen und betrachten Sie das Einkommensintervall $[r, r + \Delta r]$. Es gibt ungefähr $nf(r)\Delta r$ Personen mit Einkommen in diesem Intervall. Jedes von ihnen hat ein Einkommen, das ungefähr gleich r ist, so dass das Gesamteinkommen dieser Personen $M(r + \Delta r) - M(r)$ ungefähr gleich $nrf(r)\Delta r$ ist. Somit haben wir

$$\frac{M(r + \Delta r) - M(r)}{\Delta r} \approx nrf(r)$$

Die Approximation wird im Allgemeinen besser, wenn Δr kleiner wird. Indem wir den Grenzwert für $\Delta r \to 0$ bilden, erhalten wir $M'(r) = nrf(r)$. Indem wir über das Intervall von a bis b integrieren, erhalten wir

$$M(b) - M(a) = n \int_a^b rf(r)\,dr \tag{9.4.2}$$

als das **Gesamteinkommen** der Personen mit Einkommen in $[a, b]$.

Das zu (9.4.2) führende Argument kann exakter gemacht werden: $M(r + \Delta r) - M(r)$ ist das Gesamteinkommen all derer, die ein Einkommen in dem Intervall $[r, r + \Delta r]$ haben, wenn $\Delta r > 0$ ist. In diesem Einkommensintervall gibt es $n[F(r + \Delta r) - F(r)]$ Personen, von denen jedes wenigstens r und höchstens $r + \Delta r$ verdient. Damit gilt

$$nr\big[F(r + \Delta r) - F(r)\big] \leq M(r + \Delta r) - M(r) \leq n(r + \Delta r)\big[F(r + \Delta r) - F(r)\big] \tag{$*$}$$

Falls $\Delta r > 0$, ergibt die Division durch Δr

$$nr\,\frac{F(r + \Delta r) - F(r)}{\Delta r} \leq \frac{M(r + \Delta r) - M(r)}{\Delta r} \leq n(r + \Delta r)\frac{F(r + \Delta r) - F(r)}{\Delta r} \tag{$**$}$$

(Falls $\Delta r < 0$ ist, bleiben die Ungleichungen in ($*$) unverändert, während die Ungleichungen in ($**$) sich umdrehen.) Für $\Delta r \to 0$ folgt $nrF'(r) \leq M'(r) \leq nrF'(r)$, so dass $M'(r) = nrF'(r) = nrf(r)$ ist.

Der Quotient aus dem Gesamteinkommen und der Anzahl der Personen, die zu einem bestimmten Einkommensintervall $[a, b]$ gehören, heißt mittleres Einkommen für die Personen in diesem Einkommensintervall. Deshalb ist das **mittlere Einkommen** der Personen mit Einkommen im Intervall $[a, b]$ gleich

$$m = \frac{\int_a^b rf(r)\,dr}{\int_a^b f(r)\,dr} \tag{9.4.3}$$

Eine Funktion, die die aktuelle Einkommensverteilung sehr gut approximiert, insbesondere für hohe Einkommen, ist die **Pareto-Verteilung**. In diesem Fall ist der Anteil der Personen, die höchstens r Euro verdienen, gegeben durch

$$f(r) = \frac{B}{r^\beta} \tag{9.4.4}$$

Hier sind B und β positive Konstanten. Empirische Schätzungen für β liegen gewöhnlich im Bereich $2.4 < \beta < 2.6$. Für Werte von r in der Nähe von 0, ist die Formel von keinem Wert. Tatsächlich divergiert das Integral $\int_0^a f(r)\,dr$ gegen ∞, wie man mit den Argumenten aus Kap. 9.7 sehen wird.

Beispiel 9.4.1

Betrachten Sie eine Population von n Personen, in der die Dichtefunktion für die Einkommensverteilung für diejenigen, die ein Einkommen zwischen a und b haben, gegeben ist durch $f(r) = B/r^{2.5}$. Hier ist $b > a > 0$ und B ist positiv. Bestimmen Sie das mittlere Einkommen in dieser Gruppe.

Lösung: Nach (9.4.1) ist die Gesamtanzahl der Personen in dieser Gruppe

$$N = n \int_a^b Br^{-2.5}\,dr = nB \left. \left(-\tfrac{2}{3}r^{-1.5}\right) \right|_a^b = \tfrac{2}{3}nB\left(a^{-1.5} - b^{-1.5}\right)$$

Nach (9.4.2) ist das Gesamteinkommen dieser Personen

$$M(b) - M(a) = n \int_a^b rBr^{-2.5}\,dr = nB \int_a^b r^{-1.5}\,dr = -2nB \left. r^{-0.5} \right|_a^b = 2nB\left(a^{-0.5} - b^{-0.5}\right)$$

Somit ist das mittlere Einkommen der Gruppe

$$m = \frac{M(b) - M(a)}{N} = 3\frac{a^{-0.5} - b^{-0.5}}{a^{-1.5} - b^{-1.5}}$$

nach (9.4.3). Nehmen Sie an, dass b sehr groß ist. Dann sind $b^{-0.5}$ und $b^{-1.5}$ beide sehr nahe an 0 und somit ist $m \approx 3a$. Das mittlere Einkommen derjenigen, die wenigstens a verdienen, ist deshalb ungefähr $3a$.

Der Einfluss der Einkommensverteilung auf die Nachfrage

Offensichtlich hängt die Nachfrage eines Verbrauchers nach einem bestimmten Gut von dessen Preis p ab. Außerdem lernen Ökonomen sehr schnell, dass die Nachfrage auch vom Einkommen r des Verbrauchers abhängt. Hier betrachten wir die gesamte nachgefragte Menge für eine Gruppe von Verbrauchern, deren individuelle Nachfrage durch dieselbe stetige Funktion $D(p, r)$ eines einzelnen Preises p sowie des individuellen Einkommens r beschrieben wird, deren Verteilung durch eine stetige Dichtefunktion $f(r)$ auf dem Intervall $[a, b]$ gegeben ist .

Für einen gegebenen Preis p, bezeichne $T(r)$ die gesamte Nachfrage nach diesem Gut durch alle Personen, deren Einkommen r nicht übersteigt. Betrachten Sie das Einkommensintervall $[r, r+\Delta r]$. Es gibt ungefähr $nf(r)\,\Delta r$ Personen mit einem Einkommen in diesem Intervall. Da jede von ihnen ungefähr $D(p, r)$ Einheiten des Gutes nachfragt, ist die gesamte Nachfrage dieser Personen ungefähr $nD(p, r)f(r)\Delta r$. Die tatsächliche Gesamtnachfrage der Personen mit einem Einkommen in dem Interval $[r, r + \Delta r]$ ist nach Definition $T(r+\Delta r) - T(r)$. Deshalb muss gelten $T(r+\Delta r) - T(r) \approx nD(p, r)f(r)\Delta r$ und daher

$$\frac{T(r + \Delta r) - T(r)}{\Delta r} \approx nD(p, r)f(r)$$

Die Approximation verbessert sich im Allgemeinen, wenn Δr kleiner wird. Indem wir den Grenzwert für $\Delta r \to 0$ bilden, erhalten wir $T'(r) = nD(p, r)f(r)$. Nach Definition des bestimmten Integrals ist

$$T(b) - T(a) = n \int_a^b D(p, r)f(r)\, dr$$

Aber $T(b) - T(a)$ ist das gesuchte Maß für die Gesamtnachfrage für das Gut durch alle Personen in der Gruppe. Dies wird natürlich vom Preis p abhängen. Deshalb bezeichnen wir es mit $x(p)$ und haben somit, dass die Gesamtnachfrage gegeben ist durch:

$$x(p) = \int_a^b nD(p, r)f(r)\, dr \tag{9.4.5}$$

Beispiel 9.4.2

Wir betrachten die gleiche Dichtefunktion für die Einkommensverteilung wie in Beispiel 9.4.1. Es sei $D(p, r) = Ap^{-1.5}r^{2.08}$. Berechnen Sie die Gesamtnachfrage.

Lösung: Mit (9.4.5) erhalten wir

$$x(p) = \int_a^b nAp^{-1.5}r^{2.08}Br^{-2.5}\, dr = nABp^{-1.5} \int_a^b r^{-0.42}\, dr$$

Daher ist

$$x(p) = nABp^{-1.5} \left. \frac{1}{0.58}r^{0.58} \right|_a^b = \frac{nAB}{0.58}p^{-1.5}(b^{0.58} - a^{0.58}) \qquad \blacksquare$$

Konsumenten- und Produzentenrente

Ökonomen sind daran interessiert, zu untersuchen, wieviel Konsumenten und Produzenten in der Gesamtheit profitieren oder verlieren, wenn die Marktbedingungen sich ändern. Ein verbreitetes (jedoch theoretisch fragwürdiges) Maß dieser Vergünstigungen, das von vielen angewandten Ökonomen verwendet wird, ist die Konsumenten- und Produzentenrente, die weiter unten definiert wird.[5] Im Gleichgewichtspunkt E

---

[5] Siehe z. B. H. Varian: *Intermediate Microeconomics*, 8. Aufl., Norton, 2009, für eine ausführlichere Behandlung.

in Abb. 9.4.1 ist die Nachfrage gleich dem Angebot. Der zugehörige Gleichgewichtspreis P^* ist derjenige Preis, der die Konsumenten veranlasst, genau dieselbe Menge zu kaufen (nachzufragen), die die Produzenten bereit sind, bei diesem Preis anzubieten, wie in Beispiel 4.5.3. Entsprechend der Nachfragekurve in Abb. 9.4.1, gibt es Konsumenten, die bereit sind, mehr als P^* pro Einheit zu bezahlen. Ja sogar, wenn der Preis fast so hoch ist wie P_1, gibt es noch einige Kunden, die einige Einheiten auch zu diesem Preis kaufen möchten. Der Gesamtbetrag, der von allen Konsumenten „gespart" wird, wenn sie das Gut zu einem Preis kaufen, der niedriger ist als derjenige, den sie maximal zu zahlen bereit wären, bezeichnet man als **Konsumentenrente**, bezeichnet mit CS.

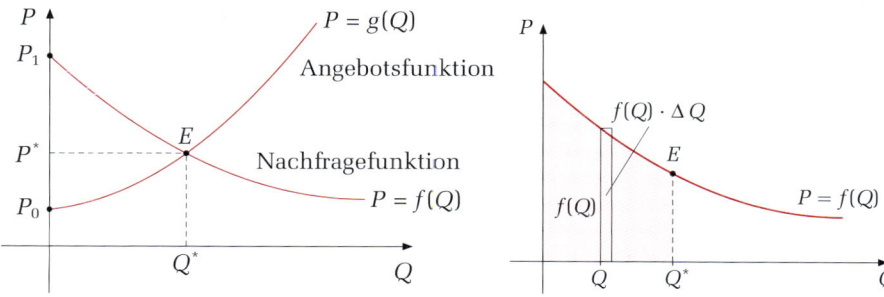

Abbildung 9.4.1: Marktgleichgewicht   Abbildung 9.4.2: Konsumentenrente, CS

Im Gleichgewichtspunkt E in Abb. 9.4.1 ist die Nachfrage gleich dem Angebot. Der zugehörige Gleichgewichtspreis P^* ist derjenige Preis, der die Konsumenten veranlasst, genau dieselbe Menge zu kaufen (nachzufragen), die die Produzenten bereit sind, bei diesem Preis anzubieten, wie in Beispiel 4.5.3. Entsprechend der Nachfragekurve in Abb. 9.4.1, gibt es Konsumenten, die bereit sind, mehr als P^* pro Einheit zu bezahlen. Ja sogar, wenn der Preis fast so hoch ist wie P_1, gibt es noch einige Kunden, die einige Einheiten auch zu diesem Preis kaufen möchten. Der Gesamtbetrag, der von allen Konsumenten „gespart" wird, wenn sie das Gut zu einem Preis kaufen, der niedriger ist als derjenige, den sie maximal zu zahlen bereit wären, bezeichnet man als **Konsumentenrente**.

Betrachten Sie das in Abb. 9.4.2 angedeutete schmale Rechteck. Es hat die Grundseite ΔQ und die Höhe $f(Q)$, so dass seine Fläche $f(Q)\Delta Q$ ist. Es ist ungefähr der maximale zusätzliche Betrag, den Konsumenten für weitere ΔQ Einheiten zum Preis $f(Q)$ zu zahlen bereit sind, wenn sie bereits Q Einheiten gekauft haben. Für diejenigen, die bereit sind, das Gut zum Preis P^* oder zu einem höheren Preis zu kaufen, ist der Gesamtbetrag, den sie zu zahlen bereit sind, die Gesamtfläche unter der Nachfragekurve über dem Intervall $[0, Q^*]$, d. h. $\int_0^{Q^*} f(Q)\,dQ$. Diese Fläche ist in Abb. 9.4.2 schattiert dargestellt. Wenn alle Konsumenten zusammen Q^* Einheiten des Gutes kaufen, sind die Gesamtkosten P^*Q^*. Dies wird dargestellt durch die Fläche des Rechtecks mit der Grundseite Q^* und der Höhe P^*. Es kann deshalb durch das Integral $\int_0^{Q^*} P^*\,dQ$ ausgedrückt werden. Die Konsumentenrente (consumer surplus) ist definiert als

$$CS = \int_0^{Q^*} [f(Q) - P^*]\,dQ \qquad (9.4.6)$$

Dies ist der Gesamtbetrag, den Konsumenten zu zahlen bereit sind, verringert um den Betrag, den sie tatsächlich zahlen. In Abb. 9.4.3 ist $\int_0^{Q^*} f(Q)\, dQ$ die Fläche OP_1EQ^*, während OP^*EQ^* gleich P^*Q^* ist. Somit ist CS gleich der Fläche P^*P_1E zwischen der Nachfragekurve und der horizontalen Geraden $P = P^*$. Dies ist auch die Fläche links von der Nachfragekurve – d.h. zwischen der Nachfragekurve und der P-Achse. Somit ist die Konsumentenrente CS die schwach schattierte Menge in Abb. 9.4.3.

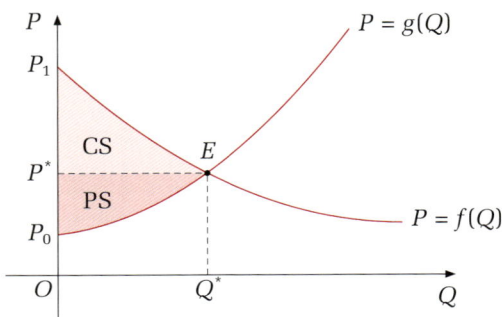

Abbildung 9.4.3: Konsumenten- und Produzentenrente, CS und PS

Die meisten Produzenten erzielen auch einen positiven Nutzen oder „Überschuss", wenn sie zum Gleichgewichtspreis P^* verkaufen, weil sie bereit sind, das Gut zu einem niedrigeren Preis als P^* zu verkaufen. In Abb. 9.4.3 sieht man: Selbst wenn der Preis fast so niedrig wie P_0 ist, sind einige Produzenten noch bereit, das Gut anzubieten. Betrachten Sie den Gesamtüberschuss aller Produzenten, die einen höheren als denjenigen Preis erzielen, zu dem sie bereit wären, ihr Gut zu verkaufen. Wir nennen dies die **Produzentenrente** (producer surplus), bezeichnet mit PS. Geometrisch wird sie durch die dunkel schattierte Menge in Abb. 9.4.3 dargestellt. Analytisch ist sie definiert durch

$$PS = \int_0^{Q^*} [P^* - g(Q)]\, dQ \qquad (9.4.7)$$

Denn dies ist der Gesamtbetrag, der den Produzenten tatsächlich gezahlt wird, verringert um den Betrag, den sie akzeptieren würden, um insgesamt Q^* Einheiten anzubieten. In Abb. 9.4.3 ist OP^*EQ^* wieder P^*Q^* und $\int_0^{Q^*} g(Q)\, dQ$ ist die Fläche OP_0EQ^*. Somit ist PS gleich der Fläche P^*P_0E zwischen der Angebotskurve und der Geraden $P = P^*$. Dies ist auch die Fläche links von der Angebotskurve – d.h. zwischen der Angebotskurve und der P-Achse.

Beispiel 9.4.3

Nehmen Sie an, dass die Nachfragefunktion gegeben ist durch $P = f(Q) = 50 - 0.1Q$ und die Angebotsfunktion durch $P = g(Q) = 0.2Q + 20$. Bestimmen Sie den Gleichgewichtspreis und berechnen Sie die Konsumenten- und Produzentenrente.

Lösung: Die Gleichgewichtsmenge ist bestimmt durch die Gleichung $50 - 0.1Q^* = 0.2Q^* + 20$, die $Q^* = 100$ ergibt. Dann ist $P^* = 0.2Q^* + 20 = 40$. Daher ist

$$\text{CS} = \int_0^{100} [50 - 0.1Q - 40]\, dQ = \int_0^{100} [10 - 0.1Q]\, dQ = \Big|_0^{100} (10Q - 0.05Q^2) = 500$$

und

$$\text{PS} = \int_0^{100} [40 - (0.2Q + 20)]\, dQ = \int_0^{100} [20 - 0.2Q]\, dQ = \Big|_0^{100} (20Q - 0.1Q^2) = 1000$$

Aufgaben für Kapitel 9.4

1. Nehmen Sie an, dass die Förderungsrate $u(t)$ aus einer Ölquelle exponentiell mit der Zeit fällt mit $u(t) = \bar{u}e^{-at}$, wobei $\bar{u}$ und a positive Konstanten sind. Finden Sie bei einem gegebenem Anfangsbestand $x(0) = K$ einen Ausdruck $x(t)$ für den Restvorrat an Öl zur Zeit t. Unter welchen Bedingungen wird die Quelle niemals ausgeschöpft?

2. Folgen Sie dem Vorgehen in den Beispielen 9.4.1 und 9.4.2 und:

   (a) Bestimmen Sie das durchschnittliche Einkommen m im Intervall $[b, 2b]$, wenn $f(r) = Br^{-2}$. Nehmen Sie dabei an, dass es n Personen in der Population gibt.

   (b) Nehmen Sie an, dass die Nachfragefunktion der Personen gleich $D(p, r) = Ap^\gamma r^\delta$ mit $A > 0$, $\gamma < 0$, $\delta > 0$, $\delta \neq 1$ ist. Berechnen Sie die Gesamtnachfrage $x(p)$, indem Sie Formel (9.4.5) benutzen.

3. Lösen Sie die Gleichung $S = \int_0^T e^{rt}\, dt$ nach T auf.

4. Sei $K(t)$ der Kapitalbestand einer Volkswirtschaft zur Zeit t. Dann ist die mit $I(t)$ bezeichnete **Netto-Investition** zur Zeit t gegeben durch die Zuwachsrate $\dot{K}(t)$ von $K(t)$.

   (a) Es sei $I(t) = 3t^2 + 2t + 5$ ($t \geq 0$). Wie hoch ist der gesamte Zuwachs im Kapitalbestand im Intervall von $t = 0$ bis $t = 5$?

   (c) Es sei $K(t_0) = K_0$. Bestimmen Sie einen Ausdruck für den gesamten Zuwachs im Kapitalbestand von der Zeit $t = t_0$ bis $t = T$, wenn die Investitionsfunktion wie in Teil (a) ist.

5. Eine Öl-Gesellschaft plant die Ölförderung aus einem ihrer Felder mit heutigem Beginn zur Zeit $t = 0$, wobei t die in Jahren gemessene Zeit ist. Die Gesellschaft hat die Wahl zwischen zwei Förderungsprofilen f und g, die den momentanen Ölfluss pro Jahr angeben. Beide Förderungsprofile gehen über 10 Jahre, wobei $f(t) = 10t^2 - t^3$ und $g(t) = t^3 - 20t^2 + 100t$ für t in $[0, 10]$

   (a) Skizzieren Sie die beiden Profile in demselben Koordinatensystem.

   (b) Zeigen Sie, dass $\int_0^t g(\tau)\, d\tau \geq \int_0^t f(\tau)\, d\tau$ für alle t in $[0, 10]$.

   (c) Die Gesellschaft verkauft ihr Öl zu einem durch $p(t) = 1 + 1/(t + 1)$ gegebenen Preis pro Einheit. Die Gesamterlöse der beiden Profile sind dann gegeben durch $\int_0^{10} p(t)f(t)\, dt$ bzw. $\int_0^{10} p(t)g(t)\, dt$. Berechnen Sie diese Integrale. Welches der beiden Förderungsprofile erzielt den höheren Erlös?

➡ Fortsetzung

6.   Nehmen Sie an, dass die inverse Nachfrage- und Angebotsfunktion für ein bestimmtes Gut gegeben seien durch $P = f(Q) = 200 - 0.2Q$ bzw. $P = g(Q) = 20 + 0.1Q$. Bestimmen Sie den Gleichgewichtspreis und die Gleichgewichtsmenge und berechnen Sie die Konsumenten- und Produzentenrente.

7.   Nehmen Sie an, dass die inverse Nachfrage- und Angebotsfunktion für ein bestimmtes Gut gegeben seien durch $P = f(Q) = 6000/(Q + 50)$ bzw. $P = g(Q) = Q + 10$. Bestimmen Sie den Gleichgewichtspreis und die Gleichgewichtsmenge und berechnen Sie die Konsumenten- und Produzentenrente.

▶ Lösungen zu den Aufgaben finden Sie im Anhang des Buches.

9.5   Partielle Integration

Mathematiker, Statistiker und Ökonomen müssen oft Integrale wie z. B. $\int x^3 e^{2x}\, dx$ berechnen, deren Integrand ein Produkt von zwei Funktionen ist. Wir wissen, dass $\frac{1}{4}x^4$ als Ableitung x^3 hat und dass $\frac{1}{2}e^{2x}$ die Ableitung e^{2x} hat. Jedoch $\left(\frac{1}{4}x^4\right)\left(\frac{1}{2}e^{2x}\right)$ hat bestimmt nicht die Ableitung $x^3 e^{2x}$. Im Allgemeinen ist das Integral eines Produktes *nicht* das Produkt der Integrale, weil die Ableitung eines Produkts nicht das Produkt der Ableitungen ist.

Die korrekte Regel für die Ableitung eines Produkts erlaubt uns, eine wichtige und nützliche Regel für die Integration von Produkten herzuleiten. Nach der Produktregel der Differentiation (6.7.2) gilt

$$\big(f(x)g(x)\big)' = f'(x)g(x) + f(x)g'(x) \tag{$*$}$$

Bilden Sie jetzt auf beiden Seiten in $(*)$ das unbestimmte Integral und nutzen Sie dann die Regel für die Integration einer Summe. Das Resultat ist

$$f(x)g(x) = \int f'(x)g(x)\, dx + \int f(x)g'(x)\, dx$$

Dabei sind die Integrationskonstanten implizit in den unbestimmten Integralen auf der rechten Seite dieser Gleichung enthalten. Umordnen dieser letzten Gleichung ergibt die folgende Formel:

Formel der partiellen Integration

$$\int f(x)g'(x)\, dx = f(x)g(x) - \int f'(x)g(x)\, dx \tag{9.5.1}$$

Auf den ersten Blick erscheint diese Formel überhaupt nicht hilfreich. Jedoch werden die folgenden Beispiele zeigen, dass dieser Eindruck ganz falsch ist, wenn man gelernt hat, diese Formel in geeigneter Weise anzuwenden.

Nehmen Sie an, dass wir eine Funktion $H(x)$ integrieren sollen, die in der Form $f(x)g'(x)$ geschrieben werden kann. Indem wir (9.5.1) anwenden, kann das Problem transformiert werden in die Integration von $f'(x)g(x)$. Im Allgemeinen kann eine Funktion $H(x)$ auf mehrere verschiedene Weisen als $f(x)g'(x)$ geschrieben werden. Es kommt daher darauf an, f und g so zu wählen, dass es leichter ist $\int f'(x)g(x)\,dx$ zu bestimmen als $\int f(x)g'(x)\,dx$.

Beispiel 9.5.1

Verwenden Sie die partielle Integration, um $\int xe^x\,dx$ zu bestimmen.

Lösung: Um (9.5.1) zu benutzen, müssen wir den Integranden in der Form $f(x)g'(x)$ schreiben. Es sei $f(x) = x$ und $g'(x) = e^x$, was $g(x) = e^x$ impliziert. Dann ist $f(x)g'(x) = xe^x$, so dass nach (9.5.1) gilt:

$$\int \underbrace{x \cdot e^x}_{f(x)g'(x)}\,dx = \underbrace{x \cdot e^x}_{f(x)g(x)} - \int \underbrace{1 \cdot e^x}_{f'(x)g(x)}\,dx = xe^x - \int e^x\,dx = xe^x - e^x + C$$

Die Ableitung von $xe^x - e^x + C$ ist in der Tat $e^x + xe^x - e^x = xe^x$, so dass die Integration korrekt durchgeführt wurde.

Eine geeignete Wahl von f und g ermöglichte uns, das Integral zu berechnen. Wir wollen sehen, was passiert, wenn wir die Rollen von f und g vertauschen und es stattdessen mit $f(x) = e^x$ und $g'(x) = x$ versuchen. Dann ist $g(x) = \frac{1}{2}x^2$. Wieder ist $f(x)g'(x) = e^x x = xe^x$ und nach (9.5.1):

$$\int \underbrace{e^x \cdot x}_{f(x)g'(x)}\,dx = \underbrace{e^x \cdot \frac{1}{2}x^2}_{f(x)g(x)} - \int \underbrace{e^x \cdot \frac{1}{2}x^2}_{f'(x)g(x)}\,dx$$

In diesem Fall ist das Integral auf der rechten Seite komplizierter als das ursprüngliche. Somit vereinfacht diese zweite Wahl von f und g das Integral nicht.

Das Beispiel zeigt, dass wir sorgfältig sein müssen, wie wir den Integranden aufteilen. Erkenntnisse, wie man eine geschickte Wahl macht, kommen nur mit der Praxis.

Manchmal funktioniert partielle Integration nicht, indem sie ein einfacheres Integral liefert, sondern indem sie ein ähnliches liefert, wie in (a) des nächsten Beispiels.

Beispiel 9.5.2

Berechnen Sie die folgenden Integrale: (a) $I = \int \frac{1}{x}\ln x\,dx$ (b) $J = \int x^3 e^{2x}\,dx$.

Lösung:
(a) Die Wahl von $f(x) = 1/x$ und $g'(x) = \ln x$ führt nicht weiter. Die Wahl von $f(x) = \ln x$ und $g'(x) = 1/x$ funktioniert besser:

$$I = \int \frac{1}{x}\ln x\,dx = \int \underbrace{\ln x \cdot \frac{1}{x}}_{f(x)g'(x)}\,dx = \underbrace{\ln x \cdot \ln x}_{f(x)g(x)} - \int \underbrace{\frac{1}{x} \cdot \ln x}_{f'(x)g(x)}\,dx$$

In diesem Fall ist das letzte Integral genau das, mit dem wir angefangen haben, nämlich I. So muss also $I = (\ln x)^2 - I + C_1$ gelten mit einer Konstanten C_1. Auflösen nach I ergibt $I = \frac{1}{2}(\ln x)^2 + \frac{1}{2}C_1$. Wir schließen, dass (mit $C = \frac{1}{2}C_1$) gilt

$$\int \frac{1}{x} \ln x \, dx = \frac{1}{2}(\ln x)^2 + C$$

(b) Wir beginnen, indem wir ziemlich locker wie folgt argumentieren. Differentiation macht x^3 einfacher, indem sie den Exponenten in der Ableitung $3x^2$ von 3 auf 2 reduziert. Andererseits ist e^{2x} ungefähr genauso einfach zu differenzieren wie zu integrieren. Deshalb wählen wir $f(x) = x^3$ und $g'(x) = e^{2x}$, so dass die partielle Integration uns sagt, dass wir f differenzieren und g' integrieren müssen. Dies ergibt $f'(x) = 3x^2$ und wir können $g(x) = \frac{1}{2}e^{2x}$ wählen. Deshalb ist

$$J = \int x^3 e^{2x} \, dx = x^3 \left(\frac{1}{2}e^{2x}\right) - \int (3x^2)\left(\frac{1}{2}e^{2x}\right) dx = \frac{1}{2}x^3 e^{2x} - \frac{3}{2}\int x^2 e^{2x} \, dx \quad (*)$$

Das letzte Integral *ist* etwas einfacher als dasjenige, mit dem wir begonnen hatten, da der Exponent von x reduziert wurde. Nochmalige partielle Integration ergibt

$$\int x^2 e^{2x} \, dx = x^2 \left(\frac{1}{2}e^{2x}\right) - \int (2x)\left(\frac{1}{2}e^{2x}\right) dx = \frac{1}{2}x^2 e^{2x} - \int x e^{2x} \, dx \quad (**)$$

Indem wir die partielle Integration ein drittes und letztes Mal anwenden, erhalten wir

$$\int x e^{2x} \, dx = x \left(\frac{1}{2}e^{2x}\right) - \int \frac{1}{2}e^{2x} \, dx = \frac{1}{2}x e^{2x} - \frac{1}{4}e^{2x} + C_1 \quad (***)$$

Indem wir nacheinander die Ergebnisse von $(***)$ und $(**)$ in $(*)$ einsetzen, erhalten wir mit $3C_1/2 = C$:

$$J = \frac{1}{2}x^3 e^{2x} - \frac{3}{4}x^2 e^{2x} + \frac{3}{4}x e^{2x} - \frac{3}{8}e^{2x} + C$$

Es ist eine gute Idee, Ihre Arbeit zu überprüfen, indem Sie nachweisen, dass $dJ/dx = x^3 e^{2x}$ ist.
■■■

Es gibt ein entsprechendes Resultat für bestimmte Integrale. Aus der Definition des bestimmten Integrals und der Produktregel für die Differentiation folgt

$$\int_a^b \left[f'(x)g(x) + f(x)g'(x)\right] dx = \int_a^b \frac{d}{dx}\left[f(x)g(x)\right] dx = \left.f(x)g(x)\right|_a^b$$

Dies impliziert

$$\int_a^b f(x)g'(x) \, dx = \left.f(x)g(x)\right|_a^b - \int_a^b f'(x)g(x) \, dx \qquad (9.5.2)$$

Beispiel 9.5.3

Berechnen Sie $\int_0^{10} (1 + 0.4t)e^{-0.05t}\, dt$.

Lösung: Setzen Sie $f(t) = 1 + 0.4t$ und $g'(t) = e^{-0.05t}$. Dann können wir $g(t) = -20e^{-0.05t}$ wählen. Nun ergibt (9.5.2):

$$\int_0^{10} (1 + 0.4t)e^{-0.05t}\, dt = \Big|_0^{10} (1 + 0.4t)(-20)e^{-0.05t} - \int_0^{10} (0.4)(-20)e^{-0.05t}\, dt$$

$$= -100e^{-0.5} + 20 + 8\int_0^{10} e^{-0.05t}\, dt$$

$$= -100e^{-0.5} + 20 - 160(e^{-0.5} - 1) \approx 22.3$$

Aufgaben für Kapitel 9.5

1. Benutzen Sie partielle Integration zur Berechnung von:

   (a) $\int xe^{-x}\, dx$ (b) $\int 3xe^{4x}\, dx$ (c) $\int (1 + x^2)e^{-x}\, dx$ (d) $\int x \ln x\, dx$

2. Benutzen Sie partielle Integration zur Berechnung von:

   (a) $\int_{-1}^{1} x \ln(x + 2)\, dx$ (b) $\int_0^2 x2^x\, dx$ (c) $\int_0^1 x^2 e^x\, dx$ (d) $\int_0^3 x\sqrt{1 + x}\, dx$

   In Teil (d) sollten Sie den Integranden zeichnen und entscheiden, ob Ihre Antwort plausibel ist.

3. Benutzen Sie partielle Integration zur Berechnung von:

   (a) $\int_1^4 \sqrt{t}\, \ln t\, dt$ (b) $\int_0^2 (x - 2)e^{-x/2}\, dx$ (c) $\int_0^3 (3 - x)3^x\, dx$

4. Natürlich gilt $f(x) = 1 \cdot f(x)$ für jede Funktion $f(x)$. Benutzen Sie diese Tatsache, um zu beweisen, dass $\int f(x)\, dx = xf(x) - \int xf'(x)\, dx$. Wenden Sie diese Formel auf $f(x) = \ln x$ an. Vergleichen Sie mit Beispiel 9.1.3

5. Gegeben sei $\varrho \neq -1$. Zeigen Sie, dass $\int x^\varrho \ln x\, dx = \dfrac{x^{\varrho+1}}{\varrho + 1} \ln x - \dfrac{x^{\varrho+1}}{(\varrho + 1)^2} + C$.

6. Berechnen Sie die folgenden Integrale, für $r \neq 0$:

   (a) $\int_0^T bte^{-rt}\, dt$ (b) $\int_0^T (a + bt)e^{-rt}\, dt$ (c) $\int_0^T (a - bt + ct^2)e^{-rt}\, dt$

▶ Lösungen zu den Aufgaben finden Sie im Anhang des Buches.

9.6 Integration durch Substitution

In diesem Abschnitt werden wir sehen, wie die Kettenregel der Differentiation zu einer wichtigen Methode für die Berechnung komplizierter Integrale führt. Wir beginnen mit einigen einfachen Beispielen.

Beispiel 9.6.1

Berechnen Sie die Integrale: (a) $\int (x^2 + 10)^{50} 2x \, dx$ (b) $\int_0^b xe^{-cx^2} \, dx$, wobei $c \neq 0$

Lösung:

(a) Versuche mit partieller Integration scheitern. Ausmultiplizieren von $(x^2 + 10)^{50}$ ergibt ein Polynom mit 51 Termen, die anschließende Integration Term für Term würde im Prinzip funktionieren, wäre jedoch extrem mühsam. Stattdessen führen wir $u = x^2 + 10$ als eine neue Variable ein. Indem wir Differentialnotation benutzen, sehen wir, dass $du = 2x \, dx$. Indem wir dies in das Integral in (a) einsetzen, erhalten wir $\int u^{50} \, du$. Dieses Integral ist leicht zu lösen: $\int u^{50} \, du = \frac{1}{51} u^{51} + C$. Weil $u = x^2 + 10$, ergibt sich

$$\int (x^2 + 10)^{50} 2x \, dx = \frac{1}{51} (x^2 + 10)^{51} + C$$

Nach der Kettenregel ist die Ableitung von $\frac{1}{51}(x^2 + 10)^{51} + C$ genau $(x^2 + 10)^{50} 2x$ und somit *ist* das Resultat bestätigt.

(b) Zuerst betrachten wir das unbestimmte Integral $\int xe^{-cx^2} \, dx$ und substituieren $u = -cx^2$. Dann ist $du = -2cx \, dx$ und damit $x \, dx = (-1/(2c)) \, du$, so dass:

$$\int xe^{-cx^2} \, dx = \int \frac{-1}{2c} e^u \, du = -\frac{1}{2c} e^u + C = -\frac{1}{2c} e^{-cx^2} + C$$

Das bestimmte Integral ist

$$\int_0^b xe^{-cx^2} \, dx = -\frac{1}{2c} \Big|_0^b e^{-cx^2} = \frac{1}{2c}[1 - e^{-cb^2}]$$ ▬

In beiden Beispielen konnte der Integrand in der Form $f(u)u'$ geschrieben werden, wobei $u = g(x)$ ist. In Teil(a) von Beispiel 9.6.1 setzten wir $f(u) = u^{50}$ mit $u = g(x) = x^2 + 10$. In Teil (b) setzten wir $f(u) = e^u$ mit $u = g(x) = -cx^2$. Dann ist der Integrand eine Konstante $-1/(2c)$, multipliziert mit $f(g(x))g'(x)$. Wir wollen dieselbe Methode versuchen mit dem allgemeinen Integral

$$\int f(g(x))g'(x) \, dx$$

Wenn wir $u = g(x)$ setzen, dann ist $du = g'(x) \, dx$ und das Integral reduziert sich auf $\int f(u) \, du$. Nehmen Sie an, dass wir ein unbestimmtes Integral $F(u)$ finden können, so dass $F'(u) = f(u)$. Dann hätten wir $\int f(u) \, du = F(u) + C$. Dies impliziert $\int f(g(x))g'(x) \, dx = F(g(x)) + C$. Ergibt diese rein formale Methode immer das richtige Resultat? Um Sie zu überzeugen, dass dies der Fall ist, nutzen wir die Kettenregel, um

$F(g(x)) + C$ nach x zu differenzieren. Die Ableitung ist $F'(g(x))g'(x)$, was genau gleich $f(g(x))g'(x)$ ist. Somit ist die folgende Regel bestätigt:

Integration durch Substitution (Wechsel der Variablen)

Nehmen Sie an, dass g stetig differenzierbar ist und $f(u)$ stetig ist in allen Punkten u, die zum relevanten Wertebereich von g gehören. Dann gilt

$$\int f(g(x))g'(x)\,dx = \int f(u)\,du \qquad (9.6.1)$$

wobei $u = g(x)$.

Beispiel 9.6.2

Berechnen Sie $\displaystyle\int 8x^2(3x^3 - 1)^{16}\,dx$.

Lösung: Substituieren Sie $u = 3x^3 - 1$. Dann ist $du = 9x^2\,dx$, so dass $8x^2\,dx = \frac{8}{9}\,du$. Daher ist

$$\int 8x^2(3x^3 - 1)^{16}\,dx = \frac{8}{9}\int u^{13}\,du = \frac{8}{9}\cdot\frac{1}{17}u^{17} + C = \frac{8}{153}(3x^3 - 1)^{17} + C \quad \blacksquare$$

Das bestimmte Integral in Teil (b) von Beispiel 9.6.1 kann einfacher berechnet werden, indem man die Integrationsgrenzen „hinüber trägt". Wir hatten $u = -cx^2$ gesetzt. Wenn x von 0 bis b variiert, so variiert u von 0 bis $-cb^2$. Daher dürfen wir schreiben:

$$\int_0^b xe^{-cx^2}\,dx = \int_0^{-cb^2} \frac{-1}{2c}e^u\,du = \frac{-1}{2c}e^u\Big|_0^{-cb^2} = \frac{1}{2c}(1 - e^{-cb^2})$$

Diese Methode der Übertragung der Integrationsgrenzen kann allgemein verwendet werden. Es gilt in der Tat für $u = g(x)$:

$$\int_a^b f(g(x))g'(x)\,dx = \int_{g(a)}^{g(b)} f(u)\,du \qquad (9.6.2)$$

Das Argument ist einfach: Vorausgesetzt, dass $F'(u) = f(u)$, erhalten wir

$$\int_a^b f(g(x))g'(x)\,dx = F(g(x))\Big|_a^b = F(g(b)) - F(g(a)) = \int_{g(a)}^{g(b)} f(u)\,du$$

Beispiel 9.6.3

Berechnen Sie das Integral $\displaystyle\int_1^e \frac{1 + \ln x}{x}\,dx$.

Lösung: Wir schlagen die Substitution $u = 1 + \ln x$ vor. Dann ist $du = (1/x)\,dx$. Wenn $x = 1$, dann ist $u = 1$. Und wenn $x = e$, dann ist $u = 2$. Somit haben wir

$$\int_1^e \frac{1 + \ln x}{x}\,dx = \int_1^2 u\,du = \frac{1}{2}u^2\Big|_1^2 = \frac{1}{2}(4 - 1) = \frac{3}{2} \quad \blacksquare$$

Schwierigere Fälle

Die bisher betrachteten Beispiele für die Integration durch Substitution waren ziemlich einfach. Anspruchsvollere Anwendungen dieser Integrationsmethode werden in diesem Abschnitt behandelt.

Beispiel 9.6.4

Finden Sie eine Substitution, die die Berechnung von $\int \dfrac{x - \sqrt{x}}{x + \sqrt{x}}\, dx$ ermöglicht unter der Annahme $x > 0$.

Lösung: Da $\sqrt{x}$ sowohl im Zähler als auch im Nenner erscheint, versuchen wir das Integral durch die Substitution $u = \sqrt{x}$ zu vereinfachen. Dann ist $x = u^2$ und $dx = 2u\, du$, so dass

$$\int \frac{x - \sqrt{x}}{x + \sqrt{x}}\, dx = \int \frac{u^2 - u}{u^2 + u} 2u\, du = 2 \int \frac{u^2 - u}{u + 1}\, du = 2 \int \left(u - 2 + \frac{2}{u + 1} \right) du$$
$$= u^2 - 4u + 4 \ln |u + 1| + C$$

Dabei haben wir die Polynomdivision $(u^2 - u) \div (u + 1)$ mit einem Rest, wie in Kap. 4.7, durchgeführt, um zu der dritten Gleichheit zu kommen. Indem wir im letzten Ausdruck u durch $\sqrt{x}$ ersetzen, erhalten wir die Antwort

$$\int \frac{x - \sqrt{x}}{x + \sqrt{x}}\, dx = x - 4\sqrt{x} + 4 \ln \left(\sqrt{x} + 1 \right) + C$$

Dabei haben wir die Tatsache benutzt, dass $\sqrt{x} + 1 > 0$ für alle x. ▬▬

Das letzte Beispiel zeigt die Methode, die sehr häufig angewendet wird. Wir können sie wie folgt zusammenfassen:

Eine allgemeine Methode

Um $\int G(x)\, dx$ zu bestimmen:

1. Wählen Sie einen „Teil" von $G(x)$ aus und führen Sie diesen „Teil" als neue Variable $u = g(x)$ ein.
2. Berechnen Sie $du = g'(x)\, dx$.
3. Verwenden Sie die Substitution $u = g(x)$, $du = g'(x)\, dx$, um, wenn möglich, $\int G(x)\, dx$ in ein Integral der Gestalt $\int f(u)\, du$ zu transformieren.
4. Bestimmen Sie, wenn möglich, $\int f(u)\, du = F(u) + C$.
5. Ersetzen Sie u durch $g(x)$.

Die endgültige Antwort ist dann $\int G(x)\, dx = F\big(g(x)\big) + C$.

Im dritten Schritt dieses Verfahrens ist es entscheidend, dass die Substitution zu einem Integranden $f(u)$ führt, der nur u (und du) ohne irgendein x enthält. Vermutlich ist der häufigste Fehler bei der Integration durch Substitution, dass dx durch du ersetzt wird, ohne die korrekte Formel $du = g'(x)\,dx$ zu verwenden.

Beachten Sie: Wenn eine spezielle Substitution nicht zum Ziel führt, kann man eine andere versuchen. Aber wie in Kap. 9.3 erklärt, gibt es immer die Möglichkeit, dass überhaupt keine Substitution funktioniert.

Beispiel 9.6.5

Bestimmen Sie: (a) $\displaystyle\int x^3\sqrt{1+x^2}\,dx$ (b) $\displaystyle\int_0^1 x^3\sqrt{1+x^2}\,dx$.

Lösung: (a) Wir folgen den Schritten 1. bis 5.:

1. Wir wählen einen „Teil" von $x^3\sqrt{1+x^2}$ als neue Variable. Wir wollen $u = \sqrt{1+x^2}$ versuchen.

2. Wenn $u = \sqrt{1+x^2}$, dann ist $u^2 = 1 + x^2$ und damit $2u\,du = 2x\,dx$, was $u\,du = x\,dx$ impliziert. Beachten Sie, dass dies einfacher ist als u direkt zu differenzieren.

3. $\displaystyle\int x^3\sqrt{1+x^2}\,dx = \int x^2\sqrt{1+x^2}\,x\,dx = \int (u^2-1)uu\,du = \int (u^4-u^2)\,du$

4. $\displaystyle\int (u^4-u^2)\,du = \tfrac{1}{5}u^5 - \tfrac{1}{3}u^3 + C$

5. $\displaystyle\int x^3\sqrt{1+x^2}\,dx = \tfrac{1}{5}\left(\sqrt{1+x^2}\right)^5 - \tfrac{1}{3}\left(\sqrt{1+x^2}\right)^3 + C$

(b) Wir kombinieren die Resultate in den Schritten 3 und 4 von Teil (a) und beachten dabei, dass $u = 1$, wenn $x = 0$, und $u = \sqrt{2}$, wenn $x = 1$. Dies impliziert

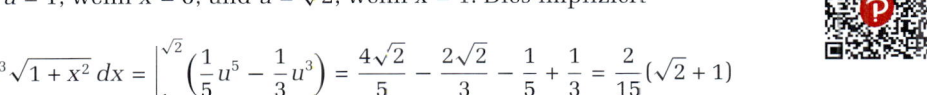

$$\int_0^1 x^3\sqrt{1+x^2}\,dx = \Big|_1^{\sqrt{2}}\left(\frac{1}{5}u^5 - \frac{1}{3}u^3\right) = \frac{4\sqrt{2}}{5} - \frac{2\sqrt{2}}{3} - \frac{1}{5} + \frac{1}{3} = \frac{2}{15}(\sqrt{2}+1)$$

In diesem Beispiel führt auch die Substitution $u = 1 + x^2$ zum Ziel.

Integration von rationalen Funktionen und Partialbrüchen

In Kap. 4.7 haben wir eine rationale Funktion als den Quotienten $P(x)/Q(x)$ zweier Polynome definiert. Nur gelegentlich müssen Ökonomen solche Funktionen integrieren. Deshalb geben wir nur zwei Beispiele, die ein Verfahren illustrieren, dass man in allgemeineren Situationen verwenden kann. Ein Beispiel war bereits in Teil (b) der Aufgabe 9.1.4, wo der Integrand die rationale Funktion $x^3/(x+1)$ war. Wie in Kap. 4.7 erklärt, kann dies durch Polynomdivision mit einem Rest vereinfacht werden in eine Form, die direkt integriert werden kann.

Dieses erste Beispiel war besonders einfach, da der Nenner ein Polynom vom Grad 1 in x war. Wenn der Grad des Nenners jedoch größer als 1 ist, ist es im allgemeinen nötig die Polynomdivision mit einer *Partialbrucherweiterung* des Restes zu kombinieren. Hier ist ein Beispiel:

Beispiel 9.6.6

Berechnen Sie das Integral $\int \dfrac{x^4 + 3x^2 - 4}{x^2 + 2x}\,dx$.

Lösung: Wir wenden Polynomdivision auf den Integranden an und kommen zu dem Ergebnis:

$$\frac{x^4 + 3x^2 - 4}{x^2 + 2x} = x^2 - 2x + 7 - \frac{14x + 4}{x^2 + 2x}$$

Wir können sehr leicht die ersten drei Terme auf der rechten Seite integrieren und erhalten $\int (x^2 - 2x + 7)\,dx = \dfrac{1}{3}x^3 - x^2 + 7x + C_0$. Der vierte Term jedoch hat einen Nenner, der gleich dem Produkt der beiden linearen Faktoren x und $x + 2$ ist. Um einen Integranden zu bekommen, den wir integrieren können, erweitern wir diesen Term zu

$$\frac{14x + 4}{x(x + 2)} = \frac{A}{x} + \frac{B}{x + 2}$$

D. h. wir haben die Summe von zwei Partialbrüchen, wobei A und B Konstanten sind, die zu bestimmen sind. Indem wir jede Seite der Gleichung mit dem gemeinsamen Nenner $x(x + 2)$ multiplizieren, erhalten wir $14x + 4 = A(x + 2) + Bx$, oder äquivalent $(14 - A - B)x + 4 - 2A = 0$. Damit dies für alle $x \neq 0$ und alle $x \neq -2$ (Punkte, für die der Bruch nicht definiert ist) gültig ist, verlangen wir, dass beide Koeffizienten $14 - A - B$ von x und auch die Konstante $4 - 2A$ gleich 0 sind. Indem wir diese beiden Gleichungen simultan lösen, erhalten wir $A = 2$ und $B = 12$. Damit können wir schließlich den vierten Restterm integrieren und erhalten

$$\int \frac{14x + 4}{x^2 + 2x}\,dx = \int \frac{2}{x}\,dx + \int \frac{12}{x + 2}\,dx = 2\ln|x| + 12\ln|x + 2| + C$$

Somit ist die endgültige Antwort

$$\int \frac{x^4 + 3x^2 - 4}{x^2 + 2x}\,dx = \frac{1}{3}x^3 - x^2 + 7x + 2\ln|x| + 12\ln|x + 2| + C$$

Diese Antwort kann natürlich durch Differentiation überprüft werden.

Aufgaben für Kapitel 9.6

1. Bestimmen Sie die folgenden Integrale mit Hilfe von (9.6.1):

   (a) $\int (x^2 + 1)^8\, 2x\,dx$ (b) $\int (x + 2)^{10}\,dx$ (c) $\int \dfrac{2x - 1}{x^2 - x + 8}\,dx$

2. Bestimmen Sie die folgenden Integrale mittels einer geeigneten Substitution:

   (a) $\int x(2x^2 + 3)^5\,dx$ (b) $\int x^2 e^{x^3 + 2}\,dx$ (c) $\int \dfrac{\ln(x + 2)}{2x + 4}\,dx$

   (d) $\int x\sqrt{1 + x}\,dx$ (e) $\int \dfrac{x^3}{(1 + x^2)^3}\,dx$ (f) $\int x^5\sqrt{4 - x^3}\,dx$

→ Fortsetzung

3. Bestimmen Sie die folgenden Integrale:

(a) $\displaystyle\int_0^1 x\sqrt{1+x^2}\,dx$ (b) $\displaystyle\int_1^e \frac{\ln y}{y}\,dy$ (c) $\displaystyle\int_1^3 \frac{1}{x^2}e^{2/x}\,dx$ (d) $\displaystyle\int_5^8 \frac{x}{x-4}\,dx$

Hinweis: Nutzen Sie in (d) sowohl die Integration durch Substitution als auch die Partialbrucherweiterung als alternative Methoden zur Bestimmung des Integrals.

4. Lösen Sie für $x > 2$ die Gleichung $\displaystyle\int_3^x \frac{2t-2}{t^2-2t}\,dt = \ln\left(\frac{2}{3}x - 1\right)$.

5. Zeigen Sie, dass $\displaystyle\int_{t_0}^{t_1} S'(x(t))\dot{x}(t)\,dt = S(x(t_1)) - S(x(t_0))$.

Anspruchsvollere Aufgaben

6. Berechnen Sie die folgenden Integrale

(a) $\displaystyle\int_0^1 (x^4 - x^9)(x^5 - 1)^{12}\,dx$ (b) $\displaystyle\int \frac{\ln x}{\sqrt{x}}\,dx$ (c) $\displaystyle\int_0^4 \frac{dx}{\sqrt{1+\sqrt{x}}}$

7. Berechnen Sie:

(a) $\displaystyle\int_1^4 \frac{e^{\sqrt{x}}}{\sqrt{x}\,(1+e^{\sqrt{x}})}\,dx$ (b) $\displaystyle\int_0^{1/3} \frac{dx}{e^x+1}$ (c) $\displaystyle\int_{8.5}^{41} \frac{dx}{\sqrt{2x-1}-\sqrt[4]{2x-1}}$

Hinweis: Substituieren Sie in (b) $t = e^{-x}$ und in (c) $z^4 = 2x - 1$.)

8. Nutzen Sie eine Substitution zur Elimination der beiden rationalen Exponenten in $x^{1/2}$ und $x^{1/3}$, um das Integral $I = \displaystyle\int \frac{x^{1/2}}{1-x^{1/3}}\,dx$ zu bestimmen.

9. Verwenden Sie die in Beispiel 6 vorgeschlagene Methode der Partialbrüche, um $f(x) = \dfrac{cx+d}{(x-a)(x-b)}$ als eine Summe von zwei Brüchen zu schreiben und verwenden Sie dann das Resultat zur Integration von

(a) $\displaystyle\int \frac{x\,dx}{(x+1)(x+2)}$ (b) $\displaystyle\int \frac{(1-2x)\,dx}{x^2-2x-15}$

► Lösungen zu den Aufgaben finden Sie im Anhang des Buches.

9.7 Integration über unendliche Intervalle

In Beispiel 9.6.1(b) haben wir bewiesen, dass

$$\int_0^b xe^{-cx^2}\,dx = \frac{1}{2c}[1 - e^{-cb^2}]$$

Nehmen Sie an, dass c eine positive Zahl ist und lassen Sie b gegen unendlich streben. Dann strebt der Ausdruck auf der rechten Seite gegen $1/(2c)$. Daher scheint es nahe liegend zu schreiben

$$\int_0^\infty xe^{-cx^2}\,dx = \frac{1}{2c}$$

In der Statistik und in den Wirtschaftswissenschaften ist es normal, auf solche Integrale über ein unendliches Intervall zu stoßen.

Nehmen Sie im Allgemeinen an, dass f eine Funktion ist, die stetig ist für alle $x \geq a$. Dann ist $\int_a^b f(x)\,dx$ für alle $b \geq a$ definiert. Falls der Grenzwert dieses Integrals für $b \to \infty$ existiert (und endlich ist), sagen wir, dass f **integrierbar ist über $[a, \infty)$** und definieren

$$\int_a^\infty f(x)\,dx = \lim_{b \to \infty} \int_a^b f(x)\,dx \tag{9.7.1}$$

Man sagt dann, dass das **uneigentliche Integral** $\int_a^\infty f(x)\,dx$ **konvergiert**. Falls der Grenzwert *nicht* existiert, sagt man, dass das uneigentliche Integral **divergiert**. Falls $f(x) \geq 0$ in $[a, \infty)$, interpretieren wir das Integral (9.7.1) als *Fläche* unter dem Graphen von f über dem Intervall $[a, \infty)$.

Analog definieren wir

$$\int_{-\infty}^b f(x)\,dx = \lim_{a \to -\infty} \int_a^b f(x)\,dx \tag{9.7.2}$$

wenn f stetig ist in $(-\infty, b]$. Falls dieser Grenzwert existiert, sagt man, dass das uneigentliche Integral konvergiert. Andernfalls divergiert es.

Beispiel 9.7.1

Die *Exponentialverteilung* in der Statistik ist definiert durch die Dichtefunktion $f(x) = \lambda e^{-\lambda x}$, wobei $x \geq 0$ und λ eine positive Konstante ist. Die Fläche unter dem Graphen von f über $[0, \infty)$ ist in Abb. 9.7.1 illustriert. Zeigen Sie, dass diese Fläche gleich 1 ist.

Lösung: Für $b > 0$ ist die Fläche unter dem Graphen von f über $[0, b]$ gleich

$$\int_0^b \lambda e^{-\lambda x}\,dx = \Big|_0^b \left(- e^{-\lambda x} \right) = -e^{-\lambda b} + 1$$

Für $b \to \infty$, strebt $-e^{-\lambda b} + 1$ gegen 1. Deshalb ist

$$\int_0^\infty \lambda e^{-\lambda x}\,dx = \lim_{b \to \infty} \int_0^b \lambda e^{-\lambda x}\,dx = \lim_{b \to \infty} \left(- e^{-\lambda b} + 1 \right) = 1 \qquad \blacksquare$$

Beispiel 9.7.2

Zeigen Sie, dass für $a > 1$

$$\int_1^\infty \frac{1}{x^a}\,dx = \frac{1}{a-1} \tag{$*$}$$

Untersuchen Sie dann den Fall $a \leq 1$.

Lösung: Für $a \neq 1$ und $b > 1$ ist

$$\int_1^b \frac{1}{x^a}\,dx = \int_1^b x^{-a}\,dx = \Big|_1^b \frac{1}{1-a} x^{1-a} = \frac{1}{1-a}(b^{1-a} - 1) \tag{$**$}$$

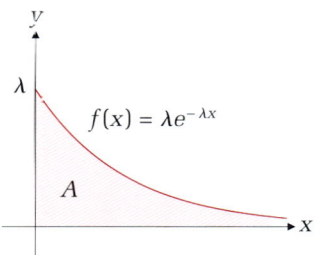
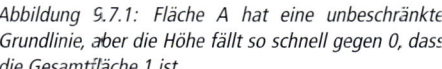

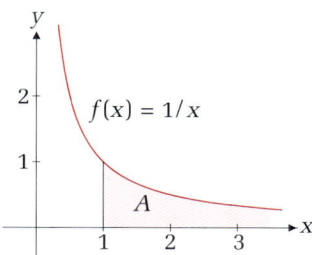

Abbildung 9.7.1: Fläche A hat eine unbeschränkte Grundlinie, aber die Höhe fällt so schnell gegen 0, dass die Gesamtfläche 1 ist.

Abbildung 9.7.2: „$A = \int_1^\infty (1/x)\,dx = \infty$." $1/x$ geht nicht genügend schnell gegen 0, so dass das uneigentliche Integral divergiert.

Für $a > 1$ gilt $b^{1-a} = 1/b^{a-1} \to 0$, wenn $b \to \infty$. Daher folgt $(*)$ aus $(**)$ für $b \to \infty$. Für $a = 1$ ist die rechte Seite von $(**)$ nicht definiert. Dennoch ist $\int_1^b (1/x)\,dx = \ln b - \ln 1 = \ln b$ und dies strebt gegen ∞, wenn b gegen ∞ strebt, so dass $\int_1^\infty (1/x)\,dx$ divergiert – siehe Abb. 9.7.2. Für $a < 1$ strebt der letzte Ausdruck in $(**)$ gegen ∞, wenn b gegen ∞ strebt. Daher divergiert das Integral auch in diesem Fall.

Falls beide Integrationsgrenzen unendlich sind, ist das uneigentliche Integral einer stetigen Funktion f über $(-\infty, \infty)$ definiert durch

$$\int_{-\infty}^{\infty} f(x)\,dx = \int_{-\infty}^{0} f(x)\,dx + \int_{0}^{\infty} f(x)\,dx \qquad (9.7.3)$$

Falls *beide* Integrale auf der rechten Seite konvergieren, sagt man, dass das uneigentliche Integral $\int_{-\infty}^{\infty} f(x)\,dx$ *konvergiert*; andernfalls *divergiert* es. Anstelle 0 könnte man jede andere reelle Zahl c als Unterteilungspunkt wählen. Der Wert, der dem Integral zugeordnet wird, wird immer derselbe sein, vorausgesetzt, dass das Integral konvergiert.

Es ist wichtig zu beachten, dass die Definition (9.7.3) verlangt, dass beide Integrale auf der rechten Seite konvergieren. Beachten Sie insbesondere, dass

$$\lim_{b \to \infty} \int_{-b}^{b} f(x)\,dx \qquad (9.7.4)$$

nicht die Definition von $\int_{-\infty}^{+\infty} f(x)\,dx$ ist. Aufgabe 4 enthält ein Beispiel, in dem (9.7.4) existiert, das Integral in (9.7.3) jedoch divergiert, weil $\int_{-b}^{0} f(x)\,dx \to -\infty$, wenn $b \to \infty$ und $\int_{0}^{b} f(x)\,dx \to \infty$, wenn $b \to \infty$. Somit ist (9.7.4) keine akzeptable Definition, während (9.7.3) es ist.

Das folgende Resultat ist sehr wichtig in Statistik. Es steht auch in Beziehung zu Aufgabe 12.

Zeigen Sie, dass das folgende Integral für $c > 0$ konvergiert, und berechnen Sie seinen Wert:

$$\int_{-\infty}^{+\infty} xe^{-cx^2}\, dx$$

Lösung: In der Einleitung zu diesem Abschnitt haben wir gezeigt, dass $\int_0^\infty xe^{-cx^2}\, dx = 1/2c$. In derselben Weise sehen wir, dass

$$\int_{-\infty}^{0} xe^{-cx^2}\, dx = \lim_{a\to-\infty} \int_{a}^{0} xe^{-cx^2}\, dx = \lim_{a\to-\infty} \left. -\frac{1}{2c}e^{-cx^2} \right|_{a}^{0} = -\frac{1}{2c}$$

Es folgt, dass

$$\int_{-\infty}^{\infty} xe^{-cx^2}\, dx = -\frac{1}{2c} + \frac{1}{2c} = 0 \tag{9.7.5}$$

In der Tat erfüllt die Funktion $f(x) = xe^{-cx^2}$ die Eigenschaft $f(-x) = -f(x)$ für alle x und somit ist ihr Graph symmetrisch zum Ursprung. Aus diesem Grund muss das Integral $\int_{-\infty}^{0} xe^{-cx^2}\, dx$ auch existieren und gleich $-1/2c$ sein. ▬▬▬

Integrale unbeschränkter Funktionen

Wir wenden uns jetzt uneigentlichen Integralen zu, deren *Integrand* nicht beschränkt ist. Betrachten Sie zunächst die Funktion $f(x) = 1/\sqrt{x}$ mit $x \in (0, 2]$ – siehe Abb. 9.7.3. Beachten Sie, dass $f(x) \to \infty$, wenn $x \to 0^+$. Die Funktion f ist stetig im Intervall $[h, 2]$ für jede feste Zahl h in $(0, 2)$. Daher existiert das bestimmte Integral von f über dem Intervall $[h, 2]$ und

$$\int_{h}^{2} \frac{1}{\sqrt{x}}\, dx = \left. 2\sqrt{x} \right|_{h}^{2} = 2\sqrt{2} - 2\sqrt{h}$$

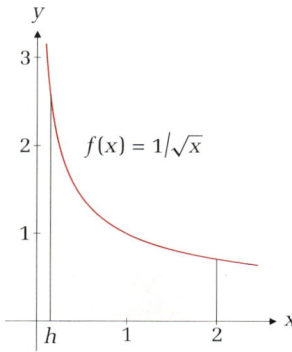

Abbildung 9.7.3: $f(x) = 1/\sqrt{x}$

Der Grenzwert dieses Ausdrucks für $h \to 0^+$ ist $2\sqrt{2}$. Dann gilt nach Definition

$$\int_0^2 \frac{1}{\sqrt{x}}\, dx = 2\sqrt{2}$$

Man sagt, dass das uneigentliche Integral in diesem Fall konvergiert und die Fläche unter dem Graphen von f über dem Intervall $(0, 2]$ ist $2\sqrt{2}$. Die Fläche von $1/\sqrt{x}$ über dem Intervall $(h, 2]$ ist in Abb. 9.7.3 dargestellt. Wenn $h \to 0$ wird die schattierte Fläche unbeschränkt, aber der Graph von f nähert sich so schnell der y-Achse, dass die Gesamtfläche endlich ist.

Nehmen wir allgemeiner an, dass f eine stetige Funktion auf dem Intervall $(a, b]$ ist, dass aber $f(x)$ an der Stelle $x = a$ nicht definiert ist. Dann definieren wir

$$\int_a^b f(x)\, dx = \lim_{h \to 0^+} \int_{a+h}^b f(x)\, dx \qquad (9.7.6)$$

falls der Grenzwert existiert und man sagt, dass das uneigentliche Integral von f in diesem Fall **konvergiert**. Falls $f(x) \geq 0$ in $(a, b]$, identifizieren wir das Integral als die *Fläche unter dem Graphen* von f über dem Intervall $(a, b]$.

Falls f in b nicht definiert ist, so können wir in derselben Weise definieren

$$\int_a^b f(x)\, dx = \lim_{h \to 0^+} \int_a^{b-h} f(x)\, dx \qquad (9.7.7)$$

falls der Grenzwert existiert. In diesem Fall sagen wir, dass das uneigentliche Integral von f **konvergiert**.

Nehmen Sie an, dass f in (a, b) stetig ist. Es kann sein, dass f in a oder b nicht einmal definiert ist. Nehmen Sie z. B. an, dass $f(x) \to -\infty$, wenn $x \to a^+$ und $f(x) \to +\infty$, wenn $x \to b^-$. In diesem Fall sagt man, dass f in (a, b) **integrierbar** ist und wir können

$$\int_a^b f(x)\, dx = \int_a^c f(x)\, dx + \int_c^b f(x)\, dx \qquad (9.7.8)$$

definieren, vorausgesetzt, dass beide Integrale auf der rechten Seite von (9.7.8) konvergieren. Hier ist c eine beliebige feste Zahl in (a, b) und weder die Konvergenz des Integrals noch sein Wert hängen von der Wahl von c ab. Wenn eins der Integrale auf der rechten Seite von (9.7.8) nicht konvergiert, ist die linke Seite nicht wohldefiniert.

Test auf Konvergenz

Der folgende Konvergenztest für Integrale ist oft nützlich, da er nicht die Berechnung des Integrals verlangt.

Theorem 9.7.1 (Ein Vergleichstest auf Konvergenz)

Nehmen Sie an, dass für alle $x \geq a$ die Funktionen f und g stetig sind und $|f(x)| \leq g(x)$. Falls $\int_a^\infty g(x)\, dx$ konvergiert, dann konvergiert auch $\int_a^\infty f(x)\, dx$ und

$$\left| \int_a^\infty f(x)\, dx \right| \leq \int_a^\infty g(x)\, dx$$

Wenn wir den Fall betrachten, in dem $f(x) \geq 0$ ist, kann Theorem 9.7.1 wie folgt interpretiert werden: Falls die Fläche unter dem Graphen von g endlich ist, dann ist auch die Fläche unter dem Graphen von f endlich, weil der Graph von f in keinem Punkt aus $[a, \infty)$ über dem Graphen von g liegt. Dieses Resultat erscheint ziemlich plausibel, insbesondere nach der Zeichnung eines geeigneten Bildes, so dass wir keinen analytischen Beweis geben werden. Ein entsprechendes Resultat gilt für den Fall, in dem die untere Integrationsgrenze $-\infty$ ist. Es können auch ähnliche Vergleichsteste für unbeschränkte Funktionen, die auf beschränkten Intervallen definiert sind, bewiesen werden.

Beispiel 9.7.4

Integrale der Gestalt

$$\int_{t_0}^{\infty} U\bigl(c(t)\bigr)e^{-\alpha t}\, dt \tag{$*$}$$

treten oft in der ökonomischen Wachstumstheorie auf. Hier bezeichnet $c(t)$ den Konsum zur Zeit t, U ist eine momentane Nutzenfunktion und α ist eine positive Diskontierungsrate. Nehmen Sie an, dass Zahlen M und β mit $\beta < \alpha$ existieren, so dass

$$\bigl|U\bigl(c(t)\bigr)\bigr| \leq Me^{\beta t} \tag{$**$}$$

für alle $t \geq t_0$ und für jedes mögliche Konsumniveau $c(t)$ zur Zeit t. Damit wächst der absolute Wert des Nutzens des Konsums mit einer Rate, die kleiner ist als die Diskontierungsrate α. Beweisen Sie, dass $(*)$ konvergiert.

Lösung: Wegen $(**)$ haben wir

$$\bigl|U\bigl(c(t)\bigr)e^{-\alpha t}\bigr| \leq Me^{-(\alpha-\beta)t}$$

für alle $t \geq t_0$. Ferner ist

$$\int_{t_0}^{T} Me^{-(\alpha-\beta)t}\, dt = \left|\begin{array}{c} T \\ \\ t_0 \end{array}\right. \frac{-M}{\alpha-\beta}e^{-(\alpha-\beta)t} = \frac{M}{\alpha-\beta}\left[e^{-(\alpha-\beta)t_0} - e^{-(\alpha-\beta)T}\right]$$

Weil $\alpha - \beta > 0$, strebt der letzte Ausruck gegen

$$\bigl[M/(\alpha-\beta)\bigr]e^{-(\alpha-\beta)t_0}$$

wenn $T \to \infty$. Es folgt aus Theorem 9.7.1, dass $(*)$ konvergiert.   ▬▬

Beispiel 9.7.5

Die Funktion $f(x) = e^{-x^2}$ ist extrem wichtig in der Statistik. Wenn sie mit einer geeigneten Konstanten, d.h. mit $1/\sqrt{\pi}$ multipliziert wird, ist sie eine zur *Gauß'schen*- oder *Normal*-Verteilung gehörige Dichtefunktion. Wir wollen zeigen, dass das uneigentliche Integral

$$\int_{-\infty}^{+\infty} e^{-x^2}\, dx \tag{$*$}$$

konvergiert. Erinnern Sie sich von Kap. 9.1 daran, dass das unbestimmte Integral von $f(x) = e^{-x^2}$ nicht durch "elementare" Funktionen ausgedrückt werden kann. Da $f(x) = e^{-x^2}$ symmetrisch ist zur y-Achse, hat man $\int_{-\infty}^{\infty} e^{-x^2}\,dx = 2\int_0^{\infty} e^{-x^2}\,dx$ und so reicht es zu zeigen, dass $\int_0^{\infty} e^{-x^2}\,dx$ konvergiert. Um dies zu zeigen, zerlegen Sie das Integrationsintervall, so dass

$$\int_0^{\infty} e^{-x^2}\,dx = \int_0^1 e^{-x^2}\,dx + \int_1^{\infty} e^{-x^2}\,dx \qquad (**)$$

Natürlich stellt das Integral $\int_0^1 e^{-x^2}\,dx$ kein Problem dar, da es das Integral einer stetigen Funktion über einem beschränkten Intervall ist. Für $x \geq 1$ hat man $0 \leq e^{-x^2} \leq e^{-x}$. Nun konvergiert $\int_1^{\infty} e^{-x}\,dx$ (gegen $1/e$), so dass nach Theorem 9.7.1 das Integral $\int_1^{\infty} e^{-x^2}\,dx$ auch konvergieren muss. Aus $(**)$ folgt, dass $\int_0^{\infty} e^{-x^2}\,dx$ konvergiert. Somit konvergiert das Integral $(*)$, aber wir haben seinen Wert nicht gefunden. In der Tat kann man fortgeschrittenere Integrationstechniken verwenden, um zu zeigen, dass

$$\int_{-\infty}^{+\infty} e^{-x^2}\,dx = \sqrt{\pi} \qquad (9.7.9)$$

wie es in FMEA diskutiert wird.

Aufgaben für Kapitel 9.7

1. Bestimmen Sie die folgenden Integrale, wenn sie konvergieren. Geben Sie diejenigen an, die divergieren.

    (a) $\displaystyle\int_1^{\infty} \frac{1}{x^3}\,dx$ (b) $\displaystyle\int_1^{\infty} \frac{1}{\sqrt{x}}\,dx$ (c) $\displaystyle\int_{-\infty}^0 e^x\,dx$ (d) $\displaystyle\int_0^a \frac{x\,dx}{\sqrt{a^2 - x^2}}$ $(a > 0)$

2. In der Statistik ist die *Rechteck-Verteilung* auf dem Intervall $[a, b]$ gekennzeichnet durch ihre Dichtefunktion f, die für alle x definiert ist durch $f(x) = 1/(b - a)$ für $x \in [a, b]$ und $f(x) = 0$ für $x \notin [a, b]$, wobei $b > a$. Bestimmen Sie:

    (a) $\displaystyle\int_{-\infty}^{+\infty} f(x)\,dx$ (b) $\displaystyle\int_{-\infty}^{+\infty} xf(x)\,dx$ (c) $\displaystyle\int_{-\infty}^{+\infty} x^2 f(x)\,dx$

3. Bestimmen Sie im Zusammenhang mit Beispiel 9.7.1 die folgenden Integrale:

    (a) $\displaystyle\int_0^{\infty} x\lambda e^{-\lambda x}\,dx$ (b) $\displaystyle\int_0^{\infty} (x - 1/\lambda)^2\,\lambda e^{-\lambda x}\,dx$ (c) $\displaystyle\int_0^{\infty} (x - 1/\lambda)^3\,\lambda e^{-\lambda x}\,dx$

    Die drei Zahlen, die Sie bestimmen, heißen in dieser Reihenfolge: der *Erwartungswert*, die *Varianz* und das *dritte zentrale Moment* der Exponentialverteilung.

4. Zeigen Sie, dass $\int_{-\infty}^{+\infty} x/(1 + x^2)\,dx$ divergiert, dass aber $\lim_{b\to\infty} \int_{-b}^b x/(1 + x^2)\,dx$ konvergiert.

5. Die Funktion f sei für alle $x > 0$ durch $f(x) = (\ln x)/x^3$ definiert.

    (a) Bestimmen Sie die Maximum- und Minimumpunkte von f, falls es welche gibt.

    (b) Untersuchen Sie die Konvergenz von $\int_0^1 f(x)\,dx$ und $\int_1^{\infty} f(x)\,dx$.

➜ Fortsetzung

6.   Nutzen Sie Theorem 9.7.1, um die Konvergenz von $\int_1^\infty \frac{1}{1+x^2}\, dx$ nachzuweisen.

7.   Zeigen Sie, dass $\displaystyle\int_{-2}^{3} \left(\frac{1}{\sqrt{x+2}} + \frac{1}{\sqrt{3-x}} \right) dx = 4\sqrt{5}.$

8.   Das Integral

$$z = \int_0^\infty e^{-rs} D(s)\, ds$$

stellt den gegenwärtigen zur Zinsrate r diskontierten Wert des zeitabhängigen Abschreibungsbetrages $D(s)$ für $0 \le s < \infty$ dar. Bestimmen Sie z als Funktion von τ in den folgenden Fällen:[6]

$D(s) = 1/\tau$ für $0 \le s \le \tau$, $D(s) = 0$ für $s > \tau$.

$D(s) = 2(\tau - s)/\tau^2$ für $0 \le s \le \tau$, $D(s) = 0$ für $s > \tau$.

9.   Nehmen Sie an, dass Sie $\int_{-1}^{+1}(1/x^2)\, dx$ berechnen, indem Sie die Definition des Integrals ohne gründliches Nachdenken verwenden. Zeigen Sie, dass Sie ein negatives Resultat erhalten, obwohl der Integrand nirgends negativ ist. Wo liegt der Fehler?

10.   Zeigen Sie, dass das Integral $\displaystyle\int_0^1 \ln x/\sqrt{x}\, dx$ konvergiert und bestimmen Sie den Wert des Integrals. (*Hinweis:* Siehe Teil (b) von Aufg. 9.6.6.)

11.   Bestimmen Sie das Integral

$$I_k = \int_1^\infty \left(\frac{k}{x} - \frac{k^2}{1+kx} \right) dx\,,$$

wobei k eine positive Konstante ist. Bestimmen Sie den Grenzwert von I_k für $k \to \infty$, falls er existiert.

Anspruchsvollere Aufgabe

12.   In der Statistik ist die Dichtefunktion der Nomalverteilung oder Gauß'schen Verteilung mit Erwartungswert μ und Varianz σ^2 definiert durch

$$f(x) = \frac{1}{\sigma\sqrt{2\pi}} \exp[-(x-\mu)^2/2\sigma^2]$$

im Intervall $(-\infty, \infty)$.[7] Zeigen Sie, dass

(a) $\displaystyle\int_{-\infty}^{+\infty} f(x)\, dx = 1$ (b) $\displaystyle\int_{-\infty}^{+\infty} xf(x)\, dx = \mu$ (c) $\displaystyle\int_{-\infty}^{+\infty} x^2 f(x)\, dx = \sigma^2 + \mu^2$

(*Hinweis:* Verwenden Sie die Substitution $u = (x - \mu)/\sqrt{2}\sigma$, zusammen mit den Gleichungen (9.7.9) und (9.7.5).

▶ Lösungen zu den Aufgaben finden Sie im Anhang des Buches.

---

[6]   Der erste Fall modelliert konstante Abschreibung als geradlinige Abschreibung

[7]   Diese Funktion, ihr glockenförmiger Graph und ein Portrait ihres Entdeckers Carl Friedrich Gauß (1777–1855) waren auf dem deutschen 10-DM-Schein abgebildet, der von 1991 bis 2001, d. h. in der Dekade vor der Einführung des Euro, im Umlauf war.

9.8 Ein flüchtiger Blick auf Differentialgleichungen

In der ökonomischen Wachstumstheorie, in Untersuchungen der Ausschöpfung natürlicher Ressourcen, in vielen Modellen der Umweltökonomie und in vielen anderen Gebieten der Wirtschaftswissenschaften begegnet man Gleichungen, in denen die Unbekannten Funktionen sind und in denen auch die Ableitungen dieser Funktionen auftreten. Gleichungen dieser allgemeinen Art werden **Differentialgleichungen** genannt und ihre Untersuchung ist einer der faszinierendsten Bereiche der Mathematik. Wir werden hier nur wenige einfache Typen solcher Gleichungen betrachten. Wir bezeichnen die unabhängige Variable mit t, weil die meisten Differentialgleichungen in den Wirtschaftswissenschaften die Zeit als unabhängige Variable haben.

Wir haben bereits den einfachsten Typ einer Differentialgleichung gelöst: Sei $f(t)$ eine gegebene Funktion. Bestimmen Sie alle Funktionen, die $f(t)$ als ihre Ableitung haben – d. h. bestimmen Sie alle Funktionen, die $\dot{x}(t) = f(t)$ für $x(t)$ lösen, wobei $\dot{x}$ die Ableitung von x bezüglich der Zeit t bezeichnet. Wir wissen bereits, dass die Antwort ein unbestimmtes Integral ist:

$$\dot{x}(t) = f(t) \iff x(t) = \int f(t)\, dt + C$$

Wir nennen $x(t) = \int f(t)\, dt + C$ die *allgemeine* Lösung der Gleichung $\dot{x}(t) = f(t)$. Betrachten wir nun einige interessantere Typen von Differentialgleichungen.

Das Gesetz des natürlichen Wachstums

Bezeichne $x(t)$ eine ökonomische Größe wie das BIP von China zur Zeit t. Das Verhältnis $\dot{x}(t)/x(t)$ wurde früher schon die *relative Änderungsrate* dieser Größe genannt. Viele ökonomische Modelle postulieren, dass die relative Änderungsrate annähernd eine Konstante ist, nämlich r. Dann gilt für alle t:

$$\dot{x}(t) = rx(t) \tag{9.8.1}$$

Welche Funktionen haben eine konstante relative Änderungsrate? Für $r = 1$ ist die Differentialgleichung $\dot{x} = x$, und wir wissen, dass die Ableitung von $x(t) = e^t$ wieder $\dot{x}(t) = e^t$ ist. Allgemeiner gilt: Die Funktion $x(t) = Ae^t$ erfüllt die Gleichung $\dot{x} = x$ für alle Werte der Konstanten A. Durch Probieren werden Sie vermutlich herausfinden, dass $x(t) = Ae^{rt}$ eine Lösung von (9.8.1) ist. In jedem Fall ist es einfach nachzuprüfen: Wenn $x(t) = Ae^{rt}$, dann ist $\dot{x}(t) = Are^{rt} = rx(t)$. Ferner können wir beweisen, dass keine andere Funktion (9.8.1) erfüllt: Multiplizieren Sie dazu Gleichung (9.8.1) mit der positiven Funktion e^{-rt} und sammeln Sie alle Terme auf der linken Seite. Dies ergibt

$$\dot{x}(t)e^{-rt} - rx(t)e^{-rt} = 0 \tag{9.8.2}$$

Gleichung (9.8.2) muss genau dieselben Lösungen haben wie (9.8.1). Jedoch ist die linke Seite dieser Gleichung die Ableitung des Produkts $x(t)e^{-rt}$. Somit kann (9.8.2) umgeschrieben werden als $\frac{d}{dt}[x(t)e^{-rt}] = 0$. Es folgt, dass $x(t)e^{-rt}$ gleich einer Konstanten A sein muss. Daher ist $x(t) = Ae^{rt}$. Wenn der Wert von $x(t)$ zur Zeit $t = 0$ gleich x_0 ist, dann ist $x_0 = Ae^0 = A$. Wir schließen daraus:

$$\dot{x}(t) = rx(t) \ \text{ mit } \ x(0) = x_0 \iff x(t) = x_0 e^{rt} \tag{9.8.3}$$

Beispiel 9.8.1

Es bezeichne $S(t)$ den Wert der Verkäufe eines bestimmten Gutes pro Zeiteinheit, berechnet zur Zeit t. In einem stabilen Markt ohne Werbungsaktivitäten, ist die Abnahme in $S(t)$ pro Zeiteinheit proportional zu $S(t)$. Daher nimmt der Wert der Verkäufe mit der konstanten Proportionalitätsrate $a > 0$ ab, so dass $\dot{S}(t) = -aS(t)$.

(a) Bestimmen Sie einen Ausdruck für $S(t)$, wenn der Wert der Verkäufe zur Zeit 0 gleich S_0 ist.

(b) Lösen Sie die Gleichung $S_0 e^{-at} = \frac{1}{2} S_0$ für t. Interpretieren Sie die Antwort.

Lösung:

(a) Dies ist eine Gleichung vom Typ (9.8.1) mit $x = S$ und $r = -a$. Nach (9.8.3) ist die Lösung $S(t) = S_0 e^{-at}$.

(b) Aus $S_0 e^{-at} = \frac{1}{2} S_0$ erhalten wir $e^{-at} = \frac{1}{2}$. Indem wir den natürlichen Logarithmus auf beiden Seiten bilden, erhalten wir $-at = \ln(1/2) = -\ln 2$ und damit $t = \ln 2 / a$. Dies ist die Zeit, nach der die Verkäufe auf die Hälfte ihres Anfangsniveaus gesunken sind.

Gleichung (9.8.1) wurde oft das **Gesetz des natürlichen Wachstums** genannt. Egal wie es genannt wird, dieses Gesetz ist wahrscheinlich die wichtigste Differentialgleichung, die Ökonomen kennen müssen.

Nehmen Sie an, dass $x(t)$ die Anzahl der Individuen in einer Population zur Zeit t bezeichne. Die Population könnte z. B. eine bestimmte Kolonie von Bakterien oder Polarbären in der Arktis sein. Wir nennen $\dot{x}(t)/x(t)$ die *Wachstumsrate pro Kopf* der Population. Wenn es weder Immigration noch Emigration gibt, dann ist die Wachstumsrate pro Kopf die Differenz zwischen den Geburts- und Sterberaten pro Kopf. Diese Raten werden von vielen Faktoren wie Nahrungsangebot, Altersverteilung, verfügbarer Lebensraum, Feinden, Krankheit und Parasiten u. a. abhängen.

Gleichung (9.8.1) spezifiziert ein einfaches Modell für das Wachstum einer Population, das so genannte **Malthus-Gesetz**. Nach (9.8.3) gilt: Wenn die Wachstumsrate pro Kopf konstant ist, dann muss die Population exponentiell wachsen. In der Realität kann exponentielles Wachstum natürlich nur für begrenzte Zeit stattfinden. Wir wollen einige alternative Modelle für das Wachstum einer Population betrachten.

Eine andere Möglichkeit (9.8.1) zu lösen, ist es, Logarithmen zu bilden. Beachten Sie, dass $d\ln x/dt = \dot{x}/x = r$, so dass $\ln x(t) = \int r \, dt = rt + C$. Dies impliziert, dass $x(t) = e^{rt+C} = e^{rt} e^C = Ae^{rt}$, wobei $A = e^C$. In der Tat erlaubt eine verallgemeinerte Version von Gleichung (9.8.1), für die Wachstumsrate Funktionen der Zeit zu nehmen:

$$\dot{x}(t) = r(t)x(t) \tag{9.8.4}$$

Vorausgesetzt, dass $x(t) \neq 0$, kann dies umgeordnet werden zu:

$$\frac{d}{dt} \ln x(t) = \frac{\dot{x}(t)}{x(t)} = r(t)$$

Die Lösung ist $\ln x(t) - \ln x(0) = R(t)$ oder nach Anwendung der Exponentialfunktion:
$x(t) = x(0)e^{R(t)}$, wobei $R(t) = \int_0^t r(s)\,ds$.

In Anwendungen ist es manchmal nützlich, einen "Anfangswert" für eine Differentialgleichung zu einem anderen Zeitpunkt t als $t = 0$ zu haben. Dies ist leicht getan, da $t = 0$ im Wesentlichen nicht mehr als eine Konvention ist. Das heißt: Wenn die Entwicklung von x gegeben ist durch Gleichung (9.8.1), so wissen wir von (9.8.3), dass für jedes t_0 und jedes t gilt:

$$x(t_0) = x_0 e^{rt_0} \quad \text{und} \quad x(t) = x_0 e^{rt}$$

Nun ist letzteres äquivalent zu

$$x(t) = x_0 e^{r(t-t_0+t_0)} = x_0 e^{r(t-t_0)}e^{t_0} = (x_0 e^{t_0})e^{r(t-t_0)} = x(t_0)e^{r(t-t_0)}$$

wobei man t_0 als den Anfangsreferenzpunkt der Gleichung benutzt.

Wachstum gegen eine obere Schranke

Nehmen Sie an, dass die Populationsgröße $x(t)$ eine gewisse Kapazitätsgrenze K nicht überschreiten kann, und dass die Änderungsrate der Populationsgröße proportional zur Abweichung von dieser Kapazitätsgrenze ist:

$$\dot{x}(t) = a(K - x(t)) \tag{*}$$

Mit einem kleinen Trick ist es leicht, alle Lösungen dieser Gleichung zu finden. Definieren Sie eine neue Funktion $u(t) = K - x(t)$, die zu jeder Zeit die Abweichung der Populationsgröße von der Kapazitätsgrenze K misst. Dann ist $\dot{u}(t) = -\dot{x}(t)$. Wenn wir dies in (*) einsetzen, erhalten wir $-\dot{u}(t) = au(t)$, oder $\dot{u}(t) = -au(t)$. Dies ist eine Gleichung wie (9.8.1). Die Lösung ist $u(t) = Ae^{-at}$, so dass $K - x(t) = Ae^{-at}$ und damit $x(t) = K - Ae^{-at}$. Falls $x(0) = x_0$, so ist $x_0 = K - A$ und damit $A = K - x_0$. Es folgt

$$\dot{x}(t) = a(K - x(t)) \text{ mit } x(0) = x_0 \iff x(t) = K - (K - x_0)e^{-at} \tag{9.8.5}$$

In Aufgabe 3 werden wir sehen, dass dieselbe Gleichung das Bevölkerungswachstum in Ländern beschreiben kann, in denen die eingeborene Bevölkerung eine feste relative Wachstumsrate hat, wo es aber jedes Jahr Immigration gibt. Dieselbe Gleichung kann auch viele andere Phänomene beschreiben, von denen einige in den Aufgaben zu diesem Kapitel erörtert werden.

Beispiel 9.8.2

Nehmen Sie an, dass eine Population eine Kapazitätsgrenze von $K = 200$ (Millionen) hat und dass es 50 (Millionen) zur Zeit $t = 0$ gab. Bezeichne $x(t)$ die Population in Millionen zur Zeit t. Nehmen Sie an, dass $a = 0.05$ und lösen Sie Gleichung (*) in diesem Fall. Skizzieren Sie einen Graphen der Lösung.

Lösung: Mit (9.8.5) finden wir

$$x(t) = 200 - (200 - 50)e^{-0.05t} = 200 - 150e^{-0.05t}$$

Der Graph ist in Abb. 9.8.1 gezeichnet.

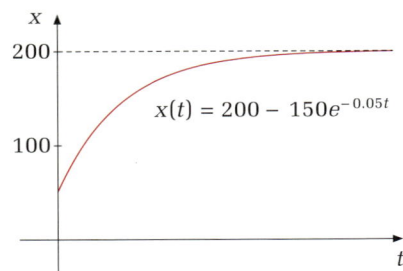
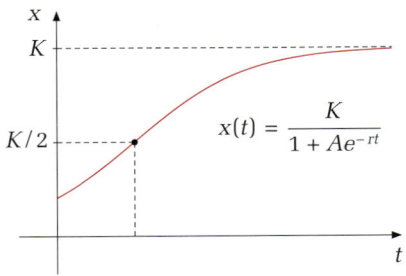

Abbildung 9.8.1: Wachstum gegen das Niveau 200   *Abbildung 9.8.2: Logistisches Wachstum gegen Niveau K*

Logistisches Wachstum

Anstelle der Differentialgleichung (∗) ist es eine realistischere Annahme, dass die relative Wachstumsrate annähernd konstant ist, wenn die Population klein ist, dass sie aber gegen Null konvergiert, wenn die Population sich ihrer Kapazitätsgrenze K nähert. Eine spezielle Form dieser Annahme wird ausgedrückt durch die Gleichung

$$\dot{x}(t) = rx(t)\left(1 - \frac{x(t)}{K}\right) \qquad (9.8.6)$$

In der Tat gilt: Wenn die Population $x(t)$ im Verhältnis zu K klein ist, so dass $x(t)/K$ klein ist, dann ist $\dot{x}(t) \approx rx(t)$ und das impliziert, dass $x(t)$ (ungefähr) exponentiell anwächst. Wenn $x(t)$ jedoch größer wird, gewinnt der Faktor $1 - x(t)/K$ an Bedeutung. Im Allgemeinen behaupten wir: Wenn $x(t)$ die Gleichung (9.8.6) erfüllt und nicht identisch gleich Null ist, dann muss $x(t)$ die folgende Form haben

$$x(t) = \frac{K}{1 + Ae^{-rt}} \qquad (9.8.7)$$

für eine Konstante A. Die Funktion x in (9.8.7) wird eine *logistische Funktion* genannt.

Um Gleichung (9.8.7) zu beweisen, verwenden wie einen kleinen Trick:
Nehmen Sie an, dass $x = x(t)$ nicht 0 ist und führen Sie die neue Variable $u = u(t) = -1 + K/x$ ein. Dann ist $\dot{u} = -K\dot{x}/x^2 = -Kr/x + r = -r(-1 + K/x) = -ru$. Daher ist $u = u(t) = Ae^{-rt}$ für eine Konstante A. Aber dann ist $-1 + K/x(t) = Ae^{-rt}$ und Auflösen dieser Gleichung nach $x(t)$ ergibt (9.8.7).

Nehmen Sie an, dass die Population aus x_0 Individuen besteht zur Zeit $t = 0$ und somit $x(0) = x_0$. Gleichung (9.8.7) ergibt dann $x_0 = K/(1+A)$, so dass $A = (K - x_0)/x_0$. Alles in allem haben wir gezeigt, dass die eindeutige Lösung zu (9.8.6) mit $x(0) = x_0$ gegeben ist durch:

$$x(t) = \frac{K}{1 + Ae^{-rt}}, \qquad \text{wobei} \quad A = \frac{K - x_0}{x_0} \qquad (9.8.8)$$

Falls $0 < x_0 < K$, so folgt aus (9.8.8), dass $x(t)$ strikt monoton wachsend ist und dass $x(t) \to K$ für $t \to \infty$, unter der Annahme $r > 0$. Wir sagen in diesem Fall, dass es ein *logistisches Wachstum* gegen das Niveau K gibt. Der Graph der Lösung wird in Abb. 9.8.2 gezeigt. Er hat einen Wendepunkt mit der Höhe $K/2$ über der t-Achse. Wir überprüfen dies, indem wir Gleichung (9.8.6) nach t differenzieren. Das Resultat ist $\ddot{x} = r\dot{x}(1 - x/K) + rx(-\dot{x}/K) = r\dot{x}(1 - 2x/K)$. Somit ist $\ddot{x} = 0$, falls $x = K/2$ und $\ddot{x}$ wechselt das Vorzeichen in diesem Punkt.

Gleichungen vom Typ (9.8.6) und daher logistische Funktionen der Gestalt (9.8.7) erscheinen in vielen ökonomischen Modellen. Einige von ihnen werden in den Aufgaben behandelt. Die hier untersuchten einfachen Differentialgleichungen sind so wichtig, dass wir diese und ihre allgemeinen Lösungen in einer Form präsentieren, die es erleichtert, ihre Struktur zu erkennen. Wie es oft in der Literatur der Differentialgleichungen geschieht, unterdrücken wir das Symbol der Zeitabhängigkeit.

Lösungen einiger einfacher Differentialgleichungen

$$\dot{x} = ax \quad \text{für alle } t \iff x = Ae^{at} \qquad \text{für eine Konstante } A \qquad (9.8.9)$$

$$\dot{x} + ax = b \quad \text{für alle } t \iff x = Ae^{-at} + \frac{b}{a} \qquad \text{für eine Konstante } A \qquad (9.8.10)$$

$$\dot{x} + ax = bx^2 \quad \text{für alle } t \iff x = \frac{a}{b - Ae^{at}} \qquad \text{für eine Konstante } A \qquad (9.8.11)$$

Beachten Sie, dass wir in (9.8.10) annehmen müssen, dass $a \neq 0$, während in (9.8.11) die Funktion $x(t) \equiv 0$ auch eine Lösung ist.

Aufgaben für Kapitel 9.8

1. Welche der folgenden Funktionen haben eine konstante relative Änderungsrate, $\dot{x}/x$?

   (a) $x = 5t + 10$ (b) $x = \ln(t + 1)$ (c) $x = 5e^t$

   (d) $x = -3 \cdot 2^t$ (e) $x = e^{t^2}$ (f) $x = e^t + e^{-t}$

2. Nehmen Sie an, dass das Grundkapital $K(t)$ eines Unternehmens die Differentialgleichung $\dot{K}(t) = I - \delta K(t)$ erfüllt, wobei die Investition I konstant ist und $\delta K(t)$ bezeichnet die Abschreibung, wobei δ eine positive Konstante ist.

   (a) Bestimmen Sie die Lösung der Gleichung, wenn das Grundkapital zur Zeit $t = 0$ gleich K_0 ist.

   (b) Es sei $\delta = 0.05$ und $I = 10$. Erklären Sie, was für $t \to \infty$ geschieht, wenn (i) $K_0 = 150$ und (ii) $K_0 = 250$.

3. Es bezeichne $N(t)$ die Anzahl der Personen in einem Land, deren Wohnung einen Telefonanschluss hat. Nehmen Sie an, dass die Rate, mit der neue Personen einen Telefonanschluss erhalten, proportional ist zu der Anzahl der Personen, die noch keinen Telefonanschluss haben. Wenn die Größe der Population P ist, so ist die Differentialgleichung für $N(t)$ daher gleich $\dot{N}(t) = k(P - N(t))$, wobei k eine positive Konstante ist. Bestimmen Sie die Lösung dieser Gleichung, wenn $N(0) = 0$. Bestimmen Sie dann den Grenzwert von $N(t)$ für $t \to \infty$.

4. Die jährliche natürliche Wachstumsrate (Geburten minus Sterbefälle) eines Landes sei 2 %. Zusätzlich gebe es eine Netto-Immigration von 40 000 Personen pro Jahr. Stellen Sie eine Differentialgleichung für $N(t)$ auf, welches die Anzahl der Personen in dem Land zur Zeit t (in Jahren) bezeichne. Nehmen Sie an, dass die Population zur Zeit $t = 0$ gleich 2 000 000 ist. Bestimmen Sie $N(t)$.

5. Wie in den Beispielen 4.5.1 und 4.9.1 bezeichne $P(t)$ die Größe der Bevölkerung Europas in Millionen t Jahre nach 1960. Nach UN-Schätzungen ist $P(0) = 606$ und $P(10) = 657$. Nehmen Sie an, dass $P(t)$ exponentiell wächst mit $P(t) = 606e^{kt}$. Berechnen Sie k und bestimmen Sie dann $P(15)$, $P(40)$ und $P(55)$, welches die Schätzungen der Bevölkerungsgröße in 1975, in 2000 und in 2015 sind.

$\rightarrow$

➡ Fortsetzung

6. Wenn eine Bakterien-Kolonie starkem ultraviolettem Licht ausgesetzt wird, werden die Bakterien durch die Vernichtung ihrer DNA abgetötet. In einem Labor-Experiment wurde herausgefunden, dass die Anzahl der lebenden Bakterien annähernd exponentiell mit der Länge der Zeit abnahm, die sie dem ultravioletten Licht ausgesetzt waren. Nehmen Sie an, dass 70.5 % der Bakterien 7 Sekunden nach Beginn der Bestrahlung noch am Leben sind. Welcher Prozentsatz wird nach 30 Sekunden noch am Leben sein? Wie lange dauert es, bis 95 % der Bakterien abgetötet sind?

7. Lösen Sie die folgenden Differentialgleichungen, indem Sie eine der Formeln (9.8.9)–(9.8.11) verwenden:

(a) $\dot{x} = -0.5x$ (b) $\dot{K} = 0.02K$ (c) $\dot{x} = -0.5x + 5$

(d) $\dot{K} - 0.2K = 100$ (e) $\dot{x} + 0.1x = 3x^2$ (f) $\dot{K} = K(-1 + 2K)$

8. Eine Untersuchung der britischen landwirtschaftlichen Technisierung von 1950 an schätzte die Anzahl y der im Einsatz befindlichen Traktoren (gemessen in Tausend) als eine Funktion von t (gemessen in Jahren, so dass $t = 0$ dem Jahr 1950 entspricht) approximativ durch $y(t) = 250 + x(t)$, wobei $x = x(t)$ die folgende logistische Differentialgleichung erfüllt: $\dot{x} = 0.34x(1 - x/230)$, und $x(0) = 25$.

(a) Bestimmen Sie einen Ausdruck für $y(t)$.

(b) Bestimmen Sie den Grenzwert von $y(t)$ für $t \to \infty$, und zeichnen Sie den Graphen.

9. In einem Modell für die Ausbreitung einer Grippe bezeichne $N(t)$ die Anzahl der Personen, die t Tage, nachdem alle Mitglieder einer Gruppe von 1000 Personen mit einem Infektionsträger in Kontakt waren, eine Grippe bekommen. Nehmen Sie an, dass $\dot{N}(t) = 0.39N(t)(1 - N(t)/1000)$ und $N(0) = 1$.

(a) Bestimmen Sie eine Formel für $N(t)$. Wie viele bekommen eine Grippe nach 20 Tagen?

(b) Wie viele Tage dauert es, bis 800 erkrankt sind?

(c) Werden irgendwann alle 1000 Personen eine Grippe bekommen?

10. Die logistische Funktion (9.8.6) wurde verwendet, um den Bestand gewisser Fischpopulationen zu beschreiben. Nehmen Sie an, dass solch eine Population abgefischt wird mit einer Rate, die proportional zu dem Bestand ist, d.h.

$$\dot{x}(t) = rx(t)\left(1 - \frac{x(t)}{K}\right) - f\,x(t)$$

(a) Lösen Sie diese Gleichung, wenn die Population zur Zeit $t = 0$ gleich x_0 ist.

(b) Nehmen Sie an, dass $f > r$ ist. Untersuchen Sie den Grenzwert von $x(t)$, wenn $t \to \infty$.

Anspruchsvollere Aufgabe

11. Nach dem *Newton'schen Abkühlungsgesetz* ist die Rate, mit der sich ein warmer Gegenstand abkühlt, proportional zu der Differenz zwischen der Temperatur des Gegenstandes und der Temperatur der Umgebung. Wenn die Temperatur zur Zeit t gleich $T(t)$ ist und die (konstante) Temperatur der Umgebung gleich C ist, dann ist $\dot{T}(t) = k(C - T(t))$. Beachten Sie, dass dies eine Gleichung von dem in (9.8.5) gegebenen Typ ist. Um 12 Uhr mittags betritt die Polizei einen Raum und entdeckt einen toten Körper. Sie messen sofort seine Temperatur, die 35 Grad Celsius ist. Um 1 Uhr nachmittags messen sie wieder die Temperatur, die jetzt 32 Grad ist. Die Raumtemperatur ist konstant bei 20 Grad. Wann starb die Person? (*Hinweis:* Sei die Temperatur $T(t)$, wobei t in Stunden gemessen wird und 12 Uhr mittags entspricht $t = 0$.)

➤ Lösungen zu den Aufgaben finden Sie im Anhang des Buches.

9.9 Separierbare und lineare Differentialgleichungen

In diesem letzten Unterkapitel betrachten wir zwei allgemeine Typen von Differentialgleichungen, denen man häufig in den Wirtschaftswissenschaften begegnet. Die Erörterung wird nur kurz sein – für eine ausführlichere Behandlung verweisen wir auf FMEA.

Separierbare Gleichungen

Eine Differentialgleichung der Gestalt

$$\dot{x} = f(t)g(x) \tag{9.9.1}$$

wird **separierbar** genannt. Die unbekannte Funktion ist $x = x(t)$ und ihre Änderungsrate $\dot{x}$ ist gegeben als das Produkt einer Funktion, die nur von t abhängt, und einer Funktion, die nur von x abhängt. Ein einfacher Fall ist $\dot{x} = tx$, welches offensichtlich separierbar ist, während es $\dot{x} = t + x$ nicht ist. Tatsächlich waren alle Differentialgleichungen, die wir im vorausgehenden Unterkapitel betrachtet haben, separierbare Gleichungen vom Typ $\dot{x} = g(x)$ mit $f(t) \equiv 1$. So ist z.B. Gleichung (9.8.11) separierbar, da $\dot{x} + ax = bx^2$ umgeschrieben werden kann als $\dot{x} = g(x)$, wobei $g(x) = -ax + bx^2$.

Die folgende allgemeine Methode für die Lösung separierbarer Gleichungen wird in FMEA begründet.

Rezept zur Lösung separierbarer Differentialgleichungen

(i) Schreiben Sie Gleichung (9.9.1) als

$$\frac{dx}{dt} = f(t)g(x)$$

(ii) Trennen Sie die Variablen:

$$\frac{1}{g(x)}\,dx = f(t)\,dt$$

(iii) Integrieren Sie jede Seite:

$$\int \frac{1}{g(x)}\,dx = \int f(t)\,dt$$

(iv) Berechnen Sie die zwei Integrale, falls möglich. Sie erhalten dann eine Lösung von (9.9.1), möglicherweise in impliziter Form. Lösen Sie nach x auf, falls möglich.

Beachten Sie, dass wir in Schritt (ii) durch $g(x)$ dividiert haben. Wenn jedoch $g(x)$ eine Nullstelle in $x = a$ hat, d.h. $g(a) = 0$, dann ist $x(t) \equiv a$ eine spezielle Lösung der Gleichung, da die rechte und linke Seite der Gleichung jeweils 0 ist für alle t. In der logistischen Gleichung (9.8.6) sind z.B. $x(t) \equiv 0$ und $x(t) \equiv K$ jeweils spezielle Lösungen.

Lösen Sie die Differentialgleichung

$$\frac{dx}{dt} = e^t x^2$$

und bestimmen Sie die Lösungskurve, die auch die **Integralkurve** genannt wird, die durch den Punkt $(t, x) = (0, 1)$ verläuft.

Lösung: Wir bemerken zunächst, dass $x(t) \equiv 0$ eine (triviale) Lösung ist. Um die anderen Lösungen zu finden, folgen wir dem Rezept:

Trennung der Variablen: $\quad \dfrac{1}{x^2} dx = e^t \, dt$

Integration: $\qquad\qquad \displaystyle\int \frac{1}{x^2} dx = \int e^t \, dt$

Berechnung der Integrale: $\quad -\dfrac{1}{x} = e^t + C$

Es folgt

$$x = \frac{-1}{e^t + C} \tag{$*$}$$

Um die Integralkurve durch $(0, 1)$ zu bestimmen, müssen wir den passenden Wert von C bestimmen. Da wir $x = 1$ für $t = 0$ verlangen, folgt aus $(*)$, dass $1 = -1/(1 + C)$, so dass $C = -2$. Somit ist die Integralkurve, die durch $(0, 1)$ verläuft, gegeben durch $x = 1/(2 - e^t)$.

(Volkswirtschaftliches Wachstum[8]) Bezeichne $X = X(t)$ das Bruttosozialprodukt, $K = K(t)$ den Kapitalbestand und $L = L(t)$ die Anzahl der Arbeiter in einem Land zur Zeit t. Nehmen Sie an, dass für alle $t \geq 0$,

(a) $X = \sqrt{K}\sqrt{L}$ (b) $\dot{K} = 0.4X$ (c) $L = e^{0.04t}$

Leiten Sie aus diesen Gleichungen eine einzige Differentialgleichung für $K = K(t)$ her und bestimmen Sie die Lösung dieser Gleichung, wenn $K(0) = 10\,000$ gilt.[9]

Lösung: Aus den Gleichungen (a)–(c) erhalten wir die Differentialgleichung

$$\dot{K} = \frac{dK}{dt} = 0.4\sqrt{K}\sqrt{L} = 0.4 e^{0.02t}\sqrt{K}$$

Diese ist selbstverständlich separierbar. Nach dem Rezept erhalten wir sukzessive die Gleichungen:

(ii) $\dfrac{1}{\sqrt{K}} dK = 0.4 e^{0.02t} \, dt$;   (iii) $\displaystyle\int \frac{1}{\sqrt{K}} dK = \int 0.4 e^{0.02t} \, dt$;   (iv) $2\sqrt{K} = 20 e^{0.02t} + C$.

---

[8]   Dies ist ein Spezialfall des Wachstumsmodell von Solow–Swan. Siehe Beispiel 5.7.3 in FMEA.

[9]   In (a) haben wir eine Cobb–Douglas Produktionsfunktion, (b) besagt, dass die Gesamtinvestition proportional zum Output ist, während (c) impliziert, dass das Potenzial der Arbeitskräfte exponentiell anwächst.

Wenn $K = 10\,000$ für $t = 0$, dann ist $2\sqrt{10\,000} = 20 + C$, so dass $C = 180$. Dann ist $\sqrt{K} = 10e^{0.02t} + 90$ und somit ist die gesuchte Lösung

$$K(t) = (10e^{0.02t} + 90)^2 = 100(e^{0.02t} + 9)^2$$

Das Kapital-Arbeits-Verhältnis hat in diesem Modell einen etwas bizarren Grenzwert. Für $t \to \infty$ gilt:

$$K(t)/L(t) = 100(e^{0.02t} + 9)^2/e^{0.04t} = 100[(e^{0.02t} + 9)/e^{0.02t}]^2 = 100[1 + 9e^{-0.02t}]^2 \to 100$$

Beispiel 9.9.3

Lösen Sie die separierbare Differentialgleichung $(\ln x)\dot{x} = e^{1-t}$.

Lösung: Nach dem Rezept erhalten wir

(i) $\ln x \dfrac{dx}{dt} = e^{1-t}$;

(ii) $\ln x\, dx = e^{1-t}\, dt$;

(iii) $\int \ln x\, dx = \int e^{1-t}\, dt$;

(iv) $x \ln x - x = -e^{1-t} + C$, wobei das Resultat aus Beispiel 9.1.3 verwendet wurde.

Die gesuchten Funktionen $x = x(t)$ sind diejenigen, die die letzte Gleichung für alle t erfüllen.

Wir sagen gewöhnlich, dass wir eine Differentialgleichung gelöst haben, obwohl die unbekannte Funktion wie in Beispiel 9.9.3 nicht explizit ausgedrückt werden kann. Der entscheidende Punkt ist, dass wir die unbekannte Funktion in einer Gleichung ausgedrückt haben, in der die Ableitung dieser Funktion nicht vorkommt.

Lineare Gleichungen erster Ordnung

Eine **lineare Differentialgleichung erster Ordnung** ist eine Gleichung, die in der Gestalt

$$\dot{x} + a(t)x = b(t) \tag{9.9 2}$$

geschrieben werden kann, wobei $a(t)$ und $b(t)$ stetige Funktionen von t in einem gewissen Intervall bezeichnen und $x = x(t)$ ist die unbekannte Funktion. Gleichung (9.9 2) wird „linear" genannt, weil die linke Seite eine lineare Funktion von x und $\dot{x}$ ist.[10]
Wenn $a(t)$ und $b(t)$ konstant sind, ist die Lösung in (9.8.10) gegeben:

$$\dot{x} + ax = b \iff x = Ce^{-at} + \frac{b}{a} \tag{9.9 3}$$

wobei C eine Konstante ist. Wir hatten die Lösung dieser Gleichung gefunden, indem wir eine neue Variable eingeführt haben. Die Gleichung ist separierbar, so dass uns auch das Rezept für separierbare Gleichungen zu der Lösung führen wird. Falls wir

---

[10] Sie wird „erster Ordnung" genannt, weil nur die erste Ableitung von x vorkommt und keine Ableitungen höherer Ordnung.

$C = 0$ setzen, erhalten wir die konstante Lösung $x(t) = b/a$. Wir sagen, dass $x = b/a$ ein *Gleichgewichtszustand*, oder ein *stationärer Zustand* für die Gleichung ist. Beachten Sie, wie man diese Lösung von $\dot{x} + ax = b$ erhalten kann, indem man $\dot{x} = 0$ setzt und dann die resultierende Gleichung nach x auflöst. Wenn die Konstante a positiv ist, dann konvergiert die Lösung $x = Ce^{-at} + b/a$ gegen b/a, wenn $t \to \infty$. In diesem Fall nennt man die Gleichung **stabil**, weil jede Lösung der Gleichung gegen ein Gleichgewicht konvergiert, wenn t gegen Unendlich strebt.[11]

Beispiel 9.9.4

Bestimmen Sie die Lösung der Gleichung $\dot{x} + 3x = -9$ und untersuchen Sie, ob die Lösung stabil ist.

Lösung: Nach (9.9.3) ist die Lösung $x = Ce^{-3t} - 3$. Hier ist der Gleichgewichtszustand $x = -3$ und das Gleichgewicht ist stabil, weil $a = 3 > 0$ und $x \to -3$, wenn $t \to \infty$.

Beispiel 9.9.5

(Preisangleichungs-Mechanismus) Bezeichne $D(P) = a - bP$ die Nachfragefunktion und $S(P) = \alpha + \beta P$ die Angebotsfunktion für ein bestimmtes Gut, wenn der Preis P ist. Hier sind a, b, α und β positive Konstanten. Nehmen Sie an, dass der Preis $P = P(t)$ mit der Zeit variiert und dass $\dot{P}$ proportional zu dem Nachfrageüberschuss $D(P) - S(P)$ ist, d.h.

$$\dot{P} = \lambda[D(P) - S(P)]$$

Dabei ist λ eine positive Konstante. Indem wir die Ausdrücke für $D(P)$ und $S(P)$ in diese Gleichung einsetzen, erhalten wir $\dot{P} = \lambda(a - bP - \alpha - \beta P)$. Umordnen ergibt

$$\dot{P} + \lambda(b + \beta)P = \lambda(a - \alpha)$$

Gemäß (9.9.3) ist die Lösung

$$P = Ce^{-\lambda(b+\beta)t} + \frac{a - \alpha}{b + \beta}$$

Weil $\lambda(b + \beta)$ positiv ist, konvergiert P für t gegen Unendlich gegen den Gleichgewichtspreis $P^* = (a - \alpha)/(b + \beta)$, für den $D(P^*) = S(P^*)$ gilt. Daher ist die Gleichung stabil.

Variable rechte Seite

Betrachten Sie jetzt den Fall, in dem die rechte Seite nicht konstant ist:

$$\dot{x} + ax = b(t) \tag{9.9.4}$$

Wenn $b(t)$ nicht konstant ist, ist diese Gleichung nicht separierbar. Ein schlauer Trick hilft uns, die Lösung zu finden. Wir multiplizieren beide Seiten der Gleichung mit dem positiven Faktor e^{at}, der ein **integrierender Faktor** genannt wird. Dies führt zu der äquivalenten Gleichung

$$\dot{x}e^{at} + axe^{at} = b(t)e^{at} \tag{$*$}$$

---

[11] Stabilitätstheorie ist ein wichtiges Thema für Differentialgleichungen, die in den Wirtschaftswissenschaften auftreten. Siehe z.B. FMEA für eine ausführliche Diskussion.

Es ist vielleicht nicht offensichtlich, wie wir auf diese Idee gekommen sind. Es ist jedoch eine gute Idee, da die linke Seite von (∗) die Ableitung des Produkts xe^{at} ist. Daher ist (∗) äquivalent zu

$$\frac{d}{dt}(xe^{at}) = b(t)e^{at} \qquad (\ast\ast)$$

Nach der Definition des unbestimmten Integrals, gilt Gleichung (∗∗) genau dann für alle t in einem Intervall, wenn $xe^{at} = \int b(t)e^{at}\,dt + C$ für eine Konstante C. Indem wir diese Gleichung mit e^{-at} multiplizieren, erhalten wir die Lösung für x. Kurz formuliert:

$$\dot{x} + ax = b(t) \iff x = Ce^{-at} + e^{-at}\int e^{at}b(t)\,dt \qquad (9.9.5)$$

Beispiel 9.9.6

Bestimmen Sie die Lösung von $\dot{x} + x = t$ und finden Sie die Lösungskurve durch $(t, x) = (0, 0)$.

Lösung: Nach (9.9.5) ist für $a = 1$ und $b(t) = t$ die Lösung gegeben durch

$$x = Ce^{-t} + e^{-t}\int te^t\,dt = Ce^{-t} + e^{-t}(te^t - e^t) = Ce^{-t} + t - 1$$

Dabei haben wir, Beispiel 9.5.1 folgend, partielle Integration verwendet, um $\int te^t\,dt$ zu bestimmen. Falls $x = 0$ für $t = 0$, erhalten wir $0 = C - 1$, so dass $C = 1$. Die gesuchte Lösungskurve ist $x(t) = e^{-t} + t - 1$.

Beispiel 9.9.7

(Volkswirtschaftliches Wachstum) Betrachten Sie das folgende Modell volkswirtschaftlichen Wachstums:

(a) $X(t) = 0.2K(t)$ (b) $\dot{K}(t) = 0.1X(t) + H(t)$ (c) $N(t) = 50e^{0.03t}$

Dieses Modell ist gedacht, die Besonderheiten eines Entwicklungslandes zu erfassen. Hier ist $X(t)$ das Gesamt-Bruttoinlandsprodukt pro Jahr, $K(t)$ ist der Kapitalbestand, $H(t)$ ist der Netto-Zustrom ausländischer Investitionen pro Jahr und $N(t)$ ist die Größe der Bevölkerung, alles gemessen zur Zeit t. In (a) nehmen wir an, dass das Produktionsvolumen proportional zum Kapitalbestand ist, wobei der Proportionalitätsfaktor 0.2 die *durchschnittliche Produktivität des Kapitals* genannt wird. In (b) nehmen wir an, dass das Gesamtwachstum des Kapitals pro Jahr gleich der Summe aus den internen Ersparnissen und den Netto-Auslandsinvestitionen ist. Wir nehmen an, dass die Ersparnisse proportional zur Produktion mit dem Proportionalitätsfaktor 0.1 sind, der die *Sparquote* genannt wird . Schließlich sagt uns (c), dass die Bevölkerung mit einer konstanten proportionalen Wachstumsrate von 0.03 zunimmt.

Nehmen Sie an, dass $H(t) = 10e^{0.04t}$ gilt. Leiten Sie aus diesen Gleichungen eine Differentialgleichung für $K(t)$ her. Bestimmen Sie die Lösung, gegeben dass $K(0) = 200$ ist. Bestimmen Sie auch einen Ausdruck für $x(t) = X(t)/N(t)$, welches das Bruttoinlandsprodukt pro Kopf ist.

Lösung: Aus (a) und (b) folgt, dass $K(t)$ die lineare Gleichung

$$\dot{K}(t) - 0.02K(t) = 10e^{0.04t}$$

erfüllen muss. Mit (9.9.5) erhalten wir

$$K(t) = Ce^{0.02t} + e^{0.02t} \int e^{-0.02t} 10e^{0.04t}\, dt = Ce^{0.02t} + 10e^{0.02t} \int e^{0.02t}\, dt$$

$$= Ce^{0.02t} + (10/0.02)e^{0.04t} = Ce^{0.02t} + 500e^{0.04t}$$

Für $t = 0$ gilt $K(0) = 200 = C + 500$, so dass $C = -300$. Daher ist die Lösung

$$K(t) = 500e^{0.04t} - 300e^{0.02t} \tag{$*$}$$

Die Produktion pro Kopf ist $x(t) = X(t)/N(t) = 0.2K(t)/50e^{0.03t} = 2e^{0.01t} - 1.2e^{-0.01t}$.

Die Lösungsmethode für die allgemeine lineare Differentialgleichung (9.9.2) ist etwas komplizierter und wir verweisen wieder den interessierten Leser auf FMEA für eine ausführliche Behandlung. Für den Moment beachten Sie: Wenn x sich gemäß Gleichung (9.9.2) verhält und wir eine Funktion $A(t)$ haben, so dass $A'(t) = a(t)$, so können wir denselben Trick wie vorher anwenden: Indem wir beide Seiten von (9.9.2) mit $e^{A(t)}$ multiplizieren, erhalten wir

$$\dot{x}e^{A(t)} + a(t)xe^{A(t)} = b(t)e^{A(t)}$$

Da die linke Seite dieser Gleichung die Ableitung von $xe^{A(t)}$ ist, erhalten wir:

$$\frac{d}{dt}(xe^{A(t)}) = b(t)e^{A(t)}$$

Daher ist $xe^{A(t)} = C + \int b(t)e^{A(t)}\, dt$ und dies impliziert

$$x = Ce^{-A(t)} + e^{-A(t)} \int e^{A(t)}b(t)\, dt\,,$$

welches eine Verallgemeinerung von Gleichung (9.9.5) ist.

Aufgaben für Kapitel 9.9

1. Lösen Sie die Gleichung $x^4\dot{x} = 1 - t$. Bestimmen Sie die Integralkurve durch $(t, x) = (1, 1)$.

2. Lösen Sie die folgenden Differentialgleichungen

(a) $\dot{x} = e^{2t}/x^2$ (b) $\dot{x} = e^{-t+x}$ (c) $\dot{x} - 3x = 18$

(d) $\dot{x} = (1 + t)^6/x^6$ (e) $\dot{x} - 2x = -t$ (f) $\dot{x} + 3x = te^{t^2-3t}$

→ Fortsetzung

3. Es bezeichne $y = \alpha k e^{\beta t}$ die Produktion als Funktion des Kapitals k, wobei der Faktor $e^{\beta t}$ auf dem technischen Fortschritt beruht. Nehmen Sie an, dass ein konstanter Anteil $s \in (0, 1)$ gespart wird und dass die Kapitalansammlung gleich den Ersparnissen ist, so dass wir die folgende separierbare Differentialgleichung haben:

$$\dot{k} = s\alpha k e^{\beta t}, \quad k(0) = k_0$$

Die Konstanten α, β und k_0 sind positiv. Bestimmen Sie die Lösung.

4. Es sei $Y = Y(t)$ das BIP, $C(t)$ der Konsum zur Zeit t, und $\bar{I}$ die Investition, die konstant sei. Es gelte $\dot{Y} = \alpha(C + \bar{I} - Y)$ und $C = aY + b$, wobei a, b und α positive Konstanten mit $a < 1$ sind.

(a) Leiten Sie eine Differentialgleichung für Y her.

(b) Bestimmen Sie deren Lösung, wenn $Y(0) = Y_0$ gegeben ist. Wie verhält sich $Y(t)$, wenn $t \to \infty$?

5. In einem Wachstumsmodell sei die Produktion Q eine Funktion des Kapitals K und der Arbeit L. Es gelte (i) $\dot{K} = \gamma Q$; (ii) $Q = K^\alpha L$; (iii) $\dot{L}/L = \beta$ mit $L(0) = L_0$. Es sei $\beta \neq 0$ und $\alpha \in (0, 1)$. Leiten Sie eine Differentialgleichung für K her. Lösen Sie diese Gleichung, wenn $K(0) = K_0$.

6. Bestimmen Sie $x(t)$, wenn $\mathrm{El}_t x(t) = a$ für alle t, wobei $\mathrm{El}_t x(t)$ in Kap. 7.7 eingeführt wurde und die Elastizität von $x(t)$ bezüglich t bezeichnet. Nehmen Sie an, dass t und x beide positiv sind und dass a eine Konstante ist.

▶ Lösungen zu den Aufgaben finden Sie im Anhang des Buches.

Aufgaben zur Wiederholung für Kapitel 9

1. Bestimmen Sie die folgenden Integrale:

(a) $\int (-16)\, dx$ 　(b) $\int 5^5\, dx$ 　(c) $\int (3 - y)\, dy$ 　(d) $\int (r - 4r^{1/4})\, dr$

(e) $\int x^8\, dx$ 　(f) $\int x^2\sqrt{x}\, dx$ 　(g) $\int \frac{1}{p^5}\, dp$ 　(h) $\int (x^3 + x)\, dx$

2. Bestimmen Sie die folgenden Integrale:

(a) $\int 2e^{2x}\, dx$ 　(b) $\int (x - 5e^{\frac{2}{5}x})\, dx$ 　(c) $\int (e^{-3x} + e^{3x})\, dx$ 　(d) $\int \frac{2}{x+5}\, dx$

3. Berechnen Sie die folgenden Integrale:

(a) $\int_0^{12} 50\, dx$ 　(b) $\int_0^2 (x - \frac{1}{2}x^2)\, dx$ 　(c) $\int_{-3}^3 (u + 1)^2\, du$

(d) $\int_1^5 \frac{2}{z}\, dz$ 　(e) $\int_2^{12} \frac{3}{t+4}\, dt$ 　(f) $\int_0^4 v\sqrt{v^2 + 9}\, dv$

4. Bestimmen Sie die folgenden Integrale:

   (a) $\displaystyle\int_1^\infty \frac{5}{x^5}\,dx$ (b) $\displaystyle\int_0^1 x^3(1+x^4)^4\,dx$ (c) $\displaystyle\int_0^\infty \frac{-5t}{e^t}\,dt$ (d) $\displaystyle\int_1^e (\ln x)^2\,dx$

   (e) $\displaystyle\int_0^2 x^2\sqrt{x^3+1}\,dx$ (f) $\displaystyle\int_{-\infty}^0 \frac{e^{3z}}{e^{3z}+5}\,dz$ (g) $\displaystyle\int_{1/2}^{e/2} x^3 \ln(2x)\,dx$ (h) $\displaystyle\int_1^\infty \frac{e^{-\sqrt{x}}}{\sqrt{x}}\,dx$

5. Bestimmen Sie die folgenden Integrale:

   (a) $\displaystyle\int_0^{25} \frac{1}{9+\sqrt{x}}\,dx$ (b) $\displaystyle\int_2^7 t\sqrt{t+2}\,dt$ (c) $\displaystyle\int_0^1 57x^2 \sqrt[3]{19x^3+8}\,dx$

6. Bestimmen Sie $F'(x)$, wenn (a) $F(x) = \displaystyle\int_4^x \left(\sqrt{u}+\frac{x}{\sqrt{u}}\right)du$; (b) $F(x) = \displaystyle\int_{\sqrt{x}}^x \ln u\,du$

7. Es sei $C(Y)$ die Konsumfunktion. Nehmen Sie an, dass die Grenzrate des Konsums gegeben ist durch $C'(Y) = 0.69$ für alle Y. Bestimmen Sie $C(Y)$, wenn $C(0) = 1000$.

8. Bei der Herstellung eines Produkts sind die Grenzkosten für die Herstellung von x Einheiten gegeben durch $C'(x) = \alpha e^{\beta x} + \gamma$ mit $\beta \neq 0$ und die fixen Kosten sind C_0. Bestimmen Sie die Gesamtkostenfunktion $C(x)$.

9. Nehmen Sie an, dass f und g stetige Funktionen auf $[-1, 3]$ sind und dass $\displaystyle\int_{-1}^3 (f(x)+g(x))\,dx = 6$ und $\displaystyle\int_{-1}^3 (3f(x)+4g(x))\,dx = 9$. Bestimmen Sie $I = \displaystyle\int_{-1}^3 (f(x)+g(x))\,dx$.

10. Bestimmen Sie in den folgenden zwei Fällen den Gleichgewichtspreis und die Gleichgewichtsmenge und berechnen Sie die Konsumenten- und Produzentenrente, wenn die inverse Nachfragefunktion $f(Q)$ und die inverse Angebotsfunktion $g(Q)$ gegeben sind durch:

    (a) $f(Q) = 100 - 0.05Q$ und $g(Q) = 10 + 0.1Q$.

    (b) $f(Q) = \dfrac{50}{Q+5}$ und $g(Q) = 4.5 + 0.1Q$.

11. Definieren Sie f für $t > 0$ durch $f(t) = 4\dfrac{(\ln t)^2}{t}$.

    (a) Bestimmen Sie $f'(t)$ und $f''(t)$.

    (b) Bestimmen Sie mögliche lokale Extremstellen und skizzieren Sie den Graphen von f.

    (c) Berechnen Sie die Fläche unter dem Graphen von f über dem Intervall $[1, e^2]$.

12. Lösen Sie die folgenden Differentialgleichungen:

    (a) $\dot{x} = -3x$ (b) $\dot{x} + 4x = 12$ (c) $\dot{x} - 3x = 12x^2$

    (d) $5\dot{x} = -x$ (e) $3\dot{x} + 6x = 10$ (f) $\dot{x} - \frac{1}{2}x = x^2$

13. Lösen Sie die folgenden Differentialgleichungen:

    (a) $\dot{x} = tx^2$ (b) $2\dot{x} + 3x = -15$ (c) $\dot{x} - 3x = 30$

    (d) $\dot{x} + 5x = 10t$ (e) $\dot{x} + \frac{1}{2}x = e^t$ (f) $\dot{x} + 3x = t^2$

14. Es bezeichne $V(x)$ die Anzahl der Liter Treibstoff, die noch im Treibstofftank eines Flugzeugs vorhanden sind, nachdem es x km geflogen ist. Nehmen Sie an, dass $V(x)$ die folgende Differentialgleichung erfüllt: $V'(x) = -aV(x) - b$. Hier ist der Treibstoffverbrauch pro km eine Konstante $b > 0$. Der Term $-aV(x)$ mit $a > 0$ beruht auf dem Gewicht des Treibstoffes.

    (a) Bestimmen Sie die Lösung der Gleichung mit $V(0) = V_0$.

    (b) Wie viele km, x^*, kann das Flugzeug fliegen, wenn es mit V_0 Litern im Tank startet?

    (c) Welches ist die Mindestanzahl an Litern V_m, die beim Start benötigt wird, wenn das Flugzeug $\hat{x}$ km fliegen soll?

    (d) Setzen Sie $b = 8$, $a = 0.001$, $V_0 = 12\,000$ und $\hat{x} = 1200$. Bestimmen Sie in diesem Fall x^* und V_m.

15. Nehmen Sie, wie in Kap. 9.4 erörtert, an, dass eine Population von n Personen eine Einkommensdichtefunktion $f(r) = (1/m)e^{-r/m}$ mit r in $[0, \infty)$ habe, wobei m eine positive Konstante ist.

    (a) Zeigen Sie, dass m das mittlere Einkommen ist.

    (b) Die Nachfragefunktion sei $D(p, r) = ar - bp$. Berechnen Sie die Gesamtnachfrage $x(p)$ unter Verwendung der obigen Einkommensdichtefuntion.

▶ Lösungen zu den Aufgaben finden Sie im Anhang des Buches.

Themen aus der Finanzmathematik

10

ÜBERBLICK

Ich kann die Bewegungen von Himmelskörpern berechnen,
aber nicht den Wahnsinn von Menschen.

–Isaac Newton[1]

> *Dieses Kapitel behandelt einige grundlegende Themen aus der Finanzmathematik. Das Hauptinteresse ist, zu untersuchen, wie die Werte von Kapitalanlagen und Krediten zu verschiedenen Zeiten durch Zinsraten beeinflusst werden. Kap. 1.2 und 4.9 haben bereits einige elementare Berechnungen mit Zinsraten erörtert. Dieses Kapitel geht einen Schritt weiter und betrachtet verschiedene Zinsperioden. Es wird auch das Konzept des effektiven Zinssatzes, des stetig angehäuften Zinses, des gegenwärtigen Wertes zukünftiger Ansprüche, Annuitäten, Hypothekenzahlungen und der internen Ertragsrate bei Investitionsprojekten betrachtet. Die Berechnungen benötigen die Summenformel für geometrische Reihen, die wir deshalb herleiten.*
>
> *Im letzten Unterkapitel geben wir eine kurze Einführung in die Theorie der Differenzengleichungen.*

10.1   Zinsperioden und effektive Raten

In Werbungen, die Sparkonten oder Kredite anbieten, wird der Zins gewöhnlich als *jährliche Rate*, auch *nominale Rate* genannt, angegeben, auch dann, wenn die aktuelle Zinsperiode verschieden davon ist. Diese **Zinsperiode** ist die Zeit, die zwischen zwei aufeinander folgenden Zeitpunkten liegt, zu denen die Zinszahlungen fällig sind. Für einige Sparkonten ist die Zinsperiode ein Jahr, aber es wird neuerdings mehr und mehr üblich für Finanzinstitute, andere Zinsperioden anzubieten. So werden z. B. bei vielen U. S.-Sparkonten die Zinsen täglich gutgeschrieben, bei anderen wenigstens monatlich. Falls eine Bank einen jährlichen Zinssatz von 9 % mit monatlicher Zinsgutschrift anbietet, so werden $\frac{1}{12} \cdot 9\,\% = 0.75\,\%$ des Kapitals am Ende jeden Monats dem Konto hinzugefügt. Die jährliche Rate muss dividiert werden durch die Anzahl der Zinsperioden, um die **periodische Rate**, das ist die Zinsrate pro Periode, zu erhalten.

Nehmen Sie an, dass eine Kapitalanlage von S_0 Euro $p\,\%$ Zinsen pro Periode, z. B. pro Jahr einbringt. Wie in Kap. 1.2 erklärt, wird es nach t Perioden angewachsen sein auf den Betrag $S(t) = S_0(1 + r)^t$, wobei $r = p/100$, welches $p\,\%$ entspricht. *In jeder Periode wächst das Kapital um den Faktor* $1 + r$. Beachten Sie: $p\,\%$ bedeutet $p/100$ und wir sagen, dass „der **Zins(satz)** $p\,\%$" ist oder dass „die **Zinsrate** r ist".

Die Formel verlangt, dass der Zins dem Kapital am Ende jeder Periode gutgeschrieben wird. Nehmen Sie an, dass der jährliche Zinssatz $p\,\%$ ist, dass die Zinsen aber halbjährlich gutgeschrieben werden, d.h. zweimal im Jahr, mit dem Zinssatz $\frac{p}{2}\,\%$. Dann ist das Kapital nach einem halben Jahr angewachsen auf

$$S_0 + S_0 \frac{p/2}{100} = S_0\left(1 + \frac{r}{2}\right)$$

---

[1] Newton zugeschrieben, circa 1720. Es wird behauptet, dass er das gesagt hat, nachdem er viel von seinem Vermögen in der „South Sea Bubble", einer ernsthaften Finanzkrise , verloren hatte.

In jedem Halbjahr wächst das Kapital um den Faktor $1 + r/2$. Nach 2 Perioden, d. h. nach einem Jahr wird es angewachsen sein auf $S_0(1 + r/2)^2$ und nach t Jahren auf

$$S_0\left(1 + \frac{r}{2}\right)^{2t}$$

Beachten Sie, dass eine halbjährliche Zinszahlung zur Rate $\frac{1}{2}r$ für einen Geldanleger besser ist als eine jährliche Zinszahlung zur Rate r. Dies folgt aus der Tatsache, dass $(1 + r/2)^2 = 1 + r + r^2/4 > 1 + r$.

Nehmen Sie noch allgemeiner an, dass Zinsen zu $\frac{p}{n}$ % dem Kapital zu n verschiedenen Zeitpunkten, die gleichmäßig über das Jahr verteilt sind, gutgeschrieben werden. So ist z. B. $n = 4$, falls die Zinsen vierteljährlich gutgeschrieben werden; es ist $n = 12$, falls sie monatlich gutgeschrieben werden, usw. Dann *wird das Kapital jedes Jahr mit einem Faktor* $(1 + r/n)^n$ *multipliziert*. Nach t Jahren ist das Kapital angewachsen auf

$$S_0\left(1 + \frac{r}{n}\right)^{nt} \tag{10.1.1}$$

Je größer n ist, desto schneller häufen sich die Zinsen beim Anleger an, wie in Aufgabe 10.2.6 illustriert wird.

Beispiel 10.1.1

Ein Guthaben von 5000 Euro wird auf einem Konto angelegt zu einem jährlichen Zinssatz von 9 %, wobei die Zinsen vierteljährlich gutgeschrieben werden. Wie viel wird nach 8 Jahren auf dem Konto sein?

Lösung: Die periodische Rate r/n ist $0.09/4 = 0.0225$ und die Anzahl der Perioden nt ist $4 \cdot 8 = 32$. Somit ergibt Formel (10.1.1):

$$5000(1 + 0.0225)^{32} \approx 10\,190.52$$

Beispiel 10.1.2

Wie lange wird es dauern, bis die 5000 Euro in Beispiel 10.1.1 mit jährlichem Zinssatz 9 % und vierteljährlicher Zinsgutschrift auf 15 000 Euro angewachsen sind?

Lösung: Nach N vierteljährlichen Zinsgutschriften wird das Guthaben anwachsen auf $5000(1 + 0.0225)^N$. Somit muss gelten

$$5000(1 + 0.0225)^N = 15\,000$$

oder $1.0225^N = 3$. Um N zu finden, bilden wir auf beiden Seiten den natürlichen Logarithmus: Weil $\ln a^p = p \ln a$, erhalten wir $N \ln 1.0225 = \ln 3$, so dass

$$N = \frac{\ln 3}{\ln 1.0225} \approx 49.37$$

Somit dauert es ungefähr 49.37 vierteljährliche Perioden, d. h. ungefähr 12 Jahre und vier Monate, bis das Guthaben auf 15 000 Euro angewachsen ist.

Effektive Zinsrate

Ein Verbraucher, der einen Kredit benötigt, erhält möglicherweise verschiedene Angebote konkurrierender Geldinstitute. Es ist daher von großer Bedeutung zu wissen, wie die verschiedenen Angebote zu vergleichen sind. Das Konzept der *effektiven Zinsrate* wird häufig bei solchen Vergleichen verwendet.

Betrachten Sie einen Kredit mit einem jährlichen Zinssatz von 9 %, wobei $\frac{9}{12}$ % = 0.75 % Zinsen monatlich, also 12-mal im Jahr, berechnet werden. Wenn zwischenzeitlich keine Zinsen gezahlt werden, wird eine Anfangsschuld S_0 nach einem Jahr anwachsen auf eine Schuld $S_0(1 + 0.09/12)^{12} \approx S_0 \cdot 1.094$. In der Tat wird die Schuld, solange keine Zinsen gezahlt werden, mit einer konstanten proportionalen Rate wachsen, die ungefähr 9.4 % pro Jahr beträgt. Wir nennen aus diesem Grund 9.4 % den effektiven jährlichen Zinssatz und $9.4/100 = 0.094$ die effektive jährliche Zinsrate. Allgemeiner definieren wir:

Effektive jährliche Zinsrate

Wenn die Zinsen n-mal im Jahr zu einer Zinsrate von r/n pro Periode berechnet werden, dann ist die effektive jährliche Zinsrate R definiert durch

$$R = \left(1 + \frac{r}{n}\right)^n - 1 \qquad\qquad (10.1.2)$$

Man erhält den effektiven jährlichen Zinssatz in %, indem man R mit 100 multipliziert. Die effektive jährliche Zinsrate ist unabhängig vom Betrag S_0. Für einen gegebenen Wert von $r > 0$ ist er monoton wachsend in n, wie das Resultat von Aufgabe 10.2.6 impliziert.

Beispiel 10.1.3

Welches ist die effektive jährliche Zinsrate R, der zu einem jährlichen Zinssatz von 9 % gehört, wenn die Zinsen (i) vierteljährlich oder (ii) monatlich berechnet werden?

Lösung:

(i) Nach Formel (10.1.2) mit $r = 0.09$ und $n = 4$ ist die effektive Zinsrate gleich

$$R = \left(1 + 0.09/4\right)^4 - 1 = (1 + 0.0225)^4 - 1 \approx 0.0931$$

und der effektive Zinssatz ist 9.31%.

(ii) In diesem Fall ist $r = 0.09$ und $n = 12$, so dass die effektive Zinsrate gegeben ist durch:

$$R = \left(1 + 0.09/12\right)^{12} - 1 = (1 + 0.0075)^{12} - 1 \approx 0.0938$$

und der effektive Zinssatz ist 9.38%.   ▬▬

Ein typischer Fall, in dem wir den effektiven Zinssatz verwenden können, um verschiedene finanzielle Angebote zu vergleichen, ist der folgende.

Beispiel 10.1.4

Welches Angebot ist besser, wenn Geld auf einem Sparkonto angelegt werden soll: 5.9 % mit vierteljährlicher Zinsgutschrift oder 6 % mit halbjährlicher Zinsgutschrift?

Lösung: Nach (10.1.2) sind die effektiven Zinsraten für die zwei Angebote

$$R = \left(1 + 0.059/4\right)^4 - 1 \approx 0.0603, \qquad R = \left(1 + 0.06/2\right)^2 - 1 = 0.0609$$

Das zweite Angebot ist deshalb besser für den Sparer.

In vielen Ländern gibt es eine offizielle gesetzliche Definition einer effektiven Zinsrate die verschiedene Formen fixer Kosten oder "Abschlussgebühren", die bei Aufnahme eines Kredits entstehen, in Betracht zieht. Die **effektive Zinsrate** ist dann definiert als diejenige Zinsrate, bei der der gesamte gegenwärtige Wert aller Kosten gleich der Höhe des Kredits ist. Dies ist die interne Ertragsrate, wie sie in Kap. 10.7 definiert wird, gegenwärtige Werte werden in Kap. 10.3 erörtert.

Aufgaben für Kapitel 10.1

1. (a) Wie hoch ist das Guthaben nach 5 Jahren, wenn 8000 Euro zu einem jährlichen Zinssatz von 5 % angelegt werden, die (i) monatlich; (ii) täglich (mit 365 Tagen in einem Jahr) berechnet werden?

   (b) Wie lange dauert es, bis sich die 8000 Euro bei monatlicher Zinsgutschrift verdoppelt haben?

2. Ein Betrag von 5000 Euro wird mit 3 % pro Jahr verzinst.

   (a) Auf welche Höhe ist dieser Betrag nach 10 Jahren angewachsen?

   (b) Wie lange dauert es, bis die 5000 Euro sich verdreifacht haben?

3. Welche jährliche prozentuale Wachstumsrate ist nötig, damit das BIP eines Landes nach 100 Jahren 100-mal so groß ist? (Nutzen Sie die Approximation $\sqrt[100]{100} \approx 1.047$.)

4. Ein Betrag von 2000 Euro wird zu 7 % pro Jahr angelegt.

   (a) Wie hoch ist das Guthaben auf dem Konto nach (i) 2 Jahren; (ii) 10 Jahren?

   (b) Wie lange dauert es ungefähr, bis das Guthaben 6000 Euro erreicht?

5. Berechnen Sie den effektiven jährlichen Zinssatz, wenn der nominale Zinssatz 17 % ist und die Zinsen (i) halbjährlich; (ii) vierteljährlich; (iii) monatlich berechnet werden

6. Was ist vorteilhafter für den Kreditnehmer: (i) einen Kredit mit einem jährlichen Zinssatz von 21.5 % mit jährlicher Zinszahlung aufzunehmen; oder (ii) einen Kredit mit einem jährlichen Zinssatz von 20 % mit vierteljährlicher Zinszahlung aufzunehmen?

➡

→ Fortsetzung

7. Die Summe von 12 000 Euro wird zu 4 % jährlichem Zins angelegt.

   (a) Auf welche Höhe ist dieser Betrag nach 15 Jahren angewachsen?

   (b) Wie viel hätten Sie vor 5 Jahren auf einem Sparkonto anlegen müssen, um heute 50 000 Euro zu haben, wenn der jährliche Zinssatz über den ganzen Zeitraum 5 % gewesen wäre?

8. Eine Kreditkarte wird angeboten, wobei die Zinsen auf die Außenstände mit 2 % pro Monat berechnet werden. Wie hoch ist der effektive jährliche Zinssatz?

9. Wie hoch ist der nominale jährliche Zinssatz, wenn der effektive jährliche Zinssatz 28 % bei vierteljährlicher Zinsberechnung ist?

▶ Lösungen zu den Aufgaben finden Sie im Anhang des Buches.

10.2 Stetige Verzinsung

Wir haben im vorhergehenden Unterkapitel gesehen: Wenn die Zinsen mit der Rate r/n dem Anfangskapital S_0 an n verschiedenen Zeitpunkten des Jahres gutgeschrieben werden, dann wird das Kapital jedes Jahr mit einem Faktor $(1 + r/n)^n$ multipliziert. Nach t Jahren ist das Kapital angewachsen auf $S_0(1 + r/n)^{nt}$. In der Realität gibt es eine Grenze, wie oft die Zinsen dem Konto gutgeschrieben werden können. Wir wollen jedoch untersuchen, was mit dem Ausdruck geschieht, wenn die jährliche Häufigkeit n gegen Unendlich strebt. Wir setzen $r/n = 1/m$. Dann ist $n = mr$ und somit

$$S_0\left(1 + \frac{r}{n}\right)^{nt} = S_0\left(1 + \frac{1}{m}\right)^{mrt} = S_0\left[\left(1 + \frac{1}{m}\right)^m\right]^{rt} \tag{10.2.1}$$

Wenn $n \to \infty$ bei festem r, so folgt $m = n/r \to \infty$ und nach Beispiel 7.11.2 haben wir $(1 + 1/m)^m \to e$. Daher strebt der Ausdruck in (10.2.1) gegen $S_0 e^{rt}$, wenn n gegen Unendlich strebt, wobei impliziert wird, dass die Zinsen immer häufiger gutgeschrieben werden. Im Grenzfall sprechen wir von *stetiger Verzinsung*:

Stetige Verzinsung

Wenn die jährliche Zinsrate r ist, so wächst ein Kapital S_0 nach t Jahren bei stetiger Verzinsung an auf

$$S(t) = S_0 e^{rt} \tag{10.2.2}$$

Beispiel 10.2.1

Nehmen Sie an, dass eine Summe von 5000 Euro auf einem Sparkonto angelegt wird bei einem jährlichem Zinssatz von 9 %. Wie hoch ist das Guthaben nach 8 Jahren bei stetiger Verzinsung?

Lösung: Mithilfe von Formel (10.2.2) mit $r = 9/100 = 0.09$ sehen wir, dass das Gutbaben

$$5000e^{0.09 \cdot 8} = 5000e^{0.72} \approx 10\,272.17$$

ist. Dies ist mehr als im Fall vierteljährlicher Verzinsung, der in Beispiel 10.1.1 untersucht wurde.

Wenn $S(t) = S_0 e^{rt}$ wie in (10.2.2), so ergibt Ableiten nach Formel (6.10.2), dass $S'(t) = S_0 r e^{rt} = r S(t)$. Es folgt, dass $S'(t)/S(t) = r$. Mit der in Kap. 6.4 eingeführten Terminologie gilt also:

Bei stetiger Verzinsung zur Rate r wächst das Kapital mit der konstanten relativen Rate r, so dass $S'(t)/S(t) = r$.

Aus (10.2.2) folgern wir, dass $S(1) = S_0 e^r$, so dass das Kapital im ersten Jahr um den Faktor e^r wächst. Allgemein ist $S(t+1) = S_0 e^{r(t+1)} = S_0 e^{rt} e^r = S(t) e^r$. Daher gilt:

Bei stetiger Verzinsung zur Zinsrate r wächst das Kapital jedes Jahr um einen festen Faktor e^r.

Vergleich verschiedener Zinsperioden

Bei einem festem Zinssatz von $p\,\%$ (= $100r$) pro Jahr ist stetige Verzinsung am besten für den Geldgeber–siehe Aufgabe 6. Jedoch ist für vergleichsweise niedrige Zinssätze der Unterschied zwischen jährlicher und stetiger Verzinsung ziemlich gering, wenn die Anzahl der Jahre der Verzinsung klein ist.

Beispiel 10.2.2

Bestimmen Sie den Betrag K, auf den 1 Euro im Laufe eines Jahres wächst, wenn der Zinssatz 8 % pro Jahr ist und die Zinsen (a) jährlich; (b) halbjährlich; (c) stetig gutgeschrieben werden.

Lösung: In diesem Fall ist $r = 8/100 = 0.08$ und wir erhalten:

(a) $K = (1 + 0.08) = 1.08$

(b) $K = (1 + 0.08/2)^2 = 1.0816$

(c) $K = e^{0.08} \approx 1.08329$

Wenn wir entweder den Zinssatz oder die Anzahl der Jahre erhöhen, über die die Zinsen angesammelt werden, dann wächst die Differenz zwischen jährlicher und stetiger Verzinsung.

In Kap. 10.1 wurde die effektive jährliche Zinsrate definiert durch die Formel $(1 + r/n)^n - 1$, wenn der Zins n-mal im Jahr mit der Rate r/n pro Periode berechnet wird. Wenn wir in dieser Formel n gegen Unendlich gehen lassen, sehen wir, dass der

Ausdruck gegen

$$e^r - 1 \tag{10.2.3}$$

konvergiert. Dies wird die **effektive Zinsrate** bei stetiger Verzinsung zur jährlichen Rate r genannt.

Aufgaben für Kapitel 10.2

1. (a) Auf welchen Betrag wachsen 8000 Euro nach 5 Jahren bei stetiger Verzinsung, falls die jährliche Zinsrate 5 % ist?

   (b) Wie lange dauert es, bis sich das Ausgangskapital verdoppelt haben?

2. Ein Betrag von 1000 Euro wird mit 5 % pro Jahr verzinst. Auf welche Summe ist dieser Betrag nach (a) 10 Jahren und (b) nach 50 Jahren angewachsen, wenn die Zinsen (i) monatlich; (ii) stetig gutgeschrieben werden?

3. (a) Bestimmen Sie den effektiven Zinssatz, der zu einem jährlichen Zinssatz von 10 % bei stetiger Verzinsung gehört.

   (b) Welches ist der maximale Zinssatz, der bei einem jährlichen Zinssatz von 10 % erzielt werden kann?

4. Der Wert v_0 eines neuen Autos nimmt stetig ab mit einer jährlichen Rate von 10%, was impliziert, dass sein Wert nach t Jahren gegeben ist durch $v(t) = v_0 e^{-\delta t}$, wobei $\delta = 0.1$. Wie viele Jahre dauert es, bis das Auto 90% seines ursprünglichen Wertes verloren hat?

5. Der Wert einer Maschine nimmt stetig ab mit einer jährlichen Rate von 6 %. Wie viele Jahre dauert es, bis sich der Wert der Maschine halbiert hat?

Anspruchsvollere Aufgabe

6. Das Argument, das wir benutzt haben zur Herleitung von (10.2.2) zeigt insbesondere, dass $(1 + r/n)^n \to e^r$ für $n \to \infty$. Wir behaupten, dass $(1 + r/n)^n$ für jedes feste $r > 0$ strikt monoton wachsend in n ist. Dies impliziert, dass $(1 + r/n)^n < e^r$ für $n = 1, 2, \ldots$. In Worten: *Dies zeigt, dass stetige Verzinsung zur Zinsrate r für den Geldgeber profitabler ist als n Zinszahlungen im Jahr zur Rate r/n.*

   Um dieses Resultat zu bestätigen, definieren Sie für ein gegebenes $r > 0$ die Funktion $g(x) = (1 + r/x)^x$ für alle $x > 0$. Verwenden Sie logarithmisches Differenzieren, um zu zeigen, dass

$$g'(x) = g(x)\left[\ln\left(1 + r/x\right) - \frac{r/x}{1 + r/x}\right]$$

   Setzen Sie dann $h(u) = \ln(1 + u) - u/(1 + u)$. Dann ist $h(0) = 0$. Zeigen Sie, dass $h'(u) > 0$ für $u > 0$ und damit $g'(x) > 0$ für alle $x > 0$. Welche Schlussfolgerungen können Sie ziehen?

▶ Lösungen zu den Aufgaben finden Sie im Anhang des Buches.

10.3 Barwert

Die Summe von 1000 Euro heute bar in Ihrer Hand ist mehr wert als 1000 Euro, die Sie zu einem zukünftigen Zeitpunkt erhalten sollen. Ein wichtiger Grund ist, dass Sie die 1000 Euro investieren könnten und hoffen, damit Zinsen oder andere positive Erträge zu erzielen.[2] Wenn der Zinssatz 11 % pro Jahr ist, werden die ursprünglichen 1000 Euro nach 1 Jahr angewachsen sein auf den Betrag $1000(1 + 11/100) = 1110$, und nach 6 Jahren werden sie auf $1000(1 + 11/100)^6 = 1000 \cdot (1.11)^6 \approx 1870$ angewachsen sein. Dies zeigt, dass bei einem Zinssatz von 11 % pro Jahr 1000 Euro heute denselben Wert haben wie 1110 nächstes Jahr oder 1870 Euro in 6 Jahren. Dementsprechend gilt: Wenn der Betrag von 1110 Euro in 1 Jahr zur Zahlung fällig ist und der Zinssatz 11 % pro Jahr ist, dann ist der *Barwert* (oder der gegenwärtige Wert) dieses Betrages 1000 Euro. Da 1000 Euro weniger sind als 1110 Euro, sprechen wir oft von 1000 Euro als dem *gegenwärtigen diskontierten Wert* (oder PDV von „present discounted value") von 1110 Euro im nächsten Jahr. Der Quotient $1000/1110 = 1/(1+11/100) \approx 0.9009$ wird der jährliche *Diskontierungsfaktor* genannt. Dessen Kehrwert 1.11 ist eins plus die *Diskontierungsrate*, so dass die Diskontierungsrate gleich der Zinsrate $r = p/100 = 0.11$ wird.

Ähnlich: Wenn der Zinssatz 11 % pro Jahr ist, dann ist der PDV von 1870 Euro, die von heute an in 6 Jahren fällig sind, gleich 1000 Euro. Wieder wird der Quotient $1000/1870 \approx 0.53$ *Diskontierungsfaktor* genannt, dieses Mal für Geld, das in 6 Jahren fällig ist.

Nehmen Sie an, dass ein Betrag K nach t Jahren, vom gegenwärtigen Datum aus gerechnet, zur Zahlung fällig ist. Welches ist der *Barwert*, wenn der Zinssatz p % pro Jahr ist? Äquivalent: Wie viel müsste heute bei einem jährlichen Zinssatz von p % angelegt werden, um nach t Jahren den Betrag K zur Verfügung zu haben?

Wenn die Zinsen jährlich gezahlt werden, wird ein Betrag A nach t Jahren auf $A(1-p/100)^t$ angewachsen sein, so dass wir $A(1+p/100)^t = K$ benötigen. Damit ist $A = K(1-p/100)^{-t} = K(1+r)^{-t}$, wobei $r = p/100$. Hier ist der jährliche Diskontierungsfaktor gleich $(1 + r)^{-1}$ und $(1 + r)^{-t}$ ist der Diskontierungsfaktor für t Jahre.

Wenn die Zinsen stetig berechnet werden, dann wird der Betrag A nach t Jahren angewachsen sein auf Ae^{rt}. Daher muss gelten $Ae^{rt} = K$ oder $A = Ke^{-rt}$. Hier ist e^{-rt} der Diskontierungsfaktor. Zusammengefasst gilt:

Gegenwärtiger diskontierter Wert

Falls der Zinssatz p % pro Jahr ist oder die Diskontierungsrate $r = p/100$, so hat ein Betrag K, der in t Jahren zur Zahlung fällig ist, den Barwert (oder gegenwärtigen diskontierten Wert oder PDV):

(i) Bei jährlicher Verzinsung:

$$K(1 + r)^{-t} \tag{10.3.1}$$

(ii) Bei stetiger Verzinsung:

$$Ke^{-rt} \tag{10.3.2}$$

---

[2] Falls es zu erwarten ist, dass die Preise steigen, ist Inflation ein anderer Grund, um 1000 Euro heute zu bevorzugen, da 1000 Euro zu einem zukünftigen Zeitpunkt weniger Kaufkraft haben als 1000 Euro heute.

Bestimmen Sie den Barwert von 100 000 Euro, die nach 15 Jahren zur Zahlung fällig sind, falls der Zinssatz 6 % pro Jahr ist bei (a) jährlicher oder (b) stetiger Verzinsung.

Lösung:

(a) Nach (10.3.1) ist der Barwert $100\,000(1 + 0.06)^{-15} \approx 41726.51$.

(b) Nach (10.3.2) ist der Barwert $100\,000e^{-0.06\cdot15} = 100\,000e^{-0.9} \approx 40\,656.97$.

Wie erwartet ist der Barwert bei stetiger Verzinsung der kleinere, weil das Kapital bei stetiger Verzinsung am schnellsten wächst.

(**Wann sollte man einen Baum fällen?**) Betrachten Sie einen Baum, der zur Zeit $t = 0$ gepflanzt wurde und $P(t)$ sei sein gegenwärtiger Marktwert zur Zeit t, wobei $P(t)$ differenzierbar sei mit $P(t) > 0$ für alle $t \geq 0$. Nehmen Sie an, dass der Zinssatz $100r$ % pro Jahr ist und nehmen Sie stetige Verzinsung an.

(a) Zu welcher Zeit t^* sollte dieser Baum gefällt werden, wenn man seinen gegenwärtigen diskontierten Wert maximieren möchte?

(b) Die optimale Fällzeit t^* hängt von der Zinsrate r ab. Bestimmen Sie dt^*/dr.

Lösung:

(a) Der Barwert ist $f(t) = P(t)e^{-rt}$ und die Ableitung davon ist

$$f'(t) = P'(t)e^{-rt} + P(t)(-r)e^{-rt} = e^{-rt}\left[P'(t) - rP(t)\right] \qquad (*)$$

Eine notwendige Bedingung, damit $f(t)$ durch $t^* > 0$ maximiert wird, ist $f'(t^*) = 0$. Dies tritt ein, wenn

$$P'(t^*) = rP(t^*) \qquad (**)$$

Der Baum sollte deshalb genau zu der Zeit t^* gefällt werden, zu der die relative Wachstumsrate des Wertes des Baumes gleich der Zinsrate ist. Natürlich müssen einige Bedingungen an f gestellt werden, damit t^* eine Maximumstelle ist. Es genügt, wenn $P'(t) \geq rP(t)$ für $t < t^*$ und $P'(t) \leq rP(t)$ für $t > t^*$.

(b) Indem wir $(**)$ nach r differenzieren, erhalten wir

$$P''(t^*)\frac{dt^*}{dr} = P(t^*) + rP'(t^*)\frac{dt^*}{dr}$$

Auflösen nach dt^*/dr ergibt

$$\frac{dt^*}{dr} = \frac{P(t^*)}{P''(t^*) - rP'(t^*)} \qquad (***)$$

Indem wir $(*)$ nach t differenzieren, erhalten wir

$$f''(t) = P''(t)e^{-rt} - rP'(t)e^{-rt} - P'(t)re^{-rt} + r^2P(t)e^{-rt}$$

Dabei haben wir (∗∗) benutzt, um die Gleichheit zu erhalten. Aber dann impliziert (∗∗∗), dass die Bedingung zweiter Ordnung $f''(t^*) < 0$ genau dann erfüllt ist, wenn

$$e^{-rt}[P''(t^*) - 2rP'(t^*) + r^2 P(t^*)] = e^{-rt}[P''(t^*) - rP'(t^*)] < 0$$

In diesem Fall ist $dt^*/dr < 0$. Die optimale Wachstumszeit verkürzt sich also, wenn r steigt, was die Förster ungeduldiger macht. Insbesondere ist für gegebenes $r > 0$ das optimale t^* kleiner als die Zeit, die den gegenwärtigen Marktwert $F(t)$ maximiert, welche nur für $r = 0$ optimal ist.

Wir haben nicht berücksichtigt, wie der Grund, auf dem der Baum gewachsen ist, nach dem Fällen genutzt werden kann – z. B. durch Pflanzung eines neuen Baumes. Diese Verallgemeinerung wird in Aufgabe 10.4.8 betrachtet.

Aufgaben für Kapitel 10.3

1. Bestimmen Sie den gegenwärtigen Wert von 350 000 Euro, die nach 10 Jahren fällig sind, wenn der Zinssatz 8 % pro Jahr ist bei (a) jährlicher oder (b) stetiger Verzinsung.

2. Bestimmen Sie den Barwert von 50 000 Euro, die nach 5 Jahren fällig sind, wenn der jährliche Zinssatz 5.75 % ist, bei (a) jährlicher oder (b) stetiger Verzinsung.

3. Betrachten Sie mit Bezug auf Beispiel 10.3.2 den Fall, in dem $f(t) = (t + 5)^2 e^{-0.05t}$ für alle $t \geq 0$.

   (a) Bestimmen Sie den Wert von t, der $f(t)$ maximiert, und untersuchen Sie die Variation des Vorzeichens von $f'(t)$.)

   (b) Bestimmen Sie $\lim_{t \to \infty} f(t)$ und zeichnen Sie den Graphen von f.

▶ Lösungen zu den Aufgaben finden Sie im Anhang des Buches.

10.4 Geometrische Reihen

Geometrische Reihen haben viele Anwendungen in den Wirtschaftswissenschaften und der Finanzmathematik. Wir werden sie hier benutzen zur Berechnung von Annuitäten und Hypothekenzahlungen.

Beispiel 10.4.1

In diesem Jahr hat ein Unternehmen Jahreseinnahmen von 100 Millionen Euro. Es wird erwartet, dass diese Einnahmen um 16 % pro Jahr während der nächsten Dekade gesteigert werden können. Wie hoch sind die erwarteten Einnahmen im zehnten Jahr und wie hoch sind die erwarteten Gesamteinnahmen über die gesamte Dekade?

Lösung: Die erwarteten Einnahmen im zweiten Jahr, in Millionen Euro, betragen $100 \cdot (1 + 16/100) = 100 \cdot 1.16$, und im dritten Jahr sind es $100 \cdot (1.16)^2$. Im zehnten Jahr sind die erwarteten Einnahmen $100 \cdot (1.16)^9$. Die erwarteten Gesamteinnahmen in der Dekade sind daher

$$100 + 100 \cdot 1.16 + 100 \cdot (1.16)^2 + \cdots + 100 \cdot (1.16)^9$$

Wenn wir einen Rechner benutzen, um diese zehn verschiedenen Zahlen zu addieren, finden wir heraus, dass diese Summe ungefähr 2 132 Millionen Euro ist. ▬▬▬

Die Bestimmung der Summe in Beispiel 10.4.1 durch Addition zehn verschiedener Zahlen auf einem Rechner war sehr mühsam. Wenn es unendlich viele Terme gibt, ist diese Methode offensichtlich unmöglich. Es gibt eine einfachere Methode, solche Summen zu bestimmen, wie wir jetzt erklären.

Betrachten Sie die n Zahlen $a, ak, ak^2, \ldots, ak^{n-1}$. Jeder Term entsteht, indem sein Vorgänger mit einer Konstanten k multipliziert wird. Wir wollen die Summe

$$s_n = a + ak + ak^2 + \cdots + ak^{n-2} + ak^{n-1} \tag{10.4.1}$$

dieser Zahlen bestimmen. Wir nennen diese Summe eine (endliche) **geometrische Reihe** mit dem (gemeinsamen) **Quotienten k**. Die Summe in Beispiel 10.4.1 tritt in dem Fall auf, in dem $a = 100$, $k = 1.16$ und $n = 10$.

Um die Summe s_n der Reihe zu bestimmen, verwenden wir einen Trick. Multiplizieren Sie zunächst beide Seiten von (10.4.1) mit k. Sie erhalten dann

$$ks_n = ak + ak^2 + ak^3 + \cdots + ak^{n-1} + ak^n$$

Indem man (10.4.1) von dieser Gleichung subtrahiert, ergibt sich

$$ks_n - s_n = ak^n - a \tag{10.4.2}$$

da alle anderen Terme herausfallen. Dies ist der entscheidende Punkt des Tricks: Bemerken Sie zunächst: Falls $k = 1$, dann sind alle Terme in (10.4.1) gleich a, und die Summe ist gleich $s_n = an$. Andernfalls, für $k \neq 1$, impliziert (10.4.2), dass

$$s_n = a \frac{k^n - 1}{k - 1}$$

Folglich gilt:

Summenformel für eine endliche geometrische Reihe

Für $k \neq 1$ gilt:

$$a + ak + ak^2 + \cdots + ak^{n-1} = a \cdot \frac{k^n - 1}{k - 1} \tag{10.4.3}$$

Beispiel 10.4.2

Für die Summe in Beispiel 10.4.1 haben wir $a = 100$, $k = 1.16$ und $n = 10$. Daher ergibt (10.4.3):

$$100 + 100 \cdot 1.16 + \cdots + 100 \cdot (1.16)^9 = 100 \frac{(1.16)^{10} - 1}{1.16 - 1}$$

Es sind jetzt viel weniger Operationen auf dem Rechner nötig als in Beispiel 10.4.1, um zu zeigen, dass die Summe ungefähr 2 132 ist.

Unendliche geometrische Reihen

Betrachten Sie die unendliche Folge von Zahlen

$$1, \ \frac{1}{2}, \ \frac{1}{4}, \ \frac{1}{8}, \ \frac{1}{16}, \ \frac{1}{32}, \ \cdots$$

Jeder Term in der Folge wird durch Halbieren seines Vorgängers gebildet, so dass der n-te Term gleich $1/2^{n-1}$ ist. Die Summe der n ersten Terme ist eine endliche geometrische Reihe mit dem Quotienten $k = 1/2$ und der erste Term ist $a = 1$. Daher ergibt (10.4.3)

$$1 + \frac{1}{2} + \frac{1}{2^2} + \cdots + \frac{1}{2^{n-1}} = \frac{1 - \left(\frac{1}{2}\right)^n}{1 - \frac{1}{2}} = 2 - \frac{1}{2^{n-1}} \tag{$*$}$$

Wir fragen uns nun, was gemeint ist mit der „unendlichen Summe"

$$1 + \frac{1}{2} + \frac{1}{2^2} + \frac{1}{2^3} + \cdots + \frac{1}{2^{n-1}} + \cdots \tag{$**$}$$

Weil alle Terme positiv sind und es unendlich viele von ihnen gibt, neigen Sie vielleicht dazu zu denken, dass die Summe unendlich groß sein muss. Wenn wir jedoch Formel ($*$) betrachten, sehen wir, dass die Summe der n ersten Terme gleich $2 - 1/2^{n-1}$ ist. Diese Zahl ist niemals größer als 2, unabhängig von unserer Wahl von n. Wenn n wächst, kommt der Term $1/2^{n-1}$ näher und näher an 0 heran und die Summe in ($*$) strebt gegen 2 als Grenzwert. Daher ist es naheliegend, die unendliche Summe in ($**$) als die Zahl 2 zu *definieren*.

Wir fragen allgemein, welche Bedeutung der „unendlichen Summe"

$$a + ak + ak^2 + \cdots + ak^{n-1} + \cdots \tag{10.4.4}$$

gegeben werden kann. Wir verwenden dieselbe Idee wie in ($**$) und betrachten die Summe s_n der n ersten Terme in (10.4.4). Nach (10.4.3) ist für $k \neq 1$:

$$s_n = a \frac{1 - k^n}{1 - k}$$

Was geschieht mit diesem Ausdruck, wenn n gegen Unendlich geht? Die Antwort hängt offensichtlich von k^n ab, weil nur dieser Term von n abhängt. Und k^n strebt gegen 0, wenn $-1 < k < 1$, während k^n gegen keinen Grenzwert strebt, wenn $k > 1$

oder $k \leq -1$ ist.[3] Es folgt: Wenn $|k| < 1$, dann konvergiert die Summe s_n der n ersten Terme in (10.4.4) gegen den Grenzwert $a/(1 - k)$, wenn n gegen Unendlich strebt. In diesem Fall *definieren* wir diesen Grenzwert als die Summe von (10.4.4) und wir sagen, dass die unendliche Reihe in (10.4.4) **konvergiert**. Zusammengefasst:

Summenformel für eine unendliche geometrische Reihe

Falls $|k| < 1$, gilt:

$$a + ak + ak^2 + \cdots + ak^{n-1} + \cdots = \frac{a}{1 - k} \tag{10.4.5}$$

Wenn wir die Notation für Summen, die in Kap. 1.8 eingeführt wurde, auf unendliche Summen erweitern, können wir Gleichung (10.4.5) schreiben als

$$\sum_{n=1}^{\infty} ak^{n-1} = \frac{a}{1 - k}, \tag{10.4.6}$$

wobei natürlich $|k| < 1$ vorauszusetzen ist.

Wenn $|k| \geq 1$, sagen wir, dass die unendliche Reihe (10.4.4) **divergiert**. Eine divergente Reihe hat keine endliche Summe. Die Divergenz ist offensichtlich für $|k| > 1$. Falls $k = 1$, so ist $s_n = na$ und dies strebt gegen $+\infty$, falls $a > 0$ oder gegen $-\infty$, falls $a < 0$. Falls $k = -1$, dann ist s_n gleich a, wenn n ungerade ist, aber 0, wenn n gerade ist; wieder gibt es keinen Grenzwert für $n \to \infty$, falls $a \neq 0$.

Beispiel 10.4.3

Nach Formel (10.4.5) erhält man mit $a = 1$ und $k = 0.25$:

$$1 + 0.25 + (0.25)^2 + (0.25)^3 + (0.25)^4 + \cdots$$

Lösung: Nach Formel (10.4.5) erhält man mit $a = 1$ und $k = 0.25$:

$$1 + 0.25 + (0.25)^2 + (0.25)^3 + (0.25)^4 + \cdots = \frac{1}{1 - 0.25} = \frac{1}{0.75} = \frac{4}{3}$$

Beispiel 10.4.4

Eine grobe Schätzung der gesamten Öl- und Gasreserven unter dem norwegischen Festlandsockel zu Beginn des Jahres 1999 betrug $13 \cdot 10^9 = 13$ Milliarden Tonnen. Die Förderung in dem Jahr lag bei ungefähr $250 \cdot 10^6 = 250$ Millionen Tonnen.

(a) Wann werden die Reserven erschöpft sein, wenn die Förderung auf demselben konstanten Niveau fortgesetzt wird?

---

[3] Wenn Sie nicht überzeugt sind von dieser Behauptung, so untersuchen Sie die Fälle $k = -2$, $k = -1$, $k = -1/2$, $k = 1/2$ und $k = 2$.

(b) Nehmen Sie an, dass die Förderung jedes Jahr um 2 % pro Jahr reduziert wird, beginnend im Jahr 1999. Wie lange werden die Reserven in diesem Fall reichen?

Lösung:

(a) Die Anzahl der Jahre, für die die Reserven reichen, ist gegeben durch

$$\frac{13 \cdot 10^9}{250 \cdot 10^6} = 52$$

Das heißt, die Reserven werden um das Jahr 2051 herum erschöpft sein.

(b) In 1999 war die Förderung $a = 250 \cdot 10^6$. In 2000 wäre sie $a - 2a/100 = a \cdot 0.98$. In 2001 wäre sie $a \cdot 0.98^2$, usw. Wenn dies für immer fortgesetzt würde, wäre die gesamte geförderte Menge

$$a + a \cdot 0.98 + a \cdot (0.98)^2 + \cdots + a \cdot (0.98)^{n-1} + \cdots$$

Diese geometrische Reihe hat den Quotienten $k = 0.98$. Nach (10.4.5) ist diese Summe

$$s = \frac{a}{1 - 0.98} = 50a$$

Da $a = 250 \cdot 10^6$, ergibt dies $s = 50 \cdot 250 \cdot 10^6 = 12.5 \cdot 10^9$, welches kleiner ist als $13 \cdot 10^9$. Die Förderung kann deshalb unendlich lange fortgesetzt werden und es bleiben $= 0.5 \cdot 10^9 = 500$ Millionen Tonnen übrig, die niemals gefördert werden.

Allgemeine Reihen[4]

Wir betrachten kurz allgemeine unendliche Reihen, die nicht notwendig geometrische Reihen sind.

$$a_1 + a_2 + a_3 + \cdots + a_n + \cdots \tag{10.4.7}$$

Was bedeutet es, wenn man sagt, dass diese unendliche Reihe konvergiert? In Analogie zur Definition für geometrische Reihen bilden wir die „endliche" Summe s_n der n ersten Terme:

$$s_n = a_1 + a_2 + \cdots + a_n \tag{10.4.8}$$

Insbesondere ist $s_1 = a_1$, $s_2 = a_1 + a_2$, $s_3 = a_1 + a_2 + a_3$ usw.. Mit wachsendem n enthält diese Partialsumme s_n mehr und mehr Terme der Reihe. Wenn s_n gegen einen Grenzwert s strebt, wenn n gegen ∞ strebt, ist es naheliegend s als die Summe *aller* Terme in der Reihe zu betrachten. Wir sagen dann, dass die unendliche Reihe **konvergent** ist mit der Summe s. Wenn s_n nicht gegen einen endlichen Grenzwert strebt, wenn n gegen ∞ geht, sagen wir, dass die Reihe **divergent** ist. Die Reihe hat dann keine Summe.[5]

Für geometrische Reihen, war es leicht, die Summe zu bestimmen, wenn Konvergenz vorliegt, da wir einen einfachen Ausdruck für s_n gefunden hatten. Gewöhnlich wird es nicht möglich sein, solch eine einfache Formel für die Summe der ersten n

---

[4] Dieser Abschnitt kann als optional betrachtet werden.
[5] Wie bei Grenzwerten von Funktionen: Wenn $s_n \to \pm\infty$ für $n \to \infty$, wird dies nicht als Grenzwert betrachtet.

Terme in einer gegebenen Reihe zu finden, so dass es sehr schwierig sein kann, zu bestimmen, ob die Reihe konvergiert oder nicht. Trotzdem gibt es sehr viele sogenannte *Konvergenz-* und *Divergenzkriterien*, die in vielen Fällen das Problem lösen. Diese Kriterien werden in den Wirtschaftswissenschaften selten direkt verwendet.

Wir wollen eine allgemeine Bemerkung machen: Wenn die Reihe (10.4.7) konvergiert, dann muss der n-te Term gegen 0 konvergieren, wenn n gegen ∞ geht. Das Argument ist einfach: Wenn die Reihe konvergent ist, dann wird s_n in (10.4.8) gegen einen Grenzwert s streben, wenn $n \to \infty$. Nun ist $a_n = s_n - s_{n-1}$ und nach der Definition der Konvergenz wird auch s_{n-1} gegen s konvergieren, wenn $n \to \infty$. Es folgt, dass $a_n = s_n - s_{n-1}$ gegen $s - s = 0$ konvergieren muss, wenn $n \to \infty$. Kurz gesagt:

$$a_1 + a_2 + \cdots + a_n + \cdots \text{ konvergiert} \implies \lim_{n\to\infty} a_n = 0 \qquad (10.4.9)$$

Konvergenz von a_n gegen 0 ist notwendig für die Konvergenz der Reihe, aber nicht hinreichend. Das bedeutet: Eine Reihe kann die Bedingung $\lim_{n\to\infty} a_n = 0$ erfüllen und trotzdem divergieren. Dies wird durch das folgende Standardbeispiel gezeigt:

Beispiel 10.4.5

Die Reihe

$$1 + \tfrac{1}{2} + \tfrac{1}{3} + \tfrac{1}{4} + \cdots + \tfrac{1}{n} + \cdots \qquad (10.4.10)$$

wird die **harmonische Reihe** genannt. Der n-te Term ist $1/n$ und konvergiert gegen 0. Aber die Reihe ist dennoch divergent. Um das zu sehen, fassen wir die Terme in der folgenden Weise zusammen:

$$1 + \tfrac{1}{2} + \left(\tfrac{1}{3} + \tfrac{1}{4}\right) + \left(\tfrac{1}{5} + \cdots + \tfrac{1}{8}\right) + \left(\tfrac{1}{9} + \cdots + \tfrac{1}{16}\right) + \left(\tfrac{1}{17} + \cdots + \tfrac{1}{32}\right) + \cdots \qquad (*)$$

Zwischen dem ersten Paar von Klammern sind zwei Terme, von denen einer größer als 1/4 und der andere gleich 1/4 ist, so dass ihre Summe größer als 2/4 = 1/2 ist. Zwischen dem zweiten Paar von Klammern gibt es vier Terme, drei größer als 1/8 und der letzte gleich 1/8, so dass ihre Summe größer als 4/8 = 1/2 ist. Zwischen dem dritten Paar von Klammern gibt es acht Terme, sieben größer als 1/16 und der letzte gleich 1/16, so dass ihre Summe größer als 8/16 = 1/2 ist. Zwischen dem vierten Paar von Klammern gibt es sechzehn Terme, fünfzehn größer als 1/32 und der letzte gleich 1/32, so dass ihre Summe größer als 16/32 = 1/2 ist. Dieses Muster wiederholt sich unendlich oft. Zwischen dem n-ten Paar von Klammern gibt es 2^n Terme, von denen $2^n - 1$ größer als 2^{-n-1} sind, während der letzte gleich 2^{-n-1} ist, so dass ihre Summe größer als $2^n \cdot 2^{-n-1} = 1/2$ ist. Weil ihre Summe größer ist als die einer unendlichen Anzahl von Termen, die alle gleich $\tfrac{1}{2}$ sind, schließen wir, dass die Reihe in $(*)$ divergieren muss.[6]

Allgemein gilt:

$$\sum_{n=1}^{\infty} \frac{1}{n^p} \text{ ist konvergent} \Leftrightarrow p > 1 \qquad (10.4.11)$$

Sie sind aufgefordert, dies in Aufgabe 11 zu zeigen.

---

[6] Nach H.H. Goldstine (1977): „Die Bestimmung von $\sum 1/n$ beanspruchte Leibniz Zeit seines Lebens für sich, aber die Lösung kam ihm nie in den Sinn."

Aufgaben für Kapitel 10.4

1. (a) Bestimmen Sie die Summe s_n der folgenden endlichen geometrischen Reihe

$$1 + \frac{1}{3} + \frac{1}{3^2} + \cdots + \frac{1}{3^{n-1}}$$

   (b) Welches ist der Grenzwert von s_n, wenn n gegen ∞ geht?

   (c) Bestimmen Sie die Summe $\sum_{n=1}^{\infty}(1/3^{n-1})$.

2. Bestimmen Sie die Summen der folgenden geometrischen Reihen:

   (a) $\frac{1}{5} + (\frac{1}{5})^2 + (\frac{1}{5})^3 + (\frac{1}{5})^4 + \cdots$

   (b) $0.1 + (0.1)^2 + (0.1)^3 + (0.1)^4 + \cdots$

   (c) $517 + 517(1.1)^{-1} + 517(1.1)^{-2} + 517(1.1)^{-3} + \cdots$

   (d) $a + a(1+a)^{-1} + a(1+a)^{-2} + a(1+a)^{-3} + a(1+a)^{-4} + \cdots$, für $a > 0$

   (e) $5 + \frac{5 \cdot 3}{7} + \frac{5 \cdot 3^2}{7^2} + \cdots + \frac{5 \cdot 3^{n-1}}{7^{n-1}} + \cdots$

3. Entscheiden Sie, ob die folgenden Reihen geometrisch sind und bestimmen Sie die Summen derjenigen geometrischen Reihen, die konvergieren.

   (a) $8 + 1 + 1/8 + 1/64 + \cdots$ (b) $-2 + 6 - 18 + 54 - \cdots$

   (c) $2^{1/3} + 1 + 2^{-1/3} + 2^{-2/3} + \cdots$ (d) $1 - 1/2 + 1/3 - 1/4 + \cdots$

4. Untersuchen Sie die Konvergenz der folgenden geometrischen Reihen und bestimmen Sie ihre Summen, wenn sie existieren:

   (a) $\frac{1}{p} + \frac{1}{p^2} + \frac{1}{p^3} + \cdots$ (b) $x + \sqrt{x} + 1 + \frac{1}{\sqrt{x}} + \cdots$ (c) $\sum_{n=1}^{\infty} x^{2n}$

5. Bestimmen Sie die Summe $\sum_{k=0}^{\infty} b\left(1 + \frac{p}{100}\right)^{-k}$, für $p > 0$.

6. Der Welt-Gesamtverbrauch an Eisen war 1971 ungefähr $794 \cdot 10^6$ Tonnen. Nehmen Sie an, dass der Verbrauch jedes Jahr um 5 % ansteigt und dass die 1971 für den Abbau verfügbaren Ressourcen $249 \cdot 10^9$ Tonnen waren. Wie lange werden die in der Welt verfügbaren Ressourcen an Eisen reichen?

7. Der Welt-Gesamtverbrauch an Naturgas war 1994 gleich 1824 Millionen Tonnen Öl-Äquivalent (mtoe). Die Reserven am Ende jenes Jahres wurden auf 128 300 mtoe geschätzt. Wie lange werden die Reserven reichen, wenn der Verbrauch in jedem der kommenden Jahre um 2 % steigt und keine neuen Quellen entdeckt werden?

8. Betrachten Sie Beispiel 10.3.2. Nehmen Sie an, dass unmittelbar, nachdem ein Baum gefällt wird, ein neuer Baum derselben Art gepflanzt wird. Wenn wir annehmen, dass ein neuer Baum zu den Zeiten t, $2t$, $3t$ usw. gepflanzt wird, dann wird der Barwert aller Bäume gleich $f(t) = P(t)e^{-rt} + P(t)e^{-2rt} + \cdots$ sein.

   (a) Bestimmen Sie die Summe dieser unendlichen geometrischen Reihe.

➡ Fortsetzung

(b) Zeigen Sie: Wenn $f(t)$ ein Maximum für ein $t^* > 0$ hat, dann ist

$$\frac{P'(t^*)}{P(t^*)} = \frac{r}{1 - e^{-rt^*}}$$

(c) Bestimmen Sie den Grenzwert $P'(t^*)/P(t^*)$ für $r \to 0$.

9. Zeigen Sie, dass die folgenden Reihen divergieren:

(a) $\sum_{n=1}^{\infty} \frac{n}{n+1}$ (b) $\sum_{n=1}^{\infty} (101/100)^n$ (c) $\sum_{n=1}^{\infty} \frac{1}{(1+1/n)^n}$

10. Untersuchen Sie die Konvergenz oder Divergenz der folgenden Reihen:

(a) $\sum_{n=1}^{\infty} \left(\frac{100}{101}\right)^n$ (b) $\sum_{n=1}^{\infty} \frac{1}{\sqrt{n}}$ (c) $\sum_{n=1}^{\infty} \frac{1}{n^{1.00000001}}$

(d) $\sum_{n=1}^{\infty} \frac{1+n}{4n-3}$ (e) $\sum_{n=1}^{\infty} \left(-\frac{1}{2}\right)^n$ (f) $\sum_{n=1}^{\infty} (\sqrt{3})^{1-n}$

11. Verwenden Sie die Resultate aus Beispiel 9.7.2, um (10.4.11) zu beweisen. (*Hinweis:* Zeichnen Sie den Graphen von $f(x) = x^{-p}$ in $[1, \infty)$ und interpretieren Sie jede der Summen $\sum_{n=1}^{\infty} n^{-p}$ und $\sum_{n=2}^{\infty} n^{-p}$ geometrisch als Summmen einer unendlichen Anzahl von Rechtecken.)

▶ Lösungen zu den Aufgaben finden Sie im Anhang des Buches.

10.5 Gesamtbarwert

Nehmen Sie an, dass drei aufeinander folgende jährliche Zahlungen zu tätigen sind, 1000 Euro nach 1 Jahr, dann 1500 Euro nach 2 Jahren und 2000 Euro nach 3 Jahren. Wie viel muss heute auf einem Konto angelegt werden, um genügend Rücklagen zur Deckung dieser drei Zahlungen zu haben, wenn der Zinssatz 11 % pro Jahr ist? Wir nennen diesen Betrag den *Barwert* der drei Zahlungen.

Um 1000 Euro nach 1 Jahr zu haben, müssen wir heute einen Betrag x_1 anlegen, wobei gelten muss: $x_1(1 + 0.11) = 1000$, so dass

$$x_1 = \frac{1000}{1 + 0.11} = \frac{1000}{1.11}$$

Um 1500 Euro nach 2 Jahren zu haben, müssen wir heute einen Betrag x_2 anlegen, wobei gelten muss: $x_2(1 + 0.11)^2 = 1500$, so dass

$$x_2 = \frac{1500}{(1 + 0.11)^2} = \frac{1500}{(1.11)^2}$$

Um schließlich 2000 Euro nach 3 Jahren zu bekommen, müssen wir heute einen Betrag x_3 anlegen, wobei gelten muss $x_3(1 + 0.11)^3 = 2000$, so dass

$$x_3 = \frac{2000}{(1 + 0.11)^3} = \frac{2000}{(1.11)^3}$$

Somit ist der Gesamtbarwert der drei Zahlungen, der gleich dem Gesamtbetrag A ist, der heute angelegt werden muss, um alle drei Zahlungen zu decken, gegeben durch

$$A = \frac{1000}{1.11} + \frac{1500}{(1.11)^2} + \frac{2000}{(1.11)^3}$$

Der Gesamtbetrag ist ungefähr $A \approx 900.90 + 1217.43 + 1462.38 = 3580.71$.

Nehmen Sie allgemein an, dass n aufeinander folgende Zahlungen $a_1, \ldots, a_r$ zu tätigen sind, wobei a_1 nach 1 Jahr, a_2 nach 2 Jahren gezahlt werden muss usw. Wie viel muss heute auf einem Konto angelegt werden, um genügend Rücklagen zur Deckung all dieser zukünftigen Zahlungen zu haben, wenn die jährliche Zinsrate r ist? Mit anderen Worten: Welches ist der *Barwert* all dieser Zahlungen?

Um a_1 nach 1 Jahr zu erhalten, müssen wir heute $a_1/(1+r)$ anlegen, um a_2 nach 2 Jahren zu haben, müssen wir heute $a_2/(1+r)^2$ anlegen usw. Der Gesamtbetrag P_n, der heute angelegt werden muss, um all diese n Zahlungen zu decken, ist deshalb

$$P_n = \frac{a_1}{1+r} + \frac{a_2}{(1+r)^2} + \cdots + \frac{a_n}{(1+r)^n} \qquad (10.5.1)$$

Dabei ist P_n der **Barwert** der n Teilzahlungen.

Eine **Annuität** ist eine Folge von gleichen Zahlungen, die über einen gewissen Zeitraum zu festen Zeitpunkten jeweils am Ende einer Periode fällig sind. Wenn $a_1 = a_2 = \cdots = a_n = a$ in Gleichung (10.5.1) ist, dann gibt uns (10.5.1) den Barwert einer Annuität an. In diesem Fall ist die Summe in (10.5.1) eine endliche geometrische Reihe mit n Termen. Der erste Term ist $a/(1+r)$ und der Quotient ist $k = (1+r)^{-1}$. Nach der Summenformel (10.4.3) für eine endliche geometrische Reihe ist die Summe

$$P_n = \frac{a}{(1+r)} \frac{[1-(1+r)^{-n}]}{[1-(1+r)^{-1}]} = \frac{a}{r}\left(1 - \frac{1}{(1+r)^n}\right)$$

Dabei gilt die zweite Gleichung, weil der Nenner des mittleren Ausdrucks sich auf r reduziert. Wir haben damit das folgende Resultat:

Barwert einer Annuität

Der Barwert (heutige Wert) einer Annuität über n Perioden mit Zahlungsbetrag a pro Periode, wobei die Zahlungen jeweils am Ende der Periode erfolgen, bei einer Zinsrate r pro Periode ist gegeben durch

$$P_n = \frac{a}{1+r} + \cdots + \frac{a}{(1+r)^n} = \frac{a}{r}\left[1 - \frac{1}{(1+r)^n}\right] \qquad (10.5.2)$$

Dabei ist $r = p/100$.

Diese Summe ist illustriert in Abb. 10 5.1.

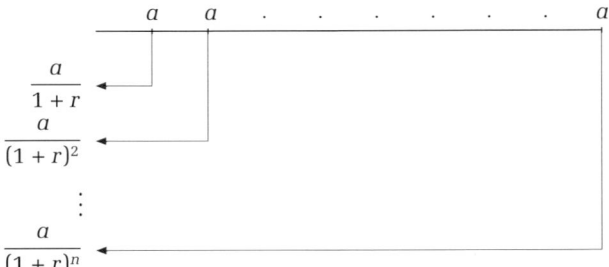

Abbildung 10.5.1: Barwert einer Annuität

Formel (10.5.2) gibt den Barwert von n zukünftigen Forderungen an, jede von, sagen wir, a Euro. Wenn wir wissen wollen, wie viel sich auf dem Konto nach n Perioden, unmittelbar nach der letzten Zahlung, angesammelt hat, dann ist der **zukünftige Wert** F_n der Annuität gegeben durch:

$$F_n = a + a(1 + r) + a(1 + r)^2 + \cdots + a(1 + r)^{n-1} \qquad (*)$$

Diese anders geartete Summe ist in Abb. 10.5.2 illustriert:

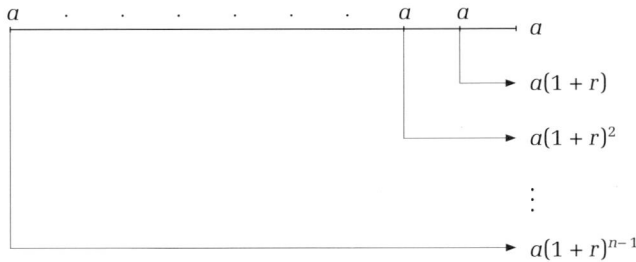

Abbildung 10.5.2: Zukünftiger Wert einer Annuität

Die Summenformel für eine geometrische Reihe ergibt:

$$F_n = \frac{a[1 - (1 + r)^n]}{1 - (1 + r)} = \frac{a}{r}[(1 + r)^n - 1]$$

Wir können den (nicht diskontierten) zukünftigen Wert auch bestimmen, indem wir beachten, dass in dem Spezialfall, in dem $a_i = a$ für alle i, die Terme der rechten Seite von (*) diejenigen der rechten Seite von (10.5.1), wenn $a_1 = a_2 = \cdots = a_n = a$, aber in umgekehrter Reihenfolge und multipliziert mit dem Zinsfaktor $(1 + r)^n$ sind. Daher gilt $F_n = P_n(1 + r)^n$ und somit:

Zukünftiger Wert einer Annuität

Wenn ein Betrag a in jeder von insgesamt n Perioden zu einer Zinsrate r pro Periode auf einem Konto angelegt wird, dann ist der zukünftige Wert des Kontos unmittelbar nach der letzten Einzahlung gleich

$$F_n = \frac{a}{r}[(1 + r)^n - 1] \tag{10.5.3}$$

Beispiel 10.5.1

Berechnen Sie den gegenwärtigen und den zukünftigen Wert einer Einzahlung von 1000 Euro in jedem der kommenden 8 Jahre, wenn der jährliche Zinssatz 6 % ist.

Lösung: Um den gegenwärtigen Wert zu bestimmen, wenden wir Formel (10.5.2) mit $a = 1000$, $n = 8$ und $r = 6/100 = 0.06$ an. Dies ergibt

$$P_8 = \frac{1000}{0.06}\left(1 - \frac{1}{(1.06)^8}\right) = 6209.79.$$

Der zukünftige Wert wird mit Formel (10.5.3) bestimmt. Diese ergibt

$$F_8 = \frac{1000}{0.06}\left[(1.06)^8 - 1\right] = 9897.47.$$

Alternativ: $F_8 = P_8(1.06)^8 = 6209.79(1.06)^8 = 9897.47.$

Wenn $r > 0$ und wenn wir n in (10.5.2) gegen Unendlich gehen lassen, dann strebt $(1 + r)^n$ gegen Unendlich und P_n strebt gegen a/r. Somit ist im Grenzfall

$$\frac{a}{1 + r} + \frac{a}{(1 + r)^2} + \cdots = \frac{a}{r} \tag{10.5.4}$$

Dies entspricht dem Fall, in dem bis in die Ewigkeit fortlaufende Zahlungen der Höhe a pro Periode getätigt werden bei einer Zinsrate $r > 0$ pro Periode.

Beispiel 10.5.2

Berechnen Sie den Barwert einer fortlaufenden Zahlung des Betrages von 1000 Euro am Ende jeden Jahres, wenn der jährliche Zinssatz 14 % ist.

Lösung: Nach Formel (10.5.4) erhalten wir

$$\frac{1000}{1 + 0.14} + \frac{1000}{(1 + 0.14)^2} + \cdots = \frac{1000}{0.14} \approx 7142.86$$

Barwert eines zukünftigen Einkommensstromes

Wir haben den Barwert einer Reihe von zukünftigen Zahlungen erörtert, die zu spezifischen diskreten Zeitpunkten fällig sind. Es ist manchmal realistischer anzunehmen, dass Einkünfte stetig anwachsen, wie die Erträge aus einem großen wachsenden Forst. Nehmen Sie an, dass Einkommen stetig empfangen wird von der Zeit $t = 0$ bis zur Zeit $t = T$ mit einer Rate von $f(t)$ Euro pro Jahr zur Zeit t. Wir nehmen an, dass die Zinsen stetig gutgeschrieben werden mit einer jährlichen Rate r.

Bezeichne $P(t)$ den gegenwärtigen diskontierten Wert (PDV = „present discounted value") aller im Zeitintervall $[0, t]$ empfangenen Zahlungen. Dies bedeutet, dass $P(T)$ den Geldbetrag darstellt, den Sie zur Zeit $t = 0$ anlegen müssten, um den gleichen Wert zu erhalten wie der, der aus dem stetig anfallenden Einkommensstrom $f(t)$ über dem Zeitintervall $[0, T]$ resultiert. Wenn Δt eine beliebige Zahl ist, so ist der Barwert des im Intervall $[t, t+\Delta t]$ empfangenen Einkommens gleich $P(t+\Delta t) - P(t)$. Falls Δt eine kleine Zahl ist, so ist das in diesem Intervall empfangene Einkommen ungefähr $f(t)\Delta t$ und der PDV dieses Betrages ist ungefähr $f(t)e^{-rt}\Delta t$. Damit ist $P(t + \Delta t) - P(t) \approx f(t)e^{-rt}\Delta t$ und somit

$$[P(t + \Delta t) - P(t)]/\Delta t \approx f(t)e^{-rt}$$

Diese Approximation wird besser, je kleiner Δt ist und im Grenzfall, wenn $\Delta t \to 0$, haben wir $P'(t) = f(t)e^{-rt}$. Nach Definition des bestimmten Integrals ist $P(T) - P(0) = \int_0^T f(t)e^{-rt}\, dt$. Weil $P(0) = 0$, haben wir:

Barwert eines stetigen Einkommensstromes

Der gegenwärtige diskontierte Wert, zur Zeit 0, eines stetigen Einkommensstromes mit der Rate $f(t)$ Euro pro Jahr über dem Zeitintervall $[0, T]$ bei stetiger Verzinsung zur Rate r pro Jahr ist gegeben durch

$$\text{PDV} = \int_0^T f(t)e^{-rt}\, dt \tag{10.5.5}$$

Gleichung (10.5.5) gibt den Wert eines über das Intervall $[0, T]$ empfangenen Einkommensstromes $f(t)$ zur Zeit 0 an. Der Wert dieses Betrages zur Zeit T bei stetiger Verzinsung zur Zinsrate r ist $e^{rT} \int_0^T f(t)e^{-rt}\, dt$. Da die Zahl e^{rT} eine Konstante ist, können wir das Integral umschreiben als $\int_0^T f(t)e^{r(T-t)}\, dt$. Dies wird der zukünftige diskontierte Wert (FDV = „future discounted value") des Einkommensstromes genannt:

Zukünftiger Wert eines stetigen Einkommensstromes

Der zukünftige diskontierte Wert, zur Zeit T, eines stetigen Einkommensstromes mit der Rate $f(t)$ Euro pro Jahr über das Zeitintervall $[0, T]$ bei stetiger Verzinsung zur Rate r pro Jahr ist gegeben durch

$$\text{FDV} = \int_0^T f(t)e^{r(T-t)}\, dt \tag{10.5.6}$$

Eine einfache Modifikation von (10.5.6) wird uns den diskontierten Wert (DV = „discounted value") zu einer beliebigen Zeit $s \in [0, T]$ eines Einkommensstromes $f(t)$, der während des Zeitintervalls $[s, T]$ empfangen wird, angeben. In der Tat ist der DV zur Zeit s eines Einkommensstromes $f(t)$, empfangen in dem kleinen Zeitintervall $[t, t+dt]$ gleich $f(t)e^{-r(t-s)}\, dt$. Somit haben wir das folgende Resultat:

Diskontierter Wert eines stetigen Einkommensstromes

Der diskontierte Wert zu einer beliebigen Zeit s eines stetigen Einkommensstromes mit der Rate $f(t)$ Euro pro Jahr über dem Zeitintervall $[s, T]$ mit stetiger Verzinsung zur Rate r pro Jahr ist gegeben durch

$$\text{DV} = \int_{t=s}^{T} f(t)e^{-r(t-s)}\, dt \tag{10.5.7}$$

Beispiel 10.5.3

Bestimmen Sie den PDV und den FDV eines konstanten Einkommensstromes von 1000 Euro pro Jahr über die nächsten 10 Jahre unter der Annahme eines jährlichen Zinssatzes von $p = 8\,\%$, d. h. $r = 0.08$ bei stetiger Verzinsung.

Lösung:

$$\text{PDV} = \int_{0}^{10} 1000 e^{-0.08t}\, dt = \left.1000\left(-\frac{e^{-0.08t}}{0.08}\right)\right|_{0}^{10} = \frac{1000}{0.08}(1 - e^{-0.8}) \approx 6883.39$$

während

$$\text{FDV} = e^{0.08 \cdot 10} \cdot \text{PDV} \approx e^{0.8} \cdot 6883.39 \approx 15\,319.27$$

Aufgaben für Kapitel 10.5

1. Welches ist der Barwert von 15 jährlichen Einlagen von 3500 Euro, wenn die erste Einlage nach einem Jahr stattfindet und der jährliche Zinssatz 12 % ist?

2. Ein Betrag war für viele Jahre auf einem Konto angelegt bei einem jährlichen Zinssatz von 4 %. Jetzt beträgt das Guthaben auf dem Konto 100 000 Euro. Wie viel war vor 10 Jahren auf dem Konto?

3. Sie legen für 4 Jahre am Ende eines jeden Jahres 10 000 Euro auf einem Konto an bei einem jährlichen Zinssatz von 6 %. Wie viel ist am Ende des vierten Jahres auf dem Konto?

4. Nehmen Sie an, dass Ihnen die folgenden Optionen angeboten werden: (i) 13 000 Euro gezahlt nach 10 Jahren, oder (ii) 1000 Euro gezahlt jedes Jahr für 10 Jahre, erste Zahlung heute. Welche dieser Alternativen würden Sie wählen, wenn der jährliche Zinssatz 6 % über die ganze Periode ist?

➡ Fortsetzung

5. Einem Autor ist ein Honorar für ein Buch zu zahlen. Es wurden ihm zwei alternative Angebote gemacht:

   (i)   Dem Autor können sofort 21 000 Euro gezahlt werden.

   (ii)   Es gibt 5 gleiche jährliche Zahlungen von 4600 Euro, wobei die erste sofort gezahlt wird.

Welches dieser Angebote hat den höheren Wert, wenn der Zinssatz 6 % pro Jahr ist?

6. Berechnen Sie den Barwert einer Reihe am Ende jeden Jahres erfolgender fortlaufender Zahlungen von 1500 Euro, wenn der Zinssatz 8 % pro Jahr ist.

7. Ein Treuhänderfond wird mit einer einzigen Zahlung K eingerichtet. Der Betrag wird zu einer festen jährlichen Zinsrate r angelegt. Der Fond zahlt einen festen jährlichen Betrag aus. Die erste Zahlung ist ein Jahr nach der Einrichtung des Fonds fällig. Welches ist der größte Betrag, der jedes Jahr ausgezahlt werden kann, wenn der Fond für immer andauern soll?

8. Der gegenwärtige diskontierte Wert einer Zahlung D, die mit einer konstanten Rate g wächst, wenn die Diskontierungsrate r ist, ist gegeben durch

$$\frac{D}{1+r} + \frac{D(1+g)}{(1+r)^2} + \frac{D(1+g)^2}{(1+r)^3} + \cdots$$

Dabei sind r und g positiv. Welches ist die Bedingung für Konvergenz? Zeigen Sie: Wenn die Reihe gegen P_0 konvergiert, dann ist $P_0 = D/(r-g)$.

9. Bestimmen Sie den PDV und FDV eines konstanten Einkommensstromes von 500 Euro pro Jahr über die nächsten 15 Jahre bei einer jährlichen Zinsrate von $r = 0.06$ und stetiger Verzinsung.

▶ Lösungen zu den Aufgaben finden Sie im Anhang des Buches.

10.6   Hypothekenrückzahlungen

Wenn eine Familie eine Hypothek auf ein Haus zu einem festen Zinssatz aufnimmt, bedeutet dies, dass, wie bei einer Annuität, gleiche Zahlungen in jeder Periode fällig sind – sagen wir am Ende eines jeden Monats. Die Zahlungen dauern an, bis der Kredit abbezahlt ist, sagen wir nach 20 Jahren. Jede Rückzahlung besteht zu einem Teil aus Zinsen auf die ausstehenden Schulden und zum anderen Teil einer Rückzahlung zur Reduzierung der ausstehenden Schulden. Der Zinsanteil ist am Anfang am größten, weil die Zinsen in der ersten Periode auf den ganzen Kredit zu zahlen sind; er ist am kleinsten in der letzten Periode, weil die ausstehende Schuld dann am kleinsten ist. Für die Tilgung der Schulden ist es genau anders herum, da der Tilgungsteil die Differenz aus der festen monatlichen Zahlung und den Zinsen ist.

Beispiel 10.6.1

Eine Person leiht 50 000 Euro zu Beginn eines Jahres und verpflichtet sich, dies in 5 gleichen Teilbeträgen am Ende eines jeden Jahres mit 15 % Zinsen, die jährlich berechnet werden, abzuzahlen. Bestimmen Sie den jährlichen Zahlungsbetrag.

Lösung: Wenn die fünf Rückzahlungen jeweils die Höhe a Euro haben, so ist ihr gegenwärtiger Wert in Euro

$$\frac{a}{1.15} + \frac{a}{(1.15)^2} + \frac{a}{(1\ 15)^3} + \frac{a}{(1.15)^4} + \frac{a}{(1.15)^5} = \frac{a}{0.15}\left(1 - \frac{1}{(1.15)^5}\right)$$

nach Formel (10.5.2). Diese Summe muss gleich 50 000 Euro sein, so dass gelten muss

$$\frac{a}{0.15}\left(1 - \frac{1}{(1.15)^5}\right) = 50\,000 \qquad\qquad (*)$$

Dies hat die Lösung $a = 14\,915.78$. Alternativ können wir den zukünftigen Wert jeder Rückzahlung berechnen und ihre Summe dem zukünftigem Wert des ursprünglichen Kredits gleichsetzen. Dies ergibt die Gleichung

$$a + a(1.15) + a(1.15)^2 + a(1.15)^3 + a(1.15)^4 = 50\,000(1.15)^5$$

Dies ist äquivalent zu $(*)$.

Um zu zeigen, wie der Zins- und der Tilgungsanteil der jährlichen Zahlung von Jahr zu Jahr variieren, konstruieren wir die folgende Tabelle:

Jahr	Zahlung	Zinsen	Tilgung	Restschulden
1	14 915.78	7 500.00	7 415.78	42 584.22
2	14 915.78	6 337.63	8 528.15	34 056.07
3	14 915.78	5 108.41	9 807.37	24 248.70
4	14 915.78	3 637.31	11 278.47	12 970.23
5	14 915.78	1 945.55	12 970.23	0

Beachten Sie, dass die Zinszahlung jedes Jahr 15 % der Restschulden aus dem vorigen Jahr sind. Der Rest jeder jährlichen Zahlung von 14 915.78 Euro ist der Tilgungsbetrag in dem Jahr. Dieser wird von den ausstehenden Schulden des vorigen Jahres subtrahiert. Abb. 10.6.1 ist ein Diagramm, das für jedes Jahr die Zins- und Tilgungszahlungen zeigt:

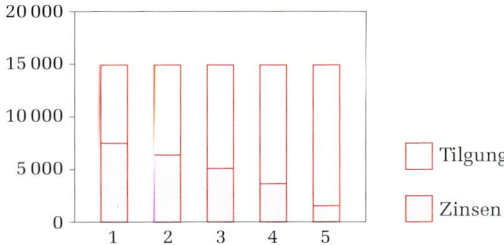

Abbildung 10.6.1: Zins- und Tilgungszahlungen in Beispiel 10.6.1

Nehmen Sie an, dass ein Kredit über K Euro wie eine Annuität über n Perioden zum Zinsatz von $p\,\%$ pro Periode zurückgezahlt wird, wobei die erste Zahlung a nach einer Periode fällig ist und der Rest nach gleichlangen Perioden. Nach (10.5.2) muss die Zahlung a pro Periode die folgende Gleichung erfüllen:

$$K = \frac{a}{r}\left[1 - \frac{1}{(1+r)^n}\right] = \frac{a}{r}\left[1 - (1+r)^{-n}\right] \tag{10.6.1}$$

Auflösen nach a ergibt:

$$a = \frac{rK}{1 - (1+r)^{-n}} \tag{10.6.2}$$

wobei $r = p/100$. Eine gute Übung ist es, diese Formel in Beispiel 10.6.1 zu benutzen.

Beispiel 10.6.2

Nehmen Sie an, dass der Kredit in Beispiel 10.6.1 durch monatliche Zahlungen am Ende jeden Monats bei einem nominalen Zinssatz von 15 % pro Jahr und monatlicher Verzinsung zurückgezahlt wird. Bestimmen Sie den monatlichen Zahlungsbetrag.

Lösung: Die Zinsperiode ist 1 Monat und der monatliche Zinssatz ist $15/12 = 1.25\,\%$, so dass $r = 1.25/100 = 0.0125$. Ferner ist $n = 5 \cdot 12 = 60$, so dass aus Formel (10.6.2) folgt:

$$a = \frac{0.0125 \cdot 50\,000}{1 - 1.0125^{-60}} \approx 1\,189.50$$

Die bisher betrachteten Annuitäten waren **nachschüssige** Annuitäten, bei denen jede Zahlung am *Ende* der Zahlungsperiode getätigt wird. Falls die Zahlung in jeder Periode am Anfang der Periode getätigt wird, wird die Annuität eine **vorschüssige Annuität** genannt. Diese Art der Annuität kann leicht behandelt werden, indem wir sie wie eine nachschüssige Annuität betrachten mit der Ausnahme, dass es eine sofortige Anfangszahlung gibt.

Beispiel 10.6.3

Eine Person nimmt einen Kredit über 335 000 Euro auf, der in 15 gleichen Zahlungen der Höhe a Euro zurückgezahlt werden soll; die erste Zahlung soll sofort erfolgen und die weiteren nach jedem der folgenden 14 Jahre. Bestimmen Sie a, wenn der jährliche Zinssatz 14 % ist.

Lösung: Der gegenwärtige Wert der ersten Zahlung ist offensichtlich a. Den gegenwärtigen Wert der folgenden 14 Rückzahlungen findet man, indem man Formel (10.6.1) mit $r = 0.14$ und $n = 14$ anwendet. Die Summe der Barwerte (gegenwärtigen Werte) muss gleich 335 000 sein:

$$a + \frac{a}{0.14}\left(1 - \frac{1}{(1+0.14)^{14}}\right) = 335\,000$$

Dies reduziert sich auf $a + 6.0020715a = 335\,000$ und durch Auflösen nach a ergibt sich $a \approx 47\,843$.

Einige Darlehensgeber bevorzugen es, einen festen Betrag als Zahlung für jede Periode festzusetzen und den Kredit über so viele Perioden laufen zu lassen, bis die Schuld abbezahlt ist. Diese Art der Kreditabzahlung funktioniert im Wesentlichen wie eine Annuität. Der Unterschied ist, dass es eine Schlusskorrektur bei der letzten Zahlung gibt, damit der gegenwärtige Wert aller Zahlungen gleich dem geborgten Betrag ist. In diesem Fall ist es üblich, die Formel zu benutzen, die man erhält, wenn man (10.6.1) nach n auflöst. Das Resultat ist

$$\frac{rK}{a} = 1 - \frac{1}{(1+r)^n} \iff \frac{1}{(1+r)^n} = 1 - \frac{rK}{a} = \frac{a-rK}{a} \iff (1+r)^n = \frac{a}{a-rK}$$

Wenn wir den natürlichen Logarithmus auf beiden Seiten bilden, ergibt sich $n\ln(1+r) = \ln(a/(a-rK))$. Daraus folgt:

Anzahl der Rückzahlungen

Die Anzahl der Perioden, die benötigt werden, um einen Kredit der Höhe K mit Teilzahlungen der Höhe a pro Periode zurückzuzahlen, wenn die Zinsrate r pro Periode ist, ist gegeben durch die kleinste ganze Zahl n, so dass

$$n \geq \frac{\ln a - \ln(a-rK)}{\ln(1+r)} \qquad (10.6.3)$$

Wenn diese Gleichung mit strikter Ungleichung gilt, muss die letzte Zahlung kleiner sein als a.

Beispiel 10.6.4

Ein Kredit über 50 000 Euro ist durch Zahlung von 20 000 Euro an Zins- und Tilgungsleistungen am Ende jedes der kommenden Jahre abzulösen, bis der Kredit vollständig zurückgezahlt ist. Wann ist der Kredit zurückgezahlt und wie hoch ist die Abschlusszahlung, wenn der Zinssatz 15 % beträgt?

Lösung: Wir beginnen mit der Berechnung der Anzahl n der jährlichen Zahlungen von 20 000 Euro, die benötigt werden, um die 50 000 Euro zurückzuzahlen. Nach (10.6.3) mit $r = 0.15$, $a = 20\,000$ und $K = 50\,000$ erhalten wir n als die kleinste ganze Zahl größer als oder gleich

$$\frac{\ln(20\,000) - \ln(20\,000 - 0.15 \cdot 50\,000)}{\ln(1 + 0.15)} = \frac{\ln 1.6}{\ln 1.15} \approx 3.3629$$

Somit sind drei Zahlungen von 20 000 Euro nötig mit einer zusätzlichen Restzahlung im vierten Jahr. Wir berechnen den zukünftigen Wert der drei Zahlungen von 20 000 Euro drei Jahre, nachdem der Kredit aufgenommen wurde. Dieser Wert ist:

$$20\,000 \cdot (1.15)^2 + 20\,000 \cdot 1.15 + 20\,000 = \frac{20\,000}{0.15}\left[(1.15)^3 - 1\right]) = 69\,450$$

Der zukünftige Wert des Kredits von 50 000 Euro nach denselben drei Jahren ist $50\,000 \cdot (1.15)^3 = 76\,043.75$. Damit ist die Restschuld nach der dritten Zahlung $76\,043.75 - 69\,450 = 6593.75$. Wenn die Restschuld und die darauf anfallenden Zinsen ein Jahr später gezahlt werden, so ist der fällige Betrag gleich $6593.75 \cdot 1.15 = 7582.81$. ∎

Einzahlungen innerhalb einer Zinsperiode

Viele Sparkonten haben eine Zinsperiode von einem Jahr oder wenigstens einem Monat. Wenn Sie einen Betrag *innerhalb* einer Zinsperiode einzahlen, wird die Sparkasse oft nur einfache Zinsen und nicht Zinseszinsen berechnen. In diesem Fall wird, wenn Sie eine Einzahlung innerhalb einer Zinsperiode tätigen, am Ende der Periode der eingezahlte Betrag mit dem Faktor $1 + rt$ multipliziert, wobei t der verbleibende Anteil der Zinsperiode ist.

Beispiel 10.6.5

Am Ende jeden Quartals, beginnend mit dem 31. März 2009, zahlt eine Person 100 Euro auf ein Sparkonto, wobei die Zinsen jährlich mit einer Rate von 10 % pro Jahr gezahlt werden. Wie viel ist am 31. Dezember 2011 auf dem Konto?

Lösung: Die Einzahlungen während des Jahres 2009 werden in der folgenden Abbildung illustriert:

31.3.	30.6.	30.9.	31.12.
100	100	100	100

Diese vier Einzahlungen werden innerhalb des Jahres getätigt. Um das Guthaben am Ende des Jahres (der Zinsperiode) zu bestimmen, benutzen wir einfache Verzinsung (d. h. keine Zinseszinsen). Dies ergibt:

$$100\left(1 + 0.10 \cdot \frac{3}{4}\right) + 100\left(1 + 0.10 \cdot \frac{2}{4}\right) + 100\left(1 + 0.10 \cdot \frac{1}{4}\right) + 100 = 415$$

Indem wir dasselbe für 2010 und 2011 machen, ersetzen wir nun die ursprünglichen 12 Einzahlungen durch den Betrag 415.00 am Ende jedes der Jahre 2009, 2010 und 2011.

31/12/2009	31/12/2010	31/12/2011
415	415	415

Das Guthaben ist $415 \cdot (1.10)^2 + 415 \cdot 1.10 + 415 = 1373.65$. Somit hat die Person am 31. Dezember 2011 den Betrag 1373.65 Euro.

Aufgaben für Kapitel 10.6

1. Eine Person leiht 80 000 Euro am Anfang eines Jahres und verpflichtet sich, diesen Betrag durch 10 jährliche Zahlungen gleicher Höhe am Ende jeden Jahres bei einem Zinssatz von 7 % und jährlicher Verzinsung zurückzuzahlen.

   (a) Bestimmen Sie den jährlichen Zahlungsbetrag.

   (b) Nehmen Sie an, dass der Kredit durch monatliche Zahlungen am Ende jeden Monats bei einem nominalen Zinssatz von 7 % und monatlicher Verzinsung zurückzuzahlen ist. Bestimmen Sie den monatlichen Zahlungsbetrag.

➡

→ Fortsetzung

2. Nehmen Sie an, dass Sie über 6 Jahre jedes Jahr 8000 Euro auf einem Sparkonto bei einem Zinssatz von 7 % anlegen. Wie viel Geld haben Sie unmittelbar nach der letzten Einzahlung? Wie viel haben Sie 4 Jahre nach der letzten Einzahlung?

3. Ronald investiert in ein Projekt, das sein Geld in 20 Jahren verdreifacht. Welches ist der Zinssatz, wenn wir jährliche Verzinsung annehmen? Welches, wenn wir stetige Verzinsung annehmen?

Anspruchsvollere Aufgabe

4. Ein Bauunternehmen möchte ein Baugelände kaufen und hat die Wahl zwischen drei verschiedenen Zahlungsplänen:

    (i) Zahle 67 000 Euro in bar.
    (ii) Zahle 12 000 Euro pro Jahr über 8 Jahre, wobei der erste Teilbetrag sofort zu zahlen ist.
    (iii) Zahle 22 000 Euro in bar und danach 7000 pro Jahr über 12 Jahre, wobei die erste Teilzahlung nach 1 Jahr fällig ist.

    Bestimmen Sie, welcher Zahlungsplan am billigsten ist, wenn der Zinssatz 11.5 % ist und das Unternehmen wenigstens 67 000 Euro in bar zur Verfügung hat? Was geschieht, wenn der Zinssatz 12.5 % ist?

▶ Lösungen zu den Aufgaben finden Sie im Anhang des Buches.

10.7   Interne Ertragsrate

Betrachten Sie $n + 1$ Zahlen $a_0, a_1, \ldots, a_n$, die die Erträge in aufeinander folgenden Jahren darstellen, die bei einem Investitionsprojekt erzielt werden. Negative Zahlen repräsentieren Verluste, positive Zahlen Gewinne. Somit ist jedes a_i tatsächlich der *Nettoertrag*. Außerdem denken wir uns a_i als mit dem Jahr i assoziiert, wobei a_0 zur gegenwärtigen Periode gehört. In den meisten Investitionsprojekten ist a_0 eine große negative Zahl, weil eine große Ausgabe positiven Erträgen vorangeht. Wenn wir einen Zinssatz von p % pro Jahr betrachten und $r = p/100$ setzen, dann ist der gegenwärtige Nettowert der aus dem Projekt hervorgehenden Gewinne gegeben durch

$$A = a_0 + \frac{a_1}{1 + r} + \frac{a_2}{(1 + r)^2} + \cdots + \frac{a_n}{(1 + r)^n}$$

Mehrere verschiedene Kriterien werden zum Vergleich alternativer Investitionsprojekte benutzt. Eins ist einfach dieses: Wählen Sie dasjenige Projekt, dessen Gewinne den größten Barwert haben. Die verwendete Zinsrate könnte eine für Kapitalinvestitionen akzeptierte Rate sein. Ein anderes Kriterium basiert auf der **internen Ertragsrate**, die als diejenige Zinsrate definiert ist, bei der der Barwert aller Zahlungen gleich 0 ist.

Als einfaches Beispiel stellen Sie sich vor, dass Sie einen Betrag a investieren, der ein Jahr später den Ertrag b einbringt. Dann ist die Ertragsrate diejenige Zinsrate r, die den Barwert des Investitionsprojektes zu 0 macht, d. h. r muss die Gleichung $-a + (1 + r)^{-1} b = 0$ erfüllen, so dass $r = (b/a) - 1$ ist. Wenn z. B. $a = 1000$ und $b = 1200$, so ist die Ertragsrate $r = (1200/1000) - 1 = 0.2$ oder 20 % pro Jahr.

Für ein allgemeines Investitionsprojekt mit den Erträgen $a_0, a_1, \ldots, a_n$ ist die interne Ertragsrate eine Zahl r, so dass

$$a_0 + \frac{a_1}{1 + r} + \frac{a_2}{(1 + r)^2} + \cdots + \frac{a_n}{(1 + r)^n} = 0 \qquad (10.7.1)$$

Wenn zwei Investitionsprojekte eine eindeutige Ertragsrate haben, so ist es ein Auswahlkriterium, das Projekt zu bevorzugen, das die höhere interne Ertragsrate hat.

Beachten Sie, dass (10.7.1) eine polynomiale Gleichung vom Grad n in dem Diskontierungsfaktor $(1 + r)^{-1}$ ist. Im Allgemeinen hat diese Gleichung keine eindeutige positive Lösung r.

Beispiel 10.7.1

Ein Investitionsprojekt hat eine Anfangsauslage von 50 000 Euro und am Ende der nächsten zwei Jahre die Erträge 30 000 bzw. 40 000 Euro. Bestimmen Sie die zugehörige interne Ertragsrate.

Lösung: In diesem Fall nimmt Gleichung (10.7.1) die folgende Gestalt an:

$$-50\,000 + \frac{30\,000}{1 + r} + \frac{40\,000}{(1 + r)^2} = 0$$

Setzen Sie $s = (1 + r)^{-1}$. Dann wird aus der Gleichung

$$40\,000 s^2 + 30\,000 s - 50\,000 = 0$$

oder $4s^2 + 3s - 5 = 0$. Diese Gleichung hat nur eine positive Lösung $s \approx 0.804$. Dann ist $r = 1/s - 1 \approx 0.243$. Die interne Ertragsrate ist deshalb 24.3 %.

Nehmen Sie an, dass $a_0 < 0$ und $a_1, \ldots, a_n$ alle > 0 sind. Dann hat Gleichung (10.7.1) eine eindeutige Lösung r^*, die $1 + r^* > 0$ erfüllt, d. h. eine eindeutige interne Ertragsrate $r^* > -1$. Außerdem: Die interne Ertragsrate ist positiv, falls $\sum_{i=0}^{n} a_i > 0$. Sie sind aufgefordert, diese Resultate in Aufgabe 3 zu beweisen.

Aufgaben für Kapitel 10.7

1. Ein Investitionsprojekt hat eine Anfangsauslage von 50 000 Euro und am Ende jedes der nächsten zwei Jahre Erträge von 30 000 Euro. Bestimmen Sie die zugehörige interne Ertragsrate r.

2. Nehmen Sie an, dass wir in Gleichung (10.7.1) haben: $a_0 < 0$ und $a_i = a > 0$ für $i = 1, 2, \ldots$. Bestimmen Sie einen Ausdruck für die interne Ertragsrate im Grenzfall $n \to \infty$.

3. Betrachten Sie ein Investitionsprojekt mit einem Anfangsverlust, so dass $a_0 < 0$ ist. Danach gebe es keine weiteren Verluste. Nehmen Sie auch an, dass die Summe der späteren Gewinne größer ist als der Anfangsverlust. Beweisen Sie, dass es eine eindeutige interne Ertragsrate $r^* > -1$ gibt, und dass $r^* > 0$, falls $\sum_{i=0}^{n} a_i > 0$. (*Hinweis:* Definieren Sie $f(r)$ als den Ausdruck auf der linken Seite von (10.7.1). Untersuchen Sie dann die Vorzeichen von $f(r)$ und $f'(r)$ im Intervall $(0, \infty)$.)

➡

→ Fortsetzung

4. Von einer Investition in eine bestimmte Maschine wird erwartet, dass sie jedes Jahr einen Gewinn von 400 000 Euro erbringt. Welches ist der maximale Preis, der für die Maschine gezahlt werden sollte, wenn sie eine Lebenszeit von sieben Jahren hat, der Zinssatz 17.5 % ist und der jährliche Gewinn am Ende jeden Jahres anfällt?

Anspruchsvollere Aufgaben

5. Ein Investitionsprojekt hat eine Anfangsauslage von 100 000 Euro und am Ende jedes der nächsten 20 Jahre einen Ertrag von 10 000 Euro. Zeigen Sie, dass es eine eindeutige positive interne Ertragsrate gibt und bestimmen Sie ihren approximativen Wert. (*Hinweis:* Verwenden Sie $s = (1 + r)^{-1}$ als eine neue Variable. Zeigen Sie, dass die Gleichung, die Sie für s erhalten, eine eindeutige positive Lösung hat. Verifizieren Sie, dass $s = 0.952$ eine angenäherte Lösung ist.)

6. Anton ist verpflichtet, Bertold 1000 Euro jährlich über 5 Jahre zu zahlen, wobei die erste Zahlung nach einem Jahr erfolgen soll. Bertold verkauft diesen Anspruch an Carl für 4340 Euro in bar. Finden Sie eine Gleichung für die Ertragsrate p, die Carl aus dieser Investition erzielt. Zeigen Sie, dass p ein wenig kleiner als 5 % ist.

▶ Lösungen zu den Aufgaben finden Sie im Anhang des Buches.

10.8 Ein flüchtiger Blick auf Differenzengleichungen

Viele Größen, die Ökonomen untersuchen, wie z.B. Einkommen, Konsum und Ersparnisse, werden in festen Zeitabständen registriert – z. B. täglich, wöchentlich, vierteljährlich oder jährlich. Gleichungen, die solche Größen zu verschiedenen diskreten Zeitpunkten in Beziehung setzen, werden **Differenzengleichungen** genannt. Differenzengleichungen können als diskrete Ebenbilder der Differentialgleichungen in stetiger Zeit, die wir in den Kapiteln 9.8 und 9.9 betrachtet haben, angesehen werden.

Mit $t = 0, 1, 2, \ldots$ bezeichnen wir verschiedene diskrete Zeitperioden oder Zeitpunkte. Gewöhnlich nennen wir $t = 0$ die *Anfangsperiode*. Wenn $x(t)$ eine Funktion ist, die für $t = 0, 1, 2, \ldots$ definiert ist, schreiben wir oft $x_0, x_1, x_2, \ldots$ für $x(0), x(1), x(2), \ldots$ und allgemein schreiben wir x_t für $x(t)$.

Ein einfaches Beispiel einer Differenzengleichung erster Ordnung ist

$$x_{t+1} = ax_t \tag{10.8.1}$$

für $t = 0, 1, \ldots$, wobei a eine Konstante ist. Dies ist eine Gleichung erster Ordnung, da der Wert einer Funktion in der Periode $t+1$ zu dem Wert derselben Funktion nur in der vorausgehenden Periode t in Beziehung gesetzt wird. Nehmen Sie an, dass x_0 bekannt ist. Wiederholte Anwendung von (10.8.1) ergibt $x_1 = ax_0$, dann $x_2 = ax_1 = a \cdot ax_0 = a^2 x_0$, dann $x_3 = ax_2 = a \cdot a^2 x_0 = a^3 x_0$ usw.. Allgemein gilt:

$$x_t = x_0 a^t, \qquad t = 0, 1, \ldots \tag{10.8.2}$$

Die Funktion $x_t = x_0 a^t$ erfüllt (10.8.1) für alle t, wie man leicht nachvollziehen kann. Für den gegebenen Wert von x_0 gibt es selbstverständlich keine andere Funktion, die diese Gleichung erfüllt.

461

Beispiel 10.8.1

Betrachten Sie die folgende Differenzengleichung, für die $x_0 = 100$ gilt und $x_{t+1} = 0.2x_t$ für $t = 0, 1, \dots$. Aus Gleichung (10.8.2) folgt $x_t = 100(0.2)^t$.

Beispiel 10.8.2

Es bezeichne K_t den Kontostand zu Beginn der Periode t, wobei die Zinsrate pro Periode gleich r sei. Dann ist der Kontostand zur Zeit $t+1$ gegeben durch die Differenzengleichung $K_{t+1} = K_t + rK_t = (1+r)K_t$ für $t = 0, 1, \dots$. Es folgt sofort aus (10.8.2), dass $K_t = K_0(1+r)^t$, wie uns bereits aus Kapitel 1.2 und aus dem Anfang dieses Kapitels wohlbekannt ist. Allgemein beschreibt diese Differenzengleichung das Wachstum zu einer konstanten proportionalen Rate r pro Periode.

Beispiel 10.8.3

(Ein Multiplikator–Akzelerator-Modell ökonomischen Wachstums) Es sei Y_t das BIP, I_t die Gesamtinvestition und S_t die Gesamtersparnis – jeweils in der Periode t. Nehmen Sie an, dass die Ersparnisse proportional zum BIP sind und dass die Investition proportional zur Änderung des Einkommens von Periode t zu $t+1$ ist. Dann gilt für $t = 0, 1, 2, \dots$,

$$\text{(i)} \quad S_t = \alpha Y_t \qquad \text{(ii)} \quad I_{t+1} = \beta(Y_{t+1} - Y_t) \qquad \text{(iii)} \quad S_t = I_t$$

Die letzte Gleichung ist die Gleichgewichtsbedingung, dass die Ersparnisse in jeder Periode gleich den Investitionen sind. Hier sind α und β positive Konstanten und wir nehmen an, dass $\beta > \alpha > 0$. Leiten Sie eine Differenzengleichung her, die den Pfad von Y_t bei gegebenem Y_0 bestimmt, und lösen Sie die Gleichung.

Lösung: Aus (i) und (iii) folgt: $I_t = \alpha Y_t$ und somit $I_{t+1} = \alpha Y_{t+1}$. Indem wir dies in (ii) einsetzen, ergibt sich $\alpha Y_{t+1} = \beta(Y_{t+1} - Y_t)$ oder $(\alpha - \beta)Y_{t+1} = -\beta Y_t$. Daher gilt:

$$Y_{t+1} = \frac{\beta}{\beta - \alpha} Y_t = \left(1 + \frac{\alpha}{\beta - \alpha}\right) Y_t \qquad (*)$$

Mit (10.8.2) erhalten wir die Lösung

$$Y_t = \left(1 + \frac{\alpha}{\beta - \alpha}\right)^t Y_0$$

für $t = 0, 1, 2, \dots$.

Lineare Gleichungen erster Ordnung mit konstanten Koeffizienten

Betrachten Sie jetzt die lineare Differenzengleichung erster Ordnung

$$x_{t+1} = ax_t + b, \tag{10.8.3}$$

für $t = 0, 1, 2, \ldots$, wobei a und b Konstanten sind. Gleichung (10.8.1) ist der Spezialfall mit $b = 0$. Beginnend mit einem gegebenen x_0, können wir x_t für kleine t algebraisch berechnen. Es gilt

$$x_1 = ax_0 + b$$
$$x_2 = ax_1 + b = a(ax_0 + b) + b = a^2 x_0 + (a + 1)b$$
$$x_3 = ax_2 + b = a(a^2 x_0 + (a + 1)b) + b = a^3 x_0 + (a^2 + a + 1)b$$

usw. Das Muster ist klar ersichtlich. Allgemein haben wir

$$x_t = a^t x_0 + (a^{t-1} + a^{t-2} + \cdots + a + 1)b$$

Es ist einfach zu überprüfen, dass (10.8.3) erfüllt ist. Nach der Summenformel für geometrische Reihen gilt: $1 + a + a^2 + \cdots + a^{t-1} = (1 - a^t)/(1 - a)$ für $a \neq 1$. Daher gilt:

Lineare Gleichungen erster Ordnung mit konstanten Koeffizienten

Für $a \neq 1$ gilt:

$$x_{t+1} = ax_t + b \Leftrightarrow x_t = a^t \left(x_0 - \frac{b}{1 - a}\right) + \frac{b}{1 - a} \quad \text{für } t = 0, 1, 2, \ldots \tag{10.8.4}$$

Wenn $a = 1$, haben wir $1 + a + \cdots + a^{t-1} = t$ und $x_t = x_0 + tb$ für $t = 1, 2, \ldots$.

Beispiel 10.8.4

Lösen Sie die Differenzengleichung $x_{t+1} = \frac{1}{3}x_t - 8$.

Lösung: Mit (10.8.4) erhalten wir die Lösung $x_t = \left(\frac{1}{3}\right)^t (x_0 + 12) - 12$.

Gleichgewichtszustände und Stabilität

Betrachten Sie die Lösung von $x_{t+1} = ax_t + b$, die in (10.8.4) gegeben ist. Wenn $x_0 = b/(1 - a)$, dann gilt $x_t = b/(1 - a)$ für alle t. Die Konstante $x^* = b/(1 - a)$ wird ein **Gleichgewichtszustand** oder ein **stationärer** Zustand für $x_{t+1} = ax_t + b$ genannt.

Eine alternative Möglichkeit, einen Gleichgewichtszustand x^* zu finden, ist eine Lösung von $x_{t+1} = ax_t + b$ zu suchen mit $x_t = x^*$ für alle t. Solch eine Lösung muss $x_{t+1} = x_t = x^*$ erfüllen und somit $x^* = ax^* + b$. Für $a \neq 1$ erhalten wir deshalb $x^* = b/(1 - a)$ wie bisher.

Nehmen Sie an, dass die Konstante a in (10.8.4) im Absolutbetrag kleiner als 1 ist – d. h. $-1 < a < 1$. Dann gilt $a^t \to 0$ für $t \to \infty$. Somit impliziert (10.8.4), dass

$$x_t \to x^* = b/(1 - a) \quad \text{für} \quad t \to \infty$$

Für $|a| < 1$ konvergiert daher die Lösung gegen den Gleichgewichtszustand, wenn $t \to \infty$. Die Gleichung wird dann **global asymptotisch stabil** genannt. Wenn $|a| > 1$, dann strebt der Absolutbetrag von a^t gegen ∞, wenn $t \to \infty$. Aus (10.8.4) folgt, dass x_t sich immer weiter vom Gleichgewichtszustand entfernt, es sei denn $x_0 = b/(1-a)$. Illustrationen der verschiedenen Möglichkeiten sind in FMEA, Kapitel 11.1 zu finden.

Beispiel 10.8.5

Die Gleichung in Beispiel 10.8.4 ist stabil, da $a = 1/3$. Der Gleichgewichtszustand ist -12. Wir sehen von der in dem Beispiel gegebenen Lösung, dass $x_t \to -12$, wenn $t \to \infty$.

Beispiel 10.8.6

(**Hypothekenrückzahlungen**) Ein Spezialfall der Differenzengleichung (10.8.3) liegt vor, wenn eine Familie einen Betrag K zur Zeit 0 als Hypothek auf ein Haus leiht. Nehmen Sie an, dass es eine feste Zinsrate r pro Periode (gewöhnlich eher ein Monat als ein Jahr) gibt. Nehmen Sie auch an, dass es konstante Rückzahlungsbeträge der Höhe a pro Periode gibt, bis die Hypothek nach n Perioden (z.B. 360 Monate = 30 Jahre) abbezahlt ist. Die ausstehende Forderung oder die *Schuld* b_t auf den Kredit in der Periode t erfüllt die Differenzengleichung $b_{t+1} = (1+r)b_t - a$ mit $b_0 = K$ und $b_n = 0$. Diese Differenzengleichung kann mit (10.8.4) gelöst werden. Dies ergibt

$$b_t = (1+r)^t (K - a/r) + a/r$$

Jedoch ist $b_t = 0$, wenn $t = n$, so dass $0 = (1+r)^n (K - a/r) + a/r$. Auflösen nach K ergibt

$$K = \frac{a}{r}[1 - (1+r)^{-n}] = a \sum_{t=1}^{n} (1+r)^{-t} \qquad (*)$$

Der ursprüngliche Kredit ist deshalb gleich dem gegenwärtigen diskontierten Wert von n gleichen Rückzahlungen der Höhe a pro Periode, beginnend in Periode 1. Auflösen nach a ergibt

$$a = \frac{rK}{1 - (1+r)^{-n}} = \frac{rK(1+r)^n}{(1+r)^n - 1} \qquad (**)$$

Die Formeln $(*)$ und $(**)$ sind dieselben wie die, die wir in Kapitel 10.6 auf direktere Weise hergeleitet haben.

Aufgaben für Kapitel 10.8

1. Bestimmen Sie die Lösungen der folgenden Differenzengleichungen.

   (a) $x_{t+1} = -2x_t$ (b) $6x_{t+1} = 5x_t$ (c) $x_{t+1} = -0\,3x_t$

2. Bestimmen Sie die Lösungen der folgenden Differenzengleichungen mit den gegebenen Werten für x_0:

   (a) $x_{t+1} = x_t - 4$, $x_0 = 0$ (b) $x_{t+1} = \frac{1}{2}x_t + 2$, $x_0 = 6$

   (c) $2x_{t+1} + 6x_t + 5 = 0$, $x_0 = 1$ (d) $x_{t+1} + x_t = 8$, $x_0 = 2$

3. Nehmen Sie an: Das Angebot zum Freis P_t sei $S(P_t) = \alpha P_t - \beta$ und die Nachfrage zum Preis P_{t+1} sei $D(P_{t+1}) = \gamma - \delta P_{t+1}$. Lösen Sie die Differenzengleichung $S(P_t) = D(P_{t+1})$ unter der Annahme, dass alle Konstanten positiv sind.

▶ Lösungen zu den Aufgaben finden Sie im Anhang des Buches.

Aufgaben zur Wiederholung für Kapitel 10

1. Ein Betrag von 5000 Euro erbringt 3 % Zinsen pro Jahr.
   (a) Auf welches Guthaben ist dieser Betrag nach 10 Jahren angewachsen?
   (b) Wie lange dauert es, bis die 5000 Euro sich verdoppeln?

2. Ein Betrag von 8000 Euro wird zu 5 % pro Jahr angelegt.
   (a) Wie hoch ist das Guthaben auf dem Konto nach 3 Jahren?
   (b) Wie hoch ist das Guthaben nach 13 Jahren?
   (c) Wie lange dauert es ungefähr, bis das Guthaben 32 000 Euro erreicht?

3. Welches Angebot ist von einem Kreditnehmer zu bevorzugen: (i) zu einem jährlichen Zinssatz von 11 % bei jährlicher Verzinsung zu leihen oder (ii) bei einem jährlichen Zinssatz von 10 % mit monatlicher Verzinsung zu leihen?

4. Nehmen Sie an, dass eine Summe von 15 000 Euro auf einem Konto mit einem jährlichen Zinssatz von 7 % angelegt wird. Wie hoch ist das Guthaben nach 12 Jahren, wenn die Zinsen stetig berechnet werden?

5. (a) Auf welchen Betrag sind 8000 Euro nach 3 Jahren angewachsen, wenn der jährliche Zinssatz 6 % bei stetiger Verzinsung ist?

   (b) Wie lange dauert es, bis die 8000 Euro sich verdoppelt haben?

6. Bestimmen Sie die Summen der folgenden unendlichen Reihen:

    (a) $44 + 44 \cdot 0.56 + 44 \cdot (0.56)^2 + \cdots$

    (b) $\sum_{n=0}^{\infty} 20 \left(\frac{1}{1.2} \right)^n$

    (c) $3 + \dfrac{3 \cdot 2}{5} + \dfrac{3 \cdot 2^2}{5^2} + \cdots + \dfrac{3 \cdot 2^{n-1}}{5^{n-1}} + \cdots$

    (d) $\sum_{j=-2}^{\infty} \dfrac{1}{20^j}$

7. Ein konstanter Einkommensstrom von a Euro pro Jahr wird über die nächsten T Jahre erwartet.

    (a) Bestimmen Sie seinen PDV unter der Annahme einer jährlichen Zinsrate r bei stetiger Verzinsung.

    (b) Welches ist der Grenzwert des PDV für $T \to \infty$? Vergleichen Sie dieses Resultat mit Gleichung (10.5.4).

8. Am Beginn eines Jahres werden 5000 Euro auf ein Sparkonto eingezahlt bei 4 % jährlichen Zinsen. Wie hoch ist das Guthaben nach 4 Jahren?

9. Am Ende jeden Jahres werden über 4 Jahre jeweils 5000 Euro auf ein Sparkonto eingezahlt bei 4 % jährlichen Zinsen. Wie hoch ist das Guthaben unmittelbar nach der vierten Einzahlung?

10. Nehmen Sie an, dass Sie 10 000 Euro auf Ihrem Sparkonto hatten am 1. Januar 2006. Der jährliche Zinssatz ist 4 %. Sie haben sich verpflichtet, jedes Jahr einen festen Betrag K über 8 Jahre einzuzahlen, die erste Einzahlung am 1. Januar 2009. Welche Wahl des festen Betrages K impliziert, dass Sie unmittelbar nach der letzten Einzahlung ein Guthaben von 70 000 Euro haben?

11. Ein Unternehmen leiht 500 000 Euro zu Beginn eines Jahres von einer Bank und soll diesen Betrag in 10 gleichen Teilbeträgen am Ende jeden Jahres zurückzahlen bei jährlicher Verzinsung zu 7 %.

    (a) Bestimmen Sie den jährlichen Zahlungsbetrag. Wie hoch ist der Gesamtbetrag, der an die Bank gezahlt wird?

    (b) Wie hoch ist der Gesamtbetrag, wenn das Unternehmen zweimal im Jahr zahlen muss?

12. Lucy hat die Wahl zwischen den folgenden drei Optionen:
    (i)   Sie erhält 3200 Euro jedes Jahr für 10 Jahre. Die erste Zahlung ist nach 1 Jahr fällig.
    (ii) Sie erhält heute 7000 Euro und danach 3000 Euro pro Jahr für 5 Jahre. Die erste Zahlung ist nach 1 Jahr fällig.
    (iii) Sie erhält pro Jahr 4000 Euro für 10 Jahre. Die erste Zahlung ist nach 5 Jahren fällig.

    Der jährliche Zinssatz ist 8 %. Berechnen Sie die Barwerte dieser drei Optionen. Zu welcher Option würden Sie Lucy raten?

13. Nehmen Sie mit Bezug auf Beispiel 10.3.2 an, dass der Marktwert des Baumes $P(t) = 100e^{\sqrt{t}/2}$ ist, so dass sein Barwert $f(t) = 100e^{\sqrt{t}/2}e^{-rt}$ ist.

   (a) Bestimmen Sie die optimale Fällzeit t^*. Zeigen Sie durch Untersuchung des Vorzeichens von $f'(t)$, dass Sie tatsächlich das Maximum gefunden haben. Wie groß ist t^*, wenn $r = 0.05$ ist? Beachten Sie, dass t^* fällt, wenn r steigt.

   (b) Lösen Sie dasselbe Problem, wenn $P(t) = 200e^{-1/t}$ und $r = 0.04$ ist.

14. Die Einkünfte aus einer neuen Ölquelle sind am Anfang ($t = 0$) gleich 1 Million Euro pro Jahr und es wird angenommen, dass dies gleichmäßig auf 5 Millionen Euro pro Jahr nach 10 Jahren ansteigen wird. Wenn wir die Zeit in Jahren messen und mit $f(t)$ die Einkünfte (in Millionen Euro) pro Zeiteinheit zur Zeit t bezeichnen, so folgt, dass $f(t) = 1 + 0.4t$. Falls $F(t)$ die Gesamteinnahmen bezeichnet, die sich über das Zeitintervall $[0, t]$ ansammeln, so ist $F'(t) = f(t)$.

   (a) Berechnen Sie die Gesamteinnahmen über die 10-Jahresperiode, d. h. $F(10)$.

   (b) Bestimmen Sie den Barwert des Einkommensstromes über das Zeitintervall $[0, 10]$, wenn wir stetige Verzinsung zur Rate $r = 0.05$ pro Jahr annehmen.

15. Lösen Sie die folgenden Differenzengleichungen mit den gegebenen Werten von x_0:

   (a) $x_{t+1} = -0.1x_t$ mit $x_0 = 1$,   (b) $x_{t+1} = x_t - 2$ mit $x_0 = 4$,

   (c) $2x_{t+1} - 3x_t = 2$ mit $x_0 = 2$

▶ Lösungen zu den Aufgaben finden Sie im Anhang des Buches.

Funktionen mehrerer Variablen

11

ÜBERBLICK

Die Mathematik ist kein vorsichtiger Marsch auf einer freien Schnellstraße, sondern eine Reise in eine fremdartige Wildnis, in der sich die Forscher oft verlieren.

–W. S. Anglin (1992)

> *Bisher hat sich dieses Buch fast ausschließlich mit Funktionen einer Variablen befasst. Jedoch verlangt eine realistische Beschreibung vieler ökonomischer Phänomene die Betrachtung einer großen Zahl an Variablen. So hängt z. B. die Nachfrage eines Verbrauchers nach einem Gut wie Orangensaft von seinem Preis, dem Einkommen des Verbrauchers und den Preisen von Substituten wie anderen Limonaden oder den Preisen komplementärer Güter wie einigen Nahrungsmitteln ab.*
>
> *Frühere Kapitel haben wichtige Eigenschaften von Funktionen einer Variablen dargestellt. Für Funktionen mehrerer Variablen besteht das meiste, was Ökonomen wissen müssen, aus relativ einfachen Erweiterungen der in den früheren Kapiteln für Funktionen einer Variablen dargestellten Eigenschaften. Weiterhin treten die meisten Schwierigkeiten bereits beim Übergang von einer zu zwei Variablen auf. Um den Lesern die Überwindung dieser Schwierigkeiten zu erleichtern, behandeln die Kap. 11.1 bis 11.3 ausschließlich Funktionen von zwei Variablen. Diese haben Graphen im dreidimensionalen Raum, die man sogar in zweidimensionalen Abbildungen darstellen kann – wenn auch mit einigen Schwierigkeiten. Wie in dem Beispiel mit dem Orangensaft gibt es jedoch viele interessante ökonomische Probleme, die nur durch Funktionen mit vielen Variablen dargestellt werden können. Diese werden in den Kap. 11.4 bis 11.7 erörtert. Das letzte Unterkapitel, 11.8, ist dem ökonomisch wichtigen Begriff der Elastiztät gewidmet.*

11.1 Funktionen von zwei Variablen

Wir beginnen mit der folgenden Definition, wobei D eine Teilmenge der xy-Ebene ist.

Funktionen von zwei Variablen

Eine **Funktion f von zwei Variablen x und y** mit **Definitionsbereich** D ist eine Regel, die eine genau spezifizierte Zahl

$$f(x, y) \text{ zu jedem Punkt } (x, y) \text{ in } D \tag{11.1.1}$$

festlegt.

Wenn f eine Funktion von zwei Variablen ist, so bezeichnen wir oft mit einem Buchstaben wie z den Wert von f an der Stelle (x, y), so dass $z = f(x, y)$ ist. Wir nennen dann x und y die **unabhängigen Variablen** oder die **Argumente** von f, während z die **abhängige Variable** genannt wird, weil der Wert z, im Allgemeinen, von den Werten von x und y abhängt. Der Definitionsbereich der Funktion f ist dann die Menge aller möglichen Paare der unabhängigen Variablen, während der **Wertebereich** die Menge der zugehörigen Werte der abhängigen Variablen ist. In den Wirtschaftswissenschaften werden x und y oft die *exogenen* Variablen genannt, während z die *endogene* Variable ist.[1]

Beispiel 11.1.1

Betrachten Sie die Funktion f, die jedem Zahlenpaar (x, y) die Zahl $2x + x^2 y^3$ zuordnet. Die Funktion f ist daher definiert durch

$$f(x, y) = 2x + x^2 y^3$$

Geben Sie $f(1, 0)$, $f(0, 1)$, $f(-2, 3)$ und $f(a + 1, b)$ an.

Lösung: Zunächst ist $f(1, 0)$ der Wert von f, wenn $x = 1$ und $y = 0$ ist. Somit ist $f(1, 0) = 2 \cdot 1 + 1^2 \cdot 0^3 = 2$. Analog ist $f(0, 1) = 2 \cdot 0 + 0^2 \cdot 1^3 = 0$ und $f(-2, 3) = 2 \cdot (-2) + (-2)^2 \cdot 3^3 = -4 + 4 \cdot 27 = 104$. Schließlich finden wir $f(a+1, b)$, indem wir x durch $a+1$ und y durch b ersetzen in der Formel für $f(x, y)$. Dies ergibt $f(a + 1, b) = 2(a + 1) + (a + 1)^2 b^3$.

Beispiel 11.1.2

Eine Untersuchung über die Nachfrage nach Milch ergab den Zusammenhang

$$x = A \frac{m^{2.08}}{p^{1.5}} \, ,$$

wobei x der Milchkonsum, p der relative Preis von Milch, m das Einkommen pro Familie und A eine positive Konstante ist. Diese Gleichung definiert x als eine Funktion von p und m. Beachten Sie, dass der Milchkonsum zunimmt, wenn das Einkommen m wächst und abnimmt, wenn der Milchpreis steigt, was plausibel erscheint.

Beispiel 11.1.3

Eine Funktion von zwei Variablen, die in vielen ökonomischen Modellen erscheint, ist

$$F(x, y) = A x^a y^b \, , \tag{11.1.2}$$

wobei A, a und b Konstanten sind. Gewöhnlich nimmt man an, dass F nur für $x > 0$ und $y > 0$ definiert ist.

Eine Funktion F der Gestalt (11.1.2) wird allgemein eine **Cobb-Douglas-Funktion** genannt.[2] Sie wird sehr häufig verwendet, um gewisse Produktionsprozesse zu beschreiben. Dann werden x und y die *Inputfaktoren* genannt, während $F(x, y)$ die Anzahl der produzierten Einheiten oder der *Output* ist. In diesem Fall wird F wird eine *Produktionsfunktion* genannt.

---

[1] In ökonomischen Modellen mit mehreren simultanen Gleichungen ist die Unterscheidung zwischen exogenen und endogenen Variablen sehr viel differenzierter.

[2] Die Funktion in (11.1.2) ist benannt nach den zwei amerikanischen Forschern C. W. Cobb und P. H. Douglas, die sie, mit $a + b = 1$, in einer 1927 veröffentlichten Arbeit über die Schätzung von Produktionsfunktionen verwendeten. Die Funktion sollte jedoch eigentlich eine „Wicksell-Funktion", genannt werden, da der schwedische Ökonom Knut Wicksell (1851–1926) solche Produktionsfunktionen vor 1900 eingeführt hat.

Beachten Sie, dass die in Beispiel 11.1.2 definierte Funktion eine Cobb-Douglas-Funktion ist, weil $x = Ap^{-1.5}m^{2.08}$ ist.

Es ist wichtig, gründlich vertraut zu werden mit der Standardnotation für Funktionen.

Beispiel 11.1.4

Bestimmen Sie für die in Beispiel 11.1.3 gegebene Funktion F einen Ausdruck für $F(2x, 2y)$ und für $F(tx, ty)$, wobei t eine beliebige positive Zahl ist. Bestimmen Sie auch einen Ausdruck für $F(x + \Delta x, y) - F(x, y)$. Geben Sie dazu ökonomische Interpretationen.

Lösung: Wir erhalten

$$F(2x, 2y) = A(2x)^a(2y)^b = A2^a x^a 2^b y^b = 2^a 2^b Ax^a y^b = 2^{a+b} F(x, y)$$

Wenn F eine Produktionsfunktion ist, zeigt dies: Wenn jeder der Inputfaktoren verdoppelt wird, dann ist der Output 2^{a+b}-mal so groß. Wenn z. B. $a + b = 1$ ist, dann bewirkt die Verdopplung jedes Produktionsfaktors eine Verdopplung des Outputs. Im allgemeinen Fall ist

$$F(tx, ty) = A(tx)^a(ty)^b = At^a x^a t^b y^b = t^a t^b Ax^a y^b = t^{a+b} F(x, y) \qquad (*)$$

(Wie formulieren Sie dieses Resultat mit Ihren eigenen Worten?)[3]
Schließlich sehen wir, dass

$$F(x + \Delta x, y) - F(x, y) = A(x + \Delta x)^a y^b - Ax^a y^b = Ay^b[(x + \Delta x)^a - x^a] \qquad (**)$$

Dies gibt die Änderung im Output an, wenn der erste Inputfaktor um Δx Einheiten geändert wird, während der andere Inputfaktor unverändert bleibt. Nehmen Sie z. B. an, dass $A = 100$, $a = 1/2$ und $b = 1/4$, so dass $F(x, y) = 100x^{1/2}y^{1/4}$. Wenn wir jetzt $x = 16$, $y = 16$ und $\Delta x = 1$ wählen, so impliziert $(**)$, dass

$$F(16 + 1, 16) - F(16, 16) = 100 \cdot 16^{1/4}[17^{1/2} - 16^{1/2}] = 100 \cdot 2[\sqrt{17} - 4] \approx 24.6$$

Wenn wir also den ersten Inputfaktor von 16 auf 17 erhöhen, während wir den zweiten Inputfaktor konstant auf 16 Einheiten halten, dann erhöhen wir die Produktion um ungefähr 24.6 Einheiten.

Definitionsbereiche

Für Funktionen, die in den Wirtschaftswissenschaften untersucht werden, gibt es gewöhnlich explizite oder implizite Restriktionen an den Bereich, auf dem die Funktion definiert ist. Wenn z. B. $f(x, y)$ eine Produktionsfunktion ist, nehmen wir gewöhnlich an, dass die Inputgrößen nichtnegativ sind, d. h. $x \geq 0$ und $y \geq 0$. In den Wirtschaftswissenschaften ist es oft von äußerster Wichtigkeit zu klären, welches die Definitionsbereiche der verwendeten Funktionen sind.

---

[3] Wegen der Eigenschaft $(*)$ nennen wir die Funktion F *homogen vom Grade* $a + b$. Homogene Funktionen werden in den Abschnitten 12.6 und 12.7 untersucht.

In derselben Weise wie für Funktionen einer Variablen nehmen wir an, wenn nichts anderes vereinbart ist, dass der Definitionsbereich einer Funktion, die durch eine Formel definiert ist, die größte Menge an Punkten ist, in der die Formel einen sinnvollen und eindeutigen Wert liefert.

Manchmal ist es hilfreich, ein Bild des Definitionsbereiches in der xy-Ebene zu zeichnen.

Beispiel 11.1.5

Bestimmen Sie die Definitionsbereiche der durch die folgenden Formeln gegebenen Funktionen und zeichnen Sie dann diese Mengen in der xy-Ebene.

(a) $f(x, y) = \sqrt{x - 1} + \sqrt{y}$ (b) $g(x, y) = \dfrac{2}{(x^2 + y^2 - 4)^{1/2}} + \sqrt{9 - (x^2 + y^2)}$

Lösung:

(a) Wir müssen verlangen, dass $x \geq 1$ und $y \geq 0$, weil $\sqrt{x - 1}$ und $\sqrt{y}$ nur dann definiert sind. Der (unbeschränkte) Bereich ist in Abb. 11.1.1 dargestellt.

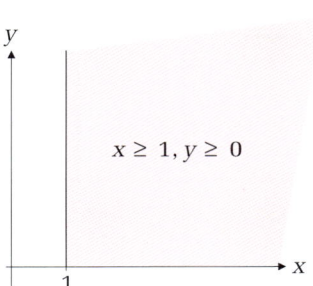

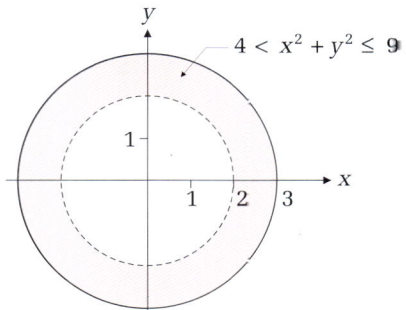

Abbildung 11.1.1: Definitionsbereich von $\sqrt{x - 1} + \sqrt{y}$ Abbildung 11.1.2: Definitionsbereich von $2/(x^2 + y^2 - 4)^{1/2} + \sqrt{9 - (x^2 + y^2)}$

(b) $(x^2 + y^2 - 4)^{1/2} = \sqrt{x^2 + y^2 - 4}$ ist nur definiert, wenn $x^2 + y^2 \geq 4$. Ferner muss gelten $x^2 + y^2 \neq 4$, denn sonst ist der Nenner gleich 0. Ferner müssen wir $9 - (x^2 + y^2) \geq 0$ oder $x^2 + y^2 \leq 9$ verlangen. Alles in allem muss deshalb gelten $4 < x^2 + y^2 \leq 9$. Da der Graph von $x^2 + y^2 = r^2$ aus allen Punkten auf dem Kreis mit Mittelpunkt im Ursprung und Radius r besteht, ist der Definitionsbereich die Menge der Punkte (x, y), die außerhalb des Kreises aber nicht auf dem Kreis $x^2 + y^2 = 4$ liegen und innerhalb des Kreises oder auf dem Kreis $x^2 + y^2 = 9$ liegen. Diese Menge ist in Abb. 11.1.2 gezeigt, wobei der durchgezogene Kreis zum Definitionsbereich gehört, der gestrichelte Kreis jedoch nicht.

Aufgaben für Kapitel 11.1

1. Gegeben sei $f(x, y) = x + 2y$. Bestimmen Sie $f(0, 1)$, $f(2, -1)$, $f(a, a)$ und $f(a + \Delta x, b) - f(a, b)$.

2. Gegeben sei $f(x, y) = xy^2$. Bestimmen Sie $f(0, 1)$, $f(-1, 2)$, $f(10^4, 10^{-2})$, $f(a, a)$, $f(a + \Delta x, b)$ und $f(a, b + \Delta y) - f(a, b)$.

3. Gegeben sei $f(x, y) = 3x^2 - 2xy + y^3$. Bestimmen Sie $f(1, 1)$, $f(-2, 3)$, $f(1/x, 1/y)$, $p = [f(x + \Delta x, y) - f(x, y)]/\Delta x$ und $q = [f(x, y + \Delta y) - f(x, y)]/\Delta y$.

4. Gegeben sei $f(x, y) = x^2 + 2xy + y^2$.

   (a) Bestimmen Sie $f(-1, 2)$, $f(a, a)$ und $f(a + h, b) - f(a, b)$.

   (b) Zeigen Sie, dass $f(2x, 2y) = 2^2 f(x, y)$ und dass $f(tx, ty) = t^2 f(x, y)$ für alle t.

5. Gegeben sei $F(K, L) = 10K^{1/2}L^{1/3}$ für $K \geq 0$ und $L \geq 0$. Bestimmen Sie $F(1, 1)$, $F(4, 27)$, $F(9, 1/27)$, $F(3, \sqrt{2})$, $F(100, 1000)$ und $F(2K, 2L)$.

6. Untersuchen Sie die Definitionsbereiche der durch die folgenden Formeln gegebenen Funktionen und zeichnen Sie dann diese in der xy-Ebene.

   (a) $\dfrac{x^2 + y^3}{y - x + 2}$ (b) $\sqrt{2 - (x^2 + y^2)}$ (c) $\sqrt{(4 - x^2 - y^2)(x^2 + y^2 - 1)}$

7. Bestimmen Sie die Definitionsbereiche der durch die folgenden Formeln definierten Funktionen:

   (a) $1/(e^{x+y} - 3)$ (b) $\ln(x - a)^2 + \ln(y - b)^2$ (c) $2\ln(x - a) + 2\ln(y - b)$

▶ Lösungen zu den Aufgaben finden Sie im Anhang des Buches.

11.2 Partielle Ableitungen bei zwei Variablen

Für eine Funktion $y = f(x)$ von einer Variablen ist die Ableitung $f'(x)$ eine Zahl, die die Änderungsrate der Funktion misst, wenn x sich ändert. Für Funktionen zweier Variablen, wie $z = f(x, y)$, möchten wir auch untersuchen, wie schnell sich der Funktionswert in Abhängigkeit von Änderungen der unabhängigen Variablen ändert. Wenn z. B. $f(x, y)$ der Gewinn eines Unternehmens ist, wenn es die Mengen x und y zweier Inputs verwendet, möchten wir wissen, ob und um wie viel sich der Gewinn ändern kann, wenn wir x und y variieren.

Betrachten Sie die Funktion

$$z = x^3 + 2y^2 \qquad (*)$$

Nehmen Sie zunächst an, dass y konstant gehalten wird. Dann ist $2y^2$ konstant und in Wirklichkeit gibt es jetzt nur eine freie Variable. Natürlich ist die Änderungsrate von z bezüglich x gegeben durch

$$\frac{dz}{dx} = 3x^2$$

Andererseits können wir x in $(*)$ festhalten und untersuchen, wie z variiert, wenn y variiert. Dazu muss die Ableitung von z nach y gebildet werden, während x konstant gehalten wird. Das Resultat ist

$$\frac{dz}{dy} = 4y$$

Offensichtlich gibt es viele andere Variationen, die wir untersuchen könnten. So könnten wir z. B. x und y gleichzeitig variieren. Jedoch werden wir uns in diesem Abschnitt auf Variationen *entweder* in x *oder* in y beschränken.

Wenn wir Funktionen von zwei Variablen betrachten, schreiben Mathematiker (und Ökonomen) gewöhnlich $\partial z/\partial x$ anstelle von dz/dx für die Ableitung von z nach x, wenn y konstant gehalten wird. Diese kleine Änderung in der Notation, das Ersetzen von d durch ∂ soll den Leser daran erinnern, dass sich nur eine unabhängige Variable ändert, während die andere(n) festgehalten wird (werden). In der gleichen Weise schreiben wir $\partial z/\partial y$ anstelle von dz/dy, wenn y variiert und x festgehalten wird. Daher haben wir

$$z = x^3 + 2y^2 \implies \frac{\partial z}{\partial x} = 3x^2 \quad \text{und} \quad \frac{\partial z}{\partial y} = 4y$$

Allgemein führen wir die folgenden Definitionen ein:

Partielle Ableitungen

Falls $z = f(x, y)$, dann ist

$\partial z/\partial x$ die Ableitung von $f(x, y)$ nach x, wenn y konstant gehalten wird   (11.2.1)

$\partial z/\partial y$ die Ableitung von $f(x, y)$ nach y, wenn x konstant gehalten wird   (11.2.2)

Wenn $z = f(x, y)$ ist, bezeichnen wir die Ableitung $\partial z/\partial x$ auch durch $\partial f/\partial x$, und dies wird die **partielle Ableitung** von z (oder f) nach x genannt. Genauso ist $\partial z/\partial y = \partial f/\partial y$ die **partielle Ableitung** von z (oder f) nach y. Beachten Sie, dass $\partial f/\partial x$ die Änderungsrate von $f(x, y)$ bezüglich x ist, wenn y konstant gehalten wird und Entsprechendes gilt für $\partial f/\partial y$. Natürlich gibt es zwei partielle Ableitungen, weil es zwei Variablen gibt.

Es ist gewöhnlich leicht, die partiellen Ableitungen einer Funktion $z = f(x, y)$ zu bestimmen. Wenn Sie $\partial f/\partial x$ bestimmen wollen, denken Sie sich einfach y als eine Konstante und differenzieren Sie $f(x, y)$ nach x, als ob f eine Funktion von x allein wäre. Die Regeln für das Bilden von Ableitungen von Funktionen einer Variablen können alle verwendet werden, wenn wir $\partial f/\partial x$ berechnen wollen. Dasselbe gilt für $\partial f/\partial y$. Wir wollen einige weitere Beispiele betrachten.

Beispiel 11.2.1

Bestimmen Sie die partiellen Ableitungen der folgenden Funktionen:

(a) $f(x, y) = x^3 y + x^2 y^2 + x + y^2$ (b) $f(x, y) = \dfrac{xy}{x^2 + y^2}$

Lösung:

(a) Wir erhalten, wenn wir y konstant halten:

$$\frac{\partial f}{\partial x} = 3x^2 y + 2xy^2 + 1$$

und wenn wir x konstant halten:

$$\frac{\partial f}{\partial y} = x^3 + 2x^2 y + 2y$$

(b) Für diese Funktion folgt aus der Quotientenregel

$$\frac{\partial f}{\partial x} = \frac{y(x^2 + y^2) - 2xxy}{(x^2 + y^2)^2} = \frac{y^3 - x^2 y}{(x^2 + y^2)^2}, \qquad \frac{\partial f}{\partial y} = \frac{x^3 - y^2 x}{(x^2 - y^2)^2}$$

Bemerken Sie, dass die Funktion symmetrisch in x und y ist, in dem Sinne, dass der Funktionswert unverändert bleibt, wenn wir x und y vertauschen. Indem wir x und y in der Formel für $\partial f/\partial x$ vertauschen, erhalten wir daher die korrekte Formel für $\partial f/\partial y$.

Es ist eine gute Übung für Sie, $\partial f/\partial y$ in der üblichen Weise zu bestimmen und zu überprüfen Sie, dass die oben stehende Antwort korrekt ist. ▬▬▬

Es werden oft zahlreiche andere Formen der Notation benutzt, um die partiellen Ableitungen von $z = f(x, y)$ zu bezeichnen. Einige der gebräuchlichsten sind

$$\frac{\partial f}{\partial x} = \frac{\partial z}{\partial x} = z'_x = f'_x(x, y) = f'_1(x, y) = \frac{\partial f(x, y)}{\partial x} = \frac{\partial f}{\partial x}(x, y)$$

$$\frac{\partial f}{\partial y} = \frac{\partial z}{\partial y} = z'_y = f'_y(x, y) = f'_2(x, y) = \frac{\partial f(x, y)}{\partial y} = \frac{\partial f}{\partial y}(x, y)$$

Unter diesen finden wir $f'_1(x, y)$ und $f'_2(x, y)$ am meisten zufriedenstellend. Hier bezieht sich der tief gestellte numerische Index auf die Position des Arguments in der Funktion. So bezeichnet f'_1 die partielle Ableitung bezüglich der ersten Variablen und f'_2 bezüglich der zweiten Variablen. Diese Notation erinnert uns auch daran, dass die partiellen Ableitungen selbst Funktionen von x und y sind. Schließlich sind $f'_1(a, b)$ und $f'_2(a, b)$ passende Bezeichnungen der Werte der partiellen Ableitungen im Punkt (a, b) anstelle in (x, y). Wenn z. B. die Funktion $f(x, y) = x^3 y + x^2 y^2 + x + y^2$ aus Beispiel 11.2.1(a) gegeben ist, so hat man

$$f'_1(x, y) = 3x^2 y + 2xy^2 + 1 \,, \quad f'_1(a, b) = 3a^2 b + 2ab^2 + 1$$

Insbesondere ist $f'_1(0, 0) = 1$ und $f'_1(-1, 2) = 3(-1)^2 2 + 2(-1)2^2 + 1 = -1$.

Wir bemerken, dass die alternativen Notationen $f'_x(x, y)$ und $f'_y(x, y)$ oft verwendet werden, aber sie sind manchmal zu unklar im Zusammenhang mit verketteten Funktionen. Was ist z. B. die Bedeutung von $f'_x(x^2 y, x - y)$?

Erinnern Sie sich daran, dass die Zahlen $f'_1(x, y)$ und $f'_2(x, y)$ die Änderungsraten von f bezüglich x bzw. y messen. Wenn z. B. $f'_1(x, y) > 0$, dann wird ein kleiner Zuwachs in x zu einem Zuwachs von $f(x, y)$ führen.

Beispiel 11.2.2

In Beispiel 11.1.2 haben wir die Funktion $x = Ap^{-1.5}m^{2.08}$ untersucht. Bestimmen Sie die partiellen Ableitungen von x bezüglich p und m, und diskutieren Sie ihre Vorzeichen.

Lösung: Wir erhalten $\partial x/\partial p = -1.5Ap^{-2.5}m^{2.08}$ und $\partial x/\partial m = 2.08Ap^{-1.5}m^{1.08}$. Da A, p und m positiv sind, ist $\partial x/\partial p < 0$ und $\partial x/\partial m > 0$. Diese Vorzeichen sind in Übereinstimmug mit den abschließenden Bemerkungen in dem Beispiel. ∎

Formale Definitionen der partiellen Ableitungen

Bisher waren die Funktionen durch explizite Formeln gegeben und wir haben die partiellen Ableitungen gefunden, indem wir die bekannten Regeln der Differentiation verwendet haben. Wenn diese Regeln jedoch nicht angewendet werden können, müssen wir direkt auf die formale Definition der partiellen Ableitung zurückgreifen. Diese wird in der folgenden ziemlich offensichtlichen Weise aus der Definition der Ableitung für Funktionen einer Variablen hergeleitet.

Falls $z = f(x, y)$ und $g(x) = f(x, y)$ (bei festem y), so ist die partielle Ableitung von $f(x, y)$ bezüglich x einfach $g'(x)$. Nun ist die Definition von $g'(x)$ gegeben durch $g'(x) = \lim_{\Delta x \to 0}[g(x + \Delta x) - g(x)]/\Delta x$. Weil $f_1'(x, y) = g'(x)$, so folgt

> **Partielle Ableitungen, Definitionen**
>
> Gegeben sei $f(x, y)$. Dann ist
>
> $$f_1'(x, y) = \lim_{\Delta x \to 0} \frac{f(x + \Delta x, y) - f(x, y)}{\Delta x} \qquad (11.2.3)$$
>
> und analog
>
> $$f_2'(x, y) = \lim_{\Delta y \to 0} \frac{f(x, y + \Delta y) - f(x, y)}{\Delta y} \qquad (11.2.4)$$
>
> vorausgesetzt, dass die Grenzwerte existieren.

Falls der Grenzwert in (11.2.3) nicht existiert, so sagen wir, dass $f_1'(x, y)$ *nicht existiert* oder dass z in dem Punkt *nicht differenzierbar* ist bezüglich x. Analog, wenn der Grenzwert in (11.2.4) nicht existiert, dann existiert $f_2'(x, y)$ nicht und z ist nicht differenzierbar bezüglich y in dem Punkt. So ist z. B. die Funktion $f(x, y) = |x| - |y|$ nicht differenzierbar, weder nach x noch nach y, im Punkt $(x, y) = (0, 0)$.

Wenn Δx dem Absolutbetrag nach klein ist, dann erhalten wir aus (11.2.3) die Approximation

$$f_1'(x, y) \approx \frac{f(x + \Delta x, y) - f(x, y)}{\Delta x} \qquad (11.2.5)$$

Analog: Wenn Δy dem Absolutbetrag nach klein ist, gilt:

$$f_2'(x, y) \approx \frac{f(x, y + \Delta y) - f(x, y)}{\Delta y} \qquad (11.2.6)$$

Diese Approximationen können wie folgt interpretiert werden:

Partielle Ableitungen, Interpretationen

(i) Die partielle Ableitung $f_1'(x, y)$ ist ungefähr gleich der Änderung in $f(x, y)$ pro Einheit Erhöhung von x bei konstantem y.

(ii) Die partielle Ableitung $f_2'(x, y)$ ist ungefähr gleich der Änderung in $f(x, y)$ pro Einheit Erhöhung von y bei konstantem x.

Diese Approximation müssen mit Vorsicht verwendet werden. Grob gesagt, werden sie nicht zu ungenau sein, vorausgesetzt, dass die partiellen Ableitungen nicht zu stark auf den aktuellen Intervallen variieren. Diese Warnung gilt auch für den Ein-Variablen-Fall, den wir zuerst in Kap. 6.4 gesehen haben und dann in Kap. 7.4. Aber sie gilt hier mit größerem Nachdruck, da sogar eine anscheinend kleine Variation in, sagen wir, y, zu einer signifikanten Änderung in $f_1'(x, y)$ führen kann. Kap. 12.8 und FMEA diskutieren Approximationen im Detail.

Beispiel 11.2.3

Es sei $Y = F(K, L)$ die Anzahl der produzierten Einheiten, wenn K Einheiten Kapital und L Einheiten Arbeit als Input in einem Produktionsprozess verwendet werden. Welches ist die ökonomische Interpretation von $F_K'(100, 50) = 5$?

Lösung: $F_K'(100, 50) = 5$ bedeutet: Startet man von $K = 100$ und hält man den Arbeits-input konstant bei 50, so bewirkt ein kleiner Anstieg in K einen Anstieg des Outputs um fünf Einheiten pro Einheit Anstieg in K.

Partielle Ableitungen höherer Ordnung

Falls $z = f(x, y)$ ist, dann werden $\partial f / \partial x$ und $\partial f / \partial y$ die **partiellen Ableitungen erster Ordnung** genannt. Diese partiellen Ableitungen sind im Allgemeinen wieder Funktionen von zwei Variablen. Aus $\partial f / \partial x$ können wir, vorausgesetzt, dass diese Ableitung selbst wieder differenzierbar ist, zwei neue Funktionen erzeugen, indem wir die partiellen Ableitungen bezüglich x und y bilden. In der gleichen Weise können wir die partiellen Ableitungen von $\partial f / \partial y$ bezüglich x und y bilden. Die vier Funktionen, die wir erhalten, wenn wir in dieser Weise zweimal differenzieren, heißen die **partiellen Ableitungen zweiter Ordnung** von $f(x, y)$. Sie werden wie folgt ausgedrückt:

$$\frac{\partial}{\partial x}\left(\frac{\partial f}{\partial x}\right) = \frac{\partial^2 f}{\partial x^2}, \qquad \frac{\partial}{\partial y}\left(\frac{\partial f}{\partial x}\right) = \frac{\partial^2 f}{\partial y \partial x}$$

$$\frac{\partial}{\partial x}\left(\frac{\partial f}{\partial y}\right) = \frac{\partial^2 f}{\partial x \partial y}, \qquad \frac{\partial}{\partial y}\left(\frac{\partial f}{\partial y}\right) = \frac{\partial^2 f}{\partial y^2}$$

Beispiel 11.2.4

Für die Funktion in Teil (a) von Beispiel 11.2.1 erhalten wir

$$\frac{\partial^2 f}{\partial x^2} = 6xy + 2y^2, \quad \frac{\partial^2 f}{\partial y \partial x} = 3x^2 + 4xy, \quad \frac{\partial^2 f}{\partial x \partial y} = 3x^2 + 4xy \quad \text{und} \quad \frac{\partial^2 f}{\partial y^2} = 2x^2 + 2$$

Wie bei den partiellen Ableitungen erster Ordnung werden auch bei den partiellen Ableitungen zweiter Ordnung zahlreiche andere Arten der Notation verwendet. So wird z. B. $\partial^2 f/\partial x^2$ auch mit $f''_{11}(x, y)$ oder $f''_{xx}(x, y)$ bezeichnet. Genauso kann $\partial^2 f/\partial y \partial x$ auch als $f''_{12}(x, y)$ oder $f''_{xy}(x, y)$ geschrieben werden. Beachten Sie, dass $f''_{12}(x, y)$ bedeutet, dass wir $f(x, y)$ zuerst bezüglich des ersten Arguments x und dann bezüglich des zweiten Arguments y differenzieren. Um $f''_{21}(x, y)$ zu bestimmen, müssen wir in der umgekehrten Reihenfolge differenzieren. In Beispiel 4 sind diese beiden „gemischten" partiellen Ableitungen zweiter Ordnung gleich. In der Tat wird es für die meisten Funktionen $z = f(x, y)$ der Fall sein, dass

$$\frac{\partial^2 f}{\partial x \partial y} = \frac{\partial^2 f}{\partial y \partial x} \tag{11.2 7}$$

Hinreichende Bedingungen für diese Gleichheit werden in Theorem 11.6.1 angegeben.

Es ist sehr wichtig, die exakte Bedeutung der verschiedenen Symbole, die hier eingeführt wurden, zu beachten. Wenn wir z. B. Gleichung (11.2.7) betrachten, wäre es ein schwerwiegender Fehler zu glauben, dass die zwei Ausdrücke gleich sind, weil $\partial x \partial y$ dasselbe ist wie $\partial y \partial x$. Hier ist der Ausdruck auf der linken Seite die Ableitung von $\partial f/\partial y$ bezüglich x und die rechte Seite ist die Ableitung von $\partial f/\partial x$ bezüglich y. Es ist eine bemerkenswerte Tatsache und keine Trivialität, dass die zwei gewöhnlich gleich sind.

Es ist auch wichtig zu beachten, dass $\partial^2 z/\partial x^2$ ganz verschieden von $(\partial z/\partial x)^2$ ist. Wenn z. B. $z = x^2 + y^2$, dann ist $\partial z/\partial x = 2x$. Daher ist $\partial^2 z/\partial x^2 = 2$, während $(\partial z/\partial x)^2 = 4x^2$ ist.

Analog definieren wir partielle Ableitungen dritter, vierter und höherer Ordnung. So schreiben wir z. B. $\partial^4 z/\partial x \partial y^3 = z^{(4)}_{yyyx}$, wenn wir z zunächst dreimal nach y differenzieren und dann das Resultat nach x differenzieren. Hier ist ein weiteres Beispiel.

Beispiel 11.2.5

Bestimmen Sie für $f(x, y) = x^3 e^{y^2}$ die partiellen Ableitungen erster und zweiter Ordnung im Punkt $(x, y) = (1, 0)$.

Lösung: Um $f'_1(x, y)$ zu bestimmen, differenzieren wir $x^3 e^{y^2}$ nach x, wobei wir y als eine Konstante betrachten. Wenn y eine Konstante ist, dann ist auch e^{y^2} eine Konstante. Daher gilt $f'_1(x, y) = 3x^2 e^{y^2}$ und damit $f'_1(1, 0) = 3 \cdot 1^2 e^{0^2} = 3$.

Um $f'_2(x, y)$ zu bestimmen, differenzieren wir $f(x, y)$ nach y, wobei wir x als eine Konstante betrachten. Es folgt $f'_2(x, y) = x^3 2y e^{y^2} = 2x^3 y e^{y^2}$ und damit $f'_2(1, 0) = 0$.

Um die partielle Ableitung zweiter Ordnung $f''_{11}(x, y)$ zu bestimmen, müssen wir $f'_1(x, y)$ noch einmal nach x differenzieren, wobei wir y als eine Konstante betrachten. Daher ist $f''_{11}(x, y) = 6x e^{y^2}$ und damit $f''_{11}(1, 0) = 6 \cdot 1 e^{0^2} = 6$.

Um $f_{22}''(x, y)$ zu bestimmen, müssen wir $f_2'(x, y) = 2x^3 y e^{y^2}$ noch einmal nach y differenzieren, wobei wir x als eine Konstante betrachten. Da $y e^{y^2}$ ein Produkt von zwei Funktionen ist, wobei beide Funktionen von y sind, verwenden wir die Produktregel und erhalten $f_{22}''(x, y) = (2x^3)(1 \cdot e^{y^2} + y 2y e^{y^2}) = 2x^3 e^{y^2} + 4x^3 y^2 e^{y^2}$. Indem wir dies an der Stelle $(1, 0)$ berechnen, erhalten wir $f_{22}''(1, 0) = 2$.

Ferner ist $f_{12}''(x, y) = \frac{\partial}{\partial y}\left[f_1'(x, y)\right] = \frac{\partial}{\partial y}(3x^2 e^{y^2}) = 3x^2 2y e^{y^2} = 6x^2 y e^{y^2}$ und $f_{21}''(x, y) = \frac{\partial}{\partial x}\left[f_2'(x, y)\right] = \frac{\partial}{\partial x}(2x^3 y e^{y^2}) = 6x^2 y e^{y^2}$. Daher ist $f_{12}''(1, 0) = f_{21}''(1, 0) = 0$.

Aufgaben für Kapitel 11.2

1. Bestimmen Sie $\partial z/\partial x$ und $\partial z/\partial y$ für die folgenden Funktionen:

   (a) $z = 2x + 3y$ (b) $z = x^2 + y^3$ (c) $z = x^3 y^4$ (d) $z = (x + y)^2$

2. Bestimmen Sie $\partial z/\partial x$ und $\partial z/\partial y$ für die folgenden Funktionen:

   (a) $z = x^2 + 3y^2$ (b) $z = xy$ (c) $z = 5x^4 y^2 - 2xy^5$ (d) $z = e^{x+y}$

   (e) $z = e^{xy}$ (f) $z = e^x/y$ (g) $z = \ln(x + y)$ (h) $z = \ln(xy)$

3. Bestimmen Sie $f_1'(x, y)$, $f_2'(x, y)$ und $f_{12}''(x, y)$ für die folgenden Funktionen:

   (a) $f(x, y) = x^7 - y^7$ (b) $f(x, y) = x^5 \ln y$ (c) $f(x, y) = (x^2 - 2y^2)^5$

4. Bestimmen Sie alle partiellen Ableitungen erster und zweiter Ordnung von:

   (a) $z = 3x + 4y$ (b) $z = x^3 y^2$ (c) $z = x^5 - 3x^2 y + y^6$

   (d) $z = x/y$ (e) $z = (x - y)/(x + y)$ (f) $z = \sqrt{x^2 + y^2}$

5. Bestimmen Sie alle partiellen Ableitungen erster und zweiter Ordnung von:

   (a) $z = x^2 + e^{2y}$ (b) $z = y \ln x$ (c) $z = xy^2 - e^{xy}$ (d) $z = x^y$

6. Die geschätzte Produktionsfunktion für eine gewisse Fischerei ist $F(S, E) = 2.26 \, S^{0.44} E^{0.48}$, wobei S den Bestand an Hummer bezeichnet, E den Fangaufwand und $F(S, E)$ den Fang.

   (a) Bestimmen Sie $F_S'(S, E)$ und $F_E'(S, E)$.

   (b) Zeigen Sie, dass $SF_S' + EF_E' = kF$ für eine passende Konstante k ist.

7. Zeigen Sie: Wenn $z = (ax + by)^2$ ist, dann gilt $xz_x' + yz_y' = 2z$.

8. Sei $z = \frac{1}{2} \ln(x^2 + y^2)$. Zeigen Sie, dass $\partial^2 z/\partial x^2 + \partial^2 z/\partial y^2 = 0$ ist.

9. Nehmen Sie an: Wenn ein Haushalt x Einheiten eines Gutes und y Einheiten eines anderen Gutes konsumiert, sei der Nutzen beschrieben durch die Funktion $s(x, y) = 2 \ln x + 4 \ln y$. Nehmen Sie an, dass der Haushalt zur Zeit 20 Einheiten des ersten und 30 Einheiten des zweiten Gutes konsumiert. Wie groß ist der approximative Zuwachs des Nutzens aus dem Konsum einer weiteren Einheit: (a) des ersten Gutes? (b) des zweiten Gutes?

▶ Lösungen zu den Aufgaben finden Sie im Anhang des Buches.

11.3 Geometrische Darstellung

Bei der Untersuchung von Funktionen einer Variablen haben wir gesehen, wie nützlich es war, die Funktion durch ihren Graphen in einem Koordinatensystem in der Ebene darzustellen. Dieses Unterkapitel zeigt, wie man Funktionen von zwei Variablen durch Graphen visualisieren kann, die Flächen im (dreidimensionalen) Raum bilden. Wir beginnen mit der Einführung eines Koordinatensystems im Raum.

Erinnern Sie sich daran, wie jeder Punkt in einer Ebene durch ein Paar reeller Zahlen dargestellt werden kann, indem wir zwei gegenseitig orthogonale Koordinatenachsen verwenden: ein rechteckiges Koordinatensystem in der Ebene. In einer ähnlichen Weise können Punkte im Raum durch ein Tripel reeller Zahlen dargestellt werden, indem wir drei paarweise orthogonale Koordinatenachsen verwenden. In Abb. 11.3.1 haben wir solch ein Koordinatensystem dargestellt. Die drei Geraden, die gegenseitig orthogonal sind und die sich im Punkt O in Abb. 11.3.1 schneiden, werden die *Koordinatenachsen* genannt. Sie werden gewöhnlich x-Achse, y-Achse und z-Achse genannt. Wir wählen Einheiten, um die Längen entlang jeder Achse zu messen und wählen auf jeder der Achsen eine positive Richtung, die durch die Pfeilspitzen angedeutet wird.

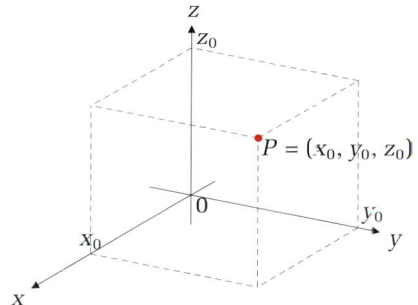

Abbildung 11.3.1: Ein Koordinatensystem

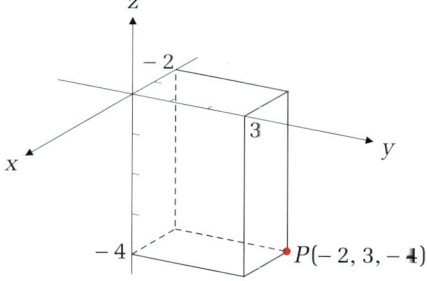

Abbildung 11.3.2: $P = (-2, 3, -4)$

Die Gleichung $x = 0$ wird erfüllt durch alle Punkte in einer *Koordinatenebene*, die von der y-Achse und der z-Achse aufgespannt wird. Diese Ebene wird die yz-Ebene genannt. Es gibt zwei andere Koordinatenebenen: die xy-Ebene, auf der $z = 0$ ist, und die xz-Ebene, auf der $y = 0$ ist. Wir denken uns oft die xy-Ebene als horizontal, wobei die z-Achse senkrecht durch sie hindurch geht.

Jede Koordinatenebene teilt den Raum in zwei *Halbräume*. So teilt z. B. die xy-Ebene den Raum in die Regionen, wo $z > 0$, oberhalb der xy-Ebene, und $z < 0$, unterhalb der xy-Ebene. Die drei Koordinatenebenen zusammen teilen den Raum in 8 *Oktanten*. Der Oktant mit $x \geq 0$, $y \geq 0$ und $z \geq 0$ wird der *nichtnegative Oktant* genannt.

Jeder Punkt P im Raum hat nun ein zugehöriges Tripel (x_0, y_0, z_0), das seine Lage, wie in Abb. 11.3.1 angedeutet, beschreibt. Umgekehrt ist es klar, dass jedes Tripel von Zahlen in dieser Weise auch einen eindeutigen Punkt im Raum bestimmt. Beachten Sie insbesondere, dass für negatives z_0 der Punkt (x_0, y_0, z_0) unterhalb der xy-Ebene mit $z = 0$ liegt. In Abb. 11.3.2 haben wir den Punkt P mit den Koordinaten $(-2, 3, -4)$ dargestellt. Der Punkt P in Abb. 11.3.1 liegt im positiven Oktanten.

Der Graph einer Funktion von zwei Variablen

Nehmen Sie an, dass $z = f(x, y)$ eine Funktion von zwei Variablen ist, die auf einem Definitionsbereich D in der xy-Ebene definiert ist. Der **Graph** der Funktion f ist die Menge aller Punkte $(x, y, f(x, y))$ im Raum, die man erhält, wenn man (x, y) „durch ganz D laufen lässt". Falls f eine hinreichend „nette" Funktion ist, wird der Graph von f eine zusammenhängende Fläche im Raum sein, wie z. B. der Graph in Abb. 11.3.3. Wenn insbesondere (x_0, y_0) ein Punkt im Definitionsbereich D ist, sehen wir, wie man den Punkt $P = (x_0, y_0, f(x_0 y_0))$ auf der Fläche erhalten kann, indem man $f(x_0 y_0)$ als „Höhe" von f an der Stelle (x_0, y_0) betrachtet.

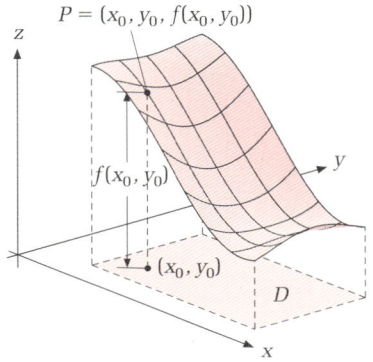

Abbildung 11.3.3: Graph von $z = f(x, y)$

Ein talentierter Bildhauer mit viel Zeit und Ressourcen könnte im Prinzip diesen dreidimensionalen Graphen der Funktion $z = f(x, y)$ konstruieren. Das kann auch ein 3D-Drucker. Sogar die Zeichnung eines Bildes wie in Abb. 11.3.3, die diesen Graph in zwei Dimensionen darstellt, verlangt beachtliche artistische Fähigkeiten.[4]

    Wir beschreiben jetzt eine zweite Art der geometrischen Darstellung, die oft besser funktioniert, wenn wir uns auf zwei Dimensionen, wie hier auf die Seiten dieses Buches, beschränken müssen.

Höhenlinien

Hersteller von Landkarten können einige topografische Eigenschaften der Erdoberfläche wie Berge und Täler auch in ebenen Karten darstellen. Die übliche Möglichkeit dafür ist es, eine Reihe von *Höhenlinien* oder Niveaulinien einzuzeichnen, die Punkte auf der Karte verbinden, die Orte auf der Erdoberfläche mit der gleichen Erhebung über

---

[4] Mit modernen Computergrafiken kann man jedoch die Graphen komplizierter Funktionen von zwei Variablen ziemlich einfach zeichnen und diese können rotiert oder transformiert werden, um die Gestalt des Graphen besser darzustellen.

dem Meeresspiegel darstellen. So kann es z. B. Höhenlinien geben, die zu 100 Meter über dem Meeresspiegel gehören, und andere für 200, 300 und 400 Meter über dem Meeresspiegel usw. Vor der Küste oder an Plätzen wie dem Tal des Jordan-Flusses, der in das Tote Meer mündet, kann es beispielsweise Niveaulinien für 100 Meter unter dem Meeresspiegel geben. Wo die Niveaulinien nahe zusammenliegen, wird dadurch eine starke Steigung angedeutet. So kann die Untersuchung einer Karte mit Höhenlinien einen guten Eindruck vermitteln, wie die Höhe auf dem Boden variiert.

Dieselbe Idee kann für die geometrische Darstellung einer beliebigen Funktion $z = f(x, y)$ verwendet werden. Der Graph der Funktion im dreidimensionalen Raum wird so visualisiert, als würde er von horizontalen Ebenen parallel zur xy-Ebene geschnitten. Die resultierende Schnittfläche zwischen jeder Ebene und dem Graphen wird dann auf die xy-Ebene projiziert. Wenn die Schnittebene $z = c$ ist, dann heißt die Projektion der Schnittfläche auf die xy-Ebene die **Höhenlinie** oder Niveaulinie von f zur Höhe c. Diese Höhenlinie besteht aus allen Punkten, die die Gleichung $f(x, y) = c$ erfüllen. Abb. 11.3.4 illustriert die Konstruktion solch einer Höhenlinie.

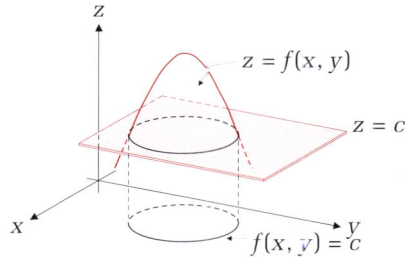

Abbildung 11.3.4: Der Graph von z = f(x, y) und eine ihrer Höhenlinien

Beispiel 11.3.1

Betrachten Sie die Funktion von zwei Variablen, die durch die Gleichung

$$z = x^2 + y^2 \qquad (*)$$

definiert ist. Welches sind die Höhenlinien? Zeichnen Sie eine Menge von Höhenlinien und den Graphen der Funktion.

Lösung: Die Variable z kann nur Werte ≥ 0 annehmen. Jede Höhenlinie hat die Gleichung

$$x^2 + y^2 = c \qquad (**)$$

für ein $c \geq 0$. Wir sehen, dass dies Kreise in der xy-Ebene mit dem Mittelpunkt im Ursprung und mit Radius $\sqrt{c}$ sind, wie in Abb. 11.3.5.

Für den Graphen von $(*)$ sind alle Höhenlinien Kreise. Für $y = 0$ erhalten wir $z = x^2$. Dies zeigt, dass der Graph von $(*)$ die xz-Ebene (in der $y = 0$ ist) in einer Parabel schneidet. Analog erhalten wir für $x = 0$, dass $z = y^2$, und dies ist der Graph einer Parabel in der yz-Ebene. Und in der Tat erhält man den Graphen von $(*)$, indem man die Parabel $z = x^2$ um die z-Achse rotieren lässt. Diese Rotationsfläche wird ein **Paraboloid** genannt und ihr unterster Teil ist in Abb. 11.3.6 gezeigt. Fünf der Höhenlinien sind auch in der xy-Ebene angedeutet.

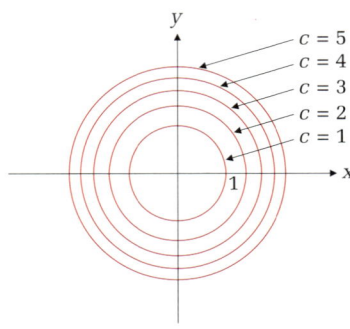

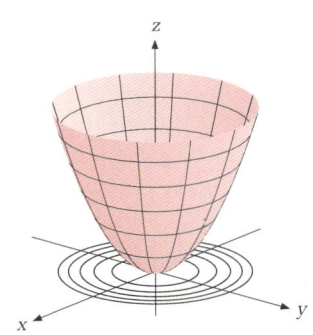

Abbildung 11.3.5: Lösungen von $x^2 + y^2 = c$ Abbildung 11.3.6: Der Graph von $z = x^2 + y^2$

Beispiel 11.3.2

Nehmen Sie an, dass $F(K, L)$ den Output eines Unternehmens bezeichnet, wenn der Kapitaleinsatz K und der Arbeitseinsatz L beträgt. Eine Höhenlinie für die Funktion ist eine Kurve in der KL-Ebene, die gegeben ist durch $F(K, L) = Y_0$, wobei Y_0 ist eine Konstante ist. Diese Kurve heißt eine **Isoquante** („gleiche Menge" bedeutend). Für eine Cobb-Douglas-Funktion $F(K, L) = AK^aL^b$ mit $a + b < 1$ und $A > 0$ zeigen die Abbildungen 11.3.7 und 11.3.8 einen Teil des Graphen in der Nähe des Ursprungs bzw. drei Isoquanten.

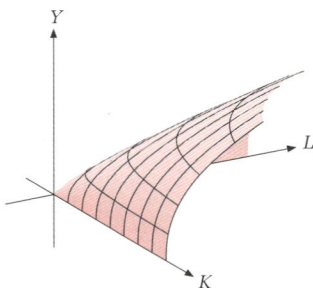
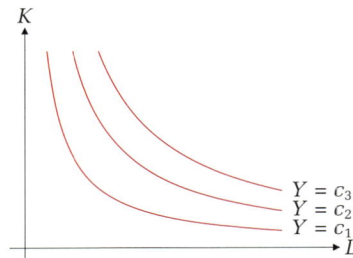

Abbildung 11.3.7: Graph einer Cobb–Douglas–Produktionsfunktion   Abbildung 11.3.8: Isoquanten einer Cobb–Douglas–Produktionsfunktion

Beispiel 11.3.3

Zeigen Sie, dass alle Punkte (x, y), die $xy = 3$ erfüllen, auf einer Höhenlinie der folgenden Funktion liegen:

$$g(x, y) = \frac{3(xy + 1)^2}{x^4y^4 - 1}$$

Lösung: Indem wir $xy = 3$ in dem Ausdruck für g substituieren, erhalten wir

$$g(x, y) = \frac{3(xy + 1)^2}{(xy)^4 - 1} = \frac{3(3 + 1)^2}{3^4 - 1} = \frac{48}{80} = \frac{3}{5}$$

Dies zeigt, dass für alle (x, y) mit $xy = 3$ der Wert von $g(x, y)$ eine Konstante, näm-lich $3/5$ ist. Damit ist gezeigt, dass jeder Punkt (x, y), der $xy = 3$ erfüllt, auf einer Niveaulinie (zur Höhe $3/5$) für g liegt.[5] ▬▬▬

Geometrische Interpretationen der partiellen Ableitungen

Partielle Ableitungen erster Ordnung haben eine interessante geometrische Interpre-tation. Sei $z = f(x, y)$ eine Funktion von zwei Variablen, deren Graph in Abb. 11.3.9 dargestellt ist. Wir halten den Wert von y fest an der Stelle y_0. Die Punkte $(x, y, f(x, y))$ auf dem Graphen von f mit $y = y_0$ sind diejenigen, die auf der Kurve K_y liegen, die in der Abbildung eingezeichnet ist. Die partielle Ableitung $f_x'(x_0, y_0)$ ist die Ableitung von $z = f(x, y_0)$ nach x im Punkt $x = x_0$ und ist deshalb die Steigung der Tangente l_y an die Kurve K_y in $x = x_0$. Genauso ist $f_y'(x_0, y_0)$ die Steigung der Tangente l_x an die Kurve K_x in $y = y_0$.

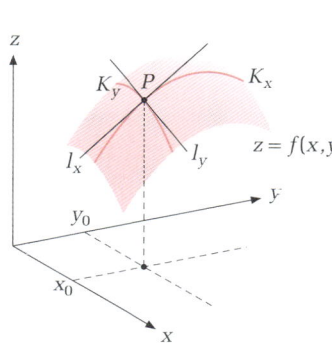

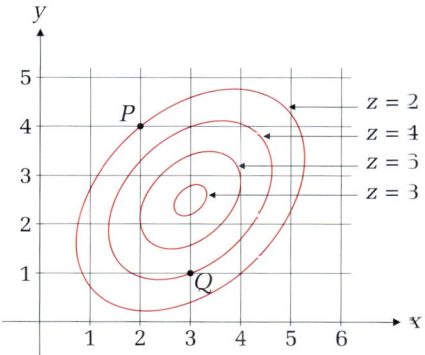

Abbildung 11.3.9: Partielle Ableitungen   *Abbildung 11.3.10: Höhenlinien*

Diese geometrische Interpretation der zwei partiellen Ableitungen kann auf eine an-dere Weise erklärt werden. Stellen Sie sich vor, dass der Graph von f aussieht wie die Oberfläche eines Berges, wie in Abb. 11.3.9, und nehmen Sie an, dass wir am Punkt P mit den Koordinaten $(x_0, y_0, f(x_0, y_0))$ im dreidimensionalen Raum stehen, wo die Höhe $f(x_0, y_0)$ Einheiten über der xy-Ebene ist. Die Steigung des Geländes an der Stelle P variiert, wenn wir in verschiedene Richtungen blicken. Nehmen Sie insbesondere an, dass wir in die Richtung der positiven x-Achse schauen. Dann ist $f_x'(x_0, y_0)$ ein Maß für die „Steilheit" in dieser Richtung. In der Abbildung ist $f_x'(x_0, y_0)$ negativ, weil eine Bewegung von P aus in die Richtung der positiven x-Achse uns abwärts führt. In derselben Weise sehen wir, dass $f_y'(x_0, y_0)$ ein Maß für die „Steilheit" in die Rich-tung parallel zur positiven y-Achse ist. Wir sehen, dass $f_y'(x_0, y_0)$ positiv ist, d. h. die Steigung verläuft in dieser Richtung aufwärts.

Wir wollen jetzt kurz die geometrische Interpretation der „direkten" partiellen Ab-leitungen zweiter Ordnung f_{xx}'' und f_{yy}'' betrachten. Betrachten Sie die Kurve K_y auf

---

[5] Tatsächlich ist $g(x, y) = 3(c + 1)^2/(c^4 - 1)$, falls $xy = c \neq \pm 1$, so dass diese Gleichung eine Höhenlinie von g darstellt für jeden Wert von $c \neq \pm 1$.

dem Graphen von f in der Abbildung 11.3.9. Es sieht so aus, als ob $f_{xx}''(x, y_0)$ entlang dieser Kurve negativ ist, weil $f_x'(x, y_0)$ abnimmt, wenn x zunimmt. Insbesondere ist $f_{xx}''(x_0, y_0) < 0$. In derselben Weise sehen wir, dass bei einer Bewegung entlang K_x die partielle Ableitung $f_y'(x_0, y)$ fällt, wenn y steigt, so dass $f_{yy}''(x_0, y) < 0$ entlang K_x. Insbesondere ist $f_{yy}''(x_0, y_0) < 0$. Die gemischten partiellen Ableitungen f_{xy}'' und f_{yx}'' haben nicht so einfache geometrische Interpretationen.[6]

Beispiel 11.3.4

Betrachten Sie Abb. 11.3.10, die einige Höhenlinien einer Funktion $z = f(x, y)$ zeigt. Beantworten Sie auf der Grundlage dieser Abbildung die folgenden Fragen:

(a) Welche Vorzeichen haben $f_x'(x, y)$ und $f_y'(x, y)$ in den Punkten P und Q? Schätzen Sie auch den Wert von $f_x'(3, 1)$ ab.

(b) Welches sind die Lösungen der Gleichungen (i) $f(3, y) = 4$ und (ii) $f(x, 4) = 6$?

(c) Welches ist der größte Wert, den $f(x, y)$ annehmen kann, wenn $x = 2$ ist und für welchen Wert y tritt dieses Maximum ein?

Lösung:

(a) Wenn Sie an der Stelle P stehen, befinden Sie sich auf der Höhenlinie $f(x, y) = 2$. Wenn Sie in die Richtung der positiven x-Achse schauen, entlang der Geraden $y = 4$, dann werden Sie sehen, dass das Gelände ansteigt, da die nächsten Höhenlinien zu größeren z-Werten gehören. Daher ist $f_x' > 0$. Wenn Sie an der Stelle P stehen und in die Richtung der positiven y-Achse, entlang $x = 2$ blicken, fällt das Gelände ab. Daher muss an der Stelle P gelten: $f_y' < 0$. An der Stelle Q finden wir auf ähnliche Weise, dass $f_x' < 0$ und $f_y' > 0$ ist. Um $f_x'(3, 1)$ abzuschätzen, benutzen wir, dass $f_x'(3, 1) \approx f(4, 1) - f(3, 1) = 2 - 4 = -2$ ist.[7]

(b) Gleichung (i) hat die Lösungen $y = 1$ und $y = 4$, weil die Gerade $x = 3$ die Höhenlinie $f(x, y) = 4$ in $(3, 1)$ und in $(3, 4)$ schneidet. Gleichung (ii) hat keine Lösungen, weil die Gerade $y = 4$ die Höhenlinie $f(x, y) = 6$ überhaupt nicht schneidet.

(c) Der höchste Wert von c, für den die Höhenlinie $f(x, y) = c$ einen Punkt mit der Geraden $x = 2$ gemeinsam hat, ist $c = 6$. Der größte Wert von $f(x, y)$, wenn $x = 2$ ist, ist daher 6 und wir sehen aus Abb. 11.3.10, dass dieser Maximalwert angenommen wird, wenn $y \approx 2.2$ ist.

---

[6] Betrachten Sie wieder die Kurve K_y und erinnern Sie, dass ihre Position bestimmt ist durch den Wert von y, nämlich y_0, den wir festhalten, wenn wir die partielle Ableitung nach x berechnen. Die erste partielle Ableitung ist $f_x'(x, y_0)$, was wir als Steigung der Geraden l_y in Richtung der x-Achse ansehen können. Stellen Sie sich jetzt vor, dass Sie y_0 leicht erhöhen, so dass die Kurve K_y in Richtung der y-Achse verschoben wird. Natürlich verschiebt sich die l_y-Kurve auch und ihre Steigung kann sich ändern. Die gemischte partielle Ableitung f_{xy}'' misst die Größe dieser Änderung.

[7] Diese Approximation ist weit entfernt von Genauigkeit. Wenn wir $y = 1$ festhalten und x um eine Einheit *verringern*, dann ist $f(2, 1) \approx 4$, welches die Abschätzung $f_x'(3, 1) \approx 4 - 4 = 0$ ergibt. „Die Karte" ist nicht hinreichend fein abgestimmt um Q herum.

Gradienten

Wir beschließen dieses Unterkapitel, idem wir eine geometrische Interpretation der zwei partiellen Ableitungen in der xy-Ebene geben. In jedem Punkt $(x, y) = (c \; b)$ können die zwei partiellen Ableitungen zusammen geschrieben werden als das Paar

$$(f_1'(a, b), f_2'(a, b)) \tag{*}$$

Natürlich kann dieses Paar selbst in der Ebene dargestellt werden wie in Abb. 11.3 11. In dem Bild haben wir $Df(a, b)$ benutzt, um das Paar (∗) zu bezeichnen und haben es angedeutet durch eine Gerade, die den Punkt mit diesen Koordinaten mit dem Ursprung verbindet. Nehmen Sie an, wir addieren (a, b) zu dem Paar (∗), was $(a, b) + Df(a, b) = (a + f_1'(a, b), b + f_2'(a, b))$ ergibt. Dann bewegen wir uns auf der Geraden vom Ursprung zum Punkt (a, b). In der Abbildung haben wir auch die Gerade in einen Pfeil umgewandelt und haben eine Gerade gezeichnet, die orthogonal dazu ist und durch den Punkt (a, b) verläuft. Wir haben auch die Höhenlinie der Funktion f dargestellt, die durch diesen Punkt geht. Wir werden das weiter ausführen in FMEA, aber es gibt drei wichtige Ideen, die Sie sich merken sollten:

1. Die Gerade, die senkrecht ist zum Pfeil, ist auch Tangente an die Höhenlinie. Dies impliziert, dass eine kleine Änderung in (x, y) in Richtung dieser Geraden den Wert der Funktion unverändert lässt.
2. Eine kleine Änderung in (x, y) in Richtung des Pfeils verursacht andererseits den größtmöglichen Zuwachs im Wert der Funktion. Ein Schritt in die entgegengesetzte Richtung des Pfeils würde die größtmögliche Verringerung des Funktionswertes bewirken.
3. Die Länge des Pfeils zeigt die Änderungsrate an, mit der die Funktion wachsen würde nach einer Verschiebung von (x, y) in dieser Richtung. Je länger der Pfeil, desto schneller der Zuwachs.

Das Paar $Df(a, b) = (f_1'(a, b), f_2'(a, b))$ ist ein sehr nützliches Objekt. In einer weiter fortgeschrittenen Differentialrechnung erlaubt es uns, unsere Analysis zu verallgemeinern auf Änderungen in (x, y) in jede Richtung der Ebene, und nicht nur parallel zu einer der zwei Achsen. Dann denkt man bei $Df(a, b)$ gewöhnlich an einen Pfeil, oder "Vektor", der *der Gradientenvektor der Funktion f im Punkt (a, b) genannt wird.*

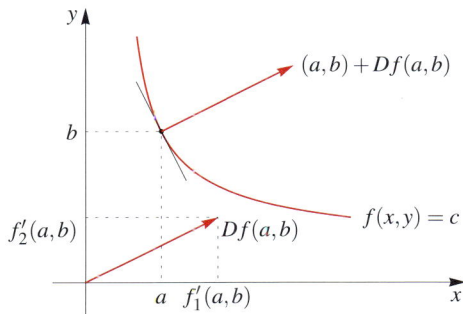

Abbildung 11.3.11: Der Gradientenvektor

Aufgaben für Kapitel 11.3

1. Zeichnen Sie ein dreidimensionales Koordinatensystem, einschließlich einer „Box" wie die in den Abbildungen 11.3.1 und 11.3.2, und markieren Sie die Punkte $P = (3, 0, 0)$, $Q = (0, 2, 0)$, $R = (0, 0, -1)$ und $S = (3, -2, 4)$.

2. Beschreiben Sie geometrisch die Menge der Punkte (x, y, z) in drei Dimensionen, in denen gilt: (a) $y = 2$ und $z = 3$, während x frei variiert; (b) $y = x$, während z frei variiert.

3. Zeigen Sie, dass $x^2 + y^2 = 6$ eine Höhenlinie von $f(x, y) = \sqrt{x^2 + y^2} - x^2 - y^2 + 2$ ist.

4. Zeigen Sie, dass $x^2 - y^2 = c$ eine Höhenlinie von $f(x, y) = e^{x^2} e^{-y^2} + x^4 - 2x^2y^2 + y^4$ für alle Werte der Konstanten c ist.

5. Erklären Sie, warum sich zwei Höhenlinien der Funktion $z = f(x, y)$, die zu verschiedenen Werten von z gehören, nicht schneiden können.

6. Sei $f(x)$ eine Funktion einer Variablen. Wenn wir $g(x, y) = f(x)$ setzen, dann haben wir eine Funktion von zwei Variablen definiert, aber y erscheint nicht in der Formel. Erklären Sie, wie man den Graphen von g aus dem Graphen von f erhält. Illustrieren Sie dies mit $f(x) = x$ und auch mit $f(x) = -x^3$.

7. Zeichnen Sie die Graphen der folgenden Funktionen im dreidimensionalen Raum und zeichnen Sie für jede eine Reihe von Höhenlinien:

(a) $z = 3 - x - y$ (b) $z = \sqrt{3 - x^2 - y^2}$

8. Abb. 11.3.12 zeigt einige Höhenlinien für die Funktion $z = f(x, y)$.

(a) Wie groß ist $f(2, 3)$? Lösen Sie die Gleichung $f(x, 3) = 8$ für x.

(b) Bestimmen Sie den kleinsten Wert von $z = f(x, y)$, wenn $x = 2$ ist. Welches ist der zugehörige Wert von y?

(c) Welches sind die Vorzeichen von $f_1'(x, y)$ und $f_2'(x, y)$ in den Punkten A, B und C? Schätzen Sie die Werte dieser zwei partiellen Ableitungen an der Stelle A ab.

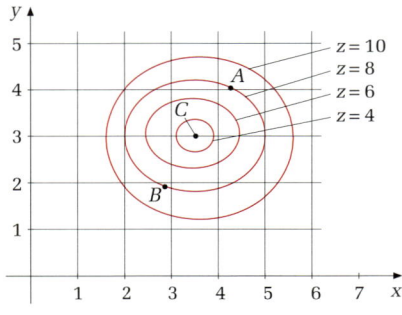

Abbildung 11.3.12: Aufgabe 8

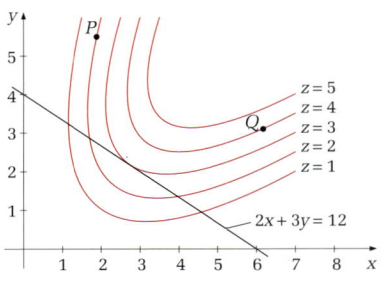

Abbildung 11.3.13: Aufgabe 9

➡ Fortsetzung

9. Abb. 11.3.13 zeigt einige Höhenlinien für eine Funktion $z = f(x, y)$ zusammen mit der Geraden $2x + 3y = 12$.

   (a) Welche Vorzeichen haben f'_x und f'_y in den Punkten P und Q?

   (b) Bestimmen Sie mögliche Lösungen der Gleichungen (i) $f(1, y) = 2$ und (ii) $f(x, 2) = 2$.

   (c) Welches ist der größte Wert von $f(x, y)$ unter denjenigen (x, y), die $2x + 3y = 12$ erfüllen?

Anspruchsvollere Aufgabe

10. Nehmen Sie an, dass $F(x, y)$ eine Funktion ist, von der wir nur wissen, dass $F(0, 0) = 0$, sowie $F'_1(x, y) \geq 2$ für alle (x, y) und $F'_2(x, y) \leq 1$ für alle (x, y). Was kann über die relativen Größen von $F(0, 0)$, $F(1, 0)$, $F(2, 0)$, $F(0, 1)$ und $F(1, 1)$ gesagt werden? Schreiben Sie Ungleichungen auf, die zwischen diesen Zahlen gelten müssen.

▶ Lösungen zu den Aufgaben finden Sie im Anhang des Buches.

11.4 Flächen und Abstand

Eine Gleichung in *zwei* Variablen, wie $f(x, y) = c$, kann durch eine Punktmenge in der Ebene dargestellt werden, die der Graph der Gleichung genannt wird, wie in Kapitel 5.4. In einer ähnlichen Weise kann eine Gleichung in *drei* Variablen x, y und z, wie $g(x, y, z) = c$, durch eine Punktmenge im dreidimensionalen Raum dargestellt werden, die auch der **Graph** der Gleichung genannt wird. Dieser Graph besteht aus allen Tripeln (x, y, z), die die Gleichung erfüllen, und wird gewöhnlich eine so genannte **Fläche** im Raum bilden.

Eine der einfachsten Typen einer Gleichung in drei Variablen ist

$$ax + by + cz = d \tag{11.4 1}$$

wobei a, b und c nicht alle 0 sind. Dies ist die **allgemeine Gleichung für eine Ebene im Raum**. Unter der Annahme, dass a und b nicht beide 0 sind, schneidet der Graph dieser Gleichung die xy-Ebene, wenn $z = 0$ ist. Dann ist $ax + by = d$ und dies ist eine Gerade in der xy-Ebene, es sei denn $a = b = 0$. In der gleichen Weise sehen wir, dass der Graph die beiden anderen Koordinatenachsen in Geraden schneidet.

Wir benennen die Koeffizienten um und betrachten die Gleichung

$$px + qy + rz = m \tag{11.4 2}$$

wobei p, q, r und m alle positiv sind. Diese Gleichung kann ökonomisch interpretiert werden. Nehmen Sie an, dass ein Haushalt ein Gesamtbudget der Höhe m für den Kauf von drei Gütern zur Verfügung hat, deren Preise p, q und r pro Einheit sind. Wenn der Haushalt x Einheiten des ersten, y Einheiten des zweiten und z Einheiten des dritten Gutes kauft, sind die Gesamtkosten $px + qy + rz$. Daher ist Gleichung (11.4.2) die *Budget-Gleichung* des Haushalts: Nur solche Tripel (x, y, z), die (11.4.2) erfüllen, können gekauft werden, wenn die Ausgaben gleich m sein müssen. Die Budget-Gleichung stellt eine *Ebene* im Raum dar, die die **Budget-Ebene** genannt wird. Weil man in den meisten Fällen auch $x \geq 0$, $y \geq 0$ und $z \geq 0$ hat, ist der interessante Teil der Ebene das Dreieck mit den Ecken $P = (m/p, 0, 0)$, $Q = (0, m/q, 0)$ und $R = (0, 0, m/r)$, wie in Abb. 11.4.1 gezeigt wird. Wenn wir dem Haushalt erlauben, weniger auszugeben, ist die **Budget-Menge** definiert durch

$$B = \{ (x, y, z) : px + qy + rz \leq m, \ x \geq 0, \ y \geq 0, \ z \geq 0 \}$$

Diese bildet den dreidimensionalen Körper, der durch die Koordinatenebenen und die Budget-Ebene gebildet wird. Sie verallgemeinert die Zwei-Güter-Budget-Menge, die in Beispiel 4.4.7 erörtert wurde.

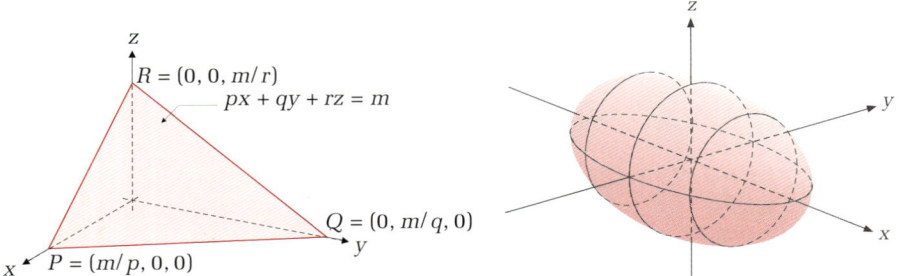

Abbildung 11.4.1: Eine Budget-Menge, wenn es drei Güter gibt

Abbildung 11.4.2: $x^2/a^2 + y^2/b^2 + z^2/c^2 = 1$, wobei
$a > b = c$ (ein Rugby-Ball)

Eine andere ziemlich interessante Fläche erscheint in Abb. 11.4.2. Diese Fläche wird ein **Ellipsoid** genannt, bei dem einige Leser vielleicht die Gestalt eines Rugby-Balles erkennen.

Die Abstands-Formel

In Kap. 5.5 haben wir die Formel für den Abstand zwischen zwei Punkten in der Ebene angegeben. Nun wollen wir dasselbe für Punkte im dreidimensionalen Raum tun.

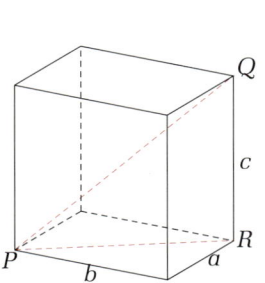

Abbildung 11.4.3: Der Abstand zwischen
den Punkten P und Q, bezeichnet mit PQ

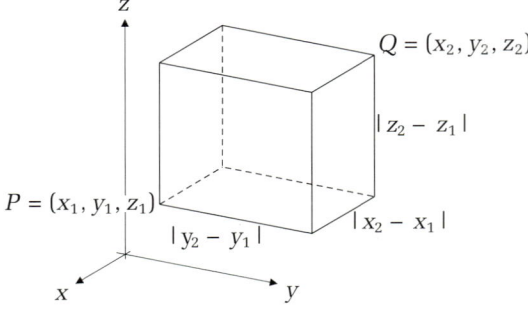

Abbildung 11.4.4: Der Abstand zwischen zwei typischen Punkten

Betrachten Sie eine rechteckige Box (einen Quader) mit Seiten der Länge a, b und c, wie in Abb. 11.4.3 gezeigt. Nach dem Satz von Pythagoras ist $(PR)^2 = a^2 + b^2$ und $(PQ)^2 = (PR)^2 + (RQ)^2 = a^2 + b^2 + c^2$, so dass die Diagonale des Quaders die Länge $PQ = \sqrt{a^2 + b^2 + c^2}$ hat.

Als nächstes bestimmen wir den Abstand zwischen zwei typischen Punkten $P = (x_1, y_1, z_1)$ und $Q = (x_2, y_2, z_2)$ im Raum, wie in Abb. 11.4.4 illustriert. Diese zwei Punkte liegen genau in den Ecken eines Quaders mit den Seitenlängen $a = |x_2 - x_1|$, $b = |y_2 - y_1|$ und $c = |z_2 - z_1|$. Daher gilt

$$
\begin{aligned}
(PQ)^2 &= a^2 + b^2 + c^2 = |x_2 - x_1|^2 + |y_2 - y_1|^2 + |z_2 - z_1|^2 \\
&= (x_2 - x_1)^2 + (y_2 - y_1)^2 + (z_2 - z_1)^2
\end{aligned}
$$

Dies motiviert die folgende Definition:

Abstand zwischen zwei Punkten

Der **Abstand** zwischen den zwei Punkten (x_1, y_1, z_1) und (x_2, y_2, z_2) ist

$$
d = \sqrt{(x_2 - x_1)^2 + (y_2 - y_1)^2 + (z_2 - z_1)^2} \tag{11.4.3}
$$

Beispiel 11.4.1

Berechnen Sie den Abstand d zwischen den Punkten $(1, 2, -3)$ und $(-2, 4, 5)$.

Lösung: Nach Formel (11.4.3) gilt

$$
d = \sqrt{(-2 - 1)^2 + (4 - 2)^2 + (5 - (-3))^2} = \sqrt{(-3)^2 + 2^2 + 8^2} = \sqrt{77} \approx 8.77
$$

Sei (a, b, c) ein Punkt im Raum. Die Kugel mit dem Radius r und dem Mittelpunkt (a, b, c) ist die Menge aller Punkte (x, y, z), deren Abstand von (a, b, c) gleich r ist. Mit der Abstandsformel erhalten wir

$$
\sqrt{(x - a)^2 + (y - b)^2 + (z - c)^2} = r
$$

Das Quadrieren beider Seiten ergibt:

Gleichung für eine Kugel

Die Gleichung für eine **Kugel** mit Mittelpunkt in (a, b, c) und Radius r ist

$$
(x - a)^2 + (y - b)^2 + (z - c)^2 = r^2 \tag{11.4.4}
$$

Beispiel 11.4.2

Bestimmen Sie die Gleichung der Kugel mit Mittelpunkt in $(-2, -2, -2)$ und Radius 4.

Lösung: Nach Formel (11.4.4) ist die Gleichung

$$(x - (-2))^2 + (y - (-2))^2 + (z - (-2))^2 = 4^2$$

oder

$$(x + 2)^2 + (y + 2)^2 + (z + 2)^2 = 16$$

Beispiel 11.4.3

Wie interpretieren Sie den Ausdruck $(x + 4)^2 + (y - 3)^2 + (z + 5)^2$? Als: (i) Kugel mit Mittelpunkt im Punkt $(-4, 3, -5)$, (ii) Abstand zwischen den Punkten (x, y, z) und $(-4, 3, -5)$ oder (iii) Quadrat des Abstandes zwischen den Punkten (x, y, z) und $(-4, 3, -5)$.

Lösung: Nur (iii) ist korrekt.

Aufgaben für Kapitel 11.4

1. Skizzieren Sie die Graphen der Flächen im Raum, die durch die folgenden Gleichungen beschrieben werden:

   (a) $x = a$ (b) $y = b$ (c) $z = c$

2. Bestimmen Sie die Abstände zwischen den folgenden zwei Paaren von Punkten:

   (a) $(-1, 2, 3)$ und $(4, -2, 0)$ (b) (a, b, c) und $(a + 1, b + 1, c + 1)$.

3. Geben Sie die Gleichung der Kugel mit Mittelpunkt in $(2, 1, 1)$ und Radius 5 an.

4. Welches ist die geometrische Interpretation der Gleichung
   $(x + 3)^2 + (y - 3)^2 + (z - 4)^2 = 25$?

5. Der Graph von $z = x^2 + y^2$ ist ein Paraboloid – siehe Abb. 11.3.6. Der Punkt (x, y, z) liege auf diesem Paraboloid. Interpretieren Sie den Ausdruck
   $(x - 4)^2 + (y - 4)^2 + \left(z - \frac{1}{2}\right)^2$.

▶ Lösungen zu den Aufgaben finden Sie im Anhang des Buches.

11.5   Funktionen von mehreren Variablen

Viele der wichtigsten Funktionen, die wir in den Wirtschaftswissenschaften untersuchen, wie das BIP eines Landes, hängen von einer großen Zahl von Variablen ab. Mathematiker und Ökonomen drücken diese Abhängigkeit aus, indem sie sagen, dass das BIP eine *Funktion* der verschiedenen Variablen ist.

Jede geordnete Menge von n Zahlen $(x_1, x_2, \ldots, x_n)$ wird ein ***n*-Vektor** genannt. Um Platz zu sparen, werden n-Vektoren oft mit fett gedruckten Buchstaben bezeichnet. So schreiben wir z. B. $\mathbf{x} = (x_1, x_2, \ldots, x_n)$.

Funktionen von n Variablen

Gegeben sei eine Menge D von n-Vektoren. **Eine Funktion f von n Variablen**, x_1, $\ldots, x_n$, mit **Definitionsbereich** D ist eine Regel, die jedem n-Vektor $\mathbf{x} = (x_1, \ldots, x_n)$ in D eine genau spezifizierte Zahl

$$f(\mathbf{x}) = f(x_1, \ldots, x_n) \qquad (11.5.1)$$

zuordnet.

Beispiel 11.5.1

(a) Die Nachfrage nach Zucker in den Vereinigten Staaten im Zeitraum 1929–1935 wurde geschätzt, so dass sie annähernd duch die folgende Formel beschrieben werden kann

$$x = 108.83 - 6\,0294p + 0.164w - 0.4217t$$

wobei x die Nachfrage nach Zucker, p der Preis von Zucker, w ein Produktions-index und t die Zeit (wobei $t = 0$ dem Jahr 1929 entspricht).

(b) Die folgende Formel ist eine Schätzung der Nachfrage nach Bier im Vereinigten Königreich:

$$x = 1.058\, x_1^{0.136} x_2^{-0.727} x_3^{0.914} x_4^{0.816}$$

Hier ist die nachgefragte Menge x eine Funktion von vier Variablen: x_1, das Ein-kommen des Individuums; x_2, der Preis des Bieres; x_3, ein allgemeiner Preisindex für alle anderen Güter und x_4, die Stärke des Bieres.

Die einfachere der Funktionen in Beispiel 11.5.1 ist die in Teil (a). Die Variablen p, w und t erscheinen hier nur in der ersten Potenz und sie werden nur mit Konstanten und nicht miteinander multipliziert. Solche Funktionen werden *linear* genannt. Allgemein ist

$$f(x_1, x_2, \ldots, x_n) = a_1 x_1 + a_2 x_2 + \cdots + a_n x_n + b, \qquad (11.5\,2)$$

wobei $a_1, a_2, \ldots, a_n$ und b Konstanten sind, eine **lineare Funktion** in n Variablen.[8]
Die Funktion in Teil (b) des Beispiels ist ein Spezialfall der allgemeinen Cobb-Douglas-Funktion

$$F(x_1, x_2, \ldots, x_n) = A x_1^{a_1} x_2^{a_2} \cdots x_n^{a_n} \qquad (11.5\,3)$$

wobei $A > 0$, $a_1, \ldots, a_n$ Konstanten sind und die Funktion definiert ist für $x_1 > 0$, $x_2 > 0, \ldots, x_n > 0$. Wir benutzen diese Funktion sehr oft in diesem Buch.

---

[8] Dies ist eine ziemlich verbreitete Terminologie, obwohl Mathematiker darauf bestehen würden, dass f eigentlich *affin* genannt werden sollte, wenn $b \neq 0$ und *linear* nur dann, wenn $b = 0$ ist.

Beachten Sie: Indem wir den natürlichen Logarithmus auf beiden Seiten von (11.5.3) bilden, erhalten wir

$$\ln F = \ln A + a_1 \ln x_1 + a_2 \ln x_2 + \cdots + a_n \ln x_n \tag{11.5.4}$$

Dies zeigt, dass die Cobb-Douglas-Funktion **log-linear** (oder ln-linear) ist, weil $\ln F$ eine lineare Funktion von $\ln x_1, \ln x_2, \ldots, \ln x_n$ ist.

Beispiel 11.5.2

Nehmen Sie an, dass ein Ökonom, der an den Preisen von Äpfeln interessiert ist, n Beobachtungen in verschiedenen Läden gesammelt hat. Die Ergebnisse seien n positive Zahlen $x_1, x_2, \ldots, x_n$. In der Statistik werden mehrere verschiedene Maße für ihren durchschnittlichen Wert verwendet. Einige der gebräuchlichsten sind verallgemeinerte Versionen von denen aus Aufgabe 1.6.9.

(a)   das **arithmetische** Mittel: $\overline{x}_A = \dfrac{1}{n}(x_1 + x_2 + \cdots + x_n)$

(b)   das **geometrische** Mittel: $\overline{x}_G = \sqrt[n]{x_1 x_2 \ldots x_n}$

(c)   das **harmonische** Mittel: $\overline{x}_H = \dfrac{1}{\dfrac{1}{n}\left(\dfrac{1}{x_1} + \dfrac{1}{x_2} + \cdots + \dfrac{1}{x_n}\right)}$

Beachten Sie, dass $\overline{x}_A$ eine lineare Funktion von $x_1, \ldots, x_n$, während $\overline{x}_G$ und $\overline{x}_H$ nichtlineare Funktionen sind. ($\overline{x}_G$ ist log-linear.)

Wenn z. B. die folgenden vier Beobachtungen $x_1 = 1$, $x_2 = 2$, $x_3 = 3$ und $x_4 = 4$ gegeben sind, dann ist

$$\overline{x}_A = (1 + 2 + 3 + 4)/4 = 2.5, \quad \overline{x}_G = \sqrt[4]{1 \cdot 2 \cdot 3 \cdot 4} = \sqrt[4]{24} \approx 2.21$$

$$\text{und} \quad \overline{x}_H = \left[(1/1 + 1/2 + 1/3 + 1/4)/4\right]^{-1} = 48/25 = 1.92$$

In diesem Fall gilt $\overline{x}_H < \overline{x}_G < \overline{x}_A$ und es stellt sich heraus, dass die folgenden schwachen Ungleichungen

$$\overline{x}_H \leq \overline{x}_G \leq \overline{x}_A \tag{11.5.5}$$

allgemein gültig sind.[9]

Beispiel 11.5.3

Eine Person muss entscheiden, welche Mengen von n verschiedenen Gütern es während einer gegebenen Zeitspanne kauft. In der Konsumforschung wird oft angenommen, dass die Person eine Nutzenfunktion $U(x_1, x_2, \ldots, x_n)$ hat, die Präferenzen darstellt und dass diese die Genugtuung misst, die die Person durch den Erwerb von x_1 Einheiten des Gutes Nr. 1, x_2 Einheiten des Gutes Nr. 2 usw. erlangt. Dies ist ein

---

[9] Erinnern Sie, dass Sie in Aufgabe 1.6.9 zeigen sollten, dass Gleichung (11.5.5) für den Fall $n = 2$ gilt.

wichtiges ökonomisches Beispiel einer Funktion von n Variablen, auf das wir mehrere Male zurückkommen werden.

Ein Modell der Konsumnachfrage ist das **System der linearen Ausgaben**, welches auf der folgenden speziellen Nutzenfunktion basiert:

$$U(x_1, x_2, \ldots, x_n) = a_1 \ln(x_1 - c_1) + a_2 \ln(x_2 - c_2) + \cdots + a_n \ln(x_n - c_n)$$

Es hängt von den $2n$ nichtnegativen Parametern $a_1, a_2, \ldots, a_n$ und $c_1, c_2, \ldots, c_n$ ab. Hier repräsentiert jedes c_i die Menge des i-ten Gutes, die der Verbraucher zum Überleben braucht. (Einige oder sogar alle der Konstanten c_i können gleich 0 sein.) Weil $\ln z$ nur definiert ist, wenn $z > 0$ ist, sehen wir, dass $x_1 > c_1, x_2 > c_2, \ldots, x_n > c_n$ gelten muss, damit $U(x_1, x_2, \ldots x_n)$ definiert ist. Natürlich impliziert die Bedingung $a_i > 0$, dass der Verbraucher mehr von Gut i haben möchte.

Stetigkeit

Das Konzept der Stetigkeit für Funktionen einer Variablen kann auf Funktionen mehrerer Variablen verallgemeinert werden. Kurz gesagt ist eine Funktion von n Variablen **stetig**, wenn kleine Änderungen in den unabhängigen Variablen zu kleinen Änderungen des Funktionswertes führen. Genau wie im Ein-Variablen-Fall haben wir das folgende nützliche Resultat:

Erhalt der Stetigkeit

Jede Funktion von n Variablen, die aus stetigen Funktionen durch Kombination der Operationen der Addition, Subtraktion, Multiplikation, Division und Verkettung von Funktionen konstruiert werden kann, ist überall dort stetig, wo sie definiert ist.

Wenn eine Funktion einer Variablen stetig ist, so ist sie auch stetig, wenn sie als eine Funktion von mehreren Variablen betrachtet wird. So ist z. B. $f(x, y, z) = x^2$ eine stetige Funktion von x, y und z: Kleine Änderungen in x, y und z führen höchstens zu kleinen Änderungen in x^2.

Beispiel 11.5.4

Wo sind die durch die folgenden Formeln gegebenen Funktionen stetig?

(a) $f(x, y, z) = x^2 y + 8x^2 y^5 z - xy + 8z$ \qquad (b) $g(x, y) = \dfrac{xy - 3}{x^2 + y^2 - 4}$

Lösung:
(a) Als Summe von Produkten von Potenzen ist f definiert und stetig für alle x, y und z.
(b) Die Funktion g ist definiert und stetig für alle Paare (x, y), abgesehen von denen, die auf dem Kreis $x^2 + y^2 = 4$ liegen. Dort ist der Nenner Null und somit ist $g(x, y)$ dort nicht definiert.

Euklidischer n-dimensionaler Raum

Keine konkrete geometrische Interpretation ist möglich für Funktionen von drei oder mehr Variablen. Jedoch können wir weiterhin eine *geometrische Sprache* verwenden, wenn wir mit Funktionen von n Variablen arbeiten. Es ist üblich, die Menge aller möglichen n-Vektoren $(x_1, x_2, \ldots, x_n)$ aus reellen Zahlen den **Euklidischen n-dimensionalen Raum** zu nennen und ihn mit $\mathbb{R}^n$ zu bezeichnen. Für $n = 1$, 2 und 3 haben wir geometrische Interpretationen des $\mathbb{R}^n$ als eine Gerade, eine Ebene bzw. einen 3-dimensionalen Raum, aber für $n \geq 4$ gibt es keine geometrische Interpretation.

Falls $z = f(x_1, x_2, \ldots, x_n) = f(\mathbf{x})$ eine Funktion von n Variablen repräsentiert, definieren wir den **Graphen** von f als die Menge aller Punkte $(\mathbf{x}, f(\mathbf{x}))$ in $\mathbb{R}^{n+1}$, für die $\mathbf{x}$ zum Definitionsbereich von f gehört. Wir nennen den Graphen auch eine **Fläche** (oder manchmal eine **Hyperfläche**) im $\mathbb{R}^{n+1}$. Für $z = z_0$ (eine Konstante) wird die Menge aller Punkte in $\mathbb{R}^n$, die $f(\mathbf{x}) = z_0$ erfüllen, eine **Fläche zum Niveau** oder **zur Höhe** z_0 von f genannt. Wenn $f(\mathbf{x})$ eine lineare Funktion wie $a_1 x_1 + a_2 x_2 + \cdots + a_n x_n + b$ ist, wird diese Fläche, die eine Ebene wäre für $n = 3$, **Hyperebene** genannt, wenn $n > 3$ ist.

In der Produktions- und in der Verbrauchertheorie ist es üblich, den Höhenflächen einen anderen Namen zu geben. Wenn $x = f(\mathbf{v}) = f(v_1, v_2, \ldots, v_n)$ die hergestellte Menge ist, wenn die eingesetzten Mengen von n verschiedenen Produktionsfaktoren gleich $v_1, v_2, \ldots, v_n$ sind, werden die Flächen, auf denen $f(v_1, v_2, \ldots, v_n) = x_0$ (konstant) ist, *Isoquanten* genannt, wie in Beispiel 11.3.2. Andererseits, wenn $u = U(\mathbf{x})$ eine Nutzenfunktion ist, die die Präferenzen des Verbrauchers darstellt, wird die Höhenfläche, auf der $U(x_1, x_2, \ldots, x_n) = u_0$ ist, eine *Indifferenzfläche* genannt.

Aufgaben für Kapitel 11.5

1. Gegeben sei $f(x, y, z) = xy + xz + yz$.

   (a) Bestimmen Sie $f(-1, 2, 3)$, $f(-2, 4, 6)$ und $f(a + 1, b + 1, c + 1) - f(a, b, c)$.

   (b) Zeigen Sie, dass $f(tx, ty, tz) = t^2 f(x, y, z)$ für alle t.

2. Eine Studie über Milchproduktion ergab

   $$y = 2.90\, x_1^{0.015} x_2^{0.250} x_3^{0.350} x_4^{0.408} x_5^{0.030},$$

   wobei y der Output an Milch ist, und $x_1, \ldots, x_5$ sind die Mengen von fünf verschiedenen Inputfaktoren.

   (a) Was würde mit y passieren, wenn alle Produktionsfaktoren verdoppelt würden?

   (b) Schreiben Sie die Beziehung in loglinearer Form.

3. Eine Rentenversicherung entscheidet 720 Millionen in Aktien des Unternehmens XYZ Inc. anzulegen, ein Unternehmen mit einem schwankendem Aktienpreis. Anstatt alles auf einmal zu investieren und somit das Risiko eines unangemessen hohen Preises einzugehen, praktiziert die Versicherung ,,Durchschnittskostenbildung" indem es in 6 aufeinanderfolgenden Wochen jeweils 120 Millionen investiert. Die zu zahlenden Preise sind 50 pro Aktie in der ersten Woche und dann 60, 45, 40, 75 und schließlich 80 in der sechsten Woche.

   (a) Wie viele Aktien werden insgesamt gekauft?

   (b) Welches ist die genaueste Bestimmung des Durchschnittspreises: das arithmetische, das geometrische oder das harmonische Mittel? ➡

➡ Fortsetzung

4. Eine amerikanische Bank A und eine europäische Bank E vereinbaren ein Swapgeschäft. In n folgenden Wochen $w = 1, 2, \ldots, n$ wird Bank A Euro im Wert von \$100 Millionen von Bank E, kaufen zu einem Preis p_w pro Euro, der durch den Wechselkurs am Ende der Woche w bestimmt wird. Nach n Wochen:

  (a) Wie viele Euro wird Bank A gekauft haben?

  (b) Was ist der Dollarpreis pro Euro, der im Durchschnitt gezahlt wurde?

Anspruchsvollere Aufgabe

5. Es wurde beobachtet, dass drei Maschinen A, B und C während eines Arbeitstages von 8 Stunden 60, 80 bzw. 40 Einheiten eines Produkts fertigen. Der durchschnittliche Output ist dann 60 Einheiten pro Tag. Wir sehen, dass A, B und C für die Herstellung einer Einheit 8, 6 bzw. 12 Minuten benötigen.

  (a) Wenn alle Maschinen gleich effizient wären und gemeinsam an einem Tag $60 + 80 - 40 = 180$ Einheiten produzierten, wieviel Zeit wäre dann nötig, um eine Einheit zu produzieren?[10]

  (b) Nehmen Sie an, dass n Maschinen $A_1, A_2, \ldots, A_n$ gleichzeitig dasselbe Produkt in einem Zeitintervall der Länge T produzieren. Die Produktionszeiten pro Einheit seien $t_1, t_2, \ldots, t_n$. Zeigen Sie: Wenn alle Maschinen gleich effizient wären und zusammen genau dieselbe Gesamtmenge in der Zeitspanne T produziert hätten, dann wäre die Zeit, die jede Maschine benötigt, um eine Einheit herzustellen, genau gleich dem harmonischen Mittel $\bar{t}_H$ von $t_1, t_2, \ldots, t_n$.

▶ Lösungen zu den Aufgaben finden Sie im Anhang des Buches.

11.6 Partielle Ableitungen bei mehreren Variablen

Das letzte Unterkapitel enthielt mehrere ökonomische Beispiele von Funktionen mit mehreren Variablen. Dementsprechend müssen wir das Konzept der partiellen Ableitung auf Funktionen mit mehr als zwei Variablen erweitern.

> **Partielle Ableitungen in n Variablen**
>
> Falls $z = f(\mathbf{x}) = f(x_1, x_2, \ldots, x_n)$, dann bedeutet $\partial f / \partial x_i$, für $i = 1, 2, \ldots, n$ die partielle Ableitung von $f(x_1, x_2, \ldots, x_n)$ nach x_i, wenn alle anderen Variablen x_j, für $j \neq i$, konstant gehalten werden.   (11.6.1)

Vorausgesetzt, dass sie alle existieren, gibt es somit n partielle Ableitungen erster Ordnung, eine für jede Variable x_i, mit $i = 1, \ldots, n$. Andere Notationen, die für die partiellen Ableitungen erster Ordnung der Funktion $z = f(x_1, x_2, \ldots, x_n)$ verwendet werden, sind z. B.

$$\frac{\partial f}{\partial x_i} = \frac{\partial z}{\partial x_i} = \partial z / \partial x_i = z_i' = f_i'(x_1, x_2, \ldots, x_n)$$

---

[10] Beachten Sie, dass die Antwort nicht $(8 + 6 + 12)/3$ ist.

Beispiel 11.6.1

Bestimmen Sie die partiellen Ableitungen erster Ordnung von $f(x_1, x_2, x_3) = 5x_1^2 + x_1x_2^3 - x_2^2x_3^2 + x_3^3$.

Lösung: Wir erhalten

$$f_1' = 10x_1 + x_2^3, \qquad f_2' = 3x_1x_2^2 - 2x_2x_3^2, \qquad f_3' = -2x_2^2x_3 + 3x_3^2 \qquad \blacksquare$$

Wie im Fall von zwei Variablen in Kap. 11.2 haben wir die folgende grobe Approximation:

Partielle Ableitung, Interpretation

Die partielle Ableitung $\partial z/\partial x_i$ ist annähernd gleich der Änderung in $z = f(x_1, x_2, \ldots, x_n)$ pro Einheit Erhöhung von x_i, während alle anderen x_j, für $j \neq i$ konstant gehalten werden. (11.6.2)

In Symbolen gilt für kleines Δx_i:

$$f_i'(x_1, \ldots, x_n) \approx \frac{f(x_1, \ldots, x_{i-1}, x_i + \Delta x_i, x_{i+1}, \ldots, x_n) - f(x_1, \ldots, x_{i-1}, x_i, x_{i+1}, \ldots, x_n)}{\Delta x_i}$$

(11.6.3)

Für jede der n partiellen Ableitungen erster Ordnung von f haben wir n partielle Ableitungen zweiter Ordnung:

$$\frac{\partial}{\partial x_j}\left(\frac{\partial f}{\partial x_i}\right) = \frac{\partial^2 f}{\partial x_j \partial x_i} = z_{ij}''$$

Dabei ist vorauszusetzen, dass alle Ableitungen existieren. Hier können beide, i und j, jeden der Werte $1, 2, \ldots, n$ annehmen, so dass es insgesamt n^2 partielle Ableitungen zweiter Ordnung gibt.

Es ist üblich, diese partiellen Ableitungen zweiter Ordnung in einem quadratischen $n \times n$-Feld wie folgt anzugeben

$$f''(\mathbf{x}) = \begin{pmatrix} f_{11}''(\mathbf{x}) & f_{12}''(\mathbf{x}) & \cdots & f_{1n}''(\mathbf{x}) \\ f_{21}''(\mathbf{x}) & f_{22}''(\mathbf{x}) & \cdots & f_{2n}''(\mathbf{x}) \\ \vdots & \vdots & \ddots & \vdots \\ f_{n1}''(\mathbf{x}) & f_{n2}''(\mathbf{x}) & \cdots & f_{nn}''(\mathbf{x}) \end{pmatrix}$$

(11.6.4)

Solche rechteckigen Felder von Zahlen (oder Symbolen) werden **Matrizen** genannt und (11.6.4) wird die **Hesse-Matrix** von f an der Stelle $\mathbf{x} = (x_1, x_2, \ldots, x_n)$ genannt.[11]

---

[11] Siehe Kap. 15 für eine allgemeinere Erörterung von Matrizen.

Die n partiellen Ableitungen zweiter Ordnung f''_{ii}, die man durch zweimaliges Differenzieren bezüglich derselben Variablen erhält, werden *direkte partielle Ableitungen* genannt; die anderen f''_{ij}, in denen $i \neq j$, werden *gemischte* oder *gekreuzte* partielle Ableitungen genannt.

Beispiel 11.6.2

Bestimmen Sie die Hesse-Matrix der Funktion f, die in Beispiel 11.6.1 definiert wurde.

Lösung: Wir differenzieren die in Beispiel 11.6.1 ermittelten partiellen Ableitungen erster Ordnung. Die resultierende Hesse-Matrix ist:

$$
\begin{pmatrix} f''_{11} & f''_{12} & f''_{13} \\ f''_{21} & f''_{22} & f''_{23} \\ f''_{31} & f''_{32} & f''_{33} \end{pmatrix} = \begin{pmatrix} 10 & 3x_2^2 & 0 \\ 3x_2^2 & 6x_1x_2 - 2x_3^2 & -4x_2x_3 \\ 0 & -4x_2x_3 & -2x_2^2 + 6x_3 \end{pmatrix}
$$

Youngs Theorem

Wenn $z = f(x_1, x_2, \ldots, x_n)$, dann sind die beiden gemischten partiellen Ableitungen z''_{ij} und z''_{ji} gewöhnlich gleich, d. h.

$$
\frac{\partial}{\partial x_j} \left(\frac{\partial f}{\partial x_i} \right) = \frac{\partial}{\partial x_i} \left(\frac{\partial f}{\partial x_j} \right)
$$

Dies impliziert, dass die Reihenfolge der Differentiation keine Rolle spielt. Das nächste Theorem präzisiert ein allgemeineres Resultat.

Theorem 11.6.1 (Youngs Theorem)

Nehmen Sie an, dass alle partiellen Ableitungen m-ter Ordnung der Funktion $f(x_1, x_2, \ldots, x_n)$ stetig sind. Wenn zwei von ihnen bezüglich jeder der Variablen die gleiche Anzahl von Differentiationen verlangen, dann sind sie notwendigerweise gleich.

Der Inhalt dieses Resultats kann wie folgt erklärt werden: Sei $m = m_1 + \cdots + m_n$ und nehmen Sie an, dass $f(x_1, x_2, \ldots, x_n)$ m_1-mal nach x_1, m_2-mal nach x_2, ... und m_n-mal nach x_n differenziert wird.[12] Nehmen Sie an, dass die Stetigkeitsbedingung für diese partiellen Ableitungen m-ter Ordnung erfüllt ist. Dann kommen wir unabhängig von der Reihenfolge der Differentiation zu demselben Resultat, weil jede der sich schließlich ergebenden partiellen Ableitungen gleich

$$
\frac{\partial^m f}{\partial x_1^{m_1} \partial x_2^{m_2} \ldots \partial x_n^{m_n}}
$$

---

[12] Einige der ganzen Zahlen $m_1, \ldots, m_n$ können natürlich Null sein.

ist. Insbesondere gilt für den Fall, in dem $m = 2$ ist, für $i = 1, \ldots, n$ und $j = 1, \ldots, n$

$$\frac{\partial^2 f}{\partial x_j \partial x_i} = \frac{\partial^2 f}{\partial x_i \partial x_j}$$

falls beide Ableitungen stetig sind. Ein Beweis von Youngs Theorem wird in den meisten angewandten Büchern der Analysis gegeben. Aufgabe 11 zeigt, dass die gemischten partiellen Ableitungen nicht immer gleich sind.

Formale Definitionen der partiellen Ableitungen

In Kap. 11.2 haben wir eine formale Definition der partiellen Ableitungen für Funktionen von zwei Variablen angegeben. Dies geschah durch Modifikation der Definition der Ableitung für eine Funktion einer Variablen. Dieselbe Modifikation funktioniert für Funktionen von n Variablen.

In der Tat: Wenn $z = f(x_1, \ldots, x_n)$ und

$$g(x_i) = f(x_1, \ldots, x_{i-1}, x_i, x_{i+1}, \ldots, x_n)$$

dann gilt $\partial z / \partial x_i = g'(x_i)$, wobei wir uns alle anderen Variablen x_j außer x_i als Konstante denken. Wenn wir die Definition von $g'(x_i)$ verwenden, wie in (6.2.2), erhalten wir

$$\frac{\partial z}{\partial x_i} = \lim_{\Delta x \to 0} \frac{f(x_1, \ldots, x_i + \Delta x_i, \ldots, x_n) - f(x_1, \ldots, x_i, \ldots, x_n)}{\Delta x_i} \qquad (11.6.5)$$

wenn der Grenzwert existiert.

Wie in Kap. 11.2 sagen wir, falls der Grenzwert in (11.6.5) nicht existiert, dass $\partial z / \partial x_i$ *nicht existiert* oder dass z an dieser Stelle nicht nach x_i differenzierbar ist. In ähnlicher Weise gilt die Approximation in (11.6.3), weil der Bruch auf der rechten Seite von Gleichung (11.6.5) nah am Grenzwert ist, wenn $\Delta x_i \neq 0$ klein genug ist.

Nahezu alle Funktionen, die wir betrachten, haben überall in ihrem Definitionsbereich stetige partielle Ableitungen. Falls $z = f(x_1, x_2, \ldots, x_n)$ stetige partielle Ableitungen erster Ordnung in ihrem Definitionsbereich D hat, nennen wir f **stetig differenzierbar** in D. In diesem Fall wird f eine C^1-**Funktion** auf D genannt. Wenn alle partiellen Ableitungen bis zur Ordnung k existieren und stetig sind, wird f eine C^k-**Funktion** genannt.

Aufgaben für Kapitel 11.6

1.   Berechnen Sie $F'_1(1, 1, 1)$, $F'_2(1, 1, 1)$ und $F'_3(1, 1, 1)$ für $F(x, y, z) = x^2 e^{xz} + y^3 e^{xy}$.

2.   Berechnen Sie alle partiellen Ableitungen erster Ordnung der folgenden Funktionen:

     (a) $f(x, y, z) = x^2 + y^3 + z^4$ (b) $f(x, y, z) = 5x^2 - 3y^3 + 3z^4$

     (c) $f(x, y, z) = xyz$ (d) $f(x, y, z) = x^4 / yz$

     (e) $f(x, y, z) = (x^2 + y^3 + z^4)^6$ (f) $f(x, y, z) = e^{xyz}$

→ Fortsetzung

3. Gegeben seien x und y, die Einwohnerzahlen von zwei Städten, und d, die Entfernung zwischen ihnen. Nehmen Sie an, dass die Anzahl der Reisenden T zwischen den Städten gegeben ist durch $T = k\dfrac{xy}{d^n}$, wobei k und n positive Konstanten sind. Bestimmen Sie $\partial T/\partial x$, $\partial T/\partial y$ und $\partial T/\partial d$ und diskutieren Sie ihre Vorzeichen.

4. Es sei g für alle (x, y, z) definiert durch

$$g(x, y, z) = 2x^2 - 4xy + 10y^2 + z^2 - 4x - 28y - z + 24$$

    (a) Berechnen Sie $g(2, 1, 1)$, $g(3, -4, 2)$ und $g(1, 1, z_0 + \Delta z) - g(1, 1, z_0)$.

    (b) Bestimmen Sie alle partiellen Ableitungen erster und zweiter Ordnung.

5. Sei $\pi(p, r, w) = \frac{1}{4}p^2(1/r + 1/w)$. Bestimmen Sie die partiellen Ableitungen von π nach p, r und w.

6. Bestimmen Sie alle partiellen Ableitungen erster und zweiter Ordnung von $w(x, y, z) = 3xyz + x^2y - xz^3$.

7. Wenn $f(x, y, z) = p(x) + q(y) + r(z)$, was ist dann f_1', f_2' und f_3'?

8. Bestimmen Sie die Hesse-Matrix von

    (a) $f(x, y, z) = ax^2 + by^2 + cz^2$ (b) $g(x, y, z) = Ax^ay^bz^c$

9. Zeigen Sie: Wenn $w = \left(\dfrac{x - y + z}{x + y - z}\right)^h$, dann ist $x\dfrac{\partial w}{\partial x} + y\dfrac{\partial w}{\partial y} + z\dfrac{\partial w}{\partial z} = 0$.

10. Definieren Sie die Funktion $f(x, y, z) = x^{y^z}$ für $x > 0$, $y > 0$ und $z > 0$. Bestimmen Sie die partiellen Ableitungen erster Ordnung, indem Sie $\ln f$ differenzieren.

Anspruchsvollere Aufgabe

11. Definieren Sie die Funktion $f(x, y) = xy(x^2 - y^2)/(x^2 + y^2)$, wenn $(x, y) \neq (0, 0)$ und $f(0, 0) = 0$. Finden Sie Ausdrücke für $f_1'(0, y)$ und $f_2'(x, 0)$ und zeigen Sie dann, dass $f_{12}''(0, 0) = -1$ und $f_{21}''(0, 0) = 1$. Zeigen Sie, dass dies Youngs Theorem nicht widerspricht, weil f_{12}'' und f_{21}'' beide unstetig sind im Punkt $(0, 0)$.

▶ Lösungen zu den Aufgaben finden Sie im Anhang des Buches.

11.7 Ökonomische Anwendungen

Dieses Unterkapitel behandelt mehrere ökonomische Anwendungen partieller Ableitungen.

Beispiel 11.7.1

Betrachten Sie eine landwirtschaftliche Produktionsfunktion $Y = F(K, L, T)$, wobei Y die Anzahl produzierter Einheiten, K das investierte Kapital, L der Arbeitseinsatz und T die verwendete landwirtschaftliche Anbaufläche ist. Dann wird $\partial Y/\partial K = F_K'$ das **Grenzprodukt des Kapitals** genannt. Es ist die Änderungsrate des Outputs Y bezüglich K, wenn L und T konstant gehalten werden. Ähnlich sind $\partial Y/\partial L = F_L'$ und $\partial Y/\partial T = F_T'$ die **Grenzprodukte der Arbeit** bzw. **der Anbaufläche**. Wenn z. B. K der Wert der Kapitalanlage in Euro ist und $\partial Y/\partial K = 5$ ist, dann würde eine Erhöhung des Kapitaleinsatzes um ΔK Euro zu einer Erhöhung des Outputs um $5\Delta K$ Einheiten führen.

Nehmen Sie insbesondere an, dass F eine Cobb-Douglas-Funktion ist: $F(K, L, T) = AK^aL^bT^c$, wobei A, a, b und c positive Konstanten sind. Bestimmen Sie die Grenzprodukte und die partiellen Ableitungen zweiter Ordnung. Diskutieren Sie ihre Vorzeichen.

Lösung: Die Grenzprodukte sind

$$F_K' = AaK^{a-1}L^bT^c, \qquad F_L' = AbK^aL^{b-1}T^c, \qquad F_T' = AcK^aL^bT^{c-1}$$

Unter der Annahme, dass K, L und T alle positiv sind, sind die Grenzprodukte positiv. Daher wird eine Erhöhung des Kapitals, der Arbeit oder der Anbaufläche zu einer Erhöhung der produzierten Einheiten führen.

Die gemischten partiellen Ableitungen zweiter Ordnung, die auch gekreuzte partielle Ableitungen genannt werden, sind:[13]

$$F_{KL}'' = AabK^{a-1}L^{b-1}T^c, \quad F_{KT}'' = AacK^{a-1}L^bT^{c-1}, \quad F_{LT}'' = AbcK^aL^{b-1}T^{c-1}$$

Beachten Sie, dass diese partiellen Ableitungen positiv sind. Wir nennen jedes Paar von Faktoren *komplementär*, da „mehr" von einem das Grenzprodukt des anderen erhöht.

Die direkten partiellen Ableitungen zweiter Ordnung sind

$$F_{KK}'' = Aa(a-1)K^{a-2}L^bT^c, \quad F_{LL}'' = Ab(b-1)K^aL^{b-2}T^c, \quad F_{TT}'' = Ac(c-1)K^aL^bT^{c-2}$$

Zum Beispiel ist F_{KK}'' die partielle Ableitung des Grenzprodukts des Kapitals, F_K', nach K. Wenn $a < 1$, dann ist $F_{KK}'' < 0$, und dies bedeutet ein abnehmendes Grenzprodukt des Kapitals – d. h. eine kleine Erhöhung des investierten Kapitals wird zu einer Abnahme des Grenzprodukts des Kapitals führen. Wir können dies so interpretieren: Obwohl kleine Zuwächse des Kapitals einen Anstieg des Outputs bewirken, so dass $F_K' > 0$, geschieht dieser Anstieg mit einer abnehmenden Rate, da $F_{KK}'' < 0$. Ähnliches gilt für Arbeit, falls $b < 1$, und für die Anbaufläche, falls $c < 1$. ▬▬▬

Beispiel 11.7.2

Es sei x das BIP eines Landes und y sei ein Maß des Verschmutzungsgrades der Umwelt. Wenn die Funktion $u(x, y)$ vorgibt, das gesamte Wohlbefinden der Gesellschaft zu messen, welche Vorzeichen erwarten Sie dann für $u_x'(x, y)$ und $u_y'(x, y)$? Können Sie erraten, was Ökonomen gewöhnlich über das Vorzeichen von $u_{xy}''(x, y)$ annehmen?

Lösung: Es ist plausibel anzunehmen, dass das Wohlbefinden steigt, wenn das BIP steigt, aber fällt, wenn die Umweltbelastung steigt. Daher werden wir gewöhnlich

---

[13] Überprüfen Sie selbst, dass F_{LK}'', F_{TK}'' bzw. F_{TL}'' dieselben Resultate ergeben.

$u'_x(x, y) > 0$ und $u'_y(x, y) < 0$ haben. Nach (11.6.2) ist $u''_{xy} = (\partial/\partial y)(u'_x)$ annähernd gleich der Änderung in u'_x pro Einheit Anstieg in y, der Umweltbelastung. Ferner ist u'_x, approximativ, der Zuwachs im Wohlbefinden pro Einheit Anstieg von x.

Es wird oft angenommen, dass $u''_{xy} < 0$. Dies impliziert, dass der Anstieg im Wohlbefinden, der aus einer zusätzlichen Einheit von x resultiert, abnimmt, wenn der Grad der Umweltbelastung wächst.[14] Wegen Youngs Theorem, 11.6.1, impliziert die Ungleichung $u''_{xy} < 0$ auch $u''_{yx} < 0$. Daher nimmt der Anstieg im Wohlbefinden, der auf die Abnahme der Umweltbelastung um eine Einheit, welches ungefähr $-u'_y$ ist, verursacht wird, mit dem Konsum x zu. Dies stimmt mit der kontroversen Ansicht überein, dass Menschen, die sich mehr Konsum leisten können, auch intoleranter gegen Umweltbelastung werden.

Aufgaben für Kapitel 11.7

1. Die Nachfrage nach Geld, M, in den Vereinigten Staaten für den Zeitraum 1929–1952 wurde geschätzt durch
$$M = 0.14Y + 76.03(r - 2)^{-0.84}$$
Dabei ist Y das jährliche Volkseinkommen und der Zinssatz ist $r\%$ pro Jahr, wobei $r > 2$. Bestimmen Sie $\partial M/\partial Y$ und $\partial M/\partial r$ und erörtern Sie ihre Vorzeichen.

2. Es seien a und b Konstanten. Berechnen Sie die Ausdrücke $KY'_K + LY'_L$ für:

   (a) $Y = AK^a + BL^a$ (b) $Y = AK^aL^b$ (c) $Y = \dfrac{K^2L^2}{aL^3 + bK^3}$

3. Die Nachfrage nach einem Produkt hängt von dem Preis p des Produkts und von dem Preis q ab, der von einem konkurrierenden Hersteller erhoben wird. Es sei $D(p, q) = a - bpq^{-\alpha}$, wobei a, b und α positive Konstanten sind mit $\alpha < 1$. Bestimmen Sie $D'_p(p, q)$ und $D'_q(p, q)$ und kommentieren Sie die Vorzeichen der partiellen Ableitungen.

4. Sei $F(K, L, M) = AK^aL^bM^c$. Zeigen Sie, dass $KF'_K + LF'_L + MF'_M = (a + b + c)F$.

5. Gegeben seien $D(p, q)$ und $E(p, q)$, die Nachfragen für zwei Güter, wenn die Preise pro Einheit p bzw. q sind. Nehmen Sie an, dass die Güter *substitutiv* im Verbrauch sind, wie z. B. Butter und Margarine. Welches sind die normalen Vorzeichen der partiellen Ableitungen von D und E nach p und q?

6. Bestimmen Sie $\partial U/\partial x_i$, wenn $U(x_1, x_2, \ldots, x_n) = 100 - e^{-x_1} - e^{-x_2} - \cdots - e^{-x_n}$.

Anspruchsvollere Aufgabe

7. Berechnen Sie den Ausdruck $KY'_K + LY'_L$ für die CES-Funktion
$$Y = Ae^{\lambda t}\left[aK^{-\varrho} + (1 - a)L^{-\varrho}\right]^{-m/\varrho}.$$

▶ Lösungen zu den Aufgaben finden Sie im Anhang des Buches.

---

[14] Eine Analogie: Wenn ein überzeugter Nichtraucher in einem rauchgefüllten Raum sitzt, wird die zusätzliche Genugtuung durch ein weiteres Stück Kuchen abnehmen, wenn die Konzentration des Rauches zu stark zunimmt.

11.8 Partielle Elastizitäten

In Kap. 7.7 wurde das Konzept der Elastizität für Funktionen einer Variablen eingeführt. Hier untersuchen wir jetzt das entsprechende Konzept für Funktionen mehrerer
Variablen. Dies ermöglicht es uns, z. B. zwischen Preis- und Einkommenselastizitäten
der Nachfrage sowie verschiedene Preiselastizitäten zu unterscheiden.

Zwei Variablen

Für $z = f(x, y)$ definieren wir die partielle Elastitiztät von z bezüglich x und y durch

$$\text{El}_x z = \frac{x}{z} \frac{\partial z}{\partial x}, \qquad \text{El}_y z = \frac{y}{z} \frac{\partial z}{\partial y} \qquad (11.8.1)$$

Häufig berichten Ökonomen eher von der Elastizität als von der partiellen Elastizität.
Daher ist $\text{El}_x z$ die Elastizität von z bezüglich x, wenn y konstant gehalten wird und $\text{El}_y z$
ist die Elastizität von z bezüglich y, wenn x konstant gehalten wird. Die Zahl $\text{El}_x z$ ist
annähernd gleich der prozentualen Änderung in z, die durch einen 1 %-igen Anstieg
in x verursacht wird, wenn y konstant gehalten wird. $\text{El}_y z$ hat eine entsprechende
Interpretation.

Wie in Kap. 7.7 können Elastizitäten, wenn alle Variablen positiv sind, als logarithmische Ableitungen ausgedrückt werden. Dementsprechend ist

$$\text{El}_x z = \frac{\partial \ln z}{\partial \ln x}, \qquad \text{El}_y z = \frac{\partial \ln z}{\partial \ln y} \qquad (11.8.2)$$

Beispiel 11.8.1

Bestimmen Sie die (partielle) Elastizität von z bezüglich x, wenn
(a) $z = Ax^a y^b$ (b) $z = xye^{x+y}$ $(x > 0, y > 0)$.

Lösung:

(a) Wenn wir die Elastizität von $Ax^a y^b$ bezüglich x bestimmen wollen, wird die Va-
    riable y und somit Ay^b konstant gehalten. Aus Beispiel 7.7.1 erhalten wir $\text{El}_x z = a$.
    In derselben Weise folgt $\text{El}_y z = b$.

(b) Hier bietet sich Formel (11.8.2) an. Indem wir die natürlichen Logarithmen bilden,
    erhalten wir $\ln z = \ln x + \ln y + x + y = \ln x + \ln y + e^{\ln x} + y$. Daher ist $\text{El}_x z = \partial \ln z / \partial \ln x = 1 + e^{\ln x} = 1 + x$. ▬▬▬

Beispiel 11.8.2

Die Nachfrage D_1 nach Kartoffeln in den USA im Zeitraum 1927 bis 1941 wurde
durch $D_1 = Ap^{-0.28} m^{0.34}$ geschätzt, wobei p der Preis für Kartoffeln und m das mittlere
Einkommen ist. Die Nachfrage nach Äpfeln wurde durch $D_2 = Bq^{-1.27} m^{1.32}$ geschätzt,
wobei q der Preis von Äpfeln ist.

Bestimmen Sie die Preiselastizitäten $\text{El}_p D_1$ und $\text{El}_q D_2$, sowie die Einkommenselastizitäten der Nachfrage $\text{El}_m D_1$ und $\text{El}_m D_2$, und kommentieren Sie ihre Vorzeichen.

Lösung: Nach Teil (a) von Beispiel 11.8.1 ist $\text{El}_p D_1 = -0.28$. Wenn der Preis von Kartoffeln um $1\,\%$ steigt, fällt die Nachfrage um $0.28\,\%$. Weiter ist $\text{El}_q D_2 = -1.27$, $\text{El}_m D_1 = 0.34$ und $\text{El}_m D_2 = 1.32$.

Beide Preiselastizitäten $\text{El}_p D_1$ und $\text{El}_q D_2$ sind negativ, so dass die Nachfrage in beiden Fällen sinkt, wenn der Preis steigt – wie es plausibel erscheint. Beide Einkommenselastizitäten $\text{El}_m D_1$ und $\text{El}_m D_2$ sind positiv, so dass die Nachfrage steigt, wenn das mittlere Einkommen steigt – wie es plausibel erscheint. Beachten Sie, dass die Nachfrage nach Äpfeln sensitiver als die Nachfrage nach Kartoffeln sowohl bezüglich Preis- als auch bezüglich Einkommenssteigerungen ist. Dies ist plausibel, da zu jener Zeit für die meisten Verbraucher Kartoffeln ein wesentlicheres Gut als Äpfel waren.

Mehr Variablen

Wenn $z = f(x_1, x_2, \ldots, x_n) = f(\mathbf{x})$, definieren wir die **(partielle) Elastizität** von z, oder von f, bezüglich x_i als die Elastizität von z bezüglich x_i, wenn alle anderen Variablen konstant gehalten werden. Wenn wir annehmen, dass alle Variablen positiv sind, können wir daher schreiben:

$$\text{El}_i\, z = \frac{x_i}{f(\mathbf{x})} \frac{\partial f(\mathbf{x})}{\partial x_i} = \frac{x_i}{z} \frac{\partial z}{\partial x_i} = \frac{\partial \ln z}{\partial \ln x_i} \tag{11.8.3}$$

Die Zahl $\text{El}_i\, z$ ist annähernd gleich der prozentualen Änderung in z, die durch einen $1\,\%$-igen Anstieg in x_i verursacht wird, wenn alle anderen Variablen x_j konstant gehalten werden. Unter allen anderen Notationen, die anstelle von $\text{El}_i\, z$ verwendet werden, erwähnen wir: $\text{El}_i f(\mathbf{x})$, $\text{El}_{x_i} z$, ε_i, e_i, und $\hat{z}_i$. Letzteres wird natürlich „z Dach i" gesprochen.

Beispiel 11.8.3

Nehmen Sie an, dass $D = A x_1^{a_1} x_2^{a_2} \cdots x_n^{a_n}$ definiert ist für alle $x_1 > 0, x_2 > 0, \ldots, x_n > 0$, wobei $A > 0$ und $a_1, a_2, \ldots, a_n$ Konstanten sind. Bestimmen Sie die Elastizität von D bezüglich x_i für $i = 1, \ldots, n$.

Lösung: Da alle Faktoren außer $x_i^{a_i}$ konstant sind, können wir Gleichung (7.7.3) anwenden und erhalten $\text{El}_i D = a_i$.

Nehmen Sie als einen Spezialfall dieses Beispiels an, dass $D_i = A m^\alpha p_i^{-\beta} p_j^\gamma$, wobei m das Einkommen, p_i der eigene Preis und p_j der Preis eines Substitutionsgutes ist. Dann ist α die Einkommenselastizität bezüglich der Nachfrage, definiert wie in Beispiel 11.8.2. Andererseits ist $-\beta$ die Elastizität der Nachfrage bezüglich Änderungen im eigenen Preis p_i, so dass es die **Eigenpreiselastizität** der Nachfrage genannt wird. Da jedoch Eigenpreiselastizitäten der Nachfrage gewöhnlich negativ sind, beschreibt man oft eher β denn $-\beta$ als Eigenpreiselastizität. Schließlich ist γ die Elastizität der Nachfrage bezüglich des Preises des Substitutsgutes. In Analogie zu den in Kapitel 11.6 definierten gekreuzten partiellen Ableitungen wird es die **Kreuzpreiselastizität** der Nachfrage genannt.

Beachten Sie, dass der Anteil des Einkommens, der für Gut i ausgegeben wird, gleich

$$\frac{p_i D_i}{m} = A m^{\alpha-1} p_i^{1-\beta} p_j^{\gamma}$$

ist. Wenn die Einkommenselastizität $\alpha < 1$ ist, ist dieser Anteil eine fallende Funktion des Einkommens. Ökonomen beschreiben ein Gut mit dieser Eigenschaft als ein *notwendiges* Gut. Wenn andererseits $\alpha > 1$, steigt der Anteil des Einkommens, der für Gut i ausgegeben wird, mit dem Einkommen. In diesem Fall nennen Ökonomen Gut i ein *Luxusgut*. Wenn wir uns auf Beispiel 11.8.2 beziehen, implizieren diese Definitionen, dass im Zeitraum 1927–1941, die die Jahre der großen Wirtschaftskrise einschließen, Kartoffeln ein notwendiges Gut, Äpfel jedoch ein (relatives) Luxusgut waren.

Aufgabe 4 weiter unten betrachtet diese Unterscheidung zwischen notwendigen und Luxusgütern für allgemeinere Nachfragefunktionen.

Aufgaben für Kapitel 11.8

1. Bestimmen Sie die partiellen Elastizitäten von z bezüglich x und y in folgenden Fällen:

    (a) $z = xy$ (b) $z = x^2 y^5$ (c) $z = x^n e^x y^n e^y$ (d) $z = x + y$

2. Gegeben sei $z = (a x_1^d + b x_2^d + c x_3^d)^g$, wobei a, b, c, d und g Konstanten sind. Bestimmen Sie $\sum_{i=1}^{3} \mathrm{El}_i\, z$.

3. Gegeben sei $z = x_1^p \cdots x_n^p \exp(a_1 x_1 + \cdots + a_n x_n)$, wobei $a_1, \ldots, a_n$ und p Konstanten sind. Bestimmen Sie die partiellen Elastizitäten von z bezüglich $x_1, \ldots, x_n$.

4. Es bezeichne $D(p, m)$ eine typische Nachfrage eines Verbrauchers nach einem bestimmten Gut als Funktion seines Preises p und dem eigenen Einkommen m. Zeigen Sie, dass der Anteil pD/m des Einkommens, der für das Gut ausgegeben wird, mit dem Einkommen wächst, wenn $\mathrm{El}_m D > 1$ (in dem Fall ist es ein „Luxusgut", während es ein „notwendiges Gut" ist, wenn $\mathrm{El}_m D < 1$).

▶ Lösungen zu den Aufgaben finden Sie im Anhang des Buches.

Aufgaben zur Wiederholung für Kapitel 11

1. Gegeben sei $f(x, y) = 3x - 5y$. Berechnen Sie $f(0, 1)$, $f(2, -1)$, $f(a, a)$ und $f(a + \Delta x, b) - f(a, b)$.

2. Gegeben sei $f(x, y) = 2x^2 - 3y^2$. Berechnen Sie $f(-1, 2)$, $f(2a, 2a)$, $f(a, b+\Delta y) - f(a, b)$ und $f(tx, ty) - t^2 f(x, y)$.

3. Gegeben sei $f(x, y, z) = \sqrt{x^2 + y^2 + z^2}$. Berechnen Sie $f(3, 4, 0)$, $f(-2, 1, 3)$ und $f(tx, ty, tz)$ für $t \geq 0$.

4. Es bezeichne $Y = F(K, L) = 15K^{1/5}L^{2/5}$ die Anzahl der produzierten Einheiten, wenn K Einheiten Kapital und L Einheiten Arbeit als Input verwendet werden.

 (a) Berechnen Sie $F(0, 0)$, $F(1, 1)$ und $F(32, 243)$.

 (b) Bestimmen Sie einen Ausdruck für $F(K + 1, L) - F(K, L)$ und geben Sie dafür eine ökonomische Interpretation.

 (c) Berechnen Sie $F(32+1, 243) - F(32, 243)$ und vergleichen Sie das Ergebnis mit $F'_K(32, 243)$.

 (d) Zeigen Sie, dass $F(tK, tL) = t^k F(K, L)$ für eine Konstante k.

5. In einer Studie über gewerblichen Fischfang wird der jährliche Heringfang beschrieben durch die Funktion $Y(K, S) = 0.06157K^{1.356}S^{0.562}$, wobei K die Fanganstrengungen sind, während S der Heringsbestand ist.

 (a) Bestimmen Sie $\partial Y/\partial K$ und $\partial Y/\partial S$.

 (b) Was geschieht mit dem Fang, wenn K und S beide verdoppelt werden?

6. Für welche Paare von Zahlen (x, y) sind die durch die folgenden Formeln gegebenen Funktionen definiert?

 (a) $3xy^3 - 45x^4 - 3y$ (b) $\sqrt{1 - xy}$ (c) $\ln(2 - (x^2 + y^2))$

7. Für welche Paare von Zahlen (x, y) sind die durch die folgenden Formeln gegebenen Funktionen definiert?

 (a) $\dfrac{1}{\sqrt{x + y - 1}}$ (b) $\sqrt{x^2 - y^2} + \sqrt{x^2 + y^2 - 1}$ (c) $\sqrt{y - x^2} - \sqrt{\sqrt{x} - y}$

8. Vervollständigen Sie die folgenden Implikationen:

 (a) $z = (x^2y^4 + 2)^5 \implies \dfrac{\partial z}{\partial x} =$

 (b) $F(K, L) = (\sqrt{K} + \sqrt{L})^2 \implies \sqrt{K}\dfrac{\partial F}{\partial K} =$

 (c) $F(K, L) = (K^a + L^a)^{1/a} \implies KF'_K(K, L) + LF'_L(K, L) =$

 (d) $g(t, w) = \dfrac{3t}{w} + wt^2 \implies \dfrac{\partial^2 g}{\partial w \partial t} =$

 (e) $g(t_1, t_2, t_3) = (t_1^2 + t_2^2 + t_3^2)^{1/2} \implies g'_3(t_1, t_2, t_3) =$

 (f) $f(x, y, z) = 2x^2yz - y^3 + x^2z^2 \implies f'_1(x, y, z) =$, $f''_{13}(x, y, z) =$

9. Für alle (x, y) sei f definiert durch $f(x, y) = (x - 2)^2(y + 3)^2$.

 (a) Berechnen Sie $f(0, 0)$, $f(-2, -3)$ und $f(a + 2, b - 3)$.

 (b) Bestimmen Sie f'_x und f'_y.

10. Verifizieren Sie, dass die Punkte $(-1, 5)$ und $(1, 1)$ auf derselben Höhenlinie für die Funktion $g(x, y) = (2x + y)^3 - 2x + 5/y$ liegen.

11. Verifizieren Sie, dass $x - y = c$ für jedes $c \neq 0$ eine Höhenlinie für $F(x, y) = \ln(x^2 - 2xy + y^2) + e^{2x-2y}$ ist.

12. Sei $f(x, y) = x^4 + 2y^2 - 4x^2y + 4y$.

  (a) Bestimmen Sie $f_1'(x, y)$ und $f_2'(x, y)$.

  (b) Bestimmen Sie alle Paare (x, y), die beide Gleichungen $f_1'(x, y) = 0$ und $f_2'(x, y) = 0$ erfüllen.

13. Bestimmen Sie die partiellen Elastizitäten von z bezüglich x und y in den folgenden Fällen:

  (a) $z = x^3y^{-4}$ (b) $z = \ln(x^2 + y^2)$ (c) $z = e^{x+y}$ (d) $z = (x^2 + y^2)^{1/2}$

14. (a) Sei $F(x, y) = e^{2x}(1 - y)^2$. Bestimmen Sie $\partial F/\partial y$.

  (b) Sei $F(K, L, M) = (\ln K)(\ln L)(\ln M)$. Bestimmen Sie F_L' und F_{LM}''.

  (c) Sei $w = x^x y^x z^x$ mit x, y und z positiv. Bestimmen Sie w_x' durch logarithmische Differentiation.

Anspruchsvollere Aufgaben

15. Berechnen Sie $\partial^{p+q}z/\partial y^q \partial x^p$ an der Stelle $(0, 0)$ für:

  (a) $z = e^x \ln(1 + y)$

  (b) $z = e^{x+y}(xy + y - 1)$

  (*Hinweis:* Zeigen Sie zuerst durch Induktion über n, dass $\frac{d^n}{du^n}e^u u = e^u(u + n)$.)

16. Zeigen Sie: Wenn $u = Ax^a y^b$, dann kann $u_{xy}''/u_x'u_y'$ als Funktion von u allein ausgedrückt werden. Verwenden Sie dies, um zu zeigen, dass

$$\frac{1}{u_x'}\frac{\partial}{\partial x}\left(\frac{u_{xy}''}{u_x'u_y'}\right) = \frac{1}{u_y'}\frac{\partial}{\partial y}\left(\frac{u_{xy}''}{u_x'u_y'}\right)$$

▶ Lösungen zu den Aufgaben finden Sie im Anhang des Buches.

Handwerkszeug für komparativ statische Analysen

12

ÜBERBLICK

Die Logik genehmigt lediglich die Eroberungsfeldzüge der Intuition.

–J. Hadamard (1945)

Komparative Statik ist eine besondere Technik, die sich in der ökonomischen Analysis als sehr bedeutend herausstellt. Eine Frage, die sie stellt, ist, wie ökonomische Größen, wie Nachfrage und Angebot, die als endogene Variablen, die ein Gleichungssystem erfüllen, bestimmt werden, auf Änderungen in den exogenen Parametern, wie z.B. im Preis reagieren. Allgemeiner: Was passiert mit der Lösung eines Optimierungsproblems, wenn die Parameter des Problems sich ändern? Oder was passiert mit der Lösung von Gleichungen, die ein Gleichgewicht zwischen Nachfrage und Angebot beschreiben? Einfache Beispiele werden in diesem und den nächsten beiden Kapiteln untersucht, während anspruchsvollere Probleme in FMEA behandelt werden.

Kapitel 12.5 erörtert das Konzept der Substitutionselastizität, das von Ökonomen verwendet wird, um den „Kurvenverlauf" von Höhenlinien zu untersuchen.

Homogene und homothetische Funktionen sind wichtig in den Wirtschaftswissenschaften. Sie werden in den Kapiteln 12.6 und 12.7 untersucht. Die letzten Abschnitte dieses Kapitels betrachten lineare Approximationen, dann Differentiale und schließlich Systeme von Gleichungen, zusammen mit einigen Eigenschaften, die aus der Differentiation solcher Systeme resultieren.

12.1   Eine einfache Kettenregel

Viele ökonomische Modelle verwenden verkettete Funktionen. Dieses sind Funktionen von einer oder mehreren Variablen, in denen die Variablen selbst wieder Funktionen von anderen Basis-Variablen sind. So betrachten z. B. viele Modelle ökonomischen Wachstums den Output als Funktion von Kapital und Arbeit, die beide wiederum Funktionen der Zeit sind. Wie variiert der Output mit der Zeit?

Allgemeiner: Was geschieht mit dem Wert einer verketteten Funktion, wenn ihre Basis-Variablen sich ändern? Dies ist das allgemeine Problem, das wir in diesem und dem nächsten Unterkapitel behandeln.

Nehmen Sie an, dass z eine Funktion von x und y ist mit $z = f(x, y)$, wobei x und y beide Funktionen einer Variablen t sind mit $x = g(t)$ und $y = h(t)$. Indem wir die Ausdrücke für x und y in $z = f(x, y)$ einsetzen, erhalten wir die verkettete Funktion

$$z = F(t) = f(g(t), h(t))$$

Dies reduziert z auf eine Funktion von t allein. Eine Änderung in t wird im Allgemeinen zu einer Änderung in beiden Funktionen $g(t)$ und $h(t)$ führen und als Resultat davon wird sich $z = F(t)$ ändern. Wie ändert sich z, wenn t sich ändert? Wird z. B. ein kleiner Anstieg in t zu einem Anstieg oder einer Abnahme in z führen? Die Antwort auf solche Fragen wäre viel einfacher, wenn wir einen Ausdruck für dz/dt, die Änderungsrate von z bezüglich t, finden könnten. Dieser wird duch die folgende Regel gegeben:

Kettenregel

Wenn $z = f(x, y)$ mit $x = g(t)$ und $y = h(t)$ ist, dann gilt

$$\frac{dz}{dt} = f_1'(x, y)\frac{dx}{dt} + f_2'(x, y)\frac{dy}{dt} \qquad (12.1.1)$$

Es ist wichtig, den genauen Inhalt von (12.1.1) zu verstehen. Es wird die Ableitung von $z = f(x, y)$ bezüglich t angegeben, wenn x und y beide differenzierbare Funktionen von t sind. Diese Ableitung heißt die **totale Ableitung** von z bezüglich t. Nach (12.1.1) tritt ein Beitrag zu der totalen Ableitung ein, weil die erste Variable in $f(x, y)$, nämlich x, von t abhängt. Dieser Beitrag ist $f_1'(x, y)\,dx/dt$. Ein zweiter Beitrag entsteht, weil die zweite Variable in $f(x, y)$, nämlich y, auch von t abhängt. Dieser Beitrag ist $f_2'(x, y)\,dy/dt$. Die totale Ableitung dz/dt ist die *Summe* der zwei Beiträge.

Beispiel 12.1.1

Bestimmen Sie dz/dt, wenn $z = f(x, y) = x^2 + y^3$ mit $x = t^2$ und $y = 2t$ ist.

Lösung: In diesem Fall ist $f_1'(x, y) = 2x$, $f_2'(x, y) = 3y^2$, $dx/dt = 2t$ und $dy/dt = 2$. Somit ergibt Formel (12.1.1)

$$\frac{dz}{dt} = 2x \cdot 2t + 3y^2 \cdot 2 = 4tx + 6y^2 = 4t^3 + 24t^2$$

Dabei ergibt sich die letzte Gleichheit, indem man die entsprechenden Funktionen von t für x bzw. y substituiert. In einem einfachen Fall wie diesem können wir die Kettenregel überprüfen, indem wir $x = t^2$ und $y = 2t$ in die Formel für $f(x, y)$ einsetzen und dann nach t differenzieren. Das Resultat ist

$$z = x^2 + y^3 = (t^2)^2 + (2t)^3 = t^4 + 8t^3 \implies \frac{dz}{dt} = 4t^3 + 24t^2$$

wie zuvor.

Beispiel 12.1.2

Bestimmen Sie dz/dt, wenn $z = f(x, y) = xe^{2y}$ mit $x = \sqrt{t}$ und $y = \ln t$ ist.

Lösung: Hier ist $f_1'(x, y) = e^{2y}$, $f_2'(x, y) = 2xe^{2y}$, $dx/dt = 1/2\sqrt{t}$ und $dy/dt = 1/t$. Nun impliziert $y = \ln t$, dass $e^{2y} = e^{2\ln t} = (e^{\ln t})^2 = t^2$ so dass mit Formel (12.1.1) folgt:

$$\frac{dz}{dt} = e^{2y}\frac{1}{2\sqrt{t}} + 2xe^{2y}\frac{1}{t} = t^2\frac{1}{2\sqrt{t}} + 2\sqrt{t}\,t^2\frac{1}{t} = \frac{5}{2}t^{3/2}$$

Wie in Beispiel 12.1.1 können wir die Kettenregel direkt überprüfen, indem wir $x = \sqrt{t}$ und $y = \ln t$ in die Formel für $f(x,y)$ einsetzen, was $z = xe^{2y} = t^{5/2} \Rightarrow dz/dt = \frac{5}{2}t^{3/2}$ ergibt. Die Ableitung davon ist $dz/dt = \dfrac{5}{2}t^{3/2}$.

Hier sind einige ziemlich typische Beispiele, wie Ökonomen die Formel (12.1.1) anwenden.

Es bezeichne $D = D(p, m)$ die Nachfrage nach einem Gut als Funktion des Preises p und des Einkommens m. Nehmen Sie an, dass der Preis p und das Einkommen m stetig mit der Zeit t variieren, so dass $p = p(t)$ und $m = m(t)$. Dann kann die Nachfrage als Funktion $D = D(p(t), m(t))$ von t allein bestimmt werden. Finden Sie einen Ausdruck für $\dot{D}/D$, die relative Wachstumsrate von D.

Lösung: Mit (12.1.1) erhalten wir

$$\dot{D} = \frac{\partial D(p, m)}{\partial p}\dot{p} + \frac{\partial D(p, m)}{\partial m}\dot{m}$$

Dabei haben wir die Ableitungen bezüglich der Zeit mit „Punkten" bezeichnet. Der erste Term auf der rechten Seite gibt die Auswirkung auf die Nachfrage an, die entsteht, weil sich der Preis p ändert. Der zweite Term gibt den Effekt der Änderung in m an. Wir können die relative Änderungsrate von D schreiben als

$$\frac{\dot{D}}{D} = \frac{p}{D}\frac{\partial D(p, m)}{\partial p}\frac{\dot{p}}{p} + \frac{m}{D}\frac{\partial D(p, m)}{\partial m}\frac{\dot{m}}{m} = \frac{\dot{p}}{p}\text{El}_p D + \frac{\dot{m}}{m}\text{El}_m D$$

Somit findet man die relative Änderungsrate, indem man die relativen Änderungsraten des Preises und des Einkommens mit ihren jeweiligen Elastizitäten multipliziert und dann addiert.

Wie in Beispiel 11.7.2 bezeichne $u(x, y)$ die „Gesamtwohlfahrt" einer Gesellschaft, wobei x das BIP bezeichnet und y ist ein Maß des Grades der Umweltbelastung. Nehmen Sie an, dass $u'_x(x, y) > 0$ und $u'_y(x, y) < 0$. Nehmen Sie an, dass der Grad der Umweltbelastung eine monoton wachsende Funktion $y = h(x)$ von x mit $h'(x) > 0$ ist. Dann wird die Gesamtwohlfahrt eine Funktion

$$U(x) = u(x, h(x)),$$

von x allein. Bestimmen Sie eine notwendige Bedingung dafür, dass $U(x)$ ein Maximum an der Stelle $x = x^* > 0$ hat und geben Sie dieser Bedingung eine ökonomische Interpretation.

Lösung: Nach Theorem 8.1.1 ist eine notwendige Bedingung für ein Maximum von $U(x)$ an der Stelle $x^* > 0$, dass: $U'(x^*) = 0$. Um $U'(x)$ zu bestimmen, nutzen wir die Kettenregel (12.1.1):

$$U'(x) = u'_x(x, h(x)) \cdot 1 + u'_y(x, h(x)) \cdot h'(x)$$

Damit $U'(x^*) = 0$ ist, muss gelten:

$$u'_x(x^*, h(x^*)) = -u'_y(x^*, h(x^*)) \cdot h'(x^*) \tag{$*$}$$

Um diese Bedingung zu illustrieren, denken Sie daran, x^* um einen kleinen Betrag ξ zu erhöhen. Nach Gleichung (11 2.6) ist der Gewinn aufgrund der Erhöhung des BIP ungefähr $u'_x(x^*, h(x^*))\xi$. Andererseits steigt der Grad der Umweltbelastung um ungefähr $h'(x^*)\xi$ Einheiten. Aber wir verlieren $u'_y(x^*, h(x^*))\xi$ an Gesamtwohlfahrt pro Einheit mehr Umweltbelastung, so dass wir insgesamt $u'_y(x^*, h(x^*))h'(x^*)\xi$ verlieren wegen der zunehmenden Umweltbelastung aufgrund der Erhöhung in x^*. Gleichung $(*)$ sagt aus: Was wir durch eine Erhöhung von x^* durch einen kleinen Betrag ξ gewinnen, kann weder größer noch kleiner sein als das, was wir durch eine Erhöhung der Umweltbelastung verlieren: Sonst würde eine kleine Änderung ξ in die richtige Richtung das Wohlbefinden leicht erhöhen

Ableitungen höherer Ordnung

Manchmal brauchen wir die zweite Ableitung einer verketteten Funktionen. Eine allgemeine Formel für d^2z/dt^2, die auf Formel (12.1.1) basiert, wird in Aufgabe 8 behandelt. Hier entwickeln wir einen Spezialfall, der in der Optimierungstheorie von Interesse ist. Es betrifft die Funktion F, die beschreibt, was mit f geschieht, wenn man sich von (x_0, y_0) fortbewegt in die Richtung (ℓ, k) oder, wenn $t < 0$, in die umgekehrte Richtung $(-\ell, -k)$. Siehe auch Abb. 13.3.3.

Beispiel 12.1.5

Nehmen Sie an, dass $z = f(x, y)$, wobei $x = x_0 + t\ell$ und $y = y_0 + tk$. Wenn wir (x_0, y_0) und (ℓ, k) festhalten, wird z eine Funktion von t allein. Deshalb können wir $z = F(t)$ schreiben. Bestimmen Sie Ausdrücke für $F'(t)$ und $F''(t)$.

Lösung: Mit $x = x_0 + t\ell$ und $y = y_0 + tk$ erhalten wir $F(t) = f(x, y)$. Mit (12.1.1) folgt

$$F'(t) = f'_1(x, y)\frac{dx}{dt} + f'_2(x, y)\frac{dy}{dt} = f'_1(x_0 - t\ell, y_0 + tk)\ell + f'_2(x_0 + t\ell, y_0 + tk)k$$

Um die zweite Ableitung $F''(t)$ zu bestimmen, müssen wir ein zweites Mal nach t differenzieren. Dies ergibt

$$F''(t) = \frac{d}{dt}f'_1(x, y)\ell + \frac{d}{dt}f'_2(x, y)k \tag{$*$}$$

Um die Ableitungen auf der rechten Seite zu bestimmen, müssen wir wieder die Kettenregel (12.1.1) anwenden. Dies ergibt:

$$\frac{d}{dt}f_1'(x, y) = f_{11}''(x, y)\frac{dx}{dt} + f_{12}''(x, y)\frac{dy}{dt} = f_{11}''(x, y)\ell + f_{12}''(x, y)k$$

$$\frac{d}{dt}f_2'(x, y) = f_{21}''(x, y)\frac{dx}{dt} + f_{22}''(x, y)\frac{dy}{dt} = f_{21}''(x, y)\ell + f_{22}''(x, y)k$$

Wenn wir annehmen, dass $f_{12}'' = f_{21}''$, und wenn wir diese Ausdrücke in (∗) einsetzen, folgt

$$F''(t) = f_{11}''(x, y)\ell^2 + 2f_{12}''(x, y)\ell k + f_{22}''(x, y)k^2$$

Dabei ist $x = x_0 + t\ell$, $y = y_0 + tk$.

Ein Beweis der Kettenregel

Um zu zeigen, dass die Kettenregel gilt, kann keine der früheren Regeln für Ableitungen angewendet werden. Stattdessen müssen wir ein neues Argument bringen.

Nehmen Sie an, dass $z = f(x, y)$ stetig differenzierbar ist, während $x = g(t)$ und $y = h(t)$ beide differenzierbar sind. Halten Sie t_0 in den Definitionsbereichen von g und h fest und definieren Sie $x_0 = g(t_0)$ und $y_0 = h(t_0)$. Indem wir die handlichere Notation $F(t) = f(g(t), h(t))$ benutzen, wollen wir die folgende Version von Gleichung (12.1.1) zeigen

$$F'(t_0) = f_1'(x_0, y_0)g'(t_0) + f_2'(x_0, y_0)h'(t_0)$$

Definieren Sie die folgenden Funktionen:

$$\varphi_1(x, y) = \begin{cases} \dfrac{f(x, y) - f(x_0, y)}{x - x_0} & \text{falls } x \neq x_0 \\ f_1'(x_0, y) & \text{falls } x = x_0 \end{cases} \quad \text{und} \quad \varphi_2(x, y) = \begin{cases} \dfrac{f(x, y) - f(x, y_0)}{y - y_0} & \text{falls } y \neq y_0 \\ f_2'(x, y_0) & \text{falls } y = y_0 \end{cases}$$

Definieren Sie auch:

$$\gamma(t) = \begin{cases} \dfrac{g(t) - x_0}{t - t_0} & \text{falls } t \neq t_0 \\ g'(t_0) & \text{falls } t = t_0 \end{cases} \quad \text{und} \quad \eta(t) = \begin{cases} \dfrac{h(t) - y_0}{t - t_0} & \text{falls } t \neq t_0 \\ h'(t_0) & \text{falls } t = t_0 \end{cases}$$

Nach Konstruktion gelten die folgenden Eigenschaften:

(i)   für alle y, $\lim_{x \to x_0} \varphi_1(x, y) = \varphi_1(x_0, y)$;
(ii) für alle x, $\lim_{y \to y_0} \varphi_2(x, y) = \varphi_2(x, y_0)$;
(iii) $\lim_{t \to t_0} \gamma(t) = \gamma(t_0)$ und $\lim_{t \to t_0} \eta(iv) = \eta(t_0)$;
(iv) $f(x, y) - f(x_0, y) = \varphi_1(x, y)(x - x_0)$;
(v) $f(x, y) - f(x, y_0) = \varphi_2(x, y)(y - y_0)$; und
(vi) $g(t) - x_0 = \gamma(t)(t - t_0)$ und $h(t) - y_0 = \eta(t)(t - t_0)$.

Nun gilt für k nahe bei 0

$$\begin{aligned} F(t_0 + k) - F(t_0) &= f(g(t_0 + k), h(t_0 + k)) - f(g(t_0), h(t_0)) \\ &= f(g(t_0 + k), h(t_0 + k)) - f(x_0, h(t_0 + k)) + f(x_0, h(t_0 + k)) - f(x_0, y_0) \\ &= \varphi_1(g(t_0 + k), h(t_0 + k))[g(t_0 + k) - x_0] + \varphi_2(x_0, h(t_0 + k))[h(t_0 + k) - y_0] \\ &= \varphi_1(g(t_0 + k), h(t_0 + k))\gamma(t_0 + k)k + \varphi_2(x_0, h(t_0 + k))\eta(t_0 + k)k \end{aligned}$$

wobei die erste Gleichheit nach Definition gilt, die zweite addiert und subtrahiert nur dieselbe Zahl, die dritte nutzt die Eigenschaften (iv) und (v) und die letzte nutzt Eigenschaft (vi).

Der Newton-Quotient für $F(t_0)$ ist deshalb,

$$\frac{F(t_0 + k) - F(t_0)}{k} = \varphi_1(g(t_0 + k), h(t_0 + k))\gamma(t_0 + k) + \varphi_2(x_0, h(t_0 + k))\eta(t_0 + k)$$

Nach Definition folgt:

$$F'(t_0) = \lim_{k \to 0}[\varphi_1(g(t_0 + k), h(t_0 + k))\gamma(t_0 + k) + \varphi_2(x_0, h(t_0 + k))\eta(t_0 + k)]$$

Wegen Eigenschaft (iii) gilt $\gamma(t_0 + k) \to g'(t_0)$ und $\eta(t_0 + k) \to h'(t_0)$, wenn $k \to 0$. Da h differenzierbar ist, ist es auch stetig und $h(t_0 + k) \to y_0$, was wegen (ii) impliziert, dass $\varphi_2(x_0, h(t_0 + k)) \to f_2'(x_0, y_0)$. Es bleibt nur noch der Term $\varphi_1(g(t_0 + k), h(t_0 + k))$ übrig, der etwas komplizierter ist. Da g auch stetig ist, folgt $g(t_0 + k) \to x_0$. Da f stetig differenzierbar ist, sind f_1' und φ_1 stetige Funktionen und deshalb gilt

$$\lim_{k \to 0} \varphi_1(g(t_0 + k), h(t_0 + k)) = \varphi_1(x_0, y_0) = f_1'(x_0, y_0)$$

unter Benutzung von Eigenschaft (i).

Aufgaben für Kapitel 12.1

1. Bestimmen Sie in den folgenden Fällen dz/dt, indem Sie die Kettenregel (12.1.1) verwenden. Überprüfen Sie die Antworten, indem Sie zuerst die Ausdrücke für x und y einsetzen und dann differenzieren.

  (a) $F(x, y) = x + y^2,\quad x = t^2,\quad y = t^3$
  (b) $(x, y) = x^p y^q,\quad x = ct,\quad y = bt$

2. Bestimmen Sie dz/dt, wenn:

  (a) $F(x, y) = x \ln y + y \ln x$, $x = t + 1$ und $y = \ln t$;

  (b) $F(x, y) = \ln x + \ln y$, $x = Ae^{at}$ und $y = Be^{bt}$.

3. Es sei $z = F(t, y)$ und $y = g(t)$. Bestimmen Sie eine Formel für dz/dt. Betrachten Sie insbesondere den Fall $z = t^2 + ye^y$ und $y = t^2$.

4. Bestimmen Sie eine Formel für dY/dL, wenn $Y = F(K, L)$ und $K = g(L)$.

5. Es sei $Y = 10KL - \sqrt{K} - \sqrt{L}$. Nehmen Sie ferner an, dass $K = 0.2t + 5$ und $L = 5e^{0.1t}$. Bestimmen Sie dY/dt für $t = 0$.

6. Seien $x = g(t)$, $y = h(t)$ und $G(x)$ differenzierbare Funktionen. Was ergibt sich durch Anwendung der Kettenregel (12.1.1), wenn $f(x, y)$ wie folgt ist? (a) $x + y$; (b) $x - y$; (c) $x \cdot y$; (d) x/y; (e) $G(x)$.

Anspruchsvollere Aufgaben

7. Betrachten Sie Beispiel 12.1.4 mit $u(x, y) = \ln(x^\alpha + y^\alpha) - \alpha \ln y$. Sei $y = h(x) = \sqrt[3]{ax^4 + b}$, wobei die Konstanten α, a und b alle positiv sind. Bestimmen Sie für diesen Fall das optimale x^*.

8. Nehmen Sie an, dass $z = F(x, y)$, $x = g(t)$ und $y = h(t)$. Ändern Sie die Lösung zu Beispiel 12.1.5 so ab, dass Sie einen Beweis der Formel

$$\frac{d^2 z}{dt^2} = \frac{\partial z}{\partial x}\frac{d^2 x}{dt^2} + \frac{\partial z}{\partial y}\frac{d^2 y}{dt^2} + \frac{\partial^2 z}{\partial x^2}\left(\frac{dx}{dt}\right)^2 + 2\frac{\partial^2 z}{\partial x \partial y}\left(\frac{dx}{dt}\right)\left(\frac{dy}{dt}\right) + \frac{\partial^2 z}{\partial y^2}\left(\frac{dy}{dt}\right)^2$$

erhalten unter geeigneten Annahmen über F, g und h.

▶ Lösungen zu den Aufgaben finden Sie im Anhang des Buches.

12.2 Kettenregel für viele Variablen

Ökonomen benötigen oft allgemeinere Kettenregeln als die einfache, die für zwei Variablen im vorigen Unterkapitel dargestellt wurde. Aufgabe 11, zum Beispiel, betrachtet die Situation eines Eisenbahnunternehmens, deren Fahrpreise während der Stoßzeiten und außerhalb der Stoßzeiten von einer Aufsichtsbehörde festgesetzt werden. Die anstehenden Kosten für den Betrieb von genügend Zügen für den Transport aller Passagiere hängt von der Nachfrage für beide Arten von Fahrten ab. Diese Nachfragen werden offensichtlich beeinflusst sowohl durch die Preise in Stoßzeiten als auch außerhalb der Stoßzeiten, weil einige Passagiere ihre Reisezeit nach der Differenz der Fahrpreise auswählen. Die allgemeine Kettenregel, die wir präsentieren wollen, erlaubt uns, herauszufinden, wie diese Kosten sich ändern, wenn einer der Fahrpreise erhöht wird.

Betrachten Sie das allgemeine Problem dieser Art, in dem $z = F(x, y)$, $x = f(t, s)$ und $y = g(t, s)$. In diesem Fall ist z eine Funktion von beiden Variablen, t und s, mit

$$z = F(f(t, s), g(t, s))$$

Hier macht es Sinn, beide partiellen Ableitungen $\partial z / \partial t$ und $\partial z / \partial s$ zu betrachten. Wenn wir s festhalten, dann ist z eine Funktion von t allein und wir können deshalb die Kettenregel, (12.1.1), anwenden. Genauso: Indem wir t festhalten, können wir z nach s differenzieren. Das Resultat ist das folgende:

Die Kettenregel

Wenn $z = F(x, y)$ mit $x = f(t, s)$ und $y = g(t, s)$, dann gilt:

$$\frac{\partial z}{\partial t} = F_1'(x, y) \frac{\partial x}{\partial t} + F_2'(x, y) \frac{\partial y}{\partial t} \qquad (12.2.1)$$

und

$$\frac{\partial z}{\partial s} = F_1'(x, y) \frac{\partial x}{\partial s} + F_2'(x, y) \frac{\partial y}{\partial s} \qquad (12.2.2)$$

Beispiel 12.2.1

Bestimmen Sie $\partial z / \partial t$ und $\partial z / \partial s$, wenn $z = F(x, y) = x^2 + 2y^2$ mit $x = t - s^2$ und $y = ts$.

Lösung: Wir erhalten

$$F_1'(x, y) = 2x, \quad F_2'(x, y) = 4y, \quad \frac{\partial x}{\partial t} = 1, \quad \frac{\partial x}{\partial s} = -2s, \quad \frac{\partial y}{\partial t} = s, \quad \frac{\partial y}{\partial s} = t$$

Die Formeln (12.2.1) und (12.2.2) ergeben deshalb:

$$\frac{\partial z}{\partial t} = 2x \cdot 1 + 4y \cdot s = 2(t - s^2) + 4tss = 2t - 2s^2 + 4ts^2$$

$$\frac{\partial z}{\partial s} = 2x \cdot (-2s) + 4y \cdot t = 2(t - s^2)(-2s) + 4tst = -4ts + 4s^3 + 4t^2 s$$

Es ist eine gute Übung, diese Antworten zu überprüfen, indem Sie zunächst z als eine Funktion von t und s ausdrücken und dann differenzieren. ▬▬▬

Beispiel 12.2.2

Bestimmen Sie $z_t'(1, 0)$, falls $z = e^{x^2} + y^2 e^{xy}$ mit $x = 2t + 3s$ und $y = t^2 s^3$.

Lösung: Wir erhalten

$$\frac{\partial z}{\partial x} = 2xe^{x^2} + y^3 e^{xy}, \quad \frac{\partial z}{\partial y} = 2ye^{xy} + xy^2 e^{xy}, \quad \frac{\partial x}{\partial t} = 2, \quad \frac{\partial y}{\partial t} = 2ts^3$$

Indem wir eine etwas prägnantere Notation verwenden, ergibt die Kettenregel:

$$z_t'(t, s) = \frac{\partial z}{\partial x}\frac{\partial x}{\partial t} + \frac{\partial z}{\partial y}\frac{\partial y}{\partial t} = (2xe^{x^2} + y^3 e^{xy}) \cdot 2 + (2ye^{xy} + xy^2 e^{xy}) \cdot 2ts^3$$

Wenn $t = 1$ und $s = 0$ ist, dann ist $x = 2$ und $y = 0$, so dass $z_t'(1, 0) = 4e^4 \cdot 2 = 8e^4$. ▬▬▬

Der allgemeine Fall

In der Theorie der Verbrauchernachfrage nehmen Ökonomen normalerweise an, dass der Nutzen eines Haushalts abhängt von der Anzahl der Einheiten von jedem Gut, die es verbrauchen kann. Die Anzahl der verbrauchten Einheiten wird wiederum von den Preisen dieser Güter abhängen und vom Einkommen des Haushalts. Somit steht der Nutzen indirekt in Beziehung zu allen Preisen und zum Einkommen. Um wieviel reagiert dann der Nutzen auf eine Erhöhung in einem der Preise oder auf eine Erhöhung des Einkommens? Die folgende allgemeine Kettenregel enthält eine Erweiterung auf diese Art von Problemen.

Nehmen Sie an, dass $z = f(x_1, \ldots, x_n)$ mit $x_i = g_i(t_1, \ldots, t_m)$ für jedes $i = 1, 2, \ldots, n$. Indem wir für alle Variablen x_i als Funktionen der Variablen t_j in die Funktion f substituieren, wird z als eine *verkettete Funktion* gleich:

$$z = F(t_1, \ldots, t_m) = f(g_1(t_1, \ldots, t_m), \ldots, g_n(t_1, \ldots, t_m))$$

In Vektornotation schreiben wir $z = F(\mathbf{t}) = f(\mathbf{x}(\mathbf{t}))$. Eine offensichtliche Verallgemeinerung von (12.2.1) und (12.2.2) ist wie folgt:

Die allgemeine Kettenregel

Wenn $z = f(x_1, \ldots, x_n)$ stetig differenzierbar ist und $x_i = g_i(t_1, \ldots, t_m)$ für jedes $i = 1, 2, \ldots, n$ differenzierbar ist, dann gilt

$$\frac{\partial z}{\partial t_j} = \frac{\partial z}{\partial x_1}\frac{\partial x_1}{\partial t_j} + \frac{\partial z}{\partial x_2}\frac{\partial x_2}{\partial t_j} + \cdots + \frac{\partial z}{\partial x_n}\frac{\partial x_n}{\partial t_j} \qquad (12.2.3)$$

für jedes $j = 1, 2, \ldots, m$.

Dies ist eine wichtige Formel, die jeder Ökonom verstehen sollte. Eine kleine Änderung in einer Basisvariablen t_j führt zu einer Kettenreaktion. Zunächst hängt im Allgemeinen jedes x_i von t_j ab, so dass es sich ändert, wenn t_j sich ändert. Dies wiederum beeinflusst z. Der Beitrag zu der totalen partiellen Ableitung von z nach t_j, der aus der Änderung in x_i resultiert, ist $(\partial z/\partial x_i)(\partial x_i/\partial t_j)$. Formel (12.2.3) zeigt, dass $\partial z/\partial t_j$ die Summe all dieser Beiträge ist. In alternativer Notation gilt:

$$F_j'(\mathbf{t}) = f_1'(\mathbf{x}(\mathbf{t}))\frac{\partial g_1}{\partial t_j}(\mathbf{t}) + f_2'(\mathbf{x}(\mathbf{t}))\frac{\partial g_2}{\partial t_j}(\mathbf{t}) + \cdots + f_n'(\mathbf{x}(\mathbf{t}))\frac{\partial g_n}{\partial t_j}(\mathbf{t})$$

Beispiel 12.2.3

In Beispiel 11.7.1 wurde eine landwirtschaftliche Produktionsfunktion $Y = F(K, L, T)$ betrachtet, wobei Y der Ertrag der Ernte, K das investierte Kapital, L die eingesetzte Arbeit und T die zum Wachsen der Ernte verwendete landwirtschaftliche Nutzfläche ist. Nehmen Sie an, dass K, L und T alle Funktionen der Zeit sind. Nach (12.2.3) erhält man dann:

$$\frac{dY}{dt} = \frac{\partial F}{\partial K}\frac{dK}{dt} + \frac{\partial F}{\partial L}\frac{dL}{dt} + \frac{\partial F}{\partial T}\frac{dT}{dt}$$

In dem Spezialfall, in dem F die Cobb-Douglas-Funktion $F(K, L, T) = AK^aL^bT^c$ ist, gilt:

$$\frac{dY}{dt} = aAK^{a-1}L^bT^c\frac{dK}{dt} + bAK^aL^{b-1}T^c\frac{dL}{dt} + cAK^aL^bT^{c-1}\frac{dT}{dt} \tag{$*$}$$

Wenn wir die Ableitungen bezüglich der Zeit mit „Punkten" bezeichnen und jeden Term in ($*$) durch $Y = AK^aL^bT^c$ dividieren, erhalten wir

$$\frac{\dot{Y}}{Y} = a\frac{\dot{K}}{K} + b\frac{\dot{L}}{L} + c\frac{\dot{T}}{T}$$

Die relative Änderungsrate des Outputs ist deshalb eine gewichtete Summe der relativen Änderungsraten des Kapitals, der Arbeit und der Anbaufläche. Die Gewichte sind die entsprechenden Exponenten a, b und c.

Aufgaben für Kapitel 12.2

1. Verwenden Sie (12.2.1) und (12.2.2), um $\partial z/\partial t$ und $\partial z/\partial s$ für die folgenden Fälle zu berechnen:

   (a) $z = F(x, y) = x + y^2$, wobei $x = t - s$ und $y = ts$;

   (b) $z = F(x, y) = 2x^2 + 3y^3$, wobei $x = t^2 - s$ und $y = t + 2s^3$.

2. Verwenden Sie (12.2.1) und (12.2.2), um $\partial z/\partial t$ und $\partial z/\partial s$ für die folgenden Fälle zu berechnen:

   (a) $z = xy^2$, wobei $x = t + s^2$ und $y = t^2s$;

   (b) $z = \dfrac{x - y}{x + y}$, wobei $x = e^{t+s}$ und $y = e^{ts}$.

3. Sei $z = F(u, v, w)$, wobei $u = r^2$, $v = -2s^2$ und $w = \ln r + \ln s$. Bestimmen Sie $\partial z/\partial r$ und $\partial z/\partial s$.

➔ Fortsetzung

4. Sei $z = F(x)$, wobei $x = f(t_1, t_2)$. Bestimmen Sie $\partial z/\partial t_1$ und $\partial z/\partial t_2$.

5. Sei $x = F(s, f(s), g(s, t))$. Bestimmen Sie $\partial x/\partial s$ und $\partial x/\partial t$.

6. Sei $z = F(u, v, w)$, wobei $u = f(x, y)$, $v = x^2 h(y)$ und $w = 1/y$. Bestimmen Sie $\partial z/\partial x$ und $\partial z/\partial y$.

7. Verwenden Sie die allgemeine Kettenregel (12.2.3), um $\partial w/\partial t$ für die folgenden Fälle zu bestimmen:

(a) $w = xy^2 z^3$, wobei $x = t^2$, $y = s$ und $z = t$;

(b) $w = x^2 + y^2 + z^2$, wobei $x = \sqrt{t + s}$, $y = e^{ts}$ und $z = s^3$.

8. Bestimmen Sie Ausdrücke für dz/dt, wenn:

(a) $z = F(t, t^2, t^3)$　　　　　　　(b) $z = F(t, f(t), g(t^2))$

9. Es sei $Z = G + Y^2 + r^2$, wobei Y und r beide Funktionen von G sind. Bestimmen Sie $\partial Z/\partial G$.

10. Es sei $Z = G + I(Y, r)$, wobei I eine differenzierbare Funktion von zwei Variablen ist und Y und r beide Funktionen von G sind. Bestimmen Sie $\partial Z/\partial G$.

11. Jede Woche hat eine S-Bahngesellschaft langfristige Kosten $C = aQ_1 + bQ_2 + cQ_1^2$, um Q_1 Passagierkilometer während der Hauptverkehrszeit und Q_2 Passagierkilometer während der Schwachlaststunden anzubieten. Als Funktionen der Fahrpreise p_1 und p_2 pro Kilometer für die Hauptverkehrszeit bzw. Schwachlaststunden sind die Nachfragen für die beiden Arten des Angebots $Q_1 = A p_1^{-\alpha_1} p_2^{\beta_1}$ und $Q_2 = B p_1^{\alpha_2} p_2^{-\beta_2}$, wobei die Konstanten $A, B, \alpha_1, \alpha_2, \beta_1, \beta_2$ alle positiv sind. Bestimmen Sie die partiellen Ableitungen von C bezüglich p_1 und p_2 unter der Annahme, dass das Unternehmen genügend Züge vorhält, um die Nachfrage zu erfüllen.

12. Es sei $u = \ln(x^3 + y^3 + z^3 - 3xyz)$. Zeigen Sie, dass

(a) $\dfrac{\partial u}{\partial x} + y\dfrac{\partial u}{\partial y} + z\dfrac{\partial u}{\partial z} = 3$　　　　(b) $(x + y + z)\left(\dfrac{\partial u}{\partial x} + \dfrac{\partial u}{\partial y} + \dfrac{\partial u}{\partial z}\right) = 3$

13. Es sei $z = f(x^2 y)$. Zeigen Sie, dass $x\dfrac{\partial z}{\partial x} = 2y\dfrac{\partial z}{\partial y}$.

14. Bestimmen Sie eine Formel für $\partial u/\partial r$, wenn $u = f(x, y, z, w)$ und x, y, z und w alle Funktionen von zwei Variablen r und s sind.

15. Gegeben sei $u = xyzw$, wobei $x = r + s$, $y = r - s$, $z = rs$, $w = r/s$. Bestimmen Sie $\partial u/\partial r$, wenn $(r, s) = (2, 1)$ ist.

▶ Lösungen zu den Aufgaben finden Sie im Anhang des Buches.

12.3   Implizites Differenzieren entlang einer Höhenlinie

Ökonomen müssen oft Funktionen differenzieren, die implizit durch eine Gleichung definiert sind. In Kapitel 7.2 wurden einige einfache Fälle betrachtet. Es ist eine gute Idee, diese Beispiele jetzt nochmals anzusehen. Hier betrachten wir das Problem von einem allgemeineren Standpunkt aus.

Sei F eine Funktion von zwei Variablen. Betrachten Sie die Gleichung $F(x, y) = c$, wobei c eine Konstante ist. Die Gleichung stellt eine Höhenlinie für F dar, wie in Kapitel 11.3. Nehmen Sie an, dass diese Gleichung y implizit als eine Funktion $y = f(x)$ von x in einem Intervall I definiert, wie es in Abb. 12.3.1 illustriert wird. Dies bedeutet, dass

$$F(x, f(x)) = c \tag{12.3.1}$$

für alle x in I. Welches ist die Ableitung von $y = f(x)$, falls f differenzierbar ist? Wenn der Graph von f wie der in Abb. 12.3.1 gegebene Graph aussieht, ist es das geometrische Problem, die Steigung des Graphen in jedem Punkt wie z. B. in P zu finden.[1]

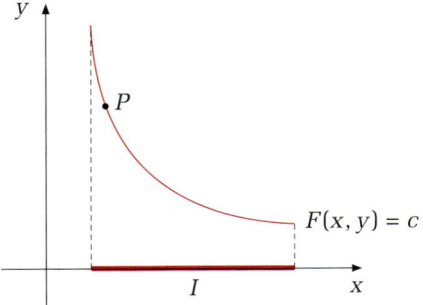

Abbildung 12.3.1: Differentiation entlang einer Höhenlinie

Um einen Ausdruck für die Steigung zu finden, führen wir die Hilfsfunktion u ein, die für alle x in I durch $u(x) = F(x, f(x))$ definiert ist. Dann ist

$$u'(x) = F_1'(x, f(x)) \cdot 1 + F_2'(x, f(x)) \cdot f'(x)$$

nach der Kettenregel. Nun besagt Gleichung (12.3.1), dass $u(x) = c$ für alle x in I. Die Ableitung einer Konstanten ist 0, so dass folgt

$$u'(x) = F_1'(x, f(x)) + F_2'(x, f(x)) \cdot f'(x) = 0$$

Wenn wir $f(x)$ durch y ersetzen und nach $f'(x) = y'$ auflösen, kommen wir zu der Schlussfolgerung:

---

[1]   Ein Spezialfall dieses Problems war Beispiel 7.1.5.

Steigung einer Höhenlinie

Wenn $F(x, y) = c$ und $F_2'(x, y) \neq 0$, dann gilt:

$$y' = \frac{dy}{dx} = -\frac{F_1'(x, y)}{F_2'(x, y)} \qquad (12.3.2)$$

Dies ist ein wichtiges Resultat. Bevor Sie jedoch diese Formel für y' anwenden, sollen Sie sich erinnern, dass das Paar (x, y) die Gleichung $F(x, y) = c$ erfüllen muss. Beachten Sie andererseits, dass es nicht nötig ist, die Gleichung $F(x, y) = c$ explizit nach y aufzulösen, bevor Sie (12.3.2) anwenden, um y' zu bestimmen—siehe Beispiel 12.3.3.

Dasselbe Argument, mit x und y vertauscht, ergibt ein analoges Resultat zu (12.3.2). Daher gilt, wenn x eine stetig differenzierbare Funktion von y ist, die $F(x, y) = c$ erfüllt:

$$F(x, y) = c \Rightarrow \frac{dx}{dy} = -\frac{F_2'(x, y)}{F_1'(x, y)}, \qquad (12.3.3)$$

vorausgesetzt, dass $F_1'(x, y) \neq 0$.

Beispiel 12.3.1

Verwenden Sie (12.3.2), um y' zu bestimmen, wenn $xy = 5$ ist.

Lösung: Wir setzen $F(x, y) = xy$. Dann ist $F_1'(x, y) = y$ und $F_2'(x, y) = x$. Daher ergibt (12.3.2)

$$y' = -\frac{F_1'(x, y)}{F_2'(x, y)} = -\frac{y}{x}$$

Dies bestätigt das Resultat in Beispiel 7.1.1.

Beispiel 12.3.2

Bestimmen Sie für die durch $x^3 + x^2y - 2y^2 - 10y = 0$ gegebene Kurve die Steigung und die Gleichung der Tangente im Punkt $(x, y) = (2, 1)$.

Lösung: Sei $F(x, y) = x^3 + x^2y - 2y^2 - 10y$. Dann ist die gegebene Gleichung äquivalent zu $F(x, y) = 0$ und dies ist eine Höhenlinie für F. Zunächst überprüfen wir, dass $F(2, 1) = 0$ ist, so dass $(x, y) = (2, 1)$ ein Punkt auf der Kurve ist. Außerdem ist $F_1'(x, y) = 3x^2 + 2xy$ und $F_2'(x, y) = x^2 - 4y - 10$. Somit impliziert (12.3.2), dass

$$y' = -\frac{3x^2 + 2xy}{x^2 - 4y - 10}$$

Insbesondere für $x = 2$ und $y = 1$ erhält man $y' = 8/5$. Dann impliziert die Punkt-Steigungs-Formel für eine Gerade, dass die Tangente in $(2, 1)$ die folgende Gleichung haben muss: $y - 1 = (8/5)(x - 2)$ oder $5y = 8x - 11$. Siehe Abb. 12.3.2, in der die Kurve mit einem Computerprogramm gezeichnet wurde. Beachten Sie, dass es für viele Werte von x mehr als einen zugehörigen Wert von y mit der Eigenschaft gibt, dass (x, y) auf der Kurve liegt. So liegen z. B. $(2, 1)$ und $(2, -4)$ beide auf der Kurve.[2]

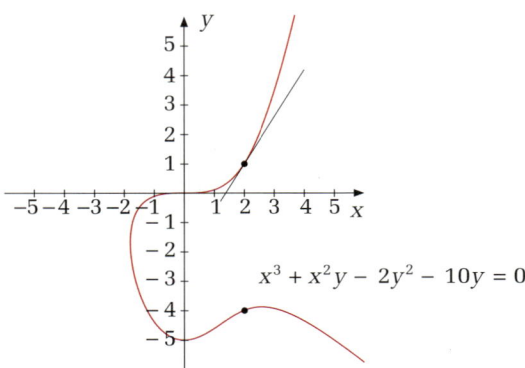

Abbildung 12.3.2: Beispiel 12.3.2

Beispiel 12.3.3

Nehmen Sie an: Die Gleichung

$$e^{xy^2} - 2x - 4y = c$$

definiert y implizit als eine differenzierbare Funktion $y = f(x)$ von x. Bestimmen Sie einen Wert der Konstanten c, so dass $f(0) = 1$ ist und bestimmen Sie y' an der Stelle $(x, y) = (0, 1)$.

Lösung: Wenn $x = 0$ und $y = 1$ ist, wird aus der Gleichung $1 - 4 = c$, so dass $c = -3$. Gegeben sei $F(x, y) = e^{xy^2} - 2x - 4y$. Dann ist $F_1'(x, y) = y^2 e^{xy^2} - 2$ und $F_2'(x, y) = 2xy e^{xy^2} - 4$. Daher folgt aus (12.3.2)

$$y' = -\frac{F_1'(x, y)}{F_2'(x, y)} = -\frac{y^2 e^{xy^2} - 2}{2xy e^{xy^2} - 4}$$

An der Stelle $(x, y) = (0, 1)$ erhalten wir $y' = -1/4$.

Beachten Sie, dass es in diesem Beispiel unmöglich ist, $e^{xy^2} - 2x - 4y = -3$ explizit nach y aufzulösen. Trotzdem haben wir es geschafft, einen expliziten Ausdruck der Ableitung von y nach x zu bestimmen.

Hier ist ein wichtiges ökonomisches Beispiel mit einer Funktion, die implizit durch eine Gleichung definiert ist.

Beispiel 12.3.4

Wir verallgemeinern Beispiel 7.2.2 und nehmen an, dass $D = f(t, P)$ die Nachfrage nach einem Gut ist, die vom Preis P vor den Steuern wie auch von der pro Einheit

---

[2] Beachten Sie , dass $y' = 0.4$ in $(2, -4)$. Es wäre für Sie eine gute Übung, dies nachzuvollziehen.

erhobenen Verkaufssteuer abhängt, die mit t bezeichnet wird. Nehmen Sie an, dass $S = g(P)$ die Angebotsfunktion ist. Im Gleichgewicht, d. h. wenn das Angebot gleich der Nachfrage ist, hängt der Gleichgewichtspreis $P = P(t)$ von t ab. In der Tat muss $P = P(t)$ die Gleichung

$$f(t, P) = g(P) \qquad (*)$$

für alle t in einem relevanten Intervall erfüllen. Nehmen Sie an: Gleichung $(*)$ definiert P implizit als eine differenzierbare Funktion von t. Bestimmen Sie einen Ausdruck für dP/dt und diskutieren Sie das Vorzeichen.

Lösung: Sei $F(t, P) = f(t, P) - g(P)$. Dann folgt aus $(*)$, dass $F(t, P) = 0$ ist, so dass mit Formel (12.3.2) folgt:

$$\frac{dP}{dt} = -\frac{F'_t(t, P)}{F'_P(t, P)} = -\frac{f'_t(t, P)}{f'_P(t, P) - g'(P)} = \frac{f'_t(t, P)}{g'(P) - f'_P(t, P)} \qquad (**)$$

Es ist plausibel anzunehmen, dass $g'(P) > 0$, d. h. das Angebot nimmt zu, wenn der Preis steigt; und dass $f'_t(t, P)$ und $f'_P(t, P)$ beide < 0 sind, d. h. die Nachfrage nimmt ab, wenn entweder die Steuer oder der Preis steigt. Dann sagt uns $(**)$, dass $dP/dt < 0$ ist. Dies impliziert, dass der Preis vor Steuern, mit dem die Anbieter konfrontiert sind, abnimmt, wenn die Steuern steigen. Somit sind die Anbieter wie auch die Verbraucher nachteilig beeinflusst, wenn die Steuern auf ihr Produkt steigen.

Natürlich können wir Formel $(**)$ auch durch implizites Differenzieren von $(*)$ nach t herleiten. Dies ergibt:

$$f'_t(t, P) \cdot 1 + f'_P(t, P) \frac{dP}{dt} = g'(P) \frac{dP}{dt}$$

Auflösen dieser Gleichung nach dP/dt ergibt wieder $(**)$.

Die zweite Ableitung

Nehmen Sie an, dass Gleichung (12.3.1), die Gleichung der Höhenlinie $F(x, y) = c$, die Funktion $y = f(x)$ implizit definiert. Manchmal müssen wir wissen, ob diese Funktion konkav oder konvex ist. Eine Möglichkeit, dies herauszufinden, ist es y'' zu berechnen, d. h. die Ableitung von $y' = -F'_1(x, y)/F'_2(x, y)$. Wir schreiben $G(x) = F'_1(x, y)$ und $H(x) = F'_2(x, y)$, wobei y eine Funktion von x ist. Unser Ziel ist es jetzt, den Quotienten $y' = -G(x)/H(x)$ nach x zu differenzieren. Nach der Quotientenregel der Differentiation ist

$$y'' = -\frac{G'(x)H(x) - G(x)H'(x)}{[H(x)]^2} \qquad (*)$$

Wenn wir in Erinnerung behalten, dass y eine Funktion von x ist, sind $G(x)$ und $H(x)$ beide verkettete Funktionen. Deshalb differenzieren wir sie nach der Kettenregel und erhalten

$$G'(x) = F''_{11}(x, y) \cdot 1 + F''_{12}(x, y) \cdot y'$$

$$H'(x) = F''_{21}(x, y) \cdot 1 + F''_{22}(x, y) \cdot y'$$

Unter der Annahme, dass F eine C^2-Funktion ist, impliziert Youngs Theorem (Theorem 11.6.1), dass $F''_{12} = F''_{21}$. Wir ersetzen y' in den beiden vorangehenden Gleichungen durch den Quotienten $-F_1'/F_2'$ und setzen dann die Resultate in (∗) ein. Nach einigen algebraischen Vereinfachungen ergibt dies die Formel

$$y'' = -\frac{1}{(F_2')^3}[F_{11}''(F_2')^2 - 2F_{12}''F_1'F_2' + F_{22}''(F_1')^2]$$ (12.3.4)

Gelegentlich wird Formel (12.3.4) in theoretischen Argumenten benutzt, aber gewöhnlich ist es leichter, y'' durch direktes Differenzieren wie in den Beispielen in Kapitel 7.1 zu bestimmen.

Beispiel 12.3.5

Verwenden Sie (12.3.4), um y'' zu bestimmen, wenn $xy = 5$.

Lösung: Mit $F(x, y) = xy$ haben wir $F_1' = y$, $F_2' = x$, $F_{11}'' = 0$, $F_{12}'' = 1$ und $F_{22}'' = 0$. Nach (12.3.4) erhalten wir

$$y'' = -\frac{1}{x^3}(-2 \cdot 1 \cdot y \cdot x) = \frac{2y}{x^2}$$

Dies ist dasselbe Resultat wie in Beispiel 7.1.6.

Beispiel 16.2.1 drückt das Resultat in (12.3.4) in einer einprägsameren Gestalt aus, indem es das Konzept der Determinanten benutzt, das in Kap. 16.2 behandelt wird.

Aufgaben für Kapitel 12.3

1. Verwenden Sie Formel (12.3.2) mit $F(x, y) = 2x^2 + 6xy + y^2$ und $c = 18$, um y' zu bestimmen, wenn y implizit durch $2x^2 + 6xy + y^2 = 18$ definiert ist. Vergleichen Sie mit dem Resultat in Aufgabe 7.1.5.

2. Verwenden Sie Formel (12.3.2), um y' für die folgenden Höhenlinien zu finden und bestimmen Sie auch y'' mit Hilfe von (12.3.4).

   (a) $x^2y = 1$ (b) $x - y + 3xy = 2$ (c) $y^5 - x^6 = 0$

3. Eine Kurve in der xy-Ebene sei gegeben durch die Gleichung $2x^2 + xy + y^2 - 8 = 0$.

   (a) Bestimmen Sie y', y'' und die Gleichung für die Tangente im Punkt $(2, 0)$.

   (b) Welche Punkte auf der Kurve haben eine horizontale Tangente?

4. Die Gleichung $3x^2 - 3xy^2 + y^3 + 3y^2 = 4$ definiert y implizit als eine Funktion $h(x)$ von x in einer Umgebung des Punktes $(1, 1)$. Bestimmen Sie $h'(1)$.

5. Nehmen Sie an, dass die Nachfrage $D(P, r)$ nach einem bestimmten Gut (wie z.B. einem Luxusauto) vom Preis P pro Einheit und der Zinsrate r abhängt. Welche Vorzeichen sollte man für die partiellen Ableitungen von D nach P und r erwarten? Nehmen Sie an, dass das Angebot S konstant ist, so dass im Gleichgewicht $D(P, r) = S$. Differenzieren Sie implizit, um dP/dr zu bestimmen und kommentieren Sie das Vorzeichen. (Aufgabe 7.2.3 behandelt einen Spezialfall.)

6. Es bezeichne $D = f(R, P)$ die Nachfrage nach einem Gut, wenn P der Preis und R der Werbeaufwand ist. Welche Vorzeichen sollte man für die partiellen Ableitungen f_R' and f_P' erwarten? Wenn das Angebot $S = g(P)$ ist, verlangt Gleichgewicht in dem Markt, dass $f(R, P) = g(P)$ ist. Bestimmen Sie dP/dR. Diskutieren Sie das Vorzeichen.

→

➜ Fortsetzung

7. Sei f eine differenzierbare Funktion einer Variablen und seien a und b zwei Konstanten. Nehmen Sie an: Durch die Gleichung $x - az = f(y - bz)$ wird z als eine differenzierbare Funktion von x und y definiert. Beweisen Sie, dass z die Gleichung $az'_x + bz'_y = 1$ erfüllt.

▶ Lösungen zu den Aufgaben finden Sie im Anhang des Buches.

12.4 Allgemeinere Fälle

Betrachten Sie die Gleichung $F(x, y, z) = c$, wobei c eine Konstante ist. Im Allgemeinen bestimmt diese Gleichung eine Fläche im dreidimensionalen Raum, die aus allen Tripeln (x, y, z) besteht, die die Gleichung erfüllen. Diese Fläche heißt der **Graph** der Gleichung. Nehmen Sie an, dass $z = f(x, y)$ implizit eine Funktion definiert, die für alle (x, y) in einem gewissen Definitionsbereich A die Gleichung $F(x, y, z) = c$ erfüllt. Dann gilt für alle (x, y) in A

$$F(x, y, f(x, y)) = c$$

Nehmen Sie an, dass F und f differenzierbar sind. Weil die Funktion $g(x, y) = F(x, y, f(x, y))$ gleich der Konstanten c für alle $(x, y) \in A$ ist, müssen die partiellen Ableitungen g'_x und g'_y beide 0 sein. Jedoch ist $g(x, y)$ eine verkettete Funktion von x und y, deren partielle Ableitungen durch die allgemeine Kettenregel (12.2.3) bestimmt werden können. Deshalb ist

$$g'_x = F'_x \cdot 1 + F'_z \cdot z'_x = 0, \qquad g'_y = F'_y \cdot 1 + F'_z \cdot z'_y = 0$$

Vorausgesetzt, dass $F'_z \neq 0$, impliziert dies die folgenden Ausdrücke für die partiellen Ableitungen von $z = f(x, y)$:

$$F(x, y, z) = c \quad \implies \quad z'_x = -\frac{F'_x}{F'_z} \quad \text{und} \quad z'_y = -\frac{F'_y}{F'_z} \tag{12.4.1}$$

Mit (12.4.1) ist es möglich, sogar dann Formeln für z'_x und z'_y zu finden, wenn es unmöglich ist, die Gleichung $F(x, y, z) = c$ explizit nach z als Funktion von x und y aufzulösen.

Beispiel 12.4.1

Die Gleichung $x - 2y - 3z + z^2 = -2$ definiert z als eine zweimal differenzierbare Funktion von x und y um den Punkt $(x, y, z) = (0, 0, 2)$. Bestimmen Sie z'_x und z'_y und dann z''_{xx}, z''_{xy} und z''_{yy}. Bestimmen Sie auch die numerischen Werte all dieser partiellen Ableitungen in $(0, 0)$.

Lösung: Sei $F(x, y, z) = x - 2y - 3z + z^2$ und $c = -2$. Dann ist $F'_x = 1$, $F'_y = -2$ und $F'_z = 2z - 3$. Falls $z \neq 3/2$, erhalten wir $F'_z \neq 0$, so dass mit Formel (12.4.1) folgt

$$z'_x = -\frac{1}{2z - 3} \quad \text{und} \quad z'_y = -\frac{-2}{2z - 3} = \frac{2}{2z - 3}$$

Insbesondere für $x = 0$, $y = 0$ und $z = 2$ erhalten wir $z'_x = -1$ und $z'_y = 2$.

Wir erhalten z''_{xx}, indem wir den Ausdruck für z'_x partiell nach x differenzieren. Indem wir uns erinnern, dass z eine Funktion von x und y ist, erhalten wir $z''_{xx} = (\partial/\partial x)(-(2z-3)^{-1}) = (2z-3)^{-2}2z'_x$. Indem wir den oben gefundenen Ausdruck für z'_x einsetzen, bekommen wir

$$z''_{xx} = \frac{-2}{(2z-3)^3}$$

Entsprechend ist

$$z''_{xy} = \frac{\partial}{\partial y}z'_x = \frac{\partial}{\partial y}[-(2z-3)^{-1}] = (2z-3)^{-2}2z'_y = \frac{4}{(2z-3)^3}$$

und

$$z''_{yy} = \frac{\partial}{\partial y}z'_y = \frac{\partial}{\partial y}[2(2z-3)^{-1}] = -2(2z-3)^{-2}2z'_y = \frac{-8}{(2z-3)^3}$$

Für $x = y = 0$ und $z = 2$ erhalten wir $z''_{xx} = -2$, $z''_{xy} = 4$ und $z''_{yy} = -8$.

Beispiel 12.4.2

Ein Unternehmen produziert $Q = f(L)$ Einheiten eines Gutes unter Einsatz von L Arbeitseinheiten. Wir nehmen an, dass $f'(L) > 0$ und $f''(L) < 0$, so dass f strikt monoton wachsend und strikt konkav ist.[3]

(a) Schreiben Sie die Gewinnfunktion auf, falls das Unternehmen P Euro pro Einheit erhält und w Euro für eine Arbeitseinheit zahlt. Bestimmen Sie dann die Bedingungen erster Ordnung für die Maximierung des Gewinns an der Stelle $L^* > 0$.

(b) Untersuchen Sie durch implizites Differenzieren der Bedingungen erster Ordnung, wie Änderungen in P und w die optimale Wahl von L^* beeinflussen.

Lösung:

(a) Die Gewinnfunktion ist $\pi(L) = Pf(L) - wL$, so dass $\pi'(L) = Pf'(L) - w$. Daher muss nach Theorem 8.1.1 für ein optimales L^* gelten:

$$Pf'(L^*) - w = 0 \qquad (*)$$

(b) Wenn wir $F(P, w, L^*) = Pf'(L^*) - w$ definieren, so ist $(*)$ äquivalent zu $F(P, w, L^*) = 0$. Nach Formel (12.4.1) ist dann:

$$\frac{\partial L^*}{\partial P} = -\frac{F'_P}{F'_{L^*}} = -\frac{f'(L^*)}{Pf''(L^*)}, \qquad \frac{\partial L^*}{\partial w} = -\frac{F'_w}{F'_{L^*}} = -\frac{-1}{Pf''(L^*)} = \frac{1}{Pf''(L^*)}$$

Die Annahmen über die Vorzeichen von f' und f'' implizieren, dass $\partial L^*/\partial P > 0$ und $\partial L^*/\partial w < 0$. Daher steigt der optimale Arbeitsinput, wenn der Preis P steigt, während er fällt, wenn die Arbeitskosten steigen. Dies macht ökonomisch Sinn.[4]

---

[3] Siehe Aufgabe 3, in der ein Spezialfall betrachtet wird.
[4] Ökonomen ziehen oft implizites Differenzieren vor anstatt auf Formel (12.4.1) zu vertrauen.

Beispiel 12.4.3

(**Gewinne durch Suchen**) Nehmen Sie an, dass Sie beabsichtgen, x^0 Einheiten eines gewissen Gutes, wie Mehl, zu kaufen. Gerade jetzt gibt es die Gelegenheit, es zu einem Preis von p^0 Euro pro Einheit zu kaufen. Sie erwarten jedoch, dass Sie durch Suchen bei anderen Verkäufern einen niedrigeren Preis erzielen können. Es sei $p(t)$ der niedrigste Preis pro Einheit, den Sie erwarten, nachdem Sie für t Stunden auf dem Markt gesucht haben. Es ist plausibel anzunehmen, dass $\dot{p}(t) < 0$. Da es gewöhnlich mit fortschreitender Suche schwieriger wird, niedrigere Preise zu finden, nehmen wir ferner an, dass $\ddot{p}(t) > 0$. Nehmen Sie an, dass Sie einen Stundenlohn von w Euro haben. Durch t Stunden Suche auf dem Markt sparen Sie $p^0 - p(t)$ Euro für jede Einheit, die Sie kaufen. Da Sie x^0 Einheiten kaufen, sparen Sie $(p^0 - p(t))x^0$. Andererseits kostet Sie das Suchen für t Stunden wt an verloren gegangenem Lohn. Somit ist der erwartete Gewinn für t Stunden Suche gleich

$$\pi(t) = (p^0 - p(t))x^0 - wt$$

Eine notwendige Bedingung erster Ordnung dafür, dass $t = t^* > 0$ den Gewinn maximiert, ist

$$\dot{\pi}(t^*) = -\dot{p}(t^*)x^0 - w = 0 \qquad (*)$$

Diese Bedingung ist auch hinreichend, weil $\ddot{\pi}(t) = -\ddot{p}(t)x^0 < 0$ für alle t.

Für eine ökonomische Interpretation von $(*)$ ist es zweckmäßig, die Bedingung umzuschreiben als $-\dot{p}(t^*)x^0 = w$. Nehmen Sie nun an, dass Sie für einen kleinen Bruchteil τ einer Stunde länger suchen? Der erwartete Gewinn aus dem Fund eines niedrigeren Preises ist $[p(t^*) - p(t^* + \tau)]x_0$, was ungefähr gleich $-\dot{p}(t^*)\tau x_0$ ist. Andererseits verlieren Sie $w\tau$ an Lohneinkommen. Somit sagt die Bedingung erster Ordnung, dass Sie solange suchen sollten, bis der Grenzgewinn pro Einheit zusätzlicher Suchzeit gerade ausgeglichen wird durch den Lohnausfall.

Die optimale Suchzeit t^* hängt von x^0 und w ab. Ökonomen wollen typischerweise gerne wissen, wie t^* sich ändert, wenn x^0 oder w sich ändern. Wir sehen, dass Gleichung $(*)$ analog zu Gleichung $(*)$ in Beispiel 12.4.2 mit $x^0 = -P$, $p = f$ und $t^* = L^*$ ist. Es folgt sofort, dass

$$\frac{\partial t^*}{\partial x^0} = -\frac{\dot{p}(t^*)}{\ddot{p}(t^*)x^0} > 0 \quad \text{und} \quad \frac{\partial t^*}{\partial w} = -\frac{1}{\ddot{p}(t^*)x^0} < 0$$

wobei die Vorzeichen so wie angegeben sind, weil $\dot{p}(t^*) < 0$, $\ddot{p}(t^*) > 0$ und $x^0 > 0$. Damit steigt die optimale Suchzeit, wenn die Anzahl der Einheiten, die gekauft werden sollen, zunimmt und fällt, wenn der Stundenlohn steigt.

Diese qualitativen Resultate können leicht durch geometrische Argumente erklärt werden. Abb. 12.4.1 illustriert die optimale Suchzeit t^*. Sie ist gleich demjenigen Wert von t, für den die Tangente an die Kurve $R = (p^0 - p(t))x^0$ die Steigung w hat und ist somit parallel zu $C = wt$. Wenn x^0 zunimmt, vergrößert sich die R-Kurve vertikal, aber nicht horizontal, so dass sich t^* nach rechts bewegt. Wenn andererseits w zunimmt, wird sich die Gerade $C = wt$ gegen den Uhrzeiger um den Ursprung drehen, so dass das optimale t^* abnehmen wird.

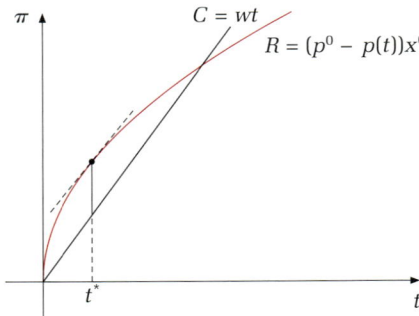

Abbildung 12.4.1: Optimale Suche

Der allgemeine Fall

Das Vorangehende kann auf jede beliebige Zahl von Variablen erweitert werden. Der Beweis des folgenden Resultats ist eine direkte Erweiterung der Argumentation, die wir für (12.4.1) gegeben haben, so dass wir es dem Leser überlassen. Unter der Annahme, dass $\partial F/\partial z \neq 0$, erhalten wir:

$$F(x_1, \ldots, x_n, z) = c \implies \frac{\partial z}{\partial x_i} = -\frac{\partial F/\partial x_i}{\partial F/\partial z} \quad \text{für alle } i = 1, 2, \ldots, n \qquad (12.4.2)$$

Aufgaben für Kapitel 12.4

1. Verwenden Sie (12.4.1), um $\partial z/\partial x$ für die folgenden Gleichungen zu finden:

   (a) $3x + y - z = 0$ (b) $xyz + xz^3 - xy^2z^5 = 1$ (c) $e^{xyz} = 3xyz$

2. Bestimmen Sie z'_x, z'_y und z''_{xy}, wenn $x^3 + y^3 + z^3 - 3z = 0$ ist.

3. Betrachten Sie das Problem aus Beispiel 12.4.2.

   (a) Nehmen Sie an, dass $Q = f(L) = \sqrt{L}$. Schreiben Sie Gleichung (∗) für diesen Fall auf und bestimmen Sie einen expliziten Ausdruck für L^* als Funktion von P und w. Bestimmen Sie die partiellen Ableitungen von L^* nach P und w. Verifizieren Sie dann die Vorzeichen, die in dem Beispiel bestimmt wurden.

   (b) Nehmen Sie an, dass die Gewinnfunktion ersetzt wird durch $\pi(L) = Pf(L) - C(L, w)$, wobei $C(L, w)$ die „Kostenfunktion" ist. Welches ist die Bedingung erster Ordnung, damit L^* in diesem Fall optimal ist? Bestimmen Sie die partiellen Ableitungen von L^* nach P und w.

4. Die Gleichung $x^y + y^z + z^x = k$, wobei k eine positive Konstante ist, definiert z als eine positivwertige Funktion von x und y, für $x > 0$ und $y > 0$. Bestimmen Sie die partiellen Ableitungen von z nach x und y.

5. Betrachten Sie das Modell der Aufgabe 12.3.6, angewendet auf einen Markt für eine landwirtschaftliche Ernte. Ersetzen Sie $S = g(P)$ durch $S = g(w, P)$, wobei w ein Index dafür ist, wie günstig das Wetter war. Nehmen Sie an, dass $g'_w(w, P) > 0$ ist. Das Gleichgewicht verlangt jetzt, dass $f(R, P) = g(w, P)$ ist. Nehmen Sie an, dass diese Gleichung P implizit als eine differenzierbare Funktion von R und w definiert. Bestimmen Sie einen Ausdruck für P'_w und kommentieren Sie sein Vorzeichen.

➡

➜ Fortsetzung

6. Die Funktion F sei für alle x und y durch $F(x, y) = xe^{y-3} + xy^2 - 2y$ definiert. Zeigen Sie, dass der Punkt $(1, 3)$ auf der Höhenlinie $F(x, y) = 4$ liegt, und finden Sie die Gleichung für die Tangente an die Kurve im Punkt $(1, 3)$.

7. Die Nerlove-Ringstad-Produktionsfunktion $y = y(K, L)$ ist implizit definiert durch

$$y^{1+c\ln y} = AK^\alpha L^\beta \,,$$

wobei A, α und β positive Konstanten sind. Bestimmen Sie die Grenzproduktivitäten von Kapital und Arbeit, nämlich $\partial y/\partial K$ und $\partial y/\partial L$. (*Hinweis:* Bilden Sie auf jeder Seite den Logarithmus und differenzieren Sie dann implizit.)

▶ Lösungen zu den Aufgaben finden Sie im Anhang des Buches.

12.5 Substitutionselastizität

Ökonomen sind oft interessiert an der Steigung der Tangente an eine Höhenlinie in einem bestimmten Punkt. Oftmals ist die Höhenlinie abwärts geneigt, aber Ökonomen bevorzugen eine positive Antwort. Inspiriert durch Beispiel 7.1.5, ändern wir das Vorzeichen der durch (12.3.2) definierten Steigung und verwenden dafür einen speziellen Namen:

Grenzrate der Substitution

$$R_{yx} = \frac{F'_x(x, y)}{F'_y(x, y)} \qquad\qquad (12.5.1)$$

ist bekannt als *Grenzrate der Substitution von y für x*, abgekürzt als GRS.

Beachten Sie, dass $R_{yx} = -y' \approx -\Delta y/\Delta x$, wenn wir uns entlang der Höhenlinie $F(x, y) = c$ bewegen. Falls insbesondere $\Delta x = -1$, dann ist $R_{yx} \approx \Delta y$. Daher ist F_{yx} ungefähr die Menge von y, die wir hinzufügen müssen pro Einheit, die wir von x entfernt haben, wenn wir auf derselben Höhenlinie bleiben wollen.[5]

Beispiel 12.5.1

Es sei $F(K, L) = 100$ eine Isoquante für eine Produktionsfunktion, wobei K der Kapitalinput, L der Arbeitinput und 100 ist der Output. Betrachten Sie Abb. 12.5.1. In allen Punkten P, Q und R werden 100 Einheiten produziert. In P wird wenig Kapital- und viel Arbeitsinput verwendet. Die Steigung der Isoquante in P ist annähernd -4, so dass GRS in P annähernd 4 ist. Dies bedeutet: Für je vier Einheiten Arbeit, die weggenommen werden, reicht das Hinzufügen von nur einer Einheit Kapital, um sicher zu stellen, dass der Output bei (ungefähr) 100 Einheiten verbleibt. Vorausgesetzt, dass

---

[5] Die Notation und die Definition der Grenzrate der Substitution sind in der Literatur nicht eindeutig: Man findet sowohl eine andere Reihenfolge der Indizes als auch das entgegengesetzte Vorzeichen.

die Einheiten so gewählt sind, dass Kapital und Arbeit denselben Preis haben, ist in P Kapital „wertvoller" als Arbeit. In Q ist GRS ungefähr 1, so dass Kapital und Arbeit gleich „wertvoll" sind. Schließlich ist GRS in R ungefähr 1/5, so dass in diesem Punkt ungefähr fünf Einheiten Kapital nötig sind, um den Verlust von einer Einheit Arbeit zu kompensieren.

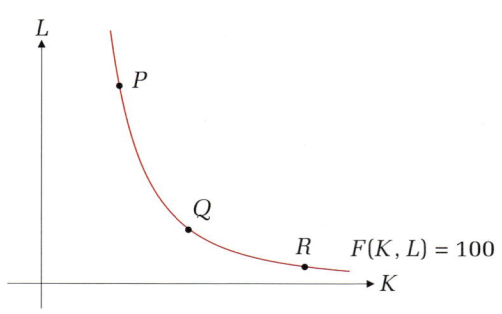

Abbildung 12.5.1: Eine Isoquante   Abbildung 12.5.2: R_{yx} an der Stelle Q

Betrachten Sie eine Höhenlinie $F(x, y) = c$ für eine Funktion F von zwei Variablen, wie in Abb. 12.5.2 gezeigt. Die GRS variiert entlang der Kurve. Im Punkt P ist R_{yx} eine große positive Zahl. In Q ist die Zahl R_{yx} ungefähr 1 und in R ungefähr 0.2. Wenn wir uns entlang der Höhenlinie von links nach rechts bewegen, ist R_{yx} strikt monoton fallend mit Werten in einem positiven Intervall I. Zu jedem Wert von R_{yx} in I gibt es einen zugehörigen Punkt (x, y) auf der Höhenlinie $F(x, y) = c$ und somit einen gewissen Wert von y/x. Der Bruch y/x ist deshalb eine Funktion von R_{yx} und wir definieren das Folgende:

Substitutionselastizität

Wenn $F(x, y) = c$, dann ist die Substitutionselastizität zwischen y und x gleich

$$\sigma_{yx} = \text{El}_{R_{yx}}\left(\frac{y}{x}\right) \tag{12.5.2}$$

Daher ist σ_{yx} die Elastizität des Bruches y/x bezüglich der Grenzrate der Substitution. Kurz gesagt: σ_{yx} ist die prozentuale Änderung in dem Bruch y/x, wenn wir uns entlang der Höhenlinie $F(x, y) = c$ so weit bewegen, dass R_{yx} um 1 % anwächst. Beachten Sie, dass σ_{yx} symmetrisch in x und y ist. In der Tat ist $R_{xy} = 1/R_{yx}$ und somit impliziert die logarithmische Formel für Elastizitäten, dass $\sigma_{xy} = \sigma_{yx}$. Auch in Aufgabe 3 sollen Sie mit einem (symmetrischen) Ausdruck für die Substitutionselastizität in Abhängigkeit von den partiellen Ableitungen erster und zweiter Ordnung von F arbeiten.

Beispiel 12.5.2

Berechnen Sie σ_{KL} für die Cobb-Douglas-Funktion $F(K, L) = AK^a L^b$.

Lösung: Die Grenzrate der Substitution von K bezüglich L ist

$$R_{KL} = \frac{F'_L}{F'_K} = \frac{bAK^a L^{b-1}}{aAK^{a-1} L^b} = \frac{b}{a} \frac{K}{L}$$

Daher ist $K/L = (a/b)R_{KL}$. Die Elastizität des letzten Ausdrucks bezüglich R_{KL} ist 1. Daher ist $\sigma_{KL} = 1$ für die Cobb-Douglas-Funktion.

Beispiel 12.5.3

Bestimmen Sie die Substitutionselastizität für die CES-Funktion

$$F(K, L) = A(aK^{-\varrho} + bL^{-\varrho})^{-\mu/\varrho} \, ,$$

wobei A, a, b, μ und ρ Konstanten sind mit $A > 0$, $a > 0$, $b > 0$, $\mu \neq 0$, $\rho > -1$ und $\rho \neq 0$.

Lösung: Hier ist

$$F'_K = A(-\mu/\varrho)(aK^{-\varrho} + bL^{-\varrho})^{(-\mu/\varrho)-1} a(-\varrho)K^{-\varrho-1}$$

$$F'_L = A(-\mu/\varrho)(aK^{-\varrho} + bL^{-\varrho})^{(-\mu/\varrho)-1} b(-\varrho)L^{-\varrho-1}$$

Daher ist

$$R_{KL} = \frac{F'_L}{F'_K} = \frac{b}{a} \frac{L^{-\varrho-1}}{K^{-\varrho-1}} = \frac{b}{a} \left(\frac{K}{L}\right)^{\varrho+1}$$

und deshalb

$$\frac{K}{L} = \left(\frac{a}{b}\right)^{1/(\varrho+1)} (R_{KL})^{1/(\varrho+1)}$$

Indem Sie sich erinnern, dass die Elastizität von Ax^b bezüglich x gleich b ist, impliziert Definition (12.5.2), dass

$$\sigma_{KL} = \text{El}_{R_{KL}} \left(\frac{K}{L}\right) = \frac{1}{\varrho + 1}$$

Wir haben damit gezeigt, dass die Funktion F die konstante Substitutionselastizität $1/(\varrho + 1)$ hat. Dies ist natürlich der Grund dafür, warum F die **CES-Funktion** genannt wird, wobei CES für „constant elasticity of substitution" steht.

Beachten Sie, dass die Substitutionselastizität für die CES-Funktion gegen 1 strebt, wenn $\varrho \to 0$, und dies ist genau die Substitutionselastizität für die Cobb-Douglas-Funktion in dem vorangehenden Beispiel. Dies ist in Übereinstimmung mit dem Resultat in Beispiel 7.12.5.

Aufgaben für Kapitel 12.5

1. Berechnen Sie die Substitutionselastizität zwischen y und x für die Funktion $F(x, y) = 10x^2 + 15y^2$.

2. Sei $F(x, y) = x^a + y^a$, wobei a eine Konstante ist mit $a \neq 0$ und $a \neq 1$.
   (a) Bestimmen Sie die Grenzrate der Substitution von y für x.
   (b) Berechnen Sie die Substitutionselastizität zwischen y und x.

3. Die in (12.5.2) definierte Substitutionselastizität kann in Abhängigkeit der partiellen Ableitungen der Funktion F ausgedrückt werden: Wenn $F(x, y) = c$, dann gilt:

$$\sigma_{yx} = \frac{-F_1' F_2' (xF_1' + yF_2')}{xy[(F_2')^2 F_{11}'' - 2F_1' F_2' F_{12}'' + (F_1')^2 F_{22}'']}$$

Verwenden Sie diese Formel, um das Resultat in Beispiel 12.5.2 herzuleiten.

▶ Lösungen zu den Aufgaben finden Sie im Anhang des Buches.

12.6   Homogene Funktionen von zwei Variablen

Falls $F(K, L)$ die Anzahl der produzierten Einheiten bezeichnet, wenn K Einheiten Kapital und L Einheiten Arbeit als Input verwendet werden, fragen Ökonomen oft: Was geschieht mit der produzierten Menge, wenn wir beide Inputs, Kapital und Arbeit, verdoppeln? Wird die produzierte Menge um mehr oder weniger als einen Faktor 2 steigen? Beispiel 11.1.4 beantwortete solche Fragen für Cobb-Douglas-Funktionen. Um dies allgemein zu beantworten erweitern wir das Konzept der *Homogenität* für Funktionen von zwei Variablen.

Homogenität

Eine Funktion f von zwei Variablen x und y, definiert in einem Definitionsbereich D, heißt **homogen vom Grad k**, wenn für alle (x, y) in D

$$f(tx, ty) = t^k f(x, y) \tag{12.6.1}$$

für alle $t > 0$. In Worten bedeutet dies, dass Multiplikation beider Variablen mit einem positiven Faktor t den Wert der Funktion mit dem Faktor t^k multiplizieren wird.

Der Grad der Homogenität kann eine beliebige Zahl sein – positiv, Null oder negativ. Früher haben wir den Grad der Homogenität für mehrere spezielle Funktionen bestimmt. So haben wir z. B. in Beispiel 11.1.4 herausgefunden, dass die Cobb-Douglas-Funktion F, die durch $F(x, y) = Ax^a y^b$ definiert ist, homogen vom Grad $a + b$ ist. Hier ist ein noch einfacheres Beispiel:

Beispiel 12.6.1

Zeigen Sie, dass $f(x, y) = 3x^2y - y^3$ homogen vom Grad 3 ist.

Lösung: Wenn wir x durch tx und y durch ty in der Formel für $f(x, y)$ ersetzen, erhalten wir

$$f(tx, ty) = 3(tx)^2(ty) - (ty)^3 = 3t^2x^2ty - t^3y^3 = t^3(3x^2y - y^3) = t^3f(x, y)$$

Daher ist f homogen vom Grad 3. Wenn wir $t = 2$ setzen, dann ist

$$f(2x, 2y) = 2^3f(x, y) = 8f(x, y)$$

Nach der Verdopplung von x und y steigt der Wert dieser Funktion um einen Faktor von 8.

Beachten Sie, dass die Summe der Exponenten in jedem Term des Polynoms in Beispiel 12.6.1 gleich 3 ist. Im Allgemeinen ist ein Polynom genau dann homogen vom Grad k, wenn die Summe der Exponenten in jedem Term gleich k ist. Andere Typen von Polynomen mit verschiedenen Summen der Exponenten, wie $f(x, y) = 1 + xy$ oder $g(x, y) = x^3 + xy$, sind nicht homogen für irgendeinen Grad. – Siehe Aufgabe 6.

Homogene Funktionen von zwei Variablen haben einige wichtige Eigenschaften, die für Ökonomen von Interesse sind. Die erste ist:

Theorem 12.6.1 (Eulers Theorem)

Die Funktion $f(x, y)$ ist homogen vom Grad k genau dann, wenn

$$xf_1'(x, y) + yf_2'(x, y) = kf(x, y) \tag{12.6.2}$$

Hier ist eine einfache Demonstration, dass Gleichung (12.6.2) gelten muss, wenn f homogen vom Grad k ist:

Differenzieren Sie jede Seite der Gleichung (12.6.1) nach t, indem Sie die Kettenregel benutzen, um die linke Seite zu differenzieren. Das Resultat ist

$$xf_1'(tx, ty) + yf_2'(tx, ty) = kt^{k-1}f(x, y)$$

Wenn Sie $t = 1$ setzen, ergibt dies sofort $xf_1'(x, y) + yf_2'(x, y) = kf(x, y)$.

Theorem 12.7.1 im nächsten Abschnitt beweist die umgekehrte Richtung und betrachtet auch den Fall von n Variablen.

Wir bemerken drei andere interessante allgemeine Eigenschaften von Funktionen $f(x, y)$, die homogen vom Grad k sind:

$$f_1'(x, y) \text{ und } f_2'(x, y) \text{ sind beide homogen vom Grad } k - 1 \tag{12.6.3}$$

$$f(x, y) = x^kf(1, y/x) = y^kf(x/y, 1), \quad \text{falls } x > 0 \text{ und } y > 0 \tag{12.6.4}$$

$$x^2f_{11}''(x, y) + 2xyf_{12}''(x, y) + y^2f_{22}''(x, y) = k(k-1)f(x, y) \tag{12.6.5}$$

Wieder sind diese Resultate nicht schwierig zu beweisen:

Um (12.6.3) zu beweisen, halten Sie t und y konstant und differenzieren Gleichung (12.6.1) partiell nach x. Dann ist $tf_1'(tx, ty) = t^k f_1'(x, y)$, so dass $f_1'(tx, ty) = t^{k-1} f_1'(x, y)$, was zeigt, dass $f_1'(x, y)$ homogen ist vom Grad $k - 1$. Dasselbe Argument zeigt, dass $f_2'(x, y)$ homogen ist vom Grad $k - 1$. Man kann die zwei Gleichheiten in (12.6.4) zeigen, indem man t in (12.6.1) zuerst durch $1/x$ bzw. dann durch $1/y$ ersetzt. Um schließlich (12.6.5) zu zeigen, unter der Annahme, dass $f(x, y)$ zweimal stetig differenzierbar ist, bemerken wir zuerst: Weil $f_1'(x, y)$ und $f_2'(x, y)$ beide homogen vom Grad $k - 1$ sind, kann Eulers Theorem separat auf f_1' und dann auf f_2' angewendet werden. Es impliziert:

$$xf_{11}''(x, y) + yf_{12}''(x, y) = (k - 1)f_1'(x, y) \tag{12.6.6}$$

$$xf_{21}''(x, y) + yf_{22}''(x, y) = (k - 1)f_2'(x, y) \tag{12.6.7}$$

Wir multiplizieren jetzt die erste dieser Gleichungen mit x, die zweite mit y und addieren sie dann. Da f eine C^2-Funktion ist, impliziert Youngs Theorem (Theorem 11.6.1), dass $f_{12}'' = f_{21}''$, so dass sich ergibt:

$$x^2 f_{11}''(x, y) + 2xy f_{12}''(x, y) + y^2 f_{22}''(x, y) = (k - 1)[xf_1'(x, y) + yf_2'(x, y)]$$

Nach Eulers Theorem ist jedoch $xf_1'(x, y) + yf_2'(x, y) = kf(x, y)$, so dass (12.6.5) nachgewiesen ist.

Beispiel 12.6.2

Überprüfen Sie die Eigenschaften (12.6.2) bis (12.6.5) für die Funktion $f(x, y) = 3x^2 y - y^3$.

Lösung: Wir erhalten $f_1'(x, y) = 6xy$ und $f_2'(x, y) = 3x^2 - 3y^2$. Daher ist

$$xf_1'(x, y) + yf_2'(x, y) = 6x^2 y + 3x^2 y - 3y^3 = 3(3x^2 y - y^3) = 3f(x, y)$$

Beispiel 12.6.1 hat gezeigt, dass f homogen vom Grad 3 ist. Somit ist (12.6.2) bestätigt.

Offensichtlich sind f_1' und f_2' Polynome, die homogen vom Grad 2 sind, was (12.6.3) bestätigt. Was (12.6.4) anbetrifft: In diesem Fall hat es die Gestalt

$$3x^2 y - y^3 = x^3[3(y/x) - (y/x)^3] = y^3[3(x/y)^2 - 1]$$

Um schließlich (12.6.5) zu zeigen, berechnen Sie zunächst die partiellen Ableitungen zweiter Ordnung: $f_{11}''(x, y) = 6y$, $f_{12}''(x, y) = 6x$ und $f_{22}''(x, y) = -6y$. Damit ist

$$x^2 f_{11}''(x, y) + 2xy f_{12}''(x, y) + y^2 f_{22}''(x, y) = 6x^2 y + 12x^2 y - 6y^3 = 6(3x^2 y - y^3)$$

$$= 3 \cdot 2f(x, y)$$

Dies bestätigt auch (12.6.5). ∎

Beispiel 12.6.3

Nehmen Sie an, dass die Produktionsfunktion $Y = F(K, L)$ homogen vom Grad 1 ist. Zeigen Sie, dass man das Output-Arbeit-Verhältnis Y/L als eine Funktion $Y/L = f(K/L)$ des Kapital-Arbeit-Verhältnisses $k = K/L$ ausdrücken kann, wobei $f(k) = F(k, 1)$. Bestimmen Sie die Form von f, wenn F die Cobb-Douglas-Funktion $AK^a L^b$ mit $a + b = 1$ ist.

Lösung: Weil F homogen vom Grad 1 ist, erhält man als einen Spezialfall von (12.6.4), dass

$$Y = F(K, L) = F(L(K/L), L \cdot 1) = LF(k, 1) = Lf(k), \text{ wobei } k = K/L$$

Wenn $F(K, L) = AK^a L^{1-a}$, dann ist $f(k) = F(k, 1) = Ak^a$. ∎

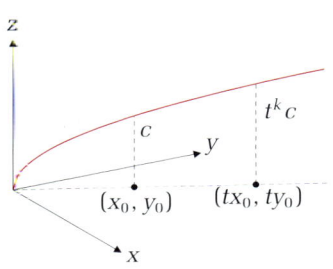

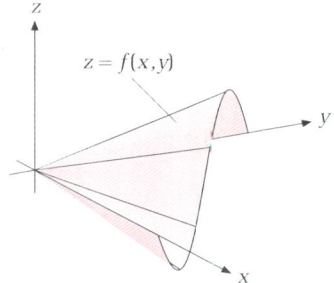

Abbildung 12.6.1: Funktion f entlang eines Strahls

Abbildung 12.6.2: f ist homogen vom Grad 1

Geometrische Aspekte homogener Funktionen

Homogene Funktionen von zwei Variablen haben einige interessante geometrische Eigenschaften. Sei $f(x, y)$ homogen vom Grad k. Betrachten Sie einen Strahl in der xy-Ebene vom Ursprung $(0, 0)$ aus durch den Punkt $(x_0, y_0) \neq (0, 0)$. Ein beliebiger Punkt auf diesem Strahl ist von der Gestalt (tx_0, ty_0) für eine positive Zahl t. Wenn $f(x_0, y_0) = c$, dann ist $f(tx_0, ty_0) = t^k f(x_0, y_0) = t^k c$. Über jedem Strahl in der xy-Ebene durch einen Punkt (x_0, y_0) besteht der relevante Teil des Graphen von f deshalb aus der Kurve $z = t^k c$, wobei t den Abstand vom Ursprung entlang des Strahls misst und $c = f(x_0, y_0)$. Eine Funktion, die homogen vom Grad k ist, ist deshalb vollständig bestimmt, wenn ihr Wert in einem Punkt auf jedem Strahl durch den Ursprung bekannt ist, wie in Abb. 12.6.1.

Insbesondere sei $k = 1$, so dass $f(x, y)$ homogen vom Grad 1 ist. Die Kurve $z = t^k c$, die vertikal über jedem relevanten Strahl durch den Ursprung liegt, ist dann die Gerade $z = tc$. Deswegen wird oft gesagt, dass *der Graph einer homogenen Funktion vom Grad 1 durch die Geraden durch den Ursprung erzeugt wird*. Abb. 12.6.2 illustriert dies.

Wir haben gesehen, dass es für eine Funktion $f(x, y)$ von zwei Variablen oft zweckmäßig ist, die Höhenlinien in der xy-Ebene anstelle des dreidimensioaneln Graphen zu betrachten. Was können wir über die Höhenlinien einer homogenen Funktion sagen? Es stellt sich heraus: *Wenn für eine homogene Funktion nur eine ihrer Höhenlinien gegeben ist, dann sind es auch alle ihre anderen Höhenlinien.* Um dies zu sehen, betrachten wir eine Funktion $f(x, y)$, die homogen vom Grad k ist. Es sei $f(x, y) = c$ eine ihrer Höhenlinien, wie in Abb. 12.6.3 illustriert. Wir erklären jetzt, wie man die Höhenlinie durch einen beliebigen Punkt A konstruiert, der nicht auf $f(x, y) = c$ liegt: Zeichnen Sie zunächst den Strahl durch den Ursprung und den Punkt A. Dieser Strahl schneidet die Höhenlinie $f(x, y) = c$ in einem Punkt D mit den Koordinaten (x_1, y_1). Die Koordinaten von A sind dann von der Gestalt (tx_1, ty_1) für einen bestimmten Wert von t, der in der Abbildung ungefähr 1.7 ist.

Um einen neuen Punkt auf derselben Höhenlinie wie A zu konstruieren, zeichnen Sie einen neuen Strahl durch den Ursprung. Nehmen Sie an: Dieser Strahl schneidet die ursprüngliche Höhenlinie $f(x, y) = c$ in (x_2, y_2). Verwenden Sie jetzt den früher gefundenen Wert von t, um einen neuen Punkt B mit den Koordinaten

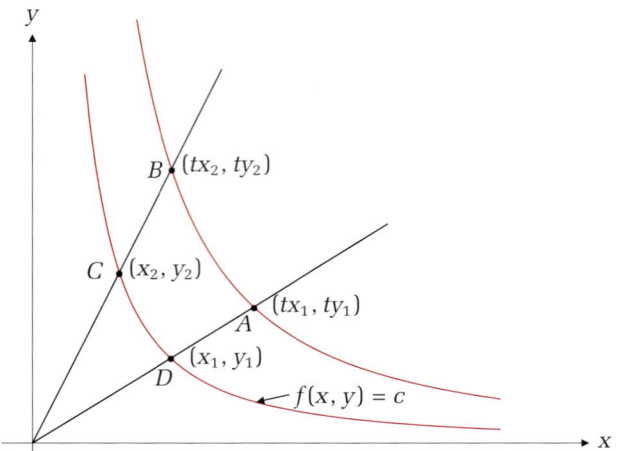

Abbildung 12.6.3: Höhenlinien für eine homogene Funktion

(tx_2, ty_2) zu bestimmen. Dieser neue Punkt B liegt auf derselben Höhenlinie wie A, da $f(tx_2, ty_2) = t^k f(x_2, y_2) = t^k c = t^k f(x_1, y_1) = f(tx_1, ty_1)$. Indem wir diese Konstruktion für verschiedene Strahlen durch den Ursprung, die die Höhenlinie $f(x, y) = c$ schneiden, wiederholen, können wir so viele Punkte, wie wir wollen, auf der neuen Höhenlinie $f(x, y) = f(tx_1, ty_1)$ bestimmen.

Die vorangehende Argumentation zeigt, dass eine homogene Funktion $f(x, y)$ vollständig bestimmt ist durch eine ihrer Höhenlinien und ihren Grad der Homogenität. Die Form jeder Höhenlinie einer homogenen Funktion wird oft bestimmt, indem man ihre Substitutionselastizität angibt, die in (12.5.2) definiert wurde.

Ein anderer erwähnenswerter Aspekt in Zusammenhang mit Abb. 12.6.3 ist, dass die Tangenten an die Höhenlinien entlang jedes Strahls parallel sind. Wir behalten die Annahme, dass f homogen vom Grad k ist. Wenn die Höhenlinie $f(x, y) = c$ ist, dann ist ihre Steigung im Punkt (x, y) gleich $-f_1'(x, y)/f_2'(x, y)$. Im Punkt A in Abb. 12.6.3 ist die Steigung

$$-\frac{f_1'(tx_1, ty_1)}{f_2'(tx_1, ty_1)} = -\frac{t^{k-1}f_1'(x_1, y_1)}{t^{k-1}f_2'(x_1, y_1)} = -\frac{f_1'(x_1, y_1)}{f_2'(x_1, y_1)} \tag{$*$}$$

Dabei haben wir Gleichung (12.6.3) verwendet, die die Tatsache ausdrückt, dass die partiellen Ableitungen von f homogen vom Grad $k - 1$ sind. Die Gleichheit in $(*)$ zeigt, dass die zwei Höhenlinien durch A und D dieselben Steigungen haben in diesen Punkten. Es folgt, dass in jedem Punkt entlang eines Strahls vom Ursprung aus, die Steigung der zugehörigen Höhenlinie dieselbe sein wird. Anders ausgedrückt: Nach Entfernung des Minuszeichens zeigt $(*)$, dass die Grenzrate der Substitution von y bezüglich x eine homogene Funktion vom Grad 0 ist.

Aufgaben für Kapitel 12.6

1. Zeigen Sie, dass $f(x, y) = x^4 + x^2 y^2$ homogen vom Grad 4 ist, indem Sie Definition (12.6.1) verwenden.

2. Bestimmen Sie den Grad der Homogenität von $x(p, r) = Ap^{-1.5} r^{2.08}$.

3. Zeigen Sie, dass $f(x, y) = xy^2 + x^3$ homogen vom Grad 3 ist. Verifizieren Sie, dass die vier Eigenschaften (12.6.2) bis (12.6.5) alle gültig sind.

4. Prüfen Sie, ob die Funktion $f(x, y) = xy/(x^2 + y^2)$ homogen ist, und wenn sie es ist, überprüfen Sie Eulers Theorem.

5. Zeigen Sie, dass die CES-Funktion $F(K, L) = A(aK^{-\varrho} + bL^{-\varrho})^{-1/\varrho}$ homogen vom Grad 1 ist. Adaptieren Sie das Argument aus Beispiel 12.6.3, um $F(K, L)/L$ als eine Funktion von $k = K/L$ auszudrücken.

6. Zeigen Sie, dass $f(x, y) = x^3 + xy$ für keinen Grad k homogen ist. (*Hinweis:* Gegeben sei $x = y = 1$. Wenden Sie (12.6.1) mit $t = 2$ und $t = 4$ an, um einen Widerspruch zu erhalten.)

7. Verwenden Sie die Gleichungen (12.6.6) und (12.6.7), um zu zeigen: Wenn $f(x, y)$ homogen vom Grad 1 ist für $x > 0$ und $y > 0$, dann gilt: $f_{11}''(x, y) f_{22}''(x, y) - [f_{12}''(x, y)]^2 = 0$

8. Sei $f(x, y)$ homogen vom Grad 2 mit $f_1'(2, 3) = 4$ und $f_2'(4, 6) = 12$. Bestimmen Sie $f(6, 9)$.

Anspruchsvollere Aufgabe

9. Beweisen Sie: Wenn $F(x, y)$ homogen vom Grad 1 ist, dann kann die Substitutionselastizität durch $\sigma_{yx} = F_1' F_2' / F F_{12}''$ ausgedrückt werden. (*Hinweis:* Verwenden Sie Eulers Theorem zusammen mit den Gleichungen (12.6.6) und (12.6.7) und auch das Resultat in Aufgabe 12.5.3.)

▶ Lösungen zu den Aufgaben finden Sie im Anhang des Buches.

12.7 Homogene und homothetische Funktionen

Nehmen Sie an, dass f eine Funktion von n Variablen ist, definiert in einem Definitionsbereich D. Die Menge D heißt ein **Konus**, wenn gilt: Falls $(x_1, x_2, \ldots, x_n) \in D$ und $t > 0$, dann liegt der Punkt $(tx_1, tx_2, \ldots, tx_n)$ auch in D. Wenn D ein Konus ist, dann sagen wir, dass f **homogen vom Grad k** auf D ist, falls

$$f(tx_1, tx_2, \ldots, tx_n) = t^k f(x_1, x_2, \ldots, x_n) \qquad (12.7.1)$$

für alle $t > 0$. Die Konstante k kann eine beliebige Zahl sein – positiv, Null oder negativ.

Beispiel 12.7.1

Prüfen Sie die Homogenität von $f(x_1, x_2, x_3) = \dfrac{x_1 + 2x_2 + 3x_3}{x_1^2 + x_2^2 + x_3^2}$.

Lösung: Hier ist f auf der Menge D aller Punkte im dreidimensionalen Raum definiert, wobei der Ursprung ausgeschlossen ist. Diese Menge ist ein Konus. Außerdem ist

$$f(tx_1, tx_2, tx_3) = \frac{tx_1 + 2tx_2 + 3tx_3}{(tx_1)^2 + (tx_2)^2 + (tx_3)^2} = \frac{t(x_1 + 2x_2 + 3x_3)}{t^2(x_1^2 + x_2^2 + x_3^2)} = t^{-1} f(x_1, x_2, x_3)$$

Daher ist f homogen vom Grad -1. ▬

Eulers Theorem, das wir als Theorem 12.6.1 für Funktionen von zwei Variablen kennengelernt haben, kann auf Funktionen von n Variablen verallgemeinert werden:

Theorem 12.7.1 (Eulers Theorem)

Nehmen Sie an, dass f eine differenzierbare Funktion von n Variablen ist, definiert auf einem offenen Konus D. Dann ist f genau dann homogen vom Grad k, wenn die folgende Gleichung für alle x in D gilt:

$$\sum_{i=1}^{n} x_i f_i'(x) = kf(x) \tag{12.7.2}$$

Der Beweis diese Resultats ist nicht schwierig und ergänzt das Argument, das für Theorem 12.6.1 gegeben wurde:

Beweis von Eulers Theorem: Nehmen Sie an, dass f homogen vom Grad k ist, so dass (12.7.1) gilt. Differenzieren dieser Gleichung nach t, bei konstantem x ergibt

$$\sum_{i=1}^{n} x_i f_i'(tx) = kt^{k-1} f(x)$$

Wenn wir $t = 1$ setzen, folgt (12.7.2) sofort.

Um die Umkehrung zu beweisen, nehmen Sie an, dass (12.7.2) für alle x in D gültig ist. Halten Sie x fest und definieren Sie die Funktion g für alle $t > 0$ durch $g(t) = t^{-k} f(tx) - f(x)$. Differenzieren nach t ergibt dann

$$g'(t) = -kt^{-k-1} f(tx) + t^{-k} \sum_{i=1}^{n} x_i f_i'(tx) \tag{$*$}$$

Weil tx in D liegt, muss (12.7.2) auch gültig sein, wenn jedes x_i durch tx_i ersetzt wird. Es folgt, dass $\sum_{i=1}^{n} (tx_i) f_i'(tx) = kf(tx)$. Multiplikation dieser Gleichung mit t^{-k-1} und Einsetzen des Resultats für den letzten Term von $(*)$ impliziert, dass für alle $t > 0$ gilt:

$$g'(t) = -kt^{-k-1} f(tx) + t^{-k-1} kf(tx) = 0$$

Es folgt, dass $g(t)$ eine Konstante C sein muss. Offensichtlich ist $g(1) = 0$, so dass $C = 0$ ist. Dies impliziert, dass $g(t) = 0$ für alle $t > 0$. Nach der Definition von g beweist dies, dass $f(tx) = t^k f(x)$, so dass f tatsächlich homogen vom Grad k ist.

Man erhält eine interessante Version von Eulers Gleichung (12.7.2), indem man jeden Term der Gleichung durch $f(x)$ dividiert, vorausgesetzt, dass diese Zahl nicht 0 ist. Indem wir uns an die Definition der partiellen Elastizität, $\text{El}_i f(x) = (x_i/f(x)) f_i'(x)$, erinnern, haben wir

$$\text{El}_1 f(x) + \text{El}_2 f(x) + \cdots + \text{El}_n f(x) = k \tag{12.7.3}$$

Daher muss die Summe der partiellen Elastizitäten einer Funktion von n Variablen, die homogen vom Grad k ist, gleich k sein.

Die Resultate in (12.6.3) bis (12.6.5) können auch auf Funktionen von n Variablen verallgemeinert werden. Die Beweise sind ähnlich, so dass sie dem interessierten Leser überlassen werden können. Wir formulieren einfach die allgemeinen Versionen von (12.6.3) und (12.6.5): Falls $f(\mathbf{x})$ homogen vom Grad k ist, dann gilt für jedes $i = 1, 2, \ldots, n$:

$$f_i'(\mathbf{x}) \text{ ist homogen vom Grad } k - 1 \qquad (12.7.4)$$

und

$$\sum_{i=1}^{n} \sum_{j=1}^{n} x_i x_j f_{ij}''(\mathbf{x}) = k(k-1)f(\mathbf{x}) \qquad (12.7.5)$$

Ökonomische Anwendungen

Wir wollen einige typische Beispiele von homogenen Funktionen in den Wirtschaftswissenschaften betrachten.

Beispiel 12.7.2

Es bezeichne $f(\mathbf{v}) = f(v_1, \ldots, v_n)$ den Output eines Produktionsprozesses, wenn die Inputgrößen $v_1, \ldots, v_n$ sind. Es wird oft angenommen: Wenn alle Inputgrößen mit einem Faktor t multipliziert werden, dann wird t-mal so viel Output wie zuvor produziert, so dass

$$f(t\mathbf{v}) = tf(\mathbf{v}) \qquad (*)$$

Dies impliziert, dass f homogen vom Grad 1 ist. Von Produktionsfunktionen mit dieser Eigenschaft sagt man, dass sie *konstante Skalenerträge besitzen*.

Betrachten Sie für einen festen Inputvektor $\mathbf{v}$ die Funktion $\varphi(t) = f(t\mathbf{v})/t$. Diese gibt den durchschnittlichen Skalenertrag an – d. h. den durchschnittlichen Output pro Einheit Input, wenn alle Inputgrößen gleichzeitig umskaliert werden. Wenn z. B. $t = 2$ ist, werden alle Inputgrößen verdoppelt. Wenn $t = \frac{3}{4}$ ist, reduzieren sich alle Inputgrößen proportional um $\frac{1}{4}$.

Wenn nun $(*)$ gilt, dann ist $\varphi(t) = f(\mathbf{v})$ unabhängig von t. Eine Produktionsfunktion, die homogen vom Grad $k < 1$ ist, hat *abnehmende Skalenerträge*, weil $\varphi(t) = t^{k-1}f(\mathbf{v})$ und damit $\varphi'(t) < 0$. Andererseits hat eine Produktionsfunktion *zunehmende Skalenerträge*, wenn $k > 1$ ist, weil dann $\varphi'(t) > 0$ ist. ∎

Beispiel 12.7.3

Die allgemeine Cobb-Douglas-Funktion $F(v_1, \ldots, v_n) = Av_1^{a_1} \cdots v_n^{a_n}$ wird oft als ein Beispiel einer Produktionsfunktion verwendet. Beweisen Sie, dass sie homogen ist und untersuchen Sie, wann sie konstante/abnehmende/zunehmende Skalenerträge hat. Bestätigen Sie auch Formel (12.7.3).

Lösung: Hier ist

$$F(t\mathbf{v}) = A(tv_1)^{a_1} \ldots (tv_n)^{a_n} = At^{a_1}v_1^{a_1} \ldots t^{a_n}v_n^{a_n} = t^{a_1 + \cdots + a_n}F(\mathbf{v})$$

Somit ist F homogen vom Grad $a_1 + \cdots + a_n$. Sie hat damit konstante oder abnehmende oder zunehmende Skalenerträge, je nachdem ob $a_1 + \cdots + a_n$ gleich, kleiner oder größer als 1 ist. Weil $\mathrm{El}_i F = a_i$, $i = 1, \ldots, n$, erhalten wir $\sum_{i=1}^{n} \mathrm{El}_i F = \sum_{i=1}^{n} a_i$, welches (12.7.3) in diesem Fall bestätigt.

Beispiel 12.7.4

Betrachten Sie einen Markt mit drei Gütern, deren Mengen mit x, y und z bezeichnet werden und deren Preise pro Einheit p, q bzw. r sind. Nehmen Sie an, dass die Nachfrage nach einem dieser Güter durch einen Verbraucher mit Einkommen m durch $D(p, q, r, m)$ gegeben ist. Nehmen Sie an, dass die drei Preise und das Einkommen m alle mit einem Faktor $t > 0$ multipliziert werden.[6] Dann wird die Budgetbeschränkung des Verbrauchers $px + qy + rz \leq m$ zu $tpx + tqy + trz \leq tm$, welches genau dieselbe Einschränkung ist. Die multiplikative Konstante t ist irrelevant für den Verbraucher. Es ist deshalb vernünftig anzunehmen, dass die Nachfrage des Verbrauchers unverändert bleibt mit

$$D(tp, tq, tr, tm) = D(p, q, r, m)$$

Wenn wir verlangen, dass diese Gleichung für alle $t > 0$ gelten soll, bedeutet dies, dass die Nachfragefunktion D homogen vom Grad 0 ist. In diesem Fall wird oft gesagt, dass die Nachfrage nicht durch „Geldillusion" beeinflusst wird; ein Verbraucher mit 10 % mehr Geld zum Ausgeben sollte realisieren, dass sich real nichts verändert hat, wenn alle Preise auch um 10 % gestiegen sind.

Als ein typisches Beispiel einer Funktion, die verbreitet ist in der Nachfrageanalyse, betrachten Sie

$$D(p, q, r, m) = \frac{mp^b}{p^{b+1} + q^{b+1} + r^{b+1}},$$

wobei b eine Konstante ist. Hier ist

$$D(tp, tq, tr, tm) = \frac{(tm)(tp)^b}{(tp)^{b+1} + (tq)^{b+1} + (tr)^{b+1}} = D(p, q, r, m),$$

da t herausgekürzt werden kann.

Manchmal begegnen uns nichthomogene Funktionen von mehreren Variablen, die jedoch homogen sind, wenn man sie als Funktion von nur einigen der Variablen betrachtet und die anderen dabei konstant hält. So werden z. B. die (minimalen) Kosten für die Produktion von y Einheiten eines einzelnen Outputs oft als eine Funktion $C(\mathbf{w}, y)$ von y und dem Vektor $\mathbf{w} = (w_1, \ldots, w_n)$ der Preise von n verschiedenen Inputfaktoren ausgedrückt. Dann ist es vernünftig anzunehmen, dass sich die Kosten verdoppeln, wenn sich alle Inputpreise verdoppeln. Deshalb nehmen Ökonomen gewöhnlich an, dass $C(t\mathbf{w}, y) = tC(\mathbf{w}, y)$ für alle $t > 0$ – d. h. dass die Kostenfunktion homogen vom Grad 1 in $\mathbf{w}$ ist für jedes feste y. Siehe Aufgabe 7 als markantes Beispiel.

---

[6] Stellen Sie sich z. B. vor, dass die Preise für alle Güter um 10 % steigen, dass aber auch das Einkommen des Verbrauchers um 10 % steigt. Oder: Alle Preise und Einkommen sind in Euro umgewandelt worden, z.B. von DM aus.

Homothetische Funktionen

Es sei f eine Funktion von n Variablen $\mathbf{x} = (x_1, \ldots, x_n)$, definiert auf einem Konus K. Dann wird f **homothetisch** genannt, wenn gilt:

$$\mathbf{x}, \mathbf{y} \in K, \quad f(\mathbf{x}) = f(\mathbf{y}), \quad t > 0 \quad \Longrightarrow \quad f(t\mathbf{x}) = f(t\mathbf{y}) \qquad (12.7.6)$$

Wenn z. B. f die Nutzenfunktion eines Verbrauchers ist, dann verlangt (12.7.6): Wenn der Verbraucher indifferent zwischen den zwei Warenbündeln $\mathbf{x}$ und $\mathbf{y}$ ist, dann ist er auch indifferent, nachdem sie beide im selben Verhältnis vergrößert oder reduziert worden sind. Zum Beispiel: Wenn dieser Verbraucher indifferent zwischen zwei Litern Soda und drei Litern Saft ist, dann muss er auch indifferent zwischen vier Litern Soda und sechs Litern Saft sein. Offensichtlich mag diese Eigenschaft zutreffen für einige Verbraucher, aber man sollte sie nicht für alle Leute annehmen.

Eine homogene Funktion f eines beliebigen Grades k ist homothetisch. Es ist in der Tat einfach, ein allgemeineres Resultat zu beweisen.

Theorem 12.7.2

Nehmen Sie an, dass die Funktion F geschrieben werden kann als Verkettung der Funktionen H und f, so dass $F(\mathbf{x}) = H(f(\mathbf{x}))$. Wenn H strikt monoton wachsend ist und f homogen mit beliebigem Grad, dann ist F homothetisch.

Beweis: Nehmen Sie an, dass $F(\mathbf{x}) = F(\mathbf{y})$ oder äquivalent, dass $H(f(\mathbf{x})) = H(f(\mathbf{y}))$. Weil H strikt monoton wachsend ist, impliziert dies, dass $f(\mathbf{x}) = f(\mathbf{y})$. Da f homogen vom Grad k ist, folgt für $t > 0$, dass

$$F(t\mathbf{x}) = H(f(t\mathbf{x})) = H(t^k f(\mathbf{x})) = H(t^k f(\mathbf{y})) = H(f(t\mathbf{y})) = F(t\mathbf{y})$$

Dies beweist, dass $F(\mathbf{x})$ homothetisch ist.

Daher ist jede strikt monoton wachsende Funktion einer homogenen Funktion homothetisch. Es ist tatsächlich weit verbreitet, diese Eigenschaft als die Definition einer homothetischen Funktion zu verwenden, wobei gewöhnlich $k = 1$ angenommen wird.[7]

Das nächste Beispiel zeigt, dass nicht alle homothetischen Funktionen homogen sind.

Beispiel 12.7.5

Zeigen Sie, dass die Funktion $F(x, y) = xy + 1$, die offensichtlich nicht homogen ist, dennoch homothetisch ist.

---

[7] Nehmen Sie an, dass $F(\mathbf{x})$ eine stetige homothetische Funktion ist, die auf dem Konus K der Vektoren $\mathbf{x}$ mit $x_i \geq 0$, $i = 1, \ldots, n$ definiert ist. Nehmen Sie weiterhin an, dass $F(t\mathbf{x}_0)$ eine strikt monoton wachsende Funktion von t ist für jedes feste $\mathbf{x}_0 \neq \mathbf{0}$ in K. Dann kann man zeigen, dass es eine strikt monoton wachsende Funktion H gibt, so dass $F(\mathbf{x}) = H(f(\mathbf{x}))$, wobei die Funktion $f(\mathbf{x})$ homogen vom Grad 1 ist. Tatsächlich könnte f eine homogene Funktion von beliebigem positiven Grad k sein bei einer geeigneten Modifikation von H, mit $\tilde{H}(u) = u^k$.

Lösung: Definieren Sie $H(u) = u+1$. Dann ist H strikt monoton wachsend. Die Funktion $f(x, y) = xy$ ist homogen vom Grad 2 und $F(x, y) = xy + 1 = H(f(x, y))$. Nach Theorem 12.7.2 ist F homothetisch. Alternativ können Sie auch Definition (12.7.6) verwenden, um direkt zu zeigen, dass F homothetisch ist.

Nehmen Sie an, dass $F(\mathbf{x}) = F(x_1, x_2, \ldots, x_n)$ eine differenzierbare Produktionsfunktion ist, definiert für alle $(x_1, \ldots, x_n)$ mit $x_i \geq 0$, $i = 1, \ldots, n$. Erinnern Sie, dass die **Grenzrate der Substitution**, oder GRS, des Faktors j für den Faktor i definiert ist für $i, j = 1, 2, \ldots, n$ durch

$$h_{ji}(\mathbf{x}) = \frac{\partial F(\mathbf{x})}{\partial x_i} \bigg/ \frac{\partial F(\mathbf{x})}{\partial x_j} \tag{12.7.7}$$

Nehmen Sie an, dass $F(\mathbf{x}) = H(f(\mathbf{x}))$, wobei H differenzierbar ist mit $H'(u) > 0$ für alle u aus dem Definitionsbereich. Nehmen Sie auch an, dass $f(\mathbf{x})$ homogen vom Grad k ist. Dann gilt $\partial F(\mathbf{x})/\partial x_i = H'(f(\mathbf{x}))(\partial f(\mathbf{x})/\partial x_i)$ und dies impliziert

$$\frac{\partial F(\mathbf{x})}{\partial x_i} \bigg/ \frac{\partial F(\mathbf{x})}{\partial x_j} = \frac{\partial f(\mathbf{x})}{\partial x_i} \bigg/ \frac{\partial f(\mathbf{x})}{\partial x_j},$$

überall, wo $\partial f(\mathbf{x})/\partial x_j > 0$ und somit $\partial F(\mathbf{x})/\partial x_j > 0$. Da aber f homogen vom Grad k ist, können wir (12.7.4) anwenden, um zu zeigen, dass für alle $t > 0$ gilt:

$$h_{ji}(t\mathbf{x}) = \frac{\partial f(t\mathbf{x})}{\partial x_i} \bigg/ \frac{\partial f(t\mathbf{x})}{\partial x_j} = t^{k-1}\frac{\partial f(\mathbf{x})}{\partial x_i} \bigg/ t^{k-1}\frac{\partial f(\mathbf{x})}{\partial x_j} = h_{ji}(\mathbf{x}) \tag{12.7.8}$$

Formel (12.7.8) zeigt, dass die Grenzraten der Substitution homogen vom Grad 0 sind. Wir haben somit das folgende allgemeine Resultat argumentiert: *Wenn F eine strikt monoton wachsende Transformation einer homogenen Funktion, wie in den Voraussetzungen von Theorem 12.7.2 ist, dann ist die Funktion $F(\mathbf{x}) = H(f(\mathbf{x}))$ eine strikt monoton wachsende Transformation einer homogenen Funktion, wobei H differenzierbar ist mit $H'(u) > 0$ für alle u aus dem Definitionsbereich. Dann sind die Grenzraten der Substitution von $F(\mathbf{x})$ homogen vom Grad 0.*[8] Dieses Resultat verallgemeinert die Beobachtung, die für den Fall von zwei Variablen am Ende von Kap. 12.6 gemacht wurde.

Aufgaben für Kapitel 12.7

1. Bestimmen Sie den Grad der Homogenität, wenn es einen gibt, für jede der folgenden Funktionen:

   (a) $f(x, y, z) = 3x + 4y - 3z$

   (b) $g(x, y, z) = 3x + 4y - 2z - 2$

   (c) $h(x, y, z) = \dfrac{\sqrt{x} + \sqrt{y} + \sqrt{z}}{x + y + z}$

   (d) $G(x, y) = \sqrt{xy}\, \ln \dfrac{x^2 + y^2}{xy}$

   (e) $H(x, y) = \ln x + \ln y$

   (f) $p(x_1, \ldots, x_n) = \displaystyle\sum_{i=1}^{n} x_i^n$

---

[8] Wegen unserer früheren Fußnote muss dasselbe gelten, wenn F eine homothetische Funktion mit der Eigenschaft ist, dass $F(t\mathbf{x})$ eine monoton wachsende Funktion des Skalars t ist für jeden festen Vektor $\mathbf{x}$.

→ Fortsetzung

2. Bestimmen Sie den Grad der Homogenität, wenn es einen gibt, für jede der folgenden Funktionen:

(a) $f(x_1, x_2, x_3) = \dfrac{(x_1 x_2 x_3)^2}{x_1^4 + x_2^4 + x_3^4} \left(\dfrac{1}{x_1} + \dfrac{1}{x_2} + \dfrac{1}{x_3} \right)$

(b) die CES-Funktion: $x(v_1, v_2, \ldots, v_n) = A(\delta_1 v_1^{-\rho} + \delta_2 v_2^{-\rho} + \cdots + \delta_n v_n^{-\rho})^{-\mu/\rho}$

3. Untersuchen Sie die Homogenität der drei Mittelwerte $\bar{x}_A$, $\bar{x}_G$ und $\bar{x}_H$, die in Beispiel 11.5.2 definiert wurden.

4. Betrachten Sie die Nutzenfunktion $u(\mathbf{x}) = u(x_1, \ldots, x_n)$, deren stetige partielle Ableitungen für eine Konstante a die Gleichung $\sum_{i=1}^{n} x_i \frac{\partial u}{\partial x_i} = a$ für alle $x_1 > 0, \ldots, x_n > 0$ erfüllen. Zeigen Sie, dass die Funktion $v(\mathbf{x}) = u(\mathbf{x}) - a \ln(x_1 + \cdots + x_n)$ homogen vom Grad 0 ist.[9] (*Hinweis*: Verwenden Sie Eulers Theorem.)

5. Welche der folgenden Funktionen $f(x, y)$ sind homothetisch?

(a) $(xy)^2 + 1$ (b) $\dfrac{2(xy)^2}{(xy)^2 + 1}$ (c) $x^2 + y^3$ (d) $e^{x^2 y}$

Anspruchsvollere Aufgaben

6. Nehmen Sie an, dass $f(\mathbf{x})$ und $g(\mathbf{x})$ homogen vom Grad r bzw. s sind. Untersuchen Sie ob die folgenden Funktionen $h(\mathbf{x})$ homogen sind. Bestimmen Sie für jeden Fall den Grad der Homogenität.

(a) $h(\mathbf{x}) = f(x_1^m, x_2^m, \ldots, x_r^m)$ (b) $h(\mathbf{x}) = (g(\mathbf{x}))^p$ (c) $h = f + g$

(d) $h = fg$ (e) $h = f/g$

7. Die *transzendent logarithmische oder „translog"-Kostenfunktion* $C(\mathbf{w}, y)$ ist implizit definiert durch , wobei

$$\ln C(\mathbf{w}, y) = a_0 + c_1 \ln y + \sum_{i=1}^{n} a_i \ln w_i + \frac{1}{2} \sum_{i,j=1}^{n} a_{ij} \ln w_i \ln w_j + \ln y \sum_{i=1}^{n} b_i \ln w_i,$$

wobei $\mathbf{w}$ der Vektor der Faktorpreise und y die Höhe des Outputs ist. Beweisen Sie, dass diese Funktion homogen vom Grad 1 in $\mathbf{w}$ für jedes feste y ist, vorausgesetzt, dass alle folgenden Bedingungen erfüllt sind: (i) $\sum_{i=1}^{n} a_i = 1$; (ii) $\sum_{i=1}^{n} b_i = 0$; (iii) $\sum_{j=1}^{n} a_{ij} = 0$ für alle i und (iv) $\sum_{i=1}^{n} a_{ij} = 0$ für alle j.

▶ Lösungen zu den Aufgaben finden Sie im Anhang des Buches.

12.8 Lineare Approximationen

In Kapitel 7.4 wurde die lineare Approximation $f(x) \approx f(x_0) + f'(x_0)(x - x_0)$ für eine Funktion einer Variablen erörtert. Wir wollen eine ähnliche Approximation für Funktionen $z = f(x, y)$ von zwei Variablen bestimmen.

Für feste Werte von x_0, y_0, x und y definieren wir die Funktion $g(t)$ durch

$$g(t) = f(x_0 + t(x - x_0), y_0 + t(y - y_0))$$

---

[9] Diese Funktion wurde zuerst von D.W. Katzner untersucht.

Wir sehen, dass $g(0) = f(x_0, y_0)$ und $g(1) = f(x, y)$. Allgemein ist $g(t)$ der Wert von f in dem Punkt $(x_0 + t(x - x_0), y_0 + t(y - y_0)) = ((1 - t)x_0 + tx, (1 - t)y_0 + ty)$, der auf der Strecke liegt, die (x_0, y_0) mit (x, y) verbindet. Nach der Kettenregel ist die Ableitung $g'(t)$ gleich

$$f_1'(x_0 + t(x - x_0), y_0 + t(y - y_0))(x - x_0) + f_2'(x_0 + t(x - x_0), y_0 + t(y - y_0))(y - y_0)$$

Indem wir t durch 0 ersetzen und die Approximation $g(1) \approx g(0) + g'(0)$ verwenden, erhalten wir das Resultat:

Lineare Approximation

Die lineare Approximation von $f(x, y)$ um (x_0, y_0) ist

$$f(x, y) \approx f(x_0, y_0) + f_1'(x_0, y_0)(x - x_0) + f_2'(x_0, y_0)(y - y_0) \tag{12.8.1}$$

Die Nützlichkeit der Approximation (12.8.1) hängt von der Größe des Fehlers ab. Die Taylor-Formel mit Restglied, die für den Fall einer Variablen in Kap. 7.6 behandelt wurde, wird auf n Variablen erweitert in FMEA. Eine Implikation der erweiterten Formel ist: Wenn $x \to x_0$ und $y \to y_0$, wird die Approximation (12.8.1) besser in dem Sinne, dass der Fehler gegen 0 konvergiert.

Beispiel 12.8.1

Bestimmen Sie die lineare Approximation von $f(x, y) = e^{x+y}(xy - 1)$ um $(0, 0)$.

Lösung: Hier ist $f(0, 0) = -1$ und

$$f_1'(x, y) = e^{x+y}(xy - 1) + e^{x+y}y \quad \text{und} \quad f_2'(x, y) = e^{x+y}(xy - 1) + e^{x+y}x$$

Somit ist $f_1'(0, 0) = -1$ und $f_2'(0, 0) = -1$. Daher ergibt (12.8.1)

$$e^{x+y}(xy - 1) \approx -1 - x - y$$

Für x und y in der Nähe von 0 wird die komplizierte Funktion $z = e^{x+y}(xy - 1)$ approximiert durch die einfache lineare Funktion $z = -1 - x - y$.

Formel (12.8.1) kann verwendet werden, um numerische Näherungswerte einer Funktion in der Nähe eines Punktes zu finden, in dem der Wert der Funktion und ihrer Ableitungen leicht berechnet werden kann. Betrachten Sie das folgende Beispiel.

Beispiel 12.8.2

Sei $f(x, y) = xy^3 - 2x^3$. Dann ist $f(2, 3) = 38$. Bestimmen Sie mit Hilfe von (12.8.1) einen approximativen numerischen Wert für $f(2.01, 2.98)$.

Lösung: Hier ist $f_1'(x, y) = y^3 - 6x^2$ und $f_2'(x, y) = 3xy^2$, so dass $f_1'(2, 3) = 3$ und $f_2'(2, 3) = 54$. Wir setzen $x_0 = 2$, $y_0 = 3$, $x = 2 + 0.01$ und $y = 3 - 0.02$ und erhalten damit

$$f(2.01, 2.98) \approx f(2, 3) + f_1'(2, 3) \cdot 0.01 + f_2'(2, 3) \cdot (-0.02)$$

$$= 38 + 3(0.01) + 54(-0.02) = 36.95$$

Der exakte Wert ist $f(2.01, 2.98) = 36.95061792$. Der Fehler in der Approximation ist deshalb nur etwas größer als -0.0006.

Die Approximation (12.8.1) kann auf Funktionen von mehreren Variablen verallgemeinert werden.

Lineare Approximation

Die lineare Approximation von $z = f(\mathbf{x}) = f(x_1, \ldots, x_n)$ um $\mathbf{x}^0 = (x_1^0, \ldots, x_n^0)$ ist

$$f(\mathbf{x}) \approx f(\mathbf{x}^0) + f_1'(\mathbf{x}^0)(x_1 - x_1^0) + \cdots + f_n'(\mathbf{x}^0)(x_n - x_n^0) \qquad (12.8.2)$$

Aufgabe 8 fordert Sie zu einem Beweis auf.

Tangentialebenen

In (12.8.1) wird die Funktion $f(x, y)$ approximiert durch die *lineare Funktion*

$$z = f(x_0, y_0) + f_1'(x_0, y_0)(x - x_0) + f_2'(x_0, y_0)(y - y_0)$$

Der Graph dieser linearen Funktion ist eine Ebene, die durch den Punkt $P = (x_0, y_0, z_0)$
mit $z_0 = f(x_0, y_0)$ auf dem Graphen von $z = f(x, y)$ verläuft. Diese Ebene heißt die
Tangentialebene an $z = f(x, y)$ in P:

Tangentialebene

Im Punkt (x_0, y_0, z_0) mit $z_0 = f(x_0, y_0)$ hat die Tangentialebene an den Graphen von
$z = f(x, y)$ die Gleichung

$$z - z_0 = f_1'(x_0, y_0)(x - x_0) + f_2'(x_0, y_0)(y - y_0) \qquad (12.8.3)$$

Die Tangentialebene ist in Abb. 12.8.1 illustriert. Nun, "verdient" sie diesen Namen?
Schauen Sie auf Abb. 11.3.9 zurück, wo l_x und l_y die Tangenten in P an die zwei
Kurven K_x und K_y sind, die auf der Fläche liegen. Da die Steigung der Geraden l_x

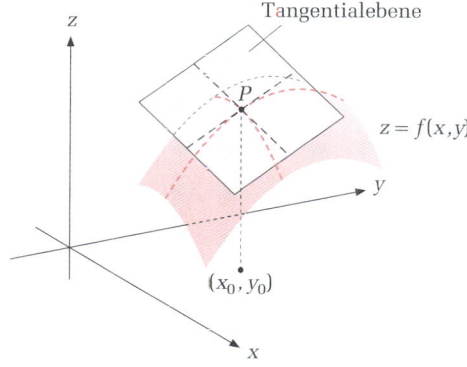

Abbildung 12.8.1: Der Graph von $z = f(x, y)$ und die Tangentialebene in P

gleich $f_2'(x_0, y_0)$ ist, sind die Punkte (x, y, z), die auf l_x liegen, charakterisiert durch $x = x_0$ und $z - z_0 = f_2'(x_0, y_0)(y - y_0)$. Wir sehen aber an (12.8.3), dass diese Punkte auch auf der Tangentialebene liegen. In derselben Weise sehen wir, dass die Gerade l_y auch in der Tangentialebene liegt. Da der Graph von (12.8.3) die einzige Ebene ist, die beide Tangenten, l_x und l_y, enthält, macht es großen Sinn, die Bezeichnung „Tangentialebene" zu verwenden.

Beispiel 12.8.3

Bestimmen Sie die Tangentialebene in $P = (x_0, y_0, z_0) = (1, 1, 5)$ an den Graphen von

$$f(x, y) = x^2 + 2xy + 2y^2$$

Lösung: Da $f(1, 1) = 5$ ist, liegt P auf dem Graphen von f. Wir erhalten $f_1'(x, y) = 2x + 2y$ und $f_2'(x, y) = 2x + 4y$. Daher ist $f_1'(1, 1) = 4$ und $f_2'(1, 1) = 6$. Gleichung (12.8.3) ergibt daher

$$z - 5 = 4(x - 1) + 6(y - 1)$$

oder nach z aufgelöst: $z = 4x + 6y - 5$

Aufgaben für Kapitel 12.8

1. Bestimmen Sie die lineare Approximation um $(0, 0)$ für die folgenden Funktionen:

   (a) $f(x, y) = (x + 1)^5 (y + 1)^6$ (b) $f(x, y) = \sqrt{1 + x + y}$ (c) $f(x, y) = e^x \ln(1 + y)$

2. Bestimmen Sie die lineare Approximation um (x_0, y_0) für $f(x, y) = Ax^a y^b$.

3. Nehmen Sie an, dass $g(\mu, \varepsilon) = [(1 + \mu)(1 + \varepsilon)^\alpha]^{1/(1-\beta)} - 1$, wobei α und β Konstante sind. Zeigen Sie: Wenn μ und ε nahe bei 0 sind, dann ist $g(\mu, \varepsilon) \approx (\mu + \alpha\varepsilon)/(1 - \beta)$.

4. Sei $f(x, y) = 3x^2 y + 2y^3$. Dann ist $f(1, -1) = -5$. Verwenden Sie die Approximation (12.8.1), um den Wert von $f(0.98, -1.01)$ abzuschätzen. Wie groß ist der Fehler, der durch diese Approximation verursacht wird?

5. Sei $f(x, y) = 3x^2 + xy - y^2$.

   (a) Berechnen Sie $f(1.02, 1.99)$ exakt.

   (b) Es ist $f(1.02, 1.99) = f(1 + 0.02, 2 - 0.01)$. Verwenden Sie Gleichung (12.8.1), um einen Näherungswert für $f(1.02, 1.99)$ zu berechnen. Wie groß ist der Fehler?

6. Nehmen Sie an, dass für eine Funktion v von zwei Variablen $v(1, 0) = -1$, $v_1'(1, 0) = -4/3$ und $v_2'(1, 0) = 1/3$ gilt. Bestimmen Sie einen Näherungswert für $v(1.01, 0.02)$.

7. Bestimmen Sie die Tangentialebenen an die folgenden Flächen in den angegebenen Punkten: (a) $z = x^2 + y^2$ in $(1, 2, 5)$ und (b) $z = (y - x^2)(y - 2x^2)$ in $(1, 3, 2)$.

Anspruchsvollere Aufgaben

8. Definieren Sie die Funktion

   $$g(t) = f(x_1^0 + t(x_1 - x_1^0), \ldots, x_n^0 + t(x_n - x_n^0))$$

   Verwenden Sie die Approximation $g(1) \approx g(0) + g'(0)$, um Gleichung (12.8.2) herzuleiten.

→ Fortsetzung

9. Sei $f(x, y)$ eine beliebige differenzierbare Funktion. Beweisen Sie, dass f genau dann homogen vom Grad 1 ist, wenn die Tangentialebene zu jedem Punkt auf ihrem Graphen durch den Ursprung verläuft.

▶ Lösungen zu den Aufgaben finden Sie im Anhang des Buches.

12.9 Differentiale

Nehmen Sie an, dass $z = f(x, y)$ eine differenzierbare Funktion von zwei Variablen ist. Seien dx und dy beliebige reelle Zahlen, nicht notwendig klein. Dann definieren wir das **Differential** von $z = f(x, y)$ an der Stelle (x, y), das mit dz oder df bezeichnet wird, so dass gilt:

$$z = f(x, y) \implies dz = f_1'(x, y)\, dx + f_2'(x, y)\, dy \tag{12.9.1}$$

Wenn x auf $x + dx$ und y auf $y + dy$ geändert wird, dann ist die tatsächliche Änderung im Funktionswert der **Zuwachs**

$$\Delta z = f(x + dx, y + dy) - f(x, y)$$

Wenn dx und dy klein im Absolutwert sind, dann kann Δz durch dz approximiert werden:

$$\Delta z \approx dz = f_1'(x, y)\, dx + f_2'(x, y)\, dy, \quad \text{wenn } |dx| \text{ und } |dy| \text{ klein sind} \tag{12.9.2}$$

Die Approximation in (12.9.2) folgt aus (12.8.1) im vorigen Unterkapitel. Wir ersetzen zunächst $x - x_0$ durch dx und $y - y_0$ durch dy und damit x durch $x_0 + dx$ und y durch $y_0 + dy$. Schließlich ersetzen wir in der sich ergebenden Formel x_0 durch x und y_0 durch y. Der Approximation (12.9.2) kann eine geometrische Interpretation gegeben werden, wie in Abb. 12.9.1 illustriert wird. Der Fehler der durch das Ersetzen von Δz durch dz entsteht, resultiert daraus, dass „man der Tangentialebene" von P zu dem Punkt S folgt, anstatt „dem Graphen zu folgen" zum Punkt R.

Etwas förmlicher ist die Tangentialebene in $P = (x, y, f(x, y))$ definiert als die Menge der Punkte (X, Y, Z) die die folgende lineare Gleichung erfüllen:

$$Z - f(x, y) = f_1'(x, y)(X - x) + f_2'(x, y)(Y - y)$$

Indem wir $X = x + dx$ und $Y = y + dy$ setzen, erhalten wir

$$Z = f(x, y) + f_1'(x, y)\, dx + f_2'(x, y)\, dy = f(x, y) + dz$$

Die Länge der Strecke QS in der Abbildung 12.9.1 ist daher $f(x, y) + dz$.
Hier ist ein Wort der Vorsicht angebracht. In der Literatur über Mathematik für Ökonomen verlangt eine weit verbreitete Definition des Differentials dz in Gleichung (12.9.1), dass dx und dy „infinitesimal" oder „unendlich klein" sind. In diesem Fall wird oft

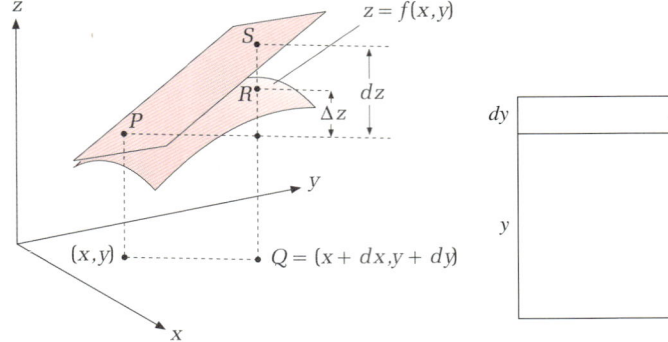

Abbildung 12.9.1: Δz und das Differential dz Abbildung 12.9.2: $\Delta z - dz = dx\,dy$

behauptet, dass Δz gleich dz wird. Ungenaue Ideen dieser Art haben über Jahrhunderte Verwirrung gestiftet, seitdem Leibniz sie zuerst eingeführt hatte. Sie wurden in der Mathematik weitgehend fallen gelassen.[10]

Beispiel 12.9.1

Sei $z = f(x, y) = xy$. Dann gilt

$$\Delta z = f(x + dx, y + dy) - f(x, y) = (x + dx)(y + dy) - xy = y\,dx + x\,dy + dx\,dy$$

In diesem Fall ist $dz = f_1'(x, y)\,dx + f_2'(x, y)\,dy = y\,dx + x\,dy$, so dass $\Delta z - dz = dx\,dy$. Der Fehlerterm ist $dx\,dy$ und die Approximation ist illustriert in Abb. 12.9.2. Wenn dx und dy sehr klein sind – zum Beispiel ungefähr 10^{-3}, ist der Fehler $dx\,dy$ „sehr sehr klein" – ungefähr 10^{-6} in diesem Beispiel.

Beispiel 12.9.2

Sei $Y = F(K, L)$ eine Produktionsfunktion mit K und L als Kapital- und Arbeitsinput. Dann sind F_K' und F_L' die Grenzprodukte des Kapitals und der Arbeit. Wenn dK und dL beliebige Zuwächse in K bzw. L sind, ist das *Differential* von $Y = F(K, L)$ gleich $dY = F_K'\,dK + F_L'\,dL$. Der Zuwachs $\Delta Y = F(K + dK, L + dL) - F(K, L)$ in Y kann approximiert werden durch dY, vorausgesetzt, dass dK und dL dem Absolutbetrag nach klein sind. Dann ist

$$\Delta Y = F(K + dK, L + dL) - F(K, L) \approx F_K'\,dK + F_L'\,dL$$

Beachten Sie: Falls $z = f(x, y)$ ist, können wir das Differential $dz = df$ immer finden, indem wir zuerst die partiellen Ableitungen $f_1'(x, y)$ und $f_2'(x, y)$ bestimmen und dann die Definition von dz verwenden. Wenn wir umgekehrt das Differential einer Funktion von zwei Variablen kennen, dann haben wir die partiellen Ableitungen: Nehmen Sie an, dass $dz = A\,dx + B\,dy$ für alle dx und dy. Nach Definition ist

---

[10] Jedoch in Nichtstandard-Analysis, einem beachtlichen Zweig der modernen Mathematik, kann eine modifizierte Version von Leibniz' Ideen über Infinitesimale präzise gemacht werden. Es gibt einige interessante Anwendungen der Nichtstandard-Analysis in den theoretischen Wirtschaftswissenschaften.

$dz = f_1'(x, y)\, dx + f_2'(x, y)\, dy$ für alle dx und dy. Wenn wir $dx = 1$ und $dy = 0$ setzen, ergibt sich $A = f_1'(x, y)$. In derselben Weise ergibt $dx = 0$ und $dy = 1$, dass $B = f_2'(x, y)$. Somit gilt

$$dz = A\, dx + B\, dy \implies \frac{\partial z}{\partial x} = A \quad \text{und} \quad \frac{\partial z}{\partial y} = B \tag{12.9.3}$$

Regeln für Differentiale

In Kapitel 7.4 wurden mehrere Regeln für das Arbeiten mit Differentialen von Funktionen einer Variablen hergeleitet. Dieselben Regeln gelten für Funktionen mehrerer Variablen. Nehmen Sie dazu an, dass $f(x, y)$ und $g(x, y)$ differenzierbar sind mit den Differentialen $df = f_1'\, dx + f_2'\, dy$ bzw. $dg = g_1'\, dx + g_2'\, dy$. Falls $d(\ )$ das Differential eines Ausdrucks innerhalb der Klammern bezeichnet, dann sind die folgenden Regeln exakt dieselben wie die Regeln (7.4.4) bis (7.4.6):

Regeln für Differentiale

Seien f und g differenzierbare Funktionen von x und y und seien a und b Konstanten. Dann gelten die folgenden Regeln:

$$d(af + bg) = a\, df + b\, dg \tag{12.9.4}$$

$$d(fg) = g\, df + f\, dg \tag{12.9.5}$$

und, falls $g \neq 0$,

$$d\left(\frac{f}{g}\right) = \frac{g\, df - f\, dg}{g^2} \tag{12.9.6}$$

Diese Regeln sind auch ganz einfach zu beweisen. Das Argument für Regel (12.9.5) ist nicht sehr verschieden von dem, das wir für Regel (7.4.5) gegeben haben: Weil $(fg)(x, y) = f(x, y) \cdot g(x, y)$ ist, haben wir:

$$d(fg) = \frac{\partial}{\partial x}[f(x, y) \cdot g(x, y)]\, dx + \frac{\partial}{\partial y}[f(x, y) \cdot g(x, y)]\, dy$$

$$= (f_x' \cdot g + f \cdot g_x')\, dx + (f_y' \cdot g + f \cdot g_y')\, dy$$

$$= g(f_x'\, dx + f_y'\, dy) - f(g_x'\, dx + g_y'\, dy)$$

$$= g\, df + f\, dg$$

Es gibt auch eine Kettenregel für Differentiale. Nehmen Sie an, dass $z = F(x, y) = g(f(x, y))$, wobei g eine differenzierbare Funktion einer Variablen ist. Dann ist

$$dz = F_x'\, dx + F_y'\, dy$$

$$= g'(f(x, y))f_x'\, dx + g'(f(x, y))f_y'\, dy$$

$$= g'(f(x, y))(f_x'\, dx + f_y'\, dy)$$

$$= g'(f(x, y))\, df$$

weil $F_x' = g'f_x'$, $F_y' = g'f_y'$ und $df = f_x'\, dx + f_y'\, dy$. Kurz formuliert, gilt:

Die Kettenregel für Differentiale

$$z = g(f(x, y)) \implies dz = g'(f(x, y))\, df \qquad (12.9.7)$$

Beispiel 12.9.3

Bestimmen Sie einen Ausdruck für dz in Abhängigkeit von dx und dy für die folgenden Funktionen:

(a) $z = Ax^a + By^b$ (b) $z = e^{xu}$ mit $u = u(x, y)$ (c) $z = \ln(x^2 + y)$

Lösung:

(a) $dz = A\, d(x^a) + B\, d(y^b) = Aax^{a-1}\, dx + Bby^{b-1}\, dy$

(b) Mit direkter Argumentation, bei der wir durchweg eine verkürzte Notation verwenden, indem wir (x, y) weglassen, erhalten wir:

$$dz = e^{xu}\, d(xu) = e^{xu}(x\, du + u\, dx) = e^{xu}\{x[u_1'\, dx + u_2'\, dy] + u\, dx\}$$

$$= e^{xu}\{[xu_1' + u]\, dx + xu_2'\, dy\}$$

(c) $dz = d\ln(x^2 + y) = \dfrac{d(x^2 + y)}{x^2 + y} = \dfrac{2x\, dx + dy}{x^2 + y}$

Invarianz des Differentials

Nehmen Sie an, dass $z = f(x, y)$, $x = g(t, s)$ und $y = h(t, s)$ alles differenzierbare Funktionen sind. Daher ist z eine verkettete Funktion von t und s. Nehmen Sie an, dass t und s um dt bzw. ds geändert werden. Das Differential von z ist dann

$$dz = z_t'\, dt + z_s'\, ds$$

Indem man die Ausdrücke für z_t' und z_s' verwendet, die man aus der Kettenregel (12.2.1) erhält, ergibt sich

$$dz = [f_1'(x, y)x_t' + f_2'(x, y)y_t']\, dt + [f_1'(x, y)x_s' + f_2'(x, y)y_s']\, ds$$

$$= f_1'(x, y)(x_t'\, dt + x_s'\, ds) + f_2'(x, y)(y_t'\, dt + y_s'\, ds)$$

$$= f_1'(x, y)\, dx + f_2'(x, y)\, dy$$

wobei dx und dy die Differentiale von $x = f(t, s)$ bzw. $y = g(t, s)$ als Funktionen von t und s bezeichnen.

Beachten Sie insbesondere, dass der endgültige Ausdruck für dz genau die Definition des Differentials von $z = f(x, y)$ ist, wenn x und y um dx bzw. dy geändert werden. Damit *hat das Differential von z dieselbe Form, egal ob x und y freie Variablen sind oder ob sie von anderen Variablen t und s abhängen.* Diese Eigenschaft wird die **Invarianz** des Differentials genannt.

Das Differential einer Funktion von n Variablen

Das Differential einer Funktion $z = f(x_1, x_2, \ldots, x_n)$ von n Variablen wird in naheliegender Weise definiert als

$$dz = df = f_1' \, dx_1 + f_2' \, dx_2 + \cdots + f_n' \, dx_n \qquad (12.9.8)$$

Wenn die Absolutbeträge von $dx_1, \ldots, dx_n$ alle klein sind, dann gilt wieder $\Delta z \approx dz$, wobei Δz der tatsächliche Zuwachs von z ist, wenn $(x_1, \ldots, x_n)$ geändert wird in $(x_1 + dx_1, \ldots, x_n + dx_n)$.

Die Regeln für Differentiale in den Gleichungen (12.9.4) bis (12.9.6) und die Kettenregel (12.9.7) sind gültig für Funktionen von n Variablen. Es gibt auch eine allgemeine Regel für die Invarianz des Differentials: *Das Differential von $z = F(x_1, \ldots, x_n)$ hat dieselbe Form, egal ob $x_1, \ldots, x_n$ freie Variablen sind oder ob sie von anderen Basisvariablen abhängen.* Die Beweise sind einfache Erweiterungen der entsprechenden Beweise für zwei Variablen.

Aufgaben für Kapitel 12.9

1. Bestimmen Sie das Differential von $z = xy^2 + x^3$, indem Sie

   (a) $\partial z/\partial x$ und $\partial z/\partial y$ berechnen und anschließend die Definition von dz verwenden.

   (b) die Regeln in den Gleichungen (12.9.4) bis (12.9.6) verwenden.

2. Berechnen Sie die Differentiale der folgenden Funktionen:

   (a) $z = x^3 + y^3$ (b) $z = xe^{y^2}$ (c) $z = \ln(x^2 - y^2)$

3. Bestimmen Sie dz, in Termen von dx und dy ausgedrückt, wenn $u = u(x, y)$ und

   (a) $z = x^2 u$ (b) $z = u^2$ (c) $z = \ln(xy + yu)$

4. Bestimmen Sie einen Näherungswert für $T = [(2.01)^2 + (2.99)^2 + (6.02)^2]^{1/2}$, indem Sie die Approximation $\Delta T \approx dT$ verwenden.

5. Bestimmen Sie dU, in Termen von dx und dy ausgedrückt, wenn $U = U(x, y)$ die Gleichung $Ue^U = x\sqrt{y}$ erfüllt.

6. Differenzieren Sie die Gleichung $X = AN^\beta e^{\varrho t}$, wobei A, β und ϱ Konstanten sind.

7. Differenzieren Sie die Gleichung $X_1 = BX^E N^{1-E}$, wobei B und E Konstanten sind.

8. Berechnen Sie die Differentiale der folgenden Funktionen, wobei $a_1, \ldots, a_n$, A, $\delta_1, \ldots, \delta_n$ und ϱ positive Konstanten sind.

   (a) $U = a_1 u_1^2 + \cdots + a_n u_n^2$ (b) $U = A(\delta_1 u_1^{-\varrho} + \cdots + \delta_n u_n^{-\varrho})^{-1/\varrho}$

9. Bestimmen Sie dz, wenn $z = Ax_1^{a_1} x_2^{a_2} \ldots x_n^{a_n}$, wobei $x_1 > 0, x_2 > 0, \ldots, x_n > 0$ und $A, a_1, a_2, \ldots, a_n$ alles Konstanten sind und A positiv ist. (*Hinweis:* Bilden Sie zunächst auf jeder Seite den natürlichen Logarithmus.)

➡ Fortsetzung

Anspruchsvollere Aufgabe

10. Das in (12.9.1) definierte Differential dz wird das *Differential erster Ordnung* genannt. Wenn f stetige partielle Ableitungen zweiter Ordnung hat, definieren wir das *Differential zweiter Ordnung* d^2z als das Differential von $dz = f_1'(x, y)dx + f_2'(x, y)dy$. Dies impliziert, dass

$$d^2z = d(dz) = f_{11}''(x, y)(dx)^2 + 2f_{12}''(x, y)\, dx\, dy + f_{22}''(x, y)(dy)^2$$

(a) Berechnen Sie d^2z für $z = xy + y^2$.

(b) Nehmen Sie an, dass $x = t$ und $y = t^2$ ist. Drücken Sie dz und d^2z in Termen von dt für die Funktion in Teil (a) aus. Bestimmen Sie auch d^2z/dt^2 und zeigen Sie dann, dass $d^2z \neq (d^2z/dt^2)(dt)^2$. Dieses Resultat zeigt, dass es keine Invarianzregel für Differentiale zweiter Ordnung gibt.

▶ Lösungen zu den Aufgaben finden Sie im Anhang des Buches.

12.10   Gleichungssysteme

Viele ökonomische Modelle setzen eine große Zahl an Variablen durch ein System von simultanen Gleichungen zueinander in Beziehung. Um den Überblick über die Struktur des Modells zu behalten, ist das Konzept der *Freiheitsgrade* sehr nützlich.

$x_1, x_2, \ldots, x_n$ seien n Variablen. Wenn sie keinen Restriktionen ausgesetzt sind, dann gibt es per Definition n *Freiheitsgrade*, da alle n Variablen frei gewählt werden können. Wenn die Variablen *eine* Gleichung der Form $f_1(x_1, x_2, \ldots, x_n) = 0$ erfüllen müssen, dann wird die Anzahl der Freiheitsgrade gewöhnlich um 1 reduziert. Für jede weitere „unabhängige" Restriktion wird die Anzahl der Freiheitsgrade wieder um 1 reduziert. Im Allgemeinen bedeutet die Einführung von $m < n$ unabhängigen Restriktionen an die Variablen $x_1, x_2, \ldots, x_n$, dass sie ein System von m unabhängigen Gleichungen erfüllen, die die folgende Form haben:

$$f_1(x_1, x_2, \ldots, x_n) = 0$$
$$f_2(x_1, x_2, \ldots, x_n) = 0$$
$$\cdots\cdots\cdots\cdots\cdots\cdots$$
$$f_m(x_1, x_2, \ldots, x_n) = 0$$

(12.10.1)

Unter der Voraussetzung $m < n$ ist die Anzahl der verbleibenden Freiheitsgrade $n - m$. Die Regel, die aus diesen Betrachtungen erwächst, ist ziemlich vage, besonders deshalb, weil es schwierig ist, präzise zu erklären, was es für Gleichungen bedeutet, „unabhängig" zu sein. Trotzdem wird die folgende Regel in den Wirtschaftswissenschaften und in der Statistik oft benutzt:

Die Abzählregel

Um die Anzahl der Freiheitsgrade für ein System von Gleichungen zu bestimmen, zähle man die Anzahl der Variablen n und die Anzahl der „unabhängigen" Gleichungen m. Im Allgemeinen ist dann, wenn $n > m$, die Anzahl der Freiheitsgrade in dem System gleich $n - m$. Wenn $n < m$ ist, gibt es keine Lösung für das System.

(12.10.2)

Diese Regel, die die Variablen und Gleichungen zählt, wird verwendet, um die folgende ökonomische Aussage zu rechtfertigen: „Die Anzahl der unabhängigen Ziele, die eine Regierung verfolgen kann, darf nicht größer sein als die Anzahl der verfügbaren politischen Maßnahmen." Wenn z. B. die Regierung eines Landes eine niedrige Inflation, eine niedrige Arbeitslosigkeit sowie einen stabilen Wechselkurs ihrer Währung gegen den U.S.-Dollar anstrebt, dann braucht sie wenigstens drei unabhängige politische Maßnahmen.

Es sollte angemerkt werden, dass die Abzählregel nicht allgemein gültig ist. Wenn z. B. 100 Variablen $x_1, \ldots, x_{100}$ eine Gleichung erfüllen sollen, besagt die Regel, dass die Anzahl der Freiheitsgrade 99 sein sollte. Wenn sie aber z. B. die Gleichung

$$x_1^2 + x_2^2 + \cdots + x_{100}^2 = 0$$

erfüllen sollen, dann gibt es nur eine Lösung, nämlich $x_1 = x_2 = \cdots = x_{100} = 0$ und deshalb gibt es überhaupt keine Freiheitsgrade. Für die Gleichung $x_1^2 + x_2^2 + \cdots + x_{100}^2 = -1$ geht sogar diese eine Lösung verloren.

Es ist offensichtlich, dass das Wort „unabhängig" in der Aussage der Abzählregel nicht weggelassen werden darf. Wenn wir z. B. nur eine Gleichung wiederholen, die gerade zuvor aufgestellt wurde, wird die Anzahl der Freiheitsgrade dadurch bestimmt nicht reduziert.

Das bisher aufgestellte Konzept der Freiheitsgrade muss weiter verallgemeinert werden.

Freiheitsgrade für ein Gleichungssystem

Ein System von Gleichungen mit n Variablen hat k **Freiheitsgrade**, wenn es eine Menge von k Variablen gibt, die frei gewählt werden können, während die restlichen $n - k$ Variablen eindeutig bestimmt sind, sobald den k freien Variablen spezielle Werte zugeordnet wurden.

(12.10.3)

Damit ein System k Freiheitsgrade hat, reicht es, dass k von den Variablen *existieren*, die frei wählbar sind. Wir verlangen nicht, dass *jede* Menge von k Variablen frei gewählt werden kann. Wenn die Variation der n Variablen auf eine Teilmenge A des $\mathbb{R}^n$ eingeschränkt ist, sagen wir, dass das System k *Freiheitsgrade in A* hat.

Die Abzählregel behauptet: Wenn die Anzahl der Gleichungen größer als die Anzahl der Variablen ist, dann ist das System im Allgemeinen **inkonsistent** – d. h. es hat keine Lösungen. So ist z. B. das System

$$f(x, y) = 0, \qquad g(x, y) = 0, \qquad h(x, y) = 0$$

mit zwei Variablen und drei Gleichungen gewöhnlich inkonsistent. Jede der Gleichungen stellt eine Kurve in der Ebene dar und jedes Paar von Kurven wird gewöhnlich wenigstens einen gemeinsamen Punkt haben. Wenn wir aber eine dritte Gleichung hinzufügen, wird die zugehörige Kurve nur selten durch einen Schnittpunkt der zwei ersten Kurven verlaufen, so dass das System gewöhnlich inkonsistent ist.

Bisher haben wir die zwei Fälle $m < n$ und $m > n$ betrachtet. Was passiert im Fall $m = n$, in dem die Anzahl der Gleichungen gleich der Anzahl der Unbekannten ist? Selbst in dem einfachsten Fall einer Gleichung in einer Variablen $f(x) = 0$, kann solch eine Gleichung jede beliebige Anzahl von Lösungen haben. Betrachten Sie z. B. die folgenden drei einzelnen Gleichungen in einer Variablen:

$$x^2 + 1 = 0, \qquad x - 1 = 0, \qquad (x - 1)(x - 2)(x - 3)(x - 4)(x - 5) = 0$$

Diese haben 0 bzw. 1 bzw. 5 Lösungen. Diejenigen von Ihnen, die mit trigonometrischen Funktionen vertraut sind, werden wissen, dass die einfache Gleichung $\sin x = 0$ unendlich viele Lösungen hat, nämlich $x = n\pi$ für jede ganze Zahl n.

Im Allgemeinen ist ein System mit genau so vielen Gleichungen wie Unbekannten gewöhnlich **konsistent** (d. h. besitzt Lösungen), aber es kann mehrere Lösungen haben. Ökonomen bevorzugen es jedoch idealerweise, dass ihre Modelle aus einem System von Gleichungen bestehen, die eine eindeutige ökonomisch bedeutungsvolle Lösung liefern, weil dann das Modell vorgibt, den Wert bestimmter ökonomischer Variablen vorauszuberechnen. Auf der Basis der vorausgehenden Diskussion können wir zumindest die folgende grobe Regel formulieren: *Ein System von Gleichungen hat im Allgemeinen keine eindeutige Lösung, es sei denn es gibt genauso viele Gleichungen wie Unbekannte.*

Beispiel 12.10.1

Betrachten Sie das makroökonomische Modell, dass durch das folgende System von Gleichungen beschrieben wird

(i) $Y = C + I + G$ \qquad (ii) $C = f(Y - T)$ \qquad (iii) $I = h(r)$ \qquad (iv) $r = m(M)$

Dabei sind f, h und m gegebene Funktionen, Y ist das BIP, C ist der Konsum, I ist die Investition, G sind die Staatsausgaben, T sind die Steuereinnahmen, r ist die Zinsrate und M ist die Menge des Geldes im Umlauf. Wie viele Freiheitsgrade gibt es hier?

Lösung: Die Anzahl der Variablen ist 7 und die Anzahl der Gleichungen ist 4, so dass es nach der Abzählregel $7 - 4 = 3$ Freiheitsgrade geben sollte. Gewöhnlich betrachten Makroökonomen M, T und G als die exogenen (freien) Variablen. Dann wird das System im Allgemeinen die endogenen Variablen Y, C, I und r als Funktionen von M, T und G bestimmen.[11]

---

[11] Für eine weitere Analyse dieses Modells siehe Beispiel 12.11.3. Für eine Diskussion von exogenen und endogenen Variablen siehe Kapitel 12.11.

Beispiel 12.10.2

Betrachten Sie das alternative makroökonomische Modell

(i) $Y = C + I + G$ (ii) $C = f(Y - T)$ (iii) $G = \overline{G}$

Die Variablen haben dieselben Interpretationen wie in dem vorigen Beispiel. Hier ist die Höhe der Staatsausgaben eine Konstante $\overline{G}$. Bestimmen Sie die Anzahl der Freiheitsgrade in dem Modell.

Lösung: Es gibt jetzt drei Gleichungen in den fünf Variablen Y, C, I, G und T. Daher gibt es zwei Freiheitsgrade. Für geeignete Funktionen f können zwei der Variablen frei gewählt werden, während die übrigen Variablen bestimmt sind, sobald die Werte dieser zwei festgelegt sind. Es ist üblich, I und T als die zwei freien Variablen zu betrachten. Beachten Sie, dass G nicht als freie Variable gewählt werden kann, da G vollständig festgelegt ist durch Gleichung (iii).

Aufgaben für Kapitel 12.10

1. Verwenden Sie die Abzählregel, um die Anzahl der Freiheitsgrade für die folgenden Gleichungssysteme zu bestimmen:[12]

    (a) $\begin{aligned} xu^3 + v &= y^2 \\ 3uv - x &= 4 \end{aligned}$

    (b) $\begin{aligned} x_2^2 - x_3^3 + 2y_1 - y_2^3 &= 1 \\ x_1^3 - x_2 + y_1^5 - y_2 &= 0 \end{aligned}$

    (c) $\begin{aligned} f(y + z + w) &= x^3 \\ x^2 + y^2 + z^2 &= w^2 \\ g(x, y) - z^3 &= w^3 \end{aligned}$

2. Verwenden Sie die Abzählregel, um die Anzahl der Freiheitsgrade in dem folgenden makroökonomischen Modell zu bestimmen, wobei die Symbole dieselbe Interpretation wie in Beispiel 12.10.1 haben und wo F und f gegebene Funktionen sind.

    (i) $Y = C + I + G$ (ii) $C = F(Y, T, r)$ (iii) $I = f(Y, r)$

3. Bestimmen Sie für jedes der folgenden drei Gleichungssysteme die Anzahl der Freiheitsgrade und wenn es welche gibt, diskutieren Sie, ob die Abzählregel anwendbar ist:

    (a) $\begin{aligned} 3x - y &= 2 \\ 6x - 2y &= 4 \\ 9x - 3y &= 6 \end{aligned}$

    (b) $\begin{aligned} x - 2y &= 3 \\ x - 2y &= 4 \end{aligned}$

    (c) $\begin{aligned} x - 2y &= 3 \\ 2x - 4y &= 6 \end{aligned}$

4. Für jedes der folgenden zwei „Systeme", die aus nur einer Gleichung bestehen, bestimmen Sie die Anzahl der Freiheitsgrade und wenn es welche gibt, diskutieren Sie, ob die Abzählregel anwendbar ist:

    (a) $x_1^2 + x_2^2 + \cdots + x_{100}^2 = 1$ (b) $x_1^2 + x_2^2 + \cdots + x_{100}^2 = -1$

▶ Lösungen zu den Aufgaben finden Sie im Anhang des Buches.

12.11   Differenzieren von Gleichungssystemen

Dieser Abschnitt zeigt, wie die Verwendung von Differentialen ein effizienter Weg sein kann, die partiellen Ableitungen von Funktionen zu bestimmen, die implizit durch ein Gleichungssystem definiert sind. Wir beginnen mit drei Beispielen.

Beispiel 12.11.1

Betrachten Sie das folgende System von zwei linearen Gleichungen in vier Variablen:

$$5u + 5v = 2x - 3y$$
$$2u + 4v = 3x - 2y$$

Es hat zwei Freiheitsgrade. In der Tat definiert es u und v als Funktionen von x und y. Differenzieren Sie das System und bestimmen Sie dann die Differentiale du und dv ausgedrückt in Termen von dx und dy. Bestimmen Sie die partiellen Ableitungen von u und v nach x und y. Überprüfen Sie die Resultate, indem Sie das System explizit nach u und v auflösen.

Lösung: Bilden Sie in beiden Gleichungen das Differential auf jeder Seite und nutzen Sie dabei die Regeln aus Kap. 12.9. Das Resultat ist:

$$5\,du + 5\,dv = 2\,dx - 3\,dy$$
$$2\,du + 4\,dv = 3\,dx - 2\,dy$$

Beachten Sie, dass in einem System wie diesem, ohne konstante Terme, die Differentiale dieselben Gleichungen wie die Variablen erfüllen.

Simultanes Auflösen nach du und dv in Abhängigkeit von dx und dy ergibt

$$du = -\frac{7}{10}dx - \frac{1}{5}dy, \qquad dv = \frac{11}{10}dx - \frac{2}{5}dy$$

Jetzt können wir die partiellen Ableitungen ablesen: $u'_x = -\frac{7}{10}$, $u'_y = -\frac{1}{5}$, $v'_x = \frac{11}{10}$ und $v'_y = -\frac{2}{5}$.

Nehmen Sie an, dass wir anstelle der Bildung des Differentials das gegebene Gleichungssystem direkt nach u und v als Funktionen von x und y auflösen. Das Resultat ist $u = -\frac{7}{10}x - \frac{1}{5}y$ und $v = \frac{11}{10}x - \frac{2}{5}y$. Von diesen Ausdrücken ausgehend bestätigen wir leicht die gefundenen Werte für die partiellen Ableitungen. ▬▬

Beispiel 12.11.2

Betrachten Sie das System von zwei nichtlinearen Gleichungen:

$$u^2 + v = xy; \quad uv = -x^2 + y^2$$

(a)   Was sagt die Abzählregel über dieses System aus?

---

[12] Nehmen Sie in (c) an, dass f und g gegebene Funktionen sind.

(b) Bestimmen Sie die Differentiale von u und v, ausgedrückt in Abhängigkeit von dx und dy. Welches sind die partiellen Ableitungen von u und v nach x und y?

(c) Der Punkt $P = (x, y, u, v) = (1, 0, 1, -1)$ erfüllt das Gleichungssystem. Welches ist ungefähr der neue Wert von u, wenn $x = 1$ um 0.01 und $y = 0$ um 0.02 erhöht wird?

(d) Berechnen Sie u''_{12} in dem Punkt P.

Lösung: (a) Es gibt vier Variablen und zwei Gleichungen, so dass es zwei Freiheitsgrade geben sollte. Nehmen Sie an, dass wir feste Werte für x und y wählen. Dann gibt es zwei Gleichungen für die Bestimmung der verbleibenden Variablen, u und v. Wenn z. B. $x = 1$ und $y = 0$ ist, dann reduziert sich das Gleichungssystem auf $u^2 = -v$ und $uv = -1$, woraus folgt, dass $u^3 = 1$, also $u = 1$ und $v = -1$. Für andere Werte von x und y ist es schwieriger, Lösungen für u und v zu finden. Es erscheint jedoch vernünftig anzunehmen, dass das System $u = u(x, y)$ und $v = v(x, y)$ als differenzierbare Funktionen von x und y definiert, zumindest dann, wenn der Bereich der Paare (x, y) geeignet eingeschränkt wird.

(b) Die linken und rechten Seiten jeder Gleichung in dem System müssen die gleichen Funktionen von x und y sein. So können wir die Differentiale jeder Seite gleichsetzen und erhalten

$$2u\,du + \;dv = \quad y\,dx + \;x\,dy$$
$$v\,du + u\,dv = -2x\,dx + 2y\,dy$$

Beachten Sie, dass nach der Invarianzeigenschaft des Differentials, aus Kap. 12.9, dieses System gültig ist, egal welches Paar von Variablen das unabhängige ist.

Wir wollen das System auflösen nach du und dv. Es gibt zwei Gleichungen in den zwei Unbekannten du und dv in der Form

$$A\,du + B\,dv = C$$
$$D\,du + E\,dv = F$$

wo z. B. $A = 2u$, $C = y\,dx + x\,dy$ usw. Wenn wir Gleichung (3.6.3) oder Standardelimination verwenden, vorausgesetzt, dass $v \neq 2u^2$, erhalten wir

$$du = \frac{2x + yu}{2u^2 - v}\,dx + \frac{xu - 2y}{2u^2 - v}\,dy, \qquad dv = \frac{-4xu - yv}{2u^2 - v}\,dx + \frac{4uy - xv}{2u^2 - v}\,dy$$

Aus der ersten dieser beiden Gleichungen folgt sofort, dass

$$u'_1 = \frac{2x + yu}{2u^2 - v} \quad \text{und} \quad u'_2 = \frac{xu - 2y}{2u^2 - v}$$

Analog sind die partiellen Ableitungen von v nach x und y die Koeffizienten von dx und dy in den Ausdrücken für dv. So haben wir alle partiellen Ableitungen erster Ordnung gefunden.

(c) Wir verwenden die Approximation $u(x + dx, y + dy) \approx u(x, y) + du$. Im Punkt P, wo $(x, y, u, v) = (1, 0, 1, -1)$ und somit $u'_1 = \dfrac{2}{3}$, $u'_2 = \dfrac{1}{3}$, erhalten wir

$$u(1 + 0.01, 0 + 0.02) \approx u(1, 0) + u'_1(1, 0) \cdot 0.01 + u'_2(1, 0) \cdot 0.02$$
$$= 1 + \tfrac{2}{3} \cdot 0.01 + \tfrac{1}{3} \cdot 0.02$$
$$\approx 1 + \tfrac{4}{3} \cdot 0.01$$
$$= 1.0133$$

Beachten Sie, dass es in diesem Fall nicht einfach ist, den exakten Wert von $u(1.01, 0.02)$ zu bestimmen.

(d) Wir bestimmen u''_{12} mit Hilfe der Kettenregel wie folgt:

$$u''_{12} = \frac{\partial}{\partial y}(u'_1) = \frac{\partial}{\partial y}\left(\frac{2x + yu}{2u^2 - v}\right) = \frac{(yu'_2 + u)(2u^2 - v) - (2x + yu)(4uu'_2 - v'_2)}{(2u^2 - v)^2}$$

Im Punkt P, wo $(x, y, u, v) = (1, 0, 1, -1)$, erhalten wir $u''_{12} = 1/9$.
    ▬▬▬

Beispiel 12.11.3

Betrachten Sie wieder das makroökonomische Modell aus Beispiel 12.10.1. Wenn wir annehmen, dass f, h und m differenzierbare Funktionen mit $0 < f' < 1$, $h' < 0$ und $m' < 0$ sind, dann werden diese Gleichungen Y, C, I und r als differenzierbare Funktionen von M, T und G bestimmen.

(a) Differenzieren Sie das System und drücken Sie die Differentiale von Y, C, I und r in Abhängigkeit der Differentiale von M, T und G aus. Bestimmen Sie $\partial Y/\partial T$ und $\partial C/\partial T$, und kommentieren Sie ihre Vorzeichen.

(b) Nehmen Sie ferner an, dass $P_0 = (M_0, T_0, G_0, Y_0, C_0, I_0, r_0)$ ein anfänglicher Gleichgewichtspunkt für das System ist. Bestimmen Sie die approximativen Änderungen im Volkseinkommen Y und im Konsum C, wenn das Geldangebot M, die Steuereinnahmen T und die Staatsausgaben G alle geringfügig als Resultat einer Regierungsmaßnahme oder einer Zentralbankintervention geändert werden.

Lösung: Das Bilden der Differentiale der Gleichungen (i)–(iv) in Beispiel (12.10.1) ergibt:

$$dY = dC + dI + dG \tag{v}$$
$$dC = f'(Y - T)(dY - dT) \tag{vi}$$

$$dI = h'(r)\,dr \tag{vii}$$

$$dr = m'(M)\,dM \tag{viii}$$

Wir wollen dieses lineare System nach den differentiellen Änderungen dY, dC, dI und dr in den endogenen Variablen Y, C, I und r auflösen, indem wir diese Differentiale in Termen der Differentiale der exogenen politischen Variablen dM, dT und dG ausdrücken. Aus den zwei letzten Gleichungen in (vii) und (viii) können wir sofort dI und dr bestimmen: $dr = m'(M)\,dM$ und $dI = h'(r)m'(M)\,dM$. Indem wir den Ausdruck für dI in (v) einsetzen und gleichzeitig auch (vi) umordnen, erhalten wir das System:

$$dY - dC = h'(r)m'(M)\,dM + dG; \quad f'(Y - T)\,dY - dC = f'(Y - T)\,dT$$

Dies sind zwei Gleichungen zur Bestimmung der zwei Unbekannten dY und dC. Auflösen nach dY und dC, unter Verwendung einer vereinfachten Notation, ergibt

$$dY = \frac{h'm'}{1 - f'}\,dM - \frac{f'}{1 - f'}\,dT + \frac{1}{1 - f'}\,dG \tag{ix}$$

$$dC = \frac{f'h'm'}{1 - f'}\,dM - \frac{f'}{1 - f'}\,dT + \frac{f'}{1 - f'}\,dG \tag{x}$$

Dadurch werden die Differentiale dY und dC als lineare Funktionen der Differentiale dM, dT und dG ausgedrückt. Ferner: Die Lösung ist gültig, weil $f' < 1$ ist nach Voraussetzung.

Aus den vier Gleichungen (vii)-(x) können wir leicht die partiellen Ableitungen von Y, C, I und r nach M, T und G bestimmen. So ist z. B. $\partial Y/\partial T = \partial C/\partial T = -f'/(1-f')$ und $\partial r/\partial T = 0$. Beachten Sie, dass wegen $0 < f' < 1$ gilt, dass $\partial Y/\partial T = -f'/(1 - f') < 0$. Somit verringert ein kleiner Anstieg der Steuer, bei konstantem M und G, das BIP, jedoch nicht, wenn die zusätzlichen Steuereinnahmen alle durch die Regierung ausgegeben werden. Denn wenn $dT = dG = dx$ (und $dM = 0$) ist, dann ist $dY = dx$ und $dC = dI = dr = 0$.

Falls dM, dT und dG im Absolutbetrag klein sind, dann ist

$$\Delta Y = Y(M_0 + dM, T_0 + dT, G_0 + dG) - Y(M_0, T_0, G_0) \approx dY$$

Bei der Berechnung von dY sind die partiellen Ableitungen im Gleichgewichtspunkt P_0 zu berechnen.

Einige Lehrbücher empfehlen, dass Studierende makroökonomische Modelle wie das in dem vorangehenden Beispiel als eine Matrizengleichung ausdrücken sollen und dann entweder die Cramer'sche Regel oder Matrizeninversion verwenden, um die Lösung zu finden. Elimination ist wesentlich einfacher und reduziert drastisch das Risiko, Fehler zu machen.

Beispiel 12.11.4

Nehmen Sie an, dass die beiden Gleichungen

$$(z + 2w)^5 + xy^2 = 2z - yw$$

$$(1 + z^2)^3 - z^2w = 8x + y^5w^2$$

z und w als differenzierbare Funktionen $z = \varphi(x, y)$ und $w = \psi(x, y)$ von x und y in einer Umgebung um $(x, y, z, w) = (1, 1, 1, 0)$ herum definieren.

(a) Berechnen Sie $\partial z/\partial x$, $\partial z/\partial y$, $\partial w/\partial x$ und $\partial w/\partial y$ in $(1, 1, 1, 0)$.

(b) Verwenden Sie die Resultate aus (a), um einen approximativen Wert von $\varphi(1 + 0.1, 1 + 0.2)$ zu bestimmen.

Lösung:

(a) Indem wir die Differentiale der beiden Seiten in jeder der zwei Gleichungen, betrachtet als Funktionen von (x, y), gleichsetzen, erhalten wir

$$5(z + 2w)^4(dz + 2\,dw) + y^2\,dx + 2xy\,dy = 2\,dz - w\,dy - y\,dw$$

$$3(1 + z^2)^2 2z\,dz - 2zw\,dz - z^2\,dw = 8\,dx + 5y^4w^2\,dy + 2y^5w\,dw$$

In dem gegebenen Punkt $(x, y, z, w) = (1, 1, 1, 0)$ reduziert sich dieses System zu

$$3\,dz + 11\,dw = -dx - 2\,dy, \qquad 24\,dz - dw = 8\,dx$$

Indem wir diese zwei Gleichungen simultan nach dz und dw in Abhängigkeit von dx und dy auflösen, erhalten wir

$$dz = \tfrac{29}{89}\,dx - \tfrac{2}{267}\,dy, \qquad dw = -\tfrac{16}{89}\,dx - \tfrac{16}{89}\,dy$$

Damit gilt $\partial z/\partial x = 29/89$, $\partial z/\partial y = -2/267$, $\partial w/\partial x = -16/89$, $\partial w/\partial y = -16/89$.

(b) Wenn $x = 1$ um $dx = 0.1$ und $y = 1$ um $dy = 0.2$ erhöht wird, ist die zugehörige Änderung in $z = \varphi(x, y)$ ungefähr $dz = (29/89) \cdot 0.1 - (2/267) \cdot 0.2 \approx 0.03$. Daher gilt $\varphi(1 + 0.1, 1 + 0.2) \approx \varphi(1, 1) + dz \approx 1 + 0.03 = 1.03$.

Der allgemeine Fall

Wenn Ökonomen mit Gleichungssystemen arbeiten, besonders in komparativ statischen Analysen, sind die Variablen gewöhnlich a priori in zwei Typen aufgeteilt: **endogene** Variablen, die das Modell bestimmen sollen, und **exogene** Variablen, von denen angenommen wird, dass sie durch „Umstände" außerhalb des ökonomischen Modells, wie politische Maßnahmen der Regierung, Verbauchergewohnheiten oder technischen Fortschritt bestimmt sind. Diese Klassifizierung hängt von dem betrachteten Modell ab. Staatsausgaben z. B. werden oft als exogen in der Finanzwissenschaft betrachtet, die versucht zu verstehen, wie Steueränderungen die Wirtschaft beeinflussen. Sie sind jedoch oft endogen in einem Modell der „Volkswirtschaftspolitik", die zu erkären versucht, wie politische Variablen wie Staatsausgaben durch das politische System entstehen.

Ökonomische Modelle führen oft zu einem allgemeinen System von **strukturellen Gleichungen**, die die folgende Form haben:

$$f_1(x_1, x_2, \ldots, x_n, y_1, y_2, \ldots, y_m) = 0$$
$$f_2(x_1, x_2, \ldots, x_n, y_1, y_2, \ldots, y_m) = 0$$
$$\cdots\cdots\cdots\cdots\cdots\cdots\cdots\cdots\cdots\cdots$$
$$f_m(x_1, x_2, \ldots, x_n, y_1, y_2, \ldots, y_m) = 0$$

$$(12.11.1)$$

Hier wird angenommen, dass $x_1, \ldots, x_n$ die exogenen Variablen sind, während $y_1, \ldots, y_m$ die endogenen Variablen sind. Ein „Anfangsgleichgewicht" oder eine Lösung des „Status quo" $(\mathbf{x}^0, \mathbf{y}^0) = (x_1^0, \ldots, x_n^0, y_1^0, \ldots, y_m^0)$ ist oft bekannt oder es wird angenommen, dass es existiert. Dieses Gleichgewicht könnte z. B. einen Zustand repräsentieren, in dem Gleichheit zwischen dem gegenwärtigen Angebot und der Nachfrage für jedes Gut besteht.

Beachten Sie: Wenn die Abzählregel anwendbar ist, dann hat das System (12.11.1) mit m Gleichungen in $n + m$ Unbekannten $n + m - m = n$ Freiheitsgrade. Nehmen Sie an, dass es alle endogenen Variablen $y_1, \ldots, y_m$ als C^1-Funktionen von $x_1, \ldots, x_n$ in einer Umgebung von $(\mathbf{x}^0, \mathbf{y}^0)$ definiert. Dann kann das System „im Prinzip" nach $y_1, \ldots, y_m$ in Abhängigkeit von $x_1, \ldots, x_n$ aufgelöst werden, so dass

$$y_1 = \varphi_1(x_1, \ldots, x_n), \ldots, y_m = \varphi_m(x_1, \ldots, x_n) \qquad (12.11.2)$$

In diesem Fall sagt man, dass (12.11.2) die **reduzierte Form** des strukturellen Gleichungssystems (12.11.1) ist. Die endogenen Variablen wurden alle als Funktionen der exogenen Variablen ausgedrückt. Die Form der Funktionen $\varphi_1, \varphi_2, \ldots, \varphi_m$ ist nicht notwendigerweise bekannt.

Die vorangehenden Beispiele haben gezeigt, wie wir häufig einen expliziten Ausdruck für die partiellen Ableitungen jeder endogenen Variablen bezüglich jeder exogenen Variablen finden können. Ähnliche Argumente können im allgemeinen Fall verwendet werden, eine ausführliche Diskussion folgt in FMEA.

Aufgaben für Kapitel 12.11

1. Nehmen Sie an, dass a, b, c, d, e, f, g und h Konstanten sind mit $af \neq be$. Differenzieren Sie das System

$$au + bv = cx + dy$$
$$eu + fv = gx + hy$$

Bestimmen Sie dann die partiellen Ableitungen von u und v nach x und y.

2. Betrachten Sie das System, das durch $xu^3 + v = y^2$ und $3uv - x = 4$ definiert ist.
   (a) Differenzieren Sie es und lösen Sie nach du und dv in Termen von dx und dy auf.
   (b) Bestimmen Sie u'_x und v'_x, indem Sie die Resultate aus Teil (a) verwenden.
   (c) Der Punkt $(x, y, u, v) = (0, 1, 4/3, 1)$ erfüllt das System. Bestimmen Sie u'_x und v'_x in diesem Punkt.

3. Nehmen Sie an, dass y_1 und y_2 implizit als differenzierbare Funktionen von x_1 und x_2 durch

$$f_1(x_1, x_2, y_1, y_2) = 3x_1 + x_2^2 - y_1 - 3y_2^3 = 0$$
$$f_2(x_1, x_2, y_1, y_2) = x_1^3 - 2x_2 + 2y_1^3 - y_2 = 0$$

definiert sind. Bestimmen Sie $\partial y_1 / \partial x_1$ und $\partial y_2 / \partial x_1$.

4. Eine Version des „IS-LM" makroökonomischen Modells, das ursprünglich von J. R. Hicks entwickelt wurde, führt zu dem System von Gleichungen $I(r) = S(Y)$ und $aY + L(r) = M$, wobei a ein positiver Parameter, während I, S und L gegebene stetig differenzierbare Funktionen sind.[13] Nehmen Sie an, dass das System Y und r implizit als differenzierbare Funktionen von a und M definiert. Bestimmen Sie Ausdrücke für $\partial Y / \partial M$ und $\partial r / \partial M$.

5. Bestimmen Sie u''_{xx}, wenn u und v als Funktionen von x und y durch die Gleichungen $xy + uv = 1$ und $xu + yv = 0$ definiert sind.

6. Betrachten Sie das makroökonomische Modell
   (i) $Y = C + I + G$ (ii) $C = F(Y, T, r)$ (iii) $I = f(Y, r)$

   wobei F und f stetig differenzierbare Funktionen mit $F'_Y > 0$, $F'_T < 0$, $F'_r < 0$, $f'_Y > 0$, $f'_r < 0$ und $F'_Y + f'_Y < 1$ sind.
   (a) Differenzieren Sie das System und drücken Sie dY in Termen von dT, dG und dr aus.
   (b) Was geschieht mit Y, wenn T steigt oder wenn T und G gleich stark anwachsen?

7. Betrachten Sie das makroökonomischen Modell
   (i) $Y = C(Y, r) + I + \alpha$ (ii) $I = F(Y, r) + \beta$ (iii) $M = L(Y, r)$

   wobei Y das BIP, r die Zinsrate, I die Gesamtinvestition, α der öffentliche Konsum β die öffentliche Investition und M das Geldangebot ist. Und C, F und L sind gegebene differenzierbare Funktionen.

   (a) Bestimmen Sie die Anzahl der Freiheitsgrade in dem Modell.
   (b) Differenzieren Sie das System. Setzen Sie $d\beta = dM = 0$ und bestimmen Sie dY, dr und dI, ausgedrückt in Termen von $d\alpha$.

---

[13] Die erste „IS-Gleichung" enthält die Investitionsfunktion I und die Sparfunktion S. Die zweite „LM-Gleichung" enthält die Liquiditätspräferenz-Funktion L (die Nachfrage nach Geld) und das Geldangebot M. Die Variable Y bezeichnet das Volkseinkommen und r bezeichnet die Zinsrate.

➡

→ Fortsetzung

8. Ein makroökonomisches Standardmodell besteht aus dem System von Gleichungen

    (i) $M = \alpha P y + L(r)$ (ii) $S(y, r, g) = I(y, r)$

    Dabei sind M, α und P positive Konstanten, während L, S und I differenzierbare Funktionen sind.

    (a) Erklären Sie unter Verwendung der Abzählregel, warum es vernünftig ist, anzunehmen, dass das System im Allgemeinen y und r als differenzierbare Funktionen von g definiert.

    (b) Differenzieren Sie das System und bestimmen Sie Ausdrücke für dy/dg und dr/dg.

9. Die zwei Gleichungen $u^2 v - u = x^3 + 2y^3$ und $e^{ux} = vy$ definieren u und v als differenzierbare Funktionen von x und y um den Punkt $P = (x, y, u, v) = (0, 1, 2, 1)$.

    (a) Bestimmen Sie die Differentiale von u und v, ausgedrückt in Termen der Differentiale von x und y. Bestimmen Sie $\partial u/\partial y$ und $\partial v/\partial x$ in P.

    (b) Nehmen Sie an, dass x um 0.1 wächst und y um 0.2 fällt, ausgehend von ihren Werten in P. Bestimmen Sie die approximativen Änderungen in u und v.

Anspruchsvollere Aufgabe

10. Bei zwei Gütern führt die Verbrauchertheorie zu dem Gleichungssystem

    (i) $U_1'(x_1, x_2) = \lambda p_1$ (ii) $U_2'(x_1, x_2) = \lambda p_2$ (iii) $p_1 x_1 + p_2 x_2 = m$

    Dabei ist $U(x_1, x_2)$ eine gegebene Nutzenfunktion. Nehmen Sie an, dass das System x_1, x_2 und λ als differenzierbare Funktionen von p_1, p_2 und m definiert. Bestimmen Sie einen Ausdruck für $\partial x_1/\partial p_1$.

▶ Lösungen zu den Aufgaben finden Sie im Anhang des Buches.

Aufgaben zur Wiederholung für Kapitel 12

1. Bestimmen Sie in den folgenden Fällen dz/dt, indem Sie die Kettenregel verwenden. Überprüfen Sie dann die Antworten, indem Sie zuerst die Ausdrücke für x und y einsetzen und dann differenzieren.

    (a) $z = F(x, y) = 6x + y^3$, mit $x = 2t^2$ und $y = 3t^3$

    (b) $z = F(x, y) = x^p + y^p$, mit $x = at$ und $y = bt$

2. Es sei $z = G(u, v)$, $u = \varphi(t, s)$ und $v = \psi(s)$. Bestimmen Sie $\partial z/\partial t$ und $\partial z/\partial s$.

3. Bestimmen Sie $\partial w/\partial t$ und $\partial w/\partial s$, wenn $w = x^2 + y^3 + z^4$, $x = t + s$, $y = t - s$ und $z = st$.

4. Nehmen Sie an, dass die Produktion X von der Anzahl der Beschäftigten N gemäß der Formel $X = Ng(\varphi(N)/N)$ abhängt, wobei g und φ gegebene differenzierbare Funktionen sind. Bestimmen Sie dX/dN und d^2X/dN^2.

5. Nehmen Sie an, dass die Nachfrage eines Haushalts nach einem Gut eine Funktion $E(p, m) = Ap^{-a}m^b$ des Preises p und des Einkommens m ist, wobei A, a und b positive Konstanten sind.

   (a) Nehmen Sie an, dass p und m beides differenzierbare Funktionen der Zeit t sind. Dann ist die Nachfrage E eine Funktion von t allein. Bestimmen Sie $\dot{E}/E$ in Abhängigkeit von $\dot{p}/p$ und $\dot{m}/m$.

   (b) Setzen Sie $p = p_0(1.06)^t$, $m = m_0(1.08)^t$, wobei p_0 der Preis und m_0 das Einkommen zur Zeit $t = 0$ ist. Zeigen Sie, dass in diesem Fall gilt: $\dot{E}/E = \ln Q$, wobei $Q = (1.08)^b/(1.06)^a$.

6. Die Gleichung $x^3 \ln x + y^3 \ln y = 2z^3 \ln z$ definiert z als eine differenzierbare Funktion von x und y in einer Umgebung des Punktes $(x, y, z) = (e, e, e$. Berechnen Sie $z_1'(e, e)$ und $z_{11}''(e, e)$.

7. Bestimmen Sie die Substitutionselastizität zwischen y und x für $F(x, y) = x^2 - 10y^2$.

8. Bestimmen Sie die Grenzrate der Substitution (GRS) von y bzgl. x für:

   (a) $U(x, y) = 2x^{0.4}y^{0.6}$ (b) $U(x, y) = xy + y$ (c) $U(x, y) = 10(x^{-2} + y^{-2})^{-\varepsilon}$

9. Im Falle der Homogenität der hier gegebenen Funktionen bestimmen Sie bitte deren Grad.

   (a) $f(x, y) = 3x^3y^{-4} + 2xy^{-2}$ (b) $Y(K, L) = (K^a + L^a)^{2c}e^{K^2/L^2}$

   (c) $f(x_1, x_2) = 5x_1^4 + 6x_1x_2^3$ (d) $F(x_1, x_2, x_3) = e^{x_1+x_2+x_3}$

10. Bestimmen Sie die Substitutionselastiztät zwischen y und x für $U(x, y) = 10(x^{-2} + y^{-2})^{-4}$.

11. Bestimmen Sie die Elastizität von y bezüglich x, wenn $y^2e^{x+1/y} = 3$.

12. Im Falle der Homogenität der hier gegebenen Funktionen bestimmen Sie bitte deren Grad.

    (a) $f(x, y) = xg(y/x)$, wobei g eine beliebige Funktion einer Variablen ist.

    (b) $F(x, y, z) = z^k f(x/z, y/z)$, wobei f eine beliebige Funktion von zwei Variablen ist.

    (c) $G(K, L, M, N) = K^{a-b}L^{b-c}M^{c-d}N^{d-a}$, wobei a, b, c und d Konstanten sind.

13. Nehmen Sie an, dass die Produktionsfunktion $F(K, L)$, definiert für $K > 0$, $L > 0$, homogen vom Grad 1 ist. Zeigen Sie: Wenn $F_{KK}'' < 0$, d. h. wenn die Grenzproduktivität des Kapitals eine strikt fallende Funktion von K ist, dann ist $F_{KL}'' > 0$, so dass die Grenzproduktivität des Kapitals eine strikt monoton wachsende Funktion ist, wenn der Arbeitsinput steigt.[14]

    (*Hinweis:* Verwenden Sie die Gleichungen (12.6.6) und (12.6.7).)

---

[14] Dies wird *Wicksells Gesetz* genannt.

14. Zeigen Sie, dass keine Verallgemeinerung des Konzepts einer homogenen Funktion entsteht, wenn man t^k in Definition (12.6.1) oder (12.7.1) durch eine beliebige Funktion $g(t)$ ersetzt. (*Hinweis:* Differenzieren Sie die neue Definition nach t und setzen Sie $t = 1$. Verwenden Sie dann Eulers Theorem.)

15. Das folgende Gleichungssystem definiert $u = u(x, y)$ und $v = v(x, y)$ als differenzierbare Funktionen von x und y in einer Umgebung des Punktes $P = (x, y, u, v) = (1, 1, -1, 0)$:

$$u + xe^y + v = e - 1$$
$$x + e^{u+v^2} - y = e^{-1}$$

Differenzieren Sie das System und bestimmen Sie die Werte für u'_x, u'_y, v'_x und v'_y in diesem Punkt.

16. Ein Gleichgewichtsmodell zwischen der Arbeitsnachfrage und dem Preis des Outputs führt zu dem folgenden Gleichungssystem:

$$pF'(L) - w = 0$$
$$pF(L) - wL - B = 0$$

Dabei ist F eine zweimal differenzierbare Funktion mit $F'(L) > 0$ und $F''(L) < 0$. Alle Variablen sind positiv. Betrachten Sie w und B als exogen, so dass p und L endogene Variablen sind, die Funktionen von w und B sind.

(a) Bestimmen Sie $\partial p/\partial w$, $\partial p/\partial B$, $\partial L/\partial w$ und $\partial L/\partial B$ durch implizites Differenzieren.

(b) Was kann über die Vorzeichen der partiellen Ableitungen gesagt werden? Zeigen Sie insbesondere, dass $\partial L/\partial w < 0$ ist.

17. Das folgende Gleichungssystem definiert $u = u(x, y)$ und $v = v(x, y)$ als differenzierbare Funktionen von x und y um den Punkt $P = (x, y, u, v) = (1, 1, 1, 2)$:

$$u^\alpha + v^\beta = 2^\beta x + y^3$$
$$u^\alpha v^\beta - v^\beta = x - y$$

Dabei sind α und β positive Konstanten.

(a) Differenzieren Sie das System. Bestimmen Sie dann $\partial u/\partial x$, $\partial u/\partial y$, $\partial v/\partial x$ und $\partial v/\partial y$ im Punkt P.

(b) Bestimmen Sie eine Approximation an $u(0.99, 1.01)$.

18. Eine Untersuchung der Nachfrage nach einem Gut verwendet das Integral

$$S = \int_0^T e^{-rx}(e^{g(T-x)} - 1)\, dx$$

Dabei sind T, r und g positive Konstanten.

(a) Zeigen Sie, dass

$$r(r+g)S = re^{gT} + ge^{-rT} - (r+g) \qquad\qquad (*$$

(b) Die Gleichung $(*)$ definiert T als differenzierbare Funktion von g, r, und S. Benutzen Sie dies, um einen Ausdruck für $\partial T/\partial g$ zu bestimmen.

19. Nehmen Sie an, dass ein Oldtimer-Auto einen geschätzten Marktwert hat, der durch die Funktion $V(t)$ gegeben ist, wobei t die Zeit ist. Nehmen Sie an, dass die Wartungskosten des Autos pro Zeiteinheit konstant gleich m pro Jahr sind. Indem wir stetige Diskontierung mit der Rate r pro Jahr anwenden, erhalten wir den gegenwärtigen diskontierten Wert aus dem Verkauf des Autos zum Zeitpunkt t als $P(t) = V(t)e^{-rt} - \int_0^t me^{-r\tau}\, d\tau$.

(a) Zeigen Sie, dass die optimale Wahl t^* von t die Gleichung $V'(t^*) = rV(t^*) + m$ erfüllen muss. Geben Sie dieser Bedingung eine ökonomische Interpretation.

(b) Zeigen Sie, dass die Standardbedingung zweiter Ordnung für ein striktes lokales Maximum von $P(t)$ an der Stelle $t^*(r, m)$ zu der Bedingung $D = V''(t^*) - rV'(t^*) < 0$ führt.

(c) Bestimmen Sie die partiellen Ableitungen $\partial t^*/\partial r$ und $\partial t^*/\partial m$ und benutzen Sie die in der Antwort zu (b) hergeleitete Bedingung, um zu erörtern, wie ein Ökonom die Vorzeichen interpretieren würde.

▶ Lösungen zu den Aufgaben finden Sie im Anhang des Buches.

Multivariate Optimierung

13

ÜBERBLICK

Auf den ersten Blick ist es merkwürdig, dass ein so reines und leidenschaftsloses Fachgebiet wie die Mathematik uns irgendetwas Nützliches über diese chaotische, unstrukturierte, risikoreiche Welt, in der wir leben, sagen könnte.
Zum Glück entdecken wir aber, dass – wann immer wir etwas zuvor Geheimnisvolles verstehen – im Zentrum von allem Ordnung, Struktur und gesunder Menschenverstand herrschen.

–Patrick (B. H. P.) Rivett (1978)

Kapitel 8 beschäftigte sich mit Optimierungsproblemen bei Funktionen einer Variablen. Die meisten interessanten ökonomischen Optimierungsprobleme verlangen jedoch die gleichzeitige Wahl von mehreren Variablen. So wählt z. B. der den maximalen Gewinn anstrebende Produzent eines einzelnen Gutes die Größen mehrerer verschiedener Inputvariablen nicht nur die Höhe des Outputs, sondern auch die Größen vieler verschiedener Inputs. Ein Verbraucher wählt Mengen von vielen verschiedenen Gütern, die er kaufen möchte.

Die meisten der mathematischen Schwierigkeiten entstehen schon beim Übergang von einer zu zwei Variablen. Außerdem illustrieren Lehrbücher in den Wirtschaftswissenschaften ökonomische Probleme oft, indem sie nur Funktionen mit zwei Variablen verwenden, für die man wenigstens Höhenlinien in der Ebene zeichnen kann. Wir beginnen deshalb dieses Kapitel mit der Untersuchung des Zwei-Variablen-Falles. Das erste Unterkapitel präsentiert die grundlegenden Resultate, die durch relativ einfache Beispiele und Aufgaben illustriert werden. Dann geben wir eine systematischere Darstellung der Theorie mit zwei Variablen. Anschließend zeigen wir, wie die Theorie auf Funktionen mit mehreren Variablen verallgemeinert werden kann.

Ein großer Teil der ökonomischen Analyse befasst sich mit der Frage, wie die Lösung eines Optimierungsproblems reagiert, wenn die Situation sich verändert – wenn sich z. B. einige relevante Parameter ändern. So betrachtet die Theorie der Unternehmung den Effekt einer Preisänderung eines Input- oder Outputgutes auf die optimalen Input- und Outputgrößen, sowie auf den optimalen Gewinn. Einige einfache Beispiele dieser Art werden kurz am Ende des Kapitels betrachtet.

13.1   Zwei Variablen: Notwendige Bedingungen

Betrachten Sie eine Funktion $z = f(x, y)$, die auf einer Menge S in der xy-Ebene definiert ist. Nehmen Sie an, dass f ihren größten Wert (ihr Maximum) in einem "inneren" Punkt (x_0, y_0) von S annimmt, wie in Abb. 13.1.1 angedeutet ist. Wenn wir y an der Stelle y_0 festhalten, dann hängt die Funktion $g(x) = f(x, y_0)$ nur von x ab und hat ihr Maximum an der Stelle $x = x_0$. Geometrisch betrachtet: Wenn P der höchste Punkt auf der Fläche in Abb. 13.1.1 ist, dann ist P mit Sicherheit auch der höchste Punkt auf der Kurve durch P, für die $y = y_0$ gilt – d. h. auf derjenigen Kurve, die der Schnitt der Fläche mit der Ebene $y = y_0$ ist. Von Theorem 8.1.1 wissen wir, dass $g'(x_0) = 0$ ist. Aber für alle x ist die Ableitung $g'(x)$ identisch mit der partiellen Ableitung $f_1'(x, y_0)$. An der Stelle $x = x_0$ gilt deshalb $f_1'(x_0, y_0) = 0$. Genauso sehen wir, dass (x_0, y_0) die Gleichung $f_2'(x_0, y_0) = 0$ erfüllen muss, weil die Funktion $h(y) = f(x_0, y)$ ihr Maximum

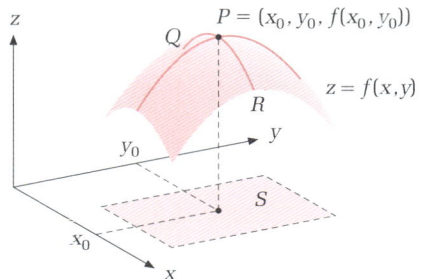

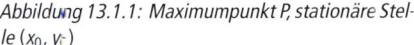

Abbildung 13.1.1: Maximumpunkt P, stationäre Stelle (x_0, y_0)

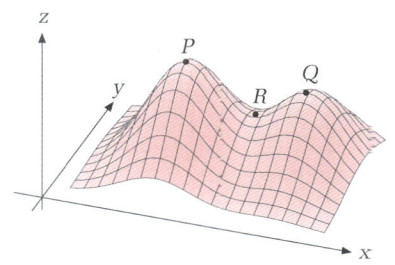

Abbildung 13.1.2: Nur P ist ein Maximumpunkt

in $y = y_0$ hat. Eine Stelle (x_0, y_0), an der beide partiellen Ableitungen 0 sind, heißt **stationäre Stelle** von f.

Wenn f ihren kleinsten Wert (ihr Minimum) in einem inneren Punkt (x_0, y_0) von S annimmt, zeigt ein ähnliches Argument, dass der Punkt wiederum eine stationäre Stelle sein muss. Somit haben wir das folgende wichtige Resultat:[1]

Theorem 13.1.1 (Notwendige Bedingungen für innere Extremstellen)

Eine differenzierbare Funktion $z = f(x, y)$ kann nur dann ein Maximum oder Minimum in einem inneren Punkt (x_0, y_0) von S annehmen, wenn dieser eine **stationäre Stelle** ist – d. h. wenn der Punkt $(x, y) = (x_0, y_0)$ die zwei folgenden Gleichungen erfüllt:
$$f_1'(x, y) = 0, \quad \text{und} \quad f_2'(x, y) = 0$$

Diese werden **Bedingungen erster Ordnung** genannt.

In Abb. 13.1.2 sind die drei Punkte P, Q und R alle an stationären Stellen, aber nur P ist ein Maximumspunkt.[2] In den folgenden Beispiel und Aufgaben werden nur die Bedingungen erster Ordnung betrachtet. Kap. 13.2 erklärt, wie man nachweisen kann, dass wir das Optimum gefunden haben.

Beispiel 13.1.1

Die Funktion f sei für alle (x, y) definiert durch

$$f(x, y) = -2x^2 - 2xy - 2y^2 + 36x + 42y - 158$$

Setzen Sie voraus, dass f eine Maximumstelle hat. Bestimmen Sie diese.

Lösung: Theorem 13.1.1 kann angewendet werden. Somit muss eine Maximumstelle (x, y) eine stationäre Stelle sein, die also die Bedingungen erster Ordnung erfüllen muss:

$$f_1'(x, y) = -4x - 2y + 36 = 0 \quad \text{und} \quad f_2'(x, y) = -2x - 4y + 42 = 0$$

---

[1] Innere Punkte werden in Kapitel 13.5 exakt definiert.
[2] Später werden wir Q ein *lokales Maximum* nennen, während R ein *Sattelpunkt* ist.

Dies sind zwei lineare Gleichungen, die x und y bestimmen. Wir finden heraus, dass $(x, y) = (5, 8)$ das einzige Paar von Zahlen ist, dass beide Gleichungen erfüllt. Unter der Annahmen, dass es eine Maximumstelle gibt, müssen dies ihre Koordinaten sein.[3] Der Maximalwert ist $f(5, 8) = 100$.

Beispiel 13.1.2

Ein Unternehmen produziert zwei verschiedene Sorten A und B eines Gutes. Die täglichen Kosten der Produktion von x Einheiten des Gutes A und y Einheiten des Gutes B sind

$$C(x, y) = 0.04x^2 + 0.01xy + 0.01y^2 + 4x + 2y + 500$$

Nehmen Sie an, dass das Unternehmen den ganzen Output verkauft, und zwar zu einem Stückpreis von 15 Euro für A und 9 Euro für B. Bestimmen Sie die täglichen Produktionsniveaus x und y, die den Gewinn pro Tag maximieren.

Lösung: Der Gewinn pro Tag ist $\pi(x, y) = 15x + 9y - C(x, y)$, so dass

$$\pi(x, y) = 15x + 9y - 0.04x^2 - 0.01xy - 0.01y^2 - 4x - 2y - 500$$

$$= -0.04x^2 - 0.01xy - 0.01y^2 + 11x + 7y - 500$$

Wenn $x > 0$ und $y > 0$ den Gewinn maximieren, dann muss (x, y) die beiden folgenden Gleichungen erfüllen

$$\frac{\partial \pi}{\partial x} = -0.08x - 0.01y + 11 = 0, \qquad \frac{\partial \pi}{\partial y} = -0.01x - 0.02y + 7 = 0$$

Diese beiden linearen Gleichungen in x und y haben die eindeutige Lösung $x = 100$, $y = 300$ mit $\pi(100, 300) = 1100$. (Wir haben bisher nicht gezeigt, dass dies tatsächlich ein Maximum ist. Siehe dazu Aufgabe 13.2.1.)

Beispiel 13.1.3

(Gewinnmaximierung) Nehmen Sie an, dass $Q = F(K, L)$ eine Produktionsfunktion mit K als Kapitalinput und L als Arbeitsinput darstellt. Der Preis pro Einheit des Outputs sei p, die Kosten (oder Zinsen) pro Einheit des Kapitals seien r, und der Lohnsatz sei w. Die Konstanten p, r und w sind alle positiv. Der Gewinn π aus der Produktion und dem Verkauf von $F(K, L)$ Einheiten ist dann gegeben durch die Funktion

$$\pi(K, L) = pF(K, L) - rK - wL$$

Wenn F differenzierbar ist und π ein Maximum mit $K > 0$ und $L > 0$ hat, dann sind die Bedingungen erster Ordnung

$$\pi'_K(K, L) = pF'_K(K, L) - r = 0 \quad \text{und} \quad \pi'_L(K, L) = pF'_L(K, L) - w = 0$$

---

[3] In Beispiel 13.2.2 werden wir zeigen, dass $(5, 8)$ *wirklich* eine Maximumstelle ist.

Eine notwendige Bedingung dafür, dass der Gewinn ein Maximum hat für $K = K^*$ und $L = L^*$, ist somit

$$pF_K'(K^*, L^*) = r \quad \text{und} \quad pF_L'(K^*, L^*) = w \qquad (*)$$

Die erste Gleichung besagt, dass r, die Kosten des Kapitals, gleich dem Wert des Grenzprodukts des Kapitals sein muss beim Preis p pro Einheit. Die zweite Gleichung hat eine ähnliche Interpretation.

Nehmen Sie an, wir denken daran, den Kapitalinput vom Niveau K^* aus um k Einheiten zu erhöhen. Wie viel würde man dadurch gewinnen? Die Produktion würde um annähernd $F_K'(K^*, L^*)k$ Einheiten erhöht. Da jede von ihnen den Preis p erbringt, ist die Zunahme des Erlöses annähernd $pF_K'(K^*, L^*)k$. Wie viel geht verloren? Die Antwort ist rk, denn jede Einheit Kapital kostet r. Diese beiden Größen, d.h. das, was man gewinnt und das, was man verliert, müssen gleich sein.

Die zweite Gleichung in $(*)$ hat eine ähnliche Interpretation: Die Erhöhung des Arbeitsinputs um ℓ Einheiten vom Niveau L^* aus führt zu einer approximativen Steigerung $pF_L'(K^*, L^*)\ell$ im Erlös, während der zusätzliche Arbeitseinsatz $w\ell$ kostet. Das den Gewinn maximierende Paar (K^*, L^*) hat daher die Eigenschaft, dass der zusätzliche Erlös aus der Erhöhung eines Inputs gerade durch die zusätzlichen Kosten aufgezehrt wird.

Ökonomen dividieren die Bedingungen erster Ordnung $(*)$ oft durch den positiven Preis p und kommen so zu der alternativen Form $F_K'(K, L) = r/p$, $F_L'(K, L) = w/p$. Somit muss das Unternehmen, um maximalen Gewinn zu erzielen, K und L so wählen, dass die Grenzproduktivität des Kapitals gleich dem Realzins r/p und die Grenzproduktivität der Arbeit gleich dem Reallohn w/p ist.

Beachten Sie, dass die Bedingungen in $(*)$ notwendig, aber im Allgemeinen nicht hinreichend sind für ein inneres Maximum.[4]

Beispiel 13.1.4

Bestimmen Sie die einzig mögliche Lösung des folgenden Spezialfalls von Beispiel 13.1.3.

$$\max \pi(K, L) = 12K^{1/2}L^{1/4} - 1.2K - 0.6L$$

Lösung: Die Bedingungen erster Ordnung sind

$$\pi_K'(K, L) = 6K^{-1/2}L^{1/4} - 1.2 = 0 \quad \text{und} \quad \pi_L'(K, L) = 3K^{1/2}L^{-3/4} - 0.6 = 0$$

Diese Gleichungen implizieren, dass $K^{-1/2}L^{1/4} = K^{1/2}L^{-3/4} = 0.2 = 1/5$. Indem wir jede Seite der ersten Gleichung hier mit $K^{1/2}L^{3/4}$ multiplizieren, erhalten wir $L = K$ und damit $K^{-1/4} = L^{-1/4} = 1/5$. Es folgt, dass $K = L = 5^4 = 625$ die einzig mögliche Lösung ist.[5]

---

[4] Hinreichende Bedingungen für ein Optimum werden in Beispiel 13.3.3 gegeben.
[5] Siehe Beispiel 13.2.3, wo gezeigt wird, dass dies tatsächlich eine Maximumstelle ist.

Beispiel 13.1.5

Ein Unternehmen ist ein Monopolist im inländischen Markt, nimmt jedoch den Preis p_w seines Produktes auf dem Weltmarkt als gegeben hin. Die auf den zwei Märkten verkauften Mengen seien mit x_d bzw. x_w bezeichnet. Der auf dem inländischen Markt erzielte Preis als Funktion der Verkäufe ist $p_d = P(x_d)$. Die Kosten für die Herstellung von x Einheiten sind $C(x)$, unabhängig davon, wie der Output verteilt ist zwischen inländischem Markt und Weltmarkt.

(a) Bestimmen Sie die Gewinnfunktion $\pi(x_d, x_w)$ und schreiben Sie die Bedingungen erster Ordnung für einen maximalen Gewinn in $x_d > 0$, $x_w > 0$ auf. Geben Sie ökonomische Interpretationen für diese Bedingungen an.

(b) Nehmen Sie an, dass das Unternehmen auf dem inländischen Markt mit einer Nachfragekurve konfrontiert ist, deren Preiselastizität eine Konstante und zwar -2 ist. Welches ist die Beziehung zwischen den Preisen auf dem inländischen und dem Weltmarkt?

Lösung:

(a) Der Erlös aus dem Verkauf von x_d Einheiten auf dem inländischen Markt zum Preis $p_d = P(x_d)$ ist $P(x_d)x_d$. Auf dem Weltmarkt ist der Erlös $p_w x_w$. Die Gewinnfunktion ist $\pi = \pi(x_d, x_w) = P(x_d)x_d + p_w x_w - C(x_d + x_w)$. Daher sind die Bedingungen erster Ordnung:

$$\pi'_1 = p_d + P'(x_d) \cdot x_d - C'(x_d + x_w) = 0 \qquad (*)$$

$$\pi'_2 = p_w - C'(x_d + x_w) = 0 \qquad (**)$$

Gemäß $(**)$ müssen die Grenzkosten auf dem Weltmarkt gleich dem Preis sein, der in diesem Fall gleich dem Grenzerlös ist. Auf dem inländischen Markt müssen die Grenzkosten ebenfalls gleich dem Grenzerlös sein. Nehmen Sie an, dass das Unternehmen erwägt, ein wenig mehr zu produzieren und zu verkaufen auf ihrem inländischen Markt. Der zusätzliche Erlös pro Einheit Zuwachs im Output ist p_d, verringert um den Verlust, der entsteht, weil der Verkauf dieser zusätzlichen Einheit den Preis aller auf dem inländischen Markt verkauften Einheiten reduziert. Dieser Verlust ist ungefähr $P'(x_d)x_d$. Da die Kosten für eine Extraeinheit Output ungefähr gleich den Grenzkosten $C'(x_d + x_w)$ ist, drückt $(*)$ die Bedingung aus, dass, pro Extraeinheit Output, der zusätzliche Erlös auf dem inländischen Markt gerade durch die zusätzlichen Kosten ausgeglichen wird.

(b) Die Preiselastizität der Nachfrage ist -2, was bedeutet, dass $\mathrm{El}_{p_d} x_d = (p_d/x_d)(dx_d/dp_d) = -2$. Nach der Regel für die Differentiation inverser Funktionen gilt $dp_d/dx_d = 1/(dx_d/dp_d)$. Es folgt:

$$P'(x_d) \cdot x_d = \frac{dp_d}{dx_d} x_d = -\frac{1}{2} p_d$$

Dann implizieren $(*)$ und $(**)$, dass $\frac{1}{2} p_d = C'(x_d + x_w) = p_w$, so dass der inländische Marktpreis das Doppelte des Weltmarktpreises ist.

Aufgaben für Kapitel 13.1

1. Die Funktion f, die für alle (x, y) durch $f(x, y) = -2x^2 - y^2 + 4x + 4y - 3$ definiert ist, hat ein Maximum. Bestimmen Sie die entsprechenden Werte von x und y.

2. Die Funktion f, die für alle (x, y) durch $f(x, y) = x^2 + y^2 - 6x + 8y + 35$ definiert ist, hat eine Minimumstelle.

   (a) Bestimmen Sie diese.
   (b) Zeigen Sie, dass $f(x, y)$ in der Form $f(x, y) = (x - 3)^2 + (y + 4)^2 + 10$ geschrieben werden kann. Erklären Sie, warum diese Form zeigt, dass Sie in Teil (a) wirklich das Minimum gefunden haben.

3. In dem Gewinn-Maximierungs-Problem des Beispiels 13.1.3 sei $p = 1, r = 0.65, w = 1.2$ und
$$F(K, L) = 80 - (K - 3)^2 - 2(L - 6)^2 - (K - 3)(L - 6)$$
Bestimmen Sie die einzig möglichen Werte von K und L, die den Gewinn maximieren.

4. Die jährlichen Gewinne für ein Unternehmen seien gegeben durch
$$\pi(x, y) = -x^2 - y^2 + 22x + 18y - 102$$

Dabei ist x der für Forschung ausgegebene Betrag und y ist der für Werbung ausgegebene Betrag.

   (a) Bestimmen Sie die Gewinne, wenn $x = 10, y = 8$, und wenn $x = 12, y = 10$ ist.
   (b) Bestimmen Sie die einzig möglichen Werte von x und y, die den Gewinn maximieren können und den entsprechenden Gewinn.

▶ Lösungen zu den Aufgaben finden Sie im Anhang des Buches.

13.2 Zwei Variablen: Hinreichende Bedingungen

Nehmen Sie an, dass f eine Funktion einer Variablen ist, die in einem Intervall I definiert ist. Erinnern Sie von Theorem 8.2.2: Wenn f zweimal differenzierbar ist, so gibt es in diesem Fall eine sehr einfache hinreichende Bedingung dafür, dass eine stationäre Stelle in I eine Maximumstelle ist, nämlich $f''(x) \leq 0$ für alle x in I ist. Die Funktion f wird dann „konkav" genannt.

Für Funktionen von zwei Variablen gibt es einen entsprechenden Test auf Konkavität, der auf den *partiellen* Ableitungen zweiter Ordnung beruht. Vorausgesetzt, dass die Funktion eine innere stationäre Stelle hat, impliziert dies, dass der Graph so aussieht wie der in Abb. 13.1.1.

Betrachten Sie eine Kurve parallel zur xz-Ebene, die in der Fläche liegt, wie QPR in der Abbildung. Jede solche Kurve ist der Graph einer konkaven Funktion einer Variablen, was $f''_{11}(x, y) \leq 0$ impliziert. Ein ähnliches Argument gilt für jede Kurve parallel zur yz-Ebene, die in der Fläche liegt, was $f''_{22}(x, y) \leq 0$ impliziert. Im Allgemeinen jedoch ist es *nicht* hinreichend, dass diese zwei partiellen Ableitungen zweiter Ordnung allein nichtpositiv sind, um sicher zu stellen, dass die Fläche so geformt ist, wie die Abb. 13.1.1. Dies wird aus dem nächsten Beispiel deutlich.

Für die Funktion $f(x, y) = 3xy - x^2 - y^2$ gilt $f_{11}''(x, y) = f_{22}''(x, y) = -2$. Alle Kurven parallel zur xz-Ebene, die auf der Fläche liegen, die durch den Graphen definiert wird, haben die Gleichung $z = 3xy_0 - x^2 - y_0^2$ für ein festes y_0. Es handelt sich deshalb um eine konkave Parabel. Dasselbe gilt für jede Kurve parallel zur yz-Ebene, die auf der Fläche liegt, die durch den Graphen definiert wird. Jedoch reduziert sich die Funktion entlang der Geraden $y = x$ zu $f(x, x) = x^2$, welches eine konvexe und keine konkave Parabel ist. Es folgt, dass f kein Maximum (oder Minimum) in $(0, 0)$ hat, welches die einzige stationäre Stelle ist.

Was Beispiel 13.2.1 zeigt, ist: Bedingungen, die sicherstellen, dass der Graph von f wie der in Abb. 13.1.1 aussieht, dürfen die gemischte partielle Ableitungen zweiter Ordnung $f_{12}''(x, y)$ nicht ignorieren. Das folgende Resultat ist analog zu Theorem 8.2.2. Wir überlassen FMEA eine ausführliche Erörterung, geben aber einen Beweis der lokalen Version in Kap. 13.3. In der Formulierung des Theorems benötigen wir ein neues Konzept: Eine Menge S in der xy-Ebene ist **konvex**, wenn für jedes Paar von Punkten P und Q in S alle Punkte auf der Verbindungsstrecke zwischen P und Q auch in S liegen.

Theorem 13.2.1 (Hinreichende Bedingungen für ein Maximum oder Minimum)

Nehmen Sie an, dass (x_0, y_0) eine innere stationäre Stelle für eine C^2-Funktion $f(x, y)$ ist, die auf einer konvexen Menge S in $\mathbb{R}^2$ definiert ist.

(a) Falls für alle (x, y) in S

$$f_{11}''(x, y) \leq 0, \ f_{22}''(x, y) \leq 0 \ \text{und} \ f_{11}''(x, y)f_{22}''(x, y) - \left(f_{12}''(x, y)\right)^2 \geq 0$$

dann ist (x_0, y_0) eine Maximumstelle für $f(x, y)$ in S.

(b) Falls für alle (x, y) in S

$$f_{11}''(x, y) \geq 0, \ f_{22}''(x, y) \geq 0 \ \text{und} \ f_{11}''(x, y)f_{22}''(x, y) - \left(f_{12}''(x, y)\right)^2 \geq 0$$

dann ist (x_0, y_0) eine Minimumstelle für $f(x, y)$ in S.

Die Bedingungen in Teil (a) von Theorem 13.2.1 sind hinreichend dafür, dass eine stationäre Stelle eine Maximumstelle ist. Sie sind weit davon entfernt, auch notwendig zu sein. Dies wird klar von der Funktion, deren Graph in Abb. 13.1.2 gezeigt ist. Diese hat ein Maximum in P, aber die Bedingungen in (a) sind gewiss nicht in ihrem ganzen Definitionsbereich erfüllt.

Wichtig: Wenn eine zweimal differenzierbare Funktion $z = f(x, y)$ die Ungleichungen in (a) in einer konvexen Menge S erfüllt, wird sie **konkav** genannt, während sie **konvex** genannt wird, wenn sie die Ungleichungen in (b) in ganz S erfüllt. Es folgt aus diesen Definitionen, dass f genau dann konkav ist, wenn $-f$ konvex ist, genauso wie im Fall einer Variablen. Es gibt allgemeinere Definitionen konkaver und konvexer Funktionen, die auf Funktionen anwendbar sind, die nicht notwendig zweimal differenzierbar sind. Diese Bedingungen werden in FMEA gegeben.[6]

Beispiel 13.2.2

Zeigen Sie, dass wir dass Maximum gefunden haben in Beispiel 13.1.1.

Lösung: Wir hatten $f_1'(x, y) = -4x - 2y + 36$ und $f_2'(x, y) = -2x - 4y + 42$. Ferner ist $f_{11}'' = -4, f_{12}'' = -2$ und $f_{22}'' = -4$. Daher ist $f_{11}''(x, y) \leq 0, f_{22}''(x, y) \leq 0$ und

$$f_{11}''(x, y)f_{22}''(x, y) - \left[f_{12}''(x, y)\right]^2 = 16 - 4 = 12 \geq 0$$

Nach (a) in Theorem 13.2.1 garantieren diese Ungleichungen, dass an der stationären Stelle $(5, 8)$ ein Maximum vorliegt.

Beispiel 13.2.3

Zeigen Sie, dass wir in Beispiel 13.1.4 das Maximum gefunden haben.

Lösung: Falls $K > 0$ und $L > 0$ erhalten wir

$$\pi_{KK}'' = -3K^{-3/2}L^{1/4}, \qquad \pi_{KL}'' = \tfrac{3}{2}K^{-1/2}L^{-3/4} \quad \text{und} \quad \pi_{LL}'' = -\tfrac{9}{4}K^{1/2}L^{-7/4}$$

Es ist klar, dass $\pi_{KK}'' < 0, \pi_{LL}'' < 0$ und

$$\pi_{KK}''\pi_{LL}'' - (\pi_{KL}'')^2 = \tfrac{27}{4}K^{-1}L^{-3/2} - \tfrac{9}{4}K^{-1}L^{-3/2} = \tfrac{9}{2}K^{-1}L^{-3/2} > 0$$

Es folgt, dass die stationäre Stelle $(K, L) = (625, 625)$ den Gewinn maximiert.

Dieser Abschnitt endet mit zwei Beispielen von Optimierungsproblemen, in denen die Wahl der Variablen Nebenbedingungen unterworfen ist. Es kann jedoch eine einfache Transformation angewendet werden, um das Problem in die Form überzuführen, die wir bisher erörtert haben, ohne irgendeine Nebenbedingung.

Beispiel 13.2.4

Nehmen Sie an, dass die Produktion des Unternehmens in Beispiel 13.1.2 eine Umweltbelastung hervorruft, so dass das Unternehmen per Gesetz eingeschränkt ist, insgesamt 320 Einheiten der beiden Güter zu produzieren. Das Problem des Unternehmens ist dann:

$$\max -0.04x^2 - 0.01xy - 0.01y^2 + 11x + 7y - 500$$

unter der Nebenbedingung $x + y = 320$. Welches sind jetzt die beiden optimalen Mengen des Outputs?

Lösung: Das Unternehmen möchte weiterhin seinen Gewinn maximieren. Wegen der Restriktion $y = 320 - x$ ist die neue Gewinnfunktion

$$\hat{\pi}(x) = -0.04x^2 - 0.01x(320 - x) - 0.01(320 - x)^2 + 11x + 7(320 - x) - 500$$

---

[6] Der Fall einer Variablen wurde kurz in Kap. 8.7 erörtert.

Wir erhalten leicht, dass $\hat{\pi}'(x) = -0.08x + 7.2$, so dass $\hat{\pi}'(x) = 0$ für $x = 7.2/0.08 = 90$. Da $\hat{\pi}''(x) = -0.08 < 0$ für alle x, maximiert $x = 90$ den Gewinn $\hat{\pi}$. Der entsprechende Wert von y ist $y = 320 - 90 = 230$. Der maximale Gewinn ist 1040. ▬▬▬

Beispiel 13.2.5

Ein Unternehmen hat drei Fabriken, die alle dasselbe Gut produzieren. Es seien x, y und z die entsprechenden Mengen des Outputs, den die drei Fabriken produzieren, um einen Auftrag von insgesamt 2000 Einheiten zu erfüllen. Hier ist $x + y + z = 2000$. Die Kostenfunktionen für die drei Fabriken sind

$$C_1(x) = 200 + \frac{1}{100}x^2, \qquad C_2(y) = 200 + y + \frac{1}{300}y^3, \qquad C_3(z) = 200 + 10z$$

Die Gesamtkosten zur Erfüllung dieses Auftrages sind daher

$$C(x, y, z) = C_1(x) + C_2(y) + C_3(z)$$

Bestimmen Sie diejenigen Werte von x, y und z, die C minimieren.

Lösung: Auflösen der Gleichung $x + y + z = 2000$ nach z ergibt $z = 2000 - x - y$. Einsetzen dieses Ausdrucks für z in den Ausdruck für C ergibt nach Vereinfachung

$$\hat{C}(x, y) = C(x, y, 2000 - x - y) = \frac{1}{100}x^2 - 10x + \frac{1}{300}y^3 - 9y + 20\,600$$

Jede stationäre Stelle von $\hat{C}$ muss die zwei Gleichungen

$$\hat{C}_1'(x, y) = \frac{1}{50}x - 10 = 0, \qquad \hat{C}_2'(x, y) = \frac{1}{100}y^2 - 9 = 0$$

erfüllen. Die einzige Lösung ist $x = 500$ und $y = 30$. Dies impliziert $z = 1470$. Der entsprechende Wert von C ist 17 920.

Die partiellen Ableitungen zweiter Ordnung sind $\hat{C}_{11}''(x, y) = \frac{1}{50}$, $\hat{C}_{12}''(x, y) = 0$ und $\hat{C}_{22}''(x, y) = \frac{1}{50}y$. Es folgt, dass für alle $x \geq 0$, $y \geq 0$ gilt $\hat{C}_{11}''(x, y) \geq 0$, $\hat{C}_{22}''(x, y) \geq 0$ und

$$\hat{C}_{11}''(x, y)\hat{C}_{22}''(x, y) - \left(\hat{C}_{12}''(x, y)\right)^2 = \frac{y}{2500} \geq 0$$

Teil (b) von Theorem 13.2.1 impliziert, dass $(500, 30)$ eine Minimumstelle von $\hat{C}$ innerhalb des konvexen Bereichs der Punkte (x, y) mit $x \geq 0$, $y \geq 0$ und $x + y \leq 2000$ ist. Es folgt, dass $(500, 30, 1470)$ eine Minimumstelle von C innerhalb des Bereichs (x, y, z) mit $x \geq 0$, $y \geq 0$, $z \geq 0$ und $x + y + z = 2000$ ist. ▬▬▬

Aufgaben für Kapitel 13.2

1. Beweisen Sie, dass das wahre Maximum gefunden wurde in: (a) Beispiel 13.1.2; (b) Aufgabe 13.1.1; (c) Aufgabe 13.1.3.

2. Ein Unternehmen produziert zwei verschiedene Arten A und B eines Gutes. Die täglichen Kosten für die Produktion von x Einheiten der Sorte A und y Einheiten der Sorte B sind

$$C(x, y) = 2x^2 - 4xy + 4y^2 - 40x - 20y + 514$$

Nehmen Sie an, dass das Unternehmen den ganzen Output zu einem Preis pro Einheit von 24 Euro für A und 12 Euro für B verkauft.

   (a) Finden Sie die täglichen Produktionsniveaus x und y, die den Gewinn maximieren.

   (b) Es wird von dem Unternehmen verlangt, dass es genau 54 Einheiten pro Tag von den beiden Arten zusammen produziert. Wie sieht der Produktionsplan jetzt aus?

3. Maximieren Sie die Nutzenfunktion max $U = xyz$ unter der Nebenbedingung $x + 3y + 4z = 108$ und $x, y, z > 0$ durch Elimination der Variablen x und Definition einer geeigneten Funktion von y und z allein.

4. Die Nachfragen nach den zwei Produkten eines Monopolisten sind bestimmt durch die Gleichungen $p = 25 - x$ und $q = 24 - 2y$, wobei p und q die Preise pro Einheit der zwei Güter sind, während x und y die entsprechenden Mengen sind. Die Kosten für die Produktion von x Einheiten des ersten Gutes und y Einheiten des anderen Gutes sind:

$$C(x, y) = 3x^2 + 3xy + y^2$$

   (a) Bestimmen Sie die Gewinnfunktion $\pi(x, y)$ des Monopolisten aus der Produktion und dem Verkauf von x Einheiten des ersten Gutes und y Einheiten des anderen Gutes.

   (b) Bestimmen Sie die Werte von x und y, die $\pi(x, y)$ maximieren. Überprüfen Sie, dass Sie den maximalen Gewinn gefunden haben.

5. Ein Unternehmen produziert zwei Güter. Die Kosten der Produktion von x Einheiten des Gutes 1 und y Einheiten des Gutes 2 seien

$$C(x, y) = x^2 + xy + y^2 + x + y + 14$$

Nehmen Sie an, dass das Unternehmen den ganzen Output beider Güter zu den Preisen p bzw. q pro Einheit verkauft. Bestimmen Sie diejenigen Werte von x und y, die den Gewinn maximieren unter der Annahme $\frac{1}{2}p + \frac{1}{2} < q < 2p - 1$ und $p > 1$.

6. Die Gewinnfunktion eines Unternehmens ist $\pi(x, y) = px + qy - \alpha x^2 - \beta y^2$, wobei p und q die Preise pro Einheit und $\alpha x^2 + \beta y^2$ die Kosten für die Herstellung und den Verkauf von x Einheiten des ersten Gutes und y Einheiten des anderen Gutes sind. Die Konstanten sind alle positiv.

   (a) Bestimmen Sie diejenigen Werte von x und y, die den Gewinn maximieren. Bezeichnen Sie diese mit x^* und y^*. Überprüfen Sie, dass die Bedingungen zweiter Ordnung erfüllt sind.

   (b) Definieren Sie $\pi^*(p, q) = \pi(x^*, y^*)$. Überprüfen Sie, dass $\partial \pi^*(p, q)/\partial p = x^*$ und $\partial \pi^*(p, q)/\partial q = y^*$. Geben Sie ökonomische Interpretationen für diese Resultate.

➡

→ Fortsetzung

7.   Bestimmen Sie den kleinsten Wert von $x^2 + y^2 + z^2$, wenn wir verlangen, dass $4x + 2y - z = 5$ sein soll.[7]

8.   Seien A, a, b positive Konstanten und p, q und r beliebige Konstanten. Zeigen Sie, dass die Funktion $f(x, y) = Ax^a y^b - px - qy - r$ konkav ist für $x \geq 0$, $y \geq 0$, vorausgesetzt, dass $a + b \leq 1$.

▶ Lösungen zu den Aufgaben finden Sie im Anhang des Buches.

13.3   Lokale Extremstellen

Manchmal muss man *lokale* Extremstellen einer Funktion untersuchen. Der Punkt (x_0, y_0) ist eine **lokale Maximumstelle** von f in der Menge S, wenn $f(x, y) \leq f(x_0, y_0)$ für alle Paare (x, y) in S, die hinreichend nahe an (x_0, y_0) liegen. Genauer ist die Definition, dass es eine positive Zahl r gibt, so dass $f(x, y) \leq f(x_0, y_0)$ für alle (x, y) in S, die innerhalb eines Kreises mit Mittelpunkt (x_0, y_0) und Radius r liegen. Wenn die Ungleichung strikt ist für $(x, y) \neq (x_0, y_0)$, dann ist (x_0, y_0) eine **strikte** lokale Maximumstelle.

Eine **strikte** lokale Minimumstelle wird in analoger Weise definiert und es sollte klar sein, was wir mit *lokalen Maximum- und Minimumwerten*, *lokalen Extremstellen* und *lokalen Extremwerten* meinen. Beachten Sie, wie diese Definitionen implizieren, dass eine globale Extremstelle auch eine lokale Extremstelle ist, jedoch ist die Umkehrung natürlich nicht wahr.

Bei der Suche nach Maximum- und Minimumstellen waren die Bedingungen erster Ordnung sehr nützlich. Dasselbe Resultat ist für die lokalen Extremstellen anwendbar. *Jede lokale Extremstelle im Innern des Definitionsbereichs einer differenzierbaren Funktion muss eine stationäre Stelle sein.* Dieses Resultat folgt, weil es in dem Argument für Theorem 13.1.1 genügte, das Verhalten der Funktion in einer kleinen Umgebung um die Optimalstelle herum zu betrachten.

Diese Bedingungen erster Ordnung sind notwendig dafür, dass eine differenzierbare Funktion eine lokale Extremstelle hat. Jedoch muss eine stationäre Stelle keine Extremstelle sein. Eine stationäre Stelle (x_0, y_0) von f, die wie im Fall des Punktes R in Abb. 13.1.2 weder zu einem lokalen Maximum noch zu einem lokalen Minimum gehört, wird eine **Sattelstelle** von f genannt. Damit gilt: *Eine Sattelstelle (x_0, y_0) ist eine stationäre Stelle mit der Eigenschaft, dass es Punkte (x, y) beliebig nahe an (x_0, y_0) gibt mit $f(x, y) < f(x_0, y_0)$ und dass es dort auch Punkte mit $f(x, y) > f(x_0, y_0)$ gibt.*

Beispiel 13.3.1

Zeigen Sie, dass $(0, 0)$ eine Sattelstelle von $f(x, y) = x^2 - y^2$ ist.

Lösung: Es ist leicht zu überprüfen, dass $(0, 0)$ eine stationäre Stelle ist, in der $f(0, 0) = 0$ gilt. Ferner ist $f(x, 0) = x^2$ und $f(0, y) = -y^2$, so dass $f(x, y)$ beliebig nahe

---

[7]   Geometrisch entspricht dies dem Problem, den Punkt in der Ebene $4x + 2y - z = 5$ zu finden, der dem Ursprung am nächsten ist.

am Ursprung positive und negative Werte annimmt. Daher ist $(0, 0)$ eine Sattelstelle. Der Graph der Funktion ist in Abb. 13.3.1 dargestellt.

Lokale Extremstellen und Sattelpunkte können illustriert werden, indem man an Berge im Himalaya denkt. Jeder Gipfel ist ein lokales Maximum, aber nur der höchste (Mount Everest) ist das (globale) Maximum. Die tiefsten Punkte der Seen oder Gletscher sind lokale Minima. In jedem Gebirgspass wird es einen Sattelpunkt geben, der der höchste Punkt in einer Himmelsrichtung ist und der niedrigste in einer anderen Richtung. Nichtsdestoweniger: Die Fläche in Abb. 13.3.2 zeigt, dass nicht alle Sattelpunkte zu Graphen gehören, die so akkurat aussehen wie der in Abb. 13.3.1 gezeigte.

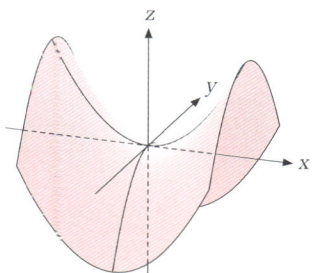

Abbildung 13.3.1: $z = x^2 - y^2$ mit Sattelpunkt an der Stelle $(0, 0)$

Abbildung 13.3.2: $z = x^4 - 3x^2 y^2 + y^4$ mit Sattelpunkt an der Stelle $(0, 0)$

Die stationären Stellen einer Funktion fallen daher in drei Kategorien: Lokale Maximumstellen, lokale Minimumstellen und Sattelstellen. Wie unterscheiden wir zwischen diesen drei Fällen?

Betrachten Sie zuerst den Fall, in dem $z = f(x, y)$ ein lokales Maximum in $(x_0 \; y_0)$ hat. Die Funktionen $g(x) = f(x, y_0)$ und $h(y) = f(x_0, y)$ beschreiben das Verhalten von f entlang der Geraden $y = y_0$ bzw. $x = x_0$, wie in Abb. 13.1.1. Diese Funktionen müssen lokale Maxima in x_0 bzw. y_0 annehmen. Deshalb ist $g''(x_0) = f''_{11}(x_0, y_0) \leq 0$ und $h''(y_0) = f''_{22}(x_0, y_0) \leq 0$.

Wenn andererseits $g''(x_0) < 0$ und $h''(y_0) < 0$, dann wissen wir, dass g und h tatsächlich lokale Maxima annehmen in x_0 bzw. y_0. Anders ausgedrückt: Die Bedingungen $f''_{11}(x_0, y_0) < 0$ und $f''_{22}(x_0, y_0) < 0$ garantieren, dass $f(x, y)$ ein lokales Maximum hat in den Richtungen durch (x_0, y_0), die parallel zur x-Achse und zur y-Achse sind. Beachten Sie jedoch, dass die Vorzeichen von $f''_{11}(x_0, y_0)$ und $f''_{22}(x_0, y_0)$ allein nicht viel über das Verhalten des Graphen von $z = f(x, y)$ aussagen, wenn wir uns von $(x_0 \; y_0)$ in anderen als die zwei erwähnten Richtungen fortbewegen. In Beispiel 13.3.1 wurde dieses Problem illustriert.

Es stellt sich heraus, dass man für einen korrekten Test der zweiten Ableitungen für Funktionen f von zwei Variablen auch die gemischte partielle Ableitung $f''_{12}(x_0 \; y_0)$ zweiter Ordnung betrachten muss, genau so wie es in Kap. 13.2 gemacht werden musste. Das folgende Theorem kann benutzt werden, um die Art der stationären Stellen in den meisten Fällen zu bestimmen. (Ein Beweis wird am Ende dieses Unterkapitels gegeben.)

Theorem 13.3.1 (Test der zweiten Ableitungen auf lokale Extrema)

Sei $f(x, y)$ eine C^2-Funktion mit Definitionsbereich S und sei (x_0, y_0) eine innere stationäre Stelle für die Funktion f. Setzen Sie

$$A = f''_{11}(x_0, y_0), \qquad B = f''_{12}(x_0, y_0) \quad \text{und} \quad C = f''_{22}(x_0, y_0)$$

Dann gilt:

(a) Wenn $A < 0$ und $AC - B^2 > 0$, dann ist (x_0, y_0) eine strikte lokale Maximumstelle.

(b) Wenn $A > 0$ und $AC - B^2 > 0$, dann ist (x_0, y_0) eine strikte lokale Minimumstelle.

(c) Wenn $AC - B^2 < 0$, dann ist (x_0, y_0) eine Sattelstelle.

(d) Wenn $AC - B^2 = 0$, dann kann (x_0, y_0) eine lokale Maximumstelle, eine lokale Minimumstelle oder eine Sattelstelle sein.

Beachten Sie, dass $AC - B^2 > 0$ in (a) impliziert, dass $AC > B^2 \geq 0$ und somit $AC > 0$. Damit gilt: Wenn $A < 0$ ist, dann ist auch $C < 0$. Die Bedingung $C = f''_{22}(x_0, y_0) < 0$ ist somit indirekt in den Annahmen in (a) enthalten. Die entsprechende Bemerkung für (b) ist auch gültig.

Die Bedingungen in (a), (b) und (c) werden gewöhnlich lokale **Bedingungen zweiter Ordnung** genannt. Beachten Sie, dass dies hinreichende Bedingungen dafür sind, dass eine stationäre Stelle eine *strikte lokale* Maximumstelle, eine *strikte lokale* Minimumstelle oder eine Sattelstelle ist. Keine dieser Bedingungen ist notwendig. Das Resultat in Aufgabe 5 wird (d) bestätigen, denn es zeigt, dass eine stationäre Stelle, für die $AC - B^2 = 0$ gilt, in jede der drei Kategorien fallen kann.[8]

Beispiel 13.3.2

Bestimmen Sie die stationären Stellen und klassifizieren Sie diese, wenn $f(x, y) = x^3 - x^2 - y^2 + 8$.

Lösung: Die stationären Stellen müssen die folgenden zwei Gleichungen erfüllen:

$$f'_1(x, y) = 3x^2 - 2x = 0 \qquad \text{und} \qquad f'_2(x, y) = -2y = 0$$

Da $3x^2 - 2x = x(3x - 2)$, sehen wir, dass die erste Gleichung die Lösungen $x = 0$ und $x = 2/3$ hat. Die zweite Gleichung hat die Lösung $y = 0$. Wir schließen, dass $(0, 0)$ und $(2/3, 0)$ die einzigen stationären Stellen sind.

Weiterhin ist $f''_{11}(x, y) = 6x - 2$, $f''_{12}(x, y) = 0$ und $f''_{22}(x, y) = -2$. Ein geeigneter Weg zur Klassifizierung stationärer Stellen ist es, eine Tabelle wie die folgende anzulegen, wobei A, B und C wie in Theorem 13.3.1 definiert sind:

---

[8] Der Ausdruck $AC - B^2$ wird auch **Diskriminante** genannt, weil mit ihm der Typ der stationären Stelle bestimmt werden kann.

(x, y)	A	B	C	$AC - B^2$	Typ der stationären Stelle:
$(0, 0)$	-2	0	-2	4	Lokale Maximumstelle
$(2/3, 0)$	2	0	-2	-4	Sattelstelle

Beispiel 13.3.3

Betrachten Sie Beispiel 13.1.3 und nehmen Sie an, dass die Produktionsfunktion F zweimal differenzierbar ist. Definieren Sie

$$\Delta(K, L) = F''_{KK}(K, L)F''_{LL}(K, L) - \left[F''_{KL}(K, L)\right]^2$$

Sei (K^*, L^*) ein Input-Paar, dass die Bedingungen erster Ordnung $(*)$ in dem Beispiel erfüllt.

(a) Zeigen Sie: Wenn

$$F''_{KK}(K, L) \leq 0, \ F''_{LL}(K, L) \leq 0 \ \text{und} \ \Delta(K, L) \geq 0 \quad \text{für alle } K \geq 0 \text{ und } L \geq 0, \quad (*)$$

so dass die Produktionsfunktion F konkav ist, dann maximiert (K^*, L^*) den Gewinn.

(b) Zeigen Sie auch: Wenn

$$F''_{KK}(K^*, L^*) < 0 \ \text{und} \ \Delta(K^*, L^*) > 0 \tag{13.3.1}$$

dann ist in (K^*, L^*) ein striktes lokales Maximum für die Gewinnfunktion.

Lösung:

(a) Die partiellen Ableitungen zweiter Ordnung der Gewinnfunktion sind

$$\pi''_{KK}(K, L) = pF''_{KK}(K, L); \quad \pi''_{KL}(K, L) = pF''_{KL}(K, L); \quad \pi''_{LL}(K, L) = pF''_{LL}(K, L)$$

Da $p > 0$ folgt die Behauptung aus Teil (a) in Theorem 13.2.1.

(b) In diesem Fall folgt die Behauptung aus Teil (a) in Theorem 13.3.1.

Beweis des Tests der zweiten Ableitungen

Wir wollen jetzt Theorem 13.3.1, das Theorem mit den hinreichenden Bedingungen für lokale Extrema, beweisen und wollen dies tun auf der Basis unseres Verständnisses des eindimensionalen Falles, der in Theorem 8.6.2 untersucht wurde. Bevor wir das tun, ist es aufschlussreich, etwas Einsicht zu entwickeln, indem wir einige *notwendige Bedingungen* für lokale Optimierung bestimmen.

Sei $z = f(x, y)$ die in Abb. 13.3.3 dargestellte Funktion mit (x_0, y_0) als einer lokalen Maximumstelle. Definieren Sie für feste Werte von h und k die Funktion g von einer Variablen durch

$$g(t) = f(x_0 + th, y_0 + tk)$$

Diese Funktion beschreibt, was mit f geschieht, wenn man sich von (x_0, y_0) aus in die Richtung (h, k) bewegt, wenn $t > 0$, oder in die umgekehrte Richtung $(-h, -k)$, wenn $t < 0$.

Wenn f ein lokales Maximum in (x_0, y_0) hat, dann muss $g(t)$ natürlich ein lokales Maximum in $t = 0$ haben. Nach Theorem 8.1.1 und Formel (8.6.3) sind notwendige Bedingungen dafür $g'(0) = 0$ und $g''(0) \leq 0$. Die erste und zweite Ableitung von $g(t)$ wurden in Beispiel 12.1.5 berechnet. An der Stelle $t = 0$ ist die zweite Ableitung von g gleich

$$g''(0) = f_{11}''(x_0, y_0)h^2 + 2f_{12}''(x_0, y_0)hk + f_{22}''(x_0, y_0)k^2 \tag{13.3.2}$$

Somit gilt: Wenn f ein lokales Maximum an der Stelle (x_0, y_0) hat, muss der durch (13.3.2) gegebene Ausdruck nichtpositiv für alle Werte von (h, k) sein.

Auf diese Weise haben wir eine *notwendige* Bedingung dafür gefunden, dass f ein lokales Maximum an der Stelle (x_0, y_0) hat. Wir fahren jetzt fort, *hinreichende* Bedingungen für ein lokales Maximum zu finden. Für den Ein-Variablen-Fall wissen wir von Teil (i) in Theorem 8.6.2, dass die Bedingungen $g'(0) = 0$ und $g''(0) < 0$ hinreichend dafür sind, dass g ein lokales Maximum an der Stelle $t = 0$ hat. Es liegt deshalb nahe zu vermuten, dass das folgende Resultat gilt:

> Wenn $f_1'(x_0, y_0) = f_2'(x_0, y_0) = 0$ und der Ausdruck in (13.3.2) für die zweite Ableitung $g''(0)$ negativ ist für *alle* Richtungen $(h, k) \neq (0, 0)$, dann ist (x_0, y_0) eine (strikte) lokale Maximumstelle für f. $\tag{13.3.3}$

Dies stellt sich als richtig heraus, wie in FMEA gezeigt wird. Aufgabe 7 zeigt jedoch, dass der Ausdruck in (13.3.2) tatsächlich negativ sein muss für *alle* Richtungen (h, k), ohne Ausnahme. Auf der Basis dieses Resultats können wir Teil (a) in Theorem 13.3.1 beweisen:

Es reicht zu zeigen, dass $A < 0$ und $AC - B^2 > 0$ implizieren, dass

$$Ah^2 + 2Bhk + Ck^2 < 0 \text{ für alle } (h, k) \neq (0, 0) \tag{13.3.4}$$

Dazu vervollständigen wir das Quadrat:

$$Ah^2 + 2Bhk + Ck^2 = A\left[\left(h + \frac{B}{A}k\right)^2 + \frac{AC - B^2}{A^2}k^2\right] \tag{13.3.5}$$

Der Ausdruck in eckigen Klammern ist offensichtlich nichtnegativ und ist gleich 0, wenn $h + Bk/A = 0$ und auch $k = 0$ ist, was $h = k = 0$ impliziert. Weil $A < 0$, ist die rechte Seite von Gleichung (13.3.5) negativ für alle $(h, k) \neq (0, 0)$, so dass wir (13.3.4) bewiesen haben.

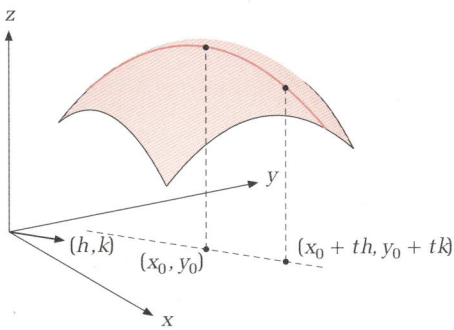

Abbildung 13.3.3: Test der zweiten Ableitungen

Aufgaben für Kapitel 13.3

1. Betrachten Sie die Funktion f, die für alle (x, y) definiert ist durch $f(x, y) = 5 - x^2 + 6x - 2y^2 + 8y$.

   (a) Bestimmen Sie alle partiellen Ableitungen erster und zweiter Ordnung.

   (b) Bestimmen Sie die einzige stationäre Stelle und klassifizieren Sie diese, indem Sie den Test der zweiten Ableitungen verwenden. Was sagt uns Theorem 13.2.1?

2. Betrachten Sie die Funktion f, definiert für alle (x, y) durch $f(x, y) = x^2 + 2xy^2 + 2y^2$.

   (a) Bestimmen Sie die partiellen Ableitungen erster und zweiter Ordnung von f.

   (b) Zeigen Sie, dass die stationären Stellen $(0, 0)$, $(-1, 1)$, $(-1, -1)$ sind und klassifizieren Sie diese.

3. Sei f eine Funktion von zwei Variablen, definiert durch

   $$f(x, y) = (x^2 - axy)e^y$$

   Dabei ist $a \neq 0$ eine Konstante.

   (a) Bestimmen Sie die stationären Stellen von f und entscheiden Sie in jedem Fall, ob es eine lokale Maximumstelle, eine lokale Minimumstelle oder eine Sattelstelle ist.

   (b) Sei (x^*, y^*) die stationäre Stelle mit $x^* \neq 0$. Ferner sei $f^*(a) = f(x^*, y^*)$. Bestimmen Sie $df^*(a)/da$. Zeigen Sie: Wenn $\hat{f}(x, y, a) = (x^2 - axy)e^y$, dann ist

   $$\hat{f}'_3(x^*, y^*, a) = \frac{df^*(a)}{da}$$

4. Nehmen Sie in Beispiel 10.3.2 an, dass der Marktwert des Baumes zur Zeit t eine Funktion $f(t, x)$ des Betrages x, der für das Trimmen des Baumes zur Zeit 0 ausgegeben wurde, und auch von t ist. Unter der Annahme stetiger Verzinsung zur Zinsrate r ist der gegenwärtige diskontierte Wert des Gewinns aus dem Baum dann $V(t, x) = f(t, x)e^{-rt} - x$.

   (a) Welches sind die Bedingungen erster Ordnung für ein Maximum von $V(t, x)$ an der Stelle $t^* > 0$, $x^* > 0$?

   (b) Welches sind die Bedingungen erster Ordnung, wenn $f(t, x)$ die separierbare Gestalt $f(t, x) = g(t)h(x)$ mit $g(t) > 0$ und $h(x) > 0$ hat? (Beachten Sie, dass in diesem Fall t^* nicht von der Funktion h abhängt.)

   (c) Beweisen Sie, dass in dem separierbaren Fall $g''(t^*) < r^2 g(t^*)$ und $h''(x^*) < 0$ hinreichende Bedingungen dafür sind, dass eine stationäre Stelle (t^*, x^*) eine lokale Maximumstelle für V ist.

   (d) Bestimmen Sie t^* und x^*, wenn $g(t) = e^{\sqrt{t}}$ und $h(x) = \ln(x + 1)$. Überprüfen Sie die lokalen Bedingungen zweiter Ordnung.

5. Betrachten Sie die drei Funktionen: (i) $z = -x^4 - y^4$; (ii) $z = x^4 + y^4$; (iii) $z = x^3 + y^3$.

   (a) Zeigen Sie, dass der Ursprung für jede dieser Funktionen eine stationäre Stelle ist und dass $AC - B^2 = 0$ im Ursprung für jede dieser drei Funktionen gilt.

   (b) Untersuchen Sie die Funktionen direkt und zeigen Sie dadurch, dass der Ursprung eine Maximumstelle für (i), eine Minimumstelle für (ii) und eine Sattelstelle für (iii) ist.

   ➡

➡ Fortsetzung

Anspruchsvollere Aufgaben

6. Betrachten Sie die Funktion $f(x, y) = \ln(1 + x^2 y)$.

   (a) Bestimmen Sie den Definitionsbereich.

   (b) Zeigen Sie, dass die stationären Stellen durch alle Punkte auf der y-Achse gegeben sind.

   (c) Zeigen Sie, dass der Test der zweiten Ableitungen fehlschlägt.

   (d) Klassifizieren Sie die stationären Stellen, indem Sie direkt auf das Vorzeichen von $f(x, y)$ schauen.

7. Der Graph von $f(x, y) = (y - x^2)(y - 2x^2)$ schneidet die xy-Ebene $z = 0$ in zwei Parabeln.

   (a) Zeichnen Sie in der xy-Ebene die Bereiche, in denen f negativ bzw. positiv ist. Zeigen Sie, dass $(0, 0)$ die einzige stationäre Stelle ist und dass es eine Sattelstelle ist.

   (b) Nehmen Sie an, dass $(h, k) \neq (0, 0)$ ein beliebiger Richtungsvektor ist. Sei $g(t) = f(th, tk)$. Zeigen Sie, dass g ein lokales Minimum an der Stelle $t = 0$ hat, wie auch immer die Richtung (h, k) sein mag.[9]

▶ Lösungen zu den Aufgaben finden Sie im Anhang des Buches.

13.4 Lineare Modelle mit quadratischer Zielfunktion

In diesem Abschnitt betrachten wir einige interessante ökonomische Anwendungen der Optimierungstheorie, wenn es zwei Variablen gibt. Versionen des ersten Beispiels sind bereits im Beispiel 13.1.5 und Aufgabe 13.2.4 erschienen.

Beispiel 13.4.1

(**Diskriminierender Monopolist**) Betrachten Sie ein Unternehmen, das ein Produkt in zwei isolierten geografischen Gebieten verkauft. Wenn es will, kann das Unternehmen verschiedene Preise in den verschiedenen Gebieten berechnen, denn was in dem einen Gebiet gekauft wurde, kann nicht ohne weiteres in dem anderen Gebiet weiterverkauft werden.[10] Nehmen Sie an, dass solch ein Unternehmen auch die Monopolstellung hat, die verschiedenen Preise in den zwei separierten Märkten durch die Mengen zu beeinflussen, die es in jedem der Gebiete verkauft. Ökonomen benutzen gewöhnlich den Term „diskriminierender Monopolist" für die Beschreibung eines Unternehmens mit diesem Einfluss.

Angesichts dieser zwei isolierten Märkte hat der diskriminierende Monopolist zwei unabhängige Nachfragekurven. Nehmen Sie an, dass diese in inverser Form gegeben sind durch

$$P_1 = a_1 - b_1 Q_1, \qquad P_2 = a_2 - b_2 Q_2 \tag{$*$}$$

---

[9] Daher gilt: Obwohl $(0, 0)$ eine Sattelstelle ist, hat die Funktion im Ursprung ein lokales Minimum in jeder Richtung.

[10] Zum Beispiel scheint es so zu sein, dass Eilboten- oder Kurierdienste in Europa viel höhere Preise als in Nordamerika berechnen können. Ein anderes Beispiel – pharmazeutische Unternehmen berechnen oft viel mehr für Medikamente in den USA als in Europa oder Kanada.

für die Märkte 1 bzw. 2. Nehmen Sie weiter an, dass die Gesamtkosten proportional zur Gesamtproduktion sind: $C(Q) = \alpha Q$, wobei α eine positive Konstante ist.[11] Als Funktion von Q_1 und Q_2 ist der Gesamtgewinn:

$$\pi(Q_1, Q_2) = P_1 Q_1 + P_2 Q_2 - \alpha(Q_1 + Q_2)$$

$$= (a_1 - b_1 Q_1)Q_1 + (a_2 - b_2 Q_2)Q_2 - \alpha(Q_1 + Q_2)$$

$$= (a_1 - \alpha)Q_1 + (a_2 - \alpha)Q_2 - b_1 Q_1^2 - b_2 Q_2^2$$

Wir wollen diejenigen Werte von $Q_1 \geq 0$ und $Q_2 \geq 0$ bestimmen, die den Gewinn maximieren. Die Bedingungen erster Ordnung sind

$$\pi_1'(Q_1, Q_2) = (a_1 - \alpha) - 2b_1 Q_1 = 0 \quad \text{und} \quad \pi_2'(Q_1, Q_2) = (a_2 - \alpha) - 2b_2 Q_2 = 0$$

mit den Lösungen $Q_1^* = (a_1 - \alpha)/2b_1$ und $Q_2^* = (a_2 - \alpha)/2b_2$. Ferner ist $\pi_{11}''(Q_1, Q_2) = -2b_1$, $\pi_{12}''(Q_1, Q_2) = 0$ und $\pi_{22}''(Q_1, Q_2) = -2b_2$. Daher folgt für alle (Q_1, Q_2), dass

$$\pi_{11}'' \leq 0, \qquad \pi_{22}'' \leq 0 \qquad \text{und} \qquad \pi_{11}'' \pi_{22}'' - (\pi_{12}'')^2 = 4b_1 b_2 \geq 0$$

Wir schließen mit Theorem 13.2.1: Wenn Q_1^* und Q_2^* beide positiv sind und damit (Q_1^*, Q_2^*) ein innerer Punkt des Definitionsbereiches von π ist, dann maximiert das Paar (Q_1^*, Q_2^*) tatsächlich den Gewinn.

Die zugehörigen Preise können gefunden werden, indem man diese Werte in $(*)$ einsetzt, woraus folgt

$$P_1^* = a_1 - b_1 Q_1^* = \tfrac{1}{2}(a_1 + \alpha) \quad \text{und} \quad P_2^* = a_2 - b_2 Q_2^* = \tfrac{1}{2}(a_2 + \alpha)$$

Der maximale Gewinn ist

$$\pi^* = \frac{(a_1 - \alpha)^2}{4b_1} + \frac{(a_2 - \alpha)^2}{4b_2}$$

Beide Nachfragen Q_1^* und Q_2^* sind positiv, vorausgesetzt $a_1 > \alpha$ und $a_2 > \alpha$. In diesem Fall sind P_1^* und P_2^* beide größer als α. Dies impliziert, dass es kein „Dumping" gibt, d. h. der Preis in einem Markt ist nicht geringer als die Kosten α. Es gibt auch keine „Kreuz-Subvention", d. h. die Verluste infolge von Dumping in einem der Märkte werden nicht durch Gewinne im anderen Markt subventioniert. Es ist bemerkenswert, dass die optimalen Preise unabhängig von b_1 und b_2 sind. Noch bemerkenswerter ist, dass die Preise in den zwei Märkten *nicht* gleich sind, abgesehen von dem Spezialfall $a_1 = a_2$. Tatsächlich gilt $P_1^* > P_2^*$ genau dann, wenn $a_1 > a_2$. Dies besagt, dass der Preis in dem Markt höher ist, in dem die Konsumenten bereit sind, einen höheren Preis pro Einheit zu zahlen, wenn die Menge nahe bei Null ist.

---

[11] Es ist wahr, dass diese Kostenfunktion die Transportkosten außer Acht lässt. Aber der Punkt, auf den es ankommt, ist: Obwohl die Angebote in den zwei Gebieten vollständige Substitute in der Produktion sind, wird der Monopolist im Allgemeinen in der Lage sein, höhere Gewinn zu erzielen, indem er verschiedene Preise berechnet, wenn es erlaubt ist.

Beispiel 13.4.2

Nehmen Sie an, dass der Monopolist in Beispiel 13.4.1 die Nachfragefunktionen $P_1 = 100 - Q_1$ und $P_2 = 80 - Q_2$ hat und dass die Kostenfunktion $C = 6Q$ ist.

(a) Wie viel sollte in den beiden Märkten verkauft werden, um den Gewinn zu maximieren? Welches sind die zugehörigen Preise?

(b) Wie viel Gewinn geht verloren, wenn es illegal ist, zu diskriminieren?

(c) Die Behörden erheben eine Steuer der Höhe τ für jede im ersten Markt verkaufte Einheit. Diskutieren Sie die Konsequenzen.

Lösung:

(a) Hier ist $a_1 = 100$, $a_2 = 80$, $b_1 = b_2 = 1$ und $\alpha = 6$. Aus Beispiel 13.4.1 folgen die Antworten

$$Q_1^* = (100 - 6)/2 = 47, \quad Q_2^* = 37, \quad P_1^* = \frac{1}{2}(100 + 6) = 53, \quad P_2^* = 43$$

Der entsprechende Gewinn ist $P_1^* Q_1^* + P_2^* Q_2^* - 6(Q_1^* + Q_2^*) = 3578$.

(b) Falls die Preisdiskriminierung nicht zugelassen ist, ist $P_1 = P_2 = P$ und $Q_1 = 100 - P$, $Q_2 = 80 - P$ mit der Gesamtnachfrage $Q = Q_1 + Q_2 = 180 - 2P$. Dann ist $P = 90 - \frac{1}{2}Q$, so dass der Gewinn gegeben ist durch:

$$\pi = \left(90 - \tfrac{1}{2}Q\right)Q - 6Q = 84Q - \tfrac{1}{2}Q^2$$

Der Gewinn hat ein Maximum für $Q = 84$ mit $P = 48$. Der entsprechende Gewinn ist jetzt 3528 und somit ist der Rückgang des Gewinns $3578 - 3528 = 50$.

(c) Mit der Einführung der Steuer ist die neue Gewinnfunktion

$$\hat{\pi} = (100 - Q_1)Q_1 + (80 - Q_2)Q_2 - 6(Q_1 + Q_2) - \tau Q_1$$

Wir sehen leicht, dass diese ein Maximum hat an der Stelle $\hat{Q}_1 = 47 - \frac{1}{2}\tau$, $\hat{Q}_2 = 37$ mit den zugehörigen Preisen $\hat{P}_1 = 53 + \frac{1}{2}\tau$, $\hat{P}_2 = 43$. Die Steuer hat daher keinen Einfluss auf die Verkäufe in Markt 2, während die in Markt 1 verkaufte Menge geringer wird und der Preis in Markt 1 in die Höhe geht. Der maximale Gewinn errechnet sich leicht zu

$$\pi^* = \left(53 + \frac{1}{2}\tau\right)\left(47 - \frac{1}{2}\tau\right) + 43 \cdot 37 - 6\left(84 - \frac{1}{2}\tau\right) - \tau\left(47 - \frac{1}{2}\tau\right) = 3578 - 47\tau + \frac{1}{4}\tau^2$$

Somit, verglichen mit (a), verursacht die Einführung der Steuer, dass der Gewinn um $47\tau - \frac{1}{4}\tau^2$ fällt. Die Behörden in Markt 1 erzielen Steuereinnahmen der Höhe

$$T = \tau \hat{Q}_1 = \tau\left(47 - \frac{1}{2}\tau\right) = 47\tau - \frac{1}{2}\tau^2$$

Wir sehen daher, dass die Gewinne fallen um $\frac{1}{4}\tau^2$ mehr als die Steuereinnahmen. Dieser Betrag $\frac{1}{4}\tau^2$ stellt den so genannten Nettowohlfahrtsverlust durch die Steuer dar.

Ein monopolistisches Unternehmen sieht sich einer abwärts geneigten Nachfragekurve gegenüber. Ein *diskriminierender Monopolist* wie in Beispiel 13.4.1 hat es mit separaten abwärts geneigten Nachfragekurven in zwei oder mehr isolierten Märkten zu tun. Ein *monopsonistisches* Unternehmen andererseits hat es mit einer aufwärts geneigten Angebotskurve für einen oder mehrere seiner Produktionsfaktoren zu tun. Und dann, laut Definition hat es ein *diskriminierender Monopsonist* mit zwei oder mehr aufwärts geneigten Angebotskurven für verschiedene Arten desselben Inputs zu tun – z. B. Arbeitskräften verschiedener Rasse oder verschiedenen Geschlechts. Natürlich ist Diskriminierung nach Rasse oder Geschlecht in vielen Ländern illegal. Das folgende Beispiel jedoch enthält einen möglichen Grund, warum Unternehmen diskriminieren möchten, wenn es ihnen erlaubt ist.

Beispiel 13.4.3

(**Diskriminierender Monopsonist**) Betrachten Sie ein Unternehmen, das die Mengen L_1 und L_2 zweier Arten von Arbeit als einzigen Input verwendet, um den Output Q zu produzieren, entsprechend der einfachen Produktionsfunktion $Q = L_1 + L_2$. Daher werden sowohl Output als auch Arbeitsangebot so gemessen, dass jede Arbeitseinheit eine Einheit des Outputs produziert. Beachten Sie insbesondere, dass die beiden Arten der Arbeit im Wesentlichen ununterscheidbar sind, da jede Einheit von jeder Art einen gleich großen Beitrag zum Output des Unternehmens bewirkt. Nehmen Sie jedoch an, dass es zwei getrennte Arbeitsmärkte gibt mit verschiedenen inversen Angebotsfunktionen, die den Lohn angeben, der gezahlt werden muss, um ein gegebenes Arbeitsangebot zu erhalten. Nehmen Sie speziell an, dass

$$w_1 = \alpha_1 + \beta_1 L_1, \qquad w_2 = \alpha_2 + \beta_2 L_2$$

Nehmen Sie ferner an, dass das Unternehmen konkurrenzfähig in seinem Output ist, indem es den Preis P als fest betrachtet. Dann ist der Gewinn des Unternehmens

$$\pi(L_1, L_2) = PQ - w_1 L_1 - w_2 L_2 = P(L_1 + L_2) - (\alpha_1 + \beta_1 L_1)L_1 - (\alpha_2 + \beta_2 L_2)L_2$$

$$= (P - \alpha_1)L_1 - \beta_1 L_1^2 + (P - \alpha_2)L_2 - \beta_2 L_2^2$$

Das Unternehmen möchte den Gewinn maximieren. Die Bedingungen erster Ordnung sind

$$\pi'_1(L_1, L_2) = (P - \alpha_1) - 2\beta_1 L_1 = 0, \qquad \pi'_2(L_1, L_2) = (P - \alpha_2) - 2\beta_2 L_2 = 0$$

Diese haben die Lösungen

$$L_1^* = \frac{P - \alpha_1}{2\beta_1}, \qquad L_2^* = \frac{P - \alpha_2}{2\beta_2}$$

Es ist leicht zu sehen, dass die Bedingungen für ein Maximum in Theorem 13.2.1 erfüllt sind, so dass L_1^*, L_2^* tatsächlich den Gewinn maximieren, wenn $P > \alpha_1$ und $P > \alpha_2$. Der maximale Gewinn ist

$$\pi^* = \frac{(P - \alpha_1)^2}{4\beta_1} + \frac{(P - \alpha_2)^2}{4\beta_2}$$

Die entsprechenden Löhne sind

$$w_1^* = \alpha_1 + \beta_1 L_1^* = \tfrac{1}{2}(P + \alpha_1), \qquad w_2^* = \alpha_2 + \beta_2 L_2^* = \tfrac{1}{2}(P + \alpha_2)$$

Daher gilt $w_1^* = w_2^*$ nur, wenn $\alpha_1 = \alpha_2$. Im Allgemeinen ist der Lohn höher für den Typ von Arbeit, der einen höheren Lohn für sehr niedrige Niveaus des Arbeitsangebots verlangt. Vielleicht ist dies der Typ von Arbeit mit besseren Arbeitsaussichten anderswo.

Beispiel 13.4.4

(**Ökonometrie: Lineare Regression**) Angewandte Wirtschaftswissenschaften befassen sich damit, Daten zu analysieren, um ein Muster zu entdecken, das hilft die Vergangenheit zu verstehen und möglicherweise die Zukunft vorauszusagen. So können z. B. Preis- und Mengendaten für ein bestimmtes Gut wie Erdgas verwendet werden, um eine Nachfragekurve zu schätzen. Diese könnte dann verwendet werden, um vorauszusagen, wie die Nachfrage auf zukünftige Preisänderungen reagieren wird. Die am weitesten verbreitete Methode zum Schätzen solch einer Kurve ist die *lineare Regression*.

Gehen Sie davon aus, dass die Variable y von der Variablen x abhängt. Nehmen Sie an, dass wir Beobachtungen (x_t, y_t) beider Variablen zu den Zeiten $t = 1, 2, \ldots, T$ zur Verfügung haben. Dann versucht die Methode der linearen Regression, eine lineare Funktion

$$y = \alpha + \beta x$$

an die Daten anzupassen, wie es in Abb. 13.4.1 angedeutet ist.

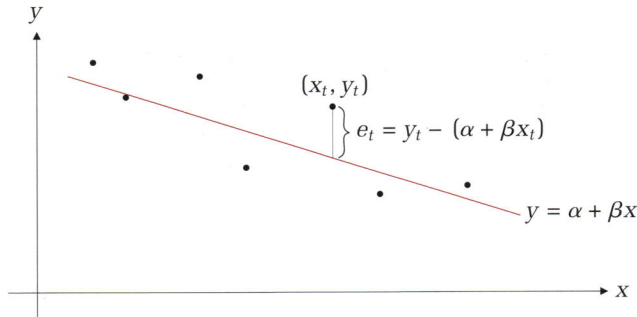

Abbildung 13.4.1: Lineare Regression

Natürlich ist eine exakte Anpassung nur dann möglich, wenn es Zahlen α und β gibt, für die $y_t = \alpha + \beta x_t$ für $t = 1, 2, \ldots, T$. Dies wird nur sehr selten möglich sein. Im Allgemeinen können jedoch α und β so gewählt werden, dass man stattdessen hat

$$y_t = \alpha + \beta x_t + e_t, \qquad t = 1, 2, \ldots, T$$

Dabei ist e_t ein *Fehlerterm* oder eine *Störgröße*. Offensichtlich hofft man, dass die Fehlerterme im Durchschnitt klein sein werden. Deshalb werden die Parameter α und

β so gewählt, dass die Fehler irgendwie so „klein wie möglich" werden. Eine Idee wäre, die Summe $\sum_{t=1}^{T}(y_t - \alpha - \beta x_t)$ gleich Null zu setzen. Jedoch würden in diesem Fall große positive Abweichungen große negative Abweichungen aufheben. In der Tat ist es möglich, dass die Summe der Fehler Null ist, selbst wenn die Gerade weit davon entfernt ist, eine perfekte oder nur eine gute Anpassung zu ergeben. Wir müssen irgendwie dafür Sorge tragen, dass große positive Fehler nicht große negative Fehler aufheben. Dies wird erreicht durch die Minimierung der „Verlust"funktion

$$L(\alpha, \beta) = \frac{1}{T} \sum_{t=1}^{T} e_t^2 = \frac{1}{T} \sum_{t=1}^{T}(y_t - \alpha - \beta x_t)^2 \quad \textbf{(Verlustfunktion)} \qquad (*)$$

Diese ist gleich dem mittleren (oder durchschnittlichen) quadratischen Fehler. Ausmultiplizieren der Quadrate ergibt

$$L(\alpha, \beta) = \frac{1}{T} \sum_{t=1}^{T}(y_t^2 + \alpha^2 + \beta^2 x_t^2 - 2\alpha y_t - 2\beta x_t y_t + 2\alpha\beta x_t)$$

Dies ist eine quadratische Funktion von α und β. Wir werden zeigen, wie man die *gewöhnlichen Kleinste-Quadrate-Schätzer* von α und β erhält. Bevor wir dies jedoch tun, ist es hilfreich, einige Standardnotationen einzuführen. Schreiben Sie

$$\mu_x = \frac{x_1 + \cdots + x_T}{T} = \frac{1}{T} \sum_{t=1}^{T} x_t, \qquad \mu_y = \frac{y_1 + \cdots + y_T}{T} = \frac{1}{T} \sum_{t=1}^{T} y_t$$

für die *statistischen Mittelwerte* von x_t bzw. y_t. Und schreiben Sie

$$\sigma_{xx} = \frac{1}{T} \sum_{t=1}^{T}(x_t - \mu_x)^2, \qquad \sigma_{yy} = \frac{1}{T} \sum_{t=1}^{T}(y_t - \mu_y)^2, \qquad \sigma_{xy} = \frac{1}{T} \sum_{t=1}^{T}(x_t - \mu_x)(y_t - \mu_y)$$

für die *statistischen Varianzen* von x_t und y_t bzw. die *Kovarianz*. Im folgenden werden wir annehmen, dass die x_t *nicht alle gleich sind*. Dann ist insbesondere $\sigma_{xx} > 0$.

Mit dem Resultat in Beispiel 1.9.2 erhalten wir:

$$\sigma_{xx} = \frac{1}{T} \sum_{t=1}^{T} x_t^2 - \mu_x^2 \quad \text{und} \quad \sigma_{yy} = \frac{1}{T} \sum_{t=1}^{T} y_t^2 - \mu_y^2$$

Ferner ist leicht zu verifizieren, dass analog:

$$\sigma_{xy} = \frac{1}{T} \sum_{t=1}^{T} x_t y_t - \mu_x \mu_y$$

Für den Ausdruck von $L(\alpha, \beta)$ erhält man dann

$$L(\alpha, \beta) = (\sigma_{yy} + \mu_y^2) + \alpha^2 + \beta^2(\sigma_{xx} + \mu_x^2) - 2\alpha\mu_y - 2\beta(\sigma_{xy} + \mu_x\mu_y) + 2\alpha\beta\mu_x$$
$$= \alpha^2 + \mu_y^2 + \beta^2\mu_x^2 - 2\alpha\mu_y - 2\beta\mu_x\mu_y + 2\alpha\beta\mu_x + \beta^2\sigma_{xx} - 2\beta\sigma_{xy} + \sigma_{yy}$$

Die Bedingungen erster Ordnung für ein Minimum von $L(\alpha, \beta)$ nehmen die folgende Form an

$$L_1'(\alpha, \beta) = 2\alpha - 2\mu_y + 2\beta\mu_x = 0$$

$$L_2'(\alpha, \beta) = 2\beta\mu_x^2 - 2\mu_x\mu_y + 2\alpha\mu_x + 2\beta\sigma_{xx} - 2\sigma_{xy} = 0$$

Beachten Sie, dass $L_2'(\alpha, \beta) = \mu_x L_1'(\alpha, \beta) + 2\beta\sigma_{xx} - 2\sigma_{xy}$. Somit ist die einzige stationäre Stelle von $L(\alpha, \beta)$ gleich $(\hat{\alpha}, \hat{\beta})$, wobei

$$\hat{\beta} = \frac{\sigma_{xy}}{\sigma_{xx}} \quad \text{und} \quad \hat{\alpha} = \mu_y - \hat{\beta}\mu_x = \mu_y - \left(\frac{\sigma_{xy}}{\sigma_{xx}}\right)\mu_x \qquad (**)$$

Ferner ist $L_{11}'' = 2$, $L_{12}'' = 2\mu_x$, $L_{22}'' = 2\mu_x^2 + 2\sigma_{xx}$. Damit ist $L_{11}'' \geq 0$, $L_{22}'' \geq 0$ und

$$L_{11}'' L_{22}'' - (L_{12}'')^2 = 2(2\mu_x^2 + 2\sigma_{xx}) - (2\mu_x)^2 = 4\sigma_{xx} = 4T^{-1}\sum_{t=1}^{T}(x_t - \mu_x)^2 \geq 0$$

Wir schließen, dass die Bedingungen in Theorem 13.1.2(b) erfüllt sind, und dass deshalb das Paar $(\hat{\alpha}, \hat{\beta})$, das durch $(**)$ gegeben ist, $L(\alpha, \beta)$ minimiert. Das Problem ist damit vollständig gelöst:

Die Gerade $y = \hat{\alpha} + \hat{\beta}x$ mit der besten Anpassung an die Beobachtungen (x_1, y_1), $(x_2, y_2), \ldots, (x_T, y_T)$ in dem Sinne, dass der mittlere quadratische Fehler in $(*)$ minimiert wird, ist diejenige, für die $\hat{\alpha}$ und $\hat{\beta}$ durch die Ausdrücke in $(**)$ gegeben sind.

Beachten Sie insbesondere, dass die geschätzte Gerade durch den Mittelwert (μ_x, μ_y) der beobachteten Paare (x_t, y_t), $t = 1, \ldots, T$ geht. Außerdem erhalten wir mit ein wenig mühsamer Algebra

$$L(\alpha, \beta) = (\alpha + \beta\mu_x - \mu_y)^2 + \sigma_{xx}(\beta - \sigma_{xy}/\sigma_{xx})^2 + (\sigma_{xx}\sigma_{yy} - \sigma_{xy}^2)/\sigma_{xx}$$

Die beiden ersten Terme auf der rechten Seite sind immer nichtnegativ und für $\alpha = \hat{\alpha}$ und $\beta = \hat{\beta}$ sind sie Null. Dies bestätigt, dass $\hat{\alpha}$ und $\hat{\beta}$ den minimalen Wert von $L(\alpha, \beta)$ ergeben.

Aufgaben für Kapitel 13.4

1. Nehmen Sie an, dass der Monopolist in Beispiel 13.4.1 die zwei inversen Nachfragefunktionen $P_1 = 200 - 2Q_1$ und $P_2 = 180 - 4Q_2$ hat und dass die Kostenfunktion $C = 20(Q_1 + Q_2)$ ist.

   (a) Wie viel sollte in den zwei Märkten verkauft werden, um den Gesamtgewinn zu maximieren? Welches sind die entsprechenden Preise?

   (b) Wie viel Gewinn geht verloren, wenn es illegal ist, zu diskriminieren?

   (c) Diskutieren Sie die Konsequenzen, falls im Markt 1 auf jede verkaufte Einheit eine Steuer der Höhe $\tau = 5$ erhoben wird.

2. Ein Unternehmen produziert und verkauft ein Produkt in zwei getrennten Märkten. Wenn der Preis im Markt A gleich p pro Tonne und der Preis in Markt B gleich q pro Tonne ist, dann ist die Nachfrage in den zwei Märkten gleich

$$Q_A = a - bp, \qquad Q_B = c - dq$$

   Die Kostenfunktion ist $C(Q_A, Q_B) = \alpha + \beta(Q_A + Q_B)$, und alle Konstanten sind positiv.

   (a) Bestimmen Sie den Gewinn π des Unternehmens als Funktion der Preise p und q und bestimmen Sie dann dasjenige Paar (p^*, q^*), das den Gewinn maximiert.

→ Fortsetzung

(b) Nehmen Sie an, dass es gesetzeswidrig ist, durch die Preise zu diskriminieren, so dass das Unternehmen denselben Preis in den beiden Märkten erheben muss. Welcher Preis $\hat{p}$ maximiert jetzt den Gewinn?

(c) Bestimmen Sie für den Fall $\beta = 0$ den Rückgang des Gewinns für das Unternehmen, wenn es denselben Preis in beiden Märkten erheben muss. Kommentar?

3. Diskutieren Sie für Beispiel 13.4.1 den Effekt einer in Markt 1 erhobenen Steuer der Höhe τ pro Einheit von Q_1.

4. Die folgende Tabelle zeigt das Norwegische Bruttosozialprodukt (BSP) und die Ausgaben für Auslandshilfe (AH) für den Zeitraum 1970–1973 (in Millionen Kronen).

Jahr	1970	1971	1972	1973
BSP	79 835	89 112	97 339	110 156
AH	274	307	436	524

Das Wachstum von beiden BSP und AH war annähernd exponentiell während der Periode, so dass approximativ BSP $= Ae^{a(t-t_0)}$ mit $t_0 = 1970$. Sei $x = t - t_0$ und $b = \ln A$. Dann ist $\ln(\text{BSP}) = ax + b$. Auf der Basis der obigen Tabelle erhält man:

Jahr	1970	1971	1972	1973
$y = \ln(\text{BSP})$	11.29	11.40	11.49	11.61

(a) Bestimmen Sie nach der Methode der kleinsten Quadrate die Gerade $y = ax + b$, die sich den Daten in der letzten Tabelle am besten anpasst.

(b) Wiederholen Sie die obige Methode, um c und d zu schätzen, wobei $\ln(\text{AH}) = cx + d$.

(c) Norwegen hat sich als Ziel gesetzt, letztendlich 1% seines BSP als Auslandshilfe zu geben. Wann wird Norwegen dieses Ziel erreicht haben, wenn der zeitliche Trend der beiden Variablen sich so wie in der Periode 1970–1973 fortsetzt?

5. **(Duopol)** Jedes von zwei Unternehmen A und B produziert seine eigene Marke eines Gutes wie z. B. Mineralwasser in den mit x und y bezeichneten Mengen, und diese werden zu den Preisen p bzw. q pro Einheit verkauft. Jedes Unternehmen bestimmt seinen eigenen Preis und produziert genau so viel, wie nachgefragt wird. Die Nachfragen nach den beiden Marken sind gegeben durch

$$x = 29 - 5p + 4q, \qquad y = 16 + 4p - 6q$$

Unternehmen A hat Gesamtkosten von $5 + x$, während Unternehmen B Gesamtkosten von $3 + 2y$ hat. (Setzen Sie voraus, dass die Funktionen Maxima haben und zwar bei positiven Preisen.)

(a) Anfangs konspirieren die beiden Unternehmen, um den zusammengefassten Gewinn zu maximieren, wie es ein Monopolist tun würde. Bestimmen Sie die Preise (p, q), die Produktionsniveaus (x, y) und die Gewinne der Unternehmen A und B.

(b) Dann wurde Konspiration durch eine Anti-Trust-Gesetzgebung verboten und jeder Unternehmer maximierte seinen eigenen Gewinn und nahm die Preise des anderen als gegeben an. Wie wird A den Preis p als eine Funktion $p = p_A(q)$ von q wählen, wenn q fest ist? Wie wird B den Preis q als eine Funktion $q = q_B(p)$ von p wählen, wenn p fest ist?

→

➡ Fortsetzung

(c)   Welche konstanten Gleichgewichtspreise sind unter den Annahmen in Teil (b) möglich? Wie hoch sind die Produktionsniveaus und die Gewinne in diesem Fall?

(d)   Zeichnen Sie ein Diagramm mit p entlang der horizontalen Achse und q entlang der vertikalen Achse und zeichnen Sie die „Reaktions"kurven $p_A(q)$ und $q_B(p)$. Zeigen Sie an dem Diagramm, wie sich die Preise der beiden Unternehmen ändern, wenn A zuerst die Kooperation bricht, indem es den eigenen Gewinn maximiert und dabei den Anfangspreis von B als fest annimmt. Dann antwortet B, indem es seinen Gewinn mit dem Preis von A als fest maximiert, dann antwortet A usw.

▶ Lösungen zu den Aufgaben finden Sie im Anhang des Buches.

13.5   Der Extremwertsatz

Wie bei Funktionen einer Variablen ist es leicht, Beispiele von Funktionen mehrerer Variablen zu finden, die keine Maximum- oder Minimumstellen haben. Der Extremwertsatz, Theorem 8.4.1, war jedoch sehr nützlich, um hinreichende Bedingungen bereitzustellen, die die Existenz von Extremstellen für Funktionen einer Variablen garantieren. Er kann direkt auf Funktionen mehrerer Variablen verallgemeinert werden. Um das Theorem formulieren zu können, benötigen wir jedoch einige neue Konzepte.

Für viele Resultate, die Funktionen einer Variablen betrafen, war es wichtig zwischen verschiedenen Arten des Definitionsbereiches der Funktionen zu unterscheiden. Für Funktionen mehrerer Variablen ist die Unterscheidung zwischen verschiedenen Arten des Definitionsbereiches nicht weniger wichtig. Im Fall einer Variablen waren die meisten Funktionen auf Intervallen definiert und es gibt nicht viele verschiedene Arten von Intervallen. Für Funktionen mehrerer Variablen gibt es jedoch viele verschiedene Arten von Definitionsbereichen. Glücklicherweise können die Unterscheidungen, die für den Extremwertsatz relevant sind, getroffen werden, indem man nur die Konzepte der offenen, abgeschlossenen und beschränkten Mengen verwendet.

Ein Punkt (a, b) wird ein **innerer Punkt** einer Menge S in der Ebene genannt, wenn ein Kreis mit Mittelpunkt (a, b) *existiert*, so dass alle Punkte, die strikt innerhalb des Kreises liegen, in S liegen. (Siehe Abb. 13.5.1.) Eine Menge wird **offen** genannt, wenn sie nur aus inneren Punkten besteht, wie es in der zweiten Menge in Abb. 13.5.1 dargestellt wird, wo wir Randpunkte, die zu der Menge gehören, durch eine durchgezogene Linie andeuten, und Randpunkte, die nicht zu der Menge gehören, durch eine gestrichelte Linie.) Der Punkt (a, b) wird ein **Randpunkt** einer Menge S genannt, wenn *jeder* Kreis mit Mittelpunkt (a, b) sowohl Punkte von S als auch Punkte aus seinem Komplement enthält, wie in dem ersten Bild dargestellt.

Ein Randpunkt von S liegt nicht notwendig in S. Wenn S alle seine Randpunkte enthält, wird S **abgeschlossen** genannt– dies ist der Fall für die dritte Menge in Abb. 13.5.1. Beachten Sie, dass eine Menge, die einige, aber nicht alle ihrer Randpunkte enthält, wie die letzte der in Abb. 13.5.1 dargestellten Menge, weder offen noch abgeschlossen ist. Tatsächlich ist eine Menge genau dann abgeschlossen, wenn ihr Komplement offen ist.[12]

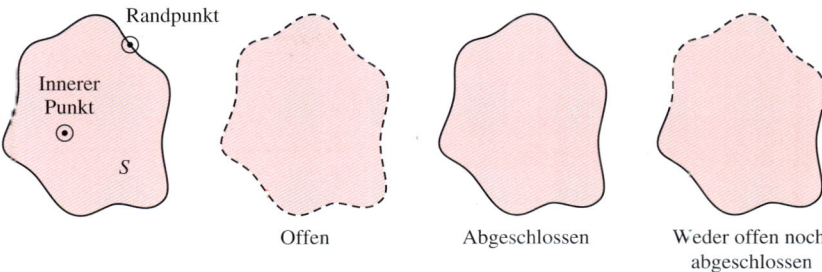

Abbildung 13.5.1: Offene und abgeschlossene Mengen

Diese Illustrationen geben nur sehr vage Indikationen dafür, was es bedeutet, ob eine Menge offen oder abgeschlossen ist. Wenn eine Menge nicht einmal präzise definiert ist, ist es natürlich unmöglich zu entscheiden, ob sie offen oder abgeschlossen ist.

In vielen Optimierungsproblemen, die in den Wirtschaftswissenschaften betrachtet werden, werden Mengen durch eine oder mehrere Ungleichungen definiert und Randpunkte entstehen dort, wo eine oder mehrere dieser Ungleichungen mit Gleichheit erfüllt sind. So ist z. B. für positive Parameter p, q und m die (Budget-)Menge der Punkte (x, y), die die Ungleichungen

$$px + qy \leq m, \quad x \geq 0, \quad y \geq 0 \tag{$*$}$$

erfüllen, abgeschlossen. Diese Menge ist ein Dreieck, wie in Abb. 4.4.12 gezeigt Ihr Rand besteht aus den drei Seiten des Dreiecks. Jede der drei Seiten gehört zu dem Fall, in dem eine der Ungleichungen in ($*$) mit Gleichheit erfüllt ist. Andererseits ist die Menge, die entsteht, wenn man $\leq$ durch $<$ und $\geq$ durch $>$ in ($*$) ersetzt, offen.

Im Allgemeinen gilt: Wenn $g(x, y)$ eine stetige Funktion und c eine reelle Zahl ist, so sind die Mengen

$$\{(x, y): g(x, y) \geq c\}, \qquad \{(x, y): g(x, y) \leq c\}, \qquad \{(x, y): g(x, y) = c\}$$

alle abgeschlossen. Wenn $\geq$ durch $>$ oder $\leq$ durch $<$ oder $=$ durch $\neq$ ersetzt wird, so sind die entsprechenden Mengen offen.

Eine Menge in der Ebene ist **beschränkt**, wenn die ganze Menge in einem hinreichend großen Kreis enthalten ist. Die Mengen in Abb. 13.5.1 und das Budget-Dreieck in Abb. 4.4.12 sind alle beschränkt. Andererseits ist die Menge aller (x, y) mit $x \geq 1$ und $y \geq 0$, die in Abb. 11.1.1 zu sehen ist, eine abgeschlossene, aber unbeschränkte Menge. Sie ist abgeschlossen, da sie alle ihre Randpunkte enthält. Aber sie ist unbeschränkt, da kein Kreis mit endlichem Radius sie ganz umschließen kann. Dieses

---

[12] In der Umgangssprache haben die Wörter „offen" und „abgeschlossen" entgegengesetzte Bedeutung: ein Geschäft ist entweder offen oder (ab)geschlossen. In der Topologie ist jedoch eine Menge, die einige aber nicht alle Randpunkte enthält, weder offen noch abgeschlossen. Um die Sache noch seltsamer zu machen: In der Topologie existieren immer Mengen, die sowohl offen *als auch* abgeschlossen sind. Dies wird in FMEA erklärt.

Beispiel zeigt, dass abgeschlossene Mengen nicht beschränkt sein müssen. Die umgekehrte Implikation gilt auch nicht: die in Abb. 11.1.2 dargestellte Menge ist weder offen noch abgeschlossen, aber sie ist beschränkt. Wichtig: Eine Menge in der Ebene, die sowohl abgeschlossen als auch beschränkt ist, wird oft **kompakt** genannt.

Wir sind nun in der Lage, das Hauptresultat in diesem Abschnitt zu formulieren.

Theorem 13.5.1 (Extremwertsatz)

Wenn die Funktion $f(x, y)$ in einer nichtleeren, abgeschlossenen und beschränkten Menge S in der Ebene stetig ist, dann existiert sowohl eine Stelle (a, b) in S, an der f ein Minimum hat als auch eine Stelle (c, d) in S, an der f ein Maximum hat – d. h.

$$f(a, b) \leq f(x, y) \leq f(c, d) \qquad \text{für alle } (x, y) \text{ in } S$$

Theorem 13.5.1 ist ein reines Existenztheorem. Es sagt uns nicht, *wie* die Extrempunkte zu *finden* sind. Den Beweis findet man in den meisten Lehrbüchern der angewandten Analysis und in FMEA. Obwohl die Bedingungen in dem Theorem *hinreichend* sind, die Existenz von Extrempunkten zu garantieren, sind sie weit davon entfernt, auch notwendig zu sein, wie in Kap. 8.4 erörtert wird.

Das Auffinden der Maxima und Minima

Kap. 13.1 und 13.2 präsentierten einige einfache Fälle, in denen wir Maximum- und Minimumstellen einer Funktion von zwei Variablen finden konnten, indem wir die stationären Stellen bestimmen. Das Verfahren, das wir im Folgenden beschreiben, deckt viele weitere Optimierungsprobleme ab.

Das Auffinden der Maxima und Minima

Um die Maximum- und Minimumwerte einer differenzierbaren Funktion $f(x, y)$, die auf einer abgeschlossenen, beschränkten Menge S in der Ebene definiert ist, gehen Sie wie folgt vor:

(i)   Bestimmen Sie alle stationären Stellen von f im Innern von S.

(ii) Bestimmen Sie den größten und den kleinsten Wert von f auf dem Rand von S und die zugehörige Stelle. (Wenn es angebracht ist, den Rand in mehrere Teilstücke zu unterteilen, so bestimmen Sie den größten und den kleinsten Wert in jedem Teilstück des Randes.)

(iii) Berechnen Sie die Werte der Funktion an allen Stellen, die Sie in (i) und (ii) gefunden haben. Der größte Funktionswert ist der Maximalwert von f in S. Der kleinste Funktionswert ist der Minimalwert von f in S.

(13.5.1)

Wir wollen dieses Vorgehen an der Funktion ausprobieren, deren Graph in Abb. 13 5.2 dargestellt ist.[13] Die Funktion hat einen rechteckigen Definitionsbereich S von Punkten (x, y) in der Ebene. Die einzige stationäre Stelle von von f ist (x_0, y_0), die dem Punkt P auf dem Graphen entspricht. Der Rand von S besteht aus vier Streckenabschnitten. Der Punkt R, der senkrecht über einem der Eckpunkte von S liegt, repräsentiert den Maximalwert von f entlang des Randes; ähnlich repräsentiert Q den Minimalwert von f entlang des Randes. Die einzigen Kandidaten für ein Maximum/Minimum sind daher die drei Punkte P, Q und R. Indem wir die Funktionswerte von f in diesen Punkten vergleichen, sehen wir, dass P den Minimalwert darstellt, während R den Maximalwert von f in S darstellt.

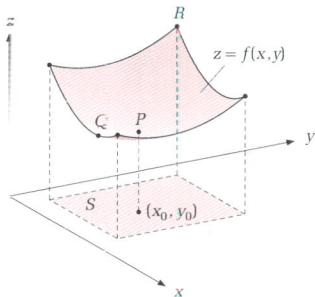

Abbildung 13.5.2 Bestimmung der Maxima und Minima

Als angehender Ökonom werden Sie sicherlich froh sein zu hören, dass die meisten Optimierungsprobleme in den Wirtschaftswissenschaften, besonders die in Lehrbüchern erscheinenden, selten so viele Schwierigkeiten hervorrufen, dass das vollständige Rezept nötig ist. Gewöhnlich gibt es ein inneres Optimum, das bestimmt werden kann, indem man alle partiellen Ableitungen erster Ordnung gleich Null setzt. Bedingungen, die für dieses einfachere Vorgehen hinreichend sind, wurden bereits in Kap. 13.2 erörtert. Trotzdem betrachten wir ein Beispiel eines schwereren Problems,

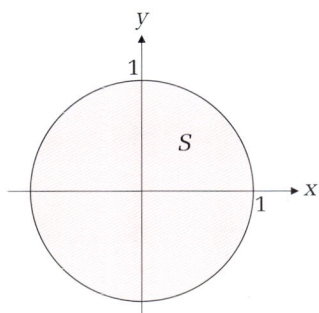

Abbildung 13.5.3: Der Definitionsbereich in Beispiel 13.5.1

[13] Da die Funktion nicht analytisch angegeben ist, können wir nur ein grobes geometrisches Argument verwenden.

das illustriert, wie das gesamte Rezept manchmal gebraucht wird. Dieses Rezept wird auch in mehreren Aufgaben zu diesem Unterkapitel benötigt. Insbesondere bietet Aufgabe 3 ein ökonomisches Beispiel.

Beispiel 13.5.1

Bestimmen Sie die Extremwerte von $f(x, y)$, definiert auf S, wenn

$$f(x, y) = x^2 + y^2 + y - 1, \qquad S = \{(x, y): x^2 + y^2 \leq 1\}$$

Lösung: Die Menge S besteht aus allen Punkten auf oder innerhalb des Kreises mit Radius 1 und Mittelpunkt im Ursprung, wie in Abb. 13.5.3 gezeigt. Die stetige Funktion f wird nach dem Extremwertsatz ihr Maximum und Minimum auf S annehmen.

Nach dem vorausgegangenen Rezept beginnen wir mit der Bestimmung aller stationären Stellen im Innern von S. Diese stationären Stellen erfüllen die zwei Gleichungen

$$f_1'(x, y) = 2x = 0, \qquad f_2'(x, y) = 2y + 1 = 0$$

Somit ist $(x, y) = (0, -1/2)$ die einzige stationäre Stelle und es ist ein innerer Punkt von S mit $f(0, -1/2) = -5/4$.

Der Rand von S besteht aus dem Kreis $x^2 + y^2 = 1$. Beachten Sie: Wenn (x, y) auf dem Kreis liegt, dann liegen sowohl x als auch y im Intervall $[-1, 1]$. Das Einsetzen von $x^2 + y^2 = 1$ in den Ausdruck für $f(x, y)$ zeigt, dass der Wert von f *entlang des Randes von S* durch die folgende Funktion einer Variablen bestimmt ist:

$$g(y) = 1 + y - 1 = y, \qquad y \in [-1, 1]$$

Der Maximalwert von g ist 1 für $y = 1$ und damit $x = 0$. Der Minimalwert ist -1, wenn $y = -1$ und damit wiederum $x = 0$.

Wir haben nun die drei einzig möglichen Kandidaten für Extremstellen gefunden, nämlich $(0, -1/2)$, $(0, 1)$ und $(0, -1)$. Nun ist $f(0, -1/2) = -5/4$, $f(0, 1) = 1$ und $f(0, -1) = -1$. Wir schließen daraus, dass der *Maximalwert* von f in S gleich 1 ist und in $(0, 1)$ angenommen wird, während der *Minimalwert* gleich $-5/4$ ist und in $(0, -1/2)$ angenommen wird.

Aufgaben für Kapitel 13.5

1.   Es sei $f(x, y) = 4x - 2x^2 - 2y^2$, $S = \{(x, y): x^2 + y^2 \leq 25\}$.

     (a)   Berechnen Sie $f_1'(x, y)$ und $f_2'(x, y)$ und bestimmen Sie dann die einzige stationäre Stelle von f.

     (b)   Bestimmen Sie die Extremstellen von f in S.

2.   Bestimmen Sie die Maximum- und Minimumstellen für die folgenden Funktionen:

     (a) $f(x, y) = x^3 + y^3 - 9xy + 27$ für $0 \leq x \leq 4$ und $0 \leq y \leq 4$.

     (b) $f(x, y) = x^2 + 2y^2 - x$ für $x^2 + y^2 \leq 1$.

→ Fortsetzung

3. In einer Untersuchung über die Mengen x und y des Erdgases, die Westeuropa aus Norwegen bzw. Sibirien importieren sollte, wurde angenommen, dass der Nutzen gegeben ist durch die Funktion

$$f(x, y) = 9x + 8y - 6(x + y)^2$$

Wegen Kapazitätsbeschränkungen müssen x und y die Ungleichungen $0 \leq x \leq 5$ und $0 \leq y \leq 3$ erfüllen. Schließlich war man aus politischen Gründen der Meinung, dass der Anteil der Importe aus Norwegen an den Gesamtimporten nicht zu klein sein sollte, so dass gelten sollte $x \geq 2(y - 1)$ oder gleich bedeutend $-x + 2y \leq 2$. Zeichnen Sie in der xy-Ebene die Menge S aller Punkte, die diese drei Einschränkungen erfüllen und bestimmen Sie dann die Größen, die den Nutzen unter diesen Bedingungen maximieren.

4. Betrachten Sie die Funktion $f(x, y) = ax^2y + bxy + 2xy^2 + c$.

(a) Bestimmen Sie Werte der Konstanten a, b und c, so dass f ein lokales Minimum in dem Punkt $(2/3, 1/3)$ hat mit dem lokalen Minimalwert $-1/9$.

(b) Bestimmen Sie mit den in Teil (a) gefundenen Werten für a, b und c den Maximal- und Minimalwert von f über der Menge $S = \{(x, y) : x \geq 0, y \geq 0, 2x + y \leq 4\}$.

5. Betrachten Sie die Funktion $f(x, y) = xe^{-x}(y^2 - 4y)$.

(a) Bestimmen Sie alle stationären Stellen von f und klassifizieren Sie diese, indem Sie den Test der partiellen Ableitungen zweiter Ordnung verwenden.

(b) Zeigen Sie, dass f weder ein globales Maximum noch ein globales Minimum besitzt.

(c) Gegeben sei $S = \{(x, y) : 0 \leq x \leq 5, \ 0 \leq y \leq 4\}$. Zeigen Sie, dass f eine globale Maximum- und eine globale Minimumstelle in S hat und bestimmen Sie diese.

(d) Bestimmen Sie die Steigung der Tangente an die Höhenlinie $xe^{-x}(y^2 - 4y) = e - 4$ in dem Punkt, in dem $x = 1$ und $y = 4 - e$ gilt.

6. Welche der folgenden Mengen sind offen, abgeschlossen, beschränkt oder kompakt?

(a) $\{(x, y) : 5x^2 + 5y^2 \leq 9\}$ (b) $\{(x, y) : x^2 + y^2 > 9\}$ (c) $\{(x, y) : 0 \leq x^2 + y^2 \leq 9\}$

(d) $\{(x, y) : 2x + 5y \geq 6\}$ (e) $\{(x, y) : 5x + 8y = 8\}$ (f) $\{(x, y) : 5x + 8y > 8\}$

Anspruchsvollere Aufgabe

7. Finden Sie ein Beispiel einer unstetigen Funktion g einer Variablen, so dass die Menge $\{x : g(x) \leq 1\}$ nicht abgeschlossen ist.

► Lösungen zu den Aufgaben finden Sie im Anhang des Buches.

13.6   Der allgemeine Fall

Bisher haben wir in diesem Kapitel nur Optimierungsprobleme für Funktionen von zwei Variablen betrachtet. Um darauf vorbereitet zu sein, moderne ökonomische Theorie zu verstehen, müssen wir die Analysis auf eine beliebige Anzahl von Variablen erweitern.

Es gibt sehr naheliegende Erweiterungen der Definitionen von Maximum- und Minimumstellen, Extremstellen usw. Wenn $f(\mathbf{x}) = f(x_1, \ldots, x_n)$ eine Funktion von n Variablen ist, die auf einer Menge S in $\mathbb{R}^n$ definiert ist, dann ist $\mathbf{c} = (c_1, \ldots, c_n)$ eine (globale) **Maximumstelle** für f in S, falls

$$f(\mathbf{x}) \leq f(\mathbf{c}) \qquad \text{für alle } \mathbf{x} \text{ in } S \tag{13.6.1}$$

Wenn dies der Fall ist, dann ist $-f(\mathbf{x}) \geq -f(\mathbf{c})$ für alle $\mathbf{x}$ in S. Daher maximiert $\mathbf{c}$ die Funktion f auf S genau dann, wenn $\mathbf{c}$ die Funktion $-f$ auf S minimiert. Wir können diese einfache Beobachtung verwenden, um Maximierungsprobleme in Minimierungsprobleme umzuwandeln und umgekehrt.[14]

Die Konzepte von inneren Punkten und Randpunkten und von offenen, abgeschlossenen und beschränkten Mengen sind auch sehr leicht zu verallgemeinern. Definieren Sie zuerst den **Abstand** zwischen den Punkten $\mathbf{x} = (x_1, \ldots, x_n)$ und $\mathbf{y} = (y_1, \ldots, y_n)$ durch

$$\|\mathbf{x} - \mathbf{y}\| = \sqrt{(x_1 - y_1)^2 + (x_2 - y_2)^2 + \cdots + (x_n - y_n)^2} \tag{13.6.2}$$

Für $n = 1, 2$ und 3 reduziert sich dies auf den früher erörterten Abstandsbegriff. Wenn insbesondere $\mathbf{y} = \mathbf{0}$ ist, dann ist

$$\|\mathbf{x}\| = \sqrt{x_1^2 + x_2^2 + \cdots + x_n^2}$$

der Abstand zwischen $\mathbf{x}$ und dem Ursprung. Die Zahl $\|\mathbf{x}\|$ wird auch die **Norm** oder die **Länge** des Vektors $\mathbf{x}$ genannt.

Eine **offene n-Kugel** mit Mittelpunkt $\mathbf{a} = (a_1, \ldots, a_n)$ und Radius r ist die Menge aller Punkte $\mathbf{x} = (x_1, \ldots, x_n)$, so dass $\|\mathbf{x} - \mathbf{a}\| < r$ gilt. Die Definitionen in Kap. 13.5 des inneren Punktes, der offenen Menge, des Randpunktes, der abgeschlossenen Menge, der beschränkten und der kompakten Menge bleiben alle gültig für Mengen im $\mathbb{R}^n$, wenn wir das Wort „Kreis" durch „n-Kugel" ersetzen. Wenn A eine beliebige Menge in $\mathbb{R}^n$ ist, so definieren wir das **Innere** von A als die Menge der inneren Punkte in A. Wenn A offen ist, so ist das Innere von A die Menge A selbst.[15]

Wenn $g(\mathbf{x}) = g(x_1, \ldots, x_n)$ eine stetige Funktion und c eine reelle Zahl ist, dann ist jede der drei Mengen $\{\mathbf{x} : g(\mathbf{x}) \geq c\}$, $\{\mathbf{x} : g(\mathbf{x}) \leq c\}$ und $\{\mathbf{x} : g(\mathbf{x}) = c\}$ abgeschlossen. Falls $\geq$ ersetzt wird durch $>$, $\leq$ durch $<$ oder $=$ durch $\neq$, so sind die entsprechenden Mengen offen.

Eine **stationäre Stelle** für eine Funktion von n Variablen ist eine Stelle, an der alle partiellen Ableitungen erster Ordnung 0 sind. Wir haben die folgende wichtige Verallgemeinerung von Theorem 13.1.1:

---

[14] Erinnern Sie sich an Abb. 8.1.1, die dies für den Fall von Funktionen einer Variablen illustriert.
[15] Diese topologischen Definitionen und Resultate werden ausführlich in FMEA behandelt.

Theorem 13.6.1 (Notwendige Bedingungen für innere Extrema)

Die Funktion f sei definiert auf einer Menge S in $\mathbb{R}^n$ und $\boldsymbol{c} = (c_1, \ldots, c_n)$ sei ein innerer Punkt in S, in dem f differenzierbar ist. Eine notwendige Bedingung für eine Maximum- oder Minimumstelle von f in $\boldsymbol{c}$ ist, dass $\boldsymbol{c}$ eine stationäre Stelle von f ist – d. h. $\boldsymbol{x} = \boldsymbol{c}$ erfüllt die n **Bedingungen erster Ordnung**, d. h. für jedes $i = 1, \ldots, n$ gilt:

$$f_i'(\boldsymbol{x}) = 0 \tag{13.6.3}$$

Wir haben schon alles zur Verfügung, was wir brauchen, um dieses Theorem zu beweisen.

Halten Sie i ($1 \leq i \leq n$) fest und definieren Sie die Funktion

$$g(x) = f(c_1, \ldots, c_{i-1}, x_i, c_{i+1}, \ldots, c_n)$$

Der jeweilige Definitionsbereich besteht aus denjenigen x_i, für die $(c_1, \ldots, c_{i-1}, x_i, c_{i+1}, \ldots, c_n)$ zu S gehört. Falls $\boldsymbol{c} = (c_1, \ldots, c_n)$ eine Maximumstelle für f ist, so muss die Funktion g einer Variablen ein Maximum in $x = c_i$ annehmen. Da $\boldsymbol{c}$ ein innerer Punkt von S ist, folgt, dass c_i auch ein innerer Punkt im Definitionsbereich von g ist. Daher muss nach Theorem 8.1.1 gelten: $g'(c_i) = 0$. Aber $g'(c_i) = f_i'(c_1, \ldots, c_n)$, so dass die Behauptung folgt. Das Argument ist identisch, wenn $\boldsymbol{c}$ eine Minimumstelle ist.

Der Extremwertsatz ist auch gültig für Funktionen von n Variablen:

Theorem 13.6.2 (Extremwertsatz)

Nehmen Sie an, dass die Funktion f stetig ist auf einer nicht leeren abgeschlossenen und beschränkten Menge S in $\mathbb{R}^n$. Dann gibt es sowohl eine Stelle $\boldsymbol{a}$ in S, an der f ein Minimum hat, als auch eine Stelle $\boldsymbol{c}$ in S, an der f ein Maximum hat, d. h. für alle $\boldsymbol{x}$ in S gilt:

$$f(\boldsymbol{a}) \leq f(\boldsymbol{x}) \leq f(\boldsymbol{c})$$

Wenn $f(\boldsymbol{x})$ auf einer Menge S in $\mathbb{R}^n$ definiert ist, dann müssen die Maximum- und Minimumstellen, wenn es welche gibt, entweder im Innern von S oder auf dem Rand von S liegen. Nach Theorem 13.6.1 muss, wenn f differenzierbar ist, jede Maximum- und Minimumstelle im Innern die Bedingungen erster Ordnung erfüllen. Folglich ist das Rezept in (13.5.1) auch gültig für jede Funktion von n Variablen, die auf einer abgeschlossenen und beschränkten Menge in $\mathbb{R}^n$ definiert ist.

Sowohl die lokalen als auch die globalen Bedingungen zweiter Ordnung für den Fall zweier Variablen können auf Funktionen von n Variablen verallgemeinert werden, obwohl sie bedeutend komplizierter werden. Dies wird in FMEA erörtert.

Ein nützliches Resultat

Ein einfaches Resultat ist nichtsdestoweniger von beachtlichem Interesse in den theoretischen Wirtschaftswissenschaften. Es ist wie folgt: *Die Maximierung einer Funktion ist äquivalent zur Maximierung einer strikt monoton wachsenden Transformation dieser Funktion.* Nehmen Sie z. B. an, dass wir alle Paare (x, y) finden wollen, die $f(x, y)$ auf einer Menge S in der xy-Ebene maximieren. Stattdessen können wir (vorausgesetzt, dass $a > 0$) all jene (x, y) bestimmen, die auf S irgendeine der folgenden Zielfunktionen maximieren: (a) $af(x, y) + b$; (b) $e^{f(x,y)}$; (c) $\ln f(x, y)$ (falls $f(x, y) > 0$ in S). Die Maximum*stellen* sind genau dieselben. Aber die Maximum*werte* sind natürlich ganz verschieden. Betrachten wir ein konkretes Beispiel: Da die Funktion $u \to \ln u$ strikt monoton wachsend für $u > 0$ ist, haben die folgenden zwei Probleme exakt dieselben Lösungen für x und y:

$$(i) \ \max e^{x^2+2xy^2-y^3} \ \text{für} \ (x, y) \in S; \quad (ii) \ \max x^2 + 2xy^2 - y^3 \ \text{für} \ (x, y) \in S.$$

Allgemein ist leicht das folgende Resultat zu beweisen:

Theorem 13.6.3

Nehmen Sie an, dass $f(\mathbf{x}) = f(x_1, \ldots, x_n)$ definiert ist auf einer Menge S in $\mathbb{R}^n$. Sei F eine Funktion einer Variablen, die auf dem Wertebereich von f definiert ist, und sei $\mathbf{c}$ ein Punkt in S. Definieren Sie g auf S durch $g(\mathbf{x}) = F(f(\mathbf{x}))$.

(a) Wenn F monoton wachsend ist und $\mathbf{c}$ die Funktion f auf S maximiert (minimiert), dann maximiert (bzw. minimiert) dieselbe Stelle $\mathbf{c}$ auch g auf S.

(b) Wenn F strikt monoton wachsend ist, dann maximiert (minimiert) $\mathbf{c}$ die Funktion f auf S genau dann, wenn $\mathbf{c}$ die Funktion g auf S maximiert (minimiert).

Wir geben einen Beweis nur für den Fall der Maximierung, da der Fall der Minimierung ganz ähnlich ist.

(a) Da $\mathbf{c}$ die Funktion f auf S maximiert, haben wir $f(\mathbf{x}) \leq f(\mathbf{c})$ für alle $\mathbf{x}$ in S. Aber dann ist $g(\mathbf{x}) = F(f(\mathbf{x})) \leq F(f(\mathbf{c})) = g(\mathbf{c})$ für alle $\mathbf{x}$ in S, da F monoton wachsend ist. Es folgt, dass $\mathbf{c}$ die Funktion g auf S maximiert.

(b) Wenn F sogar strikt monoton wachsend ist und $f(\mathbf{x}) > f(\mathbf{c})$, dann muss gelten: $g(\mathbf{x}) = F(f(\mathbf{x})) > F(f(\mathbf{c})) = g(\mathbf{c})$. Somit impliziert $g(\mathbf{x}) \leq g(\mathbf{c})$ für alle $\mathbf{x}$ in S, dass $f(\mathbf{x}) \leq f(\mathbf{c})$ für alle $\mathbf{x}$ in S.

Beachten Sie, wie extrem einfach das Argument war. Keine Stetigkeits- oder Differenzierbarkeitsannahmen wurden verlangt. Stattdessen basiert der Beweis nur auf den Konzepten von Maximum und monoton wachsenden/strikt monoton wachsenden Funktionen. Manche Menschen scheinen solchen einfachen direkten Argumenten zu misstrauen und ersetzen sie durch ineffiziente oder sogar unzureichende Argumente, die darauf basieren „alles nur mögliche zu differenzieren", um Bedingungen erster und zweiter Ordnung anwenden zu können. Solches Misstrauen macht die Sache unnötig kompliziert und verleitet zu Fehlern.

Aufgaben für Kapitel 13.6

1. Jede der folgenden Funktionen hat eine Maximumstelle. Bestimmen Sie diese.

   (a) $f(x, y, z) = 2x - x^2 + 10y - y^2 + 3 - z^2$

   (b) $f(x, y, z) = 3 - x^2 - 2y^2 - 3z^2 - 2xy - 2xz$

2. Definieren Sie: $f(x) = e^{-x^2}$.

   (a) Sei $F(u) = \ln u$. Verifizieren Sie, dass die zwei Funktionen $f(x)$ und $F(f(x))$ Maxima für dieselben Werte von x haben.

   (b) Sei $F(u) = 5$. Dann ist $g(x) = F(f(x)) = 5$. Erklären Sie, warum dieses Beispiel zeigt, dass die Implikation (a) in Theorem 13.6.3 nicht umgekehrt werden kann. (Erinnern Sie sich, dass unsere Definition einer monoton wachsenden Funktion durch eine konstante Funktion erfüllt ist.)

3. Nehmen Sie an, dass $g(\boldsymbol{x}) = F(f(\boldsymbol{x}))$, wobei $f : \mathbb{R}^n \to \mathbb{R}$ und $F : \mathbb{R} \to \mathbb{R}$ differenzierbare Funktionen sind mit $F' \neq 0$ überall. Zeigen Sie, dass $\boldsymbol{x}$ genau dann eine stationäre Stelle für f ist, wenn es eine stationäre Stelle für g ist.

4. Bestimmen Sie die partiellen Ableitungen erster Ordnung der Funktion von drei Variablen, die gegeben ist durch

   $$f(x, y, z) = -2x^3 + 15x^2 - 36x + 2y - 3z + \int_y^z e^{t^2}\, dt$$

   Bestimmen Sie dann ihre acht stationären Stellen.

5. Schlagen Sie vor, wie man die folgenden Probleme vereinfachen kann:

   (a) $\max \frac{1}{2}\left[e^{x^2+y^2-2x} - e^{-(x^2+y^2-2x)}\right]$ für $(x, y) \in S$

   (b) $\max A x_1^{a_1} \cdots x_n^{a_n}$ für $x_1 + x_2 + \cdots + x_n = 1$, wobei $A > 0$ und $x_1 > 0, \ldots, x_n > 0$.

▶ Lösungen zu den Aufgaben finden Sie im Anhang des Buches.

13.7 Komparative Statik und das Envelope-Theorem

Optimierungsprobleme in den Wirtschaftswissenschaften verlangen gewöhnlich die Maximierung oder Minimierung von Funktionen, die nicht nur von endogenen Variablen abhängen, die man wählen kann, sondern auch von einem oder mehreren exogenen Parametern wie Preisen, Steuersätzen, Einkommensniveaus usw. Obwohl diese Parameter während der Optimierung konstant gehalten werden, variieren sie entsprechend der ökonomischen Situation. So können wir z. B. die den Gewinn maximierenden Input- und Outputgrößen berechnen und dabei die zugrunde liegenden Preise als Parameter betrachten. Aber dann möchten wir wissen, wie die optimalen Größen auf Änderungen in den Preisen reagieren, oder welche anderen exogenen Parameter das Problem beeinflussen, das wir betrachten.

Betrachten Sie zunächst das folgende einfache Problem. Eine Funktion f hängt von einer einzigen Variablen x sowie von einem einzigen Parameter r ab. Wir wollen $f(x, r)$

bezüglich x maximieren, wobei wir r konstant halten:[16]

$$\max_{x} \; f(x, r)$$

Der Wert von x, der f maximiert wird gewöhnlich von r abhängen, so dass wir ihn mit $x^*(r)$ bezeichnen. Wenn wir $x^*(r)$ in $f(x, r)$ einsetzen, erhalten wir die **Optimalwertfunktion**

$$f^*(r) = f(x^*(r), r)$$

Was geschieht mit der Optimalwertfunktion, wenn r sich ändert? Wenn wir annehmen, dass $f^*(r)$ differenzierbar ist, ergibt die Kettenregel

$$\frac{df^*(r)}{dr} = f_1'(x^*(r), r)\frac{dx^*(r)}{dr} + f_2'(x^*(r), r)$$

Wenn $f(x, r)$ ein Maximum in einem inneren Punkt $x^*(r)$ im Variationsbereich von x annimmt, dann ist die Bedingung erster Ordnung, $f_1'(x^*(r), r) = 0$, erfüllt. Es folgt, dass

$$\frac{df^*(r)}{dr} = f_2'(x^*(r), r) \tag{13.7.1}$$

Beachten Sie: Wenn r sich ändert, dann ändert sich $f^*(r)$ aus zwei Gründen. Erstens bewirkt eine Änderung in r direkt eine Änderung in f^*, weil r die zweite Variable in $f(x, r)$ ist. Zweitens bewirkt eine Änderung in r eine Änderung der Funktion $x^*(r)$ und daher wird $f(x^*(r), r)$ indirekt geändert. Gleichung (13.7.1) zeigt, dass der Gesamteffekt einer Änderung in r auf die Optimalwertfunktion einfach bestimmt wird, indem man die partielle Ableitung von $f(x^*(r), r)$ nach r berechnet und den indirekten Effekt der Abhängigkeit von x^* von r vollständig ignoriert. Auf den ersten Blick erscheint dies ziemlich überraschend. Bei näherer Betrachtung werden Sie jedoch entdecken, dass die Bedingungen erster Ordnung für $x^*(r)$ zur Maximierung von $f(x, r)$ bezüglich x implizieren, dass kleine Änderungen$x$, ob sie hervorgerufen sind durch kleine Änderungen in r oder auch nicht, einen vernachlässigbaren Effekt auf den Wert von $f(x^*, r)$ haben müssen.

Beispiel 13.7.1

Nehmen Sie an: Wenn ein Unternehmen x Einheiten eines Gutes produziert und verkauft, so ist der Erlös $R(x) = rx$, während die Kosten $C(x) = x^2$ sind, wobei r ein positiver Parameter ist. Der Gewinn ist dann

$$\pi(x, r) = R(x) - C(x) = rx - x^2$$

Bestimmen Sie den Optimalwert x^* von x und verifizieren Sie (13.7.1) in diesem Fall.

Lösung: Die quadratische Gewinnfunktion hat ein Maximum, wenn $\pi_1' = r - 2x = 0$ ist, d. h. für $x^* = r/2$. Dann ist der maximale Gewinn als Funktion von r gegeben durch $\pi^*(r) = rx^* - (x^*)^2 = r(r/2) - (r/2)^2 = r^2/4$. Somit erhalten wir $d\pi^*/dr = r/2$. Anwendung von Formel (13.7.1) ist viel direkter: Da $\pi_2'(x, r) = x$, impliziert sie, dass $d\pi^*/dr = \pi_2'(x^*(r), r) = x^*(r) = r/2$. ◼

---

[16] Die Theorie ist identisch für den Fall der Minimierung.

Beispiel 13.7.2

In Beispiel 8.6.5 haben wir ein Unternehmen mit der Gewinnfunktion $\hat{\pi}(Q, \tau) = R(Q) - C(Q) - \tau Q$ untersucht, wobei τ die Steuer pro produzierter Einheit bezeichnet. Es bezeichne $Q^* = Q^*(\tau)$ die optimale Wahl von Q als Funktion der Steuerrate τ und es sei $\pi^*(\tau)$ die zugehörige Optimalwertfunktion. Da $\hat{\pi}_2' = -Q$, ergibt Gleichung (13.7.1):

$$\frac{d\pi^*(\tau)}{d\tau} = \hat{\pi}_2'(Q^*(\tau), \tau) = -Q^*(\tau)$$

Dies stimmt mit dem früher erhaltenen Resultat überein.

Es ist einfach, (13.7.1) auf den Fall mit vielen Variablen und vielen Parametern zu verallgemeinern. Wir setzen $\mathbf{x} = (x_1, \ldots, x_n)$ und $\mathbf{r} = (r_1, \ldots, r_k)$. Dann können wir unter der Annahme, dass die Funktion $f(\mathbf{x}, \mathbf{r})$ differenzierbar ist, das folgende Resultat formulieren:

Theorem 13.7.1 (Envelope-Theorem)

Wenn $f^*(\mathbf{r}) = \max_{\mathbf{x}} f(\mathbf{x}, \mathbf{r})$ und wenn $\mathbf{x}^*(\mathbf{r})$ der Wert von $\mathbf{x}$ ist, der $f(\mathbf{x}, \mathbf{r})$ maximiert, dann gilt

$$\frac{\partial f^*(\mathbf{r})}{\partial r_j} = \frac{\partial f(\mathbf{x}^*(\mathbf{r}), \mathbf{r})}{\partial r_j} \tag{13.7.2}$$

für $j = 1, \ldots, m$, vorausgesetzt, dass die partiellen Ableitungen existieren.

Wieder ist $f^*(\mathbf{r})$ die Optimalwertfunktion für das Problem. Es ist leicht, Theorem 17.3.1 zu beweisen, indem man die Bedingungen erster Ordnung verwendet, um andere Terme zu eliminieren wie im Beweis für Gleichung (13.7.1). Dieselbe Gleichheit gilt, wenn wir $f(\mathbf{x}, \mathbf{r})$ bezüglich $\mathbf{x}$ minimieren statt maximieren oder sogar dann, wenn $\mathbf{x}^*(\mathbf{r})$ eine beliebige stationäre Stelle ist.

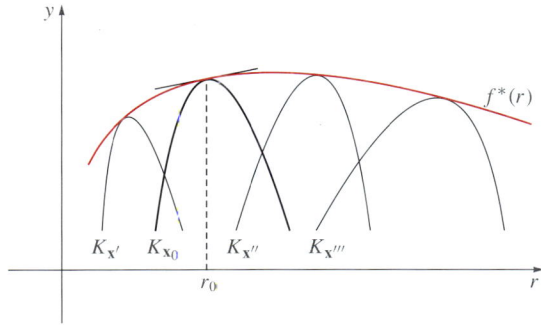

Abbildung 13.7.1: Die Kurve $y = f^*(r)$ ist die Einhüllende für alle Kurven $y = f(\mathbf{x}, r)$.

Abb. 13.7.1 illustriert (13.7.2) in dem Fall, in dem es nur einen Parameter r gibt. Für jeden festen Wert von $\mathbf{x}$ gibt es eine Kurve $K_{\mathbf{x}}$ in der ry-Ebene, die gegeben ist durch die Gleichung $y = f(\mathbf{x}, r)$. Abb. 13.7.1 zeigt einige dieser Kurven zusammen mit dem Graphen von $f^*(r)$. Für alle $\tilde{\mathbf{x}}$ und alle r haben wir

$$f(\tilde{\mathbf{x}}, r) \leq \max_{\mathbf{x}} f(\mathbf{x}, r) = f^*(r)$$

Es folgt, dass keine der Kurven $K_{\mathbf{x}}$ jemals oberhalb der Kurve $y = f^*(r)$ liegen kann. Andererseits gibt es für jeden Wert von r wenigstens einen Wert $\mathbf{x}^*(r)$ von $\mathbf{x}$, so dass $f(\mathbf{x}^*(r), r) = f^*(r)$, nämlich einen Wert von $\mathbf{x}$, der das Maximierungsproblem für den gegebenen Wert von r löst. Wenn wir z.B. $r = r_0$ festhalten und $\mathbf{x}_0$ für $\mathbf{x}^*(r_0)$ schreiben, dann wird die Kurve $K_{\mathbf{x}_0}$ die Kurve $y = f^*(r)$ in dem Punkt $(r_0, f^*(r_0))$ berühren, wie in dem Bild. Ferner: Weil $K_{\mathbf{x}_0}$ niemals über diesen Graphen gehen kann, muss sie genau dieselbe Tangente wie der Graph von f^* haben in dem Punkt, in dem die Kurven sich berühren. Die Steigung dieser gemeinsamen Tangente muss deshalb nicht nur df^*/dr, die Steigung der Tangente an den Graphen von f^* in $(r_0, f^*(r_0))$, sondern auch $\partial f(\mathbf{x}_0, r)/\partial r$ sein, die Steigung der Tangente an die Kurve $K_{\mathbf{x}_0}$ im Punkt $(r_0, f(\mathbf{x}_0, r_0))$. Gleichung (13.7.2) folgt, weil $K_{\mathbf{x}_0}$ der Graph von $f(\mathbf{x}_0, r)$ ist, wenn $\mathbf{x}_0$ fest ist.

Wie Abb. 13.7.1 vermuten lässt, ist der Graph von $y = f^*(r)$ die niedrigste Kurve mit der Eigenschaft, dass sie auf oder oberhalb aller Kurven $K_{\mathbf{x}}$ liegt. Somit ist ihr Graph wie eine Einhüllende (envelope = „Einhüllende, Briefhülle") oder wie eine "Frischhaltefolie", die verwendet wird, um alle diese Kurven „einzuhüllen" oder abzudecken. In der Tat ist ein Punkt genau dann auf oder unterhalb des Graphen, wenn er auf oder unterhalb einer der Kurven $K_{\mathbf{x}}$ liegt. Aus diesem Grunde nennen wir den Graphen von f^* die **Einhüllende (Envelope)** der Familie der $K_{\mathbf{x}}$-Kurven. Deshalb wird das Resultat (13.7.2) oft das **Envelope-Theorem** genannt.

Beispiel 13.7.3

In Beispiel 13.1.3 bezeichnete $Q = F(K, L)$ eine Produktionsfunktion mit K als Kapitalinput und L als Arbeitsinput. Der Preis pro Einheit des Produkts war p, die Kosten pro Einheit des Kapitals waren r und die Kosten pro Einheit der Arbeit waren w. Der Gewinn, der durch den Einsatz von K und L Einheiten als Inputs und die anschließende Produktion und den Verkauf von $F(K, L)$ Einheiten des Produkts erzielt wird, ist gegeben durch

$$\hat{\pi}(K, L, p, r, w) = pF(K, L) - rK - wL$$

Hier wurde der Gewinn als eine neue Funktion $\hat{\pi}$ der Parameter p, r und w sowie der freien Variablen K und L ausgedrückt. Wir halten p, r und w fest und maximieren $\hat{\pi}$ bezüglich K und L. Die Optimalwerte von K und L sind Funktionen von p, r und w, die wir mit $K^* = K^*(p, r, w)$ und $L^* = L^*(p, r, w)$ bezeichnen. Die Optimalwertfunktion für das Problem ist $\hat{\pi}^*(p, r, w) = \hat{\pi}(K^*, L^*, p, r, w)$. Gewöhnlich wird $\hat{\pi}^*$ als die **Gewinnfunktion** des Unternehmens bezeichnet, obwohl sie eigentlich genauer mit „Maximalgewinnfunktion" beschrieben werden müsste. Man erhält sie, indem man den Preis und die Kosten als gegeben betrachtet und die optimalen Input- und Outputgrößen bestimmt.

Nach Theorem 13.7.1 erhält man

$$\frac{\partial \hat{\pi}^*}{\partial p} = F(K^*, L^*) = Q^*, \qquad \frac{\partial \hat{\pi}^*}{\partial r} = -K^*, \qquad \frac{\partial \hat{\pi}^*}{\partial w} = -L^* \qquad (*)$$

Diese drei Gleichungen sind Beispiele von dem, was man in der Produktionstheorie als **Hotellings Lemma** bezeichnet. Eine ökonomische Interpretation der mittleren Gleichung ist die folgende: Wie viel Gewinn geht verloren, wenn der Preis des Kapitals um einen kleinen Betrag steigt? Im Optimum verwendet das Unternehmen K^* Einheiten Kapital, so dass die Antwort K^* pro Einheit Anstieg im Preis ist. Siehe Aufgabe 4 für weitere interessante Zusammenhänge.

Aufgaben für Kapitel 13.7

1. Ein Unternehmen produziert ein einziges Gut und erzielt p Euro für jede verkaufte Einheit. Die Kosten für die Herstellung von x Einheiten sind $ax + bx^2$ Euro und die Steuer pro Einheit ist t. Nehmen Sie an, dass die Parameter positiv sind mit $p > a + t$. Das Unternehmen möchte den Gewinn maximieren.

   (a) Bestimmen Sie die optimale Produktionsmenge x^* und den optimalen Gewinn π^*.

   (b) Zeigen Sie, dass $\partial\pi^*/\partial p = x^*$ und geben Sie dafür eine ökonomische Interpretation.

2. Ein Unternehmen produziert $Q = \sqrt{L}$ Einheiten eines Gutes, wenn L Einheiten Arbeitsinput verwendet werden. Der pro Einheit Output erzielte Preis ist P und die Kosten pro Einheit Arbeit sind w, beide positiv.

   (a) Schreiben Sie die Gewinnfunktion π auf. Welche Wahl des Arbeitsinputs $L = L^*$ maximiert den Gewinn?

   (b) Betrachten Sie L^* als eine Funktion $L^*(P, w)$ des Preises und der Kosten und definieren Sie die Optimalwertfunktion als:

   $$\pi^*(P, w) = \pi(L^*(P, w), P, w)$$

   Verifizieren Sie, dass $\partial\pi^*/\partial P = \pi'_P(L^*, P, w)$ und $\partial\pi^*/\partial w = \pi'_w(L^*, P, w)$, womit das Envelope-Theorem bestätigt wird.

3. Ein Unternehmen verwendet Kapital K, Arbeit L und Land T, um Q Einheiten eines Gutes herzustellen, wobei

   $$Q = K^{2/3} + L^{1/2} + T^{1/3}$$

   Nehmen Sie an, dass das Unternehmen einen positiven Preis von p Euro für jede produzierte Einheit erzielt und dass die positiven Kosten pro Einheit Kapital, Arbeit und Land r, w bzw. q sind.

   (a) Drücken Sie den Gewinn des Unternehmens als eine Funktion π von (K, L, T) aus und bestimmen Sie dann die Werte von K, L, und T als Funktionen des Preises p und der Kosten r, w, q, die den Gewinn des Unternehmens maximieren–unter der Annahme, dass ein Maximum existiert.

   (b) Es bezeichne Q^* die optimale Anzahl produzierter Einheiten und K^* den optimalen Kapitalstock. Zeigen Sie, dass $\partial Q^*/\partial r = -\partial K^*/\partial p$.

4. Zeigen Sie mit Bezug auf Beispiel 13.7.3 unter der Annahme, dass F eine C^2-Funktion ist, die folgenden Symmetrierelationen:

   $$\frac{\partial Q^*}{\partial r} = -\frac{\partial K^*}{\partial p}, \quad \frac{\partial Q^*}{\partial w} = -\frac{\partial L^*}{\partial p}, \quad \frac{\partial L^*}{\partial r} = \frac{\partial K^*}{\partial w}$$

   (*Hinweis:* Zeigen Sie zunächst, dass $\partial Q^*/\partial r = (\partial/\partial r)(\partial\hat{\pi}^*/\partial p) = (\partial/\partial p)(\partial\hat{\pi}^*/\partial r)$, indem Sie das erste Resultat in Beispiel 13.7.3 in Verbindung mit Youngs Theorem verwenden. Nutzen Sie dann die anderen Resultate in Beispiel 13.7.3.)

➡ Fortsetzung

5. Mit Bezug auf Beispiel 13.1.3 wollen wir die Nachfragefaktorfunktionen untersuchen – insbesondere wie die optimalen Größen von Kapital und Arbeit auf Preisänderungen reagieren.

    (a) Differenzieren Sie die Bedingungen erster Ordnung (∗) in Beispiel 13.1.3, um zu verifizieren, dass:

$$F'_K(K^*, L^*)\, dp + pF''_{KK}(K^*, L^*)\, dK + pF''_{KL}(K^*, L^*)\, dL = dr$$
$$F'_L(K^*, L^*)\, dp + pF''_{LK}(K^*, L^*)\, dK + pF''_{LL}(K^*, L^*)\, dL = dw$$

    (b) Verwenden Sie dieses System, um die partiellen Ableitungen von K^* und L^* nach p, r und w zu bestimmen. (*Hinweis:* : Es ist für Sie vielleicht einfacher zunächst $\partial K^*/\partial p$ und $\partial L^*/\partial p$ zu bestimmen, indem Sie in (a) $dr = dw = 0$ setzen usw.)

    (c) Nehmen Sie an, dass die lokalen Bedingungen zweiter Ordnung (13.3.1) erfüllt sind. Was können Sie über die Vorzeichen der partiellen Ableitungen sagen? Zeigen Sie insbesondere, dass die Nachfragefaktorkurven als Funktion ihres eigenen Faktorpreises abfallend sind. Überprüfen Sie, dass $\partial K^*/\partial w = \partial L^*/\partial r$.

6. Ein gewinnmaximierender Monopolist produziert zwei Güter, deren Mengen mit x_1 und x_2 bezeichnet seien. Gut 1 wird mit einer Rate von σ Euro pro Einheit subventioniert und Gut 2 wird mit τ Euro pro Einheit besteuert. Die Gewinnfunktion des Monopolisten ist dann gegeben durch

$$\pi(x_1, x_2) = R(x_1, x_2) - C(x_1, x_2) + \sigma x_1 - \tau x_2$$

Dabei sind R und C die Erlöse bzw. die Kosten des Unternehmens. Nehmen Sie an, dass die partiellen Ableitungen dieser Funktionen die folgenden Vorzeichen überall in ihrem Definitionsbereich haben:

$$R'_1 > 0,\ R'_2 > 0,\ R''_{11} < 0,\ R''_{12} = R''_{21} < 0,\ R''_{22} < 0$$
$$C'_1 > 0,\ C'_2 > 0,\ C''_{11} > 0,\ C''_{12} = C''_{21} > 0,\ C''_{22} > 0$$

    (a) Bestimmen Sie die Bedingungen erster Ordnung für maximalen Gewinn.

    (b) Schreiben Sie die lokalen Bedingungen zweiter Ordnung für maximalen Gewinn auf.

    (c) Nehmen Sie an, dass $x_1^* = x_1^*(\sigma, \tau)$, $x_2^* = x_2^*(\sigma, \tau)$ das Problem lösen. Bestimmen Sie die Vorzeichen von $\partial x_1^*/\partial\sigma$, $\partial x_1^*/\partial\tau$, $\partial x_2^*/\partial\sigma$ und $\partial x_2^*/\partial\tau$ unter der Annahme, dass die lokalen Bedingungen zweiter Ordnung erfüllt sind..

    (d) Zeigen Sie, dass $\partial x_1^*/\partial\tau = -\partial x_2^*/\partial\sigma$.

▶ Lösungen zu den Aufgaben finden Sie im Anhang des Buches.

Aufgaben zur Wiederholung für Kapitel 13

1. Die Funktion f, die für alle (x, y) durch $f(x, y) = -2x^2 + 2xy - y^2 + 18x - 14y + 4$ definiert ist, hat ein Maximum. Bestimmen Sie die entsprechenden Werte von x und y. Benutzen Sie Theorem 13.2.1, um zu beweisen, dass es ein Maximumpunkt ist.

2. Ein Unternehmen produziert zwei verschiedene Arten A und B eines Gutes. Die täglichen Kosten der Herstellung von Q_1 Einheiten von A und Q_2 Einheiten von B sind $C(Q_1, Q_2) = 0.1(Q_1^2 + Q_1 Q_2 + Q_2^2)$. Nehmen Sie an, dass das Unternehmen den gesamten Output zu einem Preis pro Einheit von $P_1 = 120$ für A und $P_2 = 90$ für B verkauft.

   (a) Bestimmen Sie die täglichen Produktionsmengen, die den Gewinn maximieren.
   (b) Nehmen Sie an, dass P_2 unverändert bei 90 bleibt. Welcher neue Preis P_1 pro Einheit von A würde implizieren, dass die optimale tägliche Produktionsmenge von A gleich 400 Einheiten ist?

3. Der Gewinn, den ein Unternehmen durch die Produktion und den Verkauf von x bzw. y Einheiten von zwei Marken eines Gutes erzielt, ist gegeben durch $P(x, y) = -0.1x^2 - 0.2xy - 0.2y^2 + 47x + 48y - 600$.

   (a) Bestimmen Sie die Produktionsmengen, die den Gewinn maximieren.
   (b) Die Verfügbarkeit eines Rohmaterials ist begrenzt, so dass die Gesamtproduktion auf 200 Einheiten beschränkt ist. Bestimmen Sie die Produktionsmengen, die jetzt den Gewinn maximieren.

4. Bestimmen Sie die stationären Stellen der folgenden Funktionen von (x, y)

   $(a)\ x^3 - x^2 y + y^2$ $(b)\ xye^{4x^2 - 5xy + y^2}$ $(c)\ 4y^3 + 12x^2 y - 24x^2 - 24y^2$

5. Es sei $f(x, y, a) = ax^2 - 2x + y^2 - 4ay$, wobei a ein Parameter ist. Bestimmen Sie für jedes feste $a \neq 0$ die einzige stationäre Stelle $(x^*(a), y^*(a))$ für die Funktion f bezüglich (x, y). Bestimmen Sie auch die Optimalwertfunktion $f^*(a) = f(x^*(a), y^*(a), a)$ und verifizieren Sie das Envelope-Theorem in diesem Fall.

6. Nehmen Sie an, dass die Produktionsfunktion in Aufg. 13.7.3 durch $Q = K^a + L^b + T^c$ ersetzt wird, wobei $a, b, c \in (0, 1)$ Parameter sind.

   (a) Bestimmen Sie unter der Annahme, dass ein Maximum existiert, die Werte von K, L und T, die den Gewinn des Unternehmens maximieren.
   (b) Sei π^* der optimale Gewinn als Funktion des Preises p und der Kosten r, w und q. Berechnen Sie die partielle Ableitung $\partial \pi^* / \partial r$.
   (c) Überprüfen Sie das Envelope-Theorem in diesem Fall.

7. Definieren Sie $f(x, y)$ für alle (x, y) durch $f(x, y) = e^{x+y} + e^{x-y} - \frac{3}{2}x - \frac{1}{2}y$

   (a) Bestimmen Sie die partiellen Ableitungen erster und zweiter Ordnung von f und zeigen Sie dann, dass $f(x, y)$ konvex ist.

   (b) Bestimmen Sie die Minimumstelle von $f(x, y)$.

8. Betrachten Sie die Funktion $f(x, y) = x^2 - y^2 - xy - x^3$.

   (a) Bestimmen und klassifizieren Sie die stationären Stellen.

   (b) Bestimmen Sie den Bereich S, in dem f konkav ist und bestimmen Sie den größten Wert von f in S.

9. Sei $f(x, y) = \frac{1}{2}x^2 - x + ay(x-1) - \frac{1}{3}y^3 + a^2y^2$ für alle (x, y) und eine Konstante a.

   (a) Zeigen Sie, dass $(x^*, y^*) = (1 - a^3, a^2)$ eine stationäre Stelle für f ist.

   (b) Verifizieren Sie das Envelope-Theorem für diesen Fall.

   (c) In welchem Bereich der xy-Ebene ist f konvex?

10. In dieser Aufgabe werden wir viele der bisher betrachteten ökonomischen Beispiele und Aufgaben verallgemeinern. Betrachten Sie ein Unternehmen, dass zwei verschiedene Güter A und B produziert. Wenn die Gesamtkosten-funktion $C(x, y)$ ist und die erzielten Preise pro Einheit von A und B gleich p bzw. q sind, ist der Gewinn

$$\pi(x, y) = px + qy - C(x, y) \tag{i}$$

   (a) Nehmen Sie zunächst an, dass das Unternehmen einen kleinen Marktan-teil für beide Güter hat und daher p und q als gegeben betrachtet. Schrei-ben Sie die Bedingungen erster Ordnung für ein Maximum des Gewinns in $x^* > 0$ und $y^* > 0$ auf und interpretieren Sie diese.

   (b) Nehmen Sie jetzt an, dass des Unternehmen eine Monopolstellung im Ver-kauf für beide Güter hat. Die Preise sind nicht mehr fest, sondern werden vom Monopolisten bestimmt unter Beachtung der Nachfragefunktionen

$$x = f(p, q) \quad \text{und} \quad y = g(p, q) \tag{ii}$$

   Nehmen Sie an, dass wir die Gleichungen (ii) nach p und q auflösen und die inversen Nachfragefunktionen

$$p = F(x, y) \quad \text{und} \quad q = G(x, y) \tag{iii}$$

   erhalten. Dann ist der Gewinn als Funktion von x und y gleich

$$\pi(x, y) = xF(x, y) + yG(x, y) - C(x, y) \tag{iv}$$

   Bestimmen und interpretieren Sie die Bedingungen erster Ordnung für ein Maximum des Gewinns in $x^* > 0$ und $y^* > 0$.

(c) Nehmen Sie an, dass $p = a - bx - cy$ und $q = \alpha - \beta x - \gamma y$, wobei b und γ positiv sind.[17] Die Kostenfunktion sei $C(x, y) = Px + Qy + R$. Schreiben Sie die Bedingungen erster Ordnung für maximalen Gewinn auf.

(d) Zeigen Sie, dass die (globalen) Bedingungen zweiter Ordnung erfüllt sind, wenn $4\gamma b \geq (\beta + c)^2$.

▶ Lösungen zu den Aufgaben finden Sie im Anhang des Buches.

---

[17] Eine Zunahme im Preis eines Gutes verringert die Nachfrage nach diesem Gut, kann aber die Nachfrage nach dem anderen Gut erhöhen oder verringern.

Optimierung unter Nebenbedingungen

14

ÜBERBLICK

> Die Mathematik ist von den Irrungen und Wirrungen des Menschen entfernt,
> doch ihre Methoden und Beziehungen sind wie ein Spiegel, ein unglaublich
> klarer Spiegel der Beziehungen, die die Tatsachen unserer Existenz miteinander
> verbinden.
>
> –Konrad Knopp (1928)

*Das vorausgehende Kapitel 13 brachte eine Einführung in Optimierungsprobleme
mit mehreren Variablen ohne Nebenbedingungen. In den Wirtschaftswissenschaften
müssen die betrachteten Variablen jedoch oft eine oder mehrere Nebenbedingungen
erfüllen. Dementsprechend behandelt dieses Kapitel Optimierungsprobleme mit
Nebenbedingungen und untersucht die Methode der Lagrange-Multiplikatoren
zum Teil ausführlich. Kapitel 14.1–14.7 behandeln Nebenbedingungen in Gleichheitsform, wobei Kapitel 14.7 einige Resultate der komparativen Statik und das
Envelope-Theorem behandelt. Allgemeinere Optimierungsprobleme mit Nebenbedingungen in Ungleichungsform werden in den Kapiteln 14.8–14.10 eingeführt. Eine viel ausführlichere Behandlung der Optimierung unter Nebenbedingungen findet man in FMEA.*

14.1   Die Methode der Lagrange-Multiplikatoren

Ein typisches ökonomisches Beispiel eines Optimierungsproblems unter Nebenbedingungen betrifft einen Verbraucher, der vor der Wahl steht, wie viel er von seinem
verfügbaren Einkommen m für ein Gut ausgibt, dessen Preis pro Einheit p ist, und
welchen Betrag y er für den Kauf anderer Güter übrig lässt. Beim Kauf von x Einheiten des betreffenden Gutes ist seine Budgetbeschränkung $px + y = m$. Nehmen Sie an,
dass die Präferenzen durch eine Nutzenfunktion $u(x, y)$ dargestellt werden. In mathematischen Termen steht der Verbraucher deshalb vor dem Problem (x, y) zu wählen,
um $u(x, y)$ unter der Budgetbeschränkung $px + y = m$ zu maximieren. Dies kann so
ausgedrückt werden:

$$\max u(x, y) \quad \text{unter der Nebenbedingung} \quad px + y = m$$

Dies ist ein typisches *Maximierungsproblem unter einer Nebenbedingung*. Da hier
$y = m - px$ ist, kann in diesem Fall dasselbe Problem als *Maximierung* der Funktion
$h(x) = u(x, m - px)$ bezüglich der einzigen Variablen x *ohne irgendeine Nebenbedingung* ausgedrückt werden. Diese Methode der Umwandlung eines Optimierungsproblems mit einer Nebenbedingung in ein Ein-Variablen-Problem wurde bereits
in Kapitel 13.2 verwendet.

Wenn die Nebenbedingung jedoch eine komplizierte Funktion mit sich bringt oder
wenn mehrere Nebenbedingungen in Gleichheitsform zu berücksichtigen sind, kann
diese Substitutionsmethode schwierig werden oder es wird unmöglich, sie in der Praxis durchzuführen. In solchen Fällen machen Ökonomen oft Gebrauch von der *Methode der Lagrange-Multiplikatoren*.[1]

---

[1] Die Methode ist nach ihrem Entdecker, dem in Italien geborenen französischen Mathematiker Joseph Louis Lagrange (1736–1813) benannt. Der dänische Ökonom Harald Westergaard

Wir beginnen mit dem Problem der Maximierung einer Funktion $f(x, y)$ von zwei Variablen, wenn x und y derart eingeschränkt sind, dass sie eine Nebenbedingung in Gleicheitsform $g(x, y) = c$ erfüllen müssen. Dies kann geschrieben werden als:

$$\max f(x, y) \quad \text{unter} \quad g(x, y) = c \tag{14.1.1}$$

Der erste Schritt der Methode ist, einen **Lagrange-Multiplikator** einzuführen, der oft mit λ bezeichnet wird und assoziiert ist mit der Nebenbedingung $g(x, y) = c$. Wir tun dies, indem wir die **Lagrange-Funktion** $\mathscr{L}$ definieren durch

$$\mathscr{L}(x, y) = f(x, y) - \lambda[g(x, y) - c] \tag{14.1.2}$$

Darin wird der Ausdruck $g(x, y) - c$, der 0 sein muss, wenn die Nebenbedingung erfüllt ist, mit λ multipliziert. Beachten Sie für spätere Bezugnahmen, dass $\mathscr{L}(x, y) = f(x, y)$ für alle (x, y), die die Nebenbedingung $g(x, y) = c$ erfüllen.

Der Lagrange-Multiplikator λ ist eine Konstante, so dass die partiellen Ableitungen von $\mathscr{L}(x, y)$ nach x und y gleich

$$\mathscr{L}_1'(x, y) = f_1'(x, y) - \lambda g_1'(x, y) \quad \text{und} \quad \mathscr{L}_2'(x, y) = f_2'(x, y) - \lambda g_2'(x, y)$$

sind. Wie in Kapitel 14.4 erklärt wird, kann die Lösung des Problems (14.1.1) nur eine Stelle (x, y) sein, an der, für einen geeigneten Wert von λ, die partiellen Ableitungen erster Ordnung von $\mathscr{L}$ verschwinden und auch die Nebenbedingung $g(x, y) = c$ erfüllt ist. Wie in den Kapiteln 8 und 13 nennen wir dies die Bedingungen erster Ordnung.

Hier ist eine einfache ökonomische Anwendung:

Beispiel 14.1.1

Ein Verbraucher habe die Nutzenfunktion $u(x, y) = xy$ und die Budgetbeschränkung $2x + y = 100$. Bestimmen Sie den einzigen Lösungskandidaten des Nutzenmaximierungsproblems.

Lösung: Das Problem ist:

$$\text{Maximiere } xy \text{ unter der Nebenbedingung } 2x + y = 100$$

Die Lagrange-Funktion ist daher:

$$\mathscr{L}(x, y) = xy - \lambda(2x + y - 100)$$

Einschließlich der Nebenbedingung sind die Bedingungen erster Ordnung für die Lösung des Problems

$$\mathscr{L}_1'(x, y) = y - 2\lambda = 0, \qquad \mathscr{L}_2'(x, y) = x - \lambda = 0, \qquad 2x + y = 100.$$

---

scheint der Erste gewesen zu sein, der diese Methode in den Wirtschaftswissenschaften benutzte, im Jahre 1876. Tatsächlich wird diese Methode von Ökonomen oft sogar für Probleme verwendet, die ganz leicht als Optimierungsprobleme ohne Nebenbedingungen ausgedrückt werden können. Ein Grund dafür ist, dass Lagrange-Multiplikatoren eine wichtige ökonomische Interpretation haben. Außerdem kann die Idee der Einführung Lagrange'scher Multiplikatoren in einer Vielzahl komplizierterer Optimierungsprobleme adaptiert werden, wie z.B. in solchen, in denen die Nebenbedingungen in Ungleichungsform ausgedrückt sind, wie wir später sehen werden.

Die beiden ersten Gleichungen implizieren, dass $y = 2\lambda$ und $x = \lambda$. Somit ist $y = 2x$. Wenn wir dies in die Nebenbedingung einsetzen, erhalten wir $2x + 2x = 100$. Damit ist $x = 25$ und $y = 50$, woraus $\lambda = x = 25$ folgt.

Diese Lösung kann durch die Substitutionsmethode bestätigt werden. Aus $2x + y = 100$ erhalten wir $y = 100 - 2x$, so dass das Problem reduziert ist auf die Maximierung der uneingeschränkten Funktion $h(x) = x(100 - 2x) = -2x^2 + 100x$. Da $h'(x) = -4x + 100 = 0$ als Lösung $x = 25$ ergibt und $h''(x) = -4 < 0$ für alle x, zeigt dies, dass $x = 25$ eine Maximumstelle *ist*.

Vielleicht überraschend: In dem alternativen Minimierungsproblem

$$\min f(x, y) \quad \text{unter der Nebenbedingung} \quad g(x, y) = c \qquad (14.1.3)$$

ist die Funktion $\mathcal{L}$ identisch definiert durch Gleichung (14.1.2) und die relevanten Bedingungen erster Ordnung sind dieselben. Deshalb schreiben wir oft

$$\max(\min) f(x, y) \quad \text{unter der Nebenbedingung} \quad g(x, y) = c,$$

wenn wir uns sowohl auf Maximierungs- und Minimierungsprobleme beziehen.[2]

Beispiel 14.1.1 illustriert die folgende allgemeine Methode:

Die Methode des Lagrange-Multiplikators

Um die einzig möglichen Lösungen der Probleme (14.1.1) und (14.1.3) zu finden, gehen Sie wie folgt vor:

(i) Schreiben Sie die Lagrange-Funktion wie in Gleichung (14.1.2) auf, wobei λ eine Konstante ist.

(ii) Differenzieren Sie $\mathcal{L}$ nach x und y und setzen Sie die partiellen Ableitungen gleich 0.

(iii) Die zwei Gleichungen in (ii) ergeben zusammen mit der Nebenbedingung die folgenden drei *Bedingungen erster Ordnung*:

$$\mathcal{L}_1'(x, y) = f_1'(x, y) - \lambda g_1'(x, y) = 0$$

$$\mathcal{L}_2'(x, y) = f_2'(x, y) - \lambda g_2'(x, y) = 0$$

$$g(x, y) = c$$

(iv) Lösen Sie diese drei Gleichungen gleichzeitig für die drei Unbekannten x, y und λ. Diese Tripel (x, y, λ) sind die Lösungskandidaten. Wenigstens eins davon löst das Problem, wenn es eine Lösung gibt.

Wichtig: Wenn $g_1'(x, y)$ und $g_2'(x, y)$ beide verschwinden, kann die Methode scheitern und nicht die richtige Antwort geben.

---

[2] Möglicherweise haben Sie Ausdrücke wie max min $f(x, y)$ z.B. in Spieltheoriekursen gesehen. Solche Ausdrücken meinen etwas völlig anderes.

Einige Ökonomen ziehen es vor, die Lagrange-Funktion als eine Funktion $\tilde{\mathcal{L}}(x, y, \lambda)$ von drei Variablen zu betrachten. Dann ergibt die Bedingung erster Ordnung $\tilde{\mathcal{L}}'_3(x, y, \lambda) = 0$ die Nebenbedingung des Problems, $g(x, y) = c$. Der Vorteil dieser Methode ist: Geschrieben in dieser Weise erhält man alle drei notwendigen Bedingungen, indem man die partiellen Ableitungen der erweiterten Lagrange-Funktion gleich 0 setzt, so dass die Bedingungen erster Ordnung zusammengefasst werden können, indem man sagt: Wir müssen eine stationäre Stelle der Lagrange-Funktion bestimmen. Es erscheint jedoch etwas unnatürlich, eine Differentiation durchzuführen, um eine offensichtlich notwendige Bedingung, nämlich die Nebenbedingung, zu erhalten. Außerdem kann dieses Verfahren zu Schwierigkeiten führen, wenn wir Probleme mit Nebenbedingungen in Ungleichungsform behandeln. Aus diesen zwei Gründen ziehen wir es vor, dies zu umgehen.

Beispiel 14.1.2

Ein Unternehmen, das nur ein einziges Produkt herstellt, möchte 30 Einheiten so billig wie möglich produzieren. Unter Verwendung von K Einheiten Kapital und L Einheiten Arbeit kann es $\sqrt{K} + L$ Einheiten herstellen. Die Kosten für Kapital und Arbeit seien 1 bzw. 20 Euro. Das Problem des Unternehmens ist dann:

$$\min K + 20L \quad \text{unter der Nebenbedingung} \quad \sqrt{K} + L = 30$$

(a) Bestimmen Sie die optimalen Werte von K und L.
(b) Welches sind die zusätzlichen Kosten für die Herstellung von 31 statt 30 Einheiten?

Lösung: (a) Die Lagrange-Funktion ist:

$$\mathcal{L} = K + 20L - \lambda(\sqrt{K} + L - 30)$$

Damit sind die Bedingungen erster Ordnung:

$$\mathcal{L}'_K = 1 - \lambda/(2\sqrt{K}) = 0, \qquad \mathcal{L}'_L = 20 - \lambda = 0 \quad \text{und} \quad \sqrt{K} + L = 30$$

Die zweite Gleichung ergibt $\lambda = 20$. Einsetzen in die erste Gleichung ergibt $1 = 20/(2\sqrt{K})$. Es folgt $\sqrt{K} = 10$ und damit $K = 100$. Eingesetzt in die Nebenbedingung ergibt dies $\sqrt{100} + L = 30$ und damit $L = 20$. Die 30 Einheiten werden somit am billigsten produziert, wenn das Unternehmen 100 Einheiten Kapital und 20 Einheiten Arbeit verwendet, wobei die damit verbundenen minimalen Kosten gleich $K + 20L = 500$ sind.[3]

(b) Indem man das Problem mit der Nebenbedingung $\sqrt{K} + L = 31$ löst, sieht man dass immer noch $\lambda = 20$ und $K = 100$, während $L = 31 - 10 = 21$ ist. Die zugehörigen minimalen Kosten sind $100 + 20 \cdot 21 = 520$, so dass die zusätzlichen Kosten $520 - 500 = 20$ sind. Dies ist genau gleich dem Lagrange-Multiplikator! Somit sagt uns der Lagrange-Multiplikator in diesem Fall, um wieviel die Kosten ansteigen, wenn die Poduktionsanforderung um eine Einheit von 30 auf 31 erhöht wird.[4]

---

[3] Theorem 14.5.1 wird uns sagen, dass wir die Lösung gefunden haben, weil $\mathcal{L}$ konvex ist in (K, L).
[4] Kap. 14.2 wird uns sagen, warum dies nicht ganz zufällig so ist.

Beispiel 14.1.3

Ein Verbraucher habe die Cobb-Douglas Nutzenfunktion $U(x, y) = Ax^a y^b$ und unterliege der Budgetbeschränkung $px + qy = m$, wobei A, a, b, p, q und m positive Konstanten sind. Bestimmen Sie die einzige mögliche Lösung zu diesem Konsumnachfrageproblem:

$$\max Ax^a y^b \quad \text{unter der Nebenbedingung} \quad px + qy = m \qquad (*)$$

Lösung: Die Lagrange-Funktion ist $\mathscr{L}(x, y) = Ax^a y^b - \lambda(px + qy - m)$. Somit sind die Bedingungen erster Ordnung für die Lösung des Problems

$$\mathscr{L}_1'(x, y) = aAx^{a-1}y^b - \lambda p = 0, \quad \mathscr{L}_2'(x, y) = bAx^a y^{b-1} - \lambda q = 0 \quad \text{und} \quad px + qy = m$$

Auflösen der zwei ersten Gleichungen nach λ ergibt

$$\lambda = \frac{aAx^{a-1}y^b}{p} = \frac{bAx^a y^{b-1}}{q}$$

Entfernen des gemeinsamen Faktors $Ax^{a-1}y^{b-1}$ aus der letzten Gleichheit ergibt $ay/p = bx/q$. Auflösen dieser Gleichung nach qy ergibt $qy = (b/a)px$, welches eingesetzt in die Budgetbeschränkung zu $px + (b/a)px = m$ führt. Aus dieser Gleichung erhalten wir x und dann y. Die Resultate sind die folgenden **Nachfragefunktionen**:

$$x = x(p, q, m) = \frac{a}{a+b}\frac{m}{p} \quad \text{und} \quad y = y(p, q, m) = \frac{b}{a+b}\frac{m}{q} \qquad (**)$$

Die Lösung, die wir gefunden haben, macht Sinn. Es folgt aus $(**)$, dass für alle $t > 0$ gilt $x(tp, tq, tm) = x(p, q, m)$ und $y(tp, tq, tm) = y(p, q, m)$, so dass die Nachfragefunktionen homogen vom Grade 0 sind. Dies war zu erwarten, da die Nebenbedingung in $(*)$ unverändert bleibt, wenn (p, q, m) in (tp, tq, tm) geändert wird. Somit ändern sich auch die optimalen Mengen von x und y nicht– wie es sein sollte nach Beispiel 12.7.4.

Beachten Sie: In der Nutzenfunktion $Ax^a y^b$ geben die Größen der Koeffizienten a und b die relative Bedeutung von x und y für die Präferenzen des Individuums an. Wenn z. B. a größer als b ist, dann wertet der Verbraucher einen 1%-Anstieg in x höher als einen 1%-Anstieg in y. Das Produkt px ist der Betrag, der für das erste Gut ausgegeben wird und $(**)$ besagt, dass der Verbraucher den Anteil $a/(a + b)$ des Einkommens für dieses Gut und den Anteil $b/(a + b)$ für das zweite Gut ausgeben sollte.

Die Formel $(**)$ kann sofort benutzt werden, um die richtige Antwort für Tausende von Examensfragen zu bestimmen, die jedes Jahr über die ganze Welt in Kursen „Mathematik für Wirtschaftswissenschaften" gestellt werden. Sie sollten aber beachten, dass die Nutzenfunktion vom Cobb-Douglas-Typ $Ax^a y^b$ sein muss.[5]

Hier ist eine andere Warnung angebracht: Im Problem $(*)$ gibt es eine zugrunde liegende Annahme, dass $x \geq 0$ und $y \geq 0$. Damit maximieren wir eine stetige Funktion

---

[5] Wenn z.B. $u(x, y) = x^a + y^b$ ist, ist die Lösung nicht durch $(**)$ gegeben. Um dies zu überprüfen, unter der Annahme $0 < a < 1$, siehe Aufgabe 9 für den Fall $b = 1$ und Aufgabe 14.5.4 für den Fall $a = b$.

$Ax^a y^b$ auf einer abgeschlossenen beschränkten Menge $S = \{(x, y): px + qy = m, x \geq 0, y \geq 0\}$. Nach dem Extremwertsatz, Theorem 13.5.1, muss ein Maximum existieren. Da der Nutzen 0 ist, wenn $x = 0$ oder wenn $y = 0$ ist, und positiv an der durch $(**)$ gegebenen Stelle, löst diese Stelle tatsächlich das Problem. Ohne die Nichtnegativitätsbedingungen an x und y kann es passieren, dass das Problem kein Maximum hat. Betrachten Sie z.B. das Problem max $x^2 y$ unter der Nebenbedingung $x + y = 1$. Für jedes reelle t erfüllt das Paar $(x, y) = (-t, 1 + t)$ die Nebenbedingung. Jedoch gilt $x^2 y = t^2(1 + t) \to \infty$ für $t \to \infty$, so dass es kein Maximum gibt.

Beispiel 14.1.4

Untersuchen Sie das allgemeine Nutzenmaximierungsproblem mit zwei Gütern:

$$\max u(x, y) \quad \text{unter der Nebenbedingung} \quad px + qy = m \qquad (14.1.4)$$

Lösung: Die Lagrange-Funktion ist $\mathcal{L}(x, y) = u(x, y) - \lambda(px + qy - m)$ und somit sind die Bedingungen erster Ordnung:

$$\mathcal{L}'_x(x, y) = u'_x(x, y) - \lambda p = 0 \qquad \text{(i)}$$

$$\mathcal{L}'_y(x, y) = u'_y(x, y) - \lambda q = 0 \qquad \text{(ii)}$$

$$px + qy = m \qquad \text{(iii)}$$

Aus Gleichung (i) erhalten wir $\lambda = u'_x(x, y)/p$ und aus (ii): $\lambda = u'_y(x, y)/q$. Daher gilt $(u'_x(x, y)/p = u'_y(x, y)/q,)$ was umgeschrieben werden kann als

$$\frac{u'_x(x, y)}{u'_y(x, y)} = \frac{p}{q} \qquad (14.1.5)$$

Die linke Seite der letzten Gleichung ist die *Grenzrate der Substitution*, oder GRS, die in Kapitel 12.5 untersucht wurde. Nutzenmaximierung verlangt somit, dass man GRS dem Preisquotienten p/q gleichsetzt.

Eine geometrische Interpretation von Gleichung (14.1.5) ist, dass der Verbraucher die Stelle auf der Budget-Geraden wählen sollte, in dem die Steigung der Höhenlinie der Nutzenfunktion, $-u'_x(x, y)/u'_y(x, y)$, gleich der Steigung der Budget-Geraden, $-p/q$, ist.[6] Somit ist an der optimalen Stelle die Budget-Gerade Tangente zu einer Höhenlinie der Nutzenfunktion, wie in Abbildung 14.1.1 durch den Punkt P illustriert wird. Die Höhenlinien der Nutzenfunktion sind die *Indifferenzkurven*, entlang derer die Höhe des Nutzens per Definition konstant ist. Nutzenmaximierung tritt somit an einer Stelle ein, in dem die Budget-Gerade Tangente zu einer Indifferenzkurve ist. Die Tatsache, dass $\lambda = u'_x(x, y)/p = u'_y(x, y)/q$ ist im Punkt P, bedeutet, dass der Grenznutzen pro Euro für beide Güter derselbe ist. An jeder anderen Stelle (x, y), in dem z.B. $u'_x(x, y)/p > u'_y(x, y)/q$, kann der Verbraucher den Nutzen erhöhen, indem er die Ausgaben von y zu x verschiebt. In der Tat wäre dann der Zuwachs im Nutzen für jeden zusätzlich für x ausgegebenen Euro gleich $u'_x(x, y)/p$, und dies ist mehr als die

---

[6] Siehe Kapitel 12.3 zur Erinnerung, wie diese Steigungen berechnet werden.

Abnahme des Nutzens pro Euro, der weniger für y ausgegeben wird. Diese Abnahme ist $u'_y(x, y)/q$.

Wie in Beispiel 14.1.3 können die optimalen Werte von x und y als **Nachfragefunktionen** von (p, q, m) ausgedrückt werden, die homogen vom Grad Null in den drei Variablen sein müssen.

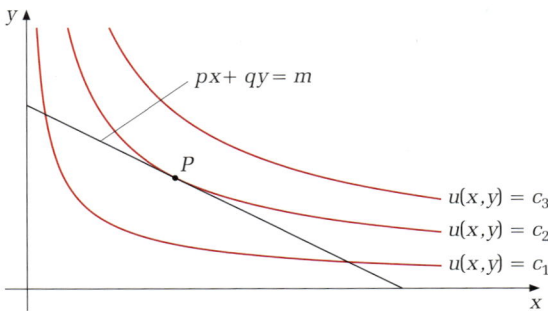

Abbildung 14.1.1: Unter der Annahme $c_1 < c_2 < c_3$ ist die Lösung zu Problem (14.1.4) in P.

Aufgaben für Kapitel 14.1

Alle folgenden Aufgaben haben nur einen Lösungskandidaten, der die optimale Lösung ergibt.

1.   Betrachten Sie das Problem: $\max xy$ unter der Nebenbedingung $x + 3y = 24$

     (a)   Verwenden Sie die Lagrange-Methode, um die einzig mögliche Lösung zu finden.

     (b)   Überprüfen Sie die Lösung, indem Sie die Resultate in Beispiel 14.1.3 verwenden.

2.   Verwenden Sie die Lagrange-Methode, um das folgende Problem zu lösen:

$$\min -40Q_1 + Q_1^2 - 2Q_1 Q_2 - 20Q_2 + Q_2^2 \quad \text{unter der Nebenbedingung} \quad Q_1 + Q_2 = 15$$

3.   Verwenden Sie die Resultate aus Beispiel 14.1.3, um die folgende Probleme zu lösen.

     (a) $\max 10x^{1/2}y^{1/3}$ unter der Nebenbedingung $2x + 4y = m$

     (b) $\max x^{1/2}y^{1/2}$ unter der Nebenbedingung $50\,000x + 0.08y = 1\,000\,000$

     (c) $\max 12x\sqrt{y}$ unter der Nebenbedingung $3x + 4y = 12$

4.   Lösen Sie die folgenden Probleme:

     (a) $\min f(x, y) = x^2 + y^2$ unter der Nebenbedingung $g(x, y) = x + 2y = 4$

     (b) $\min f(x, y) = x^2 + 2y^2$ unter der Nebenbedingung $g(x, y) = x + y = 12$

     (c) $\max f(x, y) = x^2 + 3xy + y^2$ unter der Nebenbedingung $g(x, y) = x + y = 100$

5.   Eine Person habe die Nutzenfunktion $u(x, y) = 100xy + x + 2y$. Nehmen Sie an, dass der Preis pro Einheit von x gleich 2 Euro ist und dass der Preis pro Einheit von y gleich 4 Euro ist. Die Person erhält 1 000 Euro, die alle für die zwei Güter x und y auszugeben sind. Lösen Sie das Nutzenmaximierungsproblem.

➡

→ Fortsetzung

6. Eine Person habe die Cobb–Douglas Nutzenfunktion $U(m, l) = Am^a l^b$, wobei m das Einkommen und l die Freizeit sei. Hier sind A, a und b positive Konstanten mit $a + b \leq 1$. Eine Gesamtanzahl von T_0 Stunden werde aufgeteilt in W Stunden Arbeit und l Stunden Freizeit, so dass $W + l = T_0$. Wenn der Stundenlohn w ist, folgt $m = wW$ und das Problem der Person ist:

$$\max Am^a l^b \quad \text{unter der Nebenbedingung} \quad \frac{m}{w} + l = T_0$$

Lösen Sie das Problem unter Verwendung von $(\ast\ast)$ in Beispiel 14.1.3.

7. Lösen Sie Teil (b) in Aufgabe 13.W.3 mit der Lagrange-Methode.

8. Ein Unternehmen produziert und verkauft zwei Güter. Durch den Verkauf von x Tonnen des ersten Gutes erhält das Unternehmen einen Preis pro Tonne, der gegeben ist durch $p = 96 - 4x$. Werden vom anderen Gut y Tonnen verkauft, ist der Preis gegeben durch $q = 84 - 2y$. Die Kosten für die Produktion und den Verkauf von x Tonnen des ersten und y Tonnen des zweiten Gutes sind gegeben durch $C(x, y) = 2x^2 - 2xy + y^2$.

(a) Zeigen Sie, dass die Gewinnfunktion des Unternehmens $P(x, y) = -6x^2 - 3y^2 - 2xy + 96x + 84y$ ist.

(b) Berechnen Sie die partiellen Ableitungen erster Ordnung von P und bestimmen Sie den einzigen stationären Punkt von P.

(c) Nehmen Sie an, dass die Produktion eine Umweltverschmutzung hervorruft und dass die Behörden aus diesem Grund verlangen, dass das Unternehmen insgesamt nur 11 Tonnen produziert. Lösen Sie in diesem Fall das Maximierungsproblem des Unternehmens. Verifizieren Sie, dass die Produktionsbeschränkungen den maximal möglichen Wert von $P(x, y)$ verringern.

9. Betrachten Sie das Nutzenmaximierungsproblem: $\max x^a + y$ unter der Nebenbedingung $px + y = m$, wobei alle Konstanten positiv sind und $a \in (0, 1)$.

(a) Bestimmen Sie die Nachfragefunktionen $x^*(p, m)$ und $y^*(p, m)$.

(b) Bestimmen Sie die partiellen Ableitungen der Nachfragefunktionen nach p und m. Überprüfen Sie deren Vorzeichen.

(c) Wie verändern sich die optimalen Ausgaben für das zu x gehörige Gut, wenn p sich ändert?[7]

(d) Setzen Sie $a = 1/2$. Welches sind die Nachfragefunktionen in diesem Fall? Bezeichnen Sie den maximalen Nutzen als Funktion von p und m mit $U^*(p, m)$, die Optimalwertfunktion, die auch als indirekte Nutzenfunktion bezeichnet wird. Verifizieren Sie, dass $\partial U^*/\partial p = -x^*(p, m)$.

Anspruchsvollere Aufgabe

10. Betrachten Sie das Problem: $\max U(x, y) = 100 - e^{-x} - e^{-y}$ unter der Nebenbedingung $px + qy = m$

(a) Schreiben Sie die Bedingungen erster Ordnung für das Problem auf und lösen Sie diese nach x, y und λ als Funktionen von p, q und m auf. Welche Annahmen sind nötig, damit x und y nichtnegativ sind?

(b) Verifizieren Sie, dass x und y als Funktionen von p, q und m homogen vom Grad 0 sind.

▶ Lösungen zu den Aufgaben finden Sie im Anhang des Buches.

---

[7] Untersuchen Sie die Elastizität von $px^*(p, m)$ bezüglich p.

14.2 Interpretation des Lagrange-Multiplikators

Betrachten Sie wieder das Problem

$$\max(\min) f(x, y) \quad \text{unter der Nebenbedingung} \quad g(x, y) = c$$

Nehmen Sie an, dass x^* und y^* die Werte von x und y sind, die das Problem lösen. Im Allgemeinen hängen x^* und y^* von c ab, so dass wir schreiben $x^* = x^*(c)$ und $y^* = y^*(c)$. Wir *nehmen an*, dass diese Lösungen differenzierbare Funktionen von c sind. Der zugehörige Wert von $f(x, y)$ ist dann auch eine Funktion von c mit

$$f^*(c) = f(x^*(c), y^*(c)) \tag{14.2.1}$$

Hier wird $f^*(c)$ die **Optimalwertfunktion** für das Problem genannt. Natürlich hängt der zugehörige Wert des Lagrange-Multiplikators im Allgemeinen auch von c ab, so dass wir schreiben $\lambda(c)$. Vorausgesetzt, dass gewisse Regularitätsbedingungen erfüllt sind, haben wir das bemerkenswerte Resultat:

$$\frac{df^*(c)}{dc} = \lambda(c) \tag{14.2.2}$$

Damit *ist der Lagrange-Multiplikator $\lambda = \lambda(c)$ die Rate, mit der sich der optimale Wert der Zielfunktion ändert, wenn die Konstante c in der Nebenbedingung sich ändert.*
Wenn insbesondere dc eine kleine Änderung in c ist, dann ist

$$f^*(c + dc) - f^*(c) \approx \lambda(c)\,dc \tag{14.2.3}$$

In ökonomischen Anwendungen bezeichnet c oft den verfügbaren Vorrat einer Ressource und $f(x, y)$ beschreibt den Nutzen oder den Gewinn. Dann misst $\lambda(c)\,dc$ ungefähr die Änderung des Nutzens oder des Gewinns, die sich aus dc mehr Einheiten der Ressource ergibt.[8] Ökonomen nennen λ einen **Schattenpreis** der Ressource. Falls $f^*(c)$ der maximale Gewinn beim Ressourcen-Input c ist, dann besagt Gleichung (14.2.3), dass λ den approximativen Zuwachs im Gewinn pro Einheit Zuwachs in der Ressource anzeigt.
Unter der Annahme, dass $f^*(c)$ differenzierbar ist, können wir Gleichung (14.2.2) wie folgt beweisen:
Bilden des Differentials der Optimalwertfunktion, definiert durch Gleichung (14.2.1) ergibt

$$df^*(c) = df(x^*, y^*) = f_1'(x^*, y^*)\,dx^* + f_2'(x^*, y^*)\,dy^* \tag{$*$}$$

Aber aus den Bedingungen erster Ordnung erhalten wir $f_1'(x^*, y^*) = \lambda g_1'(x^*, y^*)$ und $f_2'(x^*, y^*) = \lambda g_2'(x^*, y^*)$, so dass wir ($*$) schreiben können als

$$df^*(c) = \lambda g_1'(x^*, y^*)\,dx^* + \lambda g_2'(x^*, y^*)\,dy^* = \lambda[g_1'(x^*, y^*)\,dx^* + g_2'(x^*, y^*)\,dy^*] \tag{$**$}$$

Wenn wir das Differential der Identität $g(x^*(c), y^*(c)) = c$ bilden, ergibt sich

$$dg(x^*, y^*) = g_1'(x^*, y^*)\,dx^* + g_2'(x^*, y^*)\,dy^* = dc$$

---

[8] Oder $-dc$ weniger, wenn $dc < 0$.

Einsetzen der letzten Gleichheit in (**), impliziert $df^*(c) = \lambda\, dc$.

Beispiel 14.2.1

Betrachten Sie die folgende Verallgemeinerung von Beispiel 14.1.1:

$$\max\ xy \quad \text{unter der Nebenbedingung} \quad 2x + y = m$$

Die Bedingungen erster Ordnung ergeben wieder $y = 2x$ mit $\lambda = x$. Die Nebenbedingung wird damit zu $2x + 2x = m$, so dass $x = m/4$. Mit der oben eingeführten Notation ist die Lösung $x^*(m) = m/4$ und $y^*(m) = m/2$ mit $\lambda(m) = m/4$. Die Optimalwertfunktion ist daher $f^*(m) = (m/4)(m/2) = m^2/8$. Es folgt $df^*(m)/dm = m/4 = \lambda(m)$. Damit ist (14.2.2) bestätigt. Nehmen Sie insbesondere an, dass $m = 100$ ist, so dass $f^*(100) = 100^2/8$. Wenn m von 100 um 1 auf 101 ansteigt, ist der neue Optimalwert $f^*(101) = 101^2/8$, so dass $f^*(101) - f^*(100) = 101^2/8 - 100^2/8 = 25.125$. Bemerken Sie: Formel (14.2.3) mit $dc = 1$ ergibt $f^*(101) - f^*(100) \approx \lambda(100) \cdot 1 = 25 \cdot 1 = 25$, welches ganz nah an dem exakten Wert 25.125 ist. ━━━

Beispiel 14.2.2

Nehmen Sie an, dass $Q = F(K, L)$ den Output eines staatseigenen Unternehmens bezeichnet, wenn der Input an Kapital K und der Input an Arbeit L ist. Nehmen Sie an, dass die Kosten für Kapital und Arbeit r bzw. w sind und dass das Unternehmen ein Gesamtbudget von m Euro für die Finanzierung der zwei Inputfaktoren zur Verfügung hat. Das Unternehmen möchte diejenigen Inputgrößen finden, die die Anzahl produzierter Einheiten maximieren. So steht es vor dem Problem

$$\max\ F(K, L) \quad \text{unter der Nebenbedingung} \quad rK + wL = m$$

Wenn wir dieses Problem mit der Methode des Lagrange-Multiplikators lösen, wird der Wert des Lagrange-Multiplikators uns sagen, wie viele Einheiten ungefähr mehr produziert werden, wenn m um 1 Euro erhöht wird.

Betrachten Sie z.B. das spezielle Problem: $\max 120KL$ unter der Nebenbedingung $2K + 5L = m$. Bemerken Sie, dass dies, mathematisch, ein Spezialfall des Problems in Beispiel 14.1.3 ist.[9] Aus (**) in Beispiel 14.1.3 erhalten wir die Lösung $K^* = m/4$ und $L^* = m/4$ mit $\lambda = 6m$. Der optimale Output ist

$$Q^*(m) = 120K^*L^* = 120 \cdot \frac{1}{4}m \cdot \frac{1}{10}m = 3m^2 \,,$$

so dass $dQ^*/dm = 6m = \lambda$ und (14.2.2) bestätigt ist. ━━━

---

[9] Nur die Notation ist verschieden und die Tatsache, dass der Verbraucher durch ein Unternehmen ersetzt wurde.

Aufgaben für Kapitel 14.2

1. Verifizieren Sie, dass Gleichung (14.2.2) gilt für das Problem: max $x^3 y$ unter der Nebenbedingung $2x + 3y = m$.

2. Mit Bezug auf Beispiel 14.1.2:

   (a) Lösen Sie das Problem min $rK + wL$ unter der Nebenbedingung $\sqrt{K} + L = Q$ unter der Annahme, dass $Q > w/2r$, wobei r, w und Q positive Konstanten sind.

   (b) Verifizieren Sie Gleichung (14.2.2).

3. Betrachten Sie das Problem min $x^2 + y^2$ unter der Nebenbedingung $x + 2y = a$, wobei a eine Konstante ist.

   (a) Lösen Sie das Problem durch Transformation in ein Problem ohne Nebenbedingungen mit einer Variablen.

   (b) Zeigen Sie, dass die Lagrange-Methode zu derselben Lösung führt und verifizieren Sie Gleichung (14.2.2).

   (c) Erläutern Sie die Lösung, indem Sie die Höhenlinien von $f(x, y) = x^2 + y^2$ und den Graphen der Geraden $x + 2y = a$ untersuchen. Können Sie eine geometrische Interpretation des Problems geben? Hat das entsprechende Maximierungsproblem eine Lösung?

4. Betrachten Sie das Nutzenmaximierungsproblem max $U(x, y) = \sqrt{x} + y$ unter der Nebenbedingung $x + 4y = 100$.

   (a) Bestimmen Sie unter Verwendung der Lagrange-Methode die nachgefragten Mengen der zwei Güter.

   (b) Nehmen Sie an, dass das Einkommen von 100 auf 101 steigt. Welches ist der exakte Zuwachs der Optimalwertfunktion $U(x, y)$? Vergleichen Sie dies mit dem Wert, den Sie in (a) für den Lagrange-Multiplikator bestimmt haben.

   (c) Nehmen Sie an, dass wir die Budget-Beschränkung in $px + qy = m$ ändern, jedoch dieselbe Nutzenfunktion behalten. Bestimmen Sie die nachgefragten Mengen der zwei Güter, falls $m > q^2/4p$.

5. Betrachten Sie das Verbraucher-Nachfrage-Problem

   $$\max U(x, y) = \alpha \ln(x - a) + \beta \ln(y - b) \text{ unter der Nebenbedingung } px + qy = m \quad (*)$$

   Dabei sind α, β, a, b, p, q und m positive Konstanten mit $\alpha + \beta = 1$ und $m > ap + bq$.

   (a) Zeigen Sie: Wenn x^*, y^* das Problem $(*)$ lösen, dann sind die Ausgaben für die zwei Güter gegeben durch die zwei linearen Funktionen

   $$px^* = \alpha m + pa - \alpha(pa + qb) \quad \text{und} \quad qy^* = \beta m + qb - \beta(pa + qb) \quad (**)$$

   der Variablen (m, p, q).[10]

   (b) Sei $U^*(p, q, m) = U(x^*, y^*)$ die indirekte Nutzenfunktion. Zeigen Sie, dass $\partial U^*/\partial m > 0$. Zeigen Sie die sogenannten Identitäten von Roy: $\frac{\partial U^*}{\partial p} = -\frac{\partial U^*}{\partial m} x^*$ und $\frac{\partial U^*}{\partial q} = -\frac{\partial U^*}{\partial m} y^*$.

   ➡

---

[10]Dies ist ein Spezialfall des **linearen Ausgabensystems**, das der britische Ökonom und Nobelpreisgewinner R. Stone an die UK-Verbraucherdaten angepasst hat, wie beschrieben ist im *Economic Journal*, 1954.

→ Fortsetzung

Anspruchsvollere Aufgabe

6. Ein Ölproduzent beginnt zur Zeit $t = 0$ mit der Förderung von Öl aus einer Quelle und endet zur Zeit $t = T$, die der Produzent wählt. Nehmen Sie an, dass die Produktion zu jeder Zeit t im Intervall $[0, T]$ gleich $xt(T - t)$ Barrel pro Zeiteinheit ist, wobei die Intensität x auch frei gewählt werden kann. Die Gesamtmenge an Öl, die in der gesamten Zeitspanne gefördert wurde, ist dann gegeben durch die Funktion $g(x, T) = \int_0^T xt(T - t)\,dt$ von x und T. Nehmen Sie weiter an, dass der Verkaufspreis pro Barrel zur Zeit t gleich $p = 1 + t$ ist und dass die Kosten pro gefördertem Barrel gleich αT^2 sind, wobei α eine positive Konstante ist. Der Gewinn pro Zeiteinheit ist dann $(1 + t - \alpha T^2)xt(T - t)$, so dass der Gesamtgewinn im Zeitintervall $[0, T]$ eine Funktion von x und T ist, die gegeben ist durch

$$f(x, T) = \int_0^T (1 + t - \alpha T^2)\, xt\, (T - t)\, dt$$

Falls die Gesamtmenge des auf dem Feld vorrätigen Öls gleich M Barrel ist, kann der Produzent die Werte von x und T so wählen, dass $g(x, T) = M$. Das Problem des Produzenten ist daher

$$\max f(x, T) \quad \text{unter der Nebenbedingung} \quad g(x, T) = M \tag{*}$$

Bestimmen Sie explizite Ausdrücke für $f(x, T)$ und $g(x, T)$, indem Sie die gegebenen Integrale berechnen. Lösen Sie dann das Problem (∗) und verifizieren Sie Gleichung (14.2.2).

▶ Lösungen zu den Aufgaben finden Sie im Anhang des Buches.

14.3 Mehrere Lösungskandidaten

In allen unseren bisherigen Beispielen und Aufgaben führte das Rezept zur Lösung von Optimierunsproblemen unter Nebenbedingungen nur zu einem einzigen Lösungskandidaten. In diesem Unterkapitel betrachten wir ein Beispiel mit mehreren Lösungskandidaten. In solchen Fällen müssen wir entscheiden, welcher der Kandidaten tatsächlich das Problem löst, vorausgesetzt es hat überhaupt eine Lösung.

Beispiel 14.3.1

Lösen Sie das Problem

$$\max{(\min)}\ f(x, y) = x^2 + y^2 \quad \text{unter der Nebenbedingung}\quad g(x, y) = x^2 + xy + y^2 = 3.$$

Lösung: Für beide Probleme, Maximum und Minimum, ist die Lagrange-Funktion

$$\mathscr{L}(x, y) = x^2 + y^2 - \lambda(x^2 + xy + y^2 - 3)$$

Die drei zu betrachtenden Bedingungen erster Ordnung sind daher

$$\mathscr{L}'_1(x, y) = 2x - \lambda(2x + y) = 0 \tag{i}$$

$$\mathscr{L}'_2(x, y) = 2y - \lambda(x + 2y) = 0 \tag{ii}$$

$$x^2 + xy + y^2 - 3 = 0 \tag{iii}$$

Wir wollen λ aus (i) und (ii) eliminieren. Aus (i) erhalten wir $\lambda = 2x/(2x + y)$, vorausgesetzt $y \neq -2x$. Wenn wir diesen Wert von λ in (ii) einsetzen, erhalten wir

$$2y = \frac{2x}{2x + y}(x + 2y)$$

Dies reduziert sich zu $y^2 = x^2$ und somit zu $y = \pm x$, was drei Möglichkeiten ergibt:

1. *Nehmen Sie zuerst an, dass* $y = x$. Dann ergibt (iii), dass $x^2 = 1$, so dass $x = 1$ oder $x = -1$ ist. Dies ergibt die zwei Lösungskandidaten $(x, y) = (1, 1)$ und $(-1, -1)$ mit $\lambda = 2/3$.
2. *Alternativ nehmen Sie* $y = -x$ *an*. Dann ergibt (iii), dass $x^2 = 3$, so dass $x = \sqrt{3}$ oder $x = -\sqrt{3}$ ist. Dies ergibt die zwei Lösungskandidaten $(x, y) = (\sqrt{3}, -\sqrt{3})$ und $(-\sqrt{3}, \sqrt{3})$ mit $\lambda = 2$.
3. Es bleibt nur der Fall $y = -2x$ zu betrachten. Dann folgt aus (i), dass $x = 0$ und somit $y = 0$. Aber dies widerspricht (iii), so dass dieser Fall nicht eintreten kann.

Wir haben vier mögliche Stellen (x, y) gefunden, die das Problem lösen können. Ferner ist

$$f(1, 1) = f(-1, -1) = 2, \qquad f(\sqrt{3}, -\sqrt{3}) = f(-\sqrt{3}, \sqrt{3}) = 6$$

Wir schließen: Wenn das Problem Lösungen hat, dann lösen $(1, 1)$ und $(-1, -1)$ das Minimierungsproblem, während $(\sqrt{3}, -\sqrt{3})$ und $(-\sqrt{3}, \sqrt{3})$ das Maximierungsproblem lösen.

Geometrisch beschreibt die Nebenbedingung eine Ellipse und das Problem besteht darin, den kleinsten und den größten Abstand des Ursprungs von einem Punkt der Ellipse zu bestimmen. Siehe Abb. 14.3.1. Es ist „geometrisch offensichtlich", dass solche Punkte existieren.

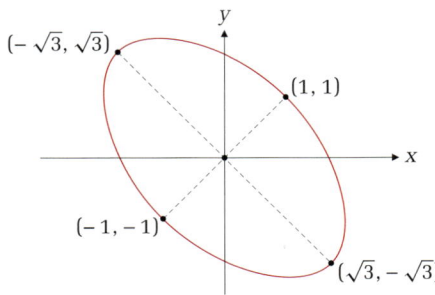

Abbildung 14.3.1: Die Nebenbedingungskurve in Beispiel 14.3.1

Aufgaben für Kapitel 14.3

1. Lösen Sie die Probleme:

   (a) max(min) $3xy$ unter $x^2 + y^2 = 8$

   (b) max(min) $x + y$ unter $x^2 + 3xy + 3y^2 = 3$

2. Lösen Sie die Probleme:[11]

   (a) max $x^2 + y^2 - 2x + 1$ unter $x^2 + 4y^2 = 16$

   (b) min $\ln(2 + x^2) + y^2$ unter $x^2 + 2y = 2$

3. Betrachten Sie das Problem max(min) $f(x, y) = x + y$ unter der Nebenbedingung $g(x, y) = x^2 + y = 1$.

   (a) Bestimmen Sie die Lösungen zu den notwendigen Bedingungen dieses Problems.

   (b) Erklären Sie geometrisch die Lösung, indem Sie geeignete Höhenlinien für $f(x, y)$ zusammen mit dem Graphen der Parabel $x^2 + y = 1$ zeichnen. Hat das entsprechende Minimierungsproblem eine Lösung?

   (c) Ersetzen Sie die Nebenbedingung durch $x^2 + y = 1.1$ und lösen Sie das Problem in diesem Fall. Bestimmen Sie die zugehörige Änderung des Optimalwertes von $f(x, y) = x + y$ und überprüfen Sie, ob diese Änderung annähernd gleich $\lambda \cdot 0.1$ ist, wie in (14.2.3) behauptet.

4. Betrachten Sie Sie das Problem max $f(x, y) = 24x - x^2 + 16y - 2y^2$ unter $g(x, y) = x^2 + 2y^2 = 44$

   (a) Lösen Sie das Problem.

   (b) Welches ist die approximative Änderung des Optimalwertes von $f(x, y)$, wenn 44 auf 45 geändert wird?

▶ Lösungen zu den Aufgaben finden Sie im Anhang des Buches.

14.4 Warum die Methode der Lagrange-Multiplikatoren funktioniert

Wir haben die Methode der Lagrange-Multiplikatoren zur Lösung des folgenden Problems erklärt:

$$\max f(x, y) \text{ unter } g(x, y) = c \tag{14.4.1}$$

In diesem Abschnitt geben wir ein geometrisches wie auch ein analytisches Argument für die Methode.

Ein geometrisches Argument

Das Maximierungsproblem in (14.4.1) kann geometrisch interpretiert werden, wie in Abb. 14.4.1 gezeigt. Der Graph von f sieht hier aus wie die Fläche einer umgedrehten

---

[11] In (b) dürfen Sie es als gesichert annehmen, dass der Minimalwert existiert.

Schale, während die Gleichung $g(x,y) = c$ eine Kurve in der xy-Ebene darstellt. Die Kurve K auf der Schale ist diejenige, die direkt oberhalb der Kurve $g(x,y) = c$ liegt. Die Maximierung von $f(x,y)$ ohne Beachtung der Nebenbedingung würde uns zu dem Gipfel A in Abb. 14.4.1 führen. Die Lösung zu Problem (14.4.1) ist jedoch im Punkt B, welcher der höchste Punkt auf der Kurve K ist. Wenn wir uns den Graphen von f als ein Gebirge vorstellen und K als einen Gebirgspfad, dann suchen wir den höchsten Punkt auf dem Pfad, welcher B ist. Analytisch ist es das Problem, die Koordinaten von B zu finden.

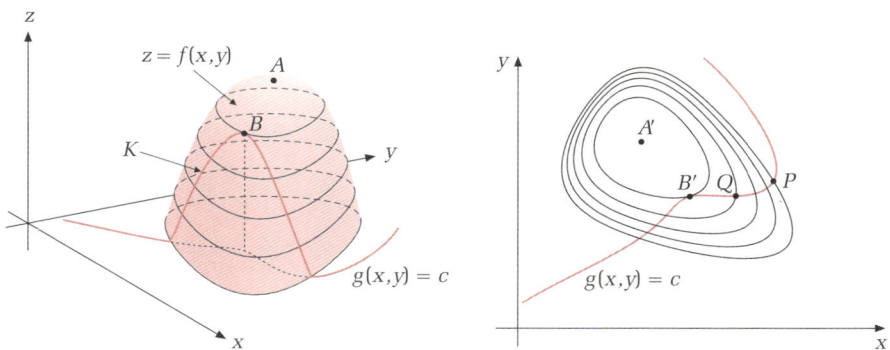

Abbildung 14.4.1: Ein Optimierungsproblem unter einer Nebenbedingung

Abbildung 14.4.2: Geometrie der Lagrange-Methode

Abbildung 14.4.2 „projiziert" die Information aus Abb. 14.4.1 in die xy-Ebene. Die Kurve $g(x,y) = c$, die auch in Abb. 14.4.1 auftrat, ist die Projektion der Kurve K. Die Abbildung zeigt auch einige der Höhenlinien für f und deutet auch die Nebenbedingungskurve $g(x,y) = c$ an. Jetzt repräsentiert A' die Stelle, an der $f(x,y)$ ihr uneingeschränktes Maximum hat. Je näher eine Höhenlinie von f der Stelle A' ist, desto höher ist der Wert von f entlang dieser Höhenlinie. Wir suchen diejenige Stelle auf der Nebenbedingungskurve $g(x,y) = c$, in dem die Funktion f ihren höchsten Wert hat. Wenn wir an der Stelle P auf der Nebenbedingungskurve starten und uns entlang dieser Kurve in Richtung A' bewegen, begegnen wir Höhenlinien mit immer höheren Werten von f.

Offensichtlich ist die Stelle Q in Abb. 14.4.2 *nicht* die Stelle auf $g(x,y) = c$, an der f ihren höchsten Wert annimmt, da die Nebenbedingungskurve die Höhenlinie von f an dieser Stelle *schneidet*. Daher können wir zu einer Höhenlinie mit höheren Werten von f übergehen, indem wir uns weiter entlang der Nebenbedingungskurve bewegen. Wenn wir jedoch an der Stelle B' ankommen, können wir nicht mehr höher kommen. Es ist intuitiv klar, dass B' diejenige Stelle ist, an der die Nebenbedingungskurve eine Höhenlinie von f berührt, *ohne sie zu schneiden*. Diese Beobachtung impliziert, dass die Steigung der Tangente an die Kurve $g(x,y) = c$ in (x,y) gleich der Steigung der Tangente an die Höhenlinie von f in diesem Punkt ist.

Erinnern Sie aus Kapitel 12.3, dass die Steigung einer Höhenlinie $F(x,y) = c$ gegeben ist durch $dy/dx = -F_1'(x,y)/F_2'(x,y)$. Damit kann die Bedingung, dass die Steigung der Tangente an $g(x,y) = c$ gleich der Steigung der Höhenlinie von $f(x,y)$ ist, wie folgt ausgedrückt werden:[12]

$$-\frac{g_1'(x,y)}{g_2'(x,y)} = -\frac{f_1'(x,y)}{f_2'(x,y)}$$

oder, äquivalent, als

$$\frac{f_1'(x,y)}{g_1'(x,y)} = \frac{f_2'(x,y)}{g_2'(x,y)} \tag{14.4.2}$$

Es folgt: Eine notwendige Bedingung dafür, dass (x,y) das Problem (14.4.1) löst, ist, dass die linken und rechten Seiten von (14.4.2) in (x,y) gleich sind. Bezeichne λ den gemeinsamen Wert dieser Brüche. Dies ist der in Kap. 14.1 eingeführte Lagrange-Multiplikator. Mit dieser Definition folgt:

$$f_1'(x,y) - \lambda g_1'(x,y) = 0 \quad \text{und} \quad f_2'(x,y) - \lambda g_2'(x,y) = 0 \tag{14.4.3}$$

Indem wir die Lagrange-Funktion aus Gleichung (14.1.2) verwenden, sehen wir, dass (14.4.3) gerade besagt, dass die Lagrange-Funktion eine stationäre Stelle hat. Ein entsprechendes Argument für das Minimierungsproblem von $f(x,y)$ unter der Nebenbedingung $g(x,y) = c$ führt zu derselben Bedingung.

Das oben gegebene geometrische Argument ist sehr überzeugend. Aber das analytische Argument, das wir jetzt geben wollen, ist leichter zu verallgemeinern auf mehr als zwei Variablen.

Ein analytisches Argument

Bisher haben wir das Problem untersucht, den größten oder kleinsten Wert von $f(x,y)$ unter der Nebenbedingung $g(x,y) = c$ zu finden. Manchmal sind wir interessiert an der Untersuchung des entsprechenden lokalen Maximums (Minimums), in dem Sinn wie in Kap. 13.3: Stellen (x_0, y_0), in denen $g(x_0, y_0) = c$ und $f(x,y) \leq (\geq) f(x_0, y_0)$ für alle Paare (x,y), die $g(x,y) = c$ erfüllen und hinreichend nah an (x_0, y_0) liegen. Grafisch sind mögliche lokale Extrema illustriert in Abb. 14.4.3.

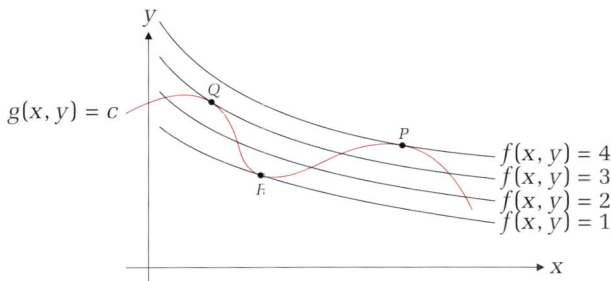

Abbildung 14.4.3: Q, R und P erfüllen alle die Bedingungen erster Ordnung.

Die Stelle R ist eine lokale Minimumstelle für $f(x,y)$ unter der Nebenbedingung $g(x,y) = c$, während Q und P lokale Maximumstellen sind. Das globale Maximum von $f(x,y)$ unter der Nebenbedingung $g(x,y) = c$ wird nur an der Stelle P angenommen. Jede der Stellen P, Q und R in Abb. 14.4.3 erfüllt Bedingung (14.4.3), so dass

---

[12] Vernachlässigen Sie im Moment Fälle, in denen irgendein Nenner 0 ist.

die Bedingungen erster Ordnung genau wie vorher sind. Wir wollen sie jetzt in einer Weise herleiten, die nicht auf geometrischer Intuition beruht.

Abgesehen von einigen speziellen Fällen definiert die Gleichung $g(x, y) = c$, mit festem c, implizit y als eine differenzierbare Funktion von x in der Nähe einer lokalen Extremstelle. Bezeichnen Sie diese Funktion mit $y = h(x)$. Nach Formel (12.3.2) erhält man unter der Voraussetzung $g_2'(x, y) \neq 0$

$$y' = h'(x) = -\frac{g_1'(x, y)}{g_2'(x, y)}$$

Nun ist die Zielfunktion tatsächlich eine Funktion von x allein. Indem wir dz/dx berechnen und dabei berücksichtigen, wie y von x abhängt, erhalten wir eine notwendige Bedingung für lokale Extremstellen, indem wir dz/dx gleich 0 setzen. Aber

$$\frac{dz}{dx} = f_1'(x, y) + f_2'(x, y)y' = f_1'(x, y) + f_2'(x, y)h'(x)$$

Einsetzen des früheren Ausdrucks für $h'(x)$ ergibt somit die folgende notwendige Bedingung, damit (x, y) das Problem (14.4.1) löst:

$$\frac{dz}{dx} = f_1'(x, y) - f_2'(x, y)\frac{g_1'(x, y)}{g_2'(x, y)} = 0 \tag{14.4.4}$$

Mit der Annahme $g_2'(x, y) \neq 0$ und der Definition $\lambda = f_2'(x, y)/g_2'(x, y)$ schließen wir, dass die zwei Gleichungen $f_1'(x, y) - \lambda g_1'(x, y) = 0$ und $f_2'(x, y) - \lambda g_2'(x, y) = 0$ beide erfüllt sein müssen. Daher muss die Lagrange-Funktion eine stationäre Stelle in (x, y) haben. Dasselbe Resultat gilt, nach einem analogen Argument, wenn $g_1'(x, y) \neq 0$. Zusammenfassend kann man das folgende präzise Resultat beweisen.

Theorem 14.4.1   (Lagrange-Theorem)

Nehmen Sie an, dass $f(x, y)$ und $g(x, y)$ stetige partielle Ableitungen in einem Bereich A der xy-Ebene haben und dass (x_0, y_0) ein innerer Punkt von A und eine lokale Extremstelle für $f(x, y)$ unter der Nebenbedingung $g(x, y) = c$ ist. Nehmen Sie ferner an, dass $g_1'(x_0, y_0)$ und $g_2'(x_0, y_0)$ nicht beide 0 sind. Dann existiert eine eindeutige Zahl λ, so dass die Lagrange-Funktion eine stationäre Stelle in (x_0, y_0) hat.

In Aufgabe 3 sollen Sie zeigen, wie Fehler aus einer unkritischen Anwendung der Methode der Lagrange-Multiplikatoren entstehen können, wenn man die Voraussetzungen in Theorem 14.4.1 missachtet. In Aufgabe 4 sollen Sie zeigen, was schiefgehen kann, wenn $g_1'(x_0, y_0)$ und $g_2'(x_0, y_0)$ beide 0 sind.

Bei Optimierungsproblemen unter Nebenbedingungen in den Wirtschaftswissenschaften wird oft implizit angenommen, dass die Variablen nichtnegativ sind. Dies ist mit Sicherheit der Fall in dem speziellen Nutzenmaximierungsproblem in Beispiel 14.1.3. Da die optimalen Lösungen positiv waren, ging nichts verloren durch die

Nichtbeachtung der Nichtnegativitätsbeschränkung. Hier ist ein Beispiel, das zeigt dass wir manchmal sorgfältiger sein müssen.

Beispiel 14.4.1

Betrachten Sie das Nutzenmaximierungsproblem

$$\max xy + x + 2y \quad \text{unter} \quad 2x + y = m, \ x \geq 0 \ \text{und} \ y \geq 0$$

Dabei haben wir explizit verlangt, dass die Mengen von jedem Gut nichtnegativ sein müssen. Die Lagrange-Funktion ist $\mathcal{L} = xy + x + 2y - \lambda(2x + y - m)$. Somit sind die Bedingungen erster Ordnung, wobei wir im Moment die Nichtnegativitätsbedingungen außer Acht lassen:

$$\mathcal{L}_1'(x, y) = y + 1 - 2\lambda = 0 \quad \text{und} \quad \mathcal{L}_2'(x, y) = x + 2 - \lambda = 0$$

Indem wir λ eliminieren, erhalten wir $y = 2x + 3$. Wenn wir diese in die Budgetbeschränkung einsetzen, folgt $2x + 2x + 3 = m$, so dass $x = \frac{1}{4}(m - 3)$. Wir finden leicht den entsprechenden Wert von y und daraus würden sich die folgenden Lösungen ergeben: $x^* = \frac{1}{4}(m - 3)$, $y^* = \frac{1}{2}(m + 3)$. Beachten Sie, dass für den Fall $m < 3$ folgt, dass $x^* < 0$, so dass die Ausdrücke, die wir für x^* und y^* gefunden haben, das gegebene Problem nicht lösen. Wir werden weiter unten sehen, dass die Lösung in diesem Fall $x^* = 0$, $y^* = m$ ist. Dies impliziert: Wenn das Einkommen niedrig ist, sollte dieser Verbraucher alles nur für das zweite Gut ausgeben.

Wir wollen dieses Problem analysieren, indem wir es in ein uneingeschränktes Problem umwandeln. Um dies zu tun, bemerken Sie, dass die Nebenbedingung $y = m - 2x$ impliziert. Damit x und y beide nichtnegativ sind, muss man verlangen, dass $0 \leq x \leq m/2$ und $0 \leq y \leq m$. Indem wir $y = m - 2x$ in die Nutzenfunktion einsetzen, erhalten wir den Nutzen als Funktion $U(x)$ von x allein, wobei

$$U(x) = x(m - 2x) + x + 2(m - 2x) = -2x^2 + (m - 3)x + 2m, \quad x \in [0, m/2]$$

Dies ist eine quadratische Funktion mit $x = \frac{1}{4}(m - 3)$ als stationärer Stelle. Wenn $m > 3$ ist, ist dies eine innere stationäre Stelle für die konkave Funktion U, so dass es eine Maximumstelle ist. Wenn $m \leq 3$ ist, dann ist $U'(x) = -4x + (m - 3) \leq 0$ für alle $x \geq 0$. Wegen der Einschränkung $x \geq 0$ folgt, dass $U(x)$ seinen größten Wert für $x = 0$ haben muss.

Einer der am häufigsten im Zusammenhang mit der Methode der Lagrange-Multiplikatoren auftretenden Fehler in der ökonomischen Literatur – sogar in einigen führenden Lehrbüchern – ist die Behauptung, dass sie ein Optimierungsproblem unter Nebenbedingungen in das Problem transformiert, ein uneingeschränktes Optimum der Lagrange-Funktion zu finden. Aufgabe 1 zeigt, dass dies falsch ist. Was die Methode stattdessen tut, ist, dass sie ein Optimierungsproblem unter Nebenbedingungen in das Problem transformiert, die stationären Stellen der Lagrange-Funktion zu finden. Manchmal sind dies Maximumstellen, aber oft sind sie es nicht.

Um Ihr Verständnis zu prüfen, wann die Lagrange-Methode benutzt werden kann, ist es eine gute Übung zu erklären, warum sie mit Sicherheit funktioniert, zum Beispiel in Aufgabe 14.4.1, aber weder in Aufgabe 14.4.3 noch in Aufgabe 14.4.4.

Aufgaben für Kapitel 14.4

1. Betrachten Sie das Problem $\max xy$ unter $x + y = 2$. Reduzieren Sie es auf ein Ein-Variablen-Problem der Maximierung von $x(2 - x)$ und zeigen Sie, dass $(x, y) = (1, 1)$ die einzig mögliche Lösung ist. Zeigen Sie, dass diese Stelle die Bedingungen erster Ordnung für das Maximierungsproblem unter Nebenbedingungen mit dem Lagrange-Multiplikator $\lambda = 1$ erfüllt. Zeigen Sie, dass $(1, 1)$ nicht die Lagrange-Funktion $\mathscr{L}(x, y) = xy - 1 \cdot (x + y - 2)$ maximiert. Ist das von Bedeutung?

2. Der folgende Text, der versucht die Lagrange-Methode zu begrünen, ist einem Buch über Mathematik für das Management entnommen. Er enthält *schwer wiegende* Fehler. Finden Sie diese heraus.

   „Betrachten Sie dass allgemeine Problem, die Extremstellen von $z = f(x, y)$ unter der Nebenbedingung $g(x, y) = 0$ zu finden. Selbstverständlich müssen die Extremstellen die beiden Gleichungen $f'_x(x, y) = 0$, $f'_y(x, y) = 0$ zusätzlich zu der Nebenbedingung $g(x, y) = 0$ erfüllen. Damit gibt es drei Gleichungen, die durch das Paar der Unbekannten x, y erfüllt werden müssen. Da es mehr Gleichungen als Unbekannte gibt, sagt man, dass das System überbestimmt und im Allgemeinen schwierig zu lösen ist. Um die Berechnungen zu erleichtern, ... “

Anspruchsvollere Aufgaben

3. Betrachten Sie das Problem: $\max f(x, y) = 2x + 3y$ unter $g(x, y) = \sqrt{x} + \sqrt{y} = 5$

   (a) Zeigen Sie, dass die Methode der Lagrange-Multiplikatoren zu $(x, y) = (9, 4)$ führt. Zeigen Sie, dass dies keine Lösung des Problems ist, weil $f(9, 4) = 30$ und jedoch $f(25, 0) = 50$ ist.

   (b) Lösen Sie das Problem durch Untersuchung der Höhenlinien von $f(x, y) = 2x + 3y$ und des Graphen der Nebenbedingungsgleichung. (*Hinweis:* Siehe Aufgabe 5.4.2.)

   (c) Welche Voraussetzung aus Theorem 14.4.1 ist verletzt?

4. Lösen Sie das Problem

   $$\min f(x, y) = (x + 2)^2 + y^2 \quad \text{unter} \quad g(x, y) = y^2 - x(x + 1)^2 = 0$$

   Zeigen Sie, dass die Methode der Lagrange-Multiplikatoren dieses Minimum nicht finden kann. (*Hinweis:* Zeichnen Sie den Graphen von $g(x, y) = 0$. Beachten Sie insbesondere, dass $g(-1, 0) = 0$.)

▶ Lösungen zu den Aufgaben finden Sie im Anhang des Buches.

14.5 Hinreichende Bedingungen

Theorem 14.4.1 gibt *notwendige* Bedingungen für die lokale Lösung von Optimierungsproblemen unter Nebenbedingungen. Um festzustellen, dass wir tatsächlich die Lösung gefunden haben, ist jedoch eine genauere Untersuchung nötig. Die Beispiele und Aufgaben in Kap. 14.3 haben geometrische Interpretationen, aus denen wir schließen können, dass wir die Lösung gefunden haben. In der Tat: Wenn die durch die Nebenbedingung eingeschränkte Menge eine abgeschlossene, beschränkte Menge ist, dann garantiert Theorem 13.5.1, der Extremwertsatz, dass eine stetige Funktion sowohl ihren Maximal- als auch ihren Minimalwert auf dieser Menge annehmen wird.[13]

Konkave/konvexe Lagrange-Funktionen

Wir wissen bereits : Wenn (x_0, y_0) das Problem

$$\max (\min) f(x, y)g(x, y) = c \qquad (14.5.1)$$

löst, dann hat die Lagrange-Funktion

$$\mathcal{L}(x, y) = f(x, y) - \lambda[g(x, y) - c] \qquad (14.5.2)$$

gewöhnlich eine stationäre Stelle in (x_0, y_0), aber $\mathcal{L}$ hat nicht notwendig ein Maximum (Minimum) in (x_0, y_0). Nehmen Sie jedoch an, dass $\mathcal{L}$ ein globales Maximum in (x_0, y_0) annimmt, in dem Sinn, dass (x_0, y_0) tatsächlich $\mathcal{L}(x, y)$ unter *allen* (x, y) in der Ebene maximiert. Dann gilt für alle (x, y)

$$\mathcal{L}(x_0, y_0) = f(x_0, y_0) - \lambda(g(x_0, y_0) - c) \geq \mathcal{L}(x, y) = f(x, y) - \lambda(g(x, y) - c) \qquad (*)$$

Wenn (x_0, y_0) auch die Bedingung $g(x_0, y_0) = c$ erfüllt, dann impliziert $(*)$, dass $f(x_0, y_0) \geq f(x, y)$ für alle (x, y) mit $g(x, y) = c$. Daher löst (x_0, y_0) tatsächlich das Maximierungsproblem in (14.5.1). Ein entsprechendes Resultat erhält man für das Minimierungsproblem in (14.5.1), vorausgesetzt, dass $\mathcal{L}$ ein globales Minimum in (x_0, y_0) annimmt.

Nun erinnern wir von Theorem 13.2.1 und den Definitionen von konkaven (konvexen) Funktionen, dass eine stationäre Stelle (x_0, y_0) einer konkaven (konvexen) Funktion tatsächlich die Funktion maximiert (minimiert). Damit haben wir das folgende Resultat:

---

[13] Ein typisches Beispiel ist Beispiel 14.3.1. Hier *ist* die eingeschränkte Menge, die in Abb. 14.3.1 dargestellt ist, abgeschlossen und beschränkt. Die stetige Funktion $f(x, y) = x^2 + y^2$ wird deshalb ein Maximum und ein Minimum auf dieser eingeschränkten Menge annehmen. Da es vier Punkte gibt, die die Bedingungen erster Ordnung erfüllen, bleibt nur zu überprüfen, welcher von ihnen zum höchsten und niedrigsten Wert von f führt.

Theorem 14.5.1 (Konkave/Konvexe Lagrange-Funktion)

Betrachten Sie die Probleme (14.5.1) und nehmen Sie an, dass (x_0, y_0) eine stationäre Stelle für die in (14.5.2) definierte Lagrange-Funktion $\mathcal{L}$ ist.

(A) Wenn die Lagrange-Funktion konkav ist, dann löst (x_0, y_0) das Maximierungsproblem.

(B) Wenn die Lagrange-Funktion konvex ist, dann löst (x_0, y_0) das Minimierungsproblem.

Beispiel 14.5.1

Betrachten Sie ein Unternehmen, das die positiven Inputmengen K und L von Kapital
und Arbeit verwendet, um von einem einzigen Gut die Menge Q entsprechend der
Cobb-Douglas-Produktionsfunktion $Q = F(K, L) = AK^a L^b$ zu produzieren, wobei A,
a und b positive Parameter mit $a + b \leq 1$ sind. Nehmen Sie an, dass die Kosten pro
Einheit für Kapital und Arbeit $r > 0$ bzw. $w > 0$ sind. Die die Kosten minimierenden
Inputgrößen von K und L müssen das Problem

$$\min \ rK + wL \quad \text{unter der Nebenbedingung} \quad AK^a L^b = Q$$

lösen. Erklären Sie, warum die Lagrange-Funktion konvex ist, so dass eine stationäre
Stelle der Lagrange-Funktion die Kosten minimiert. (*Hinweis:* Siehe Aufgabe 13.2.8.)

Lösung: Die Lagrange-Funktion ist $\mathcal{L} = rK + wL - \lambda(AK^a L^b - Q)$. Die Bedingungen
erster Ordnung sind $r = \lambda Aa K^{a-1} L^b$ und $w = \lambda Ab K^a L^{b-1}$. Wir sehen, dass $\lambda > 0$ ist.
Nach Aufgabe 13.2.8 sehen wir, dass $-\mathcal{L}$ konkav und somit $\mathcal{L}$ konvex ist. ▬▬▬

Lokale Bedingungen zweiter Ordnung

Manchmal sind wir an Bedingungen interessiert, die hinreichend für lokale Extremstellen von $f(x, y)$ unter der Nebenbedingung $g(x, y) = c$ sind. Wir beginnen mit einem Blick auf den Ausdruck für dz/dx, der durch(14.4.4) gegeben ist. Die Bedingung
$dz/dx = 0$ ist notwendig für lokale Optimalität. Wenn zusätzlich $d^2z/dx^2 < 0$ ist,
dann muss eine stationäre Stelle der Lagrange-Funktion das lokale Maximierungsproblem lösen. Die zeite Ableitung d^2z/dx^2 ist gerade die totale Ableitung von dz/dx
bezüglich x. Wenn wir annehmen, dass f und g beide C^2-Funktionen sind und uns
erinnern, dass y eine Funktion von x ist, folgt aus (14.4.4):

$$\frac{d^2z}{dx^2} = f''_{11} + f''_{12}y' - (f''_{21} + f''_{22}y')\frac{g'_1}{g'_2} - f'_2 \frac{(g''_{11} + g''_{12}y')g'_2 - (g''_{21} + g''_{22}y')g'_1}{(g'_2)^2}$$

Da f und g beide C^2-Funktionen sind, haben wir $f''_{12} = f''_{21}$ und $g''_{12} = g''_{21}$. Ferner ist
$y' = -g'_1/g'_2$. Weiter gilt $f'_1 = \lambda g'_1$ und $f'_2 = \lambda g'_2$, da dies die Bedingungen erster Ordnung
sind. Indem wir diese Beziehungen nutzen, um y' und f'_2 zu eliminieren, erhalten wir
mit einiger elementarer Algebra

$$\frac{d^2z}{dx^2} = \frac{1}{(g'_2)^2}\left[(f''_{11} - \lambda g''_{11})(g'_2)^2 - 2(f''_{12} - \lambda g''_{12})g'_1 g'_2 + (f''_{22} - \lambda g''_{22})(g'_1)^2\right]$$

Wir sehen, dass $d^2z/dx^2 < 0$ ist, unter der Voraussetzung, dass der Ausdruck in den eckigen Klammern negativ ist. Damit haben wir das folgende Resultat:

Theorem 14.5.2 (Lokale Bedingungen zweiter Ordnung)

Betrachten Sie das Problem in Gleichung (14.5.1) und nehmen Sie an, dass (x_0, y_0) die Bedingungen erster Ordnung $f_1'(x, y) = \lambda g_1'(x, y)$, $f_2'(x, y) = \lambda g_2'(x, y)$ und $g(x, y) = c$ erfüllt. Definieren Sie

$$D(x, y, \lambda) = (f_{11}'' - \lambda g_{11}'')(g_2')^2 - 2(f_{12}'' - \lambda g_{12}'')g_1'g_2' + (f_{22}'' - \lambda g_{22}'')(g_1')^2$$

Dann gilt:

(i)   Wenn $D(x_0, y_0, \lambda) < 0$, dann löst (x_0, y_0) das lokale Maximierungsproblem.

(ii) Wenn $D(x_0, y_0, \lambda) > 0$, dann löst (x_0, y_0) das lokale Minimierungsproblem.

Die Bedingungen an das Vorzeichen von $D(x_0, y_0, \lambda)$ werden die lokalen *Bedingungen zweiter Ordnung* genannt.

Beispiel 14.5.2

Betrachten Sie das Problem

$$\max(\min) f(x, y) = x^2 + y^2 \quad \text{unter} \quad g(x, y) = x^2 + xy + y^2 = 3$$

In Beispiel 14.3.1 haben wir gesehen, dass die Bedingungen erster Ordnung die Stellen $(1, 1)$ und $(-1, -1)$ mit $\lambda = 2/3$ sowie $(\sqrt{3}, -\sqrt{3})$ und $(-\sqrt{3}, \sqrt{3})$ mit $\lambda = 2$ ergeben. Überprüfen Sie die lokalen Bedingungen zweiter Ordnung aus Theorem 14.5.2 für diesen Fall.

Lösung: Wir erhalten $f_{11}'' = 2$, $f_{12}'' = 0$, $f_{22}'' = 2$, $g_{11}'' = 2$, $g_{12}'' = 1$ und $g_{22}'' = 2$. Somit ist

$$D(x, y, \lambda) = (2 - 2\lambda)(x + 2y)^2 + 2\lambda(2x + y)(x + 2y) + (2 - 2\lambda)(2x + y)^2$$

Daher ist $D(1, 1, \tfrac{2}{3}) = D(-1, -1, \tfrac{2}{3}) = 24$ und $D(\sqrt{3}, -\sqrt{3}, 2) = D(-\sqrt{3}, \sqrt{3}, 2) = -24$. Aus den Vorzeichen von D an diesen vier Stellen schließen wir, dass $(1, 1)$ und $(-1, -1)$ lokale Minimumstellen sind, während $(\sqrt{3}, -\sqrt{3})$ und $(-\sqrt{3}, \sqrt{3})$ lokale Maximumstellen sind.[14]

Wie im Fall der Gleichung (12.3.4) kann mit dem Konzept der 3×3-Determinanten, die wir in Kap. 16.2 behandeln werden, der ziemlich längliche Ausdruck $D(x, y, \lambda)$ in einer symmetrischen Form geschrieben werden, die einfacher zu merken ist. Siehe Beispiel 16.2.2, insbesondere Gleichung (16.2.4).

---

[14] In Beispiel 14.3.1 haben wir gezeigt, dass diese Stellen tatsächlich *globale* Extremstellen sind.

1. Benutzen Sie Theorem 14.5.1, um zu überprüfen, dass die optimale Lösung in Aufgabe 14.1.3(a) gefunden wurde.

2. Betrachten Sie das Problem max $\ln x + \ln y$ unter $px + qy = m$. Berechnen Sie $D(x, y, \lambda)$, wie in Theorem 14.5.2 definiert, und zeigen Sie, dass die Bedingungen zweiter Ordnung in diesem Theorem erfüllt sind.[15]

3. Berechnen Sie $D(x, y, \lambda)$ in Theorem 14.5.2 für Aufgabe 14.2.3(a). Schlussfolgerung?

4. Zeigen Sie, dass $U(x, y) = x^a + y^a$, wobei $a \in (0, 1)$, konkav ist, wenn $x > 0$ und $y > 0$. Lösen Sie dann das Problem max $U(x, y)$ unter $px + qy = m$, wobei p, q und m positive Konstanten sind.

▶ Lösungen zu den Aufgaben finden Sie im Anhang des Buches.

14.6 Zusätzliche Variablen und Nebenbedingungen

Bei Optimierungsproblemen mit Nebenbedingungen treten in den Wirtschaftswissenschaften gewöhnlich mehr als nur zwei Variablen auf. Das typische Problem mit n Variablen kann so geschrieben werden:

$$\max(\min) f(x_1, \ldots, x_n) \quad \text{unter} \quad g(x_1, \ldots, x_n) = c \tag{14.6.1}$$

Die Methode der Lagrange-Multiplikatoren, die in den vorangehenden Abschnitten dargestellt wurde, kann leicht verallgemeinert werden. Wie zuvor ordnen wir der Nebenbedingung einen Lagrange-Multiplikator λ zu und bilden die Lagrange-Funktion

$$\mathscr{L}(x_1, \ldots, x_n) = f(x_1, \ldots, x_n) - \lambda\big[g(x_1, \ldots, x_n) - c\big] \tag{14.6.2}$$

Als Nächstes bilden wir die partiellen Ableitungen von $\mathscr{L}$ und setzen sie gleich Null, so dass

$$\mathscr{L}'_1 = f'_1(x_1, \ldots, x_n) - \lambda g'_1(x_1, \ldots, x_n) = 0$$

$$\vdots \tag{14.6.3}$$

$$\mathscr{L}'_n = f'_n(x_1, \ldots, x_n) - \lambda g'_n(x_1, \ldots, x_n) = 0$$

Diese n Gleichungen bilden zusammen mit der Nebenbedingung $n + 1$ Gleichungen, die gelöst werden müssen, um die $n + 1$ Unbekannten $x_1, \ldots, x_n$ und λ zu bestimmen.

Diese Methode wird, im Allgemeinen, keine korrekten notwendigen Bedingungen liefern, wenn alle partiellen Ableitungen erster Ordnung von $g(x_1, \ldots, x_n)$ an der stationären Stelle der Lagrange-Funktion verschwinden. Andernfalls ist der Beweis eine leichte Verallgemeinerung des analytischen Arguments in Kap. 14.4 für die Bedingungen erster Ordnung. Falls z. B. $\partial g/\partial x_n \neq 0$, „lösen" wir $g(x_1, \ldots, x_n) = c$ auf nach x_n in

---

[15] Beachten Sie, dass die Lagrange-Funktion, wie man leicht sieht, konkav ist, so dass die eindeutige Lösung $(x, y) = (m/2p, m/2q)$ der Bedingungen erster Ordnung tatsächlich ein globales Maximum unter Nebenbedingungen für dieses Problem ist.

der Nähe der stationären Stelle und reduzieren das Problem auf ein uneingeschränktes Extremwertproblem in $x_1, \ldots, x_{n-1}$.

Beispiel 14.6.1

Lösen Sie das Nachfrageproblem des Verbrauchers

$$\max U(x, y, z) = x^2 y^3 z \quad \text{unter} \quad x + y + z = 12$$

Lösung: Mit der Lagrange-Funktion $\mathscr{L}(x, y, z) = x^2 y^3 z - \lambda(x + y + z - 12)$ sind die Bedingungen erster Ordnung

$$\mathscr{L}'_1 = 2xy^3 z - \lambda = 0, \qquad \mathscr{L}'_2 = 3x^2 y^2 z - \lambda = 0, \qquad \mathscr{L}'_3 = x^2 y^3 - \lambda = 0 \qquad (*)$$

Wenn *eine* der Variablen x, y und z gleich 0 ist, dann ist $x^2 y^3 z = 0$, welches nicht der Maximalwert ist. Deshalb nehmen wir an, dass x, y und z alle positiv sind. Aus den zwei ersten Gleichungen in $(*)$ erhalten wir $2xy^3 z = 3x^2 y^2 z$, so dass $y = 3x/2$ ist. Gleichermaßen ergeben die erste und dritte Gleichung in $(*)$, dass $z = x/2$ ist. Einsetzen von $y = 3x/2$ und $z = x/2$ in die Nebenbedingung ergibt $x + 3x/2 + x/2 = 12$, so dass $x = 4$ ist. Dann ist $y = 6$ und $z = 2$. Damit ist die einzige mögliche Lösung $(x, y, z) = (4, 6, 2)$.

Beispiel 14.6.2

Lösen Sie das Problem

$$\min \quad f(x, y, z) = (x - 4)^2 + (y - 4)^2 + \left(z - \tfrac{1}{2}\right)^2 \quad \text{unter} \quad x^2 + y^2 = z$$

Können Sie eine geometrische Interpretation des Problems liefern?

Lösung: Die Lagrange-Funktion ist

$$\mathscr{L}(x, y, z) = (x - 4)^2 + (y - 4)^2 + \left(z - \tfrac{1}{2}\right)^2 - \lambda(x^2 + y^2 - z)$$

Die Bedingungen erster Ordnung sind:

$$\mathscr{L}'_1(x, y, z) = 2(x - 4) - 2\lambda x = 0 \qquad \text{(i)}$$
$$\mathscr{L}'_2(x, y, z) = 2(y - 4) - 2\lambda y = 0 \qquad \text{(ii)}$$
$$\mathscr{L}'_3(x, y, z) = 2\left(z - \tfrac{1}{2}\right) + \lambda = 0 \qquad \text{(iii)}$$
$$x^2 + y^2 = z \qquad \text{(iv)}$$

Aus (i) sehen wir, dass $x = 0$ unmöglich ist. Gleichung (i) ergibt daher $\lambda = 1 - 4/x$. Wenn wir dies in (ii) und (iii) einsetzen, erhalten wir $y = x$ und $z = 2/x$. Wenn wir diese Resultate benutzen, reduziert sich Gleichung (iv) auf $2x^2 = 2/x$, d. h. $x^3 = 1$, so dass $x = 1$ ist. Es folgt, dass $(x, y, z) = (1, 1, 2)$ der einzige Lösungskandidat für dieses Problem ist.

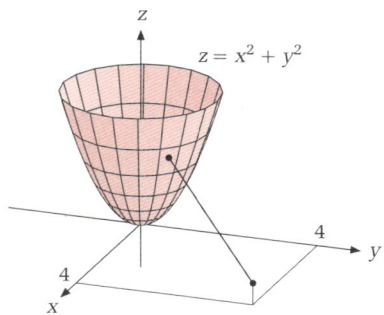

Abbildung 14.6.1: Eine Illustration des Beispiels 14.6.2

Der Ausdruck $(x-4)^2+(y-4)^2+(z-1/2)^2$ misst das Quadrat des Abstands des Punktes (x, y, z) vom Punkt $(4, 4, 1/2)$. Die Menge der Punkte (x, y, z), die die Gleichung $z = x^2 + y^2$ erfüllen, ist eine Fläche, die als Paraboloid bezeichnet wird, das zum Teil in Abb. 14.6.1 gezeigt ist. Das Minimierungsproblem besteht deshalb darin, den Punkt auf der Fläche des Paraboloids zu finden, der den kleinsten (quadratischen) Abstand von $(4, 4, 1/2)$ hat. Es ist „geometrisch offensichtlich", dass dieses Problem eine Lösung hat. Andererseits hat das Problem, den größten Abstand von $(4, 4, 1/2)$ zu einem Punkt des Paraboloids zu finden, keine Lösung, da der Abstand beliebig groß gemacht werden kann.

Beispiel 14.6.3

Das allgemeine Konsumentenoptimierungsproblem mit n Gütern ist

$$\max U(x_1, \ldots, x_n) \quad \text{unter} \quad p_1 x_1 + \cdots + p_n x_n = m \tag{14.6.4}$$

Dabei ist U definiert für $x_1 \geq 0, \ldots, x_n \geq 0$. Indem wir $\mathbf{x} = (x_1, \ldots, x_n)$ schreiben, ist die Lagrange-Funktion

$$\mathscr{L}(\mathbf{x}) = U(\mathbf{x}) - \lambda(p_1 x_1 + \cdots + p_n x_n - m)$$

Die Bedingungen erster Ordnung sind

$$\mathscr{L}_i'(\mathbf{x}) = U_i'(\mathbf{x}) - \lambda p_i = 0$$

für jedes $i = 1, \ldots, n$. Daraus folgt:

$$\frac{U_1'(\mathbf{x})}{p_1} = \frac{U_2'(\mathbf{x})}{p_2} = \cdots = \frac{U_n'(\mathbf{x})}{p_n} = \lambda \tag{14.6.5}$$

Abgesehen von der letzten Gleichung, die nur dazu dient, den Lagrange-Multiplikator λ zu bestimmen, haben wir $n - 1$ Gleichungen.[16] Zusätzlich muss die Nebenbedingung erfüllt sein. Damit haben wir n Gleichungen, um die Werte von $x_1, \ldots, x_n$ zu

---

[16] Für $n = 2$ gibt es eine Gleichung; für $n = 3$ gibt es zwei Gleichungen usw.

bestimmen. Aus (14.6.5) folgt auch, dass für jedes Paar von Gütern j und k

$$\frac{U_j'(\mathbf{x})}{U_k'(\mathbf{x})} = \frac{p_j}{p_k} \tag{14.6.6}$$

Die linke Seite ist die Grenzrate der Substitution (GRS) von Gut k bzgl. Gut j, während die rechte Seite das entsprechende Preisverhältnis oder Tauschverhältnis von Gut k für Gut j ist. Somit setzt Bedingung (14.6.6) die GRS zwischen jedem Paar von Gütern gleich ihrem Preisverhältnis.

Betrachten Sie die Gleichungen in (14.6.5) zusammen mit der Budgetbeschränkung. Nehmen Sie an, dass dieses System aufgelöst ist nach $x_1, \ldots, x_n$ und λ als Funktionen von $\mathbf{p} = (p_1, \ldots, p_n)$ und m, so dass man $x_i = D_i(\mathbf{p}, m)$, für $i = 1, \ldots, n$ erhält. Dann gibt $D_i(\mathbf{p}, m)$ die Menge des i-ten Gutes an, die von dem Verbraucher nachgefragt wird, wenn die Preise durch $\mathbf{p}$ gegeben sind und das Einkommen m ist. Aus diesem Grunde werden $D_1, \ldots, D_n$ die **(individuellen) Nachfragefunktionen** genannt. Mit demselben Argument wie in den Beispielen 12.7.4 und 14.1.3 sehen wir, dass die Nachfragefunktionen homogen vom Grad 0 sind. Als eine Überprüfung, dass Sie die Nachfragefunktionen korrekt hergeleitet haben, empfiehlt es sich, zu zeigen, dass die von Ihnen gefundenen Funktionen tatsächlich homogen vom Grade 0 sind und die Budgetbeschränkung erfüllen.

In dem Fall, in dem der Verbraucher eine Cobb-Douglas-Nutzenfunktion hat, ist das eingeschränkte Maximierungsproblem gegeben durch

$$\max Ax_1^{a_1} \cdots x_n^{a_n} \quad \text{unter} \quad p_1x_1 + \cdots + p_nx_n = m \tag{14.6.7}$$

wobei wir annehmen, dass die "Geschmacks"-Parameter $a_i > 0$ sind. Wie in Teil (a) von Aufgabe 8 sind die Nachfragefunktionen dann:

$$D_i(\mathbf{p}, m) = \frac{a_i}{a_1 + \cdots + a_n} \frac{m}{p_i} \tag{14.6.8}$$

Wir sehen, wie sich das Muster des Zwei-Variablen-Falles in Beispiel 14.1.3 wiederholt: Ein konstanter Anteil des Einkommens m wird für jedes Gut ausgegeben, unabhängig von allen Preisen. Bemerken Sie auch, dass die Nachfrage nach einem bestimmten Gut i nicht von den Preisen der anderen Güter abhängt. Dies ist ein Argument gegen die Verwendung der Cobb-Douglas-Nutzenfunktion, da wir erwarten, dass realistische Nachfragefunktionen von mehreren anderen Preisen abhängen, für Güter, die entweder komplementär oder Substitute sind.

Mehrere Nebenbedingungen

Gelegentlich müssen Ökonomen Optimierungsprobleme mit mehr als einer Nebenbedingung in Gleichheitsform betrachten, obwohl es viel häufiger vorkommt, dass die Nebenbedingungen in Ungleichungsform vorliegen. Das entsprechende allgemeine Problem ist

$$\max(\min) f(x_1, \ldots, x_n) \quad \text{unter} \quad \begin{cases} g_1(x_1, \ldots, x_n) = c_1 \\ \\ g_m(x_1, \ldots, x_n) = c_m \end{cases} \tag{14.6.9}$$

Die Methode der Lagrange-Multiplikatoren kann verallgemeinert werden, so dass auch das Problem (14.6.9) behandelt werden kann. Ordnen Sie dazu jeder der m Nebenbedingungen einen eigenen **Lagrange-Multiplikator** zu und bilden Sie die **Lagrange-Funktion**:

$$\mathscr{L}(\mathbf{x}) = f(\mathbf{x}) - \sum_{j=1}^{m} \lambda_j [g_j(\mathbf{x}) - c_j] \qquad (14.6.10)$$

Dabei ist $\mathbf{x} = (x_1, \ldots, x_n)$. Außer in einigen Spezialfällen muss diese Lagrange-Funktion stationär sein an jeder optimalen Stelle, ob lokal oder global. Das heißt die partielle Ableitung bezüglich jeder Variablen x_i muss verschwinden. Für jedes $i = 1, 2, \ldots, n$ muss also gelten:

$$\frac{\partial \mathscr{L}}{\partial x_i} = \frac{\partial f(\mathbf{x})}{\partial x_i} - \sum_{j=1}^{m} \lambda_j \frac{\partial g_j(\mathbf{x})}{\partial x_i} = 0 \qquad (14.6.11)$$

Zusammen mit den m Nebenbedingungen bilden diese n Gleichungen insgesamt $n+m$ Gleichungen in den $n + m$ Unbekannten $x_1, \ldots, x_n$ und $\lambda_1, \ldots, \lambda_m$.

Beispiel 14.6.4

Lösen Sie das Problem

$$\min x^2 + y^2 + z^2 \quad \text{unter} \quad \begin{cases} x + 2y + z = 30 \\ 2x - y - 3z = 10 \end{cases}$$

Lösung: Die Lagrange-Funktion ist

$$\mathscr{L}(x, y, z) = x^2 + y^2 + z^2 - \lambda_1(x + 2y + z - 30) - \lambda_2(2x - y - 3z - 10)$$

Die Bedingungen erster Ordnung (14.6.11) verlangen, dass

$$\frac{\partial \mathscr{L}}{\partial x} = 2x - \lambda_1 - 2\lambda_2 = 0 \qquad \text{(i)}$$

$$\frac{\partial \mathscr{L}}{\partial y} = 2y - 2\lambda_1 + \lambda_2 = 0 \qquad \text{(ii)}$$

$$\frac{\partial \mathscr{L}}{\partial z} = 2z - \lambda_1 + 3\lambda_2 = 0 \qquad \text{(iii)}$$

zusätzlich zu den zwei Nebenbedingungen

$$x + 2y + z = 30 \qquad \text{(iv)}$$

$$2x - y - 3z = 10 \qquad \text{(v)}$$

Somit gibt es fünf Gleichungen (i) bis (v) zur Bestimmumg der fünf Unbekannten x, y, z, λ_1 und λ_2.

Das gleichzeitige Auflösen von (i) und (ii) nach λ_1 und λ_2 ergibt $\lambda_1 = \frac{2}{5}x + \frac{4}{5}y$ und $\lambda_2 = \frac{4}{5}x - \frac{2}{5}y$. Wenn wir diese Ausdrücke für λ_1 und λ_2 in (iii) einsetzen und umordnen, ergibt sich

$$x - y + z = 0 \qquad \text{(vi)}$$

Diese Gleichung bildet zusammen mit (iv) und (v) ein System von drei linearen Gleichungen in den Unbekannten x, y und z. Die Lösung nach dem Eliminationsverfahren ergibt $(x, y, z) = (10, 10, 0)$. Die zugehörigen Werte der Lagrange-Multiplikatoren sind $\lambda_1 = 12$ und $\lambda_2 = 4$.

Hier ist ein geometrisches Argument, dass uns überzeugen mag, dass wir die Lösung zu dem Minimierungsproblem gefunden haben. Jede der zwei Nebenbedingungen repräsentiert eine Ebene im $\mathbb{R}^3$ und die Punkte, die beide Nebenbedingungen erfüllen, liegen folglich auf der Schnittgeraden dieser zwei Ebenen. Nun misst $x^2 + y^2 + z^2$ das Quadrat der Entfernung vom Ursprung zu einem Punkt auf der Geraden, was wir so klein wie möglich machen wollen, indem wir den Punkt auf der Geraden wählen, der am nächsten zum Ursprung ist. Es existiert natürlich kein größter Abstand, aber es ist geometrisch offensichtlich, dass es einen minimalen Abstand gibt und dass dieser an der Stelle angenommen wird, die wir gefunden haben.

Eine alternative Methode, dieses spezielle Problem zu lösen, ist es, das Problem auf ein Optimierungsproblem mit einer Variablen zu reduzieren, indem wir die zwei Nebenbedingungen benutzen, um $y = 20 - x$ und $z = x - 10$ zu erhalten, die Gleichung der Geraden, in der sich die beiden Ebenen schneiden. Dann ist das Quadrat des Abstandes vom Ursprung $x^2 + y^2 + z^2 = x^2 + (20 - x)^2 + (x - 10)^2 = 3(x - 10)^2 + 200$ und man sieht leicht, dass diese Funktion ein Minimum hat, wenn $x = 10$ ist. Siehe auch Aufgabe 5.

Aufgaben für Kapitel 14.6

1. Betrachten Sie das Problem min $x^2 + y^2 + z^2$ unter der Nebenbedingung $x + y + z = 1$.
   (a) Schreiben Sie die Lagrange-Funktion für dieses Problem auf und bestimmen Sie die einzige Stelle (x, y, z), die die notwendigen Bedingungen erfüllt.
   (b) Geben Sie ein geometrisches Argument für die Existenz einer Lösung an. Hat das entsprechende Maximierungsproblem eine Lösung?

2. Verwenden Sie das Resultat in (∗∗) in Beispiel 14.6.3, um das folgende Nutzenmaximierungsproblem zu lösen:
$$\max\ 10x^{1/2}y^{1/3}z^{1/4} \quad \text{unter} \quad 4x + 3y + 6z = 390$$

3. Die Nachfragen eines Verbrauchers nach drei Gütern sind so gewählt, dass die Nutzenfunktion
$$U(x, y, z) = x + \sqrt{y} - 1/z$$
für $x \geq 0$, $y > 0$ und $z > 0$ maximiert wird. Die Budgetbeschränkung ist $px + qy + rz = m$, wobei $p, q, r > 0$ und $m \geq \sqrt{pr} + p^2/4q$.

   (a) Schreiben Sie die Bedingungen erster Ordnung für ein Maximum unter Nebenbedingungen auf.

   (b) Bestimmen Sie die den Nutzen maximierenden Nachfragen für die drei Güter als Funktionen der vier Parameter (p, q, r, m).

   (c) Zeigen Sie, dass der maximale Nutzen gegeben ist durch die indirekte Nutzenfunktion
$$U^*(p, q, r, m) = \frac{m}{p} + \frac{p}{4q} - 2\sqrt{\frac{r}{p}}$$

   (d) Bestimmen Sie $\partial U^*/\partial m$ und kommentieren Sie Ihre Antwort.

➡ Fortsetzung

4. Jede Woche konsumiert ein Verbraucher die Mengen x und y von zwei Gütern und er arbeitet für ℓ Stunden. Diese Größen sind so gewählt, dass sie die Nutzenfunktion

$$U(x, y, \ell) = \alpha \ln x + \beta \ln y + (1 - \alpha - \beta) \ln(L - \ell)$$

maximieren, die für $0 \leq \ell < L$ und für $x, y > 0$ definiert ist. Dabei sind α und β positive Parameter mit $\alpha + \beta < 1$. Der Verbraucher unterliegt der Budgetbeschränkung $px + qy = w\ell$, wobei w der Stundenlohn ist. Definieren Sie $\gamma = (\alpha + \beta)/(1 - \alpha - \beta)$. Bestimmen Sie die Nachfragen des Verbrauchers x^*, y^* und das Arbeitsangebot l^* als Funktionen von p, q und w.

5. Betrachten Sie das Problem in Beispiel 14.6.4. Es sei $(x, y, z) = (10 + h, 10 + k, \ell)$. Zeigen Sie: Falls (x, y, z) beide Nebenbedingungen erfüllt, dann gilt $k = -h$ und $\ell = h$. Zeigen Sie dann, dass $x^2 + y^2 + z^2 = 200 + 3h^2$. Was schließen Sie daraus?

6. Ein wichtiges Problem in der Statistik verlangt die Lösung von

$$\min \; a_1^2 x_1^2 + a_2^2 x_2^2 + \cdots + a_n^2 x_n^2 \quad \text{unter} \quad x_1 + x_2 + \cdots + x_n = 1$$

Dabei sind alle Konstanten a_i ungleich Null. Lösen Sie das Problem und nehmen Sie es als gegeben hin, dass der Minimalwert existiert. Welches ist die Lösung, wenn eins der a_i gleich Null ist?

7. Lösen Sie das Problem:

$$\max(\min) x + y \quad \text{unter} \quad \begin{cases} x^2 + 2y^2 + z^2 = 1 \\ x + y + z = 1 \end{cases}$$

Anspruchsvollere Aufgabe

8. Betrachten Sie das Konsumentenoptimierungsproblem aus Beispiel 14.6.3. Bestimmen Sie die Nachfragefunktionen, wenn:

(a) $U(x_1, \ldots, x_n) = A x_1^{a_1} \cdots x_n^{a_n}$, wobei $A > 0$, $a_1 > 0$, $\ldots$, $a_n > 0$.

(b) $U(x_1, \ldots, x_n) = x_1^a + \cdots + x_n^a$, wobei $0 < a < 1$.

▶ Lösungen zu den Aufgaben finden Sie im Anhang des Buches.

14.7 Komparative Statik

Gleichung (14.2.2) bietet eine ökonomische Interpretation des Lagrange-Multiplikators für den Fall von zwei Variablen und einer Nebenbedingung. Diese kann verallgemeinert werden auf das Problem mit n Variablen und m Nebenbedingungen. Schreiben wir dieses Problem in der Form:

$$\max(\min) f(\mathbf{x}) \quad \text{unter} \quad g_j(\mathbf{x}) = c_j \text{ für } j = 1, \ldots, m \tag{14.7.1}$$

Seien $\mathbf{x}^* = (x_1^*, \ldots, x_n^*)$ die Werte von $\mathbf{x}$, die die notwendigen Bedingungen für die Lösung von (14.7.1) erfüllen. Im Allgemeinen hängt $\mathbf{x}^*$ von den Werten von $\mathbf{c} = (c_1, \ldots, c_m)$ ab. Wir nehmen an, dass jedes $x_i^* = x_i^*(\mathbf{c})$ eine differenzierbare Funktion ist. Die zugehörige Optimalwertfunktion, f^*, ist dann auch eine Funktion von $\mathbf{c}$:

$$f^*(\mathbf{c}) = f(\mathbf{x}^*(\mathbf{c})) \tag{14.7.2}$$

Die m Lagrange-Multiplikatoren, die zu $\mathbf{x}^*$ gehören, nämlich $\lambda_1, \ldots, \lambda_m$, hängen auch von $\mathbf{c}$ ab. Vorausgesetzt, dass gewisse Regularitätsbedingungen erfüllt sind, gilt für alle

$j = 1, \ldots, m$:

$$\frac{\partial f^*(\mathbf{c})}{\partial c_j} = \lambda_j(\mathbf{c}) \qquad (14.7.3)$$

Daher *ist der Lagrange-Multiplikator für die j-te Nebenbedingung, $\lambda_j = \lambda_j(\mathbf{c})$, die Rate, mit der sich der Optimalwert der Zielfunktion ändert, wenn die Konstante c_j sich ändert.* Aus diesem Grund wird die Zahl λ_j als **Schattenpreis** (oder **Grenzwert**) pro Einheit der Ressource j bezeichnet.

Nehmen Sie an, wir ändern $\mathbf{c} = (c_1, \ldots, c_m)$ um die jeweilgen Beträge $d\mathbf{c} = (dc_1, \ldots, dc_m)$. Nach (12.8.2) erhalten wir, wenn $dc_1, \ldots, dc_m$ alle klein sind im Absolutbetrag, nach Gleichung (14.7.3):

$$f^*(\mathbf{c} + d\mathbf{c}) - f^*(\mathbf{c}) \approx \lambda_1(\mathbf{c}) \, dc_1 + \cdots + \lambda_m(\mathbf{c}) \, dc_m \qquad (14.7.4)$$

Beispiel 14.7.1

Betrachten Sie Beispiel 14.6.4 und nehmen Sie an, wir ändern die erste Nebenbedingung in $x + 2y + z = 31$ und die zweite in $2x - y - 3z = 9$. Geben Sie eine Näherung für die entsprechende Änderung der Optimalwertfunktion an, indem Sie (14.7.4) benutzen. Bestimmen Sie auch den neuen exakten Wert der Optimalwertfunktion.

Lösung: Wenn wir die oben eingeführte Notation und die Resultate aus Beispiel 14.6.4 benutzen, haben wir $c_1 = 30$, $c_2 = 10$, $dc_1 = 1$, $dc_2 = -1$, $\lambda_1(30, 10) = 12$, $\lambda_2(30, 10) = 4$ und $f^*(c_1, c_2) = f^*(30, 10) = 10^2 + 10^2 + 0^2 = 200$. Dann ergibt die Approximation (14.7.4):

$$f^*(30 + 1, 10 - 1) - f^*(30, 10) \approx \lambda_1(30, 10) \, dc_1 + \lambda_2(30, 10) \, dc_2$$
$$= 12 \cdot 1 + 4 \cdot (-1) = 8$$

Daher ist $f^*(31, 9) \approx 200 + 8 = 208$.

Um den exakten Wert von $f^*(31, 9)$ zu bestimmen, beachten Sie, dass (vi) in Beispiel 14.6.4 immer noch gültig ist. Daher haben wir die drei Gleichungen $x + 2y + z = 31$, $2x - y - 3z = 9$, $x - y + z = 0$. Die Lösungen für x, y und z sind $151/15$, $31/3$ bzw. $4/15$. Wir erhalten $f^*(31, 9) = 15614/75 \approx 208.19$.

Das Envelope-Theorem

Betrachten Sie unter Verwendung der Vektornotation mit $\mathbf{x} = (x_1, \ldots, x_n)$ und $\mathbf{r} = (r_1, \ldots, r_k)$ die folgende allgemeinere Version des Problems (14.7.1):

$$\max(\min)_{\mathbf{x}} f(\mathbf{x}, \mathbf{r}) \quad \text{unter} \quad g_j(\mathbf{x}, \mathbf{r}) = 0 \text{ für } j = 1, \ldots, m \qquad (14.7.5)$$

Hier hängen sowohl die Zielfunktion f als auch jede der m verschiedenen Nebenbedingungsfunktionen g_j nicht nur von dem Vektor $\mathbf{x}$ der zu wählenden Variablen ab, sondern auch von dem Parametervektor $\mathbf{r}$. Nehmen Sie an, dass $\lambda_j = \lambda_j(\mathbf{r})$ für

$j = 1, \ldots, m$ die Lagrange-Multiplikatoren sind, die man aus den Bedingungen erster Ordnung für das Problem (14.7.5) erhält. Wir benutzen auch die verallgemeinerte Definition

$$\mathscr{L}(\mathbf{x}, \mathbf{r}) = f(\mathbf{x}, \mathbf{r}) - \sum_{j=1}^{m} \lambda_j g_j(\mathbf{x}, \mathbf{r})$$

der zugehörigen Lagrange-Funktion. In Analogie zu Gleichung (14.7.2) bezeichne $\mathbf{x}^*(\mathbf{r})$ die optimale Wahl von $\mathbf{x}$, wenn der Parametervektor $\mathbf{r}$ ist. Definieren Sie die Optimalwertfunktion durch:

$$f^*(\mathbf{r}) = f(\mathbf{x}^*(\mathbf{r}), \mathbf{r}) \tag{14.7.6}$$

Dann gilt das folgende Resultat:

Theorem 14.7.1 (Envelope-Theorem)

Wenn $f^*(\mathbf{r})$ und $\mathbf{x}^*(\mathbf{r})$ differenzierbar sind, dann gilt

$$\frac{\partial f^*(\mathbf{r})}{\partial r_h} = \frac{\partial \mathscr{L}(\mathbf{x}^*(\mathbf{r}), \mathbf{r})}{\partial r_h} \tag{14.7.7}$$

für jedes $h = 1, \ldots, k$.

Dies ist ein sehr nützliches Resultat, das gründlich studiert werden sollte. Wenn ein Parmeter geändert wird, dann ändert sich $f^*(\mathbf{r})$ aus zwei Gründen: Erstens bewirkt eine Änderung in r_h eine Änderung des Vektors $\mathbf{r}$ und ändert somit $f(\mathbf{x}^*(\mathbf{r}), \mathbf{r})$ direkt. Zweitens bewirkt eine Änderung in r_h im Allgemeinen eine Änderung aller Funktionen $x_1^*(\mathbf{r}), \ldots, x_n^*(\mathbf{r})$ und somit wird $f(\mathbf{x}^*(\mathbf{r}), \mathbf{r})$ indirekt geändert. Theorem 14.7.1 zeigt, dass der Gesamteffekt auf die Optimalwertfunktion, der durch eine kleine Änderung in r_h hervorgerufen wird, bestimmt werden kann, indem man einfach die *partielle* Ableitung von $\mathscr{L}(\mathbf{x}, \mathbf{r})$ nach r_h bestimmt und den Wert an der Stelle $\mathbf{x}^*(\mathbf{r})$ berechnet und den indirekten Effekt der Abhängigkeit von $\mathbf{x}^*$ von $\mathbf{r}$ vollständig ignoriert. Der Grund dafür ist, dass wegen der Bedingungen erster Ordnung (14.6.11) jede kleine Änderung in $\mathbf{x}$, die die Nebenbedingungen des Problems (14.7.5) erhält, einen vernachlässigbaren Effekt auf den Wert von $f(\mathbf{x}^*, \mathbf{r})$ haben wird, so dass Gleichung (14.7.7) gilt.

Beispiel 14.7.2

In Beispiel 14.6.3 bezeichne $U^*(\mathbf{p}, m)$ den maximal erreichbaren Nutzen, wenn die Preise $\mathbf{p} = (p_1, \ldots, p_n)$ sind und das Einkommen m ist. Es bezeichne λ den mit der Budgetbeschränkung assoziierten Lagrange-Multiplikator. Wenn wir (14.7.3) anwenden, sehen wir, dass

$$\lambda = \frac{\partial U^*}{\partial m} \tag{14.7.8}$$

Daher ist λ die Wachstumsrate im maximalen Nutzen, wenn das Einkommen steigt. Aus diesem Grund wird λ gewöhnlich der **Grenznutzen des Einkommens** genannt.

Einschließlich des Vektors $(\mathbf{p}, m)$ aller Parameter nimmt die Lagrange-Funktion die folgende Form an

$$\mathscr{L}(\mathbf{x}, \mathbf{p}, m) = U(\mathbf{x}) - \lambda(p_1 x_1 + \cdots + p_n x_n - m)$$

Offensichtlich ist $\partial \mathscr{L}/\partial m = \lambda$ und $\partial \mathscr{L}/\partial p_i = -\lambda x_i$. Daher erhalten wir aus (14.7.7):

$$\frac{\partial U^*(\mathbf{p}, m)}{\partial m} = \frac{\partial \mathscr{L}(\mathbf{x}, \mathbf{p}, m)}{\partial m} = \lambda$$

Dies wiederholt (14.7.8). Ferner ist

$$\frac{\partial U^*(\mathbf{p}, m)}{\partial p_i} = \frac{\partial \mathscr{L}(\mathbf{x}, \mathbf{p}, m)}{\partial p_i} = -\lambda x_i^*$$

Dies wird **Roys Identität** genannt.[17] Diese Formel hat eine schöne Interpretation: der negative Grenznutzen einer Preiserhöhung ist der Grenznutzen des Einkommens, λ, multipliziert mit der nachgefragten Menge, x_i^*. Intuitiv liegt das daran, dass der Verlust des realen Einkommens aufgrund einer kleinen Preisänderung annähernd gleich der Änderung des Preises multipliziert mit der nachgefragten Menge ist.

Als eine Illustration von Roys Identität betrachten wir das Nutzenmaximierungsproblem eines Verbrauchers mit einer Cobb–Douglas Nutzenfunktion wie in Gleichung (14.6.7). Indem wir die durch Gleichung (14.6.8) gegebenen Nachfragen in die Nutzenfunktion einsetzen, erhalten wir die indirekte Nutzenfunktion:

$$U^*(\mathbf{p}, m) = A \left(\frac{a_1 m}{a p_1} \right)^{a_1} \cdots \left(\frac{a_n m}{a p_n} \right)^{a_n} = \frac{B m^a}{P(p_1, \dots, p_n)}$$

Dabei haben wir die Notation $a = a_1 + a_2 + \cdots + a_n$ benutzt, während B die Konstante $A a_1^{a_1} \cdots a_n^{a_n}/a^a$ bezeichnet und $P = P(p_1, \dots, p_n)$ die Funktion $p_1^{a_1} \cdots p_n^{a_n}$ bezeichnet.[18]

Diese Formel für die indirekte Nutzenfunktion impliziert $\partial U^*/\partial m = B a m^{a-1}/P$ und auch

$$\frac{\partial U^*}{\partial p_i} = -\frac{B m^a}{P^2} \frac{\partial P}{\partial p_i} = -\frac{B m^a}{P^2} \frac{a \cdot P}{p_i} = -\frac{B a m^{a-1}}{P} \frac{a_i m}{a p_i} = -\frac{\partial U^*}{\partial m} D_i(\mathbf{p}, m)$$

Dies bestätigt Roys Identität für den Fall einer Cobb–Douglas-Nutzenfunktion. ▬▬▬▬

Beispiel 14.7.3

Ein Unternehmen verwendet K Einheiten Kapital und L Einheiten Arbeit, um $F(K, L)$ Einheiten eines Gutes zu produzieren. Die Kosten für Kapital und Arbeit seien r bzw. w. Betrachten Sie das Kostenminimierungsproblem

$$\min C(K, L) = rK + wL \quad \text{unter} \quad F(K, L) = Q$$

Wir wollen diejenigen Werte von K und L finden, die die Kosten für die Herstellung von Q Einheiten minimieren. Sei $C^* = C(r, w, Q)$ die Optimalwertfunktion für das Problem. Bestimmen Sie $\partial C^*/\partial r$, $\partial C^*/\partial w$ und $\partial C^*/\partial Q$.

---

[17] Benannt nach dem französischen Ökonomen René Roy (1894–1977). Sein Name sollte entsprechend ausgesprochen werden.

[18] Beachten Sie, dass P homogen ist vom Grad a. Dieser *Preisindex* ist auch eine Cobb–Douglas-Funktion, deren Exponenten mit denen der ursprünglichen Nutzenfunktion übereinstimmen.

Lösung: Unter Einbeziehung der Outputforderung Q und der Kostenparameter r und w ist die Lagrange-Funktion

$$\mathcal{L}(K, L, r, w, Q) = rK + wL - \lambda(F(K, L) - Q)$$

und wir bekommen die partiellen Ableitungen $\partial\mathcal{L}/\partial r = K$, $\partial\mathcal{L}/\partial w = L$ und $\partial\mathcal{L}/\partial Q = \lambda$. Nach Theorem 14.7.1 gilt

$$\frac{\partial C^*}{\partial r} = K^*, \qquad \frac{\partial C^*}{\partial w} = L^*, \qquad \frac{\partial C^*}{\partial Q} = \lambda \qquad (*)$$

Die zwei ersten Gleichungen sind Beispiele von **Shephards Lemma**. Die letzte Gleichung zeigt, dass λ gleich den *Grenzkosten* sein muss, d. h. gleich der Rate, mit der die minimalen Kosten bei Erhöhungen des Outputs steigen.

Zum Schluss geben wir einen Beweis von Theorem 14.7.1:

Indem wir die Kettenregel verwenden, um die rechte Seite von Gleichung (14.7.6) nach r_h zu differenzieren, erhalten wir

$$\frac{\partial f^*(\mathbf{r})}{\partial r_h} = \sum_{i=1}^{n} \frac{\partial f(\mathbf{x}^*(\mathbf{r}), \mathbf{r})}{\partial x_i} \frac{\partial x_i^*(\mathbf{r})}{\partial r_h} + \frac{\partial f(\mathbf{x}^*(\mathbf{r}), \mathbf{r})}{\partial r_h} \qquad (i)$$

Aber die entsprechende partielle Ableitung der Lagrangefunktion, berechnet an der Stelle $(\mathbf{x}^*(\mathbf{r}), \mathbf{r})$ ist

$$\frac{\partial \mathcal{L}(\mathbf{x}^*(\mathbf{r}), \mathbf{r})}{\partial r_h} = \frac{\partial f(\mathbf{x}^*(\mathbf{r}), \mathbf{r})}{\partial r_h} - \sum_{j=1}^{m} \lambda_j \frac{\partial g_j(\mathbf{x}^*(\mathbf{r}), \mathbf{r})}{\partial r_h} \qquad (ii)$$

Indem wir jede Seite von (ii) von der entsprechenden Seite von (i) subtrahieren, erhalten wir

$$\frac{\partial f^*(\mathbf{r})}{\partial r_h} - \frac{\partial \mathcal{L}(\mathbf{x}^*(\mathbf{r}), \mathbf{r})}{\partial r_h} = \sum_{i=1}^{n} \frac{\partial f(\mathbf{x}^*(\mathbf{r}), \mathbf{r})}{\partial x_i} \frac{\partial x_i^*(\mathbf{r})}{\partial r_h} + \sum_{j=1}^{m} \lambda_j \frac{\partial g_j(\mathbf{x}^*(\mathbf{r}), \mathbf{r})}{\partial r_h} \qquad (iii)$$

Differenzieren jeder Nebenbedingung $g_j(\mathbf{x}^*(\mathbf{r}), \mathbf{r}) = 0$ nach r_h ergibt jedoch

$$\sum_{i=1}^{n} \frac{\partial g_j(\mathbf{x}^*(\mathbf{r}), \mathbf{r})}{\partial x_i} \frac{\partial x_i^*(\mathbf{r})}{\partial r_h} + \frac{\partial g_j(\mathbf{x}^*(\mathbf{r}), \mathbf{r})}{\partial r_h} = 0 \qquad (iv)$$

Indem wir (iv) verwenden, um jeden Term $\partial g_j(\mathbf{x}^*(\mathbf{r}), \mathbf{r})/\partial r_h$ in (iii) zu ersetzen, erhalten wir:

$$\frac{\partial f^*(\mathbf{r})}{\partial r_h} - \frac{\partial \mathcal{L}(\mathbf{x}^*(\mathbf{r}), \mathbf{r})}{\partial r_h} = \sum_{i=1}^{n} \left\{ \left[\frac{\partial f(\mathbf{x}^*(\mathbf{r}), \mathbf{r})}{\partial x_i} - \sum_{j=1}^{m} \lambda_j \frac{\partial g_j(\mathbf{x}^*(\mathbf{r}), \mathbf{r})}{\partial x_i} \right] \frac{\partial x_i^*(\mathbf{r})}{\partial r_h} \right\} \qquad (v)$$

Die Terme in eckigen Klammern sind jedoch gleich den partiellen Ableitungen $\partial\mathcal{L}/\partial x_i$, von denen die Bedingungen erster Ordnung verlangen, dass sie Null sind im Optimum $(\mathbf{x}^*(\mathbf{r}), \mathbf{r})$. Daher reduziert sich Gleichung (v) zu:

$$\frac{\partial f^*(\mathbf{r})}{\partial r_h} - \frac{\partial \mathcal{L}(\mathbf{x}^*(\mathbf{r}), \mathbf{r})}{\partial r_h} = 0$$

Damit ist Gleichung (14.7.7) bewiesen.

Beachten Sie, dass dieser Beweis nur die Bedingungen erster Ordnung (14.6.11) für das in (14.7.5) beschriebene Problem benutzt. Deshalb gelten die Resultate in Theorem 14.7.1 genauso, wenn wir $f(\mathbf{x}, \mathbf{r})$ minimieren statt maximieren. Beachten Sie auch, dass wir *nicht* gezeigt haben, dass f^* differenzierbar ist. Hinreichende Bedingungen dafür werden in FMEA behandelt.

Aufgaben für Kapitel 14.7

1. Betrachten Sie das Nutzenmaximierungsproblem max $x + a \ln y$ unter $px + qy = m$, wobei $0 \le a < m/p$.
   (a) Bestimmen Sie die Lösung (x^*, y^*).
   (b) Bestimmen Sie die indirekte Nutzenfunktion $U^*(p, q, m, a)$ und berechnen Sie deren partielle Ableitungen nach p, q, m und a.
   (c) Überzeugen Sie sich, dass das Envelope-Theorem gilt.

2. Betrachten Sie das Problem min $x + 4y + 3z$ unter $x^2 + 2y^2 + \frac{1}{3}z^2 = b$, wobei $b > 0$. Nehmen Sie an, dass das Problem eine Lösung hat. Bestimmen Sie diese. Verifizieren Sie dann Gleichung (14.7.3).

3. Ein Unternehmen hat L Einheiten Arbeit zur Verfügung. Es kann drei verschiedene Güter herstellen und die Produktion von x, y und z Einheiten der Güter verlangen αx^2, βy^2 bzw. γz^2 Arbeitseinheiten.
   (a) Lösen Sie das Problem max $ax + by + cz$ unter $\alpha x^2 + \beta y^2 + \gamma z^2 = L$, wobei a, b, c, α, β und γ positive Konstanten sind.
   (b) Setzen Sie $a = 4$, $b = c = 1$, $\alpha = 1$, $\beta = \frac{1}{4}$ und $\gamma = \frac{1}{5}$ und zeigen Sie, dass in diesem Fall das Problem in (a) die Lösung $x = \frac{4}{5}\sqrt{L}$, $y = \frac{4}{5}\sqrt{L}$ und $z = \sqrt{L}$ hat.
   (c) Was geschieht mit dem Maximalwert von $4x + y + z$, wenn L von 100 auf 101 anwächst? Bestimmen Sie sowohl die exakte Änderung als auch die approximative Änderung, die auf der Interpretation des Lagrange-Multiplikators beruht.

4. Betrachten Sie die Probleme[19]
$$\max(\min) f(x, y, z) = x^2 + y^2 + z \quad \text{unter} \quad g(x, y, z) = x^2 + 2y^2 + 4z^2 = 1$$
   (a) Lösen Sie beide für die angegebene Nebenbedingung.
   (b) Nehmen Sie an, dass die Nebenbedingung in $x^2 + 2y^2 + 4z^2 = 1.02$ geändert wird. Welches ist die approximative Änderung im Maximalwert von $f(x, y, z)$?

5. Mit Bezug auf Beispiel 14.7.3 sei $F(K, L) = K^{1/2}L^{1/4}$. Lösen Sie das Problem, indem Sie explizite Ausdrücke für K^*, L^*, C^* und λ bestimmen. Überprüfen Sie die Gleichungen $(*)$ in dem Beispiel.

6. Zeigen Sie mit Bezug auf Beispiel 14.7.3 unter der Annahme, dass die Kostenfunktion C^* zweimal stetig differenzierbar ist, die Symmetrierelation $\partial K^*/\partial w = \partial L^*/\partial r$.

7. Betrachten Sie das Nutzenmaximierungsproblem max $\sqrt{x} + ay$ unter $px + qy = m$ wobei $m > q^2/4a^2p$.
   (a) Bestimmen Sie die Nachfragefunktionen $x^*(p, q, m, a)$ und $y^*(p, q, m, a)$, sowie die indirekte Nutzenfunktion $U^*(p, q, m, a) = x^* + ay^*$.
   (b) Bestimmen Sie alle vier partiellen Ableitungen von $U^*(p, q, m, a) = x^* + ay^*$ und verifizieren Sie das Envelope-Theorem.

▶ Lösungen zu den Aufgaben finden Sie im Anhang des Buches.

---

[19] Die Nebenbedingung hat einen Graphen, der die Oberfläche eines Ellipsoids im $\mathbb{R}^3$ ist. Diese Menge ist abgeschlossen und beschränkt.

14.8 Nichtlineare Programmierung: Ein einfacher Fall

Bisher haben wir in diesem Kapitel untersucht, wie man eine Funktion unter Nebenbedingungen in Gleichheitsform maximiert oder minimiert. Die restlichen Unterkapitel betrachten Probleme der nichtlinearen Programmierung, bei denen Nebenbedingungen in *Ungleichungs*form auftreten. Einige besonders einfache Bedingungen in Ungleichungsform sind solche, die verlangen, dass gewisse Variablen nichtnegativ sind. Diese müssen oft gestellt werden, damit die Lösung einen ökonomischen Sinn ergibt. Weiterhin werden Grenzen der Verfügbarkeit von Ressourcen eher in Ungleichungsform als in Gleichheitsform angegeben.

In diesem Abschnitt betrachten wir das einfache **nichtlineare Programmierungsproblem**

$$\max f(x, y) \quad \text{unter} \quad g(x, y) \le c \tag{14.8.1}$$

mit genau einer Nebenbedingung in Ungleichheitsform. Wir suchen daher den größten Wert, den $f(x, y)$ annimmt in der **zulässigen** oder **möglichen** Menge S aller Paare (x, y), die $g(x, y) \le c$ erfüllen. Probleme, in denen man $f(x, y)$ unter der Nebenbedingung $(x, y) \in S$ minimieren möchte, können behandelt werden, indem man stattdessen das Problem der Maximierung von $-f(x, y)$ unter der Nebenbedingung $(x, y) \in S$ betrachtet.

Das Problem (14.8.1) kann gelöst werden, indem man die in Kapitel 13 erklärten Methoden verwendet. Dies verlangt nicht nur die Untersuchung der stationären Stellen von f im Innern der zulässigen Menge S, sondern auch das Verhalten von f auf dem Rand von S. Jedoch seit den 1950er Jahren haben Ökonomen solche Probleme gewöhnlich gelöst, indem sie eine Erweiterung der Methode der Lagrange-Multiplikatoren benutzen, die ursprünglich auf H. W. Kuhn und A. W. Tucker zurückgeht.

Um ihre Methode anzuwenden, beginnen wir damit, ein Rezept aufzuschreiben, dass alle Stellen (x, y) angibt, die möglicherweise das Problem (14.8.1) lösen können, abgesehen von einigen bizarren Fällen. Dieses Rezept ähnelt sehr demjenigen, das wir für die Lösung des Lagrange-Problems (14.1.1) verwendet haben.

Die Kuhn-Tucker-Methode

Um die einzig möglichen Lösungen des Problems (14.8.1) zu finden, gehen Sie wie folgt vor:

(i) Ordnen Sie der Nebenbedingung $g(x, y) \le c$ einen konstanten Lagrange-Multiplikator λ zu und definieren Sie die Lagrange-Funktion

$$\mathcal{L}(x, y) = f(x, y) - \lambda\big(g(x, y) - c\big)$$

(ii) Bestimmen Sie die stationären Stellen von $\mathcal{L}(x; y)$, indem Sie deren partielle Ableitungen gleich Null setzen:

$$\mathcal{L}'_1(x, y) = f'_1(x, y) - \lambda g'_1(x, y) = 0 \tag{14.8.2a}$$
$$\mathcal{L}'_2(x, y) = f'_2(x, y) - \lambda g'_2(x, y) = 0 \tag{14.8.2b}$$

(iii) Führen Sie die **komplementäre Schlupfbedingung** ein:

$$\lambda \geq 0 \text{ und } \lambda = 0, \quad \text{falls } g(x, y) < c \qquad (14.8.3)$$

(iv) Verlangen Sie, dass (x, y) die Nebenbedingung erfüllt:

$$g(x, y) \leq c \qquad (14.8.4)$$

(v) Bestimmen Sie alle (x, y) zusammen mit den zugehörigen Werten von λ, die alle Bedingungen (14.8.2a) bis (14.8.4) erfüllen. Dies sind die Lösungskandidaten, wenigstens einer von ihnen löst das Problem, wenn es eine Lösung hat.

Wenn $g = c$ und $g_1' = g_2' = 0$ im Maximum des Problem, kann diese Methode versagen.

Beachten Sie, dass die Bedingungen (14.8.2a) und (14.8.2b) genau dieselben sind, die in der Lagrange-Methode des Kapitels 14.1 verwendet wurden. Bedingung (14.8.4) muss offensichtlich erfüllt sein, so dass die einzige neue Besonderheit die Bedingung (14.8.3) ist, die in der Tat ziemlich trickreich ist. Sie verlangt, dass λ nichtnegativ ist und darüberhinaus, dass $\lambda = 0$ ist, falls $g(x, y) < c$ ist. Falls $\lambda > 0$ ist, muss $g(x, y) = c$ gelten. Eine alternative Formulierung dieser Bedingung ist

$$\lambda \geq 0 \quad \text{und} \quad \lambda \cdot [g(x, y) - c] = 0 \qquad (14.8.5)$$

Später werden wir sehen, dass der Lagrange-Multiplikator λ sogar in der nichtlinearen Programmierung als ein „Preis" pro Einheit interpretiert werden kann, der mit der Erhöhung der rechten Seite c der „Ressourcen-Beschränkung" $g(x, y) \leq c$ um eine Einheit verbunden ist. Mit dieser Interpretation sind Preise nichtnegativ und wenn die Ressourcenbedingung nicht bindend ist, da im Optimum $g(x, y) < c$ ist, bedeutet dies, dass der Preis, der mit der Erhöhung von c um eine Einheit verbunden ist, gleich 0 ist.

Die beiden Ungleichungen $\lambda \geq 0$ und $g(x, y) \leq c$ sind **komplementäre** Ungleichungen in dem Sinne, dass höchstens eine „echt" sein darf – d. h. höchstens eine darf mit Ungleichheit gelten. Äquivalent ist: Wenigstens eine Ungleichung muss eine Gleichung sein. Die Nichtbeachtung der Möglichkeit, dass *sowohl* $\lambda = 0$ *als auch gleichzeitig* $g(x, y) = c$ in der komplementären Schlupfbedingung, ist wahrscheinlich einer der häufigsten Fehler bei der Lösung nichtlinearer Programmierungsprobleme. Die Teile (ii) und (iii) der obigen Methode werden die **Kuhn-Tucker-Bedingungen** genannt. Beachten Sie, dass diese (im Wesentlichen) *notwendige* Bedingungen für die Lösung des Problems (14.8.1) sind. Im Allgemeinen sind sie aber weit davon entfernt, auch hinreichend zu sein. Nehmen Sie an, dass man eine Stelle (x_0, y_0) finden kann, an der f stationär und $g(x_0, y_0) < c$ ist. Dann werden die Kuhn-Tucker-Bedingungen automatisch durch (x_0, y_0) zusammen mit dem Lagrange-Multiplikator $\lambda = 0$ erfüllt sein. Jedoch kann (x_0, y_0) dann eine lokale oder globale Minimum- oder Maximumstelle oder eine Sattelstelle sein.

Wir sagen, dass diese Kuhn-Tucker-Bedingungen nur „im Wesentlichen notwendig" sind, da es möglich ist, dass es nicht immer einen Lagrange-Multiplikator gibt, für den die Kuhn-Tucker-Bedingungen erfüllt sind. Die Ausnahmen sind ziemlich seltene Optimierungsproblemen unter Nebenbedingungen, die eine spezielle technische Bedingung, die sogenannte „Nebenbedingungsqualifikation", nicht erfüllen. Siehe FMEA für Einzelheiten.

Bei Nebenbedingungen in Gleichheitform ergibt das Nullsetzen der partiellen Ableitung $\partial \mathcal{L} / \partial \lambda$ gerade wieder die Nebenbedingung $g(x, y) = c$. Bei einer Nebenbedingung in Ungleichungsform kann man jedoch $\partial \mathcal{L} / \partial \lambda = -g(x, y) + c > 0$ haben, wenn die Bedingung im Optimum eine echte Ungleichung oder nicht aktiv ist. Aus diesem Grunde waren wir gegen die Differentiation der Lagrange-Funktion bezüglich des Lagrange-Multiplikators λ, obwohl zahlreiche andere Bücher für dieses Vorgehen eintreten.

In Theorem 14.5.1 haben wir gezeigt, dass für eine konkave Lagrange-Funktion die Bedingungen erster Ordnung in dem Problem (14.1.1) hinreichend sind für Optimalität. Das entsprechende Resultat ist auch für Problem (14.8.1) gültig:

Theorem 14.8.1 (Hinreichende Bedingungen)

Betrachten Sie das in (14.8.1) gegebene Problem und nehmen Sie an, dass (x_0, y_0) die Bedingungen (14.8.2a) bis (14.8.4) erfüllt für die Lagrange-Funktion

$$\mathcal{L}(x, y) = f(x, y) - \lambda[g(x, y) - c]$$

Wenn die Lagrange-Funktion konkav ist, dann löst (x_0, y_0) das Problem.

Der Beweis dieses Resultats ist in der Tat sehr instruktiv:

Jede Stelle (x_0, y_0), die die Bedingungen (14.8.2a) und (14.8.2b) erfüllt, muss eine stationäre Stelle der Lagrange-Funktion sein. Wenn die Lagrange-Funktion konkav ist, ergibt dieses (x_0, y_0) nach Theorem 13.2.1 ein Maximum der Lagrange-Funktion. Somit ist

$$\mathcal{L}(x_0, y_0) = f(x_0, y_0) - \lambda[g(x_0, y_0) - c] \geq \mathcal{L}(x, y) = f(x, y) - \lambda[g(x, y) - c]$$

Durch Umordnen der Terme erhalten wir

$$f(x_0, y_0) - f(x, y) \geq \lambda[g(x_0, y_0) - g(x, y)] \qquad (*)$$

Falls $g(x_0, y_0) < c$, erhalten wir aus (14.8.3), dass $\lambda = 0$ ist, so dass $(*)$ impliziert, dass $f(x_0, y_0) \geq f(x, y)$ für alle (x, y). Andererseits gilt: Wenn $g(x_0, y_0) = c$ und $g(x, y) \leq c$, dann ist $\lambda[g(x_0, y_0) - g(x, y)] = \lambda[c - g(x, y)]$. Weil $\lambda \geq 0$ und $c - g(x, y) \geq 0$ für alle (x, y), die die Nebenbedingung erfüllen, impliziert wieder die Ungleichung $(*)$, dass $f(x_0, y_0) \geq f(x, y)$. Daher löst (x_0, y_0) das Problem (14.8.1).

Beachten Sie, dass wie in dem Theorem 14.5.1 vorausgehenden Argument dieser Beweis zeigt: Wenn die Lagrangefunktion ein globales Maximum an einer Stelle (x_0, y_0) annimmt, die die Bedingungen (14.8.3) und (14.8.4) erfüllt, dann löst (x_0, y_0) das Problem, egal ob die Lagrangefunktion konkav ist oder nicht. In diesem Sinne ist die Voraussetzung der Konkavität in Theorem (14.8.1) eine nützliche, jedoch unnötig strenge hinreichende Bedingung.

Beispiel 14.8.1

Ein Unternehmen habe insgesamt L Einheiten Arbeit zur Verfügung, die es der Produktion zweier Güter zuordnen kann. Diese können zu zwei festen positiven Preisen a bzw. b verkauft werden. Die Produktion von x Einheiten des ersten Gutes verlangt αx^2 Einheiten Arbeit, während die Produktion von y Einheiten des zweiten Gutes βy^2 Einheiten Arbeit erfordert, wobei α und β positive Konstanten sind. Bestimmen Sie, welche Outputgrößen der zwei Güter den Erlös maximieren, den das Unternehmen erzielen kann, wenn es nur diese feste Größe L an Arbeitseinheiten verwenden kann.

Lösung: Das Problem des Unternehmens ist max $ax + by$ unter $\alpha x^2 + \beta y^2 \leq L$. Die Lagrange-Funktion ist

$$\mathcal{L}(x, y) = ax + by - \lambda(\alpha x^2 + \beta y^2 - L)$$

und die notwendigen Bedingungen, damit (x^*, y^*) das Problem löst, sind

$$\mathcal{L}'_x = a - 2\lambda\alpha x^* = 0 \tag{i}$$
$$\mathcal{L}'_y = b - 2\lambda\beta y^* = 0 \tag{ii}$$

Zusätzlich die komplementäre Schlupfbedingung

$$\lambda \geq 0 \text{ und } \lambda = 0, \text{ falls } \alpha(x^*)^2 + \beta(y^*)^2 < L \tag{iii}$$

und die Ressourcenbeschränkung. Weil a und b positiv sind, sehen wir, dass λ, x^* und y^* alle positiv sind mit

$$x^* = \frac{a}{2\alpha\lambda} \text{ und } y^* = \frac{b}{2\beta\lambda} \tag{$*$}$$

Weil $\lambda > 0$, impliziert Bedingung (iii), dass $\alpha(x^*)^2 + \beta(y^*)^2 = L$. Wenn wir die Ausdrücke für x^* und y^* in die Ressourcenbeschränkung einsetzen, ergibt sich $a^2/4\alpha\lambda^2 + b^2/4\beta\lambda^2 = L$. Es folgt

$$\lambda = \tfrac{1}{2} L^{-1/2}\sqrt{a^2/\alpha + b^2/\beta} \tag{$**$}$$

Unser Rezept hat uns zum Lösungskandidaten geführt mit x^* und y^*, wie in ($*$) gegeben und λ wie in ($**$). Die Lagrange-Funktion $\mathcal{L}$ ist offensichtlich konkav, so dass wir die Lösung gefunden haben. ∎

Beispiel 14.8.2

Lösen Sie das Problem

$$\max f(x, y) = x^2 + y^2 + y - 1 \quad \text{unter} \quad g(x, y) = x^2 + y^2 \leq 1$$

Lösung: Die Lagrange-Funktion ist $\mathcal{L}(x, y) = x^2 + y^2 + y - 1 - \lambda(x^2 + y^2 - 1)$. Die Bedingungen erster Ordnung sind dann:

$$\mathcal{L}'_1(x, y) = 2x - 2\lambda x = 0 \tag{i}$$
$$\mathcal{L}'_2(x, y) = 2y + 1 - 2\lambda y = 0 \tag{ii}$$

Die komplementäre Schlupfbedingung ist

$$\lambda \geq 0 \text{ und } \lambda = 0, \text{ falls } x^2 + y^2 < 1 \qquad\qquad \text{(iii)}$$

Wir möchten alle Paare (x, y) finden, die diese Bedingungen für einen geeigneten Wert von λ erfüllen.

Die Bedingungen (i) und (ii) können geschrieben werden als $2x(1 - \lambda) = 0$ bzw. $2y(1 - \lambda) = -1$. Die zweite Gleichung impliziert, dass $\lambda \neq 1$, so dass die erste $x = 0$ impliziert.

Nehmen Sie an, dass $x^2 + y^2 = 1$ ist und somit $y = \pm 1$, da $x = 0$. Versuchen Sie zuerst $y = 1$. Dann impliziert (ii) $\lambda = 3/2$ und somit ist (iii) erfüllt. Daher *ist $(0, 1)$ mit $\lambda = 3/2$ ein erster Kandidat für Optimalität*, weil alle Bedingungen (i)–(iii) erfüllt sind. Versuchen Sie jetzt $y = -1$. Dann ergibt Bedingung (ii), dass $\lambda = 1/2$ und (iii) ist wieder erfüllt. Daher *ist $(0, -1)$ mit $\lambda = 1/2$ ein zweiter Kandidat für Optimalität*.

Betrachten Sie schließlich den Fall, in dem $x = 0$ und auch $x^2 + y^2 = y^2 < 1$ ist – d. h. $-1 < y < 1$. Dann impliziert (iii), dass $\lambda = 0$ ist und somit folgt aus (ii), dass $y = -1/2$ ist. Daher *ist $(0, -1/2)$ mit $\lambda = 0$ ein dritter Kandidat für Optimalität*.

Wir schließen, dass es drei Kandidaten für Optimalität gibt. Nun ist

$$f(0, 1) = 1, \qquad f(0, -1) = -1 \quad \text{und} \quad f(0, -1/2) = -5/4$$

Da wir eine stetige Funktion auf einer abgeschlossenen beschränkten Menge maximieren wollen, folgt mit dem Extremwertsatz, dass das Problem eine Lösung hat. Da die einzig möglichen Lösungen die drei bereits gefundenen Stellen sind, schließen wir, dass $(x, y) = (0, 1)$ das Maximierungsproblem löst.[20]

Warum funktioniert die Kuhn-Tucker-Methode?

Nehmen Sie an, dass (x^*, y^*) das Problem (14.8.1) löst. Dann gilt entweder $g(x^*, y^*) < c$, wobei in diesem Fall gesagt wird, dass die Bedingung $g(x^*, y^*) \leq c$ **inaktiv** oder **nichtbindend** in (x^*, y^*) ist, oder $g(x^*, y^*) = c$, wobei in diesem Fall gesagt wird, dass dieselbe Ungleichungsbedingung **aktiv** oder **bindend** in (x^*, y^*) ist. Die zwei verschiedenen Fälle sind für zwei verschiedene Werte von c in den Abbildungen 14.8.1 und 14.8.2 illustriert, die beide auch dieselben vier Höhenlinien der Zielfunktion f zeigen. Es wird angenommen, dass diese Funktion wächst, wenn die Höhenlinien schrumpfen. In Abb. 14.8.1 ist die Lösung (x^*, y^*) zu Problem (14.8.1) ein innerer Punkt P der schattierten zulässigen Menge. Andererseits ist in Abb. 14.8.2 die Lösung (x^*, y^*) auf dem Rand der schattierten zulässigen Menge.

Falls die Lösung (x^*, y^*) die Bedingung $g(x^*, y^*) < c$ wie in Abb. 14.8.1 erfüllt, ist die Stelle (x^*, y^*) gewöhnlich ein inneres Maximum der Funktion f. Dann ist sie eine stationäre Stelle, an der $f_1'(x^*, y^*) = f_2'(x^*, y^*) = 0$ ist. Wenn wir in diesem Fall $\lambda = 0$ setzen, dann sind die Bedingungen (14.8.2a) bis (14.8.4) des Rezepts alle erfüllt.

Wenn andererseits die Bedingung bindend ist in (x^*, y^*), wie in Abb. 14.8.2, löst die Stelle (x^*, y^*) das Lagrange-Problem

$$\max f(x, y) \quad \text{unter} \quad g(x, y) = c$$

---

[20] Die Stelle $(0, -1/2)$ löst das entsprechende Minimierungsproblem. Wir haben diese beiden Probleme in Beispiel 13.5.1 gelöst.

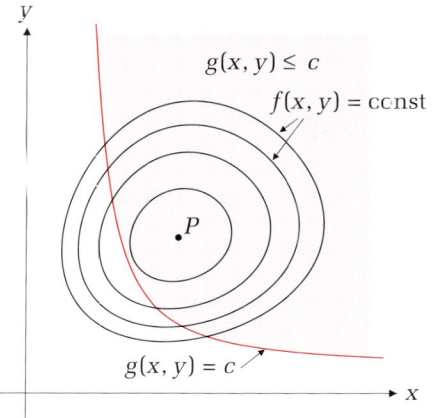

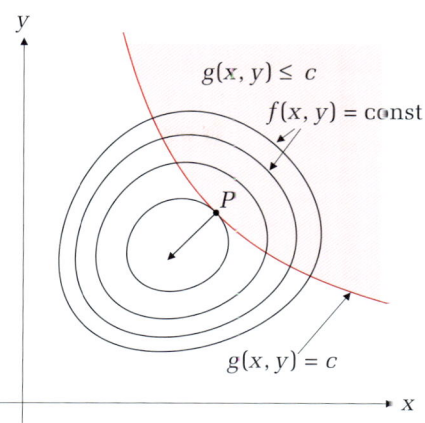

Abbildung 14.8.1: Der Punkt $P = (x^*, y^*)$ ist ein innerer Punkt der zulässigen Menge.

Abbildung 14.8.2: Die Bedingung $g(x, y) \leq c$ ist bindend in $P = (x^*, y^*)$.

mit einer Gleichheitsbedingung. Vorausgesetzt, dass die Bedingungen in Theorem 14.4.1 alle erfüllt sind, existiert ein Lagrange-Multiplikator λ, so dass die Lagrange-Funktion die Bedingungen erster Ordnung (14.8.2a) und (14.8.2b) in (x^*, y^*) erfüllt. Es bleibt zu zeigen, dass dieser Lagrange-Multiplikator λ die Bedingung $\lambda \geq 0$ erfüllt und dass somit auch (14.8.3) in (x^*, y^*) erfüllt ist.

Um zu zeigen, dass $\lambda \geq 0$ ist, betrachten wir die folgenden zwei Probleme

$$\max f(x, y)g(x, y) \leq b \quad \text{und} \quad \max f(x, y)g(x, y) = b$$

in denen die Konstante c durch den variablen Parameter b ersetzt wurde. Seien $v(b)$ bzw. $f^*(b)$ die Optimalwertfunktionen der zwei Probleme. Erinnern Sie von (14.2.2), dass $\lambda = df^*(c)/dc$, wenn f^* differenzierbar ist in c. Wir werden jetzt zeigen, dass $f^*(b) \leq f^*(c)$, wenn $b \leq c$. Dies impliziert, dass

$$\lambda = \lim_{b \to c} \frac{f^*(b) - f^*(c)}{b - c} = \lim_{b \to c^-} \frac{f^*(b) - f^*(c)}{b - c} \geq 0$$

– wenigstens, wenn f^* differenzierbar ist, weil sowohl der Zähler als auch der Nenner des letzten Grenzwerts nichtpositiv sind.

In der Tat impliziert unsere Konstruktion, dass $f^*(b) \leq v(b)$ für alle b, da die Gleichheitsbedingung $g(x, y) = b$ stringenter ist als $g(x, y) \leq b$ und die Forderung einer stringenteren Bedingung erlaubt niemals einen höheren Maximalwert. Aber auch im Fall $b < c$ ist die Bedingung $g(x, y) \leq b$ stringenter als $g(x, y) \leq c$, woraus folgt, dass $v(b) \leq v(c)$. Schließlich: Da wir den Fall betrachten, in dem die Bedingung $g(x^*, y^*) = c$ bindend ist in der Lösung des Problems (14.8.1), müssen wir $v(c) = f^*(c)$ haben. Damit ist

$$f^*(b) \leq v(b) \leq v(c) = f^*(c)$$

erfüllt, wenn $b \leq c$ ist, wie verlangt.

Aufgaben für Kapitel 14.8

1. Betrachten Sie das Problem max $-x^2 - y^2$ unter $x - 3y \leq -10$.

    (a) Bestimmen Sie das Paar (x^*, y^*), welches das Problem löst.
    (b) Dasselbe Paar (x^*, y^*) löst auch das Minimierungsproblem min $x^2 + y^2$ unter $x - 3y \leq -10$. Skizzieren Sie die zulässige Menge S und erklären Sie die Lösung geometrisch.

2. Betrachten Sie das Konsumentennachfrageproblem max $\sqrt{x} + \sqrt{y}$ unter $px + qy \leq m$.

    (a) Bestimmen Sie die Nachfragefunktionen.
    (b) Sind die Nachfragefunktionen homogen vom Grad 0?

3. Betrachten Sie das Problem max $4 - \frac{1}{2}x^2 - 4y$ unter $6x - 4y \leq a$.

    (a) Schreiben Sie die Kuhn–Tucker-Bedingungen auf.
    (b) Lösen Sie das Problem.
    (c) Verifizieren Sie mit $V(a)$ als Optimalwertfunktion, dass $V'(a) = \lambda$, wobei λ der Lagrange-Multiplikator aus (b) ist.

4. Betrachten Sie das Problem max $x^2 + 2y^2 - x$ unter $x^2 + y^2 \leq 1$.

    (a) Schreiben Sie die Lagrange-Funktion und die Bedingungen (14.8.2a) und (14.8.2b) für das folgende Problem auf:

    $$\max x^2 + 2y^2 - x \quad \text{unter der Nebenbedingung} \quad x^2 + y^2 \leq 1$$

    (b) Schreiben Sie die Lagrange-Funktion und die Bedingungen (14.8.2a) und (14.8.2b).
    (c) Bestimmen Sie die Lösung des Problems.

5. Betrachten Sie das Problem max $f(x, y) = 2 - (x - 1)^2 - e^{y^2}$ unter $x^2 + y^2 \leq a$, wobei a eine positive Konstante ist.

    (a) Schreiben Sie die Kuhn-Tucker-Bedingungen für die Lösung des Problems auf. Bestimmen Sie die einzig mögliche Lösung, indem Sie zwischen den Fällen $a \in (0, 1)$ und $a \geq 1$ unterscheiden.
    (b) Zeigen Sie die Optimalität, indem Sie Theorem 14.8.1 verwenden.
    (c) Sei $f^*(a)$ die Optimalwertfunktion für das Problem. Verifizieren Sie, dass $df^*(a)/da = \lambda$.

6. Nehmen Sie an, dass ein Unternehmen den Erlös $R(Q) = aQ - bQ^2$ erzielt und die Kosten $C(Q) = \alpha Q + \beta Q^2$ als Funktionen des Outputs $Q \geq 0$ hat, wobei a, b, α und β positive Parameter sind. Das Unternehmen maximiert den Gewinn $\pi(Q) = R(Q) - C(Q)$ unter der Nebenbedingung $Q \geq 0$. Lösen Sie dieses Ein-Variablen-Problem mit der Kuhn-Tucker-Methode und bestimmen Sie Bedingungen, damit die Nebenbedingung im Optimum bindend ist.

▶ Lösungen zu den Aufgaben finden Sie im Anhang des Buches.

14.9 Mehrere Nebenbedingungen in Ungleichheitsform

Ein ziemlich allgemeines Problem der nichtlinearen Programmierung ist das folgende:

$$\max f(x_1, \ldots, x_n) \quad \text{unter} \quad \begin{cases} g_1(x_1, \ldots, x_n) \le c_1 \\ \\ g_m(x_1, \ldots, x_n) \le c_m \end{cases} \qquad (14.9.1)$$

Die Menge der Vektoren $\mathbf{x} = (x_1, \ldots, x_n)$, die alle Nebenbedingungen erfüllen, heißt die **zulässige Menge** oder die **mögliche Menge**. Hier ist ein Rezept für die Lösung dieses Problems.

Die Kuhn-Tucker-Methode

Um die einzig möglichen Lösungen des Problems (14.9.1) zu finden, gehen Sie wie folgt vor:

(i) Assoziieren Sie die Lagrange-Multiplikatoren $\lambda_1, \ldots, \lambda_m$ zu den m Nebenbedingungen und schreiben Sie die Lagrange-Funktion auf:

$$\mathcal{L}(\mathbf{x}) = f(\mathbf{x}) - \sum_{j=1}^{m} \lambda_j (g_j(\mathbf{x}) - c_j)$$

(ii) Bestimmen Sie die stationären Stellen von $\mathcal{L}(\mathbf{x})$, indem Sie jede partielle Ableitung bestimmen und dann die Gleichung

$$\frac{\partial \mathcal{L}(\mathbf{x})}{\partial x_i} = \frac{\partial f(\mathbf{x})}{\partial x_i} - \sum_{j=1}^{m} \lambda_j \frac{\partial g_j(\mathbf{x})}{\partial x_i} = 0$$

lösen für jedes $i = 1, \ldots, n$.

(iii) Stellen Sie die komplementären Schlupfbedingungen auf:

$$\lambda_j \ge 0 \quad \text{und} \quad \lambda_j = 0, \quad \text{falls} \ \ g_j(\mathbf{x}) < c_j$$

für jedes $j = 1, \ldots, m$.

(iv) Verlangen Sie, dass $\mathbf{x}$ alle Nebenbedingungen $g_j(\mathbf{x}) \le c_j$ erfüllt.

(v) Bestimmen Sie alle Vektoren $\mathbf{x}$ zusammen mit den zugehörigen Werten von $\lambda_1, \ldots, \lambda_m$, die die Bedingungen (ii), (iii) und (iv) erfüllen. Diese sind die Lösungskandidaten, von denen wenigstens einer das Problem löst, wenn es eine Lösung gibt.

Beachten Sie: Wie im Fall der Gleichung (14.8.5) können die Bedingungen in (iii) und (iv) zusammengefasst werden zu:

$$\lambda_j \geq 0, \quad g_j(\mathbf{x}) \leq c_j \quad \text{und} \quad \lambda_j[g_j(\mathbf{x}) - c_j] = 0 \tag{14.9.2}$$

Dies ist eventuell leichter zu merken und erleichtert es, die Ableitungen auszudrücken.

Wenn die Lagrange-Funktion $\mathscr{L}(\mathbf{x})$ konkav ist in $\mathbf{x}$, sind die Bedingungen (ii) bis (iv) hinreichend für Optimalität.[21] Wenn $\mathscr{L}(\mathbf{x})$ nicht konkav ist, muss immer noch jeder Vektor $\mathbf{x}$, der die Lagrange-Funktion maximiert und auch (iii) und (iv) erfüllt, ein Optimum sein.[22]

Erinnern Sie, dass die Minimierung von $f(\mathbf{x})$ äquivalent zur Maximierung von $f(\mathbf{x})$ ist. Außerdem kann eine Ungleichungsbedingung der Form $g_j(\mathbf{x}) \geq c_j$ umgeschrieben werden als $-g_j(\mathbf{x}) \leq -c_j$, während eine Nebenbedingung in Gleichheitsform $g_j(\mathbf{x}) = c_j$ äquivalent zu den beiden Nebenbedingungen in Ungleichungsform $g_j(\mathbf{x}) \leq c_j$ und $-g_j(\mathbf{x}) \leq -c_j$ ist. Auf diese Weise können die meisten Optimierungsprobleme unter Nebenbedingungen in der Form (14.9.1) geschrieben werden.

Beispiel 14.9.1

Betrachten Sie das nichtlineare Programmierungsproblem

$$\max \quad x + 3y - 4e^{-x-y} \quad \text{unter} \quad \begin{cases} 2 - x \geq 2y \\ x - 1 \leq -y \end{cases}$$

(a) Schreiben Sie die notwendigen Kuhn–Tucker-Bedingungen dafür auf, dass der Punkt (x^*, y^*) eine Lösung des Problems ist. Sind die Bedingungen hinreichend für Optimalität?

(b) Lösen Sie das Problem.

Lösung:

(a) Der erste Schritt ist es, das Problem in derselben Form wie (14.9.1) zu schreiben:

$$\max \quad x + 3y - 4e^{-x-y} \quad \text{unter} \quad \begin{cases} x + 2y \leq 2 \\ x + y \leq 1 \end{cases}$$

Die Lagrange-Funktion ist

$$\mathscr{L}(x, y) = x + 3y - 4e^{-x-y} - \lambda_1(x + 2y - 2) - \lambda_2(x + y - 1)$$

Die Kuhn–Tucker-Bedingungen, damit (x^*, y^*) das Problem löst, sind:

$$\mathscr{L}'_1 = 1 + 4e^{-x^*-y^*} - \lambda_1 - \lambda_2 = 0 \tag{i}$$

$$\mathscr{L}'_2 = 3 + 4e^{-x^*-y^*} - 2\lambda_1 - \lambda_2 = 0 \tag{ii}$$

$$\lambda_1 \geq 0 \quad \text{und} \quad \lambda_1 = 0, \text{ falls } x^* + 2y^* < 2 \tag{iii}$$

$$\lambda_2 \geq 0 \quad \text{und} \quad \lambda_2 = 0, \text{ falls } x^* + y^* < 1 \tag{iv}$$

---

[21] Konkavität und Konvexität für Funktionen mehrerer Variablen werden ausführlich in FMEA behandelt.

[22] Wie zuvor, damit die Bedingungen wirklich notwendig sind, ist eine Nebenbedingungsqualifikation erforderlich. Sehen Sie wiederum FMEA für Einzelheiten.

Für die Hesse-Matrix von $\mathcal{L}(x, y)$ gilt $\mathcal{L}''_{11} = \mathcal{L}''_{22} = \mathcal{L}''_{12} = -4e^{-x-y}$, so dass $\mathcal{L}''_{11} = \mathcal{L}''_{22} < 0$ und $\mathcal{L}''_{11}\mathcal{L}''_{22} - (\mathcal{L}''_{12})^2 = 0$. Damit ist die Lagrange-Funktion konkav. Daher sind die Kuhn-Tucker-Bedingungen hinreichend für Optimalität.

(b) Wenn wir (ii) von (i) subtrahieren, erhalten wir $-2 + \lambda_1 = 0$ und somit $\lambda_1 = 2$. Aber dann ergibt (iii) zusammen mit $x^* + 2y^* \leq 2$, dass $x^* + 2y^* = 2$. Nehmen Sie an, dass $\lambda_2 = 0$. Dann folgt aus (i) $4e^{-x^*-y^*} = 1$, so dass $-x^* - y^* = \ln(1/4)$ und damit $x^* + y^* = \ln 4 > 1$, ein Widerspruch. Deshalb muss gelten $\lambda_2 > 0$. Dann folgt aus (iv) und $x^* + y^* \leq 1$, dass $x^* + y^* = 1$. Da $x^* + 2y^* = 2$, sehen wir, dass $x^* = 0$ und $y^* = 1$. Einsetzen dieser Werte für x^* und y^* in (i) und (ii) ergibt $\lambda_2 = e^{-1}(4 - e)$ und das ist positiv. Die Lösung ist somit: $x^* = 0$ und $y^* = 1$ mit $\lambda_1 = 2$ und $\lambda_2 = e^{-1}(4 - e)$.

Beispiel 14.9.2

Ein Arbeiter wählt sowohl den Konsum c als auch das Arbeitsangebot ℓ so aus, dass die Nutzenfunktion $\alpha \ln c + (1-\alpha)\ln(1-\ell)$ aus Konsum, c, und Freizeit, $1-\ell$, maximiert wird, wobei $0 < \alpha < 1$. Die Budgetbeschränkung des Arbeiters ist $c \leq w\ell + m$, wobei m Einkommen aus Kapitalerträgen ist. Zusätzlich muss der Arbeiter $\ell \geq 0$ wählen. Lösen Sie das Maximierungsproblem des Arbeiters unter den gegebenen Nebenbedingungen.

Lösung: Das Problem des Arbeiters ist

$$\max \alpha \ln c + (1-\alpha)\ln(1-\ell) \quad \text{unter} \quad c \leq w\ell + m \;\text{ und }\; \ell \geq 0$$

Die Lagrangefunktion ist

$$\mathcal{L}(c, \ell) = \alpha \ln c + (1-\alpha)\ln(1-\ell) - \lambda(c - w\ell - m) + \mu\ell$$

und die Kuhn–Tucker-Bedingungen für eine Lösung (c^*, ℓ^*) sind

$$\mathcal{L}'_c = \frac{\alpha}{c^*} - \lambda = 0 \tag{i}$$

$$\mathcal{L}'_\ell = \frac{-(1-\alpha)}{1-\ell^*} + \lambda w + \mu = 0 \tag{ii}$$

$$\lambda \geq 0 \text{ und } \lambda = 0, \quad \text{falls } c^* < w\ell^* + m \tag{iii}$$

$$\mu \geq 0 \text{ und } \mu = 0, \quad \text{falls } \ell^* > 0 \tag{iv}$$

Aus (i) folgt $\lambda = \alpha/c^* > 0$. Dann ergibt (iii) zusammen mit der ersten Nebenbedingung

$$c^* = w\ell^* + m \tag{v}$$

Fall I: $\mu = 0$. Mit (ii) erhalten wir dann $l^* = \alpha - (1-\alpha)m/w$. Dann implizieren (i) und (v), dass $\lambda = \alpha/c^* = 1/(w+m)$, so dass $c^* = \alpha(w+m)$ und $\ell^* = \alpha - (1-\alpha)m/w$. Die Kuhn–Tucker-Bedingungen sind alle erfüllt, wenn $\ell^* \geq 0$, was genau dann gilt, wenn $m \leq \alpha w/(1-\alpha)$.

Fall II: $\mu > 0$. Dann ist $\ell^* = 0$, $c^* = m$ und $\lambda = \alpha/c^* = \alpha/m$. Aus (ii) folgt $\mu = 1 - \alpha - \alpha w/m$ und $\mu > 0$ genau dann, wenn $m > \alpha w/(1-\alpha)$.

In den letzten beiden Beispielen war es nicht zu schwierig, herauszufinden, welche Nebenbedingungen im Optimum bindend sind, d.h. mit Gleichheit gelten. In komplizierteren nichtlinearen Programmierungsproblemen kann dies jedoch schwieriger sein. Eine allgemeine Methode, alle Kandidaten für Optimalität in einem nichtlinearen Programmierunsproblem mit zwei Nebenbedingungen zu finden, kann wie folgt formuliert werden: Betrachten Sie zunächst den Fall, in dem beide Nebenbedingungen bindend sind. Betrachten Sie dann die zwei Fälle, in denen nur eine Bedingung bindend ist. Betrachten Sie zum Schluss den Fall, in dem keine Bedingung bindend ist. Bestimmen Sie in jedem Fall alle Vektoren $\mathbf{x}$ mit den zugehörigen nichtnegativen Werten des Lagrange-Multiplikators, die alle relevanten Bedingungen erfüllen – falls es welche gibt. Berechnen Sie dann den Wert der Zielfunktion für diese Werte von $\mathbf{x}$ und behalten Sie die Werte von $\mathbf{x}$ mit den höchsten Werten. Abgesehen von ausgearteten Problemen wird dieses Vorgehen zum Optimum führen. Das nächste Beispiel illustriert, wie dieses Verfahren in der Praxis funktioniert.

Beispiel 14.9.3

Nehmen Sie an, Ihr Nutzen aus dem Konsum von x_1 Einheiten des Gutes A und x_2 Einheiten des Gutes B sei $U(x_1, x_2) = \ln x_1 + \ln x_2$ und die Preise pro Einheit von A und B seien 10 bzw. 5 Euro. Sie haben höchstens 350 Euro zum Kauf der beiden Güter zur Verfügung. Nehmen Sie an, der Konsum einer Einheit von A dauert 0.1 Stunden und der Konsum einer Einheit von B dauert 0.2 Stunden. Sie haben höchstens 8 Stunden Zeit für den Konsum der beiden Güter. Wieviel sollten Sie von jedem Gut kaufen, um Ihren Nutzen zu maximieren?

Lösung: Das Problem ist

$$\max\ U(x_1, x_2) = \ln x_1 + \ln x_2 \quad \text{unter} \quad \begin{cases} 10\,x_1 + 5x_2 \leq 350 \\ 0.1x_1 + 0.2x_2 \leq 8 \end{cases}$$

Die Lagrange-Funktion ist

$$\mathcal{L} = \ln x_1 + \ln x_2 - \lambda_1(10x_1 + 5x_2 - 350) - \lambda_2(0.1x_1 + 0.2x_2 - 8)$$

und notwendige Bedingungen für eine Lösung (x_1^*, x_2^*) sind, dass Zahlen λ_1 und λ_2 existieren, so dass

$$\mathcal{L}_1' = 1/x_1^* - 10\lambda_1 - 0.1\lambda_2 = 0 \tag{i}$$

$$\mathcal{L}_2' = 1/x_2^* - 5\lambda_1 - 0.2\lambda_2 = 0 \tag{ii}$$

$$\lambda_1 \geq 0 \text{ und } \lambda_1 = 0, \text{ falls } 10x_1^* + 5x_2^* < 350 \tag{iii}$$

$$\lambda_2 \geq 0 \text{ und } \lambda_2 = 0, \text{ falls } 0.1x_1^* + 0.2x_2^* < 8 \tag{iv}$$

Wir beginnen mit dem systematischen Vorgehen:

Fall 1: Beide Nebenbedingungen sind bindend. Dann gilt

$$10x_1^* + 5x_2^* = 350 \tag{v}$$

und $0.1x_1^* + 0.2x_2^* = 8$. Die Lösung ist $(x_1^*, x_2^*) = (20, 30)$. Einsetzen dieser Werte in (i) und (ii) ergibt das Gleichungssystem $10\lambda_1 + 0.1\lambda_2 = 1/20$ und $5\lambda_1 + 0.2\lambda_2 = 1/30$, mit der

Lösung $(\lambda_1, \lambda_2) = (1/225, 1/18)$. Insbesondere sind λ_1 und λ_2 beide nichtnegativ. Damit haben wir einen Lösungskandidaten gefunden, da alle Kuhn–Tucker-Bedingungen erfüllt sind.

Fall 2: Bedingung 1 ist bindend, 2 nicht. Dann gilt (v) und $0.1x_1^* + 0.2x_2^* < 8$. Aus (iv) erhalten wir $\lambda_2 = 0$. Nun ergeben (i) und (ii) $x_2^* = 2x_1^*$. Wenn wir dies in (v) einsetzen, erhalten wir $x_1^* = 17.5$ und dann $x_2^* = 2x_1^* = 35$. Aber dann ist $0.1x_1^* + 0.2x_2^* = 8.75$, was gegen die zweite Bedingung verstößt. Somit gibt es in diesem Fall keinen Lösungskandidaten.

Fall 3: Bedingung 2 ist bindend, 1 nicht. Dann gilt $10x_1^* + 5x_2^* < 350$ und $0.1x_1^* + 0.2x_2^* = 8$. Aus (iii) folgt $\lambda_1 = 0$ und (i) und (ii) ergeben $0.1x_1^* = 0.2x_2^*$. Eingesetzt in $0.1x_1^* + 0.2x_2^* = 8$ ergibt dies $x_2^* = 20$ und somit $x_1^* = 40$. Dann ist aber $10x_1^* + 5x_2^* = 500$, was gegen die erste Bedingung verstößt. Auch in diesem Fall gibt es also keinen Lösungskandidaten.

Fall 4: Beide Bedingungen sind nicht bindend. Dann gilt $\lambda_1 = \lambda_2 = 0$. (i) und (ii) ergeben dann keinen Sinn.

Eigenschaften der Optimalwertfunktion

Wir schließen, dass es nur einen Kandidaten für Optimalität gibt und dieser ist $(20, 30)$. Da die Lagrange-Funktion konkav ist, wie man leicht sieht, haben wir die Lösung gefunden.

Wie in früheren Problemen ist die Optimalwertfunktion des Problems (14.9.1) definiert durch $f^*(\mathbf{c}) = f(\mathbf{x}^*(\mathbf{c}))$, wobei $\mathbf{x}^*(\mathbf{c})$ die Lösung des Problems ist und $\mathbf{c} = (c_1, \ldots, c_m)$. Die folgenden Eigenschaften von f^* sind sehr nützlich:

$$f^*(\mathbf{c}) \text{ ist nichtfallend in jeder Variablen } c_1, \ldots, c_m. \tag{14.9.3}$$

$$\text{Wenn } \partial f^*(\mathbf{c})/\partial c_j \text{ existiert, dann ist es gleich } \lambda_j(\mathbf{c}) \text{ für } j = 1, \ldots, m. \tag{14.9.4}$$

Eigenschaft (14.9.3) folgt hier unmittelbar, denn wenn c_j wächst und alle anderen Variablen festgehalten werden, wird die zulässige Menge größer und daher kann $f^*(\mathbf{c})$ nicht fallen. Bezüglich Eigenschaft (14.9.4): Jedes $\lambda_j(\mathbf{c})$ ist ein Lagrange-Multiplikator zu den Kuhn-Tucker-Bedingungen.

Es gibt jedoch einen Haken: Die Optimalwertfunktion f^* muss nicht differenzierbar sein. Selbst wenn f und $g_1, \ldots, g_m$ alle differenzierbar sind, kann die Optimalwertfunktion plötzliche Änderungen in der Steigung haben. Solche Fälle werden in FMEA betrachtet.

Aufgaben für Kapitel 14.9

1. Betrachten Sie das Problem: $\max \frac{1}{2}x - y$ unter $x + e^{-x} \leq y$ und $x \geq 0$

    (a) Schreiben Sie die Lagrange-Funktion und die notwendigen Kuhn-Tucker-Bedingungen auf.

    (b) Bestimmen Sie die Lösung des Problems.

2. Lösen Sie das folgende Konsumentennachfrageproblem, wobei $\alpha \in (0, 1)$ und in dem es zusätzlich zu der Budgetbeschränkung noch eine obere Grenze $\bar{x}$ gibt, die reguliert, wieviel von dem ersten Gut gekauft werden kann:

    $$\max \quad \alpha \ln x + (1 - \alpha) \ln y \quad \text{unter} \quad px + qy \leq m \text{ und } x \leq \bar{x}$$

➔ Fortsetzung

3. Betrachten Sie das Problem: max $x + y - e^x - e^{x+y}$ unter $x + y \geq 4$, $x \geq -1$ und $y \geq 1$

    (a) Skizzieren Sie die zulässige Menge S.

    (b) Bestimmen Sie alle Paare (x, y), die alle notwendigen Bedingungen erfüllen.

    (c) Bestimmen Sie die Lösung des Problems.

4. Betrachten Sie das Problem max $x + ay$ unter $x^2 + y^2 \leq 1$ und $x + y \geq 0$, wobei a eine Konstante ist.

    (a) Skizzieren Sie die zulässige Menge und schreiben Sie alle notwendigen Bedingungen auf.

    (b) Bestimmen Sie die Lösung für alle Werte der Konstanten a.

5. Lösen Sie das folgende Problem unter der Voraussetzung, dass es eine Lösung hat:

$$\max \ y - x^2 \quad \text{unter} \ y \geq 0, \ y - x \geq -2, \ y^2 \leq x$$

6. Betrachten Sie das Problem: max $-\left(x + \frac{1}{2}\right)^2 - \frac{1}{2}y^2$ unter $e^{-x} - y \leq 0$ und $y \leq \frac{2}{3}$

    (a) Skizzieren Sie die zulässige Menge.

    (b) Geben Sie die Kuhn–Tucker-Bedingungen an und lösen Sie das Problem.

7. Betrachten Sie das Problem: max $xz + yz$ unter $x^2 + y^2 + z^2 \leq 1$

    (a) Schreiben Sie die Kuhn–Tucker-Bedingungen auf.

    (b) Lösen Sie das Problem.

▶ Lösungen zu den Aufgaben finden Sie im Anhang des Buches.

14.10 Nichtnegativitätsbedingungen

Betrachten Sie wieder das allgemeine nichtlineare Programmierungsproblem (14.9.1). Häufig müssen die in ökonomischen Optimierungsproblemen auftretenden Variablen von ihrer Natur aus nichtnegativ sein. Es ist nicht schwierig, solche Bedingungen in die Formulierung von (14.9.1) einzubeziehen. Falls z. B. $x_1 \geq 0$ ist, so kann dies durch die neue Bedingung $h_1(x_1, \ldots, x_n) = -x_1 \leq 0$ ausgedrückt werden und wir führen einen zusätzlichen Lagrange-Multiplikator für diese Nebenbedingung ein. Um jedoch nicht zu viele Lagrange-Multiplikatoren zu haben, werden die notwendigen Bedingungen für die Lösung des Problems der nichtlinearen Programmierung mit Nichtnegativitätsbedingung manchmal in einer etwas anderen Weise formuliert.

Betrachten Sie zunächst das Problem

$$\max f(x, y) \ \text{unter} \ g(x, y) \leq c, \ x \geq 0 \text{ und } y \geq 0 \qquad (14.10.1)$$

Hier führen wir die Funktionen $h_1(x, y) = -x$ und $h_2(x, y) = -y$ ein, so dass die Nebenbedingungen in (14.10.1) durch $g(x, y) \leq c$, $h_1(x, y) \leq 0$ und $h_2(x, y) \leq 0$ gegeben sind. Um das Rezept für die Lösung von (14.9.1) anzuwenden, führen wir die folgende Lagrange-Funktion ein:

$$\mathcal{L}(x, y) = f(x, y) - \lambda[g(x, y) - c] - \mu_1(-x) - \mu_2(-y)$$

Die Kuhn-Tucker-Bedingungen sind:

$$\mathcal{L}_1' = f_1'(x, y) - \lambda g_1'(x, y) + \mu_1 = 0 \tag{i}$$

$$\mathcal{L}_2' = f_2'(x, y) - \lambda g_2'(x, y) + \mu_2 = 0 \tag{ii}$$

$$\lambda \geq 0 \quad \text{und } \lambda = 0, \text{ falls } g(x, y) < c \tag{iii}$$

$$\mu_1 \geq 0 \quad \text{und } \mu_1 = 0, \text{ falls } x > 0 \tag{iv}$$

$$\mu_2 \geq 0 \quad \text{und } \mu_2 = 0, \text{ falls } y > 0 \tag{v}$$

Aus (i) erhalten wir $f_1'(x, y) - \lambda g_1'(x, y) = -\mu_1$. Aus (iv) bekommen wir $-\mu_1 \leq 0$ und $-\mu_1 = 0$, falls $x > 0$ ist. Somit sind (i) und (iv) zusammen äquivalent zu

$$f_1'(x, y) - \lambda g_1'(x, y) \leq 0, \quad \text{mit Gleichheit, falls } x > 0 \tag{vi}$$

In derselben Weise sind (ii) und (v) zusammen äquivalent zu

$$f_2'(x, y) - \lambda g_2'(x, y) \leq 0, \quad \text{mit Gleichheit, falls } y > 0 \tag{vii}$$

Somit sind die neuen Kuhn-Tucker-Bedingungen (vi), (vii) und (iii). Beachten Sie, dass nach der Ersetzung von (i) und (iv) durch (vi), sowie der von (ii) und (v) durch (vii) nur der Multiplikator λ übrig bleibt, der zu $g(x, y) \leq c$ gehört.

Dieselbe Idee lässt sich offensichtlich auf das Problem mit n Variablen übertragen:

$$\max f(\mathbf{x}) \quad \text{unter} \quad \begin{cases} g_1(\mathbf{x}) \leq c_1 \\ \ldots\ldots\ldots \\ g_m(\mathbf{x}) \leq c_m \end{cases} \quad x_1 \geq 0, \ldots, x_n \geq 0 \tag{14.10 2}$$

Kurz formuliert: Die notwendigen Bedingungen für die Lösung von (14.10.2) sind, dass für jedes $i = 1, \ldots, n$ gilt:

$$\frac{\partial f(\mathbf{x})}{\partial x_i} - \sum_{j=1}^{m} \lambda_j \frac{\partial g_j(\mathbf{x})}{\partial x_i} \leq 0, \quad \text{mit Gleichheit, falls } x_i > 0 \tag{14.10.3}$$

und dass

$$\lambda_j \geq 0, \quad \text{mit } \lambda_j = 0, \text{ falls } g_j(\mathbf{x}) < c_j \tag{14.10.4}$$

für alle $j = 1, \ldots, m$.

Beispiel 14.10.1

Betrachten Sie das Nutzenmaximierungsproblem

$$\max x + \ln(1 + y) \quad \text{unter} \quad px + y \leq m, \quad x \geq 0 \text{ und } y \geq 0$$

Dabei wird explizit verlangt, dass der Konsum beider Güter nichtnegativ ist.
(a) Schreiben Sie die notwendigen Kuhn–Tucker-Bedingungen für eine Lösung im Punkt (x^*, y^*) auf.
(b) Bestimmen Sie die Lösung des Problems für alle positiven Werte von p und m.

Lösung:

(a) Die Lagrange-Funktion ist $\mathcal{L}(x, y) = x + \ln(1+y) - \lambda(px + y - m)$. Die notwendigen Kuhn–Tucker-Bedingungen für eine Lösung (x^*, y^*) sind: Es existiert ein λ, so dass

$$\mathcal{L}_1'(x^*, y^*) = \qquad 1 - p\lambda \leq 0 \quad \text{und} \quad 1 - p\lambda = 0, \;\; \text{falls } x^* > 0 \tag{i}$$

$$\mathcal{L}_2'(x^*, y^*) = \frac{1}{1+y^*} - \lambda \leq 0 \quad \text{und} \quad \frac{1}{1+y^*} - \lambda = 0, \;\; \text{falls } y^* > 0 \tag{ii}$$

$$\lambda \geq 0 \quad \text{und} \quad \lambda = 0, \;\; \text{falls } px^* + y^* < m \tag{iii}$$

Zusätzlich muss $x^* \geq 0$, $y^* \geq 0$ und die Budgetbeschränkung $px^* + y^* \leq m$ erfüllt sein.

(b) Beachten Sie, dass die Lagrange-Funktion konkav ist, so dass eine Stelle, die die Kuhn–Tucker-Bedingungen erfüllt, eine Maximumstelle ist. Wegen (i) ist klar, dass λ nicht 0 sein kann. Deshalb ist $\lambda > 0$, so dass (iii) und $px^* + y^* \leq m$ implizieren, dass

$$px^* + y^* = m \tag{iv}$$

Indem wir betrachten, welche der Bedingungen $x \geq 0$ und $y \geq 0$ bindend sind, sind vier Fälle zu unterscheiden:

Fall 1: Sei $x^* = 0$, $y^* = 0$. Da $m > 0$, ist dies wegen (iv) unmöglich.

Fall 2: Sei $x^* > 0$, $y^* = 0$. Aus (ii) und $y^* = 0$ erhalten wir $\lambda \geq 1$. Dann impliziert (i), dass $p = 1/\lambda \leq 1$. Gleichung (iv) ergibt $x^* = m/p$, so dass wir einen Kandidaten für eine Maximumstelle haben:

$$(x^*, y^*) = (m/p, 0) \quad \text{und} \quad \lambda = 1/p, \;\; \text{falls } 0 < p \leq 1$$

Fall 3: Sei $x^* = 0$, $y^* > 0$. Aus (iv) folgt $y^* = m$. Dann ergibt (ii) $\lambda = 1/(1+y^*) = 1/(1+m)$. Aus (i) erhalten wir $p \geq 1/\lambda = m+1$. Dies ergibt einen weiteren Lösungskandidaten:

$$(x^*, y^*) = (0, m) \quad \text{und} \quad \lambda = 1/(1 + m), \;\; \text{falls } p \geq m + 1$$

Fall 4: Sei $x^* > 0$, $y^* > 0$. Mit Gleichheit in (i) und (ii) ist: $\lambda = 1/p = 1/(1 + y^*)$. Es folgt $y^* = p - 1$ und dann $p > 1$, weil $y^* > 0$. Gleichung (iv) impliziert $px^* = m - y^* = m - p + 1$, so dass $x^* = (m + 1 - p)/p$. Da $x^* > 0$, muss $p < m + 1$ gelten. Daher erhalten wir einen letzten Lösungskandidaten:

$$(x^*, y^*) = \left(\frac{m + 1 - p}{p}, p - 1 \right) \quad \text{und} \quad \lambda = 1/p, \;\; \text{falls } 1 < p < m + 1$$

Wenn wir dies alles zusammenfassen, sehen wir, dass die Lösung des Problems gegeben ist durch: (a) Wenn $0 < p \leq 1$, dann ist $(x^*, y^*) = (m/p, 0)$ mit $\lambda = 1/p$ nach Fall 2. (b) Wenn $1 < p < m + 1$, dann ist $(x^*, y^*) = ((m + 1 - p)/p, p - 1)$ mit $\lambda = 1/p$ nach Fall 4. (c) Wenn $p \geq m + 1$, dann ist $(x^*, y^*) = (0, m)$ mit $\lambda = 1/(m + 1)$ nach Fall 3.

Beachten Sie, dass es abgesehen vom mittleren Fall (b), wenn $1 < p < m+1$, optimal ist, alles nur für das billigere der beiden Güter auszugeben — die Menge x^* im Fall (a) bzw. die Menge y^* im Fall (c).

Beispiel 14.10.2

(**Spitzenlast-Preisbildung**) Betrachten Sie einen Produzenten, der Elektrizität durch ein Heizmateriel wie Kohle oder Erdgas erzeugt. Die Nachfrage nach Elektrizität variiert zwischen Perioden mit Spitzenauslastung, während der alle erzeugenden Kapazitäten gebraucht werden, und Perioden mit weniger starken Auslastungen. Wir betrachten ein bestimmtes Zeitintervall (sagen wir ein Jahr), eingeteilt in n Perioden gleicher Länge. Die Verkäufe elektrischer Energie in diesen n Perioden seien $x_1, x_2, \ldots, x_n$. Nehmen Sie an, dass eine regulierende Behörde, die entsprechenden Preise auf die Höhen $p_1, p_2, \ldots, p_n$ festlegt. Die gesamten Betriebskosten über alle n Perioden seien $C(\mathbf{x})$, wobei $\mathbf{x} = (x_1, \ldots, x_n)$ und k sei die Outputkapazität in jeder Periode. Es seien $D(k)$ die Kosten, um die Output-Kapazität k aufrecht zu erhalten. Der Gesamtgewinn des Produzenten ist dann

$$\pi(\mathbf{x}, k) = \sum_{i=1}^{n} p_i x_i - C(\mathbf{x}) - D(k)$$

Da der Produzent in jeder Periode die Kapazität k nicht überschreiten kann, unterliegt er den Einschränkungen

$$x_1 \leq k, \ \ldots, \ x_n \leq k \tag{I}$$

Wir betrachten das Problem, $x_1 \geq 0, \ldots, x_n \geq 0$ und $k \geq 0$ zu bestimmen, so dass der Gewinn unter den Kapazitätseinschränkungen (I) maximiert wird.

Dies ist ein Problem der nichtlinearen Programmierung mit $n + 1$ Variablen und n Nebenbedingungen. Die Lagrange-Funktion ist

$$\mathcal{L}(\mathbf{x}, k) = \sum_{i=1}^{n} p_i x_i - C(\mathbf{x}) - D(k) - \sum_{i=1}^{n} \lambda_i (x_i - k)$$

Nach (14.10.3) und (14.10.4) kann $(\mathbf{x}^0, k^0) \geq 0$ das Problem nur lösen, wenn es Lagrange-Multiplikatoren $\lambda_1 \geq 0, \ldots, \lambda_r \geq 0$ gibt, so dass

$$\frac{\partial \mathcal{L}}{\partial x_i} = p_i - C_i'(\mathbf{x}^0) - \lambda_i \leq 0 \quad \text{mit Gleichheit, falls } x_i^0 > 0, \text{ für } i = 1, \ldots, n \tag{i}$$

$$\frac{\partial \mathcal{L}}{\partial k} = -D'(k^0) + \sum_{i=1}^{n} \lambda_i \leq 0 \quad \text{mit Gleichheit, falls } k^0 > 0 \tag{ii}$$

$$\lambda_i \geq 0 \quad \text{und} \quad \lambda_i = 0, \ \text{falls} \ x_i^0 < k^0, \ \text{für } i = 1, \ldots, n \tag{iii}$$

Nehmen Sie an: Für i gilt $x_i^0 > 0$. Dann impliziert (i), dass

$$p_i = C_i'(\mathbf{x}^0) + \lambda_i \tag{iv}$$

Wenn in Periode i keine Spitzenauslastung vorliegt, dann ist $x_i^0 < k$ und somit $\lambda_i = 0$ nach (iii). Aus (iv) folgt, dass $p_i = C_i'(x_1^0, \ldots, x_n^0)$ ist. Daher sehen wir, dass das *den Gewinn maximierende Muster des Outputs* $\mathbf{x}^0$ *Gleichheit zwischen den Preisen der regulierenden Behörde und den entsprechenden Grenzbetriebskosten in allen Perioden ohne Spitzenauslastung herstellt.*

Andererseits kann λ_j positiv sein in einer Periode mit Spitzenauslastung, wenn $x_j^0 = k^0$ ist. Falls $k^0 > 0$ ist, so folgt aus (ii), dass $\sum_{i=1}^{n} \lambda_i = D'(k^0)$. Wir schließen, dass das Output-Muster so sein wird, dass *in Spitzenperioden, der durch die Regulierungsbehörde festgesetzte Preis die Grenzbetriebskosten um einen zusätzlichen Betrag λ_j übersteigt, der gleich dem „Schattenpreis" ist, der zu der Kapazitätseinschränkung $x_j^0 \le k$ gehört. Die Summen dieser Schattenpreise über alle Perioden mit Spitzenauslastung ist gleich den Grenzkosten zur Aufrechterhaltung der Kapazität.* ▬▬

Aufgaben für Kapitel 14.10

1. Betrachten Sie das Nutzenmaximierungsproblem max $x + \ln(1 + y)$ unter $16x + y \le 495$, $x \ge 0$, $y \ge 0$.

   (a) Schreiben Sie die notwendigen Kuhn-Tucker-Bedingungen mit Nichtnegativitätsbedingungen für eine Lösung auf.

   (b) Bestimmen Sie die Lösung des Problems.

   (c) Schätzen Sie ab, um wieviel der Nutzen ungefähr zunimmt, wenn das Einkommen von 495 auf 500 steigt.

2. Lösen Sie das folgende Problem unter der Annahme, dass es eine Lösung hat:

$$\max \; x e^{y-x} - 2ey \quad \text{unter} \; y \le 1 + x/2, \; x \ge 0, \; y \ge 0$$

3. Nehmen Sie an, dass die optimale Ausnutzung der Kapazität durch ein Unternehmen verlangt, dass ihre Outputgrößen x_1 und x_2 und ihr Kapazitätsniveau k so gewählt werden sollten, dass sie das folgende Problem lösen:

$$\max(x_1 + 3x_2 - x_1^2 - x_2^2 - k^2) \quad \text{unter} \quad x_1 \le k, \; x_2 \le k, \; x_1 \ge 0, \; x_2 \ge 0, \; k \ge 0$$

Zeigen Sie, dass $k = 0$ nicht optimal sein kann und finden Sie dann die Lösung.

▶ Lösungen zu den Aufgaben finden Sie im Anhang des Buches.

Aufgaben zur Wiederholung für Kapitel 14

1. Betrachten Sie das Problem max $f(x, y) = 3x + 4y$ unter $g(x, y) = x^2 + y^2 = 225$

   (a) Lösen Sie das Problem mit der Methode der Lagrange-Multiplikatoren.

   (b) Nehmen Sie an, dass 225 in 224 geändert wird. Welches ist die approximative Änderung im Optimalwert von f?

2. Schreiben Sie unter Benutzung des Resultats (∗∗) in Beispiel 14.1.3 die Lösung des Problems max $f(x, y)$ unter der Nebenbedingung $px + qy = m$ auf, wenn:

   (a) $f(x, y) = 25x^2 y^3$ (b) $f(x, y) = x^{1/5} y^{2/5}$ (c) $f(x, y) = 10\sqrt{x}\sqrt[3]{y}$

3. Durch den Verkauf von x Tonnen eines Gutes erzielt ein Unternehmen den Preis $p(x)$ pro Tonne. Durch den Verkauf von y Tonnen eines anderen Gutes wird der Preis $q(y)$ erzielt. Die Kosten für die Herstellung und den Verkauf von x Tonnen des ersten Gutes und y Tonnen des zweiten Gutes sind gegeben durch $C(x, y)$.

➡

→ Fortsetzung

(a) Schreiben Sie die Gewinnfunktion des Unternehmens auf und bestimmen Sie notwendige Bedingungen für eine Lösung $x^* > 0$ und $y^* > 0$. Geben Sie ökonomische Interpretationen für die notwendigen Bedingungen an.

(b) Nehmen Sie an, dass die Produktion eine Umweltbelastung verursacht und dass die Behörden aus diesem Grund verlangen, dass das Unternehmen nicht mehr als m Tonnen der zwei Güter insgesamt produziert. Geben Sie die notwendigen Bedingungen für eine Lösung $\hat{x} > 0$ und $\hat{y} > 0$ an.

4. Es bezeichne $U(x, y)$ den Nutzen, den eine Person genießt, wenn es pro Tag (24 Stunden) x Stunden Freizeit und y Einheiten pro Tag an anderen Gütern hat. Die Person erhält einen Stundenlohn der Höhe w und zahlt einen durchschnittlichen Preis p pro Einheit der anderen Güter, so dass

$$py = w(24 - x) \qquad (*)$$

wobei angenommen wird, dass die Person ihren ganzen Verdienst ausgibt.

(a) Zeigen Sie, dass die Maximierung von $U(x, y)$ unter der Nebenbedingung $(*)$ zu der folgenden Gleichung führt:

$$pU_1'(x, y) = wU_2'(x, y) \qquad (**)$$

(b) Nehmen Sie an, dass die Gleichungen $(*)$ und $(**)$ x und y als differenzierbare Funktionen $x = x(p, w)$, $y = y(p, w)$ von p und w definieren. Zeigen Sie, dass mit geeigneten Voraussetzungen an $U(x, y)$ gilt:

$$\frac{\partial x}{\partial w} = \frac{(24 - x)(wU_{22}'' - pU_{12}'') + pU_2'}{p^2 U_{11}'' - 2pwU_{12}'' + w^2 U_{22}''}$$

5. Betrachten Sie das Problem

$$\max(\min) x^2 + y^2 - 2x + 1 \quad \text{unter} \quad \tfrac{1}{4}x^2 + y^2 = b$$

wobei b eine Konstante ist.[23]

(a) Lösen Sie das Problem, wenn $b > \dfrac{4}{9}$ ist.

(b) Bezeichnen Sie mit $f^*(b)$ die Optimalwertfunktion für das Maximierungsproblem und überzeugen Sie sich, dass $df^*(b)/db = \lambda$ ist, wenn $b > \dfrac{4}{9}$ und λ der zugehörige Lagrange-Multiplikator ist.

---

[23] Der Graph der Nebenbedingung ist eine Ellipse in der xy-Ebene, so dass sie eine abgeschlossene beschränkte Menge definiert.

→

➜ Fortsetzung

6. Betrachten Sie das Nutzenmaximierungsproblem (14.1.4) mit einer separierbaren Nutzenfunktion $u(x, y) = v(x) + w(y)$, wobei $v'(x) > 0$, $w'(y) > 0$, $v''(x) \leq 0$ und $w''(y) \leq 0$.

(a) Stellen Sie die Bedingungen erster Ordnung für die Nutzenmaximierung auf.

(b) Warum sind diese Bedingungen hinreichend für Optimalität?

7. Betrachten Sie das Problem

$$\min f(x, y) = x^2 - 2x + 1 + y^2 - 2y$$

unter der Nebenbedingung $g(x, y) = (x + y)\sqrt{x + y + b} = 2\sqrt{a}$, wobei a und b positive Konstanten und x und y positiv sind.

(a) Nehmen Sie an, dass (x, y) das Problem lösen. Zeigen Sie, dass x und y dann die folgenden Gleichungen erfüllen müssen:

$$x = y \quad \text{und} \quad 2x^3 + bx^2 = a \qquad (*)$$

(b) Die Gleichungen in $(*)$ definieren x und y als differenzierbare Funktionen von a und b. Bestimmen Sie Ausdrücke für $\partial x/\partial a$, $\partial^2 x/\partial a^2$ und $\partial x/\partial b$.

8. Lösen Sie für alle $a > 0$ das Problem

$$\max \ f(x, y) = 10 - (x - 2)^2 - (y - 1)^2$$

unter $\quad g(x, y) = x^2 + y^2 \leq a$.

9. Betrachten Sie das nichtlineare Programmierungsproblem

$$\max xy \quad \text{unter} \quad \begin{cases} x^2 + ry^2 \leq m \\ x \geq 1 \end{cases}$$

Dabei sind r und m positive Konstanten mit $m > 1$.

(a) Schreiben Sie die notwendigen Kuhn–Tucker-Bedingungen für eine Lösung des Problems auf.

(b) Lösen Sie das Problem.

(c) Es bezeichne $V(r, m)$ die Optimalwertfunktion. Berechnen Sie $\partial V(r, m)/\partial m$ und kommentieren Sie das Vorzeichen.

(d) Verifizieren Sie, dass $\partial V(r, m)/\partial r = \partial \mathscr{L}/\partial r$, wobei $\mathscr{L}$ die Lagrange-Funktion ist.

➜

➡ Fortsetzung

10. Nehmen Sie an, dass das Unternehmen in Beispiel 8.5.1 den Erlös $R(Q)$ erzielt und die Kosten $C(Q)$ als Funktionen des Outputs $Q \geq 0$ hat, wobei $R'(Q) > 0$, $C'(Q) > 0$, $R''(Q) < 0$ und $C''(Q) > 0$ für alle $Q \geq 0$. Das Unternehmen maximiert den Gewinn $\pi(Q) = R(Q) - C(Q)$ unter der Nebenbedingung $Q \geq 0$. Schreiben Sie die Bedingungen erster Ordnung für die Lösung dieses Problems auf und finden Sie hinreichende Bedingungen dafür, dass die Nebenbedingung im Optimum bindend ist.

11. Ein Unternehmen verwendet K und L Einheiten zweier Inputfaktoren, um $\sqrt{KL}$ Einheiten eines Produkts herzustellen, wobei $K > 0$ und $L > 0$. Die Kosten der Inputfaktoren sind r bzw. w pro Einheit. Das Unternehmen möchte die Kosten der Herstellung von wenigstens Q Einheiten minimieren.

   (a) Formulieren Sie das zugehörige nichtlineare Programmierungsproblem. Formen Sie das Problem um in ein Maximierungsproblem und schreiben Sie die Kuhn–Tucker Bedingungen für das Optimum auf. Lösen Sie diese Bedingungen, um K^* und L^* als Funktionen von (r, w, Q) zu bestimmen.

   (b) Definieren Sie die Minimalkostenfunktion als $c^*(r, w, Q) = rK^* + wL^*$. Verifizieren Sie, dass $\partial c^*/\partial r = K^*$ und $\partial c^*/\partial w = L^*$. Geben Sie dann ökonomische Interpretationen für diese Resultate an.

▶ Lösungen zu den Aufgaben finden Sie im Anhang des Buches.

Matrizen und Vektoralgebra

15

ÜBERBLICK

Tatsächlich spielen Modelle in der Wirtschaft im Grunde dieselbe Rolle wie in der Mode. Sie liefern klare Rahmenbedingungen, innerhalb derer man sein Material zum eigenen Vorteil präsentieren kann ... Eine nützliche Rolle, doch mit der Gefahr behaftet, dass der Designer sich durch seinen persönlichen Hang zum Modell davontragen lässt, während der Kunde vielleicht vergisst, dass das Modell fortschrittlicher gestaltet ist als die Realität.

–Jaques H. Drèze (1984)

Die meisten mathematischen Modelle, die von Ökonomen verwendet werden, verwenden letztendlich ein System mit mehreren Gleichungen, die gewöhnlich ausdrücken, wie eine oder mehrere endogene Variablen von mehreren exogenen Parametern abhängen. Wenn diese Gleichungen alle linear sind, gehört die Untersuchung solcher Systeme in ein Gebiet der Mathematik, das **Lineare Algebra** *genannt wird. Selbst wenn die Gleichungen nichtlinear sind, kann viel aus linearen Approximationen in der Nähe der Lösung, an der wir interessiert sind, gelernt werden – z. B. wie die Lösung sich ändert in Reaktion auf kleine Veränderungen in den Werten der exogenen Variablen oder der Parameter.*

In der Tat bilden lineare Modelle dieser Art die logische Basis für für die ökonometrischen Techniken, die routinemäßig in den meisten modernen empirischen Analysen verwendet werden. Ferner sind lineare Modelle viel einfacher zu verstehen, wenn wir einige mathematische Schlüsselkonzepte wie Matrizen, Vektoren und Determinanten verwenden. Diese sowie ihre Anwendungen auf ökonomische Modelle werden in diesem und im nächsten Kapitel eingeführt.

Tatsächlich übersteigt die Nützlichkeit der linearen Algebra bei weitem die Möglichkeit, Systeme linearer Gleichungen zu lösen. Zum Beispiel werden die Methoden der linearen Algebra extensiv genutzt in der Theorie der Differential- und Differenzengleichungen, in linearer und nichtlinearer Optimierungstheorie, in Statistik und Ökonometrie.

15.1   Systeme linearer Gleichungen

In Kapitel 3.6 haben wir bereits Systeme von zwei simultanen linearen Gleichungen in zwei Variablen betrachtet. Anschließend haben wir in späteren Kapiteln, insbesondere in Kapitel 14 bis zu fünf lineare Gleichungen in fünf Unbekannten behandelt. Diese Systeme wurden in einer Ad-hoc-Manier gelöst. Es ist jetzt an der Zeit, Systeme linearer Gleichungen systematischer zu untersuchen.

Der erste entscheidende Schritt ist es, eine geeignete Notation für ein großes lineares Gleichungssystem einzuführen. Speziell betrachten wir m Gleichungen in n Unbekannten, wobei m größer, gleich oder kleiner als n sein kann. Wenn die Unbekannten mit $x_1, \ldots, x_n$ bezeichnet werden, schreiben wir gewöhnlich solch ein System in der Gestalt

$$a_{11}x_1 + a_{12}x_2 + \cdots + a_{1n}x_n = b_1$$
$$a_{21}x_1 + a_{22}x_2 + \cdots + a_{2n}x_n = b_2$$
$$\cdots\cdots\cdots\cdots\cdots\cdots\cdots\cdots\cdots$$
$$a_{m1}x_1 + a_{m2}x_2 + \cdots + a_{mn}x_n = b_m$$

(15.1.1)

Dabei werden $a_{11}, a_{12}, \ldots, a_{mn}$ die *Koeffizienten* des Systems genannt und $b_1, \ldots, b_m$ werden die *rechten Seiten* genannt. Alle sind reelle Zahlen.

Beachten Sie sorgsam die Reihenfolge der Indizes. Im Allgemeinen ist a_{ij} der Koeffizient der j-ten Variablen (x_j) in der i-ten Gleichung. Einer oder mehrere dieser Koeffizienten können 0 sein – tatsächlich ist das System leichter zu untersuchen und zu lösen, wenn ein hoher Anteil der Koeffizienten 0 ist.

Eine **Lösung** des Systems (15.1.1) ist eine geordnete Menge oder Liste von Zahlen $s_1, s_2, \ldots, s_n$, die alle Gleichungen gleichzeitig erfüllen, wenn wir $x_1 = s_1$, $x_2 = s_2$, $\ldots, x_n = s_n$ setzen. Gewöhnlich wird eine Lösung als $(s_1, s_2, \ldots, s_n)$ geschrieben. Beachten Sie, dass die Reihenfolge, in der wir die Komponenten schreiben, wesentlich ist in dem folgenden Sinne: Wenn $(s_1, s_2, \ldots, s_n)$ das System (15.1.1) erfüllt, dann wird z. B. $(s_n, s_{n-1}, \ldots, s_1)$ gewöhnlich *keine* Lösung sein.

Wenn das System (15.1.1) wenigstens eine Lösung hat, sagt man, dass es **konsistent** ist. Wenn das System keine Lösung hat, sagt man, dass es **inkonsistent** ist.

Beispiel 15.1.1

Um Ihr Verständnis der verwendeten Notation zu schulen, schreiben Sie bitte das System der Gleichungen (15.1.1), wenn $n = m = 3$ und $a_{ij} = i + j$ für $i, j = 1, 2, 3$ mit $b_i = i$ für $i = 1, 2, 3$. Verifizieren Sie, dass $(x_1, x_2, x_3) = (2, -1, 0)$ eine Lösung ist, aber dass $(x_1, x_2, x_3) = (2, 0, -1)$ keine Lösung ist.

Lösung: Die Koeffizienten sind $a_{11} = 1 + 1 = 2$, $a_{12} = 1 + 2 = 3$ usw. Voll ausgeschrieben ist das Gleichungssystem

$$2x_1 + 3x_2 + 4x_3 = 1$$

$$3x_1 + 4x_2 + 5x_3 = 2$$

$$4x_1 + 5x_2 + 6x_3 = 3$$

Wenn wir $(x_1, x_2, x_3) = (2, -1, 0)$ einsetzen, sehen wir, dass alle Gleichungen erfüllt sind. Damit ist dies eine Lösung. Andererseits: Wenn wir die Reihenfolge der Zahlen 2, −1 und 0 so ändern, dass sie das Tripel $(x_1, x_2, x_3) = (2, 0, -1)$ bilden, dann ist $2x_1 + 3x_2 + 4x_3 = 0$, so dass die erste Gleichung nicht erfüllt ist. Somit ist $(2, 0, -1)$ keine Lösung des Gleichungssystems.[1]

Es gibt Computerprogramme, die es leicht machen zu prüfen, ob ein System wie (15.1.1) konsistent ist, und die gegebenenfalls die möglichen Lösungen bestimmen, selbst wenn es Tausende von Gleichungen und Unbekannten gibt. Dennoch ist es notwendig, dass Ökonomen die allgemeine Theorie solcher Gleichungssysteme verstehen, so dass sie theoretischen Argumenten und Schlüssen, die sich auf lineare Modelle dieser Art beziehen, folgen können.

---

[1] In der Tat ist die allgemeine Lösung $(x_1, x_2, x_3) = (2 + t, -1 - 2t, t)$, wobei t eine beliebige reelle Zahl ist. In der Terminologie von Kap. 12.10 hat das System einen Freiheitsgrad.

Aufgaben für Kapitel 15.1

1. Entscheiden Sie, welche der folgenden einzelnen Gleichungen in den Variablen x, y, z und w linear sind und welche nicht.

   (a) $3x - y - z - w = 50$

   (b) $\sqrt{3}x + 8xy - z + w = 0$

   (c) $3.33x - 4y + \dfrac{800}{3}z = 3$

   (d) $3(x + y - z) = 4(x - 2y + 3z)$

   (e) $(x - y)^2 + 3z - w = -3$

   (f) $2a^2 x - \sqrt{|b|}\,y + (2 + \sqrt{|a|})z = b^2$, wobei a, b Konstanten sind.

2. Seien x_1, y_1, x_2 und y_2 Konstanten und betrachten Sie die folgenden Gleichungen, wobei a, b, c und d die Variablen sind.[2]
$$ax_1^2 + bx_1 y_1 + cy_1^2 + d = 0$$
$$ax_2^2 + bx_2 y_2 + cy_2^2 + d = 0$$
   Ist dies ein lineares Gleichungssystem in a, b, c und d?

3. Schreiben Sie das System (15.1.1) von Gleichungen auf, wenn $n = 4$, $m = 3$ und $a_{ij} = i + 2j + (-1)^i$ für $i = 1, 2, 3$, $j = 1, 2, 3, 4$, während $b_i = 2^i$ für $i = 1, 2, 3$.

4. Schreiben Sie das System (15.1.1) vollständig aus, wenn $n = m = 4$ und $a_{ij} = 1$ für alle $i \neq j$, während $a_{ii} = 0$ für $i = 1, 2, 3, 4$. Summieren Sie die vier Gleichungen auf, um eine einfache Gleichung für die neue Variable $s = \sum_{i=1}^{4} x_i$ zu erhalten. Lösen Sie dann das ganze System.

5. Betrachten Sie eine Menge von n Personen, von denen jede eine endliche Anzahl von m verschiedenen Gütern besitzt. Sei a_{ij} die Anzahl der Einheiten des Gutes i, die Person j besitzt, wobei $i = 1, 2, \ldots, m$, während $j = 1, 2, \ldots, n$.

   (a) Was stellt die Liste $(a_{1j}, a_{2j}, \ldots, a_{mj})$ dar?

   (b) Erklären Sie in Worten, was $a_{11} + a_{12} + \cdots + a_{1n}$ und $a_{i1} + a_{i2} + \cdots + a_{in}$ ausdrücken.

   (c) Es bezeichne p_i den Preis pro Einheit des Gutes i für $i = 1, 2, \ldots, m$. Wie hoch ist der Gesamtwert der Güter, die Person j besitzt?

6. Trygve Haavelmo (1911-1999), ein norwegischer Nobelpreisgewinner für Wirtschaftswissenschaften, entwickelte ein Modell für die Volkswirtschaft der USA für die Jahre 1929–1941, das auf den folgenden vier Gleichungen basierte:

   (i) $c = 0.712y + 95.05$ (ii) $s = 0.158(c + x) - 34.30$

   (iii) $y = c + x - s$ (iv) $x = 93.53$

   Dabei bezeichnet x die Gesamtinvestition, y ist das verfügbare Einkommen, s ist die Gesamtersparnis der Unternehmen und c ist der Gesamtkonsum. Schreiben Sie das Gleichungssystem in der Form (15.1.1), wenn die Variablen in der Reihenfolge x, y, s und c auftreten. Bestimmen Sie dann die Lösung des Systems.

▶ Lösungen zu den Aufgaben finden Sie im Anhang des Buches.

---

[2] In *fast* allen anderen Fällen in diesem Buch bezeichnen a, b, c und d Konstanten!

15.2 Matrizen und Matrizenoperationen

Eine **Matrix** ist einfach eine rechteckige Anordnung von Zahlen, betrachtet als ein mathematisches Objekt. Wenn es m **Zeilen** und n **Spalten** in der Anordnung gibt, haben wir eine m-Kreuz-n Matrix, geschrieben als $m \times n$. Wir bezeichnen eine Matrix gewöhnlich mit fetten Großbuchstaben wie A, B usw. Im Allgemeinen hat eine $m \times n$ Matrix die Gestalt

$$A = \begin{pmatrix} a_{11} & a_{12} & \cdots & a_{1n} \\ a_{21} & a_{22} & \cdots & a_{2n} \\ \vdots & \vdots & & \vdots \\ a_{m1} & a_{m2} & \cdots & a_{mn} \end{pmatrix} \qquad (15.2.1)$$

In diesem Buch wird jede Anordnung wie (15.2.1) durch große runde Klammern eingeschlossen, die die Zahlen umgeben. Seien Sie jedoch gewarnt, dass manche Autoren die Klammern in (15.2.1) durch große eckige Klammern ersetzen.

Man sagt, dass die Matrix A in (15.2.1) die **Ordnung** $m \times n$ hat. Die mn Zahlen, die A bilden, werden ihre **Elemente** oder **Einträge** genannt. Insbesondere bezeichnet a_{ij} das Element in der i-ten Zeile und j-ten Spalte. In Kurzform wird die $m \times n$ Matrix in (15.2.1) oft als $(a_{ij})_{m \times n}$ ausgedrückt oder noch einfacher als (a_{ij}), wenn die Ordnung $m \times n$ entweder offensichtlich oder unwichtig ist.

Eine Matrix mit entweder nur einer Zeile oder nur einer Spalte wird ein **Vektor** genannt. Es ist üblich zwischen einem **Zeilenvektor**, der nur eine Zeile hat, und einem **Spaltenvektor**, der nur eine Spalte hat, zu unterscheiden. Es ist üblich Zeilen- oder Spaltenvektoren mit kleinen fetten Buchstaben wie **x** oder **y** und nicht mit Großbuchstaben zu bezeichnen.

Beispiel 15.2.1

Die folgenden Anordnungen sind Matrizen:

$$A = \begin{pmatrix} 3 & -2 \\ 5 & 8 \end{pmatrix}, \quad B = (\; -1, \quad 2, \quad \sqrt{3}, \quad 16 \;), \quad C = \begin{pmatrix} -1 & 2 \\ 8 & 5 \\ 7 & 6 \\ 1 & 1 \end{pmatrix}$$

Von diesen ist A eine 2×2, B eine 1×4 (und somit ein Zeilenvektor) und C ist eine 4×2 Matrix. Ferner ist $a_{21} = 5$ und $c_{32} = 6$. Beachten Sie, dass c_{23} nicht definiert ist, da C nur zwei Spalten hat. ■

Beispiel 15.2.2

Konstruieren Sie die 4×3 Matrix $A = (a_{ij})_{4 \times 3}$ mit $a_{ij} = 2i - j$.

Lösung: Die Matrix A hat $4 \cdot 3 = 12$ Elemente. Da $a_{ij} = 2i - j$, ist $a_{11} = 2 \cdot 1 - 1 = 1$, $a_{12} = 2 \cdot 1 - 2 = 0$, $a_{13} = 2 \cdot 1 - 3 = -1$ usw. Die vollständige Matrix ist

$$A = \begin{pmatrix} 2 \cdot 1 - 1 & 2 \cdot 1 - 2 & 2 \cdot 1 - 3 \\ 2 \cdot 2 - 1 & 2 \cdot 2 - 2 & 2 \cdot 2 - 3 \\ 2 \cdot 3 - 1 & 2 \cdot 3 - 2 & 2 \cdot 3 - 3 \\ 2 \cdot 4 - 1 & 2 \cdot 4 - 2 & 2 \cdot 4 - 3 \end{pmatrix} = \begin{pmatrix} 1 & 0 & -1 \\ 3 & 2 & 1 \\ 5 & 4 & 3 \\ 7 & 6 & 5 \end{pmatrix}$$

Wenn $m = n$ ist, so dass die Matrix dieselbe Anzahl Spalten wie Zeilen hat, wird sie eine **quadratische Matrix** der Ordnung n genannt. Wenn $A = (a_{ij})_{n \times n}$, dann bilden die n Elemente $a_{11}, a_{22}, \ldots, a_{nn}$ mit $i = j$ die **Hauptdiagonale**, die von oben links, a_{11}, nach unten rechts, a_{nn}, verläuft. So ist z. B. die Matrix A in Beispiel 15.2.1 eine quadratische Matrix der Ordnung 2, deren Hauptdiagonale aus den Zahlen 3 und 8 besteht. Beachten Sie, dass nur eine quadratische Matrix eine Hauptdiagonale haben kann.

Beispiel 15.2.3

Betrachten Sie das allgemeine lineare Gleichungssystem

$$\begin{aligned} a_{11}x_1 + a_{12}x_2 + \cdots + a_{1n}x_n &= b_1 \\ a_{21}x_1 + a_{22}x_2 + \cdots + a_{2n}x_n &= b_2 \\ \cdots\cdots\cdots\cdots\cdots\cdots\cdots\cdots\cdots\cdots\cdots\cdots\cdots \\ a_{m1}x_1 + a_{m2}x_2 + \cdots + a_{mn}x_n &= b_m \end{aligned} \tag{15.2.2}$$

mit m Gleichungen in den n unbekannten Variablen x_j für $j = 1, 2, \ldots, n$. Es ist nahe liegend die Koeffizienten dieser Unbekannten in (15.2.2) durch die $m \times n$ Matrix A darzustellen, die in Gleichung (15.2.1) definiert ist. Dann wird A die **Koeffizientenmatrix** von (15.2.2) genannt. So ist z. B. die Koeffizientenmatrix des Gleichungssystems

$$\begin{aligned} 3x_1 - 2x_2 + 6x_3 &= 5 \\ 5x_1 + x_2 + 2x_3 &= -2 \end{aligned} \qquad \text{gleich} \qquad \begin{pmatrix} 3 & -2 & 6 \\ 5 & 1 & 2 \end{pmatrix}$$

Man kann auch die Zahlen b_i $(i = 1, 2, \ldots, m)$ auf der rechten Seite von (15.2.2) durch eine $m \times 1$ Matrix oder einen Spaltenvektor darstellen, der oft mit $\mathbf{B}$ oder $\boldsymbol{b}$ bezeichnet wird.

Beispiel 15.2.4

Betrachten Sie eine Ladenkette mit vier Filialen B_1, B_2, B_3 und B_4. Jede verkaufe acht verschiedene Güter $V_1, V_2, \ldots, V_8$. Es bezeichne a_{ij} den Wert in Euro der Verkäufe des Gutes V_i in der Filiale B_j während eines bestimmten Monats. Eine geeignete Art der Darstellung dieser Daten ist in der 8×4 Matrix

$$A = \begin{pmatrix} a_{11} & a_{12} & a_{13} & a_{14} \\ a_{21} & a_{22} & a_{23} & a_{24} \\ \vdots & \vdots & \vdots & \vdots \\ a_{81} & a_{82} & a_{83} & a_{84} \end{pmatrix}$$

Die acht Zeilen beziehen sich auf die acht Güter, während die vier Spalten sich auf die vier Filialen beziehen. Wenn z. B. $a_{73} = 225$ ist, bedeutet dies, dass die Verkäufe des Gutes 7 in Filiale 3 in dem fraglichen Monat den Wert 225 Euro hatten.

Matrizenoperationen

Bisher sind Matrizen lediglich als rechteckige Anordnungen von Zahlen betrachtet worden, die nützlich sein können, um Informationen zu speichern. Die wirkliche Motivation für die Einführung von Matrizen ist jedoch, dass es nützliche Regeln für den Umgang mit Matrizen gibt und dass diese gewissermaßen mit den bekannten Regeln der üblichen Algebra übereinstimmen.

Wir wollen zunächst vereinbaren, wie wir Gleichheit von Matrizen definieren. Wenn $A = (a_{ij})_{m \times n}$ und $B = (b_{ij})_{m \times n}$ zwei $m \times n$ Matrizen sind, dann werden A und B **gleich** genannt und wir schreiben $A = B$, vorausgesetzt, dass $a_{ij} = b_{ij}$ für alle $i = 1, 2, \ldots, m$ und $j = 1, 2, \ldots, n$. Daher sind zwei Matrizen A und B gleich, wenn sie dieselbe Ordnung haben *und* wenn alle entsprechenden Elemente gleich sind. Wenn A und B *nicht* gleich sind, dann schreiben wir $A \neq B$.

Beispiel 15.2.5

Geben Sie Bedingungen an, unter denen $\begin{pmatrix} 3 & t-1 \\ 2t & u \end{pmatrix} = \begin{pmatrix} t & 2v \\ u+1 & t+w \end{pmatrix}$ ist.

Lösung: Beide Seiten der Gleichung sind 2×2 Matrizen. Da beide vier Elemente haben, verlangt Gleichheit, dass die vier Gleichungen $3 = t$, $t - 1 = 2v$, $2t = u + 1$ und $u = t + w$ erfüllt sind. Wenn wir diese Gleichungen simultan lösen, folgt, dass die zwei Matrizen genau dann gleich sind, wenn $t = 3$, $v = 1$, $u = 5$ und $w = 2$. Dann sind beide Matrizen gleich $\begin{pmatrix} 3 & 2 \\ 6 & 5 \end{pmatrix}$.

Wir wollen zu Beispiel 15.2.4 zurückkehren, wo die 8×4 Matrix A den Wert in Euro der gesamten Verkäufe der acht Güter in den vier Filialen in einem bestimmten Monat darstellt. Nehmen Sie an, dass die Werte in Euro der Verkäufe im nächsten Monat gegeben sind durch die entsprechende 8×4 Matrix $B = (b_{ij})_{8 \times 4}$. Die Gesamteinnahmen von jedem dieser Güter in jeder der Filialen im Laufe dieser 2 Monate zusammen wäre dann durch eine neue 8×4 Matrix $C = (c_{ij})_{8 \times 4}$ gegeben, wobei $c_{ij} = a_{ij} + b_{ij}$ für $i = 1, \ldots 8$ und für $j = 1, \ldots, 4$. Die Matrix C wird die „Summe" von A und B genannt und wir schreiben $C = A + B$.

Matrizenaddition und Multiplikation mit einem Skalar

Wenn $A = (a_{ij})_{m \times n}$ und $B = (b_{ij})_{m \times n}$ zwei Matrizen derselben Ordnung sind, definieren wir die **Summe** von A und B als die $m \times n$ Matrix $(a_{ij} + b_{ij})_{m \times n}$. Damit ist

$$A + B = (a_{ij})_{m \times n} + (b_{ij})_{m \times n} = (a_{ij} + b_{ij})_{m \times n} \qquad (15.2.3)$$

Wenn α eine relle Zahl ist, definieren wir αA durch

$$\alpha A = \alpha (a_{ij})_{m \times n} = (\alpha a_{ij})_{m \times n} \qquad (15.2.4)$$

Somit addieren wir zwei Matrizen derselben Ordnung, indem wir die entsprechenden Elemente addieren. Und: Um eine Matrix mit einem Skalar zu multiplizieren, müssen Sie *jedes* Element in der Matrix mit diesem Skalar multiplizieren. Wenn wir zu der Ladenkette zurückkehren, würde die Matrizengleichung $B = 2A$ bedeuten, dass die Elemente in B das Doppelte der entsprechenden Elemente in A sind – d. h. die Verkaufseinnahmen für jedes Gut haben sich in jeder Filiale von einem Monat zum anderen genau verdoppelt. Äquivalent ist $2A = A + A$.

Beispiel 15.2.6

Berechnen Sie $A + B$, $3A$ und $\left(-\frac{1}{2}\right)B$, wenn

$$A = \begin{pmatrix} 1 & 2 & 0 \\ 4 & -3 & -1 \end{pmatrix} \text{ und } B = \begin{pmatrix} 0 & 1 & 2 \\ 1 & 0 & 2 \end{pmatrix}$$

Lösung: Mit den Gleichungen (15.2.3) und (15.2.4) ergibt sich:

$$A + B = \begin{pmatrix} 1 & 3 & 2 \\ 5 & -3 & 1 \end{pmatrix}, \quad 3A = \begin{pmatrix} 3 & 6 & 0 \\ 12 & -9 & -3 \end{pmatrix}, \quad \left(-\frac{1}{2}\right)B = \begin{pmatrix} 0 & -\frac{1}{2} & -1 \\ -\frac{1}{2} & 0 & -1 \end{pmatrix}$$

Die Matrix $(-1)A$ wird gewöhnlich mit $-A$ bezeichnet und die Differenz zwischen zwei Matrizen A und B derselben Ordnung $A - B$ bedeutet dasselbe wie $A + (-1)B$. In unserem Beispiel der Ladenkette bezeichnet $B - A$ die (Netto) Änderung in den Verkaufseinnahmen für jedes Gut in jeder Filiale zwischen einem Monat und dem nächsten. Positive Komponenten stellen Zuwächse dar und negative repräsentieren Abnahmen.

Regeln für Matrizenaddition und Multiplikation mit Skalaren

Seien A, B und C beliebige $m \times n$ Matrizen und α und β seien reelle Zahlen. Außerdem bezeichne **0** die $m \times n$ Matrix, die nur aus Nullen besteht, die sogenannte **Nullmatrix**. Dann gilt:

(a) $(A + B) + C = A + (B + C)$ (b) $A + B = B + A$ (c) $A + 0 = A$

(d) $A + (-A) = 0$ (e) $(\alpha + \beta)A = \alpha A + \beta A$

(f) $\alpha(A + B) = \alpha A + \alpha B$

                                                               (15.2.5)

Jede dieser Regeln folgt direkt aus den Definitionen und den entsprechenden Regeln für gewöhnliche Zahlen. Wegen Regel (a) besteht keine Notwendigkeit, in Ausdrücken wie $A + B + C$ Klammern zu setzen. Beachten Sie auch, dass die Definitionen (15.2.3) und (15.2.4) implizieren, dass $A + A + A$ gleich $3A$ ist.

15.3 Matrizenmultiplikation

Die Regeln, die wir gerade für die Addition und Subtraktion von Matrizen und die Multiplikation einer Matrix mit einem Skalar gegeben haben, sollten ganz natürlich erscheinen. Die Regel für die Matrizenmultiplikation jedoch ist viel spitzfindiger.[3] Wir rechtfertigen das, indem wir uns ansehen, wie ein Gleichungssystem zu bearbeiten ist.

Betrachten Sie z. B. die folgenden zwei Systeme linearer Gleichungen:

$$z_1 = a_{11}y_1 + a_{12}y_2 + a_{13}y_3$$
$$z_2 = a_{21}y_1 + a_{22}y_2 + a_{23}y_3 \tag{i}$$

und

$$y_1 = b_{11}x_1 + b_{12}x_2$$
$$y_2 = b_{21}x_1 + b_{22}x_2 \tag{ii}$$
$$y_3 = b_{31}x_1 + b_{32}x_2$$

Die Matrizen der Koeffizienten, die auf den rechten Seiten dieser zwei Gleichungssysteme erscheinen, sind

$$A = \begin{pmatrix} a_{11} & a_{12} & a_{13} \\ a_{21} & a_{22} & a_{23} \end{pmatrix} \quad \text{und} \quad B = \begin{pmatrix} b_{11} & b_{12} \\ b_{21} & b_{22} \\ b_{31} & b_{32} \end{pmatrix}$$

---

[3] Es ist verlockend das Produkt von zwei Matrizen $A = (a_{ij})_{m\times n}$ und $B = (b_{ij})_{m\times n}$ derselben Ordnung so zu definieren: Das Produkt von A und B ist einfach die Matrix $C = (c_{ij})_{m\times n}$, wobei man jedes Element $c_{ij} = a_{ij}b_{ij}$ erhält, indem man die Einträge der zwei Matrizen Term für Term multipliziert. Dies ist eine respektable Matrizenoperation und, in der Tat, wird die Matrix C das *Hadamard-Produkt* von A und B genannt. Jedoch ist die Definition der Matrizenmultiplikation, die wir geben, bei weitem diejenige, die am meisten in linearer Algebra gebraucht wird.

Das System (i) drückt die z-Variablen durch die y-Variablen aus, während in (ii) die y-Variablen durch die x-Variablen ausgedrückt werden. Somit müssen die z-Variablen in Beziehung zu den x-Variablen stehen. Nehmen Sie dazu die Ausdrücke für y_1, y_2 und y_3 in (ii) und setzen Sie diese in (i) ein. Dies ergibt

$$z_1 = a_{11}(b_{11}x_1 + b_{12}x_2) + a_{12}(b_{21}x_1 + b_{22}x_2) + a_{13}(b_{31}x_1 + b_{32}x_2)$$
$$z_2 = a_{21}(b_{11}x_1 + b_{12}x_2) + a_{22}(b_{21}x_1 + b_{22}x_2) + a_{23}(b_{31}x_1 + b_{32}x_2)$$

Umordnen der Terme ergibt

$$z_1 = (a_{11}b_{11} + a_{12}b_{21} + a_{13}b_{31})x_1 + (a_{11}b_{12} + a_{12}b_{22} + a_{13}b_{32})x_2$$
$$z_2 = (a_{21}b_{11} + a_{22}b_{21} + a_{23}b_{31})x_1 + (a_{21}b_{12} + a_{22}b_{22} + a_{23}b_{32})x_2$$

Die Koeffizientenmatrix dieses Systems ist daher

$$C = \begin{pmatrix} a_{11}b_{11} + a_{12}b_{21} + a_{13}b_{31} & a_{11}b_{12} + a_{12}b_{22} + a_{13}b_{32} \\ a_{21}b_{11} + a_{22}b_{21} + a_{23}b_{31} & a_{21}b_{12} + a_{22}b_{22} + a_{23}b_{32} \end{pmatrix}$$

Die Matrix A ist eine 2×3 und B ist eine 3×2 Matrix. Damit *hat B so viele Zeilen wie A Spalten hat*. Die Matrix C ist eine 2×2 Matrix. Beachten Sie: Wenn wir $C = (c_{ij})_{2 \times 2}$ setzen, dann erhält man die Zahl

$$c_{11} = a_{11}b_{11} + a_{12}b_{21} + a_{13}b_{31}$$

durch Multiplikation jeder der drei Elemente in der ersten Zeile von A mit dem entsprechenden Element in der ersten Spalte von B und anschließender Addition dieser drei Produkte. Wir nennen den resultierenden Ausdruck $a_{11}b_{11} + a_{12}b_{21} + a_{13}b_{31}$ das „innere Produkt" der ersten Zeile in A mit der ersten Spalte in B. Genauso ist c_{12} das innere Produkt der ersten Zeile in A und der zweiten Spalte in B, usw. Allgemein ist jedes Element c_{ij} das innere Produkt der i-ten Zeile in A und der j-ten Spalte in B.

Die Matrix C wird das **(Matrizen-)Produkt** von A und B genannt und wir schreiben $C = AB$. Hier ist ein numerisches Beispiel.

Beispiel 15.3.1

Nach Definition gilt:

$$\begin{pmatrix} 1 & 0 & 3 \\ 2 & 1 & 5 \end{pmatrix} \begin{pmatrix} 1 & 3 \\ 2 & 5 \\ 6 & 2 \end{pmatrix} = \begin{pmatrix} 1 \cdot 1 + 0 \cdot 2 + 3 \cdot 6 & 1 \cdot 3 + 0 \cdot 5 + 3 \cdot 2 \\ 2 \cdot 1 + 1 \cdot 2 + 5 \cdot 6 & 2 \cdot 3 + 1 \cdot 5 + 5 \cdot 2 \end{pmatrix} = \begin{pmatrix} 19 & 9 \\ 34 & 21 \end{pmatrix}$$

Um das Argument auf allgemeine Matrizen zu erweitern, nehmen Sie an, dass wie in (i) die Variablen $z_1, \ldots, z_m$ linear in Termen von $y_1, \ldots, y_n$ ausgedrückt werden und dass wie in (ii) die Variablen $y_1, \ldots, y_n$ linear in Termen von $x_1, \ldots, x_p$ ausgedrückt werden. Dann können $z_1, \ldots, z_m$ linear in Termen von $x_1, \ldots, x_p$ ausgedrückt werden.

Vorausgesetzt, dass die Matrix $\mathbf{B}$ wirklich so viele Zeilen hat wie $\mathbf{A}$ Spalten hat, führt das Resultat, das wir erhalten, direkt zu der folgenden Definition:

Matrizenmultiplikation

Nehmen Sie an, dass $\mathbf{A} = (a_{ij})_{m \times n}$ und dass $\mathbf{B} = (b_{ij})_{n \times p}$. Dann ist das Produkt $\mathbf{C} = \mathbf{AB}$ die $m \times p$ Matrix $\mathbf{C} = (c_{ij})_{m \times p}$, deren Element in der i-ten Zeile und j-ten Spalte das innere Produkt

$$c_{ij} = \sum_{r=1}^{n} a_{ir} b_{rj} = a_{i1} b_{1j} + a_{i2} b_{2j} + \cdots + a_{ik} b_{kj} + \cdots + a_{in} b_{nj} \qquad (15.3.1)$$

der i-ten Zeile von $\mathbf{A}$ und der j-ten Spalte von $\mathbf{B}$ ist.

Beachten Sie: Um c_{ij} zu erhalten, multiplizieren wir jede Komponente a_{ir} in der i-ten Zeile von $\mathbf{A}$ mit der entsprechenden Komponente b_{rj} in der j-ten Spalte von $\mathbf{B}$ und addieren dann alle Produkte. Eine Möglichkeit der Visualisierung der Matrizenmultiplikation ist diese:

$$\begin{pmatrix} a_{11} & \cdots & a_{1k} & \cdots & a_{1n} \\ \vdots & & \vdots & & \vdots \\ \boxed{a_{i1}} & \cdots & \boxed{a_{ik}} & \cdots & \boxed{a_{in}} \\ \vdots & & \vdots & & \vdots \\ a_{m1} & \cdots & a_{mk} & \cdots & a_{mn} \end{pmatrix} \cdot \begin{pmatrix} b_{11} & \cdots & \boxed{b_{1j}} & \cdots & b_{1p} \\ \vdots & & \vdots & & \vdots \\ b_{k1} & \cdots & \boxed{b_{kj}} & \cdots & b_{kp} \\ \vdots & & \vdots & & \vdots \\ b_{n1} & \cdots & \boxed{b_{nj}} & \cdots & b_{np} \end{pmatrix} = \begin{pmatrix} c_{11} & \cdots & c_{1j} & \cdots & c_{1p} \\ \vdots & & \vdots & & \vdots \\ c_{i1} & \cdots & \boxed{c_{ij}} & \cdots & c_{ip} \\ \vdots & & \vdots & & \vdots \\ c_{m1} & \cdots & c_{mj} & \cdots & c_{mp} \end{pmatrix}$$

Es ist wichtig zu wiederholen, dass das Matrizenprodukt $\mathbf{AB}$ nur dann definiert ist, wenn die Anzahl der Spalten in $\mathbf{A}$ gleich der Anzahl der Zeilen in $\mathbf{B}$ ist. Und: Wenn $\mathbf{A}$ und $\mathbf{B}$ zwei Matrizen sind, so kann es sein, dass $\mathbf{AB}$ definiert ist, während es $\mathbf{BA}$ nicht ist. Wenn z. B. $\mathbf{A}$ eine 6×3 und $\mathbf{B}$ eine 3×5 Matrix ist, dann ist $\mathbf{AB}$ definiert als 6×5 Matrix, während $\mathbf{BA}$ nicht definiert ist.

Beispiel 15.3.2

Sei $\mathbf{A} = \begin{pmatrix} 0 & 1 & 2 \\ 2 & 3 & 1 \\ 4 & -1 & 6 \end{pmatrix}$ und $\mathbf{B} = \begin{pmatrix} 3 & 2 \\ 1 & 0 \\ -1 & 1 \end{pmatrix}$.

Berechnen Sie das Matrizenprodukt $\mathbf{AB}$. Ist das Produkt $\mathbf{BA}$ definiert?

Lösung: $\mathbf{A}$ ist eine 3×3 und $\mathbf{B}$ ist eine 3×2 Matrix, so dass $\mathbf{AB}$ eine 3×2 Matrix ist [4]

$$\mathbf{AB} = \begin{pmatrix} 0 & 1 & 2 \\ \boxed{2 \quad 3 \quad 1} \\ 4 & -1 & 6 \end{pmatrix} \begin{pmatrix} \boxed{3} & 2 \\ \boxed{1} & 0 \\ \boxed{-1} & 1 \end{pmatrix} = \begin{pmatrix} -1 & 2 \\ \boxed{8} & 5 \\ 5 & 14 \end{pmatrix}$$

---

[4] Wir haben angedeutet, wie das Element in der zweiten Zeile und ersten Spalte von $\mathbf{AB}$ zu erhalten ist. Es ist das innere Produkt der zweiten Zeile in $\mathbf{A}$ und der ersten Spalte in $\mathbf{B}$; dies ist $2 \cdot 3 + 3 \cdot 1 + 1 \cdot (-1) = 8$.

Das Matrizenprodukt BA ist nicht definiert, weil die Anzahl der Spalten in B nicht gleich der Anzahl der Zeilen in A ist.

Beachten Sie, dass in dem vorangehenden Beispiel AB definiert war, aber BA nicht. Selbst in Fällen, in denen AB und BA beide definiert sind, sind sie gewöhnlich nicht gleich, wie in Aufgabe 1 und in Beispiel 15.4.4 illustriert wird.

Aus diesem Grunde sagen wir, wenn wir AB schreiben, dass wir B **von links** mit A multiplizieren, während wir in BA die Matrix B **von rechts** mit A multiplizieren.

Beispiel 15.3.3

Anfangs teilen sich drei Unternehmen A, B und C den Markt für ein bestimmtes Gut. Unternehmen A hat 20 % des Marktes, B hat 60 % und C hat 20 %. Im Laufe des nächsten Jahres ergeben sich die folgenden Änderungen: Unternehmen A behält 85 % seiner Kunden, verliert 5 % an B und 10 % an C; Unternehmen B behält 55 % seiner Kunden, verliert 10 % an A und 35 % an C und Unternehmen C behält 85 % seiner Kunden, verliert 10 % an A und 5 % an B.

Wir können die Marktanteile dieser drei Unternehmen durch einen *Marktanteilsvektor* darstellen, der als ein Spaltenvektor s definiert ist, dessen Komponenten alle nichtnegativ sind und sich auf 1 aufsummieren. Definieren Sie die Matrix T und den anfänglichen Marktanteilsvektor s durch

$$T = \begin{pmatrix} 0.85 & 0.10 & 0.10 \\ 0.05 & 0.55 & 0.05 \\ 0.10 & 0.35 & 0.85 \end{pmatrix} \quad \text{und} \quad s = \begin{pmatrix} 0.2 \\ 0.6 \\ 0.2 \end{pmatrix}$$

Bemerken Sie, dass t_{ij} der Prozentsatz der Kunden von j ist, die in der nächsten Periode Kunden von i werden. Deshalb wird T die *Übergangsmatrix* genannt.

Berechnen Sie den Vektor Ts, zeigen Sie, dass er auch ein Marktanteilsvektor ist und geben Sie eine Interpretation an. Welches ist die Interpretation von $T(Ts)$, $T(T(Ts))$, ...?

Lösung:

$$Ts = \begin{pmatrix} 0.85 & 0.10 & 0.10 \\ 0.05 & 0.55 & 0.05 \\ 0.10 & 0.35 & 0.85 \end{pmatrix} \begin{pmatrix} 0.2 \\ 0.6 \\ 0.2 \end{pmatrix} = \begin{pmatrix} 0.25 \\ 0.35 \\ 0.40 \end{pmatrix}$$

Da $0.25 + 0.35 + 0.40 = 1$, ist das Produkt Ts auch ein Marktanteilsvektor. Man erhält das erste Element in Ts durch die Berechnung

$$0.85 \cdot 0.2 + 0.10 \cdot 0.6 + 0.10 \cdot 0.2 = 0.25$$

Dabei ist $0.85 \cdot 0.2$ der Martanteil von A, der nach einem Jahr erhalten bleibt, $0.10 \cdot 0.6$ ist der Anteil, den A von B gewinnt und $0.10 \cdot 0.2$ ist der Anteil, den A von C gewinnt. Die Summe ist deshalb der Gesamtmarktanteil von A nach 1 Jahr. Die anderen Elemente in Ts haben entsprechende Einträge, so dass Ts der neue Marktanteilsvektor nach 1 Jahr sein muss. Dann ist $T(Ts)$ der Marktanteilsvektor nach einem weiteren Jahr – d. h. nach 2 Jahren usw.[5]

---

[5] In Aufgabe 8 werden Sie aufgefordert $T(Ts)$ zu berechnen.

Gleichungssysteme in Matrizenform

Die Definition der Matrizenmultiplikation wurde eingeführt, um Gleichungssysteme handhaben zu können. Es zeigt sich in der Tat, dass wir lineare Gleichungssysteme in sehr kompakter Form mit Hilfe von Matrizenmultiplikationen schreiben können. Betrachten Sie z. B. das Gleichungssystem

$$3x_1 + 4x_2 = 5$$

$$7x_1 - 2x_2 = 2$$

Definieren Sie jetzt

$$A = \begin{pmatrix} 3 & 4 \\ 7 & -2 \end{pmatrix}, \ x = \begin{pmatrix} x_1 \\ x_2 \end{pmatrix} \text{ und } B = \begin{pmatrix} 5 \\ 2 \end{pmatrix}$$

Dann sehen wir, dass

$$Ax = \begin{pmatrix} 3 & 4 \\ 7 & -2 \end{pmatrix}\begin{pmatrix} x_1 \\ x_2 \end{pmatrix} = \begin{pmatrix} 3x_1 + 4x_2 \\ 7x_1 - 2x_2 \end{pmatrix}$$

Somit ist das ursprüngliche Gleichungssystem äquivalent zu der Matrizengleichung $Ax = B$.

Betrachten Sie allgemein das lineare Gleichungssystem (15.1.1) mit m Gleichungen und n Unbekannten. Nehmen Sie an, wir definieren

$$A = \begin{pmatrix} a_{11} & a_{12} & \cdots & a_{1n} \\ a_{21} & a_{22} & \cdots & a_{2n} \\ \vdots & \vdots & & \vdots \\ a_{m1} & a_{m2} & \cdots & a_{mn} \end{pmatrix}, \ x = \begin{pmatrix} x_1 \\ x_2 \\ \vdots \\ x_n \end{pmatrix} \text{ und } B = \begin{pmatrix} b_1 \\ b_2 \\ \vdots \\ b_m \end{pmatrix} \quad (15.3.2)$$

Somit hat A die Ordnung $m \times n$ und x die Ordnung $n \times 1$. Das Matrizenprodukt Ax ist dann definiert und hat die Ordnung $m \times 1$. Ferner kann man zeigen, dass (15.1.1) geschrieben werden kann als $Ax = B$. Diese sehr prägnante Schreibweise erweist sich als überaus nützlich.

Aufgaben für Kapitel 15.3

1. Berechnen Sie die Produkte AB und BA, soweit möglich, für die folgenden Matrizen:

   (a) $A = \begin{pmatrix} 0 & -2 \\ 3 & 1 \end{pmatrix}$, $B = \begin{pmatrix} -1 & 4 \\ 1 & 5 \end{pmatrix}$ (b) $A = \begin{pmatrix} 8 & 3 & -2 \\ 1 & 0 & 4 \end{pmatrix}$, $B = \begin{pmatrix} 2 & -2 \\ 4 & 3 \\ 1 & -5 \end{pmatrix}$

   (c) $A = \begin{pmatrix} -1 & 0 \\ 2 & 4 \end{pmatrix}$, $B = \begin{pmatrix} 3 & 1 \\ -1 & 1 \\ 0 & 2 \end{pmatrix}$ (d) $A = \begin{pmatrix} 0 \\ -2 \\ 4 \end{pmatrix}$, $B = \begin{pmatrix} 0, & -2, & 3 \end{pmatrix}$

2. Berechnen Sie $3A + 2B - 2C + D$, AB und $C(AB)$ für die Matrizen

   $$A = \begin{pmatrix} 2 & 4 \\ 1 & 2 \end{pmatrix}, \ B = \begin{pmatrix} -2 & 4 \\ 1 & -2 \end{pmatrix}, \ C = \begin{pmatrix} 2 & 3 \\ 6 & 9 \end{pmatrix} \text{ und } D = \begin{pmatrix} 1 & 1 \\ 1 & 3 \end{pmatrix}.$$

➔ Fortsetzung

3. Bestimmen Sie die Matrizen $A + B$, $A - B$, AB, BA, $A(BC)$ und $(AB)C$, für

$$A = \begin{pmatrix} 1 & 2 & -3 \\ 5 & 0 & 2 \\ 1 & -1 & 1 \end{pmatrix}, \qquad B = \begin{pmatrix} 3 & -1 & 2 \\ 4 & 2 & 5 \\ 2 & 0 & 3 \end{pmatrix}, \qquad C = \begin{pmatrix} 4 & 1 & 2 \\ 0 & 3 & 2 \\ 1 & -2 & 3 \end{pmatrix}.$$

4. Schreiben Sie die folgenden Gleichungssysteme als Matrizengleichungen:

(a) $\begin{aligned} x_1 + x_2 &= 3 \\ 3x_1 + 5x_2 &= 5 \end{aligned}$

(b) $\begin{aligned} x_1 + 2x_2 + x_3 &= 4 \\ x_1 - x_2 + x_3 &= 5 \\ 2x_1 + 3x_2 - x_3 &= 1 \end{aligned}$

(c) $\begin{aligned} 2x_1 - 3x_2 + x_3 &= 0 \\ x_1 + x_2 - x_3 &= 0 \end{aligned}$

5. Betrachten Sie die drei Matrizen $A = \begin{pmatrix} 2 & 2 \\ 1 & 5 \end{pmatrix}$, $B = \begin{pmatrix} 2 & 0 \\ 3 & 2 \end{pmatrix}$ und $I = \begin{pmatrix} 1 & 0 \\ 0 & 1 \end{pmatrix}$.

(a) Bestimmen Sie eine Matrix C, für die $(A - 2I)C = I$ gilt.

(b) Gibt es eine Matrix D, für die $(B - 2I)D = I$ gilt?

6. Es sei A eine $m \times n$ Matrix und B eine andere Matrix, so dass beide Produkte AB und BA definiert sind. Welche Ordnung muss B haben?

7. Bestimmen Sie alle Matrizen B, die mit $A = \begin{pmatrix} 1 & 2 \\ 2 & 3 \end{pmatrix}$ „kommutieren" in dem Sinne, dass $AB = BA$.

8. Berechnen Sie $T(Ts)$ in Beispiel 15.3.3.

▶ Lösungen zu den Aufgaben finden Sie im Anhang des Buches.

15.4 Regeln für die Matrizenmultiplikation

In Kap. 15.3 haben wir gesehen, dass die Matrizenmultiplikation eine kompliziertere Operation ist als die ziemlich offensichtlichen Operationen der Addition von Matrizen und der Multiplikation mit einem Skalar, die in Kap. 15.2 behandelt wurden. Daher müssen wir sorgfältig untersuchen, welche Regeln anwendbar sind. Wir haben bereits bemerkt, dass das Kommutativgesetz $AB = BA$ *nicht* allgemein gilt. Die folgenden wichtigen Regeln *sind* jedoch allgemein gültig.

Regeln für die Matrizenmultiplikation

Wenn A, B und C Matrizen sind, deren Ordnungen so sind, dass die gegebenen Operationen definiert sind, und wenn α ein beliebiger Skalar ist, dann gilt:

$$(AB)C = A(BC) \tag{15.4.1}$$

$$A(B + C) = AB + AC \tag{15.4.2}$$

$$(A + B)C = AC + BC \tag{15.4.3}$$

$$(\alpha A)B = A(\alpha B) = \alpha(AB) \tag{15.4.4}$$

Regel (15.4.1) ist bekannt als das *Assoziativgesetz*, während die Regeln (15.4.2) und (15.4.3) das *links- bzw. rechtsseitige Distributivgesetz* sind. Beachten Sie, dass das links- und rechtsseitige Distributivgesetz hier beide angegeben werden, da anders als bei Zahlen die Matrizenmultiplikation nicht *kommutativ* ist und somit im Allgemeinen $A(B + C) \neq (B + C)A$.

Beispiel 15.4.1

Verifizieren Sie die Regeln (15.4.1) und (15.4.2), für die folgenden Matrizen:

$$A = \begin{pmatrix} 1 & 2 \\ 0 & 1 \end{pmatrix}, \qquad B = \begin{pmatrix} 0 & -1 \\ 3 & 2 \end{pmatrix}, \qquad C = \begin{pmatrix} 1 & 1 \\ 2 & 1 \end{pmatrix}$$

Lösung: Alle Operationen der Multiplikation und Addition sind definiert mit

$$AB = \begin{pmatrix} 6 & 3 \\ 3 & 2 \end{pmatrix}, \qquad (AB)C = \begin{pmatrix} 6 & 3 \\ 3 & 2 \end{pmatrix}\begin{pmatrix} 1 & 1 \\ 2 & 1 \end{pmatrix} = \begin{pmatrix} 12 & 9 \\ 7 & 5 \end{pmatrix}$$

$$BC = \begin{pmatrix} -2 & -1 \\ 7 & 5 \end{pmatrix}, \qquad A(BC) = \begin{pmatrix} 1 & 2 \\ 0 & 1 \end{pmatrix}\begin{pmatrix} -2 & -1 \\ 7 & 5 \end{pmatrix} = \begin{pmatrix} 12 & 9 \\ 7 & 5 \end{pmatrix}$$

Daher ist für diesen Fall $(AB)C = A(BC)$. Ferner ist

$$B + C = \begin{pmatrix} 1 & 0 \\ 5 & 3 \end{pmatrix}, \qquad A(B + C) = \begin{pmatrix} 1 & 2 \\ 0 & 1 \end{pmatrix}\begin{pmatrix} 1 & 0 \\ 5 & 3 \end{pmatrix} = \begin{pmatrix} 11 & 6 \\ 5 & 3 \end{pmatrix}$$

und

$$AC = \begin{pmatrix} 5 & 3 \\ 2 & 1 \end{pmatrix}, \qquad AB + AC = \begin{pmatrix} 6 & 3 \\ 3 & 2 \end{pmatrix} + \begin{pmatrix} 5 & 3 \\ 2 & 1 \end{pmatrix} = \begin{pmatrix} 11 & 6 \\ 5 & 3 \end{pmatrix}$$

Somit ist $A(B + C) = AB + AC$.

Die Regeln (15.4.3) und (15.4.4) können analog verifiziert werden.

Die Regeln für die Matrizenmultiplikation können einfach bewiesen werden, indem man sorgfältig die Definitionen der relevanten Operationen anwendet. Um dies zu illustrieren, beweisen wir jetzt die Regel (15.4.1), das Assoziativgesetz:

Nehmen Sie an, dass $A = (a_{ij})_{m \times n}$, $B = (b_{ij})_{n \times p}$ und $C = (c_{ij})_{p \times q}$. Es ist leicht zu überprüfen, dass diese Ordnungen implizieren, dass $(AB)C$ und $A(BC)$ beide als $m \times q$ Matrizen definiert sind. Wir müssen zeigen, dass ihre entsprechenden Einträge alle gleich sind.

Das Element in Zeile i und Spalte ℓ von $(AB)C$ wird mit $[(AB)C]_{i\ell}$ bezeichnet und ist das innere Produkt der i-ten Zeile in AB und der ℓ-ten Spalte in C. Wenn wir die Summennotation benutzen, sehen wir, dass

$$[(AB)C]_{i\ell} = \sum_{k=1}^{p}\left(\sum_{j=1}^{n} a_{ij}b_{jk}\right)c_{k\ell} = \sum_{j=1}^{n} a_{ij}\left(\sum_{k=1}^{p} b_{jk}c_{k\ell}\right) = [A(BC)]_{i\ell}$$

wobei die zwei Doppelsummen gleich sind, da sie beide die Summe aller np Terme $a_{ij}b_{jk}c_{k\ell}$ angeben, wenn j von 1 bis n und k von 1 bis p läuft.

Um es zu betonen, beachten Sie, dass der Beweis der Regel (15.4.1) verlangt, im Detail zu prüfen, dass jedes Element von $(AB)C$ gleich dem entsprechenden Element von

$A(BC)$ ist. Dieselbe Art der Überprüfung ist nötig, um die drei anderen Regeln zu beweisen, so dass wir diese Beweise dem Leser überlassen.

Wegen (15.4.1) werden in einem Matrizenprodukt wie ABC keine Klammern verlangt. Natürlich ist ein entsprechendes Resultat für Produkte mit mehr Faktoren gültig.

Eine nützliche Technik in der Matrizenalgebra ist es, neue Resultate mit Hilfe der Regeln (15.4.1) bis (15.4.4), wenn nötig mehrfach, zu beweisen, anstelle die individuellen Elemente zu untersuchen. Nehmen Sie z. B. an, dass wir für $A = (a_{ij})$ und $B = (b_{ij})$, wobei beide $n \times n$ Matrizen seien, beweisen sollen, dass gilt

$$(A + B)(A + B) = AA + AB + BA + BB \tag{15.4.5}$$

Nach den Regeln (15.4.2) und (15.4.3) ist

$$(A + B)(A + B) = (A + B)A + (A + B)B = (AA + BA) + (AB + BB)$$

Anwendung der Regeln (a) und (b) für Matrizenaddition aus Kap. 15.2 ergibt schließlich (15.4.5).

Potenzen von Matrizen

Wenn A eine quadratische Matrix ist, erlaubt uns das Assoziativgesetz (15.4.1) zu schreiben: AA als A^2 und AAA als A^3 usw. Allgemein ist

$$A^n = \underbrace{AA \cdots A}_{n\,\mathrm{mal}}$$

Beispiel 15.4.2

Berechnen Sie für die Matrix $A = \begin{pmatrix} 1 & -1 \\ 0 & 1 \end{pmatrix}$ die Potenzen A^2, A^3 und A^4. Erraten Sie dann die allgemeine Form von A^n. Bestätigen Sie dann Ihre Vermutung, indem Sie das Prinzip der vollständigen Induktion benutzen, dass in Kap. 2.4 eingeführt wurde.

Lösung: Routineberechnung zeigt, dass

$$A^2 = AA = \begin{pmatrix} 1 & -2 \\ 0 & 1 \end{pmatrix}, \quad A^3 = A^2 A = \begin{pmatrix} 1 & -3 \\ 0 & 1 \end{pmatrix}, \quad A^4 = A^3 A = \begin{pmatrix} 1 & -4 \\ 0 & 1 \end{pmatrix}$$

Eine vernünftige Vermutung ist daher, dass für alle natürlichen Zahlen n gilt

$$A^n = \begin{pmatrix} 1 & -n \\ 0 & 1 \end{pmatrix} \tag{$*$}$$

Wir bestätigen dies durch vollständige Induktion über n. Formel $(*)$ *ist* korrekt für $n = 1$. *Nehmen Sie als Induktionshypothese an*, dass sie korrekt ist für $n = k$ – d. h.

$$A^k = \begin{pmatrix} 1 & -k \\ 0 & 1 \end{pmatrix}$$

Dann gilt

$$A^{k+1} = A^k A = \begin{pmatrix} 1 & -k \\ 0 & 1 \end{pmatrix} \begin{pmatrix} 1 & -1 \\ 0 & 1 \end{pmatrix} = \begin{pmatrix} 1 & -k-1 \\ 0 & 1 \end{pmatrix}$$

Dies vollendet den Induktionsschritt, der zeigt: Wenn (∗) gültig ist für $n = k$, dann auch für $n = k + 1$. Es folgt, dass (∗) für alle natürlichen Zahlen n gilt. ▪▪▪▪

Beispiel 15.4.3

Nehmen Sie an, dass P und Q zwei $n \times n$ Matrizen sind mit der Eigenschaft $PQ = Q^2 P$. Zeigen Sie, dass $(PQ)^2 = Q^6 P^2$.

Lösung: Der Beweis ist einfach, wenn wir wiederholt Regel (15.4.1) benutzen und die Tatsache, dass $PQ = Q^2 P$:

$$(PQ)^2 = (PQ)(PQ) = (Q^2 P)(Q^2 P) = (Q^2 P)Q(QP) = Q^2(PQ)(QP)$$

Indem wir noch zweimal $Q^2 P$ für QP einsetzen, ergibt sich

$$(PQ)^2 = Q^2(Q^2 P)(QP) = Q^2 Q^2(PQ)P = Q^2 Q^2(Q^2 P)P = Q^2 Q^2 Q^2 P^2 = Q^6 P^2$$

◀▪▪▪

Beachten Sie, dass es in Wirklichkeit wohl unmöglich wäre, diese Gleichheit durch Betrachtung der individuellen Elemente zu zeigen. Wichtig: Beachten Sie auch, dass $(PQ)^2$ *nicht* gleich $P^2 Q^2$ ist.

Die Einheitsmatrix

Die **Einheitsmatrix** der Ordnung n, die mit I_n – oder oft einfach nur I – bezeichnet wird, ist die $n \times n$ Matrix, die Einsen entlang der Hauptdiagonalen enthält und sonst nur Nullen:

$$I_n = \begin{pmatrix} 1 & 0 & \cdots & 0 \\ 0 & 1 & \cdots & 0 \\ \vdots & \vdots & \ddots & \vdots \\ 0 & 0 & \cdots & 1 \end{pmatrix}_{n \times n}$$

Wenn A eine beliebige $m \times n$ Matrix ist, so ist es leicht zu überprüfen, dass $AI_n = A$ ist. Genauso gilt: Wenn B eine beliebige $n \times m$ Matrix ist, dann ist $I_n B = B$. Insbesondere gilt für jede $n \times n$ Matrix A:

$$AI_n = I_n A = A \tag{15.4 6}$$

Daher ist I_n das Matrix-Äquivalent zur 1 im System der reellen Zahlen. In der Tat ist sie die einzige Matrix mit dieser Eigenschaft. Um dies zu zeigen, nehmen Sie an, dass E eine beliebige $n \times n$ Matrix ist mit $AE = A$ für alle $n \times n$ Matrizen A. Wenn wir insbeondere $A = I_n$ setzen, ergibt sich $I_n E = I_n$. Aber $I_n E = E$ nach (15.4.6). Daher ist $E = I_n$.

Zu vermeidende Fehler

Die Regeln der Matrizenalgebra machen viele Argumente sehr leicht. Aber es ist äußerst wichtig zu vermeiden, neue Regeln einzuführen, die nicht funktionieren, wenn allgemeine Matrizen multipliziert werden, obwohl sie für Zahlen – d.h. für 1 × 1-Matrizen funktionieren. Betrachten Sie z. B. Gleichung (15.4.5). Es ist verlockend den Ausdruck $\boldsymbol{AA} + \boldsymbol{AB} + \boldsymbol{BA} + \boldsymbol{BB}$ auf der rechten Seite zu $\boldsymbol{AA} + 2\boldsymbol{AB} + \boldsymbol{BB}$ zu vereinfachen. Dies ist falsch! Selbst wenn $\boldsymbol{AB}$ und $\boldsymbol{BA}$ beide definiert sind, ist $\boldsymbol{AB}$ nicht notwendig gleich $\boldsymbol{BA}$. Wie das nächste Beispiel zeigt: Matrizenmultiplikation ist *nicht* kommutativ.

Beispiel 15.4.4

Zeigen Sie, dass für $\boldsymbol{A} = \begin{pmatrix} 2 & 0 \\ 0 & 3 \end{pmatrix}$ und $\boldsymbol{B} = \begin{pmatrix} 0 & 1 \\ 1 & 0 \end{pmatrix}$ gilt: $\boldsymbol{AB} \neq \boldsymbol{BA}$

Lösung: Direkte Berechnung zeigt, dass $\boldsymbol{AB} = \begin{pmatrix} 0 & 2 \\ 3 & 0 \end{pmatrix} \neq \boldsymbol{BA} = \begin{pmatrix} 0 & 3 \\ 2 & 0 \end{pmatrix}$. ▬

Ein weiteres Resultat, das nicht von Skalaren auf Matrizen erweitert werden kann, ist das folgende: Wenn a und b reelle Zahlen sind, dann impliziert $ab = 0$, dass entweder a oder b gleich 0 ist. Das entsprechende Resultat ist nicht wahr für Matrizen, da $\boldsymbol{AB}$ die Nullmatrix sein kann, wenn weder $\boldsymbol{A}$ noch $\boldsymbol{B}$ die Nullmatrix ist. Das folgende Resultat illustriert dies.

Beispiel 15.4.5

Berechnen Sie $\boldsymbol{AB}$, wenn $\boldsymbol{A} = \begin{pmatrix} 3 & 1 \\ 6 & 2 \end{pmatrix}$ und $\boldsymbol{B} = \begin{pmatrix} 1 & 2 \\ -3 & -6 \end{pmatrix}$.

Lösung: Direkte Berechnung ergibt: $\boldsymbol{AB} = \begin{pmatrix} 3 & 1 \\ 6 & 2 \end{pmatrix}\begin{pmatrix} 1 & 2 \\ -3 & -6 \end{pmatrix} = \begin{pmatrix} 0 & 0 \\ 0 & 0 \end{pmatrix}$ ▬

Für reelle Zahlen gilt: Wenn $ab = ac$ und $a \neq 0$, dann ist $b = c$. Wir können nämlich kürzen, indem wir jede Seite der Gleichung mit $1/a$ multiplizieren. Eine unmittelbare Folgerung des vorausgehenden Beispiel ist, dass die entsprechende „Kürzungs"-Regel für Matrizen nicht gültig ist, denn dort ist $\boldsymbol{AB} = \boldsymbol{A0}$ und $\boldsymbol{A} \neq \boldsymbol{0}$, jedoch $\boldsymbol{B} \neq \boldsymbol{0}$. Zusammenfassend gilt allgemein:

(i) $\boldsymbol{AB} \neq \boldsymbol{BA}$;

(ii) $\boldsymbol{AB} = \boldsymbol{0}$ impliziert nicht, dass entweder $\boldsymbol{A} = \boldsymbol{0}$ oder $\boldsymbol{B} = \boldsymbol{0}$;

(iii) $\boldsymbol{AB} = \boldsymbol{AC}$ und $\boldsymbol{A} \neq \boldsymbol{0}$ implizieren nicht, dass $\boldsymbol{B} = \boldsymbol{C}$.

Hier besagt (i), dass die Matrizenmultiplikation im Allgemeinen nicht **kommutativ** ist, während (iii) zeigt, dass die Kürzungsregel nicht allgemein für die Matrizenmultiplikation gültig ist.[6]

---

[6] Die Kürzungsregel *ist gültig*, wenn $\boldsymbol{A}$ eine sogenannte Inverse hat. Siehe Kap. 16.6.

Die folgenden zwei Beispiele illustrieren natürliche Anwendungen der Matrizenmultiplikation.

Ein Unternehmen benötigt m verschiedene Rohmaterialien $R_1, R_2, \ldots, R_m$, um die n verschiedene Güter $V_1, V_2, \ldots, V_n$ herzustellen. Für $i = 1, \ldots, m$ und $j = 1, \ldots, n$ sei a_{ij} die Menge des Rohmaterials R_i, die benötigt wird, um eine Einheit des Gutes V_j herzustellen. Diese *Inputkoeffizienten* bilden die Matrix

$$A = (a_{ij})_{m \times n} = \begin{pmatrix} a_{11} & a_{12} & \cdots & a_{1n} \\ a_{21} & a_{22} & \cdots & a_{2n} \\ \vdots & \vdots & & \vdots \\ a_{m1} & a_{m2} & \cdots & a_{mn} \end{pmatrix}$$

Nehmen Sie an, dass das Unternehmen eine monatliche Produktion von u_j Einheiten des Gutes V_j für $j = 1, 2, \ldots, n$ plant. Dieser Plan kann durch eine $n \times 1$ Matrix (Spaltenvektor) u dargestellt werden, der der monatliche Produktionsvektor des Unternehmens genannt wird:

$$u = \begin{pmatrix} u_1 \\ u_2 \\ \vdots \\ u_n \end{pmatrix}$$

Da a_{i1} insbesondere die Menge des Rohmaterials R_i ist, die benötigt wird, um eine Einheit des Gutes V_1 herzustellen, folgt, dass $a_{i1} u_1$ die Menge des Rohmaterials R_i ist, die nötig ist, um u_1 Einheiten des Gutes V_1 herzustellen. Die gesamte monatlich notwendige Menge des Rohmaterials R_i ist deshalb

$$a_{i1} u_1 + a_{i2} u_2 + \cdots + a_{in} u_n = \sum_{j=1}^{n} a_{ij} u_j$$

Dies ist das innere Produkt des i-ten Zeilenvektors in A und des Spaltenvektors u ist. Der monatliche Bedarfsvektor r des Unternehmens ist deshalb gegeben durch das Matrizenprodukt $r = Au$. Daher ist r eine $m \times 1$ Matrix, oder ein Spaltenvektor.

Nehmen Sie an, dass die Preise der m Rohmaterialien $p_1, p_2, \ldots, p_m$ pro Einheit sind. Wenn wir den Preisvektor $p = (p_1, p_2, \ldots, p_m)$ definieren, so sind die gesamten monatlichen Kosten K für die Beschaffung der erforderlichen Rohmaterialien, um den Vektor u produzieren zu können, gegeben durch die Summe $\sum_{i=1}^{m} p_i r_i$. Diese Summe kann auch als das Matrizenprodukt pr geschrieben werden, so dass $K = pr = p(Au) = pAu$ ist.[7]

---

[7] Erinnern Sie, dass nach Regel (15.4.1) die Matrizenmultiplikation assoziativ ist, so dass es unnötig ist, Klammern zu setzen.

Beispiel 15.4.7

Abb. 15.4.1 zeigt die Anzahl der täglichen Flugverbindungen zwischen größeren Flughäfen in drei verschiedenen Ländern A, B und C. Die an die Verbindungslinien geschriebenen Zahlen zeigen die Anzahl der Verbindungsflüge zwischen den zwei Flughäfen. Zum Beispiel gibt es von Flughafen b_3 in Land B vier Flüge pro Tag zu Flughafen c_3 in Land C, aber keinen zu Flughafen c_2 in Land C.

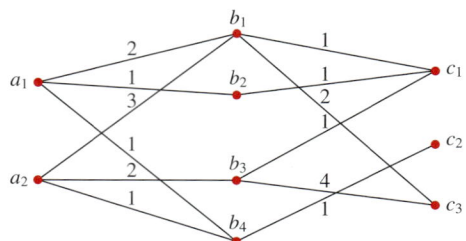

Abbildung 15.4.1: Flugverbindungen

Die relevanten Daten können auch durch die zwei Matrizen dargestellt werden:

$$
\boldsymbol{P}: \quad \begin{matrix} & b_1 & b_2 & b_3 & b_4 \\ a_1 \\ a_2 \end{matrix}\begin{pmatrix} 2 & 1 & 0 & 1 \\ 3 & 0 & 2 & 1 \end{pmatrix}
\qquad
\boldsymbol{Q}: \quad \begin{matrix} & c_1 & c_2 & c_3 \\ b_1 \\ b_2 \\ b_3 \\ b_4 \end{matrix}\begin{pmatrix} 1 & 0 & 2 \\ 1 & 0 & 0 \\ 1 & 0 & 4 \\ 0 & 1 & 0 \end{pmatrix}
$$

Jedes Element p_{ij} der Matrix $\boldsymbol{P}$ stellt die Anzahl der möglichen Flüge zwischen a_i und b_j dar, während jedes Element q_{jk} von $\boldsymbol{Q}$ die Anzahl der möglichen Flüge zwischen b_j und c_k darstellt. Wie viele Möglichkeiten gibt es, von a_i nach c_k zu kommen, indem man zwei Flüge mit einmal Umsteigen in Land B benutzt? Zwischen a_2 und c_3 z. B. gibt es $3 \cdot 2 + 0 \cdot 0 + 2 \cdot 4 + 1 \cdot 0 = 14$ Möglichkeiten. Dies ist das innere Produkt des zweiten Zeilenvektors in $\boldsymbol{P}$ und des dritten Spaltenvektors in $\boldsymbol{Q}$. Dieselben Argumente sind für jedes a_i und c_k anwendbar. Somit ist die Gesamtanzahl der Flugverbindungen zwischen den verschiedenen Flughäfen in den Ländern A und C gegeben durch das Matrizenprodukt

$$
\boldsymbol{R} = \boldsymbol{PQ} = \begin{pmatrix} 2 & 1 & 0 & 1 \\ 3 & 0 & 2 & 1 \end{pmatrix}\begin{pmatrix} 1 & 0 & 2 \\ 1 & 0 & 0 \\ 1 & 0 & 4 \\ 0 & 1 & 0 \end{pmatrix} = \begin{pmatrix} 3 & 1 & 4 \\ 5 & 1 & 14 \end{pmatrix}
$$

Aufgaben für Kapitel 15.4

1. Überprüfen Sie die Distributivgesetze $A(B + C) = AB + AC$, wenn

$$
A = \begin{pmatrix} 1 & 2 \\ 3 & 4 \end{pmatrix}, \qquad B = \begin{pmatrix} 2 & -1 & 1 & 0 \\ 3 & -1 & 2 & 1 \end{pmatrix}, \qquad C = \begin{pmatrix} -1 & 1 & 1 & 2 \\ -2 & 2 & 0 & -1 \end{pmatrix}
$$

➡ Fortsetzung

2. Berechnen Sie das Matrizenprodukt $(x, y, z) \begin{pmatrix} a & d & e \\ d & b & f \\ e & f & c \end{pmatrix} \begin{pmatrix} x \\ y \\ z \end{pmatrix}$.

3. Überprüfen Sie durch tatsächliches Multiplizieren, dass $(AB)C = A(BC)$ gilt, wenn

$$A = \begin{pmatrix} a_{11} & a_{12} \\ a_{21} & a_{22} \end{pmatrix}, \qquad B = \begin{pmatrix} b_{11} & b_{12} \\ b_{21} & b_{22} \end{pmatrix}, \qquad C = \begin{pmatrix} c_{11} & c_{12} \\ c_{21} & c_{22} \end{pmatrix}$$

4. Berechnen Sie: (a) $\begin{pmatrix} 1 & 0 & 0 \\ 0 & 1 & 0 \\ 0 & 0 & 1 \end{pmatrix} \begin{pmatrix} 5 & 3 & 1 \\ 2 & 0 & 9 \\ 1 & 3 & 3 \end{pmatrix}$ (b) $(1, \ 2, \ -3) \begin{pmatrix} 1 & 0 & 0 \\ 0 & 1 & 0 \\ 0 & 0 & 1 \end{pmatrix}$

5. Nehmen Sie an, dass A und B quadratische Matrizen der Ordnung n sind:

    (a) Zeigen Sie, dass im Allgemeinen

    (i) $(A + B)(A - B) \neq A^2 - B^2$ (ii) $(A - B)(A - B) \neq A^2 - 2AB + B^2$.

    (b) Finden Sie für jeden Fall eine notwendige und hinreichende Bedingung für Gleichheit.

6. Eine quadratische Matrix A heißt **idempotent**, falls $A^2 = A$ gilt.

    (a) Zeigen Sie, dass die folgende Matrix idempotent ist: $\begin{pmatrix} 2 & -2 & -4 \\ -1 & 3 & 4 \\ 1 & -2 & -3 \end{pmatrix}$.

    (b) Zeigen Sie: Wenn $AB = A$ und $BA = B$, dann sind A und B beide idempotent.

    (c) Zeigen Sie: Wenn A idempotent ist, dann gilt $A^n = A$ für alle positiven ganzen Zahlen n.

7. Seien P und Q jeweils $n \times n$ Matrizen und es gelte $P^3Q = PQ$. Zeigen Sie, dass $P^5Q = PQ$.

Anspruchsvollere Aufgabe

8. Betrachten Sie die allgemeine 2×2-Matrix $A = \begin{pmatrix} a & b \\ c & d \end{pmatrix}$.

    (a) Zeigen Sie, dass $A^2 = (a + d)A - (ad - bc)I_2$.

    (b) Verwenden Sie (a), um ein Beispiel einer Matrix A zu finden, so dass $A^2 = 0$, aber $A \neq 0$.

    (c) Verwenden Sie Teil (a), um zu zeigen: Wenn für eine 2×2-Matrix A gilt $A^3 = 0$, dann ist $A^2 = 0$.

    (*Hinweis:* Multiplizieren Sie die Gleichung in Teil (a) mit A und benutzen Sie die Gleichung $A^3 = 0$, um eine Gleichung zu erhalten, die Sie dann noch einmal mit A multiplizieren sollten.)

▶ Lösungen zu den Aufgaben finden Sie im Anhang des Buches.

15.5 Die Transponierte

Betrachten Sie eine $m \times n$ Matrix A. Die **Transponierte** von A, die mit A' oder manchmal mit $\mathbf{A}^\top$ bezeichnet wird, ist als die $n \times m$ Matrix definiert, deren erste Spalte die erste Zeile von A ist, deren zweite Spalte die zweite Zeile von A ist, usw. Daher gilt:

$$A = \begin{pmatrix} a_{11} & a_{12} & \cdots & a_{1n} \\ a_{21} & a_{22} & \cdots & a_{2n} \\ \vdots & \vdots & & \vdots \\ a_{m1} & a_{m2} & \cdots & a_{mn} \end{pmatrix} \implies A' = \begin{pmatrix} a_{11} & a_{21} & \cdots & a_{m1} \\ a_{12} & a_{22} & \cdots & a_{m2} \\ \vdots & \vdots & & \vdots \\ a_{1n} & a_{2n} & \cdots & a_{mn} \end{pmatrix} \tag{15.5.1}$$

Somit können wir schreiben $A' = (a'_{ji})$, wobei $a'_{ji} = a_{ij}$. Die Indizes i und j müssen vertauscht werden, weil die i-te Zeile von A zur i-tenSpalte von A' wird und die j-te Spalte von A wird zur j-ten Zeile von A'.

Beispiel 15.5.1

Bestimmen Sie A' und B', wenn $A = \begin{pmatrix} -1 & 0 \\ 2 & 3 \\ 5 & -1 \end{pmatrix}$ und $B = \begin{pmatrix} 1 & -1 & 0 & 4 \\ 2 & 1 & 1 & 1 \end{pmatrix}$.

Lösung: Anwendung der Definition der Transponierten ergibt:

$$A' = \begin{pmatrix} -1 & 2 & 5 \\ 0 & 3 & -1 \end{pmatrix} \quad \text{und} \quad B' = \begin{pmatrix} 1 & 2 \\ -1 & 1 \\ 0 & 1 \\ 4 & 1 \end{pmatrix}.$$

Die folgenden Regeln gelten für das Transponieren von Matrizen:

Regeln für das Transponieren

Gegeben seien Matrizen $\mathbf{A}$ und $\mathbf{B}$, passend für die folgenden Operationen, und gegeben sei ein beliebiger Skalar α. Dann gilt:

$$(\mathbf{A}')' = \mathbf{A} \tag{15.5.2}$$

$$(\mathbf{A} + \mathbf{B})' = \mathbf{A}' + \mathbf{B}' \tag{15.5.3}$$

$$(\alpha\mathbf{A})' = \alpha\mathbf{A}' \tag{15.5.4}$$

$$(\mathbf{AB})' = \mathbf{B}'\mathbf{A}' \tag{15.5.5}$$

Die Überprüfung der ersten drei Regeln ist sehr leicht, und Sie sollten diese im Detail nachweisen, indem Sie die Tatsache benutzen, dass $a'_{ji} = a_{ij}$ für jedes i, j ist. Wir beweisen jetzt Regel (15.5.5):

Nehmen Sie an, dass A eine $m \times n$- und B eine $n \times p$-Matrix ist. Dann ist A' eine $n \times m$-, B' eine $p \times n$-, AB eine $m \times p$-Matrix, so dass $(AB)'$ und $B'A'$ beide $p \times m$-Matrizen sind. Daher bleibt zu zeigen, dass die entsprechenden Elemente in den zwei $p \times m$-Matrizen gleich sind.

Nach Definition der Transponierten ist das Element an der Stelle rs in $(AB)'$ gleich dem Element an der Stelle sr in AB und dieses ist

$$a_{s1}b_{1r} + a_{s2}b_{2r} + \cdots + a_{sn}b_{nr}$$

Andererseits ist das Element an der Stelle rs in $B'A'$ gleich

$$b_{1r}a_{s1} + b_{2r}a_{s2} + \cdots + b_{nr}a_{sn}$$

Da $a_{si}b_{ir} = b_{ir}a_{si}$ für alle $i = 1, 2, \ldots, n$, sind die zwei Summen selbstverständlich gleich, was zu zeigen war.

Beispiel 15.5.2

Sei x der Spaltenvektor $(x_1, x_2, \ldots, x_n)'$. Dann ist x' ein Zeilenvektor mit n Elementen. Das Produkt $x'x$ ist $\sum_{i=1}^{n} x_i^2$, welches nach Gleichung (13.6.2) gleich $\|x\|^2$, dem Quadrat der Norm von x ist. Das umgekehrte Produkt xx' ist jedoch eine $n \times n$ Matrix, deren Element an der Stelle ij gleich $x_i x_j$ ist.

Symmetrische Matrizen

Quadratische Matrizen mit der Eigenschaft, dass sie symmetrisch bezüglich der Hauptdiagonalen sind, werden **symmetrisch** genannt. Zum Beispiel

$$\begin{pmatrix} -3 & 2 \\ 2 & 0 \end{pmatrix}, \qquad \begin{pmatrix} 2 & -1 & 5 \\ -1 & -3 & 2 \\ 5 & 2 & 8 \end{pmatrix}, \qquad \begin{pmatrix} a & b & c \\ b & d & e \\ c & e & f \end{pmatrix}$$

sind alle symmetrisch. Symmetrische Matrizen sind charakterisiert durch die Tatsache, dass sie gleich ihrer eigenen Transponierten sind:

Die Matrix A ist **symmetrisch** $\iff A = A'$

Daher ist die Matrix $A = (a_{ij})_{n \times n}$ genau dann symmetrisch, wenn $a_{ij} = a_{ji}$ für alle i, j.

Beispiel 15.5.3

Zeigen Sie: Wenn X eine beliebige $m \times n$ Matrix ist, dann sind XX' und $X'X$ beide symmetrisch.

Lösung: Beachten Sie zunächst, dass XX' eine $m \times m$ Matrix ist, während $X'X$ eine $n \times n$ Matrix ist. Mit Regel (15.5.5) und dann (15.5.2) erhalten wir

$$(XX')' = (X')'X' = XX'$$

Dies zeigt, dass XX' symmetrisch ist. Der Beweis, dass $X'X$ symmetrisch ist, ist ähnlich.

Aufgaben für Kapitel 15.5

1. Bestimmen Sie die Transponierten von $A = \begin{pmatrix} 3 & 5 & 8 & 3 \\ -1 & 2 & 6 & 2 \end{pmatrix}$, $B = \begin{pmatrix} 0 \\ 1 \\ -1 \\ 2 \end{pmatrix}$,

$C = (\ 1, 5, 0, -1\ )$.

2. Sei $A = \begin{pmatrix} 3 & 2 \\ -1 & 5 \end{pmatrix}$, $B = \begin{pmatrix} 0 & 2 \\ 2 & 2 \end{pmatrix}$ und $\alpha = -2$.

    (a) Berechnen Sie A', B', $(A + B)'$, $(\alpha A)'$, AB, $(AB)'$, $B'A'$ und $A'B'$.

    (b) Überprüfen Sie dann die Regeln (15.5.2) bis (15.5.5) für diese speziellen Werte von A, B und α.

3. Zeigen Sie, dass $A = \begin{pmatrix} 3 & 2 & 3 \\ 2 & -1 & 1 \\ 3 & 1 & 0 \end{pmatrix}$ und $B = \begin{pmatrix} 0 & 4 & 8 \\ 4 & 0 & 13 \\ 8 & 13 & 0 \end{pmatrix}$ symmetrisch sind.

4. Bestimmen Sie alle Werte von a, für die $\begin{pmatrix} a & a^2 - 1 & -3 \\ a + 1 & 2 & a^2 + 4 \\ -3 & 4a & -1 \end{pmatrix}$ symmetrisch ist.

5. Ist das Produkt zweier symmetrischer Matrizen notwendigerweise symmetrisch?

6. Es seien A_1, A_2 und A_3 Matrizen, für die die gegebenen Produkte definiert sind. Zeigen Sie, dass
$$(A_1 A_2 A_3)' = A_3' A_2' A_1'$$
Verallgemeinern Sie dies auf Produkte von n Matrizen.

7. Eine $n \times n$ Matrix P wird **orthogonal** genannt, wenn $P'P = I_n$.

    (a) Zeigen Sie für $\lambda = \pm 1/\sqrt{2}$, dass $P = \begin{pmatrix} \lambda & 0 & \lambda \\ \lambda & 0 & -\lambda \\ 0 & 1 & 0 \end{pmatrix}$ orthogonal ist.

    (b) Zeigen Sie, dass die 2×2 Matrix $\begin{pmatrix} p & -q \\ q & p \end{pmatrix}$ genau dann orthogonal ist, wenn $p^2 + q^2 = 1$ ist.

    (c) Zeigen Sie, dass das Produkt von zwei orthogonalen $n \times n$ Matrizen orthogonal ist.

8. Definieren Sie die zwei Matrizen T und S durch
$$T = \begin{pmatrix} p & q & 0 \\ \frac{1}{2}p & \frac{1}{2} & \frac{1}{2}q \\ 0 & p & q \end{pmatrix}, \quad S = \begin{pmatrix} p^2 & 2pq & q^2 \\ p^2 & 2pq & q^2 \\ p^2 & 2pq & q^2 \end{pmatrix},$$
und nehmen Sie an, dass $p + q = 1$.

    (a) Zeigen Sie, dass $T \cdot S = S$, $T^2 = \frac{1}{2}T + \frac{1}{2}S$ und $T^3 = \frac{1}{4}T + \frac{3}{4}S$ gilt.

    (b) Nutzen Sie unter der Hypothese, dass für $n = 2, 3, \ldots$ Konstanten α_n und β_n existieren, so dass $T^n = \alpha_n T + \beta_n S$, die Resultate aus Teil (a), um α_{n+1} und β_{n+1} als Funktionen von α_n und β_n auszudrücken. Nutzen Sie diese Relationen für eine Vermutung von Formeln für die Konstanten α_n und β_n. Beweisen Sie dann diese Formeln duch Induktion.

▶ Lösungen zu den Aufgaben finden Sie im Anhang des Buches.

15.6 Gauß'sche Elimination

Eine Methode zur Lösung von Gleichungssystem ist das Eliminationsverfahren, das als Methode 2 in Beispiel 3.6.1 eingeführt wurde für den Fall von zwei Gleichung in zwei Unbekannten. Diese Methode kann erweitert werden auf größere Gleichungssysteme. Da es sehr effizient ist, ist es der Startpunkt für Computerprogramme. Betrachten Sie zunächst das folgende Beispiel.

Beispiel 15.6.1

Bestimmen Sie alle möglichen Lösungen des Gleichungssystems

$$2x_2 - x_3 = -7$$
$$x_1 + x_2 + 3x_3 = 2 \qquad \text{(i)}$$
$$-3x_1 + 2x_2 + 2x_3 = -10$$

Lösung: Die Idee ist, das Gleichungssystem so zu modifizieren, dass x_1 nur in der ersten Gleichung erscheint, dass dann x_2 nur in der ersten und zweiten Gleichung auftaucht und dass schließlich x_3 allein in der dritten Gleichung bleibt. Und wir müssen sicherstellen, dass das modifizierte Gleichungssystem genau dieselben Lösungen hat wie das ursprüngliche Gleichungssystemssystem. Wir beginnen mit dem Vertauschen der beiden ersten Gleichungen, was sicherlich nicht die Lösungsmenge verändern wird. Wir erhalten

$$x_1 + x_2 + 3x_3 = 2$$
$$2x_2 - x_3 = -7 \qquad \text{(ii)}$$
$$-3x_1 + 2x_2 + 2x_3 = -10$$

Damit taucht x_1 in der zweiten Gleichung nicht auf. Der nächste Schritt ist es die erste Gleichung in (ii) zu benutzen, um x_1 aus der dritten Gleichung zu eliminieren. Dies wird erreicht, wenn wir das Dreifache der ersten Gleichung zur letzten Gleichung addieren.[8] Dies ergibt

$$x_1 + x_2 + 3x_3 = 2$$
$$2x_2 - x_3 = -7 \qquad \text{(iii)}$$
$$5x_2 + 11x_3 = -4$$

Nachdem wir x_1 aus den beiden letzten Gleichungen eliminiert haben, ist der nächste Schritt in dem systematischen Vorgehen, die zweite Gleichung in (iii) mit $1/2$ zu multiplizieren, so dass der Koeffizient von x_2 zu 1 wird. Damit haben wir

$$x_1 + x_2 + 3x_3 = 2$$
$$x_2 - \frac{1}{2}x_3 = -\frac{7}{2} \qquad \text{(iv)}$$
$$5x_2 + 11x_3 = -4$$

Als Nächstes eliminieren wir x_2 aus der letzten Gleichung, indem wir die zweite Gleichung mit -5 multiplizieren und das Resultat zu der letzten Gleichung addieren

---

[8] Man erhält dasselbe Resultat, wenn man die erste Gleichung nach x_1 auflöst, was $x_1 = -x_2 - 3x_3 + 2$ ergibt, und dann dies in die letzte Gleichung einsetzt.

Dies ergibt

$$
\begin{aligned}
x_1 + x_2 + \ 3x_3 &= \ \ 2 \\
x_2 - \ \tfrac{1}{2}x_3 &= -\tfrac{7}{2} \\
\tfrac{27}{2}x_3 &= \ \ \tfrac{27}{2}
\end{aligned}
\qquad\text{(v)}
$$

Schließlich multiplizieren wir die letzte Gleichung mit $\frac{2}{27}$ und erhalten $x_3 = 1$. Jetzt können die zwei anderen Unbekannten leicht durch "Rückwärtseinsetzen" gefunden werden: Einsetzen von $x_3 = 1$ in die zweite Gleichung in (v) ergibt $x_2 = -3$ und die erste Gleichung in (v) ergibt folglich $x_1 = 2$. Deshalb ist die einzige Lösung des gegebenen Gleichungssystems $(x_1, x_2, x_3) = (2, -3, 1)$.

Unser Eliminationsverfahren hat eine „Treppenstufenform" im System (v) erzeugt mit x_1, x_2 und x_3 als *führenden Einträgen*. In Matrizennotation haben wir

$$
\begin{pmatrix} 1 & 1 & 3 \\ 0 & 1 & -\tfrac{1}{2} \\ 0 & 0 & 1 \end{pmatrix}
\begin{pmatrix} x_1 \\ x_2 \\ x_3 \end{pmatrix}
=
\begin{pmatrix} 2 \\ -\tfrac{7}{2} \\ 1 \end{pmatrix}
$$

Die Koeffizientenmatrix auf der linken Seite ist eine *obere Dreiecksmatrix*, da alle Elemente unterhalb der Hauptdiagonalen 0 sind. Ferner sind alle Diagonalelemente gleich 1.

Die in diesem Beispiel illustrierte Lösungsmethode wird **Gauß'sche Elimination** genannt–oder manchmal auch Gauß-Jordan-Methode. Die Operationen, die auf das gegebene Gleichungssystem angewendet wurden, um zu dem System (v) zu gelangen, werden **elementare Zeilenoperationen** genannt. Diese kommen in drei verschiedenen Arten vor:

1. Vertauschen eines Paares von Zeilen wie in dem Schritt von (i) nach (ii) in der obigen Lösung. Dies wird angezeigt durch einen geeigneten beidseitigen Pfeil, der die zwei Zeilen verbindet.

2. Multiplizieren einer Zeile mit einem Skalar, wie in den Schritten von (iii) nach (iv) in der obigen Lösung. Dies wird angezeigt, indem man den skalaren Multiplikator neben die entsprechende Zeile schreibt.

3. Addieren eines Vielfachen einer Zeile zu einer anderen Zeile, wie in den Schritten von (ii) nach (iii) und von (iv) nach (v) in der obigen Lösung. Dies wird angezeigt, indem man den skalaren Multiplikator neben die entsprechende Zeile schreibt und dann einen Pfeil verwendet, der diese Zahl mit der anderen Zeile verbindet.

Manchmal werden die elementaren Zeilenoperationen fortgesetzt, bis wir auch Nullen oberhalb der führenden Einträge erhalten haben. In dem obigen Beispiel erfordert dies drei weitere Operationen vom Typ 3. Die erste ist wie hier angezeigt wird:

$$
\begin{aligned}
x_1 + x_2 + 3x_3 &= \ \ 2 \\
x_2 - \tfrac{1}{2}x_3 &= -\tfrac{7}{2} \quad -1 \\
x_3 &= \ \ 1
\end{aligned}
\qquad\text{(15.6.1)}
$$

Dies führt zu:

$$
\begin{aligned}
x_1 \quad &+ \tfrac{7}{2}x_3 = \tfrac{11}{2} \\
x_2 &- \tfrac{1}{2}x_3 = -\tfrac{7}{2} \\
&\quad\ x_3 = \ 1 \qquad \tfrac{1}{2} \quad -\tfrac{7}{2}
\end{aligned}
\qquad (15.6.2)
$$

Die obige Darstellung zeigt die nächsten *zwei* Operationen an, die die Zeilen 1 bzw. 2 betreffen. Das Resultat ist das einfache Gleichungssystem $x_1 = 2$, $x_2 = -3$ und $x_3 = 1$.

Wir wollen diese Methode auf ein anderes Beispiel anwenden.

Beispiel 15.6.2

Bestimmen Sie alle möglichen Lösungen des folgenden Gleichungssystems:

$$
\begin{aligned}
x_1 + 3x_2 - x_3 &= 4 \\
2x_1 + x_2 + x_3 &= 7 \\
2x_1 - 4x_2 + 4x_3 &= 6 \\
3x_1 + 4x_2 &= 11
\end{aligned}
$$

Lösung: Wir beginnen mit drei Operationen, um x_1 aus den Gleichungen 2, 3 und 4 zu entfernen:

$$
\begin{aligned}
x_1 + 3x_2 - x_3 &= 4 \qquad -2 \quad -2 \quad -3 \\
2x_1 + x_2 + x_3 &= 7 \\
2x_1 - 4x_2 + 4x_3 &= 6 \\
3x_1 + 4x_2 &= 11
\end{aligned}
$$

Das Resultat ist:

$$
\begin{aligned}
x_1 + 3x_2 - x_3 &= 4 \\
-5x_2 - 3x_3 &= -1 \qquad \times(-\tfrac{1}{5}) \\
-10x_2 - 6x_3 &= -2 \\
-5x_2 - 3x_3 &= -1
\end{aligned}
$$

Dabei haben wir auch die nächsten Operationen angezeigt, nämlich Multiplikation der Zeile 2 mit $-\dfrac{1}{5}$. Weitere Operationen an dem Resultat führen zu

$$
\begin{aligned}
x_1 + 3x_2 - x_3 &= 4 \\
x_2 - \tfrac{3}{5}x_3 &= \tfrac{1}{5} \qquad 10 \quad 5 \\
-10x_2 + 6x_3 &= -2 \\
-5x_2 + 3x_3 &= -1
\end{aligned}
$$

und dann

$$
\begin{aligned}
x_1 + 3x_2 - x_3 &= 4 \\
x_2 - \tfrac{3}{5}x_3 &= \tfrac{1}{5} \qquad -3 \\
0 &= 0 \\
0 &= 0
\end{aligned}
$$

Wir haben jetzt Treppenstufenform erreicht. Die zwei letzten Gleichungen sind überflüssig, so dass wir sie weglassen, während wir eine weitere Zeilenoperation durchführen, um eine Null oberhalb des führenden Eintrags x_2 zu erhalten:

$$
\begin{aligned}
x_1 \quad + \tfrac{4}{5}x_3 &= \tfrac{17}{5} \\
x_2 - \tfrac{3}{5}x_3 &= \tfrac{1}{5}
\end{aligned}
$$

oder äquivalent:

$$
\begin{aligned}
x_1 &= -\tfrac{4}{5}x_3 + \tfrac{17}{5} \\
x_2 &= \tfrac{3}{5}x_3 + \tfrac{1}{5}
\end{aligned}
\tag{$*$}
$$

Offensichtlich kann x_3 frei gewählt werden. Danach sind dann x_1 und x_2 eindeutig bestimmt durch $(*)$. Indem wir $x_3 = t$ setzen, können wir die Lösung so darstellen:

$$
(x_1, x_2, x_3) = \left(-\tfrac{4}{5}t + \tfrac{17}{5}, \ \tfrac{3}{5}t + \tfrac{1}{5}, \ t\right), \quad \text{wobei } t \text{ eine beliebige reelle Zahl ist}
$$

Wenn wir der Terminologie aus Kap. 12.10 folgen, sagen wir, dass die Lösungsmenge des Gleichungssystems *einen Freiheitsgrad* hat, da eine der Variablen frei gewählt werden kann. Wenn dieser Variablen ein fester Wert gegeben wird, dann sind die zwei anderen Variablen eindeutig bestimmt.

Gauß'sches Eliminationsverfahren

Um ein lineares Gleichungssystem zu lösen, gehen sie wie folgt vor:

(i)   Erzeugen Sie eine Treppenstufenform mit 1 als Koeffizienten für jeden von Null verschiedenen führenden Eintrag.

(ii)   Erzeugen Sie Nullen über jedem führenden Eintrag.

(iii) Man erhält die allgemeine Lösung, indem man die Unbekannten, die als führende Einträge auftreten durch diejenigen Unbekannten ausdrückt, die nicht als führende Einträge auftreten. Die letzteren Unbekannten, wenn es welche gibt, können frei gewählt werden. Die Anzahl der Unbekannten, die frei gewählt werden können, möglicherweise gibt es keine, ist gleich der Anzahl der **Freiheitsgrade**.

Die Beschreibung dieses Rezepts nimmt an, dass das Gleichungssystem Lösungen hat. Das Gauß'sche Eliminationsverfahren kann jedoch auch benutzt werden, um zu zeigen, dass ein lineares Gleichungssystem inkonsistent ist – d. h. dass es keine Lösung hat. Bevor wir Ihnen ein Beispiel dafür zeigen, wollen wir eine Notation einführen, die den erforderlichen Schreibaufwand erheblich reduziert. Wenn wir auf die letzten zwei Beispiele zurückschauen, bemerken wir, dass wir nur die Koeffizienten des Gleichungssystems zu kennen brauchen und den Vektor der rechten Seiten, während die Variablen nur dazu dienen, anzudeuten, zu welcher Spalte die verschiedenen Koeffizienten gehören. Daher kann Beispiel 15.6.2 dargestellt werden durch die *erweiterten Koeffizientenmatrizen*, wobei jede den zugehörigen Vektor der rechten Seiten als zusätzliche Spalte hat:

$$\begin{pmatrix} 1 & 3 & -1 & 4 \\ 2 & 1 & 1 & 7 \\ 2 & -4 & 4 & 6 \\ 3 & 4 & 0 & 11 \end{pmatrix} \begin{matrix} -2 & -2 & -3 \end{matrix} \sim \begin{pmatrix} 1 & 3 & -1 & 4 \\ 0 & -5 & 3 & -1 \\ 0 & -10 & 6 & -2 \\ 0 & -5 & 3 & -1 \end{pmatrix} \times (-\tfrac{1}{5})$$

$$\sim \begin{pmatrix} 1 & 3 & -1 & 4 \\ 0 & 1 & -\tfrac{3}{5} & \tfrac{1}{5} \\ 0 & -10 & 6 & -2 \\ 0 & -5 & 3 & -1 \end{pmatrix} \begin{matrix} 10 & 5 \end{matrix} \sim \begin{pmatrix} 1 & 3 & -1 & 4 \\ 0 & 1 & -\tfrac{3}{5} & \tfrac{1}{5} \\ 0 & 0 & 0 & 0 \\ 0 & 0 & 0 & 0 \end{pmatrix} -3$$

$$\sim \begin{pmatrix} 1 & 0 & \tfrac{4}{5} & \tfrac{17}{5} \\ 0 & 1 & -\tfrac{3}{5} & \tfrac{1}{5} \\ 0 & 0 & 0 & 0 \\ 0 & 0 & 0 & 0 \end{pmatrix}$$

Wir haben *elementare Zeilenoperationen* auf die verschiedenen 4 × 4 Matrizen ange-wendet und wir haben das Äquivalenzsymbol $\sim$ zwischen zwei Matrizen geschrieben, wenn die letztere durch elementare Operationen auf die erste erhalten wurde. Dies ist gerechtfertigt, da solche Operationen immer ein äquivalentes Gleichungssystem er-zeugen. Beachten Sie sorgsam, wie das Gleichungssystem in Beispiel 15.6.2 durch die erste Matrix dargestellt wird und wie die letzte Matrix das System $x_1 + \tfrac{4}{5}x_3 = \tfrac{17}{5}$ und $x_2 - \tfrac{3}{5}x_3 = \tfrac{1}{5}$ darstellt.

Beispiel 15.6.3

Für welche Werte der Zahlen a, b und c hat das folgende Gleichungssystem Lösungen? Bestimmen Sie die Lösungen, wenn sie existieren.

$$x_1 - 2x_2 + x_3 + 2x_4 = a$$
$$x_1 + x_2 - x_3 + x_4 = b$$
$$x_1 + 7x_2 - 5x_3 - x_4 = c$$

Lösung: Wir stellen das Gleichungssystem durch seine erweiterte Koeffizientenmatrix dar, führen dann elementare Zeilenoperationen durch, wie sie von der Gauß'schen Eliminationsmethode verlangt werden:

$$\begin{pmatrix} 1 & -2 & 2 & 2 & a \\ 1 & 1 & -1 & 1 & b \\ 1 & 7 & -5 & -1 & c \end{pmatrix} \begin{matrix} -1 & -1 \end{matrix} \sim \begin{pmatrix} 1 & -2 & 1 & 2 & a \\ 0 & 3 & -2 & -1 & b-a \\ 0 & 9 & -6 & -3 & c-a \end{pmatrix} -3$$

$$\sim \begin{pmatrix} 1 & -2 & 1 & 2 & a \\ 0 & 3 & -2 & -1 & b-a \\ 0 & 0 & 0 & 0 & 2a-3b+c \end{pmatrix}$$

Die letzte Zeile repräsentiert die Gleichung $0 \cdot x_1 + 0 \cdot x_2 + 0 \cdot x_3 + 0 \cdot x_4 = 2a - 3b + c$. Das System hat deshalb nur dann Lösungen, wenn $2a - 3b + c = 0$ gilt. In diesem Fall hat die letzte Zeile nur Nullen und wir fahren fort mit elementaren Zeilenoperationen,

bis wir zu der folgenden Matrix kommen

$$\begin{pmatrix} 1 & 0 & -\dfrac{1}{3} & \dfrac{4}{3} & \dfrac{1}{3}(a+2b) \\[2mm] 0 & 1 & -\dfrac{2}{3} & -\dfrac{1}{3} & \dfrac{1}{3}(b-a) \\[2mm] 0 & 0 & 0 & 0 & 0 \end{pmatrix}$$

und damit:

$$x_1 - \frac{1}{3}x_3 + \frac{4}{3}x_4 = \frac{1}{3}(a+2b)$$

$$x_2 - \frac{2}{3}x_3 - \frac{1}{3}x_4 = \frac{1}{3}(b-a)$$

Hier können x_3 und x_4 frei gewählt werden. Sobald sie jedoch gewählt sind, sind x_1 und x_2 eindeutig bestimmte lineare Funktionen von $s = x_3$ und $t = x_4$:

$$x_1 = \tfrac{1}{3}(a+2b) + \tfrac{1}{3}s - \tfrac{4}{3}t$$

$$x_2 = \tfrac{1}{3}(b-a) \;\; + \tfrac{2}{3}s + \tfrac{1}{3}t$$

Dabei sind s und t beliebige reelle Zahlen.

Aufgaben für Kapitel 15.6

1. Lösen Sie die folgenden Gleichungssysteme durch Gauß'sche Elimination.

(a)
$$\begin{aligned} x_1 + \; x_2 &= 3 \\ 3x_1 + 5x_2 &= 5 \end{aligned}$$

(b)
$$\begin{aligned} x_1 + 2x_2 + x_3 &= 4 \\ x_1 - \; x_2 + x_3 &= 5 \\ 2x_1 + 3x_2 - x_3 &= 1 \end{aligned}$$

(c)
$$\begin{aligned} 2x_1 - 3x_2 + x_3 &= 0 \\ x_1 + \; x_2 - x_3 &= 0 \end{aligned}$$

2. Erörtern Sie mögliche Lösungen des folgenden Gleichungssystems für verschiedene Werte von a und b, indem Sie Gauß'sche Elimination verwenden.

$$\begin{aligned} x + \; y - \; z &= 1 \\ x - \; y + 2z &= 2 \\ x + 2y + az &= b \end{aligned}$$

3. Bestimmen Sie diejenigen Werte von c, für die das Gleichungssystem

$$\begin{aligned} 2w + \; x + 4y + 3z &= 1 \\ w + 3x + 2y - \; z &= 3c \\ w + \; x + 2y + \; z &= c^2 \end{aligned}$$

eine Lösung hat und bestimmen Sie für diese Werte von c die vollständige Lösung.

4. Bestimmen Sie die Werte von a, für die das folgende Gleichungssystem eine eindeutige Lösung hat:

$$\begin{aligned} ax + \; y + (a+1)z &= b_1 \\ x + 2y + \qquad z &= b_2 \\ 3x + 4y + \qquad 7z &= b_3 \end{aligned}$$

➡ Fortsetzung

5. Bestimmen Sie alle Lösungen des folgenden Gleichungssystems:

$$\frac{3}{4}x + y + \frac{7}{4}z = b_1$$
$$x + 2y + z = b_2$$
$$3x + 4y + 7z = b_3$$

▶ Lösungen zu den Aufgaben finden Sie im Anhang des Buches.

15.7 Vektoren

Erinnern Sie sich daran, dass eine Matrix mit nur einer Zeile ein **Zeilenvektor** genannt wird und eine Matrix mit nur einer Spalte ein **Spaltenvektor**. Beide werden wir auch als **Vektoren** bezeichnen. Wie schon in Kap. 15.2 bemerkt, werden Vektoren typischerweise mit kleinen fetten Buchstaben bezeichnet. Daher schreiben wir, wenn a ein $1 \times n$ Zeilenvektor ist,

$$a = (a_1, a_2, \ldots, a_n)$$

Dabei werden die Zahlen $a_1, a_2, \ldots, a_n$ die **Komponenten** oder **Koordinaten** des Vektors genannt und a_i ist seine i-te Komponente oder i-te Koordinate.[9] Wenn wir hervorheben wollen, dass ein Vektor n Komponenten hat, bezeichen wir ihn als einen n-**Vektor**. Alternativ sagen wir, wenn a ein n-Vektor ist, dass er die **Dimension n** hat.

Es ist klar, dass der Zeilenvektor $(7, 13, 4)$ und der Spaltenvektor $\begin{pmatrix} 7 \\ 13 \\ 4 \end{pmatrix}$ genau dieselbe Information enthalten – die Zahlen und ihre Reihenfolge sind dieselben, nur die Anordnung der Zahlen ist verschieden. Folgt man den in Kap. 11 dargestellten Ideen, werden beide, der Zeilen- und der Spaltenvektor durch denselben Punkt im dreidimensionalen Raum $\mathbb{R}^3$ dargestellt. Und jeder n-Vektor wird durch einen Punkt im n-dimensionalen Raum $\mathbb{R}^n$ dargestellt.

Operationen auf Vektoren

Da ein Vektoren nur ein spezieller Typ einer Matrix ist, gelten die für Matrizen dargestellten algebraischen Operationen genauso gut auch für Vektoren. Somit haben wir:

(i) Zwei n-Vektoren a und b sind genau dann **gleich**, wenn alle entsprechenden Komponenten gleich sind. Wir schreiben dann $a = b$.

(ii) Wenn a und b zwei n-Vektoren sind, so ist ihre *Summe*, die mit $a + b$ bezeichnet wird, derjenige n-Vektor, den man erhält, wenn man jede Komponente von a zu der entsprechenden Komponente von b addiert.[10]

---

[9] Erinnern Sie sich, wenn wir a als eine Matrix betrachten, dann werden die Komponenten a_1, $\ldots$, a_n als Einträge oder Elemente bezeichnet.

[10] Wenn zwei Vektoren nicht dieselbe Dimension haben, so ist ihre Summe und auch ihre Differenz einfach nicht definiert. Man sollte auch keinen Zeilenvektor zu einen Spaltenvektor addieren, auch dann nicht, wenn sie dieselbe Dimension haben.

(iii) Wenn a ein n-Vektor und t eine reelle Zahl ist, definieren wir ta als denjenigen n-Vektor, dessen Komponenten das t-fache der entsprechenden Komponenten von a sind.

(iv) Die **Differenz** zwischen zwei n-Vektoren a und b ist definiert als $a - b = a + (-1)b$.

Wenn a und b zwei n-Vektoren und t und s reelle Zahlen sind, sagt man, dass der n-Vektor $ta + sb$ eine **Linearkombination** von a und b ist. In Symbolen gilt bei Verwendung von Spaltenvektoren

$$t \begin{pmatrix} a_1 \\ a_2 \\ \vdots \\ a_n \end{pmatrix} + s \begin{pmatrix} b_1 \\ b_2 \\ \vdots \\ b_n \end{pmatrix} = \begin{pmatrix} ta_1 + sb_1 \\ ta_2 + sb_2 \\ \vdots \\ ta_n + sb_n \end{pmatrix}$$

Linearkombinationen findet man sehr häufig in den Wirtschaftswissenschaften: Nehmen Sie an, dass a und b Warenvektoren sind, deren j-te Komponente die Menge der Ware mit der Nummer j ist. Wenn nun t Personen alle denselben Warenvektor a und s Personen alle den Warenvektor b kaufen, dann stellt der Vektor $ta + sb$ den Gesamtwarenvektor dar, der von allen $t + s$ Personen zusammen gekauft wird.

Natürlich sind die Regeln für Matrizenaddition und Multiplikation mit einem Skalar, die wir in Kap. 15.2 gesehen haben, auch auf Vektoren anwendbar.

Das innere Produkt

Betrachten wir vier verschiedene Güter – sagen wir, Äpfel, Bananen, Kirschen und Datteln. Nehmen Sie an, Sie kaufen den Warenvektor $x = (5, 3, 6, 7)$. Dies bedeutet natürlich, dass Sie 5 Einheiten – sagen wir Kilo – der ersten Ware, 3 Kilo der zweiten Ware usw. kaufen. Nehmen Sie an, dass die Preise dieser vier verschieden Waren pro Kilo durch den Preisvektor $p = (4, 5, 3, 8)$ gegeben sind, was bedeutet, dass der Preis pro Kilo des ersten Gutes 4 Euro ist, der Preis pro Kilo des zweiten Gutes ist 5 Euro usw. Dann ist der Gesamtwert des Warenvektors, den Sie kaufen, gleich $4 \cdot 5 + 5 \cdot 3 + 3 \cdot 6 + 8 \cdot 7 = 109$. Das Resultat dieser Operation auf die zwei Vektoren p und x wird oft als $p \cdot x$ bezeichnet und wird das *innere Produkt, Skalarprodukt* oder *Punktprodukt* von p und x genannt. Im Allgemeinen haben wir die folgende Definition, die hier für Zeilenvektoren formuliert ist:

Inneres Produkt

Das innere Produkt der n-Vektoren $a = (a_1, a_2, \ldots, a_n)$ und $b = (b_1, b_2, \ldots, b_n)$ ist definiert als

$$a \cdot b = a_1 b_1 + a_2 b_2 + \cdots + a_n b_n = \sum_{i=1}^{n} a_i b_i \qquad (15.7.1)$$

Beachten Sie, dass das innere Produkt von zwei Vektoren kein Vektor, sondern eine *Zahl* ist. Man erhält es einfach, indem man alle Paare (a_j, b_j), $j = 1, 2, \ldots, n$ der entsprechenden Komponenenten in den zwei Vektoren a und b miteinander multipliziert und dann die Resultate aufaddiert. Beachten Sie, dass $a \cdot b$ *nur dann definiert ist, wenn* a *und* b *beide dieselbe Dimension haben.*

Für den Fall, dass p ein Preisvektor ist, dessen Komponenten in Euro pro Kilo gemessen werden, und x ein Warenvektor ist, dessen Komponenten in Kilo gemessen werden, ist jedes Produkt $p_j x_j$ ein in Euro gemessener Geldbetrag und somit ist es auch das innere Produkt $p \cdot x = \sum_{j=1}^{n} p_j x_j$.

Beispiel 15.7.1

Es sei $a = (1, -2, 3)$ und $b = (-3, 2, 5)$. Berechnen Sie $a \cdot b$.

Lösung: Wir erhalten $a \cdot b = 1 \cdot (-3) + (-2) \cdot 2 + 3 \cdot 5 = 8$.

Beachten Sie, dass entsprechend der Definition des Matrizenprodukts AB, das ij-te Element des Produkts das innere Produkt des i-ten Zeilenvektors von A und des j-ten Spaltenvektors von B ist.

Das innere Produkt ist für je zwei n-Vektoren definiert. Wenn

$$A = \begin{pmatrix} a_1 \\ \vdots \\ a_n \end{pmatrix} \quad \text{und} \quad B = \begin{pmatrix} b_1 \\ \vdots \\ b_n \end{pmatrix}$$

beide $n \times 1$ Matrizen sind, dann ist A' von eine $1 \times n$ Matrix und das Matrizenprodukt $A'B$ ist definiert als eine 1×1 Matrix. In der Tat ist

$$A'B = a_1 b_1 + a_2 b_2 + \cdots + a_n b_n$$

Da 1×1 Matrizen sich genauso wie gewöhnliche Zahlen bezüglich der Addition und Multiplikation verhalten, können wir das innere Produkt von zwei (Spalten-) Vektoren a und b als das Matrizenprodukt $a'b$ auffassen.

In den Wirtschaftswissenschaften ist es üblich, einen typischen Vektor x als einen Spaltenvektor zu betrachten, wenn nichts anderes angegeben wird. Dies gilt besonders dann, wenn es ein Mengen- oder Warenvektor ist. Eine andere allgemeine Konvention ist es, einen Preisvektor als Zeilenvektor aufzufassen, der oft mit p bezeichnet wird. Dann ist px die 1×1 Matrix, deren einziges Element gleich dem inneren Produkt $p \cdot x$ ist.

Es folgen wichtige Regeln für das innere Produkt:

Regeln für das innere Produkt

Falls a, b und c jeweils n-Vektoren sind und α ein Skalar ist, dann gilt

(a) $a \cdot b = b \cdot a$ (b) $a \cdot (b + c) = a \cdot b + a \cdot c$

(c) $(\alpha a) \cdot b = a \cdot (\alpha b) = \alpha(a \cdot b)$ (d) $a \cdot a > 0 \iff a \neq 0$ (15.7.2)

Hier sind die Regeln (a) und (c) einfache Folgerungen aus der Definition, während Regel (b) aus dem Distributivgesetz für die Matrizenmultiplikation (15.4.2) für den Fall an, dass $\boldsymbol{a}$ eine $1 \times n$ Matrix ist, während $\boldsymbol{b}$ und $\boldsymbol{c}$ jeweils $n \times 1$ Matrizen sind. Um Regel (d) zu beweisen, genügt es zu beachten, dass $\boldsymbol{a} \cdot \boldsymbol{a} = a_1^2 + a_2^2 + \cdots + a_n^2$. Dies ist immer nichtnegativ und ist nur Null, wenn alle Komponenten a_i von $\boldsymbol{a}$ gleich 0 sind.

Aufgaben für Kapitel 15.7

1. Berechnen Sie $\boldsymbol{a} + \boldsymbol{b}$, $\boldsymbol{a} - \boldsymbol{b}$, $2\boldsymbol{a} + 3\boldsymbol{b}$ und $-5\boldsymbol{a} + 2\boldsymbol{b}$, wenn $\boldsymbol{a} = \begin{pmatrix} 2 \\ -1 \end{pmatrix}$ und $\boldsymbol{b} = \begin{pmatrix} 3 \\ 4 \end{pmatrix}$ ist.

2. Es sei $\boldsymbol{a} = (1, 2, 2)$, $\boldsymbol{b} = (0, 0, -3)$ und $\boldsymbol{c} = (-2, 4, -3)$. Bestimmen Sie: $\boldsymbol{a} + \boldsymbol{b} + \boldsymbol{c}$, $\boldsymbol{a} - 2\boldsymbol{b} + 2\boldsymbol{c}$, $3\boldsymbol{a} + 2\boldsymbol{b} - 3\boldsymbol{c}$.

3. Bestimmen Sie x, y und z, wenn $3(x, y, z) + 5(-1, 2, 3) = (4, 1, 3)$.

4. Was wissen Sie über die Komponenten von $\boldsymbol{x}$, wenn $\boldsymbol{x} + \boldsymbol{0} = \boldsymbol{0}$ ist?

5. Was wissen Sie über die Komponenten von $\boldsymbol{x}$, wenn $0\boldsymbol{x} = \boldsymbol{0}$ ist?

6. Schreiben Sie den Vektor $(4, -11)$ als Linearkombination von $(2, -1)$ und $(1, 4)$.

7. Lösen Sie die Vektorgleichung $4\boldsymbol{x} - 7\boldsymbol{a} = 2\boldsymbol{x} + 8\boldsymbol{b} - \boldsymbol{a}$ nach $\boldsymbol{x}$ in Termen von $\boldsymbol{a}$ und $\boldsymbol{b}$ auf.

8. Berechnen Sie $\boldsymbol{a} \cdot \boldsymbol{a}$, $\boldsymbol{a} \cdot \boldsymbol{b}$ und $\boldsymbol{a} \cdot (\boldsymbol{a} + \boldsymbol{b})$, und überprüfen Sie, dass $\boldsymbol{a} \cdot \boldsymbol{a} + \boldsymbol{a} \cdot \boldsymbol{b} = \boldsymbol{a} \cdot (\boldsymbol{a} + \boldsymbol{b})$ ist, wenn $\boldsymbol{a}$ und $\boldsymbol{b}$ wie in Aufgabe 1 sind.

9. Für welche Werte von x ist das innere Produkt von $(x, x - 1, 3)$ und $(x, x, 3x)$ gleich 0?

10. Ein Bauunternehmen plant mehrere Häuser von drei verschiedenen Typen zu bauen: fünf vom Typ A, sieben vom Typ B und 12 vom Typ C. Nehmen Sie an, dass für Häuser vom Typ A je 20 Einheiten Holz gebraucht werden, für Typ B je 18 Einheiten und für Typ C je 25 Einheiten

    (a) Schreiben Sie einen 3-dimensionalen Vektor $\boldsymbol{x}$, dessen Koordinaten die Anzahl der Häuser von jedem Typ angeben.

    (b) Schreiben Sie einen Vektor $\boldsymbol{u}$ auf, der die verschiedenen Holzmengen angibt, die für je ein Haus von jedem der drei Typen benötigt werden.

    (c) Bestimmen Sie die Gesamtmenge an Holz, die benötigt wird, indem Sie das innere Produkt $\boldsymbol{u} \cdot \boldsymbol{x}$ berechnen.

11. Ein Unternehmen produziert nichtnegative Outputmengen $z_1, z_2, \ldots, z_n$ von n verschiedenen Gütern und benutzt als Input die nichtnegativen Mengen $x_1, x_2, \ldots, x_n$ derselben n Güter. Definieren Sie für jedes Gut i ($i = 1, \ldots, n$) durch $y_i = z_i - x_i$ den Netto-Output des Gutes i. Es sei p_i der Preis des Gutes i. Sei $\boldsymbol{p} = (p_1, \ldots, p_n)$, $\boldsymbol{x} = (x_1, \ldots, x_n)$ (der **Inputvektor**), $\boldsymbol{y} = (y_1, \ldots, y_n)$ (der **Netto-Outputvektor**) und $\boldsymbol{z} = (z_1, \ldots, z_n)$ (der **Outputvektor**).

    (a) Berechnen Sie die Einnahmen und die Kosten des Unternehmens.

    (b) Zeigen Sie, dass der Gewinn des Unternehmens durch das Skalarprodukt $\boldsymbol{p} \cdot \boldsymbol{y}$ gegeben ist. Was ist, wenn $\boldsymbol{p} \cdot \boldsymbol{y}$ negativ ist?

➡ Fortsetzung

12. Ein Unternehmen produziert das erste von zwei Gütern als seinen Output und benutzt dabei das zweite Gut als Input. Sein Netto-Outputvektor, definiert wie in Aufgabe 11, ist $\begin{pmatrix} 2 \\ -1 \end{pmatrix}$. Der Preisvektor ist $(1, 3)$. Bestimmmen Sie den Inputvektor, den Outputvektor, die Kosten, die Einnahmen, den Wert des Netto-Outputs und den Gewinn oder Verlust des Unternehmens.

▶ Lösungen zu den Aufgaben finden Sie im Anhang des Buches.

15.8 Geometrische Interpretation von Vektoren

Vektoren sind im Gegensatz zu Matrizen leicht geometrisch zu interpretieren. Tatsächlich ist das Wort „Vektor" vom Ursprung her aus dem Lateinischen und wurde gebraucht, um beides „Träger" und „Passagier" zu bezeichnen. Insbesondere steht das Wort in Beziehung zu dem Vorgang, eine Person oder ein Objekt von einem Ort zu einem anderen zu transportieren. Diesbezüglich denkt ein Biologe bei einem Vektor an den Träger einer Krankheit, wie es Mosquitos für Malaria sind.

In der xy-Ebene kann jede Verschiebung durch den Abstand a_1, der in x-Richtung zurückgelegt wurde und durch den Abstand a_2, der in y-Richtung zurückgelegt wurde, beschrieben werden. Eine Bewegung in der Ebene ist damit eindeutig beschrieben durch ein geordnetes Paar oder einen 2-Vektor (a_1, a_2). Geometrisch kann solch eine Bewegung durch einen Pfeil vom Startpunkt P zum Endpunkt Q beschrieben werden, wie in Abb. 15.8.1 gezeigt wird. Wenn wir den Pfeil parallel verschieben, so dass er in P' beginnt und in Q' endet, beschreibt der resultierende Pfeil genau dieselbe Bewegung, da die x- und y-Komponenten immer noch a_1 bzw. a_2 sind. Der Vektor von P nach Q wird mit $\overrightarrow{PQ}$ bezeichnet und wir bezeichnen ihn als einen **geometrischen Vektor** oder eine *gerichtete Strecke*. Zwei geometrische Vektoren, die dieselbe Richtung und dieselbe Länge haben, werden als gleich bezeichnet (fast in derselben Weise wie die zwei Brüche 2/6 und 1/3 gleich sind, weil sie dieselbe Zahl bezeichnen).

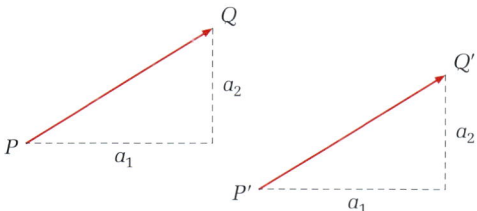

Abbildung 15.8.1: Vektoren als Bewegungen in der Ebene

Nehmen Sie an, dass der geometrische Vektor $\boldsymbol{a}$ eine Bewegung von $P = (p_1, p_2)$ nach $Q = (q_1, q_2)$ bewirkt. Dann ist das Paar (a_1, a_2), das die Bewegung in der x- bzw y-Richtung beschreibt, gegeben durch $a_1 = q_1 - p_1$, $a_2 = q_2 - p_2$ oder durch $(a_1, a_2) = (q_1, q_2) - (p_1, p_2)$. Dies wird in Abb. 15.8.2 illustriert. Wenn andererseits das Paar (a_1, a_2) gegeben ist, dann erhält man die entsprechende Verschiebung, wenn man sich a_1 Einheiten in Richtung der x-Achse bewegt sowie a_2 Einheiten in Richtung der y-

Achse. Wenn wir im Punkt $P = (p_1, p_2)$ starten, dann kommen wir im Punkt Q mit den Koordinaten $(q_1, q_2) = (p_1 + a_1, p_2 + a_2)$ an, wie auch in Abb. 15.8.2 gezeigt wird.

Diese Korrespondenz macht es nur zu einer Frage der Bequemlichkeit, ob wir bei einem Vektor an ein geordnetes Paar von Zahlen (a_1, a_2) oder an eine gerichtete Strecke wie $\overrightarrow{PQ}$ in Abb. 15.8.2 denken.

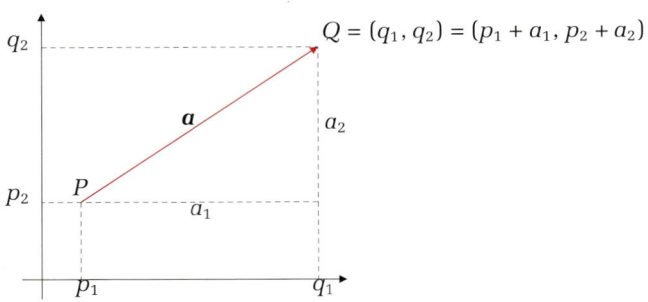

Abbildung 15.8.2: Vektoren als geordnete Paare

Vektoroperationen

Wenn wir Vektoren durch gerichtete Streckenabschnitte darstellen, kann man den Vektoroperationen $a + b$, $a - b$ und ta interessante geometrische Interpretationen geben. Lassen Sie $a = (a_1, a_2)$ und $b = (b_1, b_2)$ beide im Ursprung $(0, 0)$ des Koordinatensystems beginnen.

Die in Abb. 15.8.3 gezeigte Summe $a + b$ ist die Diagonale in dem durch die Seiten a und b bestimmten Parallelogramm. Der geometrische Grund dafür kann in Abb. 15.8.4 gesehen werden, in der die beiden rechtwinkligen Dreiecke OSR und PTQ kongruent sind. Daher ist OR parallel zu PQ und hat dieselbe Länge, so dass $OPQR$ ein Parallelogramm ist.[11] Das Parallelogramm-Gesetz der Addition wird auch in Abb. 15.8.5 illustriert. Eine Möglichkeit der Interpretation dieser Abbildung ist die folgende: Wenn a Sie von O nach P und b Sie von P nach Q bringt, dann bringt Sie die kombinierte Bewegung $a + b$ von O nach Q. Ferner wieder mit Blick auf Abb. 15.8.4, bringt b Sie von O nach R, während a Sie von R nach Q bringt. Somit bringt Sie die kombinierte Bewegung $b + a$ von O nach Q. Dies zeigt natürlich, dass $a + b = b + a$.
Abb. 15.8.6 enthält eine geometrische Interpretation des Vektors $a - b$. Beachten Sie sorgsam die Richtung des geometrischen Vektors $a - b$. Und beachten Sie weiter, dass $b + (a - b) = a = (a - b) + b$ ist.

Die geometrische Interpretation von ta, wobei t eine reelle Zahl ist, ist auch unmittelbar einleuchtend. Wenn $t > 0$ ist, dann ist ta der Vektor mit derselben Richtung wie a und dessen Länge das t-fache der Länge von a beträgt. Falls $t < 0$ ist, ist die Richtung entgegengesetzt und die Länge wird mit dem Absolutbetrag von t multipliziert. In der Tat ist die Multiplikation mit t wie eine Umskalierung des Vektors a. Deshalb wird die Zahl t oft **Skalar** genannt.

---

[11] Dieses Parallelogramm-Gesetz der Addition von Vektoren wird denjenigen vertraut sein, die Physik studiert haben. Wenn a und b zwei Kräfte darstellen, die auf ein Teilchen in O wirken, dann wird die alleinige kombinierte Kraft $a + b$, die auf dasselbe Teilchen einwirkt, dasselbe Resultat hevorrufen.

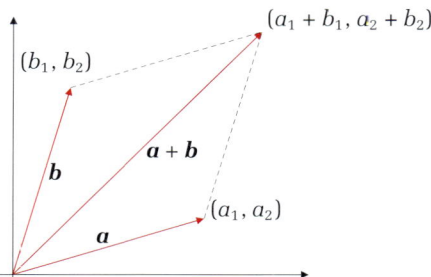

Abbildung 15.8.3: Vektoraddition

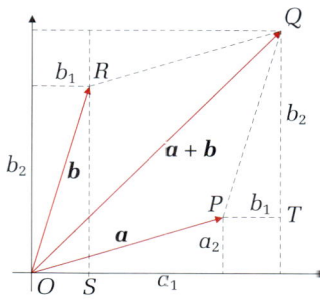

Abbildung 15.8.4: Geometrie der Vektoraddition

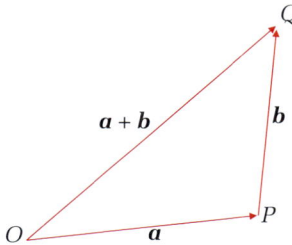

Abbildung 15.8.5: Vektoraddition

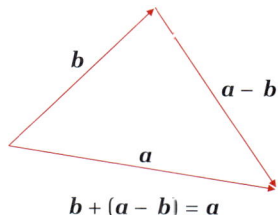

Abbildung 15.8.6: Vektorsubtraktion

3- und n-dimensionaler Raum

Die Ebene wird oft auch der 2-dimensionale Raum genannt und mit $\mathbb{R}^2$ bezeichnet. Wir stellen einen Punkt oder einen Vektor in der Ebene durch ein Paar reeller Zahlen dar, indem wir zwei gegenseitig orthogonale Koordinatenachsen verwenden. In einer ähnlichen Weise kann jeder Punkt oder Vektor im 3-dimensionalen Raum $\mathbb{R}^3$ durch ein Tripel von reellen Zahlen dargestellt werden, indem man drei gegenseitig orthogonale Koordinatenachsen verwendet, wie in Kap. 11.3 erklärt wurde. Jeder 3-Vektor (a_1, a_2, a_3) kann in einer offensichtlichen Weise als ein geometrischer Vektor oder eine Bewegung im 3-dimensionalen Raum $\mathbb{R}^3$ betrachtet werden. Wie bei geordneten Paaren in der Ebene, gibt es eine natürliche Korrespondenz zwischen geordneten Tripeln (a_1, a_2, a_3) und geometrischen Vektoren, betrachtet als gerichtete Streckenabschnitte. Das Parallelogramm-Gesetz bleibt im $\mathbb{R}^3$ gültig, wie auch die geometrische Interpretation der Multiplikation eines Vektors mit einem Skalar.

Die Menge $\mathbb{R}^n$ aller n-Vektoren wurde in Kap. 11.5 eingeführt. Wenn $n \geq 4$, gibt es keine räumliche Interpretation. Trotzdem wird manchmal noch eine geometrische Sprachweise benutzt, um Eigenschaften des $\mathbb{R}^n$ zu erörtern, weil sich viele Eigenschaften des $\mathbb{R}^2$ und $\mathbb{R}^3$ auf den $\mathbb{R}^n$ übertragen lassen. Insbesondere bleiben die Regeln für die Addition, Subtraktion und skalare Multiplikation von Vektoren genau dieselben.

Länge von Vektoren und die Cauchy-Schwarz-Ungleichung

Wenn $a = (a_1, a_2, \ldots, a_n)$, definieren wir die **Länge**, oder **Norm**, des Vektors a, die wir mit $\|a\|$ bezeichnen, als $\|a\| = \sqrt{a \cdot a}$ oder

$$\|a\| = \sqrt{a_1^2 + a_2^2 + \cdots + a_n^2} \tag{15.8.1}$$

Nach (15.8.1) ist $\|a\|$ die Entfernung des Ursprungs $(0, 0, \ldots, 0)$ von $(a_1, a_2, \ldots, a_n)$. In Aufgabe 4.6.9 wurden Sie aufgefordert die berühmte **Cauchy–Schwarz–Ungleichung** zu beweisen. Wenn wir die jetzt eingeführte Notation verwenden, kann die Ungleichung so ausgedrückt werden $(a \cdot b)^2 \leq \|a\|^2 \|b\|^2$ oder äquivalent als

$$|a \cdot b| \leq \|a\| \cdot \|b\| \tag{15.8.2}$$

Beispiel 15.8.1

Überprüfen Sie die Cauchy-Schwarz-Ungleichung für die zwei Vektoren $a = (1, -2, 3)$ und $b = (-3, 2, 5)$.

Lösung: Wir erhalten

$$\|a\| = \sqrt{1^2 + (-2)^2 + 3^2} = \sqrt{14} \quad \text{und} \quad \|b\| = \sqrt{(-3)^2 + 2^2 + 5^2} = \sqrt{38}$$

In Beispiel 15.7.1 haben wir für das innere Produkt dieser Vektoren den Wert 8 erhalten. Somit besagt Ungleichung (15.8.2), dass $8 \leq \sqrt{14}\sqrt{38}$, was mit Sicherheit wahr ist, denn es gilt $\sqrt{14} > 3$ und $\sqrt{38} > 6$.

Orthogonalität

Betrachten Sie Abb. 15.8.7, in der drei Vektoren a, b und $a - b$ in $\mathbb{R}^2$ oder $\mathbb{R}^3$ dargestellt sind.

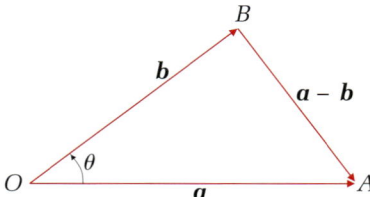

Abbildung 15.8.7: Der Winkel zwischen a und b

Nach dem Satz von Pythagoras ist der Winkel θ zwischen den zwei Vektoren a und b genau dann ein rechter Winkel von $90°$, wenn $(OA)^2 + (OB)^2 = (AB)^2$ oder $\|a\|^2 + \|b\|^2 = \|a - b\|^2$. Dies impliziert, dass $\theta = 90°$ genau dann gilt, wenn

$$a \cdot a + b \cdot b = (a - b) \cdot (a - b) = a \cdot a - a \cdot b - b \cdot a + b \cdot b \tag{$*$}$$

Da $a \cdot b = b \cdot a$, verlangt Gleichung (∗), dass $2a \cdot b = 0$ und somit $a \cdot b = 0$. Wenn der Winkel zwischen zwei Vektoren a und b gleich 90° ist, sagt man, dass die Vektoren **orthogonal** sind und wir schreiben $a \perp b$. Damit haben wir bewiesen, dass zwei Vektoren im $\mathbb{R}^2$ oder $\mathbb{R}^3$ genau dann orthogonal sind, wenn ihr inneres Produkt gleich 0 ist. In Symbolen:

$$a \perp b \quad \Longleftrightarrow \quad a \cdot b = 0 \qquad (15.8.3)$$

Für Paare von Vektoren im $\mathbb{R}^n$ *definieren* wir Orthogonalität zwischen a und b durch (15.8.3).

Seien a und b zwei vom Nullvektor verschiedene Vektoren im $\mathbb{R}^n$. Indem wir etwas elementare Trigonometrie verwenden, definieren wir den *Winkel* θ zwischen ihnen durch

$$\cos \theta = \frac{a \cdot b}{\|a\| \cdot \|b\|} \qquad (15.8.4)$$

mit $\theta \in [0, \pi]$. Diese Definition ist sinnvoll, da die Cauchy-Schwarz-Ungleichung impliziert, dass die rechte Seite einen Absolutwert ≤ 1 hat. Beachten Sie außerdem, dass nach (15.8.4) gilt: $\cos \theta = 0$ genau dann, wenn $a \cdot b = 0$. Dies stimmt mit (15.8.3) überein, da für $\theta \in [0, \pi]$ gilt $\cos \theta = 0$ genau dann, wenn $\theta = \pi/2$ ist.

Beispiel 15.8.2

Nehmen Sie an, wir beobachten wiederholt Preis und Nachfrage nach einem Gut. Nach n Beobachtungen haben wir die n Paare $(p_1, d_1), (p_2, d_2), \ldots, (p_n, d_n)$, wobei p_i den Preis bezeichnet und d_i ist die Nachfrage bei der Beobachtung i für $i = 1, 2, \ldots, n$. Definieren Sie die statistischen Mittelwerte

$$\bar{p} = \frac{1}{n} \sum_{i=1}^{n} p_i \quad \text{und} \quad \bar{d} = \frac{1}{n} \sum_{i=1}^{n} d_i$$

und schreiben Sie die Abweichungen von diesen Mittelwerten als die Vektoren

$$a = (p_1 - \bar{p}, p_2 - \bar{p}, \ldots, p_n - \bar{p}), \quad b = (d_1 - \bar{d}, d_2 - \bar{d}, \ldots, d_n - \bar{d})$$

In der Statistik wird der Quotient $\cos \theta$, wie er in (15.8.4) definiert ist, der **Korrelationskoeffizient** genannt und oft mit ϱ bezeichnet. Es ist ein Maß des Grades der „Korrelation" zwischen den Preisen und den nachgefragten Mengen in den Daten. Wenn $\varrho = 1$ ist, gibt es eine positive Konstante $\alpha > 0$, so dass $d_i - \bar{d} = \alpha(p_i - \bar{p})$. Dies impliziert, dass Nachfrage und Preis *vollständig korreliert* sind. Es ist jedoch plausibler, dass $\varrho = -1$ ist, da diese Beziehung für ein $\alpha < 0$ gilt. Allgemein gilt: Für $\varrho > 0$ sind die Variablen *positiv korreliert*, während für $\varrho < 0$ die Variablen *negativ korreliert* sind und für $\varrho = 0$ sind sie *unkorreliert*.

Beispiel 15.8.3

(Orthogonalität in der Ökonometrie) In Beispiel 13.4.4 über lineare Regression wurden die Regressionskoeffizienten α und β so gewählt, dass sie die Verlustfunktion des *mittleren quadratischen Fehlers*

$$L(\alpha, \beta) = \frac{1}{T} \sum_{t=1}^{T} e_t^2 = \frac{1}{T} \sum_{t=1}^{T} (y_t - \alpha - \beta x_t)^2$$

minimieren. Dies ergab, dass man $\hat{\alpha} = \mu_y - (\sigma_{xy}/\sigma_{xx})\mu_x$ und $\hat{\beta} = \sigma_{xy}/\sigma_{xx}$ wählen muss, wobei μ_x und μ_y die Mittelwerte von x_t bzw. y_t bezeichnen, während σ_{xx} die Varianz von x_t und σ_{xy} die Kovarianz von x_t und y_t ist. Die resultierenden Fehler sind dann $\hat{e}_t = y_t - \hat{\alpha} - \hat{\beta}x_t = y_t - \mu_y - (\sigma_{xy}/\sigma_{xx})(x_t - \mu_x)$. Nach Definition von μ_x und μ_y hat man

$$\frac{1}{T}\sum_{t=1}^{T}\hat{e}_t = 0 \tag{$*$}$$

Außerdem ist

$$\frac{1}{T}\sum_{t=1}^{T}\hat{e}_t x_t = \frac{1}{T}\sum_{t=1}^{T}x_t y_t - \mu_x\mu_y - \frac{\sigma_{xy}}{\sigma_{xx}}\left(\frac{1}{T}\sum_{t=1}^{T}x_t^2 - \mu_x^2\right) = \sigma_{xy} - \frac{\sigma_{xy}}{\sigma_{xx}}\sigma_{xx} = 0 \tag{$**$}$$

Wir definieren die Vektoren $\mathbf{1} = (1, 1 \ldots, 1)$, $\mathbf{x} = (x_1, \ldots, x_T)$ und $\hat{\mathbf{e}} = (\hat{e}_1, \ldots, \hat{e}_T)$. Dann zeigt Gleichung $(*)$, dass das innere Produkt von $\hat{\mathbf{e}}$ und $\mathbf{1}$ gleich 0 ist. Ferner zeigt Gleichung $(**)$, dass das innere Produkt von $\hat{\mathbf{e}}$ und $\mathbf{x}$ gleich 0 ist.

Beachten Sie, dass $L(\alpha, \beta) = \frac{1}{T}\|\mathbf{y} - \alpha\mathbf{1} - \beta\mathbf{x}\|^2$ ist. Geometrisch werden die Skalare $\hat{\alpha}$ und $\hat{\beta}$ so gewählt, dass der Vektor $\hat{\mathbf{y}} = \hat{\alpha}\mathbf{1} + \hat{\beta}\mathbf{x}$ in der Ebene[12], die die Vektoren $\mathbf{0}$, $\mathbf{1}$ und $\mathbf{x}$ enthält, so nah wie möglich an $\mathbf{y}$ im T-dimensionalen Raum $\mathbb{R}^T$ ist. Dies verlangt, dass der Vektor $\mathbf{y} - \hat{\mathbf{y}} = \hat{\mathbf{e}}$ orthogonal zu $\mathbf{1}$ und $\mathbf{x}$ sein muss und zu jedem anderen Vektor $\alpha\mathbf{1} + \beta\mathbf{x}$ in dieser Ebene. Dementsprechend wird $\hat{\mathbf{y}}$ die **orthogonale Projektion** von $\mathbf{y}$ auf diese Ebene genannt.

Aufgaben für Kapitel 15.8

1. Es sei $\mathbf{a} = (5, -1)$ und $\mathbf{b} = (-2, 4)$. Berechnen Sie $\mathbf{a} + \mathbf{b}$ und $-\frac{1}{2}\mathbf{a}$ und illustrieren Sie dies mit geometrischen Vektoren, die im Ursprung beginnen.

2. Es sei $\mathbf{a} = (3, 1)$ und $\mathbf{b} = (-1, 2)$. Definieren Sie $\mathbf{x} = \lambda\mathbf{a} + (1 - \lambda)\mathbf{b}$.

   (a) Berechnen Sie $\mathbf{x}$, wenn $\lambda = 0, 1/4, 1/2, 3/4$ und 1 ist. Illustrieren Sie die Antworten.

   (b) Sei $\lambda \in [0, 1]$. Welche Punktmenge durchläuft dann $\mathbf{x} = \lambda\mathbf{a} + (1 - \lambda)\mathbf{b}$?

   (c) Zeigen Sie: Wenn λ in $\mathbb{R}$, dann durchläuft $\mathbf{x}$ die gesamte Gerade durch $(3, 1)$ und $(-1, 2)$.

3. Sei $\mathbf{a} = (1, 2, 2)$, $\mathbf{b} = (0, 0, -3)$ und $\mathbf{c} = (-2, 4, -3)$. Berechnen Sie $\|\mathbf{a}\|$, $\|\mathbf{b}\|$ und $\|\mathbf{c}\|$ und verifizieren Sie, dass die Cauchy-Schwarz-Ungleichung (15.8.2) für $\mathbf{a}$ und $\mathbf{b}$ gilt.

4. Sei $\mathbf{a} = (1, 2, 1)$ und $\mathbf{b} = (-3, 0, -2)$.

   (a) Bestimmen Sie Zahlen x_1 und x_2, so dass $x_1\mathbf{a} + x_2\mathbf{b} = (5, 4, 4)$.

   (b) Zeigen Sie, dass es keine reellen Zahlen x_1 und x_2 gibt mit $x_1\mathbf{a} + x_2\mathbf{b} = (-3, 6, 1)$.

5. Überprüfen Sie, welche dieser Paare von Vektoren orthogonal sind:

   (a) $(1, 2)$ und $(-2, 1)$ (b) $(1, -1, 1)$ und $(-1, 1, -1)$ (c) $(a, -b, 1)$ und $(b, a, 0)$

6. Für welche Werte von x sind $(x, -x - 8, x, x)$ und $(x, 1, -2, 1)$ orthogonal?

---

[12] Ebenen werden im nächsten Unterkapitel erörtert.

→ Fortsetzung

Anspruchsvollere Aufgaben

7. Zeigen Sie, dass je zwei verschiedene Spalten einer orthogonalen Matrix, die wie in Aufgabe 15.5.7 definiert ist, orthogonale Vektoren sind, genauso wie auch zwei verschiedene Zeilen.

8. Es seien a und b zwei n-Vektoren. Zeigen Sie die *Dreiecksungleichung*: $\|a + b\| \leq \|a\| + \|b\|$. (*Hinweis:* $\|a + b\|^2 = (a + b) \cdot (a + b)$. Verwenden Sie dann (15.8.2).)

▶ Lösungen zu den Aufgaben finden Sie im Anhang des Buches.

15.9   Geraden und Ebenen

Es seien $a = (a_1, a_2, a_3)$ und $b = (b_1, b_2, b_3)$ zwei verschiedene Vektoren im $\mathbb{R}^3$. Stellen Sie sich darunter Pfeile vom Ursprung zu den Punkten mit den Koordinaten (a_1, a_2, a_3) bzw. (b_1, b_2, b_3) vor. Die Gerade L durch diese zwei Punkte ist in Abb. 15.9.1 dargestellt.

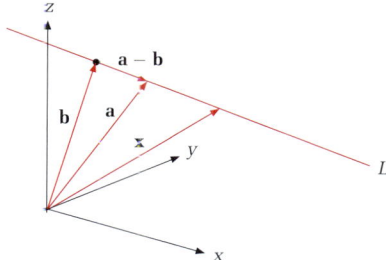

Abbildung 15.9.1: Gerade L geht durch a und b

Sei t eine reelle Zahl und setzen Sie $x = b + t(a - b) = ta + (1 - t)b$. Dann ergibt $t = 0$ den Punkt $x = b$ und $t = 1$ ergibt $x = a$. Wenn t abnimmt, bewegt sich der Punkt x nach links in Abb. 15.9.1; wenn t wächst, bewegt sich x nach rechts. Durch die natürliche Erweiterung von $\mathbb{R}^2$ nach $\mathbb{R}^3$ der geometrischen Regel für die Addition von Vektoren ist der mit x in Abb. 15.9.1 markierte Vektor approximativ $b + 2.5(a - b)$. Wenn t alle reellen Zahlen durchläuft, beschreibt x die ganze Gerade L.

Für $\mathbb{R}^n$ führen wir die folgende Definition ein:

Eine Gerade im n-dimensionalen Raum

Die Gerade L in $\mathbb{R}^n$ durch die zwei verschiedenen Punkte $a = (a_1, \ldots, a_n)$ und $b = (b_1, \ldots, b_n)$ ist die Menge aller Punkte $x = (x_1, \ldots, x_n)$ mit

$$x = ta + (1 - t)b \qquad (15.9.1)$$

für eine reelle Zahl t.

Nach den Definitionen in Kap. 15.7 zu den Vektoroperationen ist Gleichung (15.9.1) äquivalent zu

$$x_1 = ta_1 + (1 - t)b_1, \, x_2 = ta_2 + (1 - t)b_2, \ldots, x_n = ta_n + (1 - t)b_n \qquad (15.9.2)$$

Beispiel 15.9.1

Beschreiben Sie die Gerade im $\mathbb{R}^3$ durch die zwei Punkte $(1, 2, 2)$ und $(-1, -1, 4)$. Wo schneidet sie die $x_1 x_2$-Ebene?

Lösung: Nach (15.9.2) ist die Gerade gegeben durch die Gleichungen:

$$x_1 = t \cdot 1 + (1 - t)(-1) = 2t - 1$$
$$x_2 = t \cdot 2 + (1 - t)(-1) = 3t - 1$$
$$x_3 = t \cdot 2 + (1 - t) \cdot 4 \quad = 4 - 2t$$

Diese Gerade schneidet die $x_1 x_2$-Ebene, wenn $x_3 = 0$ ist. Dann ist $4 - 2t = 0$, so dass $t = 2$ ist. Dies impliziert $x_1 = 3$ und $x_2 = 5$. Es folgt, dass die Gerade die $x_1 x_2$-Ebene in dem Punkt $(3, 5, 0)$ schneidet, wie in Abb. 15.9.2 gezeigt wird. ▬▬▬

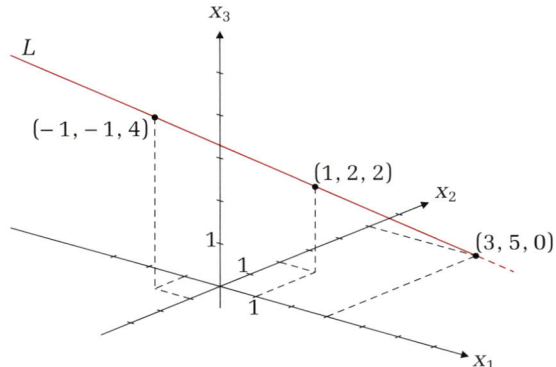

Abbildung 15.9.2: Gerade L geht durch $(1, 2, 2)$ und $(-1, -1, 4)$

Sei $\boldsymbol{p} = (p_1, \ldots, p_n) \in \mathbb{R}^n$. Die Gerade L durch $\boldsymbol{p}$ in derselben Richtung wie der Vektor $\boldsymbol{a} = (a_1, \ldots, a_n)$ ist gegeben durch

$$\boldsymbol{x} = \boldsymbol{p} + t\boldsymbol{a} \qquad (15.9.3)$$

wobei t eine beliebige reelle Zahl ist.

Hyperebenen

Wie in Abb. 15.9.3 gezeigt, ist eine Ebene $\mathscr{P}$ im $\mathbb{R}^3$ definiert durch einen Punkt $\boldsymbol{a} = (a_1, a_2, a_3)$ in der Ebene sowie durch einen Vektor $\boldsymbol{p} = (p_1, p_2, p_3) \neq (0, 0, 0)$, der orthogonal oder rechtwinklig zu jeder Geraden in der Ebene ist. Man sagt dann, dass der Vektor $\boldsymbol{p}$ **Normale** zu der Ebene ist. Somit gilt: Wenn $\boldsymbol{x} = (x_1, x_2, x_3)$ irgendein anderer Punkt als a in $\mathscr{P}$ ist, dann hat der Vektor $x - a$ eine Richtung orthogonal zu p. Deshalb muss das innere Produkt von p und $x - a$ gleich 0 sein, so dass

$$p \cdot (x - a) = 0 \tag{15.9.4}$$

Somit ist (15.9.4) die allgemeine Gleichung einer Ebene im $\mathbb{R}^3$ durch a mit der Normalen $p \neq 0$.

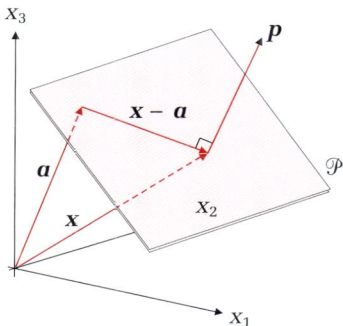

Abbildung 15.9.3: Eine Hyperebene im $\mathbb{R}^3$

Beispiel 15.9.2

Bestimmen Sie die Gleichung der Ebene im $\mathbb{R}^3$ durch den Punkt $a = (2, 1, -1)$ mit $p = (-1, 1, 3)$ als eine Normale. Schneidet die Gerade in Beispiel 15.9.1 diese Ebene?

Lösung: Nach Gleichung (15.9.4) ist die Gleichung der Ebene

$$-1 \cdot (x_1 - 2) + 1 \cdot (x_2 - 1) + 3(x_3 - (-1)) = 0$$

oder äquivalent $-x_1 + x_2 + 3x_3 = -4$. Die Gerade in Beispiel 15.9.1 ist gegeben durch die drei Gleichungen $x_1 = 2t - 1$, $x_2 = 3t - 1$ und $x_3 = 4 - 2t$. Wenn sie die Ebene schneidet, muss gelten

$$-(2t - 1) + (3t - 1) + 3(4 - 2t) = -4$$

Lösen dieser Gleichung nach t ergibt $t = 16/5$ und somit ist der Schnittpunkt gegeben durch $x_1 = 32/5 - 1 = 27/5$, $x_2 = 43/5$ und $x_3 = -12/5$.

Motiviert durch diese Charakterisierung einer Ebene im $\mathbb{R}^3$ führen wir die folgende allgemeine Definition im $\mathbb{R}^n$ ein.

Hyperebene im n-dimensionalen Raum

Die Hyperebene H im $\mathbb{R}^n$ durch $a = (a_1, \dots, a_n)$, die orthogonal zu dem Nichtnullvektor $p = (p_1, \dots, p_n)$ ist, ist die Menge aller Punkte $x = (x_1, \dots, x_n)$ mit

$$p \cdot (x - a) = 0 \tag{15.9.5}$$

Beachten Sie: Wenn man die Normale p durch das skalare Vielfache sp ersetzt, wobei $s \neq 0$ ist, so wird genau dieselbe Menge von Vektoren x die Gleichung der Hyperebene (15.9.5) erfüllen.

Wenn wir die Koordinatendarstellung der Vektoren verwenden, hat die Hyperebene die Gleichung

$$p_1(x_1 - a_1) + p_2(x_2 - a_2) + \cdots + p_n(x_n - a_n) = 0 \tag{15.9.6}$$

oder $p_1 x_1 + p_2 x_2 + \cdots + p_n x_n = A$, wobei $A = p_1 a_1 + p_2 a_2 + \cdots + p_n a_n$.

Beispiel 15.9.3

Eine Person hat einen Betrag m für den Kauf von n verschiedenen Gütern zur Verfügung, deren Preise pro Einheit $p_1, p_2, \ldots, p_n$ sind. Diese Person kann sich jeden Warenvektor $x = (x_1, x_2, \ldots, x_n)$ leisten, der die Budget-Ungleichung

$$p_1 x_1 + p_2 x_2 + \cdots + p_n x_n \leq m \tag{15.9.7}$$

erfüllt. Wenn (15.9.7) mit Gleichheit erfüllt ist, wird dadurch die *Budget-(Hyper)ebene* beschrieben, deren Normale der Preisvektor $(p_1, p_2, \ldots, p_n)$ ist.

Gewöhnlich wird implizit angenommen, dass $x_1 \geq 0$, $x_2 \geq 0$, ..., $x_n \geq 0$ gilt. Für ein Beispiel mit $n = 3$ siehe Abb. 11.4.1. Beachten Sie, dass in dieser Abbildung der Vektor (p, q, r) normal zu der Ebene ist. ▬▬▬

Andere Darstellungen der Ebenengleichung im $\mathbb{R}^3$: Eine Ebene im $\mathbb{R}^3$ durch einen Punkt $b = (b_1, b_2, b_3)$ wird festgelegt duch den Ortsvektor b und zwei linear unabhängige Richtungsvektoren y und z, die die Ebene „aufspannen". Die **Punktrichtungsgleichung** (auch Parameterform) der Ebene ist gegeben durch

$$x = b + ty + sz \qquad -\infty < t, s < \infty \tag{15.9.8}$$

Eine Ebene im $\mathbb{R}^3$ kann auch durch drei Punkte, die nicht alle auf einer Geraden liegen, festgelegt werden. Sind b_1, b_2, b_3 die Ortsvektoren dieser Punkte, so ist die Dreipunktform der Ebenengleichung gegeben durch

$$x = b_1 + t(b_2 - b_1) + s(b_3 - b_1) \qquad -\infty < t, s < \infty \tag{15.9.9}$$

Aufgaben für Kapitel 15.9

1. Bestimmen Sie die Gleichung der Geraden,

    (a) die durch die Punkte $(3, -2, 2)$ und $(10, 2, 1)$ geht.

    (b) die durch den Punkt $(1, 3, 2)$ geht und dieselbe Richtung wie $(0, -1, 1)$ hat.

2. Die Gerade L sei gegeben durch $x_1 = -t + 2$, $x_2 = 2t - 1$ und $x_3 = t + 3$.

    (a) Zeigen Sie, dass der Punkt $a = (2, -1, 3)$ auf L liegt, aber $(1, 1, 1)$ nicht.

    (b) Bestimmen Sie die Gleichung der Ebene $\mathcal{P}$ durch a, die orthogonal zu L ist.

    (c) Bestimmen Sie den Punkt P, in dem L die Ebene $3x_1 + 5x_2 - x_3 = 6$ schneidet.

3. Bestimmen Sie die Gleichung der Ebene durch die Punkte $(1, 0, 2)$, $(5, 2, 1)$ und $(2, -1, 4)$. ➡

→ Fortsetzung

4. Nehmen Sie in Beispiel 15.9.3 an, dass der Preisvektor $(2, 3, 5)$ und dass Sie sich gerade den Warenvektor $(10, 5, 8)$ leisten können. Welche Ungleichung beschreibt Ihre Budget-Beschränkung?

5. Sei $\boldsymbol{a} = (-2, 1, -1)$.

    (a) Zeigen Sie, das $\boldsymbol{a}$ ein Punkt in der Ebene $-x + 2y + 3z = 1$ ist.

    (b) Bestimmen Sie die Gleichung der Normalen in $\boldsymbol{a}$ zu der Ebene in Teil (a).

▶ Lösungen zu den Aufgaben finden Sie im Anhang des Buches.

Aufgaben zur Wiederholung für Kapitel 15

1. Konstruieren Sie die zwei Matrizen $A = (a_{ij})_{2 \times 3}$, wobei (a) $a_{ij} = i + j$ und (b) $a_{ij} = (-1)^{i+j}$.

2. Benutzen Sie die Matrizen

$$A = \begin{pmatrix} 2 & 0 \\ -1 & 1 \end{pmatrix}, \quad B = \begin{pmatrix} -1 & 2 \\ 1 & -1 \end{pmatrix}, \quad C = \begin{pmatrix} 2 & 3 \\ 1 & 4 \end{pmatrix}, \quad D = \begin{pmatrix} 1 & 1 & 1 \\ 1 & 3 & 4 \end{pmatrix}$$

und berechnen Sie (wenn möglich)

  (a) $A - B$ (b) $A + B - 2C$ (c) AB (d) $C(AB)$

  (e) AD (f) DC (g) $2A - 3B$ (h) $(A - B)'$

  (i) $(C'A')B'$ (j) $C'(A'B')$ (k) $D'D'$ (l) $D'D$

3. Schreiben Sie die folgenden Gleichungssysteme in Matrizennotation:

  (a) $\begin{aligned} 2x_1 - 5x_2 &= 3 \\ 5x_1 + 8x_2 &= 5 \end{aligned}$

  (b) $\begin{aligned} x + y + z + t &= a \\ x + 3y + 2z + 4t &= b \\ x + 4y + 8z &= c \\ 2x + z - t &= d \end{aligned}$

  (c) $\begin{aligned} ax + y + (a+1)z &= b_1 \\ x + 2y + z &= b_2 \\ 3x + 4y + 7z &= b_3 \end{aligned}$

4. Bestimmen Sie die Matrizen $A + B$, $A - B$, AB, BA, $A(BC)$ und $(AB)C$, wenn

$$A = \begin{pmatrix} 0 & 1 & -2 \\ 3 & 4 & 5 \\ -6 & 7 & 15 \end{pmatrix}, \quad B = \begin{pmatrix} 0 & -5 & 3 \\ 5 & 2 & -1 \\ -4 & 2 & 0 \end{pmatrix}, \quad C = \begin{pmatrix} 6 & -2 & -3 \\ 2 & 0 & 1 \\ 0 & 5 & 7 \end{pmatrix}.$$

5. Finden Sie reelle Zahlen a, b und x, so dass

$$\begin{pmatrix} a & b \\ x & 0 \end{pmatrix} \begin{pmatrix} 2 & 1 \\ 1 & 1 \end{pmatrix} - \begin{pmatrix} 1 & 0 \\ 2 & 1 \end{pmatrix} \begin{pmatrix} a & b \\ x & 0 \end{pmatrix} = \begin{pmatrix} 2 & 1 \\ 4 & 4 \end{pmatrix}.$$

6. Sei A die Matrix $\begin{pmatrix} a & b & 0 \\ -b & a & b \\ 0 & -b & a \end{pmatrix}$, wobei a und b beliebige Konstanten sind.

    (a) Bestimmen Sie $AA = A^2$.

    (b) Eine quadratische Matrix B heißt *schiefsymmetrisch*, wenn $B = -B'$, wobei B' die Transponierte von B ist. Zeigen Sie: Wenn C eine beliebige Matrix ist, so dass $C'BC$ definiert ist, so ist $C'BC$ schiefsymmetrisch, wenn B es ist. Wann ist die oben definierte Matrix A schiefsymmetrisch?

    (c) Zeigen Sie: Wenn A eine quadratische Matrix ist, dann ist $A_1 = \frac{1}{2}(A + A')$ symmetrisch und $A_2 = \frac{1}{2}(A - A')$ ist schiefsymmetrisch. Verifizieren Sie, dass $A = A_1 + A_2$ ist und erklären Sie in Ihren eigenen Worten, was Sie gerade gezeigt haben.

7. Lösen Sie die folgenden Gleichungssysteme durch Gauß'sche Elimination.

    (a) $\begin{aligned} x_1 + 4x_2 &= 1 \\ 2x_1 + 2x_2 &= 8 \end{aligned}$

    (b) $\begin{aligned} 2x_1 + 2x_2 - x_3 &= 2 \\ x_1 - 3x_2 + x_3 &= 0 \\ 3x_1 + 4x_2 - x_3 &= 1 \end{aligned}$

    (c) $\begin{aligned} x_1 + 3x_2 + 4x_3 &= 0 \\ 5x_1 + x_2 + x_3 &= 0 \end{aligned}$

8. Benutzen Sie Gauß'sche Elimination, um herauszufinden, für welche Werte von a das folgende Gleichungssystem Lösungen hat. Bestimmen Sie dann alle möglichen Lösungen.
$$\begin{aligned} x + ay + 2z &= 0 \\ -2x - ay + z &= 4 \\ 2ax + 3a^2y + 9z &= 4 \end{aligned}$$

9. Sei $a = (-1, 5, 3)$, $b = (1, 1, -3)$ und $c = (-1, 2, 8)$. Berechnen Sie $\|a\|$, $\|b\|$ und $\|c\|$. Zeigen Sie, dass die Cauchy-Schwarz-Ungleichung für a und b gilt.

10. Ein Unternehmen hat zwei Fabriken, die als Output drei verschiedene Güter produzieren. Die insgesamt verfügbare Arbeitskraft ist fest. Wenn ein Anteil λ der Arbeitskraft der ersten Fabrik und der Anteil $1 - \lambda$ (mit $0 \leq \lambda \leq 1$) der zweiten Fabrik zugewiesen wird, so ist der gesamte Output der drei Güter gegeben durch den Vektor $\lambda(8, 4, 4) + (1 - \lambda)(2, 6, 10) = (6\lambda + 2, -2\lambda + 6, -6\lambda + 10)$.

    (a) Ist es dem Unternehmen möglich, einen der zwei Outputvektoren $a = (5, 5, 7)$ und $b = (7, 5, 5)$ zu produzieren, wenn kein Output vernichtet werden darf?

    (b) Wie ändern sich Ihre Antworten zu Teil (a), wenn Output vernichtet werden darf?

    (c) Wie wird die den Erlös maximierende Wahl des Anteils λ von den Verkaufspreisen (p_1, p_2, p_3) dieser drei Güter abhängen? Welche Bedingung müssen die Preise erfüllen, damit beide Fabriken in Betrieb bleiben sollen?

11. Zeigen Sie: Wenn P und Q zwei $n \times n$ Matrizen mit $PQ - QP = P$ sind, dann gilt $P^2 Q - QP^2 = 2P^2$ und $P^3 Q - QP^3 = 3P^3$. Verwenden Sie dann vollständige Induktion, um zu zeigen, dass $P^k Q - QP^k = kP^k$ für $k = 1, 2, \ldots$.

▶ Lösungen zu den Aufgaben finden Sie im Anhang des Buches.

Determinanten und inverse Matrizen

16

ÜBERBLICK

> Wir werden alle aus dem gleichen Grund Mathematiker: aus Faulheit.
>
> –Max Rosenlicht (1949)

Dieses Kapitel setzt das Studium der linearen Algebra fort. Das erste Thema, das behandelt wird, ist die Determinante *einer quadratischen Matrix. Es ist eine Zahl, die allerdings einige Schlüsseleigenschaften der n^2 Elemente einer $n \times n$ Matrix bestimmt. Einige Ökonomen betrachten Determinanten als nahezu nutzlos, weil Berechnungen, die auf ihnen beruhen sehr ineffizient sind, wenn die Matrix groß ist. Trotzdem sind sie wichtig in vielen Gebieten der Mathematik, die für Ökonomen von Interesse sind.*

Nach der Einführung von Determinanten betrachten wir das fundamental wichtige Konzept der Inversen einer quadratischen Matrix und ihre wichtigsten Eigenschaften. Inverse Matrizen spielen eine Hauptrolle bei der Lösung linearer Gleichungssysteme und in der Ökonometrie bei der Herleitung einer linearen Beziehung, die eine Datenmenge so gut wie möglich approximiert. Als Nächstes wird die Cramer'sche Regel für die Lösung eines Systems von n linearen Gleichungen mit n Unbekannten erörtert. Obwohl sie für die Lösung von Gleichungssystemen mit mehr als 3 Unbekannten nicht effizient ist, wird die Cramer'sche Regel häufig in theoretischen Untersuchungen verwendet. Ein wichtiges Theorem über homogene Gleichungssysteme wird auch diskutiert. Das Kapitel endet mit einer kurzen Einführung in das Leontief-Modell.

16.1   Determinanten der Ordnung 2

Betrachten Sie das Paar linearer Gleichungen

$$a_{11}x_1 + a_{12}x_2 = b_1$$
$$a_{21}x_1 + a_{22}x_2 = b_2$$

(16.1.1)

mit der zugehörigen Koeffizientenmatrix:

$$A = \begin{pmatrix} a_{11} & a_{12} \\ a_{21} & a_{22} \end{pmatrix}$$

Die Lösung des Gleichungssystems (16.1.1) in der üblichen Weise (siehe Kap. 3.6) ergibt

$$x_1 = \frac{b_1 a_{22} - b_2 a_{12}}{a_{11}a_{22} - a_{21}a_{12}}, \qquad x_2 = \frac{b_2 a_{11} - b_1 a_{21}}{a_{11}a_{22} - a_{21}a_{12}}$$

(16.1.2)

Die zwei Brüche haben einen gemeinsamen Nenner D, nämlich $a_{11}a_{22} - a_{21}a_{12}$. Die Zahl D muss ungleich Null sein, damit (16.1.2) gültig ist. In diesem Fall hat das Gleichungssystem (16.1.1) eine eindeutige Lösung, die durch (16.1.2) gegeben ist. In diesem Sinne bestimmt der Wert des Nenners, ob das Gleichungssystem (16.1.1) eine eindeutige Lösung hat. In der Tat wird $D = a_{11}a_{22} - a_{21}a_{12}$ die **Determinante** der Matrix A genannt. Die Determinante von A wird entweder mit det(A) oder häufiger wie in diesem Buch mit $|A|$ bezeichnet. Daher ist

$$|A| = \begin{vmatrix} a_{11} & a_{12} \\ a_{21} & a_{22} \end{vmatrix} = a_{11}a_{22} - a_{21}a_{12} \qquad (16.1.3)$$

für eine 2×2 Matrix A. Man sagt, dass solch eine Determinante die **Ordnung** 2 hat Für den Spezialfall der Determinanten der Ordnung 2 ist die Regel zur Berechnung von $|A|$ so: (a) multiplizieren Sie die Elemente in der Hauptdiagonalen, (b) multiplizieren Sie die Elemente außerhalb der Diagonalen und (c) subtrahieren Sie das Produkt der Elemente außerhalb der Diagonalen vom Produkt der Diagonalelemente.

Beispiel 16.1.1

Direkte Berechnung ergibt:
$$\begin{vmatrix} 4 & 1 \\ 3 & 2 \end{vmatrix} = 4 \cdot 2 - 3 \cdot 1 = 5, \quad \begin{vmatrix} b_1 & a_{12} \\ b_2 & a_{22} \end{vmatrix} = b_1 a_{22} - b_2 a_{12}, \quad \begin{vmatrix} a_{11} & b_1 \\ a_{21} & b_2 \end{vmatrix} = b_2 a_{11} - b_1 a_{21}$$

Geometrisch stellt jede der zwei Gleichungen in (16.1.1) den Graphen einer Geraden dar. Wenn $|A| \neq 0$ ist, schneiden sich die beiden Geraden in einem eindeutigen Punkt (x_1, x_2), der durch (16.1.2) gegeben ist. Wenn $|A| = 0$ ist, werden die Ausdrücke für x_1 und x_2 bedeutungslos – tatsächlich hat das Gleichungssystem (16.1.1) in diesem Fall entweder keine Lösung (weil die beiden Geraden parallel verlaufen) oder es hat unendlich viele Lösungen (weil die beiden Geraden zusammenfallen).

Aus Beispiel 16.1.1 sehen wir, dass die *Zähler* der Ausdrücke für x_1 und x_2 in (16.1.2) auch als Determinanten geschrieben werden können. In der Tat erhält man, vorausgesetzt, dass $|A| \neq 0$

$$x_1 = \frac{1}{|A|} \begin{vmatrix} b_1 & a_{12} \\ b_2 & a_{22} \end{vmatrix} \quad \text{und} \quad x_2 = \frac{1}{|A|} \begin{vmatrix} a_{11} & b_1 \\ a_{21} & b_2 \end{vmatrix} \qquad (16.1.4)$$

Dies ist ein Spezialfall eines Resultats, das als **Cramer'sche Regel**[1] bekannt ist. Sie ist sehr gut geeignet, wenn es nur zwei Gleichungen in zwei Unbekannten gibt. Wie aber Aufgabe 8 zeigt, ist es oft einfacher, insbesondere makroökonomische Gleichungen durch einfache Substitution zu lösen.

Beispiel 16.1.2

Benutzen Sie (16.1.4) zur Lösung von

$$2x_1 + 4x_2 = 7$$
$$2x_1 - 2x_2 = -2$$

---

[1] Benannt nach dem Schweizer Mathematiker Gabriel Cramer, 1704–1752.

Lösung:

$$x_1 = \frac{\begin{vmatrix} 7 & 4 \\ -2 & -2 \end{vmatrix}}{\begin{vmatrix} 2 & 4 \\ 2 & -2 \end{vmatrix}} = \frac{-6}{-12} = \frac{1}{2}, \qquad x_2 = \frac{\begin{vmatrix} 2 & 7 \\ 2 & -2 \end{vmatrix}}{\begin{vmatrix} 2 & 4 \\ 2 & -2 \end{vmatrix}} = \frac{-18}{-12} = \frac{3}{2}$$

Überprüfen Sie durch Einsetzen, dass $x_1 = 1/2$, $x_2 = 3/2$ tatsächlich eine Lösung ist.

Beispiel 16.1.3

Benutzen Sie (16.1.4), um Q_1^D und Q_2^D in Abhängigkeit von den Parametern zu bestimmen, wenn

$$2(b + \beta_1)Q_1^D + bQ_2^D = a - \alpha_1$$
$$bQ_1^D + 2(b + \beta_2)Q_2^D = a - \alpha_2$$

Lösung: Die Determinante der Koeffizientenmatrix ist

$$\Delta = \begin{vmatrix} 2(b + \beta_1) & b \\ b & 2(b + \beta_2) \end{vmatrix} = 4(b + \beta_1)(b + \beta_2) - b^2$$

Vorausgesetzt, dass $\Delta \neq 0$ ist, ist die Lösung für Q_1^D nach (16.1.4)

$$Q_1^D = \frac{\begin{vmatrix} a - \alpha_1 & b \\ a - \alpha_2 & 2(b + \beta_2) \end{vmatrix}}{\Delta} = \frac{2(b + \beta_2)(a - \alpha_1) - b(a - \alpha_2)}{\Delta}$$

Für Q_2^D finden wir einen ähnlichen Ausdruck.

Im nächsten Unterkapitel wird die Cramer'sche Regel erweitert auf 3 Gleichungen in 3 Unbekannten und in Kapitel 16.8 auf n Gleichungen in n Unbekannten.

Eine geometrische Interpretation

Determinanten der Ordnung 2 haben eine schöne geometrische Interpretation. Wenn die zwei Zeilen einer Matrix dargestellt werden wie die in Abb. 16.1.1 gezeigten Vektoren, dann ist ihre Determinante gleich der schraffierten Fläche des Parallelogramms. Wenn wir die zwei Zeilen jedoch vertauschen, dann wird die Determinante eine negative Zahl, die gleich dem Negativen der schraffierten Fläche ist.

Abb. 16.1.2 illustriert, warum die in Abb. 16.1.1 aufgestellte Behauptung wahr ist. Wir wollen die Fläche T bestimmen. Beachten Sie: Die Fläche des ganzen Rechtecks in Abb. 16.1.2 ist

$$2T_1 + 2T_2 + 2T_3 + T = (a_{11} + a_{21})(a_{12} + a_{22}), \tag{16.1.5}$$

wobei $T_1 = a_{12}a_{21}$, $T_2 = \frac{1}{2}a_{21}a_{22}$ und $T_3 = \frac{1}{2}a_{11}a_{12}$. Dann ist nach einigen algebraischen Umformungen $T = a_{11}a_{22} - a_{21}a_{12}$.

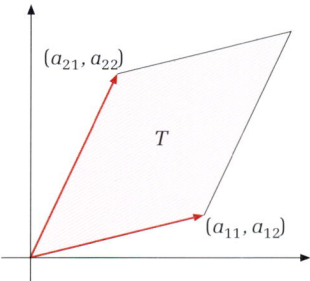

Abbildung 16.1.1: Fläche T ist der Absolutbetrag der Determinante, Gl. (16.1.3)

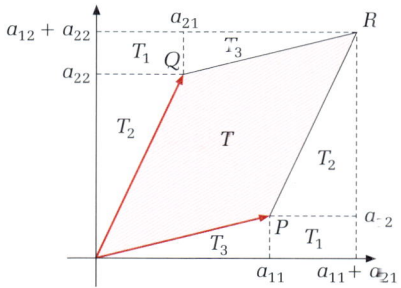

Abbildung 16.1.2: Illustration der Gl. (16.1.5)

Aufgaben für Kapitel 16.1

1. Berechnen Sie die folgenden Determinanten:

   (a) $\begin{vmatrix} 3 & 0 \\ 2 & 6 \end{vmatrix}$ (b) $\begin{vmatrix} a & a \\ b & b \end{vmatrix}$ (c) $\begin{vmatrix} a+b & a-b \\ a-b & a+b \end{vmatrix}$ (d) $\begin{vmatrix} 3^t & 2^t \\ 3^{t-1} & 2^{t-1} \end{vmatrix}$

2. Illustrieren Sie die geometrische Interpretation in Abb. 16.1.1 für die Determinante in Aufgabe 1(a).

3. Verwenden Sie die Cramer'sche Regel (16.1.4), um die folgenden Gleichungssysteme nach x und y aufzulösen. Überprüfen Sie die Antworten durch Einsetzen.

   (a) $\begin{aligned} 3x - y &= 8 \\ x - 2y &= 5 \end{aligned}$ (b) $\begin{aligned} x + 3y &= 1 \\ 3x - 2y &= 14 \end{aligned}$ (c) $\begin{aligned} ax - by &= 1 \\ bx + ay &= 2 \end{aligned}$

4. Die **Spur** einer quadratischen Matrix $\mathbf{A}$ ist die Summe der Diagonalelemente und wird mit $\operatorname{tr}(\mathbf{A})$ bezeichnet. Gegeben sei die Matrix $\mathbf{A} = \begin{pmatrix} a & 3 \\ b & 1 \end{pmatrix}$. Bestimmen Sie Zahlen a und b, so dass $\operatorname{tr}(\mathbf{A}) = 0$ und $|\mathbf{A}| = -10$.

5. Bestimmen Sie die Lösungen der Gleichung $\begin{vmatrix} 2-x & 1 \\ 8 & -x \end{vmatrix} = 0$

6. Zeigen Sie, dass $|\mathbf{AB}| = |\mathbf{A}| \cdot |\mathbf{B}|$ gilt für die Matrizen $\mathbf{A} = \begin{pmatrix} a_{11} & a_{12} \\ a_{21} & a_{22} \end{pmatrix}$ und $\mathbf{B} = \begin{pmatrix} b_{11} & b_{12} \\ b_{21} & b_{22} \end{pmatrix}$.

7. Finden Sie zwei 2×2 Matrizen $\mathbf{A}$ und $\mathbf{B}$, so dass $|\mathbf{A} + \mathbf{B}| \neq |\mathbf{A}| + |\mathbf{B}|$.

8. Sei Y das BIP und C der private Konsum und nehmen Sie an, dass die Investition I_0 und die Staatsausgaben G_0 exogen sind. Verwenden Sie die Cramer'sche Regel zur Lösung des Gleichungssystems

   $$Y = C + I_0 + G_0 \quad \text{und} \quad C = a + bY,$$

   wobei a und b Konstanten sind mit $b < 1$. Suchen Sie dann nach einem alternativen Weg, um diese Gleichungen zu lösen.

➜ Fortsetzung

Anspruchsvollere Aufgabe

9. Betrachten Sie das folgende verknüpfte makroökonomische Modell zweier Nationen $i = 1, 2$, die nur miteinander handeln.

$$Y_1 = C_1 + A_1 + X_1 - M_1; \qquad C_1 = c_1 Y_1; \quad M_1 = m_1 Y_1$$
$$Y_2 = C_2 + A_2 + X_2 - M_2; \qquad C_2 = c_2 Y_2; \quad M_2 = m_2 Y_2$$

Hier ist für $i = 1, 2$, Y_i das Einkommen, C_i ist Konsum, A_i sind die (exogenen) autonomen Ausgaben, X_i bezeichnet die Exporte und M_i die Importe des Landes i.

(a) Interpretieren Sie die zwei Gleichungen $X_1 = M_2$ und $X_2 = M_1$.

(b) Gegeben sei das System von 8 Gleichungen in 8 Unbekannten aus (a). Verwenden Sie Substitution, um es auf ein Paar von simultanen Gleichungen in den endogenen Variablen Y_1 und Y_2 zu reduzieren. Lösen Sie dann nach den Gleichgewichtswerten von Y_1 und Y_2 als Funktionen der exogenen Variablen A_1 und A_2 auf.

(c) Wie wirkt sich eine Erhöhung von A_1 auf Y_2 aus? Interpretieren Sie Ihre Antwort.

▶ Lösungen zu den Aufgaben finden Sie im Anhang des Buches.

16.2   Determinanten der Ordnung 3

Betrachten Sie das System dreier linearer Gleichungen in drei Unbekannten

$$a_{11}x_1 + a_{12}x_2 + a_{13}x_3 = b_1$$
$$a_{21}x_1 + a_{22}x_2 + a_{23}x_3 = b_2 \qquad (16.2.1)$$
$$a_{31}x_1 + a_{32}x_2 + a_{33}x_3 = b_3$$

Hier hat die Koeffizientenmatrix A die Ordnung 3×3. Wenn wir die Eliminationsmethode zusammen mit einigen schwierigen algebraischen Berechnungen anwenden, kann dieses System schließlich nach x_1, x_2 und x_3 aufgelöst werden. Der resultierende Ausdruck für x_1 ist

$$x_1 = \frac{b_1 a_{22} a_{33} - b_1 a_{23} a_{32} - b_2 a_{12} a_{33} + b_2 a_{13} a_{32} + b_3 a_{12} a_{23} - b_3 a_{22} a_{13}}{a_{11} a_{22} a_{33} - a_{11} a_{23} a_{32} + a_{12} a_{23} a_{31} - a_{12} a_{21} a_{33} + a_{13} a_{21} a_{32} - a_{13} a_{22} a_{31}}$$

Wir wollen die Geduld und das Augenlicht des Lesers nicht dreimal in Anspruch nehmen, indem wir auch noch die entsprechenden Ausdrücke für x_2 und x_3 angeben. Wir behaupten jedoch, dass diese Ausdrücke denselben Nenner haben wie x_1. Dieser gemeinsame Nenner wird die **Determinante** von A genannt und wird mit $\det(A)$ oder $|A|$ bezeichnet. Sie ist definiert durch

$$|A| = \begin{vmatrix} a_{11} & a_{12} & a_{13} \\ a_{21} & a_{22} & a_{23} \\ a_{31} & a_{32} & a_{33} \end{vmatrix} = \begin{cases} a_{11}a_{22}a_{33} - a_{11}a_{23}a_{32} + a_{12}a_{23}a_{31} \\ \qquad - a_{12}a_{21}a_{33} + a_{13}a_{21}a_{32} - a_{13}a_{22}a_{31} \end{cases} \qquad (16.2.2)$$

Beispiel 16.2.1

Nehmen Sie an: Wir suchen die zweite Ableitung von $y = f(x)$, das implizit definiert wird durch $F(x, f(x)) = c$, wie in Kap. 12.3. Gleichung (12.3.4) sagt uns, dass

$$\frac{d^2 y}{dx^2} = -\frac{1}{(F_2')^3}[F_{11}''(F_2')^2 - 2F_{12}''F_1'F_2' + F_{22}''(F_1')^2]$$

und wir haben dort erwähnt, dass dieses Resultat in einer einprägsameren Gestalt ausgedrückt werden kann, wenn wir das Konzept der Determinante benutzen. Wie versprochen, beachten Sie, dass

$$\frac{d^2 y}{dx^2} = \frac{1}{(F_2')^3} \begin{vmatrix} 0 & F_1' & F_2' \\ F_1' & F_{11}'' & F_{12}'' \\ F_2' & F_{21}'' & F_{22}'' \end{vmatrix} \tag{16.2.3}$$

vorausgesetzt natürlich, dass $F_2' \neq 0$.

Beispiel 16.2.2

Betrachten Sie die Probleme

$$\max(\min) f(x, y) \quad \text{unter} \quad g(x, y) = c$$

Die zugehörige Lagrange-Funktion ist

$$\mathcal{L}(x, y) = f(x, y) - \lambda[g(x, y) - c]$$

wie in Kap. 14.5 definiert. Theorem 14.5.2 präsentierte die hinreichenden Bedingungen zweiter Ordnung, unter denen lokale Lösungen von Optimierungsproblemen unter Nebenbedingungen mit Hilfe der Lagrange-Methode gefunden werden können: Ob die stationären Stellen von $\mathcal{L}$ lokale Lösungen des Optimierungsproblems sind, kann bestimmt werden mit dem Vorzeichen von

$$D(x, y, \lambda) = (f_{11}'' - \lambda g_{11}'')(g_2')^2 - 2(f_{12}'' - \lambda g_{12}'')g_1'g_2' + (f_{22}'' - \lambda g_{22}'')(g_1')^2$$

Wiederum haben wir erwähnt, dass der ziemlich längliche Ausdruck $D(x, y, \lambda)$ in einer symmetrischen Form geschrieben werden kann, die einfacher zu merken ist. Diese einfachere Form ist:

$$D(x, y, \lambda) = -\begin{vmatrix} 0 & g_1'(x, y) & g_2'(x, y) \\ g_1'(x, y) & \mathcal{L}_{11}''(x, y) & \mathcal{L}_{12}''(x, y) \\ g_2'(x, y) & \mathcal{L}_{21}''(x, y) & \mathcal{L}_{22}''(x, y) \end{vmatrix} \tag{16.2 4}$$

Erinnern Sie von Gleichung (11.6.2), dass die 2×2 Matrix unten rechts in Gleichung (16.2.4) die Hesse-Matrix der Lagrange-Funktion ist. Deshalb wird die Determinante $D(x, y, \lambda)$ eine *berandete Hesse-Determinante* genannt; ihre "Ränder" in der ersten Zeile und ersten Spalte sind, abgesehen von dem 0 Element oben links die partiellen Ableitungen erster Ordnung von g.

Entwicklung nach Co-Faktoren

Betrachten Sie die Summe der sechs Terme in (16.2.2). Sie sieht sehr chaotisch aus, aber eine Methode, die Entwicklung nach Co-Faktoren genannt wird, macht es einfach, all diese Terme aufzuschreiben. Beachten Sie zunächst, dass jedes der drei Elemente a_{11}, a_{12} und a_{13} in der ersten Zeile von A in genau zwei Termen von (16.2.2) vorkommt. Tatsächlich kann $|A|$ geschrieben werden als

$$|A| = a_{11}(a_{22}a_{33} - a_{23}a_{32}) - a_{12}(a_{21}a_{33} - a_{23}a_{31}) + a_{13}(a_{21}a_{32} - a_{22}a_{31})$$

Indem wir die Regel für die Berechnung von Determinanten der Ordnung 2 anwenden, sehen wir, dass dies dasselbe ist wie

$$|A| = a_{11} \begin{vmatrix} a_{22} & a_{23} \\ a_{32} & a_{33} \end{vmatrix} - a_{12} \begin{vmatrix} a_{21} & a_{23} \\ a_{31} & a_{33} \end{vmatrix} + a_{13} \begin{vmatrix} a_{21} & a_{22} \\ a_{31} & a_{32} \end{vmatrix} \tag{16.2.5}$$

Somit kann die Berechnung einer Determinante der Ordnung 3 zurückgeführt werden auf die Berechnung von drei Determinanten der Ordnung 2. Beachten Sie, dass a_{11} multipliziert wird mit der Determinante der Ordnung 2, die man erhält, wenn man die *erste* Zeile und die *erste* Spalte aus $|A|$ entfernt. Genauso wird a_{12}, versehen mit einem Minuszeichen, multipliziert mit der Determinante, die man erhält, wenn man die *erste* Zeile und die *zweite* Spalte aus $|A|$ entfernt. Schließlich wird a_{13} multipliziert mit der Determinante, die man erhält, wenn man die *erste* Zeile und die *dritte* Spalte aus $|A|$ entfernt.

Beispiel 16.2.3

Nutzen Sie (16.2.5), um $|A| = \begin{vmatrix} 3 & 0 & 2 \\ -1 & 1 & 0 \\ 5 & 2 & 3 \end{vmatrix}$ zu berechnen.

Lösung: Direkte Anwendung von (16.2.5) ergibt:

$$|A| = 3 \cdot \begin{vmatrix} 1 & 0 \\ 2 & 3 \end{vmatrix} - 0 \cdot \begin{vmatrix} -1 & 0 \\ 5 & 3 \end{vmatrix} + 2 \cdot \begin{vmatrix} -1 & 1 \\ 5 & 2 \end{vmatrix} = 3 \cdot 3 - 0 + 2 \cdot (-2 - 5) = -5$$

Beispiel 16.2.4

Nutzen Sie (16.2.5), um zu zeigen, dass $|A| = \begin{vmatrix} 1 & a & a^2 \\ 1 & b & b^2 \\ 1 & c & c^2 \end{vmatrix} = (b-a)(c-a)(c-b)$ ist.

Lösung:

$$|A| = 1 \cdot \begin{vmatrix} b & b^2 \\ c & c^2 \end{vmatrix} - a \cdot \begin{vmatrix} 1 & b^2 \\ 1 & c^2 \end{vmatrix} + a^2 \cdot \begin{vmatrix} 1 & b \\ 1 & c \end{vmatrix} = bc^2 - b^2c - ac^2 + ab^2 + a^2c - a^2b$$

Es wird nicht von Ihnen erwartet, dass Sie „sehen", dass diese 6 Terme in der Form $(b-c)(c-a)(c-b)$ geschrieben werden können. Stattdessen sollten Sie den Ausdruck $(b-a)[(c-a)(c-b)$ ausmultiplizieren und die Gleichheit auf diese Weise nachprüfen.

Eine sorgfältige Betrachtung des Zählers in dem Ausdruck für x_1 am Anfang dieses Unterkapitels zeigt, dass er auch als eine Determinante geschrieben werden kann. Dasselbe gilt für die entsprechenden Formeln für x_2 und x_3. In der Tat gilt, wenn $|A| \neq 0$ ist:

$$x_1 = \frac{\begin{vmatrix} b_1 & a_{12} & a_{13} \\ b_2 & a_{22} & a_{23} \\ b_3 & a_{32} & a_{33} \end{vmatrix}}{|A|}, \quad x_2 = \frac{\begin{vmatrix} a_{11} & b_1 & a_{13} \\ a_{21} & b_2 & a_{23} \\ a_{31} & b_3 & a_{33} \end{vmatrix}}{|A|}, \quad x_3 = \frac{\begin{vmatrix} a_{11} & a_{12} & b_1 \\ a_{21} & a_{22} & b_2 \\ a_{31} & a_{32} & b_3 \end{vmatrix}}{|A|} \quad (16.2.6)$$

Dies ist die Cramer'sche Regel für die Lösung von (16.2.1). Siehe Kap. 16.8 für einen vollständigen Beweis von (16.2.6) für den allgemeinen Fall von n Gleichungen in n Unbekannten.

Beachten Sie bei den in den Zählern von x_1, x_2 und x_3 in (16.2.6) auftauchenden Determinanten, wie der Spaltenvektor der rechten Seiten in (16.2.1), nämlich

$$\begin{pmatrix} b_1 \\ b_2 \\ b_3 \end{pmatrix}$$

von der ersten Spalte bei der Lösung für x_1 auf die zweite Spalte bei der Lösung für x_2 und dann auf die dritte Spalte bei der Lösung für x_3 verschoben wird. Dies macht es sehr leicht, sich die Cramer'sche Regel zu merken.

Die Methode in (16.2.5) für die Berechnung des Wertes einer 3×3 Determinante wird *Entwicklung nach den Co-Faktoren der Zeile* 1 genannt. Wenn wir uns auf die Elemente in Zeile i anstelle von Zeile 1 fokussieren, finden wir wieder heraus, dass $|A| = a_{i1}C_{i1} + a_{i2}C_{i2} + a_{i3}C_{i3}$, wobei für $j = 1, 2, 3$ der Co-Faktor C_{ij} gleich $(-1)^{i+j}$ mal die Determinante der 2×2 Matrix ist, die wir erhalten, indem wir Zeile i und Spalte j aus A streichen. Deshalb können wir den Wert der Determinante auch bestimmen durch Entwicklung nach den Co-Faktoren der Zeile i für jedes $i = 1, 2, 3$. Ferner stellt es sich heraus, dass für $j = 1, 2$ oder 3 auch gilt $|A| = a_{1j}C_{1j} + a_{2j}C_{2j} + a_{3j}C_{3j}$. Mit anderen Worten können wir die Determinante berechnen durch Entwicklung nach den Co-Faktoren der Spalte j. Siehe Kap. 16.5 für mehr über die Entwicklung nach Co-Faktoren.

Beispiel 16.2.5

Lösen Sie das folgende Gleichungssystem nach der Cramer'schen Regel:

$$2x_1 + 2x_2 - x_3 = -3$$
$$4x_1 \qquad + 2x_3 = 8$$
$$6x_2 - 3x_3 = -12$$

Lösung: In diesem Fall ist die Determinante $|A|$ in (16.2.6): $|A| = \begin{vmatrix} 2 & 2 & -1 \\ 4 & 0 & 2 \\ 0 & 6 & -3 \end{vmatrix} = -24$

Wie Sie nachprüfen sollten, sind die Zähler in (16.2.6):

$$\begin{vmatrix} -3 & 2 & -1 \\ 8 & 0 & 2 \\ -12 & 6 & -3 \end{vmatrix} = -12, \quad \begin{vmatrix} 2 & -3 & -1 \\ 4 & 8 & 2 \\ 0 & -12 & -3 \end{vmatrix} = 12, \quad \begin{vmatrix} 2 & 2 & -3 \\ 4 & 0 & 8 \\ 0 & 6 & -12 \end{vmatrix} = -72$$

Somit ergibt (16.2.6) die Lösungen $x_1 = (-12)/(-24) = 1/2$, $x_2 = 12/(-24) = -1/2$ und $x_3 = (-72)/(-24) = 3$. Wenn wir dies in das ursprüngliche System von Gleichungen einsetzen, sehen wir, dass dies eine korrekte Lösung ist. ▬▬

Eine geometrische Interpretation

Wie Determinanten der Ordnung 2, haben auch die der Ordnung 3 eine geometrische Interpretation, die in Abb. 16.2.1 gezeigt wird. Die Zeilen der Determinante entsprechen den drei verschiedenen in dem Diagramm dargestellten 3-Vektoren. Diese Vektoren bestimmen eine „Box", die kein Quader ist, dessen sechs Seite alle Rechtecke (mit rechten Winkeln an jeder Ecke) sind, sondern ein verdrehtes „Parallelepiped" ist, dessen sechs Seiten alle Parallelogramme sind, d.h. Vierecke, deren gegenüberliegende Seiten parallel sind. Dann muss das Volumen dieses Parallelepipeds gleich dem Absolutbetrag der Determinante $|\mathbf{A}|$ sein, wie sie durch Gl. (16.2.2) definiert ist:

$$|\mathbf{A}| = \begin{vmatrix} a_{11} & a_{12} & a_{13} \\ a_{21} & a_{22} & a_{23} \\ a_{31} & a_{32} & a_{33} \end{vmatrix}$$

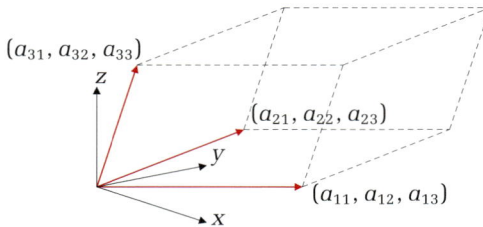

Abbildung 16.2.1: Parallelflächner, aufgespannt durch die drei Vektoren in der Matrix

Die Regel von Sarrus

Hier ist eine alternative Möglichkeit zur Berechnung von Determinanten der Ordnung 3, die viele Anwender als sehr bequem empfinden. Schreiben Sie die Determinante zweimal auf. Lassen Sie jedoch die letzte Spalte in der zweiten Determinante weg:

$$\begin{matrix} a_{11} & a_{12} & a_{13} & a_{11} & a_{12} \\ a_{21} & a_{22} & a_{23} & a_{21} & a_{22} \\ a_{31} & a_{32} & a_{33} & a_{31} & a_{32} \end{matrix} \qquad (16.2.7)$$

Multiplizieren Sie zunächst entlang der drei nach rechts abfallenden Linien und geben Sie all diesen Produkten ein Pluszeichen:

$$a_{11}a_{22}a_{33} + a_{12}a_{23}a_{31} + a_{13}a_{21}a_{32}$$

Multiplizieren Sie dann entlang der nach rechts aufsteigenden Linien und geben Sie all diesen Produkten ein Minuszeichen:

$$-a_{11}a_{23}a_{32} - a_{12}a_{21}a_{33} - a_{13}a_{22}a_{31}$$

Die Summe all dieser sechs Terme ist genau gleich der Formel (16.2.2) für $|A|$. Es ist wichtig zu bemerken, dass diese Regel, die als **Regel von Sarrus** bekannt ist, *nicht zu verallgemeinern ist* auf Determinanten mit einer höheren Ordnung als 3.

Aufgaben für Kapitel 16.2

1. Verwenden Sie (16.2.5) oder die Regel von Sarrus, um die folgenden Determinanten zu berechnen:

(a) $\begin{vmatrix} 1 & -1 & 0 \\ 1 & 3 & 2 \\ 1 & 0 & 0 \end{vmatrix}$ (b) $\begin{vmatrix} 1 & -1 & 0 \\ 1 & 3 & 2 \\ 1 & 2 & 1 \end{vmatrix}$ (c) $\begin{vmatrix} a & b & c \\ 0 & d & e \\ 0 & 0 & f \end{vmatrix}$ (d) $\begin{vmatrix} a & 0 & b \\ 0 & e & 0 \\ c & 0 & d \end{vmatrix}$

2. Sei $A = \begin{pmatrix} 1 & -1 & 0 \\ 1 & 3 & 2 \\ 1 & 2 & 1 \end{pmatrix}$ und $B = \begin{pmatrix} 1 & 2 & 3 \\ 2 & 3 & 4 \\ 0 & 1 & -1 \end{pmatrix}$.

   Berechnen Sie AB, $|A|$, $|B|$, $|A| \cdot |B|$ und $|AB|$. Verifizieren Sie dann, dass $|AB| = |A| \cdot |B|$.

3. Verwenden Sie die Cramer'sche Regel, um die folgenden Gleichungssystem zu lösen. Überprüfen Sie Ihre Antworten.

(a) $\begin{aligned} x_1 - x_2 + x_3 &= 2 \\ x_1 + x_2 - x_3 &= 0 \\ -x_1 - x_2 - x_3 &= -6 \end{aligned}$ (b) $\begin{aligned} x_1 - x_2 &= 0 \\ x_1 + 3x_2 + 2x_3 &= 0 \\ x_1 + 2x_2 + x_3 &= 0 \end{aligned}$ (c) $\begin{aligned} x + 3y - 2z &= 1 \\ 3x - 2y + 5z &= 14 \\ 2x - 5y + 3z &= 1 \end{aligned}$

4. Zeigen Sie, dass $\begin{vmatrix} 1+a & 1 & 1 \\ 1 & 1+b & 1 \\ 1 & 1 & 1+c \end{vmatrix} = abc + ab + ac + bc$ ist.

5. Sei $A = \begin{pmatrix} a & 1 & 0 \\ 0 & -1 & a \\ -b & 0 & b \end{pmatrix}$. Bestimmen Sie Zahlen a und b, so dass $\mathrm{Spur}(A) = 0$ und $|A| = 12$, wobei $\mathrm{Spur}(A)$ die Summe der Diagonalelemente von A ist.

6. Lösen Sie die Gleichung: $\begin{vmatrix} 1-x & 2 & 2 \\ 2 & 1-x & 2 \\ 2 & 2 & 1-x \end{vmatrix} = 0$

7. Definieren Sie die Matrix $A_t = \begin{pmatrix} 1 & t & 0 \\ -2 & -2 & -1 \\ 0 & 1 & t \end{pmatrix}$.

(a) Berechnen Sie die Determinante von A_t und zeigen Sie, dass sie niemals 0 ist.

(b) Zeigen Sie: Für einen bestimmten Wert von t erhält man $A_t^3 = I_3$.

➜ Fortsetzung

8. Betrachten Sie das einfache makroökonomische Modell, das durch die drei folgenden Gleichungen beschrieben wird

$$\text{(i)}\ Y = C + A_0 \qquad \text{(ii)}\ C = a + b(Y - T) \qquad \text{(iii)}\ T = d + tY$$

Dabei ist Y das BIP, C der Konsum, T sind die Steuereinnahmen, A_0 sind die konstanten (exogenen) autonomen Ausgaben und a, b, d und t sind alles positive Parameter. Bestimmen Sie die Gleichgewichtswerte der endogenen Variablen Y, C und T durch: (a) sukzessive Elimination oder Substitution, (b) durch Aufschreiben der Gleichungen in Matrixform und Anwendung der Cramer'schen Regel.

▶ Lösungen zu den Aufgaben finden Sie im Anhang des Buches.

16.3 Determinanten im Allgemeinen

Dieses Unterkapitel gibt eine Definition einer Determinante, die besonders nützlich ist, wenn man allgemeine Resultate beweisen will. Wenn Sie nicht so interessiert an diesen Beweisen sind, können Sie diesen Abschnitt übergehen und sich stattdessen auf die Entwicklung nach Co-Faktoren (die in Kap. 16.5 erklärt wird) in allen ihren Arbeiten mit Determinanten beziehen.

In Gl. (16.2.2) haben wir die Determinante einer 3 × 3 Matrix $A = (a_{ij})_{3\times3}$ ausgedrückt in der Form:

$$a_{11}a_{22}a_{33} - a_{11}a_{23}a_{32} + a_{12}a_{23}a_{31} - a_{12}a_{21}a_{33} + a_{13}a_{21}a_{32} - a_{13}a_{22}a_{31} \qquad (16.3.1)$$

Eine genauere Untersuchung dieser Summe zeigt ein bestimmtes Muster auf. Jeder Term ist das Produkt von drei verschiedenen Elementen der Matrix. Jedes Produkt enthält ein Element aus jeder Zeile von A. Außerdem liegen diese Elemente in verschiedenen Spalten der Matrix. In der Tat werden die drei Elemente, die in jedem der sechs Terme erscheinen, so aus der Matrix A ausgewählt, wie es das Muster zeigt, das durch die Kreise in Abb. 16.3.1 dargestellt wird, wobei wir die Linien für einen Moment außer Acht lassen.

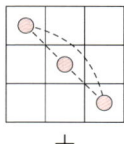 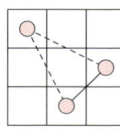 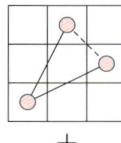 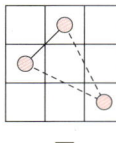 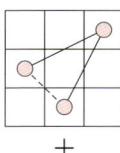 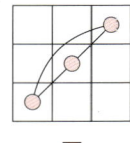

$$+ \qquad - \qquad + \qquad - \qquad + \qquad -$$

Abbildung 16.3.1: Die Terme einer 3 × 3 Determinante

In einer 3 × 3 Matrix gibt es genau sechs verschiedene Möglichkeiten, ein Element aus jeder Zeile und ein Element aus jeder Spalte auszuwählen. Alle entsprechenden sechs Produkte erscheinen in (16.3.1). Wie bestimmen wir die Vorzeichen der Terme in (16.3.1)? In Abb. 16.3.1, haben wir jedes jedes Paar von Kreisen in jeder Box durch eine Linie verbunden, die durchgezogen ist, wenn die Linie nach rechts aufsteigt, und die gestrichelt ist, wenn die Linie nach rechts abfallend ist. Wenn wir die durchgezogenen Linien in jeder der sechs Boxen verwenden, ergibt sich die folgende Regel:

Die Vorzeichenregel

Um das Vorzeichen eines Terms in der Summe zu bestimmen, markieren Sie in der Anordnung alle Elemente, die in diesem Term auftauchen. Verbinden Sie alle möglichen Paare dieser Elemente durch Linien. Diese Linien werden dann entweder nach rechts fallen oder steigen. Wenn die Anzahl der steigenden Linien gerade ist, erhält der entsprechende Term ein Pluszeichen, wenn sie ungerade ist, ein Minuszeichen.

Wir wollen diese Regel auf die sechs Boxen in Abb. 16.3.1 anwenden. In der ersten Box steigen z. B. keine Linien, so dass $a_{11}a_{22}a_{33}$ ein Pluszeichen erhält. In Box 4 steigt genau eine Linie, so dass $a_{12}a_{21}a_{33}$ ein Minuszeichen erhält, usw.

Nehmen Sie an, dass $A = (a_{ij})_{n \times n}$ eine beliebige $n \times n$ Matrix ist. Nehmen Sie an, dass wir n Elemente aus A herausgreifen, und zwar genau ein Element aus jeder Zeile und ein Element aus jeder Spalte. Bilden Sie das Produkt dieser n Elemente. Dies ergibt einen Ausdruck der Gestalt

$$a_{1r_1} \cdot a_{2r_2} \cdot \cdots \cdot a_{nr_n}$$

wobei die zweiten Indizes $r_1, r_2, \ldots, r_n$ eine Vertauschung (oder Permutation) der Zahlen $1, 2, \ldots, n$ darstellen. Die Zahlen $1, 2, \ldots, n$ können auf $n! = 1 \cdot 2 \ldots (n-1)n$ verschiedene Weisen vertauscht werden: Für das erste Element gibt es n Möglichkeiten, für jede dieser ersten Möglichkeiten gibt es $n-1$ Möglichkeiten für das zweite Element usw. Somit sind $n!$ verschiedene Produkte von n Faktoren zu betrachten. Wir definieren jetzt die Determinante von A, det(A) oder $|A|$ wie folgt:

Definition einer Determinante

Sei A eine $n \times n$ Matrix. Dann ist $|A|$ eine Summe von $n!$ Termen, wobei gilt:

1. Jeder Term ist das Produkt von n Elementen der Matrix, mit einem Element aus jeder Zeile und einem Element aus jeder Spalte. Ferner muss jedes Produkt aus genau n Faktoren, in dem jede Zeile und jede Spalte genau einmal repräsentiert ist, in dieser Summe erscheinen.

2. Das Vorzeichen jedes Terms erhält man durch Anwendung der Vorzeichenregel.

Wenn wir $(\pm)$ benutzen, um die richtige Wahl eines Plus- oder Minuszeichens zu bezeichnen, können wir schreiben:

$$|A| = \begin{vmatrix} a_{11} & a_{12} & \cdots & a_{1n} \\ a_{21} & a_{22} & \cdots & a_{2n} \\ \vdots & \vdots & \ddots & \vdots \\ a_{n1} & a_{n2} & \cdots & a_{nn} \end{vmatrix} = \sum (\pm) a_{1r_1} a_{2r_2} \ldots a_{nr_n} \qquad (16.3.2)$$

Beispiel 16.3.1

Betrachten Sie die Determinante einer beliebigen 4×4 Matrix $A = (a_{ij})_{4 \times 4}$:

$$|A| = \begin{vmatrix} a_{11} & a_{12} & a_{13} & a_{14} \\ a_{21} & a_{22} & a_{23} & a_{24} \\ a_{31} & a_{32} & a_{33} & a_{34} \\ a_{41} & a_{42} & a_{43} & a_{44} \end{vmatrix}$$

Sie besteht aus $4! = 4 \cdot 3 \cdot 2 \cdot 1 = 24$ Termen. Einer dieser Terme ist $a_{13}a_{21}a_{32}a_{44}$ und die entsprechenden Faktoren sind die eingerahmten Elemente in der Anordnung. Welches Vorzeichen muss dieser Term erhalten? Nach der Vorzeichenregel muss dieser Term ein Pluszeichen erhalten, weil es zwei nach rechts aufsteigende Linien gibt.[2] Überprüfen Sie, dass die vier in der folgenden Summe aufgeführten Terme das korrekte Vorzeichen haben:

$$|A| = a_{11}a_{22}a_{33}a_{44} - a_{12}a_{21}a_{33}a_{44} + \cdots + a_{13}a_{21}a_{32}a_{44} - \cdots + a_{14}a_{23}a_{32}a_{41}$$

Beachten Sie, dass es 20 andere Terme gibt, die wir weggelassen haben.

---

[2] Wir haben die gestrichelten Linien weggelassen, weil sie bei der Bestimmung des Vorzeichens nicht zählen.

Die Determinante einer $n \times n$ Matrix wird eine **Determinante der Ordnung n** genannt. Im Allgemeinen ist es schwierig, Determinanten direkt nach der Definition zu berechnen, auch wenn n nur 4 oder 5 ist. Wenn $n > 5$ ist, ist der Aufwand gewöhnlich enorm. Für $n = 6$ z. B. ist $n! = 720$ und somit gibt es 720 Terme in der Summe, durch die die Determinante definiert ist. Glücklicherweise gibt es andere Methoden, die auf den in Kap. 15.6 behandelten elementaren Zeilenoperationen beruhen und die den Aufwand erheblich reduzieren. Es gibt mehrere Standard-Computerprogramme für die Berechnung von Determinanten.

In wenigen Spezialfällen ist es selbst dann einfach, eine Determinante zu berechnen, wenn die Ordnung hoch ist. So ist es z. B. leicht zu sehen, dass

$$
\begin{vmatrix}
a_{11} & a_{12} & \cdots & a_{1n} \\
0 & a_{22} & \cdots & a_{2n} \\
\vdots & \vdots & \ddots & \vdots \\
0 & 0 & \cdots & a_{nn}
\end{vmatrix}
= a_{11}a_{22}\ldots a_{nn}
\tag{16.3.3}
$$

Hier sind alle Elemente *unterhalb* der Hauptdiagonalen 0. Die Matrix, deren Determinante in (16.3.3) gegeben ist, wird eine *obere Dreiecksmatrix* genannt, da alle von Null verschiedenen Elemente in dem Dreieck auf oder oberhalb der Hauptdiagonalen liegen. Solch eine Determinante kann berechnet werden, indem man das Produkt aller Elemente in der Hauptdiagonalen berechnet. Um zu sehen, warum dies so ist, beachten Sie Folgendes: Um einen Term zu erhalten, der nicht 0 ist, müssen wir a_{11} aus Spalte 1 wählen. Aus Spalte 2 können wir nicht a_{12} wählen, da wir bereits a_{11} aus der ersten Zeile gewählt haben. Daher müssen wir aus der zweiten Spalte a_{22} wählen, um einen Term zu erhalten, der verschieden von 0 ist. Aus der dritten Spalte müssen wir a_{33} wählen usw. Damit kann nur der Term $a_{11}a_{22}\ldots a_{nn} \neq 0$ sein. Das Vorzeichen dieses Terms ist Plus, da keine Linie, die ein in diesem Produkt auftauchendes Paar von Elementen verbindet, nach rechts aufsteigend ist.

Wenn eine Matrix eine Transponierte einer oberen Dreiecksmatrix ist, so dass alle Elemente oberhalb der Diagonalen 0 sind, so ist die Matrix eine *untere Dreiecksmatrix*. Indem wir im Wesentlichen dieselben Argumente wie für (16.3.3) benutzen, sehen wir, dass die Determinante einer unteren Dreiecksmatrix auch gleich dem Produkt der Elemente in ihrer Hauptdiagonalen ist:

$$
\begin{vmatrix}
a_{11} & 0 & \cdots & 0 \\
a_{21} & a_{22} & \cdots & 0 \\
\vdots & \vdots & \ddots & \vdots \\
a_{n1} & a_{n2} & \cdots & a_{nn}
\end{vmatrix}
= a_{11}a_{22}\ldots a_{nn}
\tag{16.3.4}
$$

Aufgaben für Kapitel 16.3

1. Verwenden Sie die Definition einer Determinante, um die folgenden zu berechnen:

(a)
$$
\begin{vmatrix}
1 & 0 & 0 & 0 \\
0 & 2 & 0 & 0 \\
0 & 0 & 3 & 0 \\
0 & 0 & 0 & 4
\end{vmatrix}
$$
(b)
$$
\begin{vmatrix}
1 & 0 & 0 & 1 \\
0 & 1 & 0 & 0 \\
0 & 0 & 1 & 0 \\
a & b & c & d
\end{vmatrix}
$$
(c)
$$
\begin{vmatrix}
1 & 0 & 0 & 2 \\
0 & 1 & 0 & -3 \\
0 & 0 & 1 & 4 \\
2 & 3 & 4 & 11
\end{vmatrix}
$$

2. Nehmen Sie an, dass die zwei $n \times n$ Matrizen A und B beide obere Dreiecksmatrizen sind. Zeigen Sie, dass $|AB| = |A||B|$.

3. Die Determinante der folgenden 5×5 Matrix besteht aus $5! = 120$ Termen. Einer von ihnen ist das Produkt der eingerahmten Elemente. Schreiben Sie diesen Term mit seinem korrekten Vorzeichen auf.

$$
\begin{matrix}
a_{11} & \boxed{a_{12}} & a_{13} & a_{14} & a_{15} \\
a_{21} & a_{22} & \boxed{a_{23}} & a_{24} & a_{25} \\
a_{31} & a_{32} & a_{33} & a_{34} & \boxed{a_{35}} \\
\boxed{a_{41}} & a_{42} & a_{43} & a_{44} & a_{45} \\
a_{51} & a_{52} & a_{53} & \boxed{a_{54}} & a_{55}
\end{matrix}
$$

      ➡

→ Fortsetzung

4. Schreiben Sie den durch die eingerahmten Elemente bestimmten Term mit seinem korrekten Vorzeichen auf.

$$\begin{vmatrix} a_{11} & a_{12} & a_{13} & a_{14} & \boxed{a_{15}} \\ a_{21} & a_{22} & a_{23} & \boxed{a_{24}} & a_{25} \\ a_{31} & \boxed{a_{32}} & a_{33} & a_{34} & a_{35} \\ a_{41} & a_{42} & \boxed{a_{43}} & a_{44} & a_{45} \\ \boxed{a_{51}} & a_{52} & a_{53} & a_{54} & a_{55} \end{vmatrix}$$

5. Lösen Sie die folgende Gleichung nach x auf:

$$\begin{vmatrix} 2-x & 0 & 3 & 0 \\ 1 & 2-x & 0 & 3 \\ 0 & 0 & 2-x & 0 \\ 0 & 0 & 1 & 2-x \end{vmatrix} = 0$$

► Lösungen zu den Aufgaben finden Sie im Anhang des Buches.

16.4 Grundlegende Regeln für Determinanten

Die Definition der Determinante einer $n \times n$ Matrix A impliziert eine Reihe wichtiger Eigenschaften. Alle sind von theoretischem Interesse, sie machen es aber auch leichter, Determinanten zu berechnen.

Theorem 16.4.1 (Regeln für Determinanten)

Gegeben sei eine $n \times n$ Matrix A. Dann gilt:

(i) Wenn alle Elemente in einer Zeile (oder Spalte) von A gleich 0 sind, dann ist $|A| = 0$.

(ii) $|A'| = |A|$, wobei A' die Transponierte von A ist.

(iii) Wenn alle Elemente in einer einzelnen Zeile (oder Spalte) von A mit einer Zahl α multipliziert werden, wird die Determinante mit α multipliziert.

(iv) Wenn zwei Zeilen (oder zwei Spalten) von A vertauscht werden, wechselt die Determinante das Vorzeichen, der Absolutwert bleibt unverändert.

(v) Wenn zwei der Zeilen (oder Spalten) von A proportional sind, dann ist $|A| = 0$.

(vi) Der Wert der Determinante von A bleibt unverändert, wenn das Vielfache einer Zeile (oder einer Spalte) zu einer anderen Zeile (oder Spalte) von A addiert wird.

(vii) Die Determinante des Produkts zweier $n \times n$ Matrizen A und B ist das Produkt der Determinanten der beiden Faktoren:

$$|AB| = |A| \cdot |B| \tag{16.4.1}$$

(viii) Wenn α eine reelle Zahl ist, dann gilt

$$|\alpha A| = \alpha^n |A| \tag{16.4.2}$$

Es sollte in Erinnerung gebracht werden, dass im Allgemeinen die Determinante einer Summe *nicht* die Summe der Determinanten ist:

$$|A + B| \neq |A| + |B| \qquad (16.4.3)$$

In Aufgabe 16.1.7 wurde nach einem Beispiel für diese allgemeine Ungleichheit gefragt.

Unsere geometrischen Interpretationen von Determinanten der Ordnung 2 und 3 bestätigen mehrere dieser Regeln. Regel (iii) z. B. mit, sagen wir, $\alpha = 2$, gibt die folgende Tatsache wieder: Wenn einer der Vektoren in Abbildung 16.1.1 oder 16.2.1 in der Länge verdoppelt wird, dann ist die Fläche oder das Volumen zweimal so groß. Es ist eine gute Übung zu versuchen, den Regeln (i), (ii), (iv), (v) und (viii) geometrische Interpretationen zu geben.

Beweise für die meisten dieser Eigenschaften werden am Ende dieses Unterkapitels gegeben. Zunächst wollen wir sie jedoch in einigen Spezialfällen für 2×2 Matrizen illustrieren.

(i). $\begin{vmatrix} a_{11} & a_{12} \\ 0 & 0 \end{vmatrix} = a_{11} \cdot 0 - a_{12} \cdot 0 = 0$

(ii): $|A| = \begin{vmatrix} a_{11} & a_{12} \\ a_{21} & a_{22} \end{vmatrix} = a_{11}a_{22} - a_{12}a_{21},$

während

$|A'| = \begin{vmatrix} a_{11} & a_{21} \\ a_{12} & a_{22} \end{vmatrix} = a_{11}a_{22} - a_{12}a_{21}.$

(iii): $\begin{vmatrix} a_{11} & a_{12} \\ \alpha a_{21} & \alpha a_{22} \end{vmatrix} = a_{11}(\alpha a_{22}) - a_{12}(\alpha a_{21}) = \alpha(a_{11}a_{22} - a_{12}a_{21}) = \alpha \begin{vmatrix} a_{11} & a_{12} \\ a_{21} & a_{22} \end{vmatrix}$

(iv): $\begin{vmatrix} a_{21} & a_{22} \\ a_{11} & a_{12} \end{vmatrix} = a_{21}a_{12} - a_{11}a_{22} = -(a_{11}a_{22} - a_{12}a_{21}) = - \begin{vmatrix} a_{11} & a_{12} \\ a_{21} & a_{22} \end{vmatrix}$

(v): $\begin{vmatrix} a_{11} & a_{12} \\ \beta a_{11} & \beta a_{12} \end{vmatrix} = a_{11}(\beta a_{12}) - a_{12}(\beta a_{11}) = \beta(a_{11}a_{12} - a_{11}a_{12}) = 0.$ Siehe[3]

(vi): Multiplizieren Sie jedes Element in der ersten Zeile einer Determinante der Ordnung 2 mit α und addieren Sie dies zu dem entsprechenden Element in der zweiten

---

[3] Diese Regel hilft, das Resultat in Beispiel 16.2.4 teilweise zu bestätigen. Beachten Sie, dass das Produkt $(b - a)(c - a)(c - b)$ gleich 0 ist, wenn $b = a$, $c = a$ oder $c = b$ ist und in jedem dieser drei Fälle sind zwei Zeilen der Matrix proportional, d. h. in der Tat gleich.

Zeile. Wir zeigen, dass die Determinante ihren Wert nicht ändert.[4] In der Tat:

$$\begin{vmatrix} a_{11} & a_{12} \\ a_{21} & a_{22} \end{vmatrix} \begin{matrix} \alpha \\ \hookleftarrow \end{matrix} = \begin{vmatrix} a_{11} & a_{12} \\ a_{21} + \alpha a_{11} & a_{22} + \alpha a_{12} \end{vmatrix} = a_{11}(a_{22} + \alpha a_{12}) - a_{12}(a_{21} + \alpha a_{11})$$

$$= a_{11}a_{22} + \alpha a_{11}a_{12} - a_{12}a_{21} - \alpha a_{12}a_{11} = a_{11}a_{22} - a_{12}a_{21}$$

$$= \begin{vmatrix} a_{11} & a_{12} \\ a_{21} & a_{22} \end{vmatrix}$$

(vii): In Aufgabe 16.1.6 wurde bereits nach einem Beweis dieser Regel für 2 × 2 Matrizen gefragt.

(viii):
$$\begin{vmatrix} \alpha a_{11} & \alpha a_{12} \\ \alpha a_{21} & \alpha a_{22} \end{vmatrix} = \alpha a_{11} \alpha a_{22} - \alpha a_{12} \alpha a_{21} = \alpha^2 (a_{11}a_{22} - a_{12}a_{21}) = \alpha^2 \begin{vmatrix} a_{11} & a_{12} \\ a_{21} & a_{22} \end{vmatrix}$$

Theorem 16.4.1 zeigt einige der wichtigsten Regeln für Determinanten auf. Vertrautheit im Umgang mit ihnen kommt nur durch das Rechnen vieler Aufgaben.

Regel (vi) ist besonders nützlich für die Berechnung großer oder komplizierter Determinanten.[5] Die Idee ist, die Matrix in eine (obere oder untere) Dreiecksmatrix umzuwandeln. Dies ist genau dasselbe Verfahren wie in der Gauß'schen Eliminationsmethode, die in Kap. 15.6 beschrieben wurde. Wir geben zwei Beispiele mit 3 × 3 Matrizen.

Beispiel 16.4.1

$$\begin{vmatrix} 1 & 5 & -1 \\ -1 & 1 & 3 \\ 3 & 2 & 1 \end{vmatrix} \begin{matrix} 1 \\ \hookleftarrow \\ \ \end{matrix} = \begin{vmatrix} 1 & 5 & -1 \\ -1+1 & 1+5 & 3+(-1) \\ 3 & 2 & 1 \end{vmatrix} = \begin{vmatrix} 1 & 5 & -1 \\ 0 & 6 & 2 \\ 3 & 2 & 1 \end{vmatrix} \begin{matrix} -3 \\ \ \\ \hookleftarrow \end{matrix}$$

$$= \begin{vmatrix} 1 & 5 & -1 \\ 0 & 6 & 2 \\ 0 & -13 & 4 \end{vmatrix} \begin{matrix} \ \\ \frac{13}{6} \\ \hookleftarrow \end{matrix} = \begin{vmatrix} 1 & 5 & -1 \\ 0 & 6 & 2 \\ 0 & 0 & 25/3 \end{vmatrix} = 1 \cdot 6 \cdot \frac{25}{3} = 50$$

Hier wurde die erste Zeile zur zweiten Zeile addiert, um eine Null in der ersten Spalte zu erhalten. Dann wurde das (−3)-fache der ersten Zeile zur dritten addiert, was eine zweite Null in der ersten Spalte ergibt. Danach wurde das 13/6-fache der zweiten Zeile zur dritten addiert, was eine weitere Null in der zweiten Spalte hervorruft. Beachten Sie die Art und Weise, in der wir diese Operationen angedeutet haben. Am Ende führen sie zu einer oberen Dreiecksmatrix, deren Determinante mit Hilfe der Formel (16.3.4) leicht zu berechnen ist.

Im nächsten Beispiel werden in den ersten zwei Schritten mehr als eine Operation gleichzeitig durchgeführt.

---

[4] Beachten Sie sorgfältig die Art, in der wir diese Operation andeuten – siehe auch Kap. 15.6.

[5] Um eine allgemeine 10 × 10 Determinante nach der Definition zu berechnen, sind nicht weniger als 10! − 1 = 3 628 799 Operationen der Addition oder Multiplikation nötig! Systematische Anwendung der Regel (vi) kann die Anzahl der nötigen Operationen auf ungefähr 380 reduzieren.

Beispiel 16.4.2

$$
\begin{vmatrix} a+b & a & a \\ a & a+b & a \\ a & a & a+b \end{vmatrix}
\begin{matrix} \leftarrow\!\!\leftarrow \\ 1 \\ 1 \end{matrix}
=
\begin{vmatrix} 3a+b & 3a+b & 3a+b \\ a & a+b & a \\ a & a & a+b \end{vmatrix}
$$

$$
= (3a+b)\begin{vmatrix} 1 & 1 & 1 \\ a & a+b & a \\ a & a & a+b \end{vmatrix}
\begin{matrix} \;\;-a\;\;-a \\ \llcorner\!\!\!\lrcorner \end{matrix}
= (3a+b)\begin{vmatrix} 1 & 1 & 1 \\ 0 & b & 0 \\ 0 & 0 & b \end{vmatrix}
$$

$$
= (3a+b)\cdot 1 \cdot b \cdot b = b^2(3a+b)
$$

Beispiel 16.4.3

Prüfen Sie, dass $|AB| = |A|\cdot|B|$, wenn $A = \begin{pmatrix} 1 & 5 & -1 \\ -1 & 1 & 3 \\ 3 & 2 & 1 \end{pmatrix}$ und $B = \begin{pmatrix} 3 & 0 & 2 \\ -1 & 1 & 0 \\ 5 & 2 & 3 \end{pmatrix}$.

Lösung: Nach Beispiel 16.4.1 ist $|A| = 50$. Sie sollten verifizieren, dass $|B| = -5$. Ferner ergibt die Multiplikation der zwei Matrizen

$$
AB = \begin{pmatrix} -7 & 3 & -1 \\ 11 & 7 & 7 \\ 12 & 4 & 9 \end{pmatrix}
$$

Nach der Regel von Sarrus oder mit anderen Methoden erhalten wir $|AB| = -250$. Daher ist $|AB| = |A|\cdot|B|$.

Schließlich diskutieren wir die Argumente für Theorem 16.4.1, Regel für Regel:

(i): Jeder der $n!$ Terme in der Determinante muss ein Element aus der Zeile (oder Spalte) enthalten, die nur aus Nullen besteht. Deshalb ist die Determinante 0.

(ii): Jeder Term in $|A|$ ist das Produkt aus Einträgen, die so aus A gewählt werden, dass aus jeder Zeile und jeder Spalte genau ein Element auftritt. Deshalb müssen auch genau dieselben Terme in $|A'|$ auftauchen. Man kann beweisen, dass die Vorzeichen auch dieselben sind, aber wir übergehen den Beweis.[6]

(iii): Sei B die Matrix, die man aus A erhält, indem man jedes Element in einer bestimmten Zeile (oder Spalte) von A mit α multipliziert. Dann ist jeder Term in der Summe, die $|B|$ definiert, gleich α multipliziert mit dem entsprechenden Term in der Summe, die $|A|$ definiert. Daher ist $|B| = \alpha|A|$.

(iv): Wenn zwei Zeilen, oder zwei Spalten, vertauscht werden, bleiben die Terme in der Definition der Determinante in Kap. 16.3 dieselben, abgesehen davon, dass sich das Vorzeichen in jedem Term umkehrt. Dies zu zeigen, verlangt jedoch ein ziemlich kompliziertes Argument, so dass wir nur diese kurze Erklärung anbieten.

(v): Durch Anwendung der Regel (iii) kann der Proportionalitätsfaktor vor die Determinante gezogen werden. Die Determinante hat dann zwei gleiche Zeilen (Spalten). Wenn wir die zwei

---

[6] Der Beweis dieser Eigenschaft und anderer, die wir unbewiesen lassen, kann in den meisten Büchern über lineare Algebra gefunden werden.

Zeilen vertauschen, die gleich sind, wird die Determinante genau dieselbe bleiben. Aber nach Regel (iv) hat die Determinante ihr Vorzeichen gewechselt. Daher ist $|A| = -|A|$, was bedeutet das $2\,A| = 0$ und somit $|A| = 0$ ist.

(vi): Für den Fall, dass das α-fache der Zeile i zur Zeile j addiert wird, impliziert Gleichung (16.3.2), dass

$$\sum \pm a_{1r_1} \ldots a_{ir_i} \ldots (a_{jr_j} + \alpha a_{ir_j}) \ldots a_{nr_n}$$
$$= \sum \pm a_{1r_1} \ldots a_{ir_i} \ldots a_{jr_j} \ldots a_{nr_n} + \alpha \sum \pm a_{1r_1} \ldots a_{ir_i} \ldots a_{ir_j} \ldots a_{nr_n}$$

Aber die letzte Summe ist Null, weil sie gleich einer Determinante ist, in der die Zeilen i und j gleich sind, so dass die rechte Seite sich reduziert auf $|A| + \alpha \cdot 0 = |A|$

(vii): Der Beweis dieser Regel für den Fall $n = 2$ ist Gegenstand der Aufgabe 16.1.6. Der Fall, in dem A und B beide obere Dreiecksmatrizen sind, wird durch Aufgabe 16.3.2 abgedeckt. Man kann den allgemeinen Fall beweisen, indem man elementare Zeilen- und Spaltenoperationen verwendet, um A und B sowie AB in obere Dreiecksmatrizen umzuwandeln. Wir lassen den Beweis jedoch aus.

(viii): Man erhält die Matrix αA, indem man *jedes* Element in A mit α multipliziert. Nach Regel (iii) ist $|\alpha A|$ dann gleich $\alpha^n |A|$, weil jede der n Zeilen α als einen Faktor in jedem Element hat.

Aufgaben für Kapitel 16.4

1. Sei $A = \begin{pmatrix} 1 & 2 \\ 3 & 4 \end{pmatrix}$ und $B = \begin{pmatrix} 3 & 4 \\ 5 & 6 \end{pmatrix}$.

   (a) Berechnen Sie AB, BA, $A'B'$ und $B'A'$.

   (b) Zeigen Sie, dass $|A| = |A'|$ und $AB| = |A| \cdot |B|$.

   (c) Ist $|A'B'| = |A'| \cdot |B'|$?

2. Sei $A = \begin{pmatrix} 2 & 1 & 3 \\ 1 & 0 & 1 \\ 1 & 2 & 5 \end{pmatrix}$. Schreiben Sie A' auf und zeigen Sie, dass $|A| = |A'|$ ist.

3. Berechnen Sie die folgenden Determinanten so einfach wie möglich:

   (a) $\begin{vmatrix} 3 & 0 & 1 \\ 1 & 0 & -1 \\ 2 & 0 & 5 \end{vmatrix}$ (b) $\begin{vmatrix} 1 & 2 & 3 & 4 \\ 0 & -2 & 2 & 4 \\ 0 & 0 & 3 & -1 \\ -3 & -6 & -9 & -12 \end{vmatrix}$ (c) $\begin{vmatrix} a_1 - x & a_2 & a_3 & a_4 \\ 0 & -x & 0 & 0 \\ 0 & 1 & -x & 0 \\ 0 & 0 & 1 & -x \end{vmatrix}$

4. Seien A und B beide 3×3 Matrizen mit $|A| = 3$ und $|B| = -4$.

   (a) Bestimmen Sie, wenn möglich, die eindeutigen numerischen Werte von $|AB|$, $3|A|$ $|-2B|$, $|4A|$, $|A| + |B|$ und $|A + B|$.

   (b) Welche Ausdrücke haben einen numerischen Wert, der nicht eindeutig durch die gegebenen Werte von $|A|$ und $|B|$ bestimmt ist, falls es welche gibt?

5. Sei $A = \begin{pmatrix} a & 1 & 4 \\ 2 & 1 & a^2 \\ 1 & 0 & -3 \end{pmatrix}$. Berechnen Sie A^2 und $|A|$.

➡ Fortsetzung

6. Zeigen Sie, dass jede der folgenden Determinanten Null ist:

(a) $\begin{vmatrix} 1 & 2 & 3 \\ 2 & 4 & 5 \\ 3 & 6 & 8 \end{vmatrix}$ (b) $\begin{vmatrix} 1 & a & b+c \\ 1 & b & c+a \\ 1 & c & a+b \end{vmatrix}$ (c) $\begin{vmatrix} x-y & x-y & x^2-y^2 \\ 1 & 1 & x+y \\ y & 1 & x \end{vmatrix}$

7. Sei $X = \begin{pmatrix} 1 & 0 & 0 \\ 1 & 1 & 1 \\ 1 & 2 & 0 \\ 1 & 0 & 1 \end{pmatrix}$. Berechnen Sie $X'X$ und $|X'X|$.

8. Sei $A_a = \begin{pmatrix} a & 2 & 2 \\ 2 & a^2+1 & 1 \\ 2 & 1 & 1 \end{pmatrix}$. Berechnen Sie $|A_a|$ und $|A_1^6|$.

9. Zeigen Sie, dass eine orthogonale Matrix P, wie sie in Aufgabe 15.5.7 definiert wurde, die Determinante 1 oder -1 haben muss.

10. Eine quadratische Matrix A der Ordnung n heißt **involutiv**, wenn $A^2 = I_n$.

(a) Zeigen Sie, dass die Determinante einer involutiven Matrix gleich 1 oder -1 ist.

(b) Zeigen Sie, dass für alle a die zwei Matrizen $\begin{pmatrix} -1 & 0 \\ 0 & -1 \end{pmatrix}$ und $\begin{pmatrix} a & 1-a^2 \\ 1 & -a \end{pmatrix}$ involutiv sind.

(c) Zeigen Sie, dass A genau dann involutiv ist, wenn $(I_n - A)(I_n + A) = 0$.

11. Entscheiden Sie, welche der folgenden Gleichungen (allgemein) wahr/falsch sind:

(a) $\begin{vmatrix} a & b \\ c & d \end{vmatrix} = -\begin{vmatrix} a & -b \\ c & -d \end{vmatrix} = 2\begin{vmatrix} \frac{1}{2}a & \frac{1}{2}b \\ \frac{1}{2}c & \frac{1}{2}d \end{vmatrix}$

(b) $\begin{vmatrix} a & b \\ c & d \end{vmatrix} = \begin{vmatrix} a & b \\ 0 & 0 \end{vmatrix} + \begin{vmatrix} 0 & 0 \\ c & d \end{vmatrix}$

(c) $\begin{vmatrix} a & b \\ c & d \end{vmatrix} = \begin{vmatrix} 0 & b \\ 0 & d \end{vmatrix} + \begin{vmatrix} a & b \\ c & d \end{vmatrix} = \begin{vmatrix} a & 0 & b \\ -1 & 1 & 0 \\ c & 0 & d \end{vmatrix}$

(d) $\begin{vmatrix} a & b \\ c & d \end{vmatrix} = \begin{vmatrix} a & b \\ c-2a & d-2b \end{vmatrix}$

12. Sei B eine gegebene $n \times n$-Matrix. Eine $n \times n$-Matrix P heißt *vertauschbar* mit B, wenn $BP = PB$. Zeigen Sie: Wenn P und Q beide mit B vertauschbar sind, dann ist auch PQ mit B vertauschbar.

Anspruchsvollere Aufgaben

13. Zeigen Sie ohne Berechnung der Determinanten, dass

$$\begin{vmatrix} b^2+c^2 & ab & ac \\ ab & a^2+c^2 & bc \\ ac & bc & a^2+b^2 \end{vmatrix} = \begin{vmatrix} 0 & c & b \\ c & 0 & a \\ b & a & 0 \end{vmatrix}^2$$

→ Fortsetzung

14. Zeigen Sie das folgende nützliche Resultat. (Von dem Beispiel 16.4.2 ein Spezialfall ist für $n = 3$.)

$$D_n = \begin{vmatrix} a+b & a & \cdots & a \\ a & a+b & \cdots & a \\ \vdots & \vdots & \ddots & \vdots \\ a & a & \cdots & a+b \end{vmatrix} = b^{n-1}(na+b)$$

▶ Lösungen zu den Aufgaben finden Sie im Anhang des Buches.

16.5 Entwicklung nach Co-Faktoren

Entsprechend der Definition in Kapitel 16.3 ist die Determinante einer $n \times n$ Matrix $A = (a_{ij})$ eine Summe von $n!$ Termen. Jeder Term enthält ein Element aus jeder Zeile und ein Element aus jeder Spalte. Betrachten Sie insbesondere Zeile i: Greifen Sie alle die Terme heraus, die a_{i1} als einen Faktor haben, dann alle Terme, die a_{i2} als einen Faktor haben usw. Da alle Terme genau einen Faktor aus Zeile i enthalten, bekommen wir auf diese Weise alle Terme von $|A|$. Deshalb können wir schreiben

$$|A| = a_{i1}C_{i1} + a_{i2}C_{i2} + \cdots + a_{ij}C_{ij} + \cdots + a_{in}C_{in} \qquad (16.5.1)$$

Dies wird die *Entwicklung von $|A|$ nach den Elementen der i-ten Zeile* genannt. Die Koeffizienten $C_{i1}, \ldots, C_{in}$ sind die **Co-Faktoren** der Elemente $a_{i1}, \ldots, a_{in}$ und Gl. (16.5.1) wird die *Co-Faktorentwicklung von $|A|$ entlang der Zeile i* genannt.

Analog hat man die *Co-Faktorentwicklung von $|A|$ Spalte j hinunter*, nämlich:

$$|A| = a_{1j}C_{1j} + a_{2j}C_{2j} + \cdots + a_{ij}C_{ij} + \cdots + a_{nj}C_{nj} \qquad (16.5.2)$$

Was die Entwicklungen (16.5.1) und (16.5.2) extrem nützlich macht, ist, dass man im Allgemeinen jeden Co-Faktor C_{ij} finden kann, indem man das folgende Verfahren auf die Determinante $|A|$ anwendet: Streichen Sie zunächst die i-te Zeile und j-te Spalte, um zu einer Determinante der Ordnung $n-1$ zu gelangen, die ein **Minor** genannt wird. Multiplizieren Sie dann den Minor mit dem Faktor $(-1)^{i+j}$. Dies ergibt den Co-Faktor.

In Symbolen ist der Co-Faktor C_{ij} gegeben durch

$$C_{ij} = (-1)^{i+j} \begin{vmatrix} a_{11} & \cdots & a_{1,j-1} & a_{1j} & a_{1,j+1} & \cdots & a_{1n} \\ a_{21} & \cdots & a_{2,j-1} & a_{2j} & a_{2,j+1} & \cdots & a_{2n} \\ \vdots & & \vdots & \vdots & \vdots & & \vdots \\ a_{i1} & \cdots & a_{i,j-1} & \boxed{a_{ij}} & a_{i,j+1} & \cdots & a_{in} \\ \vdots & & \vdots & \vdots & \vdots & & \vdots \\ a_{n1} & \cdots & a_{n,j-1} & a_{nj} & a_{n,j+1} & \cdots & a_{nn} \end{vmatrix} \qquad (16.5.3)$$

Dabei wurden Linien durch die Zeile i und die Spalte j gezogen, die aus der Matrix zu streichen sind. Wir übergehen den Beweis. Wenn wir jedoch auf (16.2.5) zurückschauen, bestätigt es (16.5.3) in einem Spezialfall. Setzen Sie dazu $|A| = a_{11}C_{11} + a_{12}C_{12} + a_{13}C_{13}$. Dann ist

$$C_{11} = (-1)^{1+1}\begin{vmatrix} a_{22} & a_{23} \\ a_{32} & a_{33} \end{vmatrix}, \qquad C_{12} = (-1)^{1+2}\begin{vmatrix} a_{21} & a_{23} \\ a_{31} & a_{33} \end{vmatrix}, \qquad C_{13} = (-1)^{1+3}\begin{vmatrix} a_{21} & a_{22} \\ a_{31} & a_{32} \end{vmatrix}$$

genau in Übereinstimmung mit (16.2.5).

Im Allgemeinen ist Formel (16.5.3) ziemlich kompliziert. Überprüfen Sie Ihr Verständnis dieser Formel durch die Untersuchung des folgenden Beispiels.

Beispiel 16.5.1

Überprüfen Sie, dass der Co-Faktor des Elements c in der Determinante

$$|A| = \begin{vmatrix} 3 & 0 & 0 & 2 \\ 6 & 1 & \boxed{c} & 2 \\ -1 & 1 & 0 & 0 \\ 5 & 2 & 0 & 3 \end{vmatrix} \qquad \text{gleich} \qquad C_{23} = (-1)^{2+3}\begin{vmatrix} 3 & 0 & 2 \\ -1 & 1 & 0 \\ 5 & 2 & 3 \end{vmatrix}$$

ist. Bestimmen Sie den Wert von $|A|$, indem Sie (16.5.2) und Beispiel 16.2.1 verwenden.

Lösung: Da das Element c in Zeile 2 und Spalte 3 steht, ist der zugehörige Co-Faktor korrekt angegeben worden. Um den numerischen Wert von $|A|$ zu bestimmen, verwenden wir (16.5.2) und entwickeln nach den Elementen der *dritten Spalte* von $|A|$, weil diese so viele Nullen enthält. Dies ergibt

$$|A| = a_{23}C_{23} = c\,(-1)^{2+3}\begin{vmatrix} 3 & 0 & 2 \\ -1 & 1 & 0 \\ 5 & 2 & 3 \end{vmatrix} = c\,(-1)(-5) = 5c$$

Beispiel 16.5.1 zeigt einen Fall, in dem die Entwicklung nach Co-Faktoren besonders einfach ist, da es so viele Nullen in der dritten Spalte gibt. Wenn die Nullen nicht von Anfang an da sind, können wir sie oft durch Anwendung der Regel (vi) in Theorem 16.4.1 erzeugen. Zwei Beispiele sollen diese Methode illustrieren.

Beispiel 16.5.2

$$\begin{vmatrix} 3 & -1 & 2 \\ 0 & -1 & -1 \\ 6 & 1 & 2 \end{vmatrix} = \begin{vmatrix} 3 & -1 & 2 \\ 0 & -1 & -1 \\ 0 & 3 & -2 \end{vmatrix} \overset{(*)}{=} 3\begin{vmatrix} -1 & -1 \\ 3 & -2 \end{vmatrix} = 3(2+3) = 15.$$

Um die mit $(*)$ gekennzeichnete Gleichheit zu erhalten, sollten Sie nach Spalte 1 entwickeln.

$$\begin{vmatrix} 2 & 0 & 3 & -1 \\ 0 & 4 & 0 & 0 \\ 0 & 1 & -1 & 2 \\ 3 & 2 & 5 & -3 \end{vmatrix} \overset{(*)}{=} (-1)^{2+2} \cdot 4 \begin{vmatrix} 2 & 3 & -1 \\ 0 & -1 & 2 \\ 3 & 5 & -3 \end{vmatrix}$$

$$= 4 \begin{vmatrix} 2 & 3 & -1 \\ 0 & -1 & 2 \\ 0 & 1/2 & -3/2 \end{vmatrix} \overset{(**)}{=} 4 \cdot 2 \begin{vmatrix} -1 & 2 \\ 1/2 & -3/2 \end{vmatrix} = 8 \left(\tfrac{3}{2} - \tfrac{2}{2} \right) = 4$$

Für Gleichheit (*) ist nach Zeile 2 zu entwickeln. Für Gleichheit (**) ist nach Spalte 1 zu entwickeln.

Entwicklung nach anderen Co-Faktoren

Gemäß den Formeln (16.5.1) und (16.5.2) für die Entwicklung nach Co-Faktoren gilt Wenn jedes Element a_{ij} einer Zeile (oder Spalte) einer Determinante mit dem entsprechenden Co-Faktor C_{ij} multipliziert wird und dann alle diese Produkte addiert werden, so ergibt das Resultat den Wert der Determinante. Was geschieht, wenn wir die Elemente einer Zeile mit den Co-Faktoren einer verschiedenen (anderen) Zeile multiplizieren? Oder die Elemente einer Spalte mit den Co-Faktoren einer anderen Spalte? Betrachten Sie das folgende Beispiel.

Wenn $A = (a_{ij})_{3\times 3}$ ist, dann ist die Co-Faktorentwicklung von $|A|$ entlang der zweiten Zeile gleich

$$|A| = a_{21} C_{21} + a_{22} C_{22} + a_{23} C_{23}$$

Nehmen Sie an, wir ersetzen die Elemente a_{21}, a_{22} und a_{23} durch a, b und c. Dann bleiben die zugehörigen Co-Faktoren C_{21}, C_{22} und C_{23} unverändert und

$$\begin{vmatrix} a_{11} & a_{12} & a_{13} \\ a & b & c \\ a_{31} & a_{32} & a_{33} \end{vmatrix} = aC_{21} + bC_{22} + cC_{23} \qquad (*)$$

Wenn wir insbesondere a, b und c durch a_{11}, a_{12} und a_{13} oder durch a_{31}, a_{32} und a_{33} ersetzen, dann ist die Determinante in (*) gleich 0, weil zwei Zeilen gleich sind Daher gilt

$$a_{11} C_{21} + a_{12} C_{22} + a_{13} C_{23} = 0$$
$$a_{31} C_{21} + a_{32} C_{22} + a_{33} C_{23} = 0$$

Das bedeutet: Die Summe der Produkte der Elemente in der Zeile 1 oder der Zeile 3 multipliziert mit den Co-Faktoren der Zeile 2 ist Null.

Offensichtlich kann das in diesem Beispiel verwendete Argument verallgemeinert werden: Wenn wir die Elemente einer Zeile mit den Co-Faktoren einer anderen Zeile multiplizieren und die Produkte aufaddieren, so ist das Resultat gleich 0. Das Gleiche gilt, wenn wir die Elemente einer Spalte mit den Co-Faktoren einer anderen Spalte multiplizieren und dann aufaddieren.

Wir fassen alle Resultate in diesem Abschnitt in folgendem Theorem zusammen:

Theorem 16.5.1 (Entwicklung einer Determinante nach Co-Faktoren)

Sei $A = (a_{ij})_{n \times n}$. Nehmen Sie an, dass die Co-Faktoren C_{ij} wie in (16.5.3) definiert sind. Dann gilt:

(i) $a_{i1}C_{i1} + a_{i2}C_{i2} + \cdots + a_{in}C_{in} = |A|$
(ii) Falls $k \neq i$, gilt $a_{i1}C_{k1} + a_{i2}C_{k2} + \cdots + a_{in}C_{kn} = 0$.
(iii) $a_{1j}C_{1j} + a_{2j}C_{2j} + \cdots + a_{nj}C_{nj} = |A|$
(iv) Falls $k \neq j$, gilt $a_{1j}C_{1k} + a_{2j}C_{2k} + \cdots + a_{nj}C_{nk} = 0$.

Theorem 16.5.1 besagt, dass die Entwicklung einer Determinante nach Zeile i mit Hilfe der Co-Faktoren der Zeile k verschwindet, wenn $k \neq i$ und gleich $|A|$ ist, wenn $k = i$. Genauso gilt: Die Entwicklung nach Spalte j mit Hilfe der Co-Faktoren in Spalte k verschwindet, wenn $k \neq j$, und ist gleich $|A|$, wenn $k = j$.

Aufgaben für Kapitel 16.5

1. Berechnen Sie die folgenden Determinanten:

(a) $\begin{vmatrix} 1 & 2 & 4 \\ 1 & 3 & 9 \\ 1 & 4 & 16 \end{vmatrix}$
(b) $\begin{vmatrix} 1 & 2 & 3 & 4 \\ 0 & -1 & 0 & 11 \\ 2 & -1 & 0 & 3 \\ -2 & 0 & -1 & 3 \end{vmatrix}$
(c) $\begin{vmatrix} 2 & 1 & 3 & 3 \\ 3 & 2 & 1 & 6 \\ 1 & 3 & 0 & 9 \\ 2 & 4 & 1 & 12 \end{vmatrix}$

2. Berechnen Sie die folgenden Determinanten:

(a) $\begin{vmatrix} 0 & 0 & a \\ 0 & b & 0 \\ c & 0 & 0 \end{vmatrix}$
(b) $\begin{vmatrix} 0 & 0 & 0 & a \\ 0 & 0 & b & 0 \\ 0 & c & 0 & 0 \\ d & 0 & 0 & 0 \end{vmatrix}$
(c) $\begin{vmatrix} 0 & 0 & 0 & 0 & 1 \\ 0 & 0 & 0 & 5 & 1 \\ 0 & 0 & 3 & 1 & 2 \\ 0 & 4 & 0 & 3 & 4 \\ 6 & 2 & 3 & 1 & 2 \end{vmatrix}$

▶ Lösungen zu den Aufgaben finden Sie im Anhang des Buches.

16.6 Die Inverse einer Matrix

Nehmen Sie an, dass α eine von 0 verschiedene reelle Zahl ist. Dann gibt es eine eindeutige Zahl α^{-1} mit der Eigenschaft, dass $\alpha\alpha^{-1} = \alpha^{-1}\alpha = 1$ ist. Wir nennen α^{-1} die (multiplikative) Inverse von α. Wir haben in Kap. 15.4 gesehen, dass die Einheitsmatrix I, mit Einsen entlang der Diagonalen und Nullen sonst, das Matrizenäquivalent zur 1 im reellen Zahlensystem ist.[7] Damit erscheint die folgende Terminologie nahe-liegend.

Wenn eine Matrix A gegeben ist, sagen wir, dass die Matrix X eine **Inverse von** A ist, wenn gilt:

$$AX = XA = I \qquad (16.6.1)$$

Man sagt dann, dass A **invertierbar** ist. Da $XA = AX = I$, ist die Matrix A auch eine Inverse von X – d. h. A und X sind gegenseitig Inverse voneinander. Beachten Sie, dass die zwei Matrizenprodukte AX und XA nur dann definiert und gleich sind, wenn A und X quadratische Matrizen derselben Ordnung sind. *Daher können nur quadratische Matrizen Inverse haben.* Aber nicht einmal alle quadratische Matrizen haben eine Inverse, wie (b) in dem folgenden Beispiel zeigt.

Beispiel 16.6.1

(a) Zeigen Sie, dass $A = \begin{pmatrix} 5 & 6 \\ 5 & 10 \end{pmatrix}$ und $X = \begin{pmatrix} 1/2 & -3/10 \\ -1/4 & 1/4 \end{pmatrix}$ Inverse voneinan-

    der sind.

(b) Zeigen Sie, dass $A = \begin{pmatrix} 1 & 0 \\ 0 & 0 \end{pmatrix}$ keine Inverse hat.

Lösung:

(a)   Wir berechnen einfach direkt, dass

$$\begin{pmatrix} 5 & 6 \\ 5 & 10 \end{pmatrix} \begin{pmatrix} 1/2 & -3/10 \\ -1/4 & 1/4 \end{pmatrix} = \begin{pmatrix} 5/2 - 6/4 & -15/10 + 6/4 \\ 5/2 - 10/4 & -15/10 + 10/4 \end{pmatrix} = \begin{pmatrix} 1 & 0 \\ 0 & 1 \end{pmatrix}$$

    und genauso verifizieren wir, dass $XA = I$ ist.

(b) Bemerken Sie, dass für alle reellen Zahlen x, y, z und w gilt

$$\begin{pmatrix} 1 & 0 \\ 0 & 0 \end{pmatrix} \begin{pmatrix} x & y \\ z & w \end{pmatrix} = \begin{pmatrix} x & y \\ 0 & 0 \end{pmatrix}$$

    Weil das Element in Zeile 2 und Spalte 2 der letzten Matrix 0 ist und nicht 1, gibt es keine Möglichkeit x, y, z und w zu wählen, so dass das Produkt dieser zwei Matrizen gleich I ist.

Es tauchen die folgenden Fragen auf: (i) *Welche Matrizen haben Inverse?* (ii) *Kann eine gegebene Matrix mehr als eine Inverse haben?* (iii) *Wie finden wir die Inverse, falls sie existiert?*

In Bezug auf Frage (i) ist es leicht, eine *notwendige* Bedingung dafür zu finden, dass eine Matrix A eine Inverse hat. In der Tat folgt aus (16.6.1) und Regel (vii) in Theorem 16.4.1, dass $|AX| = |A| \cdot |X| = |I|$. Mit (16.3.3) sehen wir, dass die Einheitsmatrix

---

[7] Von jetzt an schreiben wir I anstelle von I_n immer dann, wenn die Ordnung n der Einheits-matrix offensichtlich erscheint.

beliebiger Ordnung die Determimante 1 hat. Wenn also X eine Inverse von A ist, dann ist $|A| \cdot |X| = 1$. Wir schließen aus dieser Gleichung, dass $|A| \neq 0$ eine notwendige Bedingung dafür ist, dass A eine Inverse besitzt, weil $|A| = 0$ zu einem Widerspruch führen würde.

Wie wir im nächsten Unterkapitel sehen werden, ist die Bedingung $|A| \neq 0$ auch *hinreichend* für die Existenz einer Inversen von A. Daher gilt für eine quadratische Matrix

$$A \text{ hat eine Inverse} \iff |A| \neq 0 \qquad (16.6.2)$$

Eine quadratische Matrix A wird **singulär** genannt, wenn $|A| = 0$ ist und **nichtsingulär**, wenn $|A| \neq 0$ ist. Nach (16.6.2) hat eine Matrix genau dann eine Inverse, wenn sie nichtsingulär ist.

Zu Frage (ii) ist die Antwort: Nein – eine Matrix kann nicht mehr als eine Inverse haben. Nehmen Sie nämlich an: X erfüllt (16.6.1) und außerdem gelte $AY = I$ für eine andere quadratische Matrix Y. Dann gilt

$$Y = IY = (XA)Y = X(AY) = XI = X$$

Ein ähnliches Argument zeigt: Wenn $YA = I$ gilt, dann ist $Y = X$. *Damit ist die Inverse von A eindeutig, wenn sie existiert.*

Wenn die Inverse von A existiert, wird sie gewöhnlich A^{-1} geschrieben. Während wir für Zahlen $a^{-1} = 1/a$ schreiben können, hat das Symbol I/A *keine* Bedeutung. *Es gibt keine Regeln für die Division von Matrizen.* Beachten Sie auch: Selbst wenn das Produkt $A^{-1}B$ definiert ist, ist es gewöhnlich völlig verschieden von BA^{-1}, weil die Matrizenmultiplikation im Allgemeinen nicht kommutativ ist.

Die vollständige Antwort auf Frage (iii) wird im nächsten Unterkapitel gegeben. Hier betrachten wir nur den Fall der 2 × 2 Matrizen.

Beispiel 16.6.2

Bestimmen Sie die Inverse von $A = \begin{pmatrix} a & b \\ c & d \end{pmatrix}$, wenn sie existiert.

Lösung: Wir bestimmen eine 2 × 2 Matrix X, so dass $AX = I$ gilt. Danach ist leicht zu überprüfen, dass auch $XA = I$ gilt. Die Lösung von $AX = I$ verlangt, Zahlen x, y, z und w zu finden, so dass

$$\begin{pmatrix} a & b \\ c & d \end{pmatrix} \begin{pmatrix} x & y \\ z & w \end{pmatrix} = \begin{pmatrix} 1 & 0 \\ 0 & 1 \end{pmatrix}$$

Die Matrizenmultiplikation impliziert, dass

$$ax + bz = 1, \qquad ay + bw = 0$$
$$cx + dz = 0, \qquad cy + dw = 1$$

Beachten Sie, dass wir hier zwei verschiedene Gleichungssysteme haben. Das eine ist durch die zwei Gleichungen auf der linken Seite, das andere durch die zwei Gleichungen auf der rechten Seite gegeben. Beide Systeme haben A als eine gemeinsame

Koeffizientenmatrix. Falls $|A| = ad - bc \neq 0$, ergibt die Lösung nach der Cramer'schen Regel (16.1.4).

$$x = \frac{d}{ad - bc}, \qquad z = \frac{-c}{ad - bc}, \qquad y = \frac{-b}{ad - bc}, \qquad w = \frac{a}{ad - bc}$$

Damit haben wir das folgende Resultat bewiesen:

Inverse einer Matrix der Ordnung 2

Unter der Voraussetzung $|A| = ad - bc \neq 0$ gilt:

$$A = \begin{pmatrix} a & b \\ c & d \end{pmatrix} \implies A^{-1} = \frac{1}{ad - bc} \begin{pmatrix} d & -b \\ -c & a \end{pmatrix} \qquad (16.6.3)$$

Beachten Sie, dass in der inversen Matrix die Diagonalelemente der ursprünglichen 2×2 Matrix vertauscht sind, während die Elemente außerhalb der Diagonalen das Vorzeichen gewechselt haben.

Für quadratische Matrizen der Ordnung 3 kann man die Cramer'sche Regel (16.2.6) verwenden, um eine Formel für die Inverse herzuleiten. Wieder ist die Bedingung für die Existenz der Inversen, dass die Determinante der Koeffizientenmatrix nicht 0 ist. Die vollständigen Details werden in Kap. 16.7 angegeben.

Einige nützliche Implikationen

Wenn A^{-1} die Inverse von A ist, dann ist $A^{-1}A = I$ und $AA^{-1} = I$. Tatsächlich impliziert jede dieser Gleichungen die andere in dem Sinne, dass

$$AX = I \implies X = A^{-1} \qquad (16.6.4)$$

$$YA = I \implies Y = A^{-1} \qquad (16.6.5)$$

Um (16.6.4) zu beweisen, nehmen Sie an, dass $AX = I$ gilt. Dann ist $|A| \cdot |X| = 1$ und somit $|A| \neq 0$. Nach (16.6.2) existiert daher A^{-1}. Wenn wir $AX = I$ von links mit A^{-1} multiplizieren, ergibt sich $X = A^{-1}$. Der Beweis von (16.6.5) ist beinahe derselbe.

Die Implikationen (16.6.4) und (16.6.5) werden wiederholt benutzt, um Eigenschaften von Inversen zu beweisen. Hier sind zwei Beispiele.

Beispiel 16.6.3

Bestimmen Sie die Inverse der $n \times n$ Matrix A, falls $A - A^2 = I$ gilt.

Lösung: Die Matrizengleichung $A - A^2 = I$ ergibt $A(I - A) = I$. Aber dann folgt aus (16.6.4), dass A die Inverse $A^{-1} = I - A$ hat.

Beispiel 16.6.4

Sei B eine $n \times n$ Matrix, so dass $B^2 = 3B$. Zeigen Sie, dass es eine Zahl s gibt, so dass $I + sB$ die Inverse von $I + B$ ist.

Lösung: Wegen (16.6.5) genügt es eine Zahl s zu finden, so dass $(I + sB)(I + B) = I$ gilt. Nun ist

$$(I + sB)(I + B) = II + IB + sBI + sB^2 = I + B + sB + 3sB = I + (1 + 4s)B$$

und dies ist gleich I, falls $1 + 4s = 0$ ist. Die richtige Wahl von s ist daher $s = -1/4$. ▬▬▬

Eigenschaften der Inversen

Wir werden nun einige nützliche Regeln für die Inverse beweisen.

> ### Theorem 16.6.1 (Eigenschaften der Inversen)
>
> Es seien A und B invertierbare $n \times n$ Matrizen. Dann gilt:
>
> (a) A^{-1} ist invertierbar und $(A^{-1})^{-1} = A$.
>
> (b) AB ist invertierbar und $(AB)^{-1} = B^{-1}A^{-1}$.
>
> (c) Die Transponierte A' ist invertierbar und $(A')^{-1} = (A^{-1})'$.
>
> (d) $(cA)^{-1} = c^{-1}A^{-1}$ für jede Zahl $c \neq 0$.

Um diese Eigenschaften zu beweisen, verwenden wir in jedem Fall (16.6.4) oder (16.6.5):

(a) Wir haben $A^{-1}A = I$, so dass $A = (A^{-1})^{-1}$ ist.

(b) Um zu beweisen, dass $X = B^{-1}A^{-1}$ die Inverse von AB ist, zeigen wir, dass $(AB)X$ gleich I ist. In der Tat ist

$$(AB)X = (AB)(B^{-1}A^{-1}) = A(BB^{-1})A^{-1} = AIA^{-1} = AA^{-1} = I$$

(c) Anwenden der Regel (15.5.5) für das Transponieren von Produkten mit $B = A^{-1}$ ergibt $(A^{-1})'A' = (AA^{-1})' = I' = I$. Nach (16.6.5) folgt, dass $(A')^{-1} = (A^{-1})'$.

(d) Hier impliziert Regel (15.4.4), dass $(cA)(c^{-1}A^{-1}) = cc^{-1}AA^{-1} = 1 \cdot I = I$, so dass $c^{-1}A^{-1} = (cA)^{-1}$. ▬▬▬

Nehmen Sie an, dass A invertierbar und auch symmetrisch ist – d. h. $A' = A$. Dann impliziert Regel (c), dass $(A^{-1})' = (A')^{-1} = A^{-1}$, so dass A^{-1} symmetrisch ist. Zusammenfassend: *Die Inverse einer symmetrischen Matrix ist symmetrisch.*

Beachten Sie auch, dass Regel (b) auf Produkte von mehreren Matrizen verallgemeinert werden kann. Wenn z. B. A, B und C alle invertierbare $n \times n$ Matrizen sind, dann ist

$$(ABC)^{-1} = [(AB)C]^{-1} = C^{-1}(AB)^{-1} = C^{-1}(B^{-1}A^{-1}) = C^{-1}B^{-1}A^{-1}$$

Dabei wurde Regel (b) zweimal benutzt. Beachten Sie die Annahmen in (b), dass A und B beides $n \times n$ Matrizen sind. In der Statistik und Ökonometrie betrachten wir oft Produkte der Gestalt XX', wobei X eine $n \times m$-Matrix mit $n \neq m$ ist. Dann ist XX' eine $n \times n$-Matrix. Falls die Determinante $|XX'|$ nicht 0 ist, dann existiert $(XX')^{-1}$, aber (b) ist nicht anwendbar, da X^{-1} und X'^{-1} nur definiert sind, wenn $n = m$ ist.

Lösung von Gleichungen durch Matrizeninversion

Sei A eine $n \times n$ Matrix. Für eine beliebige Matrix B untersuchen wir, ob es Matrizen X und Y mit geeigneter Ordnung gibt, so dass $AX = B$ und $YA = B$. Damit die erste Gleichung möglich ist, muss die Anzahl der Zeilen der Matrix B gleich n sein, während im zweiten Fall die Anzahl der Spalten der Matrix B gleich n sein muss. Vorausgesetzt, dass diese Bedingungen erfüllt sind, haben wir das folgende Resultat:

Theorem 16.6.2

Falls $|A| \neq 0$, gilt:

$$AX = B \iff X = A^{-1}B \qquad (16.6.6)$$

$$YA = B \iff Y = BA^{-1} \qquad (16.6.7)$$

Der Beweis dieses Resultats ist nicht schwierig.

Vorausgesetzt, dass $|A| \neq 0$, können wir jede Seite der Gleichung $AX = B$ in (16.6.6) von links mit A^{-1} multiplizieren. Dies ergibt $A^{-1}(AX) = A^{-1}B$. Da $(A^{-1}A)X = IX = X$, schließen wir, dass $X = A^{-1}B$ die einzig mögliche Lösung der Gleichung ist. Andererseits sehen wir durch Einsetzen von $X = A^{-1}B$ in $AX = B$, dass es wirklich die Gleichung erfüllt.

Der Beweis von (16.6.7) ist ähnlich – multiplizieren Sie jede Seite von $YA = B$ von rechts mit A^{-1}.

Beispiel 16.6.5

Lösen Sie das folgende Gleichungssystem mit Theorem 16.6.2:

$$2x + y = 3$$
$$2x + 2y = 4$$

Lösung: Wir definieren die Matrizen

$$A = \begin{pmatrix} 2 & 1 \\ 2 & 2 \end{pmatrix}, \qquad x = \begin{pmatrix} x \\ y \end{pmatrix}, \qquad b = \begin{pmatrix} 3 \\ 4 \end{pmatrix}$$

Dann ist das System äquivalent zu der Matrizengleichung $Ax = b$. Weil $|A| = 2 \neq 0$ ist, hat die Matrix A eine Inverse und nach Theorem 16.6.2 ist $x = A^{-1}b$. Daher ist

$$\begin{pmatrix} x \\ y \end{pmatrix} = A^{-1} \begin{pmatrix} 3 \\ 4 \end{pmatrix} = \begin{pmatrix} 1 & -1/2 \\ -1 & 1 \end{pmatrix} \begin{pmatrix} 3 \\ 4 \end{pmatrix} = \begin{pmatrix} 1 \\ 1 \end{pmatrix}$$

Dabei haben wir Gl. (16.6.3) benutzt, um A^{-1} zu bestimmen. Daher ist $x = 1$, $y = 1$ die Lösung.[8]

---

[8] Überprüfen Sie durch Einsetzen, dass dies wirklich die korrekte Lösung ist. Selbstverständlich ist es einfacher, das Gleichungssystem zu lösen, indem man die erste Gleichung von der zweiten subtrahiert, wobei man $y = 1$ und somit $x = 1$ erhält.

1. Zeigen Sie:

   (a) $\begin{pmatrix} 3 & 0 \\ 2 & -1 \end{pmatrix}^{-1} = \begin{pmatrix} 1/3 & 0 \\ 2/3 & -1 \end{pmatrix}$ (b) $\begin{pmatrix} 1 & 1 & -3 \\ 2 & 1 & -3 \\ 2 & 2 & 1 \end{pmatrix}^{-1} = \begin{pmatrix} -1 & 1 & 0 \\ 8/7 & -1 & 3/7 \\ -2/7 & 0 & 1/7 \end{pmatrix}$

2. Bestimmen Sie Zahlen a und b, so dass A die Inverse von B wird, wenn

$$A = \begin{pmatrix} 2 & -1 & -1 \\ a & 1/4 & b \\ 1/8 & 1/8 & -1/8 \end{pmatrix} \quad \text{und} \quad B = \begin{pmatrix} 1 & 2 & 4 \\ 0 & 1 & 6 \\ 1 & 3 & 2 \end{pmatrix}$$

3. Lösen Sie die folgenden Gleichungssysteme, indem Sie Theorem 16.6.2 anwenden und dann Formel (16.6.3).

   (a) $\begin{array}{l} 2x - 3y = 3 \\ 3x - 4y = 5 \end{array}$ (b) $\begin{array}{l} 2x - 3y = 8 \\ 3x - 4y = 11 \end{array}$ (c) $\begin{array}{l} 2x - 3y = 0 \\ 3x - 4y = 0 \end{array}$

4. Gegeben sei $A = \dfrac{1}{2}\begin{pmatrix} -1 & -\sqrt{3} \\ \sqrt{3} & -1 \end{pmatrix}$. Zeigen Sie, dass $A^3 = I$ ist. Benutzen Sie dies, um A^{-1} zu bestimmen.

5. Gegeben sei die Matrix $A = \begin{pmatrix} 0 & 1 & 0 \\ 0 & 1 & 1 \\ 1 & 0 & 1 \end{pmatrix}$.

   (a) Berechnen Sie $|A|$, A^2, A^3 und $A^3 - 2A^2 + A - I_3$.

   (b) Bestimmen Sie eine Matrix P mit $P^2 = A$. Gibt es andere Matrizen mit dieser Eigenschaft?

6. Gegeben sei $A = \begin{pmatrix} 2 & 1 & 4 \\ 0 & -1 & 3 \end{pmatrix}$.

   (a) Berechnen Sie AA', $|AA'|$ und $(AA')^{-1}$.

   (b) Die Matrizen AA' und $(AA')^{-1}$ in Teil (a) sind beide symmetrisch. Ist dies ein Zufall?

7. Seien A, P und D quadratische Matrizen mit $A = PDP^{-1}$.

   (a) Zeigen Sie, dass $A^2 = PD^2P^{-1}$ gilt.

   (b) Zeigen Sie durch Induktion, dass $A^m = PD^mP^{-1}$ für jede positive ganze Zahl m gilt.

8. Sei $B = \begin{pmatrix} -1/2 & 5 \\ 1/4 & -1/2 \end{pmatrix}$. Berechnen Sie $B^2 + B$, $B^3 - 2B + I$ und bestimmen Sie B^{-1}.

9. Nehmen Sie an, dass X eine $m \times n$ Matrix ist und dass $|X'X| \neq 0$ ist. Zeigen Sie, dass die Matrix

$$A = I_m - X(X'X)^{-1}X'$$

idempotent ist, wie es in Aufgabe 15.4.6 definiert wurde – d. h. dass $A^2 = A$ gilt.

➡

➡ Fortsetzung

10. Sei $A = \begin{pmatrix} -2 & 0 & 1 \\ 1 & -1 & 5 \end{pmatrix}$, $B = \begin{pmatrix} 3 & 1 \\ 0 & 1 \\ -1 & 2 \end{pmatrix}$, $C = \begin{pmatrix} 1 & 2 \\ 3 & 4 \end{pmatrix}$, $D = \begin{pmatrix} -9 & 3 \\ -8 & 17 \end{pmatrix}$.

   Bestimmen Sie eine Matrix X, für die $AB + CX = D$ gilt.

11. Sei C eine $n \times n$ Matrix mit $C^2 + C = I$.

   (a) Zeigen Sie, dass $C^{-1} = I + C$ gilt.

   (b) Zeigen Sie, dass $C^3 = -I + 2C$ und $C^4 = 2I - 3C$ ist.

▶ Lösungen zu den Aufgaben finden Sie im Anhang des Buches.

16.7 Eine allgemeine Formel für die Inverse

Das vorangehende Unterkapitel präsentiert die wichtigsten Tatsachen über Inverse und ihre Eigenschaften. Als solches enthält es, „was jeder Wirtschaftswissenschaftler wissen sollte." Es ist vielleicht weniger wichtig für Ökonomen, viel darüber zu wissen, wie man die Inverse von großen Matrizen berechnet, da leistungsfähige Computerprogramme dafür zur Verfügung stehen. Trotzdem wird in diesem Abschnitt eine explizite Formel für die Inverse einer nichtsingulären $n \times n$ Matrix A präsentiert. Obwohl diese Formel extrem ineffizient für die Berechnung der Inversen großer Matrizen ist, ist sie von theoretischem Interesse. Die Regeln für die Entwicklung von Determinanten nach Co-Faktoren sind der Schlüssel zu dieser Formel.

Es bezeichnen $C_{11}, \ldots, C_{nn}$ die Co-Faktoren der Elemente in A. Nach Theorem 16.5.1 ergeben die Regeln für die Entwicklung duch Co-Faktoren n^2 Gleichungen der Gestalt

$$a_{i1}C_{k1} + a_{i2}C_{k2} + \cdots + a_{in}C_{kn} = \begin{cases} |A|, & \text{falls } i = k \\ 0 & \text{falls } i \neq k \end{cases} \tag{$*$}$$

für $i, k = 1, \ldots, n$. Die Summen auf der linken Seite sehen denen sehr ähnlich, die in Matrizenprodukten auftreten. In der Tat reduzieren sich die n^2 verschiedenen Gleichungen in $(*)$ auf die einzige Matrizengleichung

$$\begin{pmatrix} a_{11} & a_{12} & \cdots & a_{1n} \\ \vdots & \vdots & & \vdots \\ a_{i1} & a_{i2} & \cdots & a_{in} \\ \vdots & \vdots & & \vdots \\ a_{n1} & a_{n2} & \cdots & a_{nn} \end{pmatrix} \begin{pmatrix} C_{11} & \cdots & C_{k1} & \cdots & C_{n1} \\ C_{12} & \cdots & C_{k2} & \cdots & C_{n2} \\ \vdots & & \vdots & & \vdots \\ C_{1n} & \cdots & C_{kn} & \cdots & C_{nn} \end{pmatrix} = \begin{pmatrix} |A| & 0 & \cdots & 0 \\ 0 & |A| & \cdots & 0 \\ \vdots & \vdots & \ddots & \vdots \\ 0 & 0 & \cdots & |A| \end{pmatrix}$$

Die Matrix auf der rechten Seite ist hier gleich $|A| \cdot I_n$. Es bezeichne $C^+ = (C_{ij})$ die Matrix der Co-Faktoren. Dann hat die zweite Matrix in dem Produkt auf der linken Seite ihre Zeilen- und Spaltenindizes vertauscht. Sie ist damit die *Transponierte* $(C^+)'$ und wird die **Adjunkte** von A oder auch die zu A komplementäre Matrix genannt und

mit adj (A) bezeichnet. Damit ist

$$\text{adj}\,(A) = (C^+)' = \begin{pmatrix} C_{11} & \cdots & C_{k1} & \cdots & C_{n1} \\ C_{12} & \cdots & C_{k2} & \cdots & C_{n2} \\ \vdots & & \vdots & & \vdots \\ C_{1n} & \cdots & C_{kn} & \cdots & C_{nn} \end{pmatrix} \tag{16.7.1}$$

Deshalb kann die vorige Gleichung geschrieben werden als $A\,\text{adj}\,(A) = |A| \cdot I$. Für den Fall, dass $|A| \neq 0$ ist, impliziert dies offensichtlich, dass $A^{-1} = (1/|A|) \cdot \text{adj}\,(A)$. Wir haben die allgemeine Formel für die Inverse bewiesen:

Theorem 16.7.1 (Allgemeine Formel für die Inverse)

Jede quadratische Matrix $A = (a_{ij})_{n \times n}$ mit Determinante $|A| \neq 0$ hat eine eindeutige Inverse A^{-1}, die $AA^{-1} = A^{-1}A = I$ erfüllt. Sie ist gegeben durch

$$A^{-1} = \frac{1}{|A|} \cdot \text{adj}\,(A)$$

Falls $|A| = 0$ ist, gibt es keine Matrix X, so dass $AX = XA = I$ gilt.

Beispiel 16.7.1

Gegeben sei $A = \begin{pmatrix} 2 & 3 & 4 \\ 4 & 3 & 1 \\ 1 & 2 & 4 \end{pmatrix}$. Zeigen Sie, dass A eine Inverse hat und bestimmen Sie die Inverse.

Lösung: Nach Theorem 16.7.1 hat A genau dann eine Inverse, wenn $|A| \neq 0$. Hier erhalten wir $|A| = -5$, so dass die Inverse existiert. Die Co-Faktoren sind

$$C_{11} = \begin{vmatrix} 3 & 1 \\ 2 & 4 \end{vmatrix} = 10, \quad C_{12} = - \begin{vmatrix} 4 & 1 \\ 1 & 4 \end{vmatrix} = -15, \quad C_{13} = \begin{vmatrix} 4 & 3 \\ 1 & 2 \end{vmatrix} = 5$$

$$C_{21} = - \begin{vmatrix} 3 & 4 \\ 2 & 4 \end{vmatrix} = -4, \quad C_{22} = \begin{vmatrix} 2 & 4 \\ 1 & 4 \end{vmatrix} = 4, \quad C_{23} = - \begin{vmatrix} 2 & 3 \\ 1 & 2 \end{vmatrix} = -1$$

$$C_{31} = \begin{vmatrix} 3 & 4 \\ 3 & 1 \end{vmatrix} = -9, \quad C_{32} = - \begin{vmatrix} 2 & 4 \\ 4 & 1 \end{vmatrix} = 14, \quad C_{33} = \begin{vmatrix} 2 & 3 \\ 4 & 3 \end{vmatrix} = -6$$

Daher ist die Inverse von A gleich

$$A^{-1} = \frac{1}{|A|} \begin{pmatrix} C_{11} & C_{21} & C_{31} \\ C_{12} & C_{22} & C_{32} \\ C_{13} & C_{23} & C_{33} \end{pmatrix} = -\frac{1}{5} \begin{pmatrix} 10 & -4 & -9 \\ -15 & 4 & 14 \\ 5 & -1 & -6 \end{pmatrix}$$

Überprüfen Sie das Resultat, indem Sie zeigen, dass $AA^{-1} = I$ gilt.

Bestimmung der Inversen durch elementare Zeilenoperationen

Theorem 16.7.1 enthielt eine allgemeine Formel für die Inverse einer nichtsingulären Matrix. Obwohl diese Formel theoretisch wichtig ist, ist sie nutzlos für die Berechnung von Matrizen, die viel größer als 2×2 sind. Ein effizientes Verfahren zur Bestimmung der Inversen einer invertierbaren $n \times n$ Matrix A basiert auf elementaren Operationen in einer systematischen Weise: Bilden Sie zunächst die $n \times 2n$ Matrix $(A:I)$, indem Sie die n Spalten von A, gefolgt von den n Spalten von I aufschreiben. Wenden Sie dann elementare Zeilenoperationen auf diese Matrix an, um sie in eine $n \times 2n$ Matrix $(I:B)$ zu transformieren, deren n erste Spalten alle Spalten von I sind. Es folgt dann, dass $B = A^{-1}$ ist. Wenn es unmöglich ist, solche Zeilenoperationen durchzuführen, dann hat A keine Inverse. Die Methode wird durch das folgende Beispiel illustriert.

Beispiel 16.7.2

Bestimmen Sie die Inverse von $A = \begin{pmatrix} 1 & 3 & 3 \\ 1 & 3 & 4 \\ 1 & 4 & 3 \end{pmatrix}$.

Lösung: Schreiben Sie zuerst die 3×6 Matrix, deren erste 3 Spalten die Spalten von A sind und deren nächste 3 Spalten die Spalten der 3×3 Einheitsmatrix sind:

$$\left(\begin{array}{ccc:ccc} 1 & 3 & 3 & 1 & 0 & 0 \\ 1 & 3 & 4 & 0 & 1 & 0 \\ 1 & 4 & 3 & 0 & 0 & 1 \end{array} \right)$$

Die Idee ist jetzt, elementare Operationen auf die Matrix anzuwenden, so dass am Ende die drei ersten Spalten eine Einheitsmatrix bilden. Dann bilden die drei letzten Spalten die Inverse von A.

Multiplizieren Sie jetzt die erste Zeile mit -1 und addieren Sie das Resultat zu der zweiten Zeile. Dies ergibt eine Null in der zweiten Zeile und ersten Spalte. Sie sollten jetzt in der Lage sein, die anderen verwendeten Operationen zu verstehen und auch nachvollziehen können, warum sie gewählt wurden.

$$\left(\begin{array}{ccc:ccc} 1 & 3 & 3 & 1 & 0 & 0 \\ 1 & 3 & 4 & 0 & 1 & 0 \\ 1 & 4 & 3 & 0 & 0 & 1 \end{array} \right) \begin{array}{l} -1 \\ \leftarrow\!\!\lrcorner \end{array} \sim \left(\begin{array}{ccc:ccc} 1 & 3 & 3 & 1 & 0 & 0 \\ 0 & 0 & 1 & -1 & 1 & 0 \\ 1 & 4 & 3 & 0 & 0 & 1 \end{array} \right) \begin{array}{l} -1 \\ \lrcorner \end{array}$$

$$\sim \left(\begin{array}{ccc:ccc} 1 & 3 & 3 & 1 & 0 & 0 \\ 0 & 0 & 1 & -1 & 1 & 0 \\ 0 & 1 & 0 & -1 & 0 & 1 \end{array} \right) \begin{array}{l} \leftarrow\!\!\urcorner \\ -3 \end{array} \sim \left(\begin{array}{ccc:ccc} 1 & 0 & 3 & 4 & 0 & -3 \\ 0 & 0 & 1 & -1 & 1 & 0 \\ 0 & 1 & 0 & -1 & 0 & 1 \end{array} \right) \begin{array}{l} \leftarrow\!\!\urcorner \\ -3 \end{array}$$

$$\sim \left(\begin{array}{ccc:ccc} 1 & 0 & 0 & 7 & -3 & -3 \\ 0 & 0 & 1 & -1 & 1 & 0 \\ 0 & 1 & 0 & -1 & 0 & 1 \end{array} \right) \begin{array}{l} \lrcorner \\ \llcorner\!\!\leftarrow \end{array} \sim \left(\begin{array}{ccc:ccc} 1 & 0 & 0 & 7 & -3 & -3 \\ 0 & 1 & 0 & -1 & 0 & 1 \\ 0 & 0 & 1 & -1 & 1 & 0 \end{array} \right)$$

Wir schließen, dass

$$A^{-1} = \begin{pmatrix} 7 & -3 & -3 \\ -1 & 0 & 1 \\ -1 & 1 & 0 \end{pmatrix}$$

Sie können dies überprüfen, indem Sie Matrizenmultiplikation verwenden, um zu zeigen, dass $AA^{-1} = I$ gilt.

Aufgaben für Kapitel 16.7

1. Verwenden Sie Theorem 16.7.1, um die Inversen der folgenden Matrizen zu berechnen, wenn sie existieren:

   (a) $A = \begin{pmatrix} 2 & 3 \\ 4 & 5 \end{pmatrix}$ (b) $B = \begin{pmatrix} 1 & 0 & 2 \\ 2 & -1 & 0 \\ 0 & 2 & -1 \end{pmatrix}$ (c) $C = \begin{pmatrix} 1 & 0 & 0 \\ -3 & -2 & 1 \\ 4 & -16 & 8 \end{pmatrix}$

2. Bestimmen Sie die Inverse von $\begin{pmatrix} -2 & 3 & 2 \\ 6 & 0 & 3 \\ 4 & 1 & -1 \end{pmatrix}$.

3. Bestimmen Sie $(I - A)^{-1}$, wenn $A = \begin{pmatrix} 0.2 & 0.6 & 0.2 \\ 0 & 0.2 & 0.4 \\ 0.2 & 0.2 & 0 \end{pmatrix}$

4. Wiederholte Beobachtungen eines Phänomens führte zu p verschiedenen Gleichungssystemen

$$a_{11}x_1 + \cdots + a_{1n}x_n = b_{1k}$$
$$\cdots\cdots\cdots\cdots\cdots\cdots \qquad (*)$$
$$a_{n1}x_1 + \cdots + a_{nn}x_n = b_{nk}$$

   für $k = 1, \ldots, p$, die alle dieselbe $n \times n$ Koeffizientenmatrix (a_{ij}) haben. Erklären Sie, wie man die Lösungen $(x_{k1}, \ldots, x_{kn})$ $(k = 1, \ldots, p)$ aller Systeme gleichzeitig findet, indem man elementare Zeilenoperationen anwendet und dabei Folgendes erhält:

$$\begin{pmatrix} a_{11} & \cdots & a_{1n} & b_{11} & \cdots & b_{1p} \\ \vdots & \ddots & \vdots & \vdots & & \vdots \\ a_{n1} & \cdots & a_{nn} & b_{n1} & \cdots & b_{np} \end{pmatrix} \sim \begin{pmatrix} 1 & \cdots & 0 & b_{11}^* & \cdots & b_{1p}^* \\ \vdots & \ddots & \vdots & \vdots & & \vdots \\ 0 & \cdots & 1 & b_{1n}^* & \cdots & b_{np}^* \end{pmatrix}$$

   Welches ist dann die Lösung des Gleichungssystems $(*)$ für $k = r$?

5. Verwenden Sie die Methode in Beispiel 16.7.2, um die Inversen, falls sie existieren, der folgenden Matrizen zu berechnen:

   (a) $A = \begin{pmatrix} 1 & 2 \\ 3 & 4 \end{pmatrix}$ (b) $A = \begin{pmatrix} 1 & 2 & 3 \\ 2 & 4 & 5 \\ 3 & 5 & 6 \end{pmatrix}$ (c) $A = \begin{pmatrix} 3 & 2 & -1 \\ -1 & 5 & 8 \\ -9 & -6 & 3 \end{pmatrix}$

   Überprüfen Sie dann jedes Resultat, indem Sie verfizieren, dass $AA^{-1} = I$ gilt.

▶ Lösungen zu den Aufgaben finden Sie im Anhang des Buches.

16.8 Cramer'sche Regel

Die Cramer'sche Regel für die Lösung von n linearen Gleichungen in n Unbekannten ist eine direkte Verallgemeinerung derselben Regel für Gleichungssysteme mit 2 oder 3 Unbekannten. Betrachten Sie das System

$$a_{11}x_1 + a_{12}x_2 + \cdots + a_{1n}x_n = b_1$$
$$a_{21}x_1 + a_{22}x_2 + \cdots + a_{2n}x_n = b_2$$
$$\cdots\cdots\cdots\cdots\cdots\cdots\cdots\cdots\cdots$$
$$a_{n1}x_1 + a_{n2}x_2 + \cdots + a_{nn}x_n = b_n$$

$$(16.8.1)$$

Bezeichne D_j die Determinante, die man aus $|A|$ erhält, wenn man den j-ten Spaltenvektor durch den Spaltenvektor mit den Komponenten $b_1, b_2, \ldots, b_n$ ersetzt. Daher ist

$$D_j = \begin{vmatrix} a_{11} & \cdots & a_{1,j-1} & b_1 & a_{1,j+1} & \cdots & a_{1n} \\ a_{21} & \cdots & a_{2,j-1} & b_2 & a_{2,j+1} & \cdots & a_{2n} \\ \vdots & & \vdots & \vdots & \vdots & & \vdots \\ a_{n1} & \cdots & a_{n,j-1} & b_n & a_{n,j+1} & \cdots & a_{nn} \end{vmatrix} \qquad (16.8.2)$$

für $j = 1, \ldots, n$. Die Co-Faktorentwicklung von D_j abwärts ihrer j-ten Spalte entlang ergibt

$$D_j = C_{1j}b_1 + C_{2j}b_2 + \cdots + C_{nj}b_n \qquad (16.8.3)$$

Dabei sind die Co-Faktoren C_{ij} durch (16.5.3) gegeben. Nun haben wir das folgende Resultat:

Theorem 16.8.1 (Cramer'sche Regel)

Das allgemeine lineare Gleichungssystem (16.8.1) mit n Gleichungen und n Unbekannten hat genau dann eine eindeutige Lösung, wenn A nichtsingulär ist ($|A| \neq 0$). Die Lösung ist

$$x_1 = \frac{D_1}{|A|}, \quad x_2 = \frac{D_2}{|A|}, \quad \ldots, \quad x_n = \frac{D_n}{|A|} \qquad (16.8.4)$$

wobei $D_1, D_2, \ldots, D_n$ durch (16.8.2) definiert sind.

Ein Argument für den hinreichenden Teil ist wie folgt:

Nehmen Sie an, dass $|A| \neq 0$ ist. Das System (16.8.1) kann in der folgenden Form geschrieben werden

$$\begin{pmatrix} a_{11} & a_{12} & \cdots & a_{1n} \\ a_{21} & a_{22} & \cdots & a_{2n} \\ \vdots & \vdots & \ddots & \vdots \\ a_{n1} & a_{n2} & \cdots & a_{nn} \end{pmatrix} \begin{pmatrix} x_1 \\ x_2 \\ \vdots \\ x_n \end{pmatrix} = \begin{pmatrix} b_1 \\ b_2 \\ \vdots \\ b_n \end{pmatrix}$$

Wenn wir die Formel für die Inverse der Koeffizientenmatrix verwenden, ergibt sich

$$\begin{pmatrix} x_1 \\ x_2 \\ \vdots \\ x_n \end{pmatrix} = \frac{1}{|A|} \begin{pmatrix} C_{11} & C_{21} & \cdots & C_{n1} \\ C_{12} & C_{22} & \cdots & C_{n2} \\ \vdots & \vdots & \ddots & \vdots \\ C_{1n} & C_{2n} & \cdots & C_{nn} \end{pmatrix} \begin{pmatrix} b_1 \\ b_2 \\ \vdots \\ b_n \end{pmatrix} \qquad (*)$$

Dabei sind die Co-Faktoren C_{ij} gegeben durch (16.5.3). Aus (∗) erhalten wir

$$x_j = \frac{1}{|A|}[C_{1j}b_1 + C_{2j}b_2 + \cdots + C_{nj}b_n] = \frac{D_j}{|A|}$$

für $j = 1, 2, \ldots, n$. wobei die letzte Gleichheit aus der vorausgehenden Gleichung (16.8.3) folgt. Dies beweist (16.8.4).

Der notwendige Teil wird ausführlich in FMEA bewiesen. Hier bemerken wir nur das Folgende:

Im Fall $|A| = 0$ gibt es zwei Möglichkeiten. Erstens kann das Gleichungssystem (16.8.1), das wir in Matrixform $\mathbf{Ax} = \mathbf{b}$ schreiben, keine Lösungen haben. Zweitens kann es wenigstens eine spezielle Lösung $\mathbf{x}^P$ haben. Aber dann hat hat das zugehörige homogene Gleichungssystem[9] mit Sicherheit Lösungen der Gestalt $\alpha\mathbf{x}^H$, wobei $\mathbf{x}^H$ ein von Null verschiedener Vektor ist mit $\mathbf{Ax}^H = \mathbf{0}$ und α ist eine beliebige reelle Zahl. Dann sind alle Vektoren der Gestalt $\mathbf{x}^P + \alpha\mathbf{x}$ auch Lösungen des Gleichungssystems. Insbesonder hat (16.8.1) nur dann eine eindeutige Lösung, wenn $|A| \neq 0$.

Beispiel 16.8.1

Bestimmen Sie die Lösungen des folgenden Gleichungssystems für alle Werte von p:

$$
\begin{aligned}
px + \ y \qquad\ &= 1 \\
x - \ y + z &= 0 \\
2y - z &= 3
\end{aligned}
$$

Lösung: Die Koeffizientenmatrix hat die Determinante

$$|A| = \begin{vmatrix} p & 1 & 0 \\ 1 & -1 & 1 \\ 0 & 2 & -1 \end{vmatrix} = 1 - p$$

Nach Theorem 16.8.1 hat das System eine eindeutige Lösung, wenn $1 - p \neq 0$ ist – d.h. wenn $p \neq 1$ ist. In diesem Fall sind die Determinanten in (16.8.2) gleich

$$D_1 = \begin{vmatrix} 1 & 1 & 0 \\ 0 & -1 & 1 \\ 3 & 2 & -1 \end{vmatrix}, \qquad D_2 = \begin{vmatrix} p & 1 & 0 \\ 1 & 0 & 1 \\ 0 & 3 & -1 \end{vmatrix}, \qquad D_3 = \begin{vmatrix} p & 1 & 1 \\ 1 & -1 & 0 \\ 0 & 2 & 3 \end{vmatrix}$$

Wir erhalten $D_1 = 2$, $D_2 = 1 - 3p$ und $D_3 = -1 - 3p$, so dass für $p \neq 1$ aus Gl. (16.8.4) folgt

$$x = \frac{D_1}{|A|} = \frac{2}{1-p}, \qquad y = \frac{D_2}{|A|} = \frac{1-3p}{1-p}, \qquad z = \frac{D_3}{|A|} = \frac{-1-3p}{1-p}$$

Andererseits: Im Fall $p = 1$ wird die erste Gleichung zu $x + y = 1$. Indem wir die zwei letzten Originalgleichunge dazu addieren, ergibt sich $x + y = 3$. Es gibt keine Lösung für diese zwei sich widersprechenden Gleichungen.[10]

---

[9] Hier werden schon einige Resultate über homogene Gleichungssysteme verwendet, die etwas später in diesem Unterkapitel behandelt werden. Siehe Theorem 16.8.2.
[10] Es könnte aufschlussreich sein, dieses Problem mit Gauß'scher Elimination zu lösen, indem man mit dem Vertauschen der zwei ersten Gleichungen beginnt.

Homogene Gleichungssysteme

Betrachten Sie den Spezialfall, in dem die rechte Seite des Gleichungssystems (16.8.1) nur aus Nullen besteht. Das System wird dann **homogen** genannt. Ein homogenes System wird immer die sogenannte **triviale Lösung** $x_1 = x_2 = \cdots = x_n = 0$ haben. In vielen Problemen ist man daran interessiert zu wissen, wann ein homogenes System **nichttriviale** Lösungen hat.

Theorem 16.8.2 (Nichttriviale Lösungen homogener Systeme)

Das homogene lineare Gleichungssystem mit n Gleichungen und n Unbekannten

$$a_{11}x_1 + a_{12}x_2 + \cdots + a_{1n}x_n = 0$$
$$a_{21}x_1 + a_{22}x_2 + \cdots + a_{2n}x_n = 0$$
$$\cdots\cdots\cdots\cdots\cdots\cdots\cdots\cdots$$
$$a_{n1}x_1 + a_{n2}x_2 + \cdots + a_{nn}x_n = 0 \qquad (16.8.5)$$

hat genau dann nichttriviale Lösungen, wenn die Koeffizientenmatrix $A = (a_{ij})_{n \times n}$ singulär ist, d. h. genau dann, wenn $|A| = 0$ ist.

Wie bei Theorem 16.8.1 sind wir in der Lage, einen Teil dieses Resultats zu argumentieren, den notwendigen Teil in diesem Fall:

Nehmen Sie an, dass $|A| \neq 0$ ist. Dann sind $x_1, \ldots, x_n$ nach der Cramer'schen Regel durch (16.8.4) gegeben. Aber der Zähler in jedem dieser Brüche ist 0, weil jede der Determinanten $D_1, \ldots, D_n$ eine Spalte enthält, die nur aus Nullen besteht. Dann hat das System nur die triviale Lösung. Mit anderen Worten: *Das System (16.8.5) kann nur dann nichttriviale Lösungen haben, wenn die Determinante $|A|$ verschwindet.*

Für den hinreichenden Teil können Konzepte aus FMEA verwendet werden, um zu zeigen: Wenn $|A| = 0$, dann ist der Rang von **A** kleiner als n, so dass das System (16.8.5) mindestens einen Freiheitsgrad hat. Das bedeutet: Außer der trivialen Lösung gibt es unendlich viele nichttriviale Lösungen, die die Gestalt αx haben, wobei $x \neq 0$ und α ist eine beliebige Zahl $\neq 0$.

Beispiel 16.8.2

Bestimmen Sie die Werte von λ, für die das folgende Gleichungssystem nichttriviale Lösungen hat:

$$5x + 2y + z = \lambda x$$
$$2x + \ y \qquad = \lambda y \qquad (*)$$
$$x \qquad + z = \lambda z$$

Lösung: Die Variablen x, y und z erscheinen auf beiden Seiten der Gleichungen. Deshalb bringen wir das System zunächst auf die Standardform:

$$
\begin{aligned}
(5 - \lambda)x + \quad\quad 2y + \quad\quad z &= 0 \\
2x + (1 - \lambda)y \quad\quad\quad\quad &= 0 \\
x \quad\quad\quad + (1 - \lambda)z &= 0
\end{aligned}
$$

Nach Theorem 16.8.2 hat dieses System genau dann eine nichttriviale Lösung, wenn die Koeffizientenmatrix singulär ist:

$$
\begin{vmatrix}
5 - \lambda & 2 & 1 \\
2 & 1 - \lambda & 0 \\
1 & 0 & 1 - \lambda
\end{vmatrix} = 0
$$

Als Wert der Determinante ergibt sich $\lambda(1 - \lambda)(\lambda - 6)$. Daher hat das System ($*$) genau dann nichttriviale Lösungen, wenn $\lambda = 0$, 1 oder 6 ist.[11]

Aufgaben für Kapitel 16.8

1. Verwenden Sie die Cramer'sche Regel, um die folgenden zwei Gleichungssysteme zu lösen:

(a)
$$
\begin{aligned}
x + 2y - \quad z &= -5 \\
2x - \quad y + \quad z &= 6 \\
x - \quad y - 3z &= -3
\end{aligned}
$$

(b)
$$
\begin{aligned}
x + y \quad\quad\quad &= 3 \\
x \quad\quad + z \quad\quad &= 2 \\
y + z + u &= 6 \\
y \quad\quad + u &= 1
\end{aligned}
$$

2. Verwenden Sie Theorem 16.8.1, um zu zeigen, dass das folgende Gleichungssystem für alle Werte von b_1, b_2, b_3 eine Lösung hat. Bestimmen Sie diese Lösung.

$$
\begin{aligned}
3x_1 + \quad x_2 \quad\quad\quad &= b_1 \\
x_1 - \quad x_2 + 2x_3 &= b_2 \\
2x_1 + 3x_2 - \quad x_3 &= b_3
\end{aligned}
$$

3. Zeigen Sie, dass das homogene Gleichungssystem

$$
\begin{aligned}
ax + by + cz &= 0 \\
bx + cy + az &= 0 \\
cx + ay + bz &= 0
\end{aligned}
$$

genau dann eine nichttriviale Lösung hat, wenn $a^3 + b^3 + c^3 - 3abc = 0$ ist.

▶ Lösungen zu den Aufgaben finden Sie im Anhang des Buches.

---

[11] Wenn wir die in FMEA erklärte Terminologie verwenden, so berechnen wir in diesem Beispiel die Eigenwerte der Matrix $\begin{pmatrix} 5 & 2 & 1 \\ 2 & 1 & 0 \\ 1 & 0 & 1 \end{pmatrix}$.

16.9 Das Leontief-Modell

Um zu illustrieren, warum lineare Gleichungssystem in den Wirtschaftswissenschaften wichtig sind, diskutieren wir kurz ein einfaches Beispiel des Leontief-Modells.

Beispiel 16.9.1

Irgendwann einmal gab es in einem alten Land, vielleicht nicht sehr weit entfernt von Norwegen, eine Volkswirtschaft, die aus drei Industrien – Fischfang, Forstwirtschaft und Bootsbau bestand.

(i)   Um 1 Tonne Fisch anzulanden, wird der Betrieb von α Fischerbooten benötigt.
(ii) Um 1 Tonne Holz zu erzeugen, werden β Tonnen Fisch benötigt als Lebensmittelzugabe für die tatkräftigen Forstarbeiter.
(iii) Um 1 Fischerboot herzustellen, werden γ Tonnen Holz benötigt.

Dies sind die einzigen Inputgrößen, die für jeden dieser drei Industriezweige benötigt werden. Nehmen Sie an, dass es keine zusätzliche externe Nachfrage nach Fischerbooten gibt. Bestimmen Sie, welchen Gesamtoutput jeder der drei Industriezweige produzieren muss, um die zusätzliche externe Nachfrage nach d_1 Tonnen Fisch und d_2 Tonnen Holz erfüllen zu können.

Lösung: Es bezeichne x_1 die Gesamtanzahl zu produzierender Tonnen Fisch, x_2 die Gesamtanzahl Tonnen Holz und x_3 die Gesamtanzahl zu produzierender Fischerboote.

Betrachten Sie zunächst die Nachfrage nach Fisch. Da βx_2 Tonnen Fisch benötigt werden, um x_2 Einheiten Holz zu produzieren und da die zusätzliche Nachfrage nach Fisch d_1 ist, müssen wir $x_1 = \beta x_2 + d_1$ haben. Beachten Sie, dass die Produktion von Fischerbooten keinen Fisch als Input, so dass es keinen Term mit x_3 gibt.

Im Falle von Holz zeigt ein ähnliches Argument, dass die Gleichung $x_2 = \gamma x_3 + d_2$ erfüllt sein muss. Für den Bootsbau schließlich gilt, dass nur die Fischindustrie Fischerboote braucht. Es gibt in diesem Fall keine zusätzliche externe Nachfrage, so dass $x_3 = \alpha x_1$ ist. Deshalb müssen die drei folgenden Gleichungen erfüllt sein:

$$\text{(i) } x_1 = \beta x_2 + d_1 \quad \text{(ii) } x_2 = \gamma x_3 + d_2 \quad \text{(iii) } x_3 = \alpha x_1 \qquad (*)$$

Eine Möglichkeit, diese Gleichungen zu lösen, beginnt damit, Gleichung (iii) zu verwenden und $x_3 = \alpha x_1$ in (ii) einzusetzen. Dies ergibt $x_2 = \gamma \alpha x_1 + d_2$. Wenn wir dies in (i) einsetzen, ergibt sich $x_1 = \alpha \beta \gamma x_1 + \beta d_2 + d_1$. Auflösen dieser letzten Gleichung nach x_1 ergibt $x_1 = (d_1 + \beta d_2)/(1 - \alpha \beta \gamma)$. Die entsprechenden Ausdrücke für die zwei anderen Variablen sind leicht zu finden und die Ergebnisse sind:

$$x_1 = \frac{d_1 + \beta d_2}{1 - \alpha \beta \gamma}, \qquad x_2 = \frac{\alpha \gamma d_1 + d_2}{1 - \alpha \beta \gamma}, \qquad x_3 = \frac{\alpha d_1 + \alpha \beta d_2}{1 - \alpha \beta \gamma} \qquad (**)$$

Selbstverständlich macht diese Lösung für (x_1, x_2, x_3) nur Sinn, wenn $\alpha \beta \gamma < 1$ ist. Wenn nämlich $\alpha \beta \gamma \geq 1$ ist, so ist es unmöglich für diese Volkswirtschaft, irgendwelche zusätzlichen Nachfragen nach Fisch und Holz zu erfüllen – die Produktion in der Volkswirtschaft ist zu ineffizient.

Das allgemeine Leontief-Modell

In Beispiel 16.9.1 haben wir kurz ein einfaches Beispiel des Leontief-Modells betrachtet. Allgemein beschreibt das Leontief-Modell eine Volkswirtschaft mit n miteinander verbundenen Industrien, von denen jede ein einzelnes Gut produziert und dabei nur einen Produktionsprozess verwendet. Um ihr Gut zu produzieren, muss jede Industrie Inputgüter von wenigstens einer der anderen Industrien benutzen. So braucht z. B. die Stahlindustrie Güter aus dem Eisenbergbau und der Kohleindustrie sowie von vielen anderen Industrien. Zusätzlich zur Versorgung der anderen Industrien mit ihrem Gut, hat jede Industrie noch eine externe Nachfrage nach ihrem Gut von Verbrauchern, Regierungen, Ausländern usw. Die für die Erfüllung der externen Nachfrage benötigte Menge wird die *Endnachfrage* genannt.

Es bezeichne x_i die gesamte Anzahl an Einheiten des Gutes i, die Industrie i in einem bestimmten Jahr produzieren wird. Ferner sei

$$a_{ij} = \quad \text{die Anzahl Einheiten des Gutes } i, \text{ die gebraucht wird, um eine} \\ \text{Einheit des Gutes } j \text{ zu produzieren.} \tag{16.9.1}$$

Wir nehmen an, dass der Inputbedarf direkt proportional zu der Menge des zu produzierenden Outputs ist. Dann gilt

$$a_{ij}x_j = \quad \text{die Anzahl der Einheiten des Gutes } i, \text{ die benötigt werden, um} \\ x_j \text{ Einheiten des Gutes } j \text{ zu produzieren.} \tag{16.9.2}$$

Damit x_1 Einheiten des Gutes 1, x_2 Einheiten des Gutes 2, ..., x_n Einheiten des Gutes n produziert werden können, muss Industrie i insgesamt

$$a_{i1}x_1 + a_{i2}x_2 + \ldots + a_{in}x_n$$

Einheiten des Gutes i bereitstellen. Wenn wir verlangen, dass Industrie i auch b_i Einheiten zur Erfüllung der Endnachfrage bereithalten soll, so verlangt das Gleichgewicht zwischen Angebot und Nachfrage, dass

$$x_i = a_{i1}x_1 + a_{i2}x_2 + \ldots + a_{in}x_n + b_i$$

Dies gilt für alle $i = 1, 2, \ldots, n$. Damit gelangen wir zu folgendem Gleichungssystem:

$$
\begin{aligned}
x_1 &= a_{11}x_1 + a_{12}x_2 + \ldots + a_{1n}x_n + b_1 \\
x_2 &= a_{21}x_1 + a_{22}x_2 + \ldots + a_{2n}x_n + b_2 \\
&\cdots\cdots\cdots\cdots\cdots\cdots\cdots\cdots\cdots\cdots\cdots \\
x_n &= a_{n1}x_1 + a_{n2}x_2 + \ldots + a_{nn}x_n + b_n
\end{aligned}
\tag{16.9.3}
$$

Beachten Sie, dass x_1 in der ersten Gleichung sowohl auf der linken Seite als auch im ersten Term der rechten Seite auftaucht. In der zweiten Gleichung erscheint x_2 sowohl auf der linken Seite als auch im zweiten Term auf der rechten Seite usw. Indem wir alle Terme $x_1, \ldots, x_n$ auf die linke Seite bringen und umordnen, ergibt sich das Gleichungssystem

$$
\begin{aligned}
(1 - a_{11})x_1 - \quad a_{12}x_2 - \ldots - \quad a_{1n}x_n &= b_1 \\
-a_{21}\,x_1 + (1 - a_{22})x_2 - \ldots - \quad a_{2n}x_n &= b_2 \\
\cdots\cdots\cdots\cdots\cdots\cdots\cdots\cdots\cdots\cdots\cdots\cdots\cdots\cdots\cdots& \\
-a_{n1}\,x_1 - \quad a_{n2}x_2 - \ldots + (1 - a_{nn})x_n &= b_n
\end{aligned}
\tag{16.9.4}
$$

Dieses System von Gleichungen wird das **Leontief-System** genannt. Die Zahlen a_{11}, a_{12}, $\ldots, a_{1n}$ werden die **Input-** (oder **technischen**) **Koeffizienten** genannt. Wenn eine Menge von Endnachfragegrößen $(b_1, b_2, \ldots, b_n)$ gegeben ist, gibt eine Lösung $(x_1, x_2, \ldots x_n)$ von (16.9.4) die Outputgrößen für jede Industrie an, so dass die gesamten Nachfragen der anderen Industrien und die Endnachfrage erfüllt werden können. Natürlich ergeben nur nichtnegative Werte für x_i einen Sinn.

Es ist naheliegend, Matrizenalgebra zu benutzen, um das Leontief-Modell zu untersuchen. Wir definieren die folgenden Matrizen:

$$A = \begin{pmatrix} a_{11} & a_{12} & \cdots & a_{1n} \\ a_{21} & a_{22} & \cdots & a_{2n} \\ \vdots & \vdots & \ddots & \vdots \\ a_{n1} & a_{n2} & \cdots & a_{nn} \end{pmatrix}, \quad x = \begin{pmatrix} x_1 \\ x_2 \\ \vdots \\ x_n \end{pmatrix}, \quad b = \begin{pmatrix} b_1 \\ b_2 \\ \vdots \\ b_n \end{pmatrix} \qquad (16.9.5)$$

Die Elemente der Matrix A sind die Input-Koeffizienten, so dass sie die **Input-** oder **Leontief-Matrix** genannt wird. Erinnern Sie sich daran, dass das Element a_{ij} die Anzahl der Einheiten des Gutes i bezeichnet, die zur Produktion einer Einheit des Gutes j benötigt wird.

Mit diesen Definitionen kann das System (16.9.3) ausgedrückt werden als

$$x = Ax + b \qquad (16.9.6)$$

Diese Gleichung ist offensichtlich äquivalent zu der Gleichung $x - Ax = b$. Wenn I_n die Einheitsmatrix der Ordnung n bezeichnet, dann ist $(I_n - A)x = I_n x - Ax = x - Ax$, so dass (16.9.3) äquivalent ist zu

$$(I_n - A)x = b \qquad (16.9.7)$$

Dies ist als Matrizenäquivalent zum Gleichungssystem (16.9.4) zu betrachten.[12]

Nehmen Sie jetzt an, dass wir Preise in das Leontief-Modell einführen und dass p_i der Preis einer Einheit des Gutes i ist. Da a_{ij} die Anzahl der Einheiten des Gutes i bezeichnet, die zur Produktion einer Einheit des Gutes j benötigt wird, ist die Summe $a_{1j}p_1 + a_{2j}p_2 + \ldots + a_{nj}p_n$ gleich den Gesamtkosten der n Güter, die benötigt werden, um eine Einheit des Gutes j zu produzieren. Der Ausdruck

$$p_j - a_{1j}p_1 - a_{2j}p_2 - \ldots - a_{nj}p_n$$

ist die Differenz zwischen dem Preis einer Einheit des Gutes j und den Kosten zur Produktion dieser Einheit. Dies wird der **Stückgewinn** in der Branche j genannt. Wenn wir diesen Stückgewinn mit v_j bezeichnen, dann gilt für alle Branchen:

$$\begin{aligned} p_1 - a_{11}p_1 - a_{21}p_2 - \ldots - a_{n1}p_n &= v_1 \\ p_2 - a_{12}p_1 - a_{22}p_2 - \ldots - a_{n2}p_n &= v_2 \\ \cdots\cdots\cdots\cdots\cdots\cdots\cdots\cdots\cdots\cdots\cdots\cdots\cdots\cdots \\ p_n - a_{1n}p_1 - a_{2n}p_2 - \ldots - a_{nn}p_n &= v_n \end{aligned} \qquad (16.9.8)$$

---

[12] Beachten Sie insbesondere, dass „ $x - Ax = (1 - A)x$" unsinnig ist, da $1 - A$ mit der Zahl 1 bedeutungslos ist.

Beachten Sie, dass die Input-Output-Koeffizienten a_{ij} in transponierter Ordnung erscheinen. Wenn wir die Vektoren

$$\boldsymbol{p} = \begin{pmatrix} p_1 \\ p_2 \\ \vdots \\ p_n \end{pmatrix} \quad \text{und} \quad \boldsymbol{v} = \begin{pmatrix} v_1 \\ v_2 \\ \vdots \\ v_n \end{pmatrix} \tag{16.9.9}$$

definieren, sehen wir, dass (16.9.8) in der Matrixform $\boldsymbol{p} - \boldsymbol{A}'\boldsymbol{p} = \boldsymbol{v}$ geschrieben werden kann oder

$$(\boldsymbol{I}_n - \boldsymbol{A}')\boldsymbol{p} = \boldsymbol{v} \tag{16.9.10}$$

Indem wir Gleichung (15.5.4) verwenden, können wir (16.9.10) in einer alternativen Weise ausdrücken. Das Transponieren jeder Seite von (16.9.10) ergibt

$$\boldsymbol{p}'(\boldsymbol{I}_n - \boldsymbol{A}) = \boldsymbol{v}' \tag{16.9.11}$$

da $\boldsymbol{I}'_n = \boldsymbol{I}_n$ und $\boldsymbol{A}'' = \boldsymbol{A}$. Wir sehen, dass die zwei Systeme (16.9.7) und (16.9.11) eng miteinander in Beziehung stehen.

Aufgaben für Kapitel 16.9

1. In Beispiel 16.9.1 sei $\alpha = 1/2$, $\beta = 1/4$, $\gamma = 2$, $d_1 = 100$ und $d_2 = 80$. Schreiben Sie das System (∗) in diesem Fall auf und bestimmen Sie die Lösung des Systems. Bestätigen Sie die Resultate, indem Sie die allgemeinen Formeln in (∗∗) verwenden.

2. Betrachten Sie eine Volkswirtschaft, die in einen landwirtschaftlichen Sektor, A, und einen industriellen Sektor, I, aufgeteilt ist. Um eine Einheit im Sektor A zu produzieren, wird $1/6$ Einheit aus A und $1/4$ Einheit aus I benötigt. Um eine Einheit in Sektor I zu produzieren, wird $1/4$ Einheit aus A und $1/4$ Einheit aus I benötigt. Nehmen Sie an, dass die Endnachfragen in jedem der zwei Sektoren 60 Einheiten betragen.

    (a) Schreiben Sie das Leontief-System für diese Volkswirtschaft auf.

    (b) Bestimmen Sie die Anzahl der Einheiten, die in jedem Sektor produziert werden muss, um die Endnachfragen zu erfüllen.

3. Betrachten Sie das Leontief-Modell (16.9.4).

    (a) Wie ist die Bedingung $a_{ii} = 0$ für alle i zu interpretieren?

    (b) Welches ist die Interpretation der Summe $a_{i1} + a_{i2} + \cdots + a_{in}$?

    (c) Wie interpretieren Sie den Vektor der Input-Koeffizienten $(a_{1j}, a_{2j}, \ldots, a_{nj})$?

    (d) Können Sie der Summe $a_{1j} + a_{2j} + \cdots + a_{nj}$ irgendeine Interpretation geben?

4. Schreiben Sie das System (16.9.4) auf, wenn $n = 2$, $a_{11} = 0.2$, $a_{12} = 0.3$, $a_{21} = 0.4$, $a_{22} = 0.1$, $b_1 = 120$ und $b_2 = 90$ ist. Welches ist die Lösung dieses Systems?

➜

→ Fortsetzung

5. Betrachten Sie ein Input-Output-Modell mit 3 Sektoren. Sektor 1 ist die Schwerindustrie, Sektor 2 ist die Leichtindustrie und Sektor 3 ist die Landwirtschaft. Nehmen Sie an, dass die Inputanforderungen durch die folgende Tabelle gegeben sind:

	Schwerindustrie	Leichtindustrie	Landwirtschaft
Einheiten der Schwer-Industriegüter	$a_{11} = 0.1$	$a_{12} = 0.2$	$a_{13} = 0.1$
Einheiten der Leicht-Industriegüter	$a_{21} = 0.3$	$a_{22} = 0.2$	$a_{23} = 0.2$
Einheiten der landwirtschaftlichen Güter	$a_{31} = 0.2$	$a_{32} = 0.2$	$a_{33} = 0.1$

Nehmen Sie an, dass die Endnachfragen für die drei Güter 85, 95 bzw. 20 Einheiten sind. Es seien x_1, x_2 und x_3 die Anzahl der Einheiten, die in den drei Sektoren produziert werden müssen. Schreiben Sie das Leontief-System für dieses Problem auf. Überprüfen Sie, dass $x_1 = 150$, $x_2 = 200$ und $x_3 = 100$ eine Lösung ist.

6. Schreiben Sie die Input-Matrix für das einfache Leontief-Modell aus Beispiel 16.9.1 auf. Vergleichen Sie die in diesem Beispiel diskutierte Bedingung der effizienten Produktion mit der Forderung, dass die Summe der Elemente in jeder Spalte der Input-Matrix kleiner als 1 sein soll.

7. Nehmen Sie an, dass $\boldsymbol{x} = \boldsymbol{x}_0$ eine Lösung von (16.9.3) ist und dass $\boldsymbol{p}' = \boldsymbol{p}_0'$ eine Lösung von (16.9.11) ist. Zeigen Sie, dass $\boldsymbol{p}_0'\boldsymbol{b} = \boldsymbol{v}'\boldsymbol{x}_0$ gilt.

▶ Lösungen zu den Aufgaben finden Sie im Anhang des Buches.

Aufgaben zur Wiederholung für Kapitel 16

1. Berechnen Sie die folgenden Determinanten:

(a) $\begin{vmatrix} 5 & -2 \\ 3 & -2 \end{vmatrix}$ (b) $\begin{vmatrix} 1 & a \\ a & 1 \end{vmatrix}$ (c) $\begin{vmatrix} (a+b)^2 & a-b \\ (a-b)^2 & a+b \end{vmatrix}$ (d) $\begin{vmatrix} 1-\lambda & 2 \\ 2 & 4-\lambda \end{vmatrix}$

2. Berechnen Sie die folgenden Determinanten. Verwenden Sie dabei in (b) und (c) geeignete elementare Zeilenoperationen.

(a) $\begin{vmatrix} 2 & 2 & 3 \\ 0 & 3 & 5 \\ 0 & 4 & 6 \end{vmatrix}$ (b) $\begin{vmatrix} 4 & 5 & 6 \\ 5 & 6 & 8 \\ 6 & 7 & 9 \end{vmatrix}$ (c) $\begin{vmatrix} 31 & 32 & 33 \\ 32 & 33 & 35 \\ 33 & 34 & 36 \end{vmatrix}$

3. Bestimmen Sie $\mathbf{A}$, wenn $(\mathbf{A}^{-1} - 2\mathbf{I}_2)' = -2\begin{pmatrix} 1 & 1 \\ 1 & 0 \end{pmatrix}$.

4. Gegeben sei $A_t = \begin{pmatrix} 1 & 0 & t \\ 2 & 1 & t \\ 0 & 1 & 1 \end{pmatrix}$ und $B = \begin{pmatrix} 1 & 0 & 0 \\ 0 & 0 & 1 \\ 0 & 1 & 0 \end{pmatrix}$.

   (a) Für welche Werte von t hat A_t eine Inverse?

   (b) Bestimmen Sie eine Matrix X, so dass $B + XA_1^{-1} = A_1^{-1}$.

5. Definieren Sie die zwei 3×3 Matrizen

$$A = \begin{pmatrix} q & -1 & q-2 \\ 1 & -p & 2-p \\ 2 & -1 & 0 \end{pmatrix}, \quad E = \begin{pmatrix} 1 & 1 & 1 \\ 1 & 1 & 1 \\ 1 & 1 & 1 \end{pmatrix}.$$

   Berechnen Sie $|A|$ und $|A + E|$. Für welche Werte von p und q hat $A + E$ eine Inverse? Warum hat BE keine Inverse für jede 3×3 Matrix B?

6. Benutzen Sie die Cramer'sche Regel, um die Werte von t zu bestimmen, für die das Gleichungssystem

$$-2x + 4y - tz = t - 4$$
$$-3x + y + tz = 3 - 4t$$
$$(t-2)x - 7y + 4z = 23$$

   eine eindeutige Lösung für die drei Variablen x, y und z hat.

7. Zeigen Sie: Wenn A eine $n \times n$ Matrix mit $A^4 = 0$ ist, dann ist

$$(I - A)^{-1} = I + A + A^2 + A^3.$$

8. Sei U die $n \times n$ Matrix, in der alle Elemente 1 sind.

   (a) Zeigen Sie, dass $(I_n + aU)(I_n + bU) = I_n + (a + b + nab)U$ für alle reelle Zahlen a und b gilt.

   (b) Verwenden Sie das Resultat aus (a), um die Inverse von $A = \begin{pmatrix} 4 & 3 & 3 \\ 3 & 4 & 3 \\ 3 & 3 & 4 \end{pmatrix}$ zu bestimmen.

9. Seien A, B, C, X und Y $n \times n$ Matrizen mit $|A| \neq 0$, die die zwei folgenden Gleichungen erfüllen: $AX + Y = B$ und $X + 2A^{-1}Y = C$. Bestimmen Sie X und Y, ausgedrückt in Termen von A, B und C.

10. Betrachten Sie das folgende Gleichungssystem:

$$ax + y + 4z = 2$$
$$2x + y + a^2z = 2$$
$$x \quad - 3z = a$$

   (a) Für welche Werte von a hat das Gleichungssystem eine, keine oder unendlich viele Lösungen?

(b) Ersetzen Sie die die rechten Seite des Gleichungssystems durch b_1, b_2 bzw. b_3. Bestimmen Sie eine notwendige und hinreichende Bedingung dafür, dass das neue System unendlich viele Lösungen hat.

11. Sei $A = \begin{pmatrix} 11 & -6 \\ 18 & -10 \end{pmatrix}$.

(a) Berechnen Sie $|A|$. Zeigen Sie, dass es eine reelle Zahl c gibt, so dass $A^2 + cA = 2I_2$. Bestimmen Sie dann die Inverse von A.

(b) Zeigen Sie, dass es keine 2×2 Matrix B gibt, so dass $B^2 = A$.

12. Nehmen Sie an, dass A und B invertierbare $n \times n$ Matrizen sind. Zeigen Sie: Wenn $A'A = I_n$ gilt, dann gilt $(A'BA)^{-1} = A'B^{-1}A$.

13. Untersuchen Sie, für welche Werte der Konstanten a und b das Gleichungssystem

$$ax + y = 3$$
$$x + z = 2$$
$$y + az + bu = 6$$
$$y + u = 1$$

eine eindeutige Lösung in den Unbekannten x, y, z und u hat. Wenn sie existiert, bestimmen Sie die eindeutige Lösung, ausgedrückt in Termen von a und b.

Anspruchsvollere Aufgaben

14. Die 3×3 Matrix B erfülle die Gleichung $B^3 = -B$. Zeigen Sie, dass B keine Inverse haben kann. (*Hinweis:* Nutzen Sie Regel (vii) aus Theorem 16.4.1.

15. Zeigen Sie, dass $\begin{vmatrix} a+x & b+y \\ c & d \end{vmatrix} = \begin{vmatrix} a & b \\ c & d \end{vmatrix} + \begin{vmatrix} x & y \\ c & d \end{vmatrix}$.

16. Seien A, B und C jeweils $n \times n$ Matrizen, die sich nur in der r-ten Zeile unterscheiden und nehmen Sie an, dass man die r-te Zeile in C erhält, indem man die Einträge in der r-ten Zeile von A zu den entsprechenden Einträgen in der r-ten Zeile von B addiert. Zeigen Sie, dass dann $|A| + |B| = |C|$ gilt. (*Hinweis:* Betrachten Sie die Co-Faktor-Entwicklungen der Determinanten entlang der r-ten Zeile.)

17. Lösen Sie die folgende Gleichung nach x auf: $\begin{vmatrix} x & a & x & b \\ b & x & a & x \\ x & b & x & a \\ a & x & b & x \end{vmatrix} = 0$.

▶ Lösungen zu den Aufgaben finden Sie im Anhang des Buches.

Lineare Programmierung

17

ÜRFRBLICK

Wenn man Statistiken darüber führte, welches mathematische Problem die meiste Computerzeit in der Welt verbrauchte, dann wäre die Antwort (wenn man Datenbankprobleme wie Sortieren und Suchen nicht mitzählt) wahrscheinlich Lineare Programmierung.

–László Lovász (1980)

> *Lineare Programmierung ist der Name zur Beschreibung von Problemen, deren Ziel die Maximierung oder Minimierung einer linearen Funktion unter linearen Nebenbedingungen in Ungleichheitsform ist. Wegen der weitreichenden Anwendung dieser Methoden in ökomischen Entscheidungsproblemen sollten alle Ökonomen Grundlagenkenntnisse dieser Theorie haben.*
>
> *Im Prinzip kann jedes lineare Programmierungsproblem, oft LP-Problem genannt, gelöst werden, vorausgesetzt, dass eine Lösung existiert. Der Grund dafür ist, dass das Simplex-Verfahren, das 1947 von dem amerikanischen Mathematiker George B. Dantzig (1914–2005) entwickelt wurde, einen sehr effizienten numerischen Algorithmus bietet, das die Lösung in einer endlichen Anzahl von Schritten findet. Wie das obige Zitat von Lovász andeutet, hat das Simplex-Verfahren die Lineare Programmierung zu einer mathematischen Technik mit immenser praktischer Bedeutung gemacht. Es wird berichtet: Als die Mobil Oil Company ihr Multimillionen-Dollar-Computer-System 1958 installierte, machte sich diese hohe Investition innerhalb von zwei Wochen bezahlt, indem lineare Programmierung angewendet wurde.[1]*
>
> *Die Bedeutung der LP geht über die praktischen Anwendungen hinaus. Insbesondere die Dualitätstheorie der Linearen Programmierung ist eine Basis für das Verständnis komplizierterer Optimierungsprobleme mit noch interessanteren ökonomischen Anwendungen.*
>
> *Das Simplexverfahren wird in Kapitel 17.6–17.10 behandelt.*

17.1 Ein grafischer Ansatz

Ein allgemeines lineares Programmierungsproblem mit nur zwei Entscheidungsvariablen führt zur Maximierung oder Minimierung einer linearen **Zielfunktion**

$$z = c_1 x_1 + c_2 x_2$$

unter den m linearen *Nebenbedingungen in Ungleichheitsform*

$$a_{11} x_1 + a_{12} x_2 \leq b_1$$
$$a_{21} x_1 + a_{22} x_2 \leq b_2$$
$$\cdots \cdots \cdots \cdots$$
$$a_{m1} x_1 + a_{m2} x_2 \leq b_m$$

Gewöhnlich verlangen wir auch explizit *Nichtnegativitätsbedingungen* für x_1 und x_2:

$$x_1 \geq 0, \; x_2 \geq 0$$

---

[1] Joel Franklin, "Mathematical methods of economics", *The American Mathematical Monthly*, 1983, Vol. 90, no. 4.

Beachten Sie, dass die ausschließliche Verwendung von $\leq$ Zeichen anstelle von $\geq$ Zeichen in jeder Ungleichheitsbedingung nur eine Konvention ist, da jede Ungleichung der alternativen Form $ax_1 + bx_2 \geq c$ äquivalent zu der Ungleichung $-ax_1 - bx_2 \leq -c$ ist. LP-Probleme mit nur zwei Entscheidungsvariablen können mit einem einfachen grafischen Verfahren gelöst werden.

Beispiel 17.1.1

Ein Bäcker hat 150 Kilogramm Mehl, 22 Kilogramm Zucker und 27.5 Kilogramm Butter zur Verfügung, um zwei Arten von Kuchen zu backen. Nehmen Sie an, dass für die Produktion eines Dutzends Kuchen der Sorte A drei Kilo Mehl, ein Kilo Zucker und ein Kilo Butter benötigt werden, während für ein Dutzend Kuchen der Sorte B sechs Kilo Mehl, 0.5 Kilo Zucker und ein Kilo Butter benötigt werden. Nehmen Sie an, dass der Gewinn aus einem Dutzend Kuchen der Sorte A gleich 20 und aus einem Dutzend Kuchen der Sorte B gleich 30 ist. Wie viele Dutzend (x_1) Kuchen der Sorte A und wie viele Dutzend (x_2) Kuchen der Sorte B maximieren den Gewinn des Bäckers?

Lösung: Ein Output von x_1 Dutzend Kuchen der Sorte A und x_2 Dutzend Kuchen der Sorte B verlangen $3x_1 + 6x_2$ Kilo Mehl. Da nur 150 Kilo Mehl zur Verfügung stehen, muss die Ungleichung

$$3x_1 + 6x_2 \leq 150 \quad \text{(Mehl-Beschränkung)}$$

erfüllt sein. Analog muss für Zucker

$$x_1 + 0.5x_2 \leq 22 \quad \text{(Zucker-Beschränkung)}$$

und für Butter

$$x_1 + x_2 \leq 27.5 \quad \text{(Butter-Beschränkung)}$$

gelten. Selbstverständlich muss $x_1 \geq 0$ und $x_2 \geq 0$ gelten. Der Gewinn, der aus der Produktion von x_1 Dutzend Kuchen der Sorte A und x_2 Dutzend Kuchen der Sorte B erzielt wird, ist $z = 20x_1 + 30x_2$. Kurz zusammengefasst ist das Problem:

$$\max z = 20x_1 + 30x_2, \quad \text{wenn} \quad \begin{cases} 3x_1 + 6x_2 \leq 150 \\ x_1 + 0.5x_2 \leq 22 \\ x_1 + x_2 \leq 27.5 \\ x_1 \geq 0, \ x_2 \geq 0 \end{cases} \tag{i}$$

Dieses Problem wird jetzt grafisch gelöst. Das Output-Paar (x_1, x_2) heißt *zulässig* für das Problem (i), wenn alle fünf Nebenbedingungen erfüllt sind. Betrachten Sie die Mehl-Beschränkung $3x_1 + 6x_2 \leq 150$. Wenn wir das gesamte Mehl verbrauchen, dann ist $3x_1 + 6x_2 = 150$, und wir nennen dies die *Mehl-Begrenzung*. Wir können ähnliche „Begrenzungen" für die beiden anderen Input-Variablen finden. Abbildung 17.1.1 zeigt die drei Geraden, die die Mehl-Begrenzung, die Zucker-Begrenzung und die Butter-Begrenzung darstellen. Damit (x_1, x_2) zulässig ist, muss es auf oder unterhalb (im „Süd-westen" von) *jeder* der drei Begrenzungslinien gleichzeitig liegen. Da die Nebenbedingungen $x_1 \geq 0$ und $x_2 \geq 0$ das Paar (x_1, x_2) auf den nichtnegativen Quadranten einschränken, ist die Menge der zulässigen Paare, die auch die *zulässige Region* für

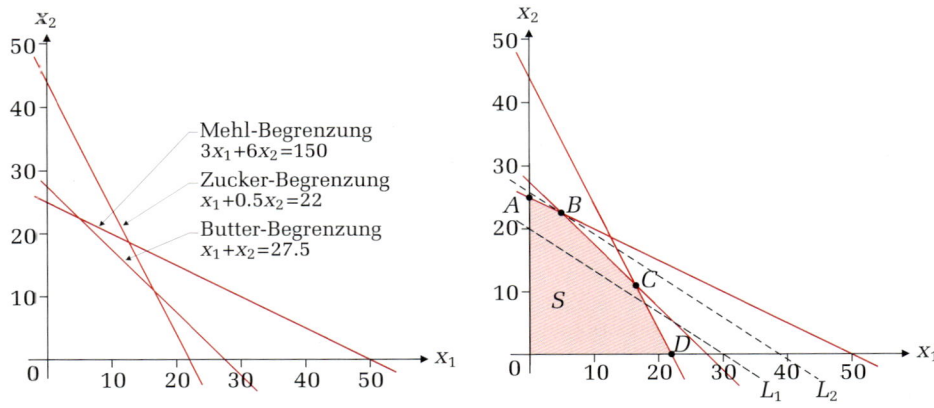

Abbildung 17.1.1 Begrenzungen in Problem des Bäckers   *Abbildung 17.1.2 Zulässige Region für den Bäcker*

das Problem (i) genannt wird, die in Abb. 17.1.2 gezeigte Menge S, die dort schattiert dargestellt ist.[2]

Der Bäcker mag daran denken, den Punkt in der zulässigen Region, der den Gewinn maximiert, zu finden, indem er $20x_1 + 30x_2$ in jedem Punkt von S berechnet und den höchsten Wert auswählt. In der Praxis ist dies unmöglich, da es unendlich viele zulässige Punkte gibt.

Stattdessen argumentieren wir auf die folgende Weise: Kann der Bäcker einen Gewinn von 600 erzielen? Wenn das möglich wäre, müsste die Gerade $20x_1 + 30x_2 = 600$ gemeinsame Punkte mit S haben. Diese Gerade ist in Abb. 17.1.2 durch die gestrichelte Linie L_1 dargestellt. Sie hat Punkte mit S gemeinsam. Einer von ihnen ist $(x_1, x_2) = (0, 20)$, in dem keine Kuchen der Sorte A produziert werden, aber 20 Dutzend Kuchen der Sorte B. Der Gewinn *ist* $20 \cdot 0 + 30 \cdot 20 = 600$.

Kann der Bäcker noch mehr Gewinn erzielen? Ja. Zum Beispiel hat die Gerade $20x_1 + 30x_2 = 601$ auch gemeinsame Punkte mit S und der Gewinn ist 601. In der Tat sind alle Geraden

$$20x_1 + 30x_2 = c \,,$$

wobei c eine Konstante ist, parallel zu $20x_1 + 30x_2 = 600$. Wenn c wächst, bewegt sich die Gerade immer weiter nach Nordosten. Es ist klar, dass die Gerade, die den höchsten Wert von c und immer noch einen Punkt mit S gemeinsam hat, die gestrichelte Linie L_2 in der Abbildung ist. Sie berührt die Menge S in dem Punkt B.

Beachten Sie, dass B der Schnittpunkt der Mehl-Begrenzung und der Butter-Begrenzung ist. Daher erfüllen seine Koordinaten die zwei Gleichungen: $3x_1 + 6x_2 = 150$ und $x_1 + x_2 = 27.5$. Das Lösen dieser beiden simultanen Gleichungen ergibt $x_1 = 5$ und $x_2 = 22.5$. Der Bäcker maximiert also den Gewinn, indem er fünf Dutzend Kuchen der Sorte A und 22.5 Dutzend Kuchen der Sorte B herstellt. Dabei verbraucht er alle Mehl- und Buttervorräte, während $22 - 5 - 0.5 \cdot 22.5 = 5.75$ Kilo Zucker übrig bleiben. Der erzielte Gewinn ist $20x_1 + 30x_2 = 775$.

---

[2] Diese Menge S ist ein sogenanntes *konvexes Polyeder* mit den fünf Eckpunkten O, A, B, C und D.

Beispiel 17.1.2

Ein Unternehmen produziert zwei Güter A und B. Es hat zwei Fabriken, die gemeinsam die beiden Güter in den folgenden Mengen (pro Stunde) herstellen:

	Fabrik 1	Fabrik 2
Gut A	10	20
Gut B	25	25

Das Unternehmen erhält einen Auftrag über 300 Einheiten des Gutes A und 500 Einheiten des Gutes B. Die Kosten für den Betrieb der beiden Fabriken sind 10 000 und 8 000 Geldeinheiten pro Stunde. Formulieren Sie das LP-Problem zur Minimierung der Gesamtkosten für die Erfüllung dieses Auftrages.

Lösung: Seien u_1 und u_2 die Anzahl der Stunden, die die zwei Fabriken benötigen, um diesen Auftrag zu erfüllen. Dann werden $10u_1 + 20u_2$ Einheiten des Gutes A und $25u_1 + 25u_2$ Einheiten des Gutes B hergestellt. Da 300 Einheiten des Gutes A und 500 Einheiten des Gutes B bestellt sind, müssen u_1 und u_2 die folgenden Ungleichungen erfüllen:

$$10u_1 + 20u_2 \geq 300$$
$$25u_1 + 25u_2 \geq 500 \tag{i}$$

Zusätzlich muss natürlich $u_1 \geq 0$ und $u_2 \geq 0$ sein. Die Gesamtkosten zum Betrieb der beiden Fabriken für u_1 bzw. u_2 Stunden sind $10\,000\,u_1 + 8\,000\,u_2$. Deshalb haben wir das folgende Problem:

$$\min 10\,000\,u_1 + 8\,000\,u_2, \quad \text{wenn} \quad \begin{cases} 10u_1 + 20u_2 \geq 300 \\ 25u_1 + 25u_2 \geq 500 \end{cases} \quad u_1 \geq 0, \ u_2 \geq 0$$

Die zulässige Menge S ist in Abb. 17.1.3 dargestellt. Da die Ungleichungen in (i) vom $\geq$ Typ sind und alle Koeffizienten von u_1 und u_2 positiv sind, liegt die zulässige Menge

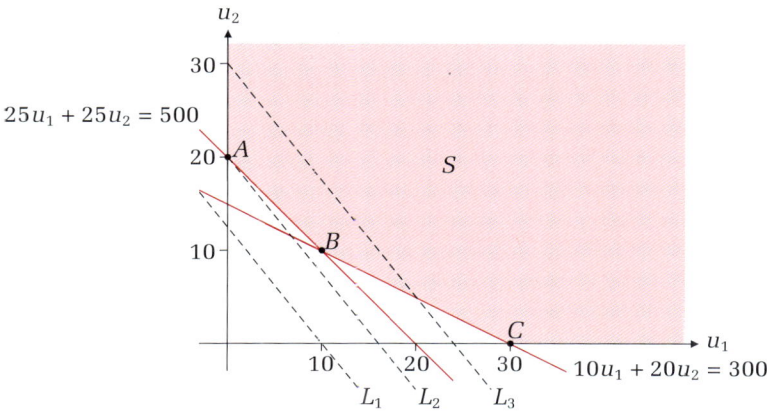

Abbildung 17.1.3: Zulässige Menge, Beispiel 17.1.2

im Nordosten. Abbildung 17.1.3 enthält drei der Höhenlinien $10\,000u_1 + 8\,000u_2 = c$, die mit L_1, L_2 und L_3 bezeichnet sind. Sie gehören zu den Werten 100 000, 160 000 und 240 000 des Kostenniveaus c. Wenn c ansteigt, bewegen sich die Höhenlinie weiter und weiter nach Nordosten.

Die Lösung des Minimierungsproblems ist selbstverständlich die Höhenlinie, die die zulässige Menge S im Punkt A mit den Koordinaten $(0, 20)$ berührt. Daher ist es die optimale Lösung, Fabrik 2 für 20 Stunden arbeiten zu lassen und Fabrik 1 überhaupt nicht zu nutzen. Die minimalen Kosten sind 160 000 Geldeinheiten. ▬▬▬

Das grafische Verfahren zur Lösung linearer Programmierungsprobleme funktioniert sehr gut, wenn es nur zwei Entscheidungsvariablen gibt. Man kann dieses Verfahren auf den Fall mit drei Entscheidungsvariablen verallgemeinern. Dann ist die zulässige Menge ein konvexes Polyeder im dreidimensionalen Raum, und die Höhenflächen der Zielfunktion sind Ebenen im dreidimensionalen Raum. Es ist jedoch nicht leicht, die Lösung in solchen Fällen zu visualisieren. Für mehr als drei Entscheidungsvariablen gibt es kein grafisches Verfahren.[3]

Die beiden obigen Beispiele hatten optimale Lösungen. Wenn die zulässige Region jedoch unbeschränkt ist, ist es möglich, dass keine endliche optimale Lösung existiert, wie im Fall der Aufgabe 4.

Das allgemeine LP-Problem

Das allgemeine LP-Problem ist das der Maximierung oder Minimierung der **Zielfunktion**

$$z = c_1x_1 + \cdots + c_nx_n \tag{17.1.1}$$

mit $c_1, \ldots, c_n$ als gegebenen Konstanten unter m **Nebenbedingungen in Ungleichheitsform**

$$\begin{aligned}
a_{11}x_1 + \cdots + a_{1n}x_n &\leq b_1 \\
a_{21}x_1 + \cdots + a_{2n}x_n &\leq b_2 \\
&\cdots\cdots\cdots\cdots\cdots \\
a_{m1}x_1 + \cdots + a_{mn}x_n &\leq b_m
\end{aligned} \tag{17.1.2}$$

wobei die Elemente a_{ij} und b_i gegebene Konstanten sind. Gewöhnlich nehmen wir explizit an, dass die folgenden **Nichtnegativitätsbedingungen** erfüllt sind:

$$x_1 \geq 0, \ \ldots, \ x_n \geq 0 \tag{17.1.3}$$

Es gibt keinen wesentlichen Unterschied zwischen einem Minimierungsproblem und einem Maximierungsproblem, da die optimale Lösung $(x_1^*, \ldots, x_n^*)$, die (17.1.1) unter (17.1.2) und (17.1.3) minimiert, auch $-z$ maximiert. Ein n-Vektor $(x_1, \ldots, x_n)$, der (17.1.2) und (17.1.3) erfüllt, wird **zulässig** genannt.

Die Menge der zulässigen Punkte ist ein so genanntes *konvexes Polyeder* in dem *nichtnegativen Orthanten* des n-dimensionalen Raumes. Ein typisches Beispiel im 3-dimensionalen Raum wird

---

[3] Unter Nutzung der Dualitätstheorie kann man jedoch LP-Probleme grafisch lösen, wenn *entweder* die Anzahl der Unbekannten *oder* die Anzahl der Nebenbedingungen kleiner oder gleich 3 ist. Siehe Kap. 17.5.

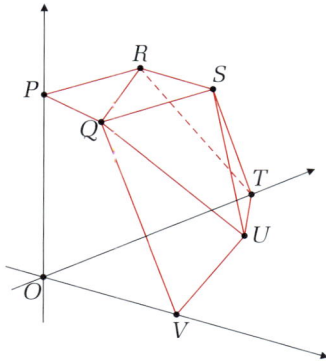

Abbildung 17.1.4: Ein konvexes Polyeder

in Abb. 17.1.4 gezeigt. Die Punkte O, P, Q, R, S, T, U und V werden *Eckpunkte* genannt. Die 15 Streckenabschnitte OP, OT, OV usw., die zwei Eckpunkte verbinden und in Abb. 17.1.4 markiert sind heißen *Ränder*. Dazu gehört auch RT, das durch eine gestrichelte Linie gekennzeichnet ist, da es verdeckt ist durch den Körper des Polyeders. Die ebenen Teilbereiche der Begrenzung, die Dreiecke oder Vierecke sind, die innerhalb von drei oder vier dieser Ränder liegen, heißen *Oberflächen*. Im n-dimensionalen Raum hat jedes konvexe Polyeder auch Eckpunkte, Grenzen und Oberflächen.

Falls n und m groß sind, kann die Anzahl der Eckpunkte astronomisch hoch sein. Für den typischen Eckpunkt gelten n der $n + m$ Ungleichheitsbedingungen mit Gleichheit. Daher kann es so viele wie $(n + m)!/n!m!$ Eckpunkte geben. Zum Beispiel, wenn $n = 50$ und $m = 60$ ist (was ziemlich klein ist im Hinblick auf die üblichen Probleme, die numerisch gelöst werden können), kann es $110!/50!60!$ oder mehr als $6 \cdot 10^{31}$ Eckpunkte geben.

Trotzdem kann das Simplexverfahren solche Probleme lösen. Es beruht auf der Tatsache: Wenn ein LP-Problem eine Lösung hat, dann muss es eine Lösung in einem Eckpunkt haben. Das Simplex-Verfahren ist eine Methode, die sich wiederholt zwischen benachbarten Eckpunkten des Polyeders entlang der Ränder bewegt, wobei der Wert der Zielfunktion niemals abnimmt und gewöhnlich steigt. Das Verfahren endet, wenn es einen Eckpunkt erreicht, von dem aus der Übergang zu jedem benachbarten Eckpunkt nicht zu einer Vergrößerung des Wertes der Zielfunktion führt. Wir haben dann die optimale Lösung gefunden.

Aufgaben für Kapitel 17.1

1. Verwenden sie die grafische Methode zur Lösung der folgenden LP-Probleme:

    (a) max $3x_1 + 4x_2$, wenn $\begin{cases} 3x_1 + 2x_2 \leq 6 \\ x_1 + 4x_2 \leq 4 \end{cases}$ $\qquad x_1 \geq 0, \ x_2 \geq 0$

    (b) min $10u_1 + 27u_2$, wenn $\begin{cases} u_1 + 3u_2 \geq 11 \\ 2u_1 + 5u_2 \geq 20 \end{cases}$ $\qquad u_1 \geq 0, \ u_2 \geq 0$

2. Verwenden Sie die grafische Methode zur Lösung der folgenden LP-Probleme:

    (a) max $2x_1 + 5x_2$, wenn $\begin{cases} -2x_1 + 3x_2 \leq 6 \\ 7x_1 - 2x_2 \leq 14 \\ x_1 + x_2 \leq 5 \end{cases}$ $\qquad x_1 \geq 0, \ x_2 \geq 0$

➡

→ Fortsetzung

(b)   max $8x_1 + 9x_2$, wenn $\begin{cases} x_1 + 2x_2 \leq 8 \\ 2x_1 + 3x_2 \leq 13 \\ x_1 + x_2 \leq 6 \end{cases}$ $x_1 \geq 0,\ x_2 \geq 0$

(c)   max $-2x_1 + x_2$, wenn $0 \leq x_1 - 3x_2 \leq 3$, $x_1 \geq 2$, $x_1 \geq 0$, $x_2 \geq 0$

3.   Die Menge A besteht aus allen (x_1, x_2), die die folgenden Bedingungen erfüllen:

$$-2x_1 + x_2 \leq 2, \quad x_1 + 2x_2 \leq 8, \quad x_1 \geq 0,\ x_2 \geq 0$$

Lösen Sie die folgenden Probleme nach der grafischen Methode mit A als zulässiger Menge:

(a) max x_2 (b) max x_1 (c) max $3x_1 + 2x_2$

(d) min $2x_1 - 2x_2$ (e) max $2x_1 + 4x_2$ (f) min $-3x_1 - 2x_2$

4.   Betrachten Sie das folgende Problem:

$$\text{max } x_1 + x_2, \text{ wenn } \begin{cases} -x_1 + x_2 \leq -1 \\ -x_1 + 3x_2 \leq 3 \end{cases} \quad x_1 \geq 0,\ x_2 \geq 0$$

(a)   Gibt es eine Lösung dieses Problems?

(b)   Gibt es eine Lösung, falls die Zielfunktion $z = -x_1 - x_2$ ist?

5.   Ersetzen Sie die Zielfunktion in Beispiel 17.1.1 durch $20x_1 + tx_2$. Für welche Werte von t wird der maximale Gewinn weiterhin an der Stelle $x_1 = 5$ und $x_2 = 22.5$ sein?

6.   Ein Unternehmen produziert zwei Typen von Fernsehgeräten, einen billigen Typ (A) und einen teuren Typ (B). Das Unternehmen erzielt einen Gewinn von 700 für jeden Fernseher vom Typ A und von 1000 für jeden Fernseher vom Typ B. Es gibt drei Phasen im Produktionsprozess, die jeweils ihre eigene spezialisierte Art Arbeit verlangen. In der Phase I werden drei Arbeitseinheiten für jeden Fernseher vom Typ A und fünf Arbeitseinheiten für jeden Fernseher vom Typ B benötigt. Die insgesamt zur Verfügung stehende Menge an Arbeitseinheiten für diese Phase ist 3900. Phase II verlangt eine Arbeitseinheit für jeden Fernseher vom Typ A und drei Einheiten für jeden Fernseher vom Typ B. Die insgesamt zur Verfügung stehende Menge an Arbeitseinheiten für diese Phase ist 2100. In der Phase III werden für jeden Typ zwei Arbeitseinheiten benötigt und es stehen 2200 Arbeitseinheiten für diese Phase zur Verfügung. Wie viele Fernsehgeräte sollten von jedem Typ hergestellt werden, um den Gewinn des Unternehmens zu maximieren? Verwenden Sie die grafische Methode.

▶ Lösungen zu den Aufgaben finden Sie im Anhang des Buches.

17.2   Einführung in die Dualitätstheorie

Wird ein Ökonom mit einem Optimierungsproblem unter knappen Ressourcen konfrontiert, so wird er sich oft fragen: Was passiert mit der optimalen Lösung, wenn sich die Menge der verfügbaren Ressourcen ändert? Für LP-Probleme sind Antworten zu solchen Fragen eng verbunden mit der so genannten Dualitätstheorie der linearen Programmierung. Als Ausgangspunkt betrachten wir wieder das Problem des Bäckers in Beispiel 17.1.1.

Beispiel 17.2.1

Nehmen Sie an, dass der Bäcker zufällig ein weiteres Kilo Mehl findet, das im Lager versteckt lag. Um wie viel würde dieses zusätzliche Kilo Mehl seinen maximalen Gewinn vergrößern? Wie viel würde ein zusätzliches Kilo Zucker zum Gewinn beitragen oder ein zusätzliches Kilo Butter?

Lösung: Falls der Bäcker ein zusätzliches Kilo Mehl fände, wäre die Mehl-Beschränkung $3x_1 + 6x_2 = 151$. Man sieht aus Abb. 17.1.2, dass die zulässige Menge S sich leicht ausdehnt und der Punkt B wird sich entlang der Butter-Begrenzung etwas nach oben bewegen. Der neue optimale Punkt B' wird der Schnittpunkt der Geraden $3x_1 + 6x_2 = 151$ und $x_1 + x_2 = 27.5$. Die Lösung dieser Gleichungen ergibt $x_1 = 14/3$ und $x_2 = 137/6$. Die Zielfunktion hat dort den Wert $20(14/3) + 30(137/6) = 2335/3 = 775 + 10/3$. Der Gewinn steigt also um $10/3$.

Falls der Bäcker ein zusätzliches Kilo Zucker findet, wird sich die zulässige Menge vergrößern, der optimale Punkt bleibt jedoch an der Stelle B. Erinnern Sie sich daran, dass im Optimum des ursprünglichen Problems der Bäcker 5.75 Kilo ungenutzten Zuckers übrig hatte. Es gibt keinen zusätzlichen Gewinn.

Ein zusätzliches Kilo Butter würde einen neuen optimalen Punkt im Schnittpunkt der Geraden $3x_1 + 6x_2 = 150$ und $x_1 + x_2 = 28.5$ ergeben. Die Lösung dieser Gleichungen ergibt $x_1 = 7$ und $x_2 = 21.5$ und $20x_1 + 30x_2 = 775 + 10$. Der Gewinn steigt um 10. Diese Ergebnisse können wie folgt zusammengefasst werden: (a) Ein zusätzliches Kilo Mehl würde das optimale z um $10/3$ vergrößern; (b) ein zusätzliches Kilo Zucker würde das optimale z um 0 vergrößern; (c) ein zusätzliches Kilo Butter würde das optimale z um 10 vergrößern.

Die drei Zahlen $u_1^* = 10/3$, $u_2^* = 0$ und $u_3^* = 10$ stehen in Beziehung zu den Mehl-, Zucker- bzw. Butterbeschränkungen. Sie sind die *Grenz*-Gewinne von einem zusätzlichen Kilo jeder Zutat. Diese Zahlen haben viele interessante Eigenschaften, die wir jetzt untersuchen werden.

Nehmen Sie an, dass (x_1, x_2) ein zulässiges Paar für dieses Problem ist, d.h. dass die drei Bedingungen in Beispiel 17.1.1 erfüllt sind. Multiplizieren Sie die erste Bedingung mit $10/3$, die zweite mit 0, die dritte mit 10. Da die Multiplikatoren alle ≥ 0 sind, bleiben die Ungleichungen erhalten, d.h.

$$(10/3)(3x_1 + 6x_2) \leq (10/3) \cdot 150$$

$$0(x_1 + 0.5x_2) \leq 0 \cdot 22$$

$$10(x_1 + x_2) \leq 10 \cdot 27.5$$

Addieren Sie jetzt all diese Ungleichungen und beachten Sie die offensichtliche Tatsache: Wenn $A \leq B$, $C \leq D$ und $E \leq F$, dann folgt $A + C + E \leq B + D + F$. Das Resultat ist $10x_1 + 20x_2 + 10x_1 + 10x_2 \leq \frac{10}{3} \cdot 150 + 10 \cdot 27.5$, welches sich vereinfacht auf:

$$20x_1 + 30x_2 \leq 775$$

Wenn wir die „magischen" Zahlen u_1^*, u_2^* und u_3^* verwenden, die oben definiert wurden, so haben wir also gezeigt: wenn (x_1, x_2) ein zulässiges Paar ist, so muss die Zielfunktion kleiner oder gleich 775 sein. Da wir mit $x_1 = 5$ und $x_2 = 22.5$ für z den Wert 775 erhalten, haben wir auf diese Weise *algebraisch bewiesen*, dass $(5, 22.5)$ eine Lösung *ist*.

Das duale Problem

Das Muster, das sich in dem letzten Beispiel gezeigt hat, taucht in allen linearen Programmierungsproblemen auf. Tatsächlich sind die Zahlen u_1^*, u_2^* und u_3^* Lösungen zu einem neuen LP-Problem, das sogenannte *duale* Problem.

Erinnern Sie sich an das Problem des Bäckers, das jetzt das primäre Problem genannt wird und mit (P) bezeichnet wird. Es war:

$$\max 20x_1 + 30x_2, \quad \text{wenn} \quad \begin{cases} 3x_1 + 6x_2 \leq 150 \\ x_1 + 0.5x_2 \leq 22 \\ x_1 + x_2 \leq 27.5 \end{cases} \quad x_1 \geq 0, x_2 \geq 0 \qquad \text{(P)}$$

Nehmen Sie an, dass der Bäcker keine Lust mehr hat, das Geschäft zu führen.[4] Ein Berufsanfänger möchte das Geschäft übernehmen und alle Zutaten kaufen. Der bisherige Bäcker beabsichtigt, einen Preis u_1 für jedes Kilo Mehl, u_2 für jedes Kilo Zucker und u_3 für jedes Kilo Butter zu verlangen. Da ein Dutzend Kuchen der Sorte A drei Kilo Mehl und je ein Kilo Zucker und Butter erfordern, wird der Bäcker $3u_1 + u_2 + u_3$ für die Zutaten fordern, die nötig sind, um ein Dutzend Kuchen der Sorte A herzustellen. Der Bäcker hatte ursprünglich einen Gewinn von 20 für jedes Dutzend Kuchen der Sorte A und er möchte an diesen Zutaten mindestens genau so viel verdienen, falls er aufgibt. Daher besteht der Bäcker darauf, dass die Preise (u_1, u_2, u_3) die Ungleichung

$$3u_1 + u_2 + u_3 \geq 20$$

erfüllen müssen. Sonst wäre es für ihn gewinnbringender, die Zutaten selbst zu nutzen, um Kuchen der Sorte A zu produzieren.

Wenn der Bäcker auch mindestens genau so viel wie vorher an den Zutaten verdienen möchte, die für ein Dutzend Kuchen der Sorte B nötig sind, ist die Forderung:

$$6u_1 + 0.5u_2 + u_3 \geq 30$$

Vermutlich wird der Kaufinteressent die Ressourcen des Bäckers so günstig wie möglich kaufen wollen. Die Gesamtkosten für 150 Kilo Mehl, 22 Kilo Zucker und 27.5 Kilo Butter sind $150u_1 + 22u_2 + 27.5u_3$. Um so wenig wie möglich zu bezahlen und gleichzeitig den Zuschlag auf das Angebot durch den Bäcker zu erhalten, sollte der Interessent Preise $u_1 \geq 0$, $u_2 \geq 0$ und $u_3 \geq 0$ vorschlagen, die das folgende LP-Problem lösen:

$$\min 150u_1 + 22u_2 + 27.5u_3, \quad \text{wenn} \quad \begin{cases} 3u_1 + u_2 + u_3 \geq 20 \\ 6u_1 + 0.5u_2 + u_3 \geq 30 \end{cases} \qquad \text{(D)}$$

Dieses Problem wird *dual* zu dem primären Problem (P) genannt und wird mit (D) bezeichnet.

Nehmen Sie an, dass der Bäcker dem Interessenten das Geschäft überlässt und Kosten berechnet, die Problem (D) lösen. Wird der Bäcker so viel wie vorher verdienen? Es stellt sich heraus, dass dies der Fall ist. Die Lösung zu (D) ist $u_1^* = 10/3$, $u_2^* = 0$ und $u_3^* = 10$. Der Bäcker erhält für den Verkauf seiner Ressourcen den Betrag $150u_1^* + 22u_2^* + 27.5u_3^* = 775$. Dies ist genau der Maximalwert der Zielfunktion in Problem (P).

---

[4] Schließlich ist es kaum aufregend, Kuchen zu backen, die so einfach sind.

Der Käufer zahlt für jede Zutat genau den Grenzgewinn dieser Zutat, der weiter oben ausgerechnet wurde. Insbesondere ist der Preis für Zucker 0, da der Bäcker mehr zur Verfügung hat als er optimal nutzen kann.

Es zeigt sich, dass das primäre Problem (P) und das duale Problem (D) sehr eng zusammenhängen. Wir werden jetzt allgemein erklären, wie das duale Problem zu einem LP-Problem konstruiert wird.

Der allgemeine Fall

Betrachten Sie das allgemeine LP-Problem

$$\max\ c_1 x_1 + \cdots + c_n x_n \quad \text{wenn} \quad \begin{cases} a_{11}x_1 + \cdots + a_{1n}x_n \le b_1 \\ \dots\dots\dots\dots\dots \\ a_{m1}x_1 + \cdots + a_{mn}x_n \le b_m \end{cases} \qquad (17.2.1)$$

mit den Nichtnegativitätsbedingungen $x_1 \ge 0, \dots, x_n \ge 0$. Das zugehörige **duale** Problem ist das LP-Problem

$$\min\ b_1 u_1 + \cdots + b_m u_m \quad \text{wenn} \quad \begin{cases} a_{11}u_1 + \cdots + a_{m1}u_m \ge c_1 \\ \dots\dots\dots\dots\dots \\ a_{1n}u_1 + \cdots + a_{mn}u_m \ge c_n \end{cases} \qquad (17.2.2)$$

mit Nichtnegativitätsbedingungen $u_1 \ge 0, \dots, u_m \ge 0$. Beachten Sie, dass Problem (17.2.2) mit genau den gleichen Koeffizienten $c_1, \dots, c_n$, $a_{11}, \dots, a_{mn}$ und $b_1, \dots, b_m$ wie in (17.2.1) gebildet wird.

Im **primären** Problem (17.2.1), gibt es n Variablen $x_1, \dots, x_n$ und m Nebenbedingungen unter Vernachlässigung der Nichtnegativitätsbedingungen. Im dualen Problem (17.2.2) gibt es m Variablen $u_1, \dots, u_m$ und n Nebenbedingungen. Während das primäre Problem ein Maximierungsproblem ist, ist das duale ein Minimierungsproblem. In beiden Problemen sind alle Variablen nichtnegativ. Die m Nebenbedingungen im primären Problem (17.2.1) sind vom Typ „kleiner oder gleich", während die n Nebenbedingungen im dualen Problem (17.2.2) vom Typ „größer oder gleich" sind. Die Koeffizienten der Zielfunktion in dem einen Problem sind die rechten Seiten der Nebenbedingungen in dem anderen Problem. Schließlich sind die zwei Matrizen, die durch die Koeffizienten der Variablen in den Nebenbedingungen des primären und des dualen Problems gebildet werden, jeweils Transponierte voneinander, da sie die folgende Gestalt haben:

$$\mathbf{A} = \begin{pmatrix} a_{11} & a_{12} & \dots & a_{1n} \\ a_{21} & a_{22} & \dots & a_{2n} \\ \vdots & \vdots & & \vdots \\ a_{m1} & a_{m2} & \dots & a_{mn} \end{pmatrix} \quad \text{und} \quad \mathbf{A}' = \begin{pmatrix} a_{11} & a_{21} & \dots & a_{m1} \\ a_{12} & a_{22} & \dots & a_{m2} \\ \vdots & \vdots & & \vdots \\ a_{1n} & a_{2n} & \dots & a_{mn} \end{pmatrix} \qquad (17.2.3)$$

Überprüfen Sie sorgfältig, dass Problem (D) das duale Problem zu (P) in dem gerade erklärten Sinn ist. Wegen der Symmetrie zwischen den beiden Problemen nennen wir sie jeweils dual zueinander.

Matrix-Formulierung

Wir führen die folgenden Spaltenvektoren (d.h. Matrizen mit einer Spalte) ein:

$$x = \begin{pmatrix} x_1 \\ \vdots \\ x_n \end{pmatrix}, \quad c = \begin{pmatrix} c_1 \\ \vdots \\ c_n \end{pmatrix}, \quad b = \begin{pmatrix} b_1 \\ \vdots \\ b_m \end{pmatrix}, \quad u = \begin{pmatrix} u_1 \\ \vdots \\ u_m \end{pmatrix} \tag{17.2.4}$$

Wenn y und z Vektoren sind, bedeutet $y \leq z$, dass jede Komponente von y kleiner oder gleich der entsprechenden Komponente von z ist. Dabei ist $y \geq z$ die umgekehrte Ungleichung.

Dann kann das primäre Problem, mit A und A' gegeben durch (17.2.3), wie folgt geschrieben werden:

$$\max \; c'x \quad \text{unter} \quad Ax \leq b, \; x \geq 0 \tag{17.2.5}$$

Und das duale Problem kann so geschrieben werden:

$$\min \; b'u \quad \text{unter} \quad A'u \geq c, \; u \geq 0$$

Es ist jedoch gebräuchlicher, das duale Problem in leicht abgewandelter Form zu schreiben. Indem wir $A'u \geq c$ transponieren, unter Beachtung der Regeln in (15.5.2) bis (15.5.5), erhalten wir $u'A \geq c'$ und ferner $b'u = u'b$. Somit kann das duale Problem in der folgenden Form geschrieben werden:

$$\min \; u'b \quad \text{unter} \quad u'A \geq c', \; u' \geq 0 \tag{17.2.6}$$

Aufgaben für Kapitel 17.2

1. Betrachten Sie Aufgabe 17.1.1(a).

    (a) Ersetzen Sie die Nebenbedingung $3x_1 + 2x_2 \leq 6$ durch $3x_1 + 2x_2 \leq 7$. Bestimmen Sie die neue optimale Lösung und berechnen Sie den Zuwachs u_1^* in der Zielfunktion.

    (b) Ersetzen Sie die Nebenbedingung $x_1 + 4x_2 \leq 4$ durch $x_1 + 4x_2 \leq 5$. Bestimmen Sie die neue optimale Lösung und berechnen Sie den Zuwachs u_2^* in der Zielfunktion.

    (c) Zeigen Sie mit demselben Argument wie in Beispiel 17.2.1: Wenn (x_1, x_2) zulässig ist für das Originalproblem, so kann die Zielfunktion niemals größer als 36/5 sein.

2. Formulieren Sie das duale Problem zu Teil (b) in Aufgabe 17.1.2.

3. Formulieren Sie die dualen Probleme zu den Teilen (a) und (b) in Aufgabe 17.1.1.

4. Betrachten Sie das LP-Problem:

$$\max \; x_1 + x_2 \quad \text{unter} \quad \begin{cases} x_1 + 2x_2 \leq 14 \\ 2x_1 + x_2 \leq 13 \end{cases} \qquad x_1 \geq 0, \; x_2 \geq 0$$

    (a) Verwenden Sie die grafische Methode, um die Lösung zu finden.

    (b) Schreiben Sie das duale Problem auf und bestimmen Sie dessen Lösung.

    ▶ Lösungen zu den Aufgaben finden Sie im Anhang des Buches.

17.3 Das Dualitätstheorem

Dieser Abschnitt präsentiert die Hauptresultate der Beziehungen der Lösung eines LP-Problems zu der Lösung des dualen Problems. Zu Beginn betrachten wir noch einmal das Problem des Bäckers.

Beispiel 17.3.1

Betrachten Sie die Probleme (P) und (D) in Kapitel 17.2. Nehmen Sie an, dass (x_1, x_2) ein beliebiges zulässiges Paar für (P) ist. Dies bedeutet: $x_1 \geq 0$, $x_2 \geq 0$ und die drei $\leq$ Ungleichungen in (P) sind erfüllt. Sei (u_1, u_2, u_3) ein beliebiges zulässiges Tripel für (D). Multiplizieren Sie die $\leq$ Ungleichungen in (P) mit den nichtnegativen Zahlen u_1, u_2 bzw. u_3 und addieren Sie dann diese Ungleichungen. Das Resultat ist die neue Ungleichung

$$(3x_1 + 6x_2)u_1 + (x_1 + 0.5x_2)u_2 + (x_1 + x_2)u_3 \leq 150u_1 + 22u_2 + 27.5u_3$$

Umordnen der Terme auf der linken Seite ergibt

$$(3u_1 + u_2 + u_3)x_1 + (6u_1 + 0.5u_2 + u_3)x_2 \leq 150u_1 + 22u_2 + 27.5u_3 \qquad \text{i)}$$

Analog multiplizieren wir die $\geq$ Ungleichungen in (D) mit den nichtnegativen Zahlen x_1 bzw. x_2 und addieren die Resultate. Dies ergibt:

$$(3u_1 + u_2 + u_3)x_1 + (6u_1 + 0.5u_2 + u_3)x_2 \geq 20x_1 + 30x_2 \qquad \text{(ii)}$$

Aus (i) und (ii) zusammen folgt

$$150u_1 + 22u_2 + 27.5u_3 \geq 20x_1 + 30x_2 \qquad \text{(iii)}$$

für alle zulässigen (x_1, x_2) in Problem (P) und für alle zulässigen (u_1, u_2, u_3) in Problem (D). Daher ist die Zielfunktion in dem dualen Problem immer größer oder gleich der Zielfunktion im primären Problem, egal welche zulässigen (x_1, x_2) und (u_1, u_2, u_3) gewählt werden.

Die Ungleichung (iii) ist insbesondere gültig für das zulässige Paar $(x_1, x_2) = (5, 22.5)$. Für jedes zulässige Tripel (u_1, u_2, u_3) erhalten wir deshalb

$$150u_1 + 22u_2 + 27.5u_3 \geq 20 \cdot 5 + 30 \cdot 22.5 = 775$$

Es folgt: Wenn wir ein zulässiges Tripel (u_1^*, u_2^*, u_3^*) für Problem (D) finden können, so dass $150u_1^* + 22u_2^* + 27.5u_3^* = 775$, dann muss (u_1^*, u_2^*, u_3^*) das Problem (D) lösen, weil kein kleinerer Wert der Zielfunktion gefunden werden kann. In Kap. 17.2 haben wir gesehen, dass für $(u_1^*, u_2^*, u_3^*) = (10/3, 0, 10)$ die Zielfunktion den Wert 775 annimmt. Deshalb löst $(10/3, 0, 10)$ das duale Problem.

Unsere Analyse dieses Beispiels illustriert zwei bedeutende allgemeine Resultate der LP-Theorie. Hier ist das erste:

Der Beweis für dieses Resultat ist nicht schwierig:

Multiplizieren Sie die m Ungleichungen in (17.2.1) mit den nichtnegativen Zahlen $u_1, \dots, u_m$ und addieren Sie dann die Ungleichungen. Multiplizieren Sie auch die n Ungleichungen in (17.2.2) mit den nichtnegativen Zahlen $x_1, \dots, x_n$ und addieren Sie dann die Ungleichungen. Diese zwei Operationen führen zu den zwei Ungleichungen

$$(a_{11}x_1 + \dots + a_{1n}x_n)u_1 + \dots + (a_{m1}x_1 + \dots + a_{mn}x_n)u_m \leq b_1 u_1 + \dots + b_m u_m$$
$$(a_{11}u_1 + \dots + a_{m1}u_m)x_1 + \dots + (a_{1n}u_1 + \dots + a_{mn}u_m)x_n \geq c_1 x_1 + \dots + c_n x_n$$

Indem wir die Terme auf der linken Seite jeder Ungleichung umordnen, sehen wir, dass sich jeweils die Doppelsumme $\sum_{i=1}^{m} \sum_{j=1}^{n} a_{ij} u_i x_j$ ergibt. Dann folgt (17.3.1) sofort. ▬▬▬

Aus Theorem 17.3.1 können wir ein anderes interessantes Resultat ableiten:

Wieder haben wir alles zur Verfügung, um dieses wichtige Resultat zu beweisen:

Sei $(x_1, \dots, x_n)$ ein beliebiger zulässiger n-Vektor für Problem (17.2.1). Unter Verwendung von (17.3.1) mit $u_1 = u_1^*, \dots, u_m = u_m^*$ und (17.3.2) erhalten wir

$$c_1 x_1 + \dots + c_n x_n \leq b_1 u_1^* + \dots + b_m u_m^* = c_1 x_1^* + \dots + c_n x_n^*$$

Dies zeigt: $(x_1^*, \dots, x_n^*)$ löst (17.2.1).

Nehmen Sie an, dass $(u_1, \dots, u_m)$ zulässig ist für Problem (17.2.2). Dann implizieren (17.3.1) und (17.3.2) zusammen, dass

$$b_1 u_1 + \dots + b_m u_m \geq c_1 x_1^* + \dots + c_n x_n^* = b_1 u_1^* + \dots + b_m u_m^*$$

Dies zeigt: $(u_1^*, \dots, u_m^*)$ löst (17.2.2). ▬▬▬

Theorem 17.3.2 zeigt: Wenn wir in der Lage sind, *zulässige* Lösungen für die Probleme (17.2.1) und (17.2.2) zu finden, die denselben Wert für die relevante Zielfunktion in jedem der zwei Probleme ergeben, so sind diese zulässigen Lösungen tatsächlich *optimale* Lösungen.

Das wichtigste Resultat in der Dualitätstheorie ist das folgende:

> ### Theorem 17.3.3 (Das Dualitätstheorem)
>
> Nehmen Sie an, dass das primäre Problem (17.2.1) eine (endliche) optimale Lösung hat. Dann hat das duale Problem (17.2.2) auch eine (endliche) optimale Lösung und die entsprechenden Werte der Zielfunktionen sind gleich. Falls das primäre Problem kein endliches Optimum hat, hat das duale Problem keine zulässige Lösung. Umgekehrt gilt: Wenn das primäre Problem keine zulässige Lösung hat, dann hat das duale Problem kein endliches Optimum.

Die Beweise zu den Theoremen 17.3.1 und 17.3.2 waren sehr einfach. Es ist viel schwieriger, die erste Behauptung in Theorem 17.3.3 zu beweisen, die die Existenz einer Lösung des dualen Problems betrifft. Wir werden nicht versuchen, hier einen Beweis zu liefern. Die letzte Behauptung in Theorem 17.3.3 folgt jedoch sehr schnell aus Ungleichung (17.3.1). Wenn nämlich $(u_1, \ldots, u_m)$ eine zulässige Lösung des dualen Problems ist, dann ist $b_1 u_1 + \cdots + b_m u_m$ eine endliche Zahl, die größer oder gleich *jeder* Zahl $c_1 x_1 + \cdots + c_n x_n$ ist, wenn $(x_1, \ldots, x_n)$ eine zulässige Lösung des primären Problems ist. Dies setzt eine obere Schranke auf die möglichen Werte von $c_1 x_1 + \cdots + c_n x_n$.

Schließlich ist es eine lehrreiche Übung, die Theoreme 17.3.1 und 17.3.2 mit Hilfe der Matrizenalgebra zu formulieren und zu beweisen. Wir wollen dies für Theorem 17.3.1 tun. Nehmen Sie an, dass $\mathbf{x}$ zulässig ist in (17.2.5) und dass u zulässig ist in (17.2.6). Dann gilt: $\mathbf{u}'\mathbf{b} \geq \mathbf{u}'(\mathbf{Ax}) = (\mathbf{u}'\mathbf{A})\mathbf{x} \geq \mathbf{c}'\mathbf{x}$. Beachten Sie sorgfältigst, wie diese Ungleichungen zu denen korrespondieren, die wir im früheren Beweis zu Theorem 17.3.1 aufgestellt haben.

> ### Aufgaben für Kapitel 17.3
>
>
>
> **1.** Betrachten Sie Das LP-Problem $\max 2x + 7y$, wenn $\begin{cases} 4x + 5y \leq 20 \\ 3x + 7y \leq 21 \end{cases}$ $x \geq 0, \ y \geq 0$
>
>   (a) Lösen Sie es mit einem grafischen Argument.
>
>   (b) Formulieren Sie das duale Problem und lösen Sie es durch ein graphisches Argument.
>
>   (c) Sind die Werte der Zielfunktionen gleich?[5]
>
> **2.** Formulieren Sie das duale Problem zu dem Problem aus Beispiel 17.1.2 und lösen Sie es. Überzeugen Sie sich, dass die optimalen Werte der Zielfunktionen gleich sind.
>
> ---
>
> [5]Falls sie es nicht sind, so haben Sie nach Theorem 17.3.3 einen Fehler im Maximalwert der Zielfunktion gemacht.
>
>   ➡

➜ Fortsetzung

3. Ein Unternehmen produziert kleine und mittlere Fernsehgeräte. Der Gewinn ist 400 für jedes kleine und 500 für jedes mittlere Fernsehgerät. Jedes Gerät wird in drei Bereichen des Unternehmens produziert. Jedes kleine Gerät beansprucht zwei, eine und eine Stunde in den Bereichen 1, 2 und 3. Die entsprechenden Zahlen für die mittleren Geräte sind eins, vier und zwei. Nehmen Sie an, dass die Bereiche 1 und 2 jeweils eine Kapazität von höchstens 16 Stunden pro Tag haben, während Bereich 3 eine Kapazität von höchstens 11 Stunden pro Tag hat. Mit x_1 und x_2 seien die Anzahl der pro Tag produzierten kleinen und mittleren Fernsehgeräte bezeichnet.

(a) Zeigen Sie: Um den Gewinn pro Tag zu maximieren, ist das folgende Problem zu lösen:

$$\max 400x_1 + 500x_2, \quad \text{wenn} \quad \begin{cases} 2x_1 + x_2 \leq 16 \\ x_1 + 4x_2 \leq 16 \\ x_1 + 2x_2 \leq 11 \end{cases} \quad x_1 \geq 0,\ x_2 \geq 0$$

(b) Lösen Sie dieses Problem grafisch.

(c) Nehmen Sie an, dass das Unternehmen in der Lage ist, die Kapazität in genau einem Bereich um eine Stunde pro Tag zu erhöhen. In welchem der drei Bereiche sollte die Kapazität vergrößert werden?

▶ Lösungen zu den Aufgaben finden Sie im Anhang des Buches.

17.4 Eine allgemeine ökonomische Interpretation

Dieses Unterkapitel gibt eine ökonomische Interpretation des allgemeinen LP-Problems (17.2.1) und des zugehörigen dualen Problems (17.2.2). Denken Sie an ein Unternehmen, das eine oder mehrere verschiedene Arten Output unter Verwendung von m verschiedenen Input-**Ressourcen** herstellt. Der Produktionsprozess bestehe aus n verschiedenen **Aktivitäten** (oder Prozessen). Eine typische Aktivität sei daduch charakterisiert, dass ihr Betrieb auf dem Niveau einer Einheit eine bestimmte Menge von jeder Ressource verlangt. Wenn a_{ij} die Anzahl der Einheiten von Ressource i bezeichnet, die benötigt werden, um die Aktivität j auf Einheitsniveau zu betreiben, so gibt der Vektor mit den Komponenten $a_{1j}, a_{2j}, \ldots, a_{mj}$ die m verschiedenen Ressourcenanforderungen an, um die Aktivität j auf Einheitsniveau zu betreiben. Wenn wir die Aktivitäten auf den Niveaus $x_1, \ldots, x_n$ betreiben, können die gesamten Ressourcenanforderungen ausgedrückt werden durch den Spaltenvektor

$$x_1 \begin{pmatrix} a_{11} \\ \vdots \\ a_{m1} \end{pmatrix} + \cdots + x_n \begin{pmatrix} a_{1n} \\ \vdots \\ a_{mn} \end{pmatrix}$$

Falls die verfügbaren Ressourcen $b_1, \ldots, b_m$ sind, sind die zulässigen Aktivitätsniveaus diejenigen, die die m Nebenbedingungen in (17.2.1) erfüllen. Die Nichtnegativitätsbedingungen spiegeln die Tatsache wider, dass wir die Aktivitäten nicht auf negativen Niveaus betreiben können.

Jede Aktivität bringt ein gewisses „Entgelt." Sei c_j das Entgelt (oder der Wert), den man für den Betrieb der Aktivität j auf Einheitsniveau erhält. Der Gesamtwert aus dem

Betrieb der n Aktivitäten auf den Niveaus $x_1, \ldots, x_n$ ist dann $c_1x_1 + \cdots + c_nx_n$. Somit ist das Unternehmen mit dem folgenden LP-Problem konfrontiert.

Bestimmen Sie diejenigen Niveaus der n Aktivitäten, die den Gesamtwert unter den gegebenen Ressourcenbeschränkungen maximieren.

Das Problem des Bäckers in Beispiel 17.1.1 bietet eine Illustration. Die zwei Aktivitäten sind das Backen der zwei verschiedenen Sorten Kuchen und es gibt drei Ressourcen – Mehl, Zucker und Butter

Gehen wir zum dualen Problem (17.2.2) über. Um im Geschäft zu bleiben, muss das Unternehmen einige Ressourcen verbrauchen. Jede Ressource hat daher einen Wert oder Preis. Sei u_i der Preis für eine Einheit der Ressource i. Anstatt an u_i als einen Marktpreis für Ressource i zu denken, sollten wir es besser als ein Maß für den relativen Beitrag interpretieren, den eine Einheit der Ressource i am gesamten ökonomischen Wert hat. Da diese keine realen Marktpreise sind, werden sie oft **Schattenpreise** genannt.

Da $a_{1j}, a_{2j}, \ldots, a_{mj}$ diejenigen Mengen von jeder der m Ressourcen sind, die nötig sind, um Aktivität j auf Einheitsniveau zu betreiben, sind $a_{1j}u_1 + a_{2j}u_2 + \cdots + a_{mj}u_m$ die Gesamtschattenkosten für den Betrieb der Aktivität j auf Einheitsniveau. Da c_j das Entgelt aus dem Betrieb der Aktivität j auf Einheitsniveau ist, kann die Differenz

$$c_j - (a_{1j}u_1 + a_{2j}u_2 + \cdots + a_{mj}u_m)$$

als Schatten*gewinn* aus dem Betrieb der Aktivität j auf Einheitsniveau betrachtet werden. Beachten Sie, dass die j-te Nebenbedingung im dualen Problem (17.2.2) besagt, dass der Schattengewinn aus dem Betrieb der Aktivität j auf Einheitsniveau ≤ 0 ist.

Die Zielfunktion $Z = b_1u_1 + \cdots + b_mu_m$ im dualen LP-Problem misst den Schattenwert des Anfangsbestandes aller Ressourcen. Das duale Problem ist daher das folgende:

Bestimmen Sie unter allen Möglichkeiten nichtnegativer Schattenpreise $u_1, \ldots, u_m$, für die der Gewinn aus dem Betrieb jeder Aktivität auf Einheitsniveau nichtpositiv ist, diejenigen Preise, die zusammen den Schattenwert der Anfangsressourcen minimieren.

Die optimalen dualen Variablen als Schattenpreise

Betrachten Sie wieder das primäre Problem (17.2.1). Was geschieht mit dem optimalen Wert der Zielfunktion, wenn die Zahlen $b_1, \ldots, b_m$ sich ändern? Wenn die Änderungen $\Delta b_1, \ldots, \Delta b_m$ positiv sind, wird die zulässige Menge vergrößert und der neue optimale Wert der Zielfunktion kann nicht kleiner sein und im Allgemeinen wird er größer werden. Die folgenden Berechnungen sind auch gültig, wenn einige oder alle Änderungen $\triangle b_1, \ldots, \triangle b_m$ negativ sind.

Nehmen Sie an, dass $(x_1^*, \ldots, x_n^*)$ und $(x_1^* + \triangle x_1, \ldots, x_n^* + \triangle x_n)$ optimale Lösungen des primären Problems sind, wenn die rechten Seiten der Nebenbedingungen $(b_1, \ldots, b_m)$ bzw. $(b_1 + \triangle b_1, \ldots, b_m + \triangle b_m)$ sind. Typischerweise gilt: Wenn $\triangle b_1, \ldots, \triangle b_m$ alle hinreichend klein sind, haben die dualen der beiden Probleme dieselben optimalen Lösungen $u_1^*, \ldots, u_m^*$. Dann hat man gemäß Theorem 17.3.3:

$$c_1x_1^* + \cdots + c_nx_n^* = b_1u_1^* + \cdots + b_mu_m^*$$

$$c_1(x_1^* + \triangle x_1) + \cdots + c_n(x_n^* + \triangle x_r) = (b_1 + \triangle b_1)u_1^* + \cdots + (b_m + \triangle b_m)u_m^*$$

Durch Subtraktion folgt:

$$c_1 \triangle x_1 + \cdots + c_n \triangle x_n = u_1^* \triangle b_1 + \cdots + u_m^* \triangle b_m$$

Die linke Seite ist hier die Änderung der Zielfunktion in (17.2.1), die wir erhalten, wenn $b_1, \ldots, b_m$ um $\triangle b_1, \ldots, \triangle b_m$ geändert werden. Wenn wir diese Änderung in z mit $\triangle z^*$ bezeichnen, erhalten wir

$$\Delta z^* = u_1^* \Delta b_1 + \cdots + u_m^* \Delta b_m \qquad (17.4.1)$$

Es ist wichtig zu beachten: Eine Annahme, die (17.4.1) unterliegt, ist, dass die Zahlen b_j sich nicht genug ändern, um eine Änderung der optimalen dualen Variablen zu verursachen. Falls $\triangle b_j = 1$, während alle $\triangle b_h = 0$ für $h \neq j$, dann ist $\triangle z^* = u_j^*$. Dies stimmt mit den Resultaten in Beispiel 17.2.1 überein.

Aufgabe für Kapitel 17.4

1. Betrachten Sie Aufgabe 17.3.1. Wir haben herausgefunden, dass die optimale Lösung dieses Problems $x^* = 0$ und $y^* = 3$ mit $z^* = 2x^* + 7y^* = 21$ war. Die optimale Lösung des dualen Problems war $u_1^* = 0$ und $u_2^* = 1$. Nehmen Sie an, wir ändern 20 in 20.1 und 21 in 20.8. Bestimmen Sie die zugehörige Änderung in der Zielfunktion.

2. Ein Unternehmen produziert zwei Güter A und B. Das Unternehmen erzielt einen Gewinn der Höhe 300 für jede Einheit von A und 200 für jede Einheit von B. Es gibt drei Schritte im Produktionsprozess. Gut A erfordert sechs Stunden in der Produktion, dann vier Stunden in der Montage und schließlich fünf Stunden in der Verpackung. Die entsprechenden Zahlern für B sind drei, sechs bzw. fünf. Die Gesamtanzahlen der zur Verfügung stehenden Stunden für die drei Schritte sind 54, 48 bzw. 50.

   (a) Formulieren und lösen Sie das LP-Problem der Maximierung des Gewinns unter den gegebenen Einschränkungen.

   (b) Schreiben Sie das duale Problem auf und lösen Sie es.

   (c) Um wieviel würde der optimale Gewinn steigen, wenn das Unternehmen zwei Stunden mehr Produktionszeit und eine Stunde mehr Verpackungszeit zur Verfügung hätte?

▶ Lösungen zu den Aufgaben finden Sie im Anhang des Buches.

17.5 Komplementärer Schlupf

Betrachten Sie wieder das Problem (P) des Bäckers in Kap. 17.2 und das zugehörige duale Problem (D). Die Lösung zu (P) war $x_1^* = 5$ und $x_2^* = 22.5$, wobei die erste und dritte Ungleichung beide mit Gleichheit erfüllt waren. Die Lösung des dualen Problems war $u_1^* = 10/3$, $u_2^* = 0$ und $u_3^* = 10$, wobei beide Ungleichungen in dem dualen Problem mit Gleichheit erfüllt waren. Somit gilt in diesem Beispiel

$$x_1^* > 0, \; x_2^* > 0 \implies \left\{ \begin{array}{l} \text{die erste und die zweite Ungleichung} \\ \text{im dualen Problem sind mit Gleichheit erfüllt} \end{array} \right.$$

$$u_1^* > 0, \; u_3^* > 0 \implies \left\{ \begin{array}{l} \text{die erste und die dritte Ungleichung} \\ \text{im primären Problem sind mit Gleichheit erfüllt} \end{array} \right.$$

Wir interpretieren die zweite Implikation wie folgt: Da die Schattenpreise für Mehl und Butter positiv sind, verlangt die optimale Lösung alle verfügbaren Vorräte an Mehl und Butter, aber nicht alle verfügbaren Vorräte an Zucker. Deshalb ist der Schattenpreis für Zucker Null – Zucker ist keine knappe Ressource.

Solche Implikationen gelten allgemeiner. Betrachten Sie dazu das Problem

$$\max c_1 x_1 + c_2 x_2, \quad \text{wenn} \quad \left\{ \begin{array}{l} a_{11}x_1 + a_{12}x_2 \leq b_1 \\ a_{21}x_1 + a_{22}x_2 \leq b_2 \\ a_{31}x_1 + a_{32}x_2 \leq b_3 \end{array} \right. \quad x_1 \geq 0, \; x_2 \geq 0 \qquad \text{(i)}$$

und das zugehörige duale Problem

$$\min b_1 u_1 + b_2 u_2 + b_3 u_3, \quad \text{wenn} \quad \left\{ \begin{array}{l} a_{11}u_1 + a_{21}u_2 + a_{31}u_3 \geq c_1 \\ a_{12}u_1 + a_{22}u_2 + a_{32}u_3 \geq c_2 \end{array} \right. \quad u_1, u_2, u_3 \geq 0 \quad \text{(ii)}$$

Nehmen Sie an: (x_1^*, x_2^*) löst (i) und (u_1^*, u_2^*, u_3^*) löst (ii). Dann gilt:

$$\text{(iii)} \quad \begin{array}{l} a_{11}x_1^* + a_{12}x_2^* \leq b_1 \\ a_{21}x_1^* + a_{22}x_2^* \leq b_2 \\ a_{31}x_1^* + a_{32}x_2^* \leq b_3 \end{array} \qquad \text{(iv)} \quad \begin{array}{l} a_{11}u_1^* + a_{21}u_2^* + a_{31}u_3^* \geq c_1 \\ a_{12}u_1^* + a_{22}u_2^* + a_{32}u_3^* \geq c_2 \end{array}$$

Multiplizieren Sie die drei Ungleichungen in (iii) mit den drei nichtnegativen Zahlen u_1^*, u_2^* bzw. u_3^*. Addieren Sie dann die Resultate. Dies ergibt die Ungleichung

$$(a_{11}x_1^* + a_{12}x_2^*)u_1^* + (a_{21}x_1^* + a_{22}x_2^*)u_2^* + (a_{31}x_1^* + a_{32}x_2^*)u_3^* \leq b_1 u_1^* + b_2 u_2^* + b_3 u_3^* \qquad \text{(v)}$$

Multiplizieren Sie die zwei Ungleichungen in (iv) mit x_1^* bzw. x_2^* und addieren Sie dann die Resultate. Dies ergibt:

$$(a_{11}u_1^* + a_{21}u_2^* + a_{31}u_3^*)x_1^* + (a_{12}u_1^* + a_{22}u_2^* + a_{32}u_3^*)x_2^* \geq c_1 x_1^* + c_2 x_2^* \qquad \text{(vi)}$$

Die linken Seiten der Ungleichungen in (v) und (vi) sind Umordnungen von einander. Darüber hinaus sind die rechten Seiten von (v) und (vi) nach dem Dualitätstheorem der LP, Theorem 17.3.3, gleich. Damit können beide Ungleichungen in (v) und (vi) durch *Gleichheiten* ersetzt werden. Insbesondere können wir die Gleichheitsversion von (v) so umordnen, dass wir

$$(a_{11}x_1^* + a_{12}x_2^* - b_1)u_1^* + (a_{21}x_1^* + a_{22}x_2^* - b_2)u_2^* + (a_{31}x_1^* + a_{32}x_2^* - b_3)u_3^* = 0$$

erhalten. Da (x_1^*, x_2^*) zulässig ist, impliziert (iii), dass hier jeder Term in den Klammern ≤ 0 ist. Aber jedes $u_i \geq 0$, so dass die linke Seite die Summe von drei Termen ≤ 0 ist.

Falls einer < 0 wäre, wäre ihre Summe < 0. Da die Summe Null ist, muss jeder Term Null sein. Deshalb gilt für $i = 1, 2, 3$:

$$(a_{i1}x_1^* + a_{i2}x_2^* - b_i)u_i^* = 0$$

Wir schließen, dass

$$a_{i1}x_1^* + a_{i2}x_2^* \leq b_i \quad \text{und} \quad a_{i1}x_1^* + a_{i2}x_2^* = b_i, \quad \text{falls } u_i^* > 0$$

für $i = 1, 2, 3$. Indem wir verwenden, dass in (vi) $\geq$ durch $=$ ersetzt werden kann und in der gleichen Weise wie oben argumentieren, erhalten wir auch:

$$a_{1j}u_1^* + a_{2j}u_2^* + a_{3j}u_3^* \geq c_j \quad \text{und} \quad a_{1j}u_1^* + a_{2j}u_2^* + a_{3j}u_3^* = c_j, \quad \text{falls } x_j^* > 0, \quad j = 1, 2$$

Indem wir verwenden, dass in (vi) $\geq$ durch $=$ ersetzt werden kann und in der gleichen Weise wie oben argumentieren, erhalten wir auch:

$$a_{1j}u_1^* + a_{2j}u_2^* + a_{3j}u_3^* \geq c_j \quad (a_{1j}u_1^* + a_{2j}u_2^* + a_{3j}u_3^* = c_j, \quad \text{falls } x_j^* > 0), \quad j = 1, 2$$

Diese zwei letzten Mengen von Ungleichungen (oder Gleichheiten) heißen *komplementäre Schlupfbedingungen*. Die Argumente, die verwendet wurden, um zu zeigen, dass diese Bedingungen notwendig sind, lassen sich in offensichtlicher Weise auf den allgemeinen Fall übertragen. Weiterhin sind dieselben komplementären Schlupfbedingungen auch hinreichend für Optimalität. Hier ist ein allgemeines Resultat mit Beweis:

Theorem 17.5.1 (Komplementärer Schlupf)

Nehmen Sie an, dass das primäre Problem (17.2.1) eine optimale Lösung $x^* = (x_1^*, \ldots, x_n^*)$ hat, während das duale Problem (17.2.2) eine optimale Lösung $u^* = (u_1^*, \ldots, u_m^*)$ hat. Dann gelten für $j = 1, \ldots, n$ und $i = 1, \ldots, m$ die komplememtären Schlupfbedingungen:

$$a_{1i}u_1^* + \cdots + a_{mi}u_m^* \geq c_i \quad \text{und} \quad a_{1i}u_1^* + \cdots + a_{mi}u_m^* = c_i, \quad \text{falls } x_i^* > 0 \qquad (17.5.1)$$

$$a_{j1}x_1^* + \cdots + a_{jn}x_n^* \leq b_j \quad \text{und} \quad a_{j1}x_1^* + \cdots + a_{jn}x_n^* = b_j, \quad \text{falls } u_j^* > 0 \qquad (17.5.2)$$

Falls umgekehrt alle Komponenten von x^* und u^* nichtnegativ sind und (17.5.1) und (17.5.2) erfüllen, dann lösen x^* und u^* das primäre Problem (17.2.1) bzw. das duale Problem (17.2.2).

Obwohl länger als frühere Argumente, ist der Beweis dieses Theorems innerhalb unserer Möglichkeiten:

Nehmen Sie an: x^* löst (17.2.1) und u^* löst (17.2.2). Dann folgt unter Benutzung der Matrixnotation aus (17.2.5) und (17.2.6):

$$Ax^* \leq b \qquad \text{und} \qquad (u^*)'A \geq c' \tag{i}$$

Multiplikation der ersten Ungleichung in (i) von links mit $(\boldsymbol{u}^*)' \geq \boldsymbol{0}$ und der zweiten Ungleichung von rechts mit $\boldsymbol{x}^* \geq \boldsymbol{0}$ ergibt:

$$(\boldsymbol{u}^*)'A\boldsymbol{x}^* \leq (\boldsymbol{u}^*)'\boldsymbol{b} \qquad \text{und} \qquad (\boldsymbol{u}^*)'A\boldsymbol{x}^* \geq \boldsymbol{c}'\boldsymbol{x}^* \qquad \text{(ii)}$$

Gemäß Theorem 17.3.3 gilt $(\boldsymbol{u}^*)'\boldsymbol{b} = \boldsymbol{c}'\boldsymbol{x}^*$. Somit müssen beide Ungleichungen in (ii) Gleichheiten sein. Sie können wie folgt geschrieben werden:

$$(\boldsymbol{u}^*)'(A\boldsymbol{x}^* - \boldsymbol{b}) = 0 \qquad \text{und} \qquad [(\boldsymbol{u}^*)'A - \boldsymbol{c}']\boldsymbol{x}^* = 0 \qquad \text{(iii)}$$

Diese beiden Gleichungen sind jedoch äquivalent zu

$$\sum_{i=1}^{m} u_i^*(a_{i1}x_1^* + \cdots + a_{in}x_n^* - b_i) = 0 \qquad \text{(iv)}$$

und

$$\sum_{j=1}^{n}(a_{1j}u_1^* + \cdots + a_{mj}u_m^* - c_j)x_j^* = 0 \qquad \text{(v)}$$

Für $i = 1, \ldots, m$ hat man sowohl $u_i^* \geq 0$ als auch $a_{i1}x_1^* + \cdots + a_{in}x_n^* - b_i \leq 0$. Somit ist jeder Term in der Summe (iv) ≤ 0. Falls ein Term negativ ist, so ist es auch ihre Summe. Die Summe aller Terme ist jedoch Null und deshalb muss auch jeder Term in (iv) Null sein. Deshalb gilt:

$$u_i^*(a_{i1}x_1^* + \cdots + a_{in}x_n^* - b_i) = 0, \qquad i = 1, \ldots, m \qquad \text{(vi)}$$

Nun folgt (17.5.2) sofort. Eigenschaft (17.5.1) wird analog bewiesen, indem man beachtet, dass (v) folgendes impliziert:

$$x_j^*(a_{1j}u_1^* + \cdots + a_{mj}u_m^* - c_j) = 0, \qquad j = 1, \ldots, n \qquad \text{(vii)}$$

Nehmen Sie andererseits an, dass alle Komponenten von $\boldsymbol{x}^*$ und $\boldsymbol{u}^*$ nichtnegativ sind und (17.5.1) bzw. (17.5.2) erfüllen. Es folgt sofort, dass (vi) und (vii) erfüllt sind. Indem wir über i bzw. j summieren, erhalten wir somit (iv) und (v). Diese Gleichungen implizieren, dass

$$\sum_{i=1}^{m} b_i u_i^* = \sum_{i=1}^{m}\sum_{j=1}^{n} a_{ij}x_j^* u_i^* \quad \text{und auch} \quad \sum_{j=1}^{n} c_j x_j^* = \sum_{j=1}^{n}\sum_{i=1}^{m} a_{ij}u_i^* x_j^*$$

Da die zwei Doppelsummen gleich sind, folgt: $\sum_{i=1}^{m} b_i u_i^* = \sum_{j=1}^{n} c_j x_j^*$. Gemäß Theorem 17.3.2 löst somit $\boldsymbol{x}^*$ das Problem (17.2.1) und $\boldsymbol{u}^*$ löst das duale Problem.

Mit den allgemeinen ökonomischen Interpretationen, die wir in Kap. 17.4 dargestellt haben, können (17.5.1) und (17.5.2) wie folgt interpretiert werden:

(i) *Falls die optimale Lösung des primären Problems impliziert, dass Aktivität j in Betrieb ist ($x_j^* > 0$), dann ist der Schattengewinn aus dem Betrieb dieser Aktivität auf Einheitsniveau gleich Null.*

(ii) *Wenn der Schattenpreis der Ressource i positiv ist ($u_i^* > 0$), dann muss in einem Optimum der gesamte Vorrat der Ressource i verbraucht werden.*

Wie komplementärer Schlupf helfen kann, LP-Probleme zu lösen

Falls entweder die Lösung des primären oder des dualen Problems bekannt ist, können die komplementären Schlupfbedingungen helfen die Lösungen des anderen Problems zu finden, indem man bestimmt, welche Ungleichungsbedingungen echte Ungleichungen sind, d. h. man hat wirklich „kleiner" bzw. wirklich „größer". Wir betrachten dazu ein Beispiel.

Formulieren Sie für das Problem

$$\max\ 3x_1 + 4x_2 + 6x_3, \quad \text{wenn} \begin{cases} 3x_1 + x_2 + x_3 \leq 2 \\ x_1 + 2x_2 + 6x_3 \leq 1 \end{cases} \quad x_1 \geq 0, x_2 \geq 0, x_3 \geq 0 \quad \text{(i)}$$

das duale Problem und lösen Sie es mit einem grafischen Argument. Verwenden Sie dann die komplementären Schlupfbedingungen, um (i) zu lösen.

Lösung: Das duale Problem ist

$$\min\ 2u_1 + u_2, \quad \text{wenn} \begin{cases} 3u_1 + u_2 \geq 3 \\ u_1 + 2u_2 \geq 4 \\ u_1 + 6u_2 \geq 6 \end{cases} \quad u_1, u_2 \geq 0 \quad \text{(ii)}$$

Unter Verwendung der grafischen Lösungstechniken, die in Beispiel 17.1.2 gezeigt wurden, finden wir die Lösung $u_1^* = 2/5$ und $u_2^* = 9/5$. Damit ist $3u_1^* + u_2^* = 3$ und $u_1^* + 2u_2^* = 4$ und $u_1^* + 6u_2^* > 6$.

Was wissen wir über die Lösung (x_1^*, x_2^*, x_3^*) von (i)? Da $u_1^* > 0$ und $u_2^* > 0$, müssen wegen (17.5.2) beide Ungleichungen in (i) mit Gleichheit erfüllt sein, so dass

$$3x_1^* + x_2^* + x_3^* = 2 \qquad \text{und} \qquad x_1^* + 2x_2^* + 6x_3^* = 1 \qquad \text{(iii)}$$

Da $u_1^* + 6u_2^* > 6$ folgt weiter aus der komplementären Schlupfbedingung (17.5.1), dass $x_3^* = 0$. Indem wir $x_3^* = 0$ in (iii) einsetzen und nach x_1^* und x_2^* auflösen, erhalten wir

$$x_1^* = 3/5, \qquad x_2^* = 1/5, \qquad x_3^* = 0$$

Dies ist die Lösung zu Problem (i). Beachten Sie, dass die optimalen Werte der Zielfunktionen in den zwei Problemen tatsächlich gleich sind: $2u_1^* + u_2^* = 13/5$ und $3x_1^* + 4x_2^* + 6x_3^* = 13/5$, genau wie es nach dem Dualitätstheorem sein sollte.

Das Kuhn-Tucker-Theorem, angewendet auf LP-Probleme

Das allgemeine lineare Programmierungsproblem

$$\max\ c_1 x_1 + \cdots + c_n x_n, \quad \text{wenn} \begin{cases} a_{11}x_1 + \cdots + a_{1n}x_n \leq b_1 \\ \ldots\ldots\ldots\ldots\ldots\ldots\ldots \\ a_{m1}x_1 + \cdots + a_{mn}x_n \leq b_m \end{cases}, \quad x_1 \geq 0, \ldots, x_n \geq 0 \quad \text{(17.5.3)}$$

ist offensichtlich ein Spezialfall des allgemeinen nichtlinearen Programmierungsproblems[6]

$$\max\ f(x_1, \ldots, x_n), \quad \text{wenn} \begin{cases} g_1(x_1, \ldots, x_n) \leq b_1 \\ \ldots\ldots\ldots\ldots\ldots \\ g_m(x_1, \ldots, x_n) \leq b_m \end{cases}, \quad x_1 \geq 0, \ldots, x_n \geq 0 \quad \text{(17.5.4)}$$

Dieses wurde in Kap. 14.10 untersucht.

---

[6] Im Gegensatz zu Kap. 14.10 verwenden wir hier für die rechten Seiten die Notation b_j statt c_j für $j = 1, \ldots, m$.

Wir wollen sehen, welche Gestalt die Bedingungen (14.10.3) und (14.10.4) in diesem linearen Fall annehmen. Wenn wir $\lambda_j = u_j^*$ setzen für $j = 1, \ldots, m$, werden die Bedingungen zu

$$c_i - (a_{1i}u_1^* + \cdots + a_{ni}u_m^*) \leq 0, \text{ mit Gleichheit, falls } x_i^* > 0 \qquad (17.5.5)$$

für jedes $i = 1, \ldots, n$ und

$$u_j^* \geq 0 \quad (= 0, \text{ falls } a_{j1}x_1^* + \cdots + a_{jn}x_n^* < b_j), \qquad j = 1, \ldots, m \qquad (17.5.6)$$

Wenn wir dies kombinieren mit der Forderung, dass $\mathbf{x}^*$ die Nebenbedingungen in dem LP-Problem (17.5.3) erfüllt, sind diese notwendigen Bedingungen genau die komplementären Schlupfbedingungen in Theorem 17.5.1.

Dualität, wenn einige Bedingungen Gleichheiten sind

Nehmen Sie an, dass eine der m Nebenbedingungen in dem primären Problem eine Gleichheit

$$a_{i1}x_1 + \cdots + a_{in}x_n = b_i \qquad (*)$$

anstelle der entsprechenden Ungleichung in (17.2.1) ist. Um das Problem in die Standardform zu bringen, können wir $(*)$ durch die zwei folgenden Ungleichungen ersetzen:

$$a_{i1}x_1 + \cdots + a_{in}x_n \leq b_i \quad \text{und} \quad -a_{i1}x_1 - \cdots - a_{in}x_n \leq -b_i \qquad (**)$$

Bedingung $(*)$ führt somit zu zwei dualen Variablen u_i' und u_i''. Für jedes $j = 1, \ldots, n$ wird der Term $a_{ij}u_i$ in der Summe auf der linken Seite der Bedingung $\sum_{k=1}^{m} a_{kj}u_k \geq c_j$ in (17.2.2) ersetzt durch $a_{ij}u_i' - a_{ij}u_i''$. Deshalb können wir u_i' und u_i'' durch die einzige Variable $u_i = u_i' - u_i''$ ersetzen, wobei es jetzt keine Beschränkung des Vorzeichens von u_i gibt. Wir sehen daher: *Wenn die i-te Nebenbedingung im primären Problem eine Gleichheit ist, dann hat die i-te duale Variable ein unbeschränktes Vorzeichen.* Dies ist in Übereinstimmung mit der ökonomischen Interpretation, die wir gegeben haben. Wenn wir gezwungen sind, alle Vorräte der Ressource i zu verbrauchen, dann ist es nicht überraschend, dass die Ressource einen negativen Schattenpreis besitzt – es kann etwas sein, das abträglich ist im Überschuss. Wenn der Bäcker in Beispiel 17.1.1 gezwungen wäre, seinen ganzen Vorrat an Zucker für die Kuchen zu verwenden, wäre der beste Punkt in Abb. 17.1.2 der Punkt C, nicht B. Einiges an Gewinn würde verloren gehen.

Aus der Symmetrie zwischen dem primären und dem dualen Problem realisieren wir jetzt: *Wenn eine der Variablen im primären Problem ein unbeschränktes Vorzeichen hat, dann ist die entsprechende Bedingung im dualen Problem eine Gleichheit.*

Aufgaben für Kapitel 17.5

1. Betrachten Sie Aufgabe 17.3.1. Die optimale Lösung des primären Problems war $x^* = 0$ und $y^* = 3$, während $u_1^* = 0$ und $u_2^* = 1$ die optimale Lösung des dualen Problems war. Überprüfen Sie, dass (17.5.1) und (17.5.2) in diesem Fall erfüllt sind.

2. Betrachten Sie das folgende Problem:

$$\min y_1 + 2y_2, \quad \text{wenn} \begin{cases} y_1 + 6y_2 \geq 15 \\ y_1 + y_2 \geq 5 \\ -y_1 + y_2 \geq -5 \\ y_1 - 2y_2 \geq -20 \end{cases} \quad y_1 \geq 0, \; y_2 \geq 0$$

   (a) Lösen Sie das Problem grafisch.

   (b) Formulieren Sie das duale Problem und lösen Sie es.

   (c) Was geschieht mit den optimalen dualen Variablen, wenn die Bedingung $y_1 + 6y_2 \geq 15$ in $y_1 + 6y_2 \geq 15.1$ geändert wird?

3. Ein Unternehmen produziert zwei Güter A und B. Das Unternehmen hat drei Fabriken, die gemeinsam beide Güter nach den in der folgenden Tabelle gegebenen Mengen pro Stunde produzieren:

	Fabrik 1	Fabrik 2	Fabrik 3
Gut A	10	20	20
Gut B	20	10	20

   Das Unternehmen erhält einen Auftrag für 300 Einheiten von A und 500 Einheiten von B. Die Betriebskosten pro Stunde für die Fabriken 1, 2 bzw. 3 sind 10 000, 8 000 bzw. 11 000 Geldeinheiten.

   (a) Seien y_1, y_2 bzw. y_3 die Anzahl der Stunden, in denen die drei Fabriken genutzt werden. Formulieren Sie das lineare Programmierungsproblem zur Minimierung der Kosten für die Erfüllung des Auftrags.

   (b) Formulieren Sie das duale Problem und lösen Sie es. Bestimmen Sie dann die Lösung in Teil (a).

   (c) Um wie viel werden die minimalen Produktionskosten ansteigen, wenn die Kosten pro Stunde in Fabrik 1 um 100 Geldeinheiten steigen?

Anspruchsvollere Aufgabe

4. Betrachten Sie das LP-Problem

$$\max 3x_1 + 2x_2, \quad \text{wenn} \begin{cases} x_1 + x_2 \leq 3 \\ 2x_1 + x_2 - x_3 \leq 1 \\ x_1 + 2x_2 - 2x_3 \leq 1 \end{cases} \quad x_1 \geq 0, \; x_2 \geq 0, \; x_3 \geq 0$$

   (a) Nehmen Sie an, dass x_3 eine feste Zahl ist. Lösen Sie das Problem, wenn $x_3 = 0$ und wenn $x_3 = 3$ ist.

   (b) Lösen Sie das Problem für jeden festen Wert von x_3 in $[0, \infty)$. Der maximale Wert von $3x_1 + 2x_2$ ist eine Funktion von x_3. Bestimmen Sie diese Funktion und maximieren Sie diese.

   (c) Sagen die Resultate in Teil (b) irgendetwas über die Lösung des ursprünglichen Problems aus, in dem x_3 auch gewählt werden konnte?

▶ Lösungen zu den Aufgaben finden Sie im Anhang des Buches.

17.6 Die Simplexmethode, erklärt an einem einfachen Beispiel

In den nächsten beiden Unterkapiteln wollen wir eine systematische Darstellung der Simplexmethode geben. Wir wollen an Beispiel 17.1.1 erklären, wie die Methode funktioniert.

$$\max z = 20x_1 + 30x_2$$

unter den Nebenbedingungen

$$3x_1 + 6x_2 \leq 150 \tag{17.6.1}$$

$$x_1 + 0.5x_2 \leq 22 \tag{17.6.2}$$

$$x_1 + x_2 \leq 27.5 \tag{17.6.3}$$

und den Nichtnegativitätsbedingungen $x_1 \geq 0$, $x_2 \geq 0$.

Da es einfacher ist mit Gleichheiten als mit Ungleichungen zu arbeiten, wandeln wir wandeln wir (17.6.1)–(17.6.3) in lineare in lineare Gleichungen um, indem wir *Schlupfvariablen* y_1, y_2 und y_3 einführen:

$$
\begin{aligned}
A_1: \quad y_1 + 3x_1 + 6x_2 &= 150 \\
B_1: \quad y_2 + x_1 + 0.5x_2 &= 22 \\
C_1: \quad y_3 + x_1 + x_2 &= 27.5
\end{aligned} \tag{17.6.4}
$$

Dabei verlangen wir, dass x_1, x_2, y_1, y_2 und y_3 alle ≥ 0 sind. Beachten Sie, dass nach unserer Interpretation y_1 gleich der Anzahl kg Mehl ist, die nicht verbraucht wird, wenn x_1 Dutzend Kuchen der Sorte A und x_2 Dutzend Kuchen der Sorte B gebacken werden, d h. y_1 misst den „Schlupf". Entsprechende Interpretationen haben y_2 und y_3. Das Gleichungssystem (17.6.4) besteht aus drei Gleichungen mit fünf Unbekannten. Nach der Abzählregel (12.10.2) sollte das System zwei Freiheitsgrade haben. (Dies kann mit Theorem 1.4.2 aus FMEA mathematisch exakt gezeigt werden). Somit können zwei der Variablen (ungeachtet welche) frei gewählt werden und und dadurch sind die anderen eindeutig bestimmt. Eine Lösung, die entsteht, wenn man zwei der Variablen gleich 0 setzt, heißt eine *Basis-Lösung*. Wenn zusätzlich alle Variablen nichtnegative Werte haben, wird die Lösung eine *zulässige Basislösung* genannt. Man kann dann zeigen, dass die Eckpunkte der zulässigen Menge genau mit den zulässigen Basislösungen des zugehörigen Gleichungssystems mit Schlupfvariablen korrespondieren. Um das lineare Programmierungsproblem zu lösen, reicht es also, unter den zulässigen Basislösungen zu suchen. Die Idee der Simplexmethode ist, von solch einer Lösung (d.h. einem Eckpunkt) zu einer zweiten Lösung zu gehen, so dass wir (im *Maximierungs*falle) ständig zu einem *größeren* Wert von z gelangen, solange bis ein weiteres Anwachsen nicht mehr möglich ist und das Maximum somit gefunden ist.

Wie wir von einer zulässigen Basislösung als Ausgangspunkt zu einer neuen kommen, die einen größeren Wert für z hat, illustrieren wir, indem wir unser Beispiel rechnen:

Als erste zulässige Basislösung wählen wir:

$$x_1 = 0, \quad x_2 = 0, \quad y_1 = 150, \quad y_2 = 22, \quad y_3 = 27.5$$

Diese Lösung ergibt $z = 0$. Mit dieser Ausgangssituation sehen wir in dem Ausdruck für z, dass z vergrößert werden kann, wenn wir entweder x_1 oder x_2 vergrößern. Wir entschließen uns, x_2 zu vergrößern, da es im Vergleich zu x_1 den größeren Koeffizienten im Ausdruck für z hat. Gleichzeitig müssen wir, um eine zulässige Basislösung zu erhalten, entweder y_1, y_2 oder y_3 gleich 0 setzen. Die Fragen, die wir uns jetzt natürlich stellen müssen, sind:

(a_1) Um wieviel können wir x_2 von 0 aus erhöhen?

(b_1) Welche der Variablen y_1, y_2 oder y_3 sollen wir gleich 0 setzen?

Wir halten $x_1 = 0$ fest und betrachten die Gleichungen in (17.6.4). Wir sehen: Wenn $y_1 = 0$, folgt aus A_1, dass $x_2 = 25$. Wenn $y_2 = 0$, folgt aus B_1, dass $x_2 = 44$. Wenn $y_3 = 0$, folgt aus C_1, dass $x_2 = 27.5$. Gleichung A_1 ist daher der kritische Punkt: Wenn nämlich $x_2 > 25$, ist $y_1 < 0$ und dann haben wir keine zulässige Basislösung. Daher dürfen wir x_2 höchstens auf 25 erhöhen. Wir setzen daher $x_2 = 25$, woraus $y_1 = 0$ folgt. Die neuen Werte der Variablen sind jetzt

$$x_1 = 0, \quad x_2 = 25, \quad y_1 = 0, \quad y_2 = 9.5, \quad y_3 = 2.5$$

Der neue Wert von z ist 750.

Im nächsten Schritt schreiben wir das Gleichungssystem (17.6.4) so um, dass *die Variablen, die nicht gleich 0 gesetzt sind (x_2, y_2 und y_3) durch diejenigen ausgedrückt werden, die gleich 0 gesetzt wurden (x_1 und y_1).* Nach einer kleinen Umformung erhalten wir:

$$\begin{aligned}
A_2: \quad x_2 &= 25 - \tfrac{1}{2}x_1 - \tfrac{1}{6}y_1 \\
B_2: \quad y_2 &= 9.5 - \tfrac{3}{4}x_1 + \tfrac{1}{12}y_1 \\
C_2: \quad y_3 &= 2.5 - \tfrac{1}{2}x_1 + \tfrac{1}{6}y_1
\end{aligned} \qquad (17.6.5)$$

Wir drücken auch z durch x_1 und y_1 aus:

$$\begin{aligned}
z = 20x_1 + 30x_2 &= 20x_1 + 30\left(25 - \tfrac{1}{2}x_1 - \tfrac{1}{6}y_1\right) \\
&= 750 + 5x_1 - 5y_1
\end{aligned} \qquad (17.6.6)$$

Eine Iteration der Simplexmethode ist jetzt beendet. Der Wert von z hat sich von 0 auf 750 erhöht. Wir gehen jetzt ein weiteres Mal durch dieselbe Prozedur. Wir fragen zunächst:

Kann z noch weiter vergrößert werden?

Wir müssen in diesem Fall entweder x_1 oder y_1 von 0 aus erhöhen. Am Ausdruck für z in (17.6.6) sehen wir, dass z ansteigt, wenn x_1 ansteigt (jedoch abnimmt, wenn y_1 ansteigt). Wir setzen deshalb während dieser Iteration $y_1 = 0$ und stellen die Fragen:

(a_2)   Um wieviel können wir x_1 von 0 aus erhöhen?

(b_2)   Welche der Variablen x_2, y_2 oder y_3 sollen wir gleich 0 setzen?

An Gleichung A_2 (mit $y_1 = 0$) sehen wir: Aus $x_2 = 0$ folgt $x_1 = 50$. Aus Gleichung B_2 mit $y_2 = 0$ folgt $x_1 = 38/3$. Aus Gleichung C_2 mit $y_3 = 0$ folgt $x_1 = 5$. Gleichung C_2 ist daher der kritische Punkt und x_1 darf höchstens auf 5 erhöht werden. (Wenn es noch weiter vergrößert würde, wäre $y_3 < 0$.) Daher erhöhen wir x_1 auf 5. Dann ist $y_3 = 0$ und wir erhalten

$$x_1 = 5, \quad x_2 = 22.5, \quad y_1 = 0, \quad y_2 = 5.75, \quad y_3 = 0, \quad z = 775 \qquad (17.6.7)$$

Wir führen diese zweite Iteration in der Simplexmethode zu Ende, indem wir z und die Variablen, die jetzt nicht gleich 0 gesetzt sind, mit Hilfe derjenigen Variablen ausdrücken, die gleich 0 gesetzt sind:

$$
\begin{aligned}
x_1 &= 5 + \tfrac{1}{3}y_1 - 2y_3 \\
x_2 &= 22.5 - \tfrac{1}{3}y_1 + y_3 \\
y_2 &= 5.75 - \tfrac{1}{6}y_1 + \tfrac{3}{2}y_3 \\
z &= 775 - \tfrac{10}{3}y_1 - 10y_3
\end{aligned}
\qquad (17.6.8)
$$

Wir beginnen die Iteration Nr. 3, indem wir die Frage stellen, ob wir z noch weiter erhöhen können. Dieses Mal muss entweder y_1 oder y_3 von 0 aus erhöht werden. Am Ausdruck für z in (17.6.8) sehen wir, dass eine Erhöhung von y_1 oder y_3 den Wert von z verringern wird. Wir haben deshalb die optimale Lösung gefunden:

$$x_1 = 5, \quad x_2 = 22.5, \quad z = 775$$

Der Prozess ist somit beendet.

Betrachten wir Abbildung 17.1.2 in Zusammenhang mit diesem Beispiel. Die geometrische Interpretation der Simplexmethode ist wie folgt: Wir versuchen es zunächst mit dem Eckpunkt O in der zulässigen Menge, danach mit dem Punkt A und schließlich mit dem Punkt B, der zum Maximum führt. In diesem Fall ist die zulässige Menge so einfach, dass es leichter ist, mit geometrischen Argumenten zur Lösung zu kommen, als einfach alle z-Werte in allen verschiedenen Eckpunkten auszurechnen und sie zu vergleichen. Mit mehreren Variablen verlässt uns die geometrische Auffassungsmöglichkeit und die Gesamtanzahl der Eckpunkte steigt sehr schnell. Die Simplexmethode hat den Vorteil, dass sie nicht darauf basiert, zu wissen, was geometrisch vor sich geht und dass sie darüber hinaus nicht die z-Werte in *allen* Eckpunkten ausprobiert. Im nächsten Unterkapitel werden wir die Methode systematischer betrachten.

Aufgaben für Kapitel 17.6

1. Verwenden Sie die Simplexmethode, um das Problem in Aufgabe 17.1.1(a) zu lösen.

2. Verwenden Sie die Simplexmethode, um die folgenden Probleme zu lösen:

    (a) max $6x_1 + 2x_2$, wenn $\begin{cases} -3x_1 + 2x_2 \le 6 \\ 5x_1 + 3x_2 \le 15 \end{cases}$ $x_1 \ge 0,\ x_2 \ge 0$

    (b) max $3x_1 + 2x_2$, wenn $\begin{cases} 2x_1 + x_2 \le 6 \\ x_1 + 2x_2 \le 8 \end{cases}$ $x_1 \ge 0,\ x_2 \ge 0$

▶ Lösungen zu den Aufgaben finden Sie im Anhang des Buches.

17.7   Mehr über die Simplexmethode

Im vorausgehenden Unterkapitel haben wir erklärt, wie die Simplexmethode in einem einfachen Beispiel funktioniert. Wenn wir größere, kompliziertere Probleme lösen müssen, *können* wir in derselben Weise vorgehen. Es ist jedoch nötig, das Vorgehen zu ordnen und zu systematisieren. Wir werden sehen, wie man dies machen kann. Wir beginnen damit, indem wir uns noch einmal das Beispiel aus dem vorigen Unterkapitel ansehen.

Beispiel 17.7.1

$$\max\ 20x_1 + 30x_2, \quad \text{wenn} \quad \begin{cases} 3x_1 + 6x_2 \leq 150 \\ x_1 + 0.5x_2 \leq 22 \\ x_1 + x_2 \leq 27.5 \end{cases} \quad x_1 \geq 0, x_2 \geq 0 \qquad (17.7.1)$$

Lösung: Wie zuvor führen wir die Schlupfvariablen y_1, y_2 und y_3 ein und betrachten das Gleichungssystem

$$\begin{aligned} z \quad\quad\quad - 20x_1 - 30x_2 &= 0 \\ y_1 \quad\quad + 3x_1 + 6x_2 &= 150 \\ y_2 \quad + x_1 + \tfrac{1}{2}x_2 &= 22 \\ y_3 + x_1 + x_2 &= 27.5 \end{aligned} \qquad (17.7.2)$$

Wir nennen das Paar (x_1, x_2) *zulässig für* (17.7.1), wenn es alle Nebenbedingungen in (17.7.1) erfüllt, d.h. wenn es in der zulässigen Menge liegt. Ein für (17.7.1) zulässiges Paar, dass z maximiert, wird ein *optimales* Paar genannt. Ferner nennen wir das 5-Tupel $(x_1, x_2, y_1, y_2, y_3)$ *zulässig für* (17.7.2), wenn es die letzten drei Gleichungen in (17.7.2) erfüllt und wenn alle 5 Komponenten ≥ 0 sind. Ein für (17.7.2) zulässiges 5-Tupel, das z so groß wie möglich macht, wird *optimal* genannt.

Nehmen Sie an, dass $\mathbf{x}^* = (x_1^*, x_2^*)$ zulässig ist für (17.7.1). Wenn wir $y_1^* = 150 - 3x_1^* - 6x_2^*$, $y_2^* = 22 - x_1^* - \tfrac{1}{2}x_2^*$ und $y_3^* = 27.5 - x_1^* - x_2^*$ definieren, sehen wir, dass $\mathbf{w}^* = (x_1^*, x_2^*, y_1^*, y_2^*, y_3^*)$ zulässig ist für (17.7.2) und der zugehörige Wert von z ist $z^* = 20x_1^* + 30x_2^*$ in beiden Fällen. Wenn $\mathbf{x}^*$ ein optimales Paar für (17.7.1) ist, ist insbesondere $\mathbf{w}^*$ zulässig für (17.7.2) und der optimale Wert von z in (17.7.2) ist *mindestens* gleich z^*. Umgekehrt gilt: Wenn $\hat{\mathbf{w}} = (\hat{x}_1, \hat{x}_2, \hat{y}_1, \hat{y}_2, \hat{y}_3)$ zulässig ist für (17.7.2), sehen wir, dass $\hat{\mathbf{x}} = (\hat{x}_1, \hat{x}_2)$ zulässig ist für (17.7.1) und der zugehörige Wert von z ist in beiden Fällen derselbe. Ist $\hat{\mathbf{w}}$ optimal für (17.7.2), so ist deshalb insbesondere $\hat{\mathbf{x}}$ zulässig für (17.7.1) und es folgt, dass der optimale Wert von z in (17.7.1) wenigstens genau so groß wie der optimale Wert von z in (17.7.2) ist. Wir schließen, dass die Optimalwerte von z in den beiden Problemen (wenn sie ein endliches Optimum haben) gleich sind.

Das Argument, das wir geführt haben, zeigt das folgende: Das Problem, eine optimale Lösung von (17.7.1) zu finden, ist äquivalent zu dem Problem, unter allen Lösungen $(x_1, x_2, y_1, y_2, y_3, z)$ von (17.7.2), wobei x_1, x_2, y_1, y_2 und y_3 alle ≥ 0 sind, eine mit größtmöglichem z zu finden.

Die Hauptidee bei der Simplexmethode ist nun diese: *Führen Sie solche Umformungen an dem Gleichungssystem (17.7.2) durch, dass das neue dabei entstehende Gleichungsyystem dieselben Lösungen hat und wir mit einem System enden, bei dem die Lösung des Problems offensichtlich ist.*

Die Operationen, die wir vornehmen, sind elementare Zeilenoperationen (siehe Kap. 15.6) und in diesem Fall kommen wir am Ende zu dem System

$$
\begin{aligned}
z + \tfrac{10}{3}y_1 \quad\quad + 10y_3 \quad\quad\quad &= 775 \\
\tfrac{1}{3}y_1 \quad - \quad y_3 \quad + x_2 &= 22.5 \\
\tfrac{1}{6}y_1 + y_2 - \tfrac{3}{2}y_3 \quad\quad &= 5.75 \\
- \tfrac{1}{3}y_1 \quad + \quad 2y_3 + x_1 \quad &= 5
\end{aligned}
\tag{17.7 3}
$$

Wir sehen unmittelbar, dass $x_1 = 5$, $x_2 = 22.5$, $y_1 = 0$, $y_2 = 5.75$, $y_3 = 0$, $z = 775$ *eine* Lösung von (17.7.3) ist. Sollten wir eine Lösung haben, in der $y_1 \geq 0$, $y_3 \geq 0$ ist, sehen wir ferner an der ersten Gleichung in (17.7.3), dass $z \leq 775$ sein muss, da die Koeffizienten von y_1 und y_3 beide ≥ 0 sind. Es folgt, dass wir unter allen Lösungen $(x_1, x_2, y_1, y_2, y_3, z)$ von (17.7.3), in denen x_1, x_2, y_1, y_2, y_3 alle ≥ 0 sind, eine gefunden haben, für die z größtmöglich ist. *Die Lösung des Problems (17.7.1) ist deshalb* $x_1 = 5$, $x_2 = 22.5$, $z = 775$.

Wie kommen wir zu (17.7.3)? Der aufmerksame Leser hat vermutlich bemerkt, dass das System (17.7.3) genau dasselbe ist wie das System (17.6.8). Daher kennen wir bereits *eine* Methode, die wir im folgenden verwenden können. Wir werden genau diese Methode verwenden, werden aber eine andere Darstellung davon zeigen. Als erstes stellen wir das System (17.7.2) durch seine erweiterte Koeffizientenmatrix dar:

$$
\overbrace{\qquad}^{(*)} \quad \downarrow
$$

$$
\begin{pmatrix}
1 & 0 & 0 & 0 & -20 & -30 & 0 \\
0 & 1 & 0 & 0 & 3 & \boxed{6} & 150 \\
0 & 0 & 1 & 0 & 1 & 1/2 & 22 \\
0 & 0 & 0 & 1 & 1 & 1 & 27.5
\end{pmatrix}
\tag{17.7.4}
$$

$$
z\ \ y_1\ \ y_2\ \ y_3\ \ x_1\ \ \ x_2
$$

Beachten Sie, zu welcher Variablen in (17.7.3) die verschiedenen Spalten in (17.7.4) gehören. (Dies wird unterhalb der Matrix angedeutet.)

Die erste Iteration der Simplexmethode beginnt damit, dass wir eine der Spalten unter (*) in (17.7.4) als *Pivotspalte* auswählen. Wir wählen diejenige Spalte, deren oberstes Element am stärksten negativ ist, also ist die 6. Spalte die sogenannte Pivotspalte. Im nächsten Schritt wählen wir ein Element aus der Pivotspalte als *Pivotelement*. Um herauszufinden, welches wir wählen sollen, berechnen wir die Verhältnisse

$$
150 : 6 = 25, \qquad 22 : \frac{1}{2} = 44, \qquad 27.5 : 1 = 27.5
$$

Wir stellen fest, dass das erste am kleinsten ist. Das Pivotelement ist dann die Zahl 6. Wir führen jetzt elementare Zeilenoperationen an der Matrix in (17.7.4) derart aus, dass die Pivotspalte zu einem Einheitsvektor (das ist ein Vektor, der genau eine 1 und sonst nur Nullen enthält) wird mit der Zahl 1 an der Stelle, wo das Pivotelement steht:

$$
\begin{pmatrix}
1 & 0 & 0 & 0 & -20 & -30 & 0 \\
0 & 1 & 0 & 0 & 3 & \boxed{6} & 150 \\
0 & 0 & 1 & 0 & 1 & 1/2 & 22 \\
0 & 0 & 0 & 1 & 1 & 1 & 27.5
\end{pmatrix}
\quad
\begin{array}{l}
\tfrac{1}{6} \quad 30 \quad -\tfrac{1}{2} \quad -1
\end{array}
$$

(Zuerst multiplizieren wir die 2. Zeile mit $\frac{1}{6}$. Dann führen wir die anderen Operationen durch, d. h. wir addieren das 30-, bzw. $\frac{-1}{2}$ bzw. -1-fache der neuen 2. Zeile zur 1 bzw. 3 bzw. 4. Zeile.) Wir erhalten:

$$
\begin{pmatrix}
1 & 5 & 0 & 0 & -5 & 0 & 750 \\
0 & \frac{1}{6} & 0 & 0 & \frac{1}{2} & 1 & 25 \\
0 & -\frac{1}{12} & 1 & 0 & \frac{3}{4} & 0 & 9.5 \\
0 & -\frac{1}{6} & 0 & 1 & \boxed{\frac{1}{2}} & 0 & 2.5
\end{pmatrix}
$$

Die erste Iteration ist beendet. Die nächste Iteration beginnt mit der Wahl der Pivotspalte, die mit $\downarrow$ markiert ist. Wir berechnen dann die Verhältnisse $25 : \frac{1}{2} = 50$, $9.5 : \frac{3}{4} = 38/3$ und $2.5 : \frac{1}{2} = 5$. Da die letzte Zahl die kleinste ist, wählen wir die eingerahmte Zahl $\frac{1}{2}$ als Pivotelement. Wir führen nun elementare Zeilenoperationen aus, so dass die Pivotspalte zu einem Einheitsvektor wird mit der Zahl 1 an der Stelle, wo das Pivotelement steht:

$$
\begin{pmatrix}
1 & 5 & 0 & 0 & -5 & 0 & 750 \\
0 & \frac{1}{6} & 0 & 0 & \frac{1}{2} & 1 & 25 \\
0 & -\frac{1}{12} & 1 & 0 & \frac{3}{4} & 0 & 9.5 \\
0 & -\frac{1}{6} & 0 & 1 & \boxed{\frac{1}{2}} & 0 & 2.5
\end{pmatrix}
$$

$$2 \quad -\tfrac{3}{4} \quad -\tfrac{1}{2} \quad 5$$

Dies führt zu

$$
\begin{pmatrix}
1 & \boxed{\frac{10}{3}} & \boxed{0} & \boxed{10} & 0 & 0 & 775 \\
0 & \frac{1}{3} & 0 & -1 & 0 & 1 & 22.5 \\
0 & \frac{1}{6} & 1 & -\frac{3}{2} & 0 & 0 & 5.75 \\
0 & -\frac{1}{3} & 0 & 2 & 1 & 0 & 5
\end{pmatrix}
$$

$$z \quad y_1 \ y_2 \quad y_3 \ x_1 \ x_2$$

$$(17.7.5)$$

Wir sehen, dass diese erweiterte Matrix genau das Gleichungssystem (17.7.3) darstellt und damit haben wir mit (17.7.5) das Ziel erreicht. Die Lösung des Problems kann unmittelbar abgelesen werden: $x_1 = 5$, $x_2 = 22.5$, $z = 775$. (Gehen Sie dazu in die Spalten mit den Einheitsvektoren, schauen Sie unten nach, zu welcher Variable diese Spalte gehört und lesen Sie dann den Wert dieser Variablen in der letzten Spalte (in der Zeile mit der 1) ab.)

Die drei eingerahmten Zahlen in (17.7.5) sind gerade die Lösungen des dualen Problems.

Aufgaben für Kapitel 17.7

1. Betrachten Sie das Problem:

$$\max\ x_1 + x_2 + 3x_3, \quad \text{wenn} \quad \begin{cases} 2x_1 + x_2 + 2x_3 \leq 2 \\ 4x_1 + 2x_2 + x_3 \leq 2 \end{cases} \quad x_1 \geq 0,\ x_2 \geq 0,\ x_3 \geq 0$$

   (a) Lösen Sie das Problem mit der Simplexmethode.

   (b) Versuchen Sie, das Problem grafisch zu lösen. (Die zulässige Menge liegt in diesem Fall im $\mathbb{R}^3$.)

2. Lösen Sie das folgende Problem mit der Simplexmethode:

$$\max\ 3x_1 + x_2 + 3x_3, \quad \text{wenn} \quad \begin{cases} 2x_1 + x_2 + x_3 \leq 2 \\ x_1 + 2x_2 + 3x_3 \leq 5 \\ 2x_1 + 2x_2 + x_3 \leq 6 \end{cases} \quad x_1 \geq 0,\ x_2 \geq 0\ x_3 \geq 0$$

▶ Lösungen zu den Aufgaben finden Sie im Anhang des Buches.

17.8 Die Simplexmethode im allgemeinen Fall

Wir wollen jetzt erklären, wie die Simplexmethode im allgemeinen Fall funktioniert.

$$\max\ c_1 x_1 + \ldots + c_n x_n, \quad \text{wenn} \quad \begin{cases} a_{11}x_1 + \ldots + a_{1n}x_n \le b_1 \\ \cdots\cdots\cdots\cdots\cdots\cdots\cdots\cdots \quad x_1 \ge 0, \ldots, x_n \ge 0 \\ a_{m1}x_1 + \ldots + a_{mn}x_n \le b_m \end{cases}$$

$$(17.8.1)$$

Nehmen Sie an, dass $b_1, \ldots, b_m$ alle ≥ 0 sind. Wir führen die **Schlupfvariablen** y_1, $\ldots, y_m$ ein und betrachten das Gleichungssystem

$$\begin{array}{rrrrrrr} z & & - & c_1 x_1 & - \ldots - & c_n x_n & = & 0 \\ y_1 & & + & a_{11}x_1 & + \ldots + & a_{1n}x_n & = & b_1 \\ & \ddots & & \vdots & & \vdots & \vdots \\ & y_m & + & c_{m1}x_1 & + \ldots + & a_{mn}x_n & = & b_m \end{array}$$

$$(17.8\ 2)$$

In der gleichen Weise wie in Beispiel 17.7.1 zeigen wir jetzt, dass die Lösung des Problems (17.8.1) äquivalent ist zu dem Problem unter allen möglichen Werten für $(x_1, \ldots, x_n, y_1, \ldots, y_m, z)$, die (17.8.2) erfüllen und für die $x_1, \ldots, x_n, y_1, \ldots, y_m$ alle ≥ 0 sind, diejenigen zu finden, die z so groß wie möglich machen.

Die Hauptidee der Simplexmethode ist, elementare Zeilenoperationen an (17.8 2) auszuführen, so dass wir am Ende zu einem System der Gestalt

$$\begin{array}{rrrrrrr} z & & + & c_1' x_1' & + \ldots + & c_n' x_n' & = & z^* \\ y_1' & & + & a_{11}' x_1' & + \ldots + & a_{1n}' x_n' & = & b_1' \\ & \ddots & & \vdots & & \vdots & \vdots \\ & y_m' & + & c_{m1}' x_1' & + \ldots + & a_{mn}' x_n' & = & b_m' \end{array}$$

$$(17.8.3)$$

kommen, wobei $c_1', \ldots, c_n'$ und $b_1', \ldots, b_m'$ alle ≥ 0 sind. Die Lösung des Problems ist $z = z^*$ für $x_1' = \cdots = x_n' = 0$, $y_1' = b_1', \ldots, y_m' = b_m'$. Dabei ist $(y_1', \ldots, y_m', x_1', \ldots, x_n')$ eine Umordnung von $(y_1, \ldots, y_m, x_1, \ldots, x_n)$.[7]

In der Praxis gehen wir wie in dem erwähnten Beispiel vor und stellen (17.8.2) durch die folgende Matrix dar:

$$(*)$$

$$\begin{pmatrix} 1 & 0 & \ldots & 0 & -c_1 & \ldots & -c_j & \ldots & -c_n & 0 \\ 0 & 1 & \ldots & 0 & a_{11} & \ldots & a_{1j} & \ldots & a_{1n} & b_1 \\ \vdots & \vdots & \ddots & \vdots & \vdots & & \vdots & & \vdots & \vdots \\ 0 & 0 & \ldots & 1 & a_{m1} & \ldots & a_{mj} & \ldots & a_{mn} & b_m \\ z & y_1 & \ldots & y_m & x_1 & \ldots & x_j & \ldots & x_n \end{pmatrix}$$

$$(17.8.4)$$

Wir wollen alle Elemente in der ersten Zeile unter $(*)$ *Indikatoren* nennen. (Einer der Indikatoren ist z.B. $-c_j$.)

Wenn alle Indikatoren ≥ 0 sind, d.h. wenn $c_1 \le 0, \ldots, c_n \le 0$, haben wir das Ziel erreicht und können die Lösungen direkt ablesen: $x_1 = \cdots = x_n = 0$ lösen das Problem.

---

[7] In der Praxis (auch im weiteren Verlauf dieses Buches) wird auf die tatsächliche Umordnung der Variablen verzichtet.

(Siehe (17.8.1) und erklären Sie, warum.) Beachten Sie, dass die Annahme $b_1 \geq 0$, ..., $b_m \geq 0$ wichtig ist, denn sonst wäre $x_1 = \cdots = x_n = 0$ keine zulässige Lösung von (17.8.1).

Nehmen Sie an, dass wenigstens einer der Indikatoren in (17.8.4) < 0 ist, z.B. $c_j > 0$. (Es ist allgemein üblich, jedoch nicht notwendig, denjenigen der Indikatoren zu wählen, der am stärksten negativ ist.) Wir wählen die zugehörige Spalte als *Pivotspalte*. Das *Pivotelement* wird ausgewählt unter dem Gesichtspunkt, dass bei der Pivotisierung, d.h. bei den elementaren Zeilenumformungen die neue rechte Seite immer noch aus nur nichtnegativen Elementen bestehen soll. Wir wollen untersuchen, unter welchen Umständen dies möglich ist.

Lassen Sie uns allgemein annehmen, dass wir nach einer gewissen Anzahl von Pivotoperationen die in der folgenden Matrix gezeigte Situation erreicht haben:

$$\begin{pmatrix} 1 & \cdots & c'_j & \cdots & z'_0 \\ 0 & \cdots & a'_{1j} & \cdots & b'_1 \\ \vdots & & \vdots & & \vdots \\ 0 & \cdots & \boxed{a'_{ij}} & \cdots & b'_i \\ \vdots & & \vdots & & \vdots \\ 0 & \cdots & a'_{mj} & \cdots & b'_m \end{pmatrix} \qquad -\frac{a'_{1j}}{a'_{ij}} \cdots -\frac{a'_{mj}}{a'_{ij}} -\frac{c'_j}{a'_{ij}} \leftarrow \frac{1}{a'_{ij}} \tag{17.8.5}$$

Dabei sei $c'_j < 0$, $a'_{ij} > 0$ und $b'_1, \ldots, b'_i, \ldots, b'_m$ sind alle ≥ 0. Danach führen wir die Pivotisierung durch, die in (17.8.5) angedeutet ist. Dabei wird das Element in der oberen rechten Ecke, das den Wert der Zielfunktion angibt, von z'_0 auf

$$z'_0 - b'_i c'_j / a'_{ij} \tag{17.8.6}$$

geändert. Da $b'_i \geq 0$, $c'_j < 0$ und $a'_{ij} > 0$, sehen wir, dass der Ausdruck in (17.8.6) $\geq z'_0$ und $> z'_0$, falls $b'_i > 0$. Durch diese Pivotisierung steigt der Wert der Zielfunktion, wenn $b'_i \neq 0$ ist. Falls $b'_i = 0$, sagen wir, dass wir in diesem Pivotisierungsschritt eine **Degeneration** haben.

Wir sehen auch, dass die Pivotoperationen $b'_1, \ldots, b'_{i-1}, b'_i, b'_{i+1}, \ldots, b'_m$ ändern in

$$b'_1 - b'_i a'_{1j}/a'_{ij}, \ldots, b'_{i-1} - b'_i a'_{i-1,j}/a'_{ij}, b'_i/a'_{ij}, b'_{i+1} - b'_i a'_{i+1,j}/a'_{ij}, \ldots, b'_m - b'_i a'_{mj}/a'_{ij}$$

Hier ist das Element $b'_i/a'_{ij} \geq 0$, während die anderen Elemente die folgende Gestalt haben:

$$b'_k - b'_i \frac{a'_{kj}}{a'_{ij}} \tag{17.8.7}$$

Wenn $a'_{kj} \leq 0$, sehen wir, dass der Ausdruck in (17.8.7) ≥ 0 ist. Wenn andererseits $c'_{kj} > 0$, sehen wir, dass der Ausdruck genau dann ≥ 0 ist, wenn

$$\frac{b'_k}{a'_{kj}} \geq \frac{b'_i}{a'_{ij}}$$

Daraus folgern wir: Wenn wir unter den positiven Zahlen aus $a'_{1j}, \ldots, a'_{mj}$ in der Pivotspalte diejenige wählen, für die das Verhältnis b'_i/a'_{ij} am kleinsten ist, sind die neuen rechten Seiten alle ≥ 0. Hier haben wir auch *eine* Erklärung für das bisher verwendete Prinzip der Auswahl des Pivotelements. Beachten Sie übrigens, dass in der Ausgangsmatrix in (17.8.4) die $(m+1)$-ersten Spalten eine Einheitsmatrix der Ordnung $(m+1) \times (m+1)$ bilden und dass bei jedem Pivotisierungsschritt ein neuer Einheitsvektor dazukommt, während einer von den bisherigen Einheitsvektoren verschwindet.

Wir wollen jetzt den Fall $c'_j < 0$ betrachten, wobei jedoch keine der Zahlen $a'_{1j}, \ldots,$ a'_{mj} größer als 0 ist. Dann können wir die oben erwähnte Pivotisierung nicht vornehmen. Das zu (17.8.5) gehörige LP-Problem hat die Gestalt:

$$\max \; z = \ldots - c'_j x'_j - \ldots, \quad \text{wenn} \quad \begin{cases} \ldots + a'_{1j} x'_j + \ldots \leq b'_1 \\ \qquad\qquad \vdots \qquad\qquad \vdots \\ \ldots + a'_{mj} x'_j + \ldots \leq b'_m \end{cases} \qquad (17.8\,8)$$

Wenn wir alle Variablen in dem ursprünglichen Problem mit Ausnahme von x'_j gleich 0 setzen und dann x'_j gegen unendlich wachsen lassen, folgt aufgrund der Vorzeichen von $a'_{1j}, \ldots, a'_{mj}$ und $b'_1, \ldots, b'_m$, dass wir immer zulässige Punkte erhalten und dass gleichzeitig $z = -c'_j x'_j$ über alle Grenzen wächst. Daraus ziehen wir den folgenden wichtigen Schluss:

> Wenn wir nach einer gewissen Anzahl Pivotschritten die Situation erreicht haben dass einer der Indikatoren < 0 ist, während alle Elemente unter dem entsprechenden Indikator ≤ 0 sind, hat das gegebene LP-Problem keine Lösung. Die Zielfunktion kann beliebig groß gewählt werden.

Ein Beispiel dafür sehen wir in Aufgabe 3, die Sie rechnen sollten, bevor Sie weiter fortfahren.

Nehmen Sie an, dass wir durch Pivotisierung niemals zu einer Degeneration kommen. Wir wollen zeigen, dass die Simplexmethode dann nach einer endlichen Anzahl von Schritten stoppen muss. Wenn der Prozess nicht mit der Situation in (17.8.8) stoppt, kommen wir zu einer Matrix der Gestalt

$$\begin{pmatrix} 1 & u^*_1 & \ldots & u^*_{r1} & u'_1 & \ldots & u'_n & z^* \\ 0 & c_{11} & \ldots & c_{1m} & a'_{11} & \ldots & a'_{1n} & b'_1 \\ \vdots & \vdots & \ddots & \vdots & \vdots & & \vdots & \vdots \\ 0 & c_{m1} & \ldots & c_{mn} & a'_{m1} & \ldots & a'_{mn} & b'_m \end{pmatrix} \qquad (17.8.9)$$

Dabei gilt:

(1) Alle Indikatoren $u^*_1, \ldots, u^*_m; u'_1, \ldots, u'_n$ sind ≥ 0;

(2) Alle rechten Seiten $b'_1, \ldots, b'_m$ sind ≥ 0;

(3) Es existiert eine $(m+1) \times (m+1)$ Einheitsmatrix unter den ersten $1+m+n$ Spalten.

Wie wir oben erklärt haben, ist das Problem dann gelöst und die Variablen, die zu den letzten m Spalten der erwähnten Einheitsmatrix gehören, nehmen ihre durch

$b'_1, \ldots, b'_m$ gegebenen optimalen Werte an. Alle anderen Variablen sind im Optimum gleich 0.

Es bleibt zu zeigen, dass die Simplexmethode nach einer endlichen Anzahl von Schritten stoppt, wenn wir nicht zu einer Degeneration kommen. Das Argument ist das folgende:

(i) Da wir keine Degeneration haben, wird das Element in der oberen rechten Ecke der zu dem Problem gehörenden Matrix bei jeder Pivotisierung strikt anwachsen. (Siehe die obige Anmerkung zu (17.8.6).) Wir kommen deshalb niemals zu derselben Matrix zurück.

(ii) Es gibt eine endliche Anzahl von Möglichkeiten eine Einheitsmatrix der Ordnung $m + 1$ unter den ersten $1 + m + n$ Spalten anzuordnen.

(iii) Da Pivotoperationen (elementare Zeilenoperationen) alle linearen Abhängigkeiten[8] zwischen den Spalten erhalten, werden zwei aus (17.8.4) durch Pivotoperationen abgeleitete Matrizen, die die Einheitsmatrix an derselben Stelle haben, identisch sein. (Siehe Aufgabe 8.)

Selbst wenn wir Degeneration nach einem gewissen Iterationsschritt in der Simplexmethode haben, wird es praktisch gelöst, indem wir mit den Pivotoperationen fortfahren. Degeneration wird jedoch die Rechenzeit verlängern. Die theoretische Möglichkeit, die bei Degeneration vorliegt, ist, dass wir in ein sogenanntes **Kreiseln** geraten, bei dem das Optimum nie erreicht wird, da man die Pivotoperationen in einem Kreis zwischen den Eckpunkten der zulässigen Menge durchführt, ohne weiter zu kommen. Mit einem ein wenig abgeändertem Prinzip für die Auswahl der Pivotspalte und des Pivotelementes kann man das Kreiseln umgehen. Das Problem ist jedoch höchstens von theoretischem Interesse.

Zusammenfassung

(I) Wir führen Schlupfvariablen ein und stellen das Problem durch die Matrix (17.8.4) dar.

(II) Wenn die Indikatoren (die Elemente der ersten Zeile unter (∗) in (17.8.4)) alle ≥ 0 sind, ist die Lösung des Problems $x_1 = \ldots = x_n = 0$.

(III) Wenn mindestens einer der Indikatoren in (17.8.4) < 0 ist, wählen wir denjenigen Indikator aus, der am stärksten negativ ist und pivotisieren die entsprechende Spalte nach dem oben erklärten Prinzip.

(IV) Wenn es unmöglich ist, Pivotoperationen durchzuführen, sind wir in der Situation in (17.8.8), so dass das LP-Problem keine Lösung hat.

(V) Wenn die Situation in (IV) nie eintritt, setzen wir die Pivotoperationen fort bis wir nach einer endlichen Anzahl von Schritten zu einer Lösung des Problems kommen, die im Zusammenhang mit (17.8.9) erklärt wurde.

---

[8] Eine Menge von Vektoren heißt linear abhängig, wenn einer von ihnen als Linearkombination der anderen geschrieben werden kann.

Beispiel 17.8.1

Lösen Sie die Aufgabe 17.1.6:

$$\max\ 700x_1 + 1000x_2, \quad \text{wenn} \quad \begin{cases} 3x_1 + 5x_2 \le 3900 \\ x_1 + 3x_2 \le 2100 \\ 2x_1 + 2x_2 \le 2200 \end{cases} \quad x_1 \ge 0,\ x_2 \ge 0 \qquad (*)$$

mit Hilfe der Simplexmethode. Vergleichen Sie Ihre Lösung mit der Lösung im Kapitel „Antworten zu Aufgaben aus Kap. 17.1".

Lösung:

Wir führen die drei Schlupfvariablen y_1, y_2 und y_3 ein, stellen das Problem durch die folgende Matrix dar und führen die angedeuteten Pivotoperationen durch:

$$\begin{pmatrix} 1 & 0 & 0 & 0 & -700 & -1000 & 0 \\ 0 & 1 & 0 & 0 & 3 & 5 & 3900 \\ 0 & 0 & 1 & 0 & 1 & \boxed{3} & 2100 \\ 0 & 0 & 0 & 1 & 2 & 2 & 2200 \end{pmatrix} \quad \begin{array}{l} \leftarrow \\ \leftarrow \\ \leftarrow \quad ^1/_3 \quad -2 \quad -5 \quad 1000 \\ \leftarrow \end{array}$$
$$\begin{array}{ccccccc} z & y_1 & y_2 & y_3 & x_1 & x_2 & \end{array}$$

$$\begin{pmatrix} 1 & 0 & ^{1000}/_3 & 0 & -^{1100}/_3 & 0 & 700\,000 \\ 0 & 1 & -^5/_3 & 0 & \boxed{^4/_3} & 0 & 400 \\ 0 & 0 & ^1/_3 & 0 & ^1/_3 & 1 & 700 \\ 0 & 0 & -^2/_3 & 1 & ^4/_3 & 0 & 800 \end{pmatrix} \quad \begin{array}{l} \leftarrow \\ \leftarrow \quad ^3/_4 \quad -^1/_3 \quad -^4/_3 \quad ^{1100}/_3 \\ \leftarrow \\ \leftarrow \end{array}$$

$$\begin{pmatrix} 1 & 275 & -125 & 0 & 0 & 0 & 810\,000 \\ 0 & ^3/_4 & -^5/_4 & 0 & 1 & 0 & 300 \\ 0 & -^1/_4 & ^3/_4 & 0 & 0 & 1 & 600 \\ 0 & -1 & \boxed{1} & 1 & 0 & 0 & 400 \end{pmatrix} \quad \begin{array}{l} \leftarrow \\ \leftarrow \\ \leftarrow \\ \quad -^3/_4 \quad ^5/_4 \quad 125 \end{array}$$

$$\begin{pmatrix} 1 & \boxed{150} & \boxed{0} & \boxed{125} & 0 & 0 & 860\,000 \\ 0 & -^1/_2 & 0 & ^5/_4 & 1 & 0 & 800 \\ 0 & ^1/_2 & 0 & -^3/_4 & 0 & 1 & 300 \\ 0 & -1 & 1 & 1 & 0 & 0 & 400 \end{pmatrix}$$
$$\begin{array}{ccccccc} z & y_1 & y_2 & y_3 & x_1 & x_2 & \end{array}$$

Hier sind wir zu einer Matrix gekommen, aus der wir die Lösung des ursprünglichen Problems ablesen können: $x_1 = 800$, $x_2 = 300$, $z_{\max} = 860\,000$, dasselbe Resultat, das wir in Aufgabe 17.1.6 erhalten haben. Beachten Sie ferner die Werte der Schlupfvariablen im Optimum: $y_1 = 0$, $y_2 = 400$ und $y_3 = 0$. Dies zeigt uns, dass im Optimum die erste und die dritte Nebenbedingung in $(*)$ mit Gleichheit erfüllt sind, während die zweite mit Ungleichheit erfüllt ist. Der „Schlupf" in der zweiten Nebenbedingung ist genau $400\,(= 2100 - 800 - 3 \cdot 300)$.

Es zeigt sich, dass die eingerahmten Zahlen in der letzten Matrix genau die Werte der optimalen dualen Variablen sind. Dies wird genauer im nächsten Unterkapitel erklärt.

Wir beenden dieses Unterkapitel, indem wir einige Verallgemeinerungen andeuten

Die rechten Seiten sind nicht alle ≥ 0

In vielen angewandten Optimierungsproblemen haben die Nebenbedingungen die folgende Gestalt

$$a_{i1}x_1 + \cdots + a_{in}x_n \geq b_i \tag{17.8.10}$$

Dabei gilt $b_i > 0$. Die Ungleichung (17.8.10) kann z.B. die Forderung darstellen, dass ein gewisses minimales Niveau für ein Gut oder eine Aktivität eingehalten werden muss. Die Ungleichung in (17.8.10) ist äquivalent zu der folgenden Ungleichung

$$-a_{i1}x_1 - \cdots - a_{in}x_n \leq -b_i \tag{17.8.11}$$

Jedoch ist die rechte Seite negativ, wenn $b_i > 0$. In solch einem Fall ist $(0, 0, \ldots, 0)$ keine zulässige Basislösung mehr, was eine Voraussetzung ist, um mit dem Simplexverfahren starten zu können. Was kann man jetzt tun?

Es gibt mehrere Möglichkeiten dazu, die in der einschlägigen Literatur behandelt werden. Wenn *alle* Ungleichungen im LP-Problem die Form (17.8.11) haben, kann man stattdessen das duale Problem mit Hilfe der Simplexmethode lösen. (Siehe Kap. 17.9.)

Nebenbedingungen in Form von Gleichungen

In einigen LP-Problemen sind eine oder mehrere der Nebenbedingungen in Gleichheitsform anstatt in Ungleichungsform gegeben. Solche Probleme können auf das bekannte Verfahren reduziert werden, wenn wir nur beachten, dass eine Gleichung der Form $A = B$ äquivalent zu den zwei Ungleichungen $A \leq B$ und $-A \leq -B$ ist.

LP-Probleme, in denen einige Variablen keine Vorzeichenbedingung haben

Nehmen Sie an, dass wir in dem LP-Problem (17.8.1) z.B. die Bedingung entfernen, dass $x_1 \geq 0$ ist, so dass x_1 positive und negative Werte annehmen kann. Wir schreiben dann $x_1 = u_1 - v_1$, wobei wir verlangen, dass $u_1 \geq 0$ und $v_1 \geq 0$. Wenn wir jetzt überall im Problem (17.8.1) x_1 durch $u_1 - v_1$ ersetzen, haben wir ein äquivalentes LP-Problem in den Variablen $u_1, v_1, x_2, \ldots, x_n$, die jetzt alle ≥ 0 sind. Die Simplexmethode kann dann in der üblichen Weise angewendet werden.

Eine ökonomische Interpretation

Wir haben an früherer Stelle eine allgemeine ökonomische Interpretation des LP-Problems (17.8.1) gegeben. Diese ermöglicht uns gleichzeitig eine Interpretation der $x_1, \ldots, x_n$-Spalten im Simplexschema (17.8.4). Wir können so sagen, dass die x_j-Spalte uns sagt: Um Aktivität Nr. j auf Einheitsniveau auszuführen, benötigen wir a_{1j} Einheiten der Ressource Nr. 1, a_{2j} Einheiten der Ressource Nr. 2 usw.. Dadurch erreichen wir eine Wertschöpfung von c_j Einheiten. (Die Ökonomen sagen aus diesem Grund, dass die Zahlen in diesen Spalten die marginalen Substitutionsraten darstellen.) Mit jeder Iteration der Simplexmethode können die Spalten in der entsprechenden Weise interpretiert werden.

Aufgaben für Kapitel 17.8

1. Verwenden Sie die Simplexmethode, um die folgenden Probleme zu lösen. (Merken Sie sich die abschließende Matrix für spätere Aufgaben.)

(a) max $2x_1 + 5x_2$, wenn $\begin{cases} x_1 \leq 4 \\ x_1 + 2x_2 \leq 8 \\ x_2 \leq 3 \end{cases}$ $x_1 \geq 0,\ x_2 \geq 0$

(b) max $3x_1 + 2x_2 + 2x_3$, wenn $\begin{cases} x_1 + 3x_2 + 8x_3 \leq 6 \\ 8x_1 + 4x_2 + 2x_3 \leq 5 \end{cases}$ $x_j \geq 0,\ j = 1, 2, 3$

2. Verwenden Sie die Simplexmethode, um das folgende Problem zu lösen, wobei $x_1, \ldots, x_4$ alle ≥ 0 sind:

$$\text{max } 2x_1 + 4x_2 + x_3 + x_4, \text{ wenn } \begin{cases} x_1 + 3x_2 \quad\;\; + x_4 \leq 4 \\ 2x_1 + \;\; x_2 \qquad\qquad \leq 3 \\ \qquad\quad x_2 + 4x_3 + x_4 \leq 3 \end{cases}$$

3. Betrachten Sie das Problem

$$\text{max } x_1 + x_2, \text{ wenn } \begin{cases} x_1 - 2x_2 \leq 1 \\ -2x_1 + \;\; x_2 \leq 1 \end{cases} \quad x_1 \geq 0,\ x_2 \geq 0$$

(a) Zeigen Sie durch grafische Überlegungen, dass das Problem keine Lösung hat.
(b) Verwenden Sie die Simplexmethode und zeigen Sie, dass wir die Situation in (17.8.8) erhalten.

4. (a) Kommentieren Sie im Hinblick auf die oben gegebene ökonomische Interpretation des LP-Problems die folgende Aussage: Man muss sich immer "selbst entlohnen", indem man diejenige Spalte pivotisiert, die den am stärksten negativen Indikator hat.

(b) Was können wir sicher sagen, wenn wir in einem möglichen Optimum eines LP-Problems nach einer gewissen Anzahl Iterationen der Simplexmethode die folgende Situation erhalten haben:

$$\begin{pmatrix} \ldots -3 -2 \ldots \\ \ldots \;\; 4 \quad 5 \ldots \\ \ldots \;\; 3 \quad 4 \ldots \\ \ldots \;\; 2 \quad 3 \ldots \\ \quad\; x_4 \;\; x_5 \end{pmatrix} ?$$

5. (a) Betrachten Sie ein LP-Problem mit den Variablen x_1 und x_2, wobei der Koeffizient von x_1 in der Zielfunktion negativ ist. Muss dann x_1 im Optimum gleich 0 sein? Geben Sie ein Argument an.

(b) Erfahren wir aus der Simplexmethode, ob ein LP-Problem mehrere Lösungen hat? Untersuchen Sie Aufgabe 17.1.3 (e) und zusätzlich das Problem:

$$\text{max } x_1 + 2x_2, \text{ wenn } \begin{cases} x_1 + 2x_2 \leq 1 \\ 2x_1 + \;\; x_2 \leq 1 \end{cases} \quad x_1, x_2 \geq 0$$

Was haben die abschließenden Matrizen in diesen beiden Aufgaben gemeinsam? Können Sie eine allgemeine Regel formulieren?

➡ Fortsetzung

6. Lösen Sie das folgende Problem mit der Simplexmethode:

$$\max\ x_1 + 2x_2 + x_3 + 3x_4,\quad \text{wenn} \begin{cases} x_1 + x_2 + 2x_3 + x_4 \leq 8 \\ 3x_1 + x_2 \qquad\qquad \leq 5 \\ 4x_1 + 8x_2 \qquad\qquad \leq 12 \\ \qquad\quad x_3 + 4x_4 \leq 5 \\ \qquad\quad 3x_3 + 4x_4 \leq 13 \end{cases}$$

Dabei seien $x_1, \ldots, x_4$ alle ≥ 0.

7. Ein Kantinenleiter hat folgendes Problem: Ein Erwachsener soll täglich mindestens 75g Protein, 90g Fett und 300g Kohlenhydrate aufnehmen. Nehmen Sie an, dass diese Forderungen erfüllt werden sollen und die folgenden Informationen beachtet werden sollen. Welche Waren sollten gekauft werden und vieviel sollte von jedem Gut gekauft werden, wenn die billigste Möglichkeit realisiert werden soll? Die Anzahl Gramm an Proteinen, Fett und Kohlehydraten in 100g einer Reihe von Nahrungsmitteln ist in folgender Tabelle gegeben:

	Protein	Fett	Kohlenhydrate
Weißbrot	8	1	54
Käse	25	35	0
Hähnchen	30	8	0
Fisch	22	1	0
Backpflaumen	3	0	42
Nüsse	8	33	4
Schwarzbrot	6	13	63
Margarine	0	98	0

Die Preise in Öre pro 100 g werden für die verschiedenen Lebensmittel wie folgt angenommen:

W	K	H	F	B	N	S	M
67	120	100	60	97	124	22	62

Stellen Sie ein Modell für das Problem auf. (Siehe auch Aufgabe 17.9.3.)

8. Bei elementaren Operationen (insbesondere Pivotoperationen) auf eine Matrix bleiben lineare Abhängigkeiten erhalten. Zeigen Sie dies in dem folgenden Fall: Betrachten Sie die 3 × 4-Matrix

$$(\mathbf{a},\ \mathbf{b},\ \mathbf{c},\ \mathbf{d}) = \begin{pmatrix} a_1 & b_1 & c_1 & d_1 \\ a_2 & b_2 & c_2 & d_2 \\ a_3 & b_3 & c_3 & d_3 \end{pmatrix} \begin{matrix} p & q \\ \hookleftarrow & \\ \longleftarrow & \end{matrix}$$

Dabei nehmen wir an, dass $\mathbf{d} = \alpha\mathbf{a}+\beta\mathbf{b}+\gamma\mathbf{c}$ für gewisse Zahlen α, β und γ (so dass $\mathbf{d}$ linear abhängig von $\mathbf{a}$, $\mathbf{b}$ und $\mathbf{c}$ ist). Führen Sie die angedeuteten elementaren Operationen an der Matrix aus und zeigen Sie: Wenn wir die 4 Spaltenvektoren in der neuen Matrix mit $\mathbf{a}_0$, $\mathbf{b}_0$, $\mathbf{c}_0$ und $\mathbf{d}_0$ bezeichnen, gilt $\mathbf{d}_0 = \alpha\mathbf{a}_0 + \beta\mathbf{b}_0 + \gamma\mathbf{c}_0$.

▶ Lösungen zu den Aufgaben finden Sie im Anhang des Buches.

17.9 Dualität mit Hilfe der Simplexmethode

In diesem Unterkapitel wollen wir zeigen, wie man mit Hilfe der Simplexmethode die Hauptsätze der Dualitätstheorie beweisen kann. Wir beginnen mit dem primären Problem (17.8.1), führen Schlupfvariablen ein und stellen das Problem durch die erweiterte Matrix (17.8.4) dar.

$$
\mathbf{F} = \begin{pmatrix}
1\,0 \ldots 0 & -c_1 \ldots & -c_j \ldots & -c_n & 0 \\
0\,1 \ldots 0 & a_{11} \ldots & a_{1j} \ldots & a_{1n} & b_1 \\
\vdots\,\vdots \quad \vdots & \vdots & \vdots & \vdots & \vdots \\
0\,0 \ldots 1 & a_{m1} \ldots & a_{mj} \ldots & a_{mn} & b_m
\end{pmatrix} \tag{17.9.1}
$$

Im vorausgehenden Unterkapitel haben wir gezeigt: Wenn das primäre Problem ein endliches Maximum hat, kommt man nach einer endlichen Anzahl von Pivotoperationen von der Matrix $\mathbf{F}$ zu der Matrix

$$
\mathbf{F}' = \begin{pmatrix}
1 & u_1^* & \ldots & u_m^* & u_1' & \ldots & u_j' & \ldots & u_n' & z^* \\
0 & c_{11} & \ldots & c_{1m} & a_{11}' & \ldots & a_{1j}' & \ldots & a_{1n}' & b_1' \\
\vdots & \vdots & \ddots & \vdots & \vdots & & \vdots & & \vdots & \vdots \\
0 & c_{m1} & \ldots & c_{mm} & a_{m1}' & \ldots & a_{mj}' & \ldots & a_{mn}' & b_m'
\end{pmatrix} \tag{17.9.2}
$$

Dabei

(i)   sind die Indikatoren $u_1^*, \ldots, u_m^*, u_1', \ldots, u_j', \ldots, u_n'$ alle ≥ 0;

(ii) $b_1' \geq 0, \ldots, b_m' \geq 0$;

(iii) existiert eine $(m+1) \times (m+1)$ Einheitsmatrix unter den ersten $1 + m + n$ Spalten.

Das Problem ist dann gelöst und die mit den letzten m Spalten in der erwähnten Einheitsmatrix assoziierten Variablen nehmen ihre durch $b_1', \ldots, b_m'$ gegebenen optimalen Werte an. Alle anderen Variablen sind im Optimum gleich 0.

In der Matrix $\mathbf{F}$ haben wir offensichtlich die folgende lineare Abhängigkeit (Lineare Abhängigkeit bedeutet hier, dass eine Spalte als Linearkombination anderer Spalten geschrieben werden kann. Siehe auch FMEA, Kap. 1.3):

$$
\begin{pmatrix} -c_j \\ a_{1j} \\ \vdots \\ a_{mj} \end{pmatrix} = -c_j \begin{pmatrix} 1 \\ 0 \\ \vdots \\ 0 \end{pmatrix} + a_{1j} \begin{pmatrix} 0 \\ 1 \\ \vdots \\ 0 \end{pmatrix} + \cdots + a_{mj} \begin{pmatrix} 0 \\ 0 \\ \vdots \\ 1 \end{pmatrix} \tag{17.9 3}
$$

Hier haben wir die x_j-Spalte in $\mathbf{F}$ linear durch die ersten $m+1$ Spalten in $\mathbf{F}$ ausgedrückt. Da Pivotoperationen lineare Abhängigkeiten erhalten (siehe Aufgabe 17.8.8), müssen wir in der Matrix $\mathbf{F}'$ dieselbe lineare Abhängigkeit wie in (17.9.3) haben:

$$
\begin{pmatrix} u_j' \\ a_{1j}' \\ \vdots \\ a_{mj}' \end{pmatrix} = -c_j \begin{pmatrix} 1 \\ 0 \\ \vdots \\ 0 \end{pmatrix} + a_{1j} \begin{pmatrix} u_1^* \\ c_{11} \\ \vdots \\ c_{m1} \end{pmatrix} + \cdots + a_{mj} \begin{pmatrix} u_m^* \\ c_{1m} \\ \vdots \\ c_{mm} \end{pmatrix} \tag{17.9.4}
$$

Sehen wir die oberste Zeile an, haben wir somit:

$$u'_j = -c_j + a_{1j}u^*_1 + \cdots + a_{mj}u^*_m, \qquad j = 1, \ldots, n \tag{17.9.5}$$

Da $u'_j \geq 0$, drückt (17.9.5) aus, dass $(u^*_1, \ldots, u^*_m)$ *alle n Ungleichungen des dualen Problems (17.2.2) erfüllen.* Die im Optimum stattfindenden Aktivitäten haben in $\mathbf{F}'$ einen Einheitsvektor am entsprechenden Platz und insbesondere ist das oberste Element gleich 0. Ist im Optimum $x^*_j > 0$, so folgt $u'_j = 0$, da der Gewinn aus dem Betrieb der Aktivität Nr. j auf Einheitsniveau gleich 0 ist. Dies zeigt (17.5.1) in Theorem 17.5.1 über komplementären Schlupf.

Die Aussage (17.5.2) in Theorem 17.5.1 kann auch aus $\mathbf{F}'$ abgelesen werden: Wenn $u^*_i > 0$ im Optimum, ist die Schlupfvariable $y_i = 0$ und dies bedeutet, dass die i-te Ungleichung im primären Problem mit Gleichheit erfüllt ist.

Betrachten wir wieder $\mathbf{F}$ und $\mathbf{F}'$. Wir sehen, dass in $\mathbf{F}$ gilt:

$$
\begin{pmatrix} 0 \\ b_1 \\ \vdots \\ b_m \end{pmatrix} = 0 \cdot \begin{pmatrix} 1 \\ 0 \\ \vdots \\ 0 \end{pmatrix} + b_1 \begin{pmatrix} 0 \\ 1 \\ \vdots \\ 0 \end{pmatrix} + \cdots + b_m \begin{pmatrix} 0 \\ 0 \\ \vdots \\ 1 \end{pmatrix} \tag{17.9.6}
$$

Deshalb haben wir in $\mathbf{F}'$:

$$
\begin{pmatrix} z^* \\ b'_1 \\ \vdots \\ b'_m \end{pmatrix} = 0 \cdot \begin{pmatrix} 1 \\ 0 \\ \vdots \\ 0 \end{pmatrix} + b_1 \begin{pmatrix} u^*_1 \\ c_{11} \\ \vdots \\ c_{m1} \end{pmatrix} + \cdots + b_m \begin{pmatrix} u^*_m \\ c_{1m} \\ \vdots \\ c_{mm} \end{pmatrix} \tag{17.9.7}
$$

Sehen wir auf die erste Zeile in (17.9.7), erhalten wir:

$$z^* = b_1 u^*_1 + \cdots + b_m u^*_m \tag{17.9.8}$$

Aber z^* war der Optimalwert der Zielfunktion im primären Problem und (17.9.8) drückt aus, dass der Wert der Zielfunktion im dualen Problem (17.2.2) für $u_1 = u^*_1$, $\ldots, u_m = u^*_m$ genau gleich z^* ist. Theorem 17.5.1 zeigt dann, dass $(u^*_1, \ldots, u^*_m)$ das duale Problem lösen. Wir haben somit einen Beweis des Dualitätstheorems der linearen Programmierung erhalten, Theorem 17.3.3.

Aufgaben für Kapitel 17.9

1.   Gegeben sei das folgende LP-Problem

$$\max x_1 + x_2 + 3x_3, \quad \text{wenn} \quad \begin{cases} 2x_1 + x_2 + 2x_3 \leq 2 \\ 4x_1 + 2x_2 + x_3 \leq 2 \end{cases} \quad x_1 \geq 0, \, x_2 \geq 0, \, x_3 \geq 0$$

(a)   Formulieren Sie das duale Problem und lösen Sie dieses grafisch.

(b)   Lösen Sie das primäre Problem mit Hilfe der Simplexmethode und der Bedingung des komplementären Schlupfes.

                                                           ➡

→ Fortsetzung

2. Ein Stofffabrikant produziert Stoffrollen in einer Standardbreite von 108 cm. Er erhielt den folgenden Auftrag für Rollen mit einer geringeren Breite:

Breite in cm	Anzahl Rollen
60	12
45	16
39	20

Der Produzent muss die Standardrollen in Rollen mit geringerer Breite aufteilen. Er will das so machen, dass die Anzahl der benötigten Standardrollen so klein wie möglich ist.

(a) Bestimmen Sie die 5 möglichen Aufteilungskombinationen. Zeigen Sie, dass das Problem des Fabrikanten wie folgt formuliert werden kann:

$$\text{Minimiere } \sum_{i=1}^{5} x_i, \quad \text{wenn} \quad \begin{cases} x_1 + x_2 & \geq 12 \\ x_1 \quad + 2x_3 + x_4 & \geq 16 \\ x_2 \quad + x_4 + 2x_5 & \geq 20 \end{cases}$$

Dabei sind alle $x_i \geq 0$ und x_1, x_2, x_3, x_4 und x_5 geben an, wie viele Standardrollen nach den verschiedenen Aufteilungskombinationen benötigt werden.

(b) Lösen Sie das Problem mit der Simplexmethode für das duale Problem.

3. Lösen Sie das Problem in Aufgabe 17.8.7, indem Sie das duale Problemm lösen.

▶ Lösungen zu den Aufgaben finden Sie im Anhang des Buches.

17.10 Sensitivitätsanalyse

Was geschieht mit der optimalen Lösung eines LP-Problems, wenn die Situation sich verändert, indem die Parameter in dem Problem geändert werden? Dies ist im Zusammenhang mit praktischen LP-Problemen eine sehr wichtige Frage. Wir wollen andeuten, warum das so ist.

Als erstes sind die Parameter, die in das Modell eingehen, im Allgemeinen nur Approximationen. Die Untersuchung, wie sensitiv die optimale Lösung auf Parameteränderungen reagiert, ist deshalb von großem Interesse. Wenn die Sensitivitätsanalyse zeigt, dass der optimale Wert der Zielfunktion sehr stark auf Änderungen gewisser Parameter reagiert, ist es wichtig, dass die entsprechenden Parameter mit größerer Genauigkeit geschätzt werden.

Ein zweiter Grund für die Bedeutung einer Sensitivtätsanalyse ist, dass einige der Variablen, wie z.B. Ressourcen das Ergebnis bewusster Entscheidungen sein können. Es kann dann von Bedeutung sein, die Konsequenzen einer Erhöhung oder Senkung der Ressourcenvorräte, die der Produktion zur Verfügung stehen, zu untersuchen. Die Effekte solcher Änderungen haben wir bereits in Kap. 17.4 untersucht. In anderen Situationen kann es z.B. von Interesse sein, zu fragen, wie viel man verlieren wird, wenn man Aktivitäten in die Produktion hineinzwingt, die nicht in der optimalen Lösung vorhanden sind.

Im Prinzip kann man natürlich Antworten auf solche Fragen finden, indem man die Simplexmethode für jede geänderte Wahl der Parameter neu durchführt. Wenn es sich jedoch um ein größeres LP-Problem handelt, ist diese Methode zeit- und kostenaufwendig. Es zeigt sich glücklicherweise, dass die abschließende Simplextabelle oder einfache Veränderungen davon Antworten auf viele Sensitivitätsprobleme geben. Hier können wir nur andeuten, wie das funktioniert.

Änderungen der Ressourcen

Mit Hilfe der Dualitätstheorie haben wir Formel (17.4.1) hergeleitet. Diese Formel zeigt, wie sich die Zielfunktion im primären Problem verändert, wenn die Ressourcen geringfügig verändert werden. Diese Formel können wir auch herleiten, wenn wir von der Darstellung des Problems (17.8.1) durch die Matrix $\mathbf{F}$ in (17.9.1) ausgehen. Wenn das Problem ein endliches Maximum hat, erhalten wir nach einer gewissen Anzahl Pivotoperationen die Matrix $\mathbf{F}'$ in (17.9.2) und aus dieser Matrix können wir die optimale Lösung ablesen.

Nehmen Sie an, dass wir $b_1, \ldots, b_m$ in $b_1 + \Delta b_1, \ldots, b_m + \Delta b_m$ ändern. Die $\mathbf{F}$ entsprechende Matrix ist dann

$$\mathbf{F}_\Delta = \begin{pmatrix} 1 & 0 & \ldots & 0 & \ldots & 0 \\ 0 & 1 & \ldots & 0 & \ldots & b_1 + \Delta b_1 \\ \vdots & \vdots & & \vdots & & \vdots \\ 0 & 0 & \ldots & 1 & \ldots & b_m + \Delta b_m \end{pmatrix}$$

Diese unterscheidet sich nur in der letzten Spalte von $\mathbf{F}$. Wir wollen jetzt an $\mathbf{F}_\Delta$ dieselben Pivotoperationen durchführen, die wir benötigt haben, um von $\mathbf{F}$ zu $\mathbf{F}'$ zu kommen. Wir kommen dann zu einer Matrix der Gestalt

$$\mathbf{F}'_\Delta = \begin{pmatrix} 1 & u_1^* & \ldots & u_m^* & \ldots & z^* + \Delta z^* \\ 0 & c_{11} & \ldots & c_{1m} & \ldots & b_1' + \Delta b_1' \\ \vdots & \vdots & & \vdots & & \vdots \\ 0 & c_{m1} & \ldots & c_{mm} & \ldots & b_m' + \Delta b_m' \end{pmatrix}$$

Diese ist identisch mit $\mathbf{F}'$, abgesehen von den Änderungen in der letzten Spalte. *Wenn es so ist, dass in der letzten Spalte $b_1' + \Delta b_1', \ldots, b_m' + \Delta b_m'$ alle ≥ 0 sind, können wir direkt aus $\mathbf{F}'_\Delta$ die optimale Lösung des Problems (17.8.1) ablesen, wenn die rechten Seiten in $b_1 + \Delta b_1, \ldots, b_m + \Delta b_m$ geändert werden.*

In $\mathbf{F}_\Delta$ haben wir die folgende lineare Abhängigkeit:

$$\begin{pmatrix} 0 \\ b_1 + \Delta b_1 \\ \vdots \\ b_m + \Delta b_m \end{pmatrix} = 0 \cdot \begin{pmatrix} 1 \\ 0 \\ \vdots \\ 0 \end{pmatrix} + (b_1 + \Delta b_1) \begin{pmatrix} 0 \\ 1 \\ \vdots \\ 0 \end{pmatrix} + \cdots + (b_m + \Delta b_m) \begin{pmatrix} 0 \\ 0 \\ \vdots \\ 1 \end{pmatrix} \qquad (17.10.1)$$

Dieselbe lineare Abhängigkeit muss in $\mathbf{F}'_\Delta$ gelten:

$$\begin{pmatrix} z^* + \Delta z^* \\ b'_1 + \Delta b'_1 \\ \vdots \\ b'_m + \Delta b'_m \end{pmatrix} = 0 \cdot \begin{pmatrix} 1 \\ 0 \\ \vdots \\ 0 \end{pmatrix} + (b_1 + \Delta b_1) \begin{pmatrix} u^*_1 \\ c_{11} \\ \vdots \\ c_{m1} \end{pmatrix} + \cdots + (b_m + \Delta b_m) \begin{pmatrix} u^*_m \\ c_{1m} \\ \vdots \\ c_{mm} \end{pmatrix} \qquad (17.10.2)$$

Sehen wir die oberste Zeile an, erhalten wir insbesondere

$$z^* + \Delta z^* = (b_1 + \Delta b_1)u^*_1 + \cdots + (b_m + \Delta b_m)u^*_m \qquad (17.10.3)$$

Verwenden wir (17.9.8), so folgt aus (17.10.3), dass

$$\Delta z^* = u^*_1 \, \Delta b_1 + \cdots + u^*_m \, \Delta b_m$$

Dies ist genau Formel (17.4.1).

Betrachten wir noch einmal (17.10.2). Wir sehen, dass für alle $i = 1, \ldots, m$ gilt:

$$b'_i + \Delta b'_i = (b_1 + \Delta b_1)c_{i1} + \cdots + (b_m + \Delta b_m)c_{im} \qquad (17.10.4)$$

Aus (17.9.7) erhalten wir $b'_i = b_1 c_{i1} + \cdots + b_m c_{im}$, so dass

$$\Delta b'_i = c_{i1} \, \Delta b_1 + \cdots + c_{im} \, \Delta b_m \qquad (17.10.5)$$

Wir erinnern uns, dass $b'_1, \ldots, b'_m$ die optimalen Werte der Variablen im ursprünglichen Problem darstellen, während $\Delta b'_i$ die Änderung ist, die die b'_i erfährt, wenn $b_1, \ldots, b_m$ um $\Delta b_1, \ldots, \Delta b_m$ geändert werden. Nach (17.10.5) haben wir damit herausgefunden, wie sich die Werte der Variablen im Optimum verändern, wenn die Werte der rechten Seiten im primären Problem geändert werden. Insbesondere sehen wir: Wenn $\Delta b_4 = 1$, während die anderen Δb alle 0 sind, ist $\Delta b'_i = c_{ih}$. Die Zahlen $c_{11}, \ldots, c_{mm}$, die in der abschließenden Matrix (17.9.2) erscheinen, geben uns daher Informationen, wie sich die optimalen Werte der Variablen im primären Problem ändern, wenn die Ressourcenzufuhr geändert wird. Die Annahme, dass (17.10.5) gelten soll, ist dieselbe wie für (17.4.1), nämlich, dass die Änderungen $\Delta b_1, \ldots, \Delta b_m$ nicht zu groß sind in dem oben präzisierten Sinne. Betrachten wir ein Beispiel.

Beispiel 17.10.1

Betrachten Sie wieder das Problem in Beispiel 17.7.1. Wir wollen im Detail untersuchen, was mit dem Optimum geschieht, wenn wir $b_1 = 150$ in $150 + \Delta b_1$ ändern. Die (17.7.4) in dem Beispiel entsprechende Matrix ist

$$\begin{pmatrix} 1 & 0 & 0 & 0 & -20 & -30 & 0 \\ 0 & 1 & 0 & 0 & 3 & \boxed{6} & 150 + \Delta b_1 \\ 0 & 0 & 1 & 0 & 1 & 1/2 & 22 \\ 0 & 0 & 0 & 1 & 1 & 1 & 27.5 \end{pmatrix} \quad \begin{matrix} \\ 1/6 \quad 30 \quad -1/2 \quad -1 \\ \\ \\ \end{matrix}$$

Wir wenden genau dieselben Pivotoperationen an wie für den Fall, wenn $\Delta b_1 = 0$. Die einzige Änderung gegenüber dem früheren Fall ist in der letzten Spalte:

$$\begin{pmatrix} \cdots & 750 + 5\Delta b_1 \\ \cdots & 25 + (1/6)\Delta b_1 \\ \cdots & 9.5 - (1/12)\Delta b_1 \\ \cdots & 2.5 - (1/6)\Delta b_1 \end{pmatrix} \qquad \begin{array}{cccc} & & & \\ & & & \\ 2 & -3/4 & -1/2 & 5 \end{array}$$

Wieder pivotisieren wir genau wie in dem Beispiel. Wir erhalten schließlich

$$\begin{pmatrix} 1 & 10/3 & 0 & 10 & 0 & 0 & 775 + (10/3)\Delta b_1 \\ 0 & 1/3 & 0 & -1 & 0 & 1 & 22.5 + (1/3)\Delta b_1 \\ 0 & 1/6 & 1 & -3/2 & 0 & 0 & 5.75 + (1/6)\Delta b_1 \\ 0 & -1/3 & 0 & 2 & 1 & 0 & 5 - (1/3)\Delta b_1 \end{pmatrix} \qquad (*)$$

Wieder hat sich gegenüber dem ursprünglichen Problem (17.7.5) nur die letzte Spalte geändert. Wir können jetzt die neue optimale Lösung aus $(*)$ ablesen. Diese ist

$$z = 775 + \tfrac{10}{3}\Delta b_1 \quad \text{wenn } x_1 = 5 - \tfrac{1}{3}\Delta b_1, \ x_2 = 22.5 + \tfrac{1}{3}\Delta b_1 \qquad (**)$$

Mit den oben eingeführten Bezeichnungen ist $u_1^* = \frac{10}{3}$, $u_2^* = 0$, $u_3^* = 10$, $z^* = 775$, $\Delta z^* = \frac{10}{3}\Delta b_1$, $c_{11} = \frac{1}{3}$, $c_{12} = 0$, $c_{13} = -1$, $c_{21} = \frac{1}{6}$, $c_{22} = 1$, $c_{23} = -\frac{3}{2}$, $c_{31} = -\frac{1}{3}$, $c_{32} = 0$ und $c_{33} = 2$. Es ist deshalb leicht zu sehen, dass (17.4.1) und (17.10.5) in diesem Beispiel erfüllt sind.

Wann können wir sicher sein, dass $(**)$ die Lösung des neuen Problems darstellt? Die einzige Forderung, die wir stellen müssen, damit wir aus $(*)$ die Lösung $(**)$ ablesen können, ist, dass die "rechten Seiten" in $(*)$ alle ≥ 0 sind:

$$22.5 + \tfrac{1}{3}\Delta b_1 \geq 0, \quad 5.75 + \tfrac{1}{6}\Delta b_1 \geq 0, \quad 5 - \tfrac{1}{3}\Delta b_1 \geq 0$$

Eine einfache Berechnung zeigt, dass diese Ungleichungen genau dann erfüllt sind, wenn

$$-34.5 \leq \Delta b_1 \leq 15$$

Wenn $\Delta b_1 < -34.5$ oder $\Delta b_1 > 15$, können wir die Lösung nicht aus $(**)$ erhalten. Wir müssen weitere Pivotoperationen ausführen, um ein Optimum zu finden, eine andere Basislösung wird optimal sein.

Wir wollen das allgemeine duale Problem (17.2.2) betrachten. Eine analoge Untersuchung dieses Problems wird zeigen: Wenn $c_1, \ldots, c_n$ in $c_1 + \Delta c_1, \ldots, c_n + \Delta c_n$ geändert wird, ändert sich der optimale Wert in dem dualen Problem um

$$\Delta z^* = x_1^* \Delta c_1 + \cdots + x_n^* \Delta c_n \qquad (17.10.6)$$

Dabei sind $x_1^*, \ldots, x_n^*$ die optimalen x-Werte im primären Problem. Es wird hier vorausgesetzt, dass die Änderungen Δc_i so klein sind, dass sich die Lösungen im primären Problem nicht ändern. Beachten Sie: Wenn $\Delta c_1, \ldots, \Delta c_n$ positiv sind, ist $\Delta z^* \geq 0$. Dies stimmt damit überein, dass eine Erhöhung von $c_1, \ldots, c_n$ im dualen Problem dazu führt, dass die zulässige Menge kleiner wird, so dass der Minimalwert steigt anstelle zu fallen.

Änderungen in den Wertschöpfungskoeffizienten

Nehmen Sie an, dass einer der Wertschöpfungskoeffizienten steigt, z.B. c_j. Das bedeutet, dass es noch lohnender ist, diese Aktivität durchzuführen. Wenn x_j^* der ursprüngliche optimale Wert der Variablen Nr. j und $x_j^* > 0$ ist, gilt: Wenn diese Aktivität im Optimum in Betrieb ist, wird der optimale Wert der Zielfunktion steigen, wenn c_j steigt. Um wieviel wird die Zielfunktion steigen? Indem wir vom Resultat in (17.10.6) und dem Dualitätstheorem Gebrauch machen, finden wir heraus: Wenn wir c_1, ..., c_n um Δc_1, ..., Δc_n ändern, ist die Änderung im Optimalwert im primären Problem (17.2.1) gegeben durch

$$\Delta z^* = x_1^* \, \Delta c_1 + \cdots + x_n^* \, \Delta c_n \tag{17.10.7}$$

Wir gehen nicht weiter ins Detail, sondern betrachten ein Beispiel. Beachten Sie jedoch die in der obigen Anmerkung gegebene Voraussetzung über die Änderung Δc_j.

Beispiel 17.10.2

Wir betrachten erneut das Beispiel 17.7.1, nehmen jedoch an, dass der Koeffizient von x_2 in der Zielfunktion von 30 auf $30 + \Delta_2$ geändert wird. Das Problem wird dargestellt durch die Matrix

$$\begin{pmatrix} 1 & 0 & 0 & 0 & -20 & -30-\Delta_2 & 0 \\ 0 & 1 & 0 & 0 & 3 & \boxed{6} & 150 \\ 0 & 0 & 1 & 0 & 1 & {}^1\!/_2 & 22 \\ 0 & 0 & 0 & 1 & 1 & 1 & 27.5 \end{pmatrix} \quad \begin{matrix} \leftarrow \\ {}^1\!/_6 \quad 30+\Delta_2 \quad -{}^1\!/_2 \quad -1 \\ \leftarrow \\ {} \end{matrix}$$

Wir führen die angedeuteten Pivotoperationen durch und fahren mit denselben Pivotoperationen wie in Beispiel 17.7.1 fort. Wir erhalten

$$\begin{pmatrix} 1 & 5+({}^1\!/_6)\Delta_2 & 0 & 0 & -5+({}^1\!/_2)\Delta_2 & 0 & 750+25\Delta_2 \\ 0 & {}^1\!/_6 & 0 & 0 & {}^1\!/_2 & 1 & 25 \\ 0 & -{}^1\!/_{12} & 1 & 0 & {}^3\!/_4 & 0 & 9.5 \\ 0 & -{}^1\!/_6 & 0 & 1 & \boxed{{}^1\!/_2} & 0 & 2.5 \end{pmatrix} \quad \begin{matrix} \leftarrow \\ \leftarrow \\ \leftarrow \\ 2 \quad -{}^3\!/_4 \quad -{}^1\!/_2 \quad 5-\tfrac{1}{2}\Delta_2 \end{matrix}$$

Daraus ergibt sich

$$\begin{pmatrix} 1 & {}^{10}\!/_3+({}^1\!/_3)\Delta_2 & 0 & 10-\Delta_2 & 0 & 0 & 775+22.5\,\Delta_2 \\ 0 & \boxed{{}^1\!/_3} & \boxed{0} & \boxed{-1} & 0 & 1 & 22.5 \\ 0 & {}^1\!/_6 & 1 & -{}^3\!/_2 & 0 & 0 & 5.75 \\ 0 & -{}^1\!/_3 & 0 & 2 & 1 & 0 & 5 \end{pmatrix} \tag{17.10.8}$$

Wenn nun die geänderten optimalen Schattenpreise $\frac{10}{3} + \frac{1}{3}\Delta_2$ und $10 - \Delta_2$ beide ≥ 0 sind, d.h. wenn $-10 \leq \Delta_2 \leq 10$, sehen wir, dass die Lösung des geänderten Problems durch

$$z + \Delta z = 775 + 22.5\,\Delta_2, \quad x_1 = 5, \quad x_2 = 22.5$$

gegeben ist. Die Änderung in der Zielfunktion ist in Übereinstimmung mit (17.10.3). Man erhält die neuen Schattenpreise, indem man $\frac{1}{3}\Delta_2$, 0 bzw. $-\Delta_2$ zu den ursprünglichen Werten dieser Preise addiert. Die drei Adjustierungszahlen sind die eingerahmten Zahlen in der abschließenden Matrix.

Änderungen in den Aktivitätskoeffizienten

Wenn einer oder mehrere der a_{ij}-Koeffizienten im primären Problem geändert werden, wird (im Allgemeinen) natürlich die optimale Lösung geändert. Es ist auch hier nicht nötig, das ganze Simplexverfahren neu zu durchlaufen für jede Änderung eines a-Wertes. Die Effekte dieser Änderungen in den a_{ij}-Koeffizienten hängen davon ab, ob diese Koeffizienten zu einer Aktivität gehören, die in Betrieb ist oder nicht. Für Einzelheiten muss auf Spezialliteratur verwiesen werden.

Aufgaben für Kapitel 17.10

1. (a) Was geschieht mit dem maximalen Gewinn und den zugehörigen Anzahlen billiger Typen (x_1) und teurer Typen (x_2) in Aufgabe 17.1.6, wenn

    (i)   die Kapazität in Phase I um 100 Arbeitsstunden erhöht wird?
    (ii) die Kapazität in Phase II um 100 Arbeitsstunden erhöht wird?
    (iii) die Kapazität in Phase III um 100 Arbeitsstunden erhöht wird?

    (b) Was geschieht mit dem Optimalwert in Aufgabe 17.1.6, wenn

    (i)   der Gewinn des billigen Typs auf 710 steigt?
    (ii) der Gewinn des teuren Typs auf 1010 steigt?

2. Lösen Sie Aufgabe 17.3.3 mit Hilfe der Simplexmethode.

    (a) Was geschieht mit dem Optimalwert und den zugehörigen Werten von x_1 und x_2, wenn die Kapazität im Bereich

    (i)   1 von 16 auf 16.25 steigt?
    (ii) 2 von 16 auf 16.25 steigt?
    (iii) 3 von 11 auf 11.25 steigt?

    (b) Was geschieht mit dem Optimalwert, wenn der Gewinn der

    (i)   kleinen Geräte von 400 auf 410 steigt?
    (ii) großen Geräte von 500 auf 510 steigt?

▶ Lösungen zu den Aufgaben finden Sie im Anhang des Buches.

Aufgaben zur Wiederholung für Kapitel 17

1. Betrachten Sie das LP-Problem max $x + 2y$ unter $\begin{cases} x + y \leq 4 \\ -x + y \leq 1 \quad x \geq 0, y \geq 0 \\ 2x - y \leq 3 \end{cases}$

    (a) Lösen Sie das Problem

    (b) Formulieren und lösen Sie das duale Problem.

2. Betrachten Sie das LP-Problem

$$\min\ 16y_1 + 6y_2 - 8y_3 - 15y_4 \quad \text{unter} \quad \begin{cases} -y_1 + y_2 - 2y_3 - 4y_4 \geq -1 \\ 2y_1 - 2y_2 - y_3 - 5y_4 \geq 1 \end{cases}$$

wobei $y_i \geq 0$, $i = 1, 2, 3, 4$.

(a) Formulieren und lösen Sie das duale Problem.

(b) Bestimmen Sie die Lösung des primären Problems.

(c) Nehmen Sie an, dass die erste Bedingung des primären Problems geändert wird in $-y_1 + y_2 - 2y_3 - 4y_4 \geq k$. Für welche Werte von k tritt die Lösung des dualen Problems an derselben Stelle wie für $k = -1$ ein?

3. Betrachten Sie das LP-Problem:

$$\min\ 5x + y \quad \text{unter} \quad \begin{cases} 4x + y \geq 4 \\ 2x + y \geq 3 \\ 3x + 2y \geq 2 \\ -x + 2y \geq -0 \end{cases} \qquad x \geq 0,\ y \geq 0$$

(a) Lösen Sie das Problem.

(b) Formulieren Sie das duale Problem und lösen Sie es.

4. Ein Unternehmen produziert x_1 Autos und x_2 Lastwagen pro Monat. Nehmen Sie an, dass jedes Auto 0.04% der Kapazität pro Monat im Karosseriebereich, 0.025% der Kapazität im Motorenbereich und 0.05% der Kapazität pro Monat auf der spezialisierten Auto-Montagestraße beansprucht. Die entsprechenden Zahlen für Lastwagen sind 0.03% im Karosseriebereich, 0.05% im Motorenbereich und 0.08% auf der spezialisierten Lastwagen-Montagestraße. Das Unternehmen kann deshalb x_1 Autos und x_2 Lastwagen pro Monat liefern, vorausgesetzt, dass die folgenden Ungleichungen erfüllt sind:

$$0.04x_1 + 0.03x_2 \leq 100$$
$$0.025x_1 + 0.05x_2 \leq 100$$
$$0.05x_1 \leq 100 \qquad (*)$$
$$0.08x_2 \leq 100$$

wobei $x_1 \geq 0$ und $x_2 \geq 0$. Nehmen Sie an, dass der Gewinn pro Auto $500 - ax_1$ ist, wobei a eine nichtnegative Konstante ist, während der Gewinn pro Lastwagen 250 ist. Das Unternehmen versucht daher das folgende Problem zu lösen:

$$\max\ (500 - ax_1)x_1 + 250x_2 \quad \text{unter}\ (*)$$

(a) Lösen Sie das Problem grafisch für $a = 0$.

(b) Schreiben Sie die Bedingungen (14.10.3) und (14.10.4) für das Problem auf, wenn $a \geq 0$ ist.

(c) Verwenden Sie die Bedingungen in (b) um zu untersuchen, für welche Werte von $a \geq 0$ die Lösung dieselbe ist wie für $a = 0$.

5. Die Produktion von drei Gütern verlangt den Einsatz von zwei Maschinen. Maschine 1 kann b_1 Stunden benutzt werden, während Maschine 2 in b_2 Stunden benutzt werden kann. Die benötigte Zeit für die Produktion einer Einheit jeden Gutes kann der folgenden Tabelle entnommen werden:

	Maschine 1	Maschine 2
Gut 1	3	2
Gut 2	1	2
Gut 3	4	1

Die Gewinne pro produzierter Einheit der drei Güter sind 6, 3 bzw. 4.

(a) Schreiben Sie das zugehörige lineare Programmierungsproblem auf.

(b) Zeigen Sie: Das duale Problem ist

$$\min \ b_1 y_1 + b_2 y_2, \quad \text{wenn} \quad \begin{cases} 3y_1 + 2y_2 \geq 6 \\ y_1 + 2y_2 \geq 3 \\ 4y_1 + \ y_2 \geq 4 \end{cases} \quad y_1 \geq 0, \ y_2 \geq 0$$

Lösen Sie dieses Problem grafisch für $b_1 = b_2 = 100$.

(c) Lösen Sie das Problem in (a) für $b_1 = b_2 = 100$.

(d) Wie hoch ist der neue maximale Gewinn, wenn die Kapazität der Maschine 1 auf 101 erhöht wird, während $b_2 = 100$ bleibt?

(e) Der maximale Gewinn in Problem (a) ist eine Funktion F von b_1 und b_2. Welches ist der Grad der Homogenität der Funktion F?

▶ Lösungen zu den Aufgaben finden Sie im Anhang des Buches.

Anhang

ÜBERBLICK

A

Niemand der Geometrie Unkundiger möge eintreten.

–Inschrift über dem Eingang von Platons Akademie

Dieser Anhang soll dem Leser einige einfache Formeln und Resultate aus der Geometrie in Erinnerung bringen, die gelegentlich für Wirtschaftswissenschaftler nützlich sind und manchmal in diesem Buch verwendet werden.

A.1   Geometrie

Dreieck

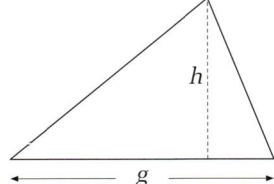 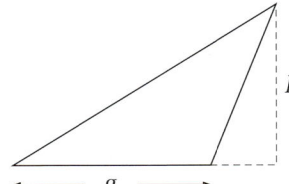   Fläche: $A = \frac{1}{2}gh$

Kreis

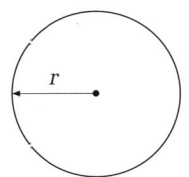   Fläche: $A = \pi r^2$

Umfang: $C = 2\pi r$

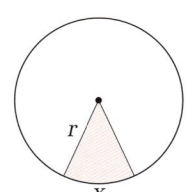   Fläche: $A = \frac{1}{2}xr$

Quader

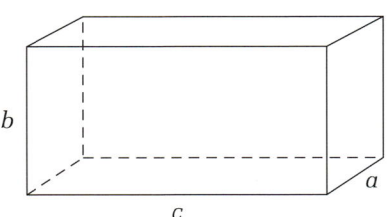   Volumen: $V = abc$

Oberfläche: $S = 2ab + 2ac + 2bc$

Kugel

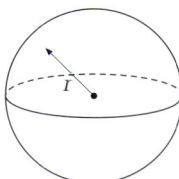

Volumen: $V = \frac{4}{3}\pi r^3$

Oberfläche: $S = 4\pi r^2$

Kegel

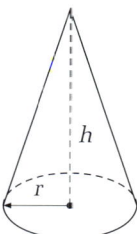

Volumen: $V = \frac{1}{3}\pi r^2 h$

Oberfläche: $S = \pi r^2 + \pi r \sqrt{h^2 + r^2}$

Pyramide (oder Tetraeder)

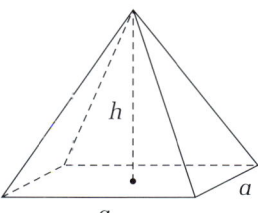

Volumen: $V = \frac{1}{3}a^2 h$

Oberfläche: $S = a^2 + a\sqrt{a^2 + 4h^2}$

Winkel

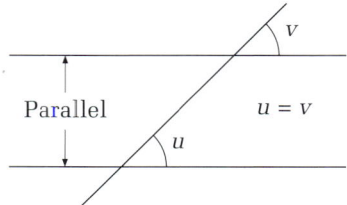

$u = v$

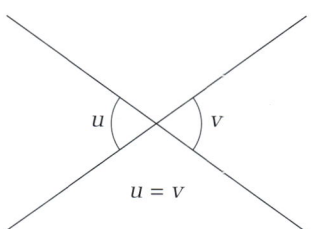

$u = v$

Strahlensatz

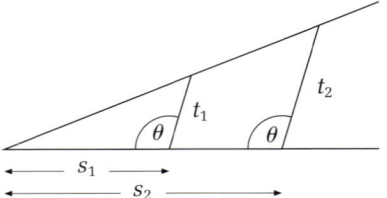

$$t_1/s_1 = t_2/s_2$$

Winkelsumme in einem Dreieck

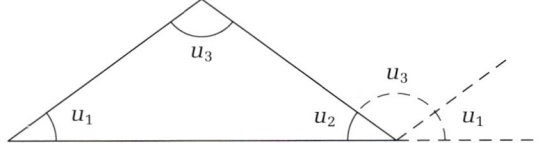

$$u_1 + u_2 + u_3 = 180°$$

Satz des Pythagoras

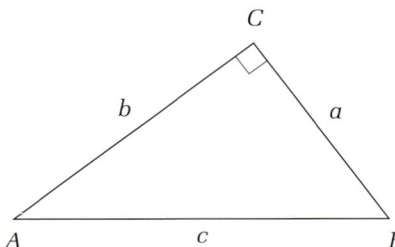

$$\angle C = 90° \iff a^2 + b^2 = c^2$$

A.2   Das Griechische Alphabet

A α	alpha	N ν	nü
B β	beta	$\Xi\ \xi$	xi
$\Gamma\ \gamma$	gamma	O o	omicron
$\Delta\ \delta$	delta	$\Pi\ \pi\ \varpi$	pi
E $\epsilon\ \varepsilon$	epsilon	P$\rho\ \varrho$	rho
Z ζ	zeta	$\Sigma\ \sigma\ \varsigma$	sigma
H η	eta	T τ	tau
$\Theta\ \theta\ \vartheta$	theta	Y υ	ypsilon
I ι	jota	$\Phi\ \phi\ \varphi$	phi
K $\kappa\ \varkappa$	kappa	X χ	chi
$\Lambda\ \lambda$	lambda	$\Psi\ \psi$	psi
Mμ	mü	$\Omega\ \omega$	omega

Lösungen und Antworten zu den Aufgaben

ÜBERBLICK

Kapitel 1

1.1

1.

(a) Wahr. (b) Falsch. -5 ist kleiner als -3 und liegt daher auf der Zahlengeraden links von -3. (c) Falsch, weil alle natürlichen Zahlen positiv sind. (d) Wahr. Jede natürliche Zahl ist rational. Zum Beispiel $5 = 5/1$. (e) Falsch, da $3.1415 = 31415/10000$ ein Quotient von zwei ganzen Zahlen. (Beachten Sie, dass 3.1415 nur eine Approximation der irrationalen Zahl π ist). (f) Falsch. Gegenbeispiel: $\sqrt{2} + (-\sqrt{2}) = 0$. (g) Wahr. (h) Wahr.

2.

In der Zahl $1.01001000100001000001\ldots$ wird nach jedem aufeinander folgenden Paar von Einsen eine weitere Null hinzugefügt. Somit gibt es offensichtlich keine endliche Folge von Ziffern, die sich selbst unendlich oft wiederholt.

1.2

1. (a) $10^3 = 10 \cdot 10 \cdot 10 = 1000$ (b) $(-0.3)^2 = 0.09$ (c) $4^{-2} = 1/16$
(d) $(0.1)^{-1} = 1/0.1 = 10$

2. (a) $4 = 2^2$ (b) $1 = 2^0$ (c) $64 = 2^6$ (d) $1/16 = 2^{-4}$

3. (a) 15^3 (b) $\left(-\frac{1}{3}\right)^3$ (c) 10^{-1} (d) 10^{-7} (e) t^6 (f) $(a-b)^3$ (g) a^2b^4 (h) $(-a)^3$

4. (a) $2^5 \cdot 2^5 = 2^{5+5} = 2^{10}$ (b) $3^8 \cdot 3^{-2} \cdot 3^{-3} = 3^{8-2-3} = 3^3$

(c) $(2x)^3 = 2^3 x^3 = 8x^3$ (d) $(-3xy^2)^3 = (-3)^3 x^3 (y^2)^3 = -27x^3 y^6$

(e) $\dfrac{p^{24}p^3}{p^4 p} = p^{24+3-4-1} = p^{22}$ (f) $\dfrac{a^4 b^{-3}}{(a^2 b^{-3})^2} = \dfrac{a^4 b^{-3}}{a^4 b^{-6}} = a^{4-4} b^{-3-(-6)} = b^3$

(g) $\dfrac{3^4(3^2)^6}{(-3)^{15}3^7} = \dfrac{3^4 3^{12}}{-3^{15} 3^7} = -3^{-6}$ (h) $\dfrac{p^\gamma (pq)^\sigma}{p^{2\gamma+\sigma} q^{\sigma-2}} = p^{-\gamma} q^2$

5. (a) $2^6 = 64$ (b) $64/27$ (c) $8/3$ (d) x^9 (e) y^{12} (f) $8x^3 y^3$ (g) $10^{-2} = 1/100$
(h) k^4 (i) $(x+1)^2$

6. (a) Da $4\pi(3r)^2 = 4\pi 3^2 r^2 = 9(4\pi r^2)$ wächst die Oberfläche um den Faktor 9.
(b) Wenn r um 16% zunimmt, nimmt es mit einem Faktor von 1.16 zu und r^2 wächst um den Faktor $(1.16)^2 = 1.3456$. Damit wächst die Oberfläche um 34.56%.

7. (a) Falsch. $a^0 = 1$. (b) Wahr. $c^{-n} = 1/c^n$ für alle $c \neq 0$.
(c) Wahr. $a^m \cdot a^m = a^{m+m} = a^{2m}$. (d) Falsch (es sei denn $m = 0$ oder $ab = 1$). $a^m b^m = (ab)^m$. (e) Falsch (es sei denn $m = 1$ oder $ab = 0$). Zum Beispiel ist $(a+b)^2$ gleich $a^2+2ab+b^2$, welches ungleich a^2+b^2 ist, weil $ab > 0$. (f) Falsch (es sei denn $a^m b^n = 1$). So ist z. B. $a^2 b^3$ nicht gleich $(ab)^{2+3} = (ab)^5 = a^5 b^5$.

8. (a) $x^3 y^3 = (xy)^3 = 3^3 = 27$ (b) $(ab)^4 = (-2)^4 = 16$
(c) $(a^8)^0 = 1$ für alle $a \neq 0$. (d) $(-1)^{2n} = [(-1)^2]^n = 1^n = 1$

9. (a) $150 \cdot 0.13 = 19.5$ (b) $2400 \cdot 0.06 = 144$ (c) $200 \cdot 0.055 = 11$

10. (a) Bei einer konstanten Zinsrate von 11 % pro Jahr wird ein Anfangskapital von 50 Euro nach 8 Jahren $50 \cdot (1.11)^8 \approx 115.23$ Euro wert sein.
(b) Bei einem konstanten Zinssatz von 12 % pro Jahr wird ein Anfangskapital von 10 000 Euro in 20 Jahren $10\,000 \cdot (1.12)^{20} \approx 96\,462.93$ Euro wert sein.
(c) $5000 \cdot (1.07)^{-10} \approx 2541.75$ Euro ist der Betrag, den Sie vor 10 Jahren hätten anlegen müssen, um heute 5000 Euro zu haben, vorausgesetzt der konstante Zinssatz von 7 %.

11. 1.50 Euro billiger und dies sind 15 % von 10 Euro.

12. (a) $12\,000 \cdot (1.04)^{15} \approx 21611.32$ (b) $50\,000 \cdot (1.06)^{-5} \approx 37362.91$

13. $p \approx 95.3\,\%$, da $(1.25)^3 = 1.9531$.

14. (a) Der Gewinn war 2010 höher. $((1 + 0.2)(1 - 0.17) = 1.2 \cdot 0.83 = 0.996.)$
(b) Wenn die Abnahme des Gewinns von 2011 auf 2012 gleich p % war, dann wären die Gewinne in 2010 und 2012 gleich, vorausgesetzt $1.2 \cdot (1 - p/100) = 1$ oder $p = 100(1 - 1/1.2) = 100/6 \approx 16.67$.

1.3

1. (a) 1   (b) 6   (c) -18 (d) -18 (e) $3x + 12$ (f) $45x - 27y$ (g) 3   (h) 0   (i) -1

2. (a) $3a^2 - 5b$ (b) $-2x^2 + 3x + 4y$ (c) t (d) $2r^3 - 6r^2s + 2s^3$

3. (a) $-3n^2 + 6n - 9$ (b) $x^5 + x^2$ (c) $4n^2 - 11n + 6$ (d) $-18a^3b^3 + 30a^3b^2$
(e) $a^3b - ab^3$ (f) $x^3 - 6x^2y + 1 - xy^2 - 6y^3$ (g) $acx^2 + (ad + bc)x + bd$
(h) $4 - t^4$ (i) $[(u - v)(u + v)]^2 = (u^2 - v^2)^2 = u^4 - 2u^2v^2 + v^4$

4. (a) $2t^3 - 5t^2 + 4t - 1$ (b) 4   (c) $x^2 + y^2 + z^2 + 2xy + 2xz + 2yz$ (d) $4xy + 4xz$
   ▶ Ausführliche Lösung siehe Lösungshandbuch MyLab.

5. (a) $x^2 + 4xy + 4y^2$ (b) $\dfrac{1}{x^2} - 2 + x^2$ (c) $9u^2 - 30uv + 25v^2$ (d) $4z^2 - 25w^2$

6. (a) $201^2 - 199^2 = (201 + 199)(201 - 199) = 400 \cdot 2 = 800$
(b) Wenn $u^2 - 4u + 4 = (u - 2)^2 = 1$, dann ist $u - 2 = \pm 1$, so dass $u = 1$ oder $u = 3$.
(c) $\dfrac{(a + 1)^2 - (a - 1)^2}{(b + 1)^2 - (b - 1)^2} = \dfrac{a^2 + 2a + 1 - (a^2 - 2a + 1)}{b^2 + 2b + 1 - (b^2 - 2b + 1)} = \dfrac{4a}{4b} = \dfrac{a}{b}$

7. $1000^2/(252^2 - 248^2) = 1000^2/(252 + 248)(252 - 248) = 1000^2/500 \cdot 4 = 500$

8. (a) $(a + b)^3 = (a + b)^2(a + b) = (a^2 + 2ab + b^2)(a + b) = a^3 + 3a^2b + 3ab^2 + b^3$
(b) $(a - b)^3 = (a - b)^2(a - b) = (a^2 - 2ab + b^2)(a - b) = a^3 - 3a^2b + 3ab^2 - b^3$
(c) und (d): Multiplizieren Sie die rechten Seiten aus.

9. (a) $3 \cdot 7 \cdot xxyyy$ (b) $3(x - 3y + 9z)$ (c) $aa(a - b)$ (d) $2 \cdot 2 \cdot 2xy(xy - 2)$
(e) $2 \cdot 2 \cdot 7aabbb$ (f) $2 \cdot 2(x + 2y - 6z)$ (g) $2x(x - 3y)$ (h) $2aabb(3a + 2b)$
(i) $7x(x - 7y)$ (j) $5xyy(1 - 3x)(1 + 3x)$ (k) $(4 + b)(4 - b)$ (l) $3(x + 2)(x - 2)$

10. (a) $(a + 2b)(a + 2b)$ (b) $KL(K - L)$ (c) $K^{-5}(K - L)$ (d) $(3z - 4w)(3z + 4w)$
(e) $-\frac{1}{5}(x - 5y)(x - 5y)$ (f) $(a^2 - b^2)(a^2 + b^2) = (a + b)(a - b)(a^2 + b^2)$

11. (a) $(x-2)(x-2)$ (b) $2 \cdot 2ts(t-2s)$ (c) $2 \cdot 2(2a+b)(2a+b)$
(d) $5x(x+\sqrt{2}y)(x-\sqrt{2}y)$ (e) $(5+a)(x+y)$

(f) $u^2 - v^2 + 3(u+v) = (u+v)(u-v) + 3(u+v) = (u+v)(u-v+3)$
(g) $(P+Q)(P^2+Q^2)$ (h) $KK(K-L)$ (i) $KL(L^2+1)$ (j) $(L+K)(L-K)$
(k) $(K-L)(K-L)$ (l) $KL(K-2L)(K-2L)$

1.4

1. (a) 2/7 (b) 13/12 (c) 5/24 (d) 2/25 (e) 9/5 (Beachten Sie, dass die ge-
mischten Zahlen $3\frac{3}{5}$ und $1\frac{4}{5}$ gleich $3+\frac{3}{5}$ bzw. gleich $1+\frac{4}{5}$ sind.) (f) 1/2
(g) 1/2 (h) 11/27

2. (a) $3x/2$ (b) $3a/5$ (c) 1/5 (d) $\frac{1}{12}(-5x+11)$ (e) $-1/(6b)$ (f) $1/b$

3. (a) $\dfrac{5 \cdot 5 \cdot 13}{5 \cdot 5 \cdot 5 \cdot 5} = \dfrac{13}{25}$ (b) $\dfrac{ab^2}{8c^2}$ (c) $\dfrac{2}{3}(a-b)$ (d) $\dfrac{P(P+Q)(P-Q)}{(P+Q)^2} = \dfrac{P(P-Q)}{P+Q}$

4. (a) 1/2 (b) 6 (c) 5/7 (d) 9/2

5. (a) $\dfrac{4}{x^2-4}$ (b) $\dfrac{21}{2(2x+1)}$ (c) $\dfrac{a}{a-3b}$ (d) $\dfrac{1}{4ab(a+2)}$ (e) $\dfrac{-3t^2}{t+2}$ (f) $4(1-a)$

▶ Ausführliche Lösung siehe Lösungshandbuch MyLab.

6. (a) $\dfrac{2-3x^2}{x(x+1)}$ (b) $\dfrac{-2t}{4t^2-1}$ (c) $\dfrac{7x^2+1}{x^2-4}$ (d) $x+y$ (e) $\dfrac{y^2-x^2}{y^2+x^2}$ (f) $\dfrac{y-x}{y+x}$

▶ Ausführliche Lösung siehe Lösungshandbuch MyLab.

7. $\dfrac{-8x}{x^2+2xy-3y^2}$

8. (a) 400 (b) $\dfrac{-n}{n-1}$ (c) 1 (d) $\dfrac{1}{(x-1)^2}$ (e) $\dfrac{-2x-h}{x^2(x+h)^2}$ (f) $\dfrac{2x}{x-1}$

▶ Ausführliche Lösung siehe Lösungshandbuch MyLab.

1.5

1. (a) 3 (b) 40 (c) 10 (d) 5 (e) 1/6 (f) 0.7 (g) 0.1 (h) 1/5

2. (a) = (Beide Ausdrücke sind gleich 20.)
(b) $\neq$. Denn $\sqrt{25+16} = \sqrt{41} \neq 9 = \sqrt{25} + \sqrt{16}$.
(c) $\neq$. (Setzen Sie $a = b = 1$.)
(d) =. Denn $(\sqrt{a+b})^{-1} = [(a+b)^{1/2}]^{-1} = (a+b)^{-1/2}$.

3. (a) 81 (b) 4 (c) 623 (d) 15 (e) -1
(f) $2^x - 2^{x-1} = 2^{x-1}(2-1) = 2^{x-1} = 4$ für $x = 3$.

4. (a) $\frac{6}{7}\sqrt{7}$ (b) 4 (c) $\frac{1}{8}\sqrt{6}$ (d) 1 (e) $\frac{1}{6}\sqrt{6}$ (f) $\dfrac{2\sqrt{2y}}{y}$ (g) $\dfrac{\sqrt{2x}}{2}$ (h) $x+\sqrt{x}$

5. (a) $\frac{1}{2}\left(\sqrt{7}-\sqrt{5}\right)$ (b) $4-\sqrt{15}$ (c) $-x\left(\sqrt{3}+2\right)$
(d) $\dfrac{\left(\sqrt{x}-\sqrt{y}\right)^2}{x-y}$ (e) $\sqrt{x+h}+\sqrt{x}$ (f) $\dfrac{1}{x}\left(2\sqrt{x+1}-x-2\right)$
▶ Ausführliche Lösung siehe Lösungshandbuch MyLab.

6. (a) $\sqrt[3]{125} = 5$, da $5^3 = 125$. (b) $(243)^{1/5} = 3$, da $3^5 = 243$. (c) -2

(d) $\sqrt[3]{0.008} = 0.2$, da $(0.2)^3 = 0.008$. (e) 9 (f) $(64)^{-1/3} = (4^3)^{-1/3} = 4^{-1} = 1/4$

(g) $(16)^{-2.25} = (2^4)^{-9/4} = 2^{-9} = 1/512$ (h) $\left(\frac{1}{3^{-2}}\right)^{-2} = (3^2)^{-2} = 3^{-4} = 1/81$

7. (a) $\sqrt[3]{55} \approx 3.80295$ (b) $(160)^{1/4} \approx 3.55656$ (c) $(2.71828)^{1/5} \approx 1.22140$

(d) $(1.0001)^{10000} \approx 2.718146$

8. $40(1+p/100)^{12} = 60$ ergibt $(1+p/100)^{12} = 1.5$ und deshalb $1+p/100 = (1.5)^{1.12}$. Auflösen nach p ergibt $p = 100[(1.5)^{1/12} - 1] \approx 3.44$.

9. (a) $3x^p y^{2q} z^{4r}$ (b) $(x+15)^{4/3-5/6} = (x+15)^{1/2} = \sqrt{x+15}$

(c) $\dfrac{8x^{2/3}y^{1/4}z^{-1/2}}{-2x^{1/3}y^{5/2}z^{1/2}} = -4x^{1/3}y^{-9/4}z^{-1}$

10. (a) $a^{\frac{1}{2}\frac{2}{3}\frac{3}{4}\frac{4}{5}} = a^{1/5}$ (b) $a^{\frac{1}{2}+\frac{2}{3}-\frac{3}{4}+\frac{4}{5}} = a^{163/60}$ (c) $9a^7/2$ (d) $a^{1/4}$

11. Nur (b) und (c) sind allgemein gültig.
▶ Ausführliche Lösung siehe Lösungshandbuch MyLab.

12. $x < 4$ (Wenn $x > 0$, dann ist $32x^{3/2} > 4x^3$, vorausgesetzt $8x^{5/2} > x^3$ und dies ist äquivalent zu $8 > x^{3/2}$ und somit $x < 8^{2/3} = 4$.)

1.6

1. (a), (b), (d), (f) und (h) sind gültig, (c), (e) und (g) sind nicht gültig.

2. (a) $x \geq -8$ (b) $x < -9$ (c) Alle x. (d) $x \leq 25/2$ (e) $x \leq 19/7$
(f) $x > -17/12$

3. (a) $-7 < x < -2$ (b) $n \geq 160$ oder $n < 0$ (c) $0 \leq g \leq 2$
(d) $p \geq -1$ und $p \neq 2$ (e) $-4 < n < -10/3$ (f) $-1 < x < 0$ oder $0 < x < 1$.
(Hinweis: $x^4 - x^2 = x^2(x+1)(x-1)$.)

▶ Ausführliche Lösung siehe Lösungshandbuch MyLab.

4. (a) $-2 < x < 1$ (b) $x < -4$ oder $x > 3$ (c) $-5 \leq a \leq 5$
(d) $x < -4$ oder $x > 1$ (e) $x > -4$ und $x \neq 1$ (f) $1 \leq x \leq 2$
(g) $x < 1$ und $x \neq 1/5$ (h) $1/5 < x < 1$ (i) $x < 0$
(j) $-3 < x < -2$ oder $x > 0$ (k) $x \neq 2$ (l) $x \leq 0$

5. (a) $-41/6 < x \leq 2/3$ (b) $x < -1/5$ (c) $-1 < x < 0$

6. (a) Ja. (b) Nein, setzen Sie z. B. $x = \frac{1}{2}$. (c) Nein, nicht für $x \leq 0$.
(d) Ja, da die Ungleichung äquivalent ist zu $x^2 - 2xy + y^2 \geq 0$ oder $(x-y)^2 \geq 0$, die für alle x und y erfüllt ist.

7. (a) Wir haben $C = \frac{5}{9}(F - 32)$, so dass wir $4 \leq \frac{5}{9}(F - 32) \leq 6$ nach F auflösen müssen. Das Resultat ist $39.2° \leq F \leq 42.8°$. (b) Zwischen ungefähr 2.2 °C und 4.4 °C.

8. $\left(\sqrt{a} - \sqrt{b}\right)^2 = a - 2\sqrt{ab} + b \geq 0$ ergibt $a + b \geq 2\sqrt{ab}$; Division durch 2 ergibt $m_A \geq m_G$. Da $\left(\sqrt{a} - \sqrt{b}\right)^2 = 0$ äquivalent zu $a = b$ ist, hat man auch $m_A > m_G$, es sei denn $a = b$. Die Ungleichung $m_G \geq m_H$ folgt ganz leicht aus dem Hinweis.

1.7

1. (a) $|2 \cdot 0 - 3| = 3$, $|2 \cdot \frac{1}{2} - 3| = 2$, $|2 \cdot \frac{7}{2} - 3| = 4$ (b) $|2x - 3| = 0$ ist äquivalent zu $2x - 3 = 0$, so dass $x = 3/2$.   (c) $|2x - 3| = 2x - 3$ für $x \geq 3/2$ und $= 3 - 2x$ für $x < 3/2$

2. (a) $|5 - 3(-1)| = 8$, $|5 - 3 \cdot 2| = 1$, $|5 - 3 \cdot 4| = 7$ (b) $|5 - 3x| = 5$ ist äquivalent zu $5 - 3x = \pm 5$, so dass $x = 0$ oder $10/3$.   (c) $|5 - 3x| = 5 - 3x$ für $x \leq 5/3$ und $= 3x - 5$ für $x > 5/3$

3. (a) $x = -1$ und $x = 4$ (b) $-2 \leq x \leq 2$ (c) $1 \leq x \leq 3$ (d) $-1/4 \leq x \leq 1$
   (e) $x > \sqrt{2}$ oder $x < -\sqrt{2}$ (f) $-1 \leq x^2 - 2 \leq 1$, so dass $1 \leq x^2 \leq 3$ und damit $-\sqrt{3} \leq x \leq -1$ oder $1 \leq x \leq \sqrt{3}$.

4. (a) $4.999 < x < 5.001$ (b) $|x - 5| < 0.001$

1.8

1. (a) $1 + 2 + 3 + \cdots + 10 = 55$
   (b) $(5 \cdot 3^0 - 2) + (5 \cdot 3^1 - 3) + (5 \cdot 3^2 - 4) + (5 \cdot 3^3 - 5) + (5 \cdot 3^4 - 6) = 585$
   (c) $1 + 3 + 5 + 7 + 9 + 11 = 36$ (d) $2^{2^0} + 2^{2^1} + 2^{2^2} = 2^1 + 2^2 + 2^4 = 22$ (e) $2 \cdot 10 = 20$
   (f) $2/1 + 3/2 + 4/3 + 5/4 = 73/12$

2. (a) $2\sqrt{0} + 2\sqrt{1} + 2\sqrt{2} + 2\sqrt{3} + 2\sqrt{4} = 2(3 + \sqrt{2} + \sqrt{3})$
   (b) $(x + 0)^2 + (x + 2)^2 + (x + 4)^2 + (x + 6)^2 = 4(x^2 + 6x + 14)$
   (c) $a_{1i}b^2 + a_{2i}b^3 + a_{3i}b^4 + \cdots + a_{ni}b^{n+1}$
   (d) $f(x_0)\Delta x_0 + f(x_1)\Delta x_1 + f(x_2)\Delta x_2 + \cdots + f(x_m)\Delta x_m$

3. (a) $\displaystyle\sum_{k=1}^{n} 4k$ (b) $\displaystyle\sum_{k=1}^{n} k^3$ (c) $\displaystyle\sum_{k=0}^{n}(-1)^k \frac{1}{2k+1}$ (d) $\displaystyle\sum_{k=1}^{n} a_{ik}b_{kj}$ (e) $\displaystyle\sum_{n=1}^{5} 3^n x^n$

    (f) $\displaystyle\sum_{j=3}^{p} a_i^j b_{i+j}$ (g) $\displaystyle\sum_{k=0}^{p} a_{i+k}^{k+3} b_{i+k+3}$ (h) $\displaystyle\sum_{k=0}^{3}(81\,297 + 198k)$

   ▶ Ausführliche Lösung siehe Lösungshandbuch MyLab.

4. $\dfrac{2 \cdot 3 + 3 \cdot 5 + 4 \cdot 7}{1 \cdot 3 + 2 \cdot 5 + 3 \cdot 7} \cdot 100 = \dfrac{6 + 15 + 28}{3 + 10 + 21} \cdot 100 = \dfrac{49}{34} \cdot 100 \approx 144.12$

5. (a) $\displaystyle\sum_{k=1}^{10}(k - 2)t^k = \sum_{m=-1}^{8} m t^{m+2}$ (b) $\displaystyle\sum_{n=0}^{N} 2^{n+5} = \sum_{j=1}^{N+1} 32 \cdot 2^{j-1}$ (weil $32 = 2^5$)

6. (a) Die Gesamtanzahl der Personen, die sich innerhalb EWR von Nation i fortbewegen.   (b) Die Gesamtanzahl der Personen, die sich innerhalb EWR zu Nation j hinbewegen.

7. (a), (c), (d) und (e) sind immer wahr; (b) und (f) sind nicht allgemein wahr.
   ▶ Ausführliche Lösung siehe Lösungshandbuch MyLab.

1.9

1. $\displaystyle\sum_{k=1}^{n}(k^2 + 3k + 2) = \sum_{k=1}^{n} k^2 + 3\sum_{k=1}^{n} k + \sum_{k=1}^{n} 2 = \frac{1}{6}n(n+1)(2n+1) + 3\left[\frac{1}{2}n(n+1)\right] + 2n =$
   $\frac{1}{3}n(n^2 + 6n + 11)$

2. $\sum_{i=0}^{n-1}(a+id) = \sum_{i=0}^{n-1}a + d\sum_{i=0}^{n-1}i = na + d\frac{1}{2}[1+(n-1)](n-1) = na + \frac{1}{2}n(n-1)d$.
Wenn Sie diese Formel verwenden, ist die Summe, die Gauss (angeblich) berechnet hat: $100 \cdot 81297 + \frac{1}{2}100 \cdot 99 \cdot 198 = 9\,109\,800$. (Man benötigt keine Summationszeichen. Die Summe ist $a + (a+d) + (a+2d) + \cdots + (a+(n-1)d)$. Das sind n Terme. Die Summe aller a's ist na. Der Rest ist $d(1+2+\cdots+n-1)$. Benutzen Sie dann Formel (1.9.4).)

3. (a) Indem wir die Summe als $(a_2 - a_1) + (a_3 - a_2) + (a_4 - a_3) + \cdots + (a_n - a_{n-1}) + (a_{n+1} - a_n)$ schreiben, sehen wir, dass alle a_i sich paarweise aufheben, abgesehen von $-a_1$ und a_{n+1}. In der Tat ist das eindrucksvoller, wenn wir die Summe mit dem letzten Term beginnen lassen und uns rückwärts zum ersten Term hin arbeiten: $(a_{n+1} - a_n) + (a_n - a_{n-1}) + \cdots + (a_4 - a_3) + (a_3 - a_2) + (a_2 - a_1) = a_{n+1} - a_1$.
(b) (i) $1 - (1/51) = 50/51$ (ii) $3^{13} - 3 = 1\,594\,320$ (iii) $ar(r^n - 1)$

1.10

1. $(a+b)^6 = a^6 + 6a^5b + 15a^4b^2 + 20a^3b^3 + 15a^2b^4 + 6ab^5 + b^6$. (Die Koeffizienten sind die Zahlen aus der 6. Zeile des Pascal'schen Dreiecks, wobei wir der obersten Zeile die Zahl 0 geben.)

2. (a) $\binom{5}{3} = \frac{5 \cdot 4 \cdot 3}{1 \cdot 2 \cdot 3} = \frac{5 \cdot 4 \cdot 3 \cdot 2 \cdot 1}{1 \cdot 2 \cdot 3 \cdot 2 \cdot 1} = \frac{5!}{3!\,2!} = \frac{5!}{2!\,3!}$. Im allgemeinen gilt: $\binom{m}{k} =$

$\frac{m(m-1)\cdots(m-k+1)}{k!} = \frac{m(m-1)\cdots(m-k+1)\cdot(m-k)!}{k!(m-k)!} = \frac{m!}{(m-k)!\,k!}$.

(b) $\binom{8}{3} = 56$. Auch $\binom{8}{8-3} = \binom{8}{5} = 56$; $\binom{8}{3} + \binom{8}{3+1} = 56 + 70 = 126$ und

$\binom{8+1}{3+1} = \binom{9}{4} = 126$.

(c) $\binom{m}{k} = \frac{m!}{(m-k)!k!} = \binom{m}{m-k}$ und $\binom{m}{k} + \binom{m}{k+1} = \frac{m!}{(m-k)!k!} +$

$\frac{m!}{(m-k-1)!(k+1)!} = \frac{m!(k+1+m-k)}{(m-k)!(k+1)!} = \frac{(m+1)!}{(m-k)!(k+1)!} = \binom{m+1}{k+1}$

1.11

1. (a) $\sum_{i=1}^{3}\sum_{j=1}^{4} i \cdot 3^j = \sum_{i=1}^{3}(i \cdot 3 + i \cdot 9 + i \cdot 27 + i \cdot 81) = \sum_{i=1}^{3} 120i = 720$ (b) $5 + \frac{3113}{3600}$

(c) $\frac{1}{6}mn(2n^2 + 3n + 3m + 4)$ (d) $\frac{1}{3}m(m+1)(m+2)$

▶ Ausführliche Lösung siehe Lösungshandbuch MyLab.

2. (a) Die Gesamtanzahl der Einheiten des Gutes i.
(b) Die Gesamtanzahl Einheiten aller Güter, die Person j besitzt.
(c) Die Gesamtanzahl aller Güter, die die Gruppe insgesamt besitzt.

3. Erstens: $\sum_{j=1}^{i} a_{ij}$ ist die Summe aller i Zahlen in der i-ten Zeile, so dass wir in der ersten Doppelsumme all diese m Zeilensummen aufaddieren. Zweitens:

$\sum_{i=j}^{m} a_{ij}$ ist die Summe aller $m - j + 1$ Zahlen in der j-ten Spalte, so dass wir in der zweiten Doppelsumme all diese m Spaltensummen aufaddieren.

4. Der Mittelwert der n Spaltenmittelwerte ist $\dfrac{1}{n} \sum\limits_{j=1}^{n} \bar{a}_j = \dfrac{1}{n} \sum\limits_{j=1}^{n} \dfrac{1}{m} \sum\limits_{i=1}^{m} a_{ij} = \bar{a}$. Außerdem ist $\sum\limits_{r=1}^{m} \sum\limits_{s=1}^{m} (a_{rj} - \bar{a})(a_{sj} - \bar{a}) = \sum\limits_{r=1}^{m} (a_{rj} - \bar{a}) \sum\limits_{s=1}^{m} (a_{sj} - \bar{a}) = [m(\bar{a}_j - \bar{a})][m(\bar{a}_j - \bar{a})] = m^2 (\bar{a}_j - \bar{a})^2$

▶ Ausführliche Lösung siehe Lösungshandbuch MyLab.

Wiederholungsaufgaben für Kapitel 1

1. (a) $3(50 - x)$ (b) $\dfrac{x}{y + 100}$ (c) Der Preis ohne Mehrwertsteuer sei p. Dann ist der Preis mit Steuer $p + 20p/100 = p(1 + 0.2) = 1.2p$. Daher ist $a = 1.2p$, so dass $p = \dfrac{a}{1.2}$. (d) $p_1 x_1 + p_2 x_2 + p_3 x_3$ (e) $F + bx$ (f) $(F + cx)/x = F/x + c$ (g) Nach der Erhöhung um $p\%$ ist das Einkommen $L + pL/100 = L(1 + p/100)$. Eine Erhöhung des neuen Einkommens um $q\%$ ergibt die endgültige Antwort: $L(1 + p/100)(1 + q/100)$.

2. (a) $5^3 = 5 \cdot 5 \cdot 5 = 125$ (b) $10^{-3} = 1/10^3 = 1/1000 = 0.0001$ (c) $1/3^{-3} = 3^3 = 27$ (d) -1000 (e) 3 (f) $(3^{-2})^{-3} = 3^6 = 729$ (g) -1 (h) $\left(-\frac{1}{2}\right)^{-3} = \dfrac{1}{(-\frac{1}{2})^3} = \dfrac{1}{-\frac{1}{8}} = -8$

3. (a) 1 (b) Nicht definiert. (c) 1 (d) 1

4. (a) $2^{-6} = 1/64$ (b) $\frac{3}{2} - \frac{3}{4} = \frac{3}{4}$ (c) $-45/4$ (d) 1

5. (a) $16x^4$ (b) 4 (c) $6xyz$ (d) $a^{27} b^9$ (e) a^3 (f) x^{-15}
▶ Ausführliche Lösung siehe Lösungshandbuch MyLab.

6. (a) $x^3 y^3 = (x^{-1} y^{-1})^{-3} = 3^{-3} = 1/27$
(b) $(x^{-3})^6 (x^2)^2 = x^{-18} x^4 = x^{-14} = (x^7)^{-2} = 2^{-2} = 1/4$
(c) $(z/xy)^6 = (xy/z)^{-6} = [(xy/z)^{-2}]^3 = 3^3 = 27$
(d) $(abc)^4 = (a^{-1} b^{-1} c^{-1})^{-4} = (1/4)^{-4} = 4^4 = 256$

7. (a) $0.12 \cdot 300 = 36$ (b) $0.05 \cdot 2000 = 100$ (c) $0.065 \cdot 1500 = 97.5$

8. (a) Bei einem gegebenen Zinssatz von 1% pro Jahr wird eine Investition von 100 Millionen Euro in acht Jahren anwachsen auf $100 \cdot (1.01)^8 \approx 108.3$ Millionen Euro. (b) Bei einer Zinsrate von 15 % pro Jahr wird eine Anfangsinvestition von 50 000 Euro in 10 Jahren $50\,000 \cdot (1.15)^{10} \approx 202\,277$ Euro wert sein. (c) $6000 \cdot (1.03)^{-8} \approx 4736$ Euro ist der Betrag, den Sie vor 8 Jahren hätten anlegen müssen, um heute 6000 Euro zu haben, gegeben der konstante Zinssatz von 3 %.

9. (a) $100\,000(1.08)^{10} \approx 215\,892$ (b) $25\,000(1.08)^{-6} \approx 15\,754$

10. (a) $a^2 - a$ (b) $x^2 + 4x - 21$ (c) $-3 + 3\sqrt{2}$ (d) $3 - 2\sqrt{2}$ (e) $x^3 - 3x^2 + 3x - 1$ (f) $1 - b^4$ (g) $1 - x^4$ (h) $x^4 + 4x^3 + 6x^2 + 4x + 1$

▶ Ausführliche Lösung siehe Lösungshandbuch MyLab.

11. (a) $5(5x - 1)$ (b) $xx(3 - xy)$ (c) $(\sqrt{50} - x)(\sqrt{50} + x)$ (d) $a^{\cdot}a - 2b)^2$

12. (a) $(5 + a)(x + 2y)$ (b) $(a + b)(c - d)$ (c) $(a + 2)(x + y)$ (d) $(2x - y)(x + 5z)$
(e) $(p - q)(p + q + 1)$ (f) $(u - v)(u - v)(u + v)$
▶ Ausführliche Lösung siehe Lösungshandbuch MyLab.

13. (a) $16^{1/4} = \sqrt[4]{16} = 2$ (b) $243^{-1/5} = (3^5)^{-1/5} = 3^{-1} = 1/3$
(c) $5^{1/7} \cdot 5^{6/7} = 5^{1/7+6/7} = 5^1 = 5$ (d) $4^{-3/2} = 1/8$
(e) $64^{1/3} + \sqrt[3]{125} = 4 + 5 = 9$ (f) $(-8/27)^{2/3} = (\sqrt[3]{-8/27})^2 = (-2/3)^2 = 4/9$
(g) $(-1/8)^{-2/3} + (1/27)^{-2/3} = (\sqrt[3]{-1/8})^{-2} + (\sqrt[3]{1/27})^{-2} = (-1/2)^{-2} + (1/3)^{-2} =$
$4 + 9 = 13$ (h) $\dfrac{1000^{-2/3}}{\sqrt[3]{5^{-3}}} = \dfrac{(\sqrt[3]{1000})^{-2}}{5^{-1}} = \dfrac{10^{-2}}{5^{-1}} = \dfrac{1}{20}$

14. (a) $8 = 2^3$, so dass $x = 3/2$ (b) $1/81 = 3^{-4}$, so dass $3x + 1 = -4$ oder $x = -5/3$
(c) $x^2 - 2x + 2 = 2$, so dass $x = 0$ oder $x = 2$.

15. (a) $5 + x = 3$, so dass $x = -2$.   (b) $3^x - 3^{x-2} = 3^{x-2}(3^2 - 1) = 3^{x-2} \cdot 8$, so dass
$3^{x-2} = 3$ und damit $x = 3$.   (c) $3^x \cdot 3^{x-1} = 3^{2x-1} = 81 = 3^4$, vorausgesetzt
$x = 2.5$.   (d) $3^5 + 3^5 + 3^5 = 3 \cdot 3^5 = 3^6$, so dass $x = 6$.
(e) $4^{-6} + 4^{-6} + 4^{-6} + 4^{-6} = 4 \cdot 4^{-6} = 4^{-5}$, so dass $x = -5$.
(f) $\dfrac{2^{26} - 2^{23}}{2^{26} + 2^{23}} = \dfrac{2^{23}(2^3 - 1)}{2^{23}(2^3 + 1)} = \dfrac{7}{9}$, so dass $x = 7$.

16. (a) $\dfrac{2s}{4s2 - 1}$ (b) $\dfrac{7}{3 - x}$ (c) $\dfrac{1}{x + y}$
▶ Ausführliche Lösung siehe Lösungshandbuch MyLab.

17. (a) $\frac{1}{5}a^2b$ (b) $x - y$ (c) $\dfrac{2a - 3b}{2a + 3b}$ (d) $\dfrac{x(x + 2)}{2 - x}$
▶ Ausführliche Lösung siehe Lösungshandbuch MyLab.

18. (a) $x < 13/2$ (b) $y \geq -3$ (c) Gültig für alle x (d) $x < 29/14$
(e) $-1 \leq x \leq 13/3$ (f) $-\sqrt{6} \leq x \leq -\sqrt{2}$ oder $\sqrt{2} \leq x \leq \sqrt{6}$

19. (a) $30 + 0.16x$ (b) Kleinste Zahl in Stunden: 7.5. Größte Zahl in Stunden: 10

20. $2\pi(r + 1) - 2\pi r = 2\pi$, wobei r der Radius der Erde (als Kugel approximiert) ist. Somit ist das verlängerte Seil nur ungefähr 6.28 m länger!

21. (a) Sei $p/100 = r$. Dann wird aus dem gegebenen Ausdruck $a + ar - (a + ar)r = a(1 - r^2)$, wie verlangt.   (b) $2000€ \cdot 1.05 \cdot 0.95 = 1995€$.   (c) Das Resultat ist genau die Formel in (a).   (d) Mit der Notation wie in der Antwort zu (a) erhalten wir: $a - ar + (a - ar)r = a(1 - r^2)$, welches derselbe Ausdruck wie in (a) ist.

22. (a) Nein, z. B. $-1 > -2$, aber $(-1)^2 < (-2)^2$.   (b) Nehmen Sie an, dass $a > b$ ist, so dass $a - b > 0$. Wenn auch $a + b > 0$, dann ist $a^2 - b^2 = (a + b)(a - b) > 0$, so dass $a^2 > b^2$.

23. (a) $2 > 1$ und $1/2 < 1/1$. Auch $-1 > -2$ und $1/(-1) = -1 < -1/2 = 1/(-2)$. Andererseits $2 > -1$ und $1/2 > 1/(-1) = -1$.

24. (i) Für jede Zahl c gilt $|c| = \sqrt{c^2}$. Dann ist $|ab| = \sqrt{(ab)^2} = \sqrt{a^2b^2} = \sqrt{a^2}\sqrt{b^2} = |a| \cdot |b|$.

(ii) Entweder $a = |a|$ oder $a = -|a|$, so dass $-|a| \leq a \leq |a|$. Genauso gilt: $-|b| \leq b \leq |b|$. Addition dieser Ungleichungen ergibt $-|a| - |b| \leq a + b \leq |a| + |b|$ und damit $|a + b| \leq |a| + |b|$.

25. Bezeichne s die Länge jeder Seite des gleichseitigen Dreiecks. Dann ist die Gesamtfläche F des Dreiecks die Summe der Flächen der drei Dreiecke mit der Grundseite s und den Höhen h_1, h_2 bzw. h_3. Somit gilt $F = \dfrac{1}{2}sh_1 + \dfrac{1}{2}sh_2 + \dfrac{1}{2}sh_3$.

Es folgt, dass $h_1 + h_2 + h_3 = 2A/s$, unabhängig von P. Siehe Lösungshandbuch für ein Bild. (Für die Neugierigen: $F = \dfrac{1}{4}\sqrt{3}s^2$, so dass $h_1 + h_2 + h_3 = \dfrac{1}{2}\sqrt{3}s$.)

▶ Ausführliche Lösung siehe Lösungshandbuch MyLab.

26. (a) $\sum_{i=1}^{4}\dfrac{1}{i(i+2)} = \dfrac{1}{1\cdot 3} + \dfrac{1}{2\cdot 4} + \dfrac{1}{3\cdot 5} + \dfrac{1}{4\cdot 6} = \dfrac{1}{3} + \dfrac{1}{8} + \dfrac{1}{15} + \dfrac{1}{24} = \dfrac{40 + 15 + 8 + 5}{120} = \dfrac{68}{120} = \dfrac{17}{30}$ (b) $\sum_{j=5}^{9}(2j-8)^2 = 2^2 + 4^2 + 6^2 + 8^2 + 10^2 = 4 + 16 + 36 + 64 + 100 = 220$

(c) $\sum_{k=1}^{5}\dfrac{k-1}{k+1} = \sum_{k=1}^{5}\left(1 - \dfrac{2}{k+1}\right) = 5 - \dfrac{2}{2} - \dfrac{2}{3} - \dfrac{2}{4} - \dfrac{2}{5} - \dfrac{2}{6} = \dfrac{21}{10}$

(d) $\sum_{n=2}^{5}(n-1)^2(n+2) = 1^2 \cdot 4 + 2^2 \cdot 5 + 3^2 \cdot 6 + 4^2 \cdot 7 = 4 + 20 + 54 + 112 = 190$

(e) $\sum_{k=1}^{5}\left(\dfrac{1}{k} - \dfrac{1}{k+1}\right) = \dfrac{1}{1} - \dfrac{1}{6} = \dfrac{5}{6}$

(f) $\sum_{i=-2}^{3}(i+3)^i = 1^{-2} + 2^{-1} + 3^0 + 4^1 + 5^2 + 6^3 = 1 + \dfrac{1}{2} + 1 + 4 + 25 + 216 = 247\dfrac{1}{2}$

27. (a) $3 + 5 + 7 + \cdots + 199 + 201 = \sum_{i=1}^{100}(1+2i)$ (b) $\dfrac{2}{1} + \dfrac{3}{2} + \dfrac{4}{3} + \cdots + \dfrac{97}{96} = \sum_{i=1}^{96}\dfrac{1+i}{i}$

(c) $4\cdot 6 + 5\cdot 7 + 6\cdot 8 + \cdots + 38\cdot 40 = \sum_{i=4}^{38}i(i+2)$ (d) $\dfrac{1}{x} + \dfrac{1}{x^2} + \cdots + \dfrac{1}{x^n} = \sum_{i=1}^{n}x^{-i}$

(e) $1 + \dfrac{x^2}{3} + \dfrac{x^4}{5} + \dfrac{x^6}{7} + \cdots + \dfrac{x^{32}}{33} = \sum_{i=0}^{16}\dfrac{x^{2i}}{1+2i}$ (f) $1 - \dfrac{1}{2} + \dfrac{1}{3} - \dfrac{1}{4} + \cdots - \dfrac{1}{80} + \dfrac{1}{81} = \sum_{i=1}^{81}(-1)^{i-1}\dfrac{1}{i}$

28. (a) und (c) sind richtig. (b) ist falsch, es sei denn die Differenz zwischen der linken und rechten Seite, die gleich $2\sum_{i=1}^{n}a_ib_i$ ist, ist zufällig Null. (d) ist auch falsch.

29. (a) $3 + 5 + 7 + \cdots + 197 + 199 + 201 = \sum_{i=1}^{100}(1+2i) = 100 + 2\sum_{i=1}^{100}i = 100 + 100\cdot 101 = 10\,200$ (b) $1001 + 2002 + 3003 + \cdots + 8008 + 9009 + 10\,010 = 1001\sum_{i=1}^{10}i = 1001 \cdot \dfrac{1}{2} \cdot 10 \cdot 11 = 55\,055$

Kapitel 2

2.1

1. (a) $5 \in C$, $D \subseteq C$ und $B = C$ sind wahr. Die drei anderen sind falsch.
(b) $A \cap B = \{2\}$, $A \cup B = \{2, 3, 4, 5, 6\}$, $A \setminus B = \{3, 4\}$, $B \setminus A = \{5, 6\}$, $(A \cup B) \setminus (A \cap B) = \{3, 4, 5, 6\}$, $A \cup B \cup C \cup D = \{2, 3, 4, 5, 6\}$, $A \cap B \cap C = \{2\}$ und $A \cap B \cap C \cap D = \emptyset$.

2. (a) Die Menge $F \cap B \cap C$ besteht aus allen weiblichen Biologiestudierenden in Ω, die im Universitätschor sind; $M \cap F$ aus allen weiblichen Mathematikstudierenden; $((M \cap B) \setminus C) \setminus T$ aus allen Studierenden in Ω, die sowohl Mathematik als auch Biologie studieren, aber weder Tennis spielen noch im Universitätschor sind.
(b)(i) $B \subseteq M$ (ii) $F \cap B \cap C \neq \emptyset$ (iii) $T \cap B = \emptyset$ (iv) $(F \setminus T) \setminus C \subseteq B$.

3. Beachten Sie, dass $50 - 35 = 15$ Kaffee mögen, aber keinen Tee. Und $40 - 35 = 5$ mögen Tee, aber keinen Kaffee. Da 35 beides mögen und 10 keins von beiden, gab es $15 + 5 + 35 + 10 = 65$, die geantwortet haben.

4. Die $2^3 = 8$ Teilmengen von $\{a, b, c\}$ sind die Menge selbst und die leere Menge, zusammen mit den sechs Teilmengen $\{a\}$, $\{b\}$, $\{c\}$, $\{a, b\}$, $\{a, c\}$ und $\{b, c\}$. Die $2^4 = 16$ Teilmengen von $\{a, b, c, d\}$ sind die acht vorangehenden Mengen zusammen mit acht weiteren Mengen, die d enthalten, nämlich $\{d\}$, $\{a, d\}$, $\{b, d\}$, $\{c, d\}$, $\{a, b, d\}$, $\{a, c, d\}$, $\{b, c, d\}$ und $\{a, b, c, d\}$. Abgesehen von $\{a, b, c, d\}$ und der leeren Menge gibt es 14 andere Teilmengen.

5. (b) ist wahr, weil $A \cap (B \cup C) = (A \cap B) \cup (A \cap C) \subseteq (A \cap B) \cup C$; die anderen drei sind im Allgemeinen falsch. Nämlich: (a) $A \setminus B \neq B \setminus A$, wenn $B \subseteq A$ mit $\emptyset \neq B \neq A$; (c) gilt genau dann, wenn $A \subseteq C$; (d) ist verletzt, wenn $A = \{1, 2\}$, $B = \{1\}$ und $C = \{1, 3\}$.

6. Für $i = 1, 2, 3$ bezeichne S_i die mit (i) markierte Menge in Abb. A2.1.6. Ferner sei S_4 die Menge aller Punkte außerhalb der mit (1), (2) oder (3) markierten Regionen. Dann gilt: (a) $(A \cup B)^c = S_4$, während $A^c = S_3 \cup S_4$ und $B^c = S_1 \cup S_4$, so dass $A^c \cap B^c = S_4$. (b) $A \cap B = S_2$, so dass $(A \cap B)^c = S_1 \cup S_3 \cup S_4$, während $A^c \cup B^c = (S_3 \cup S_4) \cup (S_1 \cup S_4) = S_1 \cup S_3 \cup S_4$.

7. (a) Betrachten Sie Abb. 2.1.6. Nun ist $n(A \cup B)$ die Summe der Anzahlen der Elemente in den paarweise disjunkten Mengen, die mit (1), (2) bzw. (3) markiert sind, d.h. $n(A \setminus B) + n(A \cap B) + n(B \setminus A)$. Aber $n(A) + n(B)$ ist die Anzahl der Elemente in (1) und (2) zusammen, plus die Anzahl der Elemente in (2) und (3) zusammen. Daher werden die Elemente in (2) zweimal gezählt. Sie müssen daher $n(A \cap B)$, die Anzahl der Elemente in (2) abziehen, um Gleichheit zu erhalten. (b) Betrachten Sie wieder Abb. A2.1.6. Nun ist $n(A \setminus B)$ die Anzahl der Elemente in (1), während $n(A) - n(A \cap B)$ die Anzahl der Elemente in (1) und (2) zusammen, minus die Anzahl der Elemente in (2). Daher ist es die Anzahl der Elemente in (1).

8. (a) Betrachten Sie Abb. A2.1.8, in der die Kreise die Leserschaft der drei Zeitungen repräsentieren. Es bezeichne n_k die Anzahl der Personen in der mit S_k bezeichneten Menge für $k = 1, 2, \ldots, 8$. Offensichtlich ist $n_1 + n_2 + \cdots + n_3 = 1000$. Die Antworten implizieren: $n_1 + n_3 + n_4 + n_7 = 420$; $n_1 + n_2 + n_5 + n_7 = 316$;

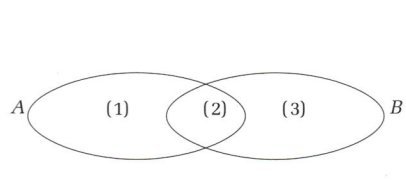

Abbildung A2.1.6

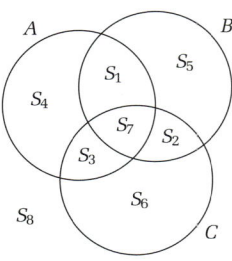

Abbildung A2.1.8

$n_2 + n_3 + n_6 + n_7 = 160$; $n_1 + n_7 = 116$; $n_3 + n_7 = 100$; $n_2 + n_7 = 30$ und $n_7 = 16$. Aus diesen Gleichungen folgt leicht $n_1 = 100$, $n_2 = 14$, $n_3 = 84$, $n_4 = 220$, $n_5 = 186$, $n_6 = 46$, $n_7 = 16$ und $n_8 = 334$. Somit: $n_3 + n_4 = 304$ haben A, aber nicht B gelesen;   (b) $n_6 = 46$;   (c) $n_8 = 334$.   (d) Wir finden $n(A \setminus B) = n_3 + n_4 = 304$, $n(C \setminus (A \cup B)) = n_6 = 46$ und $n(\Omega \setminus (A \cup B \cup C)) = n_8 = 334$. Die letzte Gleichung ist ein Spezialfall von $n(\Omega \setminus D) = n(\Omega) - n(D)$. (Die Anzahl der Personen, die in Ω, aber nicht in D sind, ist die Anzahl der Personen in ganz Ω, minus die Anzahl derer, die in D sind.)

9. (Beachten Sie: Damit das Konzept des Komplements einer Menge Sinn macht, muss angenommen werden, dass alle Mengen, die wir betrachten, Teilmengen einer „universalen" Menge Ω sind. Unglücklicherweise ist die Vereinigung von allem keine Menge!)

   Bezeichne $\{A_i : i \in I\}$ die Familie von Mengen mit der Vereinigung $A^\cup = \bigcup_{i \in I} A_i$ und dem Durchschnitt $A^\cap = \bigcap_{i \in I} A_i$. Dann sind die zwei Aussagen in der Aufgabe: (a) $(A^\cup)^c = \bigcap_{i \in I} A_i^c$, (b) $(A^\cap)^c = \bigcup_{i \in I} A_i^c$.

   Beweise: (a) $a \in (A^\cup)^c$ genau dann, wenn $a \notin A^\cup$, d.h. genau dann, wenn a zu keiner der Mengen A_i gehört, was genau dann gilt, wenn $a \in A_i^c$ für alle $i \in I$, und somit genau dann, wenn $a \in \bigcap_{i \in I} A_i^c$.

   (b) $a \in (A^\cap)^c$ genau dann, wenn $a \notin A^\cap$, d.h. genau dann, wenn ein $i \in I$ existiert, so dass $a \notin A_i$, was genau dann gilt, wenn ein $i \in I$ existiert, so dass $a \in A_i^c$, und somit genau dann, wenn $a \in \bigcup_{i \in I} A_i^c$.

   ▶ Ausführliche Lösung siehe Lösungshandbuch MyLab.

2.2

1. (a) $2x - 4 = 2 \Longrightarrow x = 3$ (b) $x = 3 \Longrightarrow 2x - 4 = 2$ (c) $x = 1 \Longrightarrow x^2 - 2x + 1 = 0$
   (d) $x^2 > 4 \Longleftrightarrow |x| > 2$

2. (a), (b) und (e) sind alle wahr; in der Tat ist (e) die übliche Definition für die Gleichheit von zwei Mengen. Für (c) nehmen Sie z.B. an, dass $A = \{x\}$, $B = \{y\}$ und $C = \{z\}$, wobei x, y, z alle verschieden sind. Dann ist $A \cap B = A \cap C = \emptyset$, jedoch $B \neq C$. Für (d) nehmen Sie z.B. an, dass $A = \{x, y, z\}$, $B = \{y\}$ und $C = \{z\}$, wobei x, y, z alle verschieden sind. Dann ist $A \cup B = A \cup C = A$, jedoch $B \neq C$.

3. (a) $\Rightarrow$ wahr, $\Leftarrow$ wahr (b) $\Rightarrow$ wahr, $\Leftarrow$ falsch (c) $\Rightarrow$ falsch, $\Leftarrow$ wahr (d) $\Rightarrow$ wahr (tatsächlich sind x und y beide 0), $\Leftarrow$ falsch (e) $\Rightarrow$ wahr, $\Leftarrow$ wahr (f) $\Rightarrow$ falsch ($0 \cdot 5 = 0 \cdot 4$, aber $5 \neq 4$), $\Leftarrow$ wahr

4. Es gilt $2x + 5 \geq 13 \iff 2x \geq 8 \iff x \geq 4$, so dass folgt:
   (a) $x \geq 0$ ist notwendig, aber nicht hinreichend.
   (b) $x \geq 50$ ist hinreichend, aber nicht notwendig.
   (c) $x \geq 4$ ist notwendig und hinreichend.

5. (a) $x < 0$ oder $y < 0$ (b) Es existiert ein x, so dass $x < a$. (c) $x < 5$ oder $y < 5$ oder beides. (d) Es existiert ein $\varepsilon > 0$, so dass B nicht erfüllt ist für jedes $\delta > 0$. (e) Es gibt jemanden, der keine Katzen mag. (f) Es gibt jemanden, der niemals irgendeinen liebt.

2.3

1. (b), (d) und (e) drücken alle dieselbe Bedingung aus. (a) und (c) sind verschieden.

2. Logisch sind die beiden Aussagen äquivalent. Die zweite Aussage mag noch eine nützliche und ausdrucksvolle poetische Verstärkung sein.

3. Wenn die Zahlen x und y *nicht* beide ungerade sind, muss wenigstens eine von ihnen gerade sein. Wenn z. B. $x = 2n$, wobei n eine ganze Zahl ist, dann ist $xy = 2ny$ auch gerade. Analog, wenn $y = 2m$, wobei m eine ganze Zahl ist.

2.4

1. Für $n = 1$ sind beide Seiten gleich 1. Nehmen Sie an, dass $(*)$ für $n = k$ wahr ist. Dann ist $1 + 2 + 3 + \cdots + k + (k + 1) = \frac{1}{2}k(k + 1) + (k + 1) = \frac{1}{2}(k + 1)(k + 2)$ und dies ist $(*)$ für $n = k + 1$. Daher ist $(*)$ durch Induktion für alle n wahr

2. Für $n = 1$ sind beide Seiten gleich $\dfrac{1}{2}$. Nehmen Sie an, dass $(**)$ wahr ist für $n = k$. Dann gilt:

$$\frac{1}{1 \cdot 2} + \cdots + \frac{1}{k(k + 1)} + \frac{1}{(k + 1)(k + 2)} = \frac{k}{k + 1} + \frac{1}{(k + 1)(k + 2)} = \frac{k(k + 2) + 1}{(k + 1)(k + 2)}$$

Aber $k(k+2)+1 = k^2+2k+1 = (k+1)^2$, so dass der letzte Bruch sich vereinfacht zu $(k + 1)/(k + 2)$. Daher ist $(**)$ auch wahr für $n = k + 1$ und es folgt durch Induktion, dass $(**)$ wahr ist für alle natürlichen Zahlen n.

3. Für $n = 1$ ist die Summe $n^3 + (n+1)^3 + (n+2)^3 = 36$, was durch 9 teilbar ist. Als Induktionshypothese für $n = k$ nehmen Sie an, dass $k^3 + (k+1)^3 + (k+2)^3 = 9m_k$ für eine natürliche Zahl m_k. Dann folgt:

$$(k + 1)^3 + (k + 2)^3 + (k + 3)^3 = -k^3 + 9m_k + (k + 3)^3 = 9m_k + 9k^2 + 27k + 27$$
$$= 9(m_k + k^2 + 3k + 3)$$

Offensichtlich ist dies auch durch 9 teilbar, welches die Induktionshypothese für $n = k + 1$ bestätigt.

4. Das Induktionsargument ist falsch für $k = 1$: Nehmen Sie zwei Personen A und B. Schicken Sie A nach draußen. B hat dasselbe Einkommen wie er selbst. Holen Sie A zurück und schicken Sie B nach draußen. A hat dasselbe Einkommen wie er selbst. Das impliziert jedoch *nicht*, dass die zwei Personen dasselbe Einkommen haben! (Das Induktionsargument ist korrekt für alle $k > 1$, weil dann die beiden nach draußen geschickten Personen dasselbe Einkommen wie die anderen haben.)

5. Wir zeigen nur (1.9.6); der Beweis für (1.9.5) ist sehr ähnlich, jedoch etwas leichter. Für $n = 1$ sind die linke und die rechte Seite von (1.9.6) jeweils gleich 1. Als Induktionshypothese nehmen Sie an, dass (1.9.6) für $n = k$ wahr ist, so dass $\sum_{i=1}^{k} i^3 = 1^3 + 2^3 + \cdots + k^3 = [\frac{1}{2}k(k + 1)]^2$. Dann ist $\sum_{i=1}^{k+1} i^3 = \sum_{i=1}^{k} i^3 + (k + 1)^3 = [\frac{1}{2}k(k + 1)]^2 + (k + 1)^3 = (k + 1)^2(\frac{1}{4}k^2 + k + 1)$. Dieser letzte Ausdruck ist gleich $\frac{1}{4}(k + 1)^2(k^2 + 4k + 4) = [\frac{1}{2}(k + 1)(k + 2)]^2$. Dies zeigt, dass (1.9.6) für $n = k + 1$ wahr ist. Durch Induktion haben wir (1.9.6) bewiesen.

Wiederholungsaufgaben für Kapitel 2

1. $A \cap B = \{1, 4\}$; $A \cup B = \{1, 3, 4, 6\}$; $A \setminus B = \{3\}$; $B \setminus A = \{6\}$; $(A \cup B) \setminus (A \cap B) = \{3, 6\}$; $A \cup B \cup C \cup D = \{1, 2, 3, 4, 5, 6\}$; $A \cap B \cap C = \{4\}$; und $A \cap B \cap C \cap D = \emptyset$.

2. $A \cap B = \emptyset$; $A \cup B = \{1, 2, 4, 6, 11\}$; $\Omega \setminus B = \{1, 3, 4, 5, 6, 7, 8, 9, 10\}$; $A^c = \Omega \setminus A = \{2, 3, 5, 7, 8, 9, 10, 11\}$

3. Seien $n_E = 780$, $n_F = 220$ und $n_S = 52$ die Anzahlen der Studierenden, die Englisch, Französisch bzw. Spanisch studieren. Ferner seien $n_{EF} = 110$, $n_{ES} = 32$ und $n_{FS} = 15$ die Anzahlen der Studierenden, die zwei der Sprachen studieren, und $n_{EFS} = 10$ sei die Anzahl der Studierenden, die alle drei Sprachen studieren.
    (a) $n_{EF} - n_{EFS} = 110 - 10 = 100$ studieren Englisch und Französich, aber nicht Spanisch.
    (b) $n_E - n_{EF} = 780 - 110 = 670$ studieren Englisch, aber nicht Französisch.
    (c) Die Anzahl derer, die wenigstens eine Sprache studieren, kann so berechnet werden:

    $$n_E + (n_F - n_{EF}) + (n_S - n_{ES} - n_{FS} + n_{EFS})$$
    $$= 780 + (220 - 110) + (52 - 32 - 15 + 10)$$
    $$= 780 + 110 + 15 = 905$$

    Damit gibt es 95 von den 1000 Studierenden, die keine Sprache studieren.
    ▶ Ausführliche Lösung siehe Lösungshandbuch MyLab.

4. (a) $\Rightarrow$ wahr; $\Leftarrow$ falsch.   (b) $\Rightarrow$ falsch, weil $(-4)^2 = 16$; $\Leftarrow$ wahr.   (c) $\Rightarrow$ wahr; $\Leftarrow$ falsch, wenn $x = 3$.   (d) $\Rightarrow$ und $\Leftarrow$ beide wahr.

    ▶ Ausführliche Lösung siehe Lösungshandbuch MyLab.

5. (a) $(1 + x)^2 = 1 + 2x + x^2 \geq 1 + 2x$ für alle x, da $x^2 \geq 0$.   (b) $(1 + x)^3 = 1 + 3x + 3x^2 + x^3 = 1 + 3x + x^2(3 + x)$. Wenn $x \geq -3$, dann gilt $x^2(3 + x) \geq 0$, was

$(1 + x)^3 \geq 1 + 3x$ impliziert.   (c) Wir beweisen das Resultat durch Induktion über n. Offensichtlich gilt $(1+x)^n \geq 1+nx$ mit Gleichheit, wenn $n = 1$. Nehmen Sie als Induktionshypothese an, dass $x \geq -1$ impliziert, dass $(1+x)^k \geq 1+kx$. Dann gilt $(1 + x)^{k+1} = (1 + x)^k(1 + x) \geq (1 + kx)(1 + x)$, wenn $x \geq -1$. Aber $(1 + kx)(1 + x) = 1 + (k + 1)x + kx^2 \geq 1 + (k + 1)x$, was $(1 + x)^{k+1} \geq 1 + (k + 1)x$ impliziert. Dies beendet den Beweis durch Induktion.

Kapitel 3

3.1

1. (a) $x = 3$ (b) $x = 6$ (c) Jedes x ist eine Lösung.   (d) $x = 1$ (e) $x = -5$. (*Hinweis:* $x^2 + 10x + 25 = (x + 5)^2$.)   (f) $x = -1$

2. (a) $x = -28/11$ (b) $x = 5/11$ (c) $x = 1$ (d) $x = 121$

3. (a) $x = 0$ (b) $x = -6$ (c) $x = 5$
    ▶ Ausführliche Lösung siehe Lösungshandbuch MyLab.

4. (a) Mit x als der kleinsten Zahl hat man $x+(x+1)+(x+2) = 10+2x$, so dass $x = 7$. Die Zahlen sind $7, 8$ und 9.   (b) Wenn x Janes regulärer Stundenlohn ist, dann ist $38x + (48 - 38)2x = 812$. Lösung: $x = 812/56 = 14$.   (c) $1500 + 12x/100 = 2100$, so dass $12x = 60\,000$ impliziert, dass $x = 5000$.   (d) $\frac{2}{3}x + \frac{1}{4}x + 100\,000 = x$. Lösung: $x = 1\,200\,000$.

5. (a) $y = 17/23$ (b) $x = -4$ (c) $z = 4$ (d) $p = 15/16$
    ▶ Ausführliche Lösung siehe Lösungshandbuch MyLab.

6. Sie gibt $y/3$ Euro für jede Sorte Obst aus. Sie kauft $y/9$ Kilo Äpfel, $y/6$ Kilo Bananen und $y/18$ Kilo Kirschen. Das Gesamtgewicht ist $\left(\frac{1}{9} + \frac{1}{6} + \frac{1}{18}\right) y = \left(\frac{2+3+1}{18}\right) y = \frac{6}{18}y = \frac{1}{3}y$ Kilo. Sie bezahlt 3 Euro pro Kilo Obst.

3.2

1. Einsetzen der zweiten Gleichung in die erste ergibt $Y = 750 + 0.9Y$. Die Lösung ist $Y = 7500$. Alternativ ergibt Formel $(**)$, dass $Y = \dfrac{a}{1 - b} + \dfrac{1}{1 - b}z = \dfrac{600}{1 - 0.9} + \dfrac{150}{1 - 0.9} = \dfrac{750}{1 - 0.9} = 7500$.

2. (a) $x = \dfrac{1}{2}\left(\dfrac{1}{a} + \dfrac{1}{b}\right)$ (b) $x = \dfrac{dA - b}{a - cA}$ (c) $x = \dfrac{p^2}{4w^2}$ (d) $x = -\dfrac{1}{1 + a}$ (e) $x = \pm\dfrac{b}{a}$ (f) $x = 0$
    ▶ Ausführliche Lösung siehe Lösungshandbuch MyLab.

3. (a) $p = 20q/3 - 14/15$ (b) $P = (S - \alpha)/\beta$ (c) $g = 2A/h$ (d) $r = \left(\dfrac{3V}{4\pi}\right)^{1/3}$ (e) $L = (Y_0 A^{-1} K^{-\alpha})^{1/\beta}$

4. (a) $x = (a - b)/(\alpha - \beta)$ (b) $p = (3q + 5)^2/q$ (c) $Y = 100$ (d) $K = (2wQ^4/r)^{1/3}$ (e) $L = rK/(2w)$ (f) $K = \frac{1}{32}p^4 r^{-3} w^{-1} = p^4/(32r^3 w)$
    ▶ Ausführliche Lösung siehe Lösungshandbuch MyLab.

5. (a) $s = \dfrac{tT}{T - t}$ (b) $M = \dfrac{(B + \alpha L)^2}{KL}$ (c) $z = \dfrac{4xy - x + 2y}{x + 4y}$ (d) $T = N\left(1 - \dfrac{V}{C}\right)$
    ▶ Ausführliche Lösung siehe Lösungshandbuch MyLab.

3.3

1. (a) $x(15 - x) = 0$, so dass die Lösungen $x = 0$ und $x = 15$ sind.   (b) $p = \pm 4$
   (c) $q = 3$ und $q = -4$ (d) Keine Lösung.   (e) $x = 0$ und $x = 3$ (f) $x = 2$.
   (Beachten Sie, dass $x^2 - 4x + 4 = (x - 2)^2$.)

2. (a) $x^2 - 5x + 6 = (x - 2)(x - 3) = 0$ für $x = 2$ und $x = 3$ (Wir erhalten aus der
   Gleichung $x^2 - 5x = -6$. Quadratische Ergänzung ergibt $x^2 - 5x + (5/2)^2 =$
   $(5/2)^2 - 6 = 25/4 - 6 = 1/4$ oder $(x - 5/2)^2 = 1/4$. Es folgt, dass $(x - 5/2) = \pm 1/2$.)
   (b) $y^2 - y - 12 = (y - 4)(y + 3) = 0$ für $y = 4$ und $y = -3$
   (c) Keine Lösungen und keine Faktorisierung.
   (d) $-\frac{1}{4}x^2 + \frac{1}{2}x + \frac{1}{2} = -\frac{1}{4}\left[x - (1 + \sqrt{3})\right]\left[x - (1 - \sqrt{3})\right] = 0$ für $x = 1 \pm \sqrt{3}$
   (e) $m^2 - 5m - 3 = \left[m - \frac{1}{2}(5 + \sqrt{37})\right]\left[m - \frac{1}{2}(5 - \sqrt{37})\right] = 0$ für $m = \frac{1}{2}(5 \pm \sqrt{37})$
   (f) $0.1p^2 + p - 2.4 = 0.1(p - 2)(p + 12) = 0$ für $p = 2$ und $p = -12$

3. (a) $r = -13$, $r = 2$ (b) $p = -16$, $p = 1$ (c) $K = 100$, $K = 200$
   (d) $r = -\sqrt{3}$, $r = \sqrt{2}$ (e) $x = -0.5$, $x = 0.8$ (f) $p = -1/6$, $p = 1/4$

    ▶ Ausführliche Lösung siehe Lösungshandbuch MyLab.

4. (a) $x = 1$, $x = 2$ (b) $t = \frac{1}{10}\left(1 \pm \sqrt{61}\right)$ (c) $x = \frac{1}{4}\left(3 \pm \sqrt{13}\right)$
   (d) $x = \frac{1}{3}\left(-7 \pm \sqrt{5}\right)$ (e) $x = -300$, $x = 100$ (f) $x = \frac{1}{6}\left(5 \pm \sqrt{13}\right)$

5. (a) Wenn die Seiten die Längen x und y haben, dann hat der Umfang die
   Länge $2x + 2y = 40$ und die Fläche ist $xy = 75$. Weil $x + y = 20$ und $xy = 75$,
   so folgt nach dem Vietaschen Wurzelsatz (3.3.6), dass x und y die Lösungen
   der quadratischen Gleichung $z^2 - 20z + 75 = 0$ sind, so dass die Seiten die
   Längen 5 und 15 haben.   (b) Wenn die zwei Zahlen n und $n+1$ sind, dann ist
   $n^2 + (n+1)^2 = 13$, so dass $2n^2 + 2n - 12 = 0$. Die Lösungen dieser Gleichung sind
   $n_1 = 2$ und $n_2 = -3$. Aber n muss positiv sein, so dass die einzige Möglichkeit
   $n = 2$ ist. Damit sind die zwei Zahlen 2 und 3. (Natürlich: Wenn die Zahlen so
   klein sind, ist es einfacher, die Lösung durch Probieren zu finden, indem man
   mit den kleinsten Zahlen beginnt. $1^2 + 2^2 = 5$, was zu klein ist, aber $2^2 + 3^2 = 13$,
   welches genau richtig ist und geht man weiter, werden die Zahlen zu groß,
   so dass die Antwort 2 und 3 ist.)   (c) Die Länge x der kürzeren Seite erfüllt
   $x^2 + (x + 14)^2 = 34^2$ oder $2x^2 + 28x = 1156 - 196 = 960$ oder $x^2 + 14x - 480 = 0$.
   Die Längen sind 16 cm und 30 cm.   (d) Wenn seine übliche Geschwindigkeit
   s ist, ist die übliche Zeit $80/s$ Stunden oder $4800/s$ Minuten. Fährt er mit der
   Geschwindigkeit $s + 10$, so ist die Zeit $\dfrac{4800}{s + 10} = \dfrac{4800}{s} - 16$. Vereinfachen der
   Brüche ergibt $4800s = (4800 - 16s)(s + 10)$ oder $16s^2 + 160s - 48\,000 = 0$, was
   $s^2 + 10s - 3000 = 0$ impliziert. Die einzige positive Lösung dieser Gleichung
   ist $s = 50$.

    ▶ Ausführliche Lösung siehe Lösungshandbuch MyLab.

6. (a) $x = -2$, $x = 0$, $x = 2$. (Denn: $x(x^2 - 4) = 0$ oder $x(x + 2)(x - 2) = 0$)
   (b) $x = -2$, $x = -1$, $x = 1$, $x = 2$. (Setzen Sie $x^2 = u$.)
   (c) $z = -1/3$, $z = 1/5$. (Setzen Sie $z^{-1} = u$.)

3.4

1. (a) $x = 0$ und $x = -3$ (b) $x = 0$ und $x = 1/2$ (c) $x = 1$ und $x = 3$
   (d) $x = -5/2$ (e) Keine Lösungen.   (f) $x = 0$ und $x = -1$

2. (a) Keine Lösungen.   (b) $x = -1$ (c) $x = -3/2$ (d) $x = 0$ und $x = 1/2$
   ▶ Ausführliche Lösung siehe Lösungshandbuch MyLab.

3. (a) $z = 0$ oder $z = a/(1-a-b)$ für $a+b \neq 1$. Für $a+b = 1$ ist die einzige Lösung
   $z = 0$.   (b) $\lambda = -1$ oder $\mu = 0$ oder $x = y$ (c) $\lambda = 0$ und $\mu \neq \pm 1$ oder $\mu = 2$
   (d) $a = 2$ oder $b = 0$ oder $\lambda = -1$
   ▶ Ausführliche Lösung siehe Lösungshandbuch MyLab.

3.5

1. Für $x = -1, 0$ und 1 ist die Gleichung bedeutungslos (nicht definiert). Indem
   wir jeden Term mit dem gemeinsamen Nenner $x(x-1)(x+1)$ multiplizieren,
   erhalten wir die einzige Lösung aus den Äquivalenzen:

   $$\frac{(x+1)^2}{x(x-1)} + \frac{(x-1)^2}{x(x+1)} - 2\frac{3x+1}{x^2-1} = 0 \Leftrightarrow x \notin \{-1, 0, 1\} \text{ und } 2x(x^2 - 3x + 2) = 0$$

   $$\Leftrightarrow x \notin \{-1, 0, 1\} \text{ und } 2x(x-1)(x-2) = 0$$

   $$\Leftrightarrow x = 2$$

2. (a) Quadrieren beider Seiten und Umordnen ergibt $x + 2 = \sqrt{4x + 13} \Rightarrow (x + 2)^2 = 4x + 13 \Rightarrow x^2 = 9 \Rightarrow x = \pm 3$. Aber $x + 2 = \sqrt{4x + 13} \Rightarrow x + 2 \geq 0$. Somit
   ist nur $x = 3$ eine Lösung.
   (b) Quadrieren beider Seiten und Umordnen ergibt $x(x+5) = 0$. Sowohl $x = 0$
   als auch $x = -5$ sind Lösungen.
   (c) Die äquivalente Gleichung $|x|^2 - 2|x| - 3 = 0$ ergibt $|x| = 3$ oder $|x| = -1$.
   Da $|x| \geq 0$, sind nur $x = \pm 3$ Lösungen.

3. (a) Keine Lösungen.   (b) $x = 20$
   ▶ Ausführliche Lösung siehe Lösungshandbuch MyLab.

4. (a) $x + \sqrt{x+4} = 2 \Rightarrow \sqrt{x+4} = 2 - x \Rightarrow x + 4 = 4 - 4x + x^2 \Rightarrow x^2 - 5x = 0 \overset{(i)}{\Rightarrow} x - 5 = 0 \overset{(ii)}{\Leftarrow} x = 5$. Hier ist Implikation (i) nicht korrekt ($x^2 - 5x = 0 \Rightarrow x - 5 = 0$
   oder $x = 0$.) Implikation (ii) ist korrekt, sie unterbricht jedoch die Kette der
   Implikationen.
   (b) $x = 0$. (Nach Korrektur der Implikation (i) sehen wir, dass die gegebene
   Gleichung $x = 5$ oder $x = 0$ impliziert. Aber nur $x = 0$ ist eine Lösung; $x = 5$
   löst $x - \sqrt{x+4} = 2$.)

3.6

1. (a) $x = 8, y = 3$ (b) $x = 1/2, y = 1/3$ (c) $x = 1.1, y = -0.3$

2. (a) $x = 1, y = -1$ (b) $x = -4, y = 7$ (c) $x = -7/2, x = 10/3$

3. (a) $p = 2, q = 3$ (b) $r = 2.1, s = 0.1$

13. (a) $x \leq 5$ (b) $x \neq 0$ und $x \neq 1$ (c) $-3 < x \leq 1$ oder $x > 2$
▶ Ausführliche Lösung siehe Lösungshandbuch MyLab.

14. (a) Definiert für $x \neq 2$, d.h. $D_f = (-\infty, 2) \cup (2, \infty)$ (b) $f(8) = 5$

     (c) $f(x) = \dfrac{3x + 6}{x - 2} = 3 \iff 3x + 6 = 3(x - 2) \iff 6 = -6$, was unmöglich ist.

15. Da g offensichtlich für $x \geq -2$ definiert ist, ist $D_g = [-2, \infty)$. Beachten Sie, dass $g(-2) = 1$ und $g(x) \leq 1$ für alle $x \in D_f$. Wenn x von -2 bis ∞ wächst, fällt $g(x)$ von 1 bis $-\infty$, so dass $R_g = (-\infty, 1]$.

4.3

1. Siehe Abb. A4.3.1.

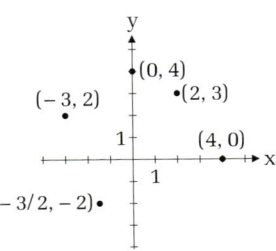

Abbildung A4.3.1

2. (a) $f(-5) = 0$, $f(-3) = -3$, $f(-2) = 0$, $f(0) = 2$, $f(3) = 4$, $f(4) = 0$
     (b) $D_f = [-5, 4]$, $R_f = [-3, 4]$

3. (a)

x	0	1	2	3	4
$g(x) = -2x + 5$	5	3	1	-1	-3

Siehe Abb. A4.3.3a.

. (b)

x	-2	-1	0	1	2	3	4
$h(x) = x^2 - 2x - 3$	5	0	-3	-4	-3	0	5

Siehe Abb. A4.3.3b.

. (c)

x	-2	-1	0	1	2
$F(x) = 3^x$	$1/9$	$1/3$	1	3	9

Siehe Abb. A4.3.3c.

. (d)

x	-2	-1	0	1	2	3
$G(x) = 1 - 2^{-x}$	-3	-1	0	$1/2$	$3/4$	$7/8$

Siehe Abb. A4.3.3d.

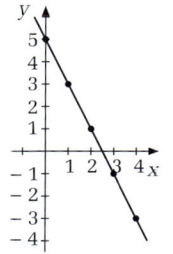
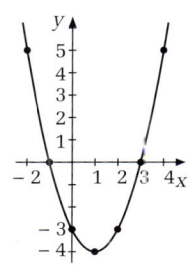
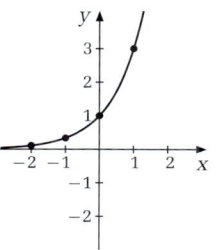
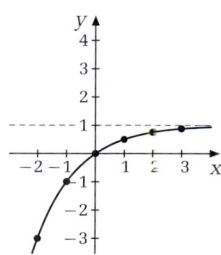

Abbildung A4.3.3a   Abbildung A4.3.3b   Abbildung A4.3.3c   Abbildung A4.3.3d

4.4

1. (a) Steigung $= (8 - 3)/(5 - 2) = 5/3$ (b) $-2/3$ (c) $51/5$

2. Siehe Abb. A.4.4.2a, A4.4.2b, A4.4.2c

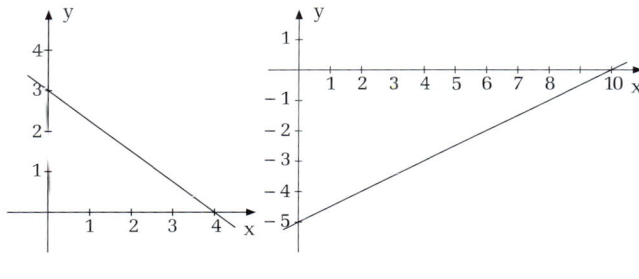
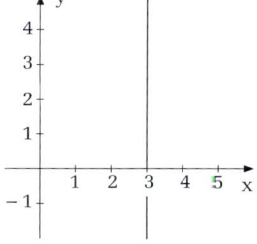

Abbildung A4.4.2a   Abbildung A4.4.2b   Abbildung A4.4.2c

3. Wenn $D = a + bP$, dann ist $a - 10b = 200$ und $a + 15b = 150$. Auflösen nach a und b ergibt $a = 300$ und $b = -10$, so dass $D = 300 - 10P$.

4. (a), (b) und (d) sind alle linear; (c) ist nicht linear, sondern quadratisch.

5. Wenn P der Preis für Q Kopien ist, ergibt die Anwendung der Zwei-Punkte-Formel $P - 1400 = \frac{3000 - 1400}{500 - 100}(Q - 100)$ oder $P = 1000 + 4Q$. Der Preis für 300 Kopien ist daher $P = 1000 + 4 \cdot 300 = 2200$.

6. L_1: Die Steigung ist 1. Die Punkt-Steigungsformel mit $(x_1, y_1) = (0, 2)$ und $a = 1$ ergibt $y = x + 2$. L_2: Mit der Zwei-Punkte-Formel für $(x_1, y_1) = (0, 3)$ und $(x_2, y_2) = (5, 0)$ ergibt sich $y - 3 = \frac{0 - 3}{5 - 0}x$ oder $y = -\frac{3}{5}x + 3$. L_3: Gleichung ist $y = 1$ mit der Steigung 0. L_4: Gleichung ist $y = 3x - 14$ mit der Steigung 3. L_5: Gleichung ist $y = \frac{1}{9}x + 2$ mit der Steigung 1/9.

7. (a) L_1: $y - 3 = 2(x - 1)$ oder $y = 2x + 1$
   (b) L_2: $y - 2 = \frac{3 - 2}{3 - (-2)}[x - (-2)]$ oder $y = x/5 + 12/5$ (c) L_3: $y = -x/2$
   (d) L_4: $x/a + y/b = 1$ oder $y = -bx/a + b$.

8. Für (a), siehe Abb. A4.4.8a, ist die Lösung $x = 3$, $y = -2$. Für (b), siehe Abb. A4.4.8b, ist die Lösung $x = 2$, $y = 0$. Für (c), siehe Abb. A4.4.8c, gibt es keine Lösung, weil die zwei Geraden parallel sind.

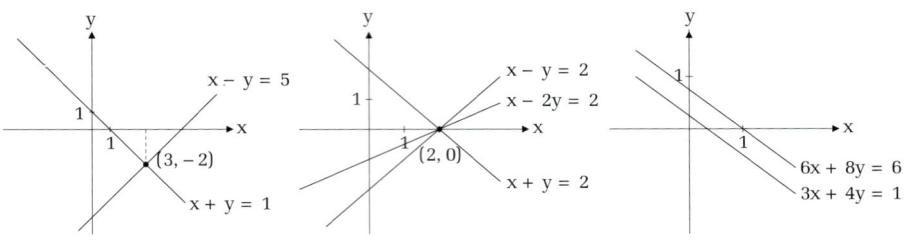

Abbildung A4.4.8a   Abbildung A4.4.8b   Abbildung A4.4.8c

9. (a) Siehe Abb. A4.4.9a, A4.4.9b und A4.4.9c.

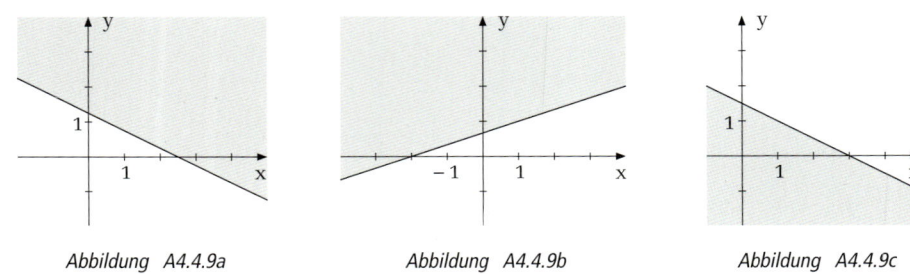

Abbildung A4.4.9a   Abbildung A4.4.9b   Abbildung A4.4.9c

10. Siehe Abb. A4.4.10. Jeder kleine Pfeil an der Seite einer Geraden zeigt zu der Seite der Geraden, auf der die relevante Ungleichung erfüllt ist. Das schattierte Dreieck ist die gesuchte Menge.

▶ Ausführliche Lösung siehe Lösungshandbuch MyLab.

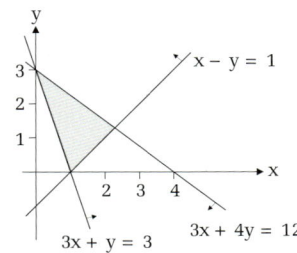

Abbildung A4.4.10

4.5

1. 0.78

2. (a) $75 - 3P^e = 2P^e$ und damit $P^e = 15$.   (b) $P^e = 90$

3. Die Zwei-Punkte-Formel ergibt $C - 200 = \dfrac{275 - 200}{150 - 100}(x - 100)$ oder $C = \dfrac{3}{2}x + 50$.

4. $C = 0.8y + 100$. (Mit $C = ay + b$ erhalten wir $900 = 1000a + b$ und $a = 80/100 = 0.8$, so dass $b = 100$.)

5. (a) $P(t) = 20\,000 - 2000t$ (b) $W(t) = 500 - 50t$

4.6

1. (a)

x	-1	0	1	2	3	4	5
$f(x) = x^2 - 4x$	5	0	-3	-4	-3	0	5

Siehe Abb. A4.6.1

(b) Minimum an der Stelle $x = 2$ mit $f(2) = -4$.   (c) $x = 0$ und $x = 4$.
(d) $x = 0$ und $x = 4$

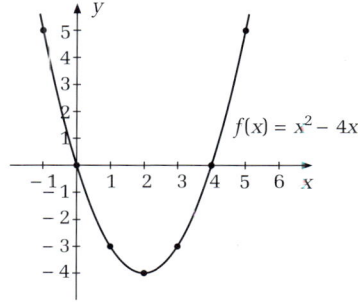

Abbildung A4.6.1

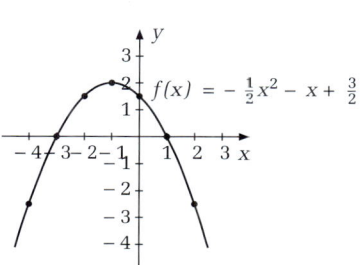

Abbildung A4.6.2

2. (a)

x	-4	-3	-2	-1	0	1	2
$f(x) = -\frac{1}{2}x^2 - x + \frac{3}{2}$	-2.5	0	1.5	2	1.5	0	-2.5

Siehe Abb. A4.6.2.   (b) Maximum an der Stelle $x = -1$ mit $f(-1) = 2$.
(c) $x = -3$ und $x = 1$.   (d) $f(x) > 0$ in $(-3, 1)$, $f(x) < 0$ für $x < -3$ und für $x > 1$.

3. (a) Minimum -4 für $x = -2$.   (b) Minimum 9 für $x = -3$.
(c) Maximum 45 für $x = 5$.   (d) Minimum -45 für $x = 1/3$.
(e) Maximum 40 000 für $x = -100$.   (f) Minimum $-22\,500$ für $x = -50$.

4. (a) $x(x + 4)$. Nullstellen 0 und -4.   (b) Keine Faktorisierung möglich. Keine
Nullstellen.   (c) $-3(x - x_1)(x - x_2)$, wobei die Nullstellen $x_1 = 5 + \sqrt{15}$ und
$x_2 = 5 - \sqrt{15}$ sind.   (d) $9(x - x_1)(x - x_2)$, wobei die Nullstellen $x_1 = 1/3 + \sqrt{5}$
und $x_2 = 1/3 - \sqrt{5}$ sind.   (e) $-(x + 300)(x - 100)$. Nullstellen: -300 und 100.
(f) $(x + 200)(x - 100)$. Nullstellen -200 und 100.

5. (a) $x = 2r$ und $x = r$ (b) $x = r$ und $x = s$ (c) $x = \frac{1}{2}r$ und $x = -2s$

6. Durch Ausmultiplizieren erhalten wir $U(x) = -(1+r^2)x^2 + 8(r-1)x$. Wenden Sie dann (4.6.4) mit $a = -(1+r^2)$ und $b = 8(r-1)$ an, so folgt $U(x)$ hat ein Maximum für $x = 4(r-1)/(1+r^2)$.

7. (a) Die Flächen für $x = 100, 250$ und 350 sind $100 \cdot 400 = 40\,000$, $250 \cdot 250 = 62\,500$ bzw. $350 \cdot 150 = 52\,500$. (b) Die Fläche ist $A = (250+x)(250-x) = 62\,500 - x^2$. Diese hat offensichtlich ihr Maximum, wenn $x = 0$. Dann ist das Rechteck ein Quadrat.

8. (a) $\pi(Q) = (P_E - P_G - \gamma)Q = -\frac{1}{2}Q^2 + (\alpha_1 - \alpha_2 - \gamma)Q$. (b) Mit (4.6.4) sehen wir, dass $Q^* = \alpha_1 - \alpha_2 - \gamma$ den Gewinn maximiert, wenn $\alpha_1 - \alpha_2 - \gamma > 0$. Wenn $\alpha_1 - \alpha_2 - \gamma \leq 0$, dann ist $Q^* = 0$. (c) $\pi(Q) = -\frac{1}{2}Q^2 + (\alpha_1 - \alpha_2 - \gamma - \tau)Q$ und $Q^* = \alpha_1 - \alpha_2 - \gamma - \tau$, wenn $\alpha_1 - \alpha_2 - \gamma - \tau > 0$. (d) $T = \tau Q^* = \tau(\alpha_1 - \alpha_2 - \gamma - \tau)$ ist eine quadratische Funktion von τ; sie ist 0, wenn $\tau = 0$ und wenn $\tau = \tau_1 = \alpha_1 - \alpha_2 - \gamma$, und sie ist positiv für τ zwischen 0 und τ_1. (e) Die Steuereinnahmen werden maximiert, wenn $\tau = \frac{1}{2}(\alpha_1 - \alpha_2 - \gamma)$.

9. (a) $361 \leq 377$ (b) Wenn $B^2 - 4AC > 0$, dann hätte nach Formel (3.3.4) die Gleichung $f(x) = Ax^2 + Bx + C = 0$ zwei verschiedene Lösungen, was $f(x) \geq 0$ für alle x widerspricht. Deshalb gilt $B^2 - 4AC \leq 0$.
   (c) (4.6.8) ist äquivalent zu $\frac{1}{4}B^2 \leq AC$.
   ▶ Siehe MyLab.

4.7

1. (a) $-2, -1, 1, 3$ (b) $1, -6$ (c) keine (d) $1, 2, -2$
   ▶ Ausführliche Lösung siehe Lösungshandbuch MyLab.

2. (a) 1 und -2 (b) $1, 5$ und -5 (c) -1

3. (a) $2x^2 + 2x + 4 + 3/(x-1)$ (b) $x^2 + 1$ (c) $x^3 - 4x^2 + 3x + 1 - 4x/(x^2 + x + 1)$
   (d) $3x^5 + 6x^3 - 3x^2 + 12x - 12 + (28x^2 - 36x + 13)/(x^3 - 2x + 1)$ ▶ Siehe MyLab.

4. (a) $y = \frac{1}{2}(x+1)(x-3)$ (b) $y = -2(x+3)(x-1)(x-2)$ (c) $y = \frac{1}{2}(x+3)(x-2)^2$
   ▶ Ausführliche Lösung siehe Lösungshandbuch MyLab.

5. (a) $x + 4$ (b) $x^2 + x + 1$ (c) $-3x^2 - 12x$

6. $c^4 + 3c^2 + 5 \geq 5 \neq 0$ für alle c, so dass bei der Division ein Rest bleiben muss.

7. Berechnen Sie die rechte Seite. (Beachten Sie, dass $R(x) \to a/c$, wenn $x \to \infty$.)

8. $E = \alpha\big(x - (\beta + \gamma)\big) + \dfrac{\alpha\beta(\gamma + \beta)}{x + \beta}$
   ▶ Ausführliche Lösung siehe Lösungshandbuch MyLab.

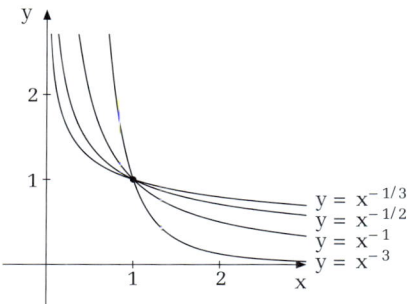

Abbildung A4.8.1

4.8

1. Siehe Abb. A4.8.1.   **2.** (a) 1.6325269   (b) 36.4621596

3. (a) $2^3 = 8$, so dass $x = 3/2$ (b) $1/81 = 3^{-4}$, so dass $3x + 1 = -4$ und deshalb $x = -5/3$ (c) $x^2 - 2x + 2 = 2$, so dass $x^2 - 2x = 0$ und deshalb $x = 0$ oder $x = 2$.

4. (a): C   (b): D   (c): E   (d): B   (e): A   (f): F: $y = 2 - (1/2)^x$
    ▶ Ausführliche Lösung siehe Lösungshandbuch MyLab.

5. (a) $3^{5t}9^t = 3^{5t}(3^2)^t = 3^{5t+2t} = 3^{7t}$ und $27 = 3^3$, so dass $7t = 3$ und damit $t = 3/7$.   (b) $9^t = (3^2)^t = 3^{2t}$ und $(27)^{1/5}/3 = (3^3)^{1/5}/3 = 3^{3/5}/3 = 3^{-2/5}$ und damit $2t = -2/5$, so dass $t = -1/5$.

6. $V = (4/3)\pi r^3$ impliziert $r^3 = 3V/4\pi$ und damit $r = (3V/4\pi)^{1/3}$. Daher ist $S = 4\pi r^2 = 4\pi(3V/4\pi)^{2/3} = \sqrt[3]{36\pi}\, V^{2/3}$.

4.9

1. Die Verdopplungszeit t^* ist bestimmt durch $(1.0072)^{t^*} = 2$. Mit einem Rechner erhalten wir $t^* \approx 96.6$.

2. $P(t) = 1.22 \cdot 1.034^t$. Die Verdopplungszeit t^* ist gegeben durch die Gleichung $(1.034)^{t^*} = 2$. Wir erhalten $t^* \approx 20.7$ (Jahre).

3. Der Betrag auf dem Sparkonto nach t Jahren ist: $100(1 + 12/100)^t = 100 \cdot (1.12)^t$. Wir erhalten die folgende Tabelle:

t	1	2	5	10	20	30	50
$100 \cdot (1.12)^t$	112	125.44	176.23	310.58	964.63	2995.99	28 900.21

4. Die Graphen sind in Abb. A4.9.4 dargestellt. Wir erhalten die folgende Tabelle:

x	-3	-2	-1	0	1	2	3
2^x	$1/8$	$1/4$	$1/2$	1	2	4	8
2^{-x}	8	4	2	1	$1/2$	$1/4$	$1/8$

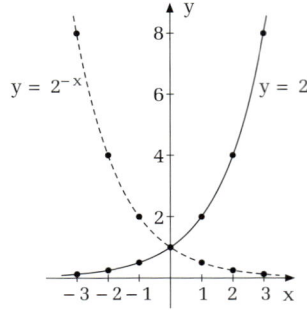

Abbildung A4.9.4

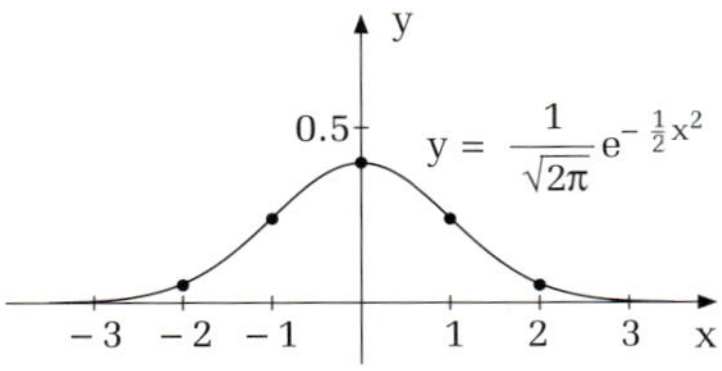

Abbildung A4.9.5

5. Der Graph ist in Abb. A4.9.5 dargestellt. Wir erhalten die folgende Tabelle:

x	-2	-1	0	1	2
$y = \frac{1}{\sqrt{2\pi}} e^{-\frac{1}{2}x^2}$	0.05	0.24	0.40	0.24	0.05

6. Wir erhalten $(1.035)^t = 3.91 \cdot 10^5/5.1 \approx 76666.67$ und mit einem Taschen-rechner folgt $t \approx 327$. Somit ist das Jahr $1969 + 327 = 2296$. Dann würde jeder Einwohner von Zimbabwe im Durchschnitt nur $1\,\mathrm{m}^2$ Land zur Verfügung haben.

7. Wenn die Anfangszeit t ist, ist die Verdopplungszeit t^* durch die Gleichung $Aa^{t+t^*} = 2Aa^t$ gegeben, die impliziert, dass $Aa^t a^{t^*} = 2Aa^t$, so dass $a^{t^*} = 2$, unabhängig von t.

8. (b) und (d) definieren keine Exponentialfunktionen. (In (f): $y = (1/2)^x$.)

9. (a) $16(1.19)^5 \approx 38.18$ (b) $4.40(1.19)^{10} \approx 25.06$ (c) $250\,000(1.19)^4 \approx 501\,335$

10. Nehmen Sie $y = Ab^x$ an mit $b > 0$. Dann erhalten wir in (a), da der Graph durch die Punkte $(x, y) = (0, 2)$ und $(x, y) = (2, 8)$ geht, $2 = Ab^0$ oder $A = 2$ und $8 = 2b^2$, so dass $b = 2$. Daher ist $y = 2 \cdot 2^x$.
In (b) ist $\frac{2}{3} = Ab^{-1}$ und $6 = Ab$. Es folgt, dass $A = 2$ und $b = 3$ und somit $y = 2 \cdot 3^x$.
In (c) ist $4 = Ab^0$ und $1/4 = Ab^4$. Es folgt, dass $A = 4$ und $b^4 = 1/16$ und somit $b = 1/2$. Daher ist $y = 4(1/2)^x$.

4.10

1. (a) $\ln 9 = \ln 3^2 = 2\ln 3$ (b) $\frac{1}{2}\ln 3$ (c) $\ln \sqrt[5]{3^2} = \ln 3^{2/5} = \frac{2}{5}\ln 3$
(d) $\ln(1/81) = \ln 3^{-4} = -4\ln 3$

2. (a) $\ln 3^x = x\ln 3 = \ln 8$, so dass $x = \ln 8/\ln 3$. (b) $x = e^3$ (c) $x^2 - 4x + 5 = 1$,
so dass $(x-2)^2 = 0$. Damit ist $x = 2$. (d) $x(x-2) = 1$ oder $x^2 - 2x - 1 = 0$,
so dass $x = 1 \pm \sqrt{2}$. (e) $x = 0$ oder $\ln(x+3) = 0$, so dass $x = 0$ oder $x = -2$.
(f) $\sqrt{x} - 5 = 1$, so dass $x = 36$.

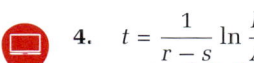

3. (a) $x = -\ln 2/\ln 12$ (b) $x = e^{6/7}$ (c) $x = \ln(8/3)/\ln(4/3)$ (d) $x = 4$
(e) $x = e$ (f) $x = 1/27$
▶ Ausführliche Lösung siehe Lösungshandbuch MyLab.

4. $t = \dfrac{1}{r-s}\ln\dfrac{B}{A}$
▶ Ausführliche Lösung siehe Lösungshandbuch MyLab.

5. Die Antwort zu Aufgabe 4 impliziert, dass $t \approx 22$, so dass das Datum 2012
sein sollte.
▶ Ausführliche Lösung siehe Lösungshandbuch MyLab.

6. (a) Falsch. (Sei $A = e$.) (b) $2\ln \sqrt{B} = 2\ln B^{1/2} = 2(1/2)\ln B = \ln B$.
(c) $\ln A^{10} - \ln A^4 = 10\ln A - 4\ln A = 6\ln A = 3\cdot 2\ln A = 3\ln A^2$. (d) Falsch.
(Setzen Sie $A = B = C = 1$.) (e) Korrekt nach Regel (4.10.2)(b). (f) Korrekt.
(Benutzen Sie (4.10.2)(b) zweimal.) (g) Falsch. (Wenn $A = e$ und $p = 2$, wird
die Gleichung zu $0 = \ln 2$.) (h) Korrekt nach (4.10.2)(c). (i) Falsch. (Setzen
Sie $A = 2$, $B = C = 1$.)

7. (a) $\exp[\ln(x)] - \ln[\exp(x)] = e^{\ln x} - \ln e^x = x - x = 0$
(b) $\ln[x^4 \exp(-x)] = 4\ln x - x$ (c) x^2/y^2

Wiederholungsaufgaben für Kapitel 4

1. (a) $f(0) = 3, f(-1) = 30, f(1/3) = 2, f(\sqrt[3]{2}) = 3 - 27(2^{1/3})^3 = 3 - 27\cdot 2 = -51$
(b) $f(x) + f(-x) = 3 - 27x^3 + 3 - 27(-x)^3 = 3 - 27x^3 + 3 + 27x^3 = 6$.

2. (a) $F(0) = 1, F(-2) = 0, F(2) = 2$ und $F(3) = 25/13$ (b) $F(x) = 1 + \dfrac{4}{x + 4/x}$ strebt
gegen 1, wenn x sehr groß positiv oder negativ wird. (c) Siehe Abb. A4.W.2.

3. (i) $f(x) \le g(x)$, wenn $-2 \le x \le 3$. (ii) $f(x) \le 0$, wenn $-1 \le x \le 3$. (iii)
$g(x) \ge 0$, wenn $x \le 3$.

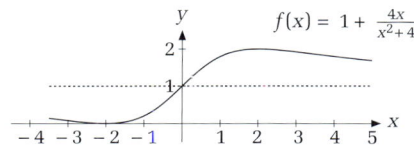

Abbildung A4.W.2

4. (a) $x^2 \geq 1$, d.h. $x \geq 1$ oder $x \leq -1$.   (b) Die Quadratwurzel ist definiert, wenn $x \geq 4$. Für $x = 4$ ist der Nenner jedoch 0, so dass wir $x > 4$ verlangen müssen. (c) Wir müssen $(x-3)(5-x) \geq 0$ haben, d.h. $3 \leq x \leq 5$ (verwenden Sie ein Vorzeichendiagramm).

5. (a) $C(0) = 100$, $C(100) = 24\,100$, $C(101) - C(100) = 24\,542 - 24\,100 = 442$. (b) $C(x+1) - C(x) = 4x + 42$ sind die zusätzlichen Kosten der Herstellung einer weiteren Einheit, d. h. eine mehr als x Einheiten.

6. (a) Steigung -4 (b) Steigung $-3/4$ (c) Auflösen nach y ergibt $y = b[1 - (x/a)] = b - (b/a)x$, so dass die Steigung $-b/a$ ist.

7. (a) Die Punkt-Steigungs-Formel ergibt $y - 3 = -3(x+2)$ oder $y = -3x - 3$. (b) Die Punkt-Steigungs-Formel ergibt $y - 5 = \dfrac{7-5}{2-(-3)}(x-(-3))$ oder $y = 2x/5 + 31/5$.   (c) Die Zwei-Punkte-Formel ergibt $y - b = \dfrac{3b-b}{2a-a}(x-a)$ oder $y = (2b/a)x - b.$.

8. $f(2) = 3$ und $f(-1) = -3$ ergibt $2a + b = 3$ und $-a + b = -3$, so dass $a = 2$, $b = -1$. Daher ist $f(x) = 2x - 1$ und $f(-3) = -7$. (Oder verwenden Sie die Zwei-Punkte-Formel.)

9. Der Graph ist in Abb. A4.W.9 dargestellt.

x	-5	-4	-3	-2	-1	0	1
$y = x^2 e^x$	0.17	0.29	0.45	0.54	0.37	0	2.7

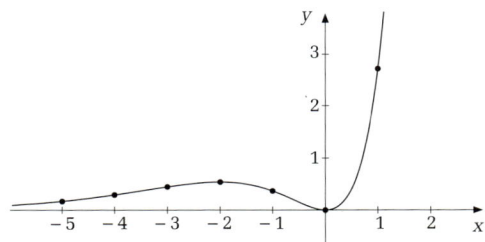

Abbildung A4.W.9

10. $(1, -3)$ liegt auf dem Graphen, wenn $a + b + c = -3$. $(0, -6)$ liegt auf dem Graphen, wenn $c = -6$. Und $(3, 15)$ liegt auf dem Graphen, wenn $9a + 3b + c = 15$. Es folgt: $a = 2$, $b = 1$ und $c = -6$.

11. (a) $\pi = \left(1000 - \frac{1}{3}Q\right)Q - \left(800 + \frac{1}{5}Q\right)Q - 100Q = 100Q - \frac{8}{15}Q^2$. Daher maximiert $Q = 1500/16 = 93.75$ den Gewinn π. (b) $\hat{\pi} = 100Q - \frac{8}{15}Q^2 - 10Q = 90Q - \frac{8}{15}Q^2$. Daher maximiert $\hat{Q} = 1350/16 = 84.375$ den Gewinn $\hat{\pi}$

12. Der neue Gewinn ist $\pi_\tau = 100Q - \frac{5}{2}Q^2 - \tau Q$. Dieser wird maximiert für $Q_\tau = \frac{1}{5}(100 - \tau)$.

13. (a) Die Gewinnfunktion ist $\pi(x) = 100x - 20x - 0.25x^2 = 80x - 0.25x^2$. Sie hat ein Maximum an der Stelle $x^* = 160$.
(b) Die Gewinnfunktion ist $\pi_\tau(x) = 80x - 0.25x^2 - 10x$. Sie hat ein Maximum an der Stelle $x^* = 140$.
(c) Die Gewinnfunktion ist $\pi_\tau(x) = (p - \tau - \alpha)x - \beta x^2$. Sie hat ein Maximum an der Stelle $x^* = (p - \alpha - \tau)/2\beta$.

14. (a) $p(x) = x(x - 3)(x + 4)$ (b) $q(x) = 2(x - 2)(x + 4)(x - 1/2)$
▶ Ausführliche Lösung siehe Lösungshandbuch MyLab.

15. (a) $x^3 - x - 1$ ist nicht 0 für $x = 1$, so dass die Division einen Rest lässt.
(b) $2x^3 - x - 1$ ist 0 für $x = 1$, so dass die Divsion keinen Rest lässt.
(c) $x^3 - ax^2 + bx - ab$ ist 0 für $x = a$, so dass die Divsion keinen Rest lässt.
(d) $x^{2n} - 1$ ist 0 für $x = -1$, so dass die Divsion keinen Rest lässt.

16. Wir verwenden (4.7.5). (a) $p(2) = 8 - 2k = 0$ für $k = 4$. (b) $p(-2) = 4k^2 + 2k - 6 = 0$ für $k = -3/2$ und $k = 1$. (c) $p(-2) = -26 + k = 0$ für $k = 26$.
(d) $p(1) = k^2 - 3k - 4 = 0$ für $k = -1$ und $k = 4$.

17. $p(x) = \dfrac{1}{4}(x - 2)(x + 3)(x - 5)$, so dass die anderen Lösungen $x = -3$ und $x = 5$ sind.
▶ Ausführliche Lösung siehe Lösungshandbuch MyLab.

18. $(1 + p/100)^{15} = 2$ ergibt $p = 100(2^{1/15} - 1) \approx 4.7$ als prozentuale Rate.

19. Die senkrechte gestrichelte Gerade ist $x = -c$, so dass $c < 0$. Weil $f(x) < 0$, wenn x nahe an $-c$ ist mit $x < c$, hat man $a > 0$. Weil $f(x) = 0$ impliziert, dass $x > 0$, hat man $b < 0$.
▶ Ausführliche Lösung siehe Lösungshandbuch MyLab.

20. Weil $f(x) > 0$, wenn $|x|$ groß ist, hat man $p > 0$. Weil $f(0) < 0$, hat man $r < 0$. Weil die Summe der zwei Lösungen von $f(x) = 0$ offensichtlich positiv ist, hat man $q < 0$.

21. (a) Nehmen Sie an: $F = aC + b$. Dann ist $32 = a \cdot 0 + b$ und $212 = a \cdot 100 + b$. Deshalb ist $a = 180/100 = 9/5$ und $b = 32$, so dass $F = 9C/5 + 32$.
(b) Wenn $X = 9X/5 + 32$, dann ist $X = -40$.

22. (a) $\ln x = \ln e^{at+b} = at + b$, so dass $t = (\ln x - b)/a$. (b) $-at = \ln(1/2) = \ln 1 - \ln 2 = -\ln 2$, so dass $t = (\ln 2)/a$. (c) $e^{-\frac{1}{2}t^2} = 2^{1/2}\pi^{1/2}2^{-3}$, so dass $-\frac{1}{2}t^2 = \frac{1}{2}\ln 2 + \frac{1}{2}\ln \pi - 3\ln 2 = -\frac{5}{2}\ln 2 + \frac{1}{2}\ln \pi$, so dass $t^2 = 5\ln 2 - \ln \pi = \ln(32/\pi)$ und schließlich $t = \pm\sqrt{\ln(32/\pi)}$.

23. (a), (b) und (c) folgen offensichtlich aus den Regeln für die natürliche Logarithmusfunktion, vorausgesetzt, dass x, y und z alle positiv sind.
(d) Wenn $x > 0$, beachten Sie, dass $\frac{1}{2}\ln x - \frac{3}{2}\ln(1/x) - \ln(x + 1)$ sich vereinfacht zu
$\frac{1}{2}\ln x + \frac{3}{2}\ln x - \ln(x + 1) = 2\ln x - \ln(x + 1) = \ln x^2 - \ln(x + 1) = \ln[x^2/(x + 1)]$.
▶ Ausführliche Lösung siehe Lösungshandbuch MyLab.

Kapitel 5

5.1

1. (a) $y = x^2 + 1$ hat den Graphen von $y = x^2$, um eine Einheit nach oben verschoben. Siehe Abb. A5.1.1a.   (b) $y = (x + 3)^2$ hat den Graphen von $y = x^2$, um drei Einheiten nach links verschoben. Siehe Abb. A5.1.1b.   (c) $y = 3 - (x + 1)^2$ hat den Graphen von $y = x^2$, zunächst gespiegelt an der x-Achse und dann mit $(0, 0)$ verschoben nach $(-1, 3)$. Siehe Abb. A5.1.1c.

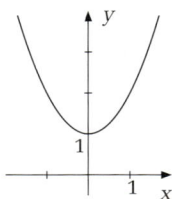   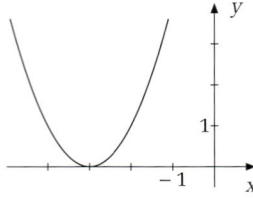   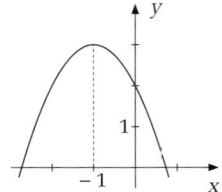

Abbildung A5.1.1a   Abbildung A5.1.1b   Abbildung A5.1.1c

2. (a) Der Graph von $y = f(x)$ wird um zwei Einheiten nach rechts verschoben. Siehe Abb. A5.1.2a.   (b) Der Graph von $y = f(x)$ wird um zwei Einheiten nach unten verschoben. Siehe Abb. A5.1.2b.   (c) Der Graph von $y = f(x)$ wird an der y-Achse gespiegelt. Siehe Abb. A5.1.2c.

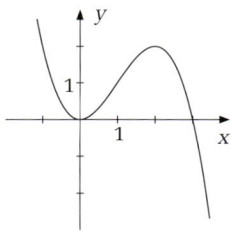   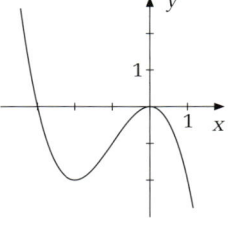   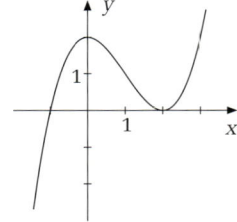

Abbildung A5.1.2a   Abbildung A5.1.2b   Abbildung A5.1.2c

3. Die Gleichgewichtsbedingung ist $106 - P = 10 + 2P$ und damit $P = 32$. Die zugehörige Menge ist $Q = 106 - 32 = 74$. Siehe Abb. A5.1.3.

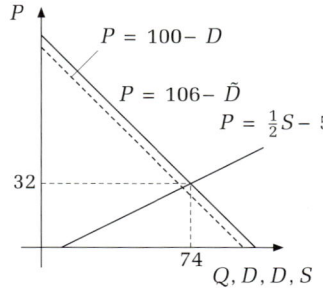   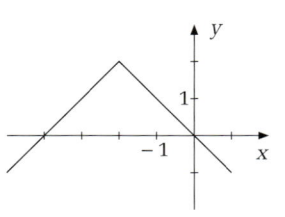   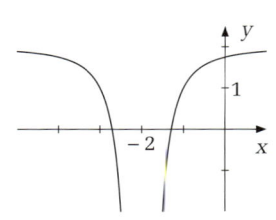

Abbildung A5.1.3   Abbildung A5.1.4   Abbildung A5.1.5

4. Verschieben Sie den Graphen von $y = |x|$ um zwei Einheiten nach links. Spiegeln Sie dann den Graphen an der x-Achse und verschieben Sie dann den Graphen um zwei Einheiten nach oben. Siehe Abb. A5.1.4.

5. Zeichnen Sie den Graphen von $y = 1/x^2$. Verschieben Sie ihn um zwei Einheiten nach links. Spiegeln Sie dann den Graphen an der x-Achse und verschieben Sie ihn dann um zwei Einheiten nach oben, um Abb. A5.1.5 zu erhalten.

6. $f(y^* - d) = f(y^*) - c$ ergibt $A(y^* - d) + B(y^* - d)^2 = Ay^* + B(y^*)^2 - c$ oder $Ay^* - Ad + B(y^*)^2 - 2Bdy^* + Bd^2 = Ay^* + B(y^*)^2 - c$. Es folgt $y^* = [Bd^2 - Ad + c]/2Bd$.

5.2

1. Siehe Abb. A5.2.1.

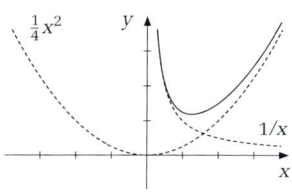

Abbildung A5.2.1

2. Siehe Abb. A5.2.2a bis A5.2.2c.

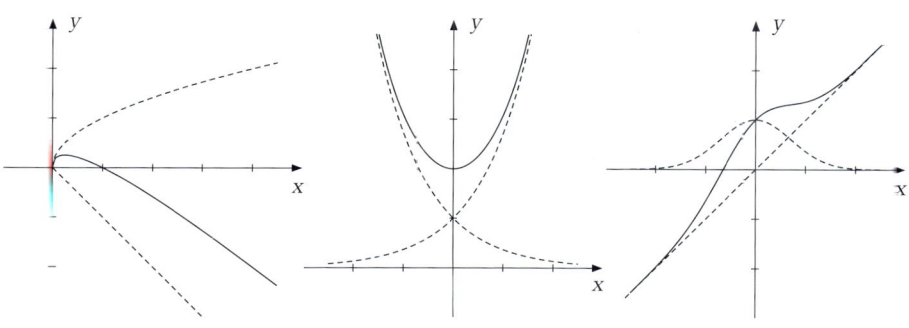

Abbildung A5.2.2a   *Abbildung A5.2.2b*   *Abbildung A5.2.2c*

3. $(f + g)(x) = 3x$, $(f - g)(x) = 3x - 2x^3$, $(fg)(x) = 3x^4 - x^6$, $(f/g)(x) = 3/x^2 - 1$, $f(g(1)) = f(1) = 2$ und $g(f(1)) = g(2) = 8$

4. Wenn $f(x) = 3x + 7$, dann ist $f(f(x)) = f(3x + 7) = 3(3x + 7) + 7 = 9x + 28$. Die Gleichheit $f(f(x^*)) = 100$ verlangt $9x^* + 28 = 100$ und somit $x^* = 8$.

5. $\ln(\ln e) = \ln 1 = 0$, während $(\ln e)^2 = 1^2 = 1$.

5.3

1. $P = \frac{1}{3}(64 - 10D)$ 2. $P = (157.8/D)^{10/3}$

3. (a) Definitions- und Wertebereich: $\mathbb{R}$; Inverse: $x = -y/3$.   (b) Definitions- und Wertebereich: $\mathbb{R} \setminus 0$; Inverse: $x = 1/y$.   (c) Definitions- und Wertebereich: $\mathbb{R}$; Inverse: $x = y^{1/3}$.
   (d) Definitionsbereich: $[4, \infty)$, Wertebereich: $[0, \infty)$; Inverse: $x = (y^2 + 2)^2$.

4. (a) Der Definitionsbereich von f^{-1} ist $\{-4, -2, 0, 2, 4, 6, 8\}$. $f^{-1}(2) = -1$
   (b) $f(x) = 2x + 4$, $f^{-1}(x) = \frac{1}{2}x - 2$
   ▶ Ausführliche Lösung siehe Lösungshandbuch MyLab.

5. $f(x) = x^2$ ist nicht Eins zu Eins auf $(-\infty, \infty)$ und hat daher keine Inverse. Auf $[0, \infty)$ ist f strikt monoton wachsend und hat daher eine Inverse, nämlich $f^{-1}(x) = \sqrt{x}$.

6. (a) $f(x) = x/2$ und $g(x) = 2x$ sind inverse Funktionen.   (b) $f(x) = 3x - 2$ und $g(x) = \frac{1}{3}(x + 2)$ sind inverse Funktionen.   (c) $C = \frac{5}{9}(F - 32)$ und $F = \frac{9}{5}C + 32$ sind inverse Funktionen.

7. $f^{-1}(C)$ bestimmt die Kosten von C Kilogramm Karotten.

8. (a) Siehe Abb. A5.3.8a.   (b) Siehe Abb. A5.3.8b. Die Dreiecke OBA und OBC sind kongruent. Der Punkt in der Mitte zwischen den beiden Punkten A und C ist $B = (\frac{1}{2}(a + b), \frac{1}{2}(a + b))$.

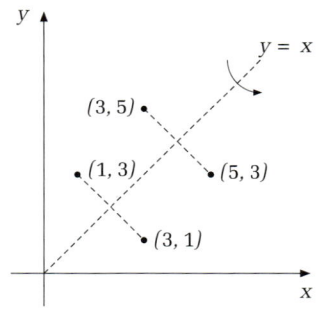

Abbildung A5.3.8a

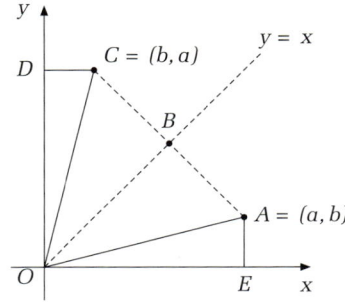

Abbildung A5.3.8b

9. (a) $f^{-1}(x) = (x^3 + 1)^{1/3}$ (b) $f^{-1}(x) = \dfrac{2x + 1}{x - 1}$ (c) $f^{-1}(x) = \left(1 - (x - 2)^5\right)^{1/3}$
   ▶ Ausführliche Lösung siehe Lösungshandbuch MyLab.

10. (a) $x = \ln y - 4$, definiert für $y > 0$.   (b) $x = e^{y+4}$, definiert für $y \in (-\infty, \infty)$.
    (c) $x = 3 + \ln(e^y - 2)$, definiert für $y > \ln 2$.
    ▶ Ausführliche Lösung siehe Lösungshandbuch MyLab.

11. Wir müssen $x = \frac{1}{2}(e^y - e^{-y})$ nach y auflösen. Multiplizieren Sie die Gleichung mit e^y. Sie erhalten $\frac{1}{2}e^{2y} - \frac{1}{2} = xe^y$ oder $e^{2y} - 2xe^y - 1 = 0$. Setzen wir $e^y = z$, so folgt $z^2 - 2xz - 1 = 0$ mit der Lösung $z = x \pm \sqrt{x^2 + 1}$. Als Lösung kommt nur $z = e^y = x + \sqrt{x^2 + 1}$ in Frage, da $x - \sqrt{x^2 + 1}$ negativ ist und $z = e^y$ nicht negativ sein kann. Dies ergibt $y = \ln\left(x + \sqrt{x^2 + 1}\right)$ als inverse Funktion.

5.4

1. (a) Lösungen sind u.a. $\left(0, \pm\sqrt{3}\right)$, $\left(\pm\sqrt{6}, 0\right)$ und $\left(\pm\sqrt{2}, \pm\sqrt{2}\right)$.
Siehe Abb. A5.4.1a.
(b) Lösungen sind u.a. $(0, \pm1)$, $\left(\pm1, \pm\sqrt{2}\right)$ und $\left(\pm3, \pm\sqrt{10}\right)$.
Siehe Abb. A5.4.1b.
▶ Ausführliche Lösung siehe Lösungshandbuch MyLab.

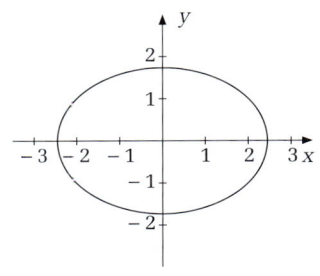

Abbildung A5.4.1a

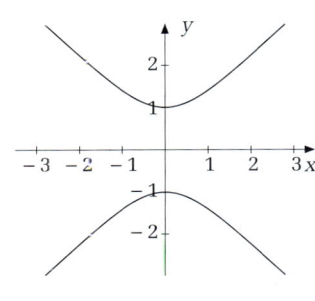

Abbildung A5.4.1b

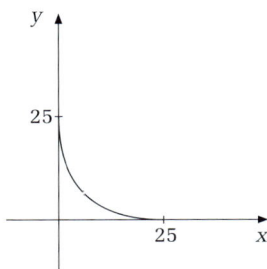

Abbildung A5.4.2

2. Wir sehen, dass $x \geq 0$ und $y \geq 0$ gelten muss. Wenn (a, b) auf dem Graphen liegt, so auch (b, a), d.h. der Graph ist symmetrisch zu der Geraden $y = x$ und enthält die Punkte $(25, 0)$, $(0, 25)$ und $(25/4, 25/4)$. Siehe Abb. A5.4.2.

3. $F(100\,000) = 4070$. Der Graph ist die fett dargestellte Linie in Abb. A5.4.3.

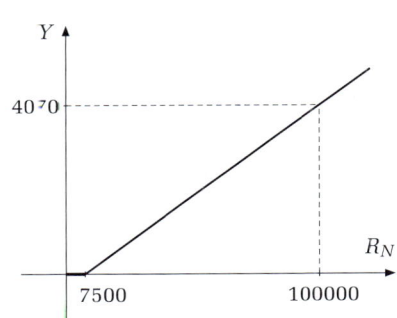

Abbildung A5.4.3

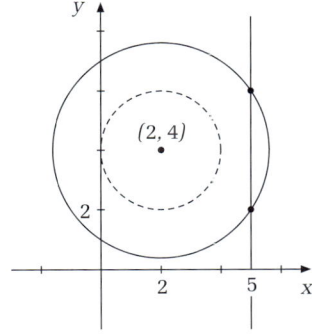

Abbildung A5.5.2

5.5

1. (a) $\sqrt{(2 - 1)^2 + (4 - 3)^2} = \sqrt{2}$ (b) $\sqrt{5}$ (c) $\frac{1}{2}\sqrt{205}$ (d) $\sqrt{x^2 + 9}$ (e) $2|y|$
(f) $2\sqrt{2}$

2. $(5 - 2)^2 + (y - 4)^2 = 13$ oder $y^2 - 8y + 12 = 0$ mit den Lösungen $y = 2$ und $y = 6$. Geometrische Erklärung: Der Kreis mit Mittelpunkt $(2, 4)$ und Radius $\sqrt{13}$ schneidet die Gerade $x = 5$ in zwei Punkten. Siehe Abb. A5.5.2.

3. (a) 5.362 (b) $\sqrt{(2\pi)^2 + (2\pi - 1)^2} = \sqrt{8\pi^2 - 4\pi + 1} \approx 8.209$

4. (a) $(x-2)^2 + (y-3)^2 = 16$ (b) Da der Mittelpunkt des Kreises in $(2, 5)$ ist, ist die Kreisgleichung $(x-2)^2 + (y-5)^2 = r^2$. Da $(-1, 3)$ auf dem Kreis liegt, gilt $(-1-2)^2 + (3-5)^2 = r^2$, so dass $r^2 = 13$.

5. (a) Quadratische Ergänzung ergibt $(x+5)^2 + (y-3)^2 = 4$, so dass der Kreis den Mittelpunkt $(-5, 3)$ und den Radius 2 hat.   (b) $(x+3)^2 + (y-4)^2 = 12$, so dass der Mittelpunkt in $(-3, 4)$ und der Radius $\sqrt{12} = 2\sqrt{3}$ ist.

6. Die Bedingung ist $\sqrt{(x+2)^2 + y^2} = 2\sqrt{(x-4)^2 + y^2}$, welches sich auf $(x-6)^2 + y^2 = 4^2$ reduziert.

7. Wir können die Formel als $cxy - ax + dy - b = 0$ schreiben. Durch den Vergleich mit (5.5.5) folgt: $A = C = 0$ und $B = c$, so dass $4AC < B^2$ sich reduziert auf $0 < c^2$, d.h. $c \neq 0$, genau die in Beispiel 4.7.7 angenommene Bedingung.

8. Wenn $A^2 + B^2 > 4C$, dann ist der Graph der Gleichung der Kreis mit Mittelpunkt in $(-\frac{1}{2}A, -\frac{1}{4}B)$ und Radius $\sqrt{C - \frac{1}{4}A^2 - \frac{1}{4}B^2}$. Wenn $A^2 + B^2 = 4C$, dann ist der Graph der einzelne Punkt $\{(-\frac{1}{2}A, -\frac{1}{2}B)\}$. Wenn $A^2 + B^2 < 4C$, ist der Graph die leere Menge.

▶ Ausführliche Lösung siehe Lösungshandbuch MyLab.

5.6

1. Nur (c) definiert keine Funktion. (Rechtecke mit denselben Flächen können verschiedene Umfänge haben.)

▶ Ausführliche Lösung siehe Lösungshandbuch MyLab.

2. Die Funktion in (b) ist umkehrbar eindeutig und hat eine Inverse: die Regel, die jedes jüngste heute lebende Kind seiner Mutter zuordnet. (Obwohl das jüngste Kind einer Mutter mit mehreren Kindern zu verschiedenen Zeitpunkten ein anderes gewesen sein wird.)

Die Funktion in (d) ist umkehrbar eindeutig und hat eine Inverse: Die Regel, die der Oberfläche das Volumen zuordnet.

Die Funktion in (e) ist umkehrbar eindeutig und hat eine Inverse: Die Regel, die (u, v) auf $(u - 3, v)$ abbildet.

Die Funktion in (a) ist im Allgemeinen „Viele zu Eins" und hat somit keine Inverse.

Wiederholungsaufgaben für Kapitel 5

1. Die Verschiebungen von $y = |x|$ sind dieselben wie die von $y = x^2$ in Aufgabe 5.1.1. Siehe Abbildungen A5.W.1(a)–(c).

2. $(f + g)(x) = x^2 - 2$, $(f - g)(x) = 2x^3 - x^2 - 2$, $(fg)(x) = x^2(1 - x)(x^3 - 2)$, $(f/g)(x) = (x^3 - 2)/x^2(1 - x)$, $f(g(1)) = f(0) = -2$ und $g(f(1)) = g(-1) = 2$.

3. (a) Gleichgewichtsbedingung: $150 - \frac{1}{2}P^* = 20 + 2P^*$, woraus $P^* = 52$ und $Q^* = 20 + 2P^* = 124$ folgt.   (b) $S = 20 + 2(\hat{P} - 2) = 16 + 2\hat{P}$, so dass $S = D$,

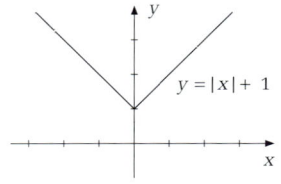

Abbildung A5.W.1a

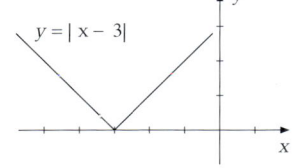

Abbildung A5.W.1b

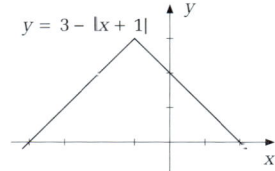

Abbildung A5.W.1c

wenn $5\hat{P}/2 = 134$. Daher ist $\hat{P} = 53.6$, $\hat{Q} = 123.2$. (c) Vor der Steuer ist $R^* = P^* Q^* = 6448$. Nach der Steuer ist $\hat{R} = (\hat{P} - 2)\hat{Q} = 51.6 \cdot 123.2 = 6357.12$.

4. $P = (64 - 10D)/3$

5. $P = 24 - \frac{1}{5}D$

6. (a) $x = 50 - \frac{1}{2}y$ (b) $x = \sqrt[5]{y/2}$ (c) $x = \frac{1}{3}[2 + \ln(y/5)]$, definiert für $y > 0$

7. (a) $y = \ln(2 + e^{x-3})$, definiert für $x \in \mathbb{R}$ (b) $y = -\frac{1}{\lambda}\ln a - \frac{1}{\lambda}\ln\left(\frac{1}{x} - 1\right)$, definiert für $x \in (0, 1)$

▶ Ausführliche Lösung siehe Lösungshandbuch MyLab.

8. (a) $\sqrt{13}$ (b) $\sqrt{17}$ (c) $\sqrt{(2 - 3a)^2} = |2 - 3a|$. (Beachten Sie, dass $2 - 3a$ nur dann die korrekte Lösung ist, wenn $2 - 3a \geq 0$, d.h. wenn $a \leq 2/3$. Überprüfen Sie das mit $a = 3$.)

9. (a) $(x - 2)^2 + (y + 3)^2 = 25$ (b) $(x + 2)^2 + (y - 2)^2 = 65$

10. $(x - 3)^2 + (y - 2)^2 = (x - 5)^2 + (y + 4)^2$, was sich auf $x - 3y = 7$ reduziert. Siehe Abb. A5.W.10.

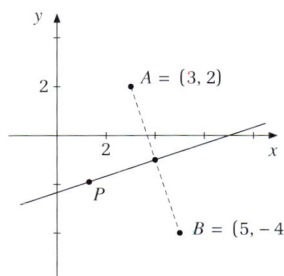

Abbildung A5.W.10

11. Die Funktion kann nicht umkehrbar eindeutig sein, da mindestens zwei von je fünf Personen dieselbe Blutgruppe haben müssen.

Kapitel 6

6.1

1. $f(3) = 2$. Die Tangente geht durch $(0, 3)$, so dass sie die Steigung $-1/3$ hat. Daher ist $f'(3) = -1/3$.

2. $g(5) = 1$, $g'(5) = 1$

6.2

1. $f(5+\Delta x) - f(5) = 4(5+\Delta x)^2 - 4 \cdot 5^2 = 4(25 + 10\Delta x + (\Delta x)^2) - 100 = 40\Delta x + 4(\Delta x)^2$. Somit gilt $[f(5 + \Delta x) - f(5)]/\Delta x = 40 + 4\Delta x \to 40$, wenn $\Delta x \to 0$. Daher gilt $f'(5) = 40$. Dies stimmt mit (6.2.6) überein, wenn $a = 4$ und $b = c = 0$.

2. (a) $f'(x) = 6x + 2$ (b) $f'(0) = 2$, $f'(-2) = -10$, $f'(3) = 20$. Die Gleichung der Tangente ist $y = 2x - 1$.

3. $dD(P)/dP = -b$

4. $C'(x) = 2qx$

5.
$$\frac{f(x + \Delta x) - f(x)}{\Delta x} = \frac{1/(x + \Delta x) - 1/x}{\Delta x} = \frac{x - (x + \Delta x)}{\Delta x \cdot x(x + \Delta x)}$$
$$= \frac{-\Delta x}{\Delta x \cdot x(x + \Delta x)} = \frac{-1}{x(x + \Delta x)} \xrightarrow[\Delta x \to 0]{} -\frac{1}{x^2}$$

6. (a) $f'(0) = 3$ (b) $f'(1) = 2$ (c) $f'(3) = -1/3$ (d) $f'(0) = -2$
   (e) $f'(-1) = 0$ (f) $f'(1) = 4$
   ▶ Ausführliche Lösung siehe Lösungshandbuch MyLab.

7. (a) $f(x+\Delta x) - f(x) = a(x+\Delta x)^2 + b(x+\Delta x) + c - (ax^2 + bx + c) = 2a\Delta x \cdot x + b\Delta x + a(\Delta x)^2$, so dass $[f(x + \Delta x) - f(x)]/\Delta x = 2ax + b + a\Delta x \to 2ax + b$ für $\Delta x \to 0$. Damit gilt $f'(x) = 2ax + b$.
   (b) $f'(x) = 0$ für $x = -b/2a$. Die Tangente ist parallel zur x-Achse im Minimum-/Maximumpunkt.

8. $f'(a) < 0$, $f'(b) = 0$, $f'(c) > 0$, $f'(d) < 0$

9. (a) Multiplizieren Sie die linke Seite aus.   (b) Verwenden Sie die Identität in (a).   (c) Für $\Delta x \to 0$ folgt die Formel. (Beachten Sie, dass $\sqrt{x} = x^{1/2}$ und $1/\sqrt{x} = x^{-1/2}$.)
   ▶ Ausführliche Lösung siehe Lösungshandbuch MyLab.

10. (a) $f'(x) = 3ax^2 + 2bx + c$ (b) Setzen Sie $a = 1$ und $b = c = d = 0$, um das Resultat in Beispiel 6.2.2 zu erhalten. Setzen Sie dann $a = 0$, um einen quadratischen Ausdruck wie in Teil (a) der Aufgabe 6.2.7 zu erhalten.

11. $\dfrac{(x + \Delta x)^{1/3} - x^{1/3}}{\Delta x} = \dfrac{1}{(x + \Delta x)^{2/3} + (x + \Delta x)^{1/3}x^{1/3} + x^{2/3}} \to \dfrac{1}{3x^{2/3}} = \dfrac{1}{3}x^{-2/3}$ für $\Delta x \to 0$.

6.3

1. $f'(x) = 2x - 4$, so dass $f(x)$ monoton fallend auf $(-\infty, 2]$ und monoton wachsend auf $[2, \infty)$ ist.

2. $f'(x) = -3x^2 + 8x - 1 = -3(x - x_0)(x - x_1)$, wobei $x_0 = \frac{1}{3}(4 - \sqrt{13}) \approx 0.13$ und $x_1 = \frac{1}{3}(4 + \sqrt{13}) \approx 2.54$. Dann ist $f(x)$ monoton fallend in $(-\infty, x_0]$, monoton wachsend in $[x_0, x_1]$ und monoton fallend in $[x_1, \infty)$.

3. Der Ausdruck in eckigen Klammern ist eine Summe von zwei Quadraten, so dass er niemals negativ ist und nur dann 0 ist, wenn sowohl $x_1 + \frac{1}{2}x_2$ als auch x_2 gleich 0 sind. Dies geschieht nur, wenn $x_1 = x_2 = 0$. Damit ist der Ausdruck in den eckigen Klammern immer positiv, wenn $x_1 \neq x_2$. Und dann hat $x_2^3 - x_1^3$ dasselbe Vorzeichen, wie $x_2 - x_1$. Es folgt, dass f strikt monoton wachsend ist.

6.4

1. $C'(100) = 203$ und $C'(x) = 2x + 3$.

2. Hier sind c die Grenzkosten und auch die (konstanten) zusätzlichen Kosten für die Produkion jeder weiteren Einheit, während $\overline{C}$ die Fixkosten sind.

3. (a) $S'(Y) = b$ (b) $S'(Y) = 0.1 + 0.0004Y$

4. $T'(y) = t$, so dass der Grenzsteuersatz konstant ist.

5. Die Interpretation von $\dot{x}(0) = -3$ ist, dass zur Zeit $t = 0$ die Förderungsrate drei Barrel pro Minute ist.

6. (a) $C'(x) = 3x^2 - 180x + 7500$ (b) Nach (4.6.3) hat die quadratische Funktion $C'(x)$ ein Minimum an der Stelle $x = 180/6 = 30$.

7. (a) $\pi'(Q) = 24 - 2Q$ und $Q^* = 12$ (b) $R'(Q) = 500 - Q^2$ (c) $C'(Q) = -3Q^2 + 428.4Q - 7900$

8. (a) $C'(x) = 2a_1 x + b_1$ (b) $C'(x) = 3a_1 x^2$

6.5

1. (a) 3   (b) $-1/2$ (c) $13^3 = 2197$ (d) 40   (e) 1   (f) $-3/4$

2. (a) 0.6931   (b) 1.0986   (c) 0.4055 (Wenn wir das Resultat aus Beispiel 7.12 2 verwenden, erhalten wir die genauen Grenzwerte: $\ln 2$, $\ln 3$ und $\ln(3/2)$.)

3. (a)

x	0.9	0.99	0.999	1	1.001	1.01	1.1
$\dfrac{x^2 + 7x - 8}{x - 1}$	8.9	8.99	8.999	*	9.001	9.01	9.1

*nicht definiert

(b) $x^2 + 7x - 8 = (x - 1)(x + 8)$, so dass $(x^2 + 7x - 8)/(x - 1) = x + 8 \to 9$, wenn $x \to 1$.

4. (a) 5 (b) 1/5 (c) 1 (d) −2 (e) $3x^2$ (f) $(\Delta x)^2$

5. (a) 1/6 (b) −∞ (der Grenzwert existiert nicht) (c) 2 (d) $\sqrt{3}/6$ (e) −2/3 (f) 1/4
   ▶ Ausführliche Lösung siehe Lösungshandbuch MyLab.

6. (a) 4 (b) 5 (c) 6 (d) $2x_0 + 2$ (e) $2x_0 + 2$ (f) $4x_0 + 4$.
   ▶ Ausführliche Lösung siehe Lösungshandbuch MyLab.

7. (a) $x^3 − 8 = (x − 2)(x^2 + 2x + 4)$, so dass der Grenzwert 1/6 ist.
   (b) $\lim_{\Delta x \to 0}[\sqrt[3]{27 + \Delta x} − 3]/\Delta x = \lim_{u \to 3}(u − 3)/(u^3 − 27)$ und $u^3 − 27 = (u − 3)(u^2 + 3u + 9)$, so dass der Grenzwert 1/27 ist.
   (c) $x^n − 1 = (x − 1)(x^{n−1} + x^{n−2} + \cdots + x + 1)$, so dass der Grenzwert n ist.

6.6

1. (a) 0 (b) $4x^3$ (c) $90x^9$ (d) 0 (Erinnern Sie, dass π eine Konstante ist!)

2. (a) $2g'(x)$ (b) $-\frac{1}{6}g'(x)$ (c) $\frac{1}{3}g'(x)$

3. (a) $6x^5$ (b) $33x^{10}$ (c) $50x^{49}$ (d) $28x^{-8}$ (e) x^{11} (f) $4x^{-3}$ (g) $-x^{-4/3}$ (h) $3x^{-5/2}$

4. (a) $8\pi r$ (b) $A(b + 1)y^b$ (c) $(−5/2)A^{-7/2}$

5. Wählen Sie in (6.2.1) (Definition der Ableitung) $\Delta x = x − x_0$, so dass $x_0 + \Delta x$ durch x ersetzt wird und $\Delta x \to 0$ impliziert $x \to x_0$. Für $f(x) = x^2$ erhalten wir $f'(x_0) = 2x_0$.

6. (a) $F(x) = \frac{1}{3}x^3 + C$ (b) $F(x) = x^2 + 3x + C$ (c) $F(x) = x^{a+1}/(a + 1) + C$. (In allen Fällen ist C eine beliebige Konstante.)

7. (a) Mit $f(x) = x^2$ und $x_0 = 5$ erhält man

$$\lim_{\Delta x \to 0} \frac{(5 + \Delta x)^2 − 5^2}{\Delta x} = \lim_{\Delta x \to 0} \frac{f(x_0 + \Delta x) − f(x_0)}{\Delta x} = f'(x_0) = f'(5).$$

Andererseits ist $f'(x) = 2x$, so dass $f'(5) = 10$. Damit ist der Grenzwert 10.
(b) Sei $f(x) = x^5$. Dann ist $f'(x) = 5x^4$ und der Grenzwert ist $f'(1) = 5 \cdot 1^4 = 5$.
(c) Sei $f(x) = 5x^2 + 10$. Dann ist $f'(x) = 10x$ und dies ist der Grenzwert.

6.7

1. (a) 1 (b) $1 + 2x$ (c) $15x^4 + 8x^3$ (d) $32x^3 + x^{-1/2}$ (e) $\frac{1}{2} − 3x + 15x^2$ (f) $−21x^6$

2. (a) $\frac{6}{5}x − 14x^6 − \frac{1}{2}x^{-1/2}$ (b) $4x(3x^4 − x^2 − 1)$ (c) $10x^9 + 5x^4 + 4x^3 − x^{-2}$ (In (b) und (c): Multiplizieren Sie zuerst aus und differenzieren Sie dann.)

3. (a) $−6x^{-7}$ (b) $\frac{3}{2}x^{1/2} − \frac{1}{2}x^{-3/2}$ (c) $−(3/2)x^{-5/2}$ (d) $−2/(x − 1)^2$ (e) $−4x^{-5} − 5x^{-6}$ (f) $34/(2x + 8)^2$ (g) $−33x^{-12}$ (h) $(−3x^2 + 2x + 4)/(x^2 + x + 1)^2$
   ▶ Ausführliche Lösung siehe Lösungshandbuch MyLab.

4. (a) $\dfrac{3}{2\sqrt{x}(\sqrt{x} + 1)^2}$ (b) $\dfrac{4x}{(x^2 + 1)^2}$ (c) $\dfrac{−2x^2 + 2}{(x^2 − x + 1)^2}$

5. (a) $f'(L^*) < f(L^*)/L^*$. Siehe Abb. A6.7.5. Die Tangente in P hat die Steigung $f'(L^*)$. Wir „sehen", dass die Tangente in P weniger steil ist als die Gerade vom Ursprung zu P, die die Steigung $f(L^*)/L^* = g(L^*)$ hat. (Die Ungleichung folgt direkt aus der Charakterisierung differenzierbarer konkaver Funktionen in FMEA, Theorem 2.4.1.) (b) $\frac{d}{dL}(f(L)/L) = \frac{1}{L}(f'(L) - f(L)/L)$, wie in Beispiel 6.7.6.

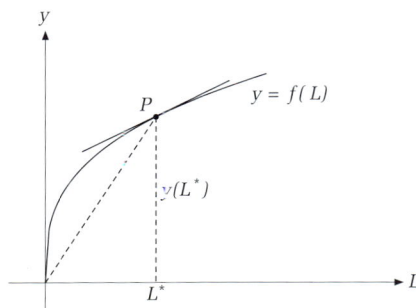

Abbildung A6.7.5

6. (a) $[2, \infty)$ (b) $[-\sqrt{3}, 0]$ und $[\sqrt{3}, \infty)$ (c) $[-\sqrt{2}, \sqrt{2}]$ (d) $(-\infty, \frac{1}{2}(-1 - \sqrt{5})]$ und $[0, \frac{1}{2}(-1 + \sqrt{5})]$.
▶ Ausführliche Lösung siehe Lösungshandbuch MyLab.

7. (a) $y = -3x + 4$ (b) $y = x - 1$ (c) $y = (17x - 19)/4$ (d) $y = -(x - 3)/9$
▶ Ausführliche Lösung siehe Lösungshandbuch MyLab.

8. $\dot{R}(t) = \dot{p}(t)x(t) + p(t)\dot{x}(t)$. Hier steigt $R(t)$ aus zwei Gründen. Erstens steigt $R(t)$, weil der Preis steigt. Dieser Anstieg ist proportional zum Betrag der Fördermenge $x(t)$ und ist $\dot{p}(t)x(t)$. Aber $R(t)$ steigt auch, weil die Förderung steigt. Dieser Beitrag zur Änderungsrate von $R(t)$ muss proportional zum Preis sein und ist $p(t)\dot{x}(t)$. Schließlich ist $\dot{R}(t)$ die Gesamtänderungsrate von $R(t)$ und ist die Summe dieser beiden Teile.

9. (a) $\dfrac{ad - bc}{(ct + d)^2}$ (b) $a(n + 1/2)t^{n-1/2} + nbt^{n-1}$ (c) $\dfrac{-(2at + b)}{(at^2 + bt + c)^2}$
▶ Ausführliche Lösung siehe Lösungshandbuch MyLab.

10. Die Produktregel ergibt $f'(x) \cdot f(x) + f(x) \cdot f'(x) = 1$, so dass $2f'(x) \cdot f(x) = 1$. Daher ist $f'(x) = 1/2f(x) = 1/2\sqrt{x}$.

11. Wenn $f(x) = 1/x^n$, ergibt die Quotientenregel $f'(x) = (0 \cdot x^n - 1 \cdot nx^{n-1})/(x^n)^2 = -nx^{-n-1}$ und dies ist die Potenzregel.

6.8

1. (a) $dy/dx = (dy/du)(du/dx) = 20u^{4-1} \, du/dx = 20(1 + x^2)^3 2x = 40x(1 + x^2)^3$
(b) $dy/dx = (1 - 6u^5)(du/dx) = (-1/x^2)(1 - 6(1 + 1/x)^5)$

2. (a) $dY/dt = (dY/dV)(dV/dt) = (-3)5(V + 1)^4 t^2 = -15t^2(t^3/3 + 1)^4$
(b) $dK/dt = (dK/dL)(dL/dt) = AaL^{a-1}b = Aab(bt + c)^{a-1}$

3. (a) $y' = -5(x^2 + x + 1)^{-6}(2x + 1)$
   (b) $y' = \frac{1}{2}\big[x + (x + x^{1/2})^{1/2}\big]^{-1/2}\big(1 + \frac{1}{2}(x + x^{1/2})^{-1/2}(1 + \frac{1}{2}x^{-1/2})\big)$
   (c) $y' = ax^{a-1}(px + q)^b + x^a bp(px + q)^{b-1} = x^{a-1}(px + q)^{b-1}[(a + b)px + aq]$
   ► Ausführliche Lösung siehe Lösungshandbuch MyLab.

4. $(dY/dt)_{t=t_0} = (dY/dK)_{t=t_0} \cdot (dK/dt)_{t=t_0} = Y'(K(t_0))K'(t_0)$

5. $dY/dt = F'(h(t)) \cdot h'(t)$

6. $x = b - \sqrt{ap - c} = b - \sqrt{u}$ mit $u = ap - c$. Dann ist $\dfrac{dx}{dp} = -\dfrac{1}{2\sqrt{u}}u' = -\dfrac{a}{2\sqrt{ap - c}}$.

7. (i) $h'(x) = f'(x^2)2x$ (ii) $h'(x) = f'(x^n g(x))(nx^{n-1}g(x) + x^n g'(x))$

8. $b(t)$ ist der Gesamtbenzinverbrauch nach t Stunden. Dann ist $b'(t) = B'(s(t))s'(t)$, so dass die Rate des Benzinverbrauchs pro Stunde gleich der Rate pro Kilometer, multipliziert mit der Geschwindigkeit in km/h, ist.

9. $dC/dx = q(25 - \frac{1}{2}x)^{-1/2}$

10. (a) $y' = 5(x^4)^4 \cdot 4x^3 = 20x^{19}$ (b) $y' = 3(1 - x)^2(-1) = -3 + 6x - 3x^2$

11. (a) (i) $g(5)$ ist der akkumulierte Betrag, wenn der Zinssatz 5 % pro Jahr ist, was annähernd 1 629 Euro ist.   (ii) $g'(5)$ ist der Zuwachs dieses Wertes pro Einheit Zuwachs im Zinssatz, was annähernd 155 Euro ist.
    (b) $g(p) = 1000(1 + p/100)^{10}$, so dass $g(5) = 1000(1 + 5/100)^{10} \approx 1628.89$ auf den nächsten Cent genau. Ferner ist $g'(p) = 1000 \cdot 10(1 + p/100)^9 \cdot 1/100 = 100 \cdot (1 + p/100)^9$, so dass $g'(5) = 100 \cdot (1 + 5/100)^9 \approx 155.13$ auf den nächsten Cent genau.

12. (a) $1 + f'(x)$ (b) $2f(x)f'(x) - 1$ (c) $4\big[f(x)\big]^3 f'(x)$
    (d) $2xf(x) + x^2 f'(x) + 3\big[f(x)\big]^2 f'(x)$ (e) $f(x) + xf'(x)$ (f) $f'(x)/\big[2\sqrt{f(x)}\big]$
    (g) $[2xf(x) - x^2 f'(x)]/[f(x)]^2$ (h) $[2xf(x)f'(x) - 3(f(x))^2]/x^4$

6.9

1. (a) $y'' = 20x^3 - 36x^2$ (b) $y'' = (-1/4)x^{-3/2}$ (c) $y' = 20x(1 + x^2)^9$,
   $y'' = 20(1 + x^2)^9 + 20x \cdot 9 \cdot 2x(1 + x^2)^8 = 20(1 + x^2)^8(1 + 19x^2)$

2. $d^2y/dx^2 = (1 + x^2)^{-1/2} - x^2(1 + x^2)^{-3/2} = (1 + x^2)^{-3/2}$

3. (a) $y'' = 18x$ (b) $Y''' = 36$ (c) $d^3z/dt^3 = -2$ (d) $f^{(4)}(1) = 84\,000$

4. $g'(t) = \dfrac{2t(t - 1) - t^2}{(t - 1)^2} = \dfrac{t^2 - 2t}{(t - 1)^2}$, $g''(t) = \dfrac{2}{(t - 1)^3}$, so dass $g''(2) = 2$.

5. Mit vereinfachter Notation: $y' = f'g + fg'$, $y'' = f''g + f'g' + f'g' + fg'' = f''g + 2f'g' + fg''$, $y''' = f'''g + f''g' + 2f''g' + 2f'g'' + f'g'' + fg''' = f'''g + 3f''g' + 3f'g'' + fg'''$.

6. $L = (2t - 1)^{-1/2}$, so dass $dL/dt = -\frac{1}{2} \cdot 2(2t - 1)^{-3/2} = -(2t - 1)^{-3/2}$, so dass $d^2L/dt^2 = 3(2t - 1)^{-5/2}$.

7. (a) $R = 0$ (b) $R = 1/2$ (c) $R = 3$ (d) $R = \rho$

8. Weil $g(u)$ nicht konkav ist.

9. Das Verteidigungsministerium: $P' < 0$. Gray: $P' \geq 0$ und $P'' < 0$.

10. $d^3L/dt^3 > 0$

6.10

1. (a) $y' = e^x + 2x$ (b) $y' = 5e^x - 9x^2$ (c) $y' = (1 \cdot e^x - xe^x)/e^{2x} = (1-x)e^{-x}$
   (d) $y' = [(1+2x)(e^x+1) - (x+x^2)e^x]/(e^x+1)^2 =$
   $[1 + 2x + e^x(1 + x - x^2)]/(e^x+1)^2$ (e) $y' = -1 - e^x$ (f) $y' = x^2 e^x(3+x)$
   (g) $y' = e^x(x-2)/x^3$ (h) $y' = 2(x + e^x)(1 + e^x)$

2. (a) $dx/dt = (b + 2ct)e^t + (a + bt + ct^2)e^t = (a + b + (b+2c)t + ct^2)e^t$
   (b) $\dfrac{dx}{dt} = \dfrac{3qt^2te^t - (p+qt^3)(1+t)e^t}{t^2e^{2t}} = \dfrac{-qt^4 + 2qt^3 - pt - p}{t^2e^t}$
   (c) $dx/dt = [2(at + bt^2)(a + 2bt)e^t - (at + bt^2)^2 e^t]/(e^t)^2 = [t(a - bt)(-bt^2 + (4b - a)t + 2a)]e^{-t}$

3. (a) $y' = -3e^{-3x}$, $y'' = 9e^{-3x}$ (b) $y' = 6x^2 e^{x^3}$, $y'' = 6xe^{x^3}(3x^3 + 2)$
   (c) $y' = -x^{-2}e^{1/x}$, $y'' = x^{-4}e^{1/x}(2x + 1)$
   (d) $y' = 5(4x - 3)e^{2x^2 - 3x + 1}$, $y'' = 5e^{2x^2 - 3x + 1}(16x^2 - 24x + 13)$

4. (a) $(-\infty, \infty)$ (b) $[0, 1/2]$ (c) $(-\infty, -1]$ und in $[0, 1]$
   ▶ Ausführliche Lösung siehe Lösungshandbuch MyLab.

5. (a) $y' = 2xe^{-2x}(1-x)$, so dass y monoton wachsend ist in $[0, 1]$.
   (b) $y' = e^x(1 - 3e^{2x})$, so dass y monoton wachsend ist in $(-\infty, -\frac{1}{2}\ln 3]$.
   (c) $y' = \dfrac{(2x+3)e^{2x}}{(x+2)^2}$, so dass y monoton wachsend ist in $[-3/2, \infty)$.

6. (a) $e^{e^x}e^x = e^{e^x + x}$ (b) $\frac{1}{2}(e^{t/2} - e^{-t/2})$ (c) $-\dfrac{e^t - e^{-t}}{(e^t + e^{-t})^2}$ (d) $z^2 e^{z^3}(e^{z^3} - 1)^{-2/3}$

7. (a) $y' = 5^x \ln 5$ (b) $y' = 2^x + x2^x \ln 2 = 2^x(1 + x \ln 2)$
   (c) $y' = 2x2^{x^2}(1 + x^2 \ln 2)$ (d) $y' = e^x 10^x + e^x 10^x \ln 10 = e^x 10^x(1 + \ln 10)$

6.11

1. (a) $y' = \dfrac{1}{x} + 3$, $y'' = \dfrac{-1}{x^2}$ (b) $y' = 2x - \dfrac{2}{x}$, $y'' = 2 + \dfrac{2}{x^2}$
   (c) $y' = 3x^2 \ln x + x^2$, $y'' = x(6 \ln x + 5)$ (d) $y' = \dfrac{1 - \ln x}{x^2}$, $y'' = \dfrac{2 \ln x - 3}{x^3}$

2. (a) $x^2 \ln x(3 \ln x + 2)$ (b) $x(2 \ln x - 1)/(\ln x)^2$ (c) $10(\ln x)^9/x$
   (d) $2 \ln x/x + 6 \ln x + 18x + 6$

3. (a) $1/(x \ln x)$ (b) $-x/(1 - x^2)$ (c) $e^x(\ln x + 1/x)$ (d) $e^{x^3}(3x^2 \ln x^2 + 2/x)$
   (e) $e^x/(e^x + 1)$ (f) $(2x+3)/(x^2 + 3x - 1)$ (g) $-2e^x(e^x - 1)^{-2}$ (h) $(4x - 1)e^{2x^2 - x}$
   ▶ Ausführliche Lösung siehe Lösungshandbuch MyLab.

4. (a) $x > -1$ (b) $1/3 < x < 1$ (c) $x \neq 0$

5. (a) $|x| > 1$ (b) $x > 1$ (c) $x \neq e^e$ und $x > 1$
   ▶ Ausführliche Lösung siehe Lösungshandbuch MyLab.

6. (a) $(-2, 0]$ (y ist nur in $(-2, 2)$ definiert, wo $y' = -8x/(4 - x^2)$.)   (b) $[e^{-1/3}, \infty)$
   ($y' = x^2(3 \ln x + 1)$, $x > 0$)   (c) $[e, e^3]$ ($y' = (1 - \ln x)(\ln x - 3)/2x^2$, $x > 0$)
   ▶ Ausführliche Lösung siehe Lösungshandbuch MyLab.

7. (a) (i) $y = x - 1$ (ii) $y = 2x - 1 - \ln 2$ (iii) $y = x/e$
   (b) (i) $y = x$ (ii) $y = 2ex - e$ (iii) $y = -e^{-2}x - 4e^{-2}$

8. (a) $f'(x)/f(x) = 2\ln x + 2$ (b) $f'(x)/f(x) = 1/(2x-4) + 2x/(x^2+1) + 4x^3/(x^4+6)$
(c) $f'(x)/f(x) = -2/[3(x^2-1)]$

9. (a) $(2x)^x(1 + \ln 2 + \ln x)$ (b) $x^{\sqrt{x} - \frac{1}{2}}\left(\frac{1}{2}\ln x + 1\right)$ (c) $\frac{1}{2}\left(\sqrt{x}\right)^x (\ln x + 1)$
▶ Ausführliche Lösung siehe Lösungshandbuch MyLab.

10. $\ln y = v \ln u$, so dass $y'/y = v' \ln u + vu'/u$ und deshalb $y' = u^v(v' \ln u + vu'/u)$.
(Alternative: $y = (e^{\ln u})^v = e^{v \ln u}$, benutzen Sie jetzt die Kettenregel.)

11. (a) Sei $f(x) = e^x - (1 + x + \frac{1}{2}x^2)$. Dann ist $f(0) = 0$ und $f'(x) = e^x - (1 + x) > 0$
für alle $x > 0$, wie in der Aufgabe gezeigt wurde. Daher ist $f(x) > 0$ für alle
$x > 0$ und die Ungleichung folgt.
(b) Betrachten Sie die zwei Funktionen $f_1(x) = \ln(1 + x) - \frac{1}{2}x$ und $f_2(x) =$
$x - \ln(1 + x)$. Für weitere Details

(c) Betrachten Sie die Funktion $g(x) = 2(\sqrt{x} - 1) - \ln x$. Für weitere Details
▶ Ausführliche Lösung siehe Lösungshandbuch MyLab.

Wiederholungsaufgaben für Kapitel 6

1. $[f(x + \Delta x) - f(x)]/\Delta x = [(x + \Delta x)^2 - (x + \Delta x) + 2 - x^2 + x - 2]/\Delta x = [2x\Delta x + (\Delta x)^2 - \Delta x]/\Delta x = 2x + \Delta x - 1 \to 2x - 1$ für $\Delta x \to 0$, so dass $f'(x) = 2x - 1$.

2. $[f(x + \Delta x) - f(x)]/\Delta x = -6x^2 + 2x - 6x\Delta x - 2(\Delta x)^2 + \Delta x \to -6x^2 + 2x$ für $\Delta x \to 0$, so dass $f'(x) = -6x^2 + 2x$.

3. (a) $y' = 2, y'' = 0$ (b) $y' = 3x^8, y'' = 24x^7$ (c) $y' = -x^9, y'' = -9x^8$
(d) $y' = 21x^6, y'' = 126x^5$ (e) $y' = 1/10, y'' = 0$ (f) $y' = 5x^4 + 5x^{-6}, y'' = 20x^3 - 30x^{-7}$ (g) $y' = x^3 + x^2, y'' = 3x^2 + 2x$ (h) $y' = -x^{-2} - 3x^{-4}, y'' = 2x^{-3} + 12x^{-5}$

4. Weil $C'(1000) \approx C(1001) - C(1000)$, sind, falls $C'(1000) = 25$, die zusätzlichen
Kosten für die Produktion von etwas mehr als 1000 Einheiten ungefähr 25 pro
Einheit. Wenn der Preis pro Einheit fest ist bei 30, ist der zusätzliche Gewinn
aus der Erhöhung des Outputs auf etwas mehr als 1000 Einheiten ungefähr
gleich $30 - 25 = 5$ pro Einheit.

5. (a) $y = -3$ und $y' = -6x = -6$ für $x = 1$, so dass $y - (-3) = (-6)(x - 1)$ oder
$y = -6x + 3$.   (b) $y = -14$ und $y' = 1/2\sqrt{x} - 2x = -31/4$ für $x = 4$, so dass
$y = -(31/4)x + 17$.   (c) $y = 0$ und $y' = (-2x^3 - 8x^2 + 6x)/(x + 3)^2 = -1/4$ für
$x = 1$, so dass $y = (-1/4)(x - 1)$.

6. Die zusätzlichen Kosten für die Flächenvergrößerung um einen kleinen Betrag über 100 m² hinaus sind ungefähr 250 Euro pro m².

7. (a) $f(x) = x^3 + x$, so dass $f'(x) = 3x^2 + 1$.   (b) $g'(w) = -5w^{-6}$ (c) $h(y) = y(y^2 - 1) = y^3 - y$, so dass $h'(y) = 3y^2 - 1$.   (d) $G'(t) = (-2t^2 - 2t + 6)/(t^2 + 3)^2$
(e) $\varphi'(\xi) = (4 - 2\xi^2)/(\xi^2 + 2)^2$ (f) $F'(s) = -(s^2 + 2)/(s^2 + s - 2)^2$

8. (a) $2at$ (b) $a^2 - 2t$ (c) $2x\phi - 1/2\sqrt{\phi}$

9. (a) $y' = 20uu' = 20(5 - x^2)(-2x) = 40x^3 - 200x$

(b) $y' = \dfrac{1}{2\sqrt{u}} \cdot u' = \dfrac{-1}{2x^2\sqrt{1/x - 1}}$

10. (a) $dZ/dt = (dZ/du)(du/dt) = 3(u^2 - 1)^2 2u3t^2 = 18t^5(t^6 - 1)^2$

(b) $dK/dt = (dK/dL)(dL/dt) = (1/[2\sqrt{L}\,])(-1/t^2) = -1/[2t^2\sqrt{1 + 1/t}\,]$

11. (a) $\dot{x}/x = 2\dot{a}/a + \dot{b}/b$ (b) $\dot{x}/x = \alpha\dot{a}/a + \beta\dot{b}/b$

(c) $\dot{x}/x = (\alpha + \beta)(\alpha a^{\alpha-1}\dot{a} + \beta b^{\beta-1}\dot{b})/(a^\alpha + b^\beta)$

12. $dR/dt = (dR/dS)(dS/dK)(dK/dt) = \alpha S^{\alpha-1}\beta\gamma K^{\gamma-1}Apt^{p-1} = A\alpha\beta\gamma pt^{p-1}S^{\alpha-} K^{\gamma-1}$

13. (a) $h'(L) = apL^{a-1}(L^a + b)^{p-1}$ (b) $C'(Q) = a + 2bQ$

(c) $P'(x) = ax^{1/q-1}(ax^{1/q} + b)^{q-1}$

14. a) $y' = -7e^x$ (b) $y' = -6xe^{-\varepsilon x^2}$ (c) $y' = xe^{-x}(2 - x)$

(d) $y' = e^x[\ln(x^2 + 2) + 2x/(x^2 + 2)]$ (e) $y' = 15x^2e^{5x^3}$ (f) $y' = x^3e^{-x}(x - 4)$

(g) $y' = 10(e^x + 2x)(e^x + x^2)^9$ (h) $y' = 1/2\sqrt{x}(\sqrt{x} + 1)$

15. (a) $[1, \infty)$ (b) $[0, \infty)$ (c) $(-\infty, 1]$ und $[2, \infty)$

▶ Ausführliche Lösung siehe Lösungshandbuch MyLab.

16. (a) $d\pi/dQ = P(Q) + QP'(Q) - c$ (b) $d\pi/dL = PF'(L) - w$

Kapitel 7

7.1

1. Differenzieren nach x ergibt $6x + 2y' = 0$, so dass $y' = -3x$. Auflösen der gegebenen Gleichung nach y ergibt $y = 5/2 - 3x^2/2$ und wiederum $y' = -3x$.

2. Implizite Differentiation ergibt (∗) $2xy + x^2(dy/dx) = 0$ und somit $dy/dx = -2y/x$. Indem wir (∗) implizit nach x differenzieren, ergibt sich $2y + 2x(dy/dx) + 2x(dy/dx) + x^2(d^2y/dx^2) = 0$. Indem wir das Resultat für dy/dx einsetzen und vereinfachen, ergibt sich $d^2y/dx^2 = 6y/x^2$. Diese Resultate ergeben sich einfacher, indem man $y = x^{-2}$ zweimal differenziert.

3. (a) $y' = (1 + 3y)/(1 - 3x) = -5/(1 - 3x)^2$, $y'' = 6y'/(1 - 3x) = -30/(1 - 3x)^{-3}$

(b) $y' = 6x^5/5y^4 = (6/5)x^{1/5}$, $y'' = 6x^4y^{-4} - (144/25)x^{10}y^{-9} = (6/25)x^{-4/5}$

▶ Ausführliche Lösung siehe Lösungshandbuch MyLab.

4. $2u + v + u(dv/du) - 3v^2(dv/du) = 0$, somit $dv/du = (2u + v)/(3v^2 - u)$. Daher gilt $dv/du = 0$, wenn $v = -2u$ (vorausgesetzt, dass $3v^2 - u \neq 0$). Einsetzen von v in die ursprüngliche Gleichung ergibt $8u^3 - u^2 = 0$. Somit ist der einzige Punkt auf der Kurve, in dem $dv/du = 0$ und $u \neq 0$ ist, $(u, v) = (1/8, -1/4)$.

5. Differenzieren nach x ergibt (∗) $4x + 6y + 6xy' + 2yy' = 0$, so dass $y' = -\dfrac{2x + 3y}{3x + y} = -\dfrac{8}{5}$ in $(1, 2)$. Differenzieren von (∗) nach x ergibt $4 + 6y' + 6y' + 6xy'' + 2(y')^2 - 2yy'' = 0$. Einsetzen von $x = 1$, $y = 2$ und $y' = -3/5$ ergibt $y'' = 126/125$.

6. (a) $2x + 2yy' = 0$, Auflösen nach y' ergibt $y' = -x/y$.   (b) $1/2\sqrt{x} + y'/2\sqrt{y} = 0$, Auflösen nach y' ergibt $y' = -\sqrt{y/x}$.   (c) $4x^3 - 4y^3y' = 2xy^3 + x^2 3y^2 y'$, Auflösen nach y' ergibt $y' = 2x(2x^2 - y^3)/y^2(3x^2 + 4y)$.   (d) $e^{xy}(y + xy') - 2xy - x^2 y' = 0$, Auflösen nach y' ergibt $y' = y(2x - e^{xy})/x(e^{xy} - x)$.

7. (a) (∗) $2y + 2xy' - 6yy' = 0$. Einsetzen von $x = 6$, $y = 1$ ergibt $2 + 12y' - 6y' = 0$ und somit $y' = -1/3$.   (b) Differenzieren von (∗) nach x ergibt $2y' + 2y' + 2xy'' - 6y'y' - 6yy'' = 0$. Einsetzen von $x = 6$, $y = 1$ und $y' = -1/3$ ergibt $y'' = 1/3$.

8. (a) $y' = \dfrac{g'(x) - y}{x - 3y^2}$ (b) $y' = \dfrac{2x - g'(x + y)}{g'(x + y) - 2y}$ (c) $y' = \dfrac{2y[xg'(x^2 y) - xy - 1]}{x[2xy + 2 - xg'(x^2 y)]}$

   ▶ Ausführliche Lösung siehe Lösungshandbuch MyLab.

9. Differentiation nach x ergibt $3x^2 h(xy) + x^3 h'(xy)(y + xy') + e^{xy}(y + xy') = 1$. Setzen Sie dann $x = 1$, $y = 0$, um $y' = 1/(h'(0) + 1)$ zu erhalten. (Beachten Sie, dass h eine Funktion von nur einer Variablen mit dem Argument xy ist.)

10. (a) $y' = \dfrac{x[a^2 - 2(x^2 + y^2)]}{y[2(x^2 + y^2) + a^2]}$ (b) $(\pm\frac{1}{4}a\sqrt{6}, \pm\frac{1}{4}a\sqrt{2})$, wobei alle vier Vorzeichen-kombinationen erlaubt sind.

   ▶ Ausführliche Lösung siehe Lösungshandbuch MyLab.

7.2

1. Implizite Differentiation nach P, wobei Q eine Funktion von P ist, ergibt $(dQ/dP) \cdot P^{1/2} + Q\frac{1}{2}P^{-1/2} = 0$. Daher ist $dQ/dP = -\frac{1}{2}QP^{-1} = -19/P^{3/2}$.

2. (a) $1 = C''(Q^*)(dQ^*/dP)$, so dass $dQ^*/dP = 1/C''(Q^*)$ (b) $dQ^*/dP > 0$, was plausibel ist, denn: Wenn der vom Hersteller erzielte Preis steigt, sollte die optimale Produktionsmenge ansteigen.

3. (a) Indem man den natürlichen Logarithmus auf beiden Seiten bildet, ergibt sich: $\ln A - \alpha \ln P - \beta \ln r = \ln S$. Differentiation nach r ergibt: $-(\alpha/P)(dP/dr) - \beta/r = 0$. Es folgt, dass $dP/dr = -(\beta/\alpha)(P/r) < 0$.   (b) Somit drückt ein Anstieg der Zinsrate die Nachfrage und zum Ausgleich fällt der Gleichgewichtspreis.

4. (a) $Y = f(Y) + \bar{I} + \bar{X} - g(Y)$ (b) $dY/d\bar{I} = 1/\big[1 - f'(Y) + g'(Y)\big] > 0$, weil $f'(Y) < 1$ und $g'(Y) > 0$.   (c) $d^2Y/d\bar{I}^2 = (f'' - g'')/(1 - f' + g')^3$
   ▶ Ausführliche Lösung siehe Lösungshandbuch MyLab.

5. Differentiation von (∗) nach t ergibt $f''(P + t)\big(dP/dt + 1\big)^2 + f'(P + t)d^2P/dt^2 = g''(P)\big(dP/dt\big)^2 + g'(P)d^2P/dt^2$. Mit vereinfachter Notation gilt $f''(P' + 1)^2 + f'P'' = g''(P')^2 + g'P''$. Substitution von $P' = f'/(g' - f')$ und Auflösen nach P'' ergibt $P'' = [f''(g')^2 - g''(f')^2]/(g' - f')^3$.

6. (a) Differentiation von (∗) nach t ergibt

$$f'(P)(dP/dt) = g'((1-t)P)[-P + (1-t)(dP/dt)]$$

und somit

$$\frac{dP}{dt} = \frac{-Pg'((1-t)P)}{f'(P) - (1-t)g'((1-t)P)}$$

(b) Der Zähler und auch der Nenner sind negativ, so dass dP/dt positiv ist. Erhöhung der Steuern für den Verbraucher erhöhen den Preis.

7.3

1. $f(1) = 1$ und $f'(x) = 2e^{2x-2} = 2$ für $x = 1$. Nach (7.3.3) ist dann $g'(1) = 1/f'(1) = 1/2$. Die inverse Funktion ist $g(x) = 1 + \frac{1}{2}\ln x$, so dass $g'(x) = 1/2x = 1/2$ für $x = 1$.

2. (a) $f'(x) = x^2\sqrt{4 - x^2} + \frac{1}{3}x^3 \dfrac{-2x}{2\sqrt{4 - x^2}} = \dfrac{4x^2(3 - x^2)}{3\sqrt{4 - x^2}}$. Somit steigt f in $[-\sqrt{3}, \sqrt{3}\,]$ und fällt in $[-2, -\sqrt{3}\,]$ und in $[\sqrt{3}, 2]$. Siehe Abb. A7.3.2. (b) f hat eine Inverse im Intervall $[0, \sqrt{3}\,]$, weil f dort strikt monoton steigend ist. $g'(\frac{1}{3}\sqrt{3}) = 1/f'(1) = 3\sqrt{3}/8$.

3. (a) $f'(x) = e^{x-3}/(e^{x-3} + 2) > 0$ für alle x, so dass f strikt monoton wachsend ist. $f(x) \to \ln 2$ für $x \to -\infty$ und $f(x) \to \infty$ für $x \to \infty$, so dass der Wertebereich von f gleich $(\ln 2, \infty)$ ist. (b) $g(x) = 3 + \ln(e^x - 2)$, definiert auf dem Wertebereich von f. (c) $f'(3) = 1/3$ und $1/g'(f(3)) = 1/3$

4. $dD/dP = -0.3 \cdot 157.8P^{-1.3} = -47.34P^{-1.3}$, so dass $dP/dD = 1/(dD/dP) \approx -0.021P^{1.3}$.

5. (a) $dx/dy = -e^{x+5} = -1/y$ (b) $dx/dy = -1 - 3e^x$ (c) $dx/dy = x(3y^2 - x^2)/(2 + 3x^2y - y^3)$

▶ Ausführliche Lösung siehe Lösungshandbuch MyLab.

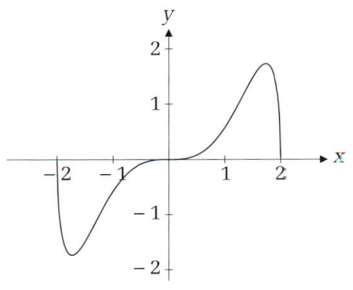

Abbildung A7.3.2

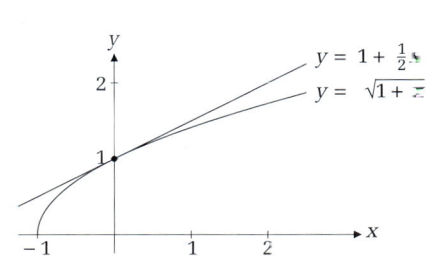

Abbildung A7.4.1

7.4

1. Wenn $f(x) = \sqrt{1 + x}$, dann ist $f'(x) = 1/(2\sqrt{1 + x})$, so dass $f(0) = 1$ und $f'(0) = 1/2$. Nach (7.4.1) ist daher $\sqrt{1 + x} \approx 1 + \frac{1}{2}(x - 0) = 1 + \frac{1}{2}x$. Siehe Abb. A7.4.1.

2. Hier ist $f(0) = 1/9$ und $f'(x) = -10(5x + 3)^{-3}$, so dass $f'(0) = -10/27$. Daher gilt $(5x + 3)^{-2} \approx 1/9 - 10x/27$.

3. (a) $(1 + x)^{-1} \approx 1 - x$ (b) $(1 + x)^5 \approx 1 + 5x$ (c) $(1 - x)^{1/4} \approx 1 - \frac{1}{4}x$
    ▶ Ausführliche Lösung siehe Lösungshandbuch MyLab.

4. $F(1) = A$ und $F'(K) = \alpha A K^{\alpha-1}$, so dass $F'(1) = \alpha A$. Dann gilt $F(K) \approx F(1) + F'(1)(K - 1) = A + \alpha A(K - 1) = A(1 + \alpha(K - 1))$.

5. (a) $30x^2\, dx$ (b) $15x^2\, dx - 10x\, dx + 5\, dx$ (c) $-3x^{-4}\, dx$ (d) $(1/x)\, dx$
    (e) $(px^{p-1} + qx^{q-1})\, dx$ (f) $(p + q)x^{p+q-1}\, dx$ (g) $rp(px + q)^{r-1}\, dx$
    (h) $(pe^{px} + qe^{qx})dx$

6. (a) Wenn $f(x) = (1 + x)^m$, dann ist $f(0) = 1$ und $f'(0) = m$, so dass $1 + mx$ die lineare Approximation für $f(x)$ um $x = 0$ ist.   (b) (i) $\sqrt[3]{1.1} = (1 + 1/10)^{1/3} \approx 1 + (1/3)(1/10) \approx 1.033$ (ii) $\sqrt[5]{33} = 2(1 + 1/32)^{1/5} \approx 2(1 + 1/160) = 2.0125$ (iii) $\sqrt[3]{9} = 2(1 + 1/8)^{1/3} \approx 2(1 + 1/24) \approx 2.083$ (iv) $(0.98)^{25} = (1 - 0.02)^{25} = (1 - 1/50)^{25} \approx 1 - 1/2 = 1/2$

7. (a) (i) $\Delta y = 0.61$, $dy = 0.6$ (ii) $\Delta y = 0.0601$, $dy = 0.06$
    (b) (i) $\Delta y = 0.011494$, $dy = 0.011111$ (ii) $\Delta y = 0.001115$, $dy = 0.001111$
    (c) (i) $\Delta y = 0.012461$, $dy = 0.0125$ (ii) $\Delta y = 0.002498$, $dy = 0.0025$

8. (a) $y' = -3/2$ (b) $y(x) \approx -\frac{3}{2}x + \frac{3}{2}$
    ▶ Ausführliche Lösung siehe Lösungshandbuch MyLab.

9. (a) $A(r + dr) - A(r)$ ist die schraffierte Fläche in Abb. A7.4.9. Sie ist ungefähr gleich dem Umfang des inneren Kreises, $2\pi r$, mal dr.   (b) $V(r + dr) - V(r)$ ist das Volumen des Mantels zwischen der Kugel mit Radius $r + dr$ und der Kugel mit Radius r. Es ist ungefähr gleich der Oberfläche $4\pi r^2$ der inneren Kugel mal der Dicke dr des Mantels.

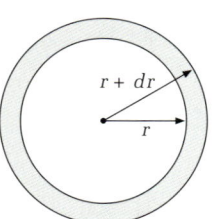

Abbildung A7.4.9

10. Logarithmieren ergibt $\ln K_t = \ln K + t \ln(1 + p/100) \approx \ln K + tp/100$. Wenn $K_t = 2K$, dann ist $\ln K_t = \ln 2 + \ln K$ und mit t^* als Verdopplungszeit muss p die Gleichung $\ln 2 \approx t^* p/100$ erfüllen, so dass $p \approx 100 \ln 2/t^*$. (Unter Benutzung der Approximation $\ln 2 \approx 0.7$ stimmt dieses Resultat mit der „70-er Regel" in Beispiel 7.4.3 überein.)

11. $g(0) = A - 1$ und $g'(\mu) = \left(Aa/(1 + b)\right)(1 + \mu)^{[a/(1+b)]-1}$, so dass $g'(0) = Aa/(1 + b)$. Daher ist $g(\mu) \approx g(0) + g'(0)\mu = A - 1 + \dfrac{aA}{1 + b}\mu$.

7.5

1. (a) Hier ist $f'(x) = 5(1 + x)^4$ und $f''(x) = 20(1 + x)^3$, so dass $f(0) = 1$, $f'(0) = 5$, $f''(0) = 20$. Dies impliziert die quadratische Approximation: $f(x) = (1 + x)^5 \approx 1 + 5x + \frac{1}{2} \cdot 20x^2 = 1 + 5x + 10x^2$ (b) $AK^\alpha \approx A + \alpha A(K - 1) + \frac{1}{2}\alpha(\alpha - 1)A(K - 1)^2$ (c) $(1 + \frac{3}{2}\varepsilon + \frac{1}{2}\varepsilon^2)^{1/2} \approx 1 + \frac{3}{4}\varepsilon - \frac{1}{32}\varepsilon^2$ (d) Hier ist $H'(x) = (-1)(1 - x)^{-2}(-1) = (1 - x)^{-2} = 1$ für $x = 0$ und $H''(x) = 2(1 - x)^{-3} = 2$ für $x = 0$. Es folgt, dass $(1 - x)^{-1} \approx 1 + x + x^2$.

2. $x - \frac{1}{2}x^2 + \frac{1}{3}x^3 - \frac{1}{4}x^4 + \frac{1}{5}x^5$
▶ Ausführliche Lösung siehe Lösungshandbuch MyLab.

3. $-5 + \frac{5}{2}x - \frac{15}{8}x^2$
▶ Ausführliche Lösung siehe Lösungshandbuch MyLab.

4. Nutzen Sie Formel (7.5.1) mit $f = U$, $x_0 = y$, $x = y + M - s$.

5. Implizites Differenzieren ergibt: (*) $3x^2y + x^3y' + 1 = \frac{1}{2}y^{-1/2}y'$. Einsetzen von $x = 0$ und $y = 1$ ergibt $1 = (\frac{1}{2})1^{-1/2}y'$, so dass $y' = 2$. Nochmaliges Differenzieren von (*) nach x ergibt $6xy + 3x^2y' + 3x^2y' + x^3y'' = -\frac{1}{4}y^{-3/2}(y')^2 + \frac{1}{2}y^{-1/2}y''$. Einsetzen von $x = 0$, $y = 1$ und $y' = 2$ ergibt $y'' = 2$. Daher gilt $y(x) \approx 1 + 2x - x^2$.

6. Es ist $\dot{x}(0) = 2[x(0)]^2 = 2$. Differenzieren des Ausdrucks für $\dot{x}(t)$ ergibt $\ddot{x}(t) = x(t) + t\dot{x}(t) + 4[x(t)]\dot{x}(t)$ und somit $\ddot{x}(0) = x(0) + 4[x(0)]\dot{x}(0) = 1 + 4 \cdot 1 \cdot 2 = 9$. Daher gilt $x(t) \approx x(0) + \dot{x}(0)t + \frac{1}{2}\ddot{x}(0)t^2 = 1 + 2t + \frac{9}{2}t^2$.

7. Verwenden Sie (7.6.5) mit $x = \sigma\sqrt{t/n}$ und behalten Sie dabei nur drei Terme auf der rechten Seite.

8. Verwenden Sie (7.6.2) mit $f(x) = (1 + x)^n$ und $x = p/100$. Dann ist $f'(x) = n(1 + x)^{n-1}$ und $f''(x) = n(n - 1)(1 + x)^{n-2}$. Die Approximation folgt.

9. $h'(x) = \dfrac{(px^{p-1} - qx^{q-1})(x^p + x^q) - (x^p - x^q)(px^{p-1} + qx^{q-1})}{(x^p + x^q)^2} = \dfrac{2(p - q)x^{p+q-1}}{(x^p + x^q)^2}$,
so dass $h'(1) = \frac{1}{2}(p - q)$. Da $h(1) = 0$, erhalten wir $h(x) \approx h(1) + h'(1)(x - 1) = \frac{1}{2}(p - q)(x - 1)$.

7.6

1. Unter Benutzung der Lösung zu Aufg. 7.5.2 ist $f(0) = 0$, $f'(0) = 1$, $f''(0) = -1$ und $f'''(c) = 2(1 + c)^{-3}$. Mit (7.6.3) folgt dann

$$f(x) = f(0) + \frac{1}{1!}f'(0)x + \frac{1}{2!}f''(0)x + \frac{1}{3!}f'''(c)x^3 = x - \frac{1}{2}x^2 + \frac{1}{3}(1 + c)^{-3}x^3$$

2. (a) $\sqrt[3]{25} = 3(1 - 2/27)^{1/3} \approx 3(1 - \frac{1}{3}\frac{2}{27} - \frac{1}{9}\frac{4}{27^2}) \approx 2.924$
(b) $\sqrt[5]{33} = 2(1 + 1/32)^{1/5} \approx 2(1 + \frac{1}{5 \cdot 32} - \frac{2}{25}\frac{1}{32^2}) \approx 2.0125$

3. $(1 + 1/8)^{1/3} = 1 + 1/24 - 1/576 + R_3(1/8)$, wobei $0 < R_3(1/8) < 5/(81 \cdot 8^3)$. Daher ist $\sqrt[3]{9} = 2(1 + 1/8)^{1/3} \approx 2.080$ mit drei korrekten Dezimalstellen.

4. (a) $1 + \frac{1}{3}x - \frac{1}{9}x^2$ (b) $g'''(x) = \dfrac{10}{27}(1+x)^{-8/3}$, so dass (7.6.2) impliziert, dass

$R_3(x) = \dfrac{1}{6}\dfrac{10}{27}(1+c)^{-8/3}x^3$ für ein $c \in (0, x)$. Daher ist $|R_3(x)| \leq \dfrac{5}{81}x^3$. Für weitere Einzelheiten siehe MyLab.

(c) Beachten Sie zunächst, dass $\sqrt[3]{1003} = 10(1+3 \cdot 10^{-3})^{1/3}$. Mit Hilfe der Approximation in Teil (a) ergibt sich $(1 + 3 \cdot 10^{-3})^{1/3} \approx 1.000999$ und somit $\sqrt[3]{1003} \approx 10.00999$. Nach Teil (b) gilt für den Fehler in dieser Approximation $|R_3(x)| \leq \frac{5}{3}10^{-9}$. Daher ist der Fehler in der Approximation $\sqrt[3]{1003} \approx 10.00999$ gleich $10|R_3(x)| \leq \frac{50}{3}10^{-9} < 2 \cdot 10^{-8}$, was impliziert, dass die Antwort korrekt ist auf 7 Dezimalstellen. Für weitere Einzelheiten siehe MyLab. ▶ Siehe MyLab.

7.7

1. In allen Fällen verwenden wir (7.7.3):   (a) -3 (b) 100 (c) $1/2$, da $\sqrt{x} = x^{1/2}$. (d) $-3/2$, da $A/x\sqrt{x} = Ax^{-3/2}$.

2. $\mathrm{El}_K T = 1.06$. Eine 1%-ige Erhöhung der Ausgaben für Straßenbau führen zu einer Erhöhung des Verkehrsaufkommens von ungefähr 1.06 %.

3. (a) Eine Erhöhung der Fahrpreise um 10 % führt zu einer Abnahme des Verkehrsaufkommens von ungefähr 4 %.   (b) Ein Grund könnte sein, dass bei Reisen über große Entfernungen viele Leute fliegen, wenn die Bahnpreise steigen. Ein anderer Grund könnte sein, dass viele Leute 60 km täglich pendeln, während fast niemand 300 km täglich pendelt und die Nachfrage von Pendlern ist wahrscheinlich weniger elastisch.

4. (a) $\mathrm{El}_x e^{ax} = (x/e^{ax})ae^{ax} = ax$ (b) $\mathrm{El}_x \ln x = (x/\ln x)(1/x) = 1/\ln x$ (c) $\mathrm{El}_x(x^p e^{ax}) = \dfrac{x}{x^p e^{ax}}(px^{p-1}e^{ax} + x^p ae^{ax}) = p + ax$ (d) $\mathrm{El}_x(x^p \ln x) = \dfrac{x}{x^p \ln x}(px^{p-1}\ln x + x^p(1/x)) = p + 1/\ln x$

5. $\mathrm{El}_x(f(x))^p = \dfrac{x}{(f(x))^p}p(f(x))^{p-1}f'(x) = p\dfrac{x}{f(x)}f'(x) = p\,\mathrm{El}_x f(x)$

6. Mit Formel (7.7.3) erhalten wir $\mathrm{El}_r D = 1.23$. Eine 1%-ige Erhöhung des Einkommens führt zu einer Erhöhung der Nachfrage von ungefähr 1.23 %

7. $\ln m = -0.02 + 0.19 \ln N$. Wenn $N = 480\,000$, dann ist $m \approx 11.77$.

8. (a) $\mathrm{El}_x Af(x) = \dfrac{x}{Af(x)}Af'(x) = \dfrac{x}{f(x)}f'(x) = \mathrm{El}_x f(x)$

(b) $\mathrm{El}_x(A + f(x)) = \dfrac{x}{A + f(x)}f'(x) = \dfrac{f(x)xf'(x)/f(x)}{A + f(x)} = \dfrac{f(x)\mathrm{El}_x f(x)}{A + f(x)}$

9. Wir zeigen hier nur (d): $\mathrm{El}_x(f + g) = \dfrac{x(f' + g')}{f + g} = \dfrac{f(xf'/f) + g(xg'/g)}{f + g} = $

$\dfrac{f\mathrm{El}_x f + g\mathrm{El}_x g}{f + g}$. ▶ Für die anderen Beweise siehe MyLab.

10. (a) -5 (b) $\dfrac{1+2x}{1+x}$ (c) $\dfrac{30x^3}{x^3+1}$ (d) $\mathrm{El}_x 5x^2 = 2$, so dass $\mathrm{El}_x(\mathrm{El}_x 5x^2) = 0$

(e) $\dfrac{2x^2}{1+x^2}$ (f) $\mathrm{El}_x\left(\dfrac{x-1}{x^5+1}\right) = \mathrm{El}_x(x-1) - \mathrm{El}_x(x^5+1) = \dfrac{x\,\mathrm{El}_x x}{x-1} - \dfrac{x^5 \mathrm{El}_x x^5}{x^5+1} =$

$\dfrac{x}{x-1} - \dfrac{5x^5}{x^5+1}$

7.8

1. Nur die Funktion in (a) ist nicht stetig.

2. f ist unstetig an der Stelle $x = 0$ und g ist stetig an der Stelle $x = 2$. Die Graphen von f und g sind in Abb. A7.8.2a und A7.8.2b zu sehen.

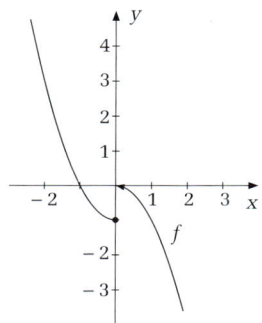

Abbildung A7.8.2a

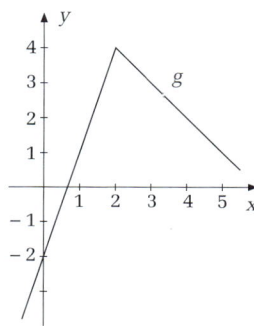

Abbildung A7.8.2b

3. (a) Stetig für alle x. (b) Stetig für alle $x \neq 1$. (c) Stetig für alle $x < 2$.
(d) Stetig für alle x. (e) Stetig für alle x, für die $x \neq \sqrt{3}-1$ und $x \neq -\sqrt{3}-1$.
(f) Stetig für alle $x > 0$.
▶ Ausführliche Lösung siehe Lösungshandbuch MyLab.

4. Siehe Abb. A7.8.4; y ist unstetig an der Stelle $x = a$, wo das Flugzeug senkrecht über der Spitze des vorspringenden Felsens ist.

5. $a = 5$. (Die Gerade $y = ax - 1$ und die Parabel $y = 3x^2 + 1$ müssen sich schneiden an der Stelle $x = 1$. Dies gilt genau dann, wenn $a = 5$.)

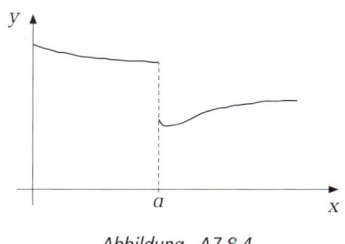

Abbildung A7.8.4

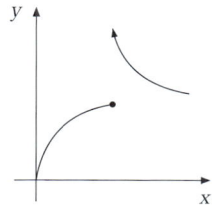

Abbildung A7.8.6

6. Siehe Abb. A7.8.6. (Dieses Beispiel zeigt, dass die häufig zu lesende Behauptung: „Wenn die inverse Funktion existiert, müssen die ursprüngliche Funktion und die inverse Funktion beide monoton sein" falsch ist. Diese Behauptung ist jedoch für eine auf einem Intervall stetige Funktion wahr.)

7.9

1. (a) A (b) A (c) B (d) 0

2. (a) -4 (b) 0 (c) 2 (d) $-\infty$ (e) ∞ (f) $-\infty$
▶ Ausführliche Lösung siehe Lösungshandbuch MyLab.

3. (a) $\dfrac{x-3}{x^2+1} = \dfrac{1/x - 3/x^2}{1 + 1/x^2} \to 0$, wenn $x \to \infty$. (b) $\sqrt{\dfrac{2+3x}{x-1}} = \sqrt{\dfrac{3 + 2/x}{1 - 1/x}} \to \sqrt{3}$,
wenn $x \to \infty$. (c) a^2

4. $\lim\limits_{x \to \infty} f_i(x) = \infty$ für $i = 1, 2, 3$; $\lim\limits_{x \to \infty} f_4(x) = 0$. Dann: (a) ∞ (b) 0 (c) $-\infty$ (d) 1
(e) 0 (f) ∞ (g) 1 (h) ∞

5. (a) $y = x - 1$ ($x = -1$ ist eine vertikale Asymptote). (b) $y = 2x - 3$
(c) $y = 3x + 5$ ($x = 1$ ist eine vertikale Asymptote). (d) $y = 5x$ ($x = 1$ ist eine
vertikale Asymptote).
▶ Ausführliche Lösung siehe Lösungshandbuch MyLab.

6. $y = Ax + A(b - c) + d$ ist eine Asymptote, da $x \to \infty$. ($x = -c$ ist keine
Asymptote, weil $x \geq 0$.)

7. (a) Weder stetig noch differenzierbar an der Stelle $x = 1$. (b) Stetig, aber nicht
differenzierbar an der Stelle $x = 2$. (c) Weder stetig noch differenzierbar an
der Stelle $x = 3$. (d) Stetig, aber nicht differenzierbar an der Stelle $x = 4$.

8. $f'(0^+) = 1$ und $f'(0^-) = 0$. Siehe Abb. A7.9.8.

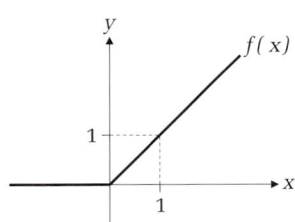

Abbildung A7.9.8

9. $f'(x) = \dfrac{3(x-1)(x+1)}{(-x^2 + 4x - 1)^2}$. Daher ist $f(x)$ monoton wachsend in $(-\infty, -1]$, in
$[1, 2 + \sqrt{3})$ und in $(2 + \sqrt{3}, \infty)$. Für ein Vorzeichen-Diagramm und weitere
Einzelheiten siehe MyLab.
▶ Ausführliche Lösung siehe Lösungshandbuch MyLab.

7.10

1. (a) Sei $f(x) = x^7 - 5x^5 + x^3 - 1$. Dann ist f stetig, $f(-1) = 2$ und $f(1) = -4$, so dass nach Theorem 7.10.1 die Gleichung $f(x) = 0$ eine Lösung in $(-1, 1)$ hat. Die Teilaufgaben (b), (c) und (d) können mit derselben Methode behandelt werden, indem man das Vorzeichen einer geeigneten Funktion in den Endpunkten eines geeigneten Intervalls untersucht.

2. Die Körpergröße einer Person ist eine stetige Funktion der Zeit (obwohl das Wachstum in zeitweiligen Schüben, manchmal über Nacht stattfindet). Der Zwischenwertsatz (und der gesunde Menschenverstand) führen zu der Schlussfolgerung.

3. Sei $f(x) = x^3 - 17$. Dann ist $f(x) = 0$ für $x = \sqrt[3]{17}$. Ferner ist $f'(x) = 3x^2$. Setzen Sie $x_0 = 2.5$. Dann ist $f(x_0) = -1.375$ und $f'(x_0) = 18.75$. Formel (7.10.1) mit $n = 0$ ergibt $x_1 = x_0 - f(x_0)/f'(x_0) = 2.5 - (-1.375)/18.75 \approx 2.573$.

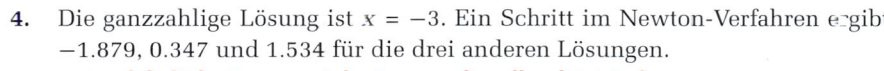

4. Die ganzzahlige Lösung ist $x = -3$. Ein Schritt im Newton-Verfahren ergibt -1.879, 0.347 und 1.534 für die drei anderen Lösungen.
    ▶ Ausführliche Lösung siehe Lösungshandbuch MyLab.

5. Die ganze Zahl, die am nächsten an einer Lösung ist, ist $x = 2$. Setzen Sie $f(x) = (2x)^x - 15$. Dann ist $f'(x) = (2x)^x [\ln(2x) + 1]$. Formel (7.10.1) mit $n = 0$ ergibt: $x_1 = x_0 - f(x_0)/f'(x_0) = 2 - f(2)/f'(2) = 2 - 1/[16(\ln 4 + 1)] \approx 1.9758$.

6. Wenn $f(x_0)$ und $f'(x_0)$ dasselbe Vorzeichen haben (wie in Abb. 7.10.2), dann impliziert (7.10.1), dass $x_1 < x_0$. Wenn sie entgegengesetzte Vorzeichen haben, gilt $x_1 > x_0$.

7.11

1. (a) $\alpha_n = \dfrac{(3/n) - 1}{2 - (1/n)} \rightarrow -\dfrac{1}{2}$ für $n \rightarrow \infty$

    (b) $\beta_n = \dfrac{1 + (2/n) - (1/n^2)}{3 - (2/n^2)} \rightarrow \dfrac{1}{3}$ für $n \rightarrow \infty$ (c) $3(-1/2) + 4(1/3) = -1/6$

    (d) $(-1/2) \cdot (1/3) = -1/6$ (e) $(-1/2) \div (1/3) = -3/2$

    (f) $\sqrt{(1/3) - (-1/2)} = \sqrt{5/6} = \sqrt{30}/6$

2. (a) Wenn $n \rightarrow \infty$, dann gilt $2/n \rightarrow 0$ und somit $5 - 2/n \rightarrow 5$.   (b) Wenn $n \rightarrow \infty$, dann gilt $\dfrac{n^2 - 1}{n} = n - 1/n \rightarrow \infty$.   (c) Wenn $n \rightarrow \infty$, dann gilt

    $\dfrac{3n}{\sqrt{2n^2 - 1}} = \dfrac{3n}{n\sqrt{2 - 1/n^2}} = \dfrac{3}{\sqrt{2 - 1/n^2}} \rightarrow \dfrac{3}{\sqrt{2}} = \dfrac{3\sqrt{2}}{2}$.

3. Für eine feste Zahl x setzen Sie $x/n = 1/m$. Dann ist $n = mx$ und für $n \rightarrow \infty$ gilt auch $m \rightarrow \infty$. Daher gilt $(1 + x/n)^n = (1 + 1/m)^{mx} = [(1 + 1/m)^m]^x \rightarrow e^x$ für $m \rightarrow \infty$.

7.12

1. (a) $\lim\limits_{x \to 3} \dfrac{3x^2 - 27}{x - 3} = \text{„}0/0\text{“} = \lim\limits_{x \to 3} \dfrac{6x}{1} = 18$, (oder verwenden Sie $3x^2 - 27 = 3(x - 3)(x + 3)$).   (b) $\lim\limits_{x \to 0} \dfrac{e^x - 1 - x - \frac{1}{2}x^2}{3x^3} = \text{„}0/0\text{“} = \lim\limits_{x \to 0} \dfrac{e^x - 1 - x}{9x^2} = \text{„}0/0\text{“} =$

    $\lim\limits_{x \to 0} \dfrac{e^x - 1}{18x} = \text{„}0/0\text{“} = \lim\limits_{x \to 0} \dfrac{e^x}{18} = \dfrac{1}{18}$ (c) $\lim\limits_{x \to 0} \dfrac{e^{-3x} - e^{-2x} + x}{x^2} = \text{„}0/0\text{“} =$

    $\lim\limits_{x \to 0} \dfrac{-3e^{-3x} + 2e^{-2x} + 1}{2x} = \text{„}0/0\text{“} = \lim\limits_{x \to 0} \dfrac{9e^{-3x} - 4e^{-2x}}{2} = \dfrac{5}{2}$

2. (a) $\lim\limits_{x\to a}\dfrac{x^2-a^2}{x-a}=\text{„}0/0\text{“}=\lim\limits_{x\to a}\dfrac{2x}{1}=2a$, (oder $x^2-a^2=(x+a)(x-a)$ verwenden).

(b) $\lim\limits_{x\to 0}\dfrac{2(1+x)^{1/2}-2-x}{2(1+x+x^2)^{1/2}-2-x}=\text{„}0/0\text{“}=\lim\limits_{x\to 0}\dfrac{(1+x)^{-1/2}-1}{(1+2x)(1+x+x^2)^{-1/2}-1}=$

$\text{„}0/0\text{“}=\lim\limits_{x\to 0}\dfrac{-\frac{1}{2}(1+x)^{-3/2}}{2(1+x+x^2)^{-1/2}+(1+2x)^2(-\frac{1}{2})(1+x+x^2)^{-3/2}}=-\dfrac{1}{3}$

3. (a) $\frac{1}{2}$ (b) 3 (c) 2 (d) $-\frac{1}{2}$ (e) $\frac{3}{8}$ (f) -2

▶ Ausführliche Lösung siehe Lösungshandbuch MyLab.

4. (a) $\lim\limits_{x\to\infty}\dfrac{\ln x}{x^{1/2}}=\text{„}\infty/\infty\text{“}=\lim\limits_{x\to\infty}\dfrac{1/x}{(1/2)x^{-1/2}}=\lim\limits_{x\to\infty}\dfrac{2}{x^{1/2}}=0$ (b) 0. (Schreiben

Sie $x\ln x=\dfrac{\ln x}{1/x}$ und wenden Sie dann die Regel von l'Hôspital an.) (c) $+\infty$.

(Schreiben Sie $xe^{1/x}-x=x(e^{1/x}-1)=(e^{1/x}-1)/(1/x)$ und wenden Sie dann die Regel von l'Hôspital an.)

5. Der zweite Bruch ist nicht „0/0“. Der korrekte Grenzwert ist 5/2.

6. $L=\lim\limits_{v\to 0^+}\dfrac{1-(1+v^\beta)^{-\gamma}}{v}=\text{„}0/0\text{“}=\lim\limits_{v\to 0^+}\dfrac{\gamma(1+v^\beta)^{-\gamma-1}\beta v^{\beta-1}}{1}$.

Wenn $\beta=1$, dann ist $L=\gamma$. Wenn $\beta>1$, dann ist $L=0$ und wenn $\beta<1$, dann ist $L=\infty$.

7. Weil $\dfrac{d}{d\rho}c^{1-\rho}=-c^{1-\rho}\ln c$, hat man $\lim\limits_{\rho\to 1}\dfrac{c^{1-\rho}-1}{1-\rho}=\text{„}0/0\text{“}=\lim\limits_{\rho\to 1}\dfrac{-c^{1-\rho}\ln c}{-1}=$ $\ln c$.

8. $\lim\limits_{x\to\infty}\dfrac{f(x)}{g(x)}=\lim\limits_{t\to 0^+}\dfrac{f(1/t)}{g(1/t)}=\text{„}0/0\text{“}=\lim\limits_{t\to 0^+}\dfrac{f'(1/t)(-1/t^2)}{g'(1/t)(-1/t^2)}=\lim\limits_{t\to 0^+}\dfrac{f'(1/t)}{g'(1/t)}=\lim\limits_{x\to\infty}\dfrac{f'(x)}{g'(x)}$

9. Beachten Sie, dass $L=\lim_{x\to x_0}\dfrac{1/g(x)}{1/f(x)}=\text{„}0/0\text{“}=\lim_{x\to x_0}\dfrac{-1/(g(x))^2}{-1/(f(x))^2}\cdot\dfrac{g'(x)}{f'(x)}=$

$L^2\cdot\lim_{x\to x_0}\dfrac{g'(x)}{f'(x)}$. ▶ Siehe MyLab für weitere Einzelheiten.

Wiederholungsaufgaben für Kapitel 7

1. (a) $y'=-5$, $y''=0$ (b) Differenzieren nach x ergibt $y^3+3xy^2y'=0$, so dass $y'=-y/3x$. Differenzieren von $y'=-y/3x$ nach x ergibt $y''=-[y'3x-3y]/9x^2=-[(-y/3x)3x-3y]/9x^2=4y/9x^2$. Da $y=5x^{-1/3}$, erhalten wir $y'=-(5/3)x^{-4/3}$ und $y''=(20/9)x^{-7/3}$. Die Antworten durch Differenzieren von $y=5x^{-1/3}$ sind dieselben. (c) $2y'e^{2y}=3x^2$, so dass $y'=(3x^2/2)e^{-2y}$. Dann ist $y''=3xe^{-2y}+\frac{1}{2}3x^2e^{-2y}(-2y')=3xe^{-2y}-\frac{1}{2}9x^4e^{-4y}$. Aus der gegebenen Gleichung $e^{2y}=x^3$ erhalten wir $2y=\ln x^3=3\ln x$, so dass $y=\frac{3}{2}\ln x$ und dann $y'=\frac{3}{2}x^{-1}$, $y''=-\frac{3}{2}x^{-2}$. Beachten Sie, dass $e^{-2y}=e^{-3\ln x}=(e^{\ln x})^{-3}=x^{-3}$ und $e^{-4y}=(e^{-2y})^2=x^{-6}$ und überprüfen Sie, dass die Antworten dieselben sind.

2. $5y^4y'-y^2-2xyy'=0$, so dass $y'=\dfrac{y^2}{5y^4-2xy}=\dfrac{y}{5y^3-2x}$. Da $y=0$ die gegebene Gleichung bedeutungslos macht, ist y' niemals 0.

3. Differenzieren nach x ergibt $3x^2 + 3y^2y' = 3y + 3xy'$. Wenn $x = y = 3/2$, dann ist $y' = -1$.

4. (a) Implizites Differenzieren ergibt (∗) $2xy + x^2y' + 9y^2y' = 0$. Einsetzen von $x = 2$ und $y = 1$ ergibt $y' = -4/13$.
   (b) Differentiation von (∗) nach x ergibt $2y + 2xy' + 2xy' + x^2y'' + 18yy'y' + 9y^2y'' = 0$. Einsetzen von $x = 2$, $y = 1$ und $y' = -4/13$ ergibt die Lösung.

5. $(1/3)K^{-2/3}L^{1/3} + (1/3)K^{1/3}L^{-2/3}(dL/dK) = 0$, so dass $dL/dK = -L/K$.

6. Differentiation nach x ergibt $y'/y + y' = -2/x - 0.4(\ln x)/x$. Auflösen nach y' ergibt $y' = \dfrac{-(2/x)(1 + \frac{1}{5}\ln x)}{1 + 1/y}$. Damit ist $y' = 0$, wenn $1 + \frac{1}{5}\ln x = 0$ d.h. $\ln x = -5$ und damit $x = e^{-5}$.

7. (a) Folgt direkt. (b) $dY/dI = f'((1 - \beta)Y - \alpha)(1 - \beta)(dY/dI) + 1$. Auflösen nach dY/dI ergibt $\dfrac{dY}{dI} = \dfrac{1}{1 - (1 - \beta)f'((1 - \beta)Y - \alpha)}$. (c) Da $f' \in (0, 1)$ und $\beta \in (0, 1)$, erhalten wir $(1 - \beta)f'((1 - \beta)Y - \alpha) \in (0, 1)$, so dass $dY/dI > 0$.

8. (a) Differenzieren nach x ergibt $2x - y - xy' + 4yy' = 0$, so dass $y' = (y - 2x)/(4y - x)$. (b) Horizontale Tangente in $(1, 2)$ und $(-1, -2)$. ($y' = 0$, wenn $y = 2x$. Setzen Sie dies in die gegbene Gleichung ein.) Vertikale Tangenten in $(2\sqrt{2}, \sqrt{2}/2) \approx (2.8, 0.7)$ und in $(-2\sqrt{2}, -\sqrt{2}/2) \approx (-2.8, -0.7)$. (Vertikale Tangente, wenn der Nenner in dem Ausdruck für y' gleich 0 ist, d.h. wenn $x = 4y$.) Siehe Abb. 7.W.2 im Aufgabenteil.

9. (a) $y' = \dfrac{2 - 2xy}{x^2 - 9y^2} = -\dfrac{1}{2}$ in $(-1, 1)$. (b) Vertikale Tangente in $(0, 0)$, $(-3, -1)$ und $(3, 1)$. (Vertikale Tangente verlangt, dass der Nenner von y' gleich 0 ist, d.h. $x = \pm 3y$. Setzen wir $x = 3y$ in die gegebene Gleichung ein, ergibt sich $y^3 = y$, so dass $y = 0$, $y = 1$ oder $y = -1$. Die zugehörigen Werte von x sind 0, 3 und -3. Wenn wir $x = -3y$ setzten, ergeben sich keine neuen Punkte.) Horizontale Tangenten ergeben sich, wenn $y' = 0$, d.h. $xy = 1$. Setzen wir jedoch $y = 1/x$ in die gegebene Gleichung ein, ergibt sich $x^4 = -3$ und dies hat keine Lösung. All diese Ergebnisse stimmen mit Abb. 7.W.3 im Aufgabenteil überein.

10. (a) $D_f = (-1, 1)$, $R_f = (-\infty, \infty)$. (b) Die Inverse ist $g(y) = (e^{2y} - 1)/(e^{2y} + 1)$ und dann ist $g'(\frac{1}{2}\ln 3) = 3/4$.
    ▶ Ausführliche Lösung siehe Lösungshandbuch MyLab.

11. (a) $f(e^2) = 2$ und $f(x) = \ln x(\ln x - 1)^2 = 0$ für $\ln x = 0$ und $\ln x = 1$, so dass $x = 1$ oder $x = e$.
    (b) $f'(x) = (3/x)(\ln x - 1)(\ln x - 1/3) > 0$ für $x > e$. Somit ist f strikt monoton wachsend in $[e, \infty)$. Es gibt deshalb eine Inverse h. Da $f(e^2) = 2$, haben wir nach (7.3.2), dass $h'(2) = 1/f'(e^2) = e^2/5$.

12. (a) $f(x) \approx \ln 4 + \frac{1}{2}x - \frac{1}{8}x^2$ (b) $g(x) \approx 1 - \frac{1}{2}x + \frac{3}{8}x^2$ (c) $h(x) \approx x + 2x^2$
    ▶ Ausführliche Lösung siehe Lösungshandbuch MyLab.

13. (a) $x\, dx/\sqrt{1 + x^2}$ (b) $8\pi r\, dr$ (c) $400K^3\, dK$ (d) $-3x^2\, dx/(1 - x^3)$

14. $df(x) = f'(x)\,dx = \dfrac{3x^2}{2\sqrt{1+x^3}}\,dx$. Ferner ist $\Delta f(2) \approx df(2) = \dfrac{3 \cdot 2^2}{2\sqrt{1+2^3}}(0.2) = 0.4$

15. Setzen Sie $x = \tfrac{1}{2}$ und $n = 5$ und verwenden Sie Formel (7.6.6). Dies ergibt $\sqrt{e} \approx 1.649$. Ein Rechner zeigt, dass dies korrekt auf drei Dezimalstellen ist.
▶ Ausführliche Lösung siehe Lösungshandbuch MyLab.

16. $y' + (1/y)y' = 1$ oder $(*)$ $yy' + y' = y$. Wenn $y = 1$, ist $y' = 1/2$. Differentiation von $(*)$ nach x ergibt $(y')^2 + yy'' + y'' = y'$. Mit $y = 1$ und $y' = 1/2$, erhalten wir $y'' = 1/8$, so dass $y(x) \approx 1 + \tfrac{1}{2}x + \tfrac{1}{16}x^2$.

17. (a) Stetig für alle $x \neq 0$. (b) Stetig für alle $x > 0$. (Beachten Sie: $x^2 + 2x + 2$ ist nie 0.) (c) Stetig für alle $x \in (-2, 2)$.

18. (a) $1 = f'(y^2)2yy'$, so dass $y' = \dfrac{1}{2yf'(y^2)}$ (b) $y^2 + x2yy' = f'(x) - 3y^2 y'$ und somit $y' = \dfrac{f'(x) - y^2}{y(2x + 3y)}$ (c) $f'(2x + y)(2 + y') = 1 + 2yy'$, so dass $y' = \dfrac{1 - 2f'(2x + y)}{f'(2x + y) - 2y}$

19. $\mathrm{El}_r(D_{\mathrm{marg}}) = -0.165$ und $\mathrm{El}_r(D_{\mathrm{mah}}) = 2.39$. Wenn das Einkommen um 1% angestiegen ist, nahm die Nachfrage nach Margarine um ungefähr 0.165% ab, während die Nachfrage nach Verpflegung außer Haus um ungefähr 2.39% zunahm.

20. (a) 5 (mit Hilfe von (7.7.3)). (b) 1/3 (mit Hilfe $\sqrt[3]{x} = x^{1/3}$ und (7.7.3)). (c) $\mathrm{El}_x(x^3 + x^5) = \dfrac{x}{x^3 + x^5}(3x^2 + 5x^4) = (5x^2 + 3)/(x^2 + 1)$ mit Hilfe von (7.7.2). Oder Alternative: Verwenden Sie Aufg. 7.7.9 (d).) (d) $2x/(x^2 - 1)$ unter Verwendung von (c) und (d) aus Aufg. 7.7.9.

21. Setzen Sie $f(x) = x^3 - x - 5$. Dann ist $f'(x) = 3x^2 - 1$. Wählt man $x_0 = 2$, ergibt Formel (7.10.1) mit $n = 1$: $x_1 = 2 - f(2)/f'(2) = 1 - 1/11 \approx 1.909$.

22. f ist stetig, $f(1) = e - 3 < 0$ und $f(4) = e^2 - 3 > 0$. Daher gibt es nach Theorem 7.10.1(i) eine Nullstelle für f in $(1, 4)$. Da $f'(x) > 0$, ist die Lösung eindeutig. Formel (7.10.1) ergibt $x_1 = 1 - f(1)/f'(1) = 1 - (e-3)/\tfrac{1}{2}e = -1 + 6/e \approx 1.21$.

23. (a) 2 (b) Geht gegen $+\infty$. (c) Es existiert kein Grenzwert. (d) $-1/6$. (e) 1/5 (f) 1/16 (g) 1 (h) $-1/16$ (i) 0
▶ Ausführliche Lösung siehe Lösungshandbuch MyLab.

24. Existiert nicht, wenn $b \neq d$. Für $b = d$ ist der Grenzwert $(a - c)/2\sqrt{b}$.
▶ Ausführliche Lösung siehe Lösungshandbuch MyLab.

25. $\lim\limits_{x \to 0} \dfrac{a^x - b^x}{e^{ax} - e^{bx}} = \text{„0/0"} = \lim\limits_{x \to 0} \dfrac{a^x \ln a - b^x \ln b}{ae^{ax} - be^{bx}} = \dfrac{\ln a - \ln b}{a - b}$

26. $x_1 = 0.9 - f(0.9)/f'(0.9) \approx 0.9247924$, $x_2 = x_1 - f(x_1)/f'(x_1) \approx 0.9279565$, $x_3 = x_2 - f(x_2)/f'(x_2) \approx 0.9280338$ und $x_4 = x_3 - f(x_3)/f'(x_3) \approx 0.9280339$. Es sieht so aus, dass die auf drei Dezimalstellen korrekte Lösung 0.928 ist.

Kapitel 8

8.1

1. (a) $f(0) = 2$ und $f(x) \leq 2$ für alle x (wir dividieren 8 durch eine Zahl, die größer oder gleich 4 ist). Damit wird $f(x)$ durch $x = 0$ maximiert. (b) $g(-2) = -3$ und $g(x) \geq -3$ für alle x, so dass $g(x)$ durch $x = -2$ minimiert wird. $g(x) \to \infty$, wenn $x \to \infty$, so dass es kein Maximum gibt. (c) $h(x)$ nimmt den größten Wert 1 an, wenn $1 + x^4$ am kleinsten ist, d.h. wenn $x = 0$. Und $h(x)$ nimmt den kleinsten Wert $1/2$ an, wenn $1 + x^4$ am größten ist, d.h. wenn $x = \pm 1$. (d) Für alle x gilt $2 + x^2 \geq 2$ und somit $2/(2 + x^2) \leq 1$, woraus folgt dass $-2/(2 + x^2) \geq -1 = F(0)$. Deshalb gibt es ein Minimum -1 an der Stelle $x = 0$, aber kein Maximum. (e) Maximum 2 an der Stelle $x = 1$. Kein Minimum. (f) Minimum 99 an der Stelle $x = 0$. Kein Maximum. (Wenn $x \to \pm\infty$, gilt $H(x) \to 100$.)

8.2

1. $y' = 1.06 - 0.08x$. Dann ist $y' \geq 0$ für $x \leq 13.25$ und $y' \leq 0$ für $x \geq 13.25$, so dass y ein Maximum an der Stelle $x = 13.25$ hat.

2. $h'(x) = \dfrac{8(2 - \sqrt{3}x)(2 + \sqrt{3}x)}{(3x^2 + 4)^2}$. Die Funktion hat ein Maximum an der Stelle $x = 2\sqrt{3}/3$ und ein Minimum an der Stelle $x = -2\sqrt{3}/3$.

   ► Ausführliche Lösung siehe Lösungshandbuch MyLab.

3. $h'(t) = 1/2\sqrt{t} - \frac{1}{2} = (1 - \sqrt{t})/2\sqrt{t}$. Wir sehen, dass $h'(t) \geq 0$ in $[0, 1]$ und $h'(t) \leq 0$ in $[1, \infty)$. Nach Teil (i) von Theorem 8.2.1 hat $h(t)$ ein Maximum an der Stelle $t = 1$.

4. $f'(x) = [4x(x^4 + 1) - 2x^2 4x^3]/(x^4 + 1)^2 = 4x(1 - x^4)/(x^4 + 1)^2$. Daraus folgt dass $f(x)$ in $[0, 1]$ monoton wachsend ist, jedoch monoton fallend in $[1, \infty)$. Damit hat f ein Maximum $f(1) = 1$ an der Stelle $x = 1$.

5. $g'(x) = 3x^2 \ln x + x^3/x = 3x^2(\ln x + \frac{1}{3})$. Somit gilt $g'(x) = 0$, wenn $\ln x = -\frac{1}{3}$, d.h. $x = e^{-1/3}$. Wir sehen, dass $g'(x) \leq 0$ in $(0, e^{-1/3}]$ und $g'(x) \geq 0$ in $[e^{-1/3}, \infty)$, so dass $x = e^{-1/3}$ die Funktion $g(x)$ minimiert. Da $g(x) \to \infty$, wenn $x \to \infty$, gibt es kein Maximum.

6. $f'(x) = 3e^x(e^{2x} - 2)$. Dann gilt $f'(x) = 0$, wenn $e^{2x} = 2$, d.h. $x = \frac{1}{2} \ln 2$. Wenn $x < \frac{1}{2} \ln 2$, dann ist $f'(x) < 0$. Wenn $x > \frac{1}{2} \ln 2$, dann ist $f'(x) > 0$. Damit ist $x = \frac{1}{2} \ln 2$ eine Minimumstelle. Beachten Sie, dass $f(x) = e^x(e^{2x} - 6)$ gegen $+\infty$ geht, wenn $x \to \infty$, so dass f kein Maximum hat.

7. $y' = xe^{-x}(2-x)$ ist positiv in $(0, 2)$ und negativ in $(2, 4)$, so dass y ein Maximum $4e^{-2} \approx 0.54$ an der Stelle $x = 2$ hat.

8. (a) $x = \frac{1}{3} \ln 2$ ist eine Minimumstelle. (b) $x = \frac{1}{3}(a + 2b)$ ist eine Maximumstelle. (c) $x = \frac{1}{5}$ ist eine Maximumstelle.

   ► Ausführliche Lösung siehe Lösungshandbuch MyLab.

9. Hier ist $d'(x) = 2(x - a_1) + 2(x - a_2) + \cdots + 2(x - a_n) = 2[nx - (a_1 + a_2 + \cdots + a_n)]$. Somit ist $d'(x) = 0$ für $x = \overline{x}$, wobei $\overline{x} = \frac{1}{n}(a_1 + a_2 + \cdots + a_n)$ das *arithmetische Mittel* von $a_1, a_2, \ldots, a_n$. Da $d''(x) = 2n > 0$, ist $\overline{x}$ eine Minimumstelle für $d(x)$.

10. (a) $x_0 = (1/\alpha)\ln(A\alpha/k)$. (b) Einsetzen für A in den Ausdruck für x_0 ergibt die optimale Höhe als eine Funktion von p_0, V, δ und k. ▶ Siehe MyLab.

8.3

1. (a) $\pi(L) = 320\sqrt{L} - 40L$, so dass $\pi'(L) = \dfrac{160}{\sqrt{L}} - 40 = \dfrac{40(4 - \sqrt{L})}{\sqrt{L}}$. Wir sehen, dass $\pi'(L) \geq 0$ für $0 \leq L \leq 16$, $\pi'(16) = 0$ und $\pi'(L) \leq 0$ für $L \geq 16$, so dass $L = 16$ den Gewinn maximiert. (b) Die Gewinnfunktion ist $\pi(L) = f(L) - wL$, so dass die Bedingung erster Ordnung $\pi'(L^*) = f'(L^*) - w = 0$ ist. (c) Die Bedingung erster Ordnung in (b) definiert L^* als Funktion von w. Differentiation nach w ergibt: $f''(L^*)(dL^*/dw) - 1 = 0$ oder $(dL^*/dw) = 1/f''(L^*) < 0$. (Wenn der Preis für Arbeit steigt, fällt der optimale Arbeitsinput.)

2. (a) $Q^* = \frac{1}{2}(a - k)$, $\pi(Q^*) = \frac{1}{4}(a - k)^2$ (b) $d\pi(Q^*)/dk = -\frac{1}{2}(a - k) = -Q^*$ (c) $s = a - k$
▶ Ausführliche Lösung siehe Lösungshandbuch MyLab.

3. Siehe Abb. A8.3.3a und A8.3.3b. Man braucht $x < 9$, um zu vermeiden, dass alles weggeschnitten wird. Differenzieren von V ergibt $V'(x) = 12(x - 3)(x - 9)$. Somit ist $V'(x) > 0$, wenn $x < 3$, aber $V'(x) < 0$, wenn $3 < x < 9$. Theorem 8.2.1 impliziert, dass die Box maximales Volumen hat, wenn das Quadrat, das aus jeder Ecke ausgeschnitten wird, die Seitenlänge 3 cm hat. Dann ist das Volumen $12 \cdot 12 \cdot 3 = 432 \text{cm}^3$.

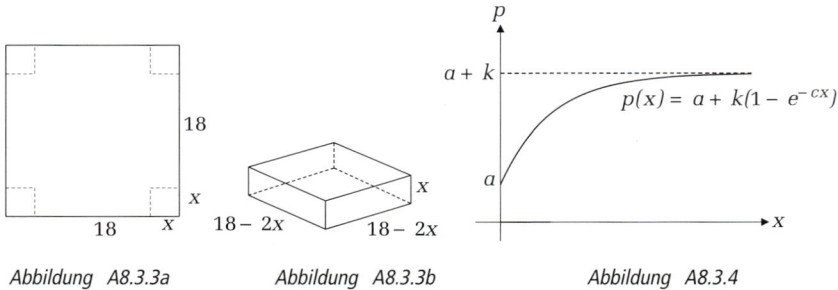

Abbildung A8.3.3a   Abbildung A8.3.3b   Abbildung A8.3.4

4. $p'(x) = kce^{-cx}$ und $p''(x) = -kc^2e^{-cx}$. Es existiert kein Maximum und $p(x) \to a + k$, wenn $x \to \infty$. Siehe Abb. A8.3.4.

5. $\overline{T}'(w) = a\dfrac{pb(bw + c)^{p-1}w - (bw + c)^p}{w^2} = a(bw + c)^{p-1}\dfrac{bw(p - 1) - c}{w^2}$. Dies ist 0 für $w^* = c/b(p - 1)$. Dies muss eine Minimumstelle sein, weil $\overline{T}'(w)$ negativ ist für $w < w^*$ und positiv für $w > w^*$.

Kapitel 3

8.4

1. $f'(x) = 8x - 40 = 0$ für $x = 5$. Es gilt: $f(0) = 80$, $f(5) = -20$ und $f(8) = 16$. Maximum 80 für $x = 0$. Minimum -20 für $x = 5$. Siehe Abb. A8.4.1.

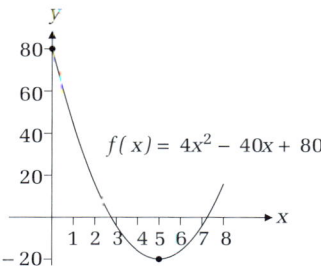

$$f(x) = 4x^2 - 40x + 80$$

Abbildung A8.4.1

2. (a) Max. -1 an der Stelle $x = 0$. Min. -7 an der Stelle $x = 3$. (b) Max. 10 an den Stellen $x = -1$ und $x = 2$. Min. 6 an der Stelle $x = 1$. (c) Max. $5/2$ an den Stellen $x = 1/2$ und $x = 2$. Min. 2 an der Stelle $x = 1$. (d) Max. 4 an der Stelle $x = -1$. Min. $-6\sqrt{3}$ an der Stelle $x = \sqrt{3}$. (e) Max. $4.5 \cdot 10^9$ an der Stelle $x = 3000$. Min. 0 an der Stelle $x = 0$.

   ▶ Ausführliche Lösung siehe Lösungshandbuch MyLab.

3. $g'(x) = \frac{2}{5}xe^{x^2}(1 - e^{2-2x^2})$. Stationäre Stellen: $x = 0$ und $x = \pm 1$. Hier ist $x = 2$ eine Maximumstelle, während $x = 1$ und $x = -1$ Minimumstellen sind. (Beachten Sie, dass $g(2) = \frac{1}{5}(e^4 + e^{-2}) > g(0) = \frac{1}{5}(1 + e^2)$.)

4. (a) Die Provision ist 4819, 4900 bzw. 4800 Euro und $C = \frac{1}{10}(60+x)(800-10x) = 4800 + 20x - x^2$, $x \in [0, 20]$. (Wenn es $60 + x$ Passagiere gibt, verdient die Chartergesellschaft $800 - 10x$ von jedem, so dass sie $(60 + x)(800 - 10x)$ Euro verdient. Der Sportverein verdient 1/10 dieses Betrages.) (b) Die quadratische Funktion C hat ihr Maximum für $x = 10$, so dass die maximale Provision mit 70 Reisenden erreicht wird.

5. (a) $f(x) = \ln x(\ln x - 1)^2$, $f(e^{1/3}) = 4/27$, $f(e^2) = 2$, $f(e^3) = 12$. Nullstellen: $x = 1$ und $x = e$.
   (b) $f'(x) = (3/x)(\ln x - 1)(\ln x - 1/3)$. Minimum 0 für $x = 1$ und für $x = e$. Maximum 12 für $x = e^3$.
   (c) $f'(x) > 0$ in $[e, e^3]$, so dass $f(x)$ eine Inverse hat. $g'(2) = 1/f'(e^2) = e^2/5$

6. (a) $x^* = 3/2$ (b) $x^* = \sqrt{2}/2$ (c) $x^* = \sqrt{12}$ (d) $x^* = \sqrt{3}$
   ▶ Ausführliche Lösung siehe Lösungshandbuch MyLab.

7. Es gibt wenigstens einen Punkt, in dem Sie in die Richtung der Verbindungslinie von A nach B segeln müssen (selbst dann, wenn diese Gerade die Küste schneidet).

8. f ist nicht stetig in $x = -1$ und $x = 1$. Es gibt kein Maximum, weil $f(x)$ beliebig nahe an 1 ist, wenn x hinreichend nah an 1 ist. Aber es gibt keinen Wert von x mit $f(x) = 1$. Genauso gibt es kein Minimum.

9. f hat ein Maximum für $x = 1$ und ein Minimum in allen $x > 1$. (Zeichnen Sie den Graphen.) Die Funktion ist jedoch unstetig in $x = 1$ und ihr Definitionsbereich ist weder abgeschlossen noch beschränkt.

8.5

1. $\pi(Q) = 10Q - \frac{1}{1000}Q^2 - (5000 + 2Q) = 8Q - \frac{1}{1000}Q^2 - 5000$. Da $\pi'(Q) = 8 - \frac{1}{500}Q = 0$ für $Q = 4000$ und $\pi''(Q) = -\frac{1}{500} < 0$, maximiert $Q = 4000$ den Gewinn.

2. (a) Siehe Abb. A8.5.2. (b) (i) Die Bedingung ist $\pi(Q) \geq 0$ und $Q \in [0, 50]$, d. h. $-Q^2 + 70Q - 900 \geq 0$ und $Q \in [0, 50]$. Das Unternehmen muss mindestens $Q_0 = 35 - 5\sqrt{13} \approx 17$ Einheiten herstellen. (ii) Der Gewinn wird maximiert, wenn $Q^* = 35$.

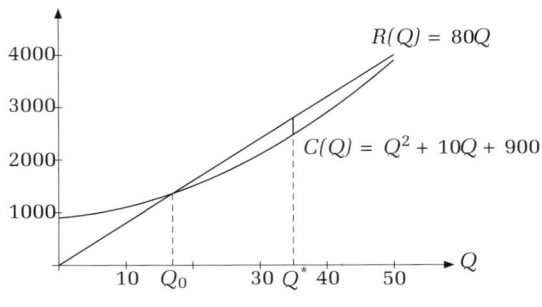

Abbildung A8.5.2

3. Gewinnfunktion: $\pi(x) = -0.003x^2 + 120x - 500\,000$ und dies wird maximiert für $x = 20\,000$.

4. (i) $Q^* = 450$ (ii) $Q^* = 550$ (iii) $Q^* = 0$
▶ Ausführliche Lösung siehe Lösungshandbuch MyLab.

5. (a) $\pi(Q) = QP(Q) - C(Q) = -0.01Q^2 + 14Q - 4500$. Dies wird maximiert für $Q = 700$.
(b) $\mathrm{El}_Q P(Q) = (Q/P(Q))P'(Q) = Q/(Q - 3000) = -1$ für $Q^* = 1500$.
(c) $R(Q) = QP(Q) = 18Q - 0.006Q^2$, so dass $R'(Q) = 18 - 0.012Q = 0$ für $Q^* = 1500$.

6. $\pi'(Q) = P - abQ^{b-1} = 0$, wenn $Q^{b-1} = P/ab$, d.h. $Q = (P/ab)^{1/(b-1)}$. Ferner ist $\pi''(Q) = -ab(b-1)Q^{b-2} < 0$ für alle $Q > 0$, so dass dies eine Maximumstelle ist.

8.6

1. $f'(x) = 3x^2 - 12 = 0$ für $x = \pm 2$. Ein Vorzeichendiagramm zeigt, dass $x = 2$ eine lokale Minimumstelle und $x = -2$ eine lokale Maximumstelle ist. Da $f''(x) = 6x$, wird dies durch Theorem 8.6.2 bestätigt.

2. (a) Keine lokalen Extrema. (b) Lokales Maximum 10 an der Stelle $x = -1$. Lokales Minimum 6 an der Stelle $x = 1$. (c) Lokales Maximum -2 an der

Stelle $x = -1$. Lokales Minimum 2 an der Stelle $x = 1$.   (d) Lokales Maximum $6\sqrt{3}$ an der Stelle $x = -\sqrt{3}$. Lokales Minimum $-6\sqrt{3}$ an der Stelle $x = \sqrt{3}$. (e) Kein lokales Maximum. Lokales Minimum $1/2$ an der Stelle $x = 3$.   (f) Lokales Maximum 2 an der Stelle $x = -2$. Lokales Minimum -2 an der Stelle $x = 0$.

▶ Ausführliche Lösung siehe Lösungshandbuch MyLab.

3. (a) $D_f = [-6, 0) \cup (0, \infty)$; $f(x) > 0$ in $(-6, -2) \cup (0, \infty)$.   (b) Lokales Maximum $\frac{1}{2}\sqrt{2}$ für $x = -4$. Lokale Minima $(8/3)\sqrt{3}$ für $x = 6$ und 0 für $x = -6$ (wo $f'(x)$ nicht definiert ist).   (c) $f(x) \to -\infty$ für $x \to 0^-$, $f(x) \to \infty$ für $x \to 0^+$. $f(x) \to \infty$ für $x \to \infty$ und $f'(x) \to 0$ für $x \to \infty$. f nimmt weder ein Maximum noch ein Minimum an.

▶ Ausführliche Lösung siehe Lösungshandbuch MyLab.

4. Betrachten Sie die Stelle a. Da der Graph $f'(x)$ zeigt, sehen wir, dass $f'(x) < 0$ links von a, $f'(a) = 0$ und $f'(x) > 0$ rechts von a, so dass a eine lokale Minimumstelle ist. In den Stellen b und e ist $f'(x) > 0$ auf beiden Seiten dieser Stellen, so dass sie keine Extremstellen sein können. An der Stelle c hat f ein lokales Maximum und d ist eine lokale Minimumstelle.

5. (a) $f'(x) = 3x^2 + 2ax + b$, $f''(x) = 6x + 2a$. Somit verlangt $f'(0) = 0$, dass $b = 0$. Und $f''(0) \geq 0$ verlangt $a \geq 0$. Wenn $a = 0$ und $b = 0$, ist $f(x) = x^3 + c$ und dies hat kein lokales Minimum für $x = 0$. Daher hat f genau dann ein lokales Minimum in 0, wenn $a > 0$ und $b = 0$.   (b) $f'(1) = 0$ und $f'(3) = 0$ verlangen $3 + 2a + b = 0$ und $27 + 6a + b = 0$, woraus $a = -6$ und $b = 9$ folgt.

6. (a) $f'(x) = x^2 e^x (3 + x)$. Verwenden Sie ein Vorzeichendiagramm, um zu zeigen, dass $x = -3$ eine lokale (und globale) Minimumstelle ist. Es gibt keine lokalen Maximumstellen. ($x = 0$ ist eine Wendestelle (siehe Kap. 8.7).   (b) $g'(x) = x 2^x (2 + x \ln 2)$. Dann ist $x = 0$ eine lokale Minimumstelle und $x = -2/\ln 2$ eine lokale Maximumstelle.

7. Es ist leicht zu sehen, dass $f(x) \to \infty$, wenn $x \to \infty$ und $f(x) \to -\infty$, wenn $x \to -\infty$, so dass nach dem Zwischenwertsatz $f(x) = 0$ für wenigstens ein x. Wenn $a \geq 0$, dann gilt $f'(x) > 0$ für alle $x \neq 0$, so dass f strikt monoton wachsend ist im gesamten Definitionsbereich und die Gleichung $f(x) = 0$ kann nicht mehr als eine Lösung haben. Wenn $a < 0$, dann ist $f'(0) < 0$ und der Graph von f hat ungefähr die Gestalt wie der Graph in Abb. 4.7.4. Dann hat f eine lokale Maximumstelle und eine lokale Minimumstelle und es ist leicht zu sehen, dass der Graph die x-Achse in drei verschiedenen Stellen schneidet genau dann, wenn das lokale Maximum größer als Null und das lokale Minimum kleiner als Null ist. Bestimmen Sie Ausdrücke für diese zwei lokalen Extremwerte und bestimmen Sie dann ein Kriterium dafür, dass sie verschiedene Vorzeichen haben.

▶ Ausführliche Lösung siehe Lösungshandbuch MyLab.

8.7

1. (a) $f'(x) = 3x^2 + 3x - 6 = 3(x - 1)(x + 2)$, so dass $x = -2$ und $x = 1$ stationäre Stellen sind. Ein Vorzeichendiagramm zeigt, dass f in $(-\infty, -2]$ und in $[1, \infty)$

monoton wachsend ist.   (b) $f''(x) = 6x+3 = 0$ für $x = -1/2$ und $f''(x)$ wechselt das Vorzeichen an der Stelle $x = -1/2$, so dass dies eine Wendestelle ist.

2. (a) $f''(x) = 2x(x^2 - 3)/(1 + x^2)^3$. Die Funktion f ist konvex in $[-\sqrt{3}, 0]$ und in $[\sqrt{3}, \infty)$. Wendestellen: $x = -\sqrt{3}, 0, \sqrt{3}$.
(b) $g''(x) = 4(1 + x)^{-3} > 0$, wenn $x > -1$, so dass g (strikt) konvex in $(-1, \infty)$ ist. Keine Wendestellen.
(c) $h''(x) = (2 + x)e^x$, so dass h konvex in $[-2, \infty)$ ist. Und $x = -2$ ist eine Wendestelle.

3. (a) $x = -1$ ist eine lokale (und globale) Maximumstelle, $x = 0$ ist eine Wendestelle.
(b) $x = 1$ ist eine lokale (und globale) Minimumstelle, $x = 2$ ist eine Wendestelle.   (c) $x = 3$ ist eine lokale Maximumstelle, $x = 0$, $3 - \sqrt{3}$ und $3 + \sqrt{3}$ sind Wendestellen.   (d) $x = \sqrt{e}$ ist eine lokale (und globale) Maximumstelle, $x = e^{5/6}$ ist eine Wendestelle.   (e) $x = 0$ ist eine lokale (und globale) Minimumstelle, $x = -\ln 2$ ist eine Wendestelle.   (f) $x = -\sqrt{2}$ ist eine lokale Minimumstelle, $x = \sqrt{2}$ ist eine lokale Maximumstelle, $x = 1 - \sqrt{3}$ und $x = 1 + \sqrt{3}$ sind Wendestellen.

▶ Ausführliche Lösung siehe Lösungshandbuch MyLab.

4. (a) Für $x > 0$ gilt $R = p\sqrt{x}$, $C = wx + F$ und $\pi(x) = p\sqrt{x} - wx - F$.
(b) $\pi'(x) = 0$, wenn $w = p/2\sqrt{x}$. (Grenzkosten = Preis mal Grenzproduktion.) Es folgt $x = p^2/4w^2$. Ferner ist $\pi''(x) = -\frac{1}{4}px^{-3/2} < 0$ für alle $x > 0$, so dass der Gewinn über $(0, \infty)$ maximiert wird. Wenn $x = p^2/4w^2$, ist $\pi = p^2/2w - p^2/4w - F = p^2/4w - F$. Somit ist dies ein Gewinnmaximum, wenn $F \leq p^2/4w$; sonst ist es besser, die Produktion nicht zu starten und $x = 0$ zu wählen.

5. $x = -2$ und $x = 4$ sind Minimumstellen, während $x = 2$ eine (möglicherweise lokale) Maximumstelle ist. Ferner sind $x = 0$, $x = 1$, $x = 3$ und $x = 5$ Wendestellen.

6. $a = -2/5$, $b = 3/5$ ($f(-1) = 1$ ergibt $-a + b = 1$. Ferner ist $f'(x) = 3ax^2 + 2bx$ und $f''(x) = 6ax + 2b$, so dass $f''(1/2) = 0$ zu $3a + 2b = 0$ führt.)

7. $C''(x) = 6ax+2b$, so dass $C(x)$ konkav in $[0, -b/3a]$ und konvex in $[-b/3a, \infty)$ ist. Somit ist $x = -b/3a$ ist die Wendestelle.

8. Siehe Abb. A8.7.8. Verwenden Sie die allgemeinere Definition (8.7.2).

Wiederholungsaufgaben für Kapitel 8

1. (a) $f'(x) = \dfrac{4x}{(x^2 + 2)^2}$. Daher ist $f(x)$ monoton fallend für $x \leq 0$ und monoton wachsend für $x \geq 0$.   (b) $f''(x) = \dfrac{4(2 - 3x^2)}{(x^2 + 2)^3}$. Wendestellen in $x = \pm\frac{1}{3}\sqrt{6}$.
(c) $f(x) \to 1$ für $x \to \pm\infty$. Siehe Abb. A8.W.1.

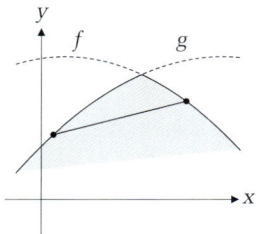

Abbildung A8.7.8

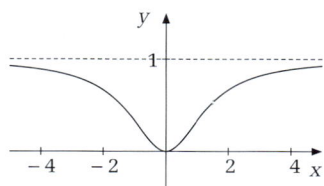

Abbildung A8.W.1

2. (a) $Q'(L) = 3L(8 - \frac{1}{20}L) = 0$ für $L = 160$ und $Q(L)$ ist monoton wachsend in $[0, 160]$, monoton fallend in $[160, 200]$, so dass $Q(L)$ durch $Q^* = 160$ maximiert wird. (b) Der Output pro Arbeitskraft ist $Q(L)/L = 12L - \frac{1}{20}L^2$ und diese quadratische Funktion hat ein Maximum für $L^* = 120$. Und: $Q'(120) = Q(120)/120 = 720$. Allgemein gilt (siehe Beispiel 6.7.6), $(d/dL)(Q(L)/L) = (1/L)(Q'(L) - Q(L)/L)$. Wenn $L > 0$ den Output pro Arbeitskraft maximiert, so muss gelten $Q'(L) = Q(L)/L$.

3. Wenn die Seite parallel zum Fluss y ist und die andere Seite x, dann ist $2x + y = 1000$, so dass $y = 1000 - 2x$. Die eingeschlossene Fläche ist $xy = 1000x - 2x^2$ und diese quadratische Funktion hat ein Maximum, wenn $x = 250$ und damit $y = 500$.

4. (a) $\pi = -0.0016Q^2 + 44Q - 0.0004Q^2 - 8Q - 64\,000 = -0.002Q^2 + 36Q - 64\,000$ und $Q = 9000$ maximiert π. (b) $\mathrm{El}_Q C(Q) = \dfrac{Q}{C(Q)} C'(Q) = \dfrac{0.0008Q^2 + 8Q}{0.0004Q^2 + 8Q + 64\,000} \approx 0.12$, wenn $Q = 1000$. Dies bedeutet: Wenn Q von 1000 aus um 1% ansteigt, werden die Kosten um ungefähr 0.12% ansteigen.

5. Der Gewinn als Funktion von Q ist $\pi(Q) = PQ - C = (a - bQ^2)Q - \alpha + \beta Q = -bQ^3 + (a+\beta)Q - \alpha$. Dann ist $\pi'(Q) = -3bQ^2 + a + \beta$, was 0 ist für $Q^2 = (a+\beta)/3b$ und somit $Q = \sqrt{(a+\beta)/3b}$. Dieser Wert von Q maximiert den Gewinn, weil $\pi''(Q) = -6bQ \le 0$ für alle $Q \ge 0$.

6. (a) g ist definiert für $x > -1$. (b) $g'(x) = 1 - 2/(x+1) = (x-1)/(x+1)$, $g''(x) = 2/(x+1)^2$. (c) Da $g'(x) < 0$ in $(-1, 1)$, $g'(1) = 0$ und $g'(x) > 0$ in $(1, \infty)$, ist $x = 1$ eine (globale) Minimumstelle. Da $g''(x) > 0$ für alle $x > -1$, ist die Funktion g konvex und es gibt keine Wendestellen. Wenn $x \to (-1)^-$, gilt $g(x) \to \infty$. Wenn $x \to \infty$, gilt $g(x) \to \infty$. Siehe Abbildung A8.W.6.

7. (a) $D_f = (-1, \infty)$. (b) Ein Vorzeichendiagramm zeigt, dass $f'(x) \ge 0$ in $(-1, 1]$ und $f'(x) \le 0$ in $[1, \infty)$. Daher ist $x = 1$ eine Maximumstelle. f hat kein Minimum. $f''(x) = \dfrac{-x(x^2 + x - 1)}{(x+1)^2} = 0$ für $x = 0$ und $x = \frac{1}{2}(\sqrt{5} - 1)$. (Der Punkt $x = \frac{1}{2}(-\sqrt{5} - 1)$ ist außerhalb des Definitionsbereiches.) Da $f''(x)$ an diesen beiden Stellen, $x = 0$ und $x = \frac{1}{2}(\sqrt{5} - 1)$, das Vorzeichen wechselt, sind es Wendestellen. (c) $f(x) \to -\infty$, wenn $x \to (-1)^+$. Siehe Abbildung A8.W.7.

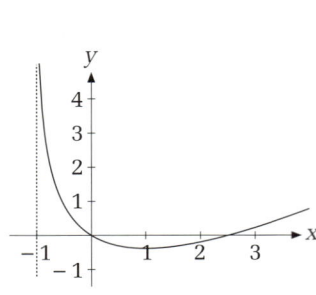

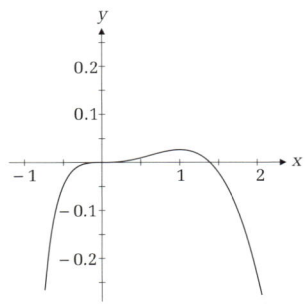

Abbildung A8.W.6   *Abbildung A8.W.7*

8. (a) h ist monoton wachsend in $(-\infty, \frac{1}{2}\ln 2]$ und monoton fallend in $[\frac{1}{2}\ln 2, \infty)$. Daher hat h ein (globales) Maximum für $x = \frac{1}{2}\ln 2 = \ln\sqrt{2}$. Sie hat kein Minimum. (b) h ist strikt monoton wachsend in $(-\infty, 0]$ (mit Wertebereich $(0, 1/3]$) und hat deshalb eine Inverse. Die Inverse ist $h^{-1}(y) = \ln(1 - \sqrt{1 - 8y^2}) - \ln(2y)$.
▶ Siehe Abbildung CWS8.W.8 in MyLab.

9. (a) $f'(x) = 4e^{4x} + 8e^x - 32e^{-2x}$, $f''(x) = 16e^{4x} + 8e^x + 64e^{-2x}$ (b) $f'(x) = 4e^{-2x}(e^{3x} + 4)(e^{3x} - 2)$, so dass $f(x)$ monoton fallend in $(-\infty, \frac{1}{3}\ln 2]$ und monoton wachsend in $[\frac{1}{3}\ln 2, \infty)$ ist. $f''(x) > 0$ für alle x, so dass f strikt konvex ist. (c) $\frac{1}{3}\ln 2$ ist eine (globale) Minimumstelle. Es existiert kein Maximum, weil $f(x) \to \infty$, wenn $x \to \infty$.

10. (a) D_f ist die Menge aller $x \neq \pm\sqrt{a}$. Also ist $f(x)$ positiv in $(-\sqrt{a}, 0)$ und in $(\sqrt{a}, \infty)$. Der Graph ist symmetrisch um den Ursprung, weil $f(-x) = -f(x)$. Siehe am Ende von Kap. 5.2. (b) $f(x)$ ist monoton wachsend in $(-\infty, -\sqrt{3a})$ und in $(\sqrt{3a}, \infty)$, monoton fallend in $(-\sqrt{3a}, -\sqrt{a})$, in $(-\sqrt{a}, \sqrt{a})$ und in $(\sqrt{a}, \sqrt{3a})$. Es folgt: $x = -\sqrt{3a}$ ist eine lokale Maximumstelle und $x = \sqrt{3a}$ ist eine lokale Minimumstelle. (c) Wendestellen: $-3\sqrt{a}$, 0 und $3\sqrt{a}$.
▶ Ausführliche Lösung siehe Lösungshandbuch MyLab.

11. $x = \sqrt{3}$ ist eine Maximumstelle, $x = -\sqrt{3}$ ist eine Minimumstelle und $x = 0$ ist eine Wendestelle. Siehe Abb. A8.W.11.
▶ Ausführliche Lösung siehe Lösungshandbuch MyLab.

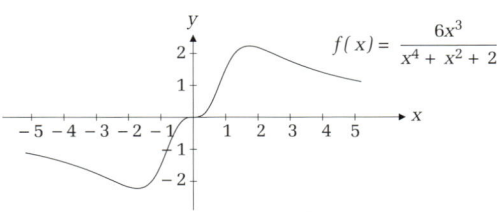

Abbildung A8.W.11

Kapitel 9

9.1

1. (a) $\frac{1}{14}x^{14} + C$ (b) $\frac{2}{5}x^2\sqrt{x} + C$. $(x\sqrt{x} = x \cdot x^{1/2} = x^{3/2}.)$ (c) $2\sqrt{x} + C$. $(1/\sqrt{x} =$ $x^{-1/2}.)$ (d) $\frac{8}{15}x^{\frac{15}{8}} + C$. $(\sqrt{x\sqrt{x\sqrt{x}}} = \sqrt{x\sqrt{x^{3/2}}} = \sqrt{x \cdot x^{3/4}} = \sqrt{x^{7/4}} = x^{7/8}.)$

    (e) $-e^{-x} + C$ (f) $4e^{\frac{1}{4}x} + C$ (g) $-\frac{3}{2}e^{-2x} + C$ (h) $(1/\ln 2)2^x + C$

2. (a) $C(x) = \frac{3}{2}x^2 + 4x + 40$. $(C(x) = \int(3x + 4)\,dx = \frac{3}{2}x^2 + 4x + C$. $C(0) = 40$ ergibt $C = 40.)$ (b) $C(x) = \frac{1}{2}ax^2 + bx + C_0$

3. (a) $\frac{1}{4}t^4 + t^2 - 3t + C$ (b) $\frac{1}{3}(x-1)^3 + C$ (c) $\frac{1}{3}x^3 + \frac{1}{2}x^2 - 2x + C$ (d) $\frac{1}{4}(x+2)^2 + C$

    (e) $\frac{1}{3}e^{3x} - \frac{1}{2}e^{2x} + e^x + C$ (f) $\frac{1}{3}x^3 - 3x + 4\ln|x| + C$

    ▶ Ausführliche Lösung siehe Lösungshandbuch MyLab.

4. (a) $\frac{2}{5}y^2\sqrt{y} - \frac{8}{3}y\sqrt{y} + 8\sqrt{y} + C$ (b) $\frac{1}{3}x^3 - \frac{1}{2}x^2 + x - \ln|x+1| + C$.

    (*Hinweis:* $x^3/(x+1) = x^2 - x + 1 - 1/(x+1).$)   (c) $\frac{1}{32}(1 + x^2)^{16} + C$

5. (a) und (b): Differenzieren Sie die rechte Seite und überprüfen Sie, dass Sie den Integranden erhalten haben. (Für (a) siehe auch Aufgabe 9.5.5.)

6. Siehe Abb. A9.1.6. $f'(x) = A(x+1)(x-3)$ (da $f'(x)$ gleich 0 ist für $x = -1$ und für $x = 3$). Ferner ist $f'(1) = -1$. Dies impliziert, dass $A = 1/4$, so dass $f'(x) = \frac{1}{4}(x+1)(x-3) = \frac{1}{4}x^2 - \frac{1}{2}x - \frac{3}{4}$. Integration ergibt $f(x) = \frac{1}{12}x^3 - \frac{1}{4}x^2 - \frac{3}{4}x + C$. Da $f(0) = 2$, ist $C = 2$.

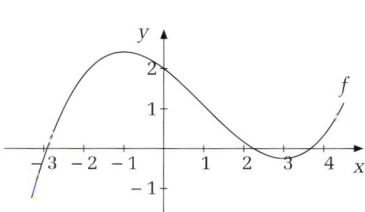

Abbildung A9.1.6

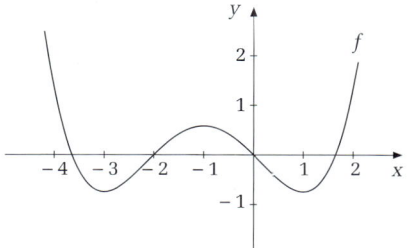

Abbildung A9.1.7

7. Der Graph von $f'(x)$ in Abb. 9.1.2 kann der einer kubischen Funktion sein mit Nullstellen in -3, -1 und 1 und mit $f'(0) = -1$. Somit ist $f'(x) = \frac{1}{3}(x + 3)(x+1)(x-1) = \frac{1}{3}x^3 + x^2 - \frac{1}{3}x - 1$. Wenn $f(0) = 0$ ist, ergibt die Integration $f(x) = \frac{1}{12}x^4 + \frac{1}{3}x^3 - \frac{1}{6}x^2 - x$. Abb. A9.1.7 zeigt den Graphen von diesem f.

8. Differenzieren Sie die rechte Seite und überprüfen Sie, dass Sie den Integranden erhalten haben.

9. (a) Differenzieren Sie die rechte Seite. (Wenn wir Integration durch Substitution in Kap. 9.6 kennengelernt haben, wird dies eine einfache Aufgabe sein.) (b) (i) $\frac{1}{10}(2x + 1)^5 + C$ (ii) $\frac{2}{3}(x+2)^{3/2} + C$ (iii) $-2\sqrt{4-x} + C$

    (c) (i) $F(x) = \int\left(\frac{1}{2}e^x - 2x\right)dx = \frac{1}{2}e^x - x^2 + C$ und $F(0) = \frac{1}{2}$ impliziert $C = 0$.

    (ii) $F(x) = \int(x - x^3)\,dx = \frac{1}{2}x^2 - \frac{1}{4}x^4 + C$ und $F(1) = \frac{5}{12}$ impliziert $C = \frac{1}{6}$.

10. Die allgemeine Form für f' ist $f'(x) = \frac{1}{3}x^3 + A$, so dass die für f gleich $f(x) = \frac{1}{12}x^4 + Ax + B$ ist. Wenn wir verlangen, dass $f(0) = 1$ und $f'(0) = -1$, dann ist $B = 1$ und $A = -1$, so dass $f(x) = \frac{1}{12}x^4 - x + 1$.

11. $f(x) = -\ln x + \frac{1}{20}x^5 + x^2 - x - \frac{1}{20}$

    ▶ Ausführliche Lösung siehe Lösungshandbuch MyLab.

9.2

1. (a) $A = \int_0^1 x^3\, dx = \left|\begin{smallmatrix}1\\0\end{smallmatrix}\frac{1}{4}x^4 = \frac{1}{4}1^4 - \frac{1}{4}0^4 = \frac{1}{4}\right.$. (b) $A = \int_0^1 x^{10}\, dx = \left|\begin{smallmatrix}1\\0\end{smallmatrix}\frac{1}{11}x^{11} = \frac{1}{11}\right.$

2. (a) $\int_0^2 3x^2\, dx = \left|\begin{smallmatrix}2\\0\end{smallmatrix}x^3 = 8\right.$ (b) $1/7$ (c) $e - 1/e$. (Siehe die schraffierte Fläche in Abb. A9.2.2.) (d) $9/10$

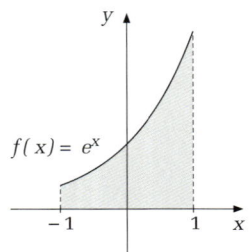

Abbildung A9.2.2

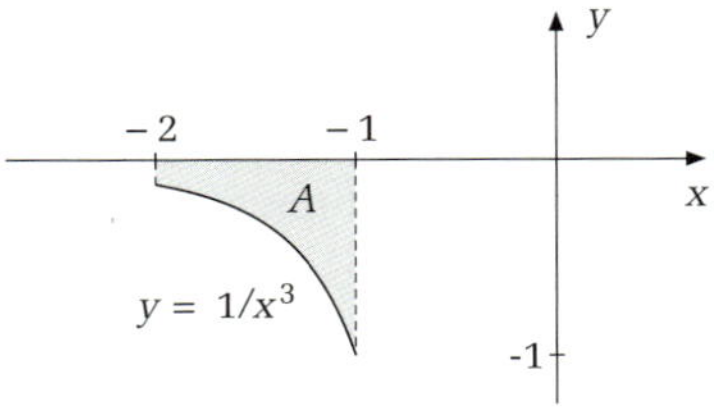

Abbildung A9.2.3

3. Siehe Abb. A9.2.3. $A = -\int_{-2}^{-1} x^{-3}\, dx = -\left|\begin{smallmatrix}-1\\-2\end{smallmatrix}\left(-\frac{1}{2}\right)x^{-2} = -\left[-\frac{1}{2} - \left(-\frac{1}{8}\right)\right] = \frac{3}{8}\right.$

4. $A = \frac{1}{2}\int_{-1}^1 (e^x + e^{-x})\, dx = \frac{1}{2}\left|\begin{smallmatrix}1\\-1\end{smallmatrix}(e^x - e^{-x}) = e - e^{-1}\right.$

5. (a) $\int_0^1 x\, dx = \left|\begin{smallmatrix}1\\0\end{smallmatrix}\frac{1}{2}x^2 = \frac{1}{2}\right.$ (b) $16/3$ (c) $5/12$ (d) $-12/5$ (e) $41/2$

    (f) $\ln 2 + 5/2$

    ▶ Ausführliche Lösung siehe Lösungshandbuch MyLab.

6. (a) $f'(x) = 3x^2 - 6x + 2 = 0$ für $x_0 = 1 - \frac{1}{3}\sqrt{3}$ und $x_1 = 1 + \frac{1}{3}\sqrt{3}$, so dass $f(x)$ monoton steigend ist in $(-\infty, x_0)$ und in (x_1, ∞). (b) Siehe Abb. A9.2.6. Die schraffierte Fläche ist $\frac{1}{4}$.

    ▶ Ausführliche Lösung siehe Lösungshandbuch MyLab.

7. (a) $f'(x) = -1 + 3\,000\,000/x^2 = 0$ für $x = \sqrt{3\,000\,000} = 1000\sqrt{3}$. (Beachten Sie, dass $x > 0$.) Der Gewinn wird maximiert für $x = 1000\sqrt{3}$. Siehe Abb. A9.2.7.

    (b) $I = \frac{1}{2000}\left|\begin{smallmatrix}3000\\1000\end{smallmatrix}\left(4000x - \frac{1}{2}x^2 - 3\,000\,000\ln x\right) = 2000 - 1500\ln 3 \approx 352\right.$

8. (a) $6/5$ (b) $26/3$ (c) $\alpha(e^\beta - 1)/\beta$ (d) $-\ln 2$

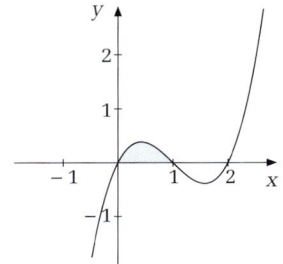

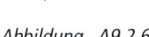

Abbildung A9.2.6

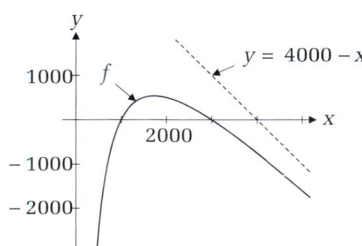

Abbildung A9.2.7

9.3

1. (a) $\left.\right|_0^5\left(\frac{1}{2}x^2+\frac{1}{3}x^3\right)=325/6$ (b) 0 (c) $\ln 9$ (d) $e-1$ (e) -136 (f) $687/64$

(g) $\int_0^4 \frac{1}{2}x^{1/2}\,dx = \left.\right|_0^4 \frac{1}{2}\cdot\frac{2}{3}x^{3/2} = \frac{8}{3}$ (h) $\int_1^2 \frac{1+x^3}{x^2}\,dx = \int_1^2\left(\frac{1}{x^2}+x\right)dx =$

$\left.\right|_1^2\left(-\frac{1}{x}+\frac{1}{2}x^2\right)=2$

2. $\int_c^b f(x)\,dx = \int_a^b f(x)\,dx - \int_a^c f(x)\,dx = 8-4 = 4$

3. Sei $A = \int_0^1 f(x)\,dx$ und $B = \int_0^1 g(x)\,dx$. Dann folgt aus (i) und (ii), dass $A - 2B = 6$ und $2A + 2B = 9$. Daraus folgt $A = 5$ und $B = -1/2$ und damit $I = A - B = 11/2$.

4. $1/(p+q+1) + 1/(p+r+1)$
   ► Ausführliche Lösung siehe Lösungshandbuch MyLab.

5. $f(x) = 4x^3 - 3x^2 + 5$
   ► Ausführliche Lösung siehe Lösungshandbuch MyLab.

6. (a) $\left.\right|_0^3\left[\frac{1}{9}e^{3t-2}+\ln(t+2)\right] = \frac{1}{9}(e^7 - e^{-2}) + \ln(5/2)$ (b) $83/15$ (c) $2\sqrt{2} - 3/2$

   (d) $A\left[b - 1 + (b-c)\ln[(b+c)/(1+c)]\right] + d\ln b$
   ► Ausführliche Lösung siehe Lösungshandbuch MyLab.

7. Nach Formel (9.3.6) ist $F'(x) = x^2 + 2$. Verwenden Sie Formel (9.3.8), um $G'(x)$ zu bestimmen: $G'(x) = [(x^2)^2 + 2]2x = 2x^5 + 4x$.

8. $H'(t) = 2tK(t^2)e^{-\rho t^2}$ (verwenden Sie Formel (9.3.8)).

9. Wir verwenden die Formeln (9.3.6), (9.3.7) und (9.3.8). (a) t^2 (b) $-e^{-t^2}$
   (c) $2/\sqrt{t^4+1}$ (d) $(f(2) - g(2))\cdot 0 - (f(-\lambda) - g(-\lambda))\cdot(-1) = f(-\lambda) - g(-\lambda)$

10. Aus $y^2 = 3x$ folgt $x = \frac{1}{3}y^2$. Eingesetzt in die andere Gleichung ergibt sich $y+1 = (\frac{1}{3}y^2 - 1)^2$ oder $y(y^3 - 6y - 9) = 0$. Hier ist $y^3 - 6y - 9 = (y-3)(y^2+3y-3)$, wobei $y^2 + 3y + 3$ niemals 0 ist. Somit sind $(0,0)$ und $(3,3)$ die einzigen Schnittpunkte. $A = \int_0^3 (\sqrt{3x} - x^2 + 2x)\,dx = 6$. Siehe Abb. A9.3.10.

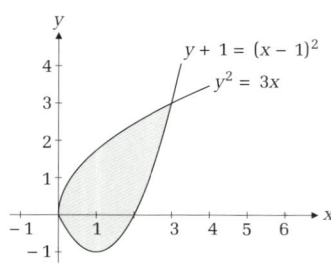

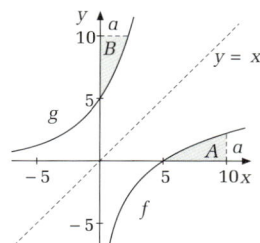

Abbildung A9.3.10   *Abbildung A9.3.12*

 11. $W(T) = (K/T)\big|_0^T (-1/\varrho)e^{-\varrho t} = K(1 - e^{-\varrho T})/\varrho T$

> ▶ Ausführliche Lösung siehe Lösungshandbuch MyLab.

12. (a) $g(x) = e^{x/2} + 4e^{x/4}$, definiert auf $(-\infty, \infty)$.   (b) Siehe Abb. A9.3.12.
 (c) $A = 10a + 14 - 8\sqrt{14} \approx 6.26$.

> ▶ Ausführliche Lösung siehe Lösungshandbuch MyLab.

9.4

1. $x(t) = K - \int_0^t \overline{u}e^{-as}\, ds = K - \overline{u}(1 - e^{-at})/a$. Beachten Sie, dass $x(t) \to K - \overline{u}/a$ für $t \to \infty$. Wenn $K \geq \overline{u}/a$, wird die Quelle niemals versiegen.

 2. (a) $m = 2b\ln 2$ (b) $x(p) = nABp^\gamma b^{\delta-1}(2^{\delta-1} - 1)/(\delta - 1)$

> ▶ Ausführliche Lösung siehe Lösungshandbuch MyLab.

3. $T = \frac{1}{r}\ln(1 + rS)$. ($S = \big|_0^T (1/r)e^{rt} = (e^{rT} - 1)/r$, so dass $e^{rT} - 1 = rS$. Lösen Sie dies nach T auf.)

4. (a) $K(5) - K(0) = \int_0^5 (3t^2 + 2t + 5)\, dt = 175$
(b) $K(T) - K_0 = (T^3 - t_0^3) + (T^2 - t_0^2) + 5(T - t_0)$

5. (a) Siehe Abb. A9.4.5.
(b) $\displaystyle\int_0^t (g(\tau) - f(\tau))\, d\tau = \int_0^t (2\tau^3 - 30\tau^2 + 100\tau)\, d\tau = \frac{1}{2}t^2(t - 10)^2 \geq 0$ für alle t.
(c) $\displaystyle\int_0^{10} p(t)f(t)\, dt = \int_0^{10} (-t^3 + 9t^2 + 11t - 11 + 11/(t+1))\, dt = 940 + 11\ln 11 \approx$
$966.38, \displaystyle\int_0^{10} p(t)g(t)\, dt = \int_0^{10} (t^3 - 19t^2 + 79t + 121 - 121/(t+1))\, dt = 3980/3 -$
$121\ln 11 \approx 1036.52$.
Profil g sollte gewählt werden.

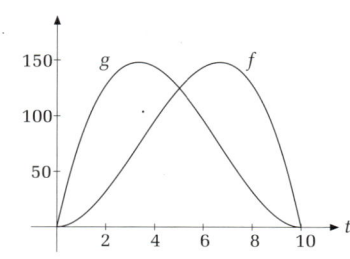

Abbildung A.9.4.5

6. Die Gleichgewichtsmenge ist $Q^* = 600$, wobei $P^* = 80$.
   Dann ist CS $= \int_0^{600}(120 - 0.2Q)\,dQ = 36\,000$ und PS $= \int_0^{600}(60 - 0.1Q)\,dQ = 18\,000$.

7. Es herrscht Gleichgewicht, wenn $6000/(Q^*+50) = Q^*+10$. Die einzige positive Lösung ist $Q^* = 50$. Dann ist $P^* = 60$.
$$\text{CS} = \int_0^{50}\left[\frac{6000}{Q + 50} - 60\right] dQ = \Big|_0^{50}[6000\ln(Q + 50) - 60Q] = 6000\ln 2 - 3000.$$
$$\text{PS} = \int_0^{50}(50 - Q)\,dQ = 1250$$

9.5

1. (a) Verwenden Sie (9.5.1) mit $f(x) = x$ und $g'(x) = e^{-x}$. Dann ist $\int xe^{-x}\,dx = x(-e^{-x}) - \int 1 \cdot (-e^{-x})\,dx = -xe^{-x} - e^{-x} + C$.

   (b) $\frac{3}{4}xe^{4x} - \frac{3}{16}e^{4x} + C$ (c) $-x^2 e^{-x} - 2xe^{-x} - 3e^{-x} + C$ (d) $\frac{1}{2}x^2\ln x - \frac{1}{4}x^2 + C$.
   ▶ Ausführliche Lösung siehe Lösungshandbuch MyLab.

2. (a) $\int_{-1}^1 x\ln(x + 2)\,dx = \Big|_{-1}^1 \frac{1}{2}x^2\ln(x + 2) - \int_{-1}^1 \frac{1}{2}x^2\frac{1}{x - 2}\,dx = \frac{1}{2}\ln 3 - $
   $\frac{1}{2}\int_{-1}^1\left(x - 2 + \frac{4}{x + 2}\right)dx = 2 - \frac{3}{2}\ln 3$ (b) $8/(\ln 2) - 3/(\ln 2)^2$ (c) $e - 2$
   (d) $7\frac{11}{15} = \frac{116}{15}$
   ▶ Ausführliche Lösung siehe Lösungshandbuch MyLab.

3. (a) $\int_1^4 \sqrt{t}\ln t\,dt = \int_1^4 t^{1/2}\ln t\,dt = \Big|_1^4 \frac{2}{3}t^{3/2}\ln t - \frac{2}{3}\int_1^4 t^{3/2}(1/t)\,dt = \frac{16}{3}\ln 4 - $
   $\frac{2}{3}\Big|_1^4 \frac{2}{3}t^{3/2} = \frac{16}{3}\ln 4 - \frac{28}{9}$ (b) $\int_0^2 (x - 2)e^{-x/2}\,dx = \Big|_0^2(x - 2)(-2)e^{-x/2} - $
   $\int_0^2 (-2)e^{-x/2}\,dx = -4 - 4\Big|_0^2 e^{-x/2} = -4 - 4(e^{-1} - 1) = -4e^{-1}$
   (c) $\int_0^3 (3 - x)3^x\,dx = \Big|_0^3 (3 - x)(3^x/\ln 3) - \int_0^3 (-1)(3^x/\ln 3)\,dx = 26/(\ln 3)^2 - $
   $3/\ln 3$

4. Die allgemeine Formel folgt aus (9.5.1) und ergibt $\int \ln x\,dx = x\ln x - x + C$.

5. Verwenden Sie (9.5.1) mit $f(x) = \ln x$ and $g'(x) = x^p$. (Alternativ: Differenzieren Sie einfach die rechte Seite.)

6. (a) $\frac{b}{r^2}\left[1 - (1 + rT)e^{-rT}\right]$ (b) $\frac{a}{r}(1 - e^{-rT}) + \frac{b}{r^2}\left[1 - (1 + rT)e^{-rT}\right]$

   (c) $\frac{a}{r}(1 - e^{-rT}) - \frac{b}{r^2}\left[1 - (1 + rT)e^{-rT}\right] + \frac{c}{r^3}\left[2(1 - e^{-rT}) - 2rTe^{-rT} - r^2T^2 e^{-rT}\right]$
   ▶ Ausführliche Lösung siehe Lösungshandbuch MyLab.

9.6

1. (a) $\frac{1}{9}(x^2 + 1)^9 + C$ (Substituieren Sie $u = x^2 + 1$, $du = 2x\,dx$.)
   (b) $\frac{1}{11}(x + 2)^{11} + C$ (Substituieren Sie $u = x + 2$.)
   (c) $\ln|x^2 - x + 8| + C$ (Substituieren Sie $u = x^2 - x + 8$.)

2. (a) $\frac{1}{24}(2x^2 + 3)^6 + C$. (Substituieren Sie $u = 2x^2 + 3$, so dass $du = 4x\,dx$.)

(b) $\frac{1}{3}e^{x^3+2} + C$. (Substituieren Sie $u = e^{x^3+2}$.)   (c) $\frac{1}{4}\big(\ln(x + 2)\big)^2 + C$. (Substituieren Sie $u = \ln(x + 2)$.)

(d) $\frac{2}{5}(1 + x)^{5/2} - \frac{2}{3}(1 + x)^{3/2} + C$. (Substituieren Sie $u = \sqrt{1 + x}$.)

(e) $\dfrac{-1}{2(1 + x^2)} + \dfrac{1}{4(1 + x^2)^2} + C$.   (f) $\frac{2}{15}(4 - x^3)^{5/2} - \frac{8}{9}(4 - x^3)^{3/2} + C$.

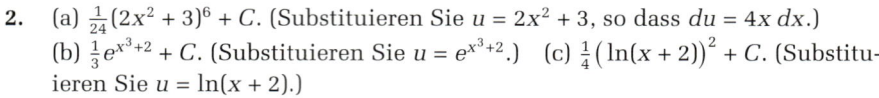 ▶ Ausführliche Lösung siehe Lösungshandbuch MyLab.

3. (a) Sei $u = \sqrt{1 + x^2}$. Dann ist $u^2 = 1 + x^2$, so dass $u\,du = x\,dx$. Wenn $x = 0$, ist $u = 1$; wenn $x = 1$, ist $u = \sqrt{2}$. Daher ist $\displaystyle\int_0^1 x\sqrt{1 + x^2}\,dx = \int_1^{\sqrt{2}} u^2\,du = \Big|_1^{\sqrt{2}} \frac{1}{3}u^3 = \frac{1}{3}(2\sqrt{2} - 1)$. (b) 1/2. (Setzen Sie $u = \ln y$.)   (c) $\frac{1}{2}(e^2 - e^{2/3})$. (Setzen Sie $u = 2/x$.)   (d) Methode 1: $\displaystyle\int_5^8 \frac{x}{x - 4}\,dx = \int_5^8 \frac{x - 4 + 4}{x - 4}\,dx = \int_5^8 \Big(1 + \frac{4}{x - 4}\Big)\,dx = \Big|_5^8 \big[(x + 4\ln(x - 4)\big] = 3 + 4\ln 4$ Methode 2: Die Division $x \div (x - 4)$ führt zu demselben Resultat wie in Methode 1.

Methode 3: Führen Sie die neue Variable $u = x - 4$ ein. Dann ist $du = dx$ und $x = u + 4$. Wenn $x = 5$, ist $u = 1$. Wenn $x = 8$, ist $u = 4$, so dass $L = \displaystyle\int_1^4 \frac{u + 4}{u}\,du = \int_1^4 \Big(1 + \frac{4}{u}\Big)\,du = \Big|_1^4 (u + 4\ln u) = 3 + 4\ln 4.$

4. $\displaystyle\int_3^x \frac{2t - 2}{t^2 - 2t}\,dt = \Big|_3^x \ln(t^2 - 2t) = \ln(x^2 - 2x) - \ln 3 = \ln\big(\frac{1}{3}(x^2 - 2x)\big)$. Die Gleichung in der Aufgabe wird zu $\ln\big(\frac{1}{3}(x^2 - 2x)\big) = \ln(\frac{2}{3}x - 1) = \ln\big(\frac{1}{3}(2x - 3)\big)$. Daher muss gelten $x^2 - 4x + 3 = 0$ mit den Lösungen $x = 1$ und $x = 3$. Nur $x = 3$ ist im gegebenen Definitionsbereich. Daher ist die Lösung $x = 3$.

5. Substituieren Sie $z = x(t)$. Dann ist $dz = \dot{x}(t)dt$ und das Resultat folgt mit (9.6.2).

6. (a) 1/70. $((x^4 - x^9)(x^5 - 1)^{12} = -x^4(x^5 - 1)^{13}.)$ (b) $2\sqrt{x}\ln x - 4\sqrt{x} + C$. (Setzen Sie $u = \sqrt{x}$.)   (c) 8/3

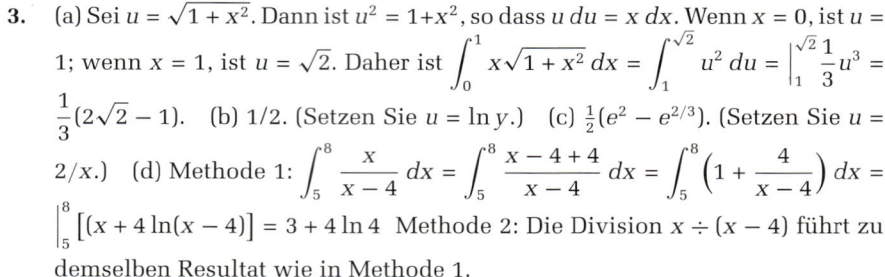 ▶ Ausführliche Lösung siehe Lösungshandbuch MyLab.

7. (a) $2\ln(1 + e^2) - 2\ln(1 + e)$ (b) $\ln 2 - \ln(e^{-1/3} + 1)$ (c) $7 + 2\ln 2$

▶ Ausführliche Lösung siehe Lösungshandbuch MyLab.

8. Substituieren Sie $u = x^{1/6}$. Dann ist $I = 6\displaystyle\int \frac{u^8}{1 - u^2}\,du$. Es gilt $u^8 \div (-u^2 + 1) = -u^6 - u^4 - u^2 - 1 + 1/(-u^2 + 1)$. Es folgt $I = -\frac{6}{7}x^{7/6} - \frac{6}{5}x^{5/6} - 2x^{1/2} - 6x^{1/6} - 3\ln|1 - x^{1/6}| + 3\ln|1 + x^{1/6}| + C.$

9. Es gilt $f(x) = \dfrac{1}{a - b}\left[\dfrac{ac + d}{x - a} - \dfrac{bc + d}{x - b}\right].$

(a) $\displaystyle\int \frac{x\,dx}{(x + 1)(x + 2)} = \int \frac{-1\,dx}{x + 1} + \int \frac{2\,dx}{x + 2} = -\ln|x + 1| + 2\ln|x + 2| + C$

(b) $\displaystyle\int \frac{(1 - 2x)\,dx}{(x + 3)(x - 5)} = \int \left[-\frac{7}{8}\frac{1}{x + 3} - \frac{9}{8}\frac{1}{x - 5}\right]dx$

$= -\frac{7}{8}\ln|x + 3| - \frac{9}{8}\ln|x - 5| + C$

9.7

1. (a) $\int_1^b x^{-3}\,dx = \big|_1^b(-\frac{1}{2}x^{-2}) = \frac{1}{2} - \frac{1}{2}b^{-2} \to \frac{1}{2}$ für $b \to \infty$. Somit gilt $\int_1^\infty (1/x^3)\,dx = \frac{1}{2}$.   (b) $\int_1^b x^{-1/2}\,dx = \big|_1^b 2x^{1/2} = 2b^{1/2} - 2 \to \infty$ für $b \to \infty$, so dass das Integral divergiert.   (c) 1   (d) $\int_0^a \dfrac{x\,dx}{\sqrt{a^2 - x^2}} = -\big|_0^a\sqrt{a^2 - x^2} = a$

2. (a) $\displaystyle\int_{-\infty}^{+\infty} f(x)\,dx = \int_a^b \frac{1}{b-a}\,dx = \frac{1}{b-a}\big|_a^b x = \frac{1}{b-a}(b-a) = 1$

(b) $\displaystyle\int_{-\infty}^{+\infty} xf(x)\,dx = \frac{1}{b-a}\int_a^b x\,dx = \frac{1}{2(b-a)}\big|_a^b x^2 = \frac{1}{2(b-a)}(b^2 - a^2) = \frac{1}{2}(a+b)$

(c) $\dfrac{1}{3(b-a)}\big|_a^b x^3 = \dfrac{1}{3}\dfrac{b^3 - a^3}{b-a} = \dfrac{1}{3}(a^2 + ab + b^2)$

3. Mit einer vereinfachten Notation und dem Resultat aus Beispiel 9.7.1 haben wir: (a) $\int_0^\infty x\lambda e^{-\lambda x}\,dt = -\big|_0^\infty xe^{-\lambda x} + \int_0^\infty e^{-\lambda x}\,dx = 1/\lambda$ (b) $1/\lambda^2$ (c) $2/\lambda^3$
▶ Ausführliche Lösung siehe Lösungshandbuch MyLab.

4. Das erste Integral divergiert, weil $\int_0^b [x/(1+x^2)]\,dx = \big|_0^b \frac{1}{2}\ln(1+x^2) = \frac{1}{2}\ln(1+b^2) \to \infty$ für $b \to \infty$. Andererseits gilt $\int_{-b}^b [x/(1+x^2)]\,dx = \big|_{-b}^b \frac{1}{2}\ln(1+x^2) = 0$ für alle b, so dass der Grenzwert für $b \to \infty$ gleich 0 ist.

5. (a) f hat ein Maximum in $(e^{1/3}, 1/3e)$, jedoch kein Minimum.   (b) $\int_0^1 x^{-3}\ln x\,dx$ divergiert. $\int_1^\infty x^{-3}\ln x\,dx = 1/4$.
▶ Ausführliche Lösung siehe Lösungshandbuch MyLab.

6. $1/(1+x^2) \le 1/x^2$ für $x \ge 1$ und $\int_1^b (1/x^2)\,dx = \big|_1^b(-1/x) = 1 - 1/b \to 1$ für $b \to \infty$, so dass das Integral nach Theorem 9.7.1 konvergiert.

7. Setzen Sie $u = x + 2$ und $v = 3 - x$. Dann ist das Integral

$$\int_0^5 u^{-1/2}\,du - \int_5^0 v^{-1/2}\,dv = 2\lim_{\varepsilon \to 0}\int_\varepsilon^5 u^{-1/2}\,du = 4\lim_{\varepsilon \to 0}\big|_\varepsilon^5 u^{1/2} = 4\lim_{\varepsilon \to 0}\left(\sqrt{5} - \sqrt{\varepsilon}\right) =$$

$4\sqrt{5}$.   ▶ Ausführliche Lösung siehe Lösungshandbuch MyLab.

8. (a) $z = \int_0^\tau (1/\tau)e^{-rs}\,ds = (1 - e^{-r\tau})/r\tau$ (b) $z = \int_0^\tau 2(\tau - s)\tau^{-2}e^{-rs}\,ds = (2/r\tau)\big[1 - (1/r\tau)(1 - e^{-r\tau})\big]$

9. $\int x^{-2}\,dx = -x^{-1} + C$. So ergibt die Berechnung von $\int_{-1}^1 x^{-2}\,dx$ durch $\big|_{-1}^1 - x^{-1}$ die unsinnige Antwort -2. Der Fehler entsteht, da x^{-2} gegen $+\infty$ divergiert für $x \to 0$. (In der Tat divergiert $\int_{-1}^1 x^{-2}\,dx$ gegen $+\infty$.)

10. Unter Verwendung der Lösung zu Aufgabe 9.6.6(b) ist $\int_h^1 (\ln x/\sqrt{x})\,dx = \big|_h^1 (2\sqrt{x}\ln x - 4\sqrt{x}) = -4 - (2\sqrt{h}\ln h - 4\sqrt{h}) \to -4$ für $h \to 0^+$, so dass das gegebene Integral gegen -4 konvergiert. ($\sqrt{h}\ln h = \ln h/h^{-1/2} \to 0$, nach der Regel von l'Hôpital.)

11. $\int_1^A [k/x - k^2/(1+kx)]\,dx = k\ln[1/(1/A + k)] - k\ln[1/(1+k)] \to k\ln(1/k) - k\ln[1/(1+k)] = \ln(1 + 1/k)^k$ für $A \to \infty$. Somit ist $I_k = \ln(1 + 1/k)^k$ und dies strebt gegen $\ln e = 1$ für $k \to \infty$.

12. Die vorgeschlagene Substitution $u = (x - \mu)/\sqrt{2}\sigma$ ergibt $du = dx/\sigma\sqrt{2}$ und somit $dx = \sigma\sqrt{2}\,du$. Daher folgt:

(a) $\displaystyle\int_{-\infty}^{+\infty} f(x)\,dx = \frac{1}{\sqrt{\pi}}\int_{-\infty}^{+\infty} e^{-u^2}\,du = 1$ nach (9.7.8).

(b) $\displaystyle\int_{-\infty}^{+\infty} xf(x)\,dx = \frac{1}{\sqrt{\pi}}\int_{-\infty}^{+\infty} (\mu + \sqrt{2}\sigma u)e^{-u^2}\,du = \mu$, unter Benutzung von Teil (a) und Beispiel 9.7.3.

(c) $\displaystyle\int_{-\infty}^{+\infty} (x-\mu)^2 f(x)\,dx = \int_{-\infty}^{+\infty} 2\sigma^2 u^2 \frac{1}{\sigma\sqrt{2\pi}} e^{-u^2}\sigma\sqrt{2}\,du = \sigma^2\frac{2}{\sqrt{\pi}}\int_{-\infty}^{+\infty} u^2 e^{-u^2}\,du.$
Nun ergibt partielle Integration

$\displaystyle\int u^2 e^{-u^2}\,du = -\frac{1}{2}ue^{-u^2} + \int \frac{1}{2}e^{-u^2}\,du$, so dass $\displaystyle\int_{-\infty}^{+\infty} u^2 e^{-u^2}\,du = \frac{1}{2}\sqrt{\pi}$. Daher ist das Integral gleich σ^2.

▶ Ausführliche Lösung siehe Lösungshandbuch MyLab.

9.8

1. Die Funktionen in (c) und (d) sind die einzigen, die eine konstante relative Wachstumsrate haben. Dies stimmt mit (9.8.3) überein. (Beachten Sie: $2^t = e^{(\ln 2)t}$.)

2. (a) $K(t) = (K_0 - I/\delta)e^{-\delta t} + I/\delta$ (b) (i) $K(t) = 200 - 50e^{-0.05t}$ und $K(t)$ geht von unten gegen 200, wenn $t \to \infty$.   (ii) $K(t) = 200 + 50e^{-0.05t}$ und $K(t)$ geht von oben gegen 200, wenn $t \to \infty$.

3. $N(t) = P(1 - e^{-kt})$. Dann gilt $N(t) \to P$ für $t \to \infty$.

4. $\dot N(t) = 0.02N(t) + 4 \cdot 10^4$. Die Lösung mit $N(0) = 2 \cdot 10^6$ ist $N(t) = 2 \cdot 10^6(2e^{0.02t} - 1)$.

5. $P(10) = 705$ ergibt $641e^{10k} = 705$ oder $e^{10k} = 705/641$. Wir bilden den natürlichen Logarithmus auf beiden Seiten: $10k = \ln(705/641)$, so dass $k = 0.1\ln(705/641) \approx 0.0095$. $P(15) \approx 739$ und $P(40) \approx 938$.

6. Der Prozentsatz, der nach t Sekunden überlebt, erfüllt $p(t) = 100e^{-\delta t}$, wobei $p(7) = 70.5$ und somit $\delta = -\ln 0.705/7 \approx 0.05$. Somit sind $p(30) = 100e^{-30\delta} \approx 22.3\%$ noch am Leben nach 30 Sekunden. Weil $100e^{-\delta t} = 5$, wenn $t \approx \ln 20/0.05 \approx 60$, dauert es ungefähr 60 Sekunden, um 95% abzutöten.

7. (a) $x = Ae^{-0.5t}$ (b) $K = Ae^{0.02t}$ (c) $x = Ae^{-0.5t} + 10$ (d) $K = Ae^{0.2t} - 500$
(e) $x = 0.1/(3 - Ae^{0.1t})$ und $x \equiv 0$.   (f) $K = 1/(2 - Ae^t)$ und $K \equiv 0$.

8. (a) $y(t) = 250 + \dfrac{230}{1 + 8.2e^{-0.34t}}$.   (b) $y(t) \to 480$ für $t \to \infty$. Siehe Abb. A9.8.8.

9. (a) Mit (9.8.8) erhalten wir $N(t) = 1000/(1 + 999e^{-0.39t})$. Nach 20 Tagen haben $N(20) \approx 710$ eine Grippe bekommen.   (b) $800 = \dfrac{1000}{1 + 999e^{-0.39t^*}} \Longleftrightarrow$
$999e^{-0.39t^*} = \dfrac{1}{4}$, so dass $e^{-0.39t^*} = 1/3996$ und somit $0.39t^* = \ln 3996$. Es folgt $t^* \approx 21$ Tage.   (c) Nach ungefähr 35 Tagen werden 999 eine Grippe haben oder gehabt haben. $N(t) \to 1000$, wenn $t \to \infty$.

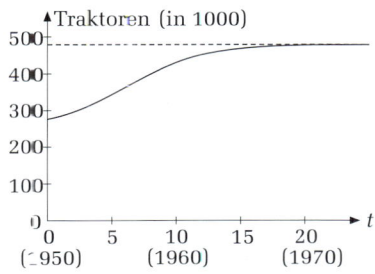

Abbildung A9.8.8

10. (a) Wenn $f \neq r$, ist die Lösung $x(t) = \dfrac{(1 - f/r)K}{1 + \dfrac{(1 - f/r)K - x_0}{x_0} e^{-(r-f)t}}$. Wenn $f = r$,

ist die Lösung $x = \dfrac{1}{rt/K + 1/x_0}$.

(b) Wenn $f > r$, dann gilt $x(t) \to 0$, wenn $t \to \infty$.

▶ Ausführliche Lösung siehe Lösungshandbuch MyLab.

11. Um ungefähr 11:26 (Misst man die Zeit in Stunden, mit $t = 0$ gleich 12 Uhr Mittag, hat man $\dot{T} = k(20 - T)$ mit $T(0) = 35$ und $T(1) = 32$. Somit ist die Körpertemperatur zur Zeit t gleich $T(t) = 20 + 15e^{-kt}$ mit $k = \ln(5/4)$. Unter der Annahme, dass die Temperatur zur Todeszeit t^* die übliche von 37 Grad war, ist dann $t^* = -\ln(17/15)/\ln(5/4) \approx -0.56$ Stunden oder ungefähr 34 Minuten vor 12:00.)

9.9

1. Die Gleichung ist separierbar: $\int x^4\, dx = \int (1 - t)\, dt$, $\frac{1}{5}x^5 = t - \frac{1}{2}t^2 + C$, so

dass $x^5 = 5t - \frac{5}{2}t^2 + 5C_1$ und somit $x = \sqrt[5]{5t - \frac{5}{2}t^2 + 5C_1} = \sqrt[5]{5t - \frac{5}{2}t^2 + C}$ mit $C = 5C_1$. Aus $x(1) = 1$ ergibt sich $C = -3/2$.

2. (a) $x = \sqrt[3]{\frac{3}{2}e^{2t} + C}$ (b) $x = -\ln(e^{-t} + C)$ (c) $x = Ce^{3t} - 6$ (d) $x = \sqrt[7]{(1 + t)^7 + C}$

(e) $x = Ce^{2t} + \frac{1}{2}t + \frac{1}{4}$ (f) $x = Ce^{-3t} + \frac{1}{2}e^{t^2 - 3t}$

▶ Ausführliche Lösung siehe Lösungshandbuch MyLab.

3. Die Gleichung ist separierbar: $dk/k = s\alpha e^{\beta t}\, dt$, so dass $\ln k = \frac{s\alpha}{\beta}e^{\beta t} - C_1$

oder $k = e^{\frac{s\alpha}{\beta}e^{\beta t}} e^{C_1} = Ce^{\frac{s\alpha}{\beta}e^{\beta t}}$. Mit $k(0) = k_0$ gilt $k_0 = Ce^{\frac{s\alpha}{\beta}}$ und damit $k = k_0 e^{\frac{s\alpha}{\beta}(e^{\beta t} - 1)}$.

4. (a) $\dot{Y} = \alpha(a - 1)Y + \alpha(b + \bar{I})$ (b) $Y = \left(Y_0 - \dfrac{b + \bar{I}}{1 - a}\right) e^{-\alpha(1-a)t} + \dfrac{b + \bar{I}}{1 - a} \to \dfrac{b + \bar{I}}{1 - a}$,

wenn $t \to \infty$.

5. Aus (iii) folgt $L = L_0 e^{\beta t}$, so dass $\dot{K} = \gamma K^\alpha L_0 e^{\beta t}$ eine separierbare Gleichung mit der Lösung $K = \left[\frac{(1-\alpha)\gamma}{\beta} L_0 (e^{\beta t} - 1) + K_0^{1-\alpha}\right]^{1/(1-\alpha)}$

▶ Ausführliche Lösung siehe Lösungshandbuch MyLab.

6. $\frac{t}{x}\frac{dx}{dt} = a$ ist separierbar: $\frac{dx}{x} = a\frac{dt}{t}$, so dass $\int \frac{dx}{x} = a \int \frac{dt}{t}$. Integration ergibt $\ln x = a \ln t + C_1$, so dass $x = e^{a \ln t + C_1} = (e^{\ln t})^a e^{C_1} = C t^a$ mit $C = e^{C_1}$. Dies zeigt, dass $x = C t^a$ der einzige Typ von Funktionen mit konstanter Elastizität ist.

Wiederholungsaufgaben für Kapitel 9

1. (a) $-16x + C$ (b) $5^5 x + C$ (c) $3y - \frac{1}{2}y^2 + C$ (d) $\frac{1}{2}r^2 - \frac{16}{5}r^{5/4} + C$ (e) $\frac{1}{9}x^9 + C$

(f) $\frac{2}{7}x^{7/2} + C$. $(x^2\sqrt{x} = x^2 \cdot x^{1/2} = x^{5/2}.)$ (g) $-\frac{1}{4}p^{-4} + C$ (h) $\frac{1}{4}x^4 + \frac{1}{2}x^2 + C$

2. (a) $e^{2x} + C$ (b) $\frac{1}{2}x^2 - \frac{25}{2}e^{\frac{2}{5}x} + C$ (c) $-\frac{1}{3}e^{-3x} + \frac{1}{3}e^{3x} + C$ (d) $2\ln|x+5| + C$

3. (a) $\int_0^{12} 50\, dx = \Big|_0^{12} 50x = 600$ (b) $\int_0^2 (x - \frac{1}{2}x^2)\, dx = \Big|_0^2 (\frac{1}{2}x^2 - \frac{1}{6}x^3) = \frac{2}{3}$

(c) $\int_{-3}^3 (u+1)^2\, du = \Big|_{-3}^3 \frac{1}{3}(u+1)^3\, du = 24$ (d) $\int_1^5 \frac{2}{z}\, dz = \Big|_1^5 2\ln z = 2\ln 5$ (e)

$3\ln(8/3)$ (f) $I = \int_0^4 v\sqrt{v^2 + 9}\, dv = \Big|_0^4 \frac{1}{3}(v^2 + 9)^{3/2} = 98/3$. (Oder definieren Sie $z = \sqrt{v^2 + 9}$. Dann ist $z^2 = v^2 + 9$ und $2z\, dz = 2v\, dv$ oder $v\, dv = z\, dz$. Wenn $v = 0$, ist $z = 3$. Wenn $v = 4$, ist $z = 5$. Damit ist $I = \int_3^5 z^2\, dz = \Big|_3^5 \frac{1}{3}z^3 = 98/3$.)

4. (a) $5/4$ (b) $31/20$ (c) -5 (d) $e - 2$ (e) $52/9$ (f) $\frac{1}{3}\ln(6/5)$

(g) $(1/256)(3e^4 + 1)$ (h) $2e^{-1}$.

▶ Ausführliche Lösung siehe Lösungshandbuch MyLab.

5. (a) $10 - 18\ln(14/9)$ (Substituieren Sie $z = 9 + \sqrt{x}$).

(b) $886/15$ (Substituieren Sie $z = \sqrt{t+2}$).

(c) $195/4$ (Substituieren Sie $z = \sqrt[3]{19x^3 + 8}$).

▶ Ausführliche Lösung siehe Lösungshandbuch MyLab.

6. (a) $F'(x) = 4(\sqrt{x} - 1)$. $(\int_4^x (u^{1/2} + xu^{-1/2})\, du = \Big|_4^x \frac{2}{3}u^{3/2} + 2xu^{1/2} = \frac{8}{3}x^{3/2} - \frac{16}{3} - 4x.)$

(b) Wir verwenden (9.3.8). $F'(x) = \ln x - (\ln\sqrt{x})(1/2\sqrt{x}) = \ln x - \ln x/4\sqrt{x}$.

7. $C(Y) = 0.69Y + 1000$.

8. Integration der Grenzkostenfunktion ergibt $C(x) = C_0 + \int_0^x (\alpha e^{\beta u} + \gamma)\, du = C_0 + \Big|_0^x \frac{\alpha}{\beta}e^{\beta u} = \frac{\alpha}{\beta}(e^{\beta x} - 1) + \gamma x + C_0$.

9. Sei $\int_{-1}^3 (f(x)\, dx = A$ und $\int_{-1}^3 g(x))\, dx = B$. Dann gilt $A + B = 6$ und $3A + 4B = 9$, woraus $A = 15$ und $B = -9$ folgt. Dann ist $I = A + B = 6$.

10. (a) $P^* = 70$, $Q^* = 600$. CS $= 9000$, PS $= 18000$. Siehe Abb. A9.W.10(a).

(b) $P^* = Q^* = 5$, CS $= 50\ln 2 - 25$, PS $= 1.25$. Siehe Abb. A9.W.10(b).

▶ Ausführliche Lösung siehe Lösungshandbuch MyLab.

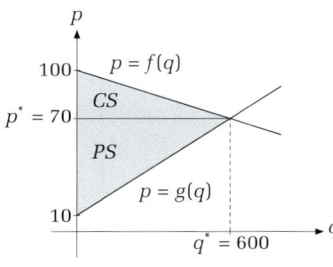

Abbildung A9.W.10(a)

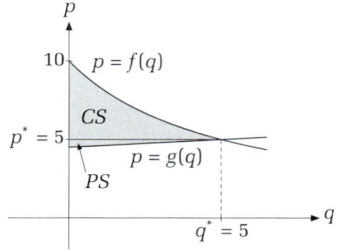

Abbildung A9.W.10(b)

11. (a) $f'(t) = 4 \ln t (2 - \ln t)/t^2$, $f''(t) = 8[(\ln t)^2 - 3 \ln t + 1]/t^3$. (b) $(e^2, 16/e^2)$ ist eine lokale Maximumstelle, $(1, 0)$ ist eine lokale (und globale) Minimumstelle. Siehe Abb. A9.W.11. (c) Fläche = 32/3 (*Hinweis:* $\int f(t)\, dt = \frac{4}{3}(\ln t)^3 - C$.)
▶ Ausführliche Lösung siehe Lösungshandbuch MyLab.

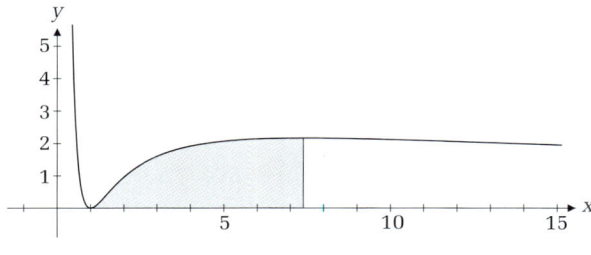

Abbildung A9.W.11

12. (a) $x = Ae^{-3t}$ (b) $x = Ae^{-4t} + 3$ (c) $x = 1/(Ae^{-3t} - 4)$ und $x \equiv 0$.
(d) $x = Ae^{-\frac{1}{5}t}$ (e) $x = Ae^{-2t} + 5/3$ (f) $x = 1/(Ae^{-\frac{1}{2}t} - 2)$ und $x \equiv 0$.

13. (a) $x = 1/(C - \frac{1}{2}t^2)$ und $x(t) \equiv 0$. (b) $x = Ce^{-3t/2} - 5$ (c) $x = Ce^{3t} - 10$
(d) $x = Ce^{-5t} + 2t - \frac{2}{5}$ (e) $x = Ce^{-t/2} + \frac{2}{3}e^t$ (f) $x = Ce^{-3t} + \frac{1}{3}t^2 - \frac{2}{9}t + \frac{2}{27}$
▶ Ausführliche Lösung siehe Lösungshandbuch MyLab.

14. (a) $V(x) = (V_0 + b/a)e^{-ax} - b/a$ (b) $V(x^*) = 0$ ergibt $x^* = (1/a)\ln(1 + aV_0/b)$.
(c) $0 = V(\hat{x}) = (V_m + b/a)e^{-a\hat{x}} - b/a$ ergibt $V_m = (b/a)(e^{a\hat{x}} - 1)$.
(d) $x^* = (1/0.001)\ln(1 + 0.001 \cdot 12\,000/8) \approx 916$ und
$V_m = (8/0.001)(e^{0.001 \cdot 1200} - 1) = 8000(e^{1.2} - 1) \approx 18561$.

15. (a) $\int_0^\infty f(r)\, dr = \int_0^\infty (1/m)e^{-r/m}\, dr = 1$ (wie in Beispiel 9.7.1) und $\int_0^\infty rf(r)\, dr = \int_0^\infty r(1/m)e^{-r/m}\, dr = m$ (wie in Aufgabe 9.7.3(a)), so dass das mittlere Einkommen m ist.
(b) $x(p) = n\int_0^\infty (ar - bp)f(r)\, dr = n(a\int_0^\infty rf(r)\, dr - bp\int_0^\infty f(r)\, dr) = n(am - bp)$

Kapitel 10

10.1

1. (a) (i) $8000(1+0.05/12)^{5\cdot12} \approx 10266.87$ (ii) $8000(1+0.05/365)^{5\cdot365} \approx 10272.03$
   (b) $t = \ln 2/\ln(1+0.05/12) \approx 166.7$. Es dauert ungefähr $166.7/12 \approx 13.9$ Jahre.

2. (a) $5000(1+0.03)^{10} \approx 6719.58$ (b) 37.17 Jahre. ($5000(1.03)^t = 3\cdot5000$, so dass
   $t = \ln 3/\ln 1.03 \approx 37.17$.)

3. Wir lösen $(1 + p/100)^{100} = 100$ nach p auf. Indem wir jede Seite mit $1/100$
   potenzieren, ergibt sich $1 + p/100 = \sqrt[100]{100}$, so dass $p = 100(\sqrt[100]{100} - 1) \approx$
   $100(1.047 - 1) = 4.7$.

4. (a) (i) Nach 2 Jahren: $2000(1.07)^2 = 2289.80$ (ii) Nach 10 Jahren: $2000(1.07)^{10} \approx$
   3934.30 (b) $2000(1.07)^t = 6000$ ergibt $(1.07)^t = 3$, so dass $t = \ln 3/\ln 1.07 \approx$
   16.2 Jahre.

5. Verwenden Sie Formel (10.1.2). (i) $R = (1 + 0.17/2)^2 - 1 = (1 + 0.085)^2 - 1 =$
   0.177225 oder 17.72% (ii) $100[(1.0425)^4 - 1] \approx 18.11\%$
   (iii) $100[(1 + 0.17/12)^{12} - 1] \approx 18.39\%$

6. Die effektive jährliche Rate für Alternative (ii) ist $(1+0.2/4)^4 - 1 = 1.05^4 - 1 \approx$
   $0.2155 > 0.215$, so dass Alternative (i) (geringfügig) billiger ist.

7. (a) $12\,000 \cdot (1.04)^{15} \approx 21\,611.32$ (b) $50\,000 \cdot (1.05)^{-5} \approx 39\,176.31$

8. $100[(1.02)^{12} - 1] \approx 26.82\,\%$

9. Die nominale jährliche Rate sei r. Nach (10.1.2) ist $0.28 = (1 + r/4)^4 - 1$, so
   dass $r = 4(\sqrt[4]{1.28} - 1) \approx 0.25$ oder 25%.

10.2

1. (a) $8000e^{0.05\cdot5} = 8000e^{0.25} = 10272.20$ (b) $8000e^{0.05t} = 16000$. Dies ergibt
   $e^{0.05t} = 2$ und daher $t = \ln 2/0.05 \approx 13.86$ Jahre.

2. (a) (i) $1000(1 + 0.05/12)^{120} \approx 1647$ (ii) $1000e^{0.05\cdot10} \approx 1649$
   (b) (i) $1000(1 + 0.05/12)^{600} \approx 12119$ (ii) $1000e^{0.05\cdot50} \approx 12182$

3. (a) $e^{0.1} - 1 \approx 0.105$, so dass der effektive Zinssatz ungefähr 10.5 ist.
   (b) Dieselbe Antwort.

4. Wenn es 90% seines Wertes verliert, dann ist $e^{-0.1t^*} = 1/10$, so dass $-0.1t^* =$
   $-\ln 10$. Daher ist $t^* = (\ln 10)/0.1 \approx 23$.

5. $e^{-0.06t^*} = 1/2$, so dass $t^* = \ln 2/0.06 \approx 11.55$ Jahre.

6. $g(x)$ ist strikt monoton wachsend, so dass für alle $x > 0$ gilt: $g(x) = (1+r/x)^x <$
   $\lim_{x\to\infty} g(x) = e^r$ ▶ Siehe MyLab.

10.3

1. (i) Der Barwert ist $350\,000 \cdot 1.08^{-10} \approx 162\,117.72$.
   (ii) $350\,000 \cdot e^{-0.08\cdot10} \approx 157\,265.14$.

2. (i) Der Barwert ist $50\,000 \cdot 1.0575^{-5} \approx 37\,806.64$.   (ii) $50\,000 \cdot e^{-0.0575 \cdot 5} \approx 37\,506.83$

3. (a) Es gilt $f'(t) = 0.05(t+5)(35-t)e^{-t}$. Offensichtlich ist $f'(t) > 0$ für $t < 35$ und $f'(t) < 0$ für $t > 35$, so dass f durch $t = 35$ maximiert wird (mit $f(35) \approx 278$).
    (b) $f(t) \to 0$, wenn $t \to \infty$. Siehe den Graphen in Abb. A10.3.3.

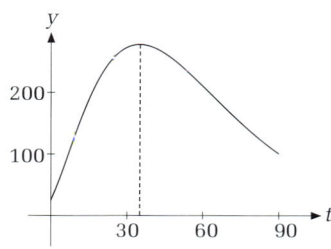

Abbildung A10.3.3

10.4

1. (a) $s_n = \frac{3}{2}\left(1 - \left(\frac{1}{3}\right)^n\right)$ (b) $s_n \to \frac{3}{2}$ für $n \to \infty$ (c) $\sum\limits_{n=1}^{\infty} \frac{1}{3^{n-1}} = \frac{3}{2}$

2. Wir nutzen Formel (10.4.5): (a) $\dfrac{1/5}{1 - 1/5} = 1/4$ (b) $\dfrac{0.1}{1 - 0.1} = \dfrac{0.1}{0.9} = \dfrac{1}{9}$
    (c) $\dfrac{517}{1 - 1/1.1} = 5687$ (d) $\dfrac{a}{1 - 1/(1 + a)} = 1 + a$ (e) $\dfrac{5}{1 - 3/7} = \dfrac{35}{4}$

3. (a) Geometrische Reihe mit dem Quotienten $1/8$. Die Summe ist $8/(1 - 1/8) = 64/7$.   (b) Geometrische Reihe mit dem Quotienten -3. Sie divergiert.
    (c) Geometrisch mit Summe $\dfrac{2^{1/3}}{1 - 2^{-1/3}}$.   (d) Nicht geometrisch. (Man kann zeigen, dass die Reihe konvergent ist mit der Summe $\ln 2$.)

4. (a) Quotient $k = 1/p$. Konvergiert gegen $1/(p - 1)$ für $|p| > 1$.   (b) Quotient $k = 1/\sqrt{x}$. Konvergiert gegen $x\sqrt{x}/(\sqrt{x} - 1)$ für $\sqrt{x} > 1$, d.h. für $x > 1$.
    (c) Quotient $k = x^2$. Konvergiert gegen $x^2/(1 - x^2)$ für $|x| < 1$.

5. Geometrische Reihe mit dem Quotienten $(1 + p/100)^{-1}$.
    Ihre Summe ist $\dfrac{b}{1 - (1 + p/100)^{-1}} = b(1 + 100/p)$.

6. Die Ressourcen werden im Laufe des Jahres 2028 verbraucht sein.
    ▶ Ausführliche Lösung siehe Lösungshandbuch MyLab.

7. $1824 \cdot 1.02 + 1824 \cdot 1.02^2 + \cdots - 1824 \cdot 1.02^n = (1824/0.02)(1.02^{n+1} - 1.02)$ muss gleich $128\,300$ sein. Somit ist $n \approx 43.77$. Die Ressourcen werden bis zum Jahre 2037 vorhalten.

8. (a) $f(t) = \dfrac{P(t)}{e^{rt} - 1}$ (b) Verwenden Sie $f'(t^*) = 0$.   (c) $P'(t^*)/P(t^*) \to 1/t^*$, wenn $r \to 0$.
    ▶ Ausführliche Lösung siehe Lösungshandbuch MyLab.

9. Der allgemeine Term konvergiert in keinem der drei Fälle gegen 0, wenn $n \to \infty$, so dass jede der drei Reihen divergent ist.

10. (a) Eine geometrische Reihe mit dem Quotienten 100/101, konvergiert gegen 100. (b) Divergiert gemäß (10.4.11). (c) Konvergiert nach (10.4.11). (d) Divergiert, da der n-te Term $(1 + n)/(4n - 3) \to 1/4$, wenn $n \to \infty$. (e) Geometrische Reihe mit dem Quotienten $-1/2$, konvergiert gegen $-1/3$. (f) Geometrische Reihe mit dem Quotienten $1/\sqrt{3}$, konvergiert gegen $\sqrt{3}/(\sqrt{3} - 1)$.

11. ▶ Siehe MyLab.

10.5

1. Verwenden Sie (10.5.2) mit $n = 15$, $r = 0.12$ und $a = 3500$. Dies ergibt
$$P_{15} = \frac{3500}{0.12}\left(1 - \frac{1}{(1.12)^{15}}\right) \approx 23\,838.$$

2. Vor 10 Jahren war der Wert: $100\,000(1.04)^{-10} \approx 67556.42$

3. $10\,000(1.06^3 + 1.06^2 + 1.06 + 1) = 10\,000(1.06^4 - 1)/(1.06 - 1)) \approx 43\,746.16$

4. Der zukünftige Wert von (i) nach 10 Jahren ist offensichtlich 13 000 Euro, während der entsprechende Wert von (ii) nach (10.5.3) gleich $F_{10} = \frac{1000}{0.06}(1.06^{10} - 1) \approx 13\,180.80$ ist. Somit ist (ii) mehr wert.

5. Angebot (i) ist besser, da der gegenwärtige Wert von (ii) $4600\dfrac{1 - (1.06)^{-5}}{1 - (1.06)^{-1}} \approx$ 20 539 ist.

6. $\dfrac{1500}{0.08} = 18\,750$ (nach 10.5.4).

7. Wenn der größte Betrag a ist, dann gilt nach Formel (10.5.4) $a/r = K$, so dass $a = rK$.

8. Dies ist eine geometrische Reihe mit dem ersten Term $a = D/(1 + r)$ und dem Quotienten $k = (1 + g)/(1 + r)$. Sie konvergiert genau dann, wenn $k < 1$, d.h. genau dann, wenn $g < r$. Die Summe ist $\dfrac{a}{1 - k} = \dfrac{D/(1 + r)}{1 - (1 + g)/(1 + r)} = \dfrac{D}{r - g}$.

9. PDV $= \int_0^{15} 500e^{-0.06t}\,dt = 500\left.\right|_0^{15}(-1/0.06)e^{-0.06t} = (500/0.06)\left[1 - e^{-0.9}\right] \approx$ 4945.25.
FDV $= e^{0.06\cdot15}$PDV $= e^{0.9}$PDV $\approx 2.4596 \cdot 4945.25 \approx 12163.3$.

10.6

1. (a) Mit Formel (10.6.2) erhalten wir die folgenden jährlichen Zahlungen:
$a = \dfrac{0.07 \cdot 80\,000}{1 - 1.07^{-10}} \approx 11\,390.20$. (b) Mit (10.6.2) ist $a = (0.07/12) \cdot 80\,000/[1 - (1 + 0.07/12)^{-120}] \approx 928.87$.

2. $\dfrac{8000}{0.07}[1.07^6 - 1] \approx 57\,226.33$. (Formel (10.5.3).) Vier Jahre nach der letzten Einzahlung haben Sie $57\,226.33 \cdot 1.07^4 \approx 75012.05$.

3. Bei jährlicher Verzinsung: $r = 3^{1/20} - 1 \approx 0.0565$, so dass der Zinssatz ungefähr 5.65 % ist. Bei stetiger Verzinsung ist $e^{20r} = 3$, so dass $r = \ln 3/20 \approx 0.0549$ so dass der Zinssatz ungefähr 5.49 % ist.

4. Plan (ii) hat den Barwert $\dfrac{12\,000 \cdot 1.115}{0.115}[1 - (1.115)^{-8}] \approx 67\,644.42$. Plan (iii) hat den Barwert $22\,000 + \dfrac{7000}{0.115}[1 - (1.115)^{-12}] \approx 66\,384.08$. Somit ist Plan (iii) am billigsten. Wenn der Zinssatz 12.5 % ist, haben die Pläne (ii) und (iii) die Barwerte 65\,907.61 bzw. 64\,374.33, so dass (ii) auch in diesem Fall am billigsten ist.

10.7

1. r muss $-50\,000 + 30\,000/(1+r) + 30\,000/(1+r)^2 = 0$ erfüllen. Mit $s = 1/(1+r)$ ergibt dies $s^2 + s - 5/3 = 0$ mit der positiven Lösung $s = -1/2 + \sqrt{23/12} \approx 0.884$, so dass $r \approx 0.13$.

2. Gleichung (10.7.1) ist hier $a/(1+r) + a/(1+r)^2 + \cdots = -a_0$. Daraus folgt $a/r = -a_0$, so dass $r = -a/a_0$.

3. Nach den Voraussetzungen ist $f(0) = a_0 + a_1 + \cdots + a_n > 0$. Es gilt auch $f(r) \to a_0 < 0$ für $r \to \infty$. Ferner ist $f'(r) = -a_1(1+r)^{-2} - 2a_2(1+r)^{-3} - \cdots - na_n(1+r)^{-n-1} < 0$, so dass $f(r)$ strikt monoton fallend ist. Dies garantiert, dass es eine eindeutige interne Ertragsrate mit $r > 0$ gibt.

4. 1.55 Millionen Euro. $(400\,000(1/1.175 + (1/1.175)^2 + \cdots + (1/1.175)^7) \approx 1\,546\,522.94.)$

5. Gleichung (10.7.1) reduziert sich auf $s^{21} - 11s + 10 = 0$. ▶ Siehe MyLab.

6. Anwendung von (10.5.2) mit $a = 1000$ und $n = 5$ ergibt die Gleichung $P_5 = (1000/r)[1 - 1/(1+r)^5] = 4340$, die nach r aufzulösen ist. Für $r = 0.05$ ist der Barwert 4329.48 Euro und für $r = 0.045$ ist er 4389.98 Euro. Da $dP_5/dr < 0$, folgt, dass p ein wenig kleiner als 5% ist.

10.8

1. (a) $x_t = x_0(-2)^t$ (b) $x_t = x_0(5/6)^t$ (c) $x_t = x_0(-0.3)^t$

2. (a) Gleichung (10.8.4) mit $a = 1$ ergibt $x_t = -4t$.   (b) $x_t = 2(1/2)^t + 4$
(c) $x_t = (13/8)(-3)^t - 5/8$ (d) $x_t = -2(-1)^t + 4$

3. Gleichgewicht verlangt $\alpha P_t - \beta = \gamma - \delta P_{t+1}$ oder $P_{t+1} = -(\alpha/\delta)P_t + (\beta + \gamma)/\delta$. Mit (10.8.4) erhalten wir $P_t = \left(-\dfrac{\alpha}{\delta}\right)^t \left(P_0 - \dfrac{\beta + \gamma}{\alpha + \delta}\right) + \dfrac{\beta + \gamma}{\alpha + \delta}$.

Wiederholungsaufgaben für Kapitel 10

1. (a) $5000 \cdot 1.03^{10} \approx 6719.58$ (b) $5000(1.03)^{t^*} = 10\,000$, so dass $(1.03)^{t^*} = 2$ oder $t^* = \ln 2/\ln 1.03 \approx 23.45$.

2. (a) $8000 \cdot 1.05^3 = 9261$ (b) $8000 \cdot 1.05^{13} \approx 15\,085.19$ (c) $(1.05)^{t^*} = 4$, so dass $t^* = \ln 4/1.05 \approx 28.5$

3. Wenn Sie a Euro leihen zu einem jährlichen Zinssatz von 11% mit jährlicher Zinszahlung, sind die Schulden nach einem Jahr $a(1 + 11/100) = 1.11a$. Wenn Sie zu einem jährlichen Zinssatz von 10% mit monatlicher Verzinsung leihen, sind Ihre Schulden nach 1 Jahr $a(1 + 10/(12 \cdot 100))^{12} \approx 1.1047a$, so dass Plan (ii) vorzuziehen ist.

4. $15\,000e^{0.07 \cdot 12} \approx 34\,745.50$

5. (a) $8000e^{0.06 \cdot 3} \approx 9577.74$ (b) $t^* = \ln 2/0.06 \approx 11.6$

6. Wir verwenden Formel (10.4.5): (a) $\dfrac{44}{1 - 0.56} = 100$ (b) Der erste Term is 20 und der Quotient ist $1/1.2$, so dass die Summe $\dfrac{20}{1 - 1/1.2} = 120$ ist. (c) $\dfrac{3}{1 - 2/5} = 5$ (d) Der erste Term ist $(1/20)^{-2} = 400$ und der Quotient ist $1/20$. Somit ist die Summe $\dfrac{400}{1 - 1/20} = 8000/19$.

7. (a) $\displaystyle\int_0^T ae^{-rt}\, dt = (a/r)(1 - e^{-rT})$ (b) a/r, dasselbe wie (10.5.4).

8. $5000(1.04)^4 = 5849.29$

9. $21\,232.32$
▶ Ausführliche Lösung siehe Lösungshandbuch MyLab.

10. $K \approx 5990.49$
▶ Ausführliche Lösung siehe Lösungshandbuch MyLab.

11. (a) Nach Formel (10.6.2) ist die jährliche Zahlung: $500\,000\dfrac{0.07(1.07)^{10}}{1.07^{10} - 1} \approx$ $71\,188.80$. Der Gesamtbetrag ist $10 \cdot 71\,188.80 = 711\,888$.
(b) Wenn die Person zweimal im Jahr zahlen muss, ist die halbjährliche Zahlung $500\,000\dfrac{0.035(1.035)^{20}}{1.035^{20} - 1} \approx 35\,180.50$. Der Gesamtbetrag ist dann $20 \cdot 35\,180.50 = 703\,610.80$.

12. (i) Barwert: $(3200/0.08)[1 - (1.08)^{-10}] = 21\,472.26$.
(ii) Barwert: $7000 + (3000/0.08)[1 - 1.08^{-5}] = 18\,978.13$.
(iii) Der Barwert in vier Jahren ist $(4000/0.08)[1 - (1.08)^{-10}] = 26\,840.33$. Der Barwert, wenn Lucy ihre Entscheidung trifft, ist $26\,840.33 \cdot 1.08^{-4} = 19\,728.44$. Sie sollte Option (i) wählen.

13. (a) $t^* = 1/16r^2 = 25$ für $r = 0.05$. (b) $t^* = 1/\sqrt{r} = 5$ für $r = 0.04$.
▶ Ausführliche Lösung siehe Lösungshandbuch MyLab.

14. (a) Weil $F(0) = 0$, ist $F(10) = \displaystyle\int_0^{10} (1 + 0.4t)\, dt = \Big[(t + 0.2t^2) \Big]_0^{10} = 30$. (b) Siehe Beispiel 9.5.3.

15. (a) $x_t = (-0.1)^t$ (b) $x_t = -2t + 4$ (c) $x_t = 4\left(\dfrac{3}{2}\right)^t - 2$

Kapitel 11

11.1

1. $f(0, 1) = 1 \cdot 0 + 2 \cdot 1 = 2, f(2, -1) = 0, f(a, a) = 3a$ und $f(a + \Delta x, b) - f(a, b) = \Delta x$

2. $f(0, 1) = 0, f(-1, 2) = -4, f(10^4, 10^{-2}) = 1, f(a, a) = a^3, f(a + \Delta x, b) = (a + \Delta x)b^2$
$= ab^2 + \Delta xb^2$ und $f(a, b + \Delta y) - f(a, b) = 2ab\Delta y + a(\Delta y)^2$.

3. $f(1, 1) = 2, f(-2, 3) = 51, f(1/x, 1/y) = 3/x^2 - 2/xy + 1/y^3, p = 6x + 3\Delta x - 2y,$
$q = -2x + 3y^2 + 3y\Delta y + (\Delta y)^2$

4. (a) $f(-1, 2) = 1, f(a, a) = 4a^2, f(a + \Delta x, b) - f(a, b) = 2(a + b)\Delta x + (\Delta x)^2$
(b) $f(tx, ty) = (tx)^2 + 2(tx)(ty) + (ty)^2 = t^2(x^2 + 2xy + y^2) = t^2 f(x, y)$ für alle t,
insbesondere für $t = 2$.

5. $F(1, 1) = 10, F(4, 27) = 60, F(9, 1/27) = 10, F(3, \sqrt{2}) = 10\sqrt{3} \cdot \sqrt[6]{2},$
$F(100, 1000) = 1000, F(2K, 2L) = 10 \cdot 2^{5/6}K^{1/2}L^{1/3} = 2^{5/6}F(K, L)$

6. (a) Der Nenner darf nicht 0 sein. Somit ist die Funktion definiert für diejenigen (x, y), bei denen $y \neq x - 2$. (b) Wir können die Quadratwurzel nur aus nichtnegativen Zahlen ziehen, d.h. wir müssen $2 - (x^2 + y^2) \geq 0$ verlangen, d.h. $x^2 + y^2 \leq 2$. (c) Sei $a = x^2 + y^2$. Es muss gelten $(4 - a)(a - 1) \geq 0$, d.h. $1 \leq a \leq 4$. (Verwenden Sie ein Vorzeichendiagramm.)
Die Definitionsbereiche in (b) und (c) sind die in Abb. A11.1.6b und A11.1.6c gezeigten schraffierten Mengen.

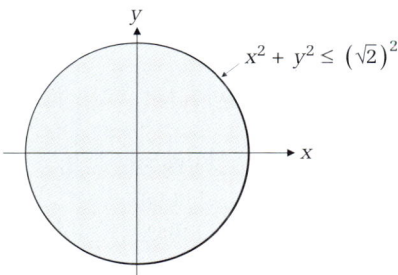

Abbildung A11.1.6b

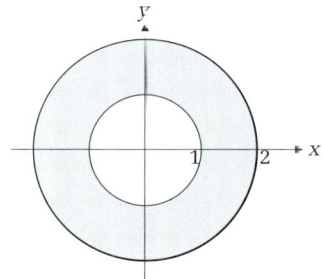

Abbildung A11.1.6c

7. (a) $e^{x+y} \neq 3$, d.h. $x + y \neq \ln 3$ (b) Da $(x - a)^2 \geq 0$ und $(y - b)^2 \geq 0$, reicht es, wenn $x \neq a$ und $y \neq b$, da wir dann ln von positiven Zahlen bilden. (c) $x > a$ und $y > b$. (Beachten Sie, dass $\ln(x - a)^2 = 2\ln|x - a|$, was nur dann gleich $2\ln(x - a)$ ist, wenn $x > a$.)

11.2

1. (a) $\partial z/\partial x = 2, \partial z/\partial y = 3$ (b) $\partial z/\partial x = 2x, \partial z/\partial y = 3y^2$ (c) $\partial z/\partial x = 3x^2 y^4$, $\partial z/\partial y = 4x^3 y^3$ (d) $\partial z/\partial x = \partial z/\partial y = 2(x + y)$

2. (a) $\partial z/\partial x = 2x, \partial z/\partial y = 6y$ (b) $\partial z/\partial x = y, \partial z/\partial y = x$ (c) $\partial z/\partial x = 20x^3 y^2 - 2y^5, \partial z/\partial y = 10x^4 y - 10xy^4$ (d) $\partial z/\partial x = \partial z/\partial y = e^{x+y}$ (e) $\partial z/\partial x = ye^{xy}$,

$\partial z/\partial y = xe^{xy}$ (f) $\partial z/\partial x = e^x/y$, $\partial z/\partial y = -e^x/y^2$

(g) $\partial z/\partial x = \partial z/\partial y = 1/(x+y)$ (h) $\partial z/\partial x = 1/x$, $\partial z/\partial y = 1/y$

3.   (a) $f_1'(x,y) = 7x^6, f_2'(x,y) = -7y^6, f_{12}''(x,y) = 0$ (b) $f_1'(x,y) = 5x^4 \ln y, f_2'(x,y) = x^5/y, f_{12}''(x,y) = 5x^4/y$ (c) $f(x,y) = (x^2 - 2y^2)^5 = u^5$, wobei $u = x^2 - 2y^2$. Dann ist $f_1'(x,y) = 5u^4 u_1' = 5(x^2 - 2y^2)^4 2x = 10x(x^2 - 2y^2)^4$. In der gleichen Weise folgt $f_2'(x,y) = 5u^4 u_2' = 5(x^2 - 2y^2)^4(-4y) = -20y(x^2 - 2y^2)^4$. Schließlich ist $f_{12}''(x,y) = (\partial/\partial y)(10x(x^2 - 2y^2)^4) = 10x4(x^2 - 2y^2)^3(-4y) = -160xy(x^2 - 2y^2)^3$.

4.   (a) $z_x' = 3$, $z_y' = 4$ und $z_{xx}'' = z_{xy}'' = z_{yx}'' = z_{yy}'' = 0$

(b) $z_x' = 3x^2 y^2$, $z_y' = 2x^3 y$, $z_{xx}'' = 6xy^2$, $z_{yy}'' = 2x^3$ und $z_{xy}'' = 6x^2 y$

(c) $z_x' = 5x^4 - 6xy$, $z_y' = -3x^2 + 6y^5$, $z_{xx}'' = 20x^3 - 6y$, $z_{yy}'' = 30y^4$ und $z_{xy}'' = -6x$

(d) $z_x' = 1/y$, $z_y' = -x/y^2$, $z_{xx}'' = 0$, $z_{yy}'' = 2x/y^3$ und $z_{xy}'' = -1/y^2$

(e) $z_x' = 2y(x+y)^{-2}$, $z_y' = -2x(x+y)^{-2}$, $z_{xx}'' = -4y(x+y)^{-3}$, $z_{yy}'' = 4x(x+y)^{-3}$ und $z_{xy}'' = 2(x-y)(x+y)^{-3}$

(f) $z_x' = x(x^2+y^2)^{-1/2}$, $z_y' = y(x^2+y^2)^{-1/2}$, $z_{xx}'' = y^2(x^2+y^2)^{-3/2}$, $z_{yy}'' = x^2(x^2+y^2)^{-3/2}$ und $z_{xy}'' = -xy(x^2+y^2)^{-3/2}$

5.   (a) $z_x' = 2x$, $z_y' = 2e^{2y}$, $z_{xx}'' = 2$, $z_{yy}'' = 4e^{2y}$, $z_{xy}'' = z_{yx}'' = 0$

(b) $z_x' = y/x$, $z_y' = \ln x$, $z_{xx}'' = -y/x^2$, $z_{yy}'' = 0$, $z_{xy}'' = z_{yx}'' = 1/x$

(c) $z_x' = y^2 - ye^{xy}$, $z_y' = 2xy - xe^{xy}$, $z_{xx}'' = -y^2 e^{xy}$, $z_{yy}'' = 2x - x^2 e^{xy}$, $z_{xy}'' = z_{yx}'' = 2y - e^{xy} - xye^{xy}$

(d) $z_x' = yx^{y-1}$, $z_y' = x^y \ln x$, $z_{xx}'' = y(y-1)x^{y-2}$, $z_{yy}'' = x^y (\ln x)^2$, $z_{xy}'' = z_{yx}'' = x^{y-1} + yx^{y-1} \ln x$

 ▶ Ausführliche Lösung siehe Lösungshandbuch MyLab.

6.   (a) $F_S' = 2.26 \cdot 0.44 S^{-0.56} E^{0.48} = 0.9944 S^{-0.56} E^{0.48}$, $F_E' = 2.26 \cdot 0.48 S^{0.44} E^{-0.52} = 1.0848 S^{0.44} E^{-0.52}$

(b) $SF_S' + EF_E' = S \cdot 2.26 \cdot 0.44 S^{-0.56} E^{0.48} + E \cdot 2.26 \cdot 0.48 S^{0.44} E^{-0.52} = 0.44\,F + 0.48\,F = 0.92\,F$, so dass $k = 0.92$.

7. $xz_x' + yz_y' = x[2a(ax+by)] + y[2b(ax+by)] = (ax+by)2(ax+by)$
     $= 2(ax+by)^2 = 2z$

8. $\partial z/\partial x = x/(x^2+y^2)$, $\partial z/\partial y = y/(x^2+y^2)$, $\partial^2 z/\partial x^2 = (y^2 - x^2)/(x^2+y^2)^2$ und $\partial^2 z/\partial y^2 = (x^2 - y^2)/(x^2+y^2)^2$. Damit gilt $\partial^2 z/\partial x^2 + \partial^2 z/\partial y^2 = 0$.

9.   (a) $s_x'(x,y) = 2/x$, so dass $s_x'(20,30) = 2/20 = 1/10$.   (b) $s_y'(x,y) = 4/y$, so dass $s_y'(20,30) = 4/30 = 2/15$.

11.3

1.   Siehe Abb. A11.3.1.

2.   (a) Eine Gerade durch $(0, 2, 3)$ parallel zur x-Achse.
(b) Eine Ebene parallel zur z-Achse, deren Schnitt mit der xy-Ebene die Gerade $y = x$ ist.

3.   Wenn $x^2 + y^2 = 6$, dann ist $f(x,y) = \sqrt{6} - 4$, so dass $x^2 + y^2 = 6$ eine Höhenlinie von f zur Höhe $c = \sqrt{6} - 4$ ist.

4. $f(x,y) = e^{x^2 - y^2} + (x^2 - y^2)^2 = e^c + c^2$, wenn $x^2 - y^2 = c$ ist, so dass die letzte Gleichung eine Höhenlinie von f zum Niveau $e^c + c^2$ darstellt.

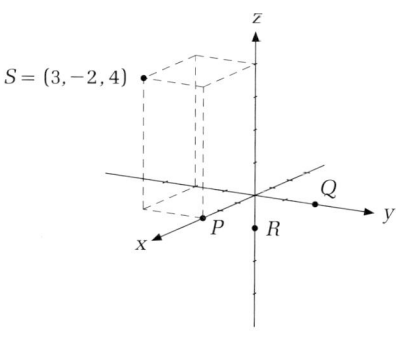

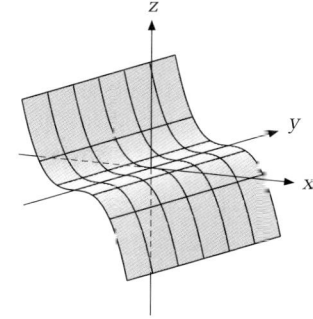

Abbildung A11.3.1   *Abbildung A11.3.6*

5. Im Schnittpunkt würde f zwei verschiedene Werte haben. Dies ist unmöglich wenn f eine Funktion ist.

6. Allgemein besteht der Graph von $g(x, y) = f(x)$ im 3-dimensionalen Raum aus einer Fläche, die als Spur entsteht, wenn man den Graphen von $z = f(x)$ parallel zur y-Achse in beide Richtungen bewegt. Der Graph von $g(x, y) = x$ ist die Ebene durch die y-Achse in einem $45°$-Winkel mit der xy-Ebene. Der Graph von $g(x, y) = -x^3$ ist in Abb. A11.3.6 gezeigt. (Natürlich ist nur ein Teil des unbeschränkten Graphen gezeigt.)

7. Siehe Abb. A11.3.7a und A11.3.7b. (Beachten Sie, dass in Fall (a) nur ein Teil des Graphen angedeutet ist.)

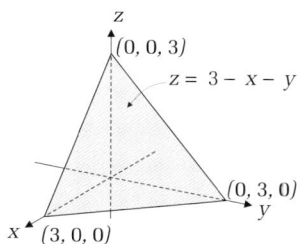

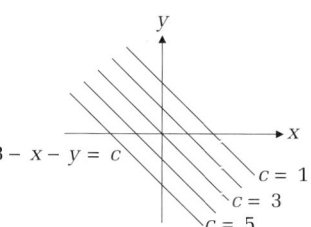

Abbildung A11.3.7a

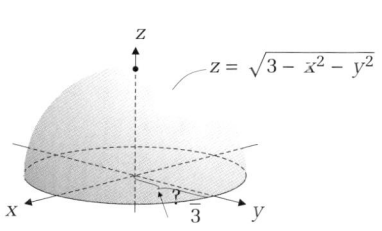

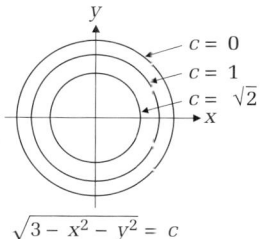

Abbildung A11.3.7b

8. (a) Der Punkt $(2, 3)$ liegt auf der Höhenlinie $z = 8$, d.h. $f(2, 3) = 8$. Die Punkte $(x, 3)$ liegen auf der Geraden $y = 3$ parallel zur x-Achse. Diese Gerade schneidet die Höhenlinie $z = 8$, wenn $x = 2$ und $x = 5$.　(b) Wenn y bei festem $x = 2$ variiert, ist das Minimum von $f(2, y)$ gleich 8 für $y = 3$.　(c) An der Stelle A führt jede Bewegung in Richtung steigender x bei festem y zu Höhenlinien mit größerem Niveau, so dass $f_1'(x, y) > 0$. Ähnlich führt jede Bewegung in Richtung steigender y bei festem x zu Höhenlinien mit größerem Niveau, so dass $f_2'(x, y) > 0$.　An der Stelle B: $f_1'(x, y) < 0$, $f_2'(x, y) < 0$.　An der Stelle C: $f_1'(x, y) = 0$, $f_2'(x, y) = 0$. Schließlich: Um z um 2 Einheiten zu erhöhen, wenn man sich von A fort bewegt, sind die nötigen Erhöhungen von x und y ungefähr 1 bzw. 0.6. Daher ist $f_1' \approx 2/1 = 2$ und $f_2' \approx 2/0.6 = 10/3$.

9.　(a) $f_x' > 0$ und $f_y' < 0$ in P, während $f_x' < 0$ und $f_y' > 0$ in Q.　(b) (i) Keine Lösung unter den in der Abbildung gezeigten Punkten. (ii) $x \approx 2$ und $x \approx 6$　(c) Die Höhenlinie mit größtem Niveau, die die Gerade schneidet ist die zum Niveau 3, d.h. $z = 3$. Somit ist 3 der größte Wert.

 ▶ Ausführliche Lösung siehe Lösungshandbuch MyLab.

10.　▶ Siehe MyLab.

11.4

1.　Siehe Abb. A11.4.1.

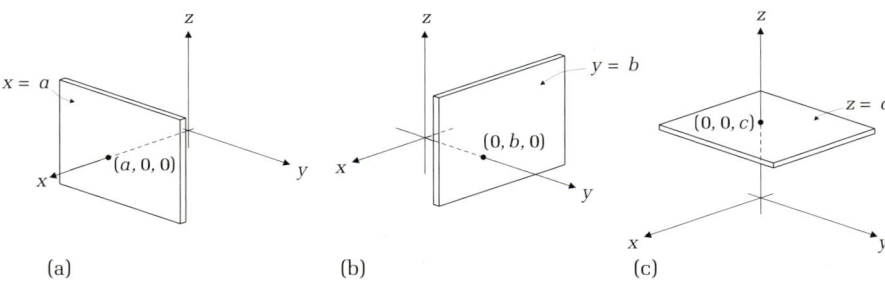

Abbildung A11.4.1

2.　(a) $d = \sqrt{(4 - (-1))^2 + (-2 - 2)^2 + (0 - 3)^2} = \sqrt{25 + 16 + 9} = \sqrt{50} = 5\sqrt{2}$
(b) $d = \sqrt{(a + 1 - a)^2 + (b + 1 - b)^2 + (c + 1 - c)^2} = \sqrt{3}$

3.　$(x - 2)^2 + (y - 1)^2 + (z - 1)^2 = 25$

4.　Die Kugel mit dem Mittelpunkt in $(-3, 3, 4)$ und dem Radius 5.

5.　$(x - 4)^2 + (y - 4)^2 + (z - \frac{1}{2})^2$ misst das Quadrat des Abstandes zwischen dem Punkt $(4, 4, \frac{1}{2})$ und dem Punkt (x, y, z) auf dem Paraboloid.

11.5

1.　(a) $f(-1, 2, 3) = 1$, $f(-2, 4, 6) = 4$ und $f(a + 1, b + 1, c + 1) - f(a, b, c) = 2a + 2b + 2c + 3$.
(b) $f(tx, ty, tz) = (tx)(ty) + (tx)(tz) + (ty)(tz) = t^2(xy + xz + yz) = t^2 f(x, y, z)$

2. (a) Da 1.053 die Summe der Exponenten ist, folgt: y wird $2^{1.053} \approx 2.07$-mal so groß.

   (b) $\ln y = \ln 2.9 + 0.015 \ln x_1 + 0.25 \ln x_2 + 0.35 \ln x_3 + 0.408 \ln x_4 + 0.03 \ln x_5$

3. (a) In aufeinander folgenden Wochen werden $120/50 = 2.4$, dann $120/60 = 2$, $120/45 \approx 2.667$, $120/40 = 3$, $120/75 = 1.6$ und schließlich $120/80 = 1.5$ Millionen Aktien gekauft und somit insgesamt ungefähr 13.167 Millionen

   (b) Der durchschnittliche Preis pro Aktie ist ungefähr $\$720/13.167 \approx 54.68$. Dies ist das harmonische Mittel, welches fast $4 niedriger ist pro Aktie als das arithmetische Mittel $\$350/6 \approx 58.67$.

   ▶ Ausführliche Lösung siehe Lösungshandbuch MyLab.

4. (a) In jeder Woche w wird Bank A $100/p_w$ Millionen Euro gekauft haben für einen Gesamtbetrag von $e = \sum_{w=1}^{n} 100/p_w$ Millionen Euro. (b) Bank A wird $100n$ Millionen Dollar bezahlt haben, so dass der Preis p pro Euro, den Bank A im Durchschnitt bezahlt hat $p = 100n/e$ ist. Es folgt, dass $1/p = e/100n = (1/n)\sum_{w=1}^{n} 1/p_w$ Dollar pro Euro. Dies impliziert, dass p das harmonische Mittel von $p_1, \ldots, p_n$ ist. Da dies geringer als das arithmetische Mittel ist (außer in dem Fall, in dem p_w jede Woche gleich ist), ist dies ein angeblicher Vorteil der Dollardurchschnittskostenbildung.

5. (a) Jede Maschine würde 60 Einheiten pro Tag produzieren. Somit würde jede produzierte Einheit $480/60 = 8$ Minuten erfordern.

   (b) Der Gesamtoutput ist $\sum_{i=1}^{n}(T/t_i) = T\sum_{i=1}^{n}(1/t_i)$. Wenn alle n Maschinen gleich effizient wären, wäre die für jede Einheit benötigte Zeit $nT/T\sum_{i=1}^{n}(1/t_i) = n/\sum_{i=1}^{n}(1/t_i)$, das harmonische Mittel von $t_1, \ldots, t_n$.

11.6

1. $F_1'(x, y, z) = 2xe^{xz} + x^2 z e^{xz} + y^4 e^{xy}$, so dass $F_1'(1, 1, 1) = 4e$;
   $F_2'(x, y, z) = 3y^2 e^{xy} + xy^3 e^{xy}$, so dass $F_2'(1, 1, 1) = 4e$; $F_3'(x, y, z) = x^3 e^{xz}$, so dass $F_3'(1, 1, 1) = e$

2. (a) $f_1' = 2x$, $f_2' = 3y^2$ und $f_3' = 4z^3$ (b) $f_1' = 10x$, $f_2' = -9y^2$ und $f_3' = 12z^3$ (c) $f_1' = yz$, $f_2' = xz$ und $f_3' = xy$ (d) $f_1' = 4x^3/yz$, $f_2' = -x^4/y^2 z$ und $f_3' = -x^4/yz^2$ (e) $f_1' = 12x(x^2 + y^3 + z^4)^5$, $f_2' = 18y^2(x^2 + y^3 + z^4)^5$ und $f_3' = 24z^3(x^2 + y^3 + z^4)^5$ (f) $f_1' = yze^{xyz}$, $f_2' = xze^{xyz}$ und $f_3' = xye^{xyz}$

   ▶ Ausführliche Lösung siehe Lösungshandbuch MyLab.

3. $\partial T/\partial x = ky/d^n$ und $\partial T/\partial y = kx/d^n$ sind beide positiv, so dass die Anzahl der Reisenden steigt, wenn die Größe einer der beiden Städte steigt, was plausibel ist. $\partial T/\partial d = -nkxy/d^{n+1}$ ist negativ, so dass die Anzahl der Reisenden abnimmt, wenn die Entfernung zwischen den beiden Städten größer wird, was auch plausibel ist.

4. (a) $g(2, 1, 1) = -2$, $g(3, -4, 2) = 352$ und $g(1, 1, z_0 + \Delta z) - g(1, 1, z_0) = 2z_0 \Delta z + (\Delta z)^2 - \Delta z$.

   (b) $g_1' = 4x - 4y - 4$, $g_2' = -4x + 20y - 28$, $g_3' = 2z - 1$. Die partiellen Ableitungen zweiter Ordnung sind: $g_{11}'' = 4$, $g_{12}'' = -4$, $g_{13}'' = 0$, $g_{21}'' = -4$, $g_{22}'' = 20$, $g_{23}'' = 0$, $g_{31}'' = 0$, $g_{32}'' = 0$ und $g_{33}'' = 2$.

5. $\partial\pi/\partial p = \frac{1}{2}p(1/r + 1/w)$, $\partial\pi/\partial r = -\frac{1}{4}p^2/r^2$, $\partial\pi/\partial w = -\frac{1}{4}p^2/w^2$

6. Partielle Ableitungen erster Ordnung: $w_1' = 3yz + 2xy - z^3$, $w_2' = 3xz + x^2$, $w_3' = 3xy - 3xz^2$. Partielle Ableitungen zweiter Ordnung: $w_{11}'' = 2y$, $w_{12}'' = w_{21}'' = 3z + 2x$, $w_{13}'' = w_{31}'' = 3y - 3z^2$, $w_{22}'' = 0$, $w_{23}'' = w_{32}'' = 3x$, $w_{33}'' = -6xz$.

7. $f_1' = p'(x)$, $f_2' = q'(y)$, $f_3' = r'(z)$

8. (a) $\begin{pmatrix} 2a & 0 & 0 \\ 0 & 2b & 0 \\ 0 & 0 & 2c \end{pmatrix}$ (b) $\begin{pmatrix} a(a-1)g/x^2 & abg/xy & acg/xz \\ abg/xy & b(b-1)g/y^2 & bcg/yz \\ acg/xz & bcg/yz & c(c-1)g/z^2 \end{pmatrix}$,
    in prägnanter Form.

9. Setzen Sie $w = u^h$, wobei $u = (x - y + z)/(x + y - z)$. Dann ist $\partial w/\partial x = hu^{h-1}\partial u/\partial x$, $\partial w/\partial y = hu^{h-1}\partial u/\partial y$ und $\partial w/\partial z = hu^{h-1}\partial u/\partial z$. Mit $v = x + y - z$ erhalten wir $\partial u/\partial x = (2y - 2z)/v^2$, $\partial u/\partial y = -2x/v^2$ und $\partial u/\partial z = 2x/v^2$. Daher ist

$$x\frac{\partial w}{\partial x} + y\frac{\partial w}{\partial y} + z\frac{\partial w}{\partial z} = hu^{h-1}v^{-2}[x(2y - 2z) + y(-2x) + z2x] = 0$$

(In der Terminologie von Kapitel 12.7 ist die Funktion w homogen vom Grad 0. Eulers Theorem 12.7.1 ergibt sofort das Resultat.)

10. $f_x' = y^z x^{y^z-1}$, $f_y' = zy^{z-1}(\ln x)x^{y^z}$, $f_z' = y^z(\ln x)(\ln y)x^{y^z}$
    ▶ Ausführliche Lösung siehe Lösungshandbuch MyLab.

11. ▶ Siehe MyLab.

11.7

1. $\partial M/\partial Y = 0.14$ und $\partial M/\partial r = -0.84 \cdot 76.03(r - 2)^{-1.84} = -63.8652(r - 2)^{-1.84}$. Somit ist $\partial M/\partial Y$ positiv und $\partial M/\partial r$ negativ, was mit standardgemäßer ökonomischer Intuition übereinstimmt.

2. (a) $KY_K' + LY_L' = aY$ (b) $KY_K' + LY_L' = (a + b)Y$ (c) $KY_K' + LY_L' = Y$
    ▶ Ausführliche Lösung siehe Lösungshandbuch MyLab.

3. $D_p'(p, q) = -bq^{-\alpha}$, $D_q'(p, q) = bp\alpha q^{-\alpha-1}$. Es gilt $D_p'(p, q) < 0$, was plausibel ist, da die Nachfrage abnimmt, wenn der Preis steigt; $D_q'(p, q) > 0$, da die Nachfrage ansteigt, wenn der Preis bei einem konkurrierendem Anbieter steigt.

4. $F_K' = aF/K$, $F_L' = bF/L$ und $F_M' = cF/M$, so dass $KF_K' + LF_L' + MF_M' = (a+b+c)F$.

5. $\partial D/\partial p$ und $\partial E/\partial q$ sind gewöhnlich negativ, da die Nachfrage nach einem Gut zurückgeht, wenn der Preis dieses Gutes steigt. Wenn die Güter substitutiv sind, bedeutet dies, dass die Nachfrage steigt, wenn der Preis des anderen Gutes steigt. Die üblichen Vorzeichen sind also $\partial D/\partial q > 0$ und $\partial E/\partial p > 0$.

6. $\partial U/\partial x_i = e^{-x_i}$ für $i = 1, \ldots, n$

7. $KY_K' + LY_L' = mY$
    ▶ Ausführliche Lösung siehe Lösungshandbuch MyLab.

11.8

1. (a) $\text{El}_x z = 1$ und $\text{El}_y z = 1$ (b) $\text{El}_x z = 2$ und $\text{El}_y z = 5$ (c) $\text{El}_x z = n + x$ und $\text{El}_y z = n + y$ (d) $\text{El}_x z = x/(x+y)$ und $\text{El}_y z = y/(x+y)$

2. Sei $z = u^g$ mit $u = ax_1^d + bx_2^d + cx_3^d$. Dann ist $\text{El}_1 z = \text{El}_u u^g \text{El}_1 u = g(x_1/u)adx_1^{d-1} = adgx_1^d/u$. Ähnlich ist $\text{El}_2 z = bdgx_2^d/u$ und $\text{El}_3 z = cdgx_3^d/u$, so dass $\text{El}_1 z + \text{El}_2 z + \text{El}_3 z = dg(ax_1^d + bx_2^d - cx_3^d)/u = dg$. (Dieses Resultat folgt leicht aus der Tatsache, dass die Funktion homogen vom Grad dg ist und der Eulerschen Gleichung (12.7.3) für Elastizitäten.)

3. $\text{El}_i z = p + a_i x_i$ für $i = 1, \ldots, n$.

4. ▶ Siehe MyLab.

Wiederholungsaufgaben für Kapitel 11

1. $f(0, 1) = -5$, $f(2, -1) = 11$, $f(a, a) = -2a$ und $f(a + \Delta x, b) - f(a, b) = 3\Delta x$

2. $f(-1, 2) = -10$, $f(2a, 2a) = -4a^2$, $f(a, b + \Delta y) - f(a, b) = -6b\Delta y - 3(\Delta y)^2$, $f(tx, ty) - t^2 f(x, y) = 0$

3. $f(3, 4, 0) = 5$, $f(-2, 1, 3) = \sqrt{14}$ und $f(tx, ty, tz) = \sqrt{t^2 x^2 + t^2 y^2 + t^2 z^2} = tf(x, y, z)$

4. (a) $F(0, 0) = 0$, $F(1, 1) = 15$ und $F(32, 243) = 15 \cdot 2 \cdot 9 = 270$.
   (b) $F(K+1, L) - F(K, L) = 15(K+1)^{1/5} L^{2/5} - 15K^{1/5} L^{2/5} = 15L^{2/5}[(K+1)^{1/5} - K^{1/5}]$ ist zusätzlicher Output, wenn eine weitere Einheit Kapital eingesetzt wird, ungefähr gleich Grenzprodukt des Kapitals. (c) $F(32+1, 243) - F(32, 243) \approx 1.667$. Ferner ist $F_K'(K, L) = 3K^{-4/5} L^{2/5}$, so dass $F_K'(32, 243) = 3 \cdot 32^{-4/5} 243^{2/5} = 3 \cdot 2^{-4} \cdot 3^2 = 27/16 \approx 1.6875$. Wie zu erwarten ist $F(32+1, 243) - F(32, 243)$ ungefähr gleich $F_K'(32, 243)$. (d) F ist homogen vom Grad $3/5$.

5. (a) $\partial Y / \partial K \approx 0.083 K^{0.356} S^{0.562}$ und $\partial Y / \partial S \approx 0.035 K^{1.356} S^{-0.438}$.
   (b) Der Fang wird $2^{1.356+0.562} = 2^{1.918} \approx 3.779$ mal höher.

6. (a) Alle (x, y) (b) Für $xy \leq 1$ (c) Für $x^2 + y^2 < 2$

7. (a) $x + y > 1$ (b) $x^2 \geq y^2$ und $x^2 + y^2 \geq 1$. Somit $x^2 + y^2 \geq 1$ und $|x| \geq |y|$ (c) $y \geq x^2$, $x \geq 0$ und $\sqrt{x} \geq y$. Somit $0 \leq x \leq 1$ und $\sqrt{x} \geq y \geq x^2$.

8. (a) $\partial z / \partial x = 10xy^4(x^2 y^4 + 2)^4$ (b) $\sqrt{K}(\partial F / \partial K) = 2\sqrt{K}(\sqrt{K} + \sqrt{L})(1/2\sqrt{K}) = \sqrt{K} + \sqrt{L}$ (c) $KF_K' + LF_L' = K(1/a)aK^{a-1}(K^a + L^a)^{1/a-1} + L(1/a)aL^{a-1}(K^a + L^a)^{1/a-1} = (K^a + L^a)(K^a + L^a)^{1/a-1} = F$ (d) $\partial g / \partial t = 3/w + 2wt$, so dass $\partial^2 g / \partial w \partial t = -3/w^2 + 2t$ (e) $g_3' = t_3(t_1^2 + t_2^2 + t_3^2)^{-1/2}$ (f) $f_1' = 4xyz + 2xz^2$, $f_{13}'' = 4xy + 4xz$

9. (a) $f(0, 0) = 36$, $f(-2, -3) = 0$, $f(a+2, b-3) = a^2 b^2$.
   (b) $f_x' = 2(x-2)(y+3)^2$, $f_y' = 2(x-2)^2(y+3)$

10. Da $g(-1, 5) = g(1, 1) = 30$ liegen die zwei Punkte auf derselben Höhenlinie.

11. Wenn $x - y = c \neq 0$, dann ist $F(x, y) = \ln(x-y)^2 + e^{2(x-y)} = \ln c^2 + e^{2c}$ eine Konstante.

12. (a) $f_1'(x, y) = 4x^3 - 8xy$, $f_2'(x, y) = 4y - 4x^2 + 4$

(b) Stationäre Punkte: $(0, -1)$, $(\sqrt{2}, 1)$ und $(-\sqrt{2}, 1)$.

▶ Ausführliche Lösung siehe Lösungshandbuch MyLab.

13. (a) $\mathrm{El}_x z = 3$, $\mathrm{El}_y z = -4$ (b) $\mathrm{El}_x z = 2x^2/(x^2 + y^2)\ln(x^2 + y^2)$, $\mathrm{El}_y z = 2y^2/(x^2 + y^2)\ln(x^2 + y^2)$ (c) $\mathrm{El}_x z = \mathrm{El}_x(e^x e^y) = \mathrm{El}_x e^x = x$, $\mathrm{El}_y z = y$ (d) $\mathrm{El}_x z = x^2/(x^2 + y^2)$, $\mathrm{El}_y z = y^2/(x^2 + y^2)$

14. (a) $\partial F/\partial y = e^{2x}2(1 - y)(-1) = -2e^{2x}(1 - y)$. (b) $F_L' = (\ln K)(\ln M)/L$, $F_{LK}'' = (\ln M)/KL$ (c) $w = x^x y^x z^x$ ergibt $\ln w = x \ln x + x \ln y + x \ln z$ und durch implizite Differentiation $w_x'/w = 1 \cdot \ln x + x(1/x) + \ln y + \ln z$, was $w_x' = w(\ln x + 1 + \ln y + \ln z) = x^x y^x z^x(\ln(xyz) + 1)$ impliziert.

15. (a) Differenzieren nach x ergibt $\partial^p z/\partial x^p = e^x \ln(1 + y)$ für jede natürliche Zahl p. Wiederholtes Differenzieren nach y ergibt zunächst $\partial^{p+1}/\partial y \partial x^p = e^x(1 + y)^{-1}$, dann $\partial^{p+2}/\partial y^2 \partial x^p = e^x(-1)(1 + y)^{-2}$ usw.. Durch Induktion nach q erhält man $\partial^{p+q}/\partial y^q \partial x^p = e^x(-1)^{q-1}(q - 1)!(1 + y)^{-q}$, welches gleich $(-1)^{q-1}(q - 1)!$ ist für $(x, y) = (0, 0)$.

(b) Schreiben Sie $z = z_1 + z_2 - z_3$, wobei $z_1 = xe^x \cdot ye^y$, $z_2 = e^x \cdot ye^y$ und $z_3 = e^x \cdot e^y$, und beachten Sie, dass $(d/du)^n ue^u = e^u(u + n)$ für $n = 1, 2, \ldots$, wie leicht durch Induktion über n bewiesen werden kann. Dann ist $\partial^{p+q} z_1/\partial x^p \partial y^q = (d/dx)^p e^x x \cdot (d/dy)^q e^y y = e^x(x + p) \cdot e^y(y + q)$, während $\partial^{p+q} z_2/\partial x^p \partial y^q = (d/dx)^p e^x \cdot (d/dy)^q e^y y = e^x \cdot e^y(y + q)$, und $\partial^{p+q} z_3/\partial x^p \partial y^q = e^x \cdot e^y$. Durch Zusammenfassen von Termen, folgt, dass $\partial^{p+q} z/\partial x^p \partial y^q = e^{x+y}[(x + p + 1)(y + q) - 1]$, was sich auf $(p + 1)q - 1$ vereinfacht an der Stelle $(x, y) = (0, 0)$.

16. $u_x' = au/x$ und $u_y' = bu/y$, so dass $u_{xy}'' = au_y'/x = abu/xy$. Daher ist $u_{xy}''/u_x'u_y' = 1/u$ $(u \neq 0)$. Dann gilt:

$$\frac{1}{u_x'} \frac{\partial}{\partial x}\left(\frac{u_{xy}''}{u_x'u_y'}\right) = \frac{1}{u_x'} \cdot \frac{-u_x'}{u^2} = \frac{-1}{u^2} = \frac{1}{u_y'} \frac{\partial}{\partial y}\left(\frac{u_{xy}''}{u_x'u_y'}\right)$$

Kapitel 12

12.1

1. (a) $dz/dt = F_1'(x, y)\,dx/dt + F_2'(x, y)\,dy/dt = 1 \cdot 2t + 2y \cdot 3t^2 = 2t + 6t^5$

Prüfen Sie: $z = t^2 + (t^3)^2 = t^2 + t^6$, so dass $dz/dt = 2t + 6t^5$.

(b) $dz/dt = px^{p-1}y^q a + qx^p y^{q-1}b = x^{p-1}y^{q-1}(apy + bqx) = a^p b^q(p + q)t^{p+q-1}$

Prüfen Sie: $z = (at)^p \cdot (bt)^q = a^p b^q t^{p+q}$, so dass $dz/dt = a^p b^q(p + q)t^{p+q-1}$.

2. (a) $dz/dt = (\ln y + y/x) \cdot 1 + (x/y + \ln x)(1/t) = \ln(\ln t) + \ln t/(t + 1) + (t + 1)/t \ln t + \ln(t + 1)/t$ (b) $dz/dt = Aae^{at}/x + Bbe^{bt}/y = a + b$

3. $dz/dt = F_1'(t, y) + F_2'(t, y)g'(t)$. Wenn $F(t, y) = t^2 + ye^y$ und $g(t) = t^2$, dann ist $F_1'(t, y) = 2t$, $F_2'(t, y) = e^y + ye^y$ und $g'(t) = 2t$. Daher ist $dz/dt = 2t(1 + e^{t^2} + t^2 e^{t^2})$.

4. $dY/dL = F_K'(K, L)g'(L) + F_L'(K, L)$

5. $dY/dt = \left(10L - \frac{1}{2}K^{-1/2}\right)0.2 + \left(10K - \frac{1}{2}L^{-1/2}\right)0.5e^{0.1t} = 35 - 7\sqrt{5}/100$, wenn $t = 0$ und somit $K = L = 5$.

6. Die üblichen Regeln aus Kap. 6.7 und 6.8 für die Differentiation (a) einer Summe; (b) einer Differenz; (c) eines Produkts; (d) eines Quotienten; (e) einer verketteten Funktion einer Variablen.

▶ Ausführliche Lösung siehe Lösungshandbuch MyLab.

7. $x^* = \sqrt[4]{3b/a}$ ▶ Ausführliche Lösung siehe MyLab.

8. ▶ Siehe MyLab.

12.2

1. (a) $\partial z/\partial t = F_1'(x,y)\partial x/\partial t + F_2'(x,y)\partial y/\partial t = 1 \cdot 1 + 2ys = 1 + 2ts^2$,
$\partial z/\partial s = (\partial z/\partial x)(\partial x/\partial s) + (\partial z/\partial y)(\partial y/\partial s) = 1 \cdot (-1) + 2yt = -1 + 2t^2 s$
(b) $\partial z/\partial t = 4x2t + 9y^2 = 8tx + 9y^2 = 8t^3 - 8ts + 9t^2 + 36ts^3 + 36s^6$,
$\partial z/\partial s = 4x(-1) + 9y^2 6s^2 = -4x + 54s^2 y^2 = -4t^2 + 4s + 54t^2 s^2 + 216ts^5 + 216s^8$

2. (a) $\partial z/\partial t = y^2 + 2xy2ts = 5t^4 s^2 + 4t^3 s^4$, $\partial z/\partial s = y^2 2s + 2xyt^2 = 2t^5 s + 4t^4 s^3$

(b) $\dfrac{\partial z}{\partial t} = \dfrac{2(1-s)e^{ts+t+s}}{(e^{t+s} + e^{ts})^2}$, $\dfrac{\partial z}{\partial s} = \dfrac{2(1-t)e^{ts+t+s}}{(e^{t+s} + e^{ts})^2}$

▶ Ausführliche Lösung siehe Lösungshandbuch MyLab.

3. $\partial z/\partial r = 2r\partial F/\partial u + (1/r)\partial F/\partial w$, $\partial z/\partial s = -4s\partial F/\partial v + (1/s)\partial F/\partial w$

4. $\partial z/\partial t_1 = F'(x)f_1'(t_1, t_2)$, $\partial z/\partial t_2 = F'(x)f_2'(t_1, t_2)$

5. $\partial x/\partial s = F_1' + F_2' f'(s) + F_3' g_1'(s,t)$, $\partial x/\partial t = F_3' g_2'(s,t)$

6. $\partial z/\partial x = F_1' f_1'(x,y) + F_2' 2xh(y)$ und $\partial z/\partial y = F_1' f_2'(x,y) + F_2' x^2 h'(y) + F_3'(-z/y^2)$.

7. (a) $\dfrac{\partial w}{\partial t} = \dfrac{\partial w}{\partial x}\dfrac{\partial x}{\partial t} + \dfrac{\partial w}{\partial y}\dfrac{\partial y}{\partial t} + \dfrac{\partial w}{\partial z}\dfrac{\partial z}{\partial t} = y^2 z^3 \cdot 2t + 2xyz^3 \cdot 0 + 3xy^2 z^2 \cdot 1 = 5s^2 t^4$

(b) $\dfrac{\partial w}{\partial t} = 2x\dfrac{\partial x}{\partial t} + 2y\dfrac{\partial y}{\partial t} + 2z\dfrac{\partial z}{\partial t} = \dfrac{x}{\sqrt{t+s}} + 2sye^{ts} = 1 + 2se^{2ts}$

8. (a) Wir können schreiben: $z = F(u_1, u_2, u_3)$ mit $u_1 = t$, $u_2 = t^2$ und $u_3 = t^3$. Dann ist $\dfrac{dz}{dt} = F_1'\dfrac{du_1}{dt} + F_2'\dfrac{du_2}{dt} + F_3'\dfrac{du_3}{dt} = F_1'(t, t^2, t^3) + F_2'(t, t^2, t^3)2t + F_3'(t, t^2, t^3)3t^2$.

(b) $z = F(t, f(t), g(t^2)) \Rightarrow \dfrac{dz}{dt} = F_1'(t, f(t), g(t^2)) + F_2'(t, f(t), g(t^2))f'(t) + F_3'(t, t^2, t^3)g'(t^2)2t$

9. $\partial Z/\partial G = 1 + 2Y\partial Y/\partial G + 2r\partial r/\partial G$

10. $\partial Z/\partial G = 1 + I_1'(Y, r)\partial Y/\partial G + I_2'(Y, r)\partial r/\partial G$

11. $\partial C/\partial p_1 = a\partial Q_1/\partial p_1 + b\partial Q_2/\partial p_1 + 2cQ_1\partial Q_1/\partial p_1$
$= -\alpha_1 A(a + 2cAp_1^{-\alpha_1}p_2^{\beta_1})p_1^{-\alpha_1 - 1}p_2^{\beta_1} + \alpha_2 bBp_1^{\alpha_2 - 1}p_2^{-\beta_2}$
$\partial C/\partial p_2 = \beta_1 A(a + 2cAp_1^{-\alpha_1}p_2^{\beta_1})p_1^{-\alpha_1}p_2^{\beta_1 - 1} - \beta_2 bBp_1^{\alpha_2}p_2^{-\beta_2 - 1}$

12. ▶ Siehe MyLab.

13. Folgt aus $\partial z/\partial x = f'(x^2 y)2xy$ und $\partial z/\partial y = f'(x^2 y)x^2$.

14. $\dfrac{\partial u}{\partial r} = \dfrac{\partial f}{\partial x}\dfrac{\partial x}{\partial r} + \dfrac{\partial f}{\partial y}\dfrac{\partial y}{\partial r} + \dfrac{\partial f}{\partial z}\dfrac{\partial z}{\partial r} + \dfrac{\partial f}{\partial w}\dfrac{\partial w}{\partial r}$

15. $\dfrac{\partial u}{\partial r} = yzw + xzw + xyws + xyz(1/s) = 28$

12.3

1. Formel (12.3.1) ergibt $y' = -F_1'/F_2' = -(4x+6y)/(6x+2y) = -(2x+3y)/(3x+y)$.

2. (a) Sei $F(x, y) = x^2y$. Dann ist $F_1' = 2xy$, $F_2' = x^2$, $F_{11}'' = 2y$, $F_{12}'' = 2x$, $F_{22}'' = 0$, so dass $y' = -F_1'/F_2' = -2xy/x^2 = -2y/x$. Ferner folgt mit Gleichung (12.3.4), $y'' = -(1/(F_2')^3)\left[F_{11}''(F_2')^2 - 2F_{12}''F_1'F_2' + F_{22}''(F_1')^2\right] = -(1/x^6)[2yx^4 - 2(2x)(2xy)x^2] = 6y/x^2$. (Siehe auch Aufgabe 7.1.2.) Für (b) und (c) siehe die Antworten zu Aufgabe 7.1.3.
▶ Ausführliche Lösung siehe Lösungshandbuch MyLab.

3. (a) $y' = -4$ und $y'' = -14$ in $(2, 0)$. Die Tangente hat die Gleichung $y = -4x+8$.
(b) Zwei Punkte: $(a, -4a)$ und $(-a, 4a)$, wobei $a = 2\sqrt{7}/7$.
▶ Ausführliche Lösung siehe Lösungshandbuch MyLab.

4. Mit $F(x, y) = 3x^2 - 3xy^2 + y^3 + 3y^2$ erhalten wir $F_1'(x, y) = 6x - 3y^2$ und $F_2'(x, y) = -6xy + 3y^2 + 6y$. Nach (12.3.1) gilt dann $h'(x) = y' = -(6x - 3y^2)/(-6xy + 3y^2 + 6y)$. Für x nahe 1 und somit (x, y) nahe $(1, 1)$ erhalten wir $h'(1) = -(6 - 3)/(-6 + 3 + 6) = -1$.

5. $D_P' < 0$ und $D_r' < 0$. Differenzieren der Gleichung nach r ergibt $D_P'(dP/dr) + D_r' = 0$ und somit $dP/dr = -D_r'/D_P' < 0$. Somit senkt ein Anstieg der Zinsrate die Nachfrage und der Preis fällt zum Ausgleich.

6. $\dfrac{dP}{dR} = \dfrac{f_R'(R, P)}{g'(P) - f_P'(R, P)}$. Es ist plausibel, dass $f_R'(R, P) > 0$ (die Nachfrage steigt, wenn der Werbeaufwand steigt) und $g'(P) > 0$, $f_P'(R, P) < 0$, so dass $dP/dR > 0$.

7. Differenzieren der Gleichung nach x ergibt (i) $1 - az_x' = f'(y - bz)(-bz_x')$. Differenzieren nach y ergibt (ii) $-az_y' = f'(y - bz)(1 - bz_y')$. Wenn $bz_x' \neq 0$, ergibt das Auflösen von (i) nach f' und Einsetzen in (ii), dass $az_x' + bz_y' = 1$. Wenn $bz_x' = 0$, impliziert (i) dann $az_x' = 1$. Aber dann ist $z_x' \neq 0$, so dass $b = 0$ und dann wieder $az_x' + bz_y' = 1$.

12.4

1. (a) Mit $F(x, y) = 3x + y - z$ ist die gegebene Gleichung $F(x, y, z) = 0$ und $\partial z/\partial x = -F_1'/F_3' = -3/(-1) = 3$. (b) $\partial z/\partial x = -(yz + z^3 - y^2z^5)/(xy + 3xz^2 - 5xy^2z^4)$ (c) Mit $F(x, y, z) = e^{xyz} - 3xyz$ ist die gegebene Gleichung $F(x, y, z) = 0$. Nun ist $F_x'(x, y, z) = yze^{xyz} - 3yz$, $F_z'(x, y, z) = xye^{xyz} - 3xy$, so dass mit (12.4.1) folgt $z_x' = -F_x'/F_z' = -(yze^{xyz} - 3yz)/(xye^{xyz} - 3xy) = -yz(e^{xyz} - 3)/xy(e^{xyz} - 3) = -z/x$. (Tatsächlich hat die Gleichung $e^c = 3c$ zwei Lösungen. Von $xyz = c$ (c eine Konstante) finden wir z_x' viel einfacher.)

2. Partielle Differentiation nach x ergibt (∗) $3x^2 + 3z^2z_x' - 3z_x' = 0$, so dass $z_x' = x^2/(1-z^2)$. Aus Symmetriegründen ist $z_y' = y^2/(1-z^2)$. Um z_{xy}'' zu bestimmen, differenzieren Sie (∗) nach y. Sie erhalten $6zz_y'z_x' + 3z^2z_{xy}'' - 3z_{xy}'' = 0$, so dass $z_{xy}'' = 2zx^2y^2/(1 - z^2)^3$. (Alternativ differenzieren Sie $z_x' = x^2/(1 - z^2)$ nach y, indem Sie z als Funktion von y betrachten und den Ausdruck für z_y' benutzen.)

3. (a) $L^* = P^2/4w^2$, $\partial L^*/\partial P = P/2w^2 > 0$ und $\partial L^*/\partial w = -P^2/2w^3 < 0$.
   (b) Bedingungen erster Ordnung: $Pf'(L^*) - C_L'(L^*, w) = 0$.
   $\partial L^*/\partial P = -f'(L^*)/(Pf''(L^*) - C_{LL}''(L^*, w))$, $\partial L^*/\partial w = C_{Lw}''(L^*, w)/(Pf''(L^*) - C_{LL}''(L^*, w))$.

   ▶ Ausführliche Lösung siehe Lösungshandbuch MyLab.

4. Anwendung von (12.4.1) ergibt $z_x' = -\dfrac{yx^{y-1} + z^x \ln z}{y^z \ln y + xz^{x-1}}$ und

   $z_y' = -\dfrac{x^y \ln x + zy^{z-1}}{y^z \ln y + xz^{x-1}}$.

5. Implizites Differenzieren ergibt $f_P'(R, P)P_w' = g_w'(w, P) + g_P'(w, P)P_w'$. Daher ist
   $P_w' = \dfrac{-g_w'(w, P)}{g_P'(w, P) - f_P'(R, P)} < 0$, da $g_w' > 0$, $g_P' > 0$ und $f_P' < 0$.

6. $F(1, 3) = 4$. Die Gleichung der Tangente ist $y - 3 = -[F_x'(1, 3)/F_y'(1, 3)](x - 1)$
   mit $F_x'(1, 3) = 10$ und $F_y'(1, 3) = 5$, so dass $y = -2x + 5$.
   ▶ Ausführliche Lösung siehe Lösungshandbuch MyLab.

7. $\partial y/\partial K = \alpha y/K(1 + 2c \ln y)$, $\partial y/\partial L = \beta y/L(1 + 2c \ln y)$
   ▶ Ausführliche Lösung siehe Lösungshandbuch MyLab.

12.5

1. Die Grenzrate der Substitution ist $R_{yx} = 20x/30y$, so dass $y/x = (2/3)(R_{yx})^{-1}$ und $\sigma_{yx} = -1$.

2. (a) $R_{yx} = (x/y)^{a-1} = (y/x)^{1-a}$ (b) $\sigma_{yx} = \mathrm{El}_{R_{yx}}(y/x) = \mathrm{El}_{R_{yx}}(R_{yx})^{1/(1-a)} = 1/(1-a)$

3. ▶ Siehe MyLab.

12.6

1. $f(tx, ty) = (tx)^4 + (tx)^2(ty)^2 = t^4x^4 + t^2x^2t^2y^2 = t^4(x^4 + x^2y^2) = t^4f(x, y)$, so dass f homogen vom Grad 4 ist.

2. $x(tp, tr) = A(tp)^{-1.5}(tr)^{2.08} = At^{-1.5}p^{-1.5}t^{2.08}r^{2.08} = t^{-1.5}t^{2.08}Ap^{-1.5}r^{2.08} = t^{0.58}x(p, r)$, so dass die Funktion homogen vom Grad 0.58 ist. (Alternativ können Sie das Resultat aus Beispiel 11.1.4 verwenden.)

3. $f(tx, ty) = (tx)(ty)^2 + (tx)^3 = t^3(xy^2 + x^3) = t^3f(x, y)$. f ist homogen vom Grad 3. Für den Rest:

   ▶ Ausführliche Lösung siehe Lösungshandbuch MyLab.

4. $f(tx, ty) = (tx)(ty)/[(tx)^2 + (ty)^2] = t^2xy/t^2[x^2 + y^2] = f(x, y) = t^0f(x, y)$, so dass f homogen vom Grad 0 ist. Indem wir die Formeln für die partiellen Ableitungen dieser Funktion in Beispiel 11.2.1(b) benutzen, erhalten wir
   $x\dfrac{\partial f}{\partial x} + y\dfrac{\partial f}{\partial y} = \dfrac{xy^3 - x^3y + x^3y - xy^3}{(x^2 + y^2)^2} = 0 = 0 \cdot f$, wie in Eulers Theorem behauptet.

5. $F(tK, tL) = A(a(tK)^{-\varrho} + b(tL)^{-\varrho})^{-1/\varrho} = A(t^{-\varrho}aK^{-\varrho} + t^{-\varrho}bL^{-\varrho})^{-1/\varrho} = (t^{-\varrho})^{-1/\varrho}A(aK^{-\varrho} + bL^{-\varrho})^{-1/\varrho} = tF(K, L)$. Mit Beispiel 12.6.3 erhalten wir $F(K, L)/L = F(K/L, 1) = A[a(K/L)^{-\rho} + b]^{-1/\rho}$.

6. Definition (12.6.1) verlangt, dass für eine Zahl k gilt: $t^3 x^3 + t^2 xy = t^k(x^3 + xy)$ für alle $t > 0$ und alle (x, y). Insbesondere für $x = y = 1$ muss gelten $t^3 + t^2 = 2t^k$. Für $t = 2$ erhalten wir $12 = 2 \cdot 2^k$ oder $2^k = 6$. Für $t = 4$ erhalten wir $80 = 2 \cdot 4^k$ oder $4^k = 40$. Aber $2^k = 6$ impliziert $4^k = 36$. Somit müssen die zwei Werte von k verschieden sein und damit kann f nicht homogen sein.

7. Aus (12.6.6) und (12.6.7) mit $k = 1$ erhalten wir $f_{11}'' = (-y/x)f_{12}''$ und $f_{22}'' = (-x/y)f_{21}''$. Mit $f_{12}'' = f_{21}''$ erhalten wir $f_{11}'' f_{22}'' - (f_{12}'')^2 = (-y/x)f_{12}''(-x/y)f_{12}'' - (f_{12}'')^2 = 0$.

8. $f_2'(4, 6) = f_2'(2 \cdot 2, 2 \cdot 3) = 2f_2'(2, 3)$, da $f_2'(x, y)$ homogen vom Grad 1 ist. (Siehe (12.6.3).) Aber dann ist $f_2'(2, 3) = 12/2 = 6$. Nach Eulers Theorem (12.6.2) ist $2f(2, 3) = 2f_1'(2, 3) + 3f_2'(2, 3) = 2 \cdot 4 + 3 \cdot 6 = 26$. Daher ist $f(2, 3) = 13$ und dann $f(6, 9) = f(3 \cdot 2, 3 \cdot 3) = 3^2 f(2, 3) = 9 \cdot 13 = 117$, wobei wir Definition (12.6.1) benutzt haben.

9. ▶ Siehe MyLab.

12.7

1. (a) Homogen vom Grad 1. (b) Nicht homogen. (c) Homogen vom Grad $-1/2$. (d) Homogen vom Grad 1. (e) Nicht homogen. (f) Homogen vom Grad n.

▶ Ausführliche Lösung siehe Lösungshandbuch MyLab.

2. (a) Homogen vom Grad 1. (b) Homogen vom Grad μ.

▶ Ausführliche Lösung siehe Lösungshandbuch MyLab.

3. Alle sind homogen vom Grad 1, wie leicht zu überprüfen ist, wenn man die Definition (12.7.1) benutzt.

4. Sei s gleich $x_1 + \cdots + x_n$. Dann gilt $v_i' = u_i' - a/s$, so dass $\sum_{i=1}^{n} x_i v_i' = \sum_{i=1}^{n} x_i u_i' - \sum_{i=1}^{n} ax_i/s = a - a = 0$. Nach Eulers Theorem ist v homogen vom Grad 0.

5. (a) Homothetisch. (b) Homothetisch. (c) Nicht homothetisch. (d) Homothetisch.

▶ Ausführliche Lösung siehe Lösungshandbuch MyLab.

6. (a) $h(tx) = f((tx_1)^m, \ldots, (tx_n)^m) = f(t^m x_1^m, \ldots, t^m x_n^m) = (t^m)^r f(x_1^m, \ldots, x_n^m) = t^{mr} h(x)$, so dass h homogen vom Grad mr ist.
(b) Homogen vom Grad sp.
(c) Homogen vom Grad r für $r = s$, nicht homogen für $r \neq s$.
(d) Homogen vom Grad $r + s$. (e) Homogen vom Grad $r - s$.

7. Routineanwendung der Definitionen ▶ Siehe MyLab.

12.8

1. Wir verwenden die Approximation $f(x, y) \approx f(0, 0) + f_1'(0, 0)x + f_2'(0, 0)y$.
(a) $f_1'(x, y) = 5(x + 1)^4(y + 1)^6$; $f_2'(x, y) = 6(x + 1)^5(y + 1)^5$, so dass $f_1'(0, 0) = 5$ und $f_2'(0, 0) = 6$. Da $f(0, 0) = 1$, $f(x, y) \approx 1 + 5x + 6y$. (b) $f_1'(x, y) = f_2'(x, y) = \frac{1}{2}(1 + x + y)^{-1/2}$, so dass $f_1'(0, 0) = f_2'(0, 0) = 1/2$. Da $f(0, 0) = 1$, $f(x, y) \approx 1 + \frac{1}{2}x + \frac{1}{2}$.

(c) $f_1'(x, y) = e^x \ln(1+y)$, $f_2'(x, y) = e^x/(1+y)$, so dass $f_1'(0, 0) = 0$ und $f_2'(0, 0) = 1$. Da $f(0, 0) = 0$, $f(x, y) \approx y$.

2. $f(x, y) \approx Ax_0^a y_0^b + aAx_0^{a-1}y_0^b(x - x_0) + bAx_0^a y_0^{b-1}(y - y_0) = Ax_0^a y_0^b[1 + a(x - x_0)/x_0 + b(y - y_0)/y_0]$

3. Schreiben Sie die Funktion in der Gestalt $g^*(\mu, \varepsilon) = (1+\mu)^a(1+\varepsilon)^{a a} - 1$, wobei $a = 1/(1 - \beta)$. Dann ist $\partial g^*(\mu, \varepsilon)/\partial\mu = a(1 + \mu)^{a-1}(1 + \varepsilon)^{a a}$ und $\partial g^*(\mu, \varepsilon)/\partial\varepsilon = (1 + \mu)^a a a (1 + \varepsilon)^{a a-1}$. Daher ist $g^*(0, 0) = 0$, $\partial g^*(0, 0)/\partial\mu = a$, $\partial g^*(0, 0)/\partial\varepsilon = \alpha a$ und $g^*(\mu, \varepsilon) \approx a\mu + \alpha a\varepsilon = (\mu + \alpha\varepsilon)/(1 - \beta)$.

4. $f(0.98, -1.01) \approx -5 - 6(-0.02) + 9(-0.01) = -4.97$. Der exakte Wert ist -4.970614, so dass der Fehler 0.000614 ist.

5. (a) $f(1.02, 1.99) = 1.1909$ (b) $f(1.02, 1.99) \approx f(1, 2)+(0.02)\cdot 8+(-0.01)\cdot(-3) = 1.19$. Der Fehler ist 0.0009.

6. $v(1.01, 0.02) \approx v(1, 0) + v_1'(1, 0) \cdot 0.01 + v_2'(1, 0) \cdot 0.02 = -1 - 1/150$

7. (a) $z = 2x + 4y - 5$ (b) $z = -10x + 3y + 3$
▶ Ausführliche Lösung siehe MyLab.

8. Erweitern Sie das Argument zur Herleitung der linearen Approximation (12.8.1) von zwei auf n Variablen. ▶ Siehe MyLab.

9. Die Tangentialebene (12.8.3) geht durch $(x, y, z) = (0, 0, 0)$ genau dann, wenn $-f(x_0, y_0) = f_1'(x_0, y_0)(-x_0)+f_2'(x_0, y_0)(-y_0)$. Dies ist für alle (x_0, y_0) genau dann erfüllt, wenn f homogen vom Grad 1 ist, nach Eulers Theorem.

12.9

1. (a) und (b) ergeben jeweils : $dz = (y^2 + 3x^2)dx + 2xy\,dy$.

2. Wir können entweder die Definition des Differentials (12.9.1) verwenden oder die Regeln für Differentiale, wie wir es hier tun werden.
(a) $dz = d(x^3) + d(y^3) = 3x^2\,dx + 3y^2\,dy$ (b) $dz = (dx)e^{y^2} + x(de^{y^2})$. Hier ist $d(e^{y^2}) = e^{y^2}dy^2 = e^{y^2}2y\,dy$, so dass $dz = e^{y^2}dx + 2xye^{y^2}dy = e^{y^2}(dx + 2xy\,dy)$.
(c) $dz = d\ln u$, wobei $u = x^2 - y^2$. Dann ist $dz = \frac{1}{u}du = \frac{2x\,dx - 2y\,dy}{x^2 - y^2}$.

3. (a) $dz = 2xu\,dx + x^2(u_x'\,dx + u_y'\,dy)$ (b) $dz = 2u(u_x'\,dx + u_y'\,dy)$
(c) $dz = \frac{1}{xy + yu}[(y + yu_x')dx + (x + u + yu_y')dy]$

4. $T \approx 7.015714$.
▶ Ausführliche Lösung siehe Lösungshandbuch MyLab.

5. Indem wir auf beiden Seiten der Gleichung das Differential bilden, erhalten wir $d(Ue^U) = d(x\sqrt{y})$ und so $e^U\,dU + Ue^U\,dU = \sqrt{y}\,dx+(x/2\sqrt{y})\,dy$. Auflösen nach dU ergibt $dU = \sqrt{y}\,dx/(e^U + Ue^U) + x\,dy/2\sqrt{y}(e^U + Ue^U)$.

6. $dX = A\beta N^{\beta-1}e^{\varrho t}\,dN + AN^\beta \varrho e^{\varrho t}\,dt$

7. $dX_1 = BEX^{E-1}N^{1-E}\,dX + B(1 - E)X^E N^{-E}\,dN$

8.   (a) $dU = 2a_1 u_1 du_1 + \cdots + 2a_n u_n du_n$
     (b) $dU = A(\delta_1 u_1^{-\varrho} + \cdots + \delta_n u_n^{-\varrho})^{-1-1/\varrho}(\delta_1 u_1^{-\varrho-1} du_1 + \cdots + \delta_n u_n^{-\varrho-1} du_n)$

9. $d(\ln z) = a_1 d(\ln x_1) + \cdots + a_n d(\ln x_n)$, so dass $dz/z = a_1 dx_1/x_1 + a_2 dx_2/x_2 + \cdots + a_n dx_n/x_n$.

10. (a) $d^2 z = 2\, dx\, dy + 2(dy)^2$
     (b) $dz/dt = 3t^2 + 4t^3$ und dann $(d^2 z/dt^2)(dt)^2 = (6t + 12t^2)(dt)^2$. Andererseits ist der aus (a) hergeleitete Ausdruck für $d^2 z$ gleich $(4t + 8t^2)(dt)^2$.

12.10

1.   (a) $4 - 2 = 2$ (b) $5 - 2 = 3$ (c) $4 - 3 = 1$

2.   Es gibt sechs Variablen Y, C, I, G, T und r und drei Gleichungen. Somit gibt es $6 - 3 = 3$ Freiheitsgrade.

3.   Es bezeichne m die Anzahl der Gleichungen und n die Anzahl der Unbekannten.
     (a) $m = 3$, $n = 2$; unendlich viele Lösungen.   (b) $m = n = 2$; keine Lösungen.
     (c) $m = n = 2$; unendlich viele Lösungen.

4.   (a) $m = 1$, $n = 100$; unendlich viele Lösungen.   (b) $m = 1$, $n = 100$; keine Lösungen. Wir sehen, dass die Abzählregel deutlich fehlschlägt.

12.11

1.   Differenzieren ergibt die zwei Gleichungen $a\, du + b\, dv = c\, dx + d\, dy$ und $e\, du + f\, dv = g\, dx + h\, dy$. Auflösen nach du und dv ergibt $du = [(cf - bg)\, dx + (df - bh)\, dy]/D$ und $dv = [(ag - ce)\, dx + (ah - de)\, dy]/D$, wobei $D = af - be$. Die gesuchten partiellen Ableitungen sind dann leicht abzulesen.

2.   (a) Differenzieren ergibt: $u^3 dx + x 3 u^2 du + dv = 2y\, dy$ und $3v\, du + 3u\, dv - dx = 0$. Auflösen nach du und dv mit $D = 9xu^3 - 3v$ ergibt: $du = (-3u^4 - 1)\, dx/D + 6yu\, dy/D$ und $dv = (3xu^2 + 3u^3 v)\, dx/D - 6yv\, dy/D$ (b) $u'_x = (-3u^4 - 1)/D$, $v'_x = (3xu^2 + 3u^3 v)/D$ (c) $u'_x = 283/81$ und $v'_x = -64/27$

3. $\partial y_1/\partial x_1 = (3 - 27x_1^2 y_2^2)/J$ und $\partial y_2/\partial x_1 = (3x_1^2 + 18y_1^2)/J$ mit $J = 1 + 54y_1^2 y_2^2$.
     ▶ Ausführliche Lösung siehe Lösungshandbuch MyLab.

4. $\partial Y/\partial M = I'(r)/[aI'(r) + L'(r)S'(Y)]$ und $\partial r/\partial M = S'(Y)/[aI'(r) + L'(r)S'(Y)]$.
     ▶ Ausführliche Lösung siehe Lösungshandbuch MyLab.

5.   Differentiation nach x ergibt $y + u'_x v + uv'_x = 0$ und $u + xu'_x + yv'_x = 0$. Auflösen nach u'_x und v'_x ergibt

$$u'_x = \frac{u^2 - y^2}{yv - xu} = \frac{u^2 - y^2}{2yv}, \qquad v'_x = \frac{xy - uv}{yv - xu} = \frac{2xy - 1}{2yv}$$

Dabei haben wir $xu = -yv$ und $uv = 1 - xy$ verwendet. Differentiation von u'_x nach x ergibt schließlich

$$u''_{xx} = \frac{\partial^2 u}{\partial x^2} = \frac{\partial}{\partial x} u'_x = \frac{2uu'_x 2yv - (u^2 - y^2)2yv'_x}{4y^2 v^2} = \frac{(u^2 - y^2)(4uv - 1)}{4y^2 v^3}$$

(Die Antwort zu dieser Aufgabe kann auf viele verschiedene Arten ausgedrückt werden.)

6. (a) Differenzieren ergibt die Gleichungen: $dY = dC + dI - dG$, $dC = F'_Y \, dY + F'_T \, dT + F'_r \, dr$ und $dI = f'_Y \, dY + f'_r \, dr$. Daher ist $dY = (F'_T \, dT + dG + (F'_r + f'_r) \, dr)/(1 - F'_Y - f'_Y)$.

(b) $\partial Y/\partial T = F'_T/(1 - F'_Y - f'_Y) < 0$. Somit nimmt Y ab, wenn T steigt. Wenn aber $dT = dG$ mit $dr = 0$, dann ist $dY = (1 + F'_T) dT/(1 - F'_Y - f'_Y)$. Dies ist positiv, vorausgesetzt, dass $F'_T > -1$.

7. (a) $6 - 3 = 3$ (b) Indem wir differenzieren und dann alle Terme in dY, dr und dI auf der linken Seite sammeln, erhalten wir (i) $(C'_Y - 1) \, dY + C'_r \, dr + dI = -d\alpha$, (ii) $F'_Y \, dY + F'_r \, dr - dI = -d\beta$ und   (iii) $L'_Y \, dY + L'_r \, dr = dM$

Mit $d\beta = dM = 0$ erhalten wir $dY = -(L'_r/D) \, d\alpha$, $dr = (L'_Y/D) \, d\alpha$ und $dI = [(F'_r L'_Y - F'_Y L'_r)/D] \, d\alpha$, wobei $D = L'_r(C'_Y + F'_Y - 1) - L'_Y(C'_r + F'_r)$.

8. (a) Es gibt 3 Variablen und 2 Gleichungen, so dass es (im Allgemeinen) einen Freiheitsgrad gibt.

(b) Differenzieren ergibt $0 = \alpha P dy + L'(r) dr$ und $S'_y \, dy + S'_r \, dr + S'_g \, dg = I'_y \, dy + I'_r \, dr$. Wir erhalten

$dy/dg = -L'(r)S'_g/D$, $dr/dg = \alpha P S'_g/D$, wobei $D = L'(r)(S'_y - I'_y) - \alpha P(S'_r - I'_r)$

9. (a) Differentiation ergibt $2uv \, du + u^2 \, dv - du = 3x^2 \, dx + 6y^2 \, dy$ und $e^{ux}(u \, dx + x \, du) = v \, dy + y \, dv$. In P werden diese Gleichungen zu $3 \, du + 4 \, dv = 6 \, dy$ und $dv = 2 \, dx - dy$. Daher ist $du = 2dy - (4/3) dv = -(8/3) dx + (10/3) dy$. Somit ist $\partial u/\partial y = 10/3$ und $\partial v/\partial x = 2$.   (b) $\Delta u \approx du = -(8/3)0.1 + (10/3)(-0.2) = -14/15 \approx -0.93$, $\Delta v \approx dv = 2(0.1) + (-1)(-0.2) = 0.4$

10. Indem wir Differentiale bilden und $dp_2 = dm = 0$ setzen, erhalten wir:

(i) $U''_{11} \, dx_1 + U''_{12} \, dx_2 = p_1 \, d\lambda + \lambda dp_1$;

(ii) $U''_{21} \, dx_1 + U''_{22} \, dx_2 = p_2 \, d\lambda$; (iii) $p_1 \, dx_1 + dp_1 x_1 + p_2 \, dx_2 = 0$. Indem wir nach dx_1 auflösen, erhalten wir insbesondere

$\partial x_1/\partial p_1 = [\lambda p_2^2 + x_1(p_2 U''_{12} - p_1 U''_{22})]/(p_1^2 U''_{22} - 2p_1 p_2 U''_{12} + p_2^2 U''_{11})$.

Wiederholungsaufgaben für Kapitel 12

1. (a) $dz/dt = 6 \cdot 4t + 3y^2 9t^2 = 24t + 27t^2 y^2 = 24t + 243t^8$ (b) $dz/dt = px^{p-1}a + py^{p-1}b = pt^{p-1}(a^p + b^p)$ (c) In (a), $z = 6(2t^2) + (3t^3)^3 = 12t^2 + 27t^9$, so dass $dz/dt = 24t + 243t^8$. In (b), $z = (at)^p + (bt)^p = a^p t^p + b^p t^p$, so dass $dz/dt = (a^p + b^p)pt^{p-1}$.

2. $\partial z/\partial t = G'_1(u, v)\phi'_1(t, s)$ und $\partial z/\partial s = G'_1(u, v)\phi'_2(t, s) + G'_2(u, v)\psi'(s)$

3. $\partial w/\partial t = 2x \cdot 1 + 3y^2 \cdot 1 + 4z^3 s = 2x + 3y^2 + 4sz^3 = 4s^4 t^3 + 3s^2 + 3t^2 - 6ts + 2s + 2t$, $\partial w/\partial s = 2x - 3y^2 + 4tz^3 = 4s^3 t^4 - 3s^2 - 3t^2 + 6ts + 2s + 2t$

4. $dX/dN = g(u) + g'(u)(\varphi'(N) - u)$, wobei $u = \varphi(N)/N$ und $d^2X/dN^2 = (1/N)g''(u)(\varphi'(N) - u)^2 + g'(u)\varphi''(N)$.

▶ Ausführliche Lösung siehe Lösungshandbuch MyLab.

5. (a) Bilden Sie den natürlichen Logarithmus $\ln E = \ln A - a \ln p + b \ln m$ und differenzieren Sie dann: $\dot{E}/E = -a(\dot{p}/p) + b(\dot{m}/m)$. (b) $\ln p = \ln p_0 + t \ln(1.06)$, so dass $\dot{p}/p = \ln 1.06$. Analog: $\dot{m}/m = \ln 1.08$. Dann gilt $\dot{E}/E = -a \ln 1.06 + b \ln 1.08 = \ln(1.08^b/1.06^a) = \ln Q$.

6. Wenn wir beide Seiten nach x differenzieren und dabei y konstant halten, ergibt sich $3x^2 \ln x + x^2 = (6z^2 \ln z + 2z^2)z_1'$. Wenn $x = y = z = e$, ergibt dies $z_1' = 1/2$. Nochmaliges Differenzieren ergibt $6x \ln x + 5x = (12z \ln z + 10z)(z_1')^2 + (6z^2 \ln z + 2z^2)z_{11}''$. Wenn $x = y = z = e$ und $z_1' = 1/2$, folgt $z_{11}'' = 11/16e$.

7. $R_{yx} = F_x'/F_y' = -x/10y$. Daher ist $y/x = -(1/10)R_{yx}^{-1}$ und somit $\sigma_{yx} = \text{El}_{R_{yx}}(y/x) = -1$.

8. (a) GRS $= R_{yx} = U_x'/U_y' = 2y/3x$ (b) GRS $= R_{yx} = y/(x+1)$ (c) GRS $= R_{yx} = (y/x)^3$

9. (a) -1 (b) $2ac$ (c) 4. (d) Nicht homogen. (Wenn F homogen wäre, müsste nach Eulers Theorem für eine Konstante k gelten: $x_1 e^{x_1+x_2+x_3} + x_2 e^{x_1+x_2+x_3} + x_3 e^{x_1+x_2+x_3} = k e^{x_1+x_2+x_3}$ für alle positiven x_1, x_2, x_3 und somit $x_1 + x_2 + x_3 = k$. Dies ist offensichtlich unmöglich.)

10. Da $y/x = (R_{yx})^{1/3}$, folgt $\sigma_{yx} = \text{El}_{R_{yx}}(y/x) = 1/3$.

11. $\text{El}_x y = xy/(1 - 2y)$ (*Hinweis:* Bilden Sie die Elastizität bezüglich x von $y^2 e^x e^{1/y} = 3$.)

▶ Ausführliche Lösung siehe Lösungshandbuch MyLab.

12. (a) 1 (b) k (c) 0

13. Da F homogen ist vom Grad 1, haben wir nach (12.6.6): $K F_{KK}'' + L F_{KL}'' = 0$, so dass $F_{KL}'' = -(K/L)F_{KK}'' > 0$, da $F_{KK}'' < 0$ und $K > 0$, $L > 0$.

14. Differenzieren Sie $f(tx_1, \ldots, tx_n) = g(t)f(x_1, \ldots, x_n)$ nach t und setzen Sie $t = 1$, wie im Beweis von Eulers Theorem (Theorem 12.7.1). Dies ergibt $\sum_{i=1}^{n} x_i f_i'(x_1, \ldots, x_n) = g'(1)f(x_1, \ldots, x_n)$. Daher muss nach Eulers Theorem f homogen vom Grad $g'(1)$ sein. Tatsächlich ist $g(t) = t^k$ mit $k = g'(1)$.

15. $du + e^y dx + xe^y dy + dv = 0$ und $dx + e^{u+v^2} du + e^{u+v^2} 2v\, dv - dy = 0$. In dem gegebenen Punkt reduzieren sich diese Gleichungen auf $du + dv = -e\, dx - e\, dy$ und $du = -e\, dx + e\, dy$. Daraus folgt $u_x' = -e$, $u_y' = e$, $v_x' = 0$ und $v_y' = -2e$.

16. (a) $\partial p/\partial w = L/F(L)$, $\partial p/\partial B = 1/F(L)$, $\partial L/\partial w = (F(L) - LF'(L))/pF(L)F''(L)$, $\partial L/\partial B = -F'(L)/pF(L)F''(L)$ (b) ▶ Siehe MyLab.

17. (a) $\alpha u^{\alpha-1} du + \beta v^{\beta-1} dv = 2^\beta dx + 3y^2 dy$ und $\alpha u^{\alpha-1} v^\beta du + u^\alpha \beta v^{\beta-1} dv - \beta v^{\beta-1} dv = dx - dy$. In P haben wir $\partial u/\partial x = 2^{-\beta}/\alpha$, $\partial u/\partial y = -2^{-\beta}/\alpha$, $\partial v/\partial x = (2^\beta - 2^{-\beta})/\beta 2^{\beta-1}$, $\partial v/\partial y = (2^{-\beta} + 3)/\beta 2^{\beta-1}$.
(b) $u(0.99, 1.01) \approx u(1, 1) + \partial u(1, 1)/\partial x \cdot (-0.01) + \partial u(1, 1)/\partial y \cdot 0.01 = 1 - 2^{-\beta}/100\alpha - 2^{-\beta}/100\alpha = 1 - 2^{-\beta}/50\alpha$

18. (a) $S = \int_0^T e^{-rx}(e^{gT-gx} - 1)\, dx = e^{gT} \int_0^T e^{-(r+g)x}\, dx - \int_0^T e^{-rx}\, dx = \dfrac{e^{gT} - e^{-rT}}{r+g} + \dfrac{e^{-rT} - 1}{r}$ und deshalb $r(r+g)S = re^{gT} + ge^{-rT} - (r+g)$. (b) Implizite Differentiation nach g ergibt $rS = re^{gT}(T + g\partial T/\partial g) + e^{-rT} + ge^{-rT}(-r\partial T/\partial g) - 1$, so dass $\partial T/\partial g = [rS + 1 - rTe^{gT} - e^{-rT}]/rg(e^{gT} - e^{-rT})$.

19. (a) Ökonomische Interpretation der Bedingung: Wieviel gewinnen wir, wenn wir ein Jahr warten? Ungefähr $V'(t^*)$. Wieviel verlieren wir? Entgangene Zinsen $rV(t^*)$ plus jährliche Kosten m. (b) und (c) ► Siehe MyLab.

Kapitel 13

13.1

1. Die Bedingungen erster Ordnung $f_1'(x, y) = -4x+4 = 0$ und $f_2'(x, y) = -2y+4 = 0$ sind beide erfüllt, wenn $x = 1$ und $y = 2$.

2. (a) $f_1'(x, y) = 2x - 6$ und $f_2'(x, y) = 2y + 8$. Beide sind Null an der einzigen stationären Stelle $(x, y) = (3, -4)$. (b) $f(x, y) = x^2 - 6x + 3^2 + y^2 + 8y + 4^2 - 35 - 3^2 - 4^2 = (x-3)^2 + (y+4)^2 + 10 \geq 10$ für alle (x, y), während $f(3, -4) = 10$, so dass f durch $(3, -4)$ minimiert wird.

3. $F_K' = -2(K-3) - (L-6)$ und $F_L' = -4(L-6) - (K-3)$, so dass die Bedingungen erster Ordnung gleich $-2(K-3) - (L-6) = 0.65$ und $-4(L-6) - (K-3) = 1.2$ sind. Die einzige Lösung dieser beiden simultanen Gleichungen ist $(K, L) = (2.8, 5.75)$.

4. (a) $\pi(10, 8) = \pi(12, 10) = 98$ (b) Bedingungen erster Ordnung: $\pi_x' = -2x - 22 = 0$, $\pi_y' = -2y + 18 = 0$. Es folgt, dass $x = 11$ und $y = 9$. Der Gewinn ist $\pi(11, 9) = 100$.

13.2

1. Die Bedingungen in (a) in Theorem 13.2.1 sind in allen Fällen erfüllt: (a) $\partial \pi^2/\partial x^2 = -0.08 \leq 0$, $\partial^2 \pi/\partial y^2 = -0.02 \leq 0$ und $(\partial^2 \pi/\partial x^2)(\partial^2 \pi/\partial y^2) - (\partial^2 \pi/\partial x \partial y)^2 = 0.0015 \geq 0$. (b) $f_{11}'' = -4$, $f_{12}'' = 0$ und $f_{22}'' = -2$ für alle (x, y). (c) Mit $\pi = F(K, L) - 0.65K - 1.2L$ ist $\pi_{11}'' = -2$, $\pi_{12}'' = -1$ und $\pi_{22}'' = -4$.

2. (a) Gewinn: $\pi(x, y) = 24x + 12y - C(x, y) = -2x^2 - 4y^2 + 4xy + 64x + 32y - 514$. Maximum an der Stelle $x = 40$, $y = 24$ mit $\pi(40, 24) = 1150$. Da $\pi_{11}'' = -4 \leq 0$, $\pi_{22}'' = -8 \leq 0$ und $\pi_{11}''\pi_{22}'' - (\pi_{12}'')^2 = 16 \geq 0$ ist dies ein Maximum. (b) $x = 34$, $y = 20$. (Mit $y = 54 - x$ ist der Gewinn $\hat{\pi} = -2x^2 - 4(54 - x)^2 + 4x(54 - x) - 64x + 32(54 - x) - 514 = -10x^2 + 680x - 10450$. Dieser hat ein Maximum an der Stelle $x = 34$. Dann ist $y = 54 - 34 = 20$. Der Maximalwert ist 1110

3. Maximum 3888 an der Stelle $x = 36$, $y = 12$, $z = 9$.
   ► Ausführliche Lösung siehe Lösungshandbuch MyLab.

4. (a) $\pi(x, y) = px + qy - C(x, y) = (25 - x)x + (24 - 2y)y - (3x^2 + 3xy + y^2) = -4x^2 - 3xy - 3y^2 + 25x + 24y$. (b) $\pi_1' = -8x - 3y + 25 = 0$ und $\pi_2' = -3x - 6y - 24 = 0$, wenn $(x, y) = (2, 3)$. Ferner ist dann $\pi_{11}'' = -8 \leq 0$, $\pi_{22}'' = -6 \leq 0$ und $\pi_{11}''\pi_{22}'' - (\pi_{12}'')^2 = (-8)(-6) - (-3)^2 = 39 \geq 0$. Somit maximiert $(x, y) = (2, 3)$ den Gewinn.

5. Der Gewinn ist $\pi(x, y) = px + qy - x^2 - xy - y^2 - x - y - 14$ und hat eine stationäre Stelle in $x^* = \frac{1}{3}(2p-q-1)$ und $y^* = \frac{1}{3}(-p+2q-1)$. Wenn $q < 2p-1$ und $q > \frac{1}{2}(p+1)$, sind die hinreichenden Bedingungen in Theorem 13.2.1 für ein Maximum in einem inneren Punkt (x^*, y^*) erfüllt, wie man leicht sieht.

6. (a) $x^* = p/2\alpha$, $y^* = q/2\beta$ und die Bedingungen zweiter Ordnung sind erfüllt. (b) $\pi^*(p, q) = px^* + qy^* - \alpha(x^*)^2 - \beta(y^*)^2 = p^2/4\alpha + q^2/2\beta$. Daher ist $\partial\pi^*(p, q)/\partial p = p/2\alpha = x^*$: Erhöhung des Preises p um eine Einheit erhöht den optimalen Gewinn um ungefähr x^*, das optimale Produktionsniveau des ersten Gutes. Die Gleichung $\partial\pi^*(p, q)/\partial q = y^*$ hat eine ähnliche Interpretation.

7. Die Nebenbedingung impliziert, dass $z = 4x + 2y - 5$. Indem wir dies für z einsetzen, bestimmen wir (x, y) so, dass sie $P(x, y) = x^2 + y^2 + (4x + 2y - 5)^2$ bezüglich x und y minimieren. Die Bedingungen erster Ordnung sind: $P'_1 = 34x + 16y - 40 = 0$ und $P'_2 = 16x + 10y - 20 = 0$ mit der Lösung $x = 20/21$, $y = 10/21$. Da $P''_{11} = 34$, $P''_{12} = 16$ und $P''_{22} = 10$, sind die Bedingungen zweiter Ordnung für ein Minimum erfüllt. Der Minimalwert ist $525/441$.

8. Um zu zeigen, dass f konkav ist, verifizieren wir die Ungleichungen in Teil (a) von Theorem 13.2.1. Die partiellen Ableitungen zweiter Ordnung sind $f''_{11} = a(a - 1)Ax^{a-2}y^b$, $f''_{12} = f''_{21} = abAx^{a-1}y^{b-1}$ und $f''_{22} = b(b - 1)Ax^ay^{b-2}$. Daher ist $f''_{11}f''_{22} - (f''_{12})^2 = abA^2x^{2a-2}y^{2b-2}[1 - (a + b)]$. Nehmen Sie an, dass $a + b \leq 1$. Dann ist $a \leq 1$ und auch $b \leq 1$. Wenn $x > 0$ und $y > 0$, dann ist $f''_{11} \leq 0$ und $f''_{22} \leq 0$ und $f''_{11}f''_{22} - (f''_{12})^2 \geq 0$, wie verlangt.

13.3

1. (a) $f'_1 = -2x + 6$, $f'_2 = -4y + 8$, $f''_{11} = -2$, $f''_{12} = 0$, $f''_{22} = -4$ (b) $(3, 2)$ ist eine lokale Maximumstelle, da $A = -2 < 0$ und $AC - B^2 = 8 > 0$. Theorem 13.2.1 impliziert, dass $(3, 2)$ eine (globale) Maximumstelle ist.

2. (a) $f'_1 = 2x + 2y^2$, $f'_2 = 4xy + 4y$, $f''_{11} = 2$, $f''_{12} = 4y$, $f''_{22} = 4x + 4$ (b) $f'_2 = 0 \iff 4y(x + 1) = 0 \iff x = -1$ oder $y = 0$. Falls $x = -1$, ist $f'_1 = 0$ für $y = \pm 1$. Falls $y = 0$, ist $f'_1 = 0$ für $x = 0$. Damit erhalten wir die drei in der Tabelle klassifizierten stationären Stellen:

(x, y)	A	B	C	$AC - B^2$	Typ der stationären Stelle:
$(0, 0)$	2	0	4	8	Lokale Minimumstelle
$(-1, 1)$	2	4	0	-16	Sattelstelle
$(-1, -1)$	2	-4	0	-16	Sattelstelle

3. (a) In $(0, 0)$ ist eine Sattelstelle und $(-a, -2)$ ist eine lokale Minimumstelle. (b) $df^*(a)/da = -2ae^{-2}$
▶ Ausführliche Lösung siehe Lösungshandbuch MyLab.

4. (a) $f'_t(t^*, x^*) = rf(t^*, x^*)$ und $f'_x(t^*, x^*) = e^{rt^*}$ (b) $g'(t^*) = rg(t^*)$ und $h'(x^*) = e^{rt^*}/g(t^*)$ (c) Verifizieren Sie die Bedingungen in Teil (a) von Theorem 13.3.1. ▶ Siehe MyLab. (d) $t^* = 1/4r^2$, $x^* = e^{1/4r} - 1$
▶ Ausführliche Lösung siehe Lösungshandbuch MyLab.

5. In allen drei Fällen ist $(0, 0)$ eine stationäre Stelle, wobei $z = 0$ und $A = B = C = 0$, so dass $AC - B^2 = 0$. In Fall (a) ist $z \leq 0$ für alle (x, y), so dass der Ursprung eine Maximumstelle ist. In Fall (b) ist $z \geq 0$ für alle (x, y), so dass der Ursprung eine Minimumstelle ist. In (c) nimmt z positive und negative Werte an in Punkten, die beliebig nah am Ursprung sind, so dass dort eine Sattelstelle ist.

6. (a) f ist definiert für alle (x, y) mit $1 + x^2 y > 0$, d.h. mit $x^2 y > -1$. Somit ist f definiert für alle (x, y) mit (i) $x = 0$ oder (ii) $x \neq 0$ und $y > -1/x^2$. (b) $f_1'(x, y) = 2xy/(1 + x^2 y)$ und $f_2'(x, y) = x^2/(1 + x^2 y)$. Hier ist $f_1' = f_2' = 0$ in allen Punkten $(0, b)$ mit $b \in \mathbb{R}$. (c) Da $AC - B^2 = 0$ für $(x, y) = (0, b)$, schlägt die Untersuchung der zweiten Ableitungen fehl. (d) Beachten Sie, dass $f(0, b) = 0$ in jeder stationären Stelle $(0, b)$. Indem man das Vorzeichen von $f(x, y) = \ln(1 + x^2 y)$ in der Umgebung jeder stationären Stelle betrachtet, sieht man, dass f eine lokale Maximumstelle hat, falls $b < 0$; eine Sattelstelle, falls $b = 0$; und eine lokale Minimumstelle, falls $b > 0$. Siehe Abb. A13.3.6.
▶ Ausführliche Lösung siehe Lösungshandbuch MyLab.

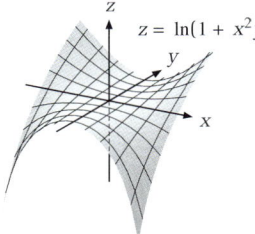

$z = \ln(1 + x^2 y)$

Abbildung A13.3.6

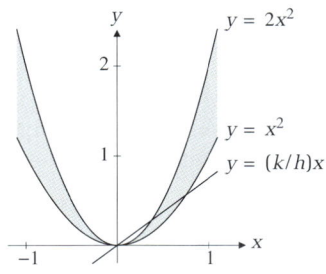

$y = 2x^2$

$y = x^2$

$y = (k/h)x$

Abbildung A13.3.7

7. (a) Siehe Abb. A13.3.7. Der Bereich, in dem $f(x, y)$ negativ ist, ist schattiert. Es ist leicht zu sehen, dass der Ursprung die einzige stationäre Stelle ist und es ist $f(0, 0) = 0$. Wie die Abbildung zeigt, nimmt $f(x, y)$ positive und negative Werte an in Punkten, die beliebig nah an $(0, 0)$ sind, so dass der Ursprung eine Sattelstelle ist. (b) $g(t) = f(th, tk) = (tk - t^2 h^2)(tk - 2t^2 h^2) = 2h^4 t^4 - 3h^2 kt^3 + k^2 t^2$, so dass $g'(t) = 8h^4 t^3 - 9h^2 kt^2 + 2k^2 t$ und $g''(t) = 24h^2 t^2 - 18h^2 kt + 2k^2$. Somit ist $g'(0) = 0$ und $g''(0) = 2k^2$. Daher ist $t = 0$ eine Minimumstelle für $k \neq 0$. Für $k = 0$ ist $g(t) = 2t^4 h^4$. Dies hat ein Minimum an der Stelle $t = 0$.

13.4

1. (a) $\pi = P_1 Q_1 + P_2 Q_2 - C(Q_1, Q_2) = -2Q_1^2 - 4Q_2^2 + 180Q_1 + 160Q_2$. Dies hat ein Maximum für $Q_1^* = 45$, $Q_2^* = 20$ mit $P_1^* = 110$, $P_2^* = 100$ und $\pi^* = 5650$
(b) Sei $P = P_1 = P_2$. Dann ist $Q_1 = 100 - \frac{1}{2}P$, $Q_2 = 45 - \frac{1}{4}P$, so dass Gewinn als Funktion von P gleich $\widehat{\pi} = (P - 20)(Q_1 + Q_2) = (P - 20)(145 - \frac{3}{4}P) = -\frac{3}{4}P^2 + 160P - 2900$ ist, was für $P = 320/3$ maximiert wird. Der zugehörige Gewinn ist $16900/3$. Verlorener Gewinn: $5650 - 16900/3 = 50/3$. (c) Neuer Gewinn: $\widetilde{\pi} = -2Q_1^2 - 4Q_2^2 + 175Q_1 + 160Q_2$ mit Maximum für $Q_1 = 43.75$, $Q_2 = 20$ mit Preisen $P_1 = 112.50$ und $P_2 = 100$. Der Gewinn ist 5428.125.

Die Anzahl der verkauften Einheiten in Markt 1 geht zurück, der Preis steigt und der Gewinn ist niedriger. In Markt 2 bleiben die Anzahl der verkauften Einheiten und der Preis unverändert.

2. (a) $\pi = -bp^2 - dq^2 + (a+\beta b)p + (c+\beta d)q - \alpha - \beta(a+c)$, $p^* = (a+\beta b)/2b$, $q^* = (c+\beta d)/2d$. Die Bedingungen zweiter Ordnung sind offensichtlich erfüllt, da $\pi''_{11} = -2b$, $\pi''_{12} = 0$ und $\pi''_{22} = -2d$. (b) $\hat{p} = (a+c+\beta(b+d))/2(b+d)$. (c) ▶ Siehe MyLab.

3. Die Erhebung einer Steuer von τ pro verkaufter Einheit in Marktbereich 1 bedeutet, dass die neue Gewinnfunktion $\hat{\pi}(Q_1, Q_2) = \pi(Q_1, Q_2) - \tau Q_1$ ist. Die optimale Wahl der Produktion in Markt 1 ist dann $\hat{Q}_1 = (a_1 - \alpha - \tau)/2b_1$ (siehe im Text) und die Steuereinnahmen sind $T(\tau) = \tau(a_1 - \alpha - \tau)/2b_1 = [\tau(a_1 - \alpha) - \tau^2]/2b_1$. Diese quadratische Funktion hat ein Maximum, wenn $T'(\tau) = 0$, so dass $\tau = \frac{1}{2}(a_1 - \alpha)$.

4. (a) $\hat{a} = 0.105$ und $\hat{b} = 11.29$. (b) $\hat{c} = 0.23$, $\hat{d} = 5.575$. (c) Das Ziel wäre 1979 erreicht.
▶ Ausführliche Lösung siehe Lösungshandbuch MyLab.

5. (a) $p = 9$, $q = 8$, $x = 16$, $y = 4$. Der Gewinn von A ist 123, der von B ist 21. (b) Der Gewinn von A wird maximiert, wenn $p = p_A(q) = \frac{1}{5}(2q+17)$. Der Gewinn von B wird maximiert, wenn $q = q_B(p) = \frac{1}{3}(p+7)$. (c) Gleichgewicht tritt ein, wenn $p = 5$, $q = 4$, $x = 20$, $y = 12$. A gewinnt 75, B 21. (d) ▶ Siehe MyLab.

13.5

1. (a) $f'_1(x, y) = 4 - 4x$ und $f'_2(x, y) = -4y$. Die einzige stationäre Stelle ist $(1, 0)$ mit $f(1, 0) = 2$. (b) $f(x, y)$ hat das Maximum 2 in $(1, 0)$ und Minimum -70 in $(-5, 0)$. (Ein Maximum und ein Minimum existieren nach dem Extremwertsatz. Auf dem Rand ist der Funktionswert $4x - 50$ mit $x \in [-5, 5]$. So ist das Maximum auf dem Rand -30 für $x = 5$ und das Minimum ist -70 für $x = -5$.)

2. (a) Maximum 91 an den Stellen $(0, 4)$ und $(4, 0)$. Minimum 0 an der Stelle $(3, 3)$. (b) Maximum $9/4$ an den Stellen $(-1/2, \sqrt{3}/2)$ und $(-1/2, -\sqrt{3}/2)$. Minimum $-1/4$ an der Stelle $(1/2, 0)$.
▶ Ausführliche Lösung siehe Lösungshandbuch MyLab.

3. Siehe Abb. A13.5.3. Keine stationären Stellen im Innern. Der Maximalwert von f ist $27/8$ an der Stelle $(3/4, 0)$.
▶ Ausführliche Lösung siehe Lösungshandbuch MyLab.

4. (a) Die Bedingungen erster Ordnung sind: $2axy + by + 2y^2 = 0$ und $ax^2 + bx + 4xy = 0$ müssen $(x, y) = (2/3, 1/3)$ als eine Lösung haben. Somit ist $a = 1$ und $b = -2$. Und es ist $c = 1/27$, so dass $f(2/3, 1/3) = -1/9$. Da $A = f''_{11}(2/3, 1/3) = 2/3$, $B = f''_{12}(2/3, 1/3) = 2/3$ und $C = f''_{22}(2/3, 1/3) = 8/3$, sagt Theorem 13.3.1, dass dies ein lokales Minimum ist.

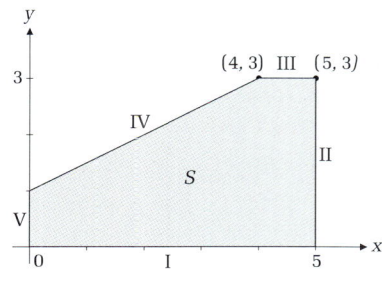

Abbildung A13.5.3

(b) Maximum 193/27 an der Stelle (2/3, 8/3). Minimum −1/9 an der Stelle (2/3, 1/3).

5. (a) (1, 2) ist eine lokale Minimumstelle; (0, 0) und (0, 4) sind Sattelstellen.
(b) Beachten Sie, dass $f(x, 1) = -3xe^{-x} \to \infty$ für $x \to -\infty$ und $f(-1, y) = -e(y^2 - 4y) \to -\infty$ für $y \to \infty$.   (c) f hat Minimumwert $-4/e$ an der Stelle (1, 2) und Maximumwert 0 in allen $(x, 0)$ und $(x, 4)$ mit $x \in [0, 5]$ sowie in allen $(0, y)$ mit $y \in [0, 4]$.   (d) $y' = 0$, wenn $x = 1$ und $y = 4 - e$.
 ► Ausführliche Lösung siehe Lösungshandbuch MyLab.

6. (a) Abgeschlossen und beschränkt, somit kompakt.   (b) Offen und nicht beschränkt.   (c) Abgeschlossen und beschränkt, somit kompakt.
(d) Abgeschlossen und nicht beschränkt.   (e) Abgeschlossen und nicht beschränkt.   (f) Offen und nicht beschränkt.

7. Sei $g(x) = 1$ in $[0, 1)$, $g(x) = 2$ in $[1, 2]$. Dann ist g unstetig an der Stelle $x = 1$ und die Menge $\{x : g(x) \le 1\} = [0, 1)$ ist nicht abgeschlossen. (Zeichnen Sie Ihren eigenen Graphen von g.)

13.6

1. (a) Die Bedingungen erster Ordnung $f_x'(x, y, z) = 2 - 2x = 0$, $f_y'(x, y, z) = 10 - 2y = 0$ und $f_z'(x, y, z) = -2z = 0$ haben eine eindeutige Lösung $(x, y, z) = (1, 5, 0)$, die dann die Maximumstelle sein muss.   (b) Die Bedingungen erster Ordnung sind $f_x'(x, y, z) = -2x - 2y - 2z = 0$, $f_y'(x, y, z) = -4y - 2x = 0$, $f_z'(x, y, z) = -6z - 2x = 0$. Aus den beiden letzten Gleichungen folgt $y = -\frac{1}{2}x$ und $z = -\frac{1}{3}x$. Wenn wir dies in die erste Gleichung einsetzen, erhalten wir $-2x + x + \frac{2}{3}x = 0$ und damit $x = 0$, was $y = z = 0$ impliziert. Somit ist $(x, y, z) = (0, 0, 0)$ die Maximumstelle.

2. (a) $f(x) = e^{-x^2}$ und $g(x) = F(f(x)) = \ln(e^{-x^2}) = -x^2$ haben beide ein eindeutiges Maximum an der Stelle $x = 0$.
(b) Nur $x = 0$ maximiert $f(x)$. Jedoch wird $g(x) = 5$ an jeder Stelle x maximiert, da es eine Konstante ist.

3. Nach der Kettenregel ist $g_i'(x) = F'(f(x))f_i'(x)$ für $i = 1, 2, \ldots, n$. Da überall $F' \ne 0$, folgt die Behauptung.

4. $f_x' = -6x^2 + 30x - 36$, $f_y' = 2 - e^{y^2}$, $f_z' = -3 + e^{z^2}$. Die acht stationären Stellen sind $(x, y, z) = (3, \pm\sqrt{\ln 2}, \pm\sqrt{\ln 3})$ und $(x, y, z) = (2, \pm\sqrt{\ln 2}, \pm\sqrt{\ln 3})$, wobei alle Kombinationen der Vorzeichen erlaubt sind.

▶ Ausführliche Lösung siehe Lösungshandbuch MyLab.

5. (a) Da $F(u) = \frac{1}{2}(e^u - e^{-u})$ strikt monoton wachsend ist, ist das Problem äquivalent zu: max $x^2 + y^2 - 2x$ für $(x, y) \in S$. (b) Das Problem ist äquivalent zu: max $\ln A + a_1 \ln x_1 + \cdots + a_n \ln x_n$ für $x_1 + \cdots + x_n = 1$.

13.7

1. (a) Der Gewinn ist $\pi = px - ax - bx^2 - tx$ und dies hat ein Maximum an der Stelle $x^* = (p-a-t)/2b$ mit $\pi^* = (p-a-t)^2/4b$. (b) $\partial\pi^*/\partial p = 2(p-a-t)/4b = x^*$. Wenn p um 1 Euro erhöht wird, dann steigt der optimale Gewinn um x^* Euro, da für jede der x^* verkauften Einheiten die Einnahmen um 1 Euro steigen.

2. (a) Die Gewinnfunktion ist $\pi = \pi(L, P, w) = P\sqrt{L} - wL$. Der Wert von L, der den Gewinn maximiert, muss die Gleichung $\pi_L'(L, P, w) = P/2\sqrt{L} - w = 0$ erfüllen, was zu $L = (P/2w)^2$ führt. Nun ist $\pi_{LL}'' = -P/4L^{3/2} < 0$ für alle L. Daher wird der Gewinn maximiert für $L = L^*(P, w) = (P/2w)^2$.
(b) Die Optimalwertfunktion ist $\pi^*(P, w) = \pi(L^*, P, w) = P\sqrt{L^*} - wL^* = P(P/2w) - w(P/2w)^2 = P^2/4w$. Es folgt, dass $\partial\pi^*/\partial P = P/2w = \sqrt{L^*} = \pi_P'(L^*, P, w, a)$, und auch $\partial\pi^*/\partial w = -P^2/4w^2 = -L^* = \pi_w'(L^*, P, w)$. Damit ist das Envelope-Theorem für dieses Beispiel bestätigt.

3. (a) $\pi = p(K^{2/3} + L^{1/2} + T^{1/3}) - rK - wL - q$ und $K^* = \frac{8}{27}p^3 r^{-3}$, $L^* = \frac{1}{4}p^2 w^{-2}$, $T^* = \frac{1}{3\sqrt{3}}p^{3/2}q^{-3/2}$ (b) $Q^* = \frac{4}{9}p^2 r^{-2} + \frac{1}{2}pw^{-1} + \frac{1}{\sqrt{3}}p^{1/2}q^{-1/2}$, so dass $\partial Q^*/\partial r = -\frac{8}{9}p^2 r^{-3} = -\partial K^*/\partial p$

▶ Ausführliche Lösung siehe Lösungshandbuch MyLab.

4. $\dfrac{\partial Q^*}{\partial r} = \dfrac{\partial}{\partial r}\left(\dfrac{\partial\hat\pi^*}{\partial p}\right) = \dfrac{\partial}{\partial p}\left(\dfrac{\partial\hat\pi^*}{\partial r}\right) = \dfrac{\partial}{\partial p}(-K^*) = -\dfrac{\partial K^*}{\partial p}$. Die anderen Gleichungen werden in einer ähnlichen Weise bewiesen.

5. (a) Routineanwendung der Formel (12.9.5) für Differentiale. ▶ Siehe MyLab.
(b) Mit einer vereinfachten Notation, bei der wir die Tatsache unterdrücken, dass die partiellen Ableitungen an der Stelle (K^*, L^*) berechnet werden, erhalten wir

$$\frac{\partial K^*}{\partial p} = \frac{-F_K' F_{LL}'' + F_L' F_{KL}''}{p(F_{KK}'' F_{LL}'' - (F_{KL}'')^2)}, \quad \frac{\partial L^*}{\partial p} = \frac{-F_L' F_{KK}'' + F_K' F_{KL}''}{p(F_{KK}'' F_{LL}'' - (F_{KL}'')^2)}, \quad \frac{\partial K^*}{\partial r} = \frac{F_{LL}''}{p(F_{KK}'' F_{LL}'' - (F_{KL}'')^2)},$$

$$\frac{\partial L^*}{\partial r} = \frac{-F_{LK}''}{p(F_{KK}'' F_{LL}'' - (F_{KL}'')^2)}, \quad \frac{\partial K^*}{\partial w} = \frac{-F_{LK}''}{p(F_{KK}'' F_{LL}'' - (F_{KL}'')^2)}, \quad \frac{\partial L^*}{\partial w} = \frac{F_{KK}''}{p(F_{KK}'' F_{LL}'' - (F_{KL}'')^2)}$$

(c) Wir sehen, dass $\partial K^*/\partial r$ and $\partial L^*/\partial w$ beide negativ sind. Da wir keine Information über das Vorzeichen von F_{KL}'' haben, sind die Vorzeichen der anderen partiellen Ableitungen nicht bestimmt durch die hinreichenden Bedingungen für die Gewinnmaximierung. Wir bemerken, dass $\partial K^*/\partial w = \partial L^*/\partial r$, da $F_{KL}'' = F_{LK}''$.

6. (a) Bedingungen erster Ordnung: (i) $R'_1 - C'_1 + \sigma = 0$, (ii) $R'_2 - C'_2 - \tau = 0$.
(b) $\pi''_{11} = R''_{11} - C''_{11} < 0$ und $D = \pi''_{11}\pi''_{22} - (\pi''_{12})^2 = (R''_{11} - C''_{11})(R''_{22} - C''_{22}) - (R''_{12} - C''_{12})^2 > 0$. Für (c) und (d) ▶ Siehe MyLab.

Wiederholungsaufgaben für Kapitel 13

1. Bedingungen erster Ordnung $f'_1(x, y) = -4x + 2y + 18 = 0$ und $f'_2(x, y) = 2x - 2y - 14 = 0$ sind erfüllt für $(x, y) = (2, -5)$. Ferner ist $f''_{11} = -4$, $f''_{12} = 2$ und $f''_{22} = -2$, so dass $f''_{11}f''_{22} - (f''_{12})^2 = 4$. Die Bedingungen in (a) in Theorem 13.2.1 sind erfüllt.

2. (a) $(Q_1, Q_2) = (500, 200)$ (b) $P_1 = 105$
▶ Ausführliche Lösung siehe Lösungshandbuch MyLab.

3. (a) Stationäre Stellen, wo $P'_1(x, y) = -0.2x - 0.2y + 47 = 0$ und $P'_2(x, y) = -0.2x - 0.4y + 48 = 0$. Es folgt: $x = 230$ und $y = 5$. Ferner ist $P''_{11} = -0.2 \leq 0$, $P''_{12} = -0.2$ und $P''_{22} = -0.4 \leq 0$. Da auch $P''_{11}P''_{22} - (P''_{12})^2 = 0.04 \geq 0$, maximiert $(230, 5)$ den Gewinn. (b) Mit $x + y = 200$ und somit $y = 200 - x$ ist die neue Gewinnfunktion $\hat{\pi}(x) = f(x, 200 - x) = -0.1x^2 + 39x + 1000$. Man sieht leicht, dass diese Funktion ein Maximum hat, wenn $x = 195$. Dann ist $y = 200 - 195 = 5$.

4. (a) Stationäre Stellen: $(0, 0)$ und $(3, 9/2)$. (b) $(0, 0)$, $(\frac{1}{2}\sqrt{2}, \sqrt{2})$, $(-\frac{1}{2}\sqrt{2}, -\sqrt{2})$
(c) $(0, 0)$, $(0, 4)$, $(2, 2)$ und $(-2, 2)$.
▶ Ausführliche Lösung siehe Lösungshandbuch MyLab.

5. Stationäre Stellen, wenn $f'_x(x, y, a) = 2ax - 2 = 0$ und $f'_y(x, y, a) = 2y - 4a = 0$ oder $x = x^*(a) = 1/a$ und $y = y^*(a) = 2a$. Die Optimalwertfunktion ist $f^*(a) = a(1/a)^2 - 2(1/a) + (2a)^2 - 4a(2a) = -(1/a) - 4a^2$. Damit ist $(d/da)f^*(a) = (1/a^2) - 8a$. Andererseits ist $(\partial/\partial a)f(x, y, a) = x^2 - 4y = (1/a^2) - 8a$

6. (a) $K^* = (ap/r)^{1/(1-a)}$, $L^* = (bp/w)^{1/(1-b)}$, $T^* = (cp/q)^{1/(1-c)}$.
Für (b) und (c) ▶ Siehe MyLab.

7. (a) $f'_1 = e^{x+y} + e^{x-y} - \frac{3}{2}$, $f'_2 = e^{x+y} - e^{x-y} - \frac{1}{2}$, $f''_{11} = e^{x+y} + e^{x-y}$, $f''_{12} = e^{x+y} - e^{x-y}$, $f''_{22} = e^{x+y} + e^{x-y}$. Es folgt, dass $f''_{11} \geq 0$, $f''_{22} \geq 0$ und $f''_{11}f''_{22} - (f''_{12})^2 = 4e^{2x} \geq 0$, so dass f konvex ist. (b) An der stationären Stelle ist $e^{x+y} = 1$ und $e^{x-y} = \frac{1}{2}$, so dass $x + y = 0$ und $x - y = -\ln 2$. Die stationäre Stelle ist deshalb $(x, y) = (-\frac{1}{2}\ln 2, \frac{1}{2}\ln 2)$, wobei $f(x, y) = \frac{1}{2}(1 + \ln 2)$. Da f konvex ist, ist dies eine Minimumstelle.

8. (a) $(0, 0)$ Sattelstelle. $(5/6, -5/12)$ lokale Maximumstelle. (b) $f''_{11} = 2 - 6x \leq 0 \iff x \geq 1/3$, während $f''_{22} = -2 \leq 0$ und $f''_{11}f''_{22} - (f''_{12})^2 = 12x - 5 \geq 0 \iff x \geq 5/12$. Wir schließen, dass f genau dann konkav ist, wenn $x \geq 5/12$. Der größte Wert von f in S ist $125/432$ an der Stelle $(5/6, -5/12)$.
▶ Ausführliche Lösung siehe Lösungshandbuch MyLab.

9. (a) $f'_1(x, y) = x - 1 + ay$, $f'_2(x, y) = a(x - 1) - y^2 + 2a^2y$, die beide 0 sind für $(x, y) = (1 - a^3, a^2)$.
Für (b) und (c) ▶ Siehe MyLab.

10. (a) $p = C'_x(x^*, y^*)$ und $q = C'_y(x^*, y^*)$ sind die bekannten Bedingungen, dass im Optimum der Preis jedes Gutes gleich den Grenzkosten sein sollte. (b) Mit vereinfachter Notation gilt im Optimum $\hat{\pi}'_x = F + xF'_x + yG'_x - C'_x = 0$ und $\hat{\pi}'_y = xF'_y + G + yG'_y - C'_y = 0$. Die Interpretation ist, dass Grenzerlös = Grenzkosten, wie üblich, mit dem Zusatz, dass eine Änderung des Outputs eines Gutes auch Einfluss haben kann auf den Erlös des anderen Gutes.
(c) Die Gewinnfunktion ist $\pi = x(a - bx - cy) + y(\alpha - \beta x - \gamma y) - Px - Qy - R$ und die Bedingungen erster Ordnung sind $\partial\pi/\partial x = a - 2bx - cy - \beta y - P = 0$, $\partial\pi/\partial y = -cx + \alpha - \beta x - 2\gamma y - Q = 0$. (d) $\partial^2\pi/\partial x^2 = -2b$, $\partial^2\pi/\partial y^2 = -2\gamma$, $\partial^2\pi/\partial x\partial y = -(\beta + c)$. Die direkten partiellen Ableitungen zweiter Ordnung sind negativ und $\Delta = (\partial^2\pi/\partial x^2)(\partial^2\pi/\partial y^2) - (\partial^2\pi/\partial x\partial y)^2 = 4\gamma b - (\beta + c)^2$, so dass die Behauptung folgt.

Kapitel 14

14.1

1. (a) $\mathcal{L}(x, y) = xy - \lambda(x + 3y - 24)$. Die Bedingungen erster Ordnung $\mathcal{L}'_1 = y - \lambda = 0$, $\mathcal{L}'_2 = x - 3\lambda = 0$ implizieren, dass $x = 3y$, welches eingesetzt in die Nebenbedingung $3y + 3y = 24$ ergibt, so dass $y = 4$ und damit $x = 12$.
(b) Unter Benutzung von (∗∗) in Beispiel 14.1.3 mit $a = b = p = 1$, $q = 3$ und $m = 24$ haben wir $x = \frac{1}{2}(24/1) = 12$ und $y = \frac{1}{2}(24/3) = 4$.

2. Mit $\mathcal{L} = -40Q_1 + Q_1^2 - 2Q_1Q_2 - 20Q_2 + Q_2^2 - \lambda(Q_1 + Q_2 - 15)$ sind die Bedingungen erster Ordnung: $\mathcal{L}'_1 = -40 + 2Q_1 - 2Q_2 - \lambda = 0$, $\mathcal{L}'_2 = -2Q_1 - 20 + 2Q_2 - \lambda = 0$. Es folgt: $-40 + 2Q_1 - 2Q_2 = -2Q_1 - 20 + 2Q_2$ und somit $Q_1 - Q_2 = 5$. Diese Gleichung ergibt zusammen mit der Nebenbedingung die Lösung $Q_1 = 10$, $Q_2 = 5$ mit $\lambda = -30$.

3. (a) Nach (∗∗) in Beispiel 14.1.3, ist $x = \frac{3}{10}m$ und $y = \frac{1}{10}m$. (b) $x = 10$ und $y = 6\,250\,000$ (c) $x = 8/3$ und $y = 1$

4. (a) $(x, y) = (4/5, 8/5)$ mit $\lambda = 8/5$. (b) $(x, y) = (8, 4)$ mit $\lambda = 16$.
(c) $(x, y) = (50, 50)$ mit $\lambda = 250$.
▶ Ausführliche Lösung siehe Lösungshandbuch MyLab.

5. Die Budgetbeschränkung ist $2x + 4y = 1000$, so dass mit $\mathcal{L}(x, y) = 100xy + x + 2y - \lambda(2x + 4y - 1000)$ die Bedingungen erster Ordnung $\mathcal{L}'_1 = 100y + 1 - 2\lambda = 0$ und $\mathcal{L}'_2 = 100x + 2 - 4\lambda = 0$ sind. Aus diesen Gleichungen folgt durch Elimination von λ, dass $x = 2y$, was eingesetzt in die Nebenbedingung $2x + 2x = 1000$ ergibt, so dass $x = 250$ und $y = 125$.

6. $m = awT_0/(a + b)$, $l = bT_0/(a + b)$

7. Problem: max $-0.1x^2 - 0.2xy - 0.2y^2 + 47x + 48y - 600$ unter $x + y = 200$. Mit $\mathcal{L}(x, y) = -0.1x^2 - 0.2xy - 0.2y^2 + 47x + 48y - 600 - \lambda(x + y - 200)$ sind die Bedingungen erster Ordnung $\mathcal{L}'_1 = -0.2x - 0.2y + 47 - \lambda = 0$ und $\mathcal{L}'_2 = -0.2x - 0.4y + 48 - \lambda = 0$. Elimination von x und λ ergibt $y = 5$. Aus der Budgetbeschränkung folgt dann $x = 195$ mit $\lambda = 7$.

8. (a) $P(x, y) = (96-4x)x+(84-2y)y-2x^2-2xy-y^2 = -6x^2-3y^2-2xy+96x-84y$
   (b) $P'_x(x, y) = -12x - 2y + 96$, $P'_y(x, y) = -6y - 2x + 84$. Die einzige stationäre
   Stelle ist $(x, y) = (6, 12)$.   (c) Mit $\mathscr{L}(x, y) = -6x^2 - 3y^2 - 2xy + 96x + 84y - \lambda(x + y - 11)$ ist $\mathscr{L}'_1 = -12x - 2y + 96 - \lambda = 0$ und $\mathscr{L}'_2 = -6y - 2x + 84 - \lambda = 0$.
   Indem wir λ eliminieren, ergibt sich $10x - 4y = 12$. Die Nebenbedingung ist
   $x + y = 11$. Simultane Lösung dieser beiden Gleichungen ergibt $x = 4$, $y = 7$.
   Da $P(4, 7) = 673 < P(6, 12) = 792$, verringert die Produktionsbeschränkung
   den Gewinn um 119.

9. (a) $x^*(p, m) = a^\gamma p^{-\gamma}$, wobei $\gamma = 1/(1 - a)$ und $y^*(p, m) = m - a^\gamma p^{1-\gamma}$.
   (b) – (d) ▶ Siehe MyLab.

10. (a) $x(p, q, m) = [m + q \ln(q/p)]/(p + q)$, $y(p, q, m) = [m + p \ln(p/q)]/(p + q)$
    (b) Direkte Überprüfung.
    ▶ Ausführliche Lösung siehe Lösungshandbuch MyLab.

14.2

1. Nach $(**)$ in Beispiel 14.1.3 ist die Lösung $x^* = 3m/8$, $y^* = m/12$ mit
   $\lambda = 9m^3/512$. Die Optimalwertfunktion ist $f^*(m) = (x^*)^3 y^* = 9m^4/2048$. Wir
   sehen, dass $df^*(m)/dm = 9m^3/512 = \lambda$.

2. (a) Mit $\mathscr{L} = rK + wL - \lambda(\sqrt{K} + L - Q)$ sind die Bedingungen erster Ordnung
   $\mathscr{L}'_K = r - \lambda/2\sqrt{K^*} = 0$ und $\mathscr{L}'_L = w - \lambda = 0$. Einsetzen von λ aus der letzten
   Gleichung in die erste ergibt $\sqrt{K^*} = w/2r$. Dann ist $K^* = w^2/4r^2$ und aus
   der Nebenbedingung folgt $L^* = Q - w/2r$.   (b) Die Optimalwertfunktion ist
   $C^*(Q) = rK^* + wL^* = wQ - w^2/4r$. Damit ist $dC^*(Q)/dQ = w = \lambda$.

3. (a) $x + 2y = a$ ergibt $y = \frac{1}{2}a - \frac{1}{2}x$ und dann $x^2 + y^2 = x^2 + (\frac{1}{2}a - \frac{1}{2}x)^2 = \frac{5}{4}x^2 - \frac{1}{2}ax + \frac{1}{4}a^2$. Diese quadratische Funktion hat ein Minimum für $x = a/5$
   und damit ist $y = 2a/5$.   (b) $\mathscr{L}(x, y) = x^2 + y^2 - \lambda(x + 2y - c)$. Die notwendigen
   Bedingungen sind $\mathscr{L}'_1 = 2x - \lambda = 0$, $\mathscr{L}'_2 = 2y - 2\lambda = 0$, was $2x = y$ impliziert.
   Aus der Nebenbedingung folgt $x = a/5$ und dann $y = 2a/5$, $\lambda = 2a/5$.
   (c) Siehe Abb. A14.2.3. Bestimmen Sie den Punkt auf der Geraden $x + 2y = c$,
   der den kleinsten Abstand vom Ursprung hat. Das entsprechende Maximierungsproblem hat keine Lösung.

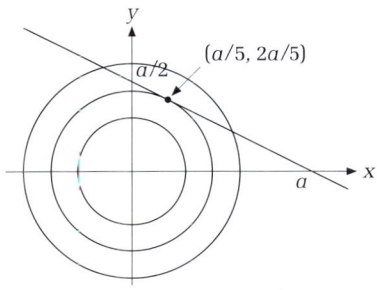

Abbildung A14.2.3

4. (a) $x^* = 4$, $y^* = 24$, $\lambda = 1/4$. (b) $\hat{y} = 97/4$, $\hat{x} = 4$. $\Delta U = 105/4 - 104/4 = 1/4$, der Wert des Lagrange-Multiplikators aus (a). (Es gilt hier exakte Gleichheit, da U linear in einer der Variablen ist.) (c) $x^* = q^2/4p^2$, $y^* = m/q - q/4p$. (Beachten Sie, dass $y^* > 0$ genau dann, wenn $m > q^2/4p$.)
▶ Ausführliche Lösung siehe Lösungshandbuch MyLab.

5. (a) Bedingungen erster Ordnung: (i) $\alpha/(x^* - a) = \lambda p$; (ii) $\beta/(y^* - b) = \lambda q$. Daher gilt $px^* = pa + \alpha/\lambda$ und $qy^* = qb + \beta/\lambda$. Verwenden Sie die Budget-Beschränkung, um λ zu eliminieren. Die Ausdrücke für px^* und qy^* folgen. (b) $U^* = \alpha[\ln \alpha + \ln(m - (ap + bq)) - \ln p] + \beta[\ln \beta + \ln(m - (ap + bq))] - \ln q$. Die Resultate folgen.
▶ Ausführliche Lösung siehe Lösungshandbuch MyLab.

6. $f(x, T) = -\frac{1}{6}\alpha xT^5 + \frac{1}{12}xT^4 + \frac{1}{6}xT^3$, $g(x, T) = \frac{1}{6}xT^3$. Die Lösung von (∗) ist $x = 384\alpha^3 M$, $T = 1/4\alpha$ und dann $f^*(M) = M + M/16\alpha$ mit $\lambda = 1 + 1/16\alpha$. Es ist $\partial f^*(M)/\partial M = \lambda$, was (14.2.2) bestätigt.
▶ Ausführliche Lösung siehe Lösungshandbuch MyLab.

14.3

1. (a) $(2, 2)$ und $(-2, -2)$ sind die einzig möglichen Lösungen für das Maximierungsproblem und $(-2, 2)$ und $(2, -2)$ sind die einzig möglichen Lösungen für das Minimierungsproblem. (b) $(3, -1)$ löst das Maximierunsproblem und $(-3, 1)$ löst das Minimierungsproblem.
▶ Ausführliche Lösung siehe Lösungshandbuch MyLab.

2. (a) Maximum an der Stelle : $(x, y, \lambda) = (-4, 0, 5/4)$, Minimum an der Stelle: $(x, y, \lambda) = (4/3, \pm 4\sqrt{2}/3, 1/4)$. (b) Minimum in $(\sqrt[4]{2}, 1 - \frac{1}{2}\sqrt{2})$ und $(-\sqrt[4]{2}, 1 - \frac{1}{2}\sqrt{2})$
▶ Ausführliche Lösung siehe Lösungshandbuch MyLab.

3. (a) $\mathcal{L} = x + y - \lambda(x^2 + y - 1)$. Die Gleichungen $\mathcal{L}'_1 = 1 - 2\lambda x = 0$, $\mathcal{L}'_2 = 1 - \lambda = 0$ und $x^2 + y = 1$ haben die Lösung $x = 1/2$, $y = 3/4$ und $\lambda = 1$. (b) Siehe Abb. A14.3.3. Das Minimierungsproblem hat keine Lösung, da $f(x, 1 - x^2) = x + 1 - x^2 \to -\infty$, wenn $x \to \infty$.

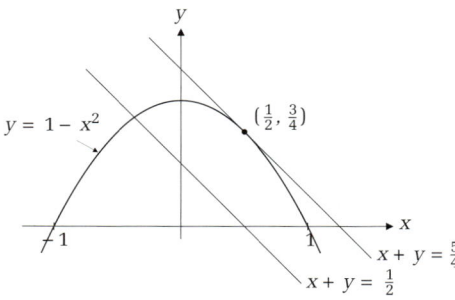

Abbildung A14.3.3

(c) Neue Lösung: $x = 0.5$ und $y = 0.85$. Die Änderung in der Optimalwert-funktion ist $f^*(1.1) - f^*(1) = (0.5 + 0.85) - (0.5 + 0.75) = 0.1$. Da $\lambda = 1$, erhält man $\lambda \cdot dc = 1 \cdot 0.1 = 0.1$. Somit ist (14.2.3) in diesem Fall mit Gleichheit erfüllt. (Dies liegt an der besonderen Form der Funktionen f und g.)

4. (a) $x = 6$, $y = 2$ (b) Die approximative Änderung ist 1.
▶ Ausführliche Lösung siehe Lösungshandbuch MyLab.

14.4

1. Setzt man $y = 2 - x$ reduziert sich das Problem auf das der Maximierung von $x(2 - x) = 2x - x^2$, welches die Lösung $x = 1$ hat. Somit ist der optimale Wert von y gleich $2 - x = 1$. Nutzt man die Lagrange-Methode mit der Lagrange-Funktion $\mathscr{L}(x, y) = xy - \lambda(x + y - 2)$, sind die Bedingungen erster Ordnung $y - \lambda = 0$, $x - \lambda = 0$ mit der eindeutigen Lösung $x = y = \lambda = 1$, die die Nebenbedingung $x + y = 2$ erfüllt. Für $\lambda = 1$ hat man dann $\mathscr{L}(2, 2) = 2 > \mathscr{L}(1, 1) = 1$, so dass $(1, 1)$ keine Maximumstelle für $\mathscr{L}$ ist. (In der Tat hat $\mathscr{L}(x, y)$ einen Sattelpunkt an der Stelle $(1, 1)$.)

2. Das Problem mit Systemen mit drei Gleichungen und zwei Unbekannten ist nicht, dass sie nur schwer zu lösen sind, sondern dass sie gewöhnlich inkonsistent sind – d. h., es ist *unmöglich* sie zu lösen. Die Gleichungen $f'_x(x, y) = f'_y(x, y) = 0$ sind NICHT gültig an der Optimalstelle.

3. (a) Mit $\mathscr{L} = 2x + 3y - \lambda(\sqrt{x} + \sqrt{y} - 5)$ sind die Bedingungen erster Ordnung $\mathscr{L}'_1(x, y) = 2 - \lambda/2\sqrt{x} = 0$ und $\mathscr{L}'_2(x, y) = 3 - \lambda/2\sqrt{y} = 0$. Daher ist $y = 4x/9$, so dass $x = 9$ und $y = 4$.   (b) Siehe Abb. A14.4.3. Bewegen Sie die Gerade $2x + 3y = c$ so weit wie möglich in nordöstliche Richtung. Somit ist die Lösung an der Stelle $(x, y) = (0, 25)$.
(c) $g(x, y)$ ist nur auf der Menge A der (x, y) mit $x > 0$ und $y > 0$ stetig differenzierbar, so dass das Theorem an der Stelle $(x, y) = (0, 25)$ nicht angewendet werden kann.

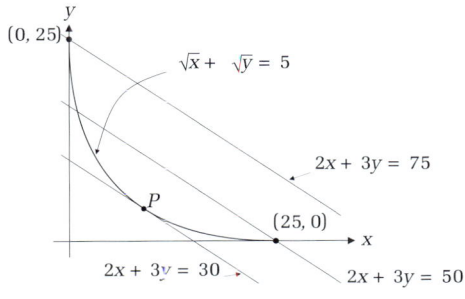

Abbildung A14.4.3

4. Das Minimum ist 1 an der Stelle $(x, y) = (-1, 0)$.
▶ Ausführliche Lösung siehe Lösungshandbuch MyLab.

14.5

1. $\mathcal{L}(x, y) = 10x^{1/2}y^{1/3} - \lambda(2x + 4y - m)$ ist konkav in (x, y) (Aufgabe 13.2.8), so dass Theorem 14.5.1 anwendbar ist.

2. Mit $\mathcal{L} = \ln x + \ln y - \lambda(px + qy - m)$ ist $\mathcal{L}'_x = 1/x - p\lambda$, $\mathcal{L}'_y = 1/y - q\lambda$, $\mathcal{L}''_{xx} = -1/x^2$, $\mathcal{L}''_{xy} = 0$ und $\mathcal{L}''_{yy} = -1/y^2$. Ferner ist $g'_x = p$ und $g'_y = q$. Daher ist $D(x, y, \lambda) = -q^2/x^2 - p^2/y^2 < 0$. Bedingung (i) in Theorem 14.5.2 ist erfüllt.

3. $D(x, y, \lambda) = 10$, so dass mit Theorem 14.5.2 folgt: In $(a/5, 2a/5)$ ist ein lokales Minimum.

4. $U''_{11}(x, y) = a(a-1)x^{a-2} \leq 0$, $U''_{22}(x, y) = a(a-1)y^{a-2} \leq 0$ und $U''_{12}(x, y) = 0$, so dass U konkav ist. Die Lösung ist $x = mp^{1/(a-1)}/R$, $y = mq^{1/(a-1)}/R$, wobei $R = p^{a/(a-1)} + q^{a/(a-1)}$.

 ▶ Ausführliche Lösung siehe Lösungshandbuch MyLab.

14.6

1. (a) $\mathcal{L}(x, y, z) = x^2 + y^2 + z^2 - \lambda(x + y + z - 1)$, so dass $\mathcal{L}'_x = 2x - \lambda = 0$, $\mathcal{L}'_y = 2y - \lambda = 0$, $\mathcal{L}'_z = 2z - \lambda = 0$. Es folgt $x = y = z$. Die einzige Lösung der notwendigen Bedingungen ist $(1/3, 1/3, 1/3)$ mit $\lambda = 2/3$. (b) Das Problem ist, die kürzeste Entfernung vom Ursprung zu einem Punkt in der Ebene $x + y + z = 1$ zu finden. Das entsprechende Maximierungsproblem hat keine Lösung.

2. $x = \dfrac{1/2}{1/2 + 1/3 + 1/4}\dfrac{390}{4} = 45$, $y = \dfrac{1/3}{1/2 + 1/3 + 1/4}\dfrac{390}{3} = 40$,

   $z = \dfrac{1/4}{1/2 + 1/3 + 1/4}\dfrac{390}{6} = 15$

3. (a) Mit der Lagrange-Funktion $\mathcal{L} = x + \sqrt{y} - 1/z - \lambda(px + qy + rz - m)$ sind die Bedingungen erster Ordnung:

   (i) $\partial\mathcal{L}/\partial x = 1 - \lambda p = 0$; (ii) $\partial\mathcal{L}/\partial y = \frac{1}{2}y^{-1/2} - \lambda q = 0$; (iii) $\partial\mathcal{L}/\partial z = z^{-2} - \lambda r = 0$.

   (b) Aus den Gleichungen in (a) erhalten wir $\lambda = 1/p$ und dann $\frac{1}{2}y^{-1/2} = q/p$, somit $y = p^2/4q^2$ und schließlich $z = \sqrt{p/r}$. Einsetzen dieser Werte von y und z in die Budgetbeschränkung und Auflösen nach x ergibt $x = m/p - p/4q - \sqrt{r/p}$. (c) Folgt unmittelbar durch Einsetzen. (d) $\partial U^*/\partial m = 1/p = \lambda$, wie nach Kap. 14.2 zu erwarten.

4. Die Lagrange-Funktion ist $\mathcal{L} = \alpha \ln x + \beta \ln y + (1 - \alpha - \beta)\ln(L - l) - \lambda(px + qy - wl)$. Sie ist stationär, wenn: (i) $\mathcal{L}'_x = \alpha/x^* - \lambda p = 0$; (ii) $\mathcal{L}'_y = \beta/y^* - \lambda q = 0$; (iii) $\mathcal{L}'_l = -(1 - \alpha - \beta)/(L - l^*) + \lambda w = 0$. Aus (i) und (ii) folgt $qy^* = (\beta/\alpha)px^*$, während aus (i) und (iii) $l^* = L - [(1 - \alpha - \beta)/w\alpha]px^*$ folgt. Einsetzen in die Budgetbeschränkung und Auflösen nach x^* ergibt $x^* = \alpha wL/p$, $y^* = \beta wL/q$ und $l^* = (\alpha + \beta)L$.

5. Die Nebenbedingungen reduzieren sich zu $h + 2k + \ell = 0$ und $2h - k - 3\ell = 0$, so dass $k = -h$ und $\ell = h$. Dann ist aber $x^2 + y^2 + z^2 = 200 + 3h^2 \geq 200$ für alle h, so dass f maximiert wird für $h = 0$. Dann ist auch $k = \ell = 0$ und wir schließen, dass $(x, y, z) = (10, 10, 0)$ das Minimierungsproblem löst.

6. Hier ist $\mathcal{L} = a_1^2 x_1^2 + \cdots + a_n^2 x_n^2 - \lambda(x_1 + \cdots + x_n - 1)$. Notwendige Bedingungen sind, dass $\mathcal{L}'_j = 2a_j^2 x_j - \lambda = 0$, $j = 1, \ldots, n$ und somit $x_j = \lambda/2a_j^2$. Eingesetzt in die Nebenbedingung impliziert dies $1 = \frac{1}{2}\lambda(1/a_1^2 + \cdots + 1/a_n^2)$. Für jedes $j = 1, \ldots, n$ haben wir daher $x_j = \frac{1}{a_j^2(1/a_1^2 + \cdots + 1/a_n^2)} = \frac{1}{a_j^2 \sum_{i=1}^n (1/a_i^2)}$. Wenn mindestens ein a_i gleich 0 ist, ist der Minimalwert gleich 0, der angenommen wird, wenn das zugehörige x_i gleich 1 ist und alle anderen x_j gleich 0.

7. $(x, y, z) = (0, 0, 1)$ mit $\lambda = -1/2$ und $\mu = 1$ ergibt das Minimum, während $(x, y, z) = (4/5, 2/5, -1/5)$ mit $\lambda = 1/2$ und $\mu = 1/5$ das Maximum ergibt.
▶ Ausführliche Lösung siehe Lösungshandbuch MyLab.

8. (a) $x_j = a_j m/p_j(a_1 + \cdots + a_n)$ für $j = 1, \ldots, n$.

(b) $x_j = m p_j^{-1/(1-a)} \Big/ \sum_{i=1}^n p_i^{-a/(1-a)}$ für $j = 1, \ldots, n$.

▶ Ausführliche Lösung siehe Lösungshandbuch MyLab.

14.7

1. (a) Mit $\mathcal{L} = x + a \ln y - \lambda(px + qy - m)$ erhält man $\mathcal{L}'_1 = 1 - \lambda p = 0$ und $\mathcal{L}'_2 = a/y^* - \lambda q = 0$. Damit ist $\lambda = 1/p$, was eingesetzt in die zweite Gleichung $y^* = ap/q$ ergibt. Aus der Budgetbeschränkung erhalten wir $x^* = m/p - a$. Die Lagrange-Funktion ist konkav, so dass dies die Lösung ist. (b) $U^* = x^* + a \ln y^* = m/p - a + a \ln a + a \ln p - a \ln q$. Dann ist $\partial U^*/\partial p = -m/p^2 - a/p$, $\partial U^*/\partial q = -a/q$, $\partial U^*/\partial m = 1/p$ und $\partial U^*/\partial a = \ln a + \ln p - \ln q$. (c) $\partial \mathcal{L}/\partial p = -\lambda x$, $\partial \mathcal{L}/\partial q = -\lambda y$, $\partial \mathcal{L}/\partial m = \lambda$ und $\partial \mathcal{L}/\partial a = \ln y$. Wenn wir diese vier partiellen Ableitungen an der Stelle (x^*, y^*) berechnen, sehen wir, dass das Envelope-Theorem bestätigt wird.

2. Die Minimumstelle ist $(x^*, y^*, z^*) = (a, 2a, 9a)$, wobei $a = -\sqrt{b}/6$ mit $\lambda = -3/\sqrt{b}$. Die Optimalwertfunktion ist $f^*(b) = x^* + 4y^* + 3z^* = -6\sqrt{b}$ und $df^*(b)/db = -3/\sqrt{b} = \lambda$.
▶ Ausführliche Lösung siehe Lösungshandbuch MyLab.

3. (a) $x = aM/\alpha$, $y = bM/\beta$, $z = cM/\gamma$, $\lambda = 1/2M$, wobei $M = \sqrt{L}/\sqrt{a^2/\alpha + b^2/\beta + c^2/\gamma}$. (Die Bedingungen erster Ordnung ergeben $x = a/2\lambda\alpha, y = b/2\lambda\beta, z = c/2\lambda\gamma$. Einsetzen in die Nebenbedingung und Auflösen nach λ ergibt die Lösung.) (b) Wir erhalten $M = \sqrt{L}/5$ und die angegebenen Werte von x, y und z folgen. (c) Für $L = 100$ hat man $M = 2$ und $\lambda = 1/4$. Der Anstieg im Maximalwert, wenn L von 100 auf 101 anwächst, ist approximativ $\lambda \cdot 1 = 0.25$. Der tatsächliche Anstieg ist $5(\sqrt{101} - \sqrt{100}) \approx 0.249378$.

4. (a) $\left(\frac{1}{4}\sqrt{15}, 0, \frac{1}{8}\right)$ und $\left(-\frac{1}{4}\sqrt{15}, 0, \frac{1}{8}\right)$ (mit $\lambda = 1$) lösen das Maximierungsproblem, während $\left(0, 0, -\frac{1}{2}\right)$ das Minimierungsproblem löst.
(b) $\Delta f^* \approx \lambda \Delta c = 1 \cdot 0.02 = 0.02$
▶ Ausführliche Lösung siehe Lösungshandbuch MyLab.

5. $K^* = 2^{1/3} r^{-1/3} w^{1/3} Q^{4/3}$, $L^* = 2^{-2/3} r^{2/3} w^{-2/3} Q^{4/3}$, $C^* = 3 \cdot 2^{-2/3} r^{2/3} w^{1/3} Q^{4/3}$, $\lambda = 2^{4/3} r^{2/3} w^{1/3} Q^{1/3}$. Die Gleichheiten (∗) sind leicht nachzuweisen.
▶ Ausführliche Lösung siehe Lösungshandbuch MyLab.

6. $\dfrac{\partial K^*}{\partial w} = \dfrac{\partial}{\partial w}\left(\dfrac{\partial C^*}{\partial r}\right) = \dfrac{\partial}{\partial r}\left(\dfrac{\partial C^*}{\partial w}\right) = \dfrac{\partial L^*}{\partial r}$, wobei die erste und zweite Gleichung

in (∗) in Beispiel 14.7.3 zu benutzen ist.

7. (a) Mit $\mathscr{L} = \sqrt{x} + ay - \lambda(px + qy - m)$ sind die Bedingungen erster Ordnung, damit (x^*, y^*) das Problem löst: (i) $\mathscr{L}'_x = 1/2\sqrt{x^*} - \lambda p = 0$, (ii) $\mathscr{L}'_y = a - \lambda q = 0$. Daher ist $\lambda = a/q$ und $x^*(p, q, a, m) = q^2/4a^2p^2$, $y^*(p, q, a, m) = m/q - q/4a^2p$. Die Lagrange-Funktion ist konkav, so dass dies die Lösung ist. Die indirekte Nutzenfunktion ist $U^*(p, q, a, m) = \sqrt{x^*} + ay^* = q/4ap + am/q$.

(b) Die partiellen Ableitungen von U^* nach den Parametern sind $\partial U^*/\partial p = -q/4ap^2$, $\partial U^*/\partial q = 1/4ap - am/q^2$, $\partial U^*/\partial m = a/q$ und $\partial U^*/\partial a = -q/4a^2p + m/q$. Andererseits: Mit $\mathscr{L}(x, y, p, q, a, m) = \sqrt{x} + ay - \lambda(px + qy - m)$ sind die partiellen Ableitungen von $\mathscr{L}$ bezüglich der vier Parameter, berechnet an der Stelle (x^*, y^*), gleich $\partial\mathscr{L}^*/\partial p = -\lambda x^* = -(a/q)(q^2/4a^2p^2) = -q/4ap^2$, $\partial\mathscr{L}^*/\partial q = -\lambda y^* = -(a/q)(m/q - q/4a^2p) = 1/4ap - am/q^2$, $\partial\mathscr{L}^*/\partial m = \lambda$ und $\partial\mathscr{L}^*/\partial a = y^* = m/q - q/4a^2p$. Das Envelope-Theorem ist in allen Fällen bestätigt.

14.8

1. (a) Mit $\mathscr{L} = -x^2 - y^2 - \lambda(x - 3y + 10)$ sind die Kuhn-Tucker-Bedingungen, Gleichungen (14.8.2) und (14.8.3): (i) $\mathscr{L}'_x = -2x - \lambda = 0$; (ii) $\mathscr{L}'_y = -2y + 3\lambda = 0$; (iii) $\lambda \geq 0$ und $\lambda = 0$, falls $x - 3y < -10$. Nehmen Sie an, dass $\lambda = 0$. Dann wird durch (i) und (ii) impliziert, dass $x = y = 0$, was $x - 3y \leq -10$ widerspricht. Daher ist $\lambda > 0$ und aus (iii) folgt: $x - 3y = -10$. Ferner implizieren (i) und (ii), dass $\lambda = -2x = \frac{2}{3}y$, so dass $y = -3x$. Indem wir dies in $x - 3y = -10$ einsetzen, ergibt sich $x = -1$ und damit $y = 3$. Da die Lagrange-Funktion offensichtlich konkav ist, ist die Lösung $(x, y) = (-1, 3)$. (b) Siehe Abb. A14.8.1. Die Lösung ist derjenige Punkt auf der Geraden $x - 3y = -10$, der am nächsten zum Ursprung liegt.

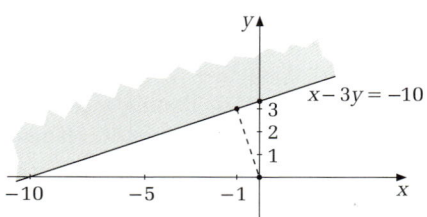

Abbildung A14.8.1

2. (a) Die Kuhn–Tucker-Bedingungen ergeben (i) $\frac{1}{2\sqrt{x}} - \lambda p = 0$, (ii) $\frac{1}{2\sqrt{y}} - \lambda q = 0$, (iii) $\lambda \geq 0$, und $\lambda = 0$, falls $px + qy < m$. Indem wir die Brüche in (i) und (ii) beseitigen, ergibt sich $1 = 2\lambda p\sqrt{x} = 2\lambda q\sqrt{y}$, woraus wir folgern, dass x, y und λ alle positiv sind und dass $y = p^2x/q^2$. Da $\lambda > 0$, gilt die Budgetgleichung $px + qy = m$, was $x = mq/(pq + p^2)$ impliziert. Der zugehörige Wert für y ist leicht zu finden und die Nachfragefunktionen sind

$$x = x(p, q, m) = \frac{mq}{p(p+q)}, \qquad y = y(p, q, m) = \frac{mp}{q(p+q)}$$

Diese Nachfragefunktionen lösen das Problem, weil $\mathscr{L}(x, y)$ konkav ist, wie man leicht sieht. (b) Es ist leicht zu sehen, dass die Nachfragefunktionen homogen vom Grad 0 sind, wie erwartet.

3. (a) Mit $\mathscr{L} = 4 - \frac{1}{2}x^2 - 4y - \lambda(6x - 4y - a)$ sind die Kuhn–Tucker-Bedingungen (i) $\partial\mathscr{L}/\partial x = -x - 6\lambda = 0$; (ii) $\partial\mathscr{L}/\partial y = -4 + 4\lambda = 0$; (iii) $\lambda \geq 0$ ($\lambda = 0$, falls $6x - 4y < a$). (b) Aus (ii) folgt $\lambda = 1$, so dass wegen (i) $x = -6$. Aus (iii) und der gegebenen Nebenbedingung folgt $y = -9 - \frac{1}{4}a$. Die Lagrange-Funktion ist konkav, so dass wir die Lösung gefunden haben. (c) $V(a) = a + 22$, so dass $V'(a) = 1 = \lambda$.

4. (a) $\mathscr{L}(x, y) = x^2 + 2y^2 - x - \lambda(x^2 + y^2 - 1)$. Die Kuhn–Tucker-Bedingungen sind: (i) $2x - 1 - 2\lambda x = 0$; (ii) $4y - 2\lambda y = 0$; (iii) $\lambda \geq 0$ mit $\lambda = 0$, falls $x^2 + y^2 < 1$. (b) Aus (ii) folgt $y(2 - \lambda) = 0$, so dass entweder (I) $y = 0$ oder (II) $\lambda = 2$. (I) $y = 0$. Erstens: Falls $\lambda = 0$, folgt aus (i) $x = 1/2$ und $(x, y) = (1/2, 0)$ ist ein Kandidat für das Optimum (da es alle Kuhn–Tucker-Bedingungen erfüllt). Zweitens: Falls $y = 0$ und $\lambda > 0$, folgt aus (iii) und $x^2 + y^2 \leq 1$, dass $x^2 + y^2 = 1$. Aber dann ist $x = \pm 1$, so dass $(x, y) = (\pm 1, 0)$ Kandidaten sind mit $\lambda = 1/2$ bzw. $3/2$. (II) $\lambda = 2$. Dann folgt aus (i) $x = -1/2$ und (iii) ergibt $y^2 = 3/4$, so dass $y = \pm\sqrt{3}/2$. Somit sind $(-1/2, \pm\sqrt{3}/2)$ die zwei restlichen Kandidaten mit $\lambda = 2$. (c) Da f stetig ist und die zulässige Menge abgeschlossen und beschränkt ist, garantiert der Extremwertsatz, dass es ein Maximum gibt. Die Maximumstelle oder -stellen müssen unter den fünf Punkten sein, die die notwendigen Bedingungen erfüllen. Die Berechnung von $x^2 + 2y^2 - x$ in jedem dieser Punkte, zeigt, dass der Maximalwert $9/4$ ist für $(-1/2, \sqrt{3}/2)$ und für $(-1/2, -\sqrt{3}/2)$.

5. (a) Für $0 < a < 1$ ist die Lösung $x = \sqrt{a}$, $y = 0$ und $\lambda = a^{-1/2} - 1$; für $a \geq 1$, ist es $x = 1$, $y = 0$ und $\lambda = 0$. (b) Da die Lagrange-Funktion konkav ist (beachten Sie, dass $\lambda \geq 0$) ist, sind dies die entsprechenden Maxima. (c) Für $a \in (0, 1)$ ist $f^*(a) = 2\sqrt{a} - a$ und $df^*(a)/da = \lambda$. Falls $a \geq 1$, ist $f^*(a) = 1$, so dass $df^*(a)/da = 0 = \lambda$.

▶ Ausführliche Lösung siehe Lösungshandbuch MyLab.

6. Mit $\mathscr{L} = aQ - bQ^2 - \alpha Q - \beta Q^2 + \lambda Q$ sind die notwendigen Kuhn–Tucker-Bedingungen, damit Q^* das Problem löst, gegeben durch: (i) $d\mathscr{L}/dQ = a - \alpha - 2(b + \beta)Q^* + \lambda = 0$. (ii) $\lambda \geq 0$ und $\lambda = 0$, falls $Q^* > 0$. Nach Theorem 14.8.1 sind diese Bedingungen auch hinreichend, da die Lagrange-Funktion konkav ist. Wir erhalten $Q^* = (a - \alpha)/2(b + \beta)$ und $\lambda = 0$, falls $a > \alpha$, während $Q^* = 0$ und $\lambda = \alpha - a$, falls $a \leq \alpha$. (Siehe auch Beispiel 4.3.2.)

14.9

1. (a) Wenn wir die Nebenbedingungen als $g_1(x, y) = x + e^{-x} - y \leq 0$ und $g_2(x, y) = -x \leq 0$ schreiben, ist die Lagrange-Funktion $\mathscr{L} = \frac{1}{2}x - y - \lambda_1(x + e^{-x} - y) - \lambda_2(-x)$. Die Kuhn-Tucker-Bedingungen sind dann:

   (i) $\frac{1}{2} - \lambda_1(1 - e^{-x}) + \lambda_2 = 0$; (ii) $-1 + \lambda_1 = 0$; (iii) $\lambda_1 \geq 0$ und $\lambda_1 = 0$, falls $x + e^{-x} < y$; (iv) $\lambda_2 \geq 0$ und $\lambda_2 = 0$, falls $x > 0$.

   (b) Aus (ii) folgt $\lambda_1 = 1$, so dass aus (iii) folgt $x + e^{-x} = y$. Entweder ist $x = 0$ oder $x > 0$. Wenn $x > 0$, dann impliziert (iv), dass $\lambda_2 = 0$. Dann impliziert (i), dass $\frac{1}{2} - (1 - e^{-x}) = 0$ oder $e^{-x} = \frac{1}{2}$. Daher ist $x = \ln 2$ und somit $y = x + e^{-x} = \ln 2 + \frac{1}{2}$. Wenn $x = 0$, dann impliziert (i), dass $\lambda_2 = -\frac{1}{2}$ und dies widerspricht $\lambda_2 \geq 0$.

   Wir schließen, dass $(x, y) = (\ln 2, \ln 2 + \frac{1}{2})$ die einzige Stelle ist, die die Kuhn-Tucker-Bedingungen mit $(\lambda_1, \lambda_2) = (1, 0)$ erfüllt. (Wenn man die Nebenbedingungsmenge skizziert und die Höhenlinien $\frac{1}{2}x - y = c$ studiert, ist es leicht zu sehen, dass die Stelle, die wir gefunden haben, das Problem löst.)

2. Wenn $m \leq p\overline{x}/\alpha$, dann ist $x^* = m\alpha/p$ und $y^* = (1 - \alpha)m/q$ mit $\lambda = 1/m$ und $\mu = 0$. Wenn $m > p\overline{x}/\alpha$, dann ist $x^* = \overline{x}$ und $y^* = (m - p\overline{x})/q$, $\lambda = (1 - \alpha)/(m - p\overline{x})$ und $\mu = (\alpha m - p\overline{x})/\overline{x}(m - p\overline{x})$.

   ► Ausführliche Lösung siehe Lösungshandbuch MyLab.

3. (a) Die zulässige Menge ist die schattierte Region in Abb. A14.9.3.

   (b) ► Siehe MyLab. (c) $(x^*, y^*) = (-1, 5)$

   ► Ausführliche Lösung siehe Lösungshandbuch MyLab.

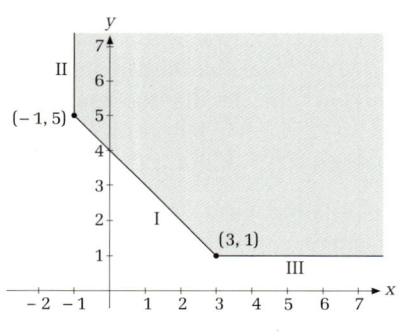

Abbildung A14.9.3

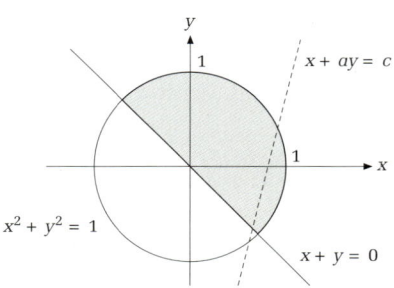

Abbildung A14.9.4

4. (a) Die zulässige Menge und eine der Höhenlinien für $x + ay$ sind in Abb. A14.9.4 gezeigt. Die verlangten notwendigen Bedingungen mit $\mathscr{L} = x + ay - \lambda(x^2 + y^2 - 1) + \mu(x + y)$ sind:

   (i) $\mathscr{L}'_x = 1 - 2\lambda x + \mu = 0$; (ii) $\mathscr{L}'_y = a - 2\lambda y + \mu = 0$;

   (iii) $\lambda \geq 0$, mit $\lambda = 0$, falls $x^2 + y^2 < 1$;

   (iv) $\mu \geq 0$, mit $\mu = 0$, falls $x + y > 0$; (v) $x^2 + y^2 \leq 1$; (vi) $x + y \geq 0$.

   (b) Die Lösung ist $(x^*, y^*) = \begin{cases} \left(\frac{1}{2}\sqrt{2}, -\frac{1}{2}\sqrt{2}\right) & \text{falls} \quad a \leq -1 \\ \left(1/\sqrt{1 + a^2}, a/\sqrt{1 + a^2}\right) & \text{falls} \quad a > -1 \end{cases}$

   ► Ausführliche Lösung siehe Lösungshandbuch MyLab.

5. $(x, y) = (4^{-2/3}, 4^{-1/3})$, mit Schattenpreisen $\lambda = 0$, $\mu = 0$ und $\nu = 1/2y = 4^{-1/6}$.
▶ Ausführliche Lösung siehe Lösungshandbuch MyLab.

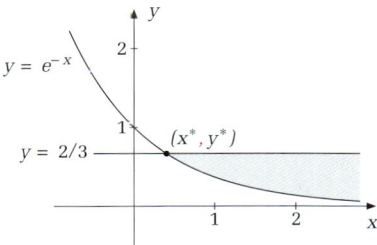

Abbildung A14.9.6

6. (a) Siehe Abb. A14.9.6. (b) Mit $\mathcal{L} = -(x + \frac{1}{2})^2 - \frac{1}{2}y^2 - \lambda(e^{-x} - y) - \mu(y - \frac{2}{3})$ sind die verlangten Kuhn–Tucker–Bedingungen:

(i) $\mathcal{L}'_x = -2(x + \frac{1}{2}) + \lambda e^{-x} = 0$; (ii) $\mathcal{L}'_y = -y + \lambda - \mu = 0$; (iii) $\lambda \geq 0$, mit $\lambda = 0$, falls $e^{-x} - y < 0$;

(iv) $\mu \geq 0$, mit $\mu = 0$, falls $y < \frac{2}{3}$; (v) $e^{-x} - y \leq 0$; (vi) $y \leq \frac{2}{3}$.
Die Lösung ist: $(x^*, y^*) = (\ln(3/2), 2/3)$ mit $\lambda = 3[\ln(3/2) + 1/2]$ und $\mu = 3\ln(3/2) + 5/6$.
▶ Ausführliche Lösung siehe Lösungshandbuch MyLab.

7. (a) Mit $\mathcal{L} = xz + yz - \lambda(x^2 + y^2 + z^2 - 1)$ sind die Kuhn-Tucker-Bedingungen: (i) $z - 2\lambda x = 0$; (ii) $z - 2\lambda y = 0$; (iii) $x + y - 2\lambda z = 0$; (iv) $\lambda \geq 0$ und $\lambda = 0$, falls $x^2 + y^2 + z^2 < 1$. (b) Falls $\lambda = 0$, dann erfüllt jede Stelle $(x, y, 0)$ mit $x + y = 0$ und $x^2 + y^2 \leq 1$ die Kuhn–Tucker–Bedingungen. Aber der Wert von $xz + yz$ in diesen Stellen ist 0 und dies ist offensichtlich nicht der Maximumwert.
Falls $\lambda > 0$ und somit $x^2 + y^2 + z^2 = 1$, implizieren (i) und (ii), dass $x = y = z/2\lambda$. Dann folgt, dass $(z^2/4\lambda^2) + (z^2/4\lambda^2) + z^2 = 1$, so dass $z^2 = 4\lambda^2/(4\lambda^2 + 2)$. Aber dann impliziert (iii), dass $z/\lambda = 2\lambda z$ und somit, weil $z \neq 0$, dass $2\lambda^2 = 1$. Deshalb ist $z^2 = \frac{1}{2}$. Die Maximumstellen sind $(\frac{1}{2}, \frac{1}{2}, \frac{1}{2}\sqrt{2})$ und $(-\frac{1}{2}, -\frac{1}{2}, -\frac{1}{2}\sqrt{2})$ mit $\lambda = \frac{1}{2}\sqrt{2}$. Der Extremwertsatz garantiert die Existenz eines Maximums.

14.10

1. (a) Mit $\mathcal{L}(x, y) = x + \ln(1 + y) - \lambda(16x + y - 495)$ sind die K–T-Bedingungen für eine Lösung (x^*, y^*) gleich: (i) $\mathcal{L}'_1(x^*, y^*) = 1 - 16\lambda \leq 0 \, (= 0$, falls $x^* > 0)$ (ii) $\mathcal{L}'_2(x^*, y^*) = \dfrac{1}{1 + y^*} - \lambda \leq 0 \, (= 0$, falls $y^* > 0)$ (iii) $\lambda \geq 0$, mit $\lambda = 0$, falls $16x^* + y^* < 495$ (iv) $x^* \geq 0, y^* \geq 0$ (v) $16x^* + y^* \leq 495$. (b) Beachten Sie, dass die Lagrange-Funktion konkav ist, so dass eine Stelle, die die K–T-Bedingungen erfüllt, eine Maximumstelle ist. Aus (i) folgt $\lambda \geq 1/16 > 0$, so dass (iii) und (v) implizieren, dass (vi) $16x^* + y^* = 495$. Nehmen Sie an, dass $x^* = 0$. Aus (v) folgt dann $y^* = 495$ und aus (ii) $\lambda = 1/496$ im Widerspruch zu $\lambda \geq 1/16$. Daher ist $x^* > 0$ und nach (i) somit $\lambda = 1/16$. Nehmen Sie an, dass $y^* = 0$. Aus (ii) folgt dann $\lambda \geq 1$ im Widerspruch zu $\lambda = 1/16$. Daher ist $y^* > 0$ und nach (ii) somit $y^* = 15$. Und (v) ergibt dann $x^* = 30$. Somit ist die einzige Lösung der K–T-Bedingungen $(x^*, y^*) = (30, 15)$ mit $\lambda = 1/16$. (c) Der Nutzen wird um ungefähr $\lambda \cdot 5 = 5/16$ steigen. (Tatsächlich ist die neue Lösung $(30\frac{5}{16}, 15)$ und die Nutzensteigerung ist exakt $5/16$. Das liegt daran, dass die Nutzenfunktion eine spezielle „quasi-lineare" Form hat.)

2. $(x, y) = (1, 0)$ ist der einzige Punkt, der alle Bedingungen erfüllt.
▶ Ausführliche Lösung siehe Lösungshandbuch MyLab.

3. Die einzig mögliche Lösung ist $(x_1^*, x_2^*, k^*) = (1/2, 3/4, 3/4)$ mit $\lambda = 0$ und $\mu = 3/2$.
▶ Ausführliche Lösung siehe Lösungshandbuch MyLab.

Wiederholungsaufgaben für Kapitel 14

1. (a) Mit λ als Lagrange-Multiplikator implizieren die Bedingungen erster Ordnung $3 - 2\lambda x = 0$ und $4 - 2\lambda y = 0$, so dass $3y = 4x$. Eingesetzt in die Nebenbedingung ergibt dies $x^2 = 81$, so dass $x = \pm 9$. Da die Lagrange-Funktion konkav ist, ist die Lösung an der Stelle $x = 9$, $y = (4/3)9 = 12$ mit $\lambda = 3/(2 \cdot 9) = 1/6$. (b) Unter Verwendung von (14.2.3) ist $f^*(225 - 1) - f^*(225) \approx \lambda(-1) = -1/6$.

2. (a) $x = 2m/5p$, $y = 3m/5q$ (b) $x = m/3p$, $y = 2m/3q$
(c) $x = 3m/5p$, $y = 2m/5q$

3. (a) $\pi = xp(x) + yq(y) - C(x, y)$. Bedingungen erster Ordnung:
(i) $p(x^*) = C_1'(x^*, y^*) - x^*p'(x^*)$ und (ii) $q(y^*) = C_2'(x^*, y^*) - y^*q'(y^*)$. ▶ Siehe MyLab für die ökonomischen Interpretationen.   (b) Mit $\mathscr{L} = xp(x) + yq(y) - C(x, y) - \lambda(x + y - m)$ sind die Bedingungen erster Ordnung, damit $(\hat{x}, \hat{y})$ das Problem lösen: $\mathscr{L}_1' = p(\hat{x}) + \hat{x}p'(\hat{x}) - C_1'(\hat{x}, \hat{y}) - \lambda = 0$, $\mathscr{L}_2' = q(\hat{y}) + \hat{y}q'(\hat{y}) - C_2'(\hat{x}, \hat{y}) - \lambda = 0$.

▶ Ausführliche Lösung siehe Lösungshandbuch MyLab.

4. (a) Die Lagrange-Funktion ist $\mathscr{L}(x, y) = U(x, y) - \lambda[py - w(24 - x)]$. Die Bedingungen erster Ordnung implizieren $pU_1' = wU_2' = \lambda wp$, was unmittelbar zu (∗∗) führt. (b) Differenzieren von (∗) und (∗∗) nach w ergibt $py_w' = 24 - x - wx_w'$ und $p(U_{11}''x_w' + U_{12}''y_w') = U_2' + w(U_{21}''x_w' + U_{22}''y_w')$. Auflösen nach $x_w' = \partial x/\partial w$ ergibt die gegebene Formel.

5. (a) $x = -2\sqrt{b}$, $y = 0$ löst das Maximierungsproblem. $x = 4/3$, $y = \pm\sqrt{b - 4/9}$ löst das Minimierungsproblem.   (b) Für $x = -2\sqrt{b}, y = 0, f^*(b) = 4b + 4\sqrt{b} + 1$. Da $\lambda = 4 + 2/\sqrt{b}$ ist, ist die angegebene Gleichheit leicht nachzuvollziehen.

▶ Ausführliche Lösung siehe Lösungshandbuch MyLab.

6. (a) Mit $\mathscr{L}(x, y) = v(x) + w(y) - \lambda(px + qy - m)$ ergeben die Bedingungen erster Ordnung $v'(x) = \lambda p$ und $w'(y) = \lambda q$. Daher ist $v'(x)/w'(y) = p/q$. (b) Da $\mathscr{L}_{xx}'' = v''(x)$, $\mathscr{L}_{yy}'' = w''(y)$ und $\mathscr{L}_{xy}'' = 0$, sehen wir, dass die Lagrange-Funktion konkav ist.

7. (a) Die Bedingungen erster Ordnung implizieren, dass $2x - 2 = 2y - 2$, so dass $x = y$. Durch Einsetzen in die Nebenbedingung und Quadrieren mit anschließendem Vereinfachen erhält man die zweite Gleichung in (∗).

(b) $\partial x/\partial a = 1/2x(3x + b)$, $\partial^2 x/\partial a^2 = -\frac{1}{4}(6x + b)[x(3x + b)]^{-3}$ und $\partial x/\partial b = -x/2(3x + b)$.
▶ Ausführliche Lösung siehe Lösungshandbuch MyLab.

8. Für $a \geq 5$: $(x, y) = (2, 1)$ mit $\lambda = 0$. Für $a < 5$: $(x, y) = (2\sqrt{a/5}, \sqrt{a/5})$, mit $\lambda = \sqrt{5/a} - 1$.
▶ Ausführliche Lösung siehe Lösungshandbuch MyLab.

9. (a) Mit $\mathcal{L} = xy - \lambda_1(x^2 + ry^2 - m) - \lambda_2(-x + 1)$ sind die Kuhn–Tucker-Bedingungen, damit (x^*, y^*) das Problem lösen:

$$\mathcal{L}'_1 = y^* - 2\lambda_1 x^* + \lambda_2 = 0 \qquad\qquad \text{(i)}$$

$$\mathcal{L}'_2 = x^* - 2r\lambda_1 y^* = 0 \qquad\qquad \text{(ii)}$$

$$\lambda_1 \geq 0 \text{ und } \lambda_1 = 0, \text{ falls } (x^*)^2 + r(y^*)^2 < m \qquad \text{(iii)}$$

$$\lambda_2 \geq 0 \text{ und } \lambda_2 = 0, \text{ falls } x^* > 1 \qquad\qquad \text{(iv)}$$

$$(x^*)^2 + r(y^*)^2 \leq m \qquad\qquad\qquad\qquad\quad \text{(v)}$$

$$x^* \geq 1 \qquad\qquad\qquad\qquad\qquad\qquad\quad \text{(vi)}$$

(b) Lösung: Für $m \geq 2$, $x^* = \sqrt{m/2}$ und $y^* = \sqrt{m/2r}$ mit $\lambda_1 = 1/2\sqrt{r}$ und $\lambda_2 = 0$. Für $1 < m < 2$, $x^* = 1$, $y^* = \sqrt{(m - 1)/r}$ mit $\lambda_1 = 1/2\sqrt{r(m - 1)}$ und $\lambda_2 = (2 - m)/\sqrt{r(m - 1)}$.
(c) und (d) ▶ Siehe MyLab.

10. Mit der Lagrange-Funktion $\mathcal{L} = R(Q) - C(Q) - \lambda(-Q)$ sind die Bedingungen erster Ordnung, damit Q^* das Problem löst:
(i) $R'(Q^*) - C'(Q^*) + \lambda = 0$; (ii) $\lambda \geq 0$ mit $\lambda = 0$, falls $Q^* > 0$. Diese Bedingungen sind auch hinreichend für Optimalität, da die Lagrange-Funktion konkav ist in Q. Eine hinreichende (und notwendige) Bedingung, damit $Q^* = 0$ optimal ist, ist $\pi'(0) \leq 0$ oder äquivalent $R'(0) \leq C'(0)$. (Zeichnen Sie ein Bild.)

11. (a) Das Maximierungsproblem ist: $\max(-rK - wL)$ unter $-\sqrt{KL} \leq -Q$. Mit der Lagrange-Funktion $\mathcal{L} = -rK - wL - \lambda(-\sqrt{KL} + Q)$ sind die Kuhn–Tucker-Bedingungen für eine Lösung (K^*, L^*):
(i) $\mathcal{L}'_K = -r + \lambda(\sqrt{L^*}/2\sqrt{K^*}) = 0$; (ii) $\mathcal{L}'_L = -w + \lambda(\sqrt{K^*}/2\sqrt{L^*}) = 0$;
(iii) $\lambda \geq 0$ ($\lambda = 0$, falls $\sqrt{K^* L^*} > Q$).
Offensichtlich würde $\lambda = 0$ den Bedingungen (i) und (ii) widersprechen, so dass $\lambda > 0$ und (iv) $\sqrt{K^* L^*} = Q$. Indem man λ aus (i) und (ii) eliminiert, erhält man $L^* = rK^*/w$. Dann ergibt (iv) $K^* = Q\sqrt{w/r}$ und $L^* = Q\sqrt{r/w}$.
(b) $c^*(r, w, Q) = rK^* + wL^* = 2Q\sqrt{rw}$, so dass $\partial c^*/\partial r = Q\sqrt{w/r} = K^*$. Wenn der Preis des Kapitals r um 1 ansteigt, werden die minimalen Kosten um ungefähr K^* ansteigen, die optimale Wahl des Kapitalinputs. Die Gleichung $\partial c^*/\partial w = Q\sqrt{r/w} = L^*$ hat eine ähnliche Interpretation.

Kapitel 15

15.1

1. Gleichungen (a), (c), (d) und (f) sind linear, (b) und (e) sind nichtlinear.

2. Ja, das System ist linear in a, b, c und d.

3.
$$2x_1 + 4x_2 + 6x_3 + 8x_4 = 2$$
$$5x_1 + 7x_2 + 9x_3 + 11x_4 = 4$$
$$4x_1 + 6x_2 + 8x_3 + 10x_4 = 8$$

4. Das System ist

$$\begin{cases} \phantom{x_1 + {}} x_2 + x_3 + x_4 = b_1 \\ x_1 \phantom{{}+ x_2} + x_3 + x_4 = b_2 \\ x_1 + x_2 \phantom{{}+ x_3} + x_4 = b_3 \\ x_1 + x_2 + x_3 \phantom{{}+ x_4} = b_4 \end{cases} \quad \text{mit der Lösung} \quad \begin{cases} x_1 = -\frac{2}{3}b_1 + \frac{1}{3}(b_2 + b_3 + b_4) \\ x_2 = -\frac{2}{3}b_2 + \frac{1}{3}(b_1 + b_3 + b_4) \\ x_3 = -\frac{2}{3}b_3 + \frac{1}{3}(b_1 + b_2 + b_4) \\ x_4 = -\frac{2}{3}b_4 + \frac{1}{3}(b_1 + b_2 + b_3) \end{cases}$$

(Addieren der 4 Gleichungen und dann Division durch 3 ergibt $x_1 + x_2 + x_3 + x_4 = \frac{1}{3}(b_1 + b_2 + b_3 + b_4)$. Indem man jede der ursprünglichen Gleichungen der Reihe nach von dieser neuen Gleichung subtrahiert, erhält man die Ausdrücke für $x_1, \ldots, x_4$. Systematische Elimination der Variablen, indem man (z.B.) mit der Elimination von x_4 beginnt, ist eine alternative Lösungsmethode.)

5. (a) Das Güter-Bündel, das Individuum j besitzt. (b) $a_{i1} + a_{i2} + \cdots + a_{in}$ ist der Gesamtbestand des Gutes i. Der erste Fall ist für $i = 1$.
(c) $p_1 a_{1j} + p_2 a_{2j} + \cdots + p_m a_{mj}$

6. Die Lösung ist $x = 93.53$, $y \approx 482.11$, $s \approx 49.73$ und $c \approx 438.31$.
▶ Ausführliche Lösung siehe Lösungshandbuch MyLab.

15.2

1. $A = \begin{pmatrix} 1 & 0 & 0 \\ 0 & 1 & 0 \\ 0 & 0 & 1 \end{pmatrix}$ 2. $A + B = \begin{pmatrix} 1 & 0 \\ 7 & 5 \end{pmatrix}$, $3A = \begin{pmatrix} 0 & 3 \\ 6 & 9 \end{pmatrix}$

3. $u = 3$ und $v = -2$. (Gleichsetzen der Elemente in Zeile 1 und Spalte 3 ergibt $u = 3$. Danach setzen wir die Elemente in Zeile 2 und Spalte 3 gleich und erhalten $u - v = 5$ und somit $v = -2$. Die anderen Elemente müssen nur noch überprüft werden, aber das ist offensichtlich.)

4. $A + B = \begin{pmatrix} 1 & 0 & 4 \\ 2 & 4 & 16 \end{pmatrix}$, $A - B = \begin{pmatrix} -1 & 2 & -6 \\ 2 & 2 & -2 \end{pmatrix}$ und

$5A - 3B = \begin{pmatrix} -3 & 8 & -20 \\ 10 & 12 & 8 \end{pmatrix}$

15.3

1. (a) $\mathbf{AB} = \begin{pmatrix} 0 & -2 \\ 3 & 1 \end{pmatrix} \begin{pmatrix} -1 & 4 \\ 1 & 5 \end{pmatrix} = \begin{pmatrix} 0 \cdot (-1) + (-2) \cdot 1 & 0 \cdot 4 + (-2) \cdot 5 \\ 3 \cdot (-1) + 1 \cdot 1 & 3 \cdot 4 + 1 \cdot 5 \end{pmatrix} =$

$\begin{pmatrix} -2 & -10 \\ -2 & 17 \end{pmatrix}$ und $\mathbf{BA} = \begin{pmatrix} 12 & 6 \\ 15 & 3 \end{pmatrix}$.

(b) $\mathbf{AB} = \begin{pmatrix} 26 & 3 \\ 6 & -22 \end{pmatrix}$ und $\mathbf{BA} = \begin{pmatrix} 14 & 6 & -12 \\ 35 & 12 & 4 \\ 3 & 3 & -22 \end{pmatrix}$

(c) $\mathbf{AB}$ ist nicht definiert. $\mathbf{BA} = \begin{pmatrix} -1 & 4 \\ 3 & 4 \\ 4 & 8 \end{pmatrix}$

(d) $\mathbf{AB} = \begin{pmatrix} 0 & 0 & 0 \\ 0 & 4 & -6 \\ 0 & -8 & 12 \end{pmatrix}$ und $\mathbf{BA} = (16)$, eine 1×1-Matrix.

2. (i) $\begin{pmatrix} -1 & 15 \\ -6 & -13 \end{pmatrix}$ (ii) $\mathbf{AB} = \begin{pmatrix} 0 & 0 \\ 0 & 0 \end{pmatrix}$ (iii) $\mathbf{C(AB)} = \begin{pmatrix} 0 & 0 \\ 0 & 0 \end{pmatrix}$

3. $A + B = \begin{pmatrix} 4 & 1 & -1 \\ 9 & 2 & 7 \\ 3 & -1 & 4 \end{pmatrix}$, $A - B = \begin{pmatrix} -2 & 3 & -5 \\ 1 & -2 & -3 \\ -1 & -1 & -2 \end{pmatrix}$,

$AB = \begin{pmatrix} 5 & 3 & 3 \\ 19 & -5 & 16 \\ 1 & -3 & 0 \end{pmatrix}$, $BA = \begin{pmatrix} 0 & 4 & -9 \\ 19 & 3 & -3 \\ 5 & 1 & -3 \end{pmatrix}$,

$(AB)C = A(BC) = \begin{pmatrix} 23 & 8 & 25 \\ 92 & -28 & 76 \\ 4 & -8 & -4 \end{pmatrix}$

4. (a) $\begin{pmatrix} 1 & 1 \\ 3 & 5 \end{pmatrix} \begin{pmatrix} x_1 \\ x_2 \end{pmatrix} = \begin{pmatrix} 3 \\ 5 \end{pmatrix}$ (b) $\begin{pmatrix} 1 & 2 & 1 \\ 1 & -1 & 1 \\ 2 & 3 & -1 \end{pmatrix} \begin{pmatrix} x_1 \\ x_2 \\ x_3 \end{pmatrix} = \begin{pmatrix} 4 \\ 5 \\ 1 \end{pmatrix}$

(c) $\begin{pmatrix} 2 & -3 & 1 \\ 1 & 1 & -1 \end{pmatrix} \begin{pmatrix} x_1 \\ x_2 \\ x_3 \end{pmatrix} = \begin{pmatrix} 0 \\ 0 \end{pmatrix}$

5. (a) $\mathbf{A} - 2\mathbf{I} = \begin{pmatrix} 0 & 2 \\ 1 & 3 \end{pmatrix}$. Die Matrix $\mathbf{C}$ muss 2×2 sein. Mit $\mathbf{C} = \begin{pmatrix} c_{11} & c_{12} \\ c_{21} & c_{22} \end{pmatrix}$

muss gelten $\begin{pmatrix} 0 & 2 \\ 1 & 3 \end{pmatrix} \begin{pmatrix} c_{11} & c_{12} \\ c_{21} & c_{22} \end{pmatrix} = \begin{pmatrix} 1 & 0 \\ 0 & 1 \end{pmatrix}$ oder

$\begin{pmatrix} 2c_{21} & 2c_{22} \\ c_{11} + 3c_{21} & c_{12} + 3c_{22} \end{pmatrix} = \begin{pmatrix} 1 & 0 \\ 0 & 1 \end{pmatrix}$. Es folgt, dass $c_{11} = -3/2$, $c_{12} = 1$, $c_{21} = 1/2$ und $c_{22} = 0$.

(b) $\mathbf{B} - 2\mathbf{I} = \begin{pmatrix} 0 & 0 \\ 3 & 0 \end{pmatrix}$, so dass die erste Zeile in jedem Matrizenprodukt $(\mathbf{B} - 2\mathbf{I})\mathbf{D}$ gleich $(0, 0)$ sein muss. Deshalb gibt es keine solche Matrix $\mathbf{D}$

6. Das Produkt $\mathbf{AB}$ ist nur definiert, wenn $\mathbf{B}$ n Zeilen hat. Und $\mathbf{BA}$ ist nur definiert, wenn $\mathbf{B}$ m Spalten hat. Somit muss $\mathbf{B}$ eine $n \times m$ Matrix sein.
▶ Ausführliche Lösung siehe Lösungshandbuch MyLab.

7. $B = \begin{pmatrix} w - y & y \\ y & w \end{pmatrix}$, für beliebige y, w.

▶ Ausführliche Lösung siehe Lösungshandbuch MyLab.

8. $\mathbf{T(Ts)} = \begin{pmatrix} 0.85 & 0.10 & 0.10 \\ 0.05 & 0.55 & 0.05 \\ 0.10 & 0.35 & 0.85 \end{pmatrix} \begin{pmatrix} 0.25 \\ 0.35 \\ 0.40 \end{pmatrix} = \begin{pmatrix} 0.2875 \\ 0.2250 \\ 0.4875 \end{pmatrix}$

15.4

1. $A(B + C) = AB + AC = \begin{pmatrix} 3 & 2 & 6 & 2 \\ 7 & 4 & 14 & 6 \end{pmatrix}$

2. $(ax^2 + by^2 + cz^2 + 2dxy + 2exz + 2fyz)$ (eine 1×1-Matrix)

▶ Ausführliche Lösung siehe Lösungshandbuch MyLab.

3. Es ist ganz einfach zu zeigen, dass $(AB)C$ und $A(BC)$ beide gleich der 2×2 Matrix $D = (d_{ij})_{2\times2}$ mit $d_{ij} = a_{i1}b_{11}c_{1j} + a_{i1}b_{12}c_{2j} + a_{i2}b_{21}c_{1j} + a_{i2}b_{22}c_{2j}$ für $i = 1, 2$ und $j = 1, 2$ sind.

4. (a) $\begin{pmatrix} 5 & 3 & 1 \\ 2 & 0 & 9 \\ 1 & 3 & 3 \end{pmatrix}$ (b) $(1, 2, -3)$

5. (a) und (b): Gleichheit tritt in (i) und auch in (ii) genau dann ein, wenn $\mathbf{AB} = \mathbf{BA}$. (Denn: $(\mathbf{A}+\mathbf{B})(\mathbf{A}-\mathbf{B}) = \mathbf{A}^2 - \mathbf{AB} + \mathbf{BA} - \mathbf{B}^2 \neq \mathbf{A}^2 - \mathbf{B}^2$, es sei denn $\mathbf{AB} = \mathbf{BA}$. Der andere Fall ist ähnlich.)

6. (a) Direkte Überprüfung durch Matrixmultiplikation. (b) $\mathbf{AA} = (\mathbf{AB})\mathbf{A} = \mathbf{A}(\mathbf{BA}) = \mathbf{AB} = \mathbf{A}$, so dass $\mathbf{A}$ idempotent ist. Vertauschen Sie $\mathbf{A}$ und $\mathbf{B}$, um zu zeigen, dass $\mathbf{B}$ idempotent ist. (c) Als Induktionshypothese nehmen Sie an, dass $\mathbf{A}^k = \mathbf{A}$, was für $k = 1$ wahr ist. Dann ist $\mathbf{A}^{k+1} = \mathbf{A}^k\mathbf{A} = \mathbf{AA} = \mathbf{A}$. Dies schließt den Beweis durch Induktion.

7. Wenn $\mathbf{P}^3\mathbf{Q} = \mathbf{PQ}$, dann ist $\mathbf{P}^5\mathbf{Q} = \mathbf{P}^2(\mathbf{P}^3\mathbf{Q}) = \mathbf{P}^2(\mathbf{PQ}) = \mathbf{P}^3\mathbf{Q} = \mathbf{PQ}$.

8. (a) Direkte Überprüfung. (b) $\mathbf{A} = \begin{pmatrix} 1 & 1 \\ -1 & -1 \end{pmatrix}$

(c) Folgen Sie den Hinweisen. ▶ Siehe MyLab für Details.

15.5

1. $A' = \begin{pmatrix} 3 & -1 \\ 5 & 2 \\ 8 & 6 \\ 3 & 2 \end{pmatrix}$, $B' = (0, 1, -1, 2)$, $C' = \begin{pmatrix} 1 \\ 5 \\ 0 \\ -1 \end{pmatrix}$

2. (a) $\mathbf{A}' = \begin{pmatrix} 3 & -1 \\ 2 & 5 \end{pmatrix}$, $\mathbf{B}' = \begin{pmatrix} 0 & 2 \\ 2 & 2 \end{pmatrix}$, $(\mathbf{A} + \mathbf{B})' = \begin{pmatrix} 3 & 1 \\ 4 & 7 \end{pmatrix}$,

$(\alpha\mathbf{A})' = \begin{pmatrix} -6 & 2 \\ -4 & -10 \end{pmatrix}$, $\mathbf{AB} = \begin{pmatrix} 4 & 10 \\ 10 & 8 \end{pmatrix}$,

$(\mathbf{AB})' = \begin{pmatrix} 4 & 10 \\ 10 & 8 \end{pmatrix} = \mathbf{B}'\mathbf{A}'$ und $\mathbf{A}'\mathbf{B}' = \begin{pmatrix} -2 & 4 \\ 10 & 14 \end{pmatrix}$.

(b) Überprüfung der Regeln (15.5.2) bis (15.5.5) ist jetzt sehr einfach.

3. Direkte Verifikation zeigt, dass für jede der zwei Matrizen das Element in Position *ij* gleich dem Element in Position *ji* ist für $i = 1, 2, 3$ und $j = 1, 2, 3$.

4. Symmetrie verlangt $a^2 - 1 = a + 1$ und $a^2 + 4 = 4a$. Die zweite Gleichung hat die eindeutige Lösung $a = 2$, was auch die erste Gleichung erfüllt.

5. Nein! Zum Beispiel: $\begin{pmatrix} 0 & 0 \\ 0 & 1 \end{pmatrix} \begin{pmatrix} 1 & 1 \\ 1 & 1 \end{pmatrix} = \begin{pmatrix} 0 & 0 \\ 1 & 1 \end{pmatrix}$.

6. $(\mathbf{A_1 A_2 A_3})' = (\mathbf{A_1}(\mathbf{A_2 A_3}))' = (\mathbf{A_2 A_3})'\mathbf{A_1'} = (\mathbf{A_3' A_2'})\mathbf{A_1'} = \mathbf{A_3' A_2' A_1'}$. Verwenden Sie Induktion für den allgemeinen Fall.
   ▶ Ausführliche Lösung siehe Lösungshandbuch MyLab.

7. (a) Direkte Überprüfung.

   (b) $\begin{pmatrix} p & q \\ -q & p \end{pmatrix} \begin{pmatrix} p & -q \\ q & p \end{pmatrix} = \begin{pmatrix} p^2 + q^2 & 0 \\ 0 & p^2 + q^2 \end{pmatrix} = \begin{pmatrix} 1 & 0 \\ 0 & 1 \end{pmatrix}$ genau

   dann, wenn $p^2 + q^2 = 1$.

   (c) Wenn $\mathbf{P'P} = \mathbf{Q'Q} = \mathbf{I}_n$, dann ist $(\mathbf{PQ})'(\mathbf{PQ}) = (\mathbf{Q'P'})(\mathbf{PQ}) = \mathbf{Q'}(\mathbf{P'P})\mathbf{Q} = \mathbf{Q' I}_n \mathbf{Q} = \mathbf{Q'Q} = \mathbf{I}_n$.

8. (a) $\mathbf{TS} = \begin{pmatrix} p^3 + p^2 q & 2p^2 q + 2pq^2 & pq^2 + q^3 \\ \frac{1}{2}p^3 + \frac{1}{2}p^2 + \frac{1}{2}p^2 q & p^2 q + pq + pq^2 & \frac{1}{2}pq^2 + \frac{1}{2}q^2 + \frac{1}{2}q^3 \\ p^3 + p^2 q & 2p^2 q + 2pq^2 & pq^2 + q^3 \end{pmatrix} = \mathbf{S}$, da

   $p + q = 1$.
   Ein ähnliches Argument zeigt, dass $\mathbf{T}^2 = \frac{1}{2}\mathbf{T} + \frac{1}{2}\mathbf{S}$. Um die Formel für $\mathbf{T}^5$ herzuleiten, multiplizieren Sie jede Seite der letzten Gleichung von links mit $\mathbf{T}$.
   (b) Die geeignete Formel ist $\mathbf{T}^n = 2^{1-n}\mathbf{T} + (1 - 2^{1-n})\mathbf{S}$.
   ▶ Ausführliche Lösung siehe Lösungshandbuch MyLab.

15.6

1. (a) Gauß'sche Elimination ergibt:

   $$\begin{pmatrix} 1 & 1 & 3 \\ 3 & 5 & 5 \end{pmatrix} \overset{-3}{\sim} \begin{pmatrix} 1 & 1 & 3 \\ 0 & 2 & -4 \end{pmatrix} \overset{1/2}{\sim} \begin{pmatrix} 1 & 1 & 3 \\ 0 & 1 & -2 \end{pmatrix} \overset{-1}{\sim} \begin{pmatrix} 1 & 0 & 5 \\ 0 & 1 & -2 \end{pmatrix}$$

   Die Lösung ist deshalb: $x_1 = 5$, $x_2 = -2$.

   (b) Gauß'sche Elimination ergibt:

   $$\begin{pmatrix} 1 & 2 & 1 & 4 \\ 1 & -1 & 1 & 5 \\ 2 & 3 & -1 & 1 \end{pmatrix} \overset{-1 \quad -2}{\sim} \begin{pmatrix} 1 & 2 & 1 & 4 \\ 0 & -3 & 0 & 1 \\ 0 & -1 & -3 & -7 \end{pmatrix} -1/3$$

   $$\sim \begin{pmatrix} 1 & 2 & 1 & 4 \\ 0 & 1 & 0 & -1/3 \\ 0 & -1 & -3 & -7 \end{pmatrix} \overset{1 \quad -2}{\sim} \begin{pmatrix} 1 & 0 & 1 & 14/3 \\ 0 & 1 & 0 & -1/3 \\ 0 & 0 & -3 & -22/3 \end{pmatrix} -1/3$$

   $$\sim \begin{pmatrix} 1 & 0 & 1 & 14/3 \\ 0 & 1 & 0 & -1/3 \\ 0 & 0 & 1 & 22/9 \end{pmatrix} \overset{-1}{\sim} \begin{pmatrix} 1 & 0 & 0 & 20/9 \\ 0 & 1 & 0 & -1/3 \\ 0 & 0 & 1 & 22/9 \end{pmatrix}$$

   Die Lösung ist deshalb: $x_1 = 20/9$, $x_2 = -1/3$, $x_3 = 22/9$.
   (c) Die allgemeine Lösung ist: $x_1 = (2/5)s$, $x_2 = (3/5)s$, $x_3 = s$, wobei s eine beliebige reelle Zahl ist.

2. Indem wir Gauß'sche Elimination anwenden, um x aus der zweiten und dritten Gleichung zu eliminieren und dann y aus der dritten Gleichung, gelangen wir zu der folgenden erweiterten Koeffizientenmatrix:

$$\begin{pmatrix} 1 & 1 & -1 & 1 \\ 0 & 1 & -3/2 & -1/2 \\ 0 & 0 & a+5/2 & b-1/2 \end{pmatrix}.$$

Die zwei ersten Gleichungen implizieren, dass für jedes z gilt: $y = -\frac{1}{2} + \frac{3}{2}z$ und $x = 1 - y + z = \frac{3}{2} - \frac{1}{2}z$. An der letzten Gleichung sehen wir, dass es für $a \neq -\frac{5}{2}$ eine eindeutige Lösung gibt mit $z = (b - \frac{1}{2})/(a + \frac{5}{2})$. Für $a = -\frac{5}{2}$ gibt es keine Lösungen, falls $b \neq \frac{1}{2}$. Es gibt jedoch einen Freiheitsgrad, falls $b = \frac{1}{2}$ (mit z beliebig).

3. Für $c = 1$ und für $c = -2/5$ ist die Lösung: $x = 2c^2 - 1 + t$, $y = s$, $z = t$, $w = 1 - c^2 - 2s - 2t$ für beliebige s und t. Für andere Werte von c gibt es keine Lösungen.
▶ Ausführliche Lösung siehe Lösungshandbuch MyLab.

4. Verschieben Sie die erste Zeile in die dritte Zeile und verwenden Sie Gauß'sche Elimination. Es gibt genau dann eine eindeutige Lösung, wenn $a \neq 3/4$.
▶ Ausführliche Lösung siehe Lösungshandbuch MyLab.

5. Falls $b_1 \neq \frac{1}{4}b_3$, gibt es keine Lösung. Falls $b_1 = \frac{1}{4}b_3$ gibt es unendlich viele Lösungen in der Gestalt $x = -2b_2 + b_3 - 5t$, $y = \frac{3}{2}b_2 - \frac{1}{2}b_3 + 2t$, $z = t$ mit $t \in \mathbb{R}$.
▶ Ausführliche Lösung siehe Lösungshandbuch MyLab.

15.7

1. $\boldsymbol{a} + \boldsymbol{b} = \begin{pmatrix} 5 \\ 3 \end{pmatrix}$, $\boldsymbol{a} - \boldsymbol{b} = \begin{pmatrix} -1 \\ -5 \end{pmatrix}$, $2\boldsymbol{a} + 3\boldsymbol{b} = \begin{pmatrix} 13 \\ 10 \end{pmatrix}$ und $-5\boldsymbol{a} + 2\boldsymbol{b} = \begin{pmatrix} -4 \\ 13 \end{pmatrix}$

2. $\boldsymbol{a} + \boldsymbol{b} + \boldsymbol{c} = (-1, 6, -4)$, $\boldsymbol{a} - 2\boldsymbol{b} + 2\boldsymbol{c} = (-3, 10, 2)$, $3\boldsymbol{a} + 2\boldsymbol{b} - 3\boldsymbol{c} = (9, -6, 9)$

3. Nach den Definitionen der Vektoraddition und der Multiplikation mit einem Skalar muss die linke Seite der Gleichung gleich dem Vektor $3(x, y, z) + 5(-1, 2, 3) = (3x - 5, 3y + 10, 3z + 15)$. Damit dies gleich dem Vektor $(4, 1, 3)$ ist, müssen die entsprechenden Komponenten gleich sein. Somit ist die Vektorgleichung äquivalent zu dem Gleichungssystem $3x - 5 = 4$, $3y + 10 = 1$ und $3z + 15 = 3$ mit der offensichtlichen Lösung $x = 3$, $y = -3$, $z = -4$.

4. $x_i = 0$ für alle i.

5. Nichts, da $0 \cdot \boldsymbol{x} = \boldsymbol{0}$ für alle $\boldsymbol{x}$.

6. Wir müssen Zahlen t und s finden, so dass $t(2, -1) + s(1, 4) = (4, -11)$. Diese Vektorgleichung ist äquivalent zu $(2t + s, -t + 4s) = (4, -11)$. Gleichsetzen der beiden Komponenten ergibt das Gleichungssystem (i) $2t + s = 4$ (ii) $-t + 4s = -11$. Die Lösung ist $t = 3$, $s = -2$, so dass $(4, -11) = 3(2, -1) - 2(1, 4)$.

7. $4\boldsymbol{x} - 2\boldsymbol{x} = 7\boldsymbol{a} + 8\boldsymbol{b} - \boldsymbol{a}$, so dass $2\boldsymbol{x} = 6\boldsymbol{a} + 8\boldsymbol{b}$ und $\boldsymbol{x} = 3\boldsymbol{a} + 4\boldsymbol{b}$.

8. $a \cdot a = 5$, $a \cdot b = 2$ und $a \cdot (a + b) = 7$. Wir sehen, dass $a \cdot a + a \cdot b = a \cdot (a + b)$.

9. Das innere Produkt der zwei Vektoren ist $x^2 + (x-1)x + 3 \cdot 3x = x^2 + x^2 - x - 9x = 2x^2 + 8x = 2x(x + 4)$. Dies ist 0 für $x = 0$ und $x = -4$.

10. $x = (5, 7, 12)$, $u = (20, 18, 25)$, $u \cdot x = 526$

11. (a) Die Einnahmen des Unternehmens sind $\mathbf{p} \cdot \mathbf{z}$. Die Kosten sind $\mathbf{p} \cdot \mathbf{x}$.
    (b) Gewinn = Einnahmen − Kosten = $\mathbf{p} \cdot \mathbf{z} - \mathbf{p} \cdot \mathbf{x} = \mathbf{p} \cdot (\mathbf{z} - \mathbf{x}) = \mathbf{p} \cdot \mathbf{y}$. Wenn $\mathbf{p} \cdot \mathbf{y} < 0$, macht das Unternehmen einen Verlust, der gleich $-\mathbf{p} \cdot \mathbf{y}$ ist.

12. (a) Inputvektor = $\begin{pmatrix} 0 \\ 1 \end{pmatrix}$ (b) Outputvektor = $\begin{pmatrix} 2 \\ 0 \end{pmatrix}$

    (c) Kosten = $(1, 3) \begin{pmatrix} 0 \\ 1 \end{pmatrix} = 3$ (d) Einnahmen = $(1, 3) \begin{pmatrix} 2 \\ 0 \end{pmatrix} = 2$

    (e) Wert des Netto-Outputs = $(1, 3) \begin{pmatrix} 2 \\ -1 \end{pmatrix} = 2 - 3 = -1$.

    (f) Verlust = Kosten − Einnahmen = $3 - 2 = 1$, so dass Gewinn = -1.

15.8

1. $a + b = (3, 3)$ und $-\frac{1}{2}a = (-2.5, 0.5)$. Siehe Abb. A15.8.1.

2. (a) $\lambda = 0$ ergibt $x = (-1, 2) = \mathbf{b}$, $\lambda = 1/4$ ergibt $x = (0, 7/4)$, $\lambda = 1/2$ ergibt $x = (1, 3/2)$, $\lambda = 3/4$ ergibt $x = (2, 5/4)$ und $\lambda = 1$ ergibt $x = (3, 1) = \mathbf{a}$. Siehe Abb. A15.8.2. (b) Wenn λ das Intervall $[0, 1]$ durchläuft, füllt $\mathbf{x}$ den Streckenabschnitt mit den Endpunkten $\mathbf{a}$ und $\mathbf{b}$ in Abb. A15.8.2 aus. (c) Siehe MyLab.
   ▶ Ausführliche Lösung siehe Lösungshandbuch MyLab.

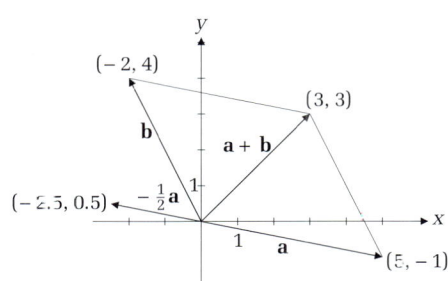

Abbildung A15.8.1   Abbildung A15.8.2

3. $\|\mathbf{a}\| = 3$, $\|\mathbf{b}\| = 3$, $\|\mathbf{c}\| = \sqrt{29}$. Es ist $|\mathbf{a} \cdot \mathbf{b}| = 6 \leq \|\mathbf{a}\| \cdot \|\mathbf{b}\| = 9$

4. (a) $x_1(1, 2, 1) + x_2(-3, 0, -2) = (x_1 - 3x_2, 2x_1, x_1 - 2x_2) = (5, 4, 4)$, wenn $x_1 = 2$ und $x_2 = -1$. (b) x_1 und x_2 müssten $x_1(1, 2, 1) + x_2(-3, 0, -2) = (-3, 6, 1)$ erfüllen. Dann ist $x_1 - 3x_2 = -3$, $2x_1 = 6$ und $x_1 - 2x_2 = 1$. Die zwei ersten Gleichungen ergeben $x_1 = 3$ und $x_2 = 2$; dann ist die letzte Gleichung nicht erfüllt.

5. Die Paare von Vektoren in (a) und (c) sind orthogonal; das Paar in (b) nicht.

6. Die Vektoren sind genau dann orthogonal, wenn ihr inneres Produkt 0 ist, d. h. genau dann, wenn $x^2 - x - 8 - 2x + x = x^2 - 2x - 8 = 0$, was für $x = -2$ und $x = 4$ der Fall ist.

7. Wenn $\boldsymbol{P}$ orthogonal ist und wenn $\boldsymbol{c}_i$ und $\boldsymbol{c}_j$ zwei verschiedene Spalten von $\boldsymbol{P}$ sind, dann ist $\boldsymbol{c}_i'\boldsymbol{c}_j$ das Element in Zeile i und Spalte j von $\boldsymbol{P}'\boldsymbol{P} = \boldsymbol{I}$, so dass $\boldsymbol{c}_i'\boldsymbol{c}_j = 0$. Wenn $\boldsymbol{r}_i$ und $\boldsymbol{r}_j$ zwei verschiedene Zeilen von $\boldsymbol{P}$ sind, dann ist $\boldsymbol{r}_i\boldsymbol{r}_j'$ das Element in Zeile i und Spalte j von $\boldsymbol{PP}' = \boldsymbol{I}' = \boldsymbol{I}$, so dass wieder $\boldsymbol{r}_i\boldsymbol{r}_j' = 0$.

8. $(\|\mathbf{a}\| + \|\mathbf{b}\|)^2 = \|\mathbf{a}\|^2 + 2\|\mathbf{a}\| \cdot \|\mathbf{b}\| + \|\mathbf{b}\|^2$, während $\|\mathbf{a} + \mathbf{b}\|^2 = (\mathbf{a} + \mathbf{b}) \cdot (\mathbf{a} + \mathbf{b}) = \|\mathbf{a}\|^2 + 2\mathbf{a} \cdot \mathbf{b} + \|\mathbf{b}\|^2$. Es folgt $(\|\mathbf{a}\| + \|\mathbf{b}\|)^2 - \|\mathbf{a} + \mathbf{b}\|^2 = 2(\|\mathbf{a}\| \cdot \|\mathbf{b}\| - \mathbf{a} \cdot \mathbf{b}) \geq 0$ nach der Cauchy–Schwarz-Ungleichung (15.8.2).

15.9

1. (a) $x_1 = 3t + 10(1-t) = 10 - 7t$, $x_2 = (-2)t + 2(1-t) = 2 - 4t$ und $x_3 = 2t + (1-t) = 1 + t$ (b) $x_1 = 1$, $x_2 = 3 - t$ und $x_3 = 2 + t$

2. (a) Um zu zeigen, dass $\mathbf{a}$ auf L liegt, setzen Sie $t = 0$.   (b) Die Richtung von L ist gegeben durch $(-1, 2, 1)$ und die Gleichung von $\mathscr{P}$ ist $(-1)(x_1 - 2) + 2(x_2 - (-1)) + 1 \cdot (x_3 - 3) = 0$ oder $-x_1 + 2x_2 + x_3 = -1$.   (c) Es muss $3(-t+2) + 5(2t-1) - (t+3) = 6$ gelten und somit $t = 4/3$. Daher ist $P = (2/3, 5/3, 13/3)$.

3. $x_1 - 3x_2 - 2x_3 = -3$
    ▶ Ausführliche Lösung siehe Lösungshandbuch MyLab.

4. $2x + 3y + 5z \leq m$ mit $m \geq 75$.

5. (a) Direkte Überprüfung.
    (b) $(x_1, x_2, x_3) = (-2, 1, -1) + t(-1, 2, 3) = (-2 - t, 1 + 2t, -1 + 3t)$

Wiederholungsaufgaben für Kapitel 15

1. (a) $A = \begin{pmatrix} 2 & 3 & 4 \\ 3 & 4 & 5 \end{pmatrix}$ (b) $A = \begin{pmatrix} 1 & -1 & 1 \\ -1 & 1 & -1 \end{pmatrix}$

2. (a) $A - B = \begin{pmatrix} 3 & -2 \\ -2 & 2 \end{pmatrix}$ (b) $A + B - 2C = \begin{pmatrix} -3 & -4 \\ -2 & -8 \end{pmatrix}$

    (c) $AB = \begin{pmatrix} -2 & 4 \\ 2 & -3 \end{pmatrix}$ (d) $C(AB) = \begin{pmatrix} 2 & -1 \\ 6 & -8 \end{pmatrix}$

    (e) $AD = \begin{pmatrix} 2 & 2 & 2 \\ 0 & 2 & 3 \end{pmatrix}$ (f) DC ist nicht definiert.

    (g) $2A - 3B = \begin{pmatrix} 7 & -6 \\ -5 & 5 \end{pmatrix}$ (h) $(A - B)' = \begin{pmatrix} 3 & -2 \\ -2 & 2 \end{pmatrix}$

    (i) und (j) $(C'A')B = C'(A'B') = \begin{pmatrix} -6 & 5 \\ -4 & 5 \end{pmatrix}$

    (k) Nicht definiert.   (l) $D'D = \begin{pmatrix} 2 & 4 & 5 \\ 4 & 10 & 13 \\ 5 & 13 & 17 \end{pmatrix}$

3. (a) $\begin{pmatrix} 2 & -5 \\ 5 & 8 \end{pmatrix} \begin{pmatrix} x_1 \\ x_2 \end{pmatrix} = \begin{pmatrix} 3 \\ 5 \end{pmatrix}$ (b) $\begin{pmatrix} 1 & 1 & 1 & 1 \\ 1 & 3 & 2 & 4 \\ 1 & 4 & 8 & 0 \\ 2 & 0 & 1 & -1 \end{pmatrix} \begin{pmatrix} x \\ y \\ z \\ t \end{pmatrix} = \begin{pmatrix} a \\ b \\ c \\ d \end{pmatrix}$

(c) $\begin{pmatrix} a & 1 & a+1 \\ 1 & 2 & 1 \\ 3 & 4 & 7 \end{pmatrix} \begin{pmatrix} x \\ y \\ z \end{pmatrix} = \begin{pmatrix} b_1 \\ b_2 \\ b_3 \end{pmatrix}$

4. $\boldsymbol{A} + \boldsymbol{B} = \begin{pmatrix} 0 & -4 & 1 \\ 8 & 6 & 4 \\ -10 & 9 & 15 \end{pmatrix}, \boldsymbol{A} - \boldsymbol{B} = \begin{pmatrix} 0 & 6 & -5 \\ -2 & 2 & 6 \\ -2 & 5 & 15 \end{pmatrix},$

$\boldsymbol{AB} = \begin{pmatrix} 13 & -2 & -1 \\ 0 & 3 & 5 \\ -25 & 74 & -25 \end{pmatrix}, \boldsymbol{BA} = \begin{pmatrix} -33 & 1 & 20 \\ 12 & 6 & -15 \\ 6 & 4 & 18 \end{pmatrix},$

$(\boldsymbol{AB})\boldsymbol{C} = \boldsymbol{A}(\boldsymbol{BC}) = \begin{pmatrix} 74 & -31 & -48 \\ 6 & 25 & 38 \\ -2 & -75 & -26 \end{pmatrix}$

5. Die Matrizenprodukte auf der linken Seite sind $\begin{pmatrix} 2a+b & a+b \\ 2x & x \end{pmatrix}$ und $\begin{pmatrix} a & b \\ 2a+x & 2b \end{pmatrix}$, deren Differenz ist $\begin{pmatrix} a+b & a \\ x-2a & x-2b \end{pmatrix}$. Wenn wir diese gleich der Matrix $\begin{pmatrix} 2 & 1 \\ 4 & 4 \end{pmatrix}$ auf der rechten Seite setzen, ergibt sich $a+b=2$, $a=1$, $x-2a=4$ und $x-2=4$. Es folgt: $a=b=1$, $x=6$.

6. (a) $\boldsymbol{A}^2 = \begin{pmatrix} a^2 - b^2 & 2ab & b^2 \\ -2ab & a^2 - 2b^2 & 2ab \\ b^2 & -2ab & a^2 - b^2 \end{pmatrix}$

(b) $(\boldsymbol{C}'\boldsymbol{B}\boldsymbol{C})' = \boldsymbol{C}'\boldsymbol{B}'(\boldsymbol{C}')' = \boldsymbol{C}'(-\boldsymbol{B})\boldsymbol{C} = -\boldsymbol{C}'\boldsymbol{BC}$. Somit ist $\boldsymbol{A}$ schiefsymmetrisch genau dann, wenn $a = 0$. (c) $\boldsymbol{A}_1' = \frac{1}{2}(\boldsymbol{A}' + \boldsymbol{A}'') = \frac{1}{2}(\boldsymbol{A}' + \boldsymbol{A}) = \boldsymbol{A}_1$, so dass $\boldsymbol{A}_1$ symmetrisch ist. Es ist genauso leicht zu zeigen, dass $\boldsymbol{A}_2$ schiefsymmetrisch ist und dass jede quadratische Matrix $\boldsymbol{A}$ deshalb die Summe $\boldsymbol{A}_1 + \boldsymbol{A}_2$ einer symmetrischen Matrix $\boldsymbol{A}_1$ und einer schiefsymmetrischen Matrix $\boldsymbol{A}_2$ ist.

7. (a) $\begin{pmatrix} 1 & 4 & 1 \\ 2 & 2 & 8 \end{pmatrix} \underset{\longleftarrow}{-2} \sim \begin{pmatrix} 1 & 4 & 1 \\ 0 & -6 & 6 \end{pmatrix}_{-1/6} \sim \begin{pmatrix} 1 & 4 & 1 \\ 0 & 1 & -1 \end{pmatrix} \overset{\longleftarrow}{{}_{-4}}$

$\sim \begin{pmatrix} 1 & 0 & 5 \\ 0 & 1 & -1 \end{pmatrix}$ Die Lösung ist $x_1 = 5$, $x_2 = -1$.

(b) Lösung: $x_1 = 3/7$, $x_2 = -5/7$, $x_3 = -18/7$.

(c) Lösung: $x_1 = (1/14)x_3$, $x_2 = -(19/14)x_3$, wobei x_3 beliebig ist. (Ein Freiheitsgrad.)

▶ Ausführliche Lösung siehe Lösungshandbuch MyLab.

8. Wir verwenden die Gauß'sche Methode:

$\begin{pmatrix} 1 & a & 2 & 0 \\ -2 & -a & 1 & 4 \\ 2a & 3a^2 & 9 & 4 \end{pmatrix} \begin{matrix} {}^{2} \\ {}^{-2a} \end{matrix} \sim \begin{pmatrix} 1 & a & 2 & 0 \\ 0 & a & 5 & 4 \\ 0 & a^2 & 9-4a & 4 \end{pmatrix}_{-a}$

$\sim \begin{pmatrix} 1 & a & 2 & 0 \\ 0 & a & 5 & 4 \\ 0 & 0 & 9-9a & 4-4a \end{pmatrix}$

Für $a = 1$ ist die letzte Gleichung überflüssig und die Lösung ist $x = 3t - 4$, $y = -5t + 4$, $z = t$ mit t beliebig. Wenn $a \neq 1$, haben wir $(9 - 9a)z = 4 - 4a$, so dass $z = 4/9$. Die anderen zwei Gleichungen sind dann $x + ay = -8/9$ und $ay = 16/9$. Wenn $a = 0$, gibt es keine Lösung. Wenn $a \neq 0$, ist die Lösung $x = -8/3$, $y = 16/9a$ und $z = 4/9$.

9. $\|\mathbf{a}\| = \sqrt{35}$, $\|\mathbf{b}\| = \sqrt{11}$ und $\|\mathbf{c}\| = \sqrt{69}$. Außerdem $|\mathbf{a} \cdot \mathbf{b}| = |(-1) \cdot 1 + 5 \cdot 1 + 3 \cdot (-3)| = |-5| = 5$ und $\sqrt{35}\sqrt{11} = \sqrt{385}$ ist offensichtlich größer als 5, so dass die Cauchy–Schwarz-Ungleichung erfüllt ist.

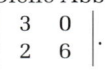

10. (a) Um $\mathbf{a}$ zu produzieren, setzen Sie $\lambda = 1/2$. Um $\mathbf{b}$ zu produzieren, müsste $6\lambda + 2 = 7$, $-2\lambda + 6 = 5$ und $-6\lambda + 10 = 5$ gelten. Diese Gleichungen haben jedoch keine Lösung. Für (b) und (c) ► Siehe MyLab.

11. Da $\mathbf{PQ} = \mathbf{QP} + \mathbf{P}$, ergibt die Multiplikation mit $\mathbf{P}$ von links $\mathbf{P}^2\mathbf{Q} = (\mathbf{PQ})\mathbf{P} + \mathbf{P}^2 = (\mathbf{QP} + \mathbf{P})\mathbf{P} + \mathbf{P}^2 = \mathbf{QP}^2 + 2\mathbf{P}^2$. ► Siehe MyLab für Einzelheiten, wie dieses Argument für höhere Potenzen von $\mathbf{P}$ wiederholt werden kann.

Kapitel 16

16.1

1. (a) $3 \cdot 6 - 2 \cdot 0 = 18$ (b) $ab - ba = 0$ (c) $(a + b)^2 - (a - b)^2 = 4ab$
   (d) $3^t 2^{t-1} - 3^{t-1} 2^t = 3^{t-1} 2^{t-1}(3 - 2) = 6^{t-1}$

2. Siehe Abb. A16.1.2. Das schattierte Parallelogramm hat die Fläche $3 \cdot 6 = 18 = \begin{vmatrix} 3 & 0 \\ 2 & 6 \end{vmatrix}$.

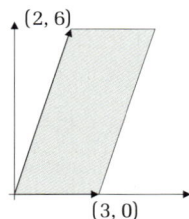

Abbildung A16.1.2

3. (a) Die Cramer'sche Regel ergibt

$$x = \frac{\begin{vmatrix} 8 & -1 \\ 5 & -2 \end{vmatrix}}{\begin{vmatrix} 3 & -1 \\ 1 & -2 \end{vmatrix}} = \frac{-16 + 5}{-6 + 1} = \frac{11}{5}, \quad y = \frac{\begin{vmatrix} 3 & 8 \\ 1 & 5 \end{vmatrix}}{\begin{vmatrix} 3 & -1 \\ 1 & -2 \end{vmatrix}} = \frac{15 - 8}{-6 + 1} = \frac{7}{-5} = -\frac{7}{5}.$$

(b) $x = 4$ und $y = -1$ (c) $x = \dfrac{a + 2b}{a^2 + b^2}$, $y = \dfrac{2a - b}{a^2 + b^2}$, vorausgesetzt, dass $a^2 + b^2 \neq 0$.

4. Die Zahlen a und b müssen $a + 1 = 0$ und $a - 3b = -10$ erfüllen, so dass $a = -1$ und $b = 3$.

5. Die Entwicklung der Determinante ergibt $(2-x)(-x)-8=0$, d.h. $x^2-2x-8=0$, so dass $x=-2$ oder $x=4$.

6. Das Matrizenprodukt ist $\mathbf{AB}=\begin{pmatrix} a_{11}b_{11}+a_{12}b_{21} & a_{11}b_{12}+a_{12}b_{22} \\ a_{21}b_{11}+a_{22}b_{21} & a_{21}b_{12}+a_{22}b_{22} \end{pmatrix}$. Dies impliziert $|\mathbf{AB}|=(a_{11}b_{11}+a_{12}b_{21})(a_{21}b_{12}+a_{22}b_{22})-(a_{11}b_{12}+a_{12}b_{22})(a_{21}b_{11}+a_{22}b_{21})$. Andererseits ist $|\mathbf{A}||\mathbf{B}|=(a_{11}a_{22}-a_{12}a_{21})(b_{11}b_{22}-b_{12}b_{21})$. Ein langwieriger Prozess des Ausmultiplizierens aller Ausdrücke und dann des Streichens von vier Termen im Ausdruck von $|\mathbf{A}||\mathbf{B}|$ ergibt, dass die zwei Ausdrücke gleich sind.

7. Wenn $A=B=\begin{pmatrix} 1 & 0 \\ 0 & 1 \end{pmatrix}$, dann ist $|A+B|=4$, während $|A|+|B|=2$.
(Man hat $|A+B|\neq|A|+|B|$ für fast jede Wahl der Matrizen A und B.)

8. Wir schreiben das System als $\begin{cases} Y-C=I_0+G_0 \\ -bY+C=a \end{cases}$. Dann ergibt die Cramer'sche Regel

$$Y=\frac{\begin{vmatrix} I_0+G_0 & -1 \\ a & 1 \end{vmatrix}}{\begin{vmatrix} 1 & -1 \\ -b & 1 \end{vmatrix}}=\frac{a+I_0+G_0}{1-b}, \quad C=\frac{\begin{vmatrix} 1 & I_0+G_0 \\ -b & a \end{vmatrix}}{\begin{vmatrix} 1 & -1 \\ -b & 1 \end{vmatrix}}=\frac{a+b(I_0-G_0)}{1-b}$$

Anstelle die Cramer'sche Regel zu benutzen, ist der Ausdruck für Y am einfachsten so zu finden:
(i) Auflösen der zweiten Gleichung ergibt $C=a+bY$; (ii) Einsetzen dieses Ausdrucks für C in die erste Gleichung;
(iii) Auflösen der resultierenden Gleichung nach Y. Nutzen Sie schließlich wieder $C=a+bY$, um C zu bestimmen.

9. (a) Die Gleichung $X_1=M_2$ besagt, dass die Exporte der Nation 1 gleich den Importen der Nation 2 sind. Analog ist $X_2=M_1$. (b) Einsetzen für X_1, X_2, M_1, M_2, C_1 und C_2 ergibt:
(i) $(1-c_1+m_1)Y_1-m_2Y_2=A_1$; (ii) $(1-c_2+m_2)Y_2-m_1Y_1=A_2$.
Unter Verwendung der Cramer'schen Regel mit $D=(1-c_1+m_1)(1-c_2-m_2)-m_1m_2$ ergibt sich

$$Y_1=[A_2m_2+A_1(1-c_2+m_2)]/D, \qquad Y_2=[A_1m_1+A_2(1-c_1+m_1)]/D$$

(c) Y_2 wächst, wenn A_1 wächst.
▶ Ausführliche Lösung siehe Lösungshandbuch MyLab.

16.2

1. (a) -2 (b) -2 (c) adj (d) $e(ad-bc)$
▶ Ausführliche Lösung siehe Lösungshandbuch MyLab.

2. $\mathbf{AB}=\begin{pmatrix} -1 & -1 & -1 \\ 7 & 13 & 13 \\ 5 & 9 & 10 \end{pmatrix}$, $|A|=-2$, $|B|=3$, $|\mathbf{AB}|=|A|\cdot|B|=-6$

3. (a) $x_1 = 1$, $x_2 = 2$ und $x_3 = 3$ (b) $x_1 = x_2 = x_3 = 0$ (c) $x = 1$, $y = 2$ und $z = 3$
▶ Ausführliche Lösung siehe Lösungshandbuch MyLab.

4. Nach der Regel von Sarrus ist die Determinante $(1 + a)(1 + b)(1 + c) + 1 + 1 - (1 + b) - (1 + a) - (1 + c)$, was sich auf den gegebenen Ausdruck reduziert.

5. Spur$(\mathbf{A}) = a + b - 1 = 0$ und so $b = 1 - a$. Ferner ist $|\mathbf{A}| = -2ab = 12$ und so $-2a(1 - a) = 12$ oder $a^2 - a - 6 = 0$. Die Lösungen dieser Gleichung sind $a = 3$ und $a = -2$. Damit sind die Lösungen $(a, b) = (3, -2)$ oder $(a, b) = (-2, 3)$.

6. Nach der Regel von Sarrus ist die Determinante gleich $p(x) = (1 - x)^3 + 8 + 8 - 4(1 - x) - 4(1 - x) - 4(1 - x) = -x^3 + 3x^2 + 9x + 5$.

Die Gleichung, die wir lösen möchten, ist deshalb die kubische Gleichung $-x^3 + 3x^2 + 9x + 5 = 0$. Wir haben keine einfache allgemeine Formel zur Verfügung, um solche Gleichungen zu lösen. Da dies aber ein Polynom mit ganzzahligen Koeffizienten ist, folgt aus (4.7.6), dass jede ganzzahlige Lösung der Gleichung (wenn es welche gibt) ein Teiler des konstanten Terms 5 sein muss. Die einzigen Kandidaten sind deshalb ± 5 und ± 1. Es ist leicht zu sehen, dass $p(5) = 0$ und $p(-1) = 0$. Und somit müssen $x - 5$ und $x + 1$ beide Faktoren von $p(x)$ sein. Daher ist $p(x) = (x - 5)(x + 1)q(x)$ und Polynomdivision ergibt $q(x) = x + 1$. Somit ist die Determinante genau dann gleich 0, wenn $x = -1$ oder $x = 5$.

7. (a) $|\mathbf{A}_t| = 2t^2 - 2t + 1 = 2(t - \frac{1}{2})^2 + \frac{1}{2} > 0$ für alle t. (Alternativ: Zeigen Sie, dass die quadratische Funktion $2t^2 - 2t + 1$ keine reelle Nullstelle hat.)
(b) $\mathbf{A}_t^3 = \begin{pmatrix} 1 & 2t - 2t^2 & t - t^2 \\ 4t - 4 & 5t - 4 & -t^2 + 4t - 3 \\ 2 - 2t & t^2 - 4t + 3 & t^3 - 2t + 2 \end{pmatrix}$.
Wir erhalten $\mathbf{A}_t^3 = \mathbf{I}_3$ für $t = 1$.

8. $Y = (a - bd + A_0)/[1 - b(1 - t)]$, $C = (a - bd + A_0 b(1 - t))/[1 - b(1 - t)]$, $T = [t(a + A_0) + (1 - b)d]/[1 - b(1 - t)]$
▶ Ausführliche Lösung siehe Lösungshandbuch MyLab.

16.3

1. (a) $1 \cdot 2 \cdot 3 \cdot 4 = 24$ (b) $d - a$ (c) $1 \cdot 1 \cdot 1 \cdot 11 - 1 \cdot 1 \cdot 4 \cdot 4 - 1 \cdot (-3) \cdot 1 \cdot 3 - 2 \cdot 1 \cdot 1 \cdot 2 = 0$
▶ Ausführliche Lösung siehe Lösungshandbuch MyLab.

2. Mit $\mathbf{A} = \begin{pmatrix} a_{11} & a_{12} & \dots & a_{1n} \\ 0 & a_{22} & \dots & a_{2n} \\ \vdots & \vdots & \ddots & \vdots \\ 0 & 0 & \dots & a_{nn} \end{pmatrix}$ und $\mathbf{B} = \begin{pmatrix} b_{11} & b_{12} & \dots & b_{1n} \\ 0 & b_{22} & \dots & b_{2n} \\ \vdots & \vdots & \ddots & \vdots \\ 0 & 0 & \dots & b_{nn} \end{pmatrix}$,
sieht man leicht, dass das Produkt $\mathbf{AB}$ eine obere Dreiecksmatrix ist mit den Elementen $a_{11}b_{11}, a_{22}b_{22}, \dots, a_{nn}b_{nn}$ in der Hauptdiagonalen. Die Determinante $|\mathbf{AB}|$ ist nach (16.3.4) das Produkt dieser n Zahlen $a_{ii}b_{ii}$. Andererseits ist $|\mathbf{A}| = a_{11}a_{22} \cdots a_{nn}$ und $|\mathbf{B}| = b_{11}b_{22} \cdots b_{nn}$, so dass die angegebene Gleichheit sofort folgt.

3. $+a_{12}a_{23}a_{35}a_{41}a_{54}$. (Vier Verbindungslinien steigen, wenn man nach rechts geht.)

4. $-a_{15}a_{24}a_{32}a_{43}a_{51}$. (Es gibt neun aufsteigende Linien.)

5. Sorgfältige Untersuchung der Determinante ergibt, dass der einzige Term $\neq 0$ das Produkt der Diagonalelemente ist. Somit ist die Gleichung $(2 - x)^4 = 0$, deren einzige Lösung $x = 2$ ist.

16.4

1. (a) $AB = \begin{pmatrix} 13 & 16 \\ 29 & 36 \end{pmatrix}$, $\quad BA = \begin{pmatrix} 15 & 22 \\ 23 & 34 \end{pmatrix}$, $\quad A'B' = \begin{pmatrix} 15 & 23 \\ 22 & 34 \end{pmatrix}$,

$B'A' = \begin{pmatrix} 13 & 29 \\ 16 & 36 \end{pmatrix}$

(b) $|A| = |A'| = -2$ und $|B| = |B'| = -2$. Somit ist $|AB| = 4 = |A| \cdot |B|$.

(c) $|A'B'| = 4$ und $|A'| \cdot |B'| = (-2) \cdot (-2) = 4$.

2. $\mathbf{A}' = \begin{pmatrix} 2 & 1 & 1 \\ 1 & 0 & 2 \\ 3 & 1 & 5 \end{pmatrix}$ und $|\mathbf{A}| = |\mathbf{A}'| = -2$

3. (a) 0 (Eine Spalte hat nur Nullen). (b) 0 (Zeile 1 und 4 sind proportional). (c) $(a_1 - x)(-x)^3 = x^4 - a_1 x^3$ (Verwenden Sie die Definition einer Determinante und bemerken Sie, dass höchstens ein Term ungleich Null ist.)

4. (a) $|\mathbf{AB}| = |\mathbf{A}||\mathbf{B}| = -12$, $3|\mathbf{A}| = 9$, $|-2\mathbf{B}| = (-2)^3(-4) = 32$, $|4\mathbf{A}| = 4^3 \, |\mathbf{A}| = 4^3 \cdot 3 = 192$ und $|\mathbf{A}| + |\mathbf{B}| = -1$.

(b) $|\mathbf{A} + \mathbf{B}|$ ist nicht bestimmt.

5. $\mathbf{A}^2 = \begin{pmatrix} a^2 + 6 & a + 1 & a^2 + 4a - 12 \\ a^2 + 2a + 2 & 3 & 8 - 2a^2 \\ a - 3 & 1 & 13 \end{pmatrix}$ und $|\mathbf{A}| = a^2 - 3a + 2$.

6. (a) Die erste und zweite Spalte sind proportional, so dass die Determinante 0 ist nach Regel (v) von Theorem 16.4.1.

(b) Addieren Sie die zweite Spalte zur dritten. Dadurch werden die erste und dritte Spalte proportional.

(c) Die erste Zeile ist das $(x - y)$-Fache der zweiten Zeile, so dass die beiden ersten Zeilen proportional sind, wenn $x \neq y$. Wenn $x = y$, sind alle Elemente der ersten Zeile 0. In jedem Fall ist die Determinante 0.

7. $X'X = \begin{pmatrix} 4 & 3 & 2 \\ 3 & 5 & 1 \\ 2 & 1 & 2 \end{pmatrix}$ und $|X'X| = 10$

8. Nach der Regel von Sarrus z. B. ist $|\mathbf{A}_a| = a(a^2 + 1) + 4 + 4 - 4(a^2 + 1) - a - 4 = a^2(a - 4)$, so dass $|\mathbf{A}_1| = -3$ und $|\mathbf{A}_1^6| = |\mathbf{A}_1|^6 = (-3)^6 = 729$. (Bemerken Sie, wieviel einfacher dies ist als zunächst $\mathbf{A}_1^6$ zu bestimmen und dann davon die Determinante.)

9. Da $P'P = I_n$, folgt aus (16.4.1) und (16.3.4), dass $|P'||P| = |I_n| = 1$. Aber $|P'| = |P|$ nach Regel (ii) in Theorem 16.4.1, so dass $|P|^2 = 1$. Daher ist $|P| = \pm 1$.

10. (a) Da $\mathbf{A}^2 = \mathbf{I}_n$, folgt aus (16.4.1), dass $|\mathbf{A}|^2 = |\mathbf{I}_n| = 1$ und somit $|\mathbf{A}| = \pm 1$. (b) Direkte Überprüfung durch Matrizenmultiplikation. (c) Wir haben $(\mathbf{I}_n - \mathbf{A})(\mathbf{I}_n + \mathbf{A}) = \mathbf{I}_n \cdot \mathbf{I}_n - \mathbf{A}\mathbf{I}_n + \mathbf{I}_n\mathbf{A} - \mathbf{A}\mathbf{A} = \mathbf{I}_n - \mathbf{A} + \mathbf{A} - \mathbf{A}^2 = \mathbf{I}_n - \mathbf{A}^2$, und dieser Ausdruck ist genau dann gleich $\mathbf{0}$, wenn $\mathbf{A}^2 = \mathbf{I}_n$.

11. (a) Die erste Gleichung ist wahr, die zweite ist falsch. (Die zweite Gleichung wird wahr, wenn der Faktor 2 durch 4 ersetzt wird.) (b) Allgemein falsch. (Beide Determinanten auf der rechten Seite sind 0, auch wenn $ad - bc \neq 0$.) (c) Beide Gleichungen sind wahr. (d) Wahr. (Man erhält die zweite Determinante, indem man das Zweifache der Zeile 1 der ersten Determinante von ihrer zweiten Zeile subtrahiert.)

12. Wir wollen zeigen, dass $\mathbf{B(PQ)} = \mathbf{(PQ)B}$. Indem wir das Assoziativgesetz der Matrizenmultiplikation anwenden, erhalten wir

$$\mathbf{B(PQ)} = \mathbf{(BP)Q} \overset{(1)}{=} \mathbf{(PB)Q} = \mathbf{P(BQ)} \overset{(2)}{=} \mathbf{P(QB)} = \mathbf{(PQ)B}.$$

Dies zeigt, dass $\mathbf{PQ}$ wirklich mit $\mathbf{B}$ vertauschbar ist. (In (1) nutzten wir die Tatsache, dass $\mathbf{BP} = \mathbf{PB}$. Und in (2) verwendeten wir $\mathbf{BQ} = \mathbf{QB}$.)

13. Es sei $A = \begin{pmatrix} 0 & c & b \\ c & 0 & a \\ b & a & 0 \end{pmatrix}$. Berechnen Sie dann A^2 und erinnern Sie sich an (16.4.1).

14. Beginnen Sie mit der Addition jeder der letzten $n - 1$ Zeilen zur ersten Zeile. Jedes Element in der ersten Zeile wird dann $na + b$. Ziehen Sie diesen Faktor vor die Determinante. Addieren Sie dann die mit $-a$ multiplizierte erste Zeile zu allen anderen $n - 1$ Zeilen. Das Ergebnis ist eine obere Dreiecksmatrix, deren Diagonalelemente $1, b, b, ..., b$ sind. Deren Produkt ist b^{n-1}. Die Behauptung folgt dann sofort.

▶ Ausführliche Lösung siehe Lösungshandbuch MyLab.

16.5

1. (a) 2. (Subtrahieren Sie Zeile 1 von Zeile 2 und von Zeile 3, um eine Determinante zu erhalten, deren erste Spalte die Elemente $1, 0, 0$ hat. Entwickeln Sie dann nach der ersten Spalte.) (b) 30 (c) 0. (Spalten 2 und 4 sind proportional.)

▶ Ausführliche Lösung siehe Lösungshandbuch MyLab.

2. In jedem dieser Fälle entwickeln wir nach der letzten (übrig bleibenden) Spalte. Die Antworten sind: (a) $-abc$ (b) $abcd$ (c) $1 \cdot 5 \cdot 3 \cdot 4 \cdot 6 = 360$

16.6

1. (a) Mit (16.6.4) folgt: $\begin{pmatrix} 3 & 0 \\ 2 & -1 \end{pmatrix} \cdot \begin{pmatrix} 1/3 & 0 \\ 2/3 & -1 \end{pmatrix} = \begin{pmatrix} 1 & 0 \\ 0 & 1 \end{pmatrix}$.

   (b) Verwenden Sie (16.6.4).

2. $AB = \begin{pmatrix} 1 & 0 & 0 \\ a+b & 2a + 1/4 + 3b & 4a + 3/2 + 2b \\ 0 & 0 & 1 \end{pmatrix} = I$ genau dann, wenn $a+b =$

   $4a + 3/2 + 2b = 0$ und $2a + 1/4 + 3b = 1$. Dies gilt genau dann, wenn $a = -3/4$ und $b = 3/4$.

3. (a) $\begin{pmatrix} x \\ y \end{pmatrix} = \begin{pmatrix} 2 & -3 \\ 3 & -4 \end{pmatrix}^{-1} \begin{pmatrix} 3 \\ 5 \end{pmatrix} = \begin{pmatrix} -4 & 3 \\ -3 & 2 \end{pmatrix} \begin{pmatrix} 3 \\ 5 \end{pmatrix} = \begin{pmatrix} 3 \\ 1 \end{pmatrix}$

    (b) $\begin{pmatrix} x \\ y \end{pmatrix} = \begin{pmatrix} -4 & 3 \\ -3 & 2 \end{pmatrix} \begin{pmatrix} 8 \\ 11 \end{pmatrix} = \begin{pmatrix} 1 \\ -2 \end{pmatrix}$

    (c) $\begin{pmatrix} x \\ y \end{pmatrix} = \begin{pmatrix} -4 & 3 \\ -3 & 2 \end{pmatrix} \begin{pmatrix} 0 \\ 0 \end{pmatrix} = \begin{pmatrix} 0 \\ 0 \end{pmatrix}$

4. Aus $\mathbf{A}^3 = \mathbf{I}$ folgt, dass $\mathbf{A}^2\mathbf{A} = \mathbf{I}$, so dass $\mathbf{A}^{-1} = \mathbf{A}^2 = \frac{1}{2}\begin{pmatrix} -1 & \sqrt{3} \\ -\sqrt{3} & -1 \end{pmatrix}$.

5. (a) $|\mathbf{A}| = 1$, $\mathbf{A}^2 = \begin{pmatrix} 0 & 1 & 1 \\ 1 & 1 & 2 \\ 1 & 1 & 1 \end{pmatrix}$, $\mathbf{A}^3 = \begin{pmatrix} 1 & 1 & 2 \\ 2 & 2 & 3 \\ 1 & 2 & 2 \end{pmatrix}$ und somit $\mathbf{A}^3 - 2\mathbf{A}^2 - \mathbf{A} - \mathbf{I}_3 = \mathbf{0}$.

    (b) Die letzte Gleichung in (a) ist äquivalent zu $\mathbf{A}(\mathbf{A}^2 - 2\mathbf{A} + \mathbf{I}_3) = \mathbf{A}(\mathbf{A} - \mathbf{I}_3)^2 = \mathbf{I}_3$, so dass $\mathbf{A}^{-1} = (\mathbf{A} - \mathbf{I}_3)^2$.

    (c) Wählen Sie $\mathbf{P} = (\mathbf{A} - \mathbf{I}_3)^{-1} = \begin{pmatrix} 0 & 0 & 1 \\ 1 & 0 & 1 \\ 0 & 1 & 0 \end{pmatrix}$, so dass $\mathbf{A} = [(\mathbf{A} - \mathbf{I}_3)^2]^{-1} = \mathbf{P}^2$.

    Die Matrix $-\mathbf{P}$ geht auch.

6. (a) $\mathbf{A}\mathbf{A}' = \begin{pmatrix} 21 & 11 \\ 11 & 10 \end{pmatrix}$, $|\mathbf{A}\mathbf{A}'| = 89$ und $(\mathbf{A}\mathbf{A}')^{-1} = \frac{1}{89}\begin{pmatrix} 10 & -11 \\ -11 & 21 \end{pmatrix}$.

    (b) Nein, $\mathbf{A}\mathbf{A}'$ ist immer symmetrisch nach Beispiel 15.5.3. Dann ist $(\mathbf{A}\mathbf{A}')^{-1}$ symmetrisch nach der Bemerkung unmittelbar nach Theorem 16.6.1.

7. (a) $\mathbf{A}^2 = (\mathbf{PDP}^{-1})(\mathbf{PDP}^{-1}) = \mathbf{PD}(\mathbf{P}^{-1}\mathbf{P})\mathbf{DP}^{-1} = \mathbf{PDIDP}^{-1} = \mathbf{PD}^2\mathbf{P}^{-1}$.

    (b) Die Formel gilt für $m = 1$. Nehmen Sie an, dass die Formel für $m = k$ gilt. Dann ist: $\mathbf{A}^{k+1} = \mathbf{A}\mathbf{A}^k = \mathbf{PDP}^{-1}(\mathbf{PD}^k\mathbf{P}^{-1}) = \mathbf{PD}(\mathbf{P}^{-1}\mathbf{P})\mathbf{D}^k\mathbf{P}^{-1} = \mathbf{PDID}^k\mathbf{P}^{-1} = \mathbf{PDD}^k\mathbf{P}^{-1} = \mathbf{PD}^{k+1}\mathbf{P}^{-1}$. Somit gilt die Formel auch für $m = k+1$. Nach dem Prinzip der mathematischen Induktion gilt sie dann für alle natürlichen Zahlen m.

 8. $\mathbf{B}^2 + \mathbf{B} = \mathbf{I}$, $\mathbf{B}^3 - 2\mathbf{B} + \mathbf{I} = \mathbf{0}$ und $\mathbf{B}^{-1} = \mathbf{B} + \mathbf{I} = \begin{pmatrix} 1/2 & 5 \\ 1/4 & 1/2 \end{pmatrix}$.

    ▶ Ausführliche Lösung siehe Lösungshandbuch MyLab.

9. Sei $B = X(X'X)^{-1}X'$. Dann ist $A^2 = (I_m - B)(I_m - B) = I_m - B - B + B^2$. Hier ist $B^2 = (X(X'X)^{-1}X')(X(X'X)^{-1}X') = X(X'X)^{-1}(X'X)(X'X)^{-1}X' = X(X'X)^{-1}X' = B$. Daher ist $A^2 = I_m - B - B + B = I_m - B = A$.

10. $\mathbf{AB} = \begin{pmatrix} -7 & 0 \\ -2 & 10 \end{pmatrix}$, so dass $\mathbf{CX} = \mathbf{D} - \mathbf{AB} = \begin{pmatrix} -2 & 3 \\ -6 & 7 \end{pmatrix}$. Nun ist $\mathbf{C}^{-1} = \begin{pmatrix} -2 & 1 \\ 3/2 & -1/2 \end{pmatrix}$, so dass $\mathbf{X} = \begin{pmatrix} -2 & 1 \\ 0 & 1 \end{pmatrix}$.

11. (a) Wenn $\mathbf{C}^2 + \mathbf{C} = \mathbf{I}$, dann ist $\mathbf{C}(\mathbf{C} + \mathbf{I}) = \mathbf{I}$ und somit $\mathbf{C}^{-1} = \mathbf{C} + \mathbf{I} = \mathbf{I} + \mathbf{C}$.

    (b) Da $\mathbf{C}^2 = \mathbf{I} - \mathbf{C}$, folgt $\mathbf{C}^3 = \mathbf{C}^2\mathbf{C} = (\mathbf{I} - \mathbf{C})\mathbf{C} = \mathbf{C} - \mathbf{C}^2 = \mathbf{C} - (\mathbf{I} - \mathbf{C}) = -\mathbf{I} - 2\mathbf{C}$.

    Ferner ist $\mathbf{C}^4 = \mathbf{C}^3\mathbf{C} = (-\mathbf{I} + 2\mathbf{C})\mathbf{C} = -\mathbf{C} + 2\mathbf{C}^2 = -\mathbf{C} + 2(\mathbf{I} - \mathbf{C}) = 2\mathbf{I} - 3\mathbf{C}$.

16.7

1. (a) $\begin{pmatrix} -5/2 & 3/2 \\ 2 & -1 \end{pmatrix}$ (b) $\dfrac{1}{9}\begin{pmatrix} 1 & 4 & 2 \\ 2 & -1 & 4 \\ 4 & -2 & -1 \end{pmatrix}$ (c) $|\mathbf{C}| = 0$, so dass die Matrix

    $\mathbf{C}$ keine Inverse hat.
    ▶ Ausführliche Lösung siehe Lösungshandbuch MyLab.

2. Die Inverse ist $\dfrac{1}{|\mathbf{A}|}\begin{pmatrix} C_{11} & C_{21} & C_{31} \\ C_{12} & C_{22} & C_{32} \\ C_{13} & C_{23} & C_{33} \end{pmatrix} = \dfrac{1}{72}\begin{pmatrix} -3 & 5 & 9 \\ 18 & -6 & 18 \\ 6 & 14 & -18 \end{pmatrix}.$

3. $(\mathbf{I} - \mathbf{A})^{-1} = \dfrac{5}{62}\begin{pmatrix} 18 & 16 & 10 \\ 2 & 19 & 8 \\ 4 & 7 & 16 \end{pmatrix}$

    ▶ Ausführliche Lösung siehe Lösungshandbuch MyLab.

4. Wenn $k = r$, ist die Lösung $x_1 = b_{1r}^*, x_2 = b_{2r}^*, \ldots, x_n = b_{nr}^*$.
    ▶ Ausführliche Lösung siehe Lösungshandbuch MyLab.

5. (a) $\mathbf{A}^{-1} = \begin{pmatrix} -2 & 1 \\ 3/2 & -1/2 \end{pmatrix}$ (b) $\begin{pmatrix} 1 & -3 & 2 \\ -3 & 3 & -1 \\ 2 & -1 & 0 \end{pmatrix}$ (c) Es gibt keine Inverse.

    ▶ Ausführliche Lösung siehe Lösungshandbuch MyLab.

16.8

1. (a) $x = 1, y = -2$ und $z = 2$ (b) $x = -3, y = 6, z = 5$ und $u = -5$
    ▶ Ausführliche Lösung siehe Lösungshandbuch MyLab.

2. Die Determinante des Systems ist -10, so dass die Lösung eindeutig ist. Die
    Determinanten in (16.8.2) sind

    $$D_1 = \begin{vmatrix} b_1 & 1 & 0 \\ b_2 & -1 & 2 \\ b_3 & 3 & -1 \end{vmatrix}, \quad D_2 = \begin{vmatrix} 3 & b_1 & 0 \\ 1 & b_2 & 2 \\ 2 & b_3 & -1 \end{vmatrix}, \quad D_3 = \begin{vmatrix} 3 & 1 & b_1 \\ 1 & -1 & b_2 \\ 2 & 3 & b_3 \end{vmatrix}$$

    Entwickeln jeder dieser Determinanten nach der Spalte (b_1, b_2, b_3) ergibt $D_1 = -5b_1 + b_2 + 2b_3$, $D_2 = 5b_1 - 3b_2 - 6b_3$, $D_3 = 5b_1 - 7b_2 - 4b_3$. Daher ist $x_1 = \frac{1}{2}b_1 - \frac{1}{10}b_2 - \frac{1}{5}b_3$, $x_2 = -\frac{1}{2}b_1 + \frac{3}{10}b_2 + \frac{3}{5}b_3$, $x_3 = -\frac{1}{2}b_1 + \frac{7}{10}b_2 + \frac{2}{5}b_3$.

3. Zeigen Sie, dass die Determinante der Koeffizientenmatrix gleich
    $-(a^3 + b^3 + c^3 - 3abc)$ ist und benutzen Sie Theorem 16.8.2.
    ▶ Ausführliche Lösung siehe Lösungshandbuch MyLab.

16.9

1. $x_1 = \frac{1}{4}x_2 + 100$, $x_2 = 2x_3 + 80$, $x_3 = \frac{1}{2}x_1$. Lösung: $x_1 = 160$, $x_2 = 240$, $x_3 = 80$.

2. (a) Bezeichnen Sie mit x und y die Gesamtproduktion in den Industrien A
    bzw. I. Dann ist $x = \frac{1}{6}x + \frac{1}{4}y + 60$ und $y = \frac{1}{4}x + \frac{1}{4}y + 60$. Somit ist $\frac{5}{6}x - \frac{1}{4}y = 60$
    und $-\frac{1}{4}x + \frac{3}{4}y = 60$.   (b) Die Lösung ist $x = 320/3$ und $y = 1040/9$.

3. (a) Kein Sektor beliefert sich selbst. (b) Die Gesamtmenge von Gut i, die nötig
    ist, um von jedem Gut eine Einheit zu produzieren.   (c) Dieser Spaltenvektor

gibt die Anzahl der Einheiten von jedem Gut an, die nötig sind, um eine Einheit von Gut j zu produzieren. (d) Keine sinnvolle ökonomische Interpretation. (Die Güter werden gewöhnlich in verschiedenen Einheiten gemessen, so dass es keinen Sinn ergibt, sie zu addieren. Wie man sagt: „Addieren Sie keine Äpfel und Orangen!")

4. $0.8x_1 - 0.3x_2 = 120$ und $-0.4x_1 + 0.9x_2 = 90$ mit der Lösung $x_1 = 225$ und $x_2 = 200$.

5. Das Leontief-Modell für dieses Drei-Sektoren-System ist wie folgt:
$$0.9x_1 - 0.2x_2 - 0.1x_3 = 85$$
$$-0.3x_1 + 0.8x_2 - 0.2x_3 = 95$$
$$-0.2x_1 - 0.2x_2 + 0.9x_3 = 20$$
Dieses Modell hat die angegebene Lösung.

6. Die Inputmatrix ist $A = \begin{pmatrix} 0 & \beta & 0 \\ 0 & 0 & \gamma \\ \alpha & 0 & 0 \end{pmatrix}$. Die Summen der Elemente in jeder Spalte sind kleiner als 1, vorausgesetzt $\alpha < 1$, $\beta < 1$ bzw. $\gamma < 1$. Dann ist insbesondere das Produkt $\alpha\beta\gamma < 1$.

7. Der Mengenvektor $\mathbf{x}_0$ muss (∗) $(\mathbf{I}_n - \mathbf{A})\mathbf{x}_0 = \mathbf{b}$ erfüllen und der Preisvektor $\mathbf{p}_0'$ muss (∗∗) $\mathbf{p}_0'(\mathbf{I}_n - \mathbf{A}) = \mathbf{v}'$ erfüllen. Indem wir (∗∗) von rechts mit $\mathbf{x}_0$ multiplizieren, erhalten wir $\mathbf{v}'\mathbf{x}_0 = [\mathbf{p}_0'(\mathbf{I}_n - \mathbf{A})]\mathbf{x}_0 = \mathbf{p}_0'[(\mathbf{I}_n - \mathbf{A})\mathbf{x}_0] = \mathbf{p}_0'\mathbf{b}$.

Wiederholungsaufgaben für Kapitel 16

1. (a) $5(-2) - (-2)3 = -4$ (b) $1 - a^2$ (c) $6a^2b + 2b^3$ (d) $\lambda^2 - 5\lambda$

2. (a) -4 (b) 1. (Subtrahieren Sie Zeile 1 von Zeile 2 und 3. Subtrahieren Sie dann das Zweifache der Zeile 2 von Zeile 3. Die resultierende Determinante hat nur einen Term $\neq 0$ in der dritten Zeile.)   (c) 1. (Verwenden Sie genau dieselben Zeilenoperationen wie in (b).)

3. Transponieren beider Seiten ergibt $\mathbf{A}^{-1} - 2\mathbf{I}_2 = -2 \begin{pmatrix} 1 & 1 \\ 1 & 0 \end{pmatrix}$, so dass $\mathbf{A}^{-1} = 2\mathbf{I}_2 - 2 \begin{pmatrix} 1 & 1 \\ 1 & 0 \end{pmatrix} = \begin{pmatrix} 2 & 0 \\ 0 & 2 \end{pmatrix} - \begin{pmatrix} 2 & 2 \\ 2 & 0 \end{pmatrix} = \begin{pmatrix} 0 & -2 \\ -2 & 2 \end{pmatrix}$. Mit (16.6.3) ist daher $\mathbf{A} = \begin{pmatrix} 0 & -2 \\ -2 & 2 \end{pmatrix}^{-1} = -\frac{1}{4} \begin{pmatrix} 2 & 2 \\ 2 & 0 \end{pmatrix} = \begin{pmatrix} -1/2 & -1/2 \\ -1/2 & 0 \end{pmatrix}$.

4. (a) $|\mathbf{A}_t| = t + 1$, so dass $\mathbf{A}_t$ genau dann eine Inverse hat, wenn $t \neq -1$.
    (b) Multiplikation der gegebenen Gleichung von rechts mit $\mathbf{A}_1$ ergibt $\mathbf{BA}_1 + \mathbf{X} = \mathbf{I}_3$. Daher ist $\mathbf{X} = \mathbf{I}_3 - \mathbf{BA}_1 = \begin{pmatrix} 0 & 0 & -1 \\ 0 & 0 & -1 \\ -2 & -1 & 0 \end{pmatrix}$.

5. $|A| = (p+1)(q-2)$, $|A + E| = 2(p-1)(q-2)$. Somit hat $A + E$ eine Inverse für $p \neq 1$ und $q \neq 2$. Offensichtlich ist $|E| = 0$. Daher ist $|BE| = |B||E| = 0$, so dass BE keine Inverse hat.

    ▶ Ausführliche Lösung siehe Lösungshandbuch MyLab.

6. Die Determinante der Koeffizientenmatrix ist $\begin{vmatrix} -2 & 4 & -t \\ -3 & 1 & t \\ t-2 & -7 & 4 \end{vmatrix} = 5t^2 - 45t +$
    $40 = 5(t-1)(t-8)$. Damit gibt es nach der Cramer'schen Regel genau dann eine eindeutige Lösung, wenn $t \neq 1$ und $t \neq 8$.

7. Wir sehen, dass $(\mathbf{I} - \mathbf{A})(\mathbf{I} + \mathbf{A} + \mathbf{A}^2 + \mathbf{A}^3) = \mathbf{I} + \mathbf{A} + \mathbf{A}^2 + \mathbf{A}^3 - \mathbf{A} - \mathbf{A}^2 - \mathbf{A}^3 - \mathbf{A}^4 = \mathbf{I} - \mathbf{A}^4 = \mathbf{I}$. Nutzen Sie dann (16.6.4).

8. (a) $(\mathbf{I}_n + a\mathbf{U})(\mathbf{I}_n + b\mathbf{U}) = \mathbf{I}_n^2 + b\mathbf{U} + a\mathbf{U} + ab\mathbf{U}^2 = \mathbf{I}_n + (a + b + nab)\mathbf{U}$, da $\mathbf{U}^2 = n\mathbf{U}$,
    wie leicht zu sehen ist.   (b) $\mathbf{A}^{-1} = \dfrac{1}{10} \begin{pmatrix} 7 & -3 & -3 \\ -3 & 7 & -3 \\ -3 & -3 & 7 \end{pmatrix}$.

     ► Ausführliche Lösung siehe Lösungshandbuch MyLab.

9. Aus der ersten Gleichung folgt $\mathbf{Y} = \mathbf{B} - \mathbf{AX}$. Setzt man dies in die zweite Gleichung ein, ergibt sich $\mathbf{X} = \mathbf{C} - 2\mathbf{A}^{-1}\mathbf{Y} = \mathbf{C} - 2\mathbf{A}^{-1}\mathbf{B} + 2\mathbf{X}$.
    Löst man nach $\mathbf{X}$ auf, erhält man $\mathbf{X} = 2\mathbf{A}^{-1}\mathbf{B} - \mathbf{C}$. Ferner ist $\mathbf{Y} = \mathbf{AC} - \mathbf{B}$.

10. (a) Für $a \neq 1$ und $a \neq 2$ gibt es eine eindeutige Lösung. Wenn $a = 1$, gibt es keine Lösung. Wenn $a = 2$, gibt es unendlich viele Lösungen.   (b) Wenn $a = 1$ und $b_1 - b_2 + b_3 = 0$ oder wenn $a = 2$ und $b_1 = b_2$, gibt es unendlich viele Lösungen.

    ► Ausführliche Lösung siehe Lösungshandbuch MyLab.

11. (a) $|\mathbf{A}| = -2$. $\mathbf{A}^2 - 2\mathbf{I}_2 = \begin{pmatrix} 11 & -6 \\ 18 & -10 \end{pmatrix} = \mathbf{A}$, so dass $\mathbf{A}^2 + c\mathbf{A} = 2\mathbf{I}_2$, wenn
    $c = -1$.   (b) Wenn $\mathbf{B}^2 = \mathbf{A}$, dann ist $|\mathbf{B}|^2 = |\mathbf{A}| = -2$, was unmöglich ist.

12. Beachten Sie zunächst: Falls $\mathbf{A}'\mathbf{A} = \mathbf{I}_n$, dann impliziert Regel (16.6.5), dass $\mathbf{A}' = \mathbf{A}^{-1}$, so dass $\mathbf{AA}' = \mathbf{I}_n$. Aber dann gilt $(\mathbf{A}'\mathbf{B}^{-1}\mathbf{A})(\mathbf{A}'\mathbf{BA}) = \mathbf{A}'\mathbf{B}^{-1}(\mathbf{AA}')\mathbf{BA} = \mathbf{A}'\mathbf{B}^{-1}\mathbf{I}_n\mathbf{BA} = \mathbf{A}'(\mathbf{B}^{-1}\mathbf{B})\mathbf{A} = \mathbf{A}'\mathbf{I}_n\mathbf{A} = \mathbf{A}'\mathbf{A} = \mathbf{I}_n$. Wiederum folgt nach Regel (16.6.5), dass $(\mathbf{A}'\mathbf{BA})^{-1} = \mathbf{A}'\mathbf{B}^{-1}\mathbf{A}$.

13. Hier benutzen wir einmal „unsystematische Elimination". Lösen der ersten Gleichung ergibt $y = 3 - ax$, die zweite ergibt $z = 2 - x$ und die vierte $u = 1 - y$. Wenn wir dies alles in die dritte Gleichung einsetzen, erhalten wir das Resultat $3 - ax + a(2 - x) + b(1 - 3 + ax) = 6$ oder $a(b - 2)x = -2a + 2b + 3$. Es gibt eine eindeutige Lösung, wenn $a(b - 2) \neq 0$. Die Lösung ist:
    $$x = \frac{2b - 2a + 3}{a(b - 2)}, \quad y = \frac{2a + b - 9}{b - 2}, \quad z = \frac{2ab - 2a - 2b - 3}{a(b - 2)}, \quad u = \frac{7 - 2a}{b - 2}$$

14. $|\mathbf{B}^3| = |\mathbf{B}|^3$. Da $\mathbf{B}$ eine 3×3-Matrix ist, haben wir $|-\mathbf{B}| = (-1)^3|\mathbf{B}| = -|\mathbf{B}|$. Da $\mathbf{B}^3 = -\mathbf{B}$, folgt $|\mathbf{B}|^3 = -|\mathbf{B}|$ und somit $|\mathbf{B}|(|\mathbf{B}|^2 + 1) = 0$. Die letzte Gleichung impliziert $|\mathbf{B}| = 0$ und daher kann $\mathbf{B}$ keine Inverse haben.

15. Die Determinante auf der linken Seite ist $(a + x)d - c(b + y) = (ad - bc) + (dx - cy)$ und dies ist die Summe der Determinanten auf der rechten Seite.

16. Betrachten Sie der Einfachheit halber den Fall $r = 1$ und betrachten Sie Gleichung (16.5.1).

    ► Ausführliche Lösung siehe Lösungshandbuch MyLab.

17. Für $a \neq b$ sind die Lösungen $x_1 = \frac{1}{2}(a+b)$ und $x_2 = -\frac{1}{2}(a+b)$. Wenn $a = b$, ist die Determinante gleich 0 für alle Werte von x.

▶ Ausführliche Lösung siehe Lösungshandbuch MyLab.

Kapitel 17

17.1

1. (a) Aus Abb. A17.1.1(a) sehen wir, dass die Lösung im Schnittpunkt der beiden Geraden $3x_1 + 2x_2 = 6$ und $x_1 + 4x_2 = 4$ ist. Lösung: max = 36/5 für $(x_1, x_2) = (8/5, 3/5)$. (b) Aus Abb. A17.1.1(b) sehen wir, dass die Lösung im Schnittpunkt der beiden Geraden $u_1 + 3u_2 = 11$ und $2u_1 + 5u_2 = 20$ ist. Lösung: min = 104 für $(u_1, u_2) = (5, 2)$.

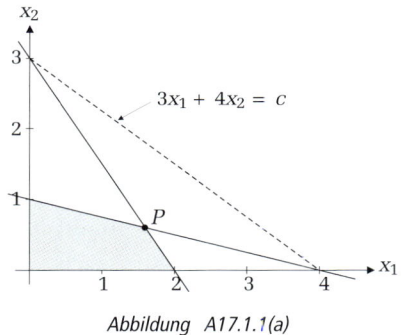

Abbildung A17.1.1(a)

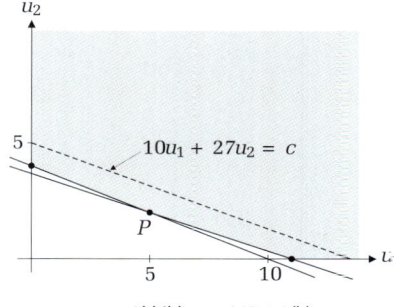

Abbildung A17.1.1(b)

2. (a) Ein Bild zeigt, dass die Lösung im Schnittpunkt der Geraden $-2x_1 + 3x_2 = 6$ und $x_1 + x_2 = 5$ liegt. Daher gilt: max = 98/5 für $(x_1, x_2) = (9/5, 16/5)$.
(b) Die Lösung erfüllt $2x_1 + 3x_2 = 13$ und $x_1 + x_2 = 6$. Daher gilt: max = 49 für $(x_1, x_2) = (5, 1)$. (c) Die Lösung erfüllt $x_1 - 3x_2 = 0$ und $x_1 = 2$. Daher gilt: max = $-10/3$ für $(x_1, x_2) = (2, 2/3)$

3. (a) max = 18/5 für $(x_1, x_2) = (4/5, 18/5)$. (b) max = 8 für $(x_1, x_2) = (8, 0)$.
(c) max = 24 für $(x_1, x_2) = (3, 0)$. (d) min = $-28/5$ für $(x_1, x_2) = (4/5, 18/5)$.
(e) max = 16 für alle (x_1, x_2) der Form $(x_1, 4 - \frac{1}{2}x_1)$, wobei $x_1 \in [4/5, 8]$.
(f) min= -24 für $(x_1, x_2) = (8, 0)$ (folgt aus der Antwort zu (c)).
▶ Ausführliche Lösung siehe Lösungshandbuch MyLab.

4. (a) Es existiert kein Maximum. Betrachten Sie Abb. A17.1.4. Wenn c beliebig groß wird, bewegt sich die gestrichelte Höhenlinie $x_1 + x_2 = c$ nach Nordosten und hat immer noch den Punkt $(c, 0)$ gemeinsam mit der schattierten Menge.
(b) Maximum an der Stelle $(1, 0)$. Die Höhenlinien sind dieselben wie in (a), aber die Richtung des Anstiegs ist umgekehrt.

5. Die Steigung der Geraden $20x_1 + tx_2 = c$ muss zwischen $-1/2$ (Steigung der Mehl-Begrenzung) und -1 (Steigung der Butter-Begrenzung) liegen. Für $t = 0$ ist die Gerade vertikal und die Lösung ist der Punkt D in Abb. 17.1.2 im

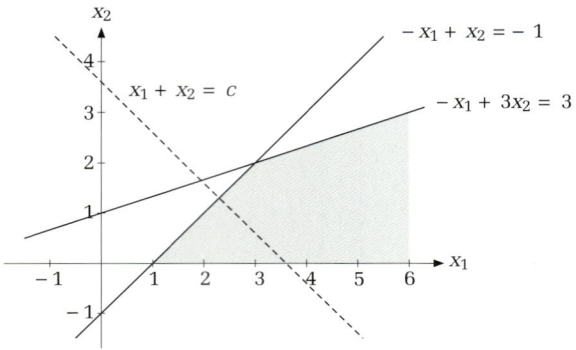

Abbildung A17.1.4

Text. Für $t \neq 0$ ist die Steigung der Geraden $-20/t$. Daher muss gelten $-1 \leq -20/t \leq -1/2$, was $t \in [20, 40]$ impliziert.

6. Das LP-Problem ist:

$$\max 700x + 1000y \quad \text{unter} \quad \begin{cases} 3x + 5y \leq 3900 \\ x + 3y \leq 2100 \\ 2x + 2y \leq 2200 \end{cases} \quad x \geq 0, \; y \geq 0$$

Ein Bild der zulässigen Menge und eine geeignete Höhenlinie der Zielfunktion zeigen, dass die Lösung im Schnittpunkt der Geraden $3x + 5y = 3900$ und $2x + 2y = 2200$ liegt. Lösen dieser Gleichungen führt zu $x = 800$ und $y = 300$. Das Unternehmen sollte 800 vom Typ A und 300 vom Typ B produzieren.

17.2

1. (a) $(x_1, x_2) = (2, 1/2)$ und $u_1^* = 4/5$ (b) $(x_1, x_2) = (7/5, 9/10)$ und $u_2^* = 3/5$
(c) Nach Multiplikation der beiden $\leq$ Bedingungen mit $4/5$ bzw. $3/5$ und anschließender Addition erhalten wir $(4/5)(3x_1 + 2x_2) + (3/5)(x_1 + 4x_2) \leq 6 \cdot (4/5) + 4 \cdot (3/5)$, was sich zu $3x_1 + 4x_2 \leq 36/5$ reduziert.
▶ Ausführliche Lösung siehe Lösungshandbuch MyLab.

2. $\min 8u_1 + 13u_2 + 6u_3 \quad \text{unter} \quad \begin{cases} u_1 + 2u_2 + u_3 \geq 8 \\ 2u_1 + 3u_2 + u_3 \geq 9 \end{cases} \quad u_1 \geq 0, \; u_2 \geq 0, \; u_3 \geq 0$

3. (a) $\min 6u_1 + 4u_2 \quad \text{unter} \quad \begin{cases} 3u_1 + u_2 \geq 3 \\ 2u_1 + 4u_2 \geq 4 \end{cases}, \quad u_1 \geq 0, \; u_2 \geq 0$

(b) $\max 11x_1 + 20x_2 \quad \text{unter} \quad \begin{cases} x_1 + 2x_2 \leq 10 \\ 3x_1 + 5x_2 \leq 27 \end{cases}, \quad x_1 \geq 0, \; x_2 \geq 0$

4. (a) Ein Bild zeigt, dass die Lösung im Schnittpunkt der Geraden $x_1 + 2x_2 = 14$ und $2x_1 + x_2 = 13$ liegt. Daher gilt $\max = 9$ für $(x_1^*, x_2^*) = (4, 5)$.   (b) Das duale Problem ist $\min 14u_1 + 13u_2 \quad \text{unter} \quad \begin{cases} u_1 + 2u_2 \geq 1 \\ 2u_1 + u_2 \geq 1 \end{cases}, \quad u_1 \geq 0, \; u_2 \geq 0$. Ein Bild zeigt, dass die Lösung im Schnittpunkt der Geraden $u_1 + 2u_2 = 1$ und $2u_1 + u_2 = 1$ liegt. Daher gilt: $\min = 9$ für $(u_1^*, u_2^*) = (1/3, 1/3)$.

17.3

1. (a) $x = 0$ und $y = 3$ ergibt max $= 21$. Siehe Abb. A17.3.1(a), wo das Optimum in P ist. (b) Das duale Problem ist

$$\min 20u_1 + 21u_2 \text{ unter } \begin{cases} 4u_1 + 3u_2 \geq 2 \\ 5u_1 + 7u_2 \geq 7 \end{cases}, \quad u_1 \geq 0, \, u_2 \geq 0.$$

Es hat die Lösung $u_1 = 0$ und $u_2 = 1$ mit min $= 21$. Siehe Abb. A17.3.1(b). (c) Ja.

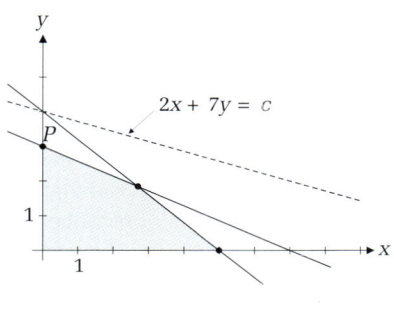

Abbildung A17.3.1(a)   *Abbildung A17.3.1(b)*

▶ Ausführliche Lösung siehe Lösungshandbuch MyLab.

2. $\max 300x_1 + 500x_2$ unter $\begin{cases} 10x_1 + 25x_2 \leq 10\,000 \\ 20x_1 + 25x_2 \leq 8\,000 \end{cases} \quad x_1 \geq 0, \, x_2 \geq 0$

Die Lösung kann grafisch gefunden werden. Sie ist $x_1^* = 0$, $x_2^* = 320$ und der Maximalwert der Zielfunktion ist $160\,000$, derselbe Wert, der in Beispiel 17.1.2 für den Optimalwert der primären Zielfunktion gefunden wurde.

3. (a) Der Gewinn aus dem Verkauf von x_1 kleinen und x_2 mittleren Fernsehgeräten ist $400x_1 + 500x_2$. Die erste Nebenbedingung $2x_1 + x_2 \leq 16$ besagt, dass wir nicht mehr Stunden im Bereich 1 verwenden können als Stunden verfügbar sind. Die anderen Nebenbedingungen haben ähnliche Interpretationen. (b) max $= 3800$ für $x_1 = 7$ und $x_2 = 2$. (c) In Bereich 1 sollte die Kapazität vergrößert werden.

▶ Ausführliche Lösung siehe Lösungshandbuch MyLab.

17.4

1. Entsprechend Formel (17.4.1) ist: $\triangle z^* = u_1^* \triangle b_1 + u_2^* \triangle b_2 = 0 \cdot 0.1 + 1 \cdot (-0.2) = -0.2$.

2. (a) $\max 300x_1 + 200x_2$ unter $\begin{cases} 6x_1 + 3x_2 \leq 54 \\ 4x_1 + 6x_2 \leq 48 \\ 5x_1 + 5x_2 \leq 50 \end{cases}, \quad x_1 \geq 0, \, x_2 \geq 0$

Dabei sind x_1 und x_2 die Anzahlen der von A bzw. B produzierten Einheiten. Lösung: $(x_1, x_2) = (8, 2)$. (b) Duale Lösung: $(u_1, u_2, u_3) = (100/3, 0, 20)$.

(c) Zuwachs des optimalen Gewinns: $\Delta\pi^* = u_1^* \cdot 2 + u_3^* \cdot 1 = 260/3$.
▶ Ausführliche Lösung siehe Lösungshandbuch MyLab.

17.5

1. $4u_1^* + 3u_2^* = 3 > 2$ und $x^* = 0$; $5u_1^* + 7u_2^* = 7$ und $y^* = 3 > 0$. Es ist auch $4x^* + 5y^* = 15 < 20$ und $u_1^* = 0$; $3x^* + 7y^* = 21$ und $u_2^* = 1 > 0$. Somit sehen wir, dass (17.5.1) und (17.5.2) erfüllt sind.

2. (a) Siehe Abbildung A17.5.2. Das Minimum wird angenommen an der Stelle $(y_1^*, y_2^*) = (3, 2)$. (b) Das duale Problem ist:

$$\max 15x_1 + 5x_2 - 5x_3 - 20x_4 \text{ unter } \begin{cases} x_1 + x_2 - x_3 + x_4 \leq 1 \\ 6x_1 + x_2 + x_3 - 2x_4 \leq 2 \end{cases}, \ x_j \geq 0, j = 1, \dots, 4.$$

Das Maximum ist an der Stelle $(x_1^*, x_2^*, x_3^*, x_4^*) = (1/5, 4/5, 0, 0)$. (c) Wenn die erste Bedingung geändert wird in $y_1 + 6y_2 \geq 15.1$, ist die Lösung des primären Problems immer noch im Schnittpunkt der Geraden (1) und (2) in Abb. A17.5.2, wobei jedoch (1) leicht nach oben verschoben ist. Die Lösung des dualen Problems bleibt unverändert. In beiden Problemen steigt der Optimalwert um $(15.1 - 15) \cdot x_1^* = 0.02$.

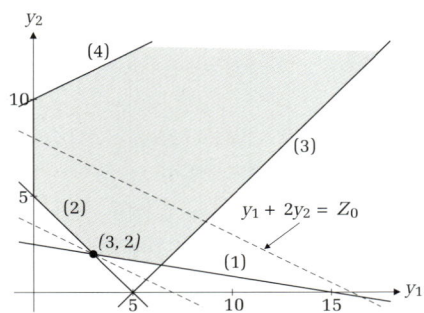

Abbildung A17.5.2

3. (a) $\min 10\,000y_1 + 8\,000y_2 + 11\,000y_3 \text{ unter } \begin{cases} 10y_1 + 20y_2 + 20y_3 \geq 300 \\ 20y_1 + 10y_2 + 20y_3 \geq 500 \end{cases}$,

$y_i \geq 0, i = 1, 2, 3$ (b) Das duale Problem ist:

$$\max 300x_1 + 500x_2 \text{ unter } \begin{cases} 10x_1 + 20x_2 \leq 10000 \\ 20x_1 + 10x_2 \leq 8000 \\ 20x_1 + 20x_2 \leq 11000 \end{cases}, \qquad x_1 \geq 0, x_2 \geq 0$$

Lösung des dualen Problems: max = 255 000 für $x_1 = 100$ und $x_2 = 450$. Lösung des primären Problems: min = 255 000 für $(y_1, y_2, y_3) = (20, 0, 5)$. (c) Die Minimalkosten werden um 2000 steigen.
▶ Ausführliche Lösung siehe Lösungshandbuch MyLab.

4. (a) Für $x_3 = 0$ ist die Lösung $x_1 = x_2 = 1/3$. Für $x_3 = 3$ ist die Lösung $x_1 = 1$ und $x_2 = 2$. (b) Es bezeichne $z_{\max}$ den Maximalwert der Zielfunktion. Falls $0 \leq x_3 \leq 7/3$, ist $z_{\max}(x_3) = 2x_3 + 5/3$ für $x_1 = 1/3$ und $x_2 = x_3 + 1/3$. Falls

$7/3 < x_3 \le 5$, ist $z_{max}(x_3) = x_3 + 4$ für $x_1 = x_3 - 2$ und $x_2 = 5 - x_3$. Falls $x_3 > 5$, ist $z_{max}(x_3) = 9$ für $x_1 = 3$ und $x_2 = 0$. Da $z_{max}(x_3)$ monoton wachsend ist, ist das Maximum 9 für $x_3 \ge 5$. (c) Die Lösung des ursprünglichen Problems ist $x_1 = 3$ und $x_2 = 0$, wobei x_3 eine beliebige Zahl ≥ 5.

17.6

1. Wir führen die Schlupfvariablen y_1 und y_2 und erhalten:

$$A_1: y_1 + 3x_1 + 2x_2 = 6$$
$$B_1: y_2 + x_1 + 4x_2 = 4 \qquad x_1, x_2, y_1, y_2 \ge 0 \tag{1}$$

Beginnen Sie mit

$$x_1 = 0, \quad x_2 = 0, \quad y_1 = 6, \quad y_2 = 4, \quad \text{woraus folgt} \quad z = 3x_1 + 4x_2 = 0$$

Wir entscheiden uns, x_2 zu erhöhen. Setzen Sie $x_1 = 0$. Für $y_1 = 0$ folgt aus A_1, dass $x_2 = 3$. Für $y_2 = 0$ folgt aus A_2, dass $x_2 = 1$. Wir setzen deshalb $y_2 = 0$ und $x_2 = 1$. Aus A_1 folgt $y_1 = 4$, so dass die nächste Iteration die folgende ist:

$$x_1 = 0, \quad x_2 = 1, \quad y_1 = 4, \quad y_2 = 0, \quad \text{woraus folgt} \quad z = 4$$

Mit Hilfe von (1) drücken wir jetzt x_2 und y_1 durch x_1 und y_2 aus:

$$A_2: x_2 = 1 - \tfrac{1}{4}x_1 - \tfrac{1}{4}y_2$$
$$B_2: y_1 = 4 - \tfrac{5}{2}x_1 + \tfrac{1}{2}y_2 \tag{2}$$

Dies ergibt $z = 3x_1 + 4x_2 = 3x_1 + 4 - x_1 - y_2 = 4 + 2x_1 - y_2$.
Wir erhöhen x_1 und setzen $y_2 = 0$. Wegen A_2 können wir x_1 bis 4 erhöhen. Wegen B_2 können wir x_1 bis 8/5 erhöhen. Deshalb setzen wir $x_1 = 8/5$ und $y_2 = 0$. Dann folgt aus A_2, dass $x_2 = 3/5$, sso dass wir jetzt folgendes erhalten:

$$x_1 = 8/5, \quad x_2 = 3/5, \quad y_1 = 0, \quad y_2 = 0, \quad \text{woraus folgt} \quad z = 36/5$$

Schließlich drücken wir die Variablen x_1, x_2 und z durch y_1 und y_2 aus:

$$x_1 = \tfrac{8}{5} - \tfrac{2}{5}y_1 + \tfrac{1}{5}y_2$$
$$x_2 = \tfrac{3}{5} + \tfrac{1}{10}y_1 - \tfrac{3}{10}y_2$$
$$z = \tfrac{36}{5} - \tfrac{4}{5}y_1 - \tfrac{3}{5}y_2$$

Daran sehen wir, dass die Lösung $x_1 = 8/5$, $x_2 = 3/5$ mit $z_{max} = 36/5$ ist.

2. (a) $z_{max} = 18$ für $x_1 = 3$, $x_2 = 0$ (b) $z_{max} = 32/3$ für $x_1 = 4/3$, $x_2 = 10/3$

17.7

1. (a) Wir verwenden die Simplexmethode und erhalten:

$$\begin{pmatrix} 1 & 0 & 0 & -1 & -1 & -3 & 0 \\ 0 & 1 & 0 & 2 & 1 & \boxed{2} & 2 \\ 0 & 0 & 1 & 4 & 2 & 1 & 2 \end{pmatrix} \quad \begin{matrix} \leftarrow \\ {}^{1}\!/{}_{2} \quad 3 \quad -1 \\ \leftarrow \end{matrix}$$

$$\begin{pmatrix} 1 & {}^{3}\!/{}_{2} & 0 & 2 & {}^{1}\!/{}_{2} & 0 & 3 \\ 0 & {}^{1}\!/{}_{2} & 0 & 1 & {}^{1}\!/{}_{2} & 1 & 1 \\ 0 & -{}^{1}\!/{}_{2} & 1 & 3 & {}^{3}\!/{}_{2} & 0 & 1 \end{pmatrix}$$

Wir sehen daran, dass die Lösung $x_1 = 0$, $x_2 = 0$, $x_3 = 1$ mit $z = 3$ ist.

(b) Zeichnen Sie sich Ihre eigene Abbildung.

2. $z_{\max} = 27/5$ für $x_1 = 1/5$, $x_2 = 0$, $x_3 = 8/5$

17.8

1.   (a) Die Simplexmethode ergibt:

$$\begin{pmatrix} 1 & 0 & 0 & 0 & -2 & -5 & 0 \\ 0 & 1 & 0 & 0 & 1 & 0 & 4 \\ 0 & 0 & 1 & 0 & 1 & 2 & 8 \\ 0 & 0 & 0 & 1 & 0 & \boxed{1} & 3 \end{pmatrix} \quad \begin{array}{c} \leftarrow \\ \\ \leftarrow \\ \\ -2 \quad 5 \end{array}$$

$$\begin{pmatrix} 1 & 0 & 0 & 5 & -2 & 0 & 15 \\ 0 & 1 & 0 & 0 & 1 & 0 & 4 \\ 0 & 0 & 1 & -2 & \boxed{1} & 0 & 2 \\ 0 & 0 & 0 & 1 & 0 & 1 & 3 \end{pmatrix} \quad \begin{array}{c} \leftarrow \\ \leftarrow \\ \\ -1 \quad 2 \end{array}$$

$$\begin{pmatrix} 1 & 0 & 2 & 1 & 0 & 0 & 19 \\ 0 & 1 & -1 & 2 & 0 & 0 & 2 \\ 0 & 0 & 1 & -2 & 1 & 0 & 2 \\ 0 & 0 & 0 & 1 & 0 & 1 & 3 \end{pmatrix}$$

Wir erkennen die Lösung $x_1 = 2$, $x_2 = 3$ mit $z_{\max} = 19$.

(b) Zum Schluss ergibt sich die Matrix:

$$\begin{pmatrix} 1 & {}^{2}/_{13} & {}^{5}/_{13} & {}^{3}/_{13} & 0 & 0 & {}^{37}/_{13} \\ 0 & {}^{2}/_{13} & -{}^{3}/_{26} & -{}^{10}/_{13} & 0 & 1 & {}^{9}/_{26} \\ 0 & -{}^{1}/_{13} & {}^{4}/_{13} & {}^{31}/_{13} & 1 & 0 & {}^{14}/_{13} \end{pmatrix}$$

Wir erkennen die Lösung $x_1 = 0$, $x_2 = 14/13$, $x_3 = 9/26$ mit $z_{\max} = 37/13$.

2. $z_{\max} = 13/2$ für $x_1 = 1$, $x_2 = 1$, $x_3 = 1/2$, $x_4 = 0$.

3.   Die abschließende Matrix ist $\begin{pmatrix} 1 & 1 & 0 & 0 & -3 & 1 \\ 0 & 1 & 0 & 1 & -2 & 1 \\ 0 & 2 & 1 & 0 & -3 & 3 \end{pmatrix}$. Schlussfolgerung:

Die Zielfunktion kann so groß wie möglich werden, da eine Spalte nur negative Elemente enthält. (Siehe (17.8.9).)

4.   (a) Nein, es kann passieren, dass der Ressourcenverbrauch zu hoch ist.

(b) $x_5 = 0$. (Die Wertschöpfung durch Aktivität Nr. 5 ist geringer und der Verbrauch der drei Ressourcen ist höher als mit Aktivität Nr. 4.)

5.   (a) x_1 muss nicht notwendigerweise 0 sein im Optimum. Das zeigt das Beispiel in Abbildung A17.8.5, da die Zielfunktion von der Gestalt $c_1x_1 + c_2x_2$ mit negativem c_1 ist.   (b) Das Problem hat mehrere Lösungen, falls es mindestens eine weitere 0 unter den Indikatoren gibt.

6. $z_{\max} = 15/2$ für $x_1 = 0$, $x_2 = 3/2$, $x_3 = 3$, $x_4 = 1/2$

7. min $67x_1 + 120x_2 + 100x_3 + 60x_4 + 97x_5 + 124x_6 + 22x_7 + 62x_8$,

wenn
$$\begin{cases} 8x_1 + 25x_2 + 30x_3 + 22x_4 + 3x_5 + 8x_6 + 6x_7 & \geq 75 \\ x_1 + 35x_2 + 8x_3 + x_4 + 33x_6 + 13x_7 + 98x_8 & \geq 90 \\ 54x_1 + 42x_5 + 4x_6 + 63x_7 & \geq 300 \end{cases}$$

Dabei sind $x_1, \ldots, x_8$ alle ≥ 0.

17.9

1. (a) min $2u_1 + 2u_2$ wenn $\begin{cases} 2u_1 + 4u_2 \geq 1 \\ u_1 + 2u_2 \geq 1 \\ 2u_1 + u_2 \geq 3 \end{cases}$ $u_1 \geq 0,\ u_2 \geq 0$

Die Lösung ist $z_{min} = 3$ für $u_1 = 3/2$, $u_2 = 0$
(b) $z_{max} = 3$ für $x_1 = x_2 = 0$, $x_3 = 1$

2. (a) x_1 = Anzahl Rollen, geschnitten in 60 cm und in 45 cm
x_2 = Anzahl Rollen, geschnitten in 60 cm und in 39 cm
x_3 = Anzahl Rollen, geschnitten in 45 cm und in 45 cm
x_4 = Anzahl Rollen, geschnitten in 45 cm und in 39 cm
x_5 = Anzahl Rollen, geschnitten in 39 cm und in 39 cm
(b) Minimum = 24 für (z.B.) $(x_1, x_2, x_3, x_4, x_5) = (0, 12, 4, 8, 0)$

3. Billigste Tagesration (einseitige, aber billige Kost): 155.36 g Fisch (x_4 = 1.553571), 680.36 g Schwarzbrot (x_7 = 6.803571). Kosten: Kr. 2.43 (242.89 Öre). (Die dualen Preise sind $u_1 = 2.707143$, $u_2 = 0.442857$, $u_3 = 0$.)

17.10

1. (a) (i) $\Delta z = 15\,000$, $\Delta x_1 = -\frac{1}{2} \cdot 100 = -50$, $\Delta x_2 = \frac{1}{2} \cdot 100 = 50$. (Beachten Sie, dass $\Delta z = 700\Delta x_1 - 1000\Delta x_2$.) (ii) $\Delta z = 0$, $\Delta x_1 = \Delta x_2 = 0$
(iii) $\Delta z = 12500$, $\Delta x_1 = \frac{5}{4} \cdot 100 = 125$, $\Delta x_2 = -\frac{3}{4} \cdot 100 = -75$,
($\Delta z = 700\Delta x_1 + 1000\Delta x_2$ wie oben)
(b) (i) $\Delta z = 800 \cdot 10 = 8000$ (ii) $\Delta z = 300 \cdot 10 = 3000$

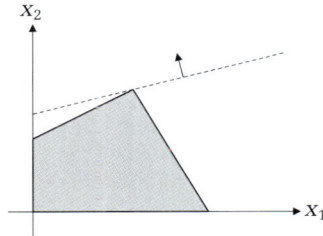

Abbildung A17.8.5

2. Die abschließende Matrix ist

$$\begin{pmatrix} 1 & 100 & 0 & 200 & 0 & 0 & 3800 \\ 0 & 2/3 & 1 & -7/3 & 0 & 0 & 1 \\ 0 & -1/3 & 0 & 2/3 & 0 & 1 & 2 \\ 0 & 2/3 & 0 & -1/3 & 1 & 0 & 7 \end{pmatrix}$$

$z \quad y_1 \ y_2 \quad y_3 \ x_1 \ x_2$ konst.

(a) (i) $\Delta z = 25$, $\Delta x_1 = 1/6$, $\Delta x_2 = -1/12$ (ii) $\Delta z = 0$, $\Delta x_1 = \Delta x_2 = 0$
(iii) $\Delta z = 50$, $\Delta x_1 = -1/12$, $\Delta x_2 = 1/6$
(b) (i) $\Delta z = 7 \cdot 10 = 70$ (ii) $\Delta z = 2 \cdot 10 = 20$

Wiederholungsaufgaben für Kapitel 17

1. (a) $x^* = 3/2$, $y^* = 5/2$. (Ein Bild zeigt, dass die Lösung im Schnittpunkt der Geraden $x + y = 4$ und $-x + y = 1$ liegt.)   (b) Das duale Problem ist

$$\min 4u_1 + u_2 + 3u_3 \quad \text{unter} \quad \begin{cases} u_1 - u_2 + 2u_3 \geq 1 \\ u_1 + u_2 - u_3 \geq 2 \end{cases} \quad u_1 \geq 0, \ u_2 \geq 0, \ u_3 \geq 0$$

Unter Verwendung der komplementären Schlupfbedingung ist die Lösung des dualen Problems: $u_1^* = 3/2$, $u_2^* = 1/2$ und $u_3^* = 0$.

2. (a)

$$\max -x_1 + x_2 \quad \text{unter} \quad \begin{cases} -x_1 + 2x_2 \leq 16 \\ x_1 - 2x_2 \leq 6 \\ -2x_1 - x_2 \leq -8 \\ -4x_1 - 5x_2 \leq -15 \end{cases} \quad x_1 \geq 0, \ x_2 \geq 0.$$

Maximum 8 an der Stelle $(x_1, x_2) = (0, 8)$.   (b) $(y_1, y_2, y_3, y_4) = (\frac{1}{2}(b+1), 0, b, 0)$ für jedes b mit $0 \leq b \leq 1/5$.   (c) Die zu maximierende Funktion des dualen Problems wird $kx_1 + x_2$. Die Lösung verändert sich nicht, vorausgesetzt dass $k \leq -1/2$.

▶ Ausführliche Lösung siehe Lösungshandbuch MyLab.

3. (a) $x^* = 0$, $y^* = 4$. (Ein Bild zeigt, dass die Lösung im Schnittpunkt von $x = 0$ und $4x + y = 4$ liegt.)   (b) Das duale Problem ist:

$$\max 4u_1 + 3u_2 + 2u_3 - 2u_4 \quad \text{unter} \quad \begin{cases} 4u_1 + 2u_2 + 3u_3 - u_4 \leq 5 \\ u_1 + u_2 + 2u_3 + 2u_4 \leq 1 \end{cases} \quad u_1, u_2, u_3, u_4 \geq 0$$

Wegen des komplementären Schlupfes ist die Lösung: $u_1^* = 1$, $u_2^* = u_3^* = u_4^* = 0$.

4. (a) Siehe Abb. A17.W.4. Die Lösung ist in P, wobei $(x_1, x_2) = (2000, 2000/3)$; (b) ▶ Siehe MyLab.   (c) $a \leq 1/24$

5. (a) Wenn die Anzahlen der von den drei Gütern produzierten Einheiten x_1, x_2 und x_3 sind, dann ist der Gewinn $6x_1 + 3x_2 + 4x_3$ und die auf den zwei Maschinen benötigte Zeit ist $3x_1 + x_2 + 4x_3$ bzw. $2x_1 + 2x_2 + x_3$. Das LP-Problem ist daher

$$\max \quad 6x_1 + 3x_2 + 4x_3 \quad \text{unter} \quad \begin{cases} 3x_1 + x_2 + 4x_3 \leq b_1 \\ 2x_1 + 2x_2 + x_3 \leq b_2 \end{cases}, \quad x_1, x_2, x_3 \geq 0$$

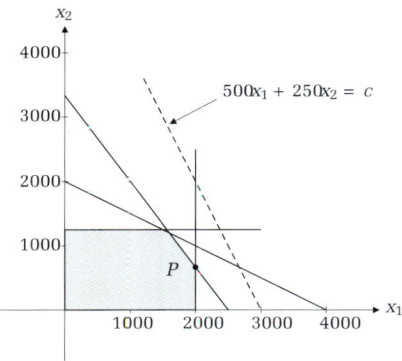

Abbildung A17.W.4

(b) Das duale Problem ist offensichtlich so wie gegeben. Optimum an der Stelle $P = (y_1^*, y_2^*) = (3/2, 3/4)$. (c) $x_1^* = x_2^* = 25$. Für (d) und (e) ▶ Siehe MyLab.

Register

wirtschaft

WIRTSCHAFT

*unverbindliche Preisempfehlung

Fred Böker

**Mathematik für
Wirtschaftswissenschaftler
- Das Übungsbuch**

3., aktualisierte Auflage
ISBN 978-3-86894-307-8
29.95 EUR [D], 30.80 EUR [A], 35.60 sFr*
368 Seiten

Mathematik für Wirtschaftswissenschaftler - Das Übungsbuch

BESONDERHEITEN

Passend zur 5. überarbeiteten Auflage des Lehrbuches Mathematik für Wirtschaftswissenschaftler ist auch das dazugehörige Übungsbuch neu erschienen.

Das Übungsbuch hilft dabei, mathematisches Wissen aus Vorlesungen anhand von Klausuraufgaben zielgerichtet zu testen und zu vertiefen. Zur Kontrolle des Rechenwegs sowie der Ergebnisse sind die Lösungen zu den Aufgaben ebenfalls im Buch enthalten. Damit ermöglicht das Übungsbuch eine optimale Prüfungsvorbereitung.

EXTRAS ONLINE

Weiterführende Informationen, das komplette Inhaltsverzeichnis und eine Leseprobe stehen unter www.pearson-studium.de zur Verfügung.

Pearson

wi
wirtschaft

WIRTSCHAFT

Josef Schira

**Statistische Methoden der
VWL und BWL**

5., aktualisierte Auflage
ISBN 978-3-86894-299-6
41.95 EUR [D], 43.20 EUR [A], 49.30 sFr*
640 Seiten

Statistische Methoden der VWL und BWL

BESONDERHEITEN

Der Klassiker der Statistik vermittelt Studenten der Wirtschaftswissenschaften grundlegendes Statistikwissen, wie es an den deutscher Hochschulen gelehrt wird. Auf einzigartige Weise gelingt es dem Werk, die Theorie mit hochaktuellen Fällen aus Wirtschaft, Staat und Politik zu verbinden. Die neue Auflage wurde mit einer Vielzahl von Beispielen an den Eereich Umwelt, Wirtschaft und Soziodemographie erweitert.

EXTRAS ONLINE

Für Dozenten
- Foliensätze für den Einsatz in der Lehre
- Alle Abbildungen aus dem Buch zum direkten Einsatz in Statistik-Veranstaltungen

Für Studenten
- Ausführliche Lösungswege zu den Aufgaben

http://www.pearson-studium.de/4299

wi
wirtschaft

WIRTSCHAFT

*unverbindliche Preisempfehlung

Olivier Blanchard
Gerhard Illing

Makroökonomie
7., aktualisierte und
erweiterte Auflage
ISBN 978-3-86894-308-5
54.95 EUR [D], 56.50 EUR [A], 64.20 sFr*
800 Seiten

Makroökonomie

....

BESONDERHEITEN

Makroökonomie - Die deutsche Ausgabe des internationalen K assikers der
Erfolgsautoren Blanchard / Illing jetzt in 7. aktualisierter under erweiterter
Auflage.

Das Lehrbuch reflektiert die Lehren aus der Finanzkrise. Si e zeigt, wie sich
makroökonomische Modelle geändert haben und wie sich diese auf konkrete
wirtschaftspolitische Fragestellungen anwenden lassen.

EXTRAS ONLINE

Die 7., aktualisierte und erweiterte Auflage enthält einen 24-monatigen Zugangscode
zu MyLab | Makroökonomie. Die preisgekrönte eLearning-Umgebung enthält das
komplette Lehrbuch als kommentierbaren eText, über 1.000 Aufgaben inkl. Schritt-für-
Schritt-Lösungshinweisen uvm..

Mit Hilfe dieser interaktiver Anwendungen vermittelt MyLab | Makroökonomie das
wichtige mathematische Verständnis für makroökonomische Modelle und Prozesse.
Damit ermöglicht diese eLearning-Umgebung die optimale Vorbereitung auf Prüfungen
und ergänzt das Lehrbuch in idealer Weise.

ÜBUNGSBUCH MAKROÖKONOMIE

Passend zum Lehrbuch ist das Übungsbuch (ISBN 978-3-86894-309-2) erhältlich.

Es umfasst sowohl Multiple-Choice- als auch Übungsaufgaben und
bietet ausführliche Lösungen zu jedem einzelnen Kapitel dieses
Lehrbuchs.

Pearson

http://www.pearson-studium.ce/4308